Lebenslust und Frömmigkeit
Kurfürst Carl Theodor (1724 - 1799)
zwischen Barock und Aufklärung

Wir danken dem „Ernst von Siemens-Kunstfonds“
für die Unterstützung bei der Herstellung des Katalogs.

Publikationen des Reiss-Museums Mannheim, Band 1.2

Die Ausstellung steht unter der Schirmherrschaft
Seiner Königlichen Hoheit Herzog Franz von Bayern,
des Ministerpräsidenten von Baden-Württemberg Erwin Teufel
und des Ministerpräsidenten von Nordrhein-Westfalen Wolfgang Clement.

Die folgenden Förderer haben die Durchführung der Ausstellung ermöglicht:

Curt und Peter Engelhorn
BASF Aktiengesellschaft
Ministerium für Wissenschaft, Forschung und Kunst des Landes Baden-Württemberg
MVV Mannheim
Gesellschaft der Freunde Mannheims und der ehemaligen Kurpfalz –
Mannheimer Altertumsverein von 1859 (MAV)
Heinrich Vetter
Stiftung für Kunst und Kultur des Landes Nordrhein-Westfalen
Anton-Betz-Stiftung der Rheinischen Post e.V. Düsseldorf
Mitglieder des Freundeskreises des Stadtmuseums Düsseldorf

Lebenslust und Frömmigkeit
Kurfürst Carl Theodor (1724 - 1799)
zwischen Barock und Aufklärung

Handbuch und Ausstellungskatalog
2 Bände

Katalog (Band II)

herausgegeben
von Alfried Wieczorek, Hansjörg Probst und Wieland Koenig

für das Reiss-Museum Mannheim,

die Gesellschaft der Freunde Mannheims und der ehemaligen Kurpfalz –
Mannheimer Altertumsverein von 1859

und das Stadtmuseum Düsseldorf

Redaktion
Hansjörg Probst, Petra Hesse, Grit Arnscheidt, Claudia Braun, Dieter Büchner,
Dieter Dümas, Andreas Krock, Luisa Reiblich

Verlag Friedrich Pustet Regensburg

Inhaltsverzeichnis

5. Carl Theodor und die Künste 281

6. Carl Theodor und die Wissenschaften 427

7. Epilog 489

Anhang 515

Wir danken folgenden Leihgebern

Aalen, Heimat- und Schubartmuseum
Ahlen, Wilderich Graf von Schall-Riaucour
Amsterdam, Rijksmuseum
Bad Homburg, Museum im Gotischen Haus
Bad Mergentheim, Deutschordensmuseum
Bamberg, Historisches Museum
Berlin, Kunstgewerbemuseum (Staatliche Museen zu Berlin – Preußischer Kulturbesitz)
Berlin, Staatsbibliothek zu Berlin (Preußischer Kulturbesitz – Musikabteilung mit Mendelsohn-Archiv)
Birkenau, Lanzo Freiherr Wamboldt von Umstadt
Bonn, Beethoven-Haus
Celle, Bomann-Museum
Chur, Rätisches Museum
Colmar, Musée d'Unterlinden
Darmstadt, Hessische Landes- und Hochschulbibliothek
Darmstadt, Hessisches Landesmuseum
Darmstadt, Wella-Museum
Düsseldorf, Katholische Pfarrgemeinde St. Martin
Düsseldorf, Kunstakademie
Düsseldorf, Kunstmuseum
Düsseldorf, Nordrhein-Westfälisches Hauptstaatsarchiv
Düsseldorf, Regierungspräsidium
Düsseldorf, Stadt
Düsseldorf, Stadtarchiv
Düsseldorf, Stadtmuseum
Düsseldorf, Theatermuseum der Landeshauptstadt, Dumont-Lindeman-Archiv
Edingen-Neckarhausen, H.E. Veitenheimer
Frankenthal, Erkenbert-Museum
Frankfurt a.M., Forschungsinstitut Senckenberg
Frankfurt a.M., Historisches Museum
Frankfurt a.M., Institut für Stadtgeschichte
Frankfurt a.M., Museum für Kunsthandwerk
Frankfurt a.M., Museum für Post und Kommunikation
Freiburg, Hans Gaenshirt
Friburg, Collège Saint-Michel
Garmisch-Partenkirchen, Annemy Freifrau von Stengel
Germersheim, Deutsches Straßenmuseum
Großkarlbach, Gebrüder Meurer
Großkarlbach, Katholische Kirchenstiftung St. Jakobus
Halberstadt, Gleimhaus
Hamburg, Museum für Kunst und Gewerbe
Hamburg, Museum für Hamburgische Geschichte
Heidelberg, Deutsches Apotheken-Museum
Heidelberg, Carl-Ludwig Fuchs
Heidelberg, Institut für systematische Botanik und Pflanzengeographie
Heidelberg, Kurpfälzisches Museum
Heidelberg, Musikwissenschaftliches Seminar
Heidelberg, Universitätsarchiv
Heidelberg, Universitätsbibliothek
Ingolstadt, Deutsches Medizinhistorisches Museum
Kaiserslautern, Theodor-Zink-Museum
Karlsruhe, Badisches Landesmuseum
Karlsruhe, Generallandesarchiv
Karlsruhe, Geodätisches Institut der Technischen Hochschule
Karlsruhe, Staatliche Schlösser und Gärten Baden-Württemberg
Köln, Historisches Archiv der Stadt Köln
Köln, Universitätsbibliothek
Köln, Theaterwissenschaftliche Sammlung der Universität Köln
Leinfelden-Echterdingen, Deutsches Spielkartenmuseum, Zweigmuseum des Württembergischen Landesmuseums Stuttgart
Ludwigshafen-Oggersheim, Katholische Pfarrgemeinde St. Maria Himmelfahrt
Mainz, Landesbank Rheinland-Pfalz
Mannheim, Grit Arnscheidt
Mannheim, Volker Brinkmann
Mannheim, Freimaurerloge Carl zur Eintracht
Mannheim, Christian Freund
Mannheim, Bärbel Pelker
Mannheim, Berthold Roland
Mannheim, Heinz Scheidel
Mannheim, Edgar Schmandt
Mannheim, Rosemarie und Hermann Wiegand
Mannheim, Bäckerinnung
Mannheim, Dalberghaus, Musikbücherei
Mannheim, Katholische Pfarrgemeinde der Jesuitenkirche (Obere Pfarrei)
Mannheim, Katholische Pfarrgemeinde St. Sebastian
Mannheim, Katholisches Bürgerhospital
Mannheim, Karl-Friedrich-Gymnasium
Mannheim, Landesmuseum für Technik und Arbeit
Mannheim, Rheinische Hypothekenbank
Mannheim, Stadtarchiv
Mannheim, Stadtbücherei
Mannheim, Universität
Mannheim, Universitätsbibliothek
Marbach, Schiller-Nationalmuseum
Meiningen, Meininger Museen
Moos/Niederbayern, Gräfin Maria Theresia von und zu Arco-Zinneberg
München, Monika Groening
München, B. und D. Schaich
München, Haus Wittelsbach
München, Archiv des Erzbistums München und Freising
München, Bayerische Staatsbibliothek
München, Bayerische Staatsgemäldesammlungen
München, Bayerische Verwaltung der staatlichen Schlösser, Gärten und Seen
München, Bayerisches Hauptstaatsarchiv
München, Bayerisches Hauptstaatsarchiv – Geheimes Hausarchiv
München, Bayerisches Nationalmuseum
München, Staatliche Antikensammlungen und Glyptothek
München, Staatliche Graphische Sammlung
München, Staatliche Münzsammlung
München Stadtmuseum
München, Deutsches Theatermuseum
Neckarzimmern, Burghardt von Gemmingen-Hornberg
Neuenstein, Hohenlohe-Zentralarchiv
Nürnberg, Germanisches Nationalmuseum
Prag, Národni Muzeum
Sankt Gallen, Textilmuseum
Schönenwerd, Bally-Schuhmuseum
Sèvres, Musée National de Céramique
Speyer, Landesarchiv
Speyer, Historisches Museum der Pfalz
Speyer, Pfälzische Landesbibliothek
Stuttgart, Württembergische Landesbibliothek
Stuttgart, Staatsgalerie
Stuttgart, Württembergisches Landesmuseum Stuttgart
Wachenheim a. d. Weinstraße, Waagenmuseum
Weimar, Stiftung Weimarer Klassik, Goethe-Nationalmuseum
Wolfenbüttel, Herzog-August-Bibliothek
Worms, Jüdisches Museum im Raschi-Haus
Zweibrücken, Stadtmuseum

Aus konservatorischen Gründen und aufgrund regionaler Schwerpunkte werden einige Exponate nur in Mannheim oder nur in Düsseldorf gezeigt. Der Katalog umfaßt den gesamten Bestand an Ausstellungsstücken.

Vorwort

Die Ausstellung mit über 1.000 Exponaten ist in diesem Katalog vollständig dokumentiert. Fast alle Objekte sind farbig abgebildet. Ausstellung, Handbuch und Katalog sind in ihren sieben Themengruppen parallel aufgebaut und aufeinander bezogen. Sie korrespondieren in ihrem Inhalt mit unterschiedlichem Schwergewicht. Bereiche, die in der Ausstellung und im Katalog stark vertreten sind, werden im Handbuch in der Regel ohne Abbildungen abgehandelt. Umgekehrt sind Sachgebiete, die in der Ausstellung anscheinend zu kurz kommen, im Handbuch reicher bebildert. So findet sich z.B. die Geschichte der Frankenthaler Porzellanmanufaktur im Handbuch, während in der Ausstellung (und im Katalog) die Darstellung des Kurfürstenpaares in meist Frankenthaler Porzellan als eine erstmalige Zusammenstellung geradezu in der Form einer kleinen Sonderschau präsentiert wird.

Für die Bereitstellung der Exponate danken wir allen Leihgebern Viele Museen, Archive, Bibliotheken und kirchliche Institutionen sowie zahlreiche private Leihgeber haben sich bereitwillig von wichtigen und kostbaren Objekten getrennt und sie uns anvertraut. Stellvertretend für alle sei in diesem Zusammenhang Seine Königliche Hoheit Herzog Franz von Bayern genannt, der die „Schmuckschatulle" des Hauses Wittelsbach für uns öffnete.

Unser Dank gebührt ferner den Autorinnen und Autoren der Beiträge zum Aufsatzband und zum Katalogteil. Ihre Forschungen bringen uns neue Erkenntnisse zur historischen Bedeutung des Kurfürsten Carl Theodor und seiner Zeit in Mannheim, die Texte im Katalog erläutern die Objekte und bieten eine unabdingbare Hilfe zu ihrer kulturgeschichtlichen Einordnung. Neben den forschungserfahrenen Wissenschaftlerinnen und Wissenschaftlern, die für uns geschrieben haben, seien die Studentinnen und Studenten der Universität Mannheim, die sich im Rahmen eines Seminars mit der Mannheimer Kurfürstenzeit beschäftigten und Textbeiträge dazu erarbeiteten, und alle an der Redaktion der beiden Bände Beteiligten in unsere Danksagung miteingeschlossen. Um die für den Katalog und die Ausstellung notwendigen Fotoarbeiten machte sich Jean Christen verdient, wofür wir ihm großen Dank wissen.

Die Ausstellung selbst wurde von den Mitarbeiterinnen und Mitarbeitern der beteiligten Institutionen erarbeitet. Unser besonderer Dank gilt hier Petra Hesse, die mit Tatkraft und Engagement einsprang, als es galt, das Ausstellungssekretariat nach dem Ausscheiden eines Mitarbeiters zu übernehmen und die Arbeiten erfolgreich zum Abschluß zu bringen.

Für die Gestaltung der Ausstellungsarchitektur danken wir auch dem Hochbauamt Mannheim unter der Leitung von Rainer Pappel. Die Ausstellungspräsentation lag in den Händen von Hans Peter Niers, er wurde dabei von den Restauratoren und den bewährten technischen Mitarbeitern des Reiss-Museums tatkräftig unterstützt, wofür ihnen allen unser Dank gilt.

Der Pressearbeit und der Durchführung der Werbemaßnahmen nahm sich Luisa Reiblich in bewährter Weise an.

Nicht vergessen in unserer Danksagung sei Claudia Braun, die ihre Energie und ihr Engagement bei der Lösung von vielen „Carl-Theodor"-Problemen rückhaltlos einbrachte und zu einer guten Zusammenarbeit aller Beteiligten beitrug.

Last but not least sei hier unser herzlicher Dank an die Sponsoren ausgedrückt , ohne deren Unterstützung die Ausstellung nicht hätte verwirklicht werden können.

Was uns bei der Erarbeitung der Ausstellung und des Kataloghandbuches überrascht hat, wird wohl auch den Besucher der Ausstellung und erst recht den Leser und Benutzer des Handbuchs erstaunen: nämlich die wohl einmalig große Weite des geistigen Horizonts dieses Fürsten und seine lebendige Teilnahme, sein intensives und andauerndes Interesse an den Künsten und Wissenschaften. Bemerkenswert sind die Institutionen, die er zu deren Pflege in Düsseldorf, Mannheim und München geschaffen hat und die großenteils noch in unseren Tagen existieren. Beispielhaft ist das bereits von 1751 an am Theaterwesen zu sehen. Erstaunlich und für Carl Theodors Zeit wohl einmalig ist dabei seine Aufgeschlossenheit gegenüber der entstehenden deutschen Nationalbühne, und das in allen drei Residenzstädten, in Düsseldorf, Mannheim und München. Denn noch in seinem hohen Alter, am 3. Februar 1795, schuf er in München das Kurfürstliche Hof- und Nationaltheater und übergab es der Öffentlichkeit. Und das bei einem Fürsten, der gerade auch in der französischen Kultur wie kein Zweiter zu Hause war. In seinem Interesse für das junge deutsche Theater seiner Zeit hebt er sich weit ab von seinen fürstlichen Zeitgenossen, für die eher die Verachtung der deutschen Literatur nach dem Beispiel Friedrichs des Großen steht.

Für jeden Ausstellungsbesucher nachvollziehbar ist, was Franz Schnabel 1924 in seiner Festrede vor dem Mannheimer Altertumsverein über Carl Theodor und seine Zeit feststellte: *Für den historischen Betrachter bleibt Eines wenigstens immer übrig und ein Maßstab seines Urteils: das ist die Vitalität, die Kraft und Intensität des Lebens und Willens. Hierin aber steht die Carl-Theodor-Zeit weit über vielen anderen Epochen unserer Geschichte ... so sind die Menschen jener Epoche in der Tat große Verschwender gewesen, denen alles Kleinliche und Ängstliche fernlag – souveräne Menschen von titanischer Originalität und erstaunlicher Fruchtbarkeit.*

Wir möchten mit nochmaligem herzlich Dank an alle, die zum Gelingen der Carl-Theodor-Ausstellung beitrugen, schließen, und wünschen ihr ein neugieriges und zahlreiches Publikum in Mannheim und Düsseldorf.

Mannheim und Düsseldorf im November 1999

Für das Reiss-Museum Mannheim
Prof. Dr. Alfried Wieczorek, Leitender Direktor

Für die Gesellschaft der Freunde Mannheims und der ehemaligen Kurpfalz – Mannheimer Altertumsverein von 1859
Hansjörg Probst, Vorsitzender

Für das Stadtmuseum Düsseldorf
Dr. Wieland Koenig, Leitender Direktor

Autorinnen und Autoren / Sigeln

Grit Arnscheidt	G.A.
Marianne Aselmeier	M.A.
Barbara Beaucamp-Markowsky	B.B.-M.
Henning Bischof	H.B.
Birgitt Borkopp	B.B.
Claudia Braun	C.B.
Dieter Büchner	D.B.
Kai Budde	K.B.
Dieter Dümas	D.D.
Peter F. Dunkel	P.F.D.
Kathrin Fischer	K.F.
Bernhard Fleischer	B.F.
Annette Frese	A.F.
Carl-Ludwig Fuchs	C.-L.F.
Peter Galli	P.G.
Inga Gesche	I.G.
Caroline Gigl	C.G.
Frieder Hepp	F.H.
Anette Herzhauser	A.H.
Petra Hesse	P.H.
Karl-Ludwig Hofmann	K.-L.H.
Susanne Hofmann	S.H.
Liselotte Homering	L.H.
Edgar J. Hürkey	E.J.H.
Inken Jensen	I.J.
Eva Jordan-Fahrbach	E.J.-F.
Annette Köger	A.Koe.
Sylvia Krauss-Meyl	S.K.-M.
Wilhelm Kreutz	W.K.
Andreas Krock	A.K.
Katharina Küster	K.K.
Fabian Menzel	F.M.
Antje Meyer	A.M.
Werner Moritz	W.M.
Bärbel Pelker	B.P.
Dagmar von Poschinger	D.v.P.
Hansjörg Probst	H.P.
Luisa Reiblich	L.R.
Claudia Repp	C.R.
Gerhard Rietschel	G.R.
Berthold Roland	B.R.
Stefanie Rolli	S.R.
Kerstin Schankweiler	K.Sch.
Wolfgang Schibel	W.Sch.
Thomas Schlage	T.S.
Horst Scholke	H.S.
Heinz-Joachim Schulzki	H.-J.S.
Lorenz Seelig	L.S.
Irene Spille	I.S.
Edmund Spohr	E.S.
Susanne Steffen	S.St.
Reinhard Stupperich	R.S.
Friedrich Teutsch	F.T.
Gabriele Thölken	G.M.T.
Rüdiger Thomsen-Fürst	R.T.-F.
Heinz E. Veitenheimer	H.E.Vt.
Peter Volk	P.V.
Ingrid S. Weber	I.S.W.
Klaudia Wehofen	K.W.
Hermann Wiegand	H.W.
Wolfgang Wiese	W.W.
Inge Zacher	I.Z.

1. Carl Theodor – Familie und Dynastie

Das altadlige bayerische Geschlecht der Wittelsbacher erhielt 1214 die Pfalzgrafschaft bei Rhein, womit die über siebenhundertjährige Verbindung Bayerns mit der Pfalz begründet wurde. 1329 teilte Kaiser Ludwig der Bayer die wittelsbachischen Lande unter die ältere pfälzische Linie und die jüngere bayerische (seine eigene) auf. 1356 gewann die pfälzische Linie unter Ruprecht I. die Kurwürde. Die pfälzischen Lande am Rhein wurden 1410 von König Ruprecht unter seinen vier Söhnen aufgeteilt. Von Bedeutung wurde die alte Kurlinie und das Haus Pfalz-Zweibrücken, das sich in viele Zweige teilte.

Mit Kurfürst Ottheinrich starb 1559 die alte Kurlinie aus, und der älteste Stamm der Zweibrücker Linie, das Haus Pfalz-Simmern, trat die Herrschaft in der Kurpfalz an. Bis 1799 folgten in der Kurpfalz und nach 1777 auch in Bayern drei weitere jüngere Linien des Gesamthauses Pfalz-Zweibrücken nach, nämlich Pfalz-Neuburg von 1685 bis 1742, Pfalz-Sulzbach von 1743 bis 1799 und schließlich 1799 mit Max Joseph die Linie Pfalz-Zweibrücken-Birkenfeld.

Im 18. Jahrhundert verrät der rasche Dynastiewechsel das Aussterben mehrerer Linien des Hauses Wittelsbach, darunter war 1777 mit dem Tode Max III. Joseph auch die bayerische. Dies führte zur wittelsbachischen Länderkonzentration des 18. Jahrhunderts, die bekanntlich unter Carl Theodor gipfelte. Tragisch für diesen Fürsten war, daß er keinen erbberechtigten Sohn, sondern nur legitimierte Kinder hatte; denn die Ehe mit Elisabeth Auguste, seiner Cousine, blieb kinderlos. Verständlich wird aus dieser familiären Situation das gespannte Verhältnis zu seinen Zweibrücker Verwandten, die unverhohlen auf sein Ableben hofften.

H.P.

1.1
Die Hochzeit des Kurfürstenpaares

Am 17. Januar 1742 fand in Mannheim eine Doppelhochzeit statt. Elisabeth Auguste (1721-1794) wurde mit ihrem Vetter, dem zukünftigen Kurfürsten, Carl Theodor (1724-1799) vermählt. Am gleichen Tag wurde ihre Schwester Maria Anna (1711-1790) mit Herzog Clemens Franz (1722-1770) von Bayern getraut. Es war ein großes Familienfest und zugleich eine Machtdemonstration des Hauses Wittelsbach. Kurfürst Clemens August (1700-1761) von Köln, ein Sohn des bayerischen Kurfürsten Max Emanuel (1662-1726), traute die beiden Paare. Bei dem Fest zugegen war auch der bayerische Kurfürst Karl Albrecht (1697-1745), der am 24.1.1742 in Frankfurt am Main zum deutschen Kaiser gewählt werden sollte. Der „Kardinal von Bayern" Theodor Johann (1703-1763), ein Bruder des Kurfürsten von Köln, war ebenfalls zugegen.

Die Festlichkeiten zogen sich mehrere Tage hin. Der Trauungsakt fand am 17.1.1742 abends gegen sechs Uhr statt. Die Bräute trugen kostbare Spitzenkleider und Kronen aus Perlen und Brillanten, die Bräutigame teure spanische Mantelkleider. Abends nach der Trauung war hochfürstliche Versammlung und offene Hoftafel. Danach kam der Ball. Das neue Hofopernhaus im Mannheimer Schloß, erbaut von Alessandro Galli Bibiena (1687-1748), wurde mit der Oper „Meride" eingeweiht. Am 20.1.1742 folgte eine große Beleuchtung von Schloß und Stadt Mannheim. *I.G.*

1.1.1
Kurfürst Carl Theodor

Felix Anton Besoldt (gestorben 1774 in Mannheim), 1744
Öl auf Leinwand, 163 x 128 cm

Bez. unten links: Besoldt: pinxit. 1744."

Bis auf die Kopfwendung nach links und die zusätzliche Darstellung von Helm und Reichskrone neben dem Kurhut gleicht dieses repräsentative Kniestück einem der ersten von Besoldts offiziellen Staatsporträts des Kurfürsten, das sich im Bayerischen Nationalmuseum in München befindet (Inv. Nr. D 2159). Zu dem Münchener Bild, das als Vorlage für ein Schabkunstblatt von Gabriel Bodenehr diente, ist kein Pendant von Elisabeth Auguste bekannt.
Zu dem vorliegenden Porträt existiert ein Gegenstück der Kurfürstin (Kat. Nr. 1.1.2), so daß es sich bei beiden Gemälden um die frühesten bekannten Doppelporträts des Kurfürstenpaares handelt. Aufgrund ihres Formates und ihres repräsentativen Charakters könnten sie anläßlich der Huldigung in Mannheim am 29. April 1744 entstanden sein. Carl Theodor ist als oberster Feldherr im Harnisch dargestellt, worauf ebenso der Helm mit dem Federbusch und der Marschallstab hindeuten. Über dem Panzer trägt er das Ordenskreuz des Hubertus-Ordens am Band. An seinem Hermelinumhang ist das Brustkreuz des Hubertus-Ordens befestigt. Die Reichskrone, die zwischen Kurhut und Helm auf dem Konsoltisch liegt, verweist auf sein Amt als Reichsverweser, das er 1745, nach dem Tod von Kaiser Karl VII., dem bayerischen Kurfürsten Max III. Joseph überließ. A.K.

Grotkamp 1979, S. 45-48; Eichner 1981, S. 87, 88, Nr. 56 b; Sonderdruck aus der Jubiläumsschrift „100 Jahre Rheinische Hypothekenbank". Frankfurt 1983, 3. Auflage, Abb. vor S. 1; Rall 1993, S. 31, 32.

Mannheim, Rheinische Hypothekenbank

1.1.2
Kurfürstin Elisabeth Auguste

Felix Anton Besoldt (gestorben 1774 in Mannheim), 1744
Öl auf Leinwand, 163 x 128 cm

Bez. unten links: Besoldt: pinx. 1744."

Bei diesem Porträt handelt es sich um das Gegenstück zu dem Bildnis Carl Theodors (Kat. Nr. 1.1.1). Die elegante Erscheinung der Kurfürstin im gold-braunen Seidenkleid mit großen Blüten und Blättern, das der Hermelinmantel großzügig umfängt, wird durch ihre modische Frisur und den angelegten Galaschmuck ergänzt. Elisabeth Auguste trägt Girandole-Ohrringe sowie am Brustausschnitt und am rechten Ärmel Broschen mit jeweils drei Birnperlen. Eine Aigrette schmückt das weißgepuderte Haar, das in kleinen Locken das rundliche Gesicht einfaßt und im Nacken länger herabfällt. Ihr Gesicht ist wenig individuell wiedergegeben und dem geltenden Schönheitsideal entsprechend, ebenso wie das tiefe Dekolleté, hell geschminkt. Die nach unten hängenden Wangen und der Ansatz zum Doppelkinn lassen allerdings die im Alter charakteristischen Gesichtszüge bereits erahnen.
Ebenso wie bei dem Pendant Carl Theodors entsprechen das herrschaftliche Ambiente mit Säule und Vorhangdraperie sowie die gezierte Pose dem gängigen Typus des Staatsporträts in der ersten Hälfte des 18. Jahrhunderts. Das starre Repräsentationsschema wird allerdings durch den geschlossenen Fächer aufgelockert, den Elisabeth Auguste in ihrer Linken hält. Anders als auf einem sehr ähnlichen Porträt von Felix Anton Besoldt im Kurpfälzischen Museum in Heidelberg (Inv. Nr. KMH G 20), bei dem ihre linke Hand auf den neben ihr liegenden Kurhut weist, erhält dieses Bildnis durch den Fächer eine spielerische, fast kokettierende Note.
Da die Porträts des Kurfürstenpaares als Pendants konzipiert sind, wäre zu erwarten gewesen, daß sie einander zugewandt sind. Es ist daher nicht ganz nachzuvollziehen, weshalb beide die gleiche Dreivierteldrehung des Körpers nach rechts mit der Kopfwendung nach links aufweisen. A.K.

Carl Theodor und Elisabeth Auguste 1979; S. 45-48; Eichner 1981, S. 117, Nr. 96; 100 Jahre Rheinische Hypothekenbank 1983, Abb. vor S. 1.

Mannheim, Rheinische Hypothekenbank

Kat. Nr. 1.1.1

1.1.7
Porträt Clemens August von Bayern

George Desmarées (Österby 1697-1776 München), Werkstatt, nach 1746
Öl auf Leinwand, 82 x 67 cm

Clemens August (1700-1761), Herzog von Bayern, Erzbischof und Kurfürst von Köln seit 1723, vollzog die Trauung von Carl Theodor mit Elisabeth Auguste und von Maria Anna von Sulzbach mit Clemens von Bayern. Er trägt über dem Brustharnisch den weißen Ordensmantel mit dem großen applizierten Kreuz des Deutschen Ordens, dessen Hochmeister er seit 1732 war, worauf das an einem Seidenband hängende brillantverzierte Hochmeisterkreuz auf der Brust verweist. Das Gemälde ist eine, nur in Details variierte, Wiederholung eines Ausschnitts des ganzfigurigen Bildnisses von Clemens August im Schloß Augustusburg in Brühl, das George Desmarées 1746 malte. K.-L.H.

Wahl und Krönung in Frankfurt 1987, Nr. VII.2., S. 115.

Frankfurt a. M., Historisches Museum (HMF B 86:186)

Kat. Nr. 1.1.7

1.1.8
Miniaturbildnisse von vierzehn Mitgliedern der Familie des Bayerischen Kurfürsten Karl Albrecht (Kaiser Karl VII.)

München, Mitte 18. Jahrhundert
Aquarell auf Pergament, jeweils 3,4 x 3 cm

Versammelt sind das Kurfürsten- bzw. Kaiserpaar, Karl Albrecht und Maria Amalie, die Geschwister Karl Albrechts sowie seine und deren Kinder samt den jeweiligen Gattinnen. Es fehlt lediglich Karl Albrechts Tochter Maria Walburga, Kurfürstin von Sachsen. Auf das Kaiserpaar folgen in der zweiten Reihe: Karl Albrechts Brüder Kardinal Johann Theodor und Kurfürst Clemens August von Köln, dargestellt als Großmeister des Deutschen Ordens, sowie Karl Albrechts Sohn und Nachfolger Kurfürst Max III. Joseph von Bayern mit Gemahlin. Dritte Reihe: Karl Albrechts Töchter Maria Anna Josepha, Markgräfin von Baden, und Josepha Maria, Gemahlin Kaiser Josephs II., sowie Karl Albrechts Bruder Ferdinand Maria mit Gemahlin. Untere Reihe: Karl Albrechts Bruder Philipp Moritz, Maximilian, Sohn Ferdinand Marias (dritte Reihe) und dessen Bruder Clemens Franz von Bayern mit seiner Gemahlin Maria Anna Josepha, einer Schwester Elisabeth Augustes. Das Paar heiratete gleichzeitig mit Carl Theodor und Elisabeth Auguste am 17. Januar 1742 in Mannheim. Herzog Clemens Franz unterhielt ein besonders inniges Verhältnis zu seiner Schwägerin. P.V.

Buchheit, H.: Katalog der Miniaturbilder im Bayerischen Nationalmuseum. München 1911, Nr. 443-456.

München, Bayerisches Nationalmuseum (R 5419)

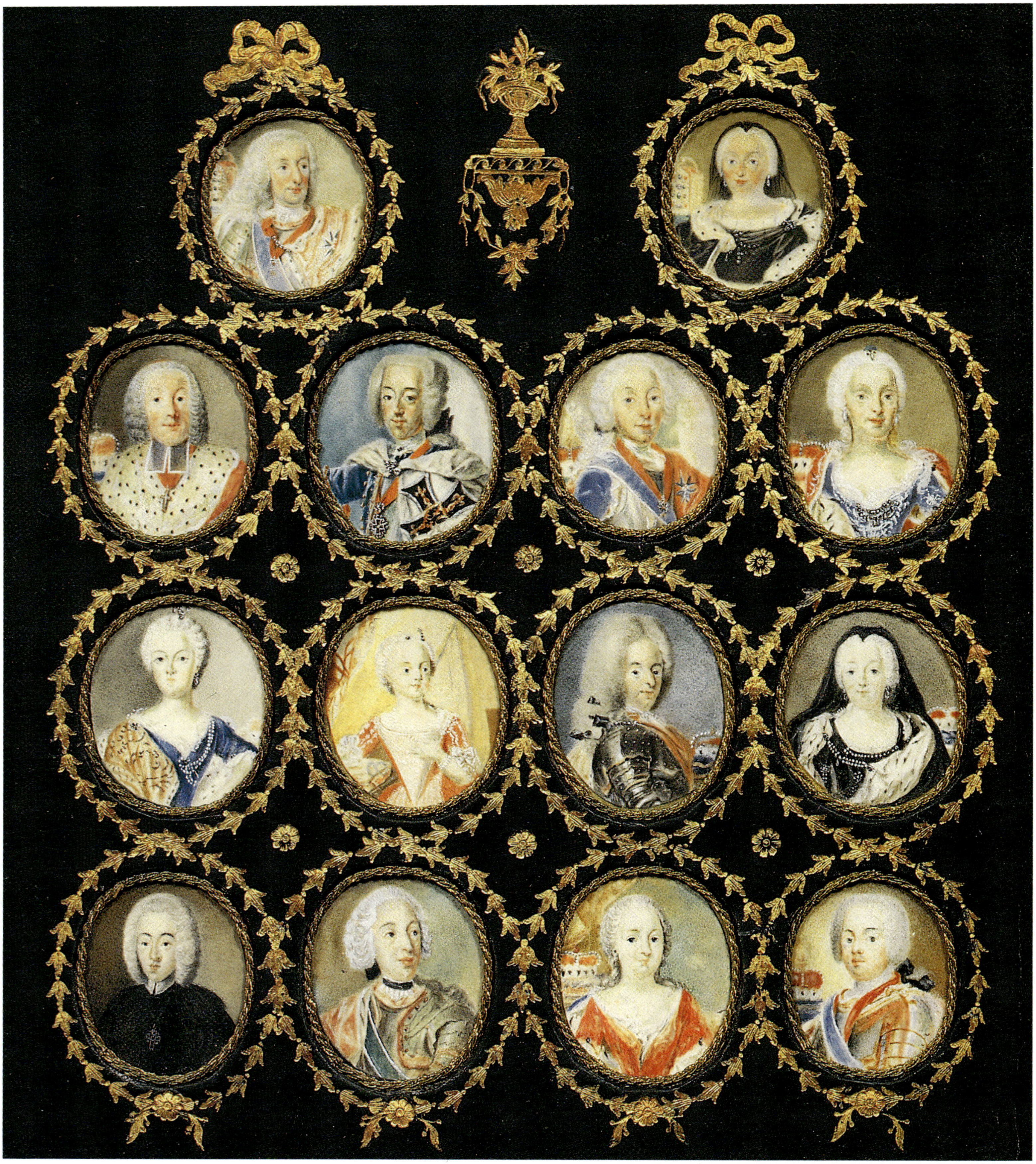

Kat. Nr. 1.1.8

1.1.9
Festschrift zur Hochzeit von Carl Theodor mit Elisabeth Auguste und von Clemens von Bayern mit Maria Anna von Sulzbach

a Bey der erfreulichen Aggratulation An dem Höchst-Freudenreichen Pfältzischen Glorwürdigsten Ehren-Tag der ... Printzeßin Mariae Elisabethae Augustae von Sultzbach, ... Mit ... Carolo Philippo Theodoro Hertzogen von Sultzbach ... als majestättischer Illumination ... glorreich vollzogen. Mannheim. 1742 ... gedruckt in der Churfl. Hoff = Buchdruckerey durch Matth. Oberholtzer

b Bey der erfreulichen Aggratulation An ... der Printzeßin Mariae Annae Josephae von Sultzbach, ... mit ... Clemente Francisco, Hertzogen in Bayern ... Als welche Höchst treuwehrtiste Vermählung ... unterm 15. Monaths Januarii1742 ... glorreich vollzogen. Mannheim. 1742 ... Gedruckt in der Churfl. Hoff=Buchdruckerey durch Matth. Oberholtzer.

Johannes Philippi, Mannheim, Hofdruckerei, 1742
Papier, b. mit Kopfvignette, je [4] S., je 30 x 20 cm

Das Tagesdatum ist in dem Druck falsch angegeben: es war der 17. Januar 1742, der einundzwanzigste Geburtstag Elisabeth Augustes. Sie und ihr Gemahl Carl Theodor waren Cousin und Cousine; ihre Väter Joseph Karl Emanuel und Johann Christian Joseph von Pfalz-Sulzbach waren Brüder. Am gleichen Tag heirateten in Mannheim Elisabeth Augustes Schwester Maria Anna und Clemens Franz von Bayern. Es war ein prächtiges Fest des Gesamthauses Wittelsbach in der Pfalz und in Bayern. Die Festschrift nennt im Titel zuerst Elisabeth Auguste von Pfalz-Sulzbach, denn sie war als Enkelin des regierenden Kurfürsten Carl Philipp vor ihrem Gemahl die Ranghöhere. H.E.Vt./I.G.

Mannheim, Reiss-Museum (Mh 9042 u. Mh 9050)

Kat. Nr. 1.1.10

1.1.10
Allianzwappen des Kurhauses Pfalz-Sulzbach

Johann und Joseph Klauber, Augsburg, vor 1777
Kupferstich

Ein dreifaches Wappen, unten in der Mitte die Initialen CT auf Gold in einer Kartusche.
Der Schild rechts: Herzstück der Pfälzer Löwe gold auf schwarz, rechts oben die bayerischen Rauten weiß/silber-blau, links oben der Löwe von Jülich schwarz auf gold, rechts unten die Lilienhaspel von Kleve gold auf rot, links unten der Löwe von Berg rot auf weiß/silber. Der Schild links: rechts oben der Querbalken der Grafschaft Moers rot auf gold, links oben der Dreiberg von Bergen op Zoom grün und silber auf rot, rechts unten der Löwe der Grafschaft Veldenz blau auf silber, unten Mitte das Schachbrett der Grafschaft Sponheim rot-weiß auf gold, unten links die Sparren der Grafschaft Ravensberg rot in silber.

Überschrift:
GLORIOSA / IN ECCLESIA ET IMPERIO /
HEROUM ET HEROIDUM / MATER
(Ruhmreiche Mutter von Helden und Abkömmlingen von Helden in Kirche und Reich)
Als Unterschrift ein lateinisches Distichon:
Magna Parens Comitum, Electorum Maior, et ultra: (Hexameter)
Caesarum et Regum Maxima: quanta Domus! (Pentameter)
(Als Ursprung von (Pfalz)grafen schon groß, von Kurfürsten noch größer, darüber hinaus als Stammhaus von Kaisern und Königen am größten! Wie groß ist das Haus!)

Die Umschrift lautet:
NEOBURGICO-SOLISBACENSIS, PALATINO-ELECTORALIS DOMUS
(Das kurfürstlich-pfälzische Haus Neuburg-Sulzbach)

Das Emblem-Wappen ist wegen des fehlenden Herzschildes mit Reichsapfel vor dem bayerischen Erbfall 1777 anzusetzen, denn Carl Theodor erhielt erst mit der Übernahme der bayerischen Kurwürde das Amt des Erztruchsessen wieder zurück. H.P.

Mannheim, Privatbesitz (Sammlung Christian Freund)

1.1.11
Wandteppich mit Kurpfälzischem Wappen

Heidelberg, Kurpfälzische Savonnerie-Manufaktur, Stephan Bossmann und Peter Jesse, 1763-68
Knüpfteppich mit Wollkette und Leinenschuß, Persischer Knoten (ca. 1800 Knoten/m²), H. 380 cm, B. 147 cm

Der Wandteppich gehört zu einer Serie von zehn Behängen, die Kurfürst Carl Theodor 1763 für sein Audienzzimmer im Schloß in Mannheim anfertigen ließ. Mit der Ausführung wurde die 1756 von Stephan Bossmann im Mannheimer Schloß gegründete und ab 1762 in Heidelberg ansässige Kurpfälzische Savonnerie-Manufaktur betraut, die ab 1766 – nach dem Tod Bossmanns – unter der Leitung von Peter Jesse bis etwa 1790 bestand. Diese Manufaktur war auf die Herstellung von Bodenteppichen, Tischdecken, Möbelbezügen, Baldachinen und großformatigen Wandbehängen in Knüpftechnik spezialisiert. Die Bezeichnung „Savonnerie-Manufaktur" geht auf einen 1627 in einer Pariser Seifenfarbik eingerichteten Betrieb zurück, der Teppiche in Knüpftechnik fertigte und aufgrund seiner Erfolge zum Vorbild für andere Manufakturen in Europa wurde.
Im Zentrum des hochrechteckigen Wandbehangs ist auf hellgrünem Grund das kurpfälzische Wappen mit Kurhut, der Ordenskette des St. Hubertus-Ritterordens und dem Regalienschild mit dem Tilgungszeichen „D" (lat. delere) dargestellt. Dieses Tilgungszeichen bezieht sich auf das Amt des Erztruchsessen, das die Pfalz 1623 verloren hatte und unter Carl Theodor 1777 mit der Übernahme der bayerischen Kurwürde zurückerhielt. Eingerahmt wird das Wappen von goldenem Stabwerk mit Rocaillen, Blütenranken, Girlanden und einem Früchtekorb. P.H.

Barock in Baden-Württemberg 1981, Bd. 1, Nr. E 5, S. 380f. (bearb. von Eva Zimmermann, auf deren Forschungen wir uns stützen).

München, Bayerische Verwaltung der staatlichen Schlösser, Gärten und Seen, Residenz Landshut (La. Res. T1)

Kat. Nr. 1.1.11

Kat. Nr. 1.1.12 Vorderseite

Kat. Nr. 1.1.12 Rückseite

1.1.12
Medaille auf die Hochzeit des Kurfürstenpaares

Wiegand Schäffer (1689-1758), 1742
Silber, Dm. 5,8 cm

Die repräsentative Medaille zeigt auf der Vorderseite das Porträt des sich anblickenden jungen Paares und auf der Rückseite die von Löwen gehaltenen vereinigten pfalz-neuburgisch-sulzbachischen Wappenschilde unter einem Kurhut. Das Motto QUAM BENE CONVENIUNT (Wie gut sie zusammenpassen) ist einem Brief des römischen Schriftstellers Ovid entnommen. H.-J.S.

Stemper 1997, S. 473, Nr. 473.

München, Staatliche Münzsammlung (o. Nr.)

1.1.13
Dukat der Stadt Mannheim auf die Hochzeit des Kurfürstenpaares

Wiegand Schäffer (1689-1758), 1742
Gold, Dm. 2,2 cm

Anläßlich von Fürstenhochzeiten ausgeprägte Goldmünzen wurden im 18. Jahrhundert in der Regel an die Festteilnehmer als Erinnerungsstücke verschenkt. Abschläge in Silber kamen unter das bei der Trauung anwesende Volk zur Verteilung. Das Formular "Senat und Volk von Mannheim" ist dem römischen "Senatus Populusque Romanus - SPQR" nachempfunden. H.-J.S.

Haas-Gesche 1972, S. 22, Nr. 1 (Silberabschlag); Stemper 1997, S. 474, Nr. 474.

Mannheim, Reiss-Museum (III g 1472)

Kat. Nr. 1.1.14 Vorderseite

Kat. Nr. 1.1.14 Rückseite

1.1.14
Medaille auf den Regierungsantritt in der Kurpfalz am 1. Januar 1743

Wiegand Schäffer (1689-1758), 1743
Silber, Dm. 4,8 cm

Die Vorderseite zeigt das Doppelporträt des jugendlichen Kurfürstenpaares, das am 1. Januar 1743 die Nachfolge des am 31.12.1742 verstorbenen Carl Philipp antrat. Die Rückseite mit dem Ring, auf dem Füllhörner und ein Januskopf zu sehen sind, steht für die Kontinuität der glückverheißenden Regierung des pfälzischen Fürstenhauses. H.-J.S.

Gesche 1981, S. 17, Nr. 10; Stemper 1997, S. 476, Nr. 477.

Mannheim, Reiss-Museum (III g 2006)

Kat. Nr. 1.1.15

1.1.15
Kasel

Um 1748
Seidengewebe, Silberklöppelspitze, Seidenstickerei, Silberkordel, L. 108 cm, B. 76,5 cm

Die Kasel hat die sogenannte Baßgeigenform, wie sie für Meßgewänder in der Barockzeit üblich ist. Der rosafarbene, heute fast vollständig mit der Maschine überstickte Gewandstoff ist reich mit Silberspitzen verziert. Sie dienen als Einfassung der Kanten und markieren den Stab auf der Vorder- und das Kreuz auf der Rückseite des Gewandes. Als weitere Dekoration sind kleine, farbig gestickte Blüten auf die Kasel appliziert. Die Silberkordeln an den Kanten und der Futterstoff sind erneuert. Das originale, rosafarbene Leinenfutter hat sich nur bei dem zugehörigen Kelchvelum erhalten.

Liturgische Gewänder mit einer vergleichbar kostbaren Spitzenverzierung sind selten und meist in Zweitverwendung aus höfischen Kleidern entstanden. Bei dem vorgestellten Beispiel stammen die Silberspitzen mit großer Wahrscheinlichkeit von einem der Hochzeitskleider von Elisabeth Auguste oder ihrer Schwester Franziska. Beide trugen zu ihrer Hochzeit nachweislich Roben aus kostbaren Spitzen, die sie 1748 der Jesuitenkirche in Mannheim schenkten. P.H.

Mannheim, Jesuitenkirche

1.2
Carl Theodor: Familie, Kindheit, Jugend

Carl Theodor war der einzige Sohn des Herzogs von Pfalz-Sulzbach, Johann Christian Jospeh (1700-1733), und seiner ersten Gemahlin Maria Henriette Leopoldine (1708-1728) de la Tour, Marquise zu Bergen op Zoom, Herzogin von Auvergne. Die Vermählung hatte am 15. Februar 1722 in Bergen op Zoom stattgefunden. Carl Theodor wurde am 11. Dezember 1724 in Schloß Drogenbush bei Brüssel geboren. Bereits als kleines Kind erhielt er den kurpfälzischen Hausorden zum heiligen Hubertus, der, 1444 gestiftet, von Kurfürst Johann Wilhelm am 29. September 1708 erneuert worden war. Nach dem frühen Tode seiner Mutter im Jahre 1728 kam der Vierjährige in die Obhut seiner Urgroßmutter, der Herzogin von Arenberg und Aerschott in Brüssel. Seinen Großvater, den Herzog Theodor Eustach (1659-1732) von Sulzbach hat der kleine Carl Theodor noch erlebt.

Eine erste offizielle Funktion erhielt der fünfjährige Knabe am 7. September 1729 mit der Belehnung von Bergen op Zoom. Am 25. Januar 1731 heiratete Carl Theodors Vater ein zweites Mal: eine Prinzessin Eleonore Philippine Christine von Hessen-Rheinfels-Rotenburg. Der Siebenjährige wurde nach Sulzbach gebracht. Der Jesuitenpater Staudacher wurde als Lehrer des Knaben bestellt. Am 20. Juli 1733 starb Carl Theodors Vater und das Kind war nun der voraussichtliche Erbe der Kurpfalz, denn es war festgelegt, daß nach dem Tode des Kurfürsten Carl Philipp aus dem Hause Pfalz-Neuburg die seit 1615 selbständige wittelsbachisch-pfälzische Nebenlinie Sulzbach zur Regierung kommen würde. Carl Theodors Vater und Kurfürst Carl Philipp hatten 1733 noch festgelegt, daß Carl Theodor einmal die Enkelin des regierenden Kurfürsten, Elisabeth Auguste von Pfalz-Sulzbach, seine Cousine, heiraten sollte. Nach dem Tode von Carl Theodors Vater Johann Christian Joseph wurde der Sohn Herzog von Sulzbach (am 30.7.1733), Kurfürst Carl Philipp wurde Carl Theodors Vormund und regierte für ihn.
Zudem ließ er im Jahre 1734 Carl Theodor an seinen Hof nach Mannheim bringen, um ihn dort weiter zu erziehen. Eine große Rolle spielte dabei der Jesuitenpater und Theologieprofessor Franz Seedorff, der seit November 1732 sein Lehrer und Beichtvater war und es viele Jahre bleiben sollte. Festigung des katholischen Glaubens war oberstes Erziehungsziel neben Sprachenlernen, Geschichte, Justiz und Staatswirtschaft. Als Oberhofmeister erhielt Carl Theodor den Freiherrn von Sickingen. Ob der als Erbe der Kurpfalz Bestimmte auch seine Neigung zu Elisabeth Auguste, die ebenfalls in Mannheim erzogen wurde, vertiefen konnte, ist ungewiß. Am 17. Januar 1742 wurden die beiden getraut. Am 31. Dezember 1742 starb der greise Kurfürst Carl Philipp und Carl Theodor, der Erbe, trat die Regierung in Kurpfalz an. *I.G.*

Kat. Nr. 1.2.1

1.2.1
Kurfürst Carl Philipp von Pfalz-Neuburg

Joh. Frans van Douven (1656-1721)
Öl auf Leinwand, 134,5 x 99 cm

Signiert und datiert links unten: J.F. Douven ad vivum pinxit 1725

Kniestück, halb nach links gewendet, der Kopf en face. Der Kurfürst mit Allonge-Perücke, deren Locken über die Schultern fallen, trägt einen Prunkharnisch, darüber einen Hermelinumhang. Auf der Brust ruhen die Ketten und Kleinode des Hubertus-Ordens und des Ordens des Goldenen Vlieses. Carl Philipp (1661-1742) stützt sich mit der rechten Hand auf den Feldherrnstab. Im Hintergrund öffnet sich ein Ausblick auf eine Landschaft.

I.Z.

Eichner 1981, S. 51 f., Nr. 10.

Düsseldorf, Stadtmuseum (B 34)

Kat. Nr. 1.2.2

1.2.2
Porträt des Pfalzgrafen Johann Christian Joseph von Sulzbach

Jean Pierre Gaudréau (Paris 1694-1731 Mannheim), 1730
Öl auf Leinwand, 81,5 x 65 cm

Bez. : o. l.: Christian Pfaltzgraff:/von Sultzbach; rücks: JP. Gaudréau peint/ L'Année 1730

Pfalzgraf Johann Christian Joseph von Sulzbach (1700-1733) trägt die nur Mitgliedern des Hauses Wittelsbach zustehende Ordenskette mit dazugehörigem Ordenskreuz der fürstlichen Klasse des Hubertus-Ordens und das Mantel-Kreuz mit dem Wahlspruch des Ordens „In Trav Vast". Der Pfalzgraf von Sulzbach wurde 1729 nach dem Tod seines älteren Bruders, des Pfalzgrafen Joseph Emanuel August, Erbprinz von Sulzbach und nach dem Tod seines Vaters regierender Fürst von Sulzbach sowie nächster Anwärter auf die pfälzische Kurwürde, die durch seinen frühen Tod an seinen einzigen Sohn Carl Theodor fiel.

Jean Pierre Gaudréau, Schüler von Nicolas Largillière (1656-1746) und Hyazinthe Rigaud (1659-1743) in Paris, wurde 1721 Herzoglicher Hofmaler in Zweibrücken und 1723 von Kurfürst Carl Philipp zum kurpfälzischen Hofmaler in Mannheim ernannt. K.-L.H.

Medding 1962; Eichner 1981, S. 67/68; Swoboda 1981, Nr. 3, S. 10/11.

Mannheim, Reiss-Museum (RMM 1978/4)

1.2.3
Carl Theodor als Kind

Unbekannter Künstler, Konrad Mannlich (?) (Augsburg 1700-1758 Zweibrücken), um 1727
Öl auf Leinwand, 84 x 64 cm

Das um 1727 entstandene Kinderbildnis zeigt, leicht nach links gewandt und in die rechte Bildhälfte gerückt, den vor einem mit Vorhang halbverdeckten Landschaftsausschnitt sitzenden Carl Theodor als Kniestück. Der etwa Dreijährige wendet sein Gesicht dem Betrachter zu und offeriert ihm mit der Linken eine Nelke, während die Rechte den wittelsbachischen Hubertusorden vorweist.

Tief in die Stirn gezogen, trägt er auf dem Kopf eine Husarenkappe mit Schwungfedern und, den hygienischen Gepflogenheiten der Zeit gemäß, als Knabe ein Kleidchen. Es hat am Fischbeinmieder ein spitzengefaßtes tiefes Dekolleté und einen weitgeschnittenen Rock, der sich in gefällig weich modellierten Falten im Schoß bauscht. Dessen subtil von Lichtreflexen durchwirkter rosa Brokatstoff bestimmt den Gesamtklang des Bildes, in dem die rotweißen Farben von Pfalz-Sulzbach im Orden, im Federschmuck der Kappe und in der Nelke Akzente setzen.

Die unkindliche Haltung und das Sitzmotiv weisen das höfische Kinderporträt als offizielles Repräsentationsstück aus, das Nelkenattribut läßt die Interpretation als Brautwerbebild zu, hatte doch Kurfürst Carl Philipp seine Enkelin Elisabeth Auguste bereits für den jungen Prinzen als Gemahlin bestimmt.

Für die Zuschreibung des unsignierten Porträts wurden neben Konrad Mannlich auch Jan Frans Douven (1656-1727) und Jan Philips van der Schlichten (1681-1745) vorgeschlagen. A.F.

Carl Theodor und Elisabeth Auguste 1979, S. 73, Nr.28; Eichner 1981, S. 44 u. 86, Nr. 53.

Heidelberg, Kurpfälzisches Museum (Sammlung Graimberg 1879, G 432)

Kat. Nr. 1.2.3

Kat. Nr. 1.2.4

1.2.4
Porträt des jugendlichen Kurfürsten Carl Theodor

Jan Philips van der Schlichten (1681-1745), um 1743
Öl auf Karton, 42 x 28 cm

Der Kurfürst mit einem auffällig großen Kopf auf einem schlanken Jünglingskörper steht in der Halle eines Schlosses. Das Fenster im Hintergrund gibt den Ausblick in einen Park frei. Der junge Kurfürst zeigt auf den auf einem Samtkissen liegenden Kurhut. In der Rechten hält er den Feldherrrenstab. Er trägt über dem Brustharnisch einen reich bestickten Frack. I.Z.

Eichner 1981, Nr. 55; Carl Theodor (Ergänzungskatalog) 1979, Nr. 28a.

Düsseldorf, Stadtmuseum (B 50)

1.2.5
Porträt François de Fégely (Franz Seedorff)

Unbekannter Künstler, nach 1758
Öl auf Leinwand, 107 x 77 cm

Beschriftet auf den Buchrücken im Bild:
LETTRES/ CONTRO /TOM. I.//LETTRES/CONTROV/TOM II// RESPONS. AT/PFAFFIUM.//SCRITTURA/SACRA. FIDE
Auf dem Untersatz:
R. P. FRANC. FEGELI A SEEDORF. FRIB. HELV.7 NAT. 31. DEC. 1691. SOC. INGRESSUS 14. OCT. 1709. THEOL. DOCUIT ANN. 7. INGOLST. UBI ODEUM/ MARIANUM CONSTRUXIT. THLGIAE, IURISPR. HIST. MATH. MEDIC. PHIL. ELOQ. GRAECAE LING. PERITISSIMUS: CAROLI THEOD. ELECT. PALAT. INSTRUCT. ET CONF. PER 25. ANN./CHRISTIANUM, ET FRIDERIC. PRINC. BIPONT. AD ORTHOD. FIDEM REDUXIT, LITTERIS/POLEM. IN PRAECIPUAS EUROP. LING. VERSIS, QUAS BENEDICT. 14. P. M. IN PAUCIS ERGREGIAS, / AUCTOREM VERO VIRUM SPNTISSIMUM PRAEDICAVIT. FUIT IN CONSILIIS ORACULUM, IN/ ADVERSIS IMMOTUS, IN HONORIBUS HUMILIS, IN PAUPERES PRODIGUS, IN AULA SOLIDE RE/ LIGIOSUS, IN COLL. TEMPL. BIBL. MANHEIM MUNIFICENTISSIMUS, ECCLESIAE VERO FRIB. / HELV. S. I. BENEF. INSIGNIS. OBIIT SCHWEZINGIAE 10. IUL. 1758. AET. 67.

Franz Seedorff (1691-1758), Jesuit und Professor in Ingolstadt, war seit 1732 Erzieher und bis 1758 Beichtvater Carl Theodors. Das Porträt Pater Seedorffs gehört zu einer Folge von Porträts von vier aus Fribourg stammenden Jesuiten des 17. und 18. Jahrhunderts, die von einem unbekannten Künstler im dritten Viertel des 18. Jahrhunderts gemalt wurde und im Jesuiten-Kolleg Saint-Michel in Fribourg aufbewahrt wird. Pater Seedorff hatte sich um das Kolleg verdient gemacht, indem er den Umbau der Kirche des Kollegs anregte und unterstützte. K.-L.H.

Strub 1959, S. 153.

Fribourg, Collège Saint-Michel (347)

1.2.6
Plan des Etudes d'un Jeune Prince

Papier, Konzept, 3 Doppelblätter, 21,2 x 33,5 cm (geschlossen)

Carl Theodor, der die ersten neun Jahre seines Lebens bei seiner Urgroßmutter Marie Henriette de Caretto Marquesa de Savona y Grana, verwitwete Herzogin von Arenberg, in deren Brüsseler Stadthaus und in deren Landschloß Drogenbusch bei Brüssel verbracht hatte, kam 1734 als Vollwaise an den Hof Kurfürst Karl Philipps nach Mannheim. Als Erzieher begleiteten den jungen Prinzen der gebürtige Schweizer und ehemalige Ingolstädter Professor Franz Seedorff SJ sowie der aus Belgien stammende, schon lange in kurpfälzischen Diensten stehende Joseph Albert Marquis d'Ittre; nun wurde mit der Erziehung des Erbprinzen zusätzlich Chevalier de Fourneau, ein Verwandter d'Ittres, betraut. Dieser Personenkreis dürfte für den anonymen und undatierten Erziehungsplan für einen Prinzen verantwortlich zeichnen. Hauptziele der Erziehung waren die Formung des Herzens und die Förderung des Geistes sowie die Mäßigung der Leidenschaften. Religion und Moral - der Fürst sollte seinen Untertanen Vorbild sein - standen also im Mittelpunkt. Dann erst folgten die Unterrichtsfächer Geschichte, Chronologie, Geographie, Mathematik und Physik sowie Recht, wobei Grundkenntnisse des Reichsrechtes als für einen Prinzen ausreichend erachtet wurden. Fremdsprachen und Reitkunst rundeten das Unterrichts- und Erziehungsprogramm ab. C.G.

Mörz 1991, S. 13-16.

München, Bayerisches Hauptstaatsarchiv, Geheimes Hausarchiv (Korrespondenzakten 1200)

Kat. Nr. 1.2.6

1.2.7
Väterliche Ermahnungen des bayerischen Kurfürsten Maximilians I. an seinen Sohn

Monita Paterna Maximiliani utriusque Bavariae Ducis, S.(acri) R.(omani) I.(mperii) Electoris & Archidapiferi, ad Ferdinandum-Maria [...] In quatuor linguis exposita, [...] Ratisbonae [Regensburg] Apud Joh. Henricum Böhm [...] Anno MDCCXXX.

Regensburg, 1730

Provenienz: Bibliothek des Mannheimer Jesuitenkollegs

1639 hatte Kurfürst Maximilian I. von Bayern für seinen dreijährigen Sohn Ferdinand-Maria von dem Jesuiten Johannes Vervaux „Väterliche Ermahnungen" zusammenstellen lassen, die in der Tradition der Fürstenspiegel-Literatur diesem das Idealbild eines christlichen, näherhin katholischen Fürsten vor Augen stellen sollten. Sie richteten sich wohl zumindest indirekt gegen die rationalistischen Forderungen, die Niccolo Macchiavelli in seinem Principe (1516) an die Regierungskunst des Fürsten stellte, und betonten die Fundierung einer gerechten Fürstenherrschaft in den Normen des christlichen Glaubens. Als - nicht deutlich auszumachende - Hauptquellen dieses Fürstenspiegels kommen die staatswissenschaftlichen Schriften des Neustoikers Justus Lipsius und des Jesuiten Adam Contzen, eines wichtigen Beraters Maximilians, in Frage. Das von Maximilian bzw. seinem Geschichtsschreiber Vervaux entwickelte Bild des idealen Fürsten betont ganz in der ins Mittelalter zurückreichenden Tradition Gerechtigkeit (iustitia) und Milde (clementia) als Haupttugenden des Herrschers, der nicht zuletzt die Armen zu schützen hat und sich bei seiner Regierung uneigennütziger und aufrichtiger Räte bedienen soll. Erstmals 1662/63 von Vervaux in seinen „Annales Boicae Gentis" veröffentlicht, wurden die „Monita Paterna" in der Folgezeit wiederholt publiziert, wohl nicht zuletzt deshalb, weil sie in ihrer Allgemeinheit und ethischen Orientierung für jeden (katholischen) absolutistisch regierenden Fürsten gelten konnten. Die vorliegende viersprachige Ausgabe (Latein, Deutsch, Französisch, Italienisch) wurde von Peter Ludwig du Crest in Regensburg herausgegeben und mehreren Urenkeln Maximilians I. gewidmet. In den Instruktionen der katholischen Wittelsbacher für die Thronfolger und Prinzen des Hauses spielen die „Monita Paterna" eine grundlegende Rolle. Das vorliegende Exemplar stammt aus dem Besitz von Pater Franz Seedorff SJ, der als Beichtvater Carl Theodors fungierte. Er wird bei seinen Beratungen mit dem jungen Fürsten die Maximen des Buches immer wieder zu Rat gezogen haben. H.W.

Kat. Nr. 1.2.7

Schmidt, Friedrich: Geschichte der Erziehung der bayerischen Wittelsbacher von den frühesten Zeiten bis 1750. Urkunden nebst geschichtlichem Überblick und Register. Berlin 1892, S. 105 ff.; Dollinger, Heinz: Kurfürst Maximilian I. von Bayern und Justus Lipsius. Eine Studie zur Staatstheorie eines frühabsolutistischen Fürsten. In: Archiv für Kulturgeschichte 46 (1964), S. 227-308; Malisch, Kurt: Katholischer Absolutismus als Staatsraison. Ein Beitrag zur politischen Theorie Kurfürst Maximilians I. von Bayern. München 1981; Albrecht, Dieter: Maximilian I. von Bayern 1573-1651. München 1998, S. 346-351 mit weiterer Literatur.

Mannheim, Universitätsbibliothek (102/246)

1.2.8
Medaille auf die Jugendzeit des Kurfürsten

Wiegand Schäffer (1689-1758), 1739
Silber, Dm. 5,0 cm

Die erste Medaillenprägung auf den späteren Kurfürsten zeigt ein lebensnahes Porträt des fünfzehnjährigen Pfalzgrafen sowie in der Umschrift seinen ursprünglichen Namen Carl Philipp Theodor, den er erst mit dem Regierungsantritt 1743 in Carl Theodor umwandelte. Die Phantasiedarstellung der Rückseite mit einem Garten und der emporsteigenden Fontäne ist ein im 18. Jahrhundert verbreitetes Symbol auf das glückliche Heranwachsen eines Prinzen. H.-J.S.

Stemper 1997, S. 472, Nr. 471.

Mannheim, Reiss-Museum (III g 1265)

1.2.9
Dankschreiben des Erbprinzen Carl Theodor für ein Buchgeschenk

Schwetzingen, 12. Juli 1740
Brief, eigenhändig, Papier, 23 x 19 cm

Der Erbprinz bedankt sich in deutscher Sprache bei einem Kammergerichtspräsidenten für ein Buchgeschenk. Dabei handelt es sich wohl um das letzte Werk des Dichters Benjamin Neukirch (1665-1729), den „Ansbacher Telemach", eine Übersetzung des berühmten Fénelonschen Prinzenromans (Kat.Nr. 1.2.10).
Vor 1743 führte Carl Theodor verschiedene Namenskombinationen und Titelformen, darunter auch die hier verwendete. F.T.

Allgemeine Deutsche Biographie 23 (1886), S. 510-512.

Mannheim, Stadtarchiv (Kleine Erwerbungen, Nr. 421, Bl. 1)

Kat. Nr. 1.2.8 Vorder- und Rückseite

1.2.10
Die Begebenheiten des Prinzen von Ithaca oder der seinen Vater suchende Telemach

François de Salignac de la Mothe Fénelon (1651-1715), Onolzbach, 1727-1739
Papier, Druck, 3 Bde. 8°

Dieser staatspolitische pädagogische Bildungsroman, der hier in der Übersetzung des deutschen Dichters Benjamin Neukirch (1665-1729) vorliegt, wurde von dem französischen Priester Fénelon während seiner Zeit als Erzieher des präsumptiven französischen Thronfolgers, einem Neffen Ludwigs XIV, unter dem Titel „Suite du quatrième livre de l´odyssé d´Homère, ou les avantures de Télemaque, fils d´Ulysse" 1796/97 verfaßt.

Das Werk steht ganz in der Tradition des antiken Abenteuerromans und war eigens dazu konzipiert, den Prinzen auf seine spätere Herrschertätigkeit vorzubereiten. Die zahlreichen Abenteuer Telemachs geben Fénelon immer wieder Anlaß zu pädagogischen Gesprächen, welche in einen Entwurf eines idealen Herrscherbildes münden.
1699 ohne Fénelons Wissen veröffentlicht, wurde der Roman in Frankreich zunächst aufgrund seines progressiven Gedankenguts und vermuteter Herrscherkritik am Königshaus bis 1717 verboten, bevor er zu einem der meistgelesen Bücher des frühen 18. Jahrhunderts avancierte. D.D.

Carcassonne, Ely: Fénelon, l´homme et l´oeuvre (=Connaissance des lettres 18). Paris 1946; Kapp, Volker: Télémaque de Fénelon. La signification d´une oeuvre littéraire à la fin du siècle classique (=Etudes littéraires françaises 24) Tübingen 1982.

Stuttgart, Württembergische Landesbibliothek (HB 5653)

1.2.11
Medaille auf den Regierungsantritt in Sulzbach

Wiegand Schäffer (1689-1758), 1741 (?)
Silber, Dm. 4,1 cm

Der Anlaß der Ausprägung dieser undatierten Medaille ist unklar. Das jugendliche Porträt des Pfalzgrafen in einem prunkvollen Harnisch sowie das religiöse Motto FIDUCIA MEA EST IN DEO (Ich vertraue auf Gott) und der von einem Putto gehaltene Schild mit Monogramm auf der Rückseite lassen jedoch an einen Akt der Herrschaftsübernahme denken. Hierfür käme die am 16. Juli 1741 erfolgte Regierungsübernahme in Sulzbach und Bergen op Zoom in Frage. H.-J.S.

Stemper 1997, S. 472, Nr. 472.

Heidelberg, Kurpfälzisches Museum (M 1069)

1.3
Elisabeth Auguste

Elisabeth Auguste (17.1.1721-17.8.1794) war die älteste Tochter des Pfalzgrafen Joseph Carl Emanuel (2.11.1694-18.7.1729) von Pfalz-Sulzbach und der Prinzessin Elisabeth Auguste Sophie (17.3.1693-30.1.1728) von Pfalz-Neuburg, einer Tochter des regierenden Kurfürsten Carl Philipp (4.11.1661-31.12.1742) von der Pfalz aus dem wittelsbachischen Hause Neuburg.

Die Vermählung der beiden fand am 2.5.1717 in Innsbruck statt. Vier männliche Kinder starben früh. Elisabeth Auguste wurde am 17.1.1721 in Mannheim geboren und am Hof in Mannheim erzogen, zusammen mit ihren beiden Schwestern Maria Anna (22.7.1722-25.4.1790) und Franziska Dorothea (15.6.1724-15.11.1794). Nach dem frühen Tod der Eltern übernahm 1732 Gräfin Violanta von Thurn und Taxis, die unstandesgemäße Gemahlin Kurfürst Carl Philipps, die Erziehung der Prinzessinnen, deren Hauptziel die Festigung im katholischen Glauben und der Erwerb von Fremdsprachenkenntnissen war.

Bereits im Jahre 1733 war Elisabeth Auguste ihrem fast vier Jahre jüngeren Vetter Carl Theodor, dem zukünftigen Kurfürsten, zur Ehe versprochen worden. Die Hochzeit fand am 17.1.1742 in Mannheim statt. Am 31.12.1742 starb Kurfürst Carl Philipp, Elisabeth Auguste wurde Kurfürstin. Ihre Ehe war nicht glücklich. Besonders seit der Geburt eines nicht lebensfähigen Prinzen, Franz Ludwig Joseph, am 28. Juni 1761 entfremdete sich das Kurfürstenpaar immer mehr. Seit 1768 besaß Elisabeth Auguste in Schloß Oggersheim eine selbständige Sommerresidenz, die ihr Carl Theodor geschenkt hatte. Sie bewohnte das Schloß bis Ende des Jahres 1793, als die näher rückenden französischen Revolutionstruppen sie zur Flucht nach Mannheim zwangen. Ab 1794 bis zu ihrem Tod am 17.8.1794 hatte die Kurfürstin ihren Wohnsitz dann in Schloß Weinheim.
Elisabeth Auguste wurde zunächst in der Heidelberger Karmeliterkirche beigesetzt. Seit 1805 ruht sie in der Gruft der Münchner Michaelskirche. *I.G.*

Kat. Nr. 1.3.1

Kat. Nr. 1.3.1

1.3.1
Zwei Porträts der Eltern von Elisabeth Auguste

a Porträt Joseph Carl Emanuel von Sulzbach

Unbekannter Künstler, um 1760
Öl auf Leinwand, 76,8 x 64 cm

Bez. o. r.: Joseph Carl geb: 2./Nov: 1694 Pfaltz/Graf

b Porträt Elisabeth Auguste Sophie von Pfalz-Neuburg

Unbekannter Künstler, um 1760
Öl auf Leinwand, 75,8 x 63,6 cm

Bez. o. r.: Elisabeth Augusta, geb: 17./ Mar: 1693. Pfaltz Graf:

Joseph Carl Emanuel (1694-1729), Pfalzgraf von Sulzbach, trägt über dem Harnisch ein rotes Halsband mit dem Anhänger des Ordens vom Goldenen Vlies, den er 1721 verliehen bekam. 1717 heiratete er die Tochter des Kurfürsten Carl Philipp, Elisabeth Auguste Sophie von Pfalz-Neuburg (1693-1728). Von den sieben Kindern aus dieser Ehe erreichten nur die drei Töchter Elisabeth Auguste, spätere Kurfürstin, Maria Anna, spätere Herzogin von Bayern, und Franziska Dorothea, spätere Pfalzgräfin von Zweibrücken-Birkenfeld, das Erwachsenenalter (s. Kat. Nr. 1.3.2). Die beiden Gemälde des Reiss-Museums wurden wahrscheinlich um 1760 für eine Ahnengalerie nach Originalen kopiert, die 1721 - oder wenig später - gemalt worden waren. K.-L.H.

Eichner 1981, S. 63/66, Nr. 26 u. Nr. 23.

Mannheim, Reiss-Museum (O 236; O 237)

Kat. Nr. 1.3.2

1.3.2
Kurfürstin Elisabeth Auguste und ihre Schwestern beim Musizieren

Jan Philips van der Schlichten (Rotterdam 1681-1745 Mannheim), um 1743/45
Öl auf Birnholz, 40,8 × 52,2 cm

Jan Philips van der Schlichten schuf mit diesem in der Nachfolge seines Lehrers Adriaen van der Werff (1659-1722) sehr fein gemalten, kleinen Bild eines der am Hof in Mannheim äußerst seltenen Gruppenbildnisse.
Es zeigt die Kurfürstin Elisabeth Auguste auf einem Clavichord spielend. Sie wird auf der Laute begleitet von ihrer jüngeren Schwester, Maria Anna (1722-1790), die seit 1742 mit Herzog Clemens von Bayern verheiratet war. Auf der rechten Seite ist die jüngste und zur Entstehungszeit des Bildes noch unvermählte der drei Schwestern, Maria Franziska (1724-1794), dargestellt, die ein Notenblatt in ihrer Hand hält. Rechts im Hintergrund sind hinter Maria Franziska ein Reliefbildnis Carl Theodors sowie hinter Maria Anna eine Büste von Herzog Clemens Franz von Bayern (1722-1790) zu sehen. Im Spiegel ist eine zweite Büste zu erkennen, die vom Vorhang fast verdeckt wird und wohl den zukünftigen Ehemann von Maria Franziska, den Pfalzgrafen Friedrich Michael von Birkenfeld-Zweibrücken (1724-1767), darstellt. K.-L.H.

Thieme/Becker, 30. Bd., 1936, S. 109; Swoboda 1974, Nr. 2, S. 2/3; Wittelsbach und Bayern 1980, Nr. 18, S. 17f.; Eichner 1981, S. 116, Anh. Nr. 8.

Mannheim, Reiss-Museum (RMM 1966/2)

Kat. Nr. 1.3.3

1.3.3
Kniestück des Kurfürsten Carl Theodor

Georg Desmarées (Oesterby/Schweden 1697-1776 München), um 1743/44
Öl auf Leinwand, 178 x 119 cm

Das imposante Kniestück stellt vermutlich eines der ersten Staatsporträts nach der Übernahme der Regierung dar und wurde von verschiedenen Künstlern als Prototyp des Repräsentationsporträts in Kopien und Varianten wiederaufgegriffen.
Es ist ein Beispiel für die Synthese eines auf Hyacinthe Rigaud zurückgehenden barocken Repräsentationsporträts und Gestaltungsprinzipien des Rokoko, wie sie im Werk Georg Desmarées zu beobachten ist. Zu den geläufigen Requisiten des barocken Formenapparates zählen die Säule, die hier auf sehr hohem Postament die untersetzte Gestalt des Kurfürsten längt und bedeutungsvoll überhöht, der vergoldete Konsoltisch mit dem auf Samtkissen ruhenden Kurfürstenhut, die Reichskrone, die auf das Amt des Reichsverwesers hindeutet und der Rüstungshelm mit Federbusch, der auf die militärische Würde verweist. Mit der Dramatik des wehenden Vorhangs und der bewegten Draperie des über der Prunkrüstung getragenen Hermelinmantels scheint die Wolkenbildung über der im Hintergrund sichtbaren Landschaft zu korrespondieren. Der absolutistische junge Fürst mit gepudertem, über den Ohren gelocktem Haar, das in einem langen Zopf über die Schulter fällt, ergreift in Schrittstellung und herrscherlicher Pose die Insignien seiner Macht: Kurfürstenhut und Marschallstab. Mit Blick en face auf den Betrachter, ist er nach links auf seine Gattin ausgerichtet, die ihm als Pendant von Desmarées an die Seite gestellt war (Kat.Nr. 1.3.4). Das Kolorit und das starke Helldunkel bezeugen noch die Schulung des Künstlers durch Piazetta in Venedig. A.F.

Carl Theodor und Elisabeth Auguste 1979, S. 46f. u. 69, Nr. 1; Eichner 1981, S. 40f., 88f., 93f., 102, 114 u. 181, Nr. 60.

Heidelberg, Kurpfälzisches Museum (Sammlung Graimberg 1879, G 431)

1.3.4
Kniestück der Kurfürstin Elisabeth Auguste

Johann Georg Ziesenis (Kopenhagen 1716-1776 Hannover) nach Georg Desmarées, um 1744/46
Öl auf Leinwand, 177 x 118,5 cm

Die vom Carl Theodor-Porträt (Kat.Nr. 1.3.3) abweichende glatte Malweise des Elisabeth Auguste-Bildnisses deutet auf den Maler Johann Georg Ziesenis hin, der sich um 1744/45 im Mannheim niederließ und wohl Kopien nach Gemälden Desmarées anfertigte.
Möglicherweise entstand das Desmaréesche Pendant zum Staatsporträt Carl Theodors auch erst 1746/47 bei einem Aufenthalt des Künstlers am Hof Clemens Augusts in Düsseldorf. Kompositorisch auf ihren Ehegemahl ausgerichtet, aber en face zum Betrachter, steht Elisabeth Auguste vor einer Säule mit hochwehendem Vorhang und Konsoltisch mit Kurfürstenhut.
Ihren auf den Gatten weisenden Arm hat sie auf die Rückenlehne eines vergoldeten Prunksessels gestützt. Sie trägt ein schweres goldbraunes Seidenkleid mit üppig gebauschtem Rock; sein tiefes Dekolleté ist wie die Ärmel mit Spitze dekoriert. Um die Schultern hat die Kurfürstin ihren hermelinverbrämten Samtmantel gelegt, den sie mit der Rechten geziert anhebt. Neben reichem Perlenschmuck trägt sie eine Aigrette in den Locken ihres eng anliegenden Haares. A.F.

Carl Theodor und Elisabeth Auguste 1979, S. 46f. u. 69, Nr. 2; Eichner 1981, Nr. 99a.

Heidelberg, Kurpfälzisches Museum (Sammlung Graimberg 1879, G 430)

Kat. Nr. 1.3.4

1.3.5
Kurfürstin Elisabeth Auguste

Heinrich Carl Brandt (Wien 1724-1787 München), um 1782-85
Öl auf Leinwand, 89,3 x 68,5 cm

Um 1782-85 malte Heinrich Carl Brandt das Altersporträt der Kurfürstin, die sich selbst anläßlich ihres 50jährigen Regierungsjubiläums 1792 als „erste Bürgerin Mannheims" bezeichnete. Im Vergleich zu Johann Georg Edlingers Altersporträt der Elisabeth Auguste von 1781 (Speyer, Historisches Museum) ist der Alterungsprozeß weniger drastisch ins Bild gesetzt, dafür aber die Kleidung schlichter und der Schmuck bescheidener.
Brandts Porträt belegt den allgemeinen Wandel vom fürstlichen Repräsentationsbildnis zum schlichten Bürgerinnenporträt, das in den 70er und 80er Jahren des 18. Jahrhunderts häufig begegnet.
Mit aufmerksamem Blick fixiert die Fürstin den Betrachter, auf den auch ihr am rechten Handgelenk am Samtband getragenes Porträtmedaillon Kurfürst Carl Theodors ausgerichtet ist. Es folgt einer Vorlage Pompeo Girolamo Batonis und verrät den Rang der Porträtierten. Ruhig hält die Fürstin ihre Hände ineinander verschränkt. Die erschlafften Züge des ansonsten weniger individuellen als vielmehr den Brandtschen Porträtkonstanten folgenden Gesichtes tragen realistische Züge. Das schwarze Gewand entspricht dem einer wohlhabenden Bürgerin: Es ist mit Spitzen und Bändern geschmückt und an den Ärmeln mit aufwendigen Spitzendekorationen versehen. Im Dekolleté trägt sie ein weißes „fichu" und auf dem schlicht frisierten Haar eine Dormeuse. Außer dem Porträtarmband bilden kleine Ohrringe, ein Samthalsband und ein schmaler Fingerring ihren einzigen Schmuck. A.F.

Grotkamp-Schepers, 1980, S. 107, Abb. 16; Eichner, 1981, S. 35 u. 130f., Nr. 129.

Heidelberg, Kurpfälzisches Museum (Sammlung Graimberg 1879; G 40)

Kat. Nr. 1.3.5

1.3.6
Tabatière mit den Porträts der Kurfürstin Elisabeth Auguste und des Kurfürsten Carl Theodor

Wohl Frankenthal, um 1760
Porzellan, farbig und mit Gold bemalt, profilierte, z.T. vergoldete Silbermontierung, L. 9,2 cm, B. 7,2 cm, H. 5,6 cm

Doppeldose mit einem großen Deckel auf der Oberseite und zwei kleineren auf der Unterseite; das Innere mit einer horizontalen und einer vertikalen Trennwand enthält drei entsprechende Fächer. Alle Außenflächen überzieht ein blau-weißes Rautenmosaik in Anlehnung an die blau-weißen Rauten der bayerischen Wittelsbacher aus dem Wappen des kurfürstlichen Paares, darin ausgespart auf dem großen Deckel eine Rocaillereserve mit einem Putto auf Wolken. Im Innern der beiden hochrechteckigen Deckel (Unterseite) Allegorien von Frieden und Wohlstand, rechts von Ruhm und Gerechtigkeit.

Im Innern des großen Deckels Elisabeth Auguste in mit Spitzen besetztem Gewand und blauem, mit Hermelin gefüttertem Umhang vor einem Tisch mit Marmorplatte, darauf in reichem Rocaillerahmen das Bildnis ihres Gemahls, des Kurfürsten Carl Theodor im Harnisch und Kurmantel, angetan mit dem roten Band des Hubertusordens; davor der Kurhut auf einem Kissen aus Goldbrokat.

Die Darstellung der Kurfürstin folgt einem von J. G. Ziesenis (1716-76) in seiner Mannheimer Zeit geschaffenen Bildnistypus. Auf dem frühesten, um 1742/43 entstandenen Porträt ist sie in noch jungen Jahren dargestellt. Dagegen zeigen die um 1758 von Ziesenis geschaffenen Bilder Elisabeth Auguste in einem Alter, dem ihre Züge auf dem Tabatièrenbildnis zu entsprechen scheinen (vgl. Bd. 1.1, S. 117, Abb. 6). Die kostbaren Juwelen, die die Kurfürstin hier trägt, sind auf mehreren Porträts zu erkennen, ein Teil davon – wie der graziöse Kopfschmuck und die prachtvollen Ohrgehänge (Kat.Nr. 1.3.7) – hat sich bis heute in der Schatzkammer der Münchener Residenz erhalten.

Schon bald nach seiner Einführung in Europa wandelte sich der exotische Tabak von der Wunderdroge zum Genußmittel. Im Laufe des 18. Jahrhunderts geriet das Tabakschnupfen in der höfischen Welt zu einem Kult, die Handhabung der Tabatière zu einem Ritual äußerster Verfeinerung, die Tabatière selbst zum Passepartout für die galante Welt. Zur Prise griff auch das weibliche Geschlecht. Wie Fächer, Zierstock oder Degen wurde *eine zierliche (Schnupf-) Tabacksdose unter die zu einer galanten Kleidung gehörigen Stücke gerechnet*, wie es das 1773 in dritter Auflage erschienene „Frauenzimmer-Lexicon“ von Amaranthes konstatiert.

Schnupftabak gab es in den verschiedensten Sorten – fein oder grob gerieben, mit *wohlrüchenden Oelen angemacht oder auch mit anderen Kräutern und Blumen versetzt*, weswegen Dosen mit mehreren Fächern in Mode kamen.

Porzellantabatièren mit Porträtminiaturen stehen in der Tradition der goldenen „boîtes-à-portrait“, die Ludwig XIV. von Frankreich als königliche Auszeichnung eingeführt hatte. B.B.-M.

Kat. Nr. 1.3.6

Beaucamp-Markowsky 1985, S. 349f., Nr. 286.

Mannheim, Reiss-Museum (RMM 1990/15)

Kat. Nr. 1.3.7

Kat. Nr. 1.3.8

1.3.7
Girandolen (Ohrgehänge mit beweglichen Pendeloques)

Wohl Josef oder Matthias Bartels, Mannheim, um 1750/60
Gold mit Silber doubliert, Brillanten im Peruzzischliff, 2 runde und 6 birnförmige Orientperlen, H 6,5 cm, B 4 cm

Provenienz: Aus dem Besitz der Kurfürstin Elisabeth Auguste, im 19. Jahrhundert Teil des Krönungsschmucks der bayerischen Königinnen. Schatzkammerinventare Mannheim-München

Am Ohrläppchen eine runde, von Brillanten in Pavéfassungen gerahmte Perle. Befestigungsspange mit Öse für den Entlastungsbügel. Darunter ein großer Brillant im Peruzzischliff in Pavéfassung, umgeben von Ranken und Voluten dicht mit à jour gefaßten Brillanten besetzt. Daran hängend je drei große Birnperlen in Diamant-besetzten Kelchblattfassungen. Auch hier bemerken wir die für Mannheim schon vor 1728 nachgewiesenen rückwärtig offenen à jour Fassungen der Brillanten. Die Perlen stammen aus der Mitgift der Katharina de Medici und weisen die später geschlossenen ursprünglichen Bohrungen auf. Die Winterkönigin trägt diese Perlen schon in gleicher Anordnung auf einem Gemälde in der National Portrait Gallery, London. Girandolen wurden zu Beginn des 17. Jahrhunderts in Spanien Mode, da den Spanierinnen das Tragen tiefer Dekolletés verwehrt war. Von Maria Theresia, der Frau Ludwigs XIV., wurden sie nach Frankreich gebracht und hatten in der Mitte des 18. Jahrhunderts den höchsten Grad an Beliebtheit erreicht.
Elisabeth Auguste liebte große Ohrgehänge bis in ihr hohes Alter. Die prächtigen Girandolen glichen die starke Betonung ihrer unteren Gesichtshälfte auf das Vorteilhafteste aus, wie am Altersporträt im Schwetzinger Schloß von H. K. Brandt ersichtlich (vgl. hierzu auch das Tabatièren-Porträt Kat. Nr. 1.3.6).
Am 14.03.1799 wurden sämtliche von der Kurfürstin Elisabeth Auguste getragene Juwelen hinterlegt, um Gelder für die erschöpfte Staatskasse aufzunehmen (GHA-HU 1713/IVa-e). C.L.F.

Verzeichnis deren von Mannheim überschickten churfürstlichen Juwelen, München, 22. May 1793, Nr.4 (München, GHA Korr Akten 905 1/2); Schauß 1879, B 16; Hofmann/Haeberlin/Kreisel 1937, 638; Thoma/Brunner 1964, Nr. 253/54; Carl Theodor und Elisabeth Auguste 1979, S. 143, Nr. 333; Fuchs, Carl Ludwig: Die Perlen der Medici. In Weltkunst 17 (9.1996) S. 1853ff.

München, Bayerische Verwaltung der staatlichen Schlösser, Gärten und Seen, Residenz München (Res.Mü. Schk. 253/54, WL)

1.3.8
Carmoisierter Brillant in Schnürkastenfassung

Mannheim, um 1740
1 Brillant, 6 Diamanten im Tropfenschliff, 8 größere Brillanten, 30 Brillanten im Verlauf, Gold mit Silber doubliert, H. 3,8 cm, B. 4 cm

Provenienz: Hausgeschmuck der Mannheimer Schatzkammer, Münchner Schatzkammer. Zum Gebrauch der Kurfürstin Elisabeth Auguste (1742-94)

Ovaler Brillant von 56 Facetten um eine 16-eckige Tafel in geschlossener Pavéfassung, carmoisiert mit 30 Brillanten im Verlauf in gleichen Fassungen. Um dieses Mittelstück mit Golddrähten verschnürt eine zweite Carmoisierung mit 14 größeren Brillanten von je ca. 1-2 Karat.
Brillanten in „Schnürkästen" zu fassen war im gesamten 18. Jahrhundert allgemein üblich. Die Mode erforderte einen reichen Besatz der Büste (devant le Corsage), die aus eigens angefertigten Bustièren bestehen konnte, deren Form aber dann unveränderlich war, oder in jeweils neu komponierten Ornamenten bestand, wie wir sie besonders an Gemälden der Kurfürstin bemerken. Die einzelnen Juwelen wurden durch Drähte miteinander verbunden oder einzeln auf die Gewänder genäht.
Dieses Juwel wurde von der Kurfürstin sehr häufig getragen, so auf dem Gemälde von J. G. Ziesenis (Historisches Museum der Pfalz, Speyer, BS 3031) oder auf der Miniatur von F. F. Mayer Pressnitz, die die Kurfürstin zusammen mit ihrem Gemahl zeigt (Kurpfälzisches Museum Heidelberg, MH G 2558, um 1743). Vgl. auch Kat. Nr. 1.3.6.
Der im Münchner Schatzkammerinventar neuerlich verwendete Begriff Coulant ist aus obengenannten Gründen nicht haltbar. C.L.F.

Inventarium des churfürstlichen Hausgeschmucks, Mannheim 1743 S. 28f. (Hauptstaatsarchiv München, Kasten blau 428/19); Schauß 1879, C 14; Hofmann/Stern 1931, Nr. 630; Hofmann/Haeberlein/Kreisel 1937, Nr. 284; Thoma/Brunner 1964, Nr. 307; Lord Twining: A History of the Crown-Jewels of Europe. London 1960, S. 35; Tillander, Herbert: Die Tafeldiamanten der Schatzkammer in München. In: Gold und Silber 22 (1969), S. 69-101; Carl Theodor und Elisabeth Auguste 1979, Nr. 332.

München, Bayerische Verwaltung der staatlichen Schlösser, Gärten und Seen, Residenz München (Res.Mü. Schk. 307, WAF)

1.3.9
Aigrette als Fliege (en tremblant)

Mannheim, vor 1728
Gold, ein großer gelber Halbbrillant, 1 Brillant im Peruzzischliff, 36 Diamanten im Mazarinschliff, L. 3,8 cm, B. 4,2 cm

Provenienz: Wohl als mütterliches Erbteil der Pfalzgräfin Elisabeth Augusta Sophie an ihre Tochter Kurfürstin Elisabeth Auguste. Schatzkammerinventare Mannheim-München

Die Aigrette ist ein beweglicher, für die Coiffure bestimmter Schmuck, meist mit eingehängten Pendilien. In diesem Fall ist die Aigrette als Fliege gestaltet und auf eine Feder (en tremblant) montiert. Den Körper bildet ein gelb foliierter hellgelber Halbbrillant, der Kopf ist aus einem ca. 1 Karat schwerem weißen Brillanten im Peruzzischliff gebildet. Die Flügel sind à jour gesägt und mit Mazarinschliff-Diamanten besetzt (einer fehlt). Im Inventar von 1743 wird das Stück folgendermaßen beschrieben:
Eine andere fliege mit dreyßig sechs kleinen Brillanten besetzt wovon vorn am Kopf ein Brillant gegen drey grains, und ist der leib davon mit einer langen, gelben roßen abgezeichnet. Pro nota: ist expost durch Tit. Horn complet gemacht worden.
Nach dem Tod der Kurfürstin, die dieses Kleinod bis zu ihrem Tode getragen hat, wurde es der Münchner Schatzkammer einverleibt. C.L.F.

Inventarium des churfürstlichen Hausgeschmucks Mannheim 1743 S. 46 Nr. 8 (Hauptstaatsarchiv München, Kasten blau 428/19); Verzeichnis deren von Mannheim überschickten churfürstlichen Juwelen, München, 22. May 1793, Nr. 30 (München, GHA Korr. Akten 905 1/2); Hinterlegung der Juwelen im Leihhaus zur Aufnahme von Geldern für die Staatskasse vom 14.03.1799, Nr. 30 (GHA Korr. Akten 1713); Schauß 1879, B 40; Hofmann/Stern 1931, Nr 643; Hofmann/Haeberlein/Kreisel 1937, Nr. 867; Thoma/Brunner 1964, Nr. 1142; Carl Theodor und Elisabeth Auguste 1979, S. 142, Nr. 331.

München, Bayerische Verwaltung der staatlichen Schlösser, Gärten und Seen, Residenz München (Res.Mü. Schk. 1142, WAF)

Kat. Nr. 1.3.9

Kat. Nr. 1.3.10

1.3.10
Ring auf die Geburt des Prinzen Ludwig von Pfalz-Zweibrücken-Birkenfeld am 25.08.1786

Straßburg 1786
Gold und Silber, 7 Diamantrosen, 29 Brillanten, Stückrosen, blaues Bristolglas, 39 x 17 mm

Provenienz: Der Überlieferung nach aus dem Besitz der Kurfürstin Elisabeth Auguste als Geschenk an eine ihrer Hofdamen

Hochovaler Ringkopf an schmaler Schiene, die in einer stilisierten Lilie und ausgebreiteten C-Linien endet. Das Mittelstück besteht aus einem geschliffenen und polierten bleu-celeste-farbigen Bristolglas und wird von 29 Brillanten zu je 0,05 Karat gerahmt. Auf dem Glas ist in der Mitte ein silberner Stern montiert, der 7 Diamantrosen trägt. Über dem Stern (es ist der aufgehende Stern des Erbprinzen) ein L in Silber mit Stückrosen in Pavéfassungen für „Ludwig", darunter gleichgefaßt und montiert ein M für den Vater Maximilian von Pfalz-Zweibrücken.
Die Kurfürstin besaß eine große Anzahl von Ringen mit Bristolglas und Diamanten sowie eine Menge von Andenkenringen, wie sie am Ende des 18. Jahrhunderts beliebt und gebräuchlich waren. C.L.F.

Heidelberg, Privatbesitz

1.3.11
Portraitmedaillen auf das Kurfürstenpaar

a Anton Schäffer (1722-1799), um 1745/50
Gold, Dm. 3,18 cm

b Anton Schäffer (1722-1799), um1766/67
Silber, Dm. 2,8 cm

c Joseph Scheufel (1733-1812), um 1777/78
Silber, Dm. 5,1 cm

d Johann Heinrich Straub (?-1782), 1778
Silber, Dm. 4,4 cm

e Anton Schäffer (1722-1799), nach 1778
Silber, Dm. 4,0 cm

f Cajetan Destouches (?-1833), um 1786 (?)
Silber, Dm. 5,5 cm

Die sechs Portraitmedaillen des Kurfürstenpaares stammen aus einem Zeitraum von rund vierzig Jahren. Sie zeigen deutlich die sich verändernden Gesichtszüge Carl Theodors und seiner um drei Jahre älteren Gemahlin Elisabeth Auguste im Alter von Mitte zwanzig bis zu sechzig Jahren. H.-J.S.

Haas-Gesche 1972, S. 31-33, Nr. 25-27; Stemper 1997, S. 483, Nr. 487, S. 506, Nr. 516, S. 528, Nr. 540, S. 536, Nr. 549, S. 564, Nr. 581, S. 577, Nr. 598.

Mannheim, Reiss-Museum (III g ,.1486, 1428, 1320, 129, o. Nr.) (a-e)
Heidelberg, Kurpfälzisches Museum (M 1341) (f)

1.3.12
Feuerwerk zum Namenstag der Kurfürstin

Das Feuerwerck an dem Höchst=erfreulichen Nahmens=Feste der Durchlauchtigsten Fürstin und Frauen ... Elisabetha Augusta Pfalzgräfin bey Rhein und Churfürstin ... Den 19ten Novembris 1761 unter der Veranstaltung des Chur=Pfälzischen Artillerie-Mayors Herrn (Johann Peter) Armann vorgestellet und mit poetischer Feder entschildert von ... Mannheim, gedruckt in der Churfürstlichen Hof=Buchdruckerey.

Johann Christoph Schwarz, Mannheim, Hofbuchdruckerei, 1761
[7] S., 31x 20 cm

In den ersten Jahrzehnten ihrer Regierung in Kurpfalz wurden die Namenstage des Herrscherpaares Carl Theodor und Elisabeth Auguste (4. November und 19. November) in Mannheim aufwendig festlich begangen. Es gab feierlichen Gottesdienst, Hofgala, Opernpremieren und meist auch ein aufwendiges Feuerwerk (vgl. Kat. Nr. 2.1.3).
Schwarz, der als Hofpoet Verfasser zahlreicher Festgesänge und Oden war, stellt seiner Poesie auf ein Feuerwerk am Elisabethentag eine Beschreibung voran: Zu sehen war eine große Pyramide mit „dem Auge der Vorsicht" mit Minerva, Zeit und Ewigkeit als Allegorien. Außerdem gab es Mars und Herkules zu sehen sowie Sonne und Mond. H.E.Vt. / I.G.

Mannheim, Reiss-Museum (B 388 c)

1.3.13
Predigt zum Tode der Kurfürstin

Predigt auf das Absterben der Durchleuchtigsten Kurfürstin und Frau Elisabetha Augusta ... am 28. September 1794 gehalten ... zu haben im lutherischen Armenhause.

Karl Benjamin List, 1794
30 S., 19 x 11 cm

Karl Benjamin List war Kurpfälzischer Konsistorialrat und erster lutherischer Pfarrer in Mannheim. Er ist der Verfasser der Geschichte der evangelisch-lutherischen Gemeinde in Mannheim. Neben der Predigt zum Ableben der Kurfürstin Elisabeth Auguste wurden von ihm weitere Predigten, meist „zum Besten der Armen", veröffentlicht. H.E.Vt.

Mannheim, Reiss-Museum (B 388)

1.4
Der tote Thronfolger

Elisabeth Auguste genoß ihr Leben an der Seite des Kurfürsten Carl Theodor am Hof in Mannheim und im Sommer in Schwetzingen. Große Oper, französisches Schauspiel, Bälle und festliche Jagden verschönten ihre Tage. Ihre Hauptaufgabe als Kurfürstin war jedoch die Geburt erbberechtigter Nachkommen, die man ihr bei ihrer Hochzeit gewünscht hatte.
Luftveränderungen, Badekuren, Gebete und Wallfahrten nützten nichts. Um so größer war die Freude, als im März 1761 nach fast zwanzigjähriger Ehe offiziell verkündet wurde, daß die Kurfürstin schwanger sei. Das erhoffte Glück sollte sich jedoch nicht erfüllen. Am 28.6.1761 gebar Elisabeth Auguste den auf Grund der unglücklichen Geburtsumstände nicht lebensfähigen Prinzen Franz Joseph Ludwig, wie das Kind bei der Nottaufe genannt wurde. Es starb am 29.6.1761. Der Kurfürst soll vor Schmerz zusammengebrochen sein. Auf Ratschlag ihrer Ärzte hielt sich die Kurfürstin darauf von Carl Theodor fern; die Ehegatten entfremdeten sich. An eine zweite Schwangerschaft war nicht zu denken. Elisabeth Auguste hat die unglückliche Geburt als Versagen aufgefaßt. Sie soll geäußert haben, daß sie ihrem Lande nicht das gewesen sei, was man von ihr erhoffte und erwartete: eine Landesmutter. I.G.

1.4.1
Kundbarmachung der Schwangerschaft der Kurfürstin Elisabeth Auguste

Düsseldorf, 27. Martii [März] 1761
Holzschnitt auf Papier, 3 Seiten, 32,5 x 20,5 cm

Der unter der Anrede *Liebe Getreue* an die Untertanen in den Herzogtümern Jülich und Berg gerichtete Aufruf des Kurfürsten berichtet von der Schwangerschaft *Unserer Herzgeliebtesten Frauen Gemahlin* und ordnet im Kurfürstentum ein Dankfest und in den Kirchen öffentliche Gebete an. I.Z.

Düsseldorf, Stadtmuseum (1968-393)

Kat. Nr. 1.4.2

1.4.2
Allegorie auf die Schwangerschaft Elisabeth Augustes

Franz Anton von Leydensdorff (Reute/Tirol 1721-1795 Mannheim), 1761
Öl auf Leinwand, 56 x 42,8 cm

Die vordergründig wie eine der im 18. Jahrhundert bei Hof beliebten Schäferspiele wirkende Szene mit Carl Theodor als Hirten, der seiner Gattin vor einem Brunnen, an dem Schafe getränkt werden, in einem Landschaftspark entgegen tritt, stellt sich bei näherer Betrachtung als eine dem Alten Testament entlehnte anspielungsreiche Allegorie auf die Schwangerschaft der Kurfürstin heraus.
Die Idee, sich in der Gestalt einer mythologischen, biblischen, historischen, allegorischen oder literarischen Figur porträtieren zu lassen, entsprang dem Wunsch nach Realität überhöhender Selbstdarstellung. Dabei sollten meist spezielle Eigenschaften, Lebenseinstellungen oder -umstände, wie besondere Ansprüche veranschaulicht werden.
Von Leydensdorff wählte für die erst nach vielen Jahren vergeblichen Wartens auf den Thronfolger eingetretene Schwangerschaft die biblische Parallele der Jakobsgeschichte (Genesis XXXIX, 9-10): Jakob begegnet am Brunnen der schönen Rahel; er wälzt einen Stein von der Brunnenfassung, um ihre Tiere zu tränken und gibt sich als ihr Cousin zu erkennen. Zweimal 7 Jahre muß er um sie freien, bevor endlich ihr langersehnter Sohn Joseph geboren wird. In mehrfacher Hinsicht ergaben sich hieraus Anspielungen auf das aktuelle Geschehen: Wie Rahel litt Elisabeth Auguste unter ihrer viele Jahre dauernden Kinderlosigkeit, wie Jakob war Carl Theodor Cousin seiner späteren Ehefrau, beide Kinder hießen Joseph!
Bei der künstlerischen Umsetzung bediente sich von Leydensdorff einer stecherischen Vorlage von 1720/1721 von Charles Nicolas Cochin (1688-1754) nach einem Gemälde „Jakob und Rachel" von Francois Lemoynes (1688-1737). K.-L. H.

Grabmayr 1970, S. 60f., Nr. 40; Carl Theodor und Elisabeth Auguste 1979, S. 49 u. 91, Nr. 111; Eichner 1981, S. 126 u. 155, Nr. 116; Bordeaux, J.-L.: Francois Le Moyne and his generation. 1688-1737. Neuilly 1984, S. 83f., Nr. 27.

Heidelberg, Kurpfälzisches Museum (Sammlung Graimberg 1879, G 1192)

1.4.3
Gebete um eine glückliche Schwangerschaft und Niederkunft der Kurfürstin

a Gebet in lateinischer Sprache

Papier, Original, 16,7 x 15 cm

b Gebet in deutscher Sprache

Papier, Original, 16,7 x 17,3 cm

c Orationes pro felici partu Serenissimæ Electrici Elisabethæ &c.&c.

Papier, Original 20,4 x 33,1 cm

Das in lateinischer und deutscher Sprache vorliegende Gebet, das von Seiten des Bistums Augsburg, zu dessen Diözesansprengel das Fürstentum Pfalz-Neuburg überwiegend gehörte, gestaltet worden war, wurde entweder am Ende des zu dieser Zeit strengen Ablaufregeln unterworfenen Gottesdienstes nach der Entlassung im Rahmen der sogenannten oratio pro rege oder in Andachten gebetet.
Bei den ebenfalls aus Neuburg stammenden Gebeten um eine glückliche Niederkunft der pfälzischen Kurfürstin, die nur in lateinischer Sprache abgefaßt wurden, handelt es sich offenbar um eine Votivmesse. Eigens gestaltet sind die Bereiche des Kirchengebetes, des Gebetes zwischen Offertorium und Präfation (Secreta), für das auch eine Alternativfassung angeboten wird, sowie des Schlußgebetes nach der Kommunion (Postcommunio). C.G.

München, Bayerisches Hauptstaatsarchiv, Geheimes Hausarchiv (Korrespondenzakten 1287: Beilage zu einem pfalz-neuburgischen Regierungsbericht vom 30. März 1761 [a,b] und vom 13. April 1761 [c])

1.4.4
Geburt und Tod des Kurprinzen Franz Joseph Ludwig

a Entwurf eines Schreibens an verschiedene fürstliche Persönlichkeiten die Geburt eines Kurprinzen und dessen schnelles Ableben betreffend

Entwurf, Papier, 22 x 34,7 cm

b Collecta pro Serenissima Electricis Palatina

Original, Papier, 21 x 34,7 cm

In der Nacht vom 28. auf den 29. Juni 1761 wurde die Kurfürstin tatsächlich von dem ersehnten Erbprinzen entbunden, der jedoch aufgrund der Schwere der Geburt nicht lebensfähig war und noch in der Nacht nach dem Empfang der Nottaufe verstarb. Der Säugling wurde kurz im Schloß zu Schwetzingen aufgebahrt, wo der verzweifelte Kurfürst Abschied nahm und seinen Sohn nach Mannheim überführen ließ, wo er in aller Stille in der Gruft der Hofkirche beigesetzt wurde.
Das Reich und die Untertanen nahmen lebhaften Anteil am Schicksal Carl Theodors. Der Fürstbischof von Augsburg ordnete an, daß in den Diözesen Augsburg, Eichstätt und Regensburg, zu deren Diözesansprengel das Herzogtum Neuburg gehörte, zwischen dem Fest der Aufnahme Mariens in den Himmel (15. August) und dem Festtag des Heiligen Michael (29. September) in den Gottesdiensten für Elisabeth Auguste um eine erneute Schwangerschaft gebetet und besondere Votivmessen für die Kurfürstin gelesen werden sollten.
C.G.

München, Bayerisches Hauptstaatsarchiv, Geheimes Hausarchiv (Korrespondenzakten 1287; Beilage zu einem pfalz-neuburgischen Regierungsbericht vom 14. August 1761)

1.4.5
Allegorie auf den Tod des neugeborenen Thronfolgers Franz Ludwig Joseph

Unbekannter Künstler, um 1761
Öl auf Leinwand, 60,3 x 84,4 cm

Auf den Tod des kurz nach seiner Geburt 1761 verstorbenen Thronfolgers Franz Ludwig Joseph malte ein unbekannter Künstler eine Allegorie, die auf François Bouchers Gemälde „Geburt des Adonis" von 1730 (Paris, Sammlung Gouddhaux) zurückgeht, das von Gérard Jean-Baptist Scotin und Jacobs Balthazur Lidel nachgestochen wurde. Eine hier nur mit dem Porträt Elisabeth Augustes geschmückte Stele, auf der als Büste der antike Zeitgott Chronos mit dem Auge der göttlichen Providentia steht, umringen sechs weibliche Gestalten, von denen eine in knieender Haltung das tote Kind darbringt, während mit weitausgreifender Geste eine andere auf die im Hintergrund sichtbar werdende Residenzstadt Mannheim weist, die ihren zukünftigen Herrscher verloren hat. A. F.

Ananoff, A. F.Alexander/Wildenstein, Daniel: François Boucher. Lausanne, Paris 1976, Bd. 1, S. 174, Nr. 38 u. S. 176; Carl Theodor und Elisabeth Auguste 1979, S. 49 u. 91, Nr. 112.

Heidelberg, Kurpfälzisches Museum (Sammlung Graimberg 1879, G 1191)

1.4.6
Kurze Trostzeilen

Kurze Trostzeilen für die am 29ten Junii 1761 in äußerste Traurigkeit versetzte Chur=Pfältzische Unterthanen etc, mit Titelkupfer, Mannheim, 1761

Johann Christoph Schwarz, Mannheim, 1761
Einblattdruck, 34 x 22 cm

Der Verfasser dieses Trostgedichts ist der lutherische Konsistorial- und Ehegerichtsrat Johann Christoph Schwarz, der in diesem Jahrzehnt häufig mit ähnlichen Gelegenheitsgedichten zu Namens- und Geburtstagen des Kurfürstenpaares hervorgetreten ist. In barockem Schwulst werden in 52 paarweise gereimten

Kat. Nr. 1.4.5

Alexandrinern die Geburt und der kurz darauf erfolgte Tod des Kurprinzen Franz Carl Ludwig im Schloß von Schwetzingen berichtet. Schwetzingen vertritt hier die ganze Pfalz, *die fassungslos ein reich beladnes Schiff ... Am Ufer scheitern sieht* ... Das Trostwort dieser gereimten Predigt ist das Wort Gottes als Bibelzitat: *Die Erstgeburt ist mein* (Ex 13,2 und Luc 2,23) und: *Ich will euch übers Jahr den zweiten Prinzen geben*, dem der Autor dann nach Hiob 42,16 ein langes Leben prophezeit. Das Gedicht ist ein typisches Beispiel der öffentlich gelebten Religion des Fürstenpaares im überaus tragischen Zusammenfall von höchster Erwartung und tiefster Enttäuschung. Es gibt damit zugleich die offizielle Lesart dieses Ereignisses wieder; denn es sind Trostworte für die Untertanen. H.P.

Heidelberg, Universitätsbibliothek (Handschriften 509 fol 386)

Kat. Nr. 1.4.8

1.4.7 Geplantes Taufzeremoniell

a Entwurf eines Begleitschreibens zu dem vorgeschriebenen Taufzeremoniell

Entwurf, Papier, 21,7 x 35 cm

b Ordnung, welche bey dem bevorstehenden Tauff=Actu zu observiren

Original, Papier, Doppelblatt, 21 x 34,7 cm (geschlossen)

Der pfälzische Kurfürst, in Erwartung eines ersehnten Erben und bereits voll in seiner zukünftigen Vaterrolle aufgehend, ließ in den Wochen vor der Niederkunft der Kurfürstin bereits die Tauffeierlichkeiten vorbereiten. Die Patenschaft sollte Kaiser Franz I. übernehmen, als Taufspender war der Bischof von Augsburg, Clemens Wenzeslaus von Sachen, vorgesehen. Zu diesem Zweck wurde ein eigenes Taufzeremoniell, das die höfische und liturgische Handlung bis in die kleinsten Details regelte, verfaßt und ein Begleitschreiben an verschiedene Regierungsstellen und Persönlichkeiten entworfen. Ferner ist bis heute das Taufgeschirr erhalten, das zur Spendung der Taufe verwendet werden sollte. (vgl. Kat.Nr. 1.4.8)

C.G.

Mörz 1991, S. 32-33.

München, Bayerisches Hauptstaatsarchiv, Geheimes Hausarchiv (Korrespondenzakten 1287)

Kat. Nr. 1.4.8

1.4.8
Garnitur für die heiligen Öle

Mannheim (?), 1761
Silber vergoldet, Leder mit Goldprägung, Samt; Garnitur: H. 6,8 cm, B. 10,5 cm, T. 7 cm, Etui: H. 9 cm, B. 13,7 cm, T. 9 cm

Gravuren: "C", "OS", 'Chrisma", "OL: salutis", "C.T.E.P." u. "1761"

Die Garnitur besteht aus zwei zylindrischen, mit Kreuzen bekrönten Deckelgefäßen, einer Standplatte, einem Etui und zwei Löffelchen, von denen eines allerdings eine spätere Ergänzung ist. Das eine Gefäß diente zur Aufnahme des Heiligen Öls für die Salbungen vor der Taufe, das andere für das Chrisam, ein mit Balsam vermischtes Öl, mit dem nach der Taufe der Scheitel gesalbt wird. Neben den Gravierungen „OL: salutis" und „Chrisma" sowie den darauf bezogenen Buchstaben „OS" und „C" trägt die Garnitur die Initialen „C.T.E.P." des Kurfürsten Carl Theodor von der Pfalz sowie die Jahreszahl „1761". Der Anlaß für die Herstellung war zweifellos die bevorstehende Taufe des langersehnten Thronfolgers Franz Ludwig Joseph, der jedoch am 29. Juni 1761 kurz nach der Geburt verstarb. Die schmucklose Garnitur, die keine Marken aufweist, wurde vermutlich in Mannheim gefertigt. D.B.

Seelig 1984, S. 286f, Nr 224.

München, Bayerische Verwaltung der staatlichen Schlösser, Gärten und Seen, Residenz München (Res. Mü. F.V. II, AHK, S. 72, Nr. 50/51)

1.5
Das Haus Pfalz-Zweibrücken

Von den vier Söhnen König Ruprechts, unter denen die pfälzischen Lande 1410 geteilt wurden, war nur der Linie des Herzogs Stephan von Zweibrücken im Haus Pfalz-Zweibrücken Dauer beschieden. Alle heutigen Wittelsbacher stammen von dieser Linie ab, die 1799 mit Max Joseph das Gesamterbe Carl Theodors mit dem Herzogtum Pfalz-Zweibrücken vereinigte. Zu diesem Zeitpunkt allerdings existierte das vom Elsaß bis zur Mosel vielfach zersplitterte Territorium des zweibrückischen Herzogtums nicht mehr; es war seit 1792 von den französischen Revolutionstruppen besetzt und 1797/1801 mit den Friedensschlüssen von Campo Formio und Lunéville auch staatsrechtlich der Französischen Republik einverleibt worden.
Als sich wegen der Kinderlosigkeit der beiden Kurfürsten Max III. Joseph von Bayern und Carl Theodor von der Pfalz abzeichnete, daß die zweibrückischen Verwandten den gesamtwittelsbachischen Länderkomplex erben sollten, gewann das in Zweibrücken residierende Oberhaupt dieses letzten Zweiges der Wittelsbacher im ganzen Deutschen Reich und darüber hinaus Beachtung. Seit dem Tod des Kurprinzen 1761 war zunächst Herzog Christian IV. (1722-75) präsumptiver Erbe Carl Theodors. Ihm folgten jedoch nicht seine direkten Nachkommen, da er nicht standesgemäß verheiratet war. Erbberechtigt waren nacheinander die beiden Söhne seines Bruders Friedrich Michael (1724-1767), Herzog Karl II. August (1746-95) und Max IV. Joseph (1756-1825). Dieser sollte schließlich das Erbe antreten. Dieser Kurfürst und spätere König von Bayern schuf zusammen mit seinem Minister Graf Montgelas das moderne Bayern und erhielt auch 1815/16 einen Teil der linksrheinischen Pfalz mit dem Kern des alten Herzogtums Zweibrücken zurück.

H.P.

1.5.1
Porträt Herzog Christian IV. von Pfalz-Zweibrücken

Johann Christian von Mannlich (1741-1822), um 1760
Öl auf Leinwand, 40,3 x 30,5 cm

Das Porträt, das Christian IV. (1722-1775) mit etwa 35 bis 40 Jahren zeigt, gehörte zu den „besonders teueren" Erinnerungsstücken der morganatisch mit ihm verheirateten Gräfin von Forbach (1734-1807) und gelangte über den ältesten Sohn, Christian Graf von Forbach, Freiherr von Zweibrücken (1752-1817), zu den Fürsten Radolin.
Das Gemälde entspricht genau einem bei Nachkommen Mannlichs vorhanden gewesenen, im letzten Krieg wohl vernichteten Christian IV.-Porträt (Ovalbild, andere Uniform), das als Werk des jungen Mannlich ins Oeuvreverzeichnis (E. Sichel) aufgenommen wurde (Vgl. Bd. 1.1, S. 31). Der Typus könnte auf ein französisches Vorbild zurückgehen. B.R.

Böhm, Gottfried von: Beiträge zur Bildniskunde Christians IV. von Pfalz-Zweibrücken. In: Berichte des Historischen Museums der Pfalz, 1914, Nr. 2, S. 84-93; Dahl, Julius/ Lohmeyer, Karl: Das barocke Zweibrücken und seine Meister. Waldfischbach 1957, Abb. S. 306; Stollreither, Eugen (Hg.): Johann Christian von Mannlich. Ein deutscher Maler und Hofmann, Lebenserinnerungen. Berlin 1910, Abb. S. 10; Roland, Berthold: Die Pfalz-Zweibrückischen Maler des 18. Jahrhunderts. Diss. München 1956, S. 132 f. (entsprechend B.R.: Die Malergruppe von Pfalz-Zweibrücken, Baden-Baden/Strasbourg 1959, S. 91); Roland 1983, Abb. S. 8; Sichel, Edith: Der Hofkünstler Johann Christian von Mannlich. Ein kunst- und kulturhistorisches Charakterbild aus dem 18. Jahrhundert. Diss. Forchheim 1932, S. 85.

Mannheim, Privatbesitz

1.5.2
Porträts des Pfalzgrafen Friedrich Michael von Pfalz-Zweibrücken und der Pfalzgräfin Franziska Dorothea von Zweibrücken, geb. Prinzessin von Sulzbach

a Kopie eines unbekannten Künstlers nach Georg Desmarées (Oesterby/Schweden 1697-1776 München), um 1750
Öl auf Leinwand, 84 x 68 cm

b Kopie eines unbekannten Künstlers nach Georg Desmarées (Oesterby/Schweden 1697-1776 München), um 1750
Öl auf Leinwand, 82 x 66 cm

Pfalzgraf Friedrich Michael (1724-67), Sohn Herzog Christians III. von Zweibrücken, trat 1746 zum Katholizismus über, um im selben Jahr die jüngste Schwester der Kurfürstin, Maria Franziska von Pfalz-Sulzbach (1724-1794) heiraten zu können.
Georg Desmarées, der 1745-49 für den Kurfürsten und Erzbischof von Köln Clemens August (1700-1761) in Bonn arbeitete, porträtierte den Pfalzgrafen während des einjährigen Aufenthalts des kurpfälzischen Hofes in Düsseldorf 1746/47. Das Gemälde zeigt Friedrich Michael in der Uniform eines pfälzischen Generalfeldmarschalls, wozu ihn Kurfürst Carl Theodor bereits 1746 ernannt hatte. Über dem Küraß hat Friedrich Michael das rote Ordensband des Hubertus-Ordens angelegt.
Im zugehörigen Gegenstück ist die Pfalzgräfin in einem Kleid aus silberfarbenem Stoff mit goldenen Verzierungen zu sehen, über dem sie einen außen mit blauem Samt kaschierten Hermelinumhang trägt, der mit einer Edelsteinschließe zusammengehalten wird. Sie trägt prunkvollen Schmuck: eine Aigrette im Haar, kostbare Ohrringe und ein aufwendiges „Devant-le-corsage". Rechts im Hintergrund ist der Kurhut zu erkennen. K.-L.H.

Eichner 1981, S. 150-152, S. 156-158, Nr. 142-144, Nr. 155 (zu den Originalen).

Großkarlbach, Privatbesitz (Gebrüder Meurer)

Kat. Nr. 1.5.2

Kat. Nr. 1.5.2

Kat. Nr. 1.5.3

1.5.3
Porträt des Pfalzgrafen Friedrich Michael von Pfalz-Zweibrücken

Heinrich Carl Brandt (Wien 1724-1787 München), nach 1760
Öl auf Leinwand, 100 x 76,5 cm

Pfalzgraf Friedrich Michael (1724-67) machte eine steile militärische Karriere, zunächst als pfälzischer Generalfeldmarschall, später als Oberbefehlshaber der gegen Friedrich II. kämpfenden Reichsarmee im Österreichischen Erbfolgekrieg. Heinrich Carl Brandt, der führende und produktivste Porträtist am Mannheimer Hof, stellte Pfalzgraf Friedrich Michael mit den Orden dar, die er für seine Verdienste von Kaiserin Maria Theresia verliehen bekommen hatte. 1759 nahm sie Friedrich Michael in den Orden des Goldenen Vlieses auf, 1760 in den Maria Theresia-Orden, dessen rotweiß-rot gestreiftes Ordensband und dessen Bruststern der Pfalzgraf neben dem Coulant des Goldenen Vlieses trägt. K.-L.H.

Jacob 1937, S. 113/114; Eichner 1981, S. 156, S. 161, Nr. 161 b.

Mannheim, Reiss-Museum (O 325)

1.5.4
Porträt des Prinzen Max Joseph in türkischem Kostüm

Johann Peter Hoffmeister (Heidelberg 1740-1782 Mannheim), 1764
Öl auf Leinwand, 168,5 x 130,5 cm

Johann Christian Mannlich (1741-1822) malte im Jahre 1763 im Auftrag von Herzog Christian IV. von Pfalz-Zweibrücken (1722-1775) dessen siebenjährigen Neffen, den Prinzen Maximilian Joseph von Pfalz-Zweibrücken (1756-1825), der als Nachfolger Carl Theodors 1799 als Max IV. Joseph pfalz-bayerischer Kurfürst und 1806 als Max I. Joseph erster König von Bayern wurde. Mannlich stellt den Prinzen, der zeitgenössischen Türken-Mode folgend und Anregungen von Gemälden des Pariser Malers Carle Vanloo (1705-1765) aufnehmend, in türkischer Tracht dar. Ein Mohrenknabe reicht ihm den Hubertus-Orden, den ihm Kurfürst Carl Theodor am 5. April 1763 verliehen hatte. Herzog Christian IV. war mit dem Porträt, das sich heute im Schloß Ludwigshöhe bei Edenkoben befindet, so zufrieden, daß er es ein Jahr später von Johann Peter Hoffmeister kopieren ließ.

K.-L.H.

Roland 1983, S. 11/12.

Mannheim, Reiss-Museum (RMM 1991/2)

Kat. Nr. 1.5.4

1.5.5
Dankschreiben von Kurfürst Maximilian IV. Joseph von Pfalzbayern anlässlich seiner Thronfolge am 16. Februar 1799

Papier, hellbraune Tinte, 20 x 14 cm

Dieses Dankschreiben in französischer Sprache vom 2. März 1799 bezieht sich auf die Glückwünsche anläßlich der Nachfolge von Maximilian IV. Joseph als Kurfürst von Pfalzbayern. Es trägt seine eigenhändige Unterschrift *Max. Jos. Electeur* und ist adressiert an *M.: de Frenck. Mes. de Beauharnoys.* Bei dem letztgenannten Namen könnte es sich um das französische Adelsgeschlecht Beauharnais handeln, von dem sich die jüngere Linie am Ende des 18. Jahrhunderts mit der Familie Bonaparte verband. 1806 heiratete Eugène Beauharnais (1781-1824), der Stiefsohn von Napoleon Bonaparte, Auguste Amalie von Bayern, die älteste Tochter des inzwischen zum bayerischen König gekrönten Max I. Joseph, so daß auch zu dieser Seite verwandtschaftliche Beziehungen entstanden.

A.K.

Mannheim, Privatbesitz (Sammlung Christian Freund)

1.6
Aussereheliche Beziehungen

Es war Kurfürstin Elisabeth Auguste, die die vorgeschriebenen moralischen Eheverpflichtungen gleich nach ihrer Hochzeit mit Carl Theodor hintanstellte. Gegenstand ihrer schwärmerisch-erotischen Tändeleien war ihr Schwager Herzog Clemens Franz von Bayern, der Gemahl ihrer Schwester Maria Anna, dem sie zahlreiche zärtliche Briefe schrieb.
In ihrer Nähe hatte Elisabeth Auguste ihren zweiten Schwager, Pfalzgraf Friedrich Michael (27.2.1724-15.8.1767), Gemahl ihrer jüngsten Schwester Franziska Dorothea, der ebenfalls Elisabeth Augustes innige Zuneigung genoß. Es waren in beiden Fällen die heiteren Charaktere, die die Kurfürstin anzogen. Im Jahre 1754 verband sich Elisabeth Auguste dann mit Carl Ludwig Freiherrn von Rodenhausen, der sie in enger Liebesbeziehung bis zu ihrem Tod begleiten sollte.
Kurfürst Carl Theodor schien die Beziehung zu dulden, ging aber ebenfalls auf Abwegen. Er verband sich zunächst mit der Schauspielerin Françoise Desprès-Verneuil, die ihm 1762 eine Tochter gebar, die der Kurfürst als Gräfin von Parkstein legitimierte. Inniger war Carl Theodors Zuneigung zu der Ballett-Figurantin Maria Josepha Seyffert. Sie erhielt 1767 den kurpfälzischen Adel von Heydeck. 1768 gebar sie dem Kurfürsten eine Tochter Carolina. Es folgten 1769 zur größten Freude des Kurfürsten der Sohn Carl August und 1771 die Zwillingstöchter Eleonore und Friederike. Die Mutter war nach der Geburt der Zwillingsschwestern im Jahr 1771 dreiundzwanzigjährig verstorben. 1774 wurden diese Kinder zu Reichsgrafen Bretzenheim erhoben und der Sohn Carl August wurde 1789 Reichsfürst.

Kurfürst Carl Theodor hat seine fünf nichtehelichen Kinder zweifellos als seine Familie betrachtet und weit über das übliche Maß hinaus für sie gesorgt. Für die Bretzenheimschen Kinder ließ Carl Theodor in Mannheim ein repräsentatives Palais erbauen und Carl August von Bretzenheim wurde 1781 Großprior des Malteserordens bayerischer Sektion. I.G.

Kat. Nr. 1.6.1

1.6.1
Büste des Pfalzgrafen Friedrich Michael von Pfalz-Zweibrücken (1724-1767)

Peter Anton von Verschaffelt (Gent 1710-1793 Mannheim), Mannheim, 1758/59
Weißer Marmor, H. mit Sockel 91 cm

Pfalzgraf Friedrich Michael, ein jüngerer Bruder des regierenden Herzogs Christian IV. von Pfalz-Zweibrücken, war seit 1746 mit Franziska Dorothea von Pfalz-Sulzbach (1724-94) verheiratet, der jüngeren Schwester von Kurfürstin Elisabeth Auguste. Er war der Vater des bayerischen Kurfürsten und Königs Maximilian IV. Joseph bzw. Maximilian I.
Der offenbar sehr attraktive, groß gewachsene Pfalzgraf schlug die militärische Laufbahn ein, wurde in französischen Diensten 1734 Inhaber des Regiments „Royal Alsace“, später pfälzischer Generalfeldmarschall, Gouverneur von Mannheim und schließlich Oberbefehlshaber der Reichsarmee gegen Friedrich den Großen. Seit 1765 hielt er sich wieder in Mannheim auf und baute Schloß Oggersheim für sich aus. 1767 ist er in Schwetzingen gestorben.
Die Büste wurde erst 1973 wieder als Werk Verschaffelts erkannt und zunächst als Darstellung Carl Theodors angesehen. Sie hat in der Tat große Ähnlichkeit mit Verschaffelts gleichzeitig entstandener Büste des Kurfürsten (München, Residenz). Im Gegensatz zu den damals tonangebenden Bildnisbüsten Ludwigs XIV. von Frankreich im Zeitkostüm wählte Verschaffelt für seine beiden Bildnisse die strengere Darstellungsweise „à l'antique“. Bei der Büste der Kurfürsten ist der Körperpanzer reicher verziert als bei der Büste seines Schwagers und der Mantel ist mit Pelz verbrämt.
Die Büste läßt sich 1815 in der Münchner Residenz nachweisen und ist im Nachlaßinventar König Maximilians I. als Werk Verschaffelts aufgeführt. P.V.

Volk, Peter: Peter Anton Verschaffelts Bildnisbüsten des Kurfürsten Carl Theodor von der Pfalz. In : Pantheon 31 (1973), S. 412-19; Wittelsbach und Bayern 1980, S. 13 (Peter Volk); Eichner 1981, S. 125-128.

München, Bayerisches Nationalmuseum (R 5382)

Kat. Nr. 1.6.2

1.6.2
Porträt Carl Ludwig Freiherr von Rodenhausen

Johann Wilhelm Hoffnaas (Ahaus 1727-1795 Mannheim), 1780
Öl auf Leinwand, (105 x 82,5 cm)

Bez.: I. W. Hoffnas 1780

Der Harnisch, in dem Johann Wilhelm Hoffnaas Carl Ludwig Freiherr von Rodenhausen (1719-1804) darstellte, deutet auf dessen militärische Laufbahn hin. Als Geliebter der Kurfürstin Elisabeth Auguste stieg er 1779 zum Obristhofmeister der Kurfürstin und zum Generalfeldzeugmeister, einem der höchsten militärischen Ränge des Kurfürstentums, auf. Rodenhausen, der die Ordensschärpe mit Stern und den Bruststern des königl. polnischen weißen Adler-Ordens trägt, vermachte sein beträchtliches Vermögen dem Katholischen Bürgerhospital in Mannheim, das 1775 *zur Pflegung armer kranker Notleidender aus dem hiesigen Bürgerstande sowohl, als Dienerschaft und derselben Dienstboten, jedoch nur katholischer Religion* gegründet worden war. K.-L.H.

Anonym 1905, Sp. 20-22; Jacob 1975, S. 92; Mörz 1997, S. 55f. u. Abb. S. 89.

Mannheim, Katholisches Bürgerhospital

Kat. Nr. 1.6.3

1.6.3
Porträt der Josepha Seyffert, spätere Gräfin Heydeck

Johann Peter Hoffmeister (Heidelberg 1740-1772 Mannheim), 1770
Öl auf Leinwand, 67,3 x 57,3 cm

Bez. oben rechts : J: P: Hoffmeister/pinxit 1770

Der gebürtige Heidelberger Maler Johann Peter Hoffmeister, Sohn des Universitätszeichenmeisters Johann Philipp Hoffmeister (gestorben 1771), zog in die Nähe des Hofes nach Mannheim, wo Carl Theodor ihm zwar finanzielle Unterstützung für einen Auslandsaufenthalt gewährte, jedoch kein Hofmalerpatent verlieh. Sein Nachlaßverzeichnis nennt eine große Zahl von Porträts, darunter Bürger- und Künstlerporträts.
Für das Bildnis der Josepha Seyffert folgte er der seit dem 16. bis zum Ende des 18. Jahrhunderts europaweit von den Höfen, dem Adel und später auch dem gehobenen Bürgertum geschätzten Form der Überhöhung durch anspielungsreiche, allegorische Einkleidung:
Josepha Seyffert erscheint als Flora, als antike Göttin des Frühlings und der Fruchtbarkeit, schenkte sie Carl Theodor doch bis zu ihrem frühen Tod mit 24 Jahren vier Kinder, die Kaiser Joseph II. in den Reichsgrafenstand erhob.
Um die glatt gemalte, den Betrachter vor neutralem Hintergrund emotionslos kühl anblickende Frau hat Hoffmeister als Attribut der Göttin Flora eine üppige Blumengirlande gewunden, die vom hochgesteckten Haar über die Schulter, das Dekolleté bis auf die erhobene Rechte fällt.
Josepha Seyffert, Tochter eines Mannheimer Sekretärs und Kanzlisten der Finanzverwaltung, hatte als Tänzerin des Mannheimer Balletts die Aufmerksamkeit Carl Theodors erregt und wurde 1765 Geliebte und zweite maitresse en titre des Kurfürsten. 1767 wurde sie als Gräfin Heydeck in den Adelsstand erhoben. Für die drei Töchter und den Sohn aus dieser Verbindung ließ Carl Theodor das Palais Bretzenheim in Mannheim erbauen.
Josepha Seyffert fand auf Schloß Zwingenberg am Neckar ihre letzte Ruhestätte. A. F.

Walter 1920, Sp. 127-132; Carl Theodor und Elisabeth Auguste 1979, S. 78, Nr. 50; Eichner 1981, S. 19 u. 182, Nr. 203.

Heidelberg, Kurpfälzisches Museum (Sammlung Graimberg 1879, G 348)

1.6.4
Nachruf auf Josepha Gräfin von Heydeck (1748-1771)

Druck, 33 x 40,8 cm

Josepha Seyffert, die spätere Gräfin von Heydeck, wurde 1765 die Geliebte von Carl Theodor, nachdem sie ihm als Figurantin bei einer Ballettaufführung aufgefallen war. 1767 verlieh er ihr den persönlichen Adel unter dem Namen Heydeck. 1769 erhob er sie in den erblichen Grafenstand. Sie gebar dem Kurfürsten einen Sohn und drei Töchter, die späteren Reichsfürsten von Bretzenheim, und starb bei der Geburt der Zwillingsschwestern 1771. Josepha Gräfin von Heydeck wurde in der Carmeliterkirche in Mannheim beigesetzt und 1778 in die Kapelle von Schloß Zwingenberg am Neckar überführt, das Carl Theodor seinem Sohn Karl August Fürst von Bretzenheim (1769-1823) im selben Jahr als Lehen übergeben hatte.
In dem umfangreichen Nachruf auf den Tod der Gräfin von Heydeck werden vor allem ihre Tugenden wie Demut, Sanftmut und Barmherzigkeit hervorgehoben, die der Kurfürst an ihr besonders schätzte. A.K.

Swoboda, Karl J.: Prinzessinnen und Favoritinnen. Kurpfälzische Frauengestalten am Mannheimer Hof. Mannheim 1989, S. 113-122.

Mannheim, Reiss-Museum (Mh S 1)

† Jesus † Maria † Joseph!
Die finstre Nacht des Todes beleuchtet öfters die menschlichen Augen so, daß sie bey solcher mehr erkennen, als sie in dem hellen Tage ihrer lebenden Mit-Christen erkennen konnten oder wollten, dann das Ende des Lebens eröffnet erst die Muschel deren darinn verborgen gelegenen Tugendsperlein. Der Beweisthum hiervon ist uns gegeben worden, da

die Hochgebohrne
Gräfin Josepha von Heydeck,

im Jahr der gnadenreichen Geburt unsers Heilands 1771, den 27ten Tag des Christmonats, morgens zwischen 8 und 9 Uhr, die Täge ihres blühenden und nur auf 23 Jahr und 3 Monat sich erstreckenden Alters gottselig beschlossen. Es scheinet, Sie habe Sich jenes Lehrstuck des heiligen Augustini, daß nämlich die Grundveste eines hohen Tugendgebäu die Demuth seyn müsse, tief in das Herz gedrucket, darum wußte Sie Ihre schon im Jahr 1768 in den Gräflichen Stand geschehene Erhebung vor denen Augen der Welt so klug zu bedecken, daß Sie von uns niemalen würde erkannt worden seyn, wann nicht der verrätherische Tod uns solches entdeckt hätte. Auf diesem Grundsteine ruheten ganz sicher Ihre übrigen Tugenden: Christliche Menschenliebe, Ehrfurcht gegen Höhere, liebreiche Sanftmuth gegen Gleiche, mildes Betragen gegen Geringere, Erbarmniß gegen die Hülflosen, Barmherzigkeit gegen Arme und Nothleidende, edelmüthiges Herz in Ihrem ganz aufrichtigen Umgange, waren so erhaben in Ihr, daß Sie eine allgemeine Hochschätzung Sich ohne Zwang erworben; Dannoch würden vielleicht auch diese in das Grab der Vergessenheit gelegt werden, wenn nicht die letzte Krankheit einen unsterblichen Ruhm gebohren hätte: Die gänzliche Ergebenheit in den göttlichen Willen, die Christliche Gedult in denen Schwachheiten, die Zerknirschung des Herzens, die andächtigste Empfahung deren heiligen Sacramenten, die Begierde, aufgelöst zu werden, das Vergnügen an geistlichen Einsprechungen, der lebhafteste Glauben, die ungeschreckte Hoffnung und dergleichen Tugenden, entdeckten allen Umstehenden eine große Heldin, welche nichts liebte außer Jesum den gekreuzigten, dessen Bildniß Sie allzeit vor Augen haben, mit zartesten Küssen verehren, mit Ihren Thränen benetzen, und endlich gar an das Herz mit schon zitternden Händen anheften wollte. Alldieses gibt uns zwar die trostvolle Hoffnung, daß Sie schon wirklich werde gelangt seyn zu dem Friedenskusse ihres himmlischen Bräutigams, der allzeit liebt die ihn Liebende: Sollte jedoch der scharfsehende Gott, welcher, wie Job spricht, alle unsre Schritte zählt, diese abgeleibte Seele noch auf einige Zeit von dem Eintritte in die ewige Freuden zurückhalten, so wird solche hiemit demüthigst empfohlen in aller Andächtigen Gebeth und respective Meßopfer,

damit

der Herr Ihr gebe die ewige Ruhe, und das ewige Licht leuchte Ihr.

Homo quasi flos egreditur et conteritur. *Job. c. 14.*

Mori mihi lucrum. *Ad Philip. c. 1.*

Die Begräbniß wird seyn in der Carmeliterkirche zu Mannheim, und die Trauermessen an den 2 letzten Tägen des alten, und 2ten Tag des neuen Jahrs.

Kat. Nr. 1.6.4

1.6.5
Josepha Gräfin Heydeck mit den legitimierten Kindern des Kurfürsten Carl Theodor

Heinrich Carl Brandt (Wien 1724-1787 München), um 1785
Öl auf Leinwand, 102,5 x 126,4 cm

Maria Josepha Seyffert (1748-1771), Tochter eines Kurpfälzischen Finanzbeamten, zog die Aufmerksamkeit von Kurfürst Carl Theodor als Figurantin im Ballett der Mannheimer Hofoper auf sich. Seit 1765 Mätresse des Kurfürsten, gebar sie ihm vier Kinder, die er umgehend legitimierte: 1768 die Tochter Caroline Louise, 1769 Carl August, den einzigen Sohn Carl Theodors, 1771 die Zwillinge Eleonore Caroline und Friederike Caroline Josephine (vgl. Kat. Nr. 1.6.11). 1769 wurde Josepha Seyffert als Gräfin von Heydeck in den Adelsstand erhoben. Heinrich Carl Brandt, der sie bereits 1770 porträtiert hatte (vgl. Kat. Nr. 1.6.3), zeigt sie kurz nach der Geburt der Zwillingstöchter in der Wochenstube. Im Hintergrund verweist ein Porträt Carl Theodors auf den fürstlichen Vater. Das Gruppenbildnis ist nach dem Tod von Josepha Seyffert entstanden, die am 24. Dezember 1771 im Alter von 23 Jahren dem Kindbettfieber erlag. Der Malteserorden, den der Sohn des Kurfürsten trägt, wurde Carl August, seit 1774 Reichsgraf von Bretzenheim, erst 1782 verliehen, als ihn der Kurfürst als Großprior des Malteser Johanniter-Ordens in Bayern eingesetzt hatte.

K.-L.H.

Born/Homering 1998, Nr. 33, S. 82.

Mannheim, Reiss-Museum (1988/21)

Kat. Nr. 1.6.5

1.6.6
Porträt Carl August von Bretzenheim

Unbekannter Künstler, 1782
Öl auf Leinwand, 63,3 x 48,3 cm

Carl August (1769-1823), natürlicher Sohn Carl Theodors und der Gräfin Heydeck und seit 1774 Fürst von Bretzenheim, trägt um den Hals das schwarze Band mit dem Kreuz des Malteser-Ordens, dessen Großprior in Bayern er seit 1781 war. Die Datierung des Gemäldes in das Jahr 1782 in der rückseitigen Beschriftung dürfte deshalb zutreffen. K.-L.H.

Walter 1900, Sp. 36-40; Eichner 1981, S. 183f., Nr. 204.

Mannheim, Reiss-Museum (O 53)

Kat. Nr. 1.6.6

1.6.7
Fassadenaufriss für das Palais Bretzenheim in Mannheim (Vorentwurf)

Peter Anton Verschaffelt (Gent 1710-1793 Mannheim), um 1780/82
Papier, Feder, Tusche, Pinsellavierung, 18,2 x 56,6 cm

Planungsbeginn für das Palais Bretzenheim in Mannheim war wohl 1774, das Jahr der Verleihung des Titels von Grafen zu Bretzenheim an die vier illegitimen Kinder des Kurfürsten Carl Theodor mit Josepha Seyffert, seit 1767 Gräfin von Heydeck. Von 1771 bis 1782 wurden Grundstücke im Quadrat A 2 gegenüber dem Schloß aufgekauft und Peter Anton Verschaffelt, leitender Architekt, entwarf dementsprechend acht- bis einundzwanzigfenstrige Fassaden bei dreigeschossigem Aufbau. Dieses Blatt steht dem Datum des Baubeginns im Jahre 1782 sehr nahe. Es zeigt bereits einundzwanzig Fensterachsen; der ursprünglich geplante Giebel über dem dreiachsigen Mittelrisalit ist schon weggelassen. Noch vorhanden sind die beiden seitlichen Eingänge, die nicht ausgeführt wurden. Die Schmalseiten sind mehr als vierachsig. I.G.

Wingenroth 1911, S. 53, Abb. 14.

Heidelberg, Kurpfälzisches Museum (Verschaffelt-Nachlaß, Z 1855)

Kat. Nr. 1.6.7

1.6.8
Aufriss einer Schmalwand des grossen Saales im Palais Bretzenheim in Mannheim

Peter Anton Verschaffelt (Gent 1710-1793 Mannheim), um 1782/83
Papier, Bleistift, Feder, Tusche, Pinsellavierung, 32,9 x 39,8 cm

Nach dem Baubeginn im Jahre 1782 und der Vollendung des Rohbaus konnte Verschaffelt an die innere Ausgestaltung des Palais gehen. Mittelpunkt des Palastes war der große, über zwei Stockwerke gehende Saal im Mittelrisalit des Palais über dem Eingangsvestibül. Der Entwurf für die östliche Schmalseite des Saales zeigt reiche Stukkaturen und gibt statt des Kamins unter dem Spiegel ein Kanapee an. In dem dreiachsigen Wandentwurf befindet sich links eine rundbogig geschlossene Nische, rechts die Tür zu einem der fürstlichen Appartements. Die Wand ist geschmückt durch ionische Pilaster. In der Attikazone befinden sich vertiefte Wandfelder mit Bildnisreliefs und Stuckornamenten. Die mittlere Lünette des Pflafondansatzes zeigt, von Putten gehalten, das Malteserkreuz: Reichsfürst Karl August von Bretzenheim war seit 1781 Großprior der bayerischen Sektion des Malteserordens. Die Dekoration des großen Saales wurde nach der Zerstörung im Zweiten Weltkrieg nicht wieder restauriert.
I.G.

Wingenroth 1911, S. 88, Abb. 46; Carl Theodor und Elisabeth Auguste 1979, S. 117, Nr. 230 mit Abb.

Heidelberg, Kurpfälzisches Museum (Verschaffelt-Nachlaß, Z 2083)

Kat. Nr. 1.6.8

1.6.9
Medaille auf die Einrichtung der englisch-bayerischen Zunge des Malteserordens für Carl August von Bretzenheim

Joseph Scheufel (1733-1812), 1781
Zinn, Dm. 5,0 cm

Bereits seit dem Ende des 17. Jahrhunderts verfolgten die Kurfürsten von Bayern Pläne zur Gründung einer Niederlassung des Malteserordens, der den illegitimen Nachkommen des Hauses Wittelsbach als Versorgungsquelle dienen sollte. Nach langen und hartnäckigen Auseinandersetzungen mit dem Episkopat gelang es Carl Theodor im Jahre 1781, zur Versorgung seines Sohnes Carl August von Bretzenheim aus den Besitztümern des aufgelösten Jesuitenordens die Ordensstiftung einzurichten. Eine Bestätigung dieses aus rein persönlichen Gründen ins Leben gerufenen Ordenszweiges erfolgte durch den Papst erst nach längerem Zögern.
H.-J.S.

Stemper 1997, S. 552, Nr. 569.

Heidelberg, Kurpfälzisches Museum (M 2112)

Kat. Nr. 1.6.9 b, Vorderseite

Kat. Nr. 1.6.9 b, Rückseite

1.6.10
Münzen von Carl August von Bretzenheim

a Dukat 1790
Gold, Dm. 2,2 cm

b Taler 1790
Silber, Dm. 4,0 cm

c Halbtaler 1790
Silber, Dm. 3,3 cm

d 20 Kreuzer 1790
Silber, Dm. 2,9 cm

e 10 Kreuzer 1790
Silber, Dm. 2,5 cm

1774 wurde der illegitime Sohn Kurfürst Carl Theodors mit Josepha Seyffert, Gräfin Heydeck, von Kaiser Joseph I. in den Reichsgrafenstand erhoben. Damit hatte er das Recht zur Prägung eigener Münzen, das er allerdings nur im Jahre 1790 in Anspruch nahm. In der Mannheimer Prägestätte ließ er Dukaten, Taler, Halbtaler, 20- und 10-Kreuzer Stücke herstellen, die auf der Rückseite das Bretzenheimsche Wappen mit der Bretzel und dem Kreuz des Malteserordens zeigen. Die Taler und Halbtaler haben darüber hinaus zwei Strauße mit Hufeisen in den Schnäbeln als Schildhalter.
H.-J.S.

Haas 1974, S. 167, Nr. 540-544; Gesche 1981, S. 43, Nr. 29.

Mannheim, Reiss-Museum (III g 2007, 1423, 1425, 1426, 1844)

1.6.11
Familienbild der Kinder Kurfürst Carl Theodors

Johann Baptist Hoechle (Klingenau/Aargau 1754-1832 Wien), 1790
Öl auf Leinwand, 62 x 80,5 cm

Bez. u. l.: Hoechle invenit et pinxit 1790

Eine Spezialität Johann Baptist Hoechles, der seit 1780 in München als Hofmaler Carl Theodors arbeitete, waren Schilderungen von Hoffesten und „Spaziergangsbilder", in denen er Hofgesellschaften zugleich repräsentativ und durch Anordnung und Umgebung abwechslungsreich darstellte. In diesem Bild versammelte er die Töchter und den Sohn Carl Theodors aus zwei außerehelichen Beziehungen mit ihren Angehörigen in einem Park. Fürst Carl August von Bretzenheim, in

Kat. Nr. 1.6.11

der Kleidung des Malteserordens (vgl. Kat. Nr. 1.6.6), steht in der Bildmitte zwischen seiner schwarzgekleideten Schwester, Fürstäbtissin von Lindau, und seiner Frau, einer geborenen Prinzessin von Oettingen-Spielberg. Das Paar links im Vordergrund unter dem Porträtmedaillon Carl Theodors stellt die Tochter Caroline - sie entstammte der Verbindung mit der Tänzerin der Mannheimer Oper Françoise Després-Verneuil, die der Kurfürst mit dem Namen „von Parckstein“ 1762 in den Adelsstand erhoben hatte - und ihren Mann, den Grafen Friedrich Wilhelm von Isenburg-Birstein, dar. Sie schauen zu ihren Kindern, die sich rechts im Vordergrund bei ihrer Amme befinden. Der älteste Sohn, der zwölfjährige Carl Theodor, bricht eine Blüte an einem Rosenstock. Der vierjährige Prinz Ernst von Isenburg folgt mit einem Blumenstrauß hinter der Mittelgruppe. Im Hintergrund sind die Tochter Eleonora von Leiningen-Billigheim und ihr Mann, der Graf Wilhelm Karl von Leiningen-Billigheim, zu sehen. K.-L.H.

Wittelsbach und Bayern 1980, S. 58f., Nr. 91; Eichner 1981, S. 184, Nr. 207.

Mannheim, Reiss-Museum (O 332)

1.6.12
Liebesbrief des Kurfürsten Carl Theodor (?) an eine unbekannte Empfängerin

Undatiert
Brief, eigenhändig (?), Papier, 17,9 x 12,2 cm

Der Briefschreiber *Charles* bedauert in französischer Sprache gegenüber der *lieben und verehrten Freundin* tief seinen manchmal zu heftigen Charakter in der Liebe wie auch im Haß. Er *brenne* vor Eifer, sie sprechen zu können, beteuert seine *zärtliche Zuneigung*, die *erst mit seinem Leben ende*, und versichert, sie *bis zu seinem letzten Atemzug zu lieben*.
Nach einem Schriftvergleich handelt es sich offenbar um einen eigenhändigen Brief des Kurfürsten Carl Theodor an eine unbekannte Empfängerin. F.T.

Mannheim, Stadtarchiv (Kleine Erwerbungen, Nr. 421, Bl. 17)

2. Carl Theodor als Herrscher

Monarchische Herrschaft verlangte nach sichtbarer Repräsentation. Der Hof mit seiner zeremoniellen Etikette in allen Auftritten und Staatsakten, seinen Festen und „Galas" verlangte erlesene Kleidung und kostbarsten Schmuck. Barock und Rokoko entfalteten hier eine geradezu unerschöpfliche Phantasie, mit der die aus dem Mittelalter überkommenen Vorgaben weiter entwickelt wurden. Das galt in erster Linie für den Schloßbau. Nach dem Vorbild von Versailles, dem vielbewunderten Schloß Ludwigs XIV. von Frankreich, entstand in ganz Deutschland eine Fülle von Schloßanlagen, gerade auch in den wittelsbachischen Territorien. Mannheim, Oggersheim, Düsseldorf, Schwetzingen, Benrath, Nymphenburg, Schleißheim , Brühl und Münster sind hier zu nennen.

Alle diese Schlösser wurden von hervorragenden Künstlern mit höchstem Aufwand und erlesenem Geschmack errichtet, im Innern mit Marmor, Intarsien, Spiegeln und vergoldetem Stuck geschmückt und reich mit Mobiliar, Tapisserien und Gemälden ausgestattet. Ehrenhöfe und Auffahrten geleiteten zu den Treppenhäusern im Zentrum, die zu den Haupträumen führten. Hier war die Kernzone fürstlicher Repräsentation. Im Idealfall wurde eine ganze Stadt auf das Schloß hin gebaut wie in Mannheim, wo man von der Unterstadt, dem Quartier der Handwerker und Bürger, über die Oberstadt, dem Viertel der Hofangehörigen und des Adels – es gab dort über 50 Adelspalais –, zu der dreigliedrigen zentralen Platzanlage vor dem Schloß gelangte, um durch das große Gittertor in den „Ehrenhof" zu kommen. Das „heiter und gleich gebaute" Mannheim Goethes ging auf die kurfürstlichen Bauvorschriften zurück, die die Traufhöhen in Abstufung zum Schloß vorschrieben.

Förderung der Kunst und des Kunsthandwerks dienten ebenso der fürstlichen Repräsentation wie die höfische Musik. Oper und Theater waren fürstliche Privilegien. Schon allein die zeremonielle Darstellung des Fürstenpaares in wohlüberlegter Variation brachte Malern immer wieder neue Aufträge. Bestimmte Herrscherbilder wurden in Kupferstichen vielfach unters Volk gebracht und dienten der Vermittlung und Verbreitung politisch wirksamer Vorstellungen über den Herrscher und seinen „Hofstaat". H.P.

2.0.1
Porträt des Kurfürsten Carl Theodor

Heinrich Carl Brandt (Wien 1724-1787 München), 1781
Öl auf Leinwand, 237 x 171 cm

Bez. u. l. am Sockel: POMPEO DE BATTONI AD/VIVUM PINXIT ROME/MDCCLXXV. Ano:/ von Brandt Copiret 1781

Während seines Romaufenthalts vom 27.11.1774-29.12.1774 bestellte Kurfürst Carl Theodor bei Pompeo Batoni (1708-1787), einem der beliebtesten Porträtisten der Zeit, zwei Bildnisse: ein Halbfigurenporträt, 1774 datiert, das sich heute im Schloß Berchtesgaden befindet, und ein „Staatsporträt" in ganzer Figur, das heute in der Eingangshalle der Alten Pinakothek in München hängt. Carl Theodor, in Harnisch und Kurmantel mit den Ordensketten des Hubertus- und des Löwen-Ordens dargestellt, stützt sich mit seinem Kommandostab auf ein mit einer Sphinx geschmücktes Marmorpodest, auf dem der Kurhut, das Kurschwert und die Kaiserkrone - als Hinweis auf sein Reichsvikariat bei Vakanz des Thrones oder Abwesenheit des Kaisers - liegen. Dahinter sieht man zwischen zwei Säulen eine Sitzfigur der Minerva als Schutzherrin des Staates, der Wissenschaften und der Künste. Ein Thronsessel und ein geraffter Vorhang als Zeichen für den Thronbaldachin vervollständigen die herrschaftlichen Würdezeichen. Heinrich Carl Brandts Kopie des Batoni-Porträts ist das Beispiel einer langen Reihe von Kopien, die der Kurfürst, der das Original im ersten Zimmer der Mannheimer Gemäldegalerie aufhängen ließ, in Auftrag gab oder genehmigte. Neben Kopien von Johann Wilhelm Hoffnaas, Johann Jacob de Lose, Johann Heinrich Tischbein und Sebastian Stassens findet sich eine ganze Reihe Wiederholungen von unbekannten Künstlern. Sie variierten das Original in erster Linie dadurch, daß sie Orden hinzufügten oder austauschten. So ersetzte Brandt den Löwen-Orden durch den Orden vom Goldenen Vlies, der Carl Theodor erst 1778, drei Jahre nach der Entstehung des Batoni-Porträts, verliehen wurde. Er aktualisierte das Porträt auch dadurch, daß er die Reichskrone gegen den Reichsapfel als Zeichen des Amtes des Erztruchsessen austauschte, das Carl Theodor zugleich mit der bayerischen Kurwürde 1778 übernahm. K.-L.H.

Cloßmannsches Inventar 1780, Nr. 9: im ersten Zimmer der Mannheimer Gemäldegalerie

Hänlein 1933, Sp. 54; Grotkamp-Schepers 1980, S. 121-126: Eichner 1981, S. 101-107, Nr. 87 a I; Clark 1985, Nr. 380, S. 334, Nr. 381, S. 334/335; Pfeiff 1990, S. 160/161.

Mannheim, Reiss-Museum (O 269)

Kat. Nr. 2.0.1

2.0.2
Kurfürstin Elisabeth Auguste mit Füllhorn

Heinrich Carl Brandt (Wien 1724-1787 München), 1767/70
Öl auf Leinwand, 255 x 152 cm

Auf diesem lebensgroßen Gemälde ist die Kurfürstin als Herrscherin, auf einem Löwen sitzend, dargestellt, auf dessen Kopf sie sich mit einem Zepter stützt. Links im Vordergrund ist der Kurhut zu sehen. Durch das Füllhorn, aus dem sie Goldmünzen schüttet, wird Elisabeth Auguste gleichzeitig als Verkörperung der Freigebigkeit erkennbar. Das Gemälde befindet sich in einem zeitgenössischen, geschnitzten Prunkrahmen, den ein Kurhut krönt. Das Gegenstück zu diesem Bild – Carl Theodor im Kurkleid, der eine Stiftungsurkunde vorweist – befindet sich im Heidelberger Schloß. Die beiden unsignierten, anspruchsvollen „Staatsporträts", die durch ihre Erwähnung im Testament Brandts von 1787 zugewiesen werden können, gehen auf Kompositionsentwürfe des Hofbildhauers Peter Anton von Verschaffelt (1710-1793) zurück. Sie entstanden sehr wahrscheinlich anläßlich der offiziellen Eröffnung der Mannheimer Zeichnungsakademie 1769, an der beide Künstler entscheidend mitwirkten. K.-L.H.

Gesche 1976, Nr. 38 c, S. 50; Grotkamp 1979, S. 51; Eichner 1981, S. 98/99, S. 140-143, Nr. 83, 122, Nr. 122 I; Hofmann 1982, S. 21, Abb. 5-8.

Mannheim, Reiss-Museum (O 251)

2.0.3
Modell für das Denkmal des Kurfürsten Carl Theodor von der Pfalz auf der Alten Brücke in Heidelberg

Konrad Linck (Speyer 1730-1793 Mannheim), 1786-88
Gips (Skulpturen), Nußbaum (Sockel), H. 58 cm (Figur), mit Sockel 131 cm

Bezeichnung am Sockel: ‚PALATINORVM PATRI // CAROLO THEODORO // HOC PIETATIS MONVMENTVM POSVIT // SENATVS POPVLS VQVE HEIDELBERGENSIS // AO MDCCLXXXVIII' („Dem Vater der Pfälzer / Carl Theodor / hat dieses Denkmal frommer Verehrung gesetzt / Senat und Bevölkerung Heidelbergs / im Jahre 1788")

Kurfürst Carl Theodor steht in imponierender Pose, voller Rüstung und weitem Hermelinmantel auf einem Postament mit eingezogenen Ecken. Um den Leib ist eine Feldherrnschärpe gebunden. In der leicht ausgestreckten rechten Hand hält er einen Kommandostab, die Linke hat er, den Mantel raffend, in die Hüfte gestemmt.

Kat. Nr. 2.0.2

Die um das Postament gelagerten vier Figuren stellen Flußgötter – zwei männliche an Vorder- und Rückseite, zwei weibliche an den Seiten – dar. Ihnen fehlen individualisierende Attribute, doch kann man sie als die vier „pfalzbayrischen Hauptströme", als Donau und Rhein, Isar und Mosel identifizieren. Da unter der Brücke, für die das Denkmal vorgesehen war, der Neckar hindurchfließt, konnte auf die Schaffung einer Sandsteinfigur für diesen Fluß verzichtet werden. Die Stirnseite des Sockels ziert eine große, mit Kurhut und pfalzbayrischem Kurwappen ausgeführte Kartusche; die übrigen Seiten wurden später mit den Darstellungen der Vereinigung der Pfalz und Bayerns (1777), des 400jährigen Universitätsjubiläums (1786), sowie des 50jährigen Regierungsjubiläums des Kurfürsten (1792) mit der sinnigen Widmungsschrift „NOCH 50" versehen. Die Figuren umlagern den Fürsten als Verkörperung jenes neuen Jahrhunderts, welches mit der Wiedervereinigung des wittelsbachischen Gesamterbes 1777 seinen Anfang genommen hatte, und künden von der Größe und dem Glanz Carl Theodors.

Konrad Linck, Modelleur in Frankenthal und ab 1763 Hofbildhauer in Mannheim, fertigte dieses Modell als Entwurf für ein Standbild des Kurfürsten für die neue Neckarbrücke, welche anstelle der vom Eisgang des Jahres 1784 zerstörten hölzernen Vorgängerin in den Jahren 1786 bis 1788 aus Stein errichtet wurde. Das Modell befand sich im Besitz des Geheimen Rats Lambertus Babo, von wo es 1881 für die drei Jahre zuvor durch den Ankauf der Graimbergschen Sammlung gegründete Städtische Kunst- und Alterthümer-Sammlung im Friedrichsbau des Heidelberger Schlosses erworben wurde. F.H.

Bahns, Jörn: Konrad Lincks Modell des Carl Theodor-Denkmals in Heidelberg. In: Helmut Prückner (Hrsg.): Die alte Brücke in Heidelberg. Heidelberg 1988, S. 98-102; Glaser 1993, S. 108.

Heidelberg, Kurpfälzisches Museum (PH 8)

Kat. Nr. 2.0.3

2.0.5
Medaillen auf die Reichsvikariate des Kurfürsten Carl Theodor

– nach dem Tode Kaiser Karls VII.

a Anton Schäffer (1722-1799), 1745

Silber, Dm. 3,1 cm

b Andreas Vestner (1707-1754), 1745

Kupfer, Dm. 4,4 cm

– nach dem Tode Kaiser Josephs II.

c Heinrich Boltschauser (1754-1812), 1790

Silber, Dm. 4,1 cm

– nach dem Tode Kaiser Leopolds II.

d Cajetan Destouches (?-1833), 1792

Silber, Dm. 4,2 cm

Beim Tode eines Kaisers des Heiligen Römischen Reiches hatten die Kurfürsten von der Pfalz und von Sachsen bis zur Krönung des Nachfolgers das Amt des Reichsvikars inne. Anläßlich dieser ehrenvollen Stellvertretung des Kaisers ließen die Regenten besondere Münzen und Medaillen prägen. Kurfürst Carl Theodor hatte während seiner mehr als fünfzig Jahre dauernden Regierungszeit dieses Amt mehrfach inne. H.-J.S.

Stemper 1997, S. 482, Nr. 485, S. 484, Nr. 488, S. 575, Nr. 596, S. 576, Nr. 597, S. 581, Nr. 603.

München, Staatliche Münzsammlung (o. Nr.) (a, d)
Heidelberg, Kurpfälzisches Museum (M 6302) (b)
Mannheim, Reiss-Museum (III g 1311) (c)

2.0.4
Kurpfälzische Medaillensuite

a Anton Schäffer (1722-1799), 1758

Silber, Holz, rotes Leder, blauer Samt

b Anton Schäffer (1722-1799), 1758

Kupfer, Holz, braunes Leder, grüner Samt

Während des 18. Jahrhunderts entstanden in großer Zahl sogenannte „Medaillensuiten", in denen die Regenten der europäischen Fürstenhäuser sich und ihre Vorgänger verherrlichen ließen. Bereits Kurfürst Carl Philipp hatte den Plan zu einer *Histoire Métallique* der Pfalzgrafen bei Rhein ins Auge gefaßt, der allerdings erst durch seinen Nachfolger Carl Theodor in die Tat umgesetzt wurde. Hofmedailleur Anton Schäffer schuf im Jahre 1758 eine Reihe von insgesamt dreißig Medaillen, auf denen die sechsundzwanzig Pfalzgrafen und Kurfürsten von Ludwig I. bis Carl Theodor sowie die vier Administratoren der Pfalz abgebildet wurden. Die Ausführung erfolgte in Gold, Silber und Bronze. Zur Aufbewahrung der zu Repräsentationszwecken bei Hof verwendeten Suite dienten Holzkassetten, deren Inneres mit rotem, blauem oder grünem Samt ausgeschlagen war, und die außen mit blauem, rotem oder braunem Leder bezogen und mit dem kurfürstlichen Wappen als Supraexlibros versehen waren. H.-J.S.

Schulzki, Hans-Joachim: Die Kurpfälzische Medaillensuite von 1758. In: MGB N.F. 3 (1996), S. 221-234.

Karlsruhe, Badisches Landesmuseum (a)
Mannheim, Reiss-Museum (o.Nr.) (b)

Kat. Nr. 2.0.5 c Vorderseite

Kat. Nr. 2.0.4 a

Kat. Nr. 2.0.5 c Rückseite

Kat. Nr. 2.0.5 d Vorderseite

Kat. Nr. 2.0.5 d Rückseite

2.0.6
Medaille auf den Frieden von Aachen

Anton Schäffer (1722-1799), 1748
Silber, Dm. 6,0 cm

Die repräsentative Medaille auf den Frieden von Aachen, der den Österreichischen Erbfolgekrieg beendete, gehört zu den herausragendsten künstlerischen Schöpfungen des Hofmedailleurs Anton Schäffer. Sie betont in ihrer äußeren Form die Stellung des pfälzischen Kurfürsten im Konzert der europäischen Mächte. H.-J.S.

Gesche 1981, S. 24, Nr. 15; Stemper 1997, S. 490, Nr. 497.

Mannheim, Reiss-Museum (III g 1833)

2.0.7
Medaille auf die Wiedergewinnung von Kaiserswerth

Anton Schäffer (1722 -1799), 1768
Silber, Dm. 5,2 cm

Seit dem Jahre 1424 befand sich die Stadt Kaiserswerth am Niederrhein aufgrund einer Verpfändung im Besitz der Kurfürsten von Köln. Durch einen Entscheid des Reichskammergerichtes vom 26. März 1768 wurde ein seit dem Beginn des 18. Jahrhunderts andauernder Rechtsstreit um die Rückgabe an das Kurfürstentum Pfalz zu dessen Gunsten entschieden, wodurch Stadt und Festung nach über 400 Jahren wieder an ihren rechtmäßigen Besitzer zurückfielen. H.-J.S.

Stemper 1997, S. 508, Nr. 520.

Heidelberg, Kurpfälzisches Museum (M 1210)

2.0.8
Grosses Porträtmedaillon

Anton Schäffer (1722-1799), um 1750/55
Silber, Dm. 7,1 cm

Das undatierte, großformatige, ganz vom Geist des Rokoko erfüllte Medaillon läßt weder Zeit noch Anlaß seiner Herstellung erkennen. Möglicherweise ist seine Anfertigung im Zusammenhang mit dem im Jahre 1753 begangenen zehnjährigen Regierungsjubiläum zu sehen. Das Motto der Rückseite DOMINUS REGIT ME (Der Herr leitet mich) ist dem ersten Vers des 23. Psalms entnommen. H.-J.S.

Gesche 1981, S. 27, Nr. 17; Stemper 1997, S. 493, Nr. 501.

Mannheim, Reiss-Museum (III g 1964)

Kat. Nr. 2.0.6 Vorderseite

Kat. Nr. 2.0.8 Vorderseite

Kat. Nr. 2.0.6 Rückseite

Kat. Nr. 2.0.8 Rückseite

2.1
Das Schloss in Mannheim

Am 2. Juli 1720 wurde der Grundstein zum Mannheimer Schloß gelegt. Damit verbunden war die Residenzverlegung der Kurfürsten von Heidelberg nach Mannheim. Unter der Regierung von Kurfürst Carl Philipp wurde nach Plänen von Louis Remy de la Fosse mit den Arbeiten begonnen, doch Grundlage des Baues wurde das Projekt von Jean Clement Froimont, das am 18.11.1720 vorlag. Es folgten die Architekten Guillaume d'Hauberat und Alessandro Galli Bibiena in der Leitung der Bauführung. 1731 konnte Carl Philipp das Schloß beziehen. Vollendet war das Corps de Logis mit den Repräsentationsräumen, vor allem dem Rittersaal und die U-förmig angelegten Ehrenhofflügel. Darauf folgten der westliche Querflügel zur Stadt und das 1742 vollendete Hofopernhaus.
Als Kurfürst Carl Theodor zur Regierung kam (31.12.1742) fehlten die östlichen Teile. Der Kurfürst befahl deren Erbauung im Dezember 1750. Es entstanden der östliche Querflügel zur Stadt mit Galerie, Naturalien- und Medaillenkabinett, die große Hofbibliothek und der rechteckige, vierflügelige Marstall. Architekt all dieser Teile war Nicolas de Pigage, der 1749 in den Dienst Carl Theodors getreten war und 1752 zum Oberbaudirektor ernannt wurde. Pigages Meisterwerk waren die Bibliothek und ein im westlichen Corps de Logis eingerichtetes Bibliothekskabinett der Kurfürstin Elisabeth Auguste, das sich erhalten hat.
Das Mannheimer Schloß besaß eine künstlerisch bedeutende Innenausstattung mit reichen Stuckdecken. Die Ordnung des Außenbaues, eines der größten Barockschlösser Europas, ist eher schlicht. Im Zweiten Weltkrieg wurde das Mannheimer Schloß schwer zerstört, aber in einigen Innenräumen (Rittersaal und angrenzende Räume) sowie im Außenbau wiederhergestellt. Es beherbergt heute die Mannheimer Universität. I.G.

2.1.1
Idealprojekt für das kurfürstliche Residenzschloss in Mannheim

Jean Clement Froimont, 1725
Radierung von Heinrich Jonas Ostertag und Bartolomäus Anton Coentgen, Mainz, 66,8 x 91,7 cm (Blatt)

Seit 1720, mit der Verlegung der kurfürstlichen Residenz von Heidelberg nach Mannheim, war der Mannheimer Schloßbau als größtes kurpfälzisches Bauunternehmen im Auftrag des Kurfürsten Carl Philipp im Gange. Begonnen wurde mit Plänen von Louis Remy de la Fosse, doch wurde schon am 18. November 1720 Jean Clement Froimont zur Bauleitung berufen. Froimonts Projekt war die Grundlage der späteren Bauausführung, mit der sich die nach Froimonts Entlassung 1726 berufenen Architekten Guillaume d'Hauberat, Alessandro Galli Bibiena und ab 1751 Nicolas de Pigage kritisch auseinanderzusetzen hatten und das sie in Einzelheiten abänderten (Vgl. Bd. 1.1, S. 51f.).

Die Radierung gibt die Gesamtanlage des Mannheimer Schlosses in vorweggenommener Vollendung wieder. Der Mittelrisalit, das Corps de Logis, und die rechts und links anschließenden Flügel des Ehrenhofes waren 1725 bereits ausgeführt. Die Errichtung der übrigen Trakte zog sich bis um 1760 hin. Sie wurden abgewandelt ausgeführt. Die eingeschossige Galerie, die den Ehrenhof gegen die Stadt hin abschließt, wurde nicht gebaut. Die u-förmigen Quertrakte seitlich rechts und links geben schon die spätere endgültige Ausdehnung der Anlage wieder. Die Risalite am Beginn der Seitentrakte sind noch als viergeschossige turmartige, hoch aufgerichtete Bauteile angegeben, während sie - rechts die Schloßkirche und links die Bibliothek - später als quergelagerte Bauten ausgeführt wurden. I.G.

Mannheim. Eine Stadt im Aufbruch. Ausstellungskatalog. Hrsg. von Karin von Welck. Mannheim 1993, S. 14, Nr. 2; Schneider, Reinhard: Louis de La Fosse (= Darmstadt in der Zeit des Barock und Rokoko, 2). Darmstadt 1980, S. 121, Nr. 113 mit Abb.; Walter 1907, Bd. I, S. 424-429.

Mannheim, Reiss-Museum (Sammlung Bassermann, o. Nr.)

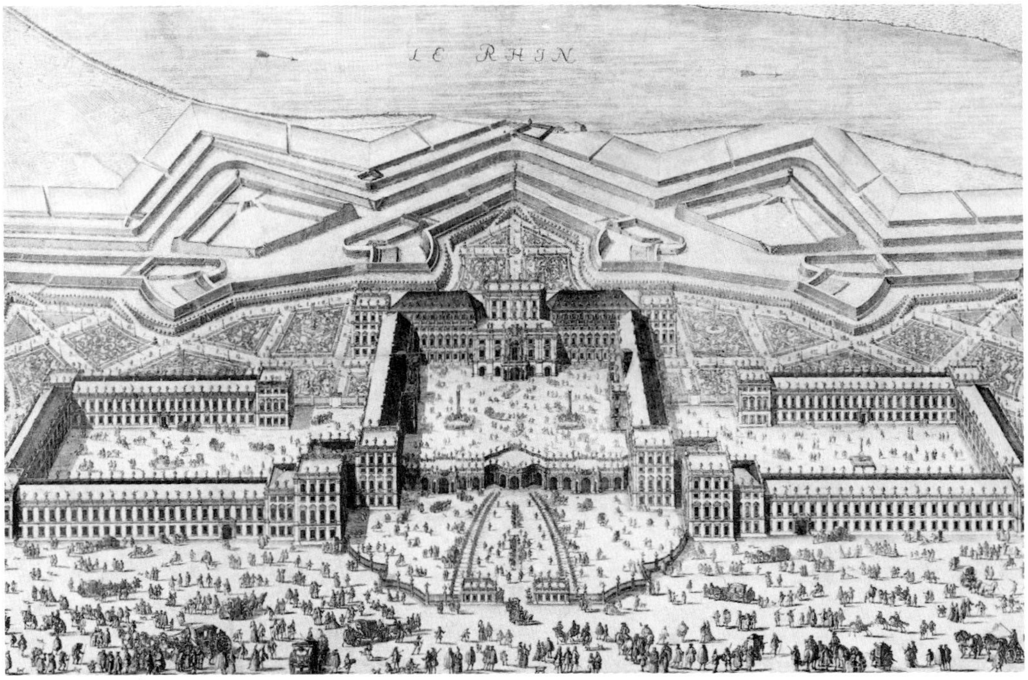

Kat. Nr. 2.1.1

2.1.2
Der Hofgarten in Mannheim

Philipp Hieronymus Brinckmann (Speyer 1709-1760 Mannheim), 1745
Öl auf Leinwand, 40 x 52 cm

Bez. u. M.: PHBrinckmann fecit/1745

Das Patent Philipp Hieronymus Brinckmanns als kurfürstlicher Hofmaler in Mannheim wurde 1743 mit der Bedingung erneuert, jährlich ohne gesonderte Berechnung zwei Landschaftsbilder zu liefern. Zu einem dieser Gemäldepaare, dessen Gegenstück sich im Schloß Schleißheim befindet, gehört die Ansicht des seit 1729 angelegten Hofgartens in Mannheim. Als Platz für den Hofgarten standen nur die Bastionen und das dazwischenliegende Gelände südwestlich und südöstlich der Schloßflügel zur Verfügung. Brinckmanns Darstellung einer mit Bäumen bestandenen Parkterrasse, auf der sich - mit Blick auf das Schloß und den Rhein - Damen und Herren der Hofgesellschaft die Zeit vertreiben, zeigt, daß er die Genauigkeit niederländischer Malerei mit den Konventionen des französisch bestimmten, höfischen Gesellschaftsstückes zu verbinden wußte. K.-L.H.

Jacob 1922, S. 9, S. 30/31; Verz. d. Gem. Nr. 9; Emmerling 1960, S. 320; Carl Theodor und Elisabeth Auguste 1979, S. 142, Nr. 329; Barock in Baden-Württemberg 1981, S. 76, Nr. A 16; Huth 1982, S. 454; Knorre 1984, S. 41.

München, Bayerische Staatsgemäldesammlungen,
Deutsche Barockgalerie Augsburg (L 716/5031)

Kat. Nr. 2.1.3

2.1.3
Feuerwerk im Mannheimer Schlossgarten anlässlich des Geburtstages von Kurfürstin Elisabeth Auguste am 17. Januar 1758

Barthélemy de La Rocque (Vandoeuvres bei Genf 1720-1764 Mannheim), 1758
Radierung, 62 x 47 cm

Bez. unter der Darstellung links und rechts von dem CT-Monogramm: „DESSEIN DU FEU DARTIFICE DONNÉ / PAR S.A.S.E. PALATINE A MANNHEIM / LE XVII IANUIER M.DCC.LVIII. A / LOCCASION DU JOUR ANIUERSAIRE / DE LANAISSANCE DE S.A.S. / MADAME L'ELECTRICE. / Cette Feste a eté representée dans le Jardin de la Cour sous / la direction de Mr. le Baron de Sturmfeder Chambellan Grand / Echanson et grand Baillif de Mosbach, et conduitte par Mr. de Pfister / Capitaine Ingenieur qui en a fait les Desseins, et se lon les quél le Sieur Paul / Varinot artificier Francois en a fait lexecution en feu. Les Fusessees Volontes etoient de 1.5.20.30. et 50. livre la piece. / Planche 2. Dessiné et gravé par B. de La Rocque"

Die Geburts- und Namenstage des Kurfürstenpaares bildeten die glanzvollen Höhepunkte des höfischen Festkalenders. Ihr Ablauf wurde durch verschiedene Ereignisse bestimmt, die vornehmlich der fürstlichen Repräsentation dienten, wie Galadiners, Opernaufführungen, Feuerwerke und Prunkjagden. Die Feuerwerke und Treibjagden gehörten jedoch nicht zu den ständigen Programmpunkten dieser Feierlichkeiten. Da sowohl die Geburts-, als auch die Namenstage von Carl Theodor und Elisabeth Auguste in den Wintermonaten lagen, waren Feuerwerke aufgrund der Witterung nicht immer möglich. Der Besonderheit dieses Ereignisses 1758 ist es wohl zu verdanken, daß de La Rocque außer diesem Hochformat zusätzlich eine querformatige Ansicht davon anfertigte. Der Ablauf des Feuerwerks unterlag dabei einer genau festgelegten Ordnung. Die Feuerwerkskörper wurden nicht einfach in den Himmel abgeschossen, sondern waren an Architekturteilen, wie hier dem Obelisken mit dem EA-Monogramm, angebracht und erzeugten beim Entzünden bestimmte Effekte. Außerdem wurde das Ereignis, wie die Darstellung im Mittelgrund zeigt, von Paukenschlägen und Fanfarenstößen begleitet. Die Aufsicht über dieses dargestellte Feuerwerk hatte der Obermundschenk Freiherr von Sturmfeder, die Pläne dazu stammten von dem Ingenieurhauptmann Maximilian von Pfister und der ausführende Feuerwerker war der Franzose Paul Varinot. A.K.

Walter 1907, Bd. 1, S. 537; Mörz 1997, S. 83-101; Mörz 1998, S. 52-58.

Mannheim, Reiss-Museum (G Ad 34 a, m)

2.1.4
Portrait des Andreas Riaucour

Deutsch, um 1770
Öl auf Leinwand; 160 x 120 cm

Riaucour hielt sich seit 1748 als kursächsischer Geschäftsträger in Mannheim auf. 1752 wurde er Geheimrat und außerordentlicher sächsischer Gesandter. Zwei Jahre später heiratete er die Tochter des kurpfälzischen Konferenzministers Heinrich Ernst Wilhelm Freiherr von Wrede und wurde in den Reichsgrafenstand erhoben. 1768 ernannte man ihn zum Mitglied des pfälzischen Löwenordens, eines von Carl Theodor gestifteten Verdienstordens. 1778 folgte er dem Hof nach München. Riaucours Gesandtschaftsberichte für Dresden sind eine wichtige Quelle für die Politik am kurpfälzischen Hof, wo er regen Kontakt mit einflußreichen Persönlichkeiten pflegte. Nicht zuletzt ist seinen Berichten auch die Überlieferung zahlreicher Intrigen, Gerüchte und Klatschgeschichten zu verdanken. D.B.

Walter, Friedrich: Riaucours Gesandtschaftsberichte als Quelle zur Geschichte des Kurfürsten Karl Theodor. In: MGB (1907), Sp. 213-220 (dort zur Person Riaucours).

Ahlen, Privatbesitz (Wilderich Graf von Schall-Riaucour)

Kat. Nr. 2.1.4

Kat. Nr. 2.1.5

2.1.5
Porträt eines kurpfälzischen Kammerherren in Hof-Gala

Johann Wilhelm Hoffnaas (Ahaus 1727-1795 Mannheim), 1769
Öl auf Leinwand, 98 x 84 cm

Das halbfigurige Porträt zeigt einen Kammerherren des kurpfälzischen Hofes in offizieller Kleidung mit prächtig gestickter Weste und Justaucorps. Die hohe Stellung eines Kammerherren in der höfischen Hierarchie ist durch den an der linken Patte des Justaucorps befestigten Schlüssel kenntlich gemacht. Der Name des Dargestellten ist nicht bekannt, doch muß er ein Mitglied des hohen Adels gewesen sein, denn nur diesen wurde das Ehrenamt eines Kammerherren zuerkannt. Die Kammerherren hatten als einzige neben dem Kurfürsten Zugang zu allen Räumen des Schlosses. Sie gehörten zu seinen persönlichen Bediensteten und hatten vor allem während der Nacht im Vorzimmer des fürstlichen Schlafzimmers als Wache den Sicherheitsdienst zu versehen. Die Tätigkeit der Kammerherren war in einem Turnus organisiert. Im Hofkalender von 1769 sind über 60 Kammerherren aufgeführt. K.-L.H.

Born/Homering 1998, Nr. 34, S. 84.

Mannheim, Reiss-Museum (RMM 1991/2)

Kat. Nr. 2.1.6

2.1.6
Zwei Kammerherrenschlüssel des Kurfürsten Carl Theodor

a um 1750,
Messing vergoldet, L. 16,- cm

b um 1770/75
Stahl gebläut und teilvergoldet, L. 16,8 cm

Die Kammerherren und Kammerfrauen waren im 18. Jahrhundert Hofchargen aus dem höheren und höchsten Adel, die den Ehrendienst bei höfischen Zeremonien der Fürsten und Regenten versahen. Als Auszeichnung und „Dienstabzeichen" trugen sie auf der Kleidung große Schlüssel, die meistens vergoldet waren. Die Schlüssel berechtigten zum Zutritt in die Privatappartements. Die beiden Kammerherrenschlüssel des Kurfürsten Carl Theodor zeigen unter dem Kurhut den geschweiften oberen Abschluß, den Griff und das CT-Monogramm. Die Namen und der Adelsrang der kurpfälzischen Kammerherren sind in den einzelnen Jahrgängen der Hof- und Staatskalender verzeichnet. Die Ausgabe von 1748, wohl die erste unter Carl Theodor, listet zweiundvierzig Kammerherren auf. Erster Kammerherr war Alexander Freiherr von Guidobono Cavalchino, der auch Generalwachtmeister der Festung und Residenzstadt Mannheim war. Im Hofkalender von 1778 sind 108 Kammerherren verzeichnet, die von 1743, dem Regierungsantritt Kurfürst Carl Theodors, bis 1778, dem Antritt der Regierung in Bayern, Hofdienst versahen. I.G.

Pfeiffer-Belli, Erich: Schlüssel und Schloß. Schönheit, Form und Technik im Wandel der Zeiten aufgezeigt an der Sammlung Heinrich Panhofer. München 1973, S. 88/89; Duwe, Georg: Erzkämmerer, Kammerherren und ihre Schlüssel. Historische Entwicklung eines der ältesten Hofämter vom Mittelalter bis 1918. Osnabrück 1990, S. 163.

Mannheim, Reiss-Museum (beide o. Nr.)

Kat. Nr. 2.1.7

2.1.7
Porträtstatuetten des Kurfürsten Carl Theodor und der Kurfürstin Elisabeth Auguste

Peter Anton Verschaffelt (Gent 1710-1793 Mannheim), Mannheim, 1756-58
Gebrannter Pfeifenton, H. 60 und 61,5 cm

Die beiden Statuetten sind Bozzetti (plastische kleinformatige Entwürfe) für die überlebensgroßen Marmorstatuen des Kurfürstenpaares im Rittersaal des Mannheimer Schlosses. Diese wurden wohl 1758-1760 aufgestellt; die Bozzetti datieren kurz vorher. Carl Theodor ist im Kurhabit als regierender Kurfürst dargestellt. Elisabeth Auguste trägt antikische Gewandung und ist allegorisch als pax (Friedensliebe) mit einem Ölzweig in der Hand dargestellt. Die Gattin des Regenten verkörpert somit dessen vornehmste Regierungstugend. I.G.

Hofmann 1982, S. 152, Abb. 150f.

Mannheim, Reiss-Museum (o. Nr.)

Kat. Nr. 2.1.8

Kat. Nr. 2.1.8

2.1.8
Grisaillen nach den Statuen des Kurfürstenpaares im Rittersaal des Mannheimer Schlosses

Peter Hoch (Mainz 1741-nach 1781), 1766
Öl auf Leinwand, 88,5 x 46 cm

Grisaille mit dem Kurfürsten bez. u. l.: Pierre Hoch fecit./1766:

Die Grisaillen des Mainzer Künstlers Johann Peter Hoch, der später kurtrierischer Hofmaler in Ehrenbreitstein wurde, geben die Statuen wieder, die Peter Anton von Verschaffelt (1710-1793) in den Jahren 1758 bis 1760 für die Ecknischen des Rittersaals im Mannheimer Schloß schuf. Während Carl Theodor als Herrscher und Feldherr gezeigt wird, erscheint die Kurfürstin mit dem Ölzweig in der Hand als Friedensbringerin (Vgl. Kat.Nr. 2.1.7). K.-L.H.

Thieme/Becker, Bd. 17, 1924, S. 161 (zum Künstler); Volk 1973, S. 414/415; Gesche 1976, Nr. 37-38 b, S. 48-50; AK Heidelberg, Nr. 108, Nr. 109, S. 91; Hofmann 1982, S. 148-154 (zu den Statuen Verschaffelts).

Mannheim, Reiss-Museum (O 154; O 155)

2.1.9
Gebirgslandschaft

Christoph von Bemmel (Nürnberg 1714-nach 1783 Straßburg), um 1750
Öl auf Leinwand, 98,7 x 93,7 cm

Das Landschaftsbild Christoph von Bemmels, der aus einer bekannten Nürnberger Künstlerfamilie stammte, war Teil der Ausstattung des Raumes 416 im Mannheimer Schloß, der sich im Corps de Logis östlich des Rittersaals befand und um 1750 als kaiserliches Schlafzimmer diente. Für diesen Raum, der durch eine vor 1919 aufgenommene Photographie dokumentiert ist, schuf Bemmel auch vier Supraporten mit Landschaftsdarstellungen. K.-L.H.

Bemmel 1799, S. 87; Walter 1926, S. 34/35; Huth 1982, S. 288/289; Saur, Bd. 8, 1994, S. 581.

Mannheim, Reiss-Museum (o. Nr.)

Kat. Nr. 2.1.9

2.1.10
Konsoltisch

Mannheim, um 1750/55
Holz vergoldet, innen hellbraun gefaßt, graugelbe (neue) Marmorplatte; H. 79,5 cm, B. 140 cm, T. 63 cm

Der Konsoltisch, der zusammen mit seinem ebenfalls noch vorhandenen Pendant im 19. Jahrhundert im Mannheimer Schloß stand, ist mit Schnitzereien geschmückt, die von seiner höfischen Herkunft zeugen. So sind auf der rocaillengerahmten Kartusche an der Zarge ein Saustechen und am Kreuzungspunkt der Beinverstrebungen ein Trophäen-Gesteck dargestellt, das aus einem Helm mit Federbusch, einem Kanonenrohr und einem Köcher mit Pfeilen besteht. Früher wurde der Konsoltisch der Werkstatt Paul Egells zugeschrieben. Da es jedoch weder archivalische noch stilistische Hinweise auf Möbel Egells gibt, kommt als Schnitzer des Wandtisches wohl eher Matthäus van den Branden in Betracht. 1717 in Heidelberg geboren, war dieser seit 1740 bzw. 1748 Hofbildhauer in Mannheim, wo er 1787 starb. Jedenfalls ist urkundlich belegt, daß van den Branden Schnitzmöbel fertigte. 1757 hat er beispielsweise vier geschnitzte Sessel für den Altarraum der Mannheimer Jesuitenkirche geliefert. D.B.

Swoboda 1981 (Möbel-Kunst), S. 19-21, Nr. 8.

Mannheim, Reiss-Museum (G 8202, Ls 1026b; Dauerleihgabe des Landes Baden-Württemberg)

Kat. Nr. 2.1.10

2.1.11
Zwei Konsoltische

(im Ausstellungsbereich Kleidung)

Peter Anton von Verschaffelt (Gent 1710-1793 Mannheim) oder Matthäus van den Branden (Heidelberg 1717-1787 Mannheim) zugeschrieben, Mannheim, um 1780
Lindenholz vergoldet, Marmor, H. 80,4 cm, B. 109,5 cm, T. 58,5 cm

Die beiden Konsoltische aus der Mannheimer Residenz bedienen sich klassizistischen Formenschatzes: mit Girlanden behängte und von einem Flechtband umschlungene Balusterbeine tragen eine Zarge, die mit antikisierenden Triglyphen, Rosetten und Löwenmasken geschmückt ist. An den Seiten hingen zudem geschnitzte, heute zum größten Teil verlorene Lorbeergirlanden. Die noch an das Rokoko erinnernden Schweifungen der Zarge und der Platte zeigen jedoch, daß die neuen Motive lediglich alten Grundformen vorgeblendet wurden. Der Entwurf der Konsoltische wird wohl deshalb dem Hofbildhauer Peter Anton von Verschaffelt zugeschrieben, der in seinem Oeuvre eine Wandlung vom Rokoko zum Klassizismus vollzog, sich dabei meist jedoch auf die Übernahme einzelner antikisierender Motive oder Themen beschränkte. Da eine Entwurfstätigkeit Verschaffelts für Möbel aber nicht gesichert ist, kommen auch andere Meister in Betracht, vielleicht Matthäus van den Branden, der nachweislich Schnitzmöbel fertigte. D.B.

Fuchs 1979, S. 35; Carl Theodor und Elisabeth Auguste 1979, S. 82, Nr. 70 (Carl Ludwig Fuchs).

Mannheim, Reiss-Museum (G 8203 u. G 8204, Ls 495a+b)

Kat. Nr. 2.1.11

2.1.12
Kommode

Jakob Kieser (Mannheim 1734-1786 Mannheim) zugeschrieben, Mannheim um 1770
Konstruktionsholz: Fichte, Eiche; Furniere: Palisander, Rosenholz, Nußbaum, Rüster; (neue) Beschläge: Bronze vergoldet, H. 82 cm, B. 128 cm, T. 65 cm

Der Marketeriedekor der Schubkastenvorderstücke erinnert mit seinen geschwungenen, von hellen Adern gerahmten Füllungsfeldern an einen Pultschreibtisch im Schloß Schwetzingen. Wie dieser dürfte die Kommode daher gegen 1770 in der Werkstatt des Mannheimer Hofschreiners Jakob Kieser entstanden sein. Im Unterschied zu weiteren vergleichbaren Kommoden Kiesers, die in den frühen 70er Jahren im Auftrag Elisabeth Augustes für deren Schlafzimmer in Schloß Schwetzingen hergestellt wurden, besitzt die Mannheimer Kommode jedoch keine Marmorplatte, wie sie in Frankreich obligatorisch war, sondern lediglich eine

Kat. Nr. 2.1.12

hölzerne Deckplatte. Auch die Verwendung von einheimischen Holzarten wie Nußbaum und Rüster neben den teuren Tropenhölzern Palisander und Rosenholz zeigt, daß Kieser zwar stark an französischen Vorbildern orientiert war, jedoch in der Materialwahl mitunter Abstriche machen mußte. D.B.

Stratmann 1982, S. 64f.

Mannheim, Reiss-Museum (G 2090, Ls 364; Dauerleihgabe des Landes Baden-Württemberg)

Kat. Nr. 2.1.13

2.1.13
Kommode

Jakob Kieser (Mannheim 1734-1786 Mannheim) zugeschrieben, Mannheim, um 1780
Konstruktionsholz: Eiche; Furniere: Palisander, Birkenwurzel (?) z.T. grün gefärbt, Thujamaser, Ahorn z.T. grün gefärbt, Rüster, Zwetschge, Beschläge: Bronze vergoldet; H. 81,5 cm , B. 117,5 cm, T. 60,5 cm

Die Kommode aus dem Mannheimer Schloß zeigt mit ihrer kubischen Form, den konisch sich verjüngenden Vierkantbeinen, dem ovalen marketierten Medaillon auf der Platte, den geraden, an den Ecken mehrfach miteinander verschränkten Bandeinlagen auf den Schubkästen und den Griffen in Gestalt von Lorbeerkränzen über runden Scheiben mit weiblichen Profilköpfen alle Merkmale des frühen Klassizismus. Vor allem die geometrischen Marketerien erlauben dabei eine Zuschreibung an den Mannheimer Hofschreiner Jakob Kieser. Im Gegensatz zu anderen Hofkünstlern blieb der von Carl Theodor sehr geschätzte Kieser nach dem Umzug des Hofes nach München in Mannheim und wurde dort trotz der stark reduzierten Ausgaben für die kurpfälzischen Schlösser weiter mit Aufträgen versehen. Noch im April 1780 lieferte er Möbel nach Schwetzingen. D.B.

Kreisel, Heinrich u. Georg Himmelheber: Die Kunst des deutschen Möbels. Bd. 3. Klassizismus/Historismus/Jugendstil. München 1973. S. 62 u. Abb. 178; Stratmann 1982, S. 60; Ein Jahrhundert Möbel für den Fürstenhof: Karlsruhe, Mannheim, Sankt Petersburg 1750 bis 1850. Sigmaringen 1994. S. 112, Nr. 13.

Mannheim, Reiss-Museum (G 2091, Ls 360; Dauerleihgabe der Staatlichen Schlösser und Gärten in Baden-Württemberg, Karlsruhe)

Kat. Nr. 2.1.14

2.1.14
Schreibtisch

Kurfürstliche Hofschreinerei (?), Mannheim, um 1780
Nußbaun furniert, Kirschbaum, Rosenholz, Palisander, Eiche, vergoldete Messingbeschläge, H. 115 cm, B. 155 cm, T. 88 cm

Der breitrechteckige Schreibtisch mit Aufsatz ist im geradlinigen, strengen Stil des Klassizismus ausgebildet. Seine Körperflächen sind mit gestreiften, umlaufenden Furnierbändern und -adern belegt. Die Füllungen bestehen aus zusammengesetzten und ehemals grün gefärbten Wurzelfurnieren. Die Kanten und Rahmenecken tragen vergoldete Messingleisten und -rosetten. Form und Stil machen es sehr wahrscheinlich, daß der Schreibtisch pfälzischer Provenienz ist. Wie die Boulle-Uhr oder die Teniers-Teppiche verblieb er in Mannheim und gelangte nicht nach München. Allerdings konnte das Möbel im Inventarbuch der kurfürstlichen Zeit von 1775 nicht nachgewiesen werden, da es erst gegen 1780 entstanden war. W.W.

Schloß Inventar Mannheim, S. 291, O.-No. 30.

Karlsruhe, Staatliche Schlösser und Gärten Baden-Württemberg, Schloß Schwetzingen (G 275)

Kat. Nr. 2.1.15

2.1.15
Spieltisch

Johann Georg Wahl (Osthofen 1702-1773 Osthofen), Osthofen bei Worms, 1742/43
Gestell: Nußbaum; Furniere: Nußbaum, Obsthölzer gefärbt; H. 70,5 cm, B. 115 cm, T. 79,5 cm

Auf der Platte das geteilte Wappen Kurpfalz und Pfalz-Sulzbach, Monogramm "JFvB"

Der Tisch aus dem Mannheimer Schloß besitzt einen herausnehmbaren Einsatz mit einem Schachbrett und einem Damespiel auf der Unterseite. Darunter liegt ein Kasten für die Spielsteine und –figuren. In der Mitte der Platte ist das geteilte Wappen der Kurpfalz und von Pfalz-Sulzbach intarsiert. Das Monogramm erweist ihn als Ehrengeschenk eines Adeligen an Carl Theodor. Der Spieltisch wurde dem Osthofener Schreiner Johann Georg Wahl zugewiesen, weil seine Ornamentik mit derjenigen eines weiteren, ihm zugeschriebenen Tisches übereinstimmt. Da es sich bei diesem aufgrund eines intarsierten kaiserlichen Doppeladlers mit kurbayerischem Herzschild um ein Geschenk des Pfälzer Hofes zur Kaiserwahl des bayerischen Kurfürsten Carl Albrecht im Jahre 1742 handeln dürfte, könnte der Heidelberger Spieltisch ebenfalls in dieser Zeit entstanden sein. D.B.

Kreisel, Heinrich u. Georg Himmelheber: Die Kunst des deutschen Möbels. Bd. 2. Spätbarock und Rokoko. München 1970, S. 213 u. Abb. 610; Fuchs, Carl Ludwig: Kurpfälzische Möbelkunst im 18. Jahrhundert. In: Carl Theodor und Elisabeth Auguste 1979, S. 31-35, hier S. 32; Carl Theodor und Elisabeth Auguste 1979, S. 75, Nr. 33 (Carl Ludwig Fuchs).

Heidelberg, Kurpfälzisches Museum (KMH Mb 153)

2.1.16
Ofenschirm

Mannheim, um 1742/50
Nußbaum geschnitzt, Ahorn, violettes Seidengewebe, H. 126 cm, B. 73,5 cm, T. 56 cm.

Initialen CT (Carl Theodor) und EA (Elisabeth Auguste); Hauskämmerei-Inventar Seite 1675, O.-No. ..2

Die Maße und die holzsichtige Ausarbeitung weisen den auf geschwungenen Füßen ruhenden Kaminschirm den privaten Räumlichkeiten des kurfürstlichen Paares zu. Die Inventarbücher des Schlosses Mannheim von 1746 und 1758 führen in den Prunkgemächern repräsentative Stücke in gefaßter Form auf. In den Kabinetten und Garderoben findet man häufig holzsichtige Möbel aus Nußbaum oder Eiche. So ist im Gartenzimmer des Kurfürsten 1758 *ein kleiner Schirm von Nußbaum Holz mit grünem Damast* verzeichnet. Ob es sich dabei um das hier genannte Stück handelt, kann nicht festgestellt werden.

Der Kaminschirm (Abb. s. Bd. 1.1, S. 60) kam im 19. Jahrhundert nach Karlsruhe in die großherzogliche Hauskämmerei. Dies ist durch den aufgeklebten Inventarzettel ersichtlich. Wahrscheinlich gelangte er dann um 1910/20 nach Baden-Baden. Hier erwarb ihn die Verwaltung der Staatlichen Schlösser und Gärten Baden-Württemberg mit Mitteln der Reederei Schwaben in Stuttgart für die künftige Neueinrichtung des Mannheimer Schlosses. W.W.

Grimm, Ulrike/ Wiese, Wolfgang: Was bleibt. Markgrafenschätze aus vier Jahrhunderten für die badischen Schlösser bewahrt. Stuttgart 1996, S. 80.

Karlsruhe, Staatliche Schlösser und Gärten Baden-Württemberg, Schloß Mannheim (LN 87; Dauerleihgabe der DART Reederei Schwaben GmbH, Stuttgart)

2.1.17
Tischuhr

André Charles Boulle u. Jacques Thuret, Paris, um 1710
Eiche, Messing, Messing vergoldet, Schildpatt, Eisen, Email, Glas, 140,5 x 61,5 x 31 cm

Die hohe, von Kurfürst Johann Wilhelm von der Pfalz bei dem französischen Kunstschreiner Boulle in Auftrag gegebene Prunkuhr mit einem Barometer besitzt in Schildpatt eingelegte Marketerien und vergoldete Gußapplikationen. Die aufwendige Dekoration stellt die Ausstattung des pfälzischen Kurfürsten mit den hohen Reichsämtern der Erztruchsessenschaft (Reichsapfel) und des Reichsvikariats (Doppeladler) dar. Da der Kurfürst im Spanischen Erbfolgekrieg (1701-14) treu dem Kaiserhause diente, kam es 1704 nach der Schlacht bei Höchstädt zur Reichsacht seiner bayerischen Verwandten, den Kurfürsten von Köln und Bayern. Kaiser Joseph I. gab in Folge dieser Ächtung 1708 die seit dem 30jährigen Krieg Bayern überlassene erste weltliche Kur mit den genannten Ämtern wieder an die Pfalz zurück.
Der mythologische Verweis durch die Figur des Chronos spielt auf die Rückkehr des „Goldenen Zeitalters" in der Pfalz an. So kommt der Uhr als einem der wenigen erhaltenen Objekte aus der Zeit der Rückgewinnung höchster Reichswürden eine große geschichtliche Bedeutung zu. Unter den Prunkuhren von Boulle nimmt das Stück auf Grund seiner Größe und Ausstattung eine besondere Stellung ein.
Die Uhr gelangte unter dem Nachfolger Johann Wilhelms, Carl Philipp, 1731 in das Audienzzimmer des neuen Residenzschlosses Mannheim. Hier blieb sie auch unter Carl Theodor und mit Unterbrechungen in badischer Zeit bis zum Beginn des 20. Jahrhunderts. Nach der Abdankung des Großherzogs von Baden ging sie in markgräfliches Privateigentum über und wurde von der Staatlichen Schlösserverwaltung Baden-Württemberg 1995 für Schloß Mannheim erworben. W.W.

Schloßinventar Mannheim S. 176 O.-No 15; Mannheimer Schloß Inventar, Rechter Schloßtheil, Pag 101 .. Lit; Dominus virtutum nobiscum Pluvieux, Changeant, Beautemps;
Generallandesarchiv Karlsruhe (GLA), Pfalz Generalia 77/3895. Inventarium der von Düsseldorf und Benrath nacher Mannheim gesandter Statuen, Mahlereyen und sonstigen Sachen anno 1731;
Walter, Friedrich: Die Mobiliar-Ausstattung des Mannheimer Schlosses nach dem Inventar von 1746 und 1758. In: Mannheimer Geschichtsblätter 28 (1927), Sp. 216 und 29 (1928), Sp. 229;
Baron Döry, Ludwig: Eine Prunkuhr und andere Möbel des Kurfürsten Johann Wilhelm von der Pfalz. In: Mannheimer Hefte 3 (1970), S. 4-21; Ottomeyer, Hans/ Pröschel, Peter (Hrsg.): Vergoldete Bronzen. Bd. I u. II. München 1986, S. 44, 57 u. 477.

Karlsruhe, Staatliche Schlösser und Gärten Baden-Württemberg, Schloß Mannheim (G 7503)

Kat. Nr. 2.1.17

2.1.18
Zwei Leuchter

Johann Balthasar Heckenauer (Augsburg 1713-1779 Augsburg), Augsburg, 1758
Silber; H. 21,3 cm

Augsburger Beschauzeichen der Jahre 1757-59, Meisterzeichen "IBH", Jahreszahl "1758"

Die beiden Kerzenleuchter aus der Mannheimer Silberkammer zeigen jeweils im Fuß den eingravierten Namenszug des Kurfürsten, den Kurhut und die Jahreszahl 1758. Das Meisterzeichen IBH erweist sie in Verbindung mit dem Augsburger Beschauzeichen als Werke des Johann Balthasar Heckenauer, der 1746 in Augsburg Meister wurde und sich auf die Herstellung von Leuchtern spezialisierte. D.B.

Frankenburger, Max: Die Silberkammer der Münchner Residenz. München 1923, S. 79 u. Abb. 119; Thoma, Hans: Residenzmuseum München. Amtlicher Führer. München 1958, S. 59, Nr. 42; Thoma, Hans/ Brunner, Herbert : Residenzmuseum München. München 1966, S. 122, Nr. 42; Carl Theodor und Elisabeth Auguste 1979, S. 136, Nr. 306 (Carl Ludwig Fuchs); Seling 1980, S. 384.

München, Bayerische Verwaltung der staatlichen Schlösser, Gärten und Seen, Residenz München (SK 1017/1018)

2.1.19
Kredenzplatte

Johann Conrad Lotter (Augsburg 1704-1779 Augsburg), Augsburg, 1758
Silber; H. 9,5 cm, Dm. 29,5 cm

Augsburger Beschauzeichen der Jahre 1757-59, Meisterzeichen "CL", Jahreszahl "1758"

Die Kredenzplatte stammt aus der Mannheimer Silberkammer. Sie trägt das Monogramm des Kurfürsten und die Jahreszahl 1758. Das Meisterzeichen CL deutet in Verbindung mit dem Augsburger Beschauzeichen auf Johann Conrad Lotter, der 1738 in Augsburg Meister wurde und dort 1779 starb. D.B.

Carl Theodor und Elisabeth Auguste 1979, S. 138f., Nr. 315 (Carl Ludwig Fuchs).

München, Bayerische Verwaltung der staatlichen Schlösser, Gärten und Seen, Residenz München (Res. Mü. SK 78)

2.1.20
Fischanrichteplatte

1773
Silber; L. 85,7 cm, B. 37,8 cm

Gravuren: Monogramm "CT", Jahreszahl "1773"

Die große längsovale Platte mit tiefer Fahne und Saucenreservoirs stammt aus der Mannheimer Silberkammer und wurde mit deren übrigen Bestandteilen nach dem Umzug des Hofes im Jahre 1778 nach München verbracht. Sie trägt das gravierte Monogramm des Kurfürsten Carl Theodor und die Jahreszahl 1773. D.B.

Carl Theodor und Elisabeth Auguste 1979, S. 138 , Nr. 313 (Carl Ludwig Fuchs).

München, Bayerische Verwaltung der staatlichen Schlösser, Gärten und Seen, Residenz München (Res. Mü. SK 1353)

2.1.21
Gabel und Löffel aus einem Tafelbesteck

Jean-Jacques Kirstein (Johann Jakob Kirschenstein) (Straßburg 1733 – 1816 Straßburg), Straßburg, 1760/85
Silber vergoldet, Löffel: L. 18,5 cm, Gabel: L. 17,9 cm

Gestempelt "KIRSTEIN", Gravuren: "CT" und Kurhut

Die Besteckteile aus der Mannheimer Silberkammer tragen auf der Rückseite jeweils das Monogramm CT unter dem Kurfürstenhut. Ihr Stempel weist sie als Arbeiten des Straßburger Silberschmieds Jean-Jacques Kirstein aus, der Sohn eines aus Brandenburg eingewanderten Goldschmiedes war und 1760 als Meister in die Zunft zur Stelz aufgenommen wurde. Kirstein, der Platten, Terrinen und Bestecke fertigte, wurde sonst offenbar eher von der Zweibrücken-Birkenfelder Linie beschäftigt, und zwar laut den eingravierten Jahreszahlen seiner Werke zwischen 1760 und 1784. Die Form des Bestecks geht auf das seit dem zweiten Drittel des 18. Jahrhunderts in Frankreich gebräuchliche Fadenmuster zurück, das hier allerdings mit einer plastischen Muschel am Stiel bereichert ist. Auch die rückseitige Anbringung der Gravuren, zu deren Sichtbarmachung die Teile umgekehrt aufgelegt werden müssen, verrät französischen Einfluß. D.B.

Frankenburger 1923, Abb. 113, Marke 197; Carl Theodor und Elisabeth Auguste 1979, S. 141, Nr. 326 (Carl Ludwig Fuchs).

München, Bayerische Verwaltung der staatlichen Schlösser, Gärten und Seen, Residenz München (Res. Mü. SK 3579 und 3585)

2.1.22
Pokal mit Mannheimer Stadtansicht

Sachsen, um 1750/60
Leicht rosastichig durchscheinendes Glas mit Klarschliff und Mattschnitt. H. 34,1 cm; Dm. 14 cm

Flachkegeliger Fuß mit breit umgeschlagenem Rand. Facettierter Hohlbaluster mit facettiertem, hohlem Nodus. Ausgebauchtes Kuppaunterteil mit Facettenschliff. Auf der konischen Wandung umlaufende Gesamtdarstellung Mannheims in Mattschnitt nach einer Zeichnung von Friedrich Bernhard Werner (1690–1778). Diese 1729 entstandene Zeichnung diente bis zur Jahrhundertmitte als Vorbild für mehrere gestochene Stadtansichten. Den Öffnungsrand des Glases ziert eine Wellenborte in Mattschnitt.
Bei diesem Pokal handelt es sich aufgrund seiner Größe wahrscheinlich um ein „Willkomm"- oder Toastglas, mit dem bei feierlichen Anlässen auf eine bestimmte, zu ehrende Person ein Toast ausgesprochen wurde. A.K.

Swoboda 1974, S. 47, Nr. 29; Arnscheidt 1989, S. 1-6; Sammelleidenschaft 1992, S. 82, Nr. 36.

Mannheim, Reiss-Museum (RMM 1971/5)

Kat. Nr. 2.1.22

2.1.23
Zwei Kelchgläser mit CT-Monogramm

Lauenstein, 1750/60
Farbloses Glas, geblasen und geschnitten, ursprünglich vergoldeter Schnitt. H. 14,8 cm / 14,5 cm; Dm. 7,3 cm / 7,1 cm

Hochgewölbter Glockenfuß mit umgeschlagenem Rand; Hohlbalusterschaft und doppelkonischer Nodus. Auf der leicht glockenförmigen Kuppawandung das mit einem Stern versehene CT-Monogramm, das von einem ovalen Strahlenkranz umgeben ist und von dem Kurhut bekrönt wird.

Gläser dieser Art, deren Formen und Schlifftechnik nicht immer auf einen geübten Glasbläser hindeuten, dienten dem täglichen Gebrauch bei Hofe. Sie waren in Mannheim in großer Anzahl vorhanden und werden in der Schwetzinger Hauskämmerei bis weit in das 19. Jahrhundert hinein erwähnt. Diese einfacheren Gläser waren nicht Bestandteil der fürstlichen Tafel, sondern wurden vom Personal gereicht, sofort ausgetrunken und wieder an das Personal zurückgegeben. Dies entsprach den Trinkgewohnheiten des 18. Jahrhunderts und erklärt die kleine Kuppa.

Der hohe Glockenfuß mit umgeschlagenem Rand deutet daraufhin, daß beide Gläser in einer lauensteinischen Hütte entstanden sind. Dafür spricht ebenso der schlicht gehaltene Glasschnitt, der sich meist auf Motive wie Monogramme, Wappen und kleinere Genreszenen beschränkte. A.K.

Schade, Günter: Deutsches Glas von den Anfängen bis zum Biedermeier. Leipzig 1968, S. 116 117; Ohm, Annaliese: Trinkgläser des 18. Jahrhunderts mit pfälzischen Wappen. In: Mannheimer Hefte 3 (1970), S. 22-40; Carl Theodor und Elisabeth Auguste 1979, S. 135, Nr. 298; Baumgärtner, Sabine Glaskunst vom Mittelalter bis zum Klassizismus. Bremen 1987, S. 14; Bahns, Jörn (Hrsg.): Bildführer durch die Sammlungen des Kurpfälzischen Museums der Stadt Heidelberg. Heidelberg 1991, S. 127, Nr. 345 (Carl Ludwig Fuchs).

Mannheim, Reiss-Museum (II D 61)

Kat. Nr. 2.1.23

2.1.24

Vier Teller aus dem Tafelservice zur Wahl und Krönung Kaiser Leopolds II. in Frankfurt am Main

Frankenthal, Mai bis Juni 1790
Porzellan, farbig und mit Gold bemalt, Dm. 23–23,2 cm, H. 3,1 cm

Unterglasurblaue CT-Marke mit zwei Punkten, bei dem Teller mit kupfergrünem Band mit drei Punkten. Ritzzeichen „D 2“ (K II Fra. 148 u. 142), „A 1“ (K II. Fra. 150) u. „F 1“ (K II. Fra. 145). Im Standring des Tellers mit gelbgrünem Band (K II. Fra. 145) schwarze Malersignatur „A“

Mit seltener Präzision läßt sich die Herstellungszeit dieser Teller aus dem Tafelservice ermitteln, das Kurfürst Carl Theodor für die Wahlgesandtschaft seines Landes anläßlich der Krönung Kaiser Leopolds II. (1747–92) am 9. 10. 1790 in Frankfurt a. M. in der kurpfälzischen Manufaktur in Auftrag gab. Von der Bestellung am 27. April bis zur Endabrechnung vom 2. Juli 1790 ist das Service dokumentiert. Auch sind wir unterrichtet über die Schwierigkeiten, die ein so umfangreicher und prominenter Auftrag für die Manufaktur mit sich brachte – das gesamte Personal mußte dafür eingesetzt, die Arbeit auch abends, sonntags und an Feiertagen durchgeführt werden. Wegen der in diesem Zeitraum entfallenden Einnahmen mußte der Kassierer der Fabrik einen Vorschuß für die Löhne der Arbeiter und den Ankauf von Gold für den Dekor des Geschirrs erbitten.
Von dem kurfürstlichen Auftrag an *Fein Porzellan zur Ersten Tafel* – vier Dutzend Suppentellern, zwölf Dutzend Konfekttellern, drei Dutzend Kompottschalen und dreißig Cremebechern – haben sich noch siebzehn der flachen Konfektteller in der Münchener Residenz erhalten. Dekoriert sind sie mit ovalen Medaillons in purpurrosa irisierenden („changeant“) Rahmen, gefüllt mit jeweils verschiedenen klassizistischen Vasen in grauer Ton-in-Ton-Malerei. Jedes Medaillon ist mit einem bunten Blütenkranz behängt und bekrönt von einer Bandschleife in wechselnden Farben (kupfergrün, gelbgrün, gelbrot, rotviolett). Den Tellerrand konturiert ein dichter Blütenkranz, grau/schwarz auf hellgrauem Fond, umwunden von einem vierfach gekreuzten Goldband (den vierten Teller vgl. Bd. 1.1, S. 278, Abb. 5).
Nicht erwähnt in der kurfürstlichen Servicebestellung sind die Platten, Schüsseln und Terrinen, die ein Tafelservice komplettierten – sie dürften zu diesem hohen Anlaß und wegen der kurzen Fertigungsfrist aus Silber bestanden haben. Bei den Akten hat sich auch eine Anordnung erhalten, das Frankenthaler Porzellan nach den Krönungsfeierlichkeiten komplett aus Frankfurt nach München zu schaffen. Von dort wurde es nach 1814 in das nun bayerische Schloß Aschaffenburg verbracht. Von der Schloßverwaltung noch in der ersten Hälfte des 19. Jahrhunderts in Teilen verkauft, gerieten einige Stücke in Privatbesitz, der noch erhaltene Rest an Tellern wurde später zurück in die Münchener Residenz verbracht. B.B.-M.

Heuser 1922, S. 212–221.

München, Bayerische Verwaltung der staatlichen Schlösser, Gärten und Seen, Residenz München (K II. Fra. 150; K II. Fra. 148; K II. Fra. 142; K II. Fra. 145)

Kat. Nr. 2.1.24

Kat. Nr. 2.1.24

Kat. Nr. 2.1.24

2.2
Schloss und Garten der Sommerresidenz in Schwetzingen

Die Hofgesellschaft in Mannheim zog jedes Jahr von April bis Oktober nach Schwetzingen in die Sommerresidenz, das Jagdschloß des Kurfürsten. In den Jahren 1749 bis 1751 machte Carl Theodors Hofarchitekt Nicolas de Pigage Pläne für einen Neubau, der jedoch nicht ausgeführt wurde, so daß das alte Schloß aus der Zeit von 1350 bis 1716 bestehen blieb. Stattdessen widmete man sich vor allem der Anlage des großen Gartens und der Schloßausstattung. 1748/49 wurde das nördliche Zirkelhaus von Alessandro Galli Bibiena errichtet, 1753/54 folgte das südliche Zirkelhaus unter der Leitung des Architekten Franz Wilhelm Rabaliatti. Wohl 1753 legte der Hofgärtner Johann Ludwig Petri einen ersten Plan für den neuen Garten vor. Sein wichtigstes Merkmal ist, entsprechend den Zirkelbauten, das große Kreisparterre, das unmittelbar an das Schloß anschließt und bis heute charakteristisches Stilelement des französischen Teils des Gartens in Schwetzingen ist. Nicolas de Pigage, seit 10. Februar 1749 „Intendant der kurfürstlichen Gärten und Wasserkünste", bevor er am 18.2.1752 zum Oberbaudirektor Carl Theodors berufen wurde, legte 1761 einen neuen Plan zur Erweiterung des Schwetzinger Gartens vor, der das Kreisparterre Petris beibehielt und vor allem eine Erweiterung durch Bosketten (Wäldchen) nach Westen und Norden sowie die Anlage der Orangerie vorsah. Um 1783 zeichnete man wiederum einen neuen Plan, dessen Autorenschaft umstritten ist und Nicolas de Pigage bzw. Friedrich Ludwig Sckell zugeschrieben wird. Er enthält in den westlichen und nördlichen Erweiterungen Elemente des englischen Landschaftsgartens, den Sckell auf seiner Englandreise 1776 kennengelernt hatte.

An Gartengebäuden entstanden das Badhaus, der Apollotempel mit dem Naturtheater, der Minervatempel sowie der Tempel der Waldbotanik, der Merkurtempel und die Moschee. Zahlreiche Skulpturen beleben den Garten, an denen der kurfürstliche Hofbildhauer Peter Anton Verschaffelt den größten Anteil hat. Man hat den großen Schwetzinger Garten das bedeutendste künstlerische Vermächtnis Carl Theodors in der Kurpfalz genannt. I.G.

Kat. Nr. 2.2.1

2.2.1
Porträt des Kurfürsten Carl Theodor mit dem Apollo-Tempel in Schwetzingen

Johann Peter Hoffmeister (Heidelberg 1740-1772 Mannheim), um 1770
Öl auf Leinwand, 50,8 x 35,4 cm

Bei diesem Porträt des Kurfürsten Carl Theodor handelt es sich um die eigenhändige, verkleinerte Wiederholung eines großformatigen Gemäldes, das Johann Peter Hoffmeister 1769 für Karl Heinrich Graf von Sickingen (1737-1791) malte, der 1768 als kurpfälzischer Gesandter nach Paris ging. Eine weitere kleinformatige, 1770 datierte, eigenhändige Kopie, die der Künstler möglicherweise für die Gräfin Heydeck malte, befindet sich im Schwetzinger Schloß.
Hoffmeister, der bereits im Alter von nur 32 Jahren an der Schwindsucht in Mannheim verstarb, verband geschickt höfische Repräsentation und zwanglose Eleganz. Dieses Bildnis Carl Theodors im blauen Samtanzug erinnert an sein Porträt von Anna Dorothea Therbusch (1721-1782) von 1763/64 in München. Obwohl der Kurfürst in entspannter Haltung gegen einen Sessel gelehnt erscheint, ist er dennoch von den wichtigsten herrschaftlichen Würdezeichen umgeben. Er trägt das Schärpenband und den Bruststern des Hubertus-Ordens sowie den Löwen-Orden. Der Ausblick auf den Apollo-Tempel im Schwetzinger Schloßgarten soll den Kurfürsten als Beschützer und Förderer der Wissenschaften und der Künste kenntlich machen, galt Apollo doch auch als Gott der Wissenschaften und Künste, vor allem der Musik. K.-L.H.

Walter 1920, Sp. 127-132; Grotkamp 1979, S. 51; Eichner 1981, S. 99-101, Nr. 84, Nr. 84 b; Stengel 1993, S. 84.

Mannheim, Reiss-Museum (O 293)

Kat. Nr. 2.2.2

2.2.2
Hofarchitekt Nicolas de Pigage (Lunéville 1723-1796 Mannheim)

Anna Dorothea Lisiewska-Therbusch (Berlin 1721-1782 Berlin), um 1764
ÖL auf Leinwand. 68 x 56 cm

Pigage erhielt seine Ausbildung an der Academie Royale d´ Architecture in Paris. Zahlreiche Studienreisen führten ihn ins Ausland, nach Italien, Holland und England, bevor er auf Empfehlung des polnischen Exkönigs Stanislaus Leszczynski 1749 an den Hof Carl Theodors kam, für den er bis zu seinem Tode nahezu ein halbes Jahrhundert tätig war. 1752 avancierte er zum Oberbau- und Gartendirektor, 1756 wurde er zum Hofkammerrat ernannt, 1762 zum Gartendirektor, 1768 erhielt er den Reichsadel. Mit seinem Namen verbinden sich neben kirchlichen, städtischen und privaten Aufträgen in Mannheim die Vollendung des Stadtschlosses, in Heidelberg das Karlstor, in Oggersheim Umbau und Vollendung des Schloßes, in Schwetzingen der Neubau des Residenztheaters und die Gartenerweiterung im englischen Landschaftsstil mit verschiedenen Parkbauten und Wirtschaftsgebäuden, in Düsseldorf der Hofgarten und der Neubau von Schloß und Park der Sommerresidenz Benrath.
Vom gesellschaftlich anerkannten und materiell gut gestellten Hofarchitekten malte Anna Dorothea Therbusch zwei Bildnisse. Als Mitglied einer Berliner Malerfamilie schuf sie neben mythologischen Sujets vor

allem Porträts, unter denen die bürgerlich-realistischen durch ihre psychologische Durchdringung für ihre Zeit sehr fortschrittlich waren. 1763/64 war sie für den Mannheimer Hof tätig und erhielt das Patent als pfälzische Hofmalerin.

Im Gegensatz zum portrait en négligé im Stadtmuseum Düsseldorf wirkt das Heidelberger Bildnis in der malerischen Ausführung wie nicht fertiggestellt. Es zeigt Pigage in seinem Arbeitszimmer schreibend. Auf dem Tisch vor ihm stehen Kerzenleuchter und Weinglas. Der scheinbar intimen Szene widerspricht die Kleidung: ein für Therbusch bezeichnend roter Mantel mit besticktem Kragen und ein breitkrempiger Federhut. Seine geistige Arbeit unterbrechend, blickt der Architekt am Betrachter vorbei zu einem von oben einfallenden Bildlicht, das die rechte Gesichtshälfte hell aufleuchten läßt. Damit folgte die Künstlerin tradierten topoi von Künstler(selbst)- bildnissen: das Motiv der abrupten Kopfwendung zu einer starken Lichtquelle verweist auf die Inspiration des Künstlers, der sich von den irdischen Dingen ab-und höheren Sphären zuwendet.

Die Betonung des Kopfes mit der hochgezogenen rechten Braue hebt die geistige Tätigkeit gegenüber der handwerklichen hervor, der malerische Kopfputz mit den Federn deutet auf die Vielfalt der Ideen und Einfälle und das Flüchtige der künstlerischen Phantasie.

A.F.

Eichner 1981, Nr. 243; Zacher, Inge: Der Oberbaudirektor en négligé. Die Porträts des Nicolas de Pigage, gemalt von Anna Dorothea Therbusch. In: Pigage 1996/97, S. 113-117.

Heidelberg, Kurpfälzisches Museum (G 686)

2.2.3
Plan des Schwetzinger Schlossgartens (erster Plan unter der Regierung von Kurfürst Carl Theodor)

Johann Ludwig Petri (1714-1794), 1753
Papier, Feder, Tusche, Pinsel, Aquarell über Bleistift, 64,8 x 41,6 cm

Kat. Nr. 2.2.3

Auffallendstes Merkmal des Planes ist das große Kreisparterre, das in Anlehnung an die 1748 und 1753 erbauten Zirkelhäuser des Schlosses sich als Gestaltungselement anbot und das ausgeführt wurde. In seiner Mitte liegt eine Fontaine, in der Achse des Schlosses je zwei doppelte Broderie parterres. In der Querachse befinden sich von Bäumen gerahmte Rosenparterres mit Obelisken. Die Zwickel bilden regelmäßige Bosketten. Den Zirkelbauten entsprechen nach Westen zur Begrenzung des Zirkels zwei viertelkreisförmige Treillagen-Gänge. Außerhalb des Zirkels liegt ein Wasserbecken, an seinem schloßseitigen Abschluß flankiert von zwei Hirschgruppen. Nach Westen schließen sich, spiegelbildlich gleich zur Mittelachse, Bosketten mit ornamental geführten Wegen an. I.G.

Martin 1933, S. 138-144, Abb. 112.

Heidelberg, Kurpfälzisches Museum (Verschaffelt-Album, Z 1875)

2.2.4
Der Apollo-Tempel und das Naturtheater im Schlosspark Schwetzingen (Ansicht von Osten)

Wilhelm von Kobell (Mannheim 1766-1853 München), um 1791
Aquarell über schwarzbrauner Feder, 52,7 x 37,6 cm

Bez. u. l. vermutlich vom Künstler mit schwarzbrauner Feder: „Kobell" (Jahreszahl nicht genau lesbar), beschr. u. r. von fremder Hand mit Bleistift: „Nr. 12".

Dem Bau des Apollotempels nach Plänen von Nicolas de Pigage (1723-1796) ging der Entschluß voraus, an dieser Stelle ein für viele Schloßparkanlagen des 18. Jahrhunderts typisches Heckentheater zu errichten. Ab 1761 begann dessen Gestaltung im traditionellen Sinn mit einem halbrunden, vertieften Zuschauerraum und einer erhöhten, leicht ansteigenden Bühne. Zu beiden Seiten des Proszeniums befanden sich Durchgänge aus einem hölzernen Gitterwerk mit Portalarchitekturen für die seitlichen Auftritte. Diese Laubengänge wurden 1843 durch eine umstürzende Ulme zerstört und nicht wieder aufgebaut. Der Apollotempel gehörte zum Ausstattungsprogramm des Theaters, das Pigage und Peter Anton von Verschaffelt (1710-1793) 1765/66 gemeinsam entwarfen. Von Verschaffelt stammen die sechs Sphingen, von denen jeweils zwei die Zugänge zum Parterre flankieren, der Najadenbrunnen und die Statue des Apoll. Der 1776 fertiggestellte Rundtempel in diesem Naturtheater stellt eine für das Rokoko vollendete Bühnenkulisse dar. Pigage ist es gelungen, diese Architektur in die freie Naturgestaltung des englischen Gartens optimal zu integrieren, was Wilhelm von Kobell mit dieser Darstellung ebenso gut wiederzugeben wußte. A.K.

Wichmann 1970, S. 191, Nr. 160; Rentsch, Dietrich: Schloß und Garten Schwetzingen. Karlsruhe 1983, S. 38-40; Reisinger, Claus: Der Schloßgarten zu Schwetzingen. Schwetzingen 1987.

München, Stadtmuseum (Sammlung Maillinger IV/417 K 33)

Kat. Nr. 2.2.4

2.2.5
Sechs Ansichten von Bauwerken im Schlossgarten Schwetzingen

Carl Kuntz (1770-1830), 1795
Papier, Aquatinta-Radierungen, koloriert, 41 x 58 cm (Bildfelder)

Außer mit dem deutschen und französischen Titel der Darstellungen sind die Blätter gleichlautend ausführlich bezeichnet: *Nicolas de Pigage inv. Et extr.: Nach der Natur gemalt und gestochen von Carl Kuntz zu Manh. Dedié Son Altesse Serenissime Monseigneur Charles Theodore Electeur Palatin Duc Regnant de Barière. Avec privilege electorale. A Mannheim chez Dominique Artaria par son tres humble et tres Soumit Serviteur Dominique Artaria.* Alle Blätter tragen in der Mitte der Widmungsinschrift das CT-Monogramm im Strahlenkranz. Das Erscheinen der Blätter wurde in der Mannheimer Zeitschrift „Rheinische Musen" von 1795 angezeigt. Alle dargestellten Schwetzinger Gartengebäude hat Nicolas de Pigage (1723-1796) entworfen und gebaut.

Kat. Nr. 2.2.5 a

a Der Apollotempel

Umgeben von hohen Bäumen erscheint im Bild als Abschluß des davor liegenden Naturtheaters der Apollotempel mit der Quelle an seinem felsigen Unterbau. Gemeint ist der kastalische Quell am Fuße des Berges Parnaß, der von zwei Najaden oder Nymphen bewacht wird. Von einem Belvedere bei der Kaskade wird schon im Jahre 1762 gesprochen. Die skulpturale Ausstattung des Apollotempels und des Naturtheaters wurde 1765/66 konzipiert. Damals muß der Tempel also schon errichtet gewesen sein, wenn sich auch die Fertigstellung der Gesamtanlage mit der hinteren Terrasse bis 1775 hinzog.

Kat. Nr. 2.2.5 b

b Der Minervatempel

Der Tempel der Minerva war nach Aussage der „Etrennes Palatines" für das Jahr 1769 zu diesem Datum bereits vollendet. Das Gebäude im korinthischen Stil bildet den Blickpunkt des linken Zirkelbosketts à l'angloise in dessen Diagonalachse. Vor dem Tempel befindet sich ein Tritonenbrunnen. Die Göttin Minerva im Innern des Tempels ist hier aufgefaßt als Beschützerin der zivilisierten Gartenkunst.

Kat. Nr. 2.2.5 c

c Der Tempel der Waldbotanik

Der Tempel der Waldbotanik bildet den Abschluß des von Friedrich Ludwig Sckell in den Jahren 1773-74 im englischen Landschaftsgartenstil angelegten Arboretums. Als Hauptbaujahr nennt die Inschrift über dem

Portal des Gebäudes das Jahr 1778, doch zogen sich die Arbeiten bis 1780 hin. Der Tempel ist so ausgerichtet, daß sich sein Portal zum Arboretum hin öffnet.

D Die Römische Wasserleitung

Das von hohen Bäumen umgebene Ruinengebäude ist in Frontalansicht dargestellt. Rechts sind Aquäduktbögen zu erkennen. Baubeginn war im Sommer 1779, im Jahre 1781 war die Anlage vollendet.

E Die Moschee

Die Anlage eines „türkischen Gartens“ wird zum ersten Mal im Jahre 1774 in den Quellen erwähnt. Die Gebäude dort wurden aber erst später begonnen. Die Moschee datiert aus den Jahren 1780 bis 1785; der davor liegende „Kreuzgang“ war früher fertiggestellt. Carl Kuntz gibt den Blick auf das Gebäude über den zwischen Moschee und Merkurtempel gelegenen See.

F Der Merkurtempel

Der Blick geht über den links von Baumgruppen gesäumten See, an dem ein Besucher auf einer Bank sitzt, zum Tempel des Merkur. Im Rücken des Betrachters ist die Moschee zu denken. Der Merkurtempel wird in den Akten lange als „Monument“ bezeichnet und war 1784 im Bau. Er ist eine künstliche Ruine. Das Gebäude war wohl 1791, als der Bildhauer Franz Conrad Linck Zahlungen dafür erhielt, vollendet. I.G.

Pigage 1996/97, Kat. Nr. II.3.10a-II.3.10 f.; Benedict 1981, Nr. 6.17.-6.22.

Mannheim, Reiss-Museum (Sammlung Bassermann, o. Nr.)

Kat. Nr. 2.2.5 d

Kat. Nr. 2.2.5 e

Kat. Nr. 2.2.5 f

2.2.6
Ziegenbock mit Bacchuskind und zwei Putten

Franz Conrad Linck (1730-1793), um 1775
Bozzetto, gebrannter Ton weiß geschlämmt, H. 36 cm, B. 34,5 cm, T. 17 cm

Die Gruppe ist der kleinplastische Entwurf für eine Gartenskulptur im Schloßgarten zu Schwetzingen. Der kleine Bacchusknabe mit einem Weinpokal in der Rechten reitet unsicher auf einem stattlichen Ziegenbock, dessen Lauf zwei Putten aufzuhalten suchen. Der Kopf der linken Putte ist modern ergänzt. Am 14. August 1775 wurde der kurfürstliche Hofbildhauer Franz Conrad Linck für zwei Ziegenbockgruppen, deren Ankauf für Schwetzingen Nicolas de Pigage befürwortet hatte, bezahlt. Die eine Gruppe wurde in den 40er Jahren des 19. Jahrhunderts durch einen umstürzenden Baum zerstört. Die erhaltene Gruppe, zu der dieser Bozetto der Vorentwurf ist, steht heute in der nördlichen Angloise als Abschluß des Vogelbades. Ursprünglich waren beide Gruppen auf dem Platz vor dem Badhaus aufgestellt. I.G.

Martin 1933, S. 374/75, Nr. -, Abb. 364 (die Schwetzinger Gruppe).

Mannheim, Reiss-Museum (o. Nr.)

2.2.7
Wandspiegel

(im Ausstellungsbereich Kleidung)

Ferdinand Hund (Althausen um 1704-1758 Bruchsal), Bruchsal um 1751/55
Lindenholz gefaßt und polimentvergoldet, Glas quecksilberverspiegelt; H. 260 cm, B. 85 cm

Nach seinen Arbeiten in der fürstbischöflich-schönbornschen Residenz in Würzburg in den Jahren von 1735 bis 1750 war der von Balthasar Neumann sehr geschätzte Ferdinand Hund von 1751 bis zu seinem Tod im Jahre 1758 unter dem Fürstbischof Franz Christoph von Hutten für die Ausstattung dessen Schlosses in Bruchsal tätig. In diesem Zusammenhang dürfte der Wandspiegel entstanden sein, zu dem sich ein seitenverkehrtes Pendant im Badischen Landesmuseum Karlsruhe erhalten hat. Hund werden auch ähnliche, jedoch im Format abweichende Wandspiegel im kurfürstlich-pfälzischen Schloß in Schwetzingen zugeschrieben.
D.B.

Swoboda 1981, S. 35, Kat.Nr. 40 (mit Abb.).

Mannheim, Reiss-Museum (1975/7)

Kat. Nr. 2.2.6

2.3
Schloss und Garten der Residenz in Oggersheim

Pfalzgraf Joseph Carl Emanuel von Pfalz-Sulzbach (1694-1729), der Vater der Kurfürstin Elisabeth Auguste, ließ ab 1720 in Oggersheim ein in den Ausmaßen bescheidenes Schloß erbauen, das aus drei voneinander getrennten Pavillons bestand. Wie die am 19. Juni 1730 in Mannheim anberaumte Versteigerung seiner beweglichen Besitztümer aus dem Oggersheimer Schloß beweist, hatte Joseph Carl Emanuel selbst das Anwesen bewohnt. Nach seinem Tod lag das Schloß jedoch verlassen, bis es 1751 von Pfalzgraf Friedrich Michael von Zweibrücken (1724-1767), dem Gemahl von Elisabeth Augustes Schwester Franziska Dorothea, gekauft wurde. Friedrich Michael baute das Schloß aus und beauftragte damit den Architekten des Kurfürsten Carl Theodor, Nicolas de Pigage. Dieser erhielt am 25. September 1752 die Oberleitung über das Bauwesen des Oggersheimer Schlosses. Es entstand eine geschlossene Anlage zu zwei Stockwerken mit ausgebautem Dach und dreizehn Achsen Ausdehnung, an die rechts und links je ein einstöckiger Pavillon anschlossen. Mit der Vollendung des Hauptbaues in den Jahren 1753/54 waren die Arbeiten nicht abgeschlossen. Pfalzgraf Friedrich Michael plante schon ab 1753 die Errichtung der Nebengebäude. In der Flucht der Mannheimer Straße entstand der Kavaliersbau, im rechten Winkel dazu der Kirchentrakt und, wieder rechtwinklig dazu, der sogenannte Winterbau. Seit 1756 ruhten die Arbeiten. 1765 setzte eine neue Bauperiode ein mit Aufstockungen an den Gebäudeteilen.

Nach dem Tode Friedrich Michaels am 18. Juli 1767 erbte sein Sohn Carl August den Besitz. Er verkaufte ihn am 4. Dezember 1767 an seinen Onkel, den Kurfürsten Carl Theodor. Der Kurfürst schenkte das Schloß und den unter Friedrich Michael angebauten Garten mit dem Hofgut am 8. Februar 1768 seiner Gemahlin Elisabeth Auguste, die hier ihre Sommerresidenz einrichtete. Sie stattete das Schloß, besonders den Winterflügel, ihren Ansprüchen entsprechend aus. Am 24. Juli 1768 zog Elisabeth Auguste in das Schloß Oggersheim ein.

Der Garten im freien französischen Stil wurde unter Friedrich Michael angelegt. Elisabeth Auguste änderte daran nichts. In Verlängerung der Mittelachse des Corps De Logis befand sich das einteilige Broderieparterre, daran anschließend zweiteilige Bosketten mit kleinen grünen Salons und als Point de Vue eine elegante Chinoise. Links davon lagen die Menagerie und das Badhaus, davor ein Wäldchen mit Schlängelwegen sowie näher am

Kat. Nr. 2.3.1

Schloß die Orangerie mit ihrem Garten. In den Revolutionskriegen der Jahre 1793/94 wurde die Anlage und das Schloß von französischen Truppen verwüstet und zerstört, Kurfürstin Elisabeth Auguste floh nach Weinheim.
I.G.

2.3.1
Porträt der Kurfürstin Elisabeth Auguste

Heinrich Carl Brandt (Wien 1724-München 1787), um 1778
Öl auf Leinwand, 100,8 x 76,5 cm

Elisabeth Auguste, als Kurfürstin ausgewiesen durch den rechts im Hintergrund erkennbaren Kurhut, trägt über einem weißen, weit ausgeschnittenen Kleid mit reichem Spitzenbesatz das rot-weiße Band des Elisabethen-Ordens, dessen Ordensstern sie an ihrem roten, pelzverbrämten Mantel festgesteckt hat. Im Oktober 1766 stiftete die Kurfürstin den Elisabethen-Orden zur Unterstützung von Armen und Kranken, den sie unter das Patronat der Hl. Elisabeth von Thüringen stellte. Das Gemälde ist eine veränderte, spätere Wiederholung der zur Ordens-Stiftung gemalten Originalfassung von 1767. K.-L.H.

Grotkamp 1979, S. 50; Grotkamp-Schepers 1980, S. 106/107; Eichner 1981, S. 45, Nr. 121 b.

Mannheim, Reiss-Museum (O 139)

2.3.2
Grundrisse von Erd-, Ober- und Dachgeschoss von Schloss Oggersheim

Nicolas de Pigage (Lunéville 1723-1796 Mannheim), 1753
Papier, Feder in Schwarz, Tusche in Rot und Blau, 48,1 x 37,3 cm (Blatt)
Maßstab angegeben und mit „pieds" bezeichnet

Im Verlauf der verwickelten Baugeschichte der Schloßanlage Oggersheim in den Jahren 1751-54 erstellte Nicolas de Pigage die Ausführungspläne (vgl. Kat. Nr. 2.3.3). Das Schloß ist zweigeschossig mit ausgebautem Dach. An den Hauptbau mit dreizehn Achsen schließen dreiachsige, einstöckige Pavillons an. Vor dem einachsigen Mittelrisalit liegt zur Straße ein weiter Portikus mit je zwei Doppelsäulen. Das Erdgeschoß nimmt neben den Gesellschaftsräumen (Mittelsaal, Salle de Billard und Salle à manger) zwei spiegelbildlich gleiche fürstliche Appartements auf. Im langen schmalen Vestibül beginnen zwei gegenläufige Treppen. Das erste Obergeschoß enthält vier kleinere Appartements für

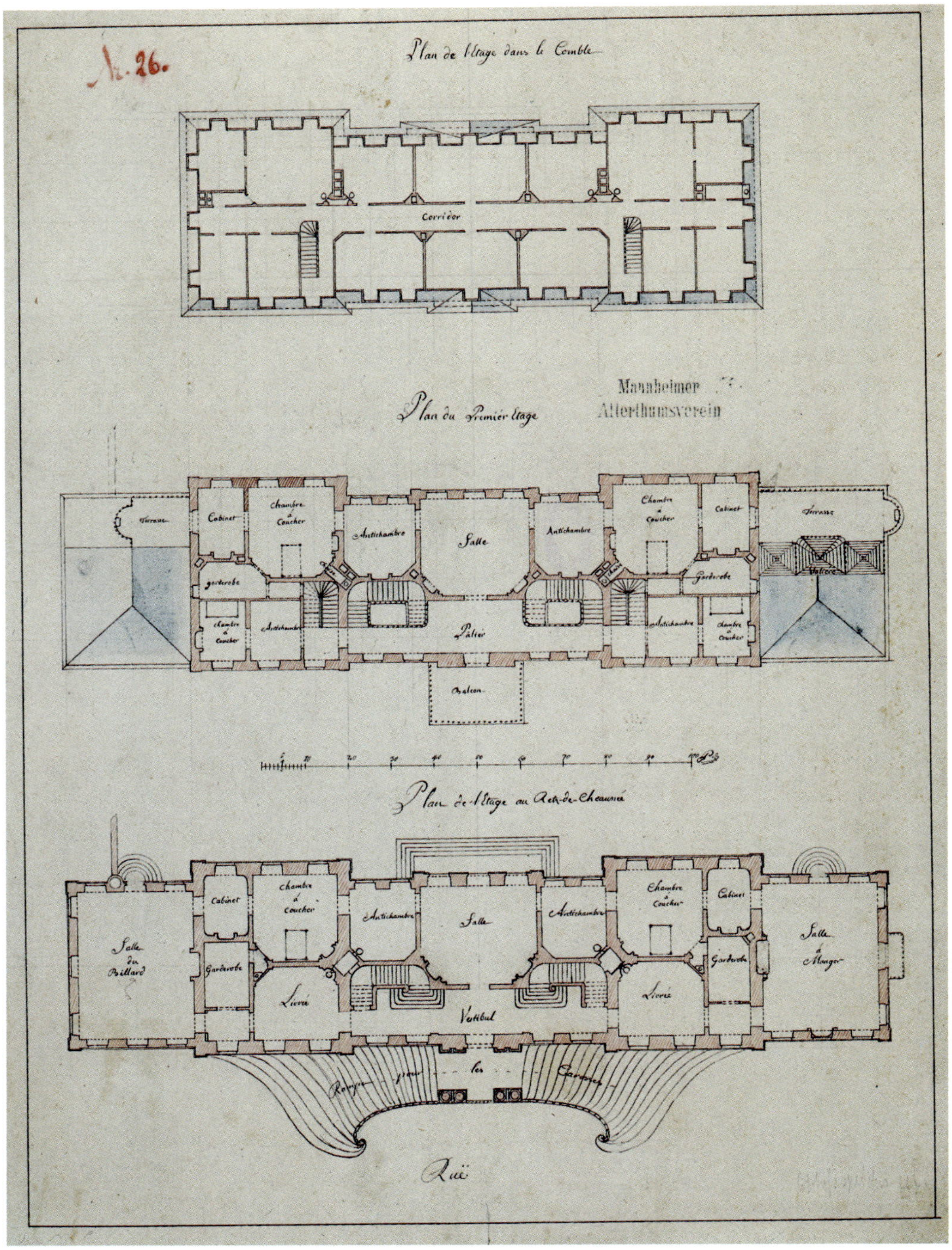

Kat. Nr. 2.3.2

Gäste. Im Dachgeschoß gliedert ein die gesamte Breite des Geschosses durchreichender Korridor die Dienerschaftsräume. I.G.

Pigage 1996/97, Kat. Nr. II.2.3, S. 104-110.

Mannheim, Reiss-Museum (o. Nr.)

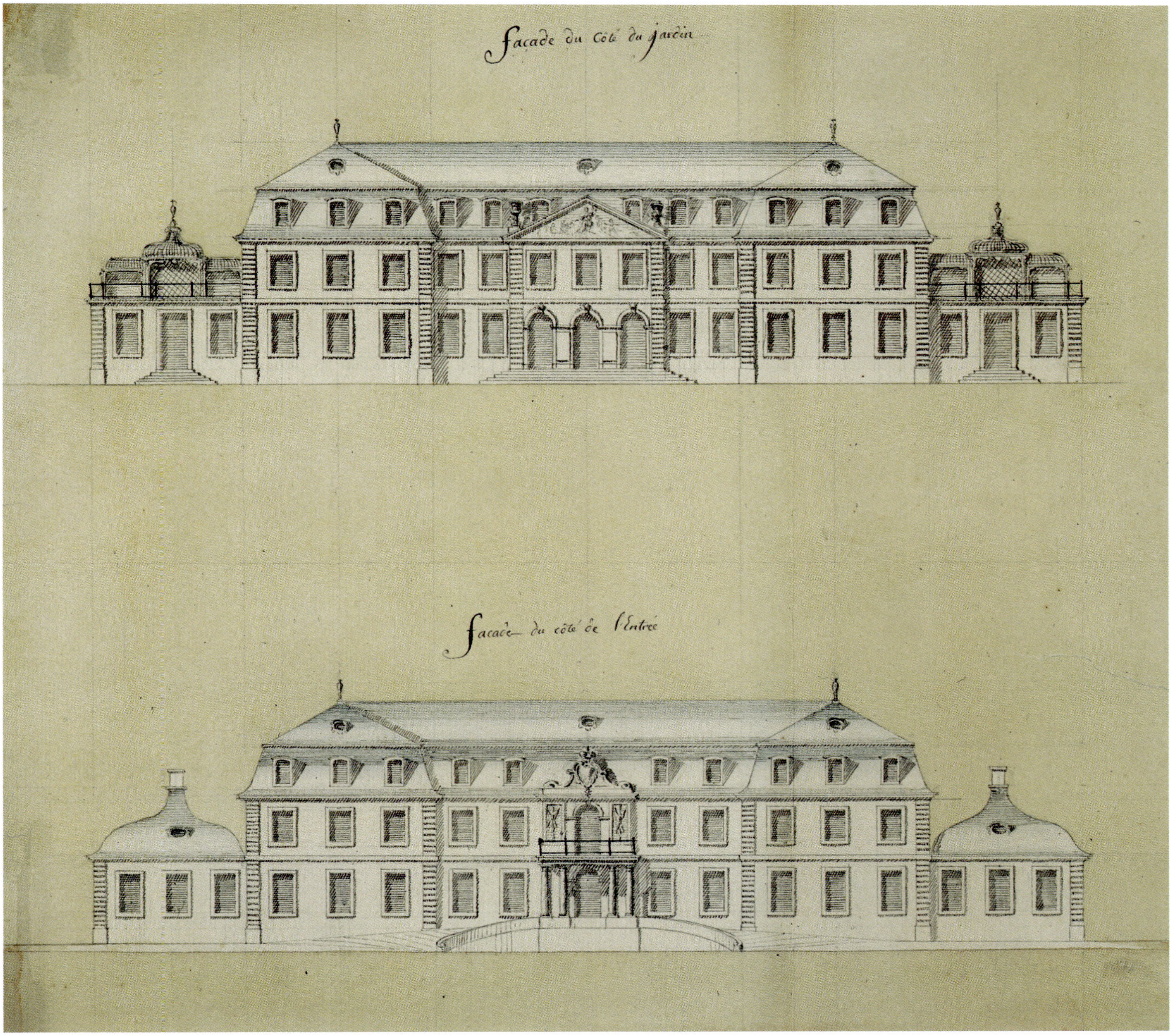

Kat. Nr. 2.3.3

2.3.3
Aufrisse der Strassen- und der Gartenfront von Schloss Oggersheim

Nicolas de Pigage (Lunéville 1723-1796 Mannheim), 1753
Papier; Feder in Grau und Schwarz, bläuliche Lavierungen, 33,3 x 39,6 cm (Blatt)

Das Schloß ist im gleichen Maßstab (der nicht angegeben ist) gezeichnet wie die Grundrisse (vgl. Kat. Nr. 2.3.2). Es fällt auf, daß die Seitenrisalite des Haupttraktes, der neunzehn Achsen hat, das Übergewicht gegenüber dem zur Straße nur einachsigen Mittelrisalit beanspruchen und daß der zentrale Saal nicht in die Dachzone hineinragt. Die beiden seitlichen, einstöckigen Pavillons haben zum Garten offene Dächer und davor Terrassen. Diese ungewöhnliche Lösung geht sicher auf den besonderen Wunsch des Bauherrn, Pfalzgraf Friedrich Michael von Pfalz-Zweibrücken, zurück, der das kleine Anwesen 1751 gekauft und am 25. September 1752 Nicolas de Pigage mit der Leitung des Schloßausbaus beauftragt hatte. I.G.

Pigage 1996/97, Nr. II.2.2., S. 104-110.

Mannheim, Reiss-Museum (1987/18 b)

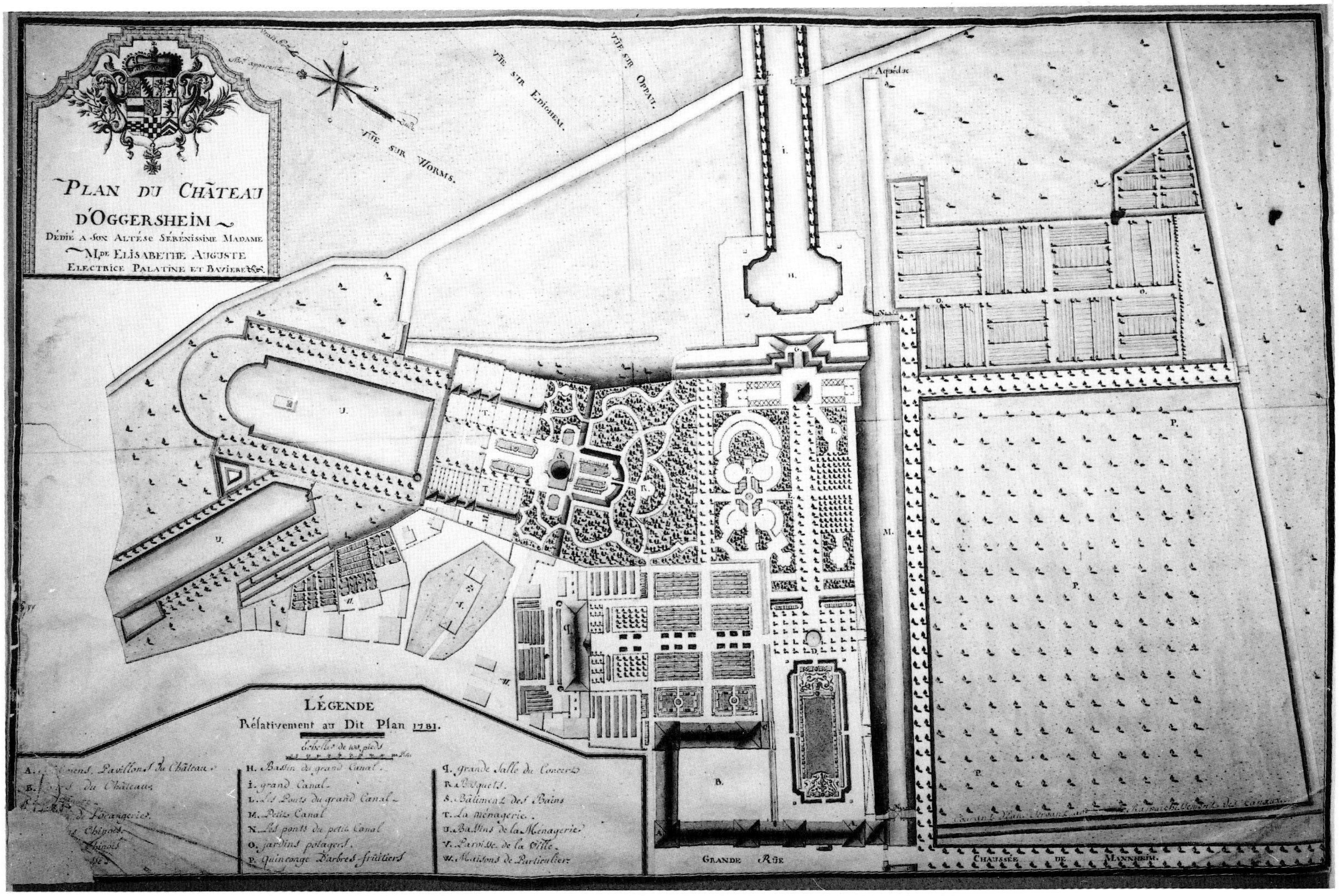

KAT. NR. 2.3.4

2.3.4
GARTENPLAN DES SCHLOSSES OGGERSHEIM

Johann Ludwig Petri (1714-1794), 1781
Papier, Federzeichnung, koloriert, 81 x 56,5 cm

Der Garten von Schloß Oggersheim ist im freien französischen Stil unter Pfalzgraf Friedrich Michael von Zweibrücken in den Jahren 1751-1754 wohl vollständig angelegt und 1765-67 erweitert worden. Elisabeth Auguste, seit 1768 Besitzerin von Schloß und Garten Oggersheim, änderte daran nichts. In Verlängerung der Mittelachse des Corps de Logis befanden sich das einteilige Broderieparterre, daran anschließend zweiteilige Bosketten mit kleinen grünen Salons und als Point de Vue eine elegante Chinoise. Links davon lagen die Menagerie und das Badhaus, davor ein Wäldchen mit Schlängelwegen und, näher am Schloß, die Orangerie mit ihrem regelmäßigen Garten. Die Anlage wurde in den französischen Revolutionskriegen 1794 verwüstet.

I.G.

Pigage 1996/97, Kat. Nr. II.2.1., S. 110-112.

Heidelberg, Universitätsbibliothek (Sammlung Batt, VII. 47)

Kat. Nr. 2.3.5

2.3.5
Zwei Konsoltische

Mannheimer Werkstatt, evtl. Sigismund Zeller (Altmünster am Traunsee 1680-1764 Mannheim), Mannheim, um 1725
Lindenholz vergoldet, Marmor, H. je 77 cm (mit späteren Kugelfüßen), B. 83 cm, T. 49 cm

Die beiden Konsoltische standen ursprünglich wohl im Oggersheimer Schloß, in dem der Pfalzgraf Joseph Carl Emanuel von Sulzbach, der Vater der Kurfürstin Elisabeth Auguste, residierte. Sie dürften am 19. Juni 1730 in den Besitz der Oggersheimer Kirche gelangt sein, als nach dem Tode des Erbprinzen ein großer Teil des Inventars in Mannheim versteigert wurde. Früher schrieb man die Tische der Werkstatt Paul Egells zu. Die Qualität der Schnitzereien fällt gegenüber dessen gesicherten Arbeiten jedoch deutlich ab. Für Möbel Egells gibt es außerdem keinerlei archivalische oder stilistische Belege. Dagegen könnten die beiden Tische vom Mannheimer Kabinettschreiner Sigismund Zeller stammen, der neben Trumeaux und Lederstühlen auch zwei vergoldete Konsoltische mit Marmorplatten in das Schloß Oggersheim lieferte. Wie die Trumeaux standen diese ehemals zwischen den drei Gartentüren des Schlosses. Da Zeller, der seit 1707 in kurpfälzischen Diensten stand, 1728 das Amt des Kabinettschreiners aufgab, um Hofbaumeister zu werden, dürften die beiden Tische vor diesem Jahr gefertigt worden sein.

D.B.

Jacob 1935, Sp. 125 - 142, Sp. 128; Röttger/ Goering 1936, S. 79; Lochner, Karl: Schloß und Garten Oggersheim 1720 – 1794. Phil. Diss. Darmstadt 1942 (ms), S. 117; Ders.: Schloß und Garten Oggersheim 1720 – 1794. Speyer 1960, S. 69 und Anm. 27a; Lankheit 1988, Bd. 1, S. 78, Abb. 311.

Ludwigshafen-Oggersheim, St. Maria Himmelfahrt

2.3.6
Solitaire für Kurfürstin Elisabeth Auguste

Frankenthal, 1777
Porzellan, farbig und mit Gold bemalt
Tablett L. 32,8 cm, B. 24,5 cm, H. 4,5 cm; Kaffeekanne H. 13,2 cm; Milchkanne H. 9,7 cm; Zuckerdose (Deckel fehlt) H. 3 cm – Dm. 7,3 cm; Tasse H. 6,5 cm – Dm. 7,1 cm; Untertasse H. 3,3 cm – Dm. 13,9 cm

Alle Stücke mit CT-Marke und „77“ unterglasurblau bezeichnet

Eine Spezialität der Frankenthaler Manufaktur waren Kaffeeservice für eine Person. Der einsame Genuß des luxuriösen Modegetränks ließ in Frankreich um die Mitte des 18. Jahrhunderts das „Solitaire“ entstehen. Die Königliche Manufaktur von Vincennes/Sèvres schuf die eleganten Ensembles von Tablett, Kaffee- und Milchkanne, Zuckerdose, Tasse und Untertasse , deren Formen den Frankenthaler Schöpfungen zum Vorbild dienten.
Die einzelnen Teile des Solitaires zeigen im korallenroten, mit goldenen Blütengirlanden dekorierten Fond ausgesparte Bildfelder mit allegorischen Darstellungen. Auf den Gefäßen sind dies Allegorien der Musik (Untertasse), der Baukunst (Tasse), der Astronomie (Kaffeekanne) und der Malerei (Milchkännchen). Sämtliche Sujets haben Kupferstiche nach Gemälden von Charles André van Loo (1705 – 1765) zur Vorlage, die 1756 in Paris erschienen. Abweichend von der allgemeinen Thematik der französischen Stichvorlagen zeigt die bildmäßige Darstellung auf dem Tablett ein kurpfälzisches Motiv: die Stiftung des Elisabeth-Ordens (19.11.1766) durch die Kurfürstin Elisabeth Auguste (vgl. Kat. Nr. 2.3.1). Am Heiligentag der wohltätigen Elisabeth von Thüringen (19. November), der Namenspatronin der Kurfürstin, mußten die Ordensträgerinnen – ausschließlich katholische Damen des Hochadels – einer Messe beiwohnen und Almosen verteilen.

Die Ordensstiftung – ebenso sehr von höfischer Repräsentationslust wie von Mildtätigkeit motiviert – ist bildmäßig auf dem Solitairetablett dargestellt: In der Mitte auf Wolken thronend die „Großmuth“ – für Elisabeth Auguste – , die linke Hand auf das Haupt des pfälzischen Löwen gestützt, zu Füßen den Kurhut auf einem von Putten gehaltenen Kissen, mit der Rechten den Elisabeth-Orden an die vor ihr kniende Empfängerin reichend. Diese wird ihr empfohlen von der geflügelten Tugend. Rechts im Vordergrund die zurückweichenden Laster – die Rückenfigur des Stolzes, den eitlen Pfau unter dem Arm, und der ins Dunkel gehüllte, auf dem Rücken liegende Haß, die Fackel der Zwietracht und Schlangen in Händen. Im Hintergrund vor einem mit Lorbeer umwundenen Obelisken tragen schwebende Genien weitere Orden herbei.

Kat. Nr. 2.3.6

Die Darstellung konnte mit dem Deckenbild des Kabinetts der Kurfürstin im Obergeschoß von Schloß Oggersheim identifiziert werden (vgl. Fuchs a.a.O.), dessen Winterflügel Elisabeth Auguste 1768 als Sommerresidenz bezog. Das Gemälde von der Hand des württembergischen Hofmalers Nicolas Guibal (Lunéville 1725 –1784 Stuttgart) fiel 1794 der Zerstörung des Schlosses durch französische Revolutionstruppen zum Opfer. Überliefert ist es in zwei Entwurfszeichnungen (eine davon im letzten Krieg verbrannt; vgl. Dietmar Jürgen Ponert. Ein Entwurf von Nicolas Guibal für Oggersheim. In: Studien zur Kunst. Günther Thiem zum 60. Geburtstag. Stuttgart 1977, S. 23 – 26), vor allem aber in einer ausführlichen zeitgenössischen Beschreibung von 1782 (Ein Deckengemälde in der Sommerresidenz unserer Durchlauchtigsten Frau Kurfürstin zu Ogersheim. In: Pfalzbaierische Beiträge zur Gelehrsamkeit. Jahrgang 1782, zweiter Band. Mannheim 1782, S. 129 – 133). Der Vergleich dieser detailreichen Schilderung mit den Zeichnungen ergibt zahlreiche ikonographische und kompositorische Unterschiede, läßt jedoch die zentralen Protagonisten der Ordensstiftung erkennen.

Demgegenüber zeigt die Malerei auf dem Porzellan-Tablett eine so weitgehende Übereinstimmung mit der historischen Beschreibung des Deckengemäldes, daß wir hierin die einzige bildliche Überlieferung der verlorenen Oggersheimer Schöpfung von Nicolas Guibal erkennen können. Der kleinen Bildfläche entsprechend ist die Komposition dabei auf die Hauptfiguren konzentriert. So etwa fehlen *die nackte Wahrheit, die den Palmbaum, nämlich die Unsterblichkeit verpflegt...* oder oben links ein schöner, beflügelter Jüngling als Schutzgott des Ordens, der, *...als Störer der Laster, mit Donnerkeulen in seiner göttlichen Rechten bewaffnet...*, *Blitze auf die häßlichen Laster* im *untern Theil des Gemähldes* schleudert – auf *den niedrig lasterhaften Stolz, Trägheit, Undank, Haß und Untreue.... Stolz* und *Haß* unter den Lastern folgen der Beschreibung in der Anlage genau: *Der niedrige Stolz ist eine weiblich, mit prächtig rothem Gold gestickten Zeuge bekleidete Figur, ihren Pfauen, der davon zu fliehen sich bemühet, fest im Arme haltend, und in der Flucht vom Rücken zu sehen.... Der Haß, eine männliche Figur, die rückwärts in einer gewaltsamen Lage, den Kopf hinter sich abwärts geworfen, daß Brustbein hoch empor gebäumt.... Die rechte Hand mit zischenden Schlangen, und die linke mit der Fackel der Zwietracht bewaffnet. Der Karakter der ganzen Figur ist herkulisch und voller Kraft: und doch so tief, so mächtig gestürzt vom sanften Geiste des hohen Ordens.* Wie in der Beschreibung trägt die *Tugend* ein weißes, die Ordenskandidatin ein rotes Gewand.

Der rote Fond des Porzellantabletts – wie auch der übrigen Teile des Solitaires – offenbart einen weiteren Bezug zu Oggersheim: das Deckengemälde von Guibal schmückte einen besonders kostbar ausgestatteten Raum der Kurfürstin in ihrer Sommerresidenz. Ausgekleidet mit – offenbar alten – chinesischen Paneelen in rotem Lack, war das *rote Kabinett* auch mit ausgesuchten Möbeln eingerichtet (Möblierung 1771 vollendet). So überliefert das Tablett nicht nur das zerstörte Deckengemälde aus dem wohl prunkvollsten Zimmer der Kurfürstin im Winterflügel des Schlosses in Oggersheim, sondern auch dessen farbige Fassung mit wohl gold-verzierten roten Lackboiserien. Einen weiteren Bezug zu Oggersheim offenbart die Allegorie der *Baukunst* auf der Tasse des Solitaires – auf dem ausgerollten Bauplan ist der Winterflügel des Schlosses dargestellt. Sämtliche Teile des Solitaires sind neben der Marke mit einer unterglasurblauen 77 bezeichnet, mithin nicht vor 1777, vermutlich aber bald danach entstanden. B. B.-M.

Fuchs, Carl Ludwig: Die Solitaires der Manufaktur Frankenthal. Ausstellungskatalog. Heidelberg 1993, S. 108/9, Nr. 85.

Mainz, Sammlung Landesbank Rheinland-Pfalz

2.4
Das Schloss in Benrath

Die Planungen für Schloß Benrath bei Düsseldorf setzten im Spätjahr 1755 ein. Architekt war Nicolas de Pigage (1723-1796), seit 1752 Oberbaudirektor des Kurfürsten Carl Theodor. Dieser hielt sich im Winter 1755/56 in seinen und vor allem seiner Gemahlin Elisabeth Auguste niederrheinischen Besitzungen auf. Der Baubeginn fiel in das Jahr 1756 und die Arbeiten zogen sich – unterbrochen für vier Jahre während des ab 1756 tobenden Siebenjährigen Krieges – bis 1769 hin. Der neun- zu fünfachsige Außenbau ruht auf einer schmalen, über Stufen erreichbaren Terrasse und ist eingeschossig mit ausgebautem Dach. Im Garten ragen der runde Salon und die beiden achteckigen Schlafzimmer um je eine Fensterachse vor. Vom zentralen Salon gehen die beiden rechteckigen Gartensäle und Galerien aus, Gesellschaftsräume, die zu den beiden spiegelbildlich gleichen, vollständigen Appartements führen; eines für Carl Theodor und eines für die Kurfürstin. Das Obergeschoß enthält vier Appartements, zwei zum Schloßweiher gelegen und zwei an der Gartenfront, für höfische Besucher des Kurfürstenpaares. Pigage gelang es, in dem relativ kleinen Bau fünfundfünfzig funktionierende Räume unterzubringen. Er besaß Esprit genug, sich den besonderen Erfordernissen seines Bauherrn, des Kurfürsten, anzupassen und seine Bauaufgabe glänzend und neu zu lösen, wobei er seine Kenntnisse der französischen Rokoko-Palais-Baukunst verwertete, ohne diese direkt nachzuahmen. Schloß Benrath bei Düsseldorf ist sein architektonisches Meisterwerk. *I.G.*

2.4.1
Porträts der Kurfürstin Elisabeth Auguste und des Kurfürsten Carl Theodor

Unbekannter Künstler, um 1750
Pastell auf Papier, 39 x 32 cm

Schulterstücke des noch jugendlich wirkenden Fürstenpaares. Die Kurfürstin trägt einen kostbaren Haar- und Ohrschmuck, der Kurfürst den Hubertus-Ordensstern. I.Z.

Carl Theodor (Ergänzungskatalog) 1979, Nr. 209 a, b; Eichner 1981, Nrn. 69 u. 103; Pigage 1996/97, Nr. I. 3, 4.

Düsseldorf, Stadtmuseum (C 40 u. C 41)

Kat. Nr. 2.4.1

2.4.2
Plan und Ansicht von Schloss Benrath

François Stroehling (geb. um 1770), 1809
Papier auf Pappe, aquarellierte Federzeichnung,
H. 71 cm, B. 115,5 cm

Der Plan entstand während der Zugehörigkeit des Großherzogtums Berg zu Frankreich (1806-13). Schloß Benrath diente in dieser Epoche dem Großherzog von Berg, Joachim Murat, der sich jedoch nur wenige Wochen dort aufhielt, als Sommerresidenz. Im November 1811 besuchte auch Kaiser Napoleon Schloß Benrath. I.Z.

Ricke-Immel, Ute: Die Handzeichnungen des 19. Jahrhunderts – Düsseldorfer Malerschule 1980. Bd. 3/1, S. 387, Nr. 1153.

Düsseldorf, Kunstmuseum, Graphische Sammlung (1954/137)

Kat. Nr. 2.4.1

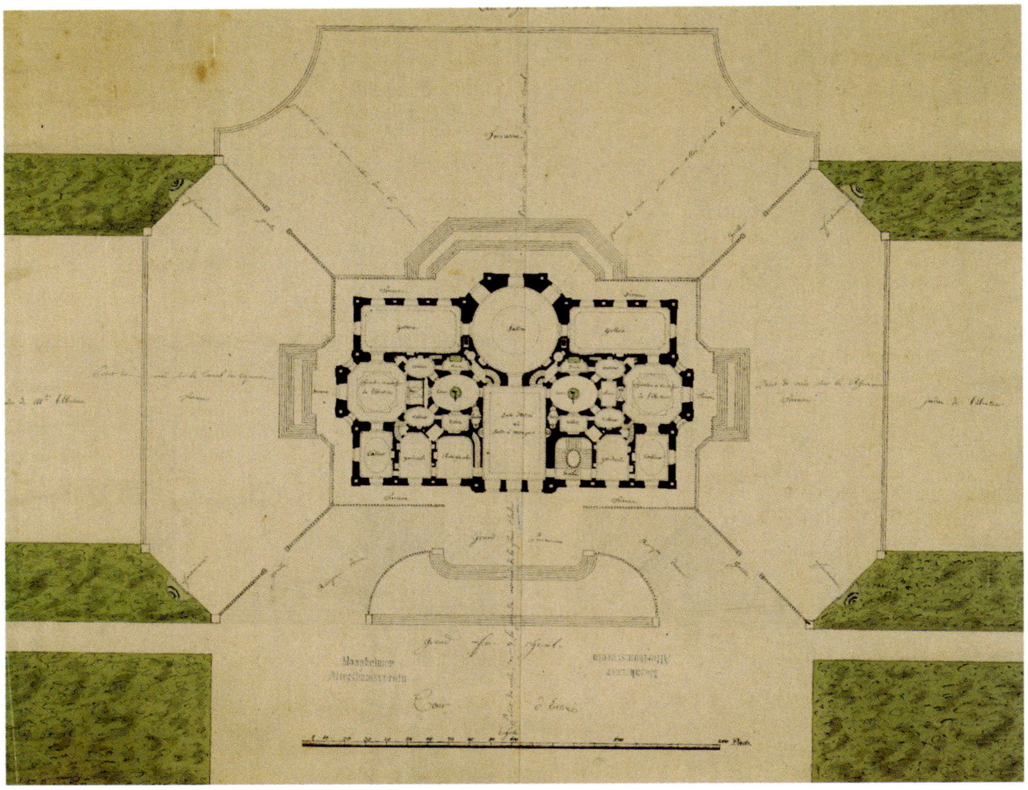

Kat. Nr. 2.4.3

2.4.3
Erdgeschossgrundriss von Schloss Benrath (Ausführungsplan)

Nicolas de Pigage, 1755/56
Papier, Federzeichnung, blau und grün, stellenweise koloriert, 56 x 72 cm (Blatt)

Der klar und sauber gezeichnete Grundriß des Erdgeschosses von Schloß Benrath zeigt die genial zu nennende Raumdisposition von Vestibül, Salon und den beiden kurfürstlichen Appartements. Nicolas de Pigage begann die Planung zu dieser Maison de Plaisance (Sommer-Lustschloß) 1755. Die Bauausführung zog sich bis 1769 hin. Schloß Benrath ist das heute noch erhaltene Meisterwerk des in zeitgenössischer französischer Architektur geschulten Architekten, der 1752 zum Oberbaudirektor des Kurfürsten Carl Theodor berufen wurde. I.G.

Pigage 1996/97, S. 48-53, Nr. III.2.5.

Mannheim, Reiss-Museum (B 15)

2.4.4
Modell des neuen Schlosses Benrath

Modellbau Thiel, Oberhausen, 1996
L. 230, B. 100 cm

Das Modell, ein Geschenk der Vereine „Rettet Torhaus und Ostflügel von Schloß Benrath e.V." und „Freunde Schloß Benrath e.V." zur Pigage-Ausstellung 1996, zeigt die fünfteilige Gebäudeanlage mit dem um den Schloßweiher gruppierten Hauptgebäude (Corps de Logis), östlichen und westlichen Kavaliersgebäuden und Torhäusern. Um das Hauptgebäude herum stehen vier Wachhäuser; vor der Südterrasse des Schlosses die zum Garten gewandten Gartenskulpturen. I.Z.

Düsseldorf, Stadtmuseum, Sammlung Schloß Benrath (o. Nr.)

2.4.5
Ansicht von Schloss Benrath aus der Vogelperspektive

Pierre Paulet, 1956 (Kopie nach einem Gemälde von Carle Vernet)
Öl auf Leinwand, 209 x 180 cm

Die älteste erhaltene repräsentative Ansicht von Schloß Benrath entstand 1806, als Napoleons Schwager Joachim Murat, Großherzog von Berg, das Schloß während weniger Wochen als Sommerresidenz nutzte. Der Hofmaler Antoine Charles Vernet erhielt den Auftrag, für den Elysée-Palast in Paris eine Ansicht des Schlosses zu malen. Das Gemälde ist heute noch dort erhalten. I.Z.

Düsseldorf, Stadtmuseum, Sammlung Schloß Benrath (B 151)

Kat. Nr. 2.4.5

2.4.6
Zwei Putten-Gruppen: „Die Architektur" und „Die Bildhauerei"

Um 1775
a Architektur: Blei, vergoldet, H. 21,5 cm, L. 27,3 cm, B. 15,2 cm
b Bildhauerei: Blei, vergoldet, H. 23,5 cm, L. 26 cm, B. 17,2 cm

Die Puttenpaare arbeiten an einem antiken Architekturfragment bzw. an einem Kopf im Stil des Frühklassizismus. Sie sind stilistisch eng verwandt mit den Skulpturengruppen im Schwetzinger Badhaus, für die verschiedene Bildhauer vorgeschlagen wurden: Franz Xaver Messerschmidt, Konrad Linck und Valentin Sonnenschein. Die Benrather Puttengruppen gehören zur originalen Ausstattung des Schlosses. I.Z.

Markowitz 1980, Nrn. 2 und 3; Pigage 1996/97, Nrn. VII.5 a, b.

Düsseldorf, Stadtmuseum, Sammlung Schloß Benrath (B 100 und 101)

Kat. Nr. 2.4.6 a

Kat. Nr. 2.4.6 b

2.4.7
Spiegel

Um 1750
Tannenholz, geschnitzt und polimentvergoldet mit altem Spiegelglas, H. 103 cm, B. 66 cm

Auf dem Rahmen und der Rückwand Brandstempel „CT" mit Kurhut

Zur originalen Einrichtung von Schloß Benrath gehören Spiegel, die in 20 Kästen 1770 von Mannheim per Schiff nach Benrath transportiert wurden (vgl. Kat.Nr. 2.4.10). Sie wurden über Kaminen und Konsoltischen angebracht.
Den gleichen schlichten, mit einem Blattmotiv verzierten Rahmen besitzen mehrere Spiegel der Vorzimmer und Kabinette. Die verhältnismäßig geringe Höhe des Spiegels von ca. einem Meter läßt auf einen Platz in einem kleinen Raum von niedriger Höhe schließen. Einige Spiegel stammen aus der Werkstatt von Gérard Walther in Straßburg. I.Z.

Renard, E.: Das neue Schloß zu Benrath. Leipzig 1913, S. 18; Markowitz 1985, S. 46.

Düsseldorf, Stadtmuseum, Sammlung Schloß Benrath (B 76)

2.4.8
Kommode

Jakob Kieser zugeschrieben, Mannheim, um 1760
Nußbaum auf Tanne und Eiche furniert, Griffe und Schlüssellöcher aus feuervergoldeter Bronze, grau-weiß gemusterte Marmorplatte, H. 84 cm, B. 121,5 cm, T. 65 cm

Brandstempel „CT" mit Kurhut auf der oberen Abdeckplatte und der Rückseite

Die dreischübige, bauchige Kommode gehörte zum Originalmobiliar des Schlosses Benrath. Sie wurde 1985 aus dem Kunsthandel zurückerworben. Ähnliche Kommoden aus der Originalmöblierung von Schloß Benrath befinden sich in Schloß Brühl. I.Z.

Markowitz 1980, Nr. 11.

Düsseldorf, Stadtmuseum, Sammlung Schloss Benrath (B 1985-11)

2.4.9
Spieltisch

Mannheim, um 1755-61
Nußbaum, Nußbaumwurzelholz, H. 79 cm, B. 98 cm, T. 93 cm

Auf dem Unterboden Brandstempel „CT" mit Kurhut

Der Tisch, an dem vier Personen Karten spielen konnten, ist zusammenklappbar und kann als Konsoltisch raumsparend an die Wand gestellt werden. Er gehört zu den Spezialmöbeln des 18. Jahrhunderts, die als Kleinmöbel leicht zu transportieren waren und sich besonders für die Möblierung von Lustschlössern eigneten. Er stammt vermutlich aus der Originalmöblierung von Schloss Benrath und konnte 1982 aus dem Kunsthandel erworben werden. I.Z.

Düsseldorf, Stadtmuseum, Sammlung Schloss Benrath (B 1982-3)

Kat. Nr. 2.4.7

Kat. Nr. 2.4.8

2.4.10
Zwei Fauteuils

Mannheimer Hofmöbelwerkstatt (?)
Holz geschnitzt mit erneuerter weißer Fassung, Polster mit erneuertem Seidenbezug, H. 85 cm, B. ca. 62 cm

Zu den Möbeln, die m August 1770 per Schiff von Mannheim nach Benrath gebracht wurden (vgl. Kat.Nr. 2.4.7), gehören diese beiden Fauteuils, die heute im Kabinett des Kurfürsten aufgestellt sind. Die in Lyon nachgewebte Seide des Bezugsstoffes wurde auch zur Tapezierung der Wände verwendet. I.Z.

Markowitz 1985, S. 60.

Düsseldorf, Stadtmuseum, Sammlung Schloß Benrath (B 5 u. B 7)

Kat. Nr. 2.4.10

2.4.11
Ein Paar Girandolen

Claude Michel (genannt Clodion), Paris, um 1770
Bronze, feuervergoldet, H. 36 cm

Mit Weinlaub bekränzte Putten tragen Füllhörner, die als Kerzenhalter dienen. Die Girandolen stammen aus dem Besitz der Fürstin von Hohenzollern-Sigmaringen, deren Familie 1858-1878 Schloß Benrath im Sommer bewohnte. I.Z.

Markowitz 1980, Nr. 5.

Düsseldorf, Stadtmuseum, Sammlung Schloß Benrath (B 1977-4 a, b)

Kat. Nr. 2.4.11

2.5
Die Reisen des Kurfürsten Carl Theodor

Als Herrscher über sieben Länder gehörte es zu den Amtspflichten des Kurfürsten, seine Territorien zu bereisen. Dabei besuchte er Schulen, Hospitäler und Manufakturen, um vor Ort einen Eindruck von der wirtschaftlichen und sozialen Situation zu bekommen und seinen Untertanen sein Wohlwollen und sein Interesse zu demonstrieren.

Die Reisen in seine niederrheinischen Herzogtümer Jülich und Berg hatten diesen offiziellen Charakter. So brach Carl Theodor im September 1746 zu seinem Antrittsbesuch dorthin auf. Er reiste zu Land und zu Wasser und kam nach mehreren Wochen mit insgesamt 61 Schiffen in Düsseldorf an. Dort hielt er sich ein ganzes Jahr auf, um politische und wirtschaftliche Angelegenheiten zu regeln, aber auch um an Jagdpartien teilzunehmen.

1755 reiste der Kurfürst zum zweiten Mal mit seiner Gemahlin nach Düsseldorf, um erbrechtliche Streitigkeiten im Herzogtum Berg zu klären.

Seine Italienreisen waren privater Natur. Er trat diese inkognito als Graf von Veldenz an, um sich politischen und repräsentativen Pflichten entziehen zu können.
1774 erreichte Carl Theodor Ende November in einem beachtlichen Reisetempo von 20 Tagen Rom, wo er sich in Begleitung von 14 Mitgliedern seines Hofstaates einen Monat aufhielt. Er besuchte die großen Kirchen und die Überreste antiker Architektur, betrachtete Kunstwerke in Museen und Galerien. Gleichzeitig zeigte er aber auch Interesse an sozialen Einrichtungen wie Waisenhäusern, Hospitälern und Invalidenheimen.
Um die Jahreswende trat der Kurfürst seine Rückreise an. Dabei hielt er sich jeweils mehrere Tage in Florenz, Venedig und München auf und erreichte am 4. Februar 1775 seine Residenzstadt Mannheim.

1783 reiste Carl Theodor nochmals nach Italien. Von München führte sein Weg über Verona, Florenz und Pisa ein zweites Mal nach Rom. Hier traf er mehrmals mit Papst Pius VI. (1717–1799) zusammen, mit dem er die Vorliebe für die Antike teilte. Neben der Betrachtung von Kunstschätzen und Altertümern besuchte der Kurfürst während dieses zweiwöchigen Aufenthalts auch Mitglieder der römischen Adelsgesellschaft. Die Rückreise führte ihn über Neapel, Bologna und Verona nach München, wo er am 18. Juli 1783 eintraf.

Die kurfürstlichen Reisen im Überblick:

1742	*Herzogtum Sulzbach*
1746–47	*Herzogtümer Jülich und Berg: Düsseldorf, Bonn, Köln, Aachen, Bergen op Zoom*
1752	*Herzogtum Sulzbach und Neuburg*
1755–56	*München, Herzogtümer Jülich und Berg: Düsseldorf, Benrath*
1756	*Bonn, Herzogtümer Jülich und Berg, Ausflug nach Holland*
1761	*München*
1767	*Düsseldorf*
1771	*Herzogtum Sulzbach und Neuburg, München*
1774	*Neuburg*
1774–75	*erste Italienreise, München*
1777–78	*München*
1783	*zweite Italienreise*
1785	*Herzogtümer Jülich und Berg: Düsseldorf; Mannheim*
1788–89	*Mannheim*

S.R./A.M./I.F.

2.5.1
Rückkehr des Kurfürstenpaares aus Düsseldorf

Barthélemy de La Rocque (Vandouvre bei Genf 1720-1764 Mannheim), Mannheim, 1756
Radierung, 59,9 x 83,8 cm (Platte)

Titel: „MANNHEIM / Die Residenz-Stadt von Seiten / des Rheins im Perspectiv anzusehen, / und vorgestellet, als IHRO CHURFÜRSTL. DURCHL. / von Düsseldorf ankame..."
Unter der Darstellung Dedikation links in deutscher, rechts in französischer Sprache

Die großformatige Radierung zeigt den von zahlreichen Schiffen belebten Rhein vor Mannheim. Obwohl die Darstellung ausdrücklich als „Ansicht" deklariert ist, bestimmt vor allem das bewegte, an Szenen und Gestalten kaum zu überbietende Schauspiel im Vordergrund den Gesamteindruck des Blattes. Geschildert wird die feierliche Einholung des Kurfürstenpaares Carl Theodor und Elisabeth Auguste bei ihrer Rückkehr von einem längeren Aufenthalt in ihren niederrheinischen Territorien nach Mannheim. Ihre Ankunft wurde mit allem Prunk barocken Zeremoniells inszeniert: Die kurfürstlichen Jachtschiffe (vgl. Kat. Nr. 2.5.3 u. 4.4.6) sind umringt von einer Flotte kleinerer, festlich geschmückter Boote für Leibgarde, Dienerschaft und Hofmusik. Am Ufer oder im Kavaliersnachen nimmt die versammelte Hofgesellschaft an dieser pompösen Lustbarkeit teil, verleiht dem Ereignis Glanz und Gepränge eines höfischen Festes. Hinter dieser verwirrenden Fülle auf dem Fluß wird bei genauerer Betrachtung die Rheinfront Mannheims sichtbar, also die repräsentative Schauseite der Stadt im 18. Jahrhundert. Gezeigt wird Mannheim in einer Situation, in der sich seine damalige Bestimmung, Haupt- und Residenzstadt eines Kurfürsten zu sein, in besonders überzeugender Weise enthüllt.

G.A.

Kuhn 1985, S. 243f.; Fürstliches Reisen 1987, S. 1f.; Arnscheidt 1989, Nr. 14.

Mannheim, Reiss-Museum (A 34)

Kat. Nr. 2.5.1

2.5.2
Medaille auf die Rückkehr des Kurfürstenpaares aus Düsseldorf

Anton Schäffer (1722 -1799), 1747
Silber, Dm. 3,1 cm

Mit der Rückkehr von einer elfmonatigen Reise in seine niederrheinischen Besitztümer und ihre Hauptstadt Düsseldorf am 26. September 1747 nach Mannheim hatte sich Kurfürst Carl Theodor endgültig für die Pfalz als seinen Regierungssitz entschieden. Die Ankunft des Herrscherpaares in Mannheim wurde von der Bevölkerung mit Freude und Begeisterung aufgenommen.

H.-J.S.

Stemper 1997, S. 488, Nr. 495.

München, Staatliche Münzsammlung (o. Nr.)

Kat. Nr. 2.5.2 Vorderseite

Kat. Nr. 2.5.2 Rückseite

Kat. Nr. 2.5.3

2.5.3
Eine Kurfürstliche Jacht

Modell von Stefan Wilhelm, um 1955
Holz, L. 69 cm, H. 60 cm

Das Modell zeigt eine fürstliche Leibjacht, einen Schiffstyp von höchstem Komfort und mit kostbarster Ausstattung, der vor allem von den Fürstenhöfen am Rhein genutzt wurde. Die Kurfürsten von der Pfalz besaßen mehrere dieser Luxusfahrzeuge (vgl. Kat. Nr. 2.5.1 u. 4.4.6), die angenehmes Reisen zu Wasser garantierten und durch ihre aufwendige Dekoration gleichzeitig höchsten Ansprüchen fürstlicher Repräsentation zu genügen vermochten. Das reiche vergoldete Schnitzwerk, das auf solchen Schiffen üblich war, ist auf diesem Modell nur angedeutet.

Die große Rheinjacht Carl Theodors maß über die Steven knapp 20 m und war etwa 4,7 m breit. Die kostbare Ausstattung stammte von den Mannheimer Hofbildhauern Johann Matthäus van den Branden (1716-1788) und Konrad Linck (1730-1793) sowie dem Kabinettschreiner Franz Zeller (1697-1780). Nach der Verlegung der Residenz Carl Theodors nach München wurde dieses Schiff 1778 renoviert und - wie die meisten anderen Fahrzeuge des Kurfürsten - nach Bayern überführt. G.A.

Kuhn 1985, S. 244.

Mannheim, Landesmuseum für Technik und Arbeit (1989/1489)

2.5.4
Römisches Reisetagebuch

Anonym, 1774/75
Handschrift, Papier, 35 x 22 cm

Seine erste Italienreise unternahm Kurfürst Carl Theodor im Winter 1774/75. Er trat sie unter dem Namen Graf von Veldenz, einem seiner zahlreichen unbekannteren Titel, an, um den zeit- und kostenintensiven Aufwartungspflichten zu entgehen, die er als hoher Reichsfürst sonst hätte ausüben müssen.
Der Verfasser des Reisetagebuchs ist unbekannt. Es enthält neben einer genauen Auflistung der Poststationen auch Beschreibungen der besuchten Sehenswürdigkeiten, genossener kulinarischer Köstlichkeiten und eine häufig detaillierte Schilderung der widrigen Wetterverhältnisse mit den damit verbundenen Mißgeschicken wie Achsen- und Radbrüchen. D.D.

Hänlein 1933, Sp. 17-26 u. 42-58; Svoboda, Karl J.: Eine kurfürstliche Winterreise nach Italien. Die Reise des Grafen von Veldenz alias des Kurfürsten Carl Theodor von der Pfalz von Mannheim nach Rom im Jahre 1774/75. Von Wegen und Wägen, von Teppichen und Trüffeln, von Speckhälsen und Spalieren. Ubstadt-Weiher 1998.

München, Bayerische Staatsbibliothek (Cod. germ. 1980)

2.5.5
Rückkehr von der Italienreise

Allgemeine Freude der Kurpfäelzischen Unterthanen wegen der gluecklichen Rueckkere von der Reise in Italien unseres ... liebreichsten Landesvatters karl Theodor von den hiesigen Kurfüerstlichen lateinischen Schulen in lateinischer und deutscher ungebundender wie auch in lateinischer gebundener Rede dargethan in dem kurfürstl. Kollegium der Weltpriester zu Mannheim.

Mannheim, 1775
Druck, Fragment, 4°

Anlaß dieser rhetorisch-stilistischen Übung für die Zöglinge in den Mannheimer Lateinschulen war die erste Italienreise des Kurfürsten Carl Theodor, welche dieser im Winter 1774/75 nach Rom unternommen hatte. HE.Vt./D.D.

Mannheim, Reiss-Museum (Mh S1)

2.5.6
Carl Theodor und Papst Pius VI. (1717-1799)

Joseph Lander (Luzern 1725-1790 München), 1782
Kolorierte Federzeichnung, 11,1 x 8,9 cm

Bez. u. r. innerhalb der Rahmung: „Lander Dessi“ (Rest unleserlich), darunter: „Jo Lander Dessi“ (Rest unleserlich)

1782 befand sich Papst Pius VI. auf seiner Rückreise von Kaiser Joseph II. in Wien und hielt sich auf Einladung Carl Theodors in München auf. Im Gegensatz zu seinen gescheiterten Bemühungen, Joseph II. zu einer Änderung seiner Kirchenreformpolitik zu bewegen, verlief die Begegnung mit Carl Theodor äußerst freundschaftlich. Der triumphale Empfang durch die bayerische Bevölkerung bildete einen der Höhepunkte der Amtszeit von Pius VI. Die gegenseitige Verbundenheit zwischen ihm und dem Kurfürsten, die in dieser Darstellung zum Ausdruck kommt, wurde durch den Gegenbesuch Carl Theodors in Rom 1783 zusätzlich verstärkt.
Das Doppelporträt erscheint in einem Oval, das rechteckig gerahmt ist. Dadurch ergeben sich in den Ecken Zwickel, die jeweils von einer Rose ausgefüllt werden. Ein leeres Feld unterhalb der Darstellung war vermutlich für eine Inschrift vorgesehen. Es ist möglich, daß diese Zeichnung als Vorlage für ein druckgraphisches Blatt diente, dessen Existenz sich jedoch nicht nachweisen läßt. Von Joseph Lander existiert allerdings eine Radierung von 1783 nach einem eigenhändigen Aquarell mit dem Porträt des Papstes anläßlich seines Besuches in München. A.K.

Kat. Nr. 2.5.6

Thieme-Becker 1928, Bd. 22, S. 291; Schwaiger, Georg: Pius VI. in München (1782). In: Münchener Theologische Zeitschrift. München 9 (1958), S. 123-136; Rall 1993, S. 225-227.

Mannheim, Reiss-Museum (G Ch 50 k)

Kat. Nr. 2.5.8

Kat. Nr. 2.5.7

2.5.7
Porträt Stephan Freiherr von Stengel

Heinrich Carl Brandt (Wien 1724-787 München), 1776
Öl auf Leinwand, 69.6 x 56,6 cm

Heinrich Carl Brandt porträtiert Stephan Freiherr von Stengel (1750-1822), der Carl Theodor auf seiner zweiten Italienreise begleitete, in diesem rückseitig signierten und datierten Gemälde in seiner Bibliothek. Stephan von Stengel machte als Mitarbeiter und späterer Nachfolger seines Vaters, Johann Georg Freiherr von Stengel (1721-1798), Karriere in der kurfürstlichen Verwaltung. 1772 zum Geheimen Kabinetts-Sekretär des Kurfürsten ernannt, war er mit allen wissenschaftlichen und künstlerischen Angelegenheiten des Mannheimer Hofes befaßt. Stephan von Stengel, der selbst Radierungen schuf und eine große Kunstsammlung zusammentrug, war mit zahlreichen Künstlern befreundet. 1822 gab er das Verzeichnis der druckgraphischen Werke Ferdinand Kobells heraus. K.-L.H.

Tenner 1966, S. 30-35; Schenk 1983, S. 239-241, Nr. 213, Abb. 213; Stengel 1993.

Mannheim, Reiss-Museum (O 333)

2.5.8
Blick in den Petersdom in Rom

Giovanni Battista Piranesi (Mogliano Veneto 1720-1778 Rom), um 1748
Radierung, 53 x 73 cm (Bl.), 48,7 x 67,1 cm (Pl.), 48,1 x 66,5 cm (Darst.)

Bez. u. Mitte: Veduta interna della Basilica di/S. Pietro in Vaticano vicino alla Tribuna/Caval Piranesi F

Die Innenansicht der Peterskirche in Rom gehört zur Folge „Vedute di Roma", an der Giovanni Battista Piranesi seit den vierziger Jahren arbeitete und die bei seinem Tod schließlich 134 Radierungen umfaßte. Piranesis Ansichten antiker und moderner Bauten Roms wurden von vielen Bildungsreisenden auf ihrer Grand Tour erworben und fanden dadurch in ganz Europa rasche Verbreitung. K.-L.H.

Wilton-Ely 1994, Bd. I, Nr. 235.

Mannheim, Reiss-Museum (G Bd 195 f, g)

2.5.9
Ruine des Saturntempels auf dem Forum Romanum

Maximilian von Verschaffelt (Mannheim 1754-1818 Wien), während des römischen Aufenthaltes, 1782-1793
Feder und Tusche in Schwarz, farbig aquarelliert, 59 x 44,5 cm

Die Antikenbegeisterung konzentrierte sich im 18. Jahrhundert zunächst auf Italien und dabei vor allem auf Rom und seine archäologischen Schätze. Das Forum Romanum mit seinen verschiedenen architektonischen Überresten, wie zum Beispiel dem Saturntempel, bildete einen Anziehungspunkt gleichermaßen für Gelehrte wie Künstler, die einen hohen Anteil der Romreisenden stellten. Dabei galt das Interesse sowohl den enormen Abmessungen, als auch dem pittoresken Anblick dieser Bauten. Daraus resultierte die für diese Zeit typische Ruinenromantik, bei den von ihr inspirierten Werken wurde auch das einfache italienische Landleben miteinbezogen.

Maximilian von Verschaffelt war Schüler seines Vaters Peter Anton von Verschaffelt an der Mannheimer Zeichnungsakademie, bevor er seine Ausbildung zum Bildhauer und Architekten in Paris und seit 1782 in Rom fortsetzte. Er gehörte zum römischen Freundeskreis Goethes, den er im perspektivischen Zeichnen unterwies. Außerdem erhielt er von ihm und der Herzogin Amalie von Sachsen-Weimar Aufträge für Aquarellzeichnungen römischer Baudenkmäler. Nach dem Tod seines Vaters 1793 kehrte er nach Mannheim zurück und übernahm zunächst die Leitung der Zeichnungsakademie, wozu Kurfürst Carl Theodor seine Zustimmung noch zu Lebzeiten von Peter Anton von Verschaffelt erteilt hatte. Als sich für Maximilian von Verschaffelt jedoch noch im selben Jahr die aussichtsreichere Stellung als Bau- und Gartendirektor am Münchener Hof anbot, verzichtete er zugunsten des Bildhauers Simon Peter Lamine (1738-1817) auf die Akademiedirektion. Die Anlage des Englischen Gartens in München geht in ihren Grundzügen auf seine Planung zurück. A.K.

Walter, Friedrich: Goethe und Mannheim. In: MGB 33 (1932), Sp. 115; Thieme-Becker 1940, Bd. 34, S. 298f.; Grotkamp-Schepers 1980, S. 76-78; Parlasca, Klaus: Antikenbegeisterung. In: Künstlerleben in Rom. Bertel Thorvaldsen (1770-1844). Der dänische Bildhauer und seine deutschen Freunde. Nürnberg 1992, S. 33-43.

Mannheim, Reiss-Museum (G Kh 2252, 2g, m)

Kat. Nr. 2.5.9

Kat. Nr. 2.5.10

2.5.10
Römische Ideallandschaft

Franz Kobell (Mannheim 1749-1822 München), um 1780
Schwarze Federzeichnung mit Lavierungen in Grau und Bister, 15,7 x 22,7 cm

In dieser Zeichnung stellte Franz Kobell verschiedene antike Bauten Latiums, der Landschaft um Rom, zu einer Idealkomposition zusammen. Sie steht in der Tradition der sogenannten klassischen und arkadischen Landschaft, wie sie sich seit dem späten 16. Jahrhundert in Rom ausbildete. Dieser Landschaftstypus erreichte seinen Höhepunkt vor allem im 17. Jahrhundert mit Künstlern wie Claude Lorrain (1600-1682) und Nicolas Poussin (1594-1665), mit deren Werk sich Franz Kobell während seines Italienaufenthaltes (1780-1784) intensiv auseinandersetzte.

Im 18. Jahrhundert waren Darstellungen, bei denen mehrere real existierende Ruinen in einer Gesamtansicht kombiniert wurden, stark verbreitet. Diese sogenannten „Capricci" waren als Souvenirs unter den Romreisenden sehr begehrt und bedeuteten für die Künstler eine wichtige Einnahmequelle. A.K.

Parlasca, Klaus: Antikenbegeisterung. In: Künstlerleben in Rom. Bertel Thorvaldsen (1770-1844). Der dänische Bildhauer und seine deutschen Freunde. Nürnberg 1992, S. 33-43; Gesche, Inga: Von Mannheim nach München. Die Künstlerfamilie Kobell. Katalog zur Ausstellung der Bayerischen Vereinsbank und des Reiss-Museums. München 1993, S. 69, Nr. 28.

Mannheim, Reiss-Museum (G Kh 1089)

2.5.11
Römische Idealruine

Maximilian von Verschaffelt (Mannheim 1754 – 1818 Wien), während des römischen Aufenthaltes, 1782 – 1793
Feder und Tusche in Schwarz, farbig aquarelliert, 52,5 x 36 cm

Bez. u. r. mit schwarzer Feder: „Max: v. Verschaffelt."; darunter: „v. Z."

Diese Zeichnung zeigt eine tempelartige „Idealruine" im Stil der Maxentiusbasilika in Rom aus dorischen Säulenreihen und einem Tonnengewölbe mit Kassettendecke, das von Pflanzen überwuchert wird. Die Überreste antiker Bauwerke stießen im 18. Jahrhundert auf großes Interesse der Gelehrten, von denen hier einige zwischen den Säulen dargestellt sind. Da sie hauptsächlich dem geistlichen Stand entstammten, tragen manche von ihnen den schwarzen Priesterhut mit breiter Krempe. Die Entdeckung von Pompeji und Herculaneum in dieser Zeit gehört zu den Höhepunkten in der Geschichte der Archäologie.
Darstellungen mit Realansichten oder Idealkombinationen von Ruinen erfreuten sich größter Beliebtheit und führten bei vielen Künstlern und Romreisenden zu einer regelrechten Ruinenromantik. Sie äußerte sich ebenso in den Pseudoruinen vieler europäischer Schloßparkanlagen wie beispielsweise in Schwetzingen. Gerade von dem mehr oder weniger starken Zerstörungsgrad der antiken Bauten ging ein besonderer Reiz aus, und die Überwucherung des alten Gemäuers durch Gestrüpp durfte dabei nicht fehlen. Das Interesse an dem ursprünglichen Zustand dieser Bauwerke war dabei eher von untergeordneter Bedeutung. Ebenso faszinierend erschien das einfache Leben der italienischen Landleute, das meistens im Zusammenhang mit diesen Ruinenansichten dargestellt wurde. A.K.

Macaulay, Rose: Zauber der Vergänglichkeit (dt. Übersetzung). München 1966; Parlasca 1992, S. 33-43.

Mannheim, Reiss-Museum (G Kh 2253, m)

Kat. Nr. 2.5.11

2.5.12
Pastorale Szene in antiker Ruinen-Architektur

Abel Schlicht (Mannheim 1754-1826 Mannheim), 1791
Aquatinta-Radierung in Schwarzbraun (?), farbig aquarelliert, 53,7 x 45,8 cm

Bez. in der Darstellung unten Mitte: „J. P. Weenix p. / A. Schlicht f. 1791."

Abel Schlicht, Mannheimer Hofbaumeister und Professor der Düsseldorfer Akademie, der in Mannheim auch als Theatermaler tätig war, hielt sich niemals in Italien auf. Seine Fähigkeiten auf dem Gebiet der Aquatintatechnik ermöglichten es ihm allerdings, vor allem italienische Ideallandschaften von Künstlern des 17. Jahrhunderts, wie dem Holländer Jan Baptist Weenix (1621-1663), dem Deutschen Johann Heinrich Roos (1631-1685) und dem Franzosen Claude Lorrain (1600-1682), druckgraphisch gekonnt umzusetzen.
Weenix hielt sich vier Jahre lang in Italien auf und malte auch nach seiner Rückkehr nach Holland mit Vorliebe italienische Landschaften und Volksszenen. In dem handschriftlichen Inventar von 1777 der Gemäldegalerie im Mannheimer Schloß (GLA Abt. 235/3617) sind sechs Bilder von ihm verzeichnet. Unter der Nr. 32 ist im dritten Zimmer ein Gemälde mit der Beschreibung „Eine Ruine mit Menschen und Vieh" aufgeführt, bei dem es sich durchaus um die Vorlage zu dieser Aquatinta-Radierung handeln könnte. A.K.

Oeser 1900, S. 71f.; Thieme/Becker 1936, Bd. 30, S. 108; Thieme/Becker 1942, Bd. 35, S. 246f..

Mannheim, Reiss-Museum (G Kd 1945, g)

Kat. Nr. 2.5.12

KAT. NR. 2.5.13 A

KAT. NR. 2.5.13 B

2.5.13
Zwei Diogenes-Darstellungen

a Diogenes an der Quelle

Abel Schlicht (Mannheim 1754-1826 Mannheim), um 1780
Feder in Grau, aquarelliert, 47,5 x 62,3 cm

Bez. u. r.: panini gemahlt/Abel Schlicht gezeichnet

b Diogenes auf der Suche nach einem Menschen

Abel Schlicht (Mannheim 1754-1826 Mannheim), um 1780
Feder in Grau, aquarelliert, 48 x 63 cm

Bez. u. r.: panini gemahlt/Abel Schlicht gezeichnet

Die beiden aquarellierten Zeichnungen entstanden nach Gemälden, die sich damals in der Mannheimer Galerie befanden. Man hielt sie ursprünglich für Werke von Giovanni Paolo Panini (1691-1765). Heute betrachtet man sie als Kopien, die wohl von seinem Sohn Francesco Panini (1720/25-nach 1794) angefertigt wurden. Die Gemälde, nach denen Abel Schlicht 1788 auch zwei Aquatinta-Radierungen schuf, befinden sich heute in den Bayerischen Staatsgemäldesammlungen in München (2289 und 2290).
Abel Schlicht kam mit zehn Jahren zu dem Hoftheaterarchitekten Lorenzo Quaglio (1730-1804) in die Lehre. Später bildete er sich zum Architekten weiter. Nach Abschluß seiner Studien wurde er zum kurfürstlichen Hofbaumeister in Mannheim und zum Professor der Akademie in Düsseldorf ernannt. Bekannt wurde Schlicht in erster Linie durch seine großformatigen Aquatintaradierungen (s. Kat. Nr. 5.1.8).

K.-L.H.

Description 1794, Nr. 99; Thieme/Becker, 30. Bd., 1936, S. 108; Arisi 1961, S. 188; S. 233; S. 280; Abb. 400f.

Mannheim, Reiss-Museum (G Kh 1951, g; G Kh 1952, g)

Kat. Nr. 2.5.14

2.5.14
Reisetruhe

Um 1750
Holz, lederbezogen, Eisenbeschläge, H. 42 cm, B. 85 cm, T. 38 cm

Diese außen mit Leder bezogene Holztruhe besitzt einen gewölbten Deckel und ist mit Eisenbändern beschlagen. An ihren Schmalseiten befindet sich jeweils ein runder Griff aus Eisen, so daß sie von einer oder auch zwei Personen getragen werden konnte. A.K.

Frankfurt a. M., Museum für Post und Kommunikation (C 0290)

Kat. Nr. 2.5.15

2.5.15
Reiseapotheke

Um 1740
Holz, Glas, Zinn, 17 x 16,5 x 16,5 cm

Truhenförmiger, mit Eisenbändern beschlagener Holzkasten mit leicht gewölbtem Deckel. Die Vorderseite läßt sich durch zwei Flügeltüren aufklappen. In geöffnetem Zustand präsentieren sich ein Mittelteil und zwei Seitenflügel mit reichem Innenleben. Im Mittelteil befinden sich oben, hinter einer durchbrochenen Wandung, quadratische Glasfläschchen und runde Zinndöschen mit Deckel sowie darunter drei Schubfächer. Eine ähnliche Aufteilung weisen die beiden Seitenflügel auf. Hinter einer ebenfalls durchbrochenen Wandung befinden sich oben Glasfläschchen und darunter jeweils ein Schubfach. Die Schubladen sind mit geflammtem Vorsatzpapier ausgeschlagen, während die Deckelinnenseite mit einer rotgoldenen Preßtapete bespannt ist, die auf eine Entstehungszeit um 1740 hinweist.
Das Reisen mit der Kutsche war im 18. Jahrhundert mit vielen Unannehmlichkeiten und Gefahren verbunden, so daß Reiseapotheken ein wichtiges Utensil darstellten. A.K.

Grün, Barbara: Apotheke in Notzeiten. Kriegsapotheken, Reiseapotheken und homöopathische Apotheken vom 17. Jahrhundert bis heute. Katalog zur Ausstellung im Deutschen Apotheken-Museum Heidelberg. Heidelberg 1996.

Heidelberg, Deutsches Apotheken-Museum (F IV 3)

Kat. Nr. 2.5.16

2.5.16
Sänfte

2. Viertel 18. Jahrhundert
Holz z.T. geschnitzt und vergoldet, Wände und Dach außen mit Leder bespannt und z.T. bemalt, Innenraum mit Dekorsamt ausgekleidet, Eisen, Glasscheiben verloren, H. 172 cm, B. 72 cm, T. 94 cm

Sänften waren das ganze 18. Jahrhundert über in Mode. Die „Tragstühle" - nach französischem Vorbild auch „Portechaisen" genannt - dienten mancherorts sogar als öffentliche Verkehrsmittel. Zumeist jedoch blieben sie auf den höfischen Bereich beschränkt, wo man sich ihrer ausgiebig bediente. Zumal bei Unwohlsein oder Krankheit ließ man sich innerhalb von Gebäuden ebensogern umhertragen wie auf der Straße. Bei der Einführung der Sänfte an den Fürstenhöfen spielte offenbar auch der Aspekt der Arbeitsbeschaffung für besonders ungebildete und ungelernte Untertanen eine Rolle. So berichtete Anton Balthasar König 1795, daß der brandenburgische Hof etliche Sänften angeschafft habe, damit die Träger eine Arbeit gehabt hätten, wozu „weder Kopf noch Fähigkeiten nöthig waren, sondern zu deren Ausübung bloß ein paar gesunde Arme und ein fester Körper gehörten". D.B.

Mannheim, Privatbesitz

2.6
Die Orden des Kurfürsten Carl Theodor und der Kurfürstin Elisabeth Auguste

Der Begriff „Orden" leitet sich vom lateinischen ordo (Ordnung, Regel, Einrichtung) ab und bezeichnete ursprünglich eine religiöse Gemeinschaft, die sich zu Gehorsam und der Einhaltung der Ordensstatuten verpflichtet hatte. Während der Kreuzzüge entstanden im 13. und 14. Jahrhundert in der Nachahmung der geistlichen die weltlichen Ritterorden. Wenig später kam es nach gleichem Muster zur Bildung von weltlichen Adelsgesellschaften an den Fürstenhöfen. Diese Ordensgemeinschaften sollten eine enge Bindung an den Fürsten bewirken, denn nur der Landesherr war berechtigt, Orden zu stiften.

Im 17. und 18. Jahrhundert schließlich war die Aufnahme in den Orden Ausdruck besonderer Anerkennung und Belohnung für geleistete Dienste. Auch die Inhalte hatten sich seitdem geändert, sie waren jetzt allgemeiner und unverbindlicher. Entsprechend den Bedürfnissen der absolutistischen Herrscher nach einer prunkvollen Hofhaltung kam es zu zahlreichen Erneuerungen alter und Gründungen neuer Orden. Denn die Ordenszugehörigkeit brachte viele Gelegenheiten mit sich, bei Stiftungsfesten, Banketten und Gottesdiensten in feierlicher Ordenstracht gesellschaftlichen Glanz zu entfalten.

Äußere Zeichen für die Zugehörigkeit zu den Orden waren von Anfang an bestimmte Trachten und Insignien; von daher ging die Bezeichnung „Orden" auf die Insignien selbst über. Die Orden des Hofes waren mit Juwelen besetzte Schmuckstücke, die an ihrerseits mit Edelsteinen gezierten Bändern getragen wurden und so das Kostüm der Damen und Herren abrundeten. Die Ordenssterne und -kreuze fügten sich in das Schmuckensemble der höfischen Kleidung und bildeten oft den glanzvoll-glitzernden Mittelpunkt der Parure.

Das Kurfürstenpaar Carl Theodor und Elisabeth Auguste war im Besitz mehrerer Orden und stiftete in seiner Eigenschaft als Landesherren auch neue Orden.

Carl Theodor bekam 1778 den Orden vom Goldenen Vlies vom Kaiserhaus verliehen. Er war Großmeister des Ordens vom Heiligen Hubertus. Dies ist der kurfürstlich-pfälzische Hausorden, 1444 nach einer gewonnenen Schlacht von Gerhard V. Herzog von Jülich und Berg am 3. November, dem Hubertustag, begründet. Seine Devise lautete „In Treue fest".

Carl Theodor wurde mit der Übernahme der bayerischen Kurwürde ebenfalls Großmeister des St.-Georgs-Ritterordens, eines alten Ordens, der 1729 vom Kaiser erneuert worden war. Seine Devise lautete „In Fide, Iustitia et Fortitudine" (In Treue, Gerechtigkeit und Stärke).

Carl Theodor selbst stiftete aus Anlaß seines 25-jährigen Regierungsjubiläums 1768 den Kurfürstlichen Ritterorden vom Pfälzischen Löwen als Adels- und Verdienstorden. Aufgenommen wurde, wer dem Landesherren 25 Jahre lang treu gedient hatte. Seine Devise lautete „Annis et Mertis" (Für Jahre und Verdienste).

Kurfürstin Elisabeth Auguste bekam von der Zarin den St.-Katharinenorden verliehen. Sie selbst stiftete am 19. November 1766, ihrem Namenstag, nach diesem Vorbild den St.- Elisabethenorden für hochadlige Damen, die sich in der Nachfolge der Heiligen Elisabeth von Thüringen der Andacht, Mildtätigkeit und Armenfürsorge widmen sollten. Der Orden wurde 1767 durch den Papst bestätigt und mit kirchlichen Privilegien ausgestattet. Seine Devise lautete „Solatur et Ornat" (Er tröstet und schmückt). Kurfürstin Elisabeth Auguste war die Großmeisterin. L.R.

Kat. Nr. 2.6.1

2.6.1
Schwan'sches Ordensbuch

Abbildung aller geistlichen und weltlichen Orden. Nebst einer kurzen Geschichte derselben von ihrer Stiftung bis auf unsere Zeiten.

Christian Fridrich Schwan (1733-1815), Mannheim, Schwan u. Götz, 1791
Papier, Druck, 2 Bände, 4°

Der Mannheimer Buchhändler Christian Fridrich Schwan war nicht nur der Erstverleger Schillers und eine der bedeutendsten Verlegerpersönlichkeiten Süddeutschlands, sondern trat auch selbst mit eigenen literarischen Leistungen wie Übersetzungen und einem Deutsch-Französischen Wörterbuch hervor.

Sein bei ihm selbst verlegtes Buch über die geistlichen und weltlichen Orden ist das am aufwendigsten ausgestattete Buch seiner gesamten Verlagstätigkeit. Die von Schwan ausführlich beschriebenen Ordenstrachten werden auf 184 handkolorierten Kupfertafeln, die von Egid Verhelst gestochen waren, abgebildet. Schwan war sich auch des bibliophilen Wertes seines „magnus opus" wohl bewußt und ließ die Kupferplatten nach dem Druck einschmelzen. HE.Vt. /D.D.

Diefenbacher, Julius: Christian Friedrich Schwans Selbstbiographie. In: MGB 2 (1901), Sp. 227 - 235; Dorsch, Rudi: Christian Friedrich Schwan. Kurfürstlicher Hofbuchhändler zu Mannheim. 1733 - 1815. Mannheim 1991.

Mannheim, Reiss-Museum (Mh 9132)

2.6.2
Porträt Kurfürst Carl Theodor

Anton Hickel (Böhmisch-Leipa 1745 – 1798 Hamburg), 1780
Öl auf Leinwand, 64 x 49,9 cm

Bez. u. L.: Anton Hickel p. 1780

Das Brustbild Carl Theodors von Anton Hickel, der in den Jahren 1779 und 1780 für den kurpfälzisch-bayerischen Hof arbeitete, unterscheidet sich von den meisten anderen Porträts des Kurfürsten durch die Genauigkeit und die Härte mit der die Gesichtszüge und die Kleidung wiedergegeben sind. Carl Theodor trägt die dunkelblaue Uniform des Pfälzer Leibregiments. Aus der leicht geöffneten Uniformjacke schaut das Goldene Vlies hervor, das Carl Theodor 1778 vom Kaiserhaus verliehen bekam. Auf der linken Brustseite trägt er den Stern des Hubertus-Ordens und darunter den Bruststern des Georg-Ordens, dessen Großmeister er mit der Übernahme der bayerischen Kurwürde geworden war. K.-L.H.

Eichner 1981, S. 109/110, Nr. 90.

Mannheim, Reiss-Museum (Staat 329)

Kat. Nr. 2.6.2

2.6.3
Porträtminiatur des Kurfürsten Carl Theodor

Deutsch, um 1775
H. 7 cm (mit Aufhänger), B. 4,5 cm

Die Miniatur zeigt den Kurfürsten Carl Theodor in der Uniform des Pfälzer Leibregiments. Um den Hals trägt er den Orden vom Goldenen Vlies, den er 1778 vom Kaiser verliehen bekommen hatte. An die linke Seite des Uniformrocks ist der Stern des Sankt Hubertus-Ordens geheftet, der 1444 von Herzog Gerhard V. von Jülich und Berg gegründet worden war, dann im Erbgang auf Pfalz-Neuburg überging und schließlich zum ältesten und höchsten bayerischen Orden wurde. Darunter trägt Carl Theodor den Bruststern des Sankt Georg-Ordens, dessen Großmeister er mit dem Antritt der Kurwürde in Bayern war. D.B.

Miniaturen aus der Sammlung Gustav von Klemperer, Dresden 1928, Nr. 65 m. Abb. 6.

München, Privatbesitz

Kat. Nr. 2.6.3

2.6.4
Bildnis des Kurfürsten Carl Theodor

Felix Anton Besoldt (gestorben 1774 in Mannheim), 1753
Öl auf Leinwand, 225 x 136 cm

Bez. u. l.: F A Besoldt Pinx: A:1753

Zum zehnjährigen Regierungsjubiläum des Kurfürsten Carl Theodor malte Felix Anton Besoldt diese zum lebensgroßen Ganzfiguren-Porträt erweiterte Neufassung eines Bildnisses von George Desmarées (1697-1776), das während des Aufenthaltes des Kurfürstenpaares in Düsseldorf und Bonn 1746/47 entstanden war und sich heute im Kurpfälzischen Museum in Heidelberg befindet. Carl Theodor trägt über dem Schulterhermelin die Ordenskette des Großmeisters des Hubertus-Ordens. In der rechten Hand hält er einen Kommandostab, mit der linken greift er nach dem Kurhut, hinter dem ein Helm mit Federbusch zu erkennen ist. Er verweist, wie auch der Harnisch, den der Kurfürst trägt, auf dessen militärische Befehlsgewalt. Besoldt übernahm von dem Vorbild auch das Herkules-Relief, das am Postament der Säule im Hintergrund angebracht ist und die Bedeutung der Säule als Zeichen der „Fortitudo" unterstreicht. Rechts ergänzte er das Gemälde von Desmarées durch eine Rocaillevase, in die eine Agave eingepflanzt ist. Ihr Name stammt vom griechischen Wort „agauós", übersetzt „edel", ab, und verweist, ebenso wie die üblichen barocken Würdezeichen, wie Vorhang, Sessel und Präsentationstisch, auf den hohen Stand des Dargestellten. K.-L.H.

Eichner 1981, S. 94, Nr. 72.

Mannheim, Reiss-Museum (Staat 320)

Kat. Nr. 2.6.4

2.6.5
Hubertusordens-Kalender

Calendarium inclyti ordinis equestris D. Huberto sacri

Jan Philips van der Schlichten und Gebrüder Klauber (Augsburg), 1761
Papier, Druck, Kupfertafeln, 15,6 x 9,6 cm

Die Ganzlederbände mit kurfürstlichem Supralibros enthalten ausschließlich Seiten in Kupferstichdruck. Es sind in den einzelnen Jahrgängen bis zu achtundachtzig Wappenkupfer mit Namensbeischrift und Titeln enthalten, entsprechend der unterschiedlichen Anzahl der Ordensmitglieder, denen die Kalender in Mannheim ausgehändigt wurden. Der Orden vom Heiligen Hubertus ist der Kurfürstlich-Pfälzische Hausorden. Er wurde von Herzog Gerhard V. von Jülich und Berg im Jahre 1444 nach einer gewonnenen Schlacht am 3. November, dem Hubertustag, begründet. Kurfürst Johann Wilhelm von Pfalz-Neuburg erneuerte ihn und Kurfürst Carl Theodor von Pfalz-Sulzbach ließ im Jahre 1760 neue Ordensstatuten drucken. Die Ordensdevise lautet: In Treue fest.
Neben den Wappenkupfern der Ordensmitglieder enthalten die Kalender, nach Zeichnungen von Jan Philipps van der Schlichten, das Titelblatt, Maria als Ordenspatronin, ein Bild der Schlacht Gerhards V., eine Darstellung der Ordensverleihung (sowie Bildnisse des Ordensgründers, des Ordenserneuerers und des jetzt regierenden Ordensmagisters Kurfürst Carl Theodor in ganzer Figur im Ordenshabit sowie das kurpfälzische Wappen in zwei Schilden, von Löwen flankiert. Den Beschluß der kleinen Bändchen bildet das Kalendarium, auch in Kupferstichdruck, mit allegorischem Titelblatt.

I.G.

Lahrkamp, H.: Hubertusorden. 1959, S. 3-49.

Mannheim, Reiss-Museum (Sign. Mh Zs 81)

Kat. Nr. 2.6.5

Kat. Nr. 2.6.6

2.6.6
Hubertusordens-Stern

Kordel aus Gold- und Silberdraht, roter Samt, Dm. ca. 7 cm

In einem Medaillon, das das Zentrum des Ordenssterns bildet, ist in Goldfäden die Devise IN TRAU FAST auf roten Samt aufgestickt. Die Arme des Kreuzes und die Strahlen bestehen aus Gold- und Silberkordeln (abgerieben bzw. oxydiert). An den Enden befinden sich Ösen, wohl zum Aufnähen des Ordens auf ein Gewand.

I.Z.

Düsseldorf, Stadtmuseum (o. Nr.)

2.6.7
Hubertusordens-Stern

2. Hälfte 19. Jahrhundert
Silber teilvergoldet und emailliert; Dm. 8,7 cm

Der Hubertusordens-Stern besteht aus einem Kreuz mit Strahlenkranz und zentralem, rot emaillierten Rundfeld, auf dem die Ordensdevise IN TRAV VAST steht.

P.H.

München, Bayerische Verwaltung der staatlichen Schlösser, Gärten und Seen, Residenz München (Res.Mü.Schk. 1314 WL)

2.6.8
Carl Theodor als Grossmeister des Sankt Georgs-Ritterordens

Replik eines Gemäldes von Anton Hickel (1745-1798) in München, Schloß Nymphenburg
Öl auf Leinwand, H. 288 cm, B. 175 cm

Der Kurfürst ist ganzfigurig in einer Schloßarchitektur dargestellt. Er trägt das Ordensgewand des St. Georgs-Ritterordens, dessen Statuten mit den Herrschaftsinsignien links neben ihm auf einem Tisch liegen. Ein Edelknabe trägt die Schleppe. Im Hintergrund sieht man ein Relief mit zwei Engeln, die die Wappen von Kurbayern und der Kurpfalz halten und einander umarmen.

I.Z.

Eichner 1981, Nr. 91; Carl Theodor (Ergänzungskatalog) 1979, Nr. 337a.

Düsseldorf, Stadtmuseum (131)

Kat. Nr. 2.6.8

2.6.9
Ritterornat des Sankt Georgs-Ordens

Aus dem Besitz des Franz Freiherr Wamboldt von Umstadt (gest. 9.1.1922), um 1913
Seidengewebe, Silberstickerei, Silberpailletten, Silberfransen, Mantel: L. 144 cm, Kragen: H. 33 cm, B. 37 cm, Rock: L. 96 cm; Kniehose: L. 82 cm, Weite: 84 cm, Hut: 33 x 37 cm, H. 9 cm, Strümpfe: L. 88 cm, Schuhe: L. 30 cm, Absatzhöhe: 3 cm

Der Ornat besteht aus einem wadenlangen Rock und einer Kniehose aus cremefarbener Seide sowie einem langen, ärmellosen Mantel und einem latzartigen Kragen aus hellblauem Samt. Er wird ergänzt durch cremefarbene Seidenstrümpfe, mit Rosetten verzierte Schuhe, eine Spitzenkrawatte und einen schwarzen Samthut. Ehemals gehörten auch eine cremefarbene Seidenschärpe und das Ordensschwert dazu.
Rock und Mantel sind am Saum und an den Kanten mit einer schmalen Bordüre in Silberstickerei mit Lotusblüten und Palmetten verziert, die dem Rang des Ritters entsprechend weniger aufwendig gestaltet ist als bei einem Großmeister oder Großprior.
In Schnitt und Ausstattung entspricht der Ornat den im 19. Jahrhundert festgelegten Statuten, in denen die aus dem 18. Jahrhundert überkommene Form der Ordensgewänder einer Reform unterzogen und leicht modifiziert wurde. Am auffälligsten ist die Veränderung beim Rock, der im 18. Jahrhundert hohe Ärmel- und Rockaufschläge hatte, wie auf dem Gemälde von Anton Hickel zu sehen ist, das Carl Theodor als Großmeister des St. Georgs-Ordens zeigt (Kat.Nr. 2.6.8). Auch hat sich die farbliche Gestaltung der Gewänder verändert. Während im 18. Jahrhundert die Farbtrilogie Weiß – Blau – Rot vorgeschrieben war, die symbolisch Bezug auf Maria Immaculata, das kurfürstliche Haus Bayern und den Hl. Georg nahm, wurden die Farben im 19. Jahrhundert auf Blau und Weiß reduziert. P.H.

Zu den Gewändern des St. Georgs-Ordens siehe: Der Königlich-Bayerische Hausritterorden vom Hl. Georg (1729-1979). Ausstellungskatalog. München 1979; Durian-Ress, Saskia 1990, Nr. 167f.

Birkenau, Privatbesitz

Kat. Nr. 2.6.9

2.6.10
Medaille auf die Stiftung des pfälzischen Löwenordens

Anton Schäffer (1722-1799), 1768
Silber, Dm. 3,5 cm

Anläßlich seines fünfundzwanzigjährigen Regierungsjubiläums stiftete Kurfürst Carl Theodor am 1. Januar 1768 den Ritterorden des Pfälzischen Löwen. Voraussetzung zur Mitgliedschaft war eine fünfundzwanzigjährige Tätigkeit im Dienst des kurfürstlichen Hauses bei Hof oder in der Staatsverwaltung, die im Motto ANNIS ET MERTIS (Für Jahre und Verdienste) zum Ausdruck kommt. H.-J.S.

Stemper 1997, S. 507, Nr. 517.

Heidelberg, Kurpfälzisches Museum (M 1209)

2.6.11
Porträt Joseph Anton von Reibelt in Hof-Gala als Kanzler des Kurfürstlichen Ritter-Ordens vom Pfälzischen Löwen

Johann Wilhelm Hoffnaas (Ahaus 1727 – 1795 Mannheim), nach 1767
Öl auf Leinwand, 153, 8 x 117 cm

Joseph Anton Reibelt arbeitete sich als Bauernsohn in der kurfürstlichen Verwaltung empor. 1745 wurde er geadelt und 1767 in den Freiherren-Stand erhoben. 1768 stiftete Carl Theodor den Kurfürstlichen Ritterorden vom Pfälzischen Löwen als Adels- und Verdienstorden. Adelige Pfälzer konnten nach 25jähriger Dienstzeit im Hof- und Staatsdienst Ritter des Ordens werden. Im Mitgliederverzeichnis des Löwen-Ordens im Kurpfälzischen Hof- und Staats-Kalender 1769 (S. 13) wird Freiherr von Reibelt als „Churfürstl. Durchl. würcklicher geheimer Staats- und Conferenz-Minister auch Hof-Cantzler, dann dieses Ordens Cantzler" aufgeführt. Das rückseitig von Johann Wilhelm Hoffnaas signierte Gemälde zeigt Freiherr von Reibelt, der im Jahre 1773 starb, in der prunkvollen Robe des Ordenskanzlers. K.-L.H.

Mannheim, Reiss-Museum (RMM 1979/10)

Kat. Nr. 2.6.11

Kat. Nr. 2.6.12

2.6.12
Bruststern zum Löwenorden

Mannheim, um 1767
Silber getrieben, punziert, ziseliert, Gold gesägt, Stahl und Emaile; H. 10 cm; B. 9 cm

Bruststern in Form eines Johanniterkreuzes mit Flammen und ovalem Mittelstück, darauf die Chiffre CT mit Kurhut, auf den Kreuzbalken INS-TU-TOR.
Der Pfälzische Löwenorden wurde 1768 von Kurfürst Carl Theodor zum Andenken an das 25jährige Regierungsjubiläum in Kurpfalz, Neuburg, Jülich und Berg gegründet und im Jahre 1808 von Kurfürst Max Joseph aufgehoben. C.-L.F.

Carl Theodor und Elisabeth Auguste 1979, Nr. 340.

Heidelberg, Kurpfälzisches Museum (GM 3)

Kat. Nr. 2.6.13 Vorderseite

Kat. Nr. 2.6.13 Rückseite

Kat. Nr. 2.6.14

2.6.13
Siegelkapsel für einen Adelsbrief

Kurpfälzisch (Mannheim ?), um 1778 – 80
Messing graviert und feuervergoldet; Dm. 15,5 cm

Kapsel auf beiden Seiten mit graviertem Lorbeerkranz gerahmt. Vorn das große Staatswappen mit Mantel, Fürstenhut und dem Orden vom Goldenen Vlies sowie den Löwen-, Hubertus- und St. Georgs-Orden. Auf der Rückseite das ligierte CT aus Rocaillen und Blüten gebildet und mit dem Fürstenhut bekrönt. Siegel und Adelsbrief fehlen. C.-L.F.

Carl Theodor und Elisabeth Auguste 1979, Nr. 342.

Heidelberg, Kurpfälzisches Museum (GM 256)

2.6.14
Kurfürstin Elisabeth Auguste als Grossmeisterin des Elisabeth-Ordens

Heinrich Carl Brandt (Wien 1724 – 1787 München), um 1770
Öl auf Leinwand, 99 x 76 cm

Vom Hüftbild der Kurfürstin gibt es verschiedene Repliken. Das Heidelberger Porträt folgt im Kompositionsschema einer 1767 datierten Fassung im Schloß Schwetzingen, weist aber einzelne Veränderungen beim Haar und in der Kleidung auf. Brandt orientierte sich deutlich an einem 1748 von Jean Marc Nattier gemalten Porträt der französischen Königin Maria Leczinska in Versailles, das er möglicherweise bei seinem Parisaufenthalt gesehen hatte.
Elisabeth Auguste trägt den roten pelzverbrämten Mantel à la reine, der vor der Brust mit goldener Kordel zusammengehalten wird, über einem grauseidenen Kleid mit reichem Spitzenbesatz an den Ärmeln.
Beide Handgelenke schmücken vierreihige Perlenbänder, von denen die Kurfürstin eines spielerisch zu bin-

den oder zu lösen scheint. Auf ihren Rang deuten zwei, nur hochadligen Damen, vorbehaltene Wohltätigkeitsorden an der linken Brust hin, der 1766 von ihr selbst gestiftete Elisabeth-Orden und der ihr von der Zarin verliehene Katharinen-Orden; seitlich neben ihr ist zudem der Kurfürstenhut placiert.
Auf dem hochgekämmten gepuderten Haar der eleganten Erscheinung sitzt ein Häubchen, von dem ein schwarzer Spitzenschal, locker unter dem Kinn geschlungen, über das Dekolleté fällt.
Durch die glatte Malweise, die jedoch den verschiedenen Stofflichkeiten wie Samt, Pelz, Seide, Spitze, Haut und Haar Rechnung trägt, wirkt die Kurfürstin – vor neutralem Hintergrund nach rechts gewandt, den Kopf am Betrachter vorbei nach links – mit ihrem für Brandt typischen Gesichtsausdruck unpersönlich und in einem kühlen Klassizismus erstarrt. A.F.

Carl Theodor und Elisabeth Auguste 1979, S. 92, Nr. 119; Grotkamp-Schepers 1980, S. 106, Abb. 16; Eichner 1981, S. 147f., Nr. 121 a.

Heidelberg, Kurpfälzisches Museum (Sammlung Graimberg 1879, G 38)

2.6.15
Medaille auf die Stiftung des Elisabeth-Ordens

Anton Schäffer (1722-1799), 1766
Silber, Dm. 3,5 cm

Am 19. November 1766, ihrem Namenstag, stiftete Kurfürstin Elisabeth Auguste einen Orden für hochadelige Damen, der in Nachfolge der Heiligen Elisabeth von Thüringen der Andacht, Mildtätigkeit und Armenfürsorge dienen sollte. Der Orden, dem neben den weiblichen Angehörigen des Kurfürstenhauses und anderer fürstlicher Häuser sowie deren Hofdamen, sechs weitere Damen angehören durften, wurde Anfang 1767 durch den Papst bestätigt und mit reichen kirchlichen Privilegien ausgestattet. Sein Motto lautete SOLATUR ET ORNAT (Er tröstet und schmückt). H.-J.S.

Gesche 1981, S. 36, Nr. 25; Stemper 1997, S. 603, Nr. 622.

Mannheim, Reiss-Museum (III g 2003)

2.6.16
Grosskreuz der Ordensstifterin Elisabeth Auguste

Mannheim 1766
Gold, Maleremail, Diamanten im Peruzzischliff, blau-rote Seidenmoireschleife

Großkreuz in Form eines Tatzenkreuzes, die Balken parè-gefasst mit Brillanten. Auf dem mittleren Tondo in Maleremail die Heilige Elisabeth (mit den Zügen der Kurfürstin Elisabeth Auguste) Almosen austeilend. Auf der Rückseite der ligierte Namenszug E.A. Über dem Kreuz der weiß-rot emallierte Kurhut in beweglichem Scharnier. Alte blaue Moireschleife mit roter Einfassung. Das Großkreuz wurde bis zur Auflösung des Ordens 1996 von der jeweiligen Großmeisterin ständig getragen. C.-L.F.

München, Privatbesitz des Hauses Wittelsbach (WAF o.Nr.)

2.6.17
Elisabeth-Orden an alter Damenschleife

Mannheim, 4. Viertel 18. Jh.
Gold, Maleremail, blau und rot eingefasste Moire-Seidenschleife, 6,6 x 4,1 cm

Kreuz der Ordensdamen in Form eines Tatzenkreuzes mit weiß emaillierten Balken und mittlerem Tondo. Auf dem Tondo die Heilige Elisabeth, Almosen austeilend, vor blauem Grund. Auf der Rückseite der ligierte Namenszug der Kurfürstin E. A. Über dem Kreuz der weißrot emaillierte Kurhut in beweglichem Scharnier. Alte blaue Moireschleife mit roter Einfassung. C.-L.F.

Heidelberg, Kurpfälzisches Museum (M-9308)

Kat. Nr. 2.6.15

Kat. Nr. 2.6.17

2.7
Die Kleidung am Mannheimer Hof zur Zeit des Kurfürsten Carl Theodor

Repräsentation von Status und Macht durch Kleidung war ein charakteristisches Merkmal des Absolutismus und fand ihren Ausdruck in großer Prunkentfaltung. Das gilt auch für den Mannheimer Hof zur Zeit des Kurfürsten Carl Theodor, der sich in seinem Aufwand für Kleidung mit den ersten Höfen Europas messen konnte. Während der mehr als ein halbes Jahrhundert umfassenden Regierungszeit Carl Theodors (1742-1799) vollzog sich bekanntlich der Übergang vom Ancien Régime zum bürgerlichen Zeitalter, was auch im Stil der Kleidung zum Ausdruck kam.
Bis weit in die zweite Hälfte des 18. Jahrhunderts hinein wurde die Mode an den Höfen Europas von Frankreich – ausgehend vom Hof in Versailles – geprägt. Die dort festgelegten Vorschriften für eine hierarchische, die verschiedenen Anlässe kennzeichnende Kleidung wurden in ganz Europa zum Vorbild. Man unterschied zwischen zeremonieller Hofkleidung (Cour), höfischer Galakleidung (Grande Parure), Halbputz (Parure), der auch dem Bürgertum als Festkleidung gestattet war, und der sogenannten Negligé-Kleidung, die dem Adel als Haus-, Reise- und Straßenkleidung diente. In den siebziger Jahren des 18. Jahrhunderts setzte sich jedoch, ausgehend von den Bestrebungen der Aufklärung in England, an den Höfen Europas die sogenannte Mode à l´anglaise durch, die das Vordringen bürgerlicher Vorstellungen von mehr Natürlichkeit und Einfachheit in der Kleidung zum Ausdruck brachte und zur Mode des Empire überleitete.
Da sich von der am Mannheimer Hof getragenen Kleidung kaum etwas erhalten hat, ist man bei der Darstellung der höfischen Mode zur Zeit des Kurfürsten Carl Theodor vor allem auf zeitgenössische Bild- und Schriftquellen angewiesen. Auf dieser Grundlage läßt sich anhand von Kostümen aus Museen und privaten Sammlungen die Entwicklung der Mode in der zweiten Hälfte des 18. Jahrhunderts dokumentieren, die nicht nur für Mannheim, sondern auch für andere Höfe der Zeit bezeichnend war. Eine wichtige Rolle kommt dabei dem modischen Beiwerk zu, das mit seiner Vielfalt an Spitzen, Fächern, Schuhen, Schuhschnallen, Knöpfen, Strümpfen etc. ein wichtiges Gestaltungselement und Standeszeichen war. P.H.

Kat. Nr. 2.7.1

Kat. Nr. 2.7.2

2.7.1
Damenkleid – Robe Ronde

Süddeutschland, 2. Viertel des 18. Jahrhunderts
Seidengewebe mit Metallspitzenbesatz, Rock: Saumweite ca. 350 cm, Schoßjacke: L. (max.) 68 cm

Neben der Robe à la française, deren Manteau den Rock ganz überfing, entwickelte sich im zweiten Viertel des 18. Jahrhunderts das aus Rock und kurzer Schoßjacke bestehende Kostüm (in der hier gezeigten Robe ronde wurden zwei ursprünglich nicht zusammengehörige Stücke kombiniert).
Der Rock, aus leuchtendgelbem Damast gearbeitet, ist ganz mit ebenfalls gelbem, schwerem Leinen gefüttert. Seine bemerkenswerte Weite ist in der Taille in eine Vielzahl kleiner Fältchen gefaßt. Eine breite Metall-

Kat. Nr. 2.7.3

spitze verziert den Saum, die Saumkante ist mit einer feinen Goldkordel besetzt.
Die etwa hüftlange Jacke mit Blumenmuster auf gelbem Grund zeigt Verwandtschaft vor allem mit den frühen Reitkostümen. Ihr Rücken ist durch Nähte enganliegend geformt, die zweiteiligen, über den Ellbogen gerundeten Ärmel sind auf der Innenseite durch kleine Schlitze geöffnet. Erst durch die angesetzten Schöße gewinnt die Jacke an Weite. Die Riegel auf ihrer Vorderseite werden mit Haken und Ösen geschlossen; die mit Silberfäden übersponnenen Knöpfe dienen, wie die Metallspitzen, die alle Kanten besetzen, der Auszier.
Die Jacke ist ganz mit Leinen gefüttert, aber nicht aussgesteift. Zweifellos wurde darunter ein Schnürmieder getragen, das entweder zwischen den Riegeln sichtbar blieb oder durch eine Reihe von Schleifen (échelles) verdeckt wurde. B.B.

von Sichart, Emma: Praktische Kostümkunde in 600 Bildern und Schnitten. München 1926, Bd. 2, Abb. 420 u. S. 530f.

München, Bayerisches Nationalmuseum (T 4521 und T 4531)

2.7.2
Herrenanzug – Habit à la Française

Wohl England, Mitte 18. Jahrhundert
Seidensamt, Seidengewebe, Seidenstickerei, Goldknöpfe, Goldlitzen und Goldborten, Justaucorps: L. 104 cm, Weste: L. 85 cm, Culotte: L. 62 cm

Justaucorps (Rock) und Culotte (Kniehose) des vermutlich aus England stammenden Herrenanzugs sind aus einem braunen, aufgeschnittenen Seidensamt gearbeitet, der mit einem in horizontalen Reihen angeordneten Motiv aus Rauten, Palmetten und stilisierten Ranken verziert ist. Goldknöpfe, Goldborten und Goldlitzen dienen als Ausstattung. Der taillierte Justaucorps hat die für die Zeit um 1750 charakteristischen weiten Ärmelaufschläge und faltenreiche, seitlich mit Wachstuch versteifte Rockschöße. Geschlossen wird er nur durch einen Knopf unterhalb des Halsausschnittes, so daß die darunter getragene cremefarbene Seidenweste zum Vorschein kommt. Diese ist entlang der Vorderkanten und an den Seitentaschen mit üppigen Ranken, Kartuschen und Gitterwerk in cremefarbener Seide bestickt.
In einem ähnlichen, jedoch reicher ausgestatteten Herrenanzug mit einer prächtigen Weste ist Kurfürst Carl Theodor auf einem Porträt von 1742 dargestellt (Kat.Nr. 1.2.4). P.H.

Born/Homering 1998, S. 86f.

Mannheim, Reiss-Museum (RMM Ko 1998/35.1-3)

Kat. Nr. 2.7.4

Kat. Nr. 2.7.5 Vorderseite

Kat. Nr. 2.7.5 Rückseite

2.7.3
Herrenanzug – Habit à la Française

Frankreich, um 1760/65
Seidengewebe silberlanciert, Silberknöpfe, Silberlitzen und Silberborten, Justaucorps: L. 112,5 cm, Weste: L. 83 cm, Culotte: L. 65 cm

Der kostbare Gewandstoff und die reiche Ausstattung mit Silberknöpfen, Silberborten und Silberlitzen lassen vermuten, daß der Herrenanzug als höfische Galakleidung getragen wurde. Justaucorps (Rock), Weste und Culotte (Kniehose) sind aus einer rosafarbenen, mit Silberlahn durchwirkten Seide gearbeitet, die vor einem Grund mit kleinteiligem Schuppenmuster ein Rautennetz aus stilisierten Blütenranken zeigt. Diese als Droguet bezeichneten Seidenstoffe wurden im 3. Viertel des 18. Jahrhunderts in Frankreich insbesondere für Herrenkleidung hergestellt.
Der knielange, taillierte Justaucorps hat einen seitlich durch Falten stark ausgestellten Schoß und hohe Ärmelaufschläge. Geschlossen wird er lediglich durch einen Knopf und eine Schlaufe unterhalb des Halsausschnitts. Alle übrigen Knöpfe sind Dekoration. Die unter dem Justaucorps getragene Weste ist bis in Hüfthöhe zu knöpfen und hat lange, seitlich geschlitzte Ärmel aus rosafarbener Seide. Die weite Kniehose hat einen sichtbaren Knopfverschluß, wie er bis um 1765 in Mode war. Später wurde er durch einen Latz ersetzt.
P.H.

Stuttgart, Württembergisches Landesmuseum (1996/241a-c)

2.7.4
Herrenweste

Frankreich (?), um 1750/60
Seidengewebe broschiert, Leinengewebe gechintzt, L. 83 cm

Bis zur Mitte des 18. Jahrhunderts wurde unter dem Justaucorps eine Weste mit langen Ärmeln getragen. Mit dem Wandel der Mode des Rokoko zum schmaleren Erscheinungsbild des Herren büßte sie an Länge ein und verlor ihre Ärmel.
Die Schöße der langen Weste aus lindgrüner, à disposition gewebter Seide sind leicht abgeschrägt und unterhalb der Taschenpatten eingesetzt. Sie ist kragenlos und bis in Höhe der Taschen durchgehend durch eine Knopfreihe zu schließen. Der vornehme Charakter der Weste wird durch die kugeligen Knöpfe, die mit Goldlahn netzartig umsponnen sind, betont. Das Muster des verarbeiteten Seidengewebes zeigt an den Kanten sowie auf und unterhalb der Taschenpatten verschlungene Blütenranken und Wellenbänder in Gold, Silber und Koralle. Die verbleibenden Teile der Weste sind mit kleinen Streublüten dekoriert.
In lebhaftem Kontrast zur Weste stehen die langen Ärmel, die - wie der Rücken - aus tannengrünem gechintzten Leinen gearbeitet sind. Die Rückennaht endet in einer kleinen aufspringenden Falte, die Ärmel sind seitlich geschlitzt und mit einem Knopf zu schließen.
D.v.P.

Düsseldorf, Stadtmuseum (MD 12-447)

2.7.5
Damenkleid – Robe à la Française

Frankreich, um 1770
Farbig broschierte Seide, Seiden-Posamentenborten, Manteau: L. 155 cm, Jupe: L. 77 cm

Das Damenkleid repräsentiert die höfische Galarobe (Grande Parure), für deren Gestaltung bis 1786 die französische Mode in Europa maßgebend war. Das Kleid besteht aus einer langen Jupe (Rock) und einem schleppenden, vorn offenen Manteau à la française (Mantelkleid) mit tiefen, doppelt gelegten Falten, die auf der Rückseite, ausgehend von den Schultern bis zum Saum reichen. Das enge, tailliert gearbeitete Oberteil des Manteaus wird durch einen eingearbeiteten Bruststecker geschlossen. Seine charakteristische Silhouette erhielt das Damenkleid durch den seitlich extrem weit ausladenden Reifrock à coudes, der unter dem Rock getragen wurde.

Als Gewandstoff wurde eine elegante französische Seide verarbeitet, die auf champagnerfarbenem Grund ein Muster aus zarten Vertikalstreifen und farbigen Blütenzweigen zeigt. Manteau, Jupe und Bruststecker sind mit Volants, Falbeln und seidenen Posamentenborten verziert, deren zierliche Blüten farblich auf den Gewandstoff abgestimmt sind. P.H.

Revolution in Fashion 1715-1815. Ausstellungskatalog. Kyoto Costume Institute. New York 1990, S. 50, 142.

Stuttgart, Württembergisches Landesmuseum (1996-224a,b)

2.7.6
Damenkleid – Robe à la Française

Frankreich, um 1775/80
Seidengewebe broschiert, Klöppelspitze, Manteau: L. 157 cm, Jupe: L. 93 cm

Das zweiteilige Damenkleid ist vermutlich dem sogenannten Halbputz (Parure) zuzuordnen, der auch dem Bürgertum als Kleidung für festliche Anlässe gestattet war. Von der Grande Parure unterscheidet sich der Halbputz vor allem durch den weniger weit ausladenden Rock und das Fehlen eines Bruststeckers, der bei höfischen Galakleidern Vorschrift war.

Die Robe à la française zeichnet sich durch einen vorn offenen, schleppenden Manteau mit gleichmäßig bis zum Boden herabfallenden Rückenfalten (Watteaufalten) aus. Der Manteau und der sichtbare Teil des Rockes sind mit Volants und Rüschen aus dem Gewandstoff ausgestattet und zusätzlich mit schmalen Spitzenrüschen aufgeputzt.

Das um 1775/80 in Frankreich hergestellte Seidengewebe zeigt auf zartem, hellgrünem Grund ein für die Zeit typisches Muster aus farbigen Vertikalstreifen, die durch verstreut angeordnete Blumenbouquets aufgelockert sind. P.H.

Born/Homering 1998, S. 88f.

Mannheim, Reiss-Museum (RMM Ko 1998/6.1,2)

Kat. Nr. 2.7.6

2.7.7
Damenkleid – Robe à l'anglaise

Wohl Frankreich, um 1780/85
Seidengewebe, Fischbeinstäbe, Klöppelspitze, Manteau: L. 257 cm, Jupe: L. 164 cm

Die Robe à l´anglaise aus mintgrünem Seidenatlas hat eine bodenlange Jupe (Rock) und einen schleppenden Manteau (Mantelkleid) mit einem taillierten, durch Fischbeinstäbe versteiften Oberteil. Die langen Ärmel und das Dekolleté sind mit Spitzenrüschen verziert. Statt eines Reifrocks wurden unter der Jupe mehrere Unterröcke und ein Gesäßpolster getragen. Dies entsprach den Bestrebungen nach mehr Natürlichkeit und Einfachheit, die sich um 1770-90 von England ausgehend auch in der kontinentalen Kleidermode durchsetzten.
Ähnliche Roben aus brauner bzw. schwarzer Seide tragen Kaiserin Maria Theresia von Österreich und Kurfürstin Anna Maria von Bayern auf einem Gemälde von Johann Baptist Hoechele von 1792, das die Dargestellten zusammen mit Kurfürst Carl Theodor im Schloßgarten von Nymphenburg zeigt (Bd. 1.1, S. 116, Abb. 4).

P.H.

Mannheim, Reiss-Museum (RMM Ko 1998/5.1,2)

Kat. Nr. 2.7.7

Kat. Nr. 2.7.8

2.7.8
Damenkleid – Robe à la Polonaise

Wohl Frankreich, um 1780/85
Manteau: Seidengewebe broschiert, L. 151 cm, Jupe: Seidengewebe gesteppt, L. 89,5 cm

Das Damenkleid besteht aus einem seitlich und hinten zu Puffen hochgerafften Manteau à la polonaise und einer champagnerfarbenen Jupe (Rock) mit einem gesteppten, floralen Muster. Der Manteau (Mantelkleid) ist aus einem roséfarbenen Seidengewebe mit schmalen Streifen und farbigen Streublütenzweigen gearbeitet. Sein Oberteil ist tailliert und wird vorn durch eine verdeckte Schnürung geschlossen. Es hat ein tiefes Dekolleté und dreiviertellange, enge Ärmel.
Die besonders um 1780/90 als Promenadenkleid beliebte Robe à la polonaise wurde meist mit einer weißen Zierschürze (Kat.Nr. 2.7.53) und einem großen Schultertuch (Kat.Nr. 2.7.52) getragen. Wie schriftliche Quellen belegen, gehörte dieser Kleidertyp schon sehr früh auch zur Garderobe der Kurfürstin Elisabeth Auguste.

P.H.

GHAM, Corr. 820, Elisabeth Augusta an Clemens, 28.1.1744.

Mannheim, Reiss-Museum (RMM Ko 1998/10 und 1998/30)

2.7.9
Manteau à la Polonaise

Frankreich (?), um 1775
Seidengewebe, L. 101 cm

Der Manteau à la polonaise ist aus einem farbig gemusterten Chiné-Taft gearbeitet. Auf cremefarbenem Untergrund mit quer verlaufendem Streifendessin beleben großformatige violette, grüne und korallrote Blumenmotive mit leicht verschobenem Musterbild das Gewebe. Die im Rücken tief eingelegten Falten, als „Watteau-Falte" bezeichnet, verleihen dem Überkleid zusätzliche Weite. Das Dekolleté schmückt eine Verschlußpasse, die mit einer gerüschten Spitze besetzt ist und keilförmig ohne Spitzenbesatz zur Taille hin ausläuft.
Eine breite, gebogte Rüsche umrahmt den eckigen Ausschnitt, die Vorderkanten und den Saum. Ein entsprechender Volant dient als Besatz der dreiviertellangen Ärmel, die zusätzlich mit Spitzenengageantes geschmückt sind.

D.v.P.

Düsseldorf, Stadtmuseum (MD 1-458)

2.7.10
Herrenanzug – Habit à la Française

Wohl Italien, um 1785/90
Seidengewebe, Seidenstickerei, Frack: L. 98 cm, Gilet: L. 63 cm, Culotte: L. 66 cm

Der reich bestickte Habit à la française repräsentiert die höfische Herren-Galakleidung um 1785/90 mit stark zurückgeschnittenem Frack und eng anliegender Culotte (Kniehose). Beide Teile sind aus einem braunen, kleinteilig gemusterten Seidengewebe gearbeitet, während für die zugehörige kurze Weste, das Gilet, bewußt ein kontrastierender, cremefarbener Seidenstoff verwendet wurde. Die eleganten Seidenstickereien von Frack und Gilet sind fein aufeinander abgestimmt. Sämtliche Kanten, Taschen, Krägen und Ärmelaufschläge sind mit einer gebogten Bordüre verziert, die Tüllspitze nachahmt und von zierlichen Blütensträußen mit fächerähnlichen Blättern und phantasievollen, z. T. federartigen Blüten begleitet wird. Auch die Knöpfe und die Kniebänder der Hose sind mit Stickerei verziert.

P.H.

Vergleichsbeispiele: Butazzi, G.: Costumi die secoli XVIII e XIX. Mailand 1976, Abb. 42; Dies.: Il Costumi in Lombardia. Mailand 1977, Abb. 172f; La Galleria del Costume 1: Palazzo Pitti. Ausstellungskatalog. Florenz 1983, Nr. 6; Grönwoldt, Ruth: Stickereien von der Vorzeit bis

Kat. Nr. 2.7.9

zur Gegenwart. Württembergisches Landesmuseum. Stuttgart 1993, Nr. 62.

Mannheim, Reiss-Museum (RMM Ko 1998/36.1-3)

2.7.11
Frack und Weste

Frankreich (?), um 1780
Seidengewebe, Seidenstickerei, Frack: L. 90 cm; Weste: L. 70 cm

Mit den ab 1770 sehr markant geschweift zurückgeschnittenen Rockvorderkanten - eine Knöpfung war teilweise nur noch angedeutet - präsentiert der eng taillierte, bordeaux-violette Seidenfrack die Verfeinerung einer künstlerischen Auszier des späten Rokoko. Farbige Seidenstickerei belebt Vorderkanten, Stehkragen, Ärmelaufschläge, Taschen und den Schoß des Fracks durch wellig aufsteigende und sich kreuzende Blütenranken und Perlschnüre. Metallkantillen konturieren den Abschluß der Frackkanten. Mit Blüten bestickt sind auch Stehbund, Knöpfe und die Ärmelaufschläge.
Die ärmellose Weste aus cremefarbenem Seidenatlas hat stark zurückgeschnittene Schöße. Ihr Rückenteil ist aus naturfarbenem Leinenstoff gearbeitet und hat eine offene Mittelnaht. Die Vorderteile der Weste sind mit kleinen, in farbiger Seide gestickten Streublütchen verziert. Besonders betont sind die Kanten und Taschenklappen, die zierlich gestickte, von Pailletten begleitete Blütenzweige zeigen. D.v.P.

Düsseldorf, Stadtmuseum (MD 3-182 und MD 12-455)

2.7.12
Damenkleid

Wohl Frankreich, um 1795
Baumwollgewebe, Seidenstickerei, Seidenschärpe (rekonstruiert), L. 132 cm, Saumweite: 350,5 cm

Das lange, einteilige Damenkleid kennzeichnet in Schnitt und Material den Übergang von der Robe à l´anglaise der späten Rokokozeit zum einfachen Chemisenkleid des Empire. Wie die klassische Chemise ist es aus einem durchsichtigen, weißen Baumwollbatist gearbeitet, doch fehlt noch der für das Empire charakteristische hemdartige Schnitt mit direkt unter der Brust ansetzender Taille. Das Kleid hat überlange, enge Ärmel, ein tiefes Dekolleté und wird in der Taille mit einer (rekonstruierten) Seidenschärpe gebunden. Die Ärmelbündchen und der weite Saum sind gebogt und

Kat. Nr. 2.7.10

Kat. Nr. 2.7.11

mit farbiger Seide bestickt. Besonders aufwendig ist die Stickerei des Rockteils ausgeführt, wo eine weit geschwungene Girlande mit Schleifen, die einzelne Blütenarrangements umfängt und von einer Wellenranke mit Rosen durchkreuzt wird, dargestellt ist. Den unteren Abschluß bildet eine Blütenranke mit Stiefmütterchen. P.H.

Mannheim, Reiss-Museum (RMM Ko 1998/1)

2.7.13
Herrenanzug

Wohl Frankreich, um 1790/95
Seidengewebe, Metallknöpfe, Frack: L. 101 cm, Gilet: L. 60 cm, Culotte: L. 69 cm

Der dreiteilige Herrenanzug ist ein typisches Beispiel für die Herrenmode zur Zeit der Französischen Revolution. Er besteht aus einer Kombination farblich unterschiedlicher Einzelteile: einem altrosafarbenen „Frac dégagé", einer blau-grün-changierenden, eng geschnittenen Culotte (Kniehose) und einem cremefar-

Kat. Nr. 2.7.12

Kat. Nr. 2.7.13

benen Gilet (Weste) mit Querstreifen. Charakteristisch für den Frac dégagé sind die doppelte Knopfreihe, der große Umlegekragen und die Revers. Da die Taille des Fracks sehr weit oben ansetzt, kommt darunter die gerade abschließende, etwas längere Weste zum Vorschein. P.H.

Mannheim, Reiss-Museum (RMM Ko 1998/48.1-3)

KAT. NR. 2.7.14

2.7.14
HERRENROCK – FRAC DÉGAGÉ

Frankreich (?), um 1790
Seidengewebe, L. 106 cm

Mit dem Sturz der französischen Monarchie vollzog sich ein Wandel von der höfischen zur bürgerlich-sachlichen Kleidung. Die Vorliebe für das gestickte Blumendekor wich der Mode des senkrechten Streifenmusters, wie es hier im goldgrundigen Seidengewebe des Herrenrocks eingewebt ist.
Neu sind die doppelreihige Knöpfung, der hohe Umlegekragen und die Revers. Neu sind auch die konkav zur Mitte hochgeschnittenen Vorderkanten, die das der Zeitmode entsprechende Frackbild abgeben. Der extrem taillierte und schmal geschnittene Rücken hat noch die offenen, in Falten gelegten Schöße, der Besatz mit einer zarten Klöppelspitze an den geknöpften Aufschlägen der schmalen zweigeteilten Ärmel unterstreicht die Eleganz des Kleidungsstückes. D.v.P.

Düsseldorf, Stadtmuseum (MD 3-453)

2.7.15
HERRENWESTE

Deutschland (?), Ende 18./Anfang 19. Jahrhundert
Woll- und Leinengewebe, Seidenstickerei, L. 56 cm

Die in mahagonibraunem Tuch gearbeitete, sehr kurze Weste hat einen hohen Stehkragen. Sie ist mit mehrfarbig in Seide gestickten Blütenbordüren dekoriert. Entlang des Kragens und der Kanten wechseln größere Blumenbouquets mit kleinen knospenreichen Sträußen, die in Flach-, Stiel-, Strahlen-, Punkt- und Knötchenstich ausgeführt sind.
Alle Kanten der Weste sind hell konturiert und mit Flachstichen eingefaßt. Der Kantenverlauf ist zusätzlich beidseitig durch ein flächig angelegtes Zackenmuster ornamentiert. Mit Nadelmalerei sind auch die bezogenen Holzknöpfchen bestickt. Die beiden offenen, braunen Leinenrückenteile sind seitlich und in der Mitte durch Bindebänder zu schließen und in der Weite zu verstellen. D.v.P.

Düsseldorf, Stadtmuseum (MD 12-450)

KAT. NR. 2.7.15

2.7.16
DAMENSCHUHE

Frankreich (?), um 1730-40
Seidengewebe, Metall- und Seidenstickerei, Seidenbänder, Leder, L. 23 cm, H. 11 cm

Das Obermaterial der Damenschuhe ist dunkelgrüner Seidenrips, der mit Silberfäden in Sprengtechnik und farbigem Seidengarn in Flach-, Stiel- und Knötchenstich bestickt ist.
Der mit Glacéleder ausgeschlagene Schuh hat ein hochgeschnittenes Vorderblatt mit abgerundeter Ristlasche. Darüber greifen die Verschlußlaschen, die mit einer roten Seidenschleife gebunden werden.
Alle Nähte und Saumkanten sind mit gelbem Seidenband eingefaßt. Die Schuhspitze ist leicht nach oben gebogen, der halbhohe, geschweifte Absatz gering nach innen gezogen und mit einer von zwei Blättern eingerahmten zartrosa Kelchblüte bestickt.
In der Mitte des Vorderblattes, zwischen farbiger Blatt- und Knospenstickerei, wird eine Kelchblüte auf goldgelb ausgesticktem Untergrund von einer stark reliefierten Mittelkartusche aus Silberlahn eingeschlossen. Eine kleinere farbige Fantasieblüte wächst daraus nach oben in die Ristlasche. Die Silberstickerei füllt mit symmetrisch angeordneten Blattranken die Schuhspitze.
Über der dunkelbraunen Laufsohle aus Rindsleder verläuft eine kontrastierende weiße Lederpaspelierung. Das Leder der Absatzsohle ist weiß vernäht und gestiftet. D.v.P.

Düsseldorf, Stadtmuseum (MO 1-449)

KAT. NR. 2.7.16

2.7.17
Damenschuh

Frankreich (?), um 1765/70
Seidengewebe, Seidenstickerei, Seidenbänder, L. 25 cm, Absatzhöhe 7 cm

Der zu einem Paar gehörende linke Damenschuh hat einen hohen, stark nach innen geschweiften Absatz aus weißem Leder und eine spitze Kappe. Die Kanten sind mit einer grünen Seidenborte eingefaßt. Als Obermaterial dient ein gelber Seidensatin, der mit Blüten- und Rankenmotiven in vielfarbiger Seide bestickt ist. Die Stickerei betont vor allem das Vorderblatt, also den Teil des Schuhs, der unter dem Kleid zum Vorschein kommt. Geschlossen wird der Schuh durch ein grünes Seidenband, das durch Öffnungen in den seitlichen Verschlußlaschen gezogen und über dem Rist gebunden wird. P.H.

Schönenwerd, Bally-Schuhmuseum (HAV 1576)

2.7.18
Damenschuhe

Um 1770/80
Seidengewebe, Leder, L. 22,5 cm, B. 8 cm, Absatzhöhe 6 cm

Die Damenschuhe aus grünem Seidenatlas haben ein breites, kurzes Vorderblatt, eine stumpfe Spitze und eine dreieckig auslaufende Mittellasche. Die mit Schnallen zu schließenden Seitenlaschen verbreitern sich an den Enden. Kanten und Nähte sind mit einem cremefarbenen Seidenband besetzt. Entsprechend ist der geschweifte Absatz mit einem cremefarbenen Seidenstoff bezogen, dessen Muster schmale Streifen und wellig aufsteigende Bänder mit Schleifen zeigt. Die Lauffläche des Absatzes und die Sohle sind aus Leder. P.H.

Mannheim, Reiss-Museum (RMM Ko 1998/69.1,2)

2.7.19
Damenschuhe

Deutschland, um 1790
Seidengewebe, Leder, L. 22,5 cm; B. 7,5 cm; Absatzhöhe 4,5 cm

Das Obermaterial des Damenschuhs ist ein dunkelbeiger, bedruckter Samt mit kleiner graphischer, quer über das Vorderblatt und längs zum Schuh verlaufender Musterung in Goldgelb und Braun. Die ovale Ausschnittkante ist mit goldgelbem Seidenband eingefaßt, eine zarte Rüsche in gleichem Farbton schmückt das Vorderblatt.
Bis zur Schuhmitte und entlang der dünnen Lederschuhsohle betont ein dunkelbrauner Lederbesatz die leicht nach oben gezogene Schuhspitze. Der mit Samt bezogene Absatz ist der Mode gemäß niedrig, geschweift und recht breit. Sein Innenfutter besteht aus Leder und Leinen. Der Schuh ist gewendet genäht und einballig, d.h. rechts und links wurden beim Tragen nicht unterschieden. D.v.P.

Düsseldorf, Stadtmuseum (MD 1-458)

2.7.20
Herrenschuh

Um 1785/90
Seidengewebe, Leder, Metall- und Seidenborten, L. 27 cm

Mit der englischen Mode setzte sich um 1780 bei beiden Geschlechtern auch eine neue Schuhform durch, die sich vor allem durch mehr Bequemlichkeit auszeichnete. In der Herrenmode wurde der bis dahin getragene enge Schnallenschuh mit Blockabsatz durch einen flachen, häufig weit ausgeschnittenen Schnallen- oder Schlupfschuh verdrängt. Ein Beispiel hierfür ist der zu einem Paar gehörende rechte Herrenschuh aus hellbrauner Seide mit weißem Lederfutter, dessen Kanten, Ferse und Vorderblatt durch Seiden- bzw. Metallborten betont sind. Der relativ geschlossene Schuh hat eine mäßig abgerundete Spitze, eine Laufsohle aus Leder und eine hohe Ristlasche, die von den Seitenlaschen nahezu verdeckt wird.
Seidene Schuhe wurden von den Herren vor allem zu festlichen Anlässen getragen, während für den täglichen Gebrauch strapazierfähigere Schuhe aus schwarzem Leder üblich waren (vgl. Kat.Nr. 2.7.21). P.H.

Schönenwerd, Bally-Schuhmuseum (103)

2.7.21
Herrenschuhe

Deutschland, Ende 18./Anfang 19. Jahrhundert
Leder, Messing vergoldet, L. 27,5 cm

Die weit ausgeschnittenen Schlupfschuhe haben einen flachen Absatz und eine stumpfe Spitze. Sie sind aus schwarzem Leder gearbeitet und mit grünem und weißem Leinen gefüttert. An den Kanten sind sie mit

Kat. Nr. 2.7.17

Kat. Nr. 2.7.18

Kat. Nr. 2.7.19

Kat. Nr. 2.7.20

schwarzem Seidenband eingefaßt und am Spann mit einer schmalen, länglichen Schuhspange aus vergoldetem Messing mit einfachem Profil verziert.
Der Überlieferung zufolge gehörten die Schuhe dem Amtsanwalt und königlichen Kammer-Prokurator Christoph Ernst Ebel (1735-27.03.1816) aus Celle. Vgl. auch Kat.Nr. 2.7.27. P.H.

Celle, Bomann-Museum (TA 850D)

Kat. Nr. 2.7.21

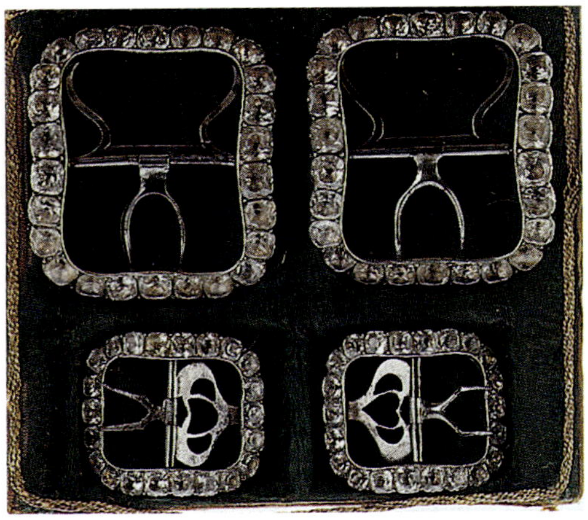

Kat. Nr. 2.7.22

2.7.22
Schuh- und Culotteschnallen mit Lederetui

Frankreich, um 1760/70
Silber, Similisteine in Brillantschliff, Silberfolie, Eisen gesägt, Etui: B. 11,2 cm, T. 10,8 cm, H. 2,8 cm, Schuhschnallen: B. 5,6 cm, H. 5,1 cm, Culotteschnallen: B. 3,8 cm, H. 3,5 cm

Das Ensemble aus Schuh- und Culotteschnallen hat sich mit seinem originalen Lederetui erhalten. Bis auf ihre Größe und Verschlüsse sind die Schnallen nahezu identisch. Sie haben einen querrechteckigen, an den Seiten leicht eingezogenen Rahmen mit Kastenfassung, die mit einer Reihe geschliffener Similisteine besetzt ist. Das zugehörige Etui aus braunem Leder ist mit grünem Plüsch und champagnerfarbener Seide ausgekleidet und mit einer Goldkordel verziert. In den Rand des Etuideckels ist eine zierliche Ranke eingeprägt. P.H.

Mannheim, Reiss-Museum (RMM Ko 1998/128.1-5)

Kat. Nr. 2.7.23

2.7.23
Schuhschnallen

England, um 1770/80
Messing vergoldet und gegossen, Eisen gesägt, B. 5,5 cm, H. 5,1 cm

Marke: T. MYND

Die Schuhschnallen haben einen kleinen, querovalen Rahmen aus vergoldetem Messing, der am Rand profiliert und an allen vier Seiten jeweils in der Mitte durch Blattmotive akzentuiert ist.
Wegen ihrer geringen Größe und des verspielten Dekors wurden die Schnallen vermutlich zu Damenschuhen getragen. P.H.

Mannheim, Reiss-Museum (RMM Ko 1998/88.1,2)

2.7.24
Herrenschuhschnallen

Frankreich, um 1785
Silber vergoldet, Kupfer, Similisteine in Brillantschliff, Silberfolie, Eisen gesägt, B. 7,7 cm, H. 5,1 cm

Die großen Herrenschuhschnallen haben einen querrechteckigen, silbernen Rahmen, der mit zwei Reihen von Similisteinen in einer Kastenfassung verziert ist. Die beiden Steinreihen werden durch einen breiten, profilierten Kupferstreifen getrennt.
Für die Verzierung von Schuhschnallen wurden statt kostbarer Edelsteine gern die aus Glaspaste gefertigten Similisteine verwendet, die im Glanz Brillanten sehr ähnlich und für eine größere Bevölkerungsschicht erschwinglich waren. P.H.

Mannheim, Reiss-Museum (RMM Ko 1998/94.1,2)

2.7.25
Herrenschuhschnallen

Paris, 1788
Silber gestanzt, ziseliert und facettiert, Eisen gesägt, B. 7,5 cm, H. 4,6 cm

Marken: Zwei verschlungene, gespiegelte Schlangen (Pächterstempel von Henri Clavel, Paris, 1782-89), P 88 mit Krone (Jahresbuchstabe für Paris, 1788), Adler (Quittungstempel), Biene (Quittungsstempel für Gold- und kleine Silberarbeiten, 1780-89), JCP mit Krone (Meistermarke)

Die Herrenschuhschnallen haben einen stark gebogenen, querrechteckigen Silberrahmen, der reich profiliert und mit ziselierten Kordelmotiven dekoriert ist. Die Verzierungen an den abgeschrägten Ecken und an den Längsseiten des Rahmens erinnern an geschliffene Brillanten. P.H.

Mannheim, Reiss-Museum (RMM Ko 1998/89.1,2)

Kat. Nr. 2.7.24

Kat. Nr. 2.7.25

Kat. Nr. 2.7.26

2.7.26
Herrenschuhschnallen

England, um 1780/90
Messing gegossen und vergoldet, Eisen gesägt, 7 x 7 cm

Marke: G GREEN

Die auffällig großen Schuhschnallen besitzen einen quadratischen, der Form des Fußes entsprechend stark gebogenen und an den Ecken abgeschrägten Rahmen aus vergoldetem Messing.
Herrenschuhschnallen von vergleichbarer Größe (sogenannte Artois-Schnallen) kamen um 1780/90 in Mode und wurden meist zu schwarzen Lederschuhen mit flachem Absatz getragen (vgl. Kat.Nr. 2.7.21). Neben Frankreich war England führend in der Produktion von Schuhschnallen, insbesondere von solchen aus einfacheren Materialien, wie Messing und geschnittenem Stahl (Cut Steel). P.H.

Mannheim, Reiss-Museum (RMM Ko 1998/92.1,2)

2.7.27
Dreispitz

Paris, um 1764
Wollfilz, Pelz, Seidenborte, Zierknopf, H. 33 cm

Auf der Innenseite Firmenetikett mit Wappen und dem Aufdruck „Mode de Paris"

Als Kopfbedeckung für Herren dominierte im 18. Jahrhundert der Dreispitz. Das hier vorgestellte Beispiel soll von dem in Celle ansässigen „Amtsanwalt und Kammer-Prokurator" Christoph Ernst Ebel (1735-27.03.1816) anläßlich seiner Vermählung mit „der Jungfer Busmann aus Springe" im Jahr 1764 getragen worden sein. Bei dem Dreispitz aus Celle handelt es sich im Gegensatz zum sog. Chapeau bras, der als wichtiges Accessoire des eleganten Anzugs nur unter dem linken Arm getragen wurde, um eine wirkliche Kopfbedeckung. Dafür spricht der hohe, halbrund gewölbte Kopf. Die hoch aufgeschlagenen Krempen sind mit einem weißen Pelz eingefaßt. Die linke Seite ist außerdem mit einer schwarzen Bandrosette und einem Knopf verziert. P.H.

Celle, Bomann-Museum (TA 850E)

Kat. Nr. 2.7.27

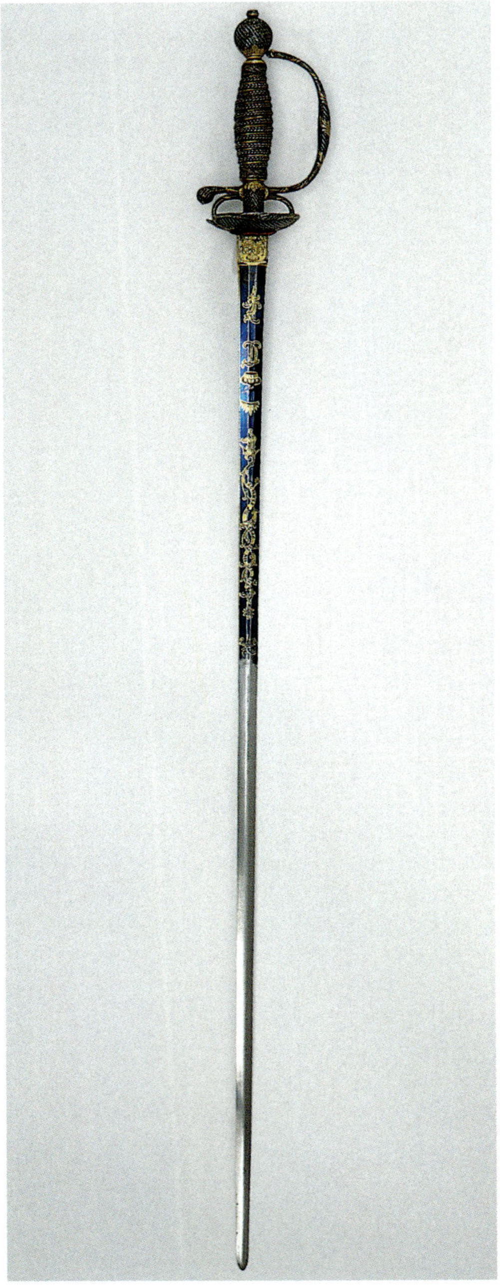

Kat. Nr. 2.7.28

2.7.28
Degen

Solingen, 1767
Stahl, geätzt, gebläut, vergoldet, L. 98 cm

Der Degen ist ein bemerkenswertes Zeugnis der Förderung der Solinger Klingenindustrie durch Kurfürst Carl Theodor. Dreimal besuchte der Landesherr die Stadt: in den Jahren 1747, 1767 und 1774. Anläßlich des zweiten Besuches, 1767, ließen sich die Bruderschaften - das heißt die Handwerksvereinigungen Solingens - ihre alten Privilegien und Vorrechte bestätigen (Hanns-Ulrich Haedeke: Menschen und Klingen. Geschichte und Geschichten, Solingen 1994, S.139-157, bes. S. 150). Carl Theodor besichtigte die der Klingenherstellung dienenden Manufakturen und ließ sich die Produktionsabläufe erläutern. Dem herkömmlichen Zeremoniell solcher Besuche entsprechend wurden dem Fürsten als Präsente Erzeugnisse der Solinger Klingenschmiede, speziell aber aufwendig gezierte Degen, überreicht; deren mit Ätzung und Vergoldung gezierte Klingen feierten den Souverän als Schutzherrn von Industrie und Handwerk Solingens. So trägt der durch den exquisiten Eisenschnitt des Gefäßes ausgezeichnete Kavaliersdegen des Bayerischen Nationalmuseums, der Carl Theodor 1767 dargebracht wurde, auf der Klinge das Wappen des Kurfürsten und das Datum „28t. Martii. Ao. 1767" sowie die Inschrift: „Des Landesfürsten Regiment schütz die Fabric bis an das End". L.S.

Wittelsbacensia 1909, S. 145, Nr. 1537; Die Kunst zu werben. Das Jahrhundert der Reklame. Ausstellungskatalog. Stadtmuseum München und Altonaer Museum Hamburg. Hrsg. von Susanne Bäumler. Köln 1996, S. 22, Nr. 1.1.23 (Hans Ottomeyer).

München, Bayerisches Nationalmuseum (W 2693)

2.7.29
Spazierstock des Kurfürsten Carl Theodor

Süddeutschland, letztes Viertel des 18. Jahrhunderts
Palisanderholz, geschnitzt, mit Einlagen aus Elfenbein und Elfenbeinknauf, L. 131 cm

Aus dem Nachlaß des Kurfürsten Carl Theodor sind einige besonders schön gestaltete Spazierstöcke erhalten. Sehr lange, schlanke Stäbe wie der hier gezeigte wurden vor allem in den siebziger und achtziger Jahren des 18. Jahrhunderts getragen. Aus dunklem Holz mit eingeschnittenen Spiralwindungen gearbeitet und mit eingelegten Pünktchen aus Elfenbein verziert, nimmt der Stock einen Typus auf, der - in umgekehrtem Farbkontrast - in der ersten Hälfte des 18. Jahrhunderts in England und Frankreich sehr beliebt gewesen war: Stä-

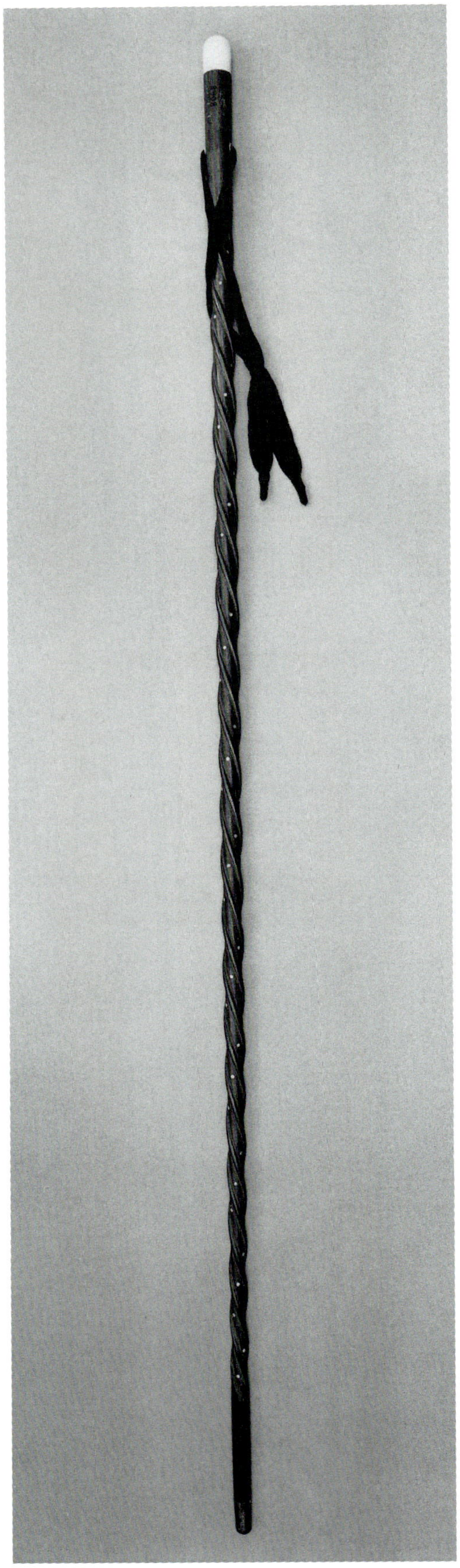

Kat. Nr. 2.7.29

be aus Elfenbein oder dem gedrehten Stoßzahn des Narwals hatte man mit einem Dekor aus Metalldraht, der in vorgebohrte Löcher eingeführt und bündig mit der Oberfläche abgeschnitten wurde (piqué), verziert. B.B.

Wittelsbacensia 1909, Nr. 1548-9.

München, Bayerisches Nationalmuseum (R 8068)

Kat. Nr. 2.7.31

2.7.30
Vier Justaucorpsknöpfe und ein Westenknopf

Mannheim (?), um 1760/70
Silber getrieben und teilvergoldet, brillantgeschliffene Similisteine in Pavéfassung, Metallfolie, Dm. 2,7 cm und 1,7 cm

Die fünf Strass-Knöpfe gehören zu einer größeren Garnitur von insgesamt 12 Justaucorps- und sechs Westenknöpfen, die als Ausstattung einer höfischen Galakleidung dienten. Sie haben eine achtpaßförmige Fassung mit einem großen Mittelstein, um den sich ein Kranz kleinerer Steine gruppiert.
Aufwendigere Knopfgarnituren, wie sie vermutlich Kurfürst Carl Theodor auf einem Gemälde von Anna Dorothea Therbusch trägt (Bd. 1.1, S. 257, Abb. 1), wurden nicht aus Strass-Steinen, sondern aus Brillanten, Rubinen und anderen Edelsteinen gefertigt. P.H.

Carl Theodor und Elisabeth Auguste 1979, Nr. 351

Heidelberg, Kurpfälzisches Museum (GL 55)

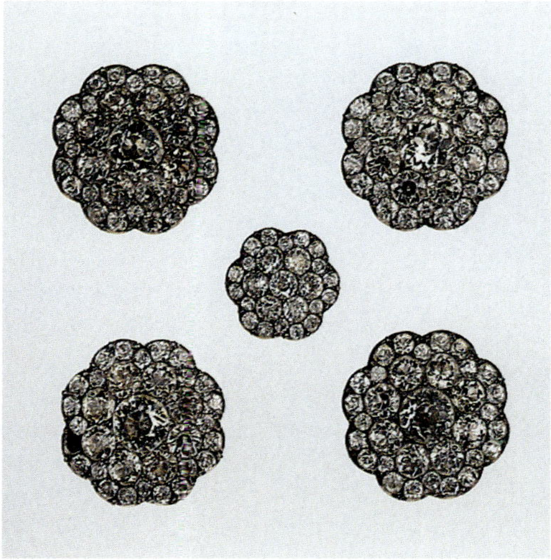

Kat. Nr. 2.7.30

2.7.31
15 Frackknöpfe

Mannheim (?), um 1780/90
Kupfer vergoldet, Metallsplitter, Eisenblech verzinkt, Papier, Glas, Hinterglasmalerei, Dm. 3,3 cm

Die Garnitur besteht aus 15 Frackknöpfen mit vergoldeten Kupferrahmen und farbigen Hinterglasmalereien in Miniatur vor weißem Papiergrund. Dargestellt sind ländliche Szenen mit Architekturstaffagen, arbeitenden Bäuerinnen und Bauern beim Fischen und Jagen.
Die Ähnlichkeit mit Kat.Nr. 2.7.32 spricht für eine Herkunft aus derselben Werkstatt. P.H.

Heidelberg, Kurpfälzisches Museum (KMH GL 32)

2.7.32
16 Frackknöpfe

Mannheim (?), um 1780/90
Kupfer vergoldet, Eisenblech verzinkt, Papier, Glas, Hinterglasmalerei, Dm. 3,7 cm

Bei den 16 großen, runden Knöpfen handelt es sich um eine Garnitur für einen Herrenfrack aus der Zeit um 1780/90 (vgl. Kat.Nr. 2.7.31). Die Knöpfe haben einen vergoldeten Kupferrahmen und zeigen auf gewölbtem Glas flüchtig gezeichnete Hinterglasmalereien in Sepia mit Architekturmotiven und Chinoiserien vor weißem Papiergrund. P.H.

Carl Theodor und Elisabeth Auguste 1979, Nr. 352.

Heidelberg, Kurpfälzisches Museum (GL 56)

Kat. Nr. 2.7.32

Kat. Nr. 2.7.33

Kat. Nr. 2.7.34

2.7.33
Ring mit einer Porträtminiatur des Kurfürsten Carl Theodor

Kurpfälzisch, um 1780
Gold, Silberauflage zum Fassen der Steine, Strass-Steine, Bergkristall, Miniatur, Dm. ca. 2,5 cm

Das Porträt des alternden Kurfürsten ist das Zentrum dieses wertvollen Ringes, dessen Rahmen ein Kranz aus 22 Strass-Steine bildet. Ein solcher Ring war vermutlich als Geschenk für einen besonders verdienten hohen Beamten oder Künstler bestimmt. I.Z.

Carl Theodor (Ergänzungskatalog) 1979, Nr. 334.

Düsseldorf, Stadtmuseum (1968/388)

2.7.34
Diamantring des Kurfürsten Carl Theodor

Mannheim, um 1750/60
Gold mit Silber doubliert, 21 Diamanten im Mazarinschliff, ein Brillant im Peruzzischliff, Dm. 22 mm

Provenienz: Aus dem Besitz der Nachfahren des Architekten Nicolas de Pigage, dort der Überlieferung nach als Geschenk des Kurfürsten Carl Theodor an den Hofarchitekten

Scheibenförmiger Ringkopf mit einem zentralen Brillanten und einer doppelten Carmoisierung aus 21 Diamanten im Mazarinschliff. Die Schiene ist sehr schmal und mit dreieckigem Querschnitt zum Ringkopf hin sich verbreiternd und unterhalb unsichtbar angearbeitet. Der im 18. Jahrhundert in dieser Form häufig anzutreffende Ring begegnet uns auf einer großen Anzahl von Porträts des Kurfürsten bis weit in die Münchner Zeit hinein. Offensichtlich gehörte er zu den am meisten bevorzugten Schmuckstücken, die immer in den Privaträumen aufbewahrt wurden und deshalb in den Schatzkammerinventaren nicht erwähnt werden. Zu dieser Art von Ringen gehören gleichgestaltete Knöpfe für den Justaucorps , die Weste und das Hemd (vgl. Kat. Nr. 2.7.30). Im 19. Jahrhundert wurden diese Knöpfe oft mit einer Ringschiene versehen, wobei diese Umarbeitung aber immer deutlich sichtbar ist. C.-L.F.

Heidelberg, Privatbesitz

Kat. Nr. 2.7.35

Kat. Nr. 2.7.36

2.7.35
Chatelaine

Friedrich Macher, Mannheim 1760
Mannheimer Gold, feuervergoldet; L. 14,5 cm

Provenienz: Aus dem Besitz der Katharina Leybold geb. Spitz aus Mannheim

Chatelaine aus vier miteinander verbundenen Gliedern mit großem Bügel zum Feststecken in den Gürtel. Gesägter und punzierter Rocailleschmuck mit allegorischen Darstellungen des Morgens und der Jagdgöttin Diana. An den drei Ösen wurden eine Uhr, eine Kapsel für Schnupftabak und eine Kapsel für Riechsalz eingehängt.

Das Übergehäuse der Uhr mit der Darstellung des Streites von Achill und Patroklos. Chatelaine wurden gleichermaßen von Kavalieren wie Damen getragen. Sie waren beliebte Ehrengeschenke, so wurde dem jungen Mozart zu wiederholtem Male statt einer Bezahlung für das Klavierspiel eine Uhr samt Chatelaine überreicht. Nach der Mitte des 18. Jahrhunderts trug man gern symmetrisch zwei dieser aufwendigen Schmuckstücke. Der Begriff Chatelaine leitet sich von der mittelalterlichen Schloßkastellanin ab, an deren Gürtel der Schlüsselbund der Burg hing. C.-L.F.

Carl Theodor und Elisabeth Auguste 1979, Nr. 350.

Heidelberg, Privatbesitz

2.7.36
Tabatière mit dem Porträt des Kurfürsten Carl Theodor

Frankenthal, um 1770
Porzellan, farbig bemalt, L. 7,5 cm, B. 5,7 cm, H. 3,5 cm
Vergoldete Kupfermontierung

Auf den Breitseiten der Dose zwei Putten – vorn mit den Initialen „CT" des Kurfürsten jonglierend, auf der Rückseite den Kurhut in Händen haltend; je ein Putto auf Terrainstreifen auf den Schmalseiten. Auf dem Deckel eine Allegorie der Justitia mit verbundenen Augen, das Schwert in der Rechten, ein Putto mit der Waage in ihrem Rücken; auf dem Boden eine vor einem Postament lagernde weibliche Gestalt mit einem Spiegel in der Linken, ein Putto zu ihrer Rechten sitzend, als

Kat. Nr. 2.7.37

Kat. Nr. 2.7.38

Allegorie der Prudentia. Im Deckelinnern ein Hüftbild Carl Theodors im Harnisch mit blauem Futtervorstoß und purpurnem Hermelinumhang, in der Rechten den Feldherrnstab. Über der linken Brust trägt der Kurfürst das rote Band des Hubertusordens, am Hals den Pfälzischen Löwenorden am weiß-blauen Band, den Carl Theodor 1767 anläßlich seines fünfundzwanzigjährigen Regierungsjubiläums stiftete.
Die von Emil Heuser erstmals veröffentlichte Tabatière befand sich 1922 in der Sammlung von Dr. Dosquet in Berlin (vgl. Heuser 1922, S. 132, Abb. 143). B.B.-M.

München, Bayerische Verwaltung der staatlichen Schlösser, Gärten und Seen, Schloß Nymphenburg (Sammlung Bäuml, E 41)

2.7.37
Tabatière mit dem Profilbildnis des Kurfürsten Carl Theodor und einer Ansicht von Schloss Lustheim

Nymphenburg, um 1790
Porzellan, rotviolett, hellbraun und gold bemalt, profilierte Kupfermontierung, L. 7,2 cm, B. 6 cm, H. 3,3 cm

Eingepreßter Rautenschild im Boden innen

Auf allen Seiten der Wandung und auf dem Boden der Dose baumbestandene Landschaftsinseln. Auf dem Deckel ein goldener Lorbeerkranz mit dem Porträt des Kurfürsten, gehalten von einem Putto und einem Fanfare blasenden Genius. Im Deckelinnern das Mittelstück einer Ansicht von Schloß Lustheim im Park von Schloß Schleißheim bei München von 1722; als Vorlage diente ein Stich nach Mathäus Disel von Johann August Corvinius (vgl. Kurfürst Max Emanuel von Bayern. Bayern und Europa um 1700. Ausstellungskatalog. München 1976. Bd. 1.1, Abb. 33).
Das Porträt von Carl Theodor auf dem Deckel hat ein Biskuitmedaillon von Johann Peter Melchior zur Vorlage (vgl. Kat.Nr. 5.4.14). Zu „Tabatièren" vgl. Kat. Nr. 1.3.5. B.B.-M.

Beaucamp-Markowsky 1985, S. 345, Nr. 282.

Mannheim, Reiss-Museum (Sammlung Carl Baer, Vb 4)

2.7.38
Goldene Tabatière mit Perlmutt-Einlagen

Kurfürstlicher Hof-Juwelier Jacob Breton, Mannheim, um 1745-1750
Zweifarbiges Gold (gelb und rot) mit Perlmutteinlagen, H. 3,3 cm, Dm. 8 cm

Gravierte Inschrift auf dem inneren Dosenrand: Breton a mannheim

Die brillant gearbeitete Dose besteht aus einem goldenen Rahmengefüge mit Rocaillegitterwerk auf allen Außenflächen, eingelegt mit geschnittenem und graviertem Perlmutt. Die reichste Szenerie entfaltet sich auf dem Deckel mit einem galanten Paar vor einem Rundtempel mit einer seitlich gelagerten Quellnymphe. Die Bodenmitte akzentuiert ein asymmetrischer Blütenkorb. Die ziselierte und gravierte Goldarbeit wird ergänzt durch eine reich ornamentierte Perlmuttgravur. Dose und Deckel sind mit Goldblech gefüttert, das außen liegende (Pariser) Scharnier profiliert. Im Deckelinnern eine im 19. Jahrhundert eingravierte Widmung:
FROM/ Fredk Phillips Esqre/ TO/ SIR JOHN POTTER/ in remembrance of/ JOHN FAULKNER PHILLIPS./ his friend and companion/ on a tour to Egypt in 1852/ who died suddenly./ AT OLD TRAFFORD 9th DEC.R 1853.
Wäre die Herkunft dieser Tabatière nicht für Mannheim gesichert, so würde sie unzweifelhaft als Pariser Arbeit gelten. Pariser Goldschmiede schufen im 18. Jahrhundert die kostbarsten und repräsentativsten Golddosen, die – zumeist durch ausgewanderte französische Kunsthandwerker – im dritten Viertel des 18. Jahrhunderts auch in Berlin und Dresden zur Spezialität wurden. Mit der käfigartigen Goldmontierung „à cage" (frz. „cage"= „Käfig") wurden in Paris Plättchen aus unterschiedlichstem Material wie Halbedelstein, Schildpatt oder Perlmutt zu Dosen zusammengesetzt und innen mit Goldblech gefüttert.
Eindeutig nach Paris verweisen Stil und Technik der Dose – die Pariser Herkunft des Mannheimer Hof-Juweliers Jacob Breton darf gleichfalls als sicher gelten. In diesem Zusammenhang nicht ohne Belang ist der Nachweis zweier Golddosenspezialisten gleichen Na-

mens in Paris – Jacob Breton mag der gleichen Familie wie Thomas – Pièrre Breton (tätig 1739-1767) und Jean-François Breton (tätig 1757-1791) angehören (vgl. A. Kenneth Snowman. Eighteenth Century Gold Boxes of Europe. London 1966, S. 469). B. B.-M.

Sammelleidenschaft 1992, S. 76/7, Nr. 33.

Mannheim, Reiss-Museum (RMM 1974/5 LBW)

Kat. Nr. 2.7.39

Kat. Nr. 2.7.40

2.7.39
Faltfächer

Frankreich, um 1750/60
Perlmutt gesägt und graviert, Gold- und Silberfolie, Schwanenhaut, Papier, Gouache- und Goldmalerei, L. 27 cm

Den reich gestalteten Faltfächer zieren Allegorien der vier Jahreszeiten. Der Frühling wird symbolisiert durch die Darstellungen auf dem Fächerblatt, das auf der Vorderseite antik gewandetete Frauen mit Putti und Blumengirlanden und auf der Rückseite die von Zephir bekrönte Göttin Flora zeigt. Die Personifikationen von Sommer, Herbst und Winter erscheinen auf dem in Kartuschen gegliederten Fächergestell. P.H.

Mannheim, Reiss-Museum (RMM Ko 1999/5)

2.7.40
Faltfächer

Frankreich (?), um 1770/80
Elfenbein gesägt und graviert, Gold- und Silberfolie, Perlmutt, Papier mit Aquarell-, Grisaille und Goldmalerei, L. 27 cm

Der Fächer hat Hochzeitssujets zum Thema und gehört somit zu jenem Typus, der von der Braut als Andenken an die Hochzeit ihren Brautjungfern überreicht wurde. Auf dem zentralen Mittelfeld des Fächerblattes ist in einer Landschaft mit antiken Spolien die Göttin Flora zusammen mit dem lyraspielenden Apoll dargestellt. Die seitlich anschließenden Medaillons sind mit antikisierenden Porträtbüsten eines Mannes und einer Frau geschmückt. Auf der Rückseite befindet sich ein Medaillon mit den Initialen des Brautpaares.
Das reich verzierte Gestell zeigt Musikanten, von Ranken umwundene Säulchen, Vasen mit großen Blüten und Schmetterlinge. P.H.

Mannheim, Reiss-Museum (RMM Ko 1999/4)

2.7.41
Faltfächer

Mannheim, Franz Carl Klostermeyer (?), um 1775
Holz, roter Lack, Seide, Papier, Perlmutt, Federn, Stroh, Gräser, Applikationstechnik, Goldmalerei, L. 29 cm

Der Faltfächer gibt in Motivwahl und Technik die im 18. Jahrhundert beliebte Chinamode wieder. Auf dem Fächerblatt ist eine chinesische Familie beim Saketrinken dargestellt, ausgeführt in Applikationstechnik aus unterschiedlichen, zum Teil eingefärbten Materialien, nur die Gesichter und Hände sind gemalt. Die rot lackierten Holzstäbe des Gestells zeigen Chinesen in Goldmalerei. Da diese Malerei auf rotem Grund große Parallelen zu der Gestaltung des Sekretärs im Kabinett der Kurfürstin Elisabeth Auguste im Oggersheimer Schloß aufweist, wird vermutet, daß der Fächer und das Möbel in der gleichen Werkstatt entstanden sind. P.H.

Carl Theodor und Elisabeth Auguste 1979, Nr. 355, S. 68, 148.

Heidelberg, Kurpfälzisches Museum (GV 155)

Kat. Nr. 2.7.41

Kat. Nr. 2.7.42

Kat. Nr. 2.7.43

2.7.42
Faltfächer

Frankreich (?), um 1780
Elfenbein gesägt und graviert, Perlmutt, Papier, Gouache- und Goldfarben, L. 28 cm

Der Fächer ist untergliedert in ein zentrales Mittelfeld mit der Darstellung einer galanten Schäferszene und zwei kleinere, seitlich anschließende Rechteckfelder, in denen sich ein Vogel mit Blütenkorb und ein Hund mit Bienenkorb als Symbole für Treue und Liebe befinden. Die filigran durchbrochenen Stäbe zeigen in spiegelsymmetrischer Komposition Medaillons mit Porträts, Vasen, Vögeln und Schmetterlingen sowie Blütenranken und Rocaillen. P.H.

Mannheim, Reiss-Museum (RMM Ko 1998/113)

2.7.43
Faltfächer

2. Hälfte 18. Jahrhundert
Elfenbein gesägt, Silber- und Perlmuttauflage, Papier, Gouache- und Goldmalerei

Das von Blütenranken gerahmte Fächerblatt zeigt eine galante Szene in ländlicher Idylle. Im Zentrum sind eine Dame und ein Liebespaar dargestellt, seitlich schließen sich ein Gärtner und eine Anglerin an. I.Z./D.v.P.

Düsseldorf, Stadtmuseum (C 12/177)

2.7.44
Faltfächer

England oder Frankreich, um 1790
Holz gesägt, zweifarbiger Kupferstich auf Papier, L. 28,5 cm

Der einfache, vermutlich von Personen unterer Stände getragene und in Serienproduktion gefertigte Faltfächer hat ein undekoriertes Holzgestell. Das zweifarbig bedruckte, von einem Rankenfries gerahmte Blatt hat einen gepunkteten Fond und zeigt Rankenmotive, die seitlich mit Vögeln besetzt sind und in der Mitte eine Kartusche bilden, die einen Opferaltar mit einem Vogel umschließt. P.H.

Vergleichsbeispiel: Durian-Ress, Saskia / Heller-Winter, Elisabeth: Fächer. Kunst und Mode aus fünf Jahrhunderten. München 1987, Nr. 48.

Mannheim, Reiss-Museum (RMM Ko 1998/114)

Kat. Nr. 2.7.44

2.7.45
Ein Paar Barben

England (Devonshire), um 1720-1750
Klöppelspitze aus Leinen, L. 96 cm, B. 12,5 cm

Als Barben werden Bänder aus Spitze oder mit Weißstickerei bezeichnet, die seitlich von Hauben herabhängen. Diese Art des Kopfputzes wurde von Frauen in der ersten Hälfte des 18. Jahrhunderts getragen. Das vorgestellte Barbenpaar stammt aus dem englischen Spitzenzentrum Devonshire, wo durch den Einfluß eingewanderter flämischer Flüchtlinge Spitzen nach Brüsseler Vorbild produziert wurden. Es ist mit einem dichten Muster dekoriert, das, ausgehend von einem Palmettmotiv, wellig aufsteigende Bänder, Blatt- und Blütenranken zeigt. Den oberen Abschluß hat man nachträglich in parallele Falten gelegt, vermutlich um die kostbaren Spitzen, nachdem Barben aus der Mode gekommen waren, als Halsbinde weiterverwenden zu können. P.H.

St. Gallen, Textilmuseum (2557 a+b)

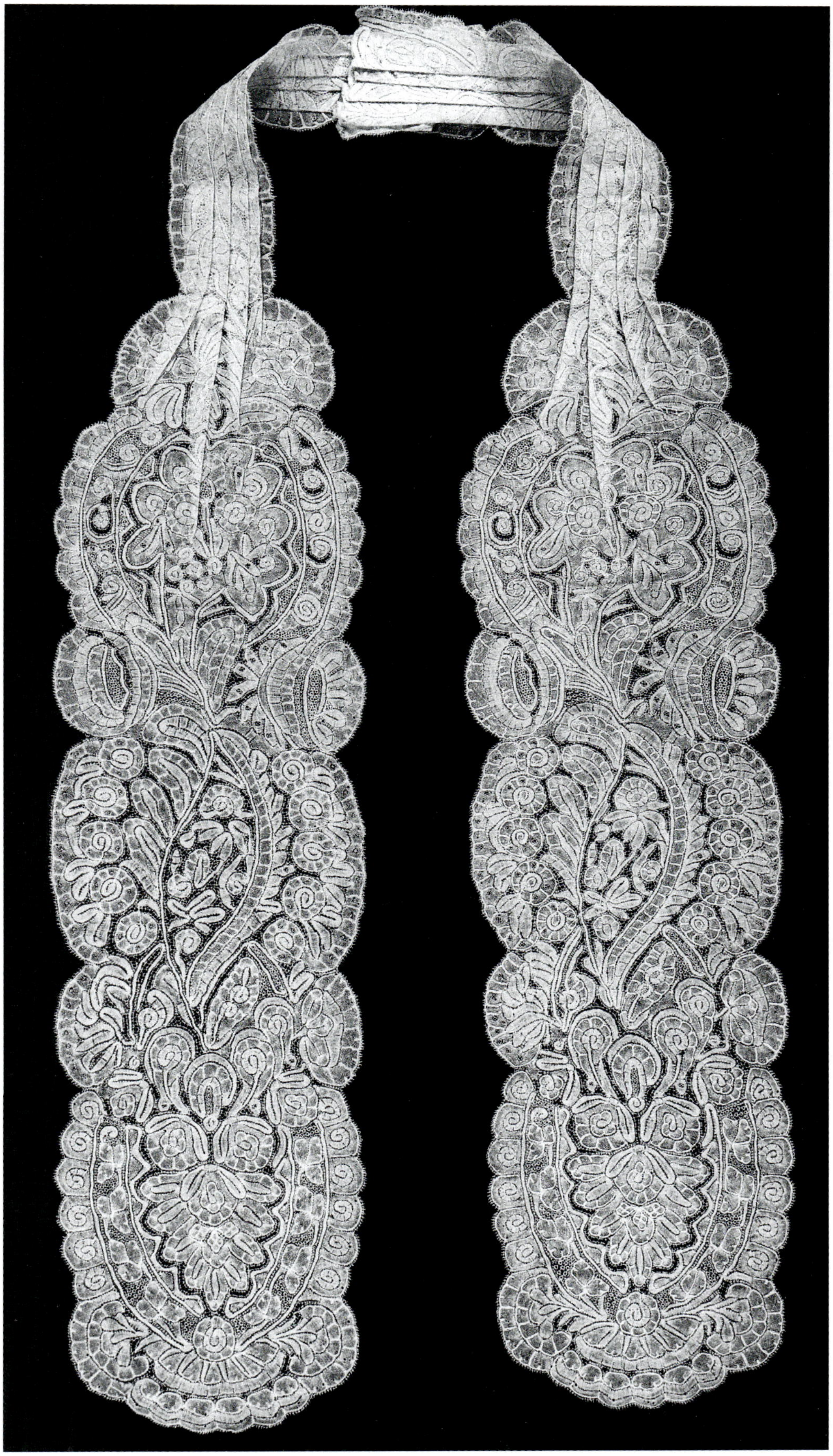

Kat. Nr. 2.7.45

2.7.46
Spitzenvolant

Belgien (Brüssel), um 1720-1750
Klöppelspitze aus Leinen, L. 208 cm, B. 10 cm

Im 18. Jahrhundert waren die flandrischen Niederlande führend in der Klöppelkunst. Mecheln und Brüssel zählten zu den führenden Zentren, deren Erzeugnisse wegen ihrer technischen und künstlerischen Qualität an allen europäischen Fürstenhöfen große Wertschätzung genossen.

Ein Beispiel für die anspruchvolle Brüsseler Klöppelspitzenproduktion ist dieser relativ lange Spitzenvolant, auf dem ein in Wellen fortlaufendes Rocaillenband mit Bäumen und Blüten dargestellt ist. Einen besonderen, plastischen Charakter erhält das Muster des Volants vor allem durch die Vielfalt der Klöppeltechniken. P.H.

St. Gallen, Textilmuseum (2559 a + b)

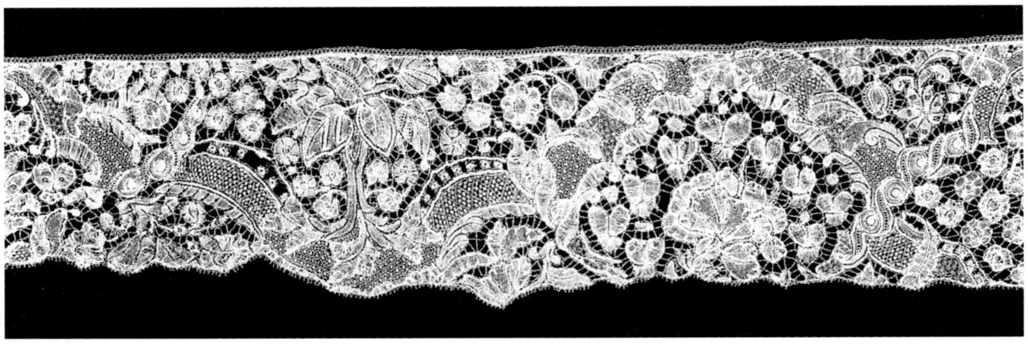

Kat. Nr. 2.7.46

2.7.47
Spitzenvolant

Belgien (Brüssel), um 1720-1750
Klöppelspitze aus Leinen, L. 150 cm, B. 13,5 cm

Die in Form gearbeitete und in variantenreicher Klöppeltechnik ausgeführte Brüsseler Spitze diente vermutlich als breiter Volant eines repräsentativen Damenkleides. Sie zeigt ein fortlaufendes Muster aus großflächigen, dicht aneinandergereihten Blüten- und Blattmotiven. An der Längskante ist ein schmaler Streifen mit geschwungenen Blütenranken und Gitterwerk angearbeitet. P.H.

St. Gallen, Textilmuseum (719)

Kat. Nr. 2.7.47

2.7.48
Spitzenbesatz

Frankreich (Argentan), 1740-1760
Nadelspitze aus Leinen, L. 124 cm, B. 9,5 cm

Das führende Land in der Nadelspitzenherstellung war im 18. Jahrhundert Frankreich, wo besonders Argentan und Alençon eine Rolle spielten.
Die schmale, abgepaßte Nadelspitze ist mit einer wellig geschwungenen Girlande gemustert, die abwechselnd von zierlichen Blütenranken, Rocaillen und Füllhörnern begleitet wird. Die Spitze kann sowohl als Besatz eines Damenkleides als auch als Jabot, der angenähten Spitzenrüsche am Halsausschnitt eines Herrenhemdes, verwendet worden sein. P.H.

Gächter-Weber, Marianne: Spitzen umschreiben Gesichter. Textilmuseum St. Gallen. St. Gallen 1997, Nr. 117.

St. Gallen, Textilmuseum (40.162)

Kat. Nr. 2.7.48

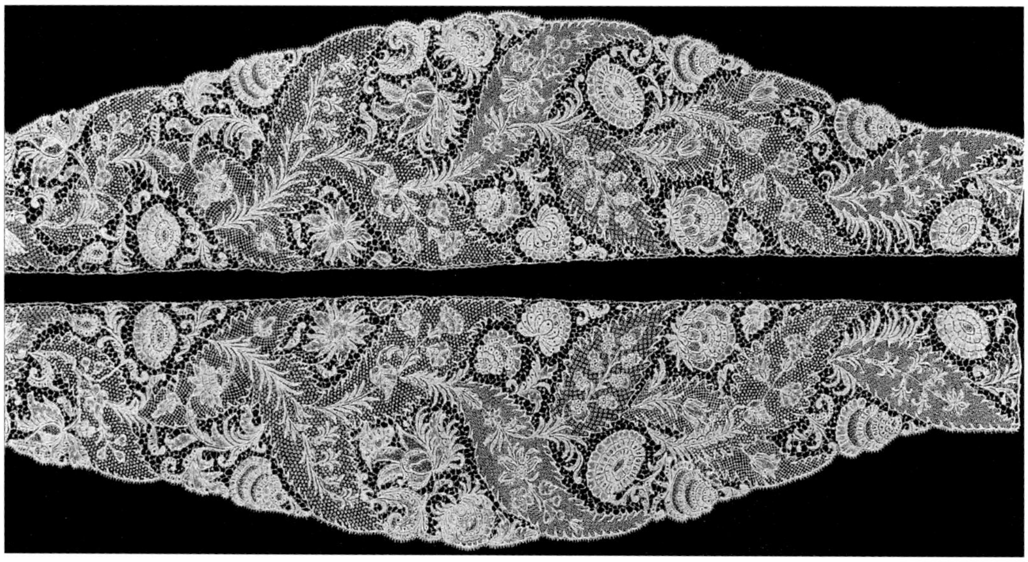

Kat. Nr. 2.7.49

2.7.49
Engageantes

Belgien (Brüssel ?), um 1720-1750
Klöppelspitze aus Leinen, L. 96 cm, B. 12,5 cm (max.)

Ein unerläßliches Beiwerk der Damen- und Herrenkleidung im 18. Jahrhundert waren aus Spitze oder Baumwollbatist gearbeitete Manschetten, die an den unteren Abschluß der Kleid- bzw. Frackärmel angenäht wurden. Diese sogenannten Engageantes waren in Form gearbeitet und nahmen vom Innen- bis zum Außenarm kontinuierlich an Breite zu.
Die aufwendig gestalteten Engageantes sind mit einem zickzackförmig sich ausbreitenden Blattfries mit einbeschriebenen und seitlich flankierenden Blütenzweigen gemustert. Die dargestellten Blüten lassen sich zum Teil botanisch bestimmen. Eindeutig zu identifizieren sind Päonien, Tulpen und Eichelfrüchte.

P.H.

St. Gallen, Textilmuseum (2538 a+b)

2.7.50
Engageantes und zugehörige Quille

Belgien (Brüssel), um 1770/75
Klöppelspitze aus Leinen Engageantes: L. 72 cm, Quille: L. 468 cm

Die als Ensemble gearbeiteten Engageantes und das lange, sich von der Mitte zu den Seiten verbreiternde Spitzenband (Quille) haben einen gebogten Rand und sind mit einem Motiv aus diagonal verlaufenden Blatt- und Blütenranken, Streuzweigen und Rosetten gemustert. Diese Art Klöppelspitzen waren speziell zum Schmuck von Damenroben bestimmt. Während die Engageantes den Abschluß der bis zu den Ellenbogen reichenden Ärmel zierten, verlief die Quille als umlaufender Besatz an den Kanten des Manteaus. P.H.

Mannheim, Reiss-Museum (RMM Ko 1998/62.1-3)

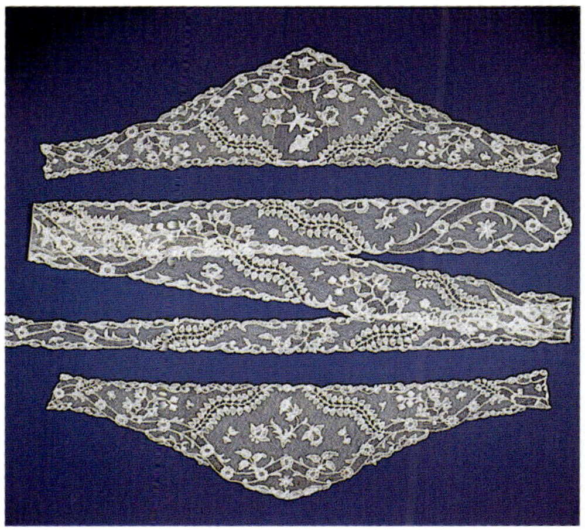

Kat. Nr. 2.7.50

2.7.51
Engageantes

Frankreich, um 1760-70
Baumwollgewebe mit Weißstickerei, L. (max.) 29 cm

Die knapp über den Ellbogen endenden Ärmel der Robe à la française waren mit angesetzten, oval zugeschnittenen Volants besetzt. Darunter wurden die Engageantes, in zwei oder drei Lagen gefaßte und wie die Ärmelvolants gerüschte Manschetten, befestigt. Als besonders kostbarer Ausputz der Kleider konnten dazu Klöppel- oder Nähspitzen verwendet werden. Einfachere Engageantes wurden aus – mehr oder weniger durchscheinend gewebtem – Baumwoll- oder Leinengewebe genäht und mit Weißstickerei verziert. In ihren Dessins werden bevorzugt zierliche Netz- oder Gittermuster, Rocaillen und Blütenranken variiert. B.B.

München, Bayerisches Nationalmuseum (Sammlung Williams, Nr. 3074)

2.7.52
Fichu

Frankreich, um 1790
Baumwollgewebe, Weißstickerei, 107 x 206 cm

Im ausgehenden 18. Jahrhundert bildete das Schultertuch einen wichtigen Bestandteil der Frauenkleidung. Mit dem zu einem Dreieck gefalteten, sogenannten Fichu wurde dezent das tiefe Dekolleté des Kleides verdeckt. Es konnte locker in den Ausschnitt gesteckt, vorn offen über der Brust herunterfallen oder über der Brust gekreuzt und im Rücken gebunden werden.
Letzteres trifft wegen der Größe wohl für das hier vorgestellte Beispiel zu, das an den Kanten in anspruchsvoller Weißstickerei einen schmalen äußeren Zickzack-Blütenfries und große, granatapfelähnliche Blütenzweige zeigt. P.H.

Mannheim, Reiss-Museum (RMM Ko 1998/59)

Kat. Nr. 2.7.52

Kat. Nr. 2.7.53

Kat. Nr. 2.7.51

Kat. Nr. 2.7.54

2.7.53
Schürze

Um 1780/90

Baumwollgewebe, Weißstickerei, L. 90 cm, B. 166 cm

In der zweiten Hälfte des 18. Jahrhunderts gehörten Schürzen nicht nur zur Ausstattung von Bediensteten. In reicher Ausführung wurden sie als wichtiges Accessoire auch von adeligen Damen und reichen Bürgersfrauen zur Robe à la Polonaise (vgl. Kat.Nr. 2.7.8) getragen.
Die Schürze besteht aus weißem Baumwollbatist und ist mit aufwendiger Weißstickerei gemustert. Am Saum verläuft eine zierliche Wellenranke und eine breite Bordüre mit Blütenzweigen. Oberhalb der Bordüre ist die Schürze mit kleinen Streublüten verziert.
P.H.

Mannheim, Reiss-Museum (RMM Ko 1998/52)

2.7.54
Drei Damenhauben

Aus der Schlafhaube entwickelte sich in der zweiten Hälfte des 18. Jahrhunderts das elegante Morgenhäubchen, das in privater Sphäre zum Negligé getragen wurde. Mit seinem runden Kopf umschloß es das Haar, mit einem Zugband, zur Schleife gebunden, wurde es unter dem Kinn gehalten.

a Damenhaube

Deutsch (?), um 1780/90

Baumwollgewebe, Weißstickerei, Scheitelnaht 30 cm

Die eng am Kopf anliegende Damenhaube aus Baumwollbatist ist im Bereich des Haubenbodens mit Weißstickerei verziert, die ein Muster aus zum Teil plastisch aufgefaßten Blüten und Blattmotiven zeigt. Die bestickte und gekräuselte Tüllborte am Stirnrand wird von einer Drahtspirale in Form gehalten. Reich bestickt ist auch der Einsatz über der Stirn. Die Haube ist über den Ohren mit ausgestülpter Fältelung versehen. Ein gefältelter Spitzenstoß schmückt den Haubensaum im Nacken. D.v.P.

Düsseldorf, Stadtmuseum (MA 3-174)

b Damenhaube mit Barben

Deutsch (?), um 1780/90

Baumwollgewebe, Weißstickerei, Scheitelnaht 30 cm

Die Damenhaube ist in Weißstickerei mit Flach- und Schnurstich, Durchbruch sowie in der gesamten Fläche mit Tupfen bestickt. Ein umlaufendes Zugband rüscht die Haube über der Stirn und im Nacken. Die Rüsche wie die Barbe sind umlaufend mit einer gestickten Rosettenblüte eingefaßt. Den Haubenboden schmückt eine große Blüte mit reichen Innenmustern. D.v.P.

Düsseldorf, Stadtmuseum (MA 3-456)

c Damenhaube

Deutsch (?), um 1780/90

Baumwollgewebe, Weißstickerei, Scheitelnaht 28 cm

Die kleine, eng am Kopf anliegende Haube ist entlang der Stirn und am Haubenboden mit einzelnen Blüten in Weißstickerei dekoriert und mit einer Spitzenrüsche eingefaßt. D.v.P.

Düsseldorf, Stadtmuseum (MA 3-174, 456, 457)

Kat. Nr. 2.7.55

2.7.55
Hausmantel (Banyan)

Wohl Frankreich, 2. Drittel 18. Jahrhundert
Seidengewebe, L. 132 cm

Hausmäntel im Stil eines Banyan, einem aus Indien stammenden Manteltyp, waren im 18. Jahrhundert in Europa als Negligé-Kleidung in Mode. Dieser Hausmantel ist bis in Taillenhöhe eng geschnitten und von hier aus durch eingesetzte Zwickel bis zum Saum hin weit ausgestellt. Er hat lange Ärmel mit engen, hohen Aufschlägen, einen kleinen Stehkragen, seitliche Taschenschlitze und eine doppelte Knopfreihe.
Das elegante Seidengewebe zeigt auf nougatbraunem Grund ein farblich auf Goldgelb und Olivgrün beschränktes Muster aus vertikalen Spitzenbändern, zwischen denen abwechselnd füllige Wellenranken und einzelne, versetzt angeordnete Blütenzweige aufsteigen. P.H.

Mannheim, Reiss-Museum (RMM Ko 1998/39)

2.7.56
Hausmantel

Aus dem Besitz des Herzogs Ferdinand von Este (1754-1806), Ende 18. Jahrhundert
Seide, wattiert und gesteppt, L. (max.) 126 cm

Hausmäntel, auch Banyans genannt, galten nicht als Négligé im heutigen Sinne, sondern waren Bestandteil einer Kleidung, in der man durchaus Besuche empfangen oder einem Maler zum Porträt sitzen konnte. Das Bildnis Carl Theodors von Johann Georg Ziesenis zeigt den Kurfürsten, als Liebhaber der Künste und der Wissenschaften von Musikinstrumenten und Büchern umgeben, in einem solchen Gewand (Bd. 1.1, S. 117, Abb. 5).
Der weitgeschnittene Hausmantel des Herzogs von Este darf als Beispiel eines bequemen, doch auch repräsentativen Gewandes dieses Typs gelten; er ist aus dunkelblauer Seide mit schwarzem Streifenmuster gearbeitet, wattiert und mit leuchtendgelber Taftseide gefüttert. B.B.

München, Bayerisches Nationalmuseum (21/176)

Kat. Nr. 2.7.56

2.7.57
Hauskappe

Deutsch (?), 1. Hälfte 18. Jahrhundert
Baumwoll- und Leinengewebe, Weißstickerei, H. 23 cm, Umfang 58 cm

Die aus weißem Baumwollstoff gearbeitete und mit Leinen gefütterte Herrenhausmütze ist aus vier Teilen kegelförmig zusammengesetzt und mit Blumen und Blattranken in variantenreicher Weißstickerei verziert. Ein sich wiederholendes Rosenblütenmotiv mit kleinen Blättchen belebt die Fläche der vier Kappenteile. Der breite Aufschlag wird umlaufend von dem Motiv der Mohnblüte, ihrer Kapsel und ihrem langen gezahnten Blattwerk überzogen, was eindeutig auf die Funktion der Kappe als Nacht- oder Schlafmütze anspielt. Den Rand des Aufschlags säumt eine zarte Fransenborte, die Kappenspitze ziert eine Quaste.

D.v.P.

Düsseldorf, Stadtmuseum (MJ 7-446)

2.7.58
Hauskappe

Wohl Deutschland, Mitte 18. Jahrhundert
Seidengewebe, Seiden- und Metallstickerei, Metallquaste, H. 17 cm, B. 30 cm

Zur Negligé-Kleidung für Herren zählten neben dem Hausmantel und den Pantoffeln auch Kappen oder Mützen, die anstatt der unbequemen Perücke getragen wurden. Die Hauskappe aus blauem Seidengewebe hat einen geschwungenen, mit einer schmalen Metallborte eingefaßten Aufschlag. Der aus vier dreieckigen Einzelteilen zusammengefügte Kopf und der Aufschlag sind mit einer etwas schwerfällig wirkenden Metall- und Seidenstickerei verziert, die Blüten, Blattmotive und Früchte zeigt. Die stumpfe Kappenspitze ist mit einer Quaste aus Silberfäden verziert.

P.H.

Bad Homburg, Museum im Gotischen Haus (1991/133)

Kat. Nr. 2.7.57

Kat. Nr. 2.7.58

2.7.59
Casaquin und Jupe

Casaquin: wohl Frankreich, um 1770, Jupe: um 1770/90
Casaquin: Seidengewebe, .. 63 cm, Jupe: Seidengewebe, gesteppt, L. 88 cm

Das zweiteilige Ensemble besteht aus einer goldgelben Seidenjupe (Rock) mit gestepptem Rautenmuster und einem Casaquin (Schoßjacke) aus einem gelben Seidengewebe mit dezenten farbigen Streifen. Die hüftlange, vorn offene Schoßjacke hat dreiviertellange Ärmel, ein tiefes, rechteckiges Dekolleté und sogenannte Watteaufalten, die im Rücken frei herabfallen. Ärmel, Saum und Kanten sind mit Seidenrüschen dekoriert.
In entsprechender Negligé-Kleidung sind Gräfin Josepha Heydeck, die Mätresse Carl Theodors, und ihre Amme auf einem um 1785 entstandenen Gemälde von Heinrich Brandt dargestellt (Kat.Nr. 1.6.6). Wesentlich aufwendiger erscheint dagegen die Negligé-Kleidung der Kurfürstin Elisabeth Auguste auf einem Gemälde von Johann Georg Ziesenis (vgl. Bd. 1.1, S. 117, Abb.6). P.H.

Mannheim, Reiss-Museum (RMM Ko 1998/ 27 und 1998/31)

Kat. Nr. 2.7.59

2.7.60
Caraco

Frankreich, um 1750/60
Silbergewebe broschiert, Fischbeinstäbe, Goldknöpfe, L. 43 cm

Für den eng auf Taille gearbeiteten und durch Fischbeinstäbe versteiften Caraco (Damen-Schoßjacke) wurde ein Silbergewebe verarbeitet. Dessen Muster beschreibt diagonal in Wellen aufsteigende, zarte Goldranken, die von zierlichen, sich durch kräftige Farben vom silbernen Grund abhebenden Blütenzweigen begleitet werden. Die Damenjacke wurde vorn ursprünglich durch einen mit Haken und Ösen befestigten, dreieckigen Bruststecker geschlossen. Sie hat dreiviertellange Ärmel mit weiten Aufschlägen, ein rechteckiges Dekolleté und einen kurzen, seitlich stark in Falten gelegten Schoß, der mit Taschenpatten besetzt und mit Goldknöpfen verziert ist.
Der Caraco konnte entweder zu einem einfarbigen Seidenrock oder als repräsentative Negligé-Kleidung zu einem Rock aus dem gleichen Material getragen werden. Vergleichbare Gold- und Silberstoffe wurden am kurpfälzischen Hof auch für festliche Hofroben verarbeitet, wie eine Vielzahl von Porträts erkennen läßt, so z.B. das Bildnis eines kurpfälzischen Kammerherrn von Johann Wilhelm Hoffnaas (Kat.Nr. 2.1.5) oder das 1744 entstandene Gemälde von Besoldt mit Elisabeth Auguste (Kat.Nr. 1.1.2). P.H.

Mannheim, Reiss-Museum (RMM Ko 1998/26)

2.7.61
Casaquin

Deutsch (?), um 1770/80
Seidengewebe lanciert, L. 56 cm

Die lose fallende Damen-Schoßjacke ist aus einem écrufarbenem Seidengewebe mit einem Streifenmuster gearbeitet, wie es ab etwa 1765 für mehrere Jahrzehnte in Mode war. In der Musterung wechseln schmale und breite Vertikalstreifen in Taubenblau als gewellte Bänder mit Streifendekor, dazwischen Streublumen und Blütenranken in Weiß-blau. Der Schnitt ist der des Casaquin mit der weiten sogenannten Watteaufalte im Rücken und mit einem langen Schoß. Das Dekolleté ist halbrund, die beiden übereinandergreifenden vorderen Jackenteile waren mit Haken zu schließen. Die halblangen Ärmel enden über dem Ellenbogen in einem breiten, spitz auslaufenden Volant.
Auf der Innenseite ist über dem azurblauen Leinenfutter, in den gleichen Nähten eingenäht, ein Mieder aus

Kat. Nr. 2.7.60

Kat. Nr. 2.7.61

Kat. Nr. 2.7.62

grauem, feineren Leinenstoff eingesetzt, das rundum mit Fischbeinstäbchen verstärkt und in der Rückenmitte sowie über der Brust bis zur Ausschnittkante mit Bändern zu schnüren war. D.v.P.

Düsseldorf, Stadtmuseum (MJ 4-451)

2.7.62
Caraco

Wohl Frankreich, um 1780/85
Seidengewebe, Leinenbänder, L. 67,5 cm

Der hüftlange, eng taillierte Caraco (Damen-Schoßjacke) wurde aus einem lachsfarbenen Seidengewebe gefertigt, das mit schmalen, farbigen Längsstreifen gemustert ist. Die vorn durch Leinenbänder geschlossene Jacke hat ein rundes Dekolleté und enge, lange Ärmel mit Seidenrüschen. Der im Rücken faltenreich geschnittene Schoß entspricht der zwischen 1770 und 1790 herrschenden Mode à l´anglaise. P.H.

Vergleichsbeispiel: Nienholt, Eva: Kostüme des 18. und 19. Jahrhunderts. Braunschweig 1963, Tafel 8.

Mannheim, Reiss-Museum (RMM Ko 1998/25)

2.7.63
Damenpantoffeln

Wohl Frankreich, um 1770/75
Goldgewebe broschiert, Leder, Seidenrüschen, L. 22 cm, B. 6,5 cm, Absatzhöhe 5,5 cm

Die Damenpantoffeln mit kurzem, geschweiftem Absatz aus weißem Leder haben eine mäßig spitze Kappe aus einem Goldstoff, dessen Muster ein Rautennetz aus farbigen Blütenranken bildet. Die geschwungene Abschlußkante der Kappe ist mit gelben und cremefarbenen Seidenrüschen verziert. Die Laufsohle besteht aus braunem, die Innensohle aus weißem Leder. Im 18. Jahrhundert galt ein kleiner, zierlicher Fuß als ein wichtiges Merkmal weiblicher Schönheit. Er kam besonders gut in grazilen Pantoffeln zur Geltung, die nicht nur zur Negligé-Kleidung, sondern auch außerhalb des Hauses getragen wurden. P.H.

Mannheim, Reiss-Museum (RMM Ko 1998/68.1,2)

Kat. Nr. 2.7.63

2.7.64
Pelisse

Elsaß, um 1780/90
Baumwollgewebe bedruckt und gechintzt, L. 114 cm, Saumweite 308 cm

Die Pelisse, ein weit geschnittener, etwa knielanger Umhang mit Kapuze, wurde in der zweiten Hälfte des 18. Jahrhunderts im Freien als Überkleidung getragen. Sie besteht aus einem bedruckten Baumwollstoff, der auf schwarzem Grund zierliche Ranken mit exotischen Blüten und Früchten zeigt. Kanten und Saum sind mit einer breiten, stark gefältelten Rüschenbordüre verziert. Die Pelisse hat eine extrem große Kapuze, die zum Schutz der um 1780/90 üblichen Hochfrisuren diente. P.H.

Vergleichsbeispiele: Braun-Ronsdorf, Margarete: Eine Pelisse des 18. Jahrhunderts. In: Kostüm- und Waffenkunde 12 (1970), Heft 1, S. 146-151; Revolution in Fashion. Ausstellungskatalog. Kyoto Costume Institute. New York 1990, Abb. S. 80; Von Glück, Gunst und Gönnern. Erwerbungen und Schenkungen 1992-1997. Ausstellungskatalog Bayerisches Nationalmuseum. München 1997, Kat.Nr. 50.

Mannheim, Reiss-Museum (RMM Ko 1998/12)

2.7.65
Kalesche

Wohl England, um 1780
Seidengewebe, Fischbeinstäbe, Seidenbänder, H. 35 cm

Die große Damenhaube aus dunkelbrauner Seide wird mit breiten Seidenbändern unter dem Kinn gebunden. Die Bezeichnung Kalesche erhielt diese Haubenform durch die eingearbeiteten Fischbeinversteifungen, durch die sie in der Art eines Wagenverdecks auf- und zusammenklappbar war. Wie die Pelisse (Kat.Nr. 2.7.64) diente die Kalesche als Wetterschutz für die um 1780/90 üblichen hohen Frisuren. P.H.

Vergleichsbeispiel: An Elegant Art. Fashion and Fantasy in the Eighteenth Century. Ausstellungskatalog. Los Angeles County Museum. New York 1983, Nr. 185.

Mannheim, Reiss-Museum (RMM Ko 1998/99)

Kat. Nr. 2.7.64

Kat. Nr. 2.7.65

Kat. Nr. 2.7.66

2.7.66
Damenbeutel

Um 1780/90

Seidengewebe, Seiden-, Chenille- und Bändchenstickerei, Seidenbänder, Seidenfransen, H. 22 cm, B. 25 cm

Der nahezu quadratische, mit Fransen eingefaßte Damenbeutel aus champagnerfarbenem Seidengewebe hat seitliche Zug- und Tragebänder. Die Stickerei auf der Vorder- und Rückseite zeigt, gerahmt von Blumengirlanden mit Stiefmütterchen, Rosen, Federn und Schleifen, ein Wiesenstück mit Baum und Blütenkorb sowie einen Altar, der mit Blütenranken und dem Monogramm „SH" verziert ist. P.H.

Vergleichsbeispiele: Durian-Ress, Saskia: Modisches aus alter Zeit. Accessoires aus vier Jahrhunderten. München 1979, Abb. 23, S. 26; An Elegant Art. Fashion and Fantasy in the Eighteenth Century. Ausstellungskatalog. Los Angeles County Museum. New York 1983, Nr. 195a.

Mannheim-Reiss-Museum (RMM Ko 1998/86)

Kat. Nr. 2.7.67

Kat. Nr. 2.7.68

2.7.67
Damenspazierstock

Um 1780
Holz, Bein, Messing, Seidenkordel, Seiden- und Goldquasten, L. 121 cm

Mit den von England ausgehenden Bestrebungen zu mehr Naturverbundenheit kam um 1770 in ganz Europa das Spazierengehen in Mode. Für Damen war hierfür der lange Spazierstock, der sogenannten Badine, als praktische Stütze beim Gehen auf den hohen Schuhabsätzen unerläßlich.
Der einfache Damenspazierstock mit Holzschaft, Beinknauf und Messingspitze ist mit einer Schlaufe verziert, die aus einer Seidenkordel mit zwei Quasten aus Seiden- und Goldfäden gebildet wird. P.H.

Mannheim, Reiss-Museum (RMM Ko 1998/111)

2.7.68
Muff

Frankreich, um 1790
Seidengewebe, Seiden- und Metallstickerei, Seidenbändchen, H. 15 cm, B. 35 cm

Der Muff war im 18. Jahrhundert ein wichtiges modisches Beiwerk für Damen und Herren. Er schützte in erster Linie die Hände vor Kälte. In Muffs für Damen waren meist kleine Taschen eingenäht, die die Mitnahme des sonst üblichen Beutelchens ersparte.
Aus silbergrauem Atlas gearbeitet, ist dieser Muff seitlich mit einem umlaufenden Dekor in mehrfarbigen Pastelltönen mit Blüten- und Blattranken aus Seidenbändchen bestickt. Diese werden in Abständen von zarten Schleifchen aus dunkel patinierten Metallpailletten gebündelt. Als zentrales Motiv schwingt ein reich mit Blüten besticktes Körbchen in zwei sich wellenförmig kreuzenden Bändern, deren Enden seitlich in einem zierlichen Quast auslaufen.
Der Muff ist mit Daunenfedern gefüllt und mit Seide gefüttert, der Banddurchzug endet in einer Satinschleife. D.v.P.

Düsseldorf, Stadtmuseum (MO 1-452)

2.7.69
Korsett

Frankreich, um 1755/65
Seidengewebe broschiert, Seidenstickerei, Seidenbänder, Fischbeinstäbe, L. 37 cm

Das vorn geschnürte Korsett besteht aus einem cremefarbenen Seidengewebe mit wellig aufsteigenden Blütenranken und Blütenzweigen und ist mit Fischbeinstäben versteift. Es hat ein tiefes Dekolleté, schmale Träger, seitliche Schößchen und eine abgerundete Schneppe. Ohne das Muster des Seidengewebes zu berücksichtigen, ist das Korsett mit aufsteigenden Wellenranken und vertikalen Streifen in roséfarbenem Seidengarn bestickt. Die Kanten sind mit Seidenbändern in der gleichen Farbe eingefaßt, die Nähte mit rosa Seidenkordeln betont und die Schnürlöcher mit rosa Seide umstickt. P.H.

Vergleichsbeispiel: Mode onder Mode. Ausstellungskatalog. Stedelijk Mode Museum. Hasselt 1997, Abb. S. 15.

Mannheim, Reiss-Museum (RMM Ko 1998/50)

Kat. Nr. 2.7.69

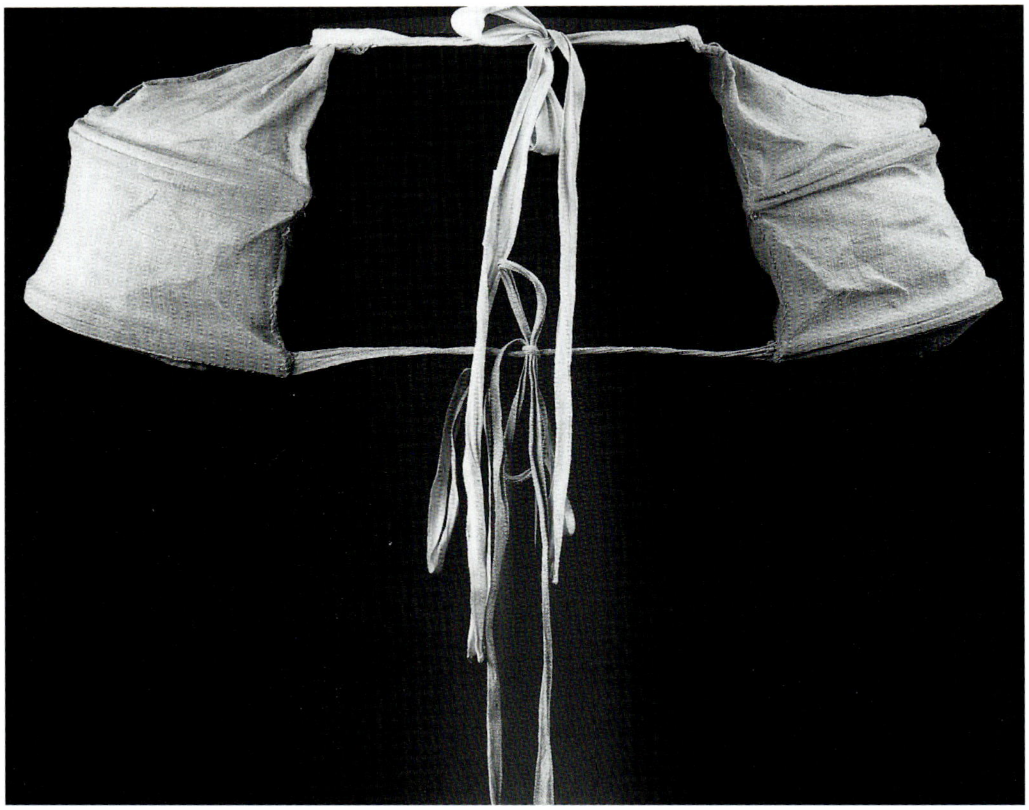

Kat. Nr. 2.7.70

2.7.70
Reifrock – Demi-Panier

Um 1770
Leinengewebe, Fischbeinstäbe, L. 21 cm

Der Reifrock in der Form des sog. Demi-Paniers besteht aus zwei halbrunden, durch Fischbeinstäbe versteiften Leinenkörben, die mit Leinenbändern um die Hüfte gebunden wurden. Um die Körbe des Reifrocks auch als Taschen benutzen zu können, befinden sich auf deren Oberseite Eingriffe, die durch Taschenschlitze in dem darüber getragenen Kleid erreichbar waren.
Der leichte und dezent ausladende Demi-Panier wurde seit der Mitte des 18. Jahrhunderts zum höfischen Negligé und zur bürgerlichen Kleidung getragen. Zur Ausstattung der gleichzeitigen Galarobe (Grande Parure) gehörte der sogenannte Panier à coudes, ein vorn und hinten abgeflachter und seitlich extrem weit ausladender Reifrock. P.H.

Junker, Almut/Stille, Eva: Zur Geschichte der Unterwäsche. Ausstellungskatalog. Historisches Museum Frankfurt. Frankfurt 1988, S. 46, Abb. 24.

Frankfurt a. M., Historisches Museum (Nr. K. 174)

2.7.71
Leinenhemd des Kurfürsten Carl Theodor

Mannheim, V.I.R. Kurz, 1792
Leinengewebe mit broschierter Inschrift und Monogramm C.T., L. (max.) 137 cm

Im Januar 1742 hatte sich Kurfürst Carl Theodor mit seiner Cousine, Prinzessin Elisabeth Auguste von Pfalz-Sulzbach, vermählt, eine politisch motivierte Heirat, die die Erbansprüche der Häuser Neuburg und Sulzbach auf Jülich-Berg sichern sollte. Anläßlich des fünfzigsten Jahrestages der Eheschließung wurde dem Kurfürsten das Leinenhemd überreicht, das neben dem Kurhut und den Initialen C.T. die Inschrift trägt:

FVr das grosse IVbeLLeben!
Ist das HoChzeItheMD geVVeben.
In dem frohen IVbeLIahr:
fVr das beste FVrstenpaar.
In Mannheim. V.I.R.Kurz

Das Chronogramm ergibt die Jahreszahl 1792 (alle Zahlzeichen sind einzeln zu lesen; die Signatur des Webers bleibt unberücksichtigt).
Das Hemd wurde ohne Naht in einem Stück gewebt. Dabei ist der untere Saum als Webkante ausgebildet, und der Körper des Hemdes ist rund gearbeitet. Für die Zwickel in den Achseln wie für die Ärmel wurde die Kette verlängert. Die Schulterpassen, die Ärmelbündchen

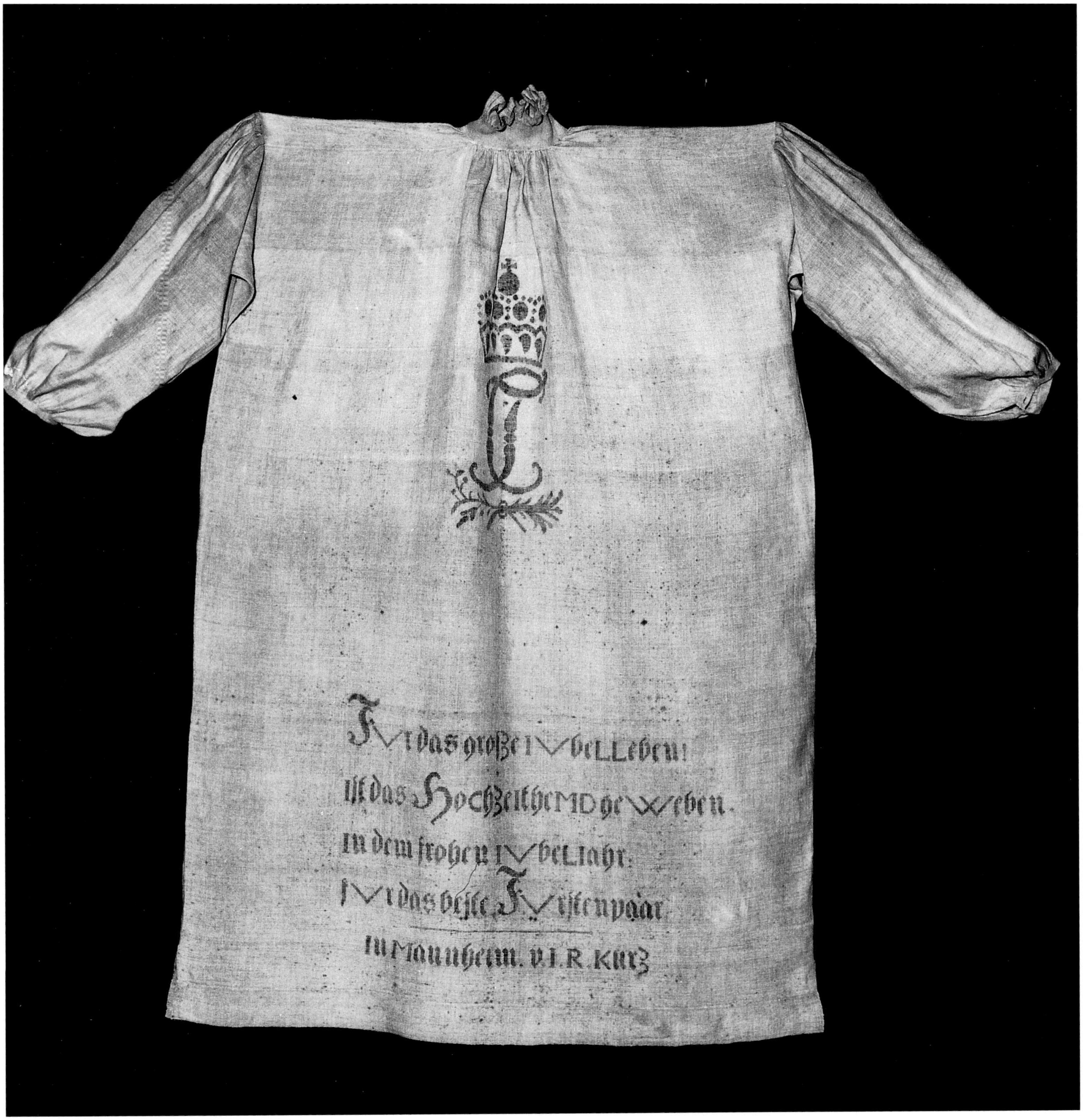
Fur das große Jubel Leben
ist das Hochzeithemd gewebn
in dem frohen Jubeljahr
fur das beste Fursten paar
in Mannheim. v. I. R. Kurz

Kat. Nr. 2.7.71

und der Stehkragen, dem zusätzlich eine Krause angearbeitet wurde, sind verstärkt – in Köperbindung über jeweils mehrere Kettfäden – gewebt. Knopflöcher wurden am Halsausschnitt wie an den Ärmeln ausgespart. Aus dem 17. und 18. Jahrhundert sind einige ohne Naht gearbeitete Hemden bekannt; gelegentlich wurden solche Leistungen besonderer Kunstfertigkeit einem Landesherrn von seinen Webern überreicht. Als Weberkunststück muß auch das Hemd Carl Theodors gelten. B.B.

Wittelsbacensia 1909, Nr. 1535; Carl Theodor und Elisabeth Auguste 1979, Nr. 75.

München, Bayerisches Nationalmuseum (T 4821)

2.7.72
Leinenculotte

Ende 18. Jahrhundert
Leinengewebe, L. 67,5 cm
Am Bund das eingestickte Monogramm TL

Die Leinenhose im Schnitt einer Culotte (Kniehose) hat einen sichtbar geknöpften Schlitz. Sie ist hinten am Bund in der Weite verstellbar und wird an den Knien durch Leinenbänder geschlossen.
Die Funktion der Leinenculotte läßt sich nicht eindeutig klären. Wahrscheinlich wurde sie als Unter- oder Schlafhose verwendet. P.H.

Stuttgart, Württembergisches Landesmuseum (1996-423)

2.7.73
Damenstrümpfe

Um 1730-50
Seide handgewirkt, Goldstickerei, L. 69 cm

Die langen, handgewirkten Damenstrümpfe bestehen aus lachsfarbener Seide und sind an den Zwickeln mit einem floralen, symmetrischen Ornament mit bekrönender Palmette in Goldstickerei verziert.
Farbige Strümpfe wurden sowohl von Damen als auch von Herren getragen. In ähnlichen dunkelbraunen Strümpfen mit reicher Goldstickerei ist Carl Theodor auf einem Gemälde von 1742 dargestellt (Kat.Nr. 1.2.4).
P.H.

Mannheim, Reiss-Museum (RMM Ko 1998/73.1,2)

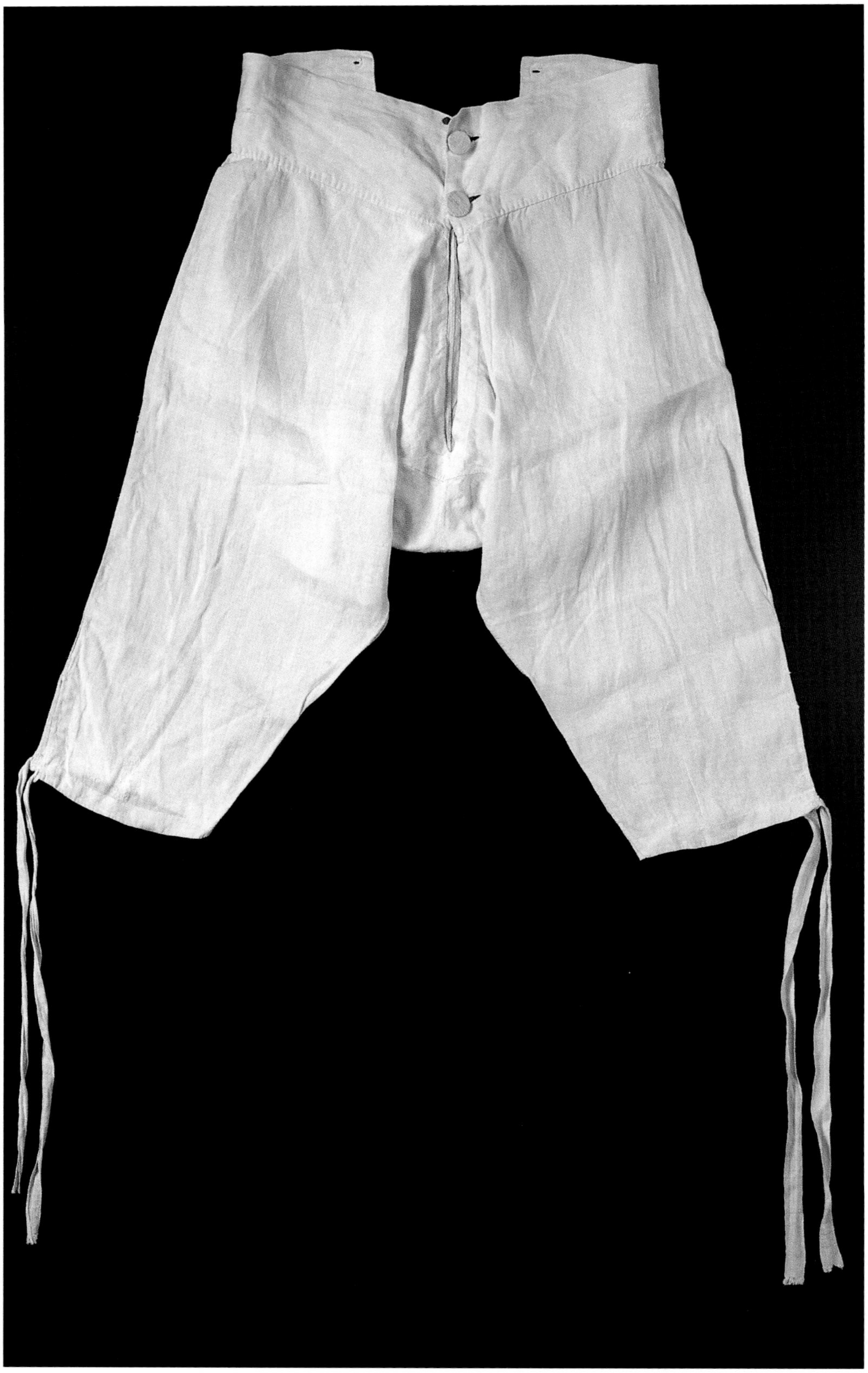

Kat. Nr. 2.7.72

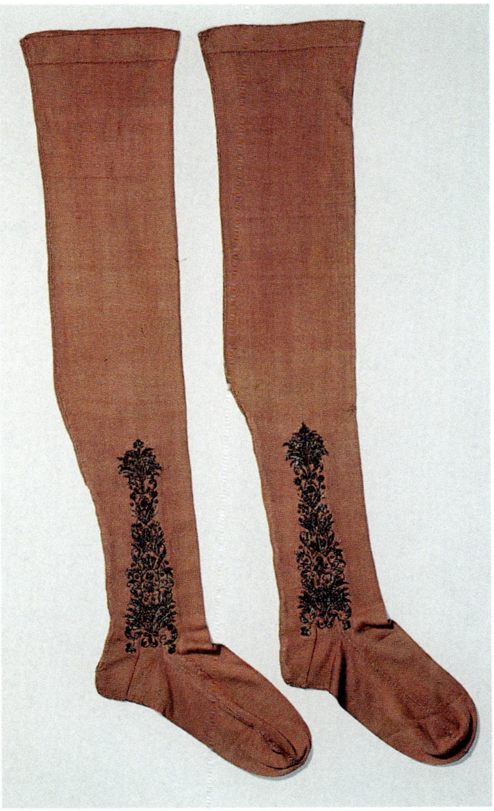

Kat. Nr. 2.7.73

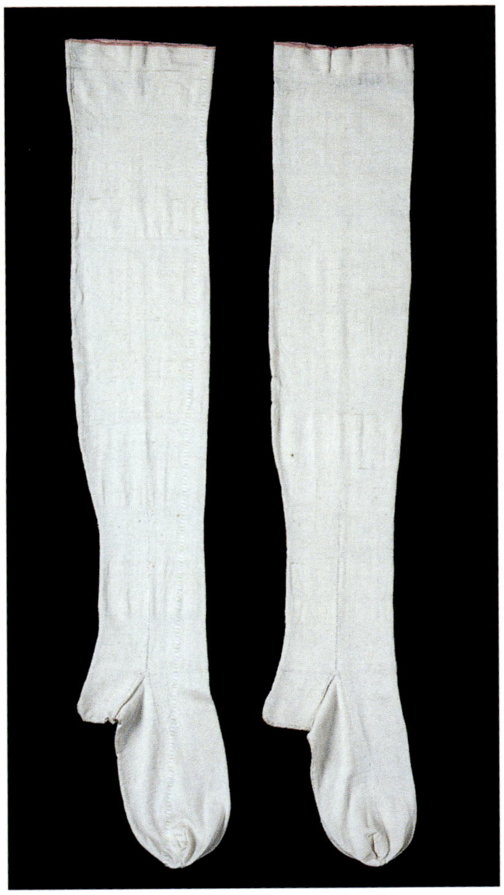

Kat. Nr. 2.7.74

2.7.74
Herrenstrümpfe

Ende 18. Jahrhundert
Seide maschinengewirkt, L. 82 cm

Eingewirkte Initialen „FG"

Während sich Damenstrümpfe in der zweiten Hälfte des 18. Jahrhunderts nach der jeweils aktuellen Modefarbe richteten (vgl. Kat.Nr. 2.7.73), trugen Herren vor allem weiße, cremefarbene oder graue Strümpfe. Bei Trauer waren schwarze Strümpfe vorgeschrieben.
Die Herrenstrümpfe sind aus cremefarbener Seide gewirkt und haben einen roten Rand. Die Zwickel sind durch lanzettförmige Streifen betont. P.H.

Stuttgart, Württembergisches Landesmuseum (1996-48a,b)

2.7.75
Strumpfbänder

Deutschland, um 1770
Seidengewebe wattiert und bedruckt. L. 140 cm, B. 5,8 cm

Die Strumpfbänder aus elfenbeinfarbener Seide sind durch die aufgedruckte Widmungsinschrift als Hochzeitsgeschenk ausgewiesen: „An die Demoiselle Moller, bey Ihrer Verbindung mit dem Herrn Hofrath Hüttel, Hamburg den 31. August 1770".
Strumpfbänder waren aufgrund ihres intimen Charakters beliebte Hochzeitsgaben, mit denen zahlreiche erotische Bräuche verknüpft waren. Der bekannte Brauch des sogenannten Strumpfbandlösens, bei dem die Trägerin in den Besitz desjenigen übergeht, der ihre Strumpfbänder löst, wird in dem amoureusen Gedicht auf diesen Strumpfbändern angesprochen: P.H.

Wir sind aus Amors Binde.
Dem zarten Götterkinde
Nahm jüngst der Musen eine
Sie spottend vom Gesicht.
Die Binde ward zerrissen.
Mit herben Thränengüssen
Bat der betrübte Kleine
Umsonst man hörte nicht.
Die Muse bringt uns heute,
Dir, artigste der Bräute,
O merk auf ihre Töne
Und wirf uns nicht zurück.
Cupidens Haupt kleiden
War Ruhm, war zu beneiden;
Doch hoffen wir, o Schöne
Auf ein vollkommnes Glück.

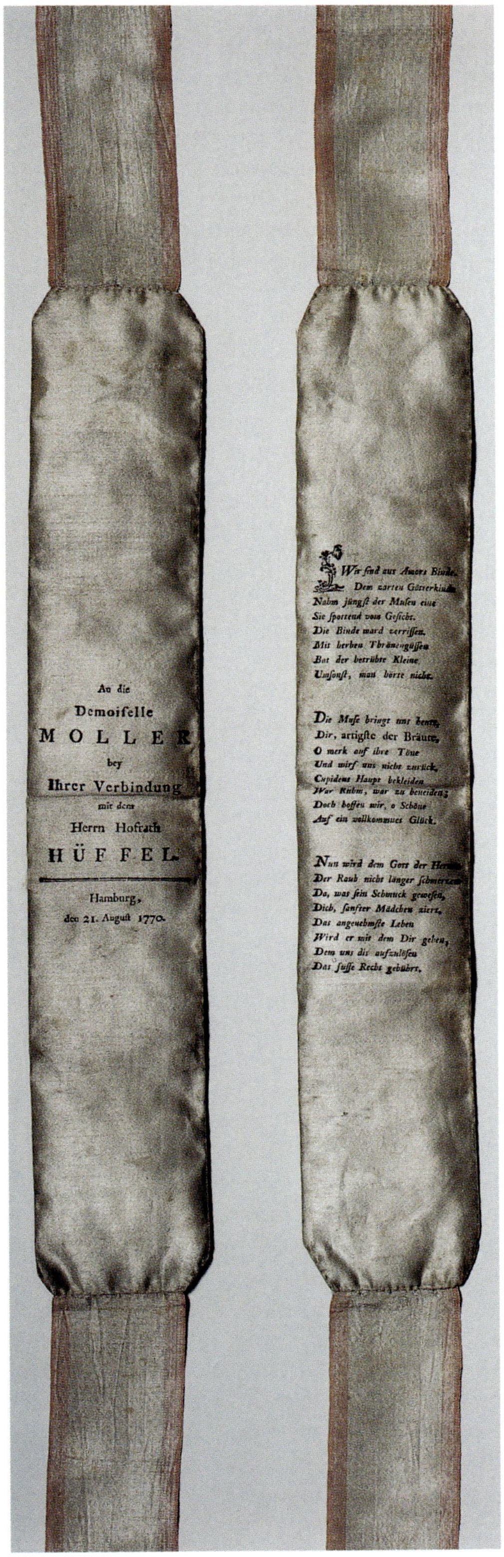

Kat. Nr. 2.7.75

Nun wird dem Gott der Herzen
Der Raub nicht länger Schmerzen
Da, was sein Schmuck gewesen,
Dich, sanfter Mädchen ziert.
Das angenehmste Leben
Wird er mit dem Dir geben,
Dem uns die aufzulösen
Das süsse Recht gebührt.

Sklavin oder Bürgerin. Französische Revolution und Neue Weiblichkeit 1760-1830. Ausstellungskatalog. Historisches Museum Frankfurt. Frankfurt 1989, Nr. 3.30, S. 545f.

Frankfurt a.M., Historisches Museum (X. 88.23)

2.7.76
„Der Perückenmacher auf der Leiter"

Frankenthal, um 1770
Modell von Carl Gottlieb Lück (Meißen, um 1730-1775 Frankenthal)
Porzellan, farbig bemalt, H. 24 cm, B. 20 cm

Unterglasurblaue CT-Marke mit „B" im Sockelboden

Die Gruppe ist eine satirische Schilderung der übertriebenen Frisurmoden um 1770. Eine Dame im Negligé und Frisierumhang sitzt vor einem Tischchen mit Spiegel, Toilette-Utensilien und Haarteilen. Hinter ihr auf einer hohen Trittleiter der Friseur, der das schon grau gepuderte Stirnhaar toupiert. Hinter dem Tischchen präsentiert ein à la mode frisierter Kavalier ein Medaillon; sein übertrieben aufgetürmtes Perückenhaar mit Schläfenlocken steckt in einem riesigen schwarzen Haarbeutel, der im Nacken von einer Schleife in absurden Ausmaßen gehalten wird.
Die seltene Gruppe hat ein Pendant, welche die Herrenfrisur karikiert – hierbei zieht der „Perückier" einen Haarbeutel mit Schleife von der Größe eines Kartoffelsacks an einem Flaschenzug in die Höhe, um ihn im Nacken des Kavaliers zu befestigen. Das Formenverzeichnis der Frankenthaler Manufaktur führt die Gruppe als „Der Perückenmacher auf der Leiter" mit 42 Formstücken. In der Preisliste „über alle Gattungen Porzellan-waren, welche bei kurpfälzischer Manufaktur in Frankenthal verfertiget werden", die am 2. Juni 1777 gedruckt in Mannheim erschien, werden beide Gruppen zu je sechzehn Gulden annonciert als „Der Perückier auf zweierlei Art". B. B.-M.

Meister, Peter Wilhelm: Porzellan des 18. Jahrhunderts. Sammlung Pauls, Riehen/Schweiz (zwei Bände). Frankfurt a. M. 1967. Bd. 1, S. 170 – 175.

Darmstadt, Wella-Museum (738)

Kat. Nr. 2.7.76

2.7.77
Herrenperücke

Ende 18. Jahrhundert
Tressen aus blondem Menschenhaar auf Filetnetz und Futter aus Seide. Frisur: Rollenlocken und Mozartzopf, der von schwarzer Seidenschleife gehalten wird, L. 24 cm; B. 21 cm

Gegen Ende des 17. Jahrhunderts wurde unter Ludwig XIV. die Allongeperücke für öffentliche Anlässe zum königlichen Standessymbol. Bald übernahmen sie auch hochgestellte Amtspersonen, z.B. Minister oder Richter, als Würdezeichen. Im Verlauf des 18. Jahrhunderts beteiligte sich das gehobene Bürgertum ebenfalls an dieser Mode. Es entstanden leichtere, kürzere Perücken mit verschiedenen Frisuren, u.a. auch das ausgestellte Exemplar. Nach der Französischen Revolution verlor die Herrenperücke mit der Rückbesinnung auf ein natürliches Leben ihre Bedeutung.
Eine Perücke entstand aus den Monturbändern, die als Umrandung entlang dem „Haaransatz" auf den Perückenkopf genagelt wurden. Darauf lag das Seidennetz, abgedeckt vom Futter. Das Haar wurde bei diesen frühen Perücken mit Hilfe von Tressen auf der Montur fixiert. Zunächst legte der Perückenmacher Haar unterschiedlicher Längen in Locken und fixierte diese. Davon nahm er je etwa fünf Haare der benötigten Länge und schlang sie auf einem Tressierrahmen so zwischen drei gespannte Fäden, daß die offenen Enden auf einer Seite herausschauten. Diese Tressen wurden dem Entwurf folgend auf die Montur genäht. E.J.-F.

Stolz, Susanna: Die Handwerke des Körpers - Bader, Barbier, Perückenmacher, Friseur - Folge und Ausdruck historischen Körperverständnisses. Marburg 1992.

Chur, Raetisches Museum (H 1996,469)

Kat. Nr. 2.7.77

Kat. Nr. 2.7.78

2.7.78
Flohfalle

18. Jahrhundert
Elfenbein, H. 5,3 cm, Dm. 3,4 cm

Perücken wurden nicht gewaschen, sondern immer nur ausgekämmt und neu mit Pomade und Puder in Form gebracht. Diese Art der Haarpflege schuf ideale Bedingungen für Ungeziefer, dem man mit Flohfallen zu Leibe zu rücken versuchte. Als Flohfallen dienten zierliche Elfenbeingehäuse mit kleinen Schlitzen und Öffnungen, die mit Honig oder blutgetränkter Watte gefüllt und in die Frisuren eingearbeitet wurden.
Die eichelförmige Flohfalle ist relativ aufwendig gearbeitet. Sie ist aufschraubbar und hat im Inneren einen Stift, um den ein mit dem Lockmittel versehener Stoffstreifen gewickelt werden konnte. P.H.

Mannheim, Reiss-Museum, Naturkundliche Sammlungen (Z 1041)

2.7.79
Allegorie des Geruchs

Frankenthal, Manufaktur des Joseph Adam Hannong (1759-1762), um 1760
Modell von Johann Friedrich Lück (Freiberg/Sachsen 1727-1797 Meißen)
Porzellan, farbig und mit Gold bemalt, H. 20,9 cm

Unterglasurblaue Marken: Steigender Löwe und IAH-Monogramm

Aus einem unregelmäßig geschweiften Rocaille-Sockel erwachsen ein Tischchen mit einem Blütenkorb und ein Sitz mit einer jungen Frau, die mit der Rechten eine Blüte zur Nase führt. Der Kavalier ihr gegenüber, den Dreispitz unter den Oberarm geklemmt, präsentiert in der Linken eine geöffnete Tabatière, der er mit eleganter Geste eine Prise Schnupftabak entnommen hat. Das Paar ist in modisches Zeitkostüm gekleidet.
Die Gruppe zählt zu einer Folge von Allegorien der fünf Sinne - Riechen und Schnupfen sind der Nase als Sinnesorgan zugeordnet.
Das Formenverzeichnis der Frankenthaler Manufaktur nennt „Die fünf Sinne, Gruppen: Das Gesicht (vgl. Kat.Nr. 2.7.82), Der Geschmack, Der Geruch, Das Gehör" (Nr. 95 – 98) und „Das Sehnen" (Nr. 148; vgl. Heuser 1899, S. 10). Die beiden Allegorien des Gefühls und des Gehörs befinden sich gleichfalls in der Sammlung des Reiss-Museums (vgl. Kunstgeschichtliche und Kunsthandwerkliche Sammlungen. Ausgewählte Werke. Städtisches Reiss-Museum. Mannheim 1966. S. 63/4, Nr. 106 u. 107).
Die Gruppe „Der Geschmack" mit einem Paar beim Schokoladetrinken besitzt das Erkenbert-Museum in Frankenthal (vgl. Edgar J. Hürkey: Frankenthaler Porzellan aus den Sammlungen der Stadt Frankenthal und des Frankenthaler Altertumsvereins. München/Zürich 1990, S. 17, Abb. 5). B. B.-M.

Swoboda 1981, S. 24/5, Nr. 22.

Mannheim, Reiss-Museum (RMM 1975/6)

2.7.80
Flakon als Eremit mit versteckteM Liebchen

Wohl Limbach (Thüringen), um 1780
Porzellan, farbig und mit Gold bemalt, vergoldete Metallmontierung, H. 8,1 cm

Parfümflakon in Gestalt eines Eremiten mit Kutte und Kapuzenpelerine, auf dem Rücken ein geschnürtes Ährenbündel, worin eine junge Frau versteckt ist. Gesicht und purpurne Schuhe lugen daraus hervor. Als Verpflegung für das heimliche Stelldichein hält der heilige Mann eine Gans und einen Schinken in Händen. Der Kopf ist abnehmbar und mit einer Metallmontierung versehen, deren konischer Zapfen zum Auftupfen des Parfüms diente. Der Hals des Eremiten-Flakons ist etwa fingerbreit mit Metall ausgekleidet, das Innere der Figur bis zum Sockel hohl.
Das reizvolle Sujet ist in einem Meißener Modell um 1760 vorgebildet, das Nachahmungen in verschiedenen Porzellanmanufakturen fand (z.B. in Berlin und Frankenthal). B. B.-M.

Mannheim, Reiss-Museum (Sammlung Carl Baer, Cb 200)

2.7.81
Etui mit Parfümflakons

Frankreich, Ende 18. Jahrhundert
Leder goldgeprägt, Seidengewebe, Glas, Kupfer verzinkt, Karton, H. 10 cm, B. 5,5 cm, T. 1,7 cm

Zur besseren Handhabung und wegen ihrer Kostbarkeit wurden Parfümflakons häufig in speziellen Etuis aufbewahrt, die aus unterschiedlichsten Materialien und in den verschiedensten, modischen Formen erhältlich waren. Das in Form eines Buches gestaltete Etui besteht aus gepreßter Pappe. Es ist innen mit grünem Seidengewebe gefüttert und außen mit rotem

Kat. Nr. 2.7.79

Kat. Nr. 2.7.80

Maroquin-Leder bezogen, dessen Goldprägung auf der einen Schmalseite einen Buchrücken mit der Beschriftung „L´annee Heureus" imitiert und auf den Längsseiten ein von einer Blütenkette gerahmtes Medaillon mit Lyra zeigt. In dem Etui werden zwei Glasflakons für Parfüm und ein kleiner Trichter aufbewahrt. P.H.

Vergleichsbeispiel: Pillivuygt, G.: Les Flacons de la séduction. Lausanne 1985, S. 39.

Mannheim, Reiss-Museum (RMM Ko 1998/118.1-5)

2.7.82
Allegorie des Gesichts

Frankenthal, Manufaktur des Joseph Adam Hannong (1759-1762), um 1760
Modell von Johann Friedrich Lück (Freiberg/Sachsen 1727-1797 Meißen)
Porzellan, farbig und mit Gold bemalt, H. 20,2 cm

Unterglasurblaue Marken: Steigender Löwe und IAH-Monogramm

Vor einem Toilette-Tisch sitzt eine junge Frau mit Frisierumhang, die sich Blütenzweige in das Haar steckt. Sie blickt in einen Rokoko-Spiegel, den ein Kavalier mit Fernglas vor dem linken Auge auf den Tisch gestützt hält. Auf dem Tisch Behältnisse für Schminkutensilien – zwei runde Deckeldosen, zwei Kästchen und eine Pinselquaste.
Die Gruppe in modischem Zeitkostüm versinnbildlicht das „Sehen" in einer Folge von Allegorien der fünf Sinne (vgl. Kat.Nr. 2.7.79). B. B.-M.

Swoboda 1981, S. 25, Nr. 23

Mannheim, Reiss-Museum (RMM 1976/3)

Kat. Nr. 2.7.81

Kat. Nr. 2.7.82

Kat. Nr. 2.7.83

2.7.83
Poudreuse

Jakob Kieser zugeschrieben (Mannheim 1734-1786 Mannheim), Mannheim, nach 1780
Konstruktionsholz: Eiche, Fichte, Buche; Furniere: außen Palisander, Rosenholz, Ebenholz, Ahorn z.T. gefärbt, Kirschbaum gefärbt; innen Nußbaum; (spätere) Beschläge: Bronze vergoldet, H. 79 cm, B. 109 cm, T. 48 cm

Aus der seit Ende des Louis Quatorze verbreiteten Mode des Puderns von Haut und Haar wurde in Frankreich gegen Mitte des 18. Jahrhunderts der Möbeltypus der Poudreuse entwickelt. Diese in Schlafzimmer oder Garderobe aufgestellten Toilettentische haben stets eine dreigeteilte Deckplatte. Während deren Mittelteil mit dem an der Unterseite angebrachten Spiegel nach oben aufzustellen ist, werden die beiden äußeren Teile zur Seite geklappt und geben so Gefächer frei, in denen Puderdosen- und quasten, Schminktöpfe, Parfümflakons oder Kämme aufbewahrt wurden. Die Poudreuse, deren Erfindung dem Pariser Ebenisten Jean Francois Oeben zugeschrieben wird, wurde in Deutschland vor allem von dem Mannheimer Hofschreiner Jakob Kieser aufgegriffen, der auch in der Ornamentik stark von Oeben beeinflußt war. Aus der Werkstatt Kiesers stammen mehrere Poudreusen, die für die kurpfälzischen Schlösser in Schwetzingen und Benrath gefertigt wurden. D.B.

Kreisel, Heinrich/Himmelheber, Georg: Die Kunst des deutschen Möbels. Bd. 3. Klassizismus/Historismus/Jugendstil. München 1973, S. 62 u. Abb. 181; Stratmann 1982, S. 58-60.

Mannheim, Reiss-Museum (L 109)

2.7.84
Waschkommode

Jakob Kieser zugeschrieben (Mannheim 1734-1786 Mannheim), Mannheim, um 1772/73
Konstruktionsholz: Eiche, Fichte; Furniere: Rosenholz, Robinie, Tulpenbaum, Ahorn; Beschläge: Bronze vergoldet; außerdem: Blech verzinnt, Spiegelglas, H. 83 cm, B. 82 cm, T. 50 cm

Die Waschkommode gehört zur Ausstattung des Badhauses, das sich Carl Theodor im Park seines Sommerschlosses in Schwetzingen errichten ließ. Die Möbel wurden wohl vom Mannheimer Hofschreiner Jakob Kieser in den Jahren 1772/73 nach Vorgaben des Hofarchitekten Nicolas de Pigage hergestellt. Nach neuester französischer Mode sind sie dem Stil Transition aus der Übergangszeit zwischen Rokoko und Klassizismus verpflichtet. Die geometrischen Marketerien und die eigentümliche Knickung der geschweiften Beine verraten dabei den Einfluß des Pariser Ebenisten Jean Francois Oeben. Französischer Gepflogenheit entspricht auch die Funktion als Toilette, wie sie dort für ein Herrenschlafzimmer gefordert war. Da das Möbel im Badhaus als Pendant zu einer Kommode aufgestellt werden sollte, ist es als Waschkommode konzipiert: klappt man die Deckplatte nach oben und die obere, als Scheinschublade ausgebildete Klappe an der Front nach vorne, öffnet sich ein mit verzinntem Blech ausgeschlagenes Waschfach mit Spiegel und seitlichen Fächern für Toilettengegenstände. D.B.

Martin 1933, S. 256; Kreisel, Heinrich/Himmelheber, Georg: Die Kunst des deutschen Möbels. Bd. 2. Spätbarock und Rokoko. München 1970, Abb. 596; Fuchs, Carl Ludwig: Die Innenausstattung und Möblierung des Schwetzinger Lustschlosses im 18. und 19. Jahrhundert, Diss. Heidelberg 1975 (ms), S. 771 – 772; Carl Theodor und Elisabeth Auguste 1979, S. 149f., Nr. 61 (Carl Ludwig Fuchs); Wittelsbach und Bayern 1980, Bd. 2, S. 15f., Nr. 15 (Hans Ottomeyer); Stratmann 1982, S. 56-58 mit Abb. 11-13; Ein Jahrhundert Möbel für den Fürstenhof: Karlsruhe, Mannheim, Sankt Petersburg 1750 bis 1850. Sigmaringen 1994, S. 109, Nr. 9.

Karlsruhe, Staatliche Schlösser und Gärten Baden-Württemberg
(G 1982)

Kat. Nr. 2.7.84

2.7.85
Schale, Kanne und zwei Leuchter aus einem Toilettenservice der Kurfürstin Elisabeth Auguste

Mosbach oder Sulzbach (?), um 1770
Fayence, grüner Dekor, Schale: 43 x 36 cm, Kanne: H. 21 cm, Leuchter: H. 19,8 cm

Die sicher nicht vollständig erhaltene Garnitur ist von außerordentlicher Schlichtheit. Sie entspricht den Idealen einer bescheidenen Lebensführung in den ländlichen Lustschlössern. Alle Teile sind bemalt mit ei-

Kat. Nr. 2.7.85

Kat. Nr. 2.7.86

ner reichen Lambrequinbordüre und zeigen die Initialen der Kurfürstin „EA" unter dem Kurhut. I.Z.

Carl Theodor (Ergänzungskatalog) 1979, Nr. 369c.

Düsseldorf, Stadtmuseum, Sammlung Schloß Benrath (163-166)

2.7.86
Mouchedose

Frankenthal (?), um 1760
Porzellan, farbig bemalt, Messing vergoldet, H. 4,8 cm, B. 4 cm. T. 2,9 cm

Im Bereich der Toilette fanden Dosen in den unterschiedlichsten Größen und Formen reiche Verwendung. In ihnen wurden Schminke, Puder, Rouge, Cremes, Pomade und andere, für die Körper- und Schönheitspflege unentbehrliche Mittel aufbewahrt.
Die vorgestellte Dose ist in Form einer Damenbüste gestaltet, deren vergoldete und mit Ranken verzierte Montierung gleichzeitig den Abschluß des schulterfreien Dekolletés bildet. Die Dose diente zur Aufbewahrung kleiner schwarzer Schönheitspflästerchen. Mit diesen sogenannten Mouches machten Damen im 18. Jahrhundert auf besondere Reize ihres Gesichts und ihres Dekolletés aufmerksam. P.H.

Düsseldorf, Stadtmuseum, Sammlung Schloß Benrath (B 1985/2)

Kat. Nr. 2.7.87

Kat. Nr. 2.7.88

2.7.87
Necessaire

Süddeutschland, um 1750
Emailmalerei, Kupfer vergoldet, Elfenbein, H. 8 cm

Wichtiges Beiwerk höfischer Damen oder wohlhabender Bürgersfrauen war im 18. Jahrhundert das Necessaire, das entweder auf dem Toilettentisch stand oder in etwas kleinerer Ausführung mit auf Reisen oder die Jagd genommen wurde.
Das längliche Necessaire mit Schere, Nadeletui, Lanzette, Bleistift und Elfenbein-Schreibtafeln wurde vermutlich als Accessoire für die Jagd benutzt. Darauf weist die Verzierung in Rocaille-Kartuschen hin, in denen Landschaftsdarstellungen sowie ein Herr und eine Dame in zeitgenössischem Reitkostüm mit Flinte dargestellt sind. P.H.

Sammelleidenschaft 1992, Nr. 35, 80f.

Mannheim, Reiss-Museum (o.Nr.)

2.7.88
Necessaire

England (?), um 1765/70
Emailmalerei, Kupfer vergoldet, H. 9,5 cm, B. 4,5 cm, T. 2,8 cm

Das schmale, sich nach unten leicht verjüngende Necessaire ziert eine gelbgrundige Emailmalerei mit Rocaille-Kartuschen, in die farbige Blütensträuße einbeschrieben sind. Die vergoldete Kupfermontierung zeigt geometrische Muster und Rankenmotive. Zur nicht mehr vollständigen Ausstattung des Necessaires gehören Schere, Zahnstocher, Nadeletui, Nadel und Nagelfeile. P.H.

Mannheim, Reiss-Museum (RMM Ko 1998/119.1-6)

3. Carl Theodor und die Kirche

Die Frömmigkeit war ein zentraler Bestandteil im Leben Carl Theodors, ein Element, ohne das vieles im Leben dieses Fürsten unverständlich bleibt. Die Frömmigkeit, die der Kurfürst privat lebte und öffentlich am Hof ausgestaltete und einforderte, war katholisch, und zwar gegenreformatorisch barock in der Form und jesuitisch im Gehalt. Sie sollte in ihrer Wirkkraft nicht unterschätzt werden.

Dem Selbstverständnis des Kurfürsten nach stand die Religion neben Familie und Dynastie im innersten Kreis seines Herrschertums. Würde und Rang seiner Dynastie und die Verpflichtung Gott gegenüber waren ihm oberste Leitschnur. „Pietas" im antiken Sinn lebten er, wie auch seine Frau Elisabeth Auguste aus Überzeugung. Seit dem Sieg Maximilians I. über seinen reformierten Vetter, den Winterkönig, herrschte bei den Wittelsbachern das Bewußtsein vor, daß Konversion und Aufstieg des Hauses Pfalz-Neuburg am Vorabend des 30-jährigen Krieges ein Zeichen göttlicher Erwähltheit war, ebenso wie die Katastrophe des reformierten Hauses Simmern das Zeichen göttlicher Verwerfung. Die zur damaligen Zeit erbauten Münchner Barockkirchen, von Sankt Michael bis Sankt Cajetan, wurden von Maximilian und seinen Nachfolgern zur prunkvollen Nekropole der rechtgläubigen Wittelsbacher ausgestaltet. Das Grab Friedrichs V. ist bezeichnenderweise verschollen.

Auch im 18. Jahrhundert bleibt diese Rangordnung bestehen. So war für Carl Philipp die Hauptstadtverlegung von 1720 die zwangsläufige Folge des heftigen Streites mit den Heidelberger Reformierten um die Heilig-Geist-Kirche. Eine konfessionelle Teilung dieser Kirche konnte er nicht hinnehmen. In der Politik der Erbverträge, wie sie von Carl Philipp seit 1724 eingeleitet und von Carl Theodor und Max III. Joseph von der Mitte des Jahrhunderts an fortgeführt wurde, waren Bestand der Dynastie und Förderung des katholischen Glaubens ein zentrales Anliegen. Als der Zweibrücker Erbfall wahrscheinlich wurde, waren die Konversionen der Zweibrücker Agnaten zum Katholizismus für Carl Theodor und Elisabeth Auguste zugleich Herzenssache und politische Notwendigkeit.

Das meiste, was seine Biographen und die Geschichtsschreiber seiner Zeit an Carl Theodor befremdete, hat hier seinen Ursprung. Obwohl die pfälzischen Lande am Ober- und am Niederrhein gemischt konfessionell mit reformierter Mehrheit waren, spielte diese Konfession am Hof und in der politischen Öffentlichkeit kaum eine Rolle. Die reformierte (und die sehr kleine lutherische) Kirche waren keine konstituierenden Bestandteile des pfälzischen Staates. Die berühmt-berüchtigte Kirchenteilung Johann Wilhelms von 1705 bestimmte bis zum Ende des Jahrhunderts die kirchlichen Verhältnisse, wobei erst unter Carl Theodor die harte Konfrontation allmählich einer kühlen Toleranz wich. H.P.

3.1
Die Jesuitenkirche und das Jesuitenkolleg in Mannheim

Die Jesuiten haben seit der Konversion Wolfgang Wilhelms im Jahre 1613 als Hofprediger, Erzieher und Beichtväter zur Familientradition der Pfalz-Neuburger gehört. Als die Residenz von Heidelberg nach Mannheim verlegt wurde, brachte Carl Philipp, der seine Jesuiten in der Nähe haben wollte, die Patres zunächst neben dem Palais Hillesheim, seiner provisorischen Residenz, unter.
1727 schenkte er ihnen in Schloßnähe den Bauplatz für eine Kirche und ein Kolleg. Als der Hofbeichtvater P. Nikolaus Staudacher SJ eine schwierige Mission für Carl Philipp am Wiener Hof erledigt hatte und dafür eine Spende von 70 000 fl. bekam, war auch der finanzielle Grundstock für die Bauten vorhanden.
1730 wurde der Grundstein für das Kolleg, 1733 der für die Kirche gelegt.
Alessandro Galli di Bibiena zeichnete die Pläne, bis 1742 zogen sich die Arbeiten für den Rohbau hin. Der Tod Carl Philipps unterbrach die Bautätigkeit, bis Carl Theodor Nicolas de Pigage mit der Gestaltung des Kircheninneren beauftragte, das 1757 vollendet wurde. 1760 schließlich weihte der Fürstbischof von Augsburg, Joseph Landgraf von Hessen-Darmstadt, die neue Kirche den Heiligen Ignatius von Loyola und Franz Xaver. Die Jesuiten widmeten dem Kurfürsten Carl Theodor eine prachtvolle Festschrift, die „Basilica Carolina".
Die Mannheimer Jesuitenkirche mit ihrem Hochaltar von Paul Egell trug nicht wenig zum Glanz der Stadt bei. Die Innenaustattung des Kollegs stand der der Kirche nicht nach, zu ihr gehörte die vollständig versilberte, von Egell geschaffene Statue des Jesuitenheiligen Franziskus Regis, dessen Heiligsprechung in Mannheim 1739 besonders aufwendig gefeiert wurde.
Der Orden verfügte nun über eine repräsentative Niederlassung in Mannheim. Das dem Kolleg angegliederte Gymnasium sicherte den Jesuiten ihren Einfluß im Erziehungswesen, Mitglieder des Ordens taten sich in der Forschung, auch in der Mannheimer Akadamie der Wissenschaften hervor. Die Darstellung der Societas Jesu nach außen entsprach ihrem Einfluß bei Hofe.
Kurfürst Carl Philipp war in allen Bereichen des Ausdrucks katholischer Frömmigkeit so beispielhaft vorangegangen, daß ihn die Historiographen des 19. Jahrhunderts als unter „jesuitischer Kuratel" stehend beschrieben. Die Hofprediger waren Jesuiten und versuchten mit ihren Predigten und Traktaten, strenge Sitten nicht nur am Hofe, sondern auch in der Mannheimer Öffentlichkeit durchzusetzen.
Der kleine Carl Theodor wurde, als er nach Mannheim kam, in die jesuitisch geprägte Lebenspraxis einbezogen. Sein Erzieher war Pater Franz Seedorff SJ; er sollte sein Beichtvater und Berater bis 1758 bleiben. Seedorff besaß großen Einfluß und war eine nicht zu umgehende Institution am Hofe.
Daß Carl Theodor nach Seedorffs Tod keinen Jesuiten mehr zu seinem Beichtvater berief, mag für die zunehmende Offenheit des Kurfürsten für das Gedankengut der Aufklärung sprechen. Als Papst Clemens XIV. den Orden 1773 aufhob, intervenierte Carl Theodor nicht. Er versorgte aber eine Reihe der Patres durch Pensionen und erreichte beim Päpstlichen Stuhl, daß das eingezogene Vermögen des Ordens in seinen Landen der neu gegründeten bayerischen Zunge des Malteserordens zufiel.

Nach schweren Zerstörungen im Zweiten Weltkrieg wurde die Jesuitenkirche in den Jahren 1946 bis 1960 rekonstruiert. L.R.

Kat. Nr. 3.1.1

3.1.1

Porträt des Kurfürsten Carl Philipp als Stifter des Jesuiten-Kollegs

Jan Philips van der Schlichten (Rotterdam 1681-1745 Mannheim), 1727/28
Öl auf Leinwand, 239 x 165 cm

Jan Philips van der Schlichten, seit 1721 kurpfälzischer Hofmaler, zeigt Carl Philipp (1661-1742), seit 1716 Kurfürst von der Pfalz, als militärischen Befehlshaber im Harnisch und mit Kommandostab. Er trägt die rote, grün eingefaßte Schärpe des Hubertus-Ordens mit dem Kreuz des Großmeisters dieses Ordens. Über der Schärpe ist das Goldene Vlies mit einem Stück Halskette neben dem Mantelkreuz des Hubertus-Ordens zu erkennen. Erhöhte Säule, Vorhang, Vase, Prunksessel, Tisch mit Kurhut und Kaiserkrone sowie Helm gehören zur üblichen Staffage eines repräsentativen Herrscherporträts. Auf einem Tabouret im Vordergrund liegen Pläne mit Grundrissen für das Jesuitenkolleg, Baubeginn 1730, und die Jesuitenkirche, Baubeginn 1733. Im Hintergrund sind Kirche und Kolleg als bereits fertiggestellte Gebäude zu sehen. Tatsächlich wurden beide Gebäude jedoch nach geänderten Plänen gebaut. Anlaß für das Porträt Carl Philipps war wohl die Stiftung der Bauplätze 1727 durch den Kurfürsten. K.-L.H.

Wittelsbach und Bayern 1980, S. 5f., Nr. 5; Eichner 1981, S. 54, Nr. 12.

Mannheim, Reiss-Museum (O 197)

3.1.2
Porträt des Hofbildhauers Paul Egell

Johann Georg Dathan (Speyer 1701-1749 Mannheim), um 1735
Öl auf Leinwand, 86,2 x 66,1 cm

Johann Georg Dathan porträtierte am Beginn seiner Tätigkeit für den kurpfälzischen Hof in Mannheim, die seit 1737 belegbar ist, den Hofbildhauer Paul Egell (1691-1752), einen der bedeutendsten Künstler des deutschen Rokoko. Die Identifizierung des Dargestellten ist durch ein vollständig bezeichnetes zeitgenössisches Schabkunstblatt von Johann Jacob Haid gesichert. Halb nach rechts gewandt, stützt der Bildhauer, als Hinweis auf seinen Beruf, den rechten Arm auf den Gipsabguß eines antiken Kopfes. Zeichenstift und Zeichenblatt verweisen auf die Grundlage aller künstlerischen Arbeit. Egell ließ sich von dem mit ihm befreundeten Maler in „polnischer Tracht" abbilden, einem jener Phantasiekostüme, die im 18. Jahrhundert für Künstlerbildnisse beliebt waren. Mit kräftigen, deutlich modellierenden Strichen gemalt, vermittelt Dathans Porträt das Bild eines selbstbewußten, erfolgreichen Künstlers. Eine zweite, eigenhändige, etwas größere Fassung ohne den antiken Kopf befindet sich in Köln im Wallraf-Richartz-Museum (Nr. 746). K.-L.H.

Eichner 1981, Nr. 39; Barock in Baden-Württemberg 1981, Bd. 1, S. 80, Nr. A 23.

Mannheim, Reiss-Museum (O 248)

Kat. Nr. 3.1.2

Kat. Nr. 3.1.3

3.1.3
Statue des heiligen Johannes Franziskus Regis

Paul Egell (1691-1752), Mannheim, 1739
Lindenholz, geschnitzt, mit Resten der originalen Silber- und Goldfassung, rückseitig ausgehöhlt, H. 175 cm

Die Statue ist das kostbarste Hauptwerk des kurpfälzischen Hofbildhauers Paul Egell. Sie war ursprünglich ganz versilbert. Der Heilige bot so eine strahlende, überirdische Erscheinung. Das Bildwerk wurde 1905 aus dem Treppenhaus des Mannheimer Jesuitenkollegs in Mannheimer Museumsbesitz übernommen und galt wegen seiner Herkunft lange als heiliger Aloysius Gonzaga, Schutzpatron der studierenden katholischen Jugend. Die richtige Benennung der Statue als Johannes Franziskus Regis (1597-1640) wird Klaus Lankheit verdankt, dem langjährigen Erforscher des Werkes von Paul Egell. Johannes Franziskus Regis wurde 1737 heilig gesprochen; er hatte dem Jesuitenorden angehört. Die Heiligsprechung wurde 1739 in Mannheim besonders aufwendig gefeiert und Lankheit hat schriftliche Quellen gefunden, die in diesem Zusammenhang ein versilbertes Bildwerk erwähnen, das auf dem Altar des Festsaales aufgestellt war. Damit kann nur diese Statue gemeint sein. I.G.

Lankheit 1988, Bd. I, S. 109-112, Bd. II, S. 300f., Nr. 72, Farbtaf. III, Abb. 187.

Mannheim, Reiss-Museum (Kat. Nr. 279)

3.1.4
Heiliger Franz Xaver mit Satyrkind

Paul Egell (1691-1752), Mannheim, um 1748-50
Sandstein, H. 154,2 cm

Der Heilige Franz Xaver (1506-1552) wurde 1622, zusammen mit Ignatius von Loyola, heiliggesprochen; er ist der Apostel Indiens und Japans. Die kleine, halbmenschliche Kinderfigur zu seinen Füßen mag die heidnische, böse Natur der zu Bekehrenden bedeuten und ist wohl nicht, wie der langjährige Egell-Forscher Klaus Lankheit meint, als Wassergeist zu deuten. Lankheit erkennt in der Statue den heiligen Nepomuk; der Wassernix würde dann auf Nepomuks Tod in der Moldau hindeuten.
Die Statue stammt von der Südwest-Fassade des alten Jesuitenkollegs in Mannheim, wo sie in einer Nische des ersten Obergeschosses stand. I.G.

Lankheit 1988, Bd. 1, S. 181, Bd. 2, S. 315, Nr. 124 mit Abb. 265f.

Mannheim, Reiss-Museum (II A 62)

3.1.5
Hammer und Kelle für die Grundsteinlegung der Mannheimer Jesuitenkirche

Mannheim, 1733
Messing versilbert, Holz, Seidensamt, geklöppelte Silberspitze, Hammer: L. 34 cm, B. 16,5 cm, Kelle: L. 32,5 cm, B. 9,5 cm

Nachdem für die Mannheimer Jesuitenniederlassung zunächst das Kolleg errichtet worden war, beging man am 12. März 1733 unter Kurfürst Carl Philipp die Grundsteinlegung der Kirche. Für diesen Anlaß wurden eigens eine versilberte Maurerkelle und ein ebensolcher Hammer gefertigt und in einem mit Seidensamt ausgeschlagenen Kästchen verwahrt. Bis zum Beginn der Bauarbeiten im Jahre 1738 sollte dann jedoch noch einige Zeit vergehen. Der Rohbau wurde erst nach dem Tod Carl Philipps 1742 vollendet. Die Innenausstattung erfolgte bis 1757 unter dem neuen Kurfürsten Carl Theodor, bevor die Kirche 1760 schließlich geweiht wurde. D.B.

Huth 1982, S. 638.

Mannheim, Jesuitenkirche

3.1.6
Festschrift zur Einweihung der Mannheimer Jesuitenkirche

Basilica Carolina Opus grande ... duobusa Carolis ... Mannhemii Palatina in metropoli/aedificata : a Carolo Philippo ... inchoata, a Carolo Theodoro ... consummata ...

Kupferstiche: Johann Georg Wille und Gebrüder Johann und Joseph Klauber, Augsburg, 1760
Papier, Druck, 20 Kupferstiche, 80 S. Text, 40,8 x 27,5 cm

Die Festschrift war 1756 fertiggestellt. Die Weihe der Kirche fand am 18. Mai 1760 durch Landgraf Joseph von Hessen-Darmstadt, Bischof von Augsburg, statt, und zu diesem Anlaß wurde die Festschrift ausgegeben. Die Mannheimer Jesuitenkirche wurde am 12. März 1733 begonnen nach Plänen von Alessandro Galli Bibiena. Das Prachtwerk, die Festschrift, zeigt als Titelkupfer auf einer Doppelseite den Grundriß der Mannheimer Jesuitenniederlassung, umgeben, und vor allem überhöht, von allegorischen Gestalten, darunter der Religio, zwischen denen die gegenständlichen Bildnisse der Kurfürsten Carl Theodor und Carl Philipp gehalten werden. Das in lateinischer Sprache wahrscheinlich von Johann Heinrich Andreae verfaßte Werk ist reich illustriert. Zwischen Seite 38 und 39 ist ein weiterer doppelseitiger Kupferstich eingefügt, der eine Ansicht von

Kat. Nr. 3.1.4

Kirche, Kolleg und Gymnasium der Jesuiten zeigt. Im Himmel darüber knien die Titelheiligen der Kirche, Ignatius von Loyola und Franz Xaver, unter dem strahlenden IHS-Monogramm der Jesuiten. Weitere Kupferstiche zeigen Grund- und Aufriß der Kirche, ihren Hochaltar, Fassade und Querschnitt in zahlreichen Tafeln. Es sind außerdem Kupferstiche des regierenden Kurfürstenpaares Carl Theodor und Elisabeth Auguste nebst deren Wappen sowie kurpfälzische Vorfahren in Bildnissen beigegeben. Schließlich befinden sich auch ein Stammbaum mit dem Palmbaum der Unsterblichkeit und eine Darstellung der Heiligen und Seligen des pfälzischen Hauses darunter. Die Festschrift zur Weihe der Mannheimer Jesuitenkirche ist die prächtigste illustrierte Publikation im Mannheim des 18. Jahrhunderts. I.G.

Mannheim, Reiss-Museum (Mh 9801)

Kat. Nr. 3.2.7 a Vorderseite

Kat. Nr. 3.2.7 a Rückseite

3.1.7
Medaillen auf die Weihe der Jesuitenkirche in Mannheim

a Anton Schäffer (1722-1799), 1760
Silber, Dm. 5,2 cm

b Anton Schäffer (1722-1799), 1760
Silber, Dm. 3,2 cm

Nachdem bereits im November 1756 der erste feierliche Gottesdienst in der 1733 begonnen Hofkirche stattgefunden hatte, erfolgte am 18. Mai 1760 nach fast siebenundzwanzigjähriger Bauzeit die feierliche Konsekration durch den Fürstbischof von Augsburg. Aus diesem Anlaß wurden eine repräsentative Medaille größeren Formates sowie kleine Jetons geprägt, die an die anwesenden Festgäste verteilt wurden. Nach der Aufhebung des Jesuitenordens im Jahre 1773 wurde *die bedeutendste Barockkirche Südwestdeutschlands* (Georg Dehio) als „Große Hofkirche" bezeichnet. H.-J.S.

Haas-Gesche 1972, S. 25, Nr. 9f; Gesche 1981, S. 31, Nr. 21; Stemper 1997, S. 497, Nr. 508f.

Mannheim, Reiss-Museum (III g 1298, III g, S. 18, Nr. 42)

3.1.8
Breve zum Verbot des Jesuitenordens

Clementis PP. XIV: Breve de extinctione ordinis Societatis Jesu de die XXI Julii MDCCLXXIII Cui annexum confirmationis et publicationis Breve de die XIII Aug. MDCCLXXIII. Secundum originale Romae Impressum. Manhemii. Sumptibus C.F.Schwan Bibliop. Aul MDCCLXXIII

Druck: C.F. Schwan, Mannheim, 1773
Papier, Titel- und Kopfvignette, 34 S., 20,4 x 16,4 cm

Papst Clemens XIV. erließ am 21. Juli 1773 ein Edikt, das den von Ignatius von Loyola 1540 begründeten, auch politisch sehr einflußreichen, Jesuitenorden verbot. Das Breve wurde am 13. August 1773 publiziert und in lateinischer Sprache verbreitet. Es traf auch die in Kurpfalz und Mannheim seit 1727 ansässigen Jesuiten hart. Sie verloren die Leitung des Mannheimer Gymnasiums, die Versehung der großen Hofkirche (Jesuitenkirche) und die Betreuung der Oggersheimer Wallfahrt. H.E.Vt./I.G.

Mannheim, Reiss-Museum (Mh 1117)

3.2
Kirchliche Schätze

Kirchen und Klöster mit reichen Schenkungen auszustatten ist eine Tradition, die bereits im 4. Jahrhundert durch Kaiser Konstantin den Großen begründet wurde.
In der Folgezeit ist es besonders das Oströmische Reich, das sich durch prächtige Dotationen auszeichnet. Die byzantinischen Herrscher wetteiferten miteinander, der Kirche die kostbarsten Werke der Goldschmiede- und der Juwelierskunst zu verehren, um so ihren Nachruhm zu begründen. Weltliche Hoheitszeichen, wie Kronen und Diademe, haben dabei eine ganz besondere Rolle eingenommen. Diese Zeichen des Gottesgnadentums schmückten sowohl den irdischen, als auch den himmlischen König.
Die Kreuzzüge haben durch Raub und Plünderung viele der byzantinischen Schätze nach Italien und Frankreich verbracht, so daß noch heute die schimmernden Kostbarkeiten von der Kunstfertigkeit der Meister, wie auch von der Freigebigkeit der Herrschenden berichten.
Im gesamten Mittelalter und auch in den darauffolgenden Jahrhunderten wurden die Kirchen weiterhin von den Fürsten und dem Adel beschenkt. Während jedoch in Frankreich durch die Revolution der größte Teil der kirchlichen Schätze zerstört wurde, bedeutete in Deutschland die Säkularisation den einzigen, wirklich einschneidenden Verlust innerhalb der reichen gewachsenen Sammlung, die vor allem im 17. und 18. Jahrhundert großartig vermehrt waren.
Das Bedürfnis der absolutistischen Fürsten nach prunkvoller Selbstdarstellung in Form von Schloßbauten, Sammlungen, Schatzkammern und höfischen Festen erreichte zu Beginn des 18. Jahrhunderts einen Höhepunkt, der erst nach der Mitte des Jahrhunderts langsam zurückgenommen wurde. Die katholischen Fürsten sahen in den pompösen Kirchenfesten einen zusätzlichen Anlaß zur eigenen Stilisierung. So ließen es sich weder Carl Philipp noch Carl Theodor nehmen, in den Prozessionen mitzugehen, und sogar selbst das Allerheiligste zu tragen.
Die Paramente und Gerätschaften mußten für diese Anlässe aus den edelsten Materialien bestehen und von hervorragender Verarbeitung sein. In Mannheim schuf man eigens die Stelle einer Hof-Kirchensilber-Arbeiterin, der es oblag, nach den neuesten Augsburger Rissen oder später nach den Entwürfen der eigenen Architekten, wie etwa Pigages oder Verschaffelts, die „Vasa Sacra" herzustellen.
Das kostbarste Beispiel war die aus Rheingold hergestellte, heute nicht mehr nachweisbare Monstranz im Schatz der Schloßkirche.
Die Paramente wurden fast sämtlich aus den großen Festroben der Fürstinnen hergestellt. So war es Brauch, besonders das Brautkleid der Jungfrau Maria zu verehren, aber auch die meisten der 12 bis 24 großen Hofroben, die jährlich angefertigt wurden, gelangten als Schenkungen an die Kirchen. So ist es uns heute noch möglich, Material und Dessin der Kleider auszumachen, die Elisabeth Auguste einst getragen hatte. Leider ist jedoch nur in den seltensten Fällen ein schriftliches Zeugnis mit Datum und Anlaß der Schenkung erhalten geblieben.

C.-L.F.

3.2.1
Maria Immaculata vom Dalberghaus in Mannheim

Unbekannter Bildhauer, um 1730-35
Sandstein, H. 144,7 cm

Auf einer Halbkugel, deren untere Kante von einem Schriftband mit der Aufschrift „macula non est in te" (in Dir ist kein Makel) verdeckt wird und um die sich eine Schlange, das Böse, windet, steht Maria, einen Fuß auf der Schlange, den anderen auf die Mondsichel gesetzt. Marias Blick geht himmelwärts. Dorthin scheinen zwei Engelsputten und ein Seraphimköpfchen sie tragen zu wollen. Die Inschrift bezieht sich auf eine Stelle des Hohen Liedes im Alten Testament, die von der katholischen Kirche auf Maria als Unbefleckt-Empfangende bezogen wird.
Das Palais im Mannheimer Quadrat N 3,4 wurde um 1730-35 für den Kammervizepräsidenten Freiherr von Reisach erbaut. Aus dieser Zeit stammt das sehr qualitätvolle Marienbild. 1782 bis zu seinem Tode 1806 wohnte hier der Intendant des Mannheimer Nationaltheaters, Wolfgang Heribert von Dalberg, nach dem das Gebäude benannt ist. Dort befindet sich heute eine Kopie. Das Original kam 1976 ins Reiss-Museum.

I.G.

Huth 1982, Bd. 2, S. 951-958, Abb. 746; Swoboda 1981, S. 9, Nr. 1, Abb. 1.

Mannheim, Reiss-Museum (1976/6)

Kat. Nr. 3.2.1

3.2.2
Heiliger Nepomuk mit grossem Kruzifix

Paul Egell (1691-1752), Mannheim, um 1748-50
Sandstein, H. 156 cm

Die Statue gehört, zusammen mit zwei weiteren (Kat Nrn. 3.1.4 und 3.2.3), zu den spätesten Werken des Hofbildhauers Paul Egell in Mannheim und entstand um 1748-50.

Der heilige Johannes von Nepomuk (gest. 1393), standhafter Bewahrer des Beichtgeheimnisses, wurde 1721 seliggesprochen, 1729 wurde er kanonisiert. Er wurde nach seiner Heiligsprechung einer der beliebtesten Heiligen Süddeutschlands, Böhmens, Mährens und Österreichs. Besonders der – in Mannheim einflußreiche – Jesuitenorden förderte seine Verehrung.

Die Figur stammt von der Fassade der Kapelle auf dem alten katholischen Friedhof in K 2 und K 3. Um 1785 wurde sie in den Hof der Sebastianskirche am Marktplatz verbracht und kam von dort 1923 in das Mannheimer Schloßmuseum. I.G.

Lankheit 1988, Bd. 1, S. 181f, S. 314, Nr. 122 mit Abb. 262-264.

Mannheim, Reiss-Museum (II A 113)

Kat. Nr. 3.2.2

3.2.3
Heiliger Nepomuk vom Kapuzinerplatz in Mannheim

Paul Egell (1691-1752), Mannheim, um 1748-50
Sanstein, H. 154 cm

Das Bildwerk ist historisch dokumentiert. In den „Vues de Mannheim" von 1782 ist es auf dem Kapuzinerplatz in Mannheim zu erkennen. Dort hält der Heilige allerdings ein großes Kruzifix. Der hohe Sockel, geschmückt mit Szenen aus dem Leben des Heiligen und von Paul Egell, ist seit langem verloren. Schon 1835 beschloß der Mannheimer Gemeinderat, das Bildwerk wegzuschaffen. Bei der Versteigerung wurde die Statue von dem Arzt Dr. Valentin Witzel erworben. Später kam sie in den Garten der Dyckerhoff-Lamey-Villa in R 7. Carl Buck erwarb das Bildwerk von August Lamey und stellte es in seinem Garten in Mannheim-Neuostheim auf. Im Februar 1926 erwarb das Mannheimer Schloßmuseum die Nepomuk-Statue. I.G.

Lankheit 1988, Bd. 1, S. 179-181, Bd. 2, S. 314, Nr. 123 mit Abb. 267-269.

Mannheim, Reiss-Museum (II A 115)

3.2.4
Heiliger Joseph mit dem Jesuskind

Unbekannter Bildhauer, um 1750-60
Sandstein, H. 200 cm

Das Haus im Mannheimer Quadrat A 3,4, von dessen Fassade die Statue stammt, wurde 1909 abgebrochen. Der heilige Joseph hält das Jesuskind am Arm. Dessen beide abgebrochenen Arme und Hände führten eine Lanze zum tödlichen Stoß gegen die Schlange, das Böse, zu seinen Füßen.
Das Haus wurde 1812 von Joesph von Stengel erworben, dessen Schutzpatron der heilige Joseph war. Es ist aber stilistisch ausgeschlossen, daß die Skulpturengruppe erst danach entstand. Das Bildwerk wurde vermutlich in den fünfziger Jahren des 18. Jahrhunderts geschaffen, nachdem das Haus im Stil des Mannheimer Baumeisters Sigismund Zeller errichtet worden war. I.G.

Huth 1982, Bd. 2, S. 1211, Abb. 852.

Mannheim, Reiss-Museum (o. Nr.)

3.2.5
Figurengruppe vom Grabmal der Magdalena von Traitteur

Franz Konrad Linck (1730-1793), um 1789/90
Sandstein, H. 155,2 cm

Die Figurengruppe zeigt die dreiundzwanzigjährig verstorbene Magdalena von Traitteur in antikischer Phantasiekleidung auf einem Sockel stehend. Sie hat die Hand eines ihrer Kinder ergriffen, das sie aus dem geborstenen Sarkophag zu sich emporzuheben scheint. Rechts klammern sich ihre beiden überlebenden Kinder weinend an ihr Gewand. Die Gruppe zeigt Magdalena von Traitteur und eines ihrer Kinder als zu neuem Leben Erstandene. Symbol des Geschehens ist das Kreuz, das die verstorbenen Mutter mit ihrer Linken hält: Unterpfand des Glaubens an ein ewiges Leben.
Die Figurengruppe stammt vom Mannheimer Hauptfriedhof, wohin sie um 1875 vom alten katholischen Friedhof im Mannheimer Quadrat K 2 und K 3 gebracht wurde. Auf dem Friedhof verblieb der Sockel mit der Grabinschrift. Darauf befindet sich heute eine Kopie; das Original kam 1972 ins Museum.
Magdalena von Traitteur, geborene von Rogister, war die erste Gemahlin des Carl Theodor von Traitteur (1756-1830), Mitglied der Kurpfälzischen Akademie der Wissenschaften. I.G.

Swoboda 1974, S. 5, Nr. 8m, Abb. 8.

Mannheim, Reiss-Museum (1972/5)

Kat. Nr. 3.2.3

Kat. Nr. 3.2.4

Kat. Nr. 3.2.5

Kat. Nr. 3.2.6

3.2.6
Grabmal der Anna Susanna Katharina Christina zur Niden (1774-91)

Simon Peter Lamine (1783-1817), um 1791 - 93
Sandstein, H. 147 cm

Der Grabstein stammt vom ehemaligen lutherischen Friedhof in Mannheim in den heutigen Quadraten P 7/Q 7. Er kam später auf den Mannheimer Hauptfriedhof und 1993 als Schenkung der Bangert-Stfitung in das Reiss-Museum. Auf dem Hauptfriedhof befindet sich eine Kopie. Dargestellt ist die trauernde Mutter Louisa Polexina Charlotta Alexandrina Carolina zur Niden, die sich zu der Urne mit den sterblichen Überresten ihrer Tochter neigt. Das Motiv der Skulpturengruppe entspricht dem antikisierenden Zeitgeschmack um 1790-1800. Es ist selbstverständlich, daß das junge verstorbene Mädchen eine traditionelle Erdbestattung erhielt und nicht wirklich in einer Urne beigesetzt wurde. I.G.

Mannheim, Reiss-Museum (o. Nr.)

3.2.7
Maria Immaculata

Joseph Ignaz Saler (Augsburg 1697-1764 Augsburg), 1747
Figur: Silber getrieben. Vergoldet: Ornamentborten, Kreuzstab (ohne IHS), Strahlenkranz. Kupfer vergoldet: Weltkugel, Mondsichel, Sternreif. Kupfer und Reste farbiger Fassung: Schlange. Schmucksteine. Sockel: Holzkern mit vergoldetem Kupfer verkleidet, Dekor Silber getrieben und gegossen, H. 225 cm (gesamt), 120 cm (Figur)

Auf Sockel in der Mittelkartusche: DU OHNE MAKEL EMPFANGENE BITT FÜR UNS. Auf Inschriftenkartusche und Gewand Beschauzeichen Seling 223 (Augsburg 1745-1747), Meistermarke Seling 2197

Die große, bewegt gestaltete Figur war ehemals im Besitz der 1738 gegründeten Marianischen Männersodalität in Mannheim und kam nach Profanisierung der Sodalitätskirche in die Jesuitenkirche. Der Entwurf geht auf den bekannten Mannheimer Hofbildhauer Paul Egell zurück.
Maria erhebt sich über einem, von flachgedrückten Kugeln getragenen, vierseitigen, geschweiften Sockel. Über seiner Standplatte steigen zwei Doppelvoluten schräg an. Ihre Oberflächen sowie die Flächen der drei Binnenseiten sind reich mit getriebenen Rocaillen, Blattranken, Blüten und Rosetten geschmückt. Auf der oberen Volute befinden sich vier gegossene Köpfe. Oben endet der Sockel in einer Rundung, welche die von einer Schlange umwundene Erdkugel birgt, auf der Maria steht. Mit dieser fließenden Gestaltung besteht auch eine formale Verbindung zwischen Sockel und Figur. Die Gottesmutter erscheint, die Mondsichel zu ihren Füßen, vor einem Strahlenkranz, welcher in doppelten Strahlenbündeln endet. In ihrer Rechten hält sie den Kreuzstab mit steinbesetzten Buchstaben IHS im Balkenschnittpunkt und diagonal verlaufenden Strahlen. Darunter wächst ein Lilienzweig mit Blüten und Knospen heraus. Den Stab stößt sie in das geöffnete Maul der Schlange. Die Gottesmutter ist gewandet mit einem punzierten Kleid, das über die Sandalen fällt, und einem glattpolierten Mantel mit gravierten Blüten und Bandelwerkschmuck auf der Außenseite sowie paarweise angeordneten Streifen am Innenfutter. Die Ränder von Kleid und Mantel säumen steinbesetzte Borten. Auf ihrem Haupt trägt Maria ein dreifach geschwungenes Diadem mit Steinbesatz. Über dem langen, gewellten Haar liegt ein glattpoliertes Tuch, das über den rechten Oberarm und die Brust herabfällt. Ein steinbesetzter Silberreif umfängt den vollplastisch ausgebildeten Kopf.
Ihr schönes, ebenmäßiges, sanftes, gleichzeitig aber auch strenges Antlitz neigt sie nach unten. Ihre Bewegung drückt Entschlossenheit und Stärke aus. Dies wird erzeugt durch die Schrittstellung des plastisch stark hervortretenden linken Beines, die weitausho-

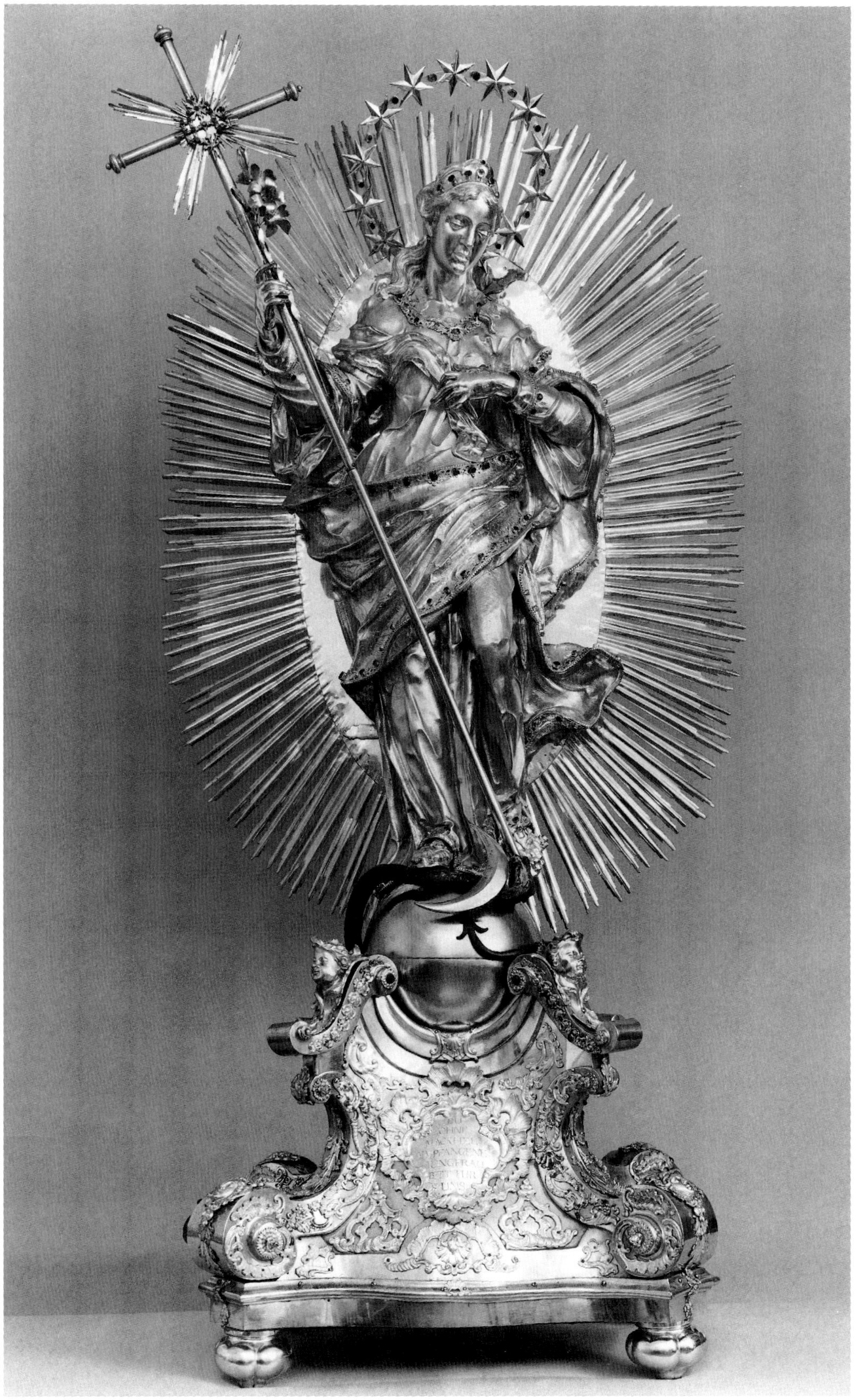

Kat. Nr. 3.2.6

lende Bewegung des rechten Armes und den stark ausgebildeten, in waagerechten Falten fallenden und quer über den Leib verlaufenden Mantel. Die sanft an die Brust gehaltene linke Hand und die feine Körpermodellierung steuern diesem Eindruck wieder etwas entgegen.
Maria ist als Immaculata dargestellt mit den Symbolen ihrer Reinheit, Sonne, Mond, Sterne und Lilie. Mit Ausnahme der Lilie beziehen sich diese Symbole auch auf das apokalyptische Weib, das die Schlange zertritt und das mit Maria identifiziert wurde. In seiner Ausführung darf das silberne Andachtsbild der Mannheimer Sodalität als eines der bedeutendsten und eindrucksvollsten seiner Art gewertet werden. S.St.

Hering-Mitgau, Mane: Barocke Silberplastik in Südwestdeutschland. Weißenhorn 1973, S. 48, 244ff, Nr. 69; Barock in Baden-Württemberg 1981, Bd. 1, Nr. C. 32; Huth 1982, Bd. 1, S. 619ff.

Mannheim, Jesuitenkirche

Kat. Nr. 3.2.7 Detail

3.2.8
Altarkreuz

Ohne Marken, um 1750

Messing, versilbert, teilvergoldet, H. 78,3 cm, Fuß-L. 22,6 cm

Drei Voluten tragen den elegant gestalteten Fuß. Seine glattpolierten Kanten schmückt im unteren Teil ziseliertes Blattwerk. Die Binnenfläche der Vorderseite füllt eine rocaillegerahmte Kartusche mit aufmontiertem, vergoldetem IHS-Symbol. Die beiden Flanken des Fußes bergen eine kleinere, rocaillegesäumte Kartusche mit polierter Binnenfläche, hinter der sich Gitterwerk erstreckt. Am Fuße des Kreuzstammes lagert der vergoldete Schädel Adams als typologischer Verweis auf Christus. Die Balken des schlichten, nur am Rand profilierten Kreuzes laufen in vergoldeten, palmettenartigen Enden aus. Der Gekreuzigte ist als Dreinageltypus dargestellt. Unterhalb des Kreuzesschnittpunktes lassen zwei Bohrlöcher einen ehemals angebrachten Heiligenschein vermuten. Am oberen Teil des Längsbalkens ist der Titulus angeheftet. S.St.

Mannheim, St. Sebastian

Kat. Nr. 3.2.8

Kat. Nr. 3.2.9

3.2.9
Altarkreuz

Mitte 18. Jahrhundert
Bronze gegossen, vergoldet, H. 109 cm, Fuß-L. 30 cm

Der aufwendig gestaltete, dreiseitige Fuß wird von drei kleineren Voluten getragen. Die Seiten des Sockels zieren Akanthus und Schnüre aus kleinen, kugeligen Blättchen. Die Binnenflächen bilden großflächige, glattpolierte Kartuschen, umgeben von einem schmalen Rocailleband. Auf der Vorderseite füllt die Kartusche das Dreifaltigkeitssymbol mit hebräischer Inschrift, hinterfangen von einem Strahlenkranz. Üppige Wolkengebilde, aus denen plastische Engelsköpfe herauswachsen, umschließen den unteren Teil des Kreuzstammes. Das schlichte Kreuz (erneuert) endet in Rocailleornamenten aus älterem Bestand. Der als Dreinageltypus gestaltete Kruzifixus steht auf einem Suppedaneum. Mit seiner gedrehten Haltung, dem angewinkelten Bein (die unnatürliche Haltung der Arme scheint auf eine Reparatur zurückzugehen) und dem diagonal gefälteten Lendentuch ist eine typische, wenn auch gemäßigte barocke Darstellungsweise gegeben. Hinter dem nach rechts geneigten Haupt mit Dornenkrone befindet sich der Titulus sowie in den Diagonalen der Kreuzbalken ein Strahlenkranz. S.St.

Huth 1982, Bd. 1, S. 634.

Mannheim, Jesuitenkirche

Kat. Nr. 3.2.10

3.2.10
Sechs Altarleuchter

Ohne Marken, um 1750/60
Messing, versilbert, H. 71,4 cm, Fuß-L. 22 cm

Der dreiseitige Fuß erhebt sich über drei kleinen, eingerollten Voluten. Der Fuß erhält einen lebhaften Umriß durch stark ausgebildete Bewegungen an den Kanten und am unteren Rand der Seiten. Muschelornament umgibt kleine Kartuschen auf den Binnenflächen. Der Schaft setzt sich aus zwei rocaille- und pflanzenbesetzten Balustern zusammen. An der runden Tropfschale befindet sich ebenfalls Muschelwerk als typisches Ornamentmotiv des Rokoko. S.St.

Huth 1982, Bd. 1, S. 508.

Mannheim, St. Sebastian

Kat. Nr. 3.2.11

3.2.11
Kelch

Franz Ignaz Berdolt (Meister 1710-1762), Augsburg, 1716
Silber, vergoldet, Silbermedaillons, Schmucksteine, H. 30 cm, Fuß-Dm. 17,7 cm

Am Fuß Beschauzeichen ähnlich Seling 176 (Augsburg 1716) und Meistermarke Seling 2026 b

Den Kelch beherrschen sechs an Fuß und Kuppa angebrachte silberne Ovalmedaillons mit alttestamentlichen Szenen. Über sechspassig geschweiftem Fußrand befinden sich auf der gewölbten Oberfläche die Darstellungen Aaron gibt Manna in den Krug (Exodus 16,33), der Bundeslade mit Trägern (Exodus 27,1ff.) und die wunderbare Speisung des Elia (1. Buch der Könige 19,3ff.). Am Fuß werden die Medaillons von Akanthus und Bandwerkformen gerahmt, die sich bis zum Fußhals erstrecken. In den Zwischenräumen befinden sich drei Paar getriebene Engelsköpfe sowie blütengefaßte Schmucksteine auf punziertem Grund. Den Nodus bilden drei volutengerahmte Kartuschen mit den ziselierten Darstellungen Moses schlägt Wasser aus dem Felsen (Exodus 17,1ff.), Ährengarbe und Weinstock. Der Kuppakorb, welcher die Kuppa zu zwei Dritteln ummantelt, wiederholt die Ornamente des Fußes. Hier erscheinen zwischen den Engelspaaren und Schmucksteinen die Medaillons mit den Darstellungen des Mahls der Juden vor dem Auszug aus Ägypten (Exodus 12,1ff), Moses schlägt Wasser aus dem Felsen und des Schaubrottisches (Exodus 25,23). Ein Perlstab und darüber verlaufende geschwungene Blattvoluten schließen den Korb ab. S.St.

Huth 1982, Bd. 1, S. 634f.

Mannheim, Jesuitenkirche

3.2.12
Kelch

Franz Thadäus Lang (Schwarz/Tirol um 1693-1773 Augsburg), 1731-1733
Silber, teilvergoldet, H. 27,8 cm, Fuß-Dm. 18,3 cm

Auf Fuß Beschauzeichen ähnlich Seling 197 (Augsburg 1731 – 1733) und Meistermarke Seling 2118

Der Barockkelch fällt besonders durch seine Farbigkeit auf. Vom silbernen, punzierten Untergrund an Fuß und Kuppa heben sich die vergoldeten erhabenen Teile kontrastreich ab. Über einem gekurvten Rand, einem mit Bandwerkformen dekorierten Wulst und einer Kehle erhebt sich der Fuß in verschliffener Sechspaßform. Seine Oberfläche bedecken Bandelwerkformen mit Akanthusblättern und Voluten. Seiner sechspassigen Wölbung entsprechend, alternieren drei Paar Engelsköpfe mit Kartuschen, gefüllt mit muschelgekrönten Schilden. Schaft und Nodus verschmelzen zu einer dreiseitigen Balustervase, deren kartuschenähnliche Binnenfläche wiederum von Muscheln gefüllt wird. Die Ornamentik der Kuppa mit drei Paar Engelsköpfen, umgeben von Bandelwerk, entspricht etwa der des Fußes. S.St.

Huth 1982, Bd. 1, S. 636.

Mannheim, Jesuitenkirche

3.2.13
Kelch

Franz Thadäus Lang (Schwarz/Tirol um 1693-1773 Augsburg), 1753-1755
Silber, vergoldet, H. 28 cm, Fuß-Dm. 17,5 cm

Auf Fuß Beschauzeichen Seling 233 (Augsburg 1753-1755) und Meistermarke Seling 2118

Der Kelch vertritt die Stilstufe des Rokoko mit bewegt geschweiftem Fußrand, auf dem der in Wulst und Kehle ansteigende gewölbte Fuß emporwächst. Auf glatt polierten Flächen im unteren und punziertem sowie ziseliertem Untergrund im oberen Bereich entfaltet sich reiches Rocailleornament. Dieses umschließt ebenfalls den dreiseitigen Balusternodus und zu zwei Dritteln die Kuppa. S.St.

Huth 1982, Bd. 1, S. 636.

Mannheim, Jesuitenkirche

3.2.14
Kelch

Meister IFH, Mannheim, 1758
Silber, vergoldet, H. 24,4 cm, Fuß-Dm. 16,4 cm

Am Fußrand Stiftungsinschrift: W . Z . M . G . P 24 und MANNHEIMER GARNISIONSKIRCHE 1.7.5.8, Beschauzeichen mit Feingehaltszeichen 13 ähnlich Schmitt Nr. 6 (Mannheim 1765), Beschaumeisterstempel R3 3362 (B, darüber kleine Rose) und Meistermarke, verschlagen wohl I über F und H

Der spät entstandene Rokokokelch erhebt sich stufenförmig über geschweiftem Fußrand. Seine gewölbte Fußoberfläche wie auch der birnenförmige Knauf sind fassoniert mit geschwungenen Zügen. Diese Form der mit senkrechten Zügen versehenen Silbergeräte in der Barockzeit und meistenteils geschwungenen im Zeitalter des Rokoko hat ihren Ursprung um 1730 in Augsburg und findet als „Augsburger Form" weite Verbreitung. Beim Gebrauchssilber sehr beliebt, ist sie an einem Kirchengerät seltener vertreten. S.St.

Huth 1982, Bd. 1, S. 636, 1762. Schmitt 1908, Sp. 101-111, Sp. 103.

Mannheim, Jesuitenkirche

Kat. Nr. 3.2.12

Kat. Nr. 3.2.13

Kat. Nr. 3.2.14

Kat. Nr. 3.2.15

3.2.15
Ziborium

Franz Christoph Mederle (Meister 1729-1765), Augsburg, 1755-1757
Silber, vergoldet, Schmucksteine, H. 38 cm, Fuß-Dm. 18,2 cm, Kuppa-Dm. 13,2 cm

Unter Fuß: Excellent=mus D.D. Franc. Iosephus de Stengel S.E.P. Statue Consilarius intimus et intimae Cancellariae Director in honorem S. Iosephi. An Fuß und Deckel Beschauzeichen Seling 236 (Augsburg 1755-1757) und Meistermarke Seling 2219 z

Der gewölbte Fuß steigt über geschweiftem Rand in Wulst und Kehle an. Reiches Muschelornament bedeckt die gesamte Oberfläche des Fußes, Balusterknaufes und die bis zur Hälfte des Kelches reichende Kuppaummantelung sowie den flachgewölbten Deckel. An Fuß und Kuppa sind je drei silberne, durchbrochene Ornamente angeheftet, die mit fünf kreuzförmig angeordneten Schmucksteinen verziert sind. Den Abschluß des Kuppaunterfanges bilden ein Wulst mit getriebenen vegetabilen Ornamenten und ein bewegt verlaufender Blattfries. Am Deckel befinden sich ebenfalls drei durchbrochene, ovale Rosetten mit je zwei Steinen. Über dem knaufähnlichen Abschluß erhebt sich ein aus Rocaillen gebildetes Kreuz. S.St.

Huth 1982, Bd. 1, S. 507.

Mannheim, St. Sebastian

3.2.16
Ziborium

Ohne Marken, 1760/70
Kupfer, vergoldet. Kuppa: Silber, vergoldet, H. 34,5 cm, Fuß-Dm. 18,5 cm

Der steil aufsteigende Fuß erhebt sich über geschweiftem Rand. Schweres, plastisch stark ausgebildetes Muschelwerk, verbunden mit Voluten, breitet sich über der Fläche aus. Am dreiseitigen Knauf bilden sich volutengerahmte Kartuschen, gefüllt mit Muscheln. Die parallelwandig verlaufende Kuppa sowie der Deckel, der die Form des Fußes wiederholt, weisen die gleiche Ornamentik wie der Fuß auf. Den Abschluß bildet ein Kreuz mit Lilienenden und Strahlenkranz. S.St.

Huth 1982, Bd. 1, S. 636.

Mannheim, Jesuitenkirche

Kat. Nr. 3.2.16

3.2.17
Weihrauchfass

Meister PTS, Mannheim, 1760/70
Silber, H. 31 cm, Fuß-Dm. 11,5 cm

Am Rand des oberen Faßteiles Beschauzeichen mit Feingehaltszeichen 13 R3 3360 (Mannheim 1737-1766), Beschaumeisterstempel R3 3362 (G, darüber kleine Rose) und Meistermarke (PTS in einer Reihe) nicht bei Schmitt; Schmitt Nr. 55 (P und T über S möglicherweise derselbe Goldschmied; Werke aus den 60er Jahren überliefert).

Das Faß bildet zusammen mit dem Schiffchen eine Garnitur. Seinen runden, gewölbten Fuß zieren getriebene Rocaillen und Blüten; den oberen Rand umläuft eine Manschette aus Muschelwerk. Die Fläche des bauchigen, am Rand ausschwingenden Gefäßes gliedert sich durch drei volutenförmig geschwungene, rocailleverzierte Stege, die am Ende die Kettenhalterungen bilden. Dazwischen bedecken getriebene Kartuschen, umrahmt von Muschelwerk, die Oberfläche. Der in einer Kehle aufsteigende, gewölbte Deckel ist im oberen Teil eingezogen. Er besteht ebenfalls aus getriebenen Rocaillen. Die Rauchabzugslöcher sind in diese Ornamente integriert und bilden entsprechend an die Natur angelehnte Formen. Der Schwenkgriff wiederholt die Gestaltung des Fußes mit umlaufendem Muschelwerk am gekehlten Rand, Blütenkette am anschließenden Wulst und einer Rocaillemanschette an der Wölbung. Wegen seiner stark ausgeprägten Ornamentgestaltung kann das Faß auf 1760/70 datiert werden. S.St.

Schmitt 1908, Sp. 101-111, Sp. 103, 104, 108.

Mannheim, St. Sebastian

Kat. Nr. 3.2.17

3.2.18
Weihrauchschiffchen

Meister PTS, Mannheim, 1760/70
Silber, H. 17,5 cm, Fuß-L. 11,6 cm, Fuß-B. 8,6 cm, Deckel-L. 20,8 cm, Deckel-B. 9,5 cm

Am Rand des Deckels Beschauzeichen mit Feingehaltszeichen 13 R3 3360 (Mannheim 1737-1766), Beschaumeisterstempel R3 3362 (G, darüber kleine Rose) und Meistermarke (PTS in einer Reihe) nicht bei Schmitt; Schmitt Nr. 55 (P und T über S möglicherweise derselbe Goldschmied; Werke aus den 60er Jahren überliefert).

Das als Gegenstück zum Faß gebildete Schiffchen ist mit Rocaille- und Blütenschmuck verziert. Wie auch am Faß, prägt die großflächig angelegte Ornamentik das Erscheinungsbild und verweist auf eine Entstehungszeit um 1760/70. Der runde, gewölbte Fuß erhält durch das stark herausgetriebene Muschelwerkornament einen bewegten Umriß. Zwischen schlanken Stegen sitzt ein mächtiger Balusterknauf. Das längliche Schiff hat einen leicht bewegten Rand und ist an seinen Seiten und an den beiden Deckelhälften mit je einem kartuschenförmigen Rocailleornament versehen. S.St.

Schmitt 1908, Sp. 101-111, Sp. 103, 104, 108.

Mannheim, St. Sebastian

Kat. Nr. 3.2.19

3.2.19
Fünf Wundmale

Joseph Ignaz Saler (Augsburg 1697 -1764 Augsburg), 1759-1760
Holzkern, Silber, Kupfer vergoldet, Schmucksteine, H. 81 cm

1. Verwundetes flammendes Herz: auf Inschriftenkartusche, Wolke und Herz Beschauzeichen Seling 239 (Augsburg 1757-1759) und Meistermarke Seling 2197 g
Inschrift: „Agoniae D.N.I.C. Manheimensis Soc. Iesu Ano 1759"
2. Verwundete Hände und Füße: auf Inschriftenkartusche und Wolke Beschauzeichen Hände und Füße Seling 242 (Augsburg 1759-1761) und Meistermarke Seling 2197
Inschrift: „Agoniae D.N.I.C. Manheimensis Soc. Iesu Anno 1760"

Auftraggeber der fünf monstranzähnlichen Altaraufsätze war die Todesangstbruderschaft. In anschaulicher Weise werden das verwundete flammende Herz und die blutenden Hände und Füße des Gekreuzigten dargestellt. Der vierseitige Volutensockel ist mit vergoldetem Kupferblech beschlagen, auf das reicher Rocailleschmuck angebracht wurde. Auf der Vorderseite erscheint die Inschriftenkartusche. Die Rückseite des Sockels ist unverziert und zeigt den blanken Holzkern. Ein Wolkengebilde verdeckt den Stab des Aufsatzes. Vor einem ovalen, unregelmäßig gezackten Strahlenkranz erscheinen die Darstellungen der fünf Wundmale, von einem eigenen kleineren, steinbesetzten Strahlenkranz hinterfangen. Aus einer Wolke wachsen Herz, Hände und Füße heraus. Eine Dornenkrone umrankt das flammende Herz; rote Steine bilden die Schnittwunde und das daraus tropfende Blut. Ein steinbesetztes Kreuz mit Lilienenden und Strahlen entwächst den Flammen. Hände und Füße auf den anderen Aufsätzen zeigen ebenfalls sehr bildlich die blutenden Nagellöcher und die Blutstropfen. S.St.

Huth 1982, Bd. 1, S. 637.

Mannheim, Jesuitenkirche

3.2.20
Armreliquiar des Hl. Sebastian

Heinrich Ernst (= Meister mit Doppellilie) (Düsseldorf, erwähnt zwischen 1625 und 1668), 1658
Silber, teilvergoldet, Schmucksteine, H. 48,7 cm, Fuß-L. 15,7 cm, Fuß-B. 13,5 cm

Am Fuß aufgeheftetes graviertes Wappen Pfalz-Neuburg mit Initialen HPWP (Herzog Philipp Wilhelm Pfalzgraf) und dem Orden vom Goldenen Vlies. Unter dem Fuß: DE. BRACHIO S. SEBASTIANI. M. 1658; ferner: II 35; inven: Z4N. Am Sockel Beschauzeichen Clasen 444 (Düsseldorf) und Meistermarke Clasen 4a (Lilie)

Am profilierten, achtseitigen Fuß befinden sich auf der Vorderseite das Stifterwappen, auf den anderen Feldern angeheftete Blüten, gefüllt mit Edelsteinen. Ein schmales profiliertes Band trennt den Sockel vom vergoldeten Reliquienbehältnis. Es ist als Ärmel gebildet mit weich fallenden Querfalten. Ein längliches, oben rund abschließendes Fenster gibt den Blick auf die

Kat. Nr. 3.2.20

Kat. Nr. 3.2.21

Kat. Nr. 3.2.22

Armreliquie frei. Die aus dem Ärmel ragende silberne Hand mit nach vorne zeigender Innenfläche bildet in naturgetreuer Wiedergabe den Abschluß des Reliquiars. S.St.

Huth 1982, Bd. 1, S. 508; Heppe, Karl Bernd: Düsseldorfer Goldschmiedekunst von 1596 bis 1918. Düsseldorf 1988, S. 181, 183.

Mannheim, St. Sebastian

3.2.21
Sebastiansreliquiar

Ohne Marken, Reliquie mit Beglaubigung von 1768
Kupfer, vergoldet, Silber, Schmucksteine, H. 34,5 cm, Fuß-B. 13,8 cm, Fuß-L. 11,9 cm

Über geschwungenem Rand wölbt sich der steil ansteigende Fuß hoch auf. Seine Oberfläche bildet einen verschliffenen Vierpaß mit dazwischenliegenden Stegen. Diese sind mit getriebenen Blütenranken bedeckt. Volutenförmig eingerollte Kartuschen aus Muschelwerk füllen die gewölbten Flächen. Dem rocaille-verzierten Balusterknauf schließt sich der kreuzförmige Aufsatz an. Ein plastisch gebildeter Blätterkranz umsteht den Haltestab. Zwischen den wie eine Kartusche gebildeten Balken erscheinen in den Diagonalen Strahlen. Mit klaren Steinen gefüllte silberne Blüten und Blattranken erstrecken sich über den gesamten Aufsatz. Das ovale Schauglas umläuft ein beidseitig steingefaßter Rahmen, der von einem Strahlenkranz hinterfangen wird. Auf der Rückseite zeigen die Balken ziselierte und punzierte Rocaillen. Das Pendant zu diesem Reliquiar bildet das Wettersegenkreuz. S.St.

Huth 1982, Bd. 1, S. 508.

Mannheim, St. Sebastian

3.2.22
Wettersegenkreuz

Ohne Marken, Reliquie mit Beglaubigung von 1768
Kupfer, vergoldet, Silber, Schmucksteine, H. 34,5 cm, Fuß-B. 13,9 cm, Fuß-L. 11,8 cm

Der mit Rocaillekartuschen und Blüten verzierte Fuß und der Balusterknauf tragen den kreuzförmigen Aufsatz mit doppeltem Strahlenkranz und bunten Schmucksteinen.
Das Reliquienkreuz bildet das Gegenstück zum Sebastiansreliquiar. Sowohl in ihrer Gestalt als auch ihrer Ornamentik entsprechen sich die beiden Kreuze. Der auffälligste Unterschied besteht in der silbernen Blatt- und Blütenranke auf dem Aufsatz. Diese ist hier schmaler und mit leuchtend blauen Steinen versehen. S.St.

Huth 1982, Bd. 1, S. 508.

Mannheim, St. Sebastian

3.2.23
Kreuzpartikelmonstranz

Mitte 18. Jahrhundert, Reliquienkreuz 17. Jahrhundert, spanisch
Kupfer, versilbert und vergoldet, Schmucksteine, H. 54 cm, Fuß-L. 26 cm, Fuß-B. 21,5 cm. Ostensorium Silber, vergoldet, Schmucksteine, H des Reliquienkreuzes 11,5 cm

Inschrift auf der Rückseite des Reliquienkreuzes links: ESTA TOCADA, unten: A...T, rechts: ED CARA VACA

Der gewölbte Fuß steigt über geschweiftem Rand in Wulst und Kehle auf. Auf seiner Oberfläche breiten sich in symmetrischer Anordnung getriebene Rocaillen mit Schmucksteinen und Blütenranken aus. Der Balusterknauf birgt in eingerolltem Muschelwerk vier Engelsköpfe. Darüber erhebt sich das Kreuz, dessen Balken mit versilberten, durchbrochenen Rocaillen und Schmucksteinen belegt sind. Die Balken laufen in Kleeblattenden aus. Ein Strahlenkranz mit den Wundmalen aus Silberblech (links unten fehlt ein Fuß) in den Diagonalen hinterfängt das Behältnis. Sein ovaler Rahmen ist reich mit Voluten, Rocaillen, Blütengirlanden sowie Steinen verziert. Das Innere birgt ein Patriarchenkreuz mit medaillonförmigen Reliquienbehältnissen (z.T. leer) im Stamm und in den Balkenenden. Zwei Engel flankieren das Kreuz und halten es am Stamm. Auf der Vorderseite befindet sich im Kreuzesschnittpunkt die Mondsichelmadonna, umgeben von Engelsköpfen, auf der Rückseite der Gekreuzigte mit Leidenswerkzeugen auf dem unteren und Engelsköpfen auf dem oberen Balken sowie Stamm und Dornenkrone am oberen Längsbalken. S.St.

Huth 1982, Bd. 1, S. 637.

Mannheim, Jesuitenkirche

Kat. Nr. 3.2.23

Kat. Nr. 3.2.25

3.2.24
Sonnenmonstranz

Johann Jakob Frings (Köln, Meister 1694-1726, Augsburg), 1694-1695
Silber, teilvergoldet, Schmucksteine, H. 97 cm, Fuß-L. 35,4 cm, Fuß-B. 28 cm

Auf Fuß und Strahlenkranz Beschauzeichen Seling 148 (Augsburg 1690-1695) und Meistermarke Seling 1883 (bei Rosenberg Johann Fassnacht zugeschrieben, R3 732)

Die hohe, aufwendig gearbeitete Monstranz prägen üppige Treibarbeiten, vielzählige figürliche Darstellungen sowie eine reiche Farbigkeit. Der Fuß steigt über geschweiftem Rand in Wulst und Kehle an, umlaufen von getriebenen Blattgewinden. Reiche barocke Ornamentik, bestehend aus Akanthus, Fruchtkörben und Füllhörnern mit herausquellenden, ziselierten Ähren und Weinreben überzieht die Fußoberfläche und schließt die getriebenen Medaillons des Pelikan auf der Vorderseite und des nachträglich aufgenieteten IHS Symbols auf der Rückseite ein. Den birnenförmigen Knauf schmücken zwei plastisch gebildete Engelsköpfe sowie getriebene und ziselierte Fruchtgarben. Der vergoldete Strahlenkranz hinterfängt eine silberne Laubwerkranke mit farbigem Steinbesatz und Bandwerkformen. Sie bietet die Fläche für zahlreiche Figuren: unten erscheint die Mondsichelmadonna vor einem eigenen Strahlenkranz; darüber befindet sich die von zwei Engeln getragene Bundeslade im Wolkenkranz mit den Darstellungen der Gesetzestafeln, eines Palmzweiges sowie eines Gefäßes. Das runde, mit eigenem Strahlenkranz, durchbrochenen Blattranken und roten Steinen verzierte Schauglas (die Ornamentik verweist auf eine spätere Entstehungszeit im 19. Jahrhundert), flankieren in Laubwerkmedaillons, jeweils auf Wolken knieend, links ein Bischof und rechts der hl. Fridolin mit seinen Attributen, dem Abtsstab und Totengerippe. Oberhalb der Medaillons schweben zwei Engel, die ihre Arme zu einer barocken Bügelkrone über dem Behältnis ausstrecken. Darüber befinden sich je im Wolkenkranz und von Strahlen hinterfangen Gottvater in Wolken und die Taube des hl. Geistes. Den Abschluß bildet ein steinbesetztes Kreuz mit Lilienenden und Strahlen. Auf der Rückseite säumt ein Lorbeerkranz das Behältnis. Wegen der Figur des hl. Fridolin kann man die Provenienz der Monstranz am Oberrhein oder der nördlichen Schweiz (Säckingen?) vermuten. S.St.

Huth 1982, Bd. 1, S. 636.

Mannheim, Jesuitenkirche

Kat. Nr. 3.2.24

3.2.25
Sonnenmonstranz

Joseph Ignaz Saler (Augsburg 1697-1764 Augsburg), 1737-1739
Silber, teilvergoldet, Kameen, Schmucksteine, H. 76 cm, Fuß-L. 26,7 cm, Fuß-B. 20,8 cm

Auf Fuß, Behältnis, Strahlenkranz und Kranz Beschauzeichen Seling 212 (Augsburg 1737-1739) und Meistermarke Seling 2197 (mit Punkt zwischen I und S anstelle des Kreuzes)

Der getriebene und punzierte Fuß erhebt sich über geschweiftem Rand. Zwei silberne, in Kehlen verlaufende Bänder mit Schachbrettmuster und Voluten verziert, säumen beidseitig die Wölbung, welche mit alternierend großen und kleinen, steinbesetzten Kartuschen dekoriert ist. Diese Ornamente wiederholen sich am Fußhals. Der dreiseitige getriebene und ziselierte Balusternodus zeigt drei volutengerahmte Kameen; aus Elfenbein ist die Darstellung Christi gearbeitet und aus Lapislazuli die Darstellungen von Ignatius und Franz Xaver. Zum Aufsatz leitet ein silberner, plastisch gebildeter Blätterkranz über. Hier hinterfängt ein gezackter Strahlenkranz durchbrochene Bandwerkformen aus Silber mit ährengefüllten Füllhörnern, Fruchtkörben und Gitterwerk. Darauf befinden sich in eigenen Strahlenkränzen unten die Taube des Heiligen Geistes (seit 1952, ursprünglich eine Kreuzigungsgruppe aus Elfenbein) und steinverzierte Medaillons. Das Schaugefäß ist als gestreckter Vierpaß mit eingesetzten Zwickeln gestaltet. Seinen Rahmen, welcher mit einem eigenen kleinen Strahlenkranz versehen ist, ziert eine silberne Ranke mit sechs Kameen, Puttenköpfen und farbigen Steinen. Den oberen Teil des Aufsatzes bildet ein geschwungener Giebel und ein Baldachin mit Lambrequins. Darunter erscheint in Wolken Gottvater im Strahlenkranz. Ein Kreuz, bestehend aus Lilienenden, Steinen und Strahlen, bildet den Abschluß der Monstranz. Die feine Ornamentik, angelehnt an den Berain-Stil, verleiht der Monstranz Eleganz und Leichtigkeit.

S.St.

Huth 1982, Bd. 1, S. 637.

Mannheim, Jesuitenkirche

3.2.26
Sonnenmonstranz

Emanuel Gottlieb Oernster (Danzig 1718-1767 Augsburg), 1755-1757
Silber, teilvergoldet, Schmucksteine, H. 58,8 cm, Fuß-L. 24,5 cm, Fuß-B. 16,4 cm

Am Strahlenkranz Beschauzeichen Seling 235 (Augsburg 1755-1757) und Meistermarke Seling 2435

Der ovale Fuß steigt über geschwungenem Rand in zwei Kehlen auf. Getriebene Rocaillen überlagern die gewölbte Oberfläche. Auf der Vorderseite erscheint das IHS-Symbol im Strahlenkranz, umgeben von einem runden, durchbrochenen, mit Steinen besetzten silbernen Rahmen. Auch Schaft und Knauf werden von volutenförmig geschwungenem Muschelwerk überdeckt. Am Aufsatz erstreckt sich vor unregelmäßig gezacktem Strahlenkranz ein silberdurchbrochener Kranz aus Muschelwerk, auf dem Farbsteine blütenartig angeordnet sind. Die darauf montierten vergoldeten Reliefs zeigen unterhalb des Behältnisses Maria, seitlich davon je zwei Engel und oberhalb Gottvater in Wolken, umgeben von einem eigenen Strahlenkranz sowie abschließend die Taube des Heiligen Geistes, ebenfalls im Strahlenkranz. Der mit Steinen besetzte kartuschenförmige Rahmen des Schauglases bildet sich aus volutenförmig geschwungenen Rocaillen. Auf der Rückseite wiederholt sich dieses Ornament mit Ausnahme der Steine. Die Bekrönung der Monstranz bildet ein steinbesetztes Kreuz mit verbreiterten Enden. S.St.

Huth 1982, Bd. 1, S. 507.

Mannheim, St. Sebastian

3.2.27
Kasel

Deutschland, 2. Viertel 18. Jahrhundert
Seidensamt, Goldstickerei, L. 119 cm, B. 88 cm

Um 1802 wurde ein Großteil des beweglichen Inventars der Mannheimer Schloßkirche nach München in die Residenzhofkapelle verbracht, darunter die hier vorgestellte schwarze Samtkasel, die in den Inventarlisten von 1803 als „schwarz Mess Kleid ... mit golt gestükt" beschrieben ist.
Die ungewöhnlich große, bauchig geschnittene Kasel ist aus einem schwarzen, ziselierten Samt gearbeitet, dessen Muster vor punktiertem Grund wellenförmige Blütenranken im Stil der dreißiger bis vierziger Jahre des 18. Jahrhunderts zeigt. Kreuz und Stab sind in üppiger Goldstickerei mit vegetabilem und ornamentalem Dekor verziert. Der symmetrisch aufgebaute, kleinteilige Dekor ist aus gerollten Blattmotiven und Bandelwerkformen gebildet und zeichnet sich durch besondere Dichte aus. P.H.

Seelig 1984, Nr. 123.

München, Bayerische Verwaltung der Staatlichen Schlösser, Gärten und Seen, Residenz München (Res.Mü. F.V.II)

3.2.28
Kasel

Mitte 18. Jahrhundert
Seidengewebe mit Silberbroschierung, Silberborten, Leinenfutter, L. 104,5 cm, B. 65,5 cm

Für die in Baßgeigenform geschnittene Kasel wurde ein französisches Seidengewebe aus der Mitte des 18. Jahrhunderts verarbeitet, das auf hellblauem, zickzack-gemustertem Grund wellig aufsteigende Ranken mit großen, orientalisch wirkenden Blüten zeigt. Kaselkreuz und –stab sind durch Silberborten markiert, die auch als Einfassung der Kanten dienen. Das cremefarbene, gewachste Leinenfutter ist originaler Bestand. Als Zubehör haben sich Stola, Manipel und Kelchvelum erhalten.
Die Kasel zeigt ungewöhnliche Nahtstellen und Faltenwürfe, die eindeutig darauf hinweisen, daß der Seidenstoff ursprünglich für eine höfische Damenrobe verwendet wurde. Wegen der Kostbarkeit des Seidenstoffes ist an eine der in den Archivalien nachgewiesenen Kleiderstiftungen des pfälzischen Hofes zu denken. P.H.

Mannheim, Jesuitenkirche

3.2.29
Kasel

Süddeutschland, wohl Mitte 18. Jahrhundert
Seidengewebe, Goldborten, H. 112 cm, B. 76,5 cm

Im Unterschied zur hellblauen und schwarzen Kasel (Kat.Nr. 3.2.27 und 3.2.28) zeigt dieses Meßgewand den vor allem in Süddeutschland verwendeten Schnitt mit einem T-förmigen Besatz auf der Vorderseite, dem ein Stab auf der Rückseite und eine kragenähnliche Einfassung des Halsausschnittes in der Ausführung entspricht.
Sowohl der Gewandstoff, ein roter Seidensamt mit gepreßtem Muster, als auch das Seidengewebe der Besätze mit Spitzendekor befinden sich hier in Zweitverwendung. Bei dem roten Seidensamt lassen die Knopflochreihen auf der Vorderseite der Kasel erkennen, daß

Kat. Nr. 3.2.26

Kat. Nr. 3.2.27

Kat. Nr. 3.2.28

Kat. Nr. 3.2.29 Vorderseite

Kat. Nr. 3.2.29 Rückseite

er von einem Herrenrock (oder einer Weste) stammt. Das mit Modeln auf den Samt gepreßte Muster zeigt in horizontalen Reihen versetzte, stilisierte Blütenmotive, die der Rundung der ehemaligen Rockkanten folgend angeordnet sind. Das deutet darauf hin, daß das Muster erst auf den bereits zugeschnittenen Herrenrock aufgetragen wurde.
Die stark gestückelten Besätze der Kasel wurden aus einem französisches Seidengewebe mit einem sogenannten Spitzenmuster aus der Zeit um 1715/25 gearbeitet. Besätze und Kanten sind mit Goldborten eingefaßt. Als Futter dient ein lachsfarbener Leinenstoff.
Der Überlieferung nach sollen die beiden Stoffe von Gewändern aus dem Besitz des Kurfürstenpaares stammen, der rote Samt *von einem Rock Herzog Carl Theodors*, das Seidengewebe für die Besätze *von einem Brautkleid der Elisabeth Auguste.* P.H.

Röttger/Goering 1936, S. 80.

Ludwigshafen-Oggersheim, St. Maria Himmelfahrt

Kat. Nr. 3.2.30

3.2.30
Dalmatik

Um 1745
Seidensamt goldlanciert, Seiden- und Metallstickerei, Metallborten, Metallquasten, L. 110 cm, B. 138 cm

Die aus grünem, goldgemustertem Samt gearbeitete Dalmatik ist Bestandteil eines festlichen Ornats (Kasel, zwei Dalmatiken, Stolen, Manipel, Palla, Bursa), zu dem ursprünglich auch ein Pluviale und ein Antependium gehörten. Als Gewandstoff wurde ein Samtgewebe mit einem symmetrisch angelegten, großformatigem Muster mit sehr hohem Rapport verarbeitet. Der im unteren Bereich kompakte Dekor ist aus stilisierten Blüten und Blattmotiven gebildet, die von gewellten Bändern mit Spitzenornamentik und C-Bögen begleitet werden. Als Gewandschmuck dienen von der Schulter herabhängende Goldquasten und Goldborten, die als Kantenbesatz und als Markierung der breiten Mittelstäbe, Querriegel und Ärmelbesätze angebracht sind. Auf der Rückseite ist das in Seiden- und Metallstickerei ausgeführte, von einem Kurhut bekrönte Allianzwappen des Kurfürsten Carl Theodor angebracht.
Möglicherweise handelt es sich bei dem Ornat um die 1747 aus der Mannheimer Schloßkirche nach Düsseldorf abgegebenen Paramente. Es ist zu vermuten, daß der Ornat bereits zur Zeit Carl Philipps entstanden ist und nachträglich mit den Wappen Carl Theodors versehen wurde, um als Geschenk nach Düsseldorf gesandt zu werden. P.H.

Huth 1982, Bd. 1, S. 390; Frommer Reichtum in Düsseldorf. Kirchliche Schätze aus zehn Jahrhunderten. Düsseldorf 1978, Nr. 450.

Düsseldorf, St. Martin

3.3
Die Volksfrömmigkeit in der Kurpfalz im 18. Jahrhundert

1729 faßte Pfalzgraf Joseph Carl Emanuel von Sulzbach (1694-1729), der Vater der späteren Kurfürstin Elisabeth Auguste, den Entschluß, in Oggersheim eine Wallfahrtskapelle zu errichten. Es sollten Marienwallfahrten dorthin stattfinden wie zum Heiligen Haus in Loreto in der italienischen Provinz Ancona. Bei dieser Wallfahrtsstätte handelt es sich angeblich um das Haus der heiligen Familie, das Engel einer Legende zufolge 1295 von Nazareth nach Loreto gebracht hatten und das im 17. Jahrhundert in eine Kirche umgewandelt wurde. Nach diesem Vorbild entstanden im 18. Jahrhundert zahlreiche Loretokapellen. Durch den frühen Tod von Joseph Carl Emanuel von Sulzbach wurde das Vorhaben vorläufig unterbrochen, bis sich Kurfürst Carl Philipp (1661-1742) seiner Vollendung annahm und den Jesuiten die Durchführung der Wallfahrten übertrug. Dazu wurden aus Rom heilige Reliquien und aus Loreto ein Gnadenbild zur Verfügung gestellt, das nach dem dortigen Madonnenbildnis geschaffen worden war. Am 25. März 1733 wurde die Kapelle zu Ehren von Mariä Himmelfahrt mit einer Wallfahrt eingeweiht, die nun jährlich an diesem Datum stattfand.

In den folgenden Jahren zogen diese Wallfahrten immer mehr Pilger an und wurden damit zum Ausdruck einer intensiven Volksfrömmigkeit in der Kurpfalz. Auch von Carl Philipps Nachfolger Kurfürst Carl Theodor und vor allem von Seiten der Kurfürstin Elisabeth Auguste wurde der Loretokapelle und späteren Wallfahrtskirche besondere Aufmerksamkeit entgegengebracht. Kurz nach ihrer Hochzeit 1742 und der Regierungsübernahme 1743 wohnten beide einem Gottesdienst in Oggersheim bei. Aus dieser Zeit stammt vermutlich das Gemälde, auf dem Elisabeth Auguste dem Gnadenbild die flammenden Herzen ihrer Familie darbringt. Darstellungen dieser Art waren unter der Bevölkerung in kleinerem Format als Votivbilder sehr verbreitet. Es handelt sich dabei um Bitt- oder Dankeszeichen, mit denen sich der Gläubige an bestimmte Heilige wandte. Einige haben sich in der Wallfahrtskirche Maria Himmelfahrt in Oggersheim erhalten. Dabei ist vor allem das Votivbild mit Kurfürst Carl Theodor im Krankenbett hervorzuheben, das durch eine ausführliche Votivinschrift ergänzt wurde. Durch die lateinische Formel „Ex Voto" („Aufgrund eines Gelübdes"), die erst seit dem 17. Jahrhundert auf Votivtafeln gebräuchlich wurde, kam außerdem zum Ausdruck, daß sich der Votant, das heißt der Stifter eines Votivbildes, mit diesem religiösen Akt vertrauensvoll dem Schutz eines Heiligen und damit dem Willen Gottes unterstellte.

Außer diesen einfachen Bildzeichen von meist unbekannten Malern manifestierte sich die Volksfrömmigkeit in der Kurpfalz durch zahlreiche Heiligenskulpturen, die auf öffentlichen Plätzen aufgestellt waren oder Privathäuser zierten. In Mannheim standen mit Paul Egell (1691-1752), Peter Anton von Verschaffelt (1710-1793), Johann Matthäus van den Branden (1716-1788), Franz Conrad Linck (1730-1793) und Simon Peter Lamine (1738-1817) hervorragende Bildhauer zur Verfügung, die neben dem höfischen Ausstattungsprogramm auch Aufträge dieser Art durchführten. Paul Egell und Peter Anton von Verschaffelt sind in dieser Hinsicht besonders erwähnenswert, da sie außerdem in hohem Maße an der Innenausstattung von Kirchen in Mannheim wie beispielsweise der Schloßkirche, der Jesuitenkirche und der unteren Pfarrkirche St. Sebastian beteiligt waren und beide ebenso mit Arbeiten in der Wallfahrtskirche in Oggersheim vertreten sind. A.K.

3.3.1
Kurfürstin Elisabeth Auguste opfert unter dem Oggersheimer Gnadenbild die Herzen ihrer Familie

Franz Josef Weiss (Bergatreute/Württemberg 1699-1770 München), nach 1742
Öl auf Leinwand, 93 x 151 cm

Im Vordergrund links kniet Elisabeth Auguste, die mit Kurfürstenhut und Hermelinmantel dargestellt ist. Rechts von ihr präsentiert ein Putto das Wappen des Hauses Pfalz-Wittelsbach. Hinter ihr ist der pfälzische Löwe zu erkennen. Sie bringt dem Oggersheimer Gnadenbild eine Schale mit sechs flammenden Herzen dar. Bei diesen Herzen handelt es sich vermutlich um ihr eigenes und das ihres Ehemannes Carl Theodor, die ihrer Eltern Joseph Carl Emanuel Pfalzgraf von Sulzbach, der die Loretokapelle 1729 begründet hatte, und Elisabetha Augusta Sophia von Pfalz-Neuburg sowie die ihrer beiden Schwestern Franziska Dorothea und Maria Anna. Die Virgo Lauretana ist von mehreren Engeln umgeben. Über ihrem Kopf erscheinen in einem Blütenkranz die Initialen RA, die für Regina Angelorum stehen. Im Mittelgrund rechts verfolgen mehrere betende Pilger diese feierlich-andächtige Szene. Im Hintergrund ist die Stadt Oggersheim von der Südseite mit der Loretokapelle, dem Mannheimer Tor, dem Schloß und der Kilianskirche zu erkennen.

Ein Kupferstich, der nach diesem Gemälde entstanden ist (Kat. Nr. 3.3.2), gibt Aufschluß über den Künstler und den Anlaß des Bildes, das weder signiert, noch datiert ist. Die vollständige Bildunterschrift lautet: „Bei der Vermählung von Ihro Kurfürstlichen Durchlaucht Elisabetha Augusta im Jahr 1741." Die Jahreszahl stimmt jedoch nicht, da die Hochzeit erst 1742 stattfand. Außerdem ist Elisabeth Auguste bereits als Kurfürstin wiedergegeben, obwohl 1741 Carl Philipp noch Kurfürst von der Pfalz war. Es ist daher anzunehmen, daß beide Darstellungen nach der Regierungsübernahme Carl Theodors in Erinnerung an die Vermählung entstanden sind. Bei dem Gemälde handelt es sich folglich um eines der ersten Bildnisse von Elisabeth Auguste als Kurfürstin, das allerdings keinerlei Ähnlichkeit mit anderen Porträts aus dieser frühen Regierungszeit besitzt (vgl. Kat. Nr. 1.3.4). Daß man die Herzen seiner Familie aus einem bestimmten Anlaß der heiligen Jungfrau weihte, war in der katholischen Kirche nicht ungewöhnlich. Es gibt dafür auch Beispiele mit den Wittelsbacher Fürsten vor dem Gnadenbild in Altötting.

A.K.

Eckardt, Anton: Die Kunstdenkmäler der Pfalz. München 1939, Bd. 8 (Stadt und Landkreis Frankenthal), S. 238; Gutzer 1991, S. 46-48.

Großkarlbach, Katholische Kirchenstiftung St. Jakobus

Kat. Nr. 3.3.1

3.3.2
Kurfürstin Elisabeth Auguste opfert unter dem Oggersheimer Gnadenbild die Herzen ihrer Familie

Simon Thaddäus Sondermayr (Augsburg, 2. Viertel 18. Jh.), 1742
Kupferstich und Radierung, 27,5 x 15,7 cm (beschnitten)

Bez. unter der Darstellung: „VIRGO LAURETANA IN OGGERSHEIM / PATRONA ELECTORATUS PALATINI; u. l. und r.: „J. Weis. del. Monach:" und „S. T. Sondermayr. Cath. sculp. A. V."

Dieses Andachtsblatt ist nach dem Gemälde von Franz Josef Weiss (Kat. Nr. 3.3.1) entstanden. Daß diese Darstellung als druckgraphisches Blatt Verbreitung fand, zeigt, welche Bedeutung ihr beigemessen wurde. Simon Thaddäus Sondermayr, der zahlreiche graphische Blätter religiösen Inhaltes und darunter auch Reproduktionsstiche nach Franz Josef Weiss ausgeführt hat, wurde mit dem Kupferstich beauftragt. Die Wiedergabe von Elisabeth Auguste mit vollerem Gesicht kommt allerdings vergleichbaren Jugendbildnissen näher, als dies bei dem Gemälde der Fall ist. A.K.

Thieme-Becker 1937, Bd. 31, S. 275, 276; Gutzer 1991, S. 46-48.

Mannheim, Reiss-Museum (G Bd 128g, k)

Kat. Nr. 3.3.2

3.3.3
Porträt des Matthäus Vogel

Unbekannter Maler, um 1756
Pastell, 25 x 19 cm

1733 weihte Kurfürst Carl Philipp die Loretokapelle in Oggersheim ein, die 1729 von Joseph Carl Emanuel Pfalzgraf von Sulzbach (1694-1729), dem Vater von Elisabeth Auguste, angeregt worden war. Nach dem Vorbild des Heiligen Hauses von Loreto in Italien fanden Marienwallfahrten dorthin statt, die von Pater Matthäus Vogel (1695-1766) betreut wurden. Sie fanden großen Zuspruch, so daß sich der Pilgerstrom ständig vergrößerte und Carl Theodor der Kapelle 1763 eine Mission mit zwei Patres und einem Laienbruder stiftete. Matthäus Vogel war ein eifriger Verfechter der christlichen Lehre und wirkte in Oggersheim 33 Jahre als Missionar. Neben der größten volkstümlichen Apologetik seiner Zeit verfaßte er 1754 ein Buch über die Lauretanische Wallfahrt (Kat. Nr. 3.3.6). A.K.

Gutzer, August: Oggersheim und die Jesuiten. Ludwigshafen 1983; Gutzer 1991, S. 49-51.

Ludwigshafen-Oggersheim, St. Maria Himmelfahrt

Kat. Nr. 3.3.3

3.3.4
Tugend-Übungen

Erste und führnehmste Weiß, dem Heiligen Meß=Opfer nutzlich und andächtig beyzuwohnen, durch Betrachtung des bitteren Leydens und Sterbens Jesu Christi, mit hinzugefügter Erweckung verschiedener Tugends=Übungen: Sambt einem Anhang einiger Beicht= und Communion Gebetter. Von einem Priester der Soc. JESU zusammengetragen. Mannheim, Gedruckt in der Churfürstlichen Hoff=Buchdruckerey durch Matthias Oberholtzer. 1741

Matthaeus Vogel (1695-1765), Mannheim, 1741
1. Auflage in deutscher Sprache (französische Ausgabe 1738, 2. u. 3. deutsche Auflage 1752 u. 1753), Papier, 172 S. mit 36 Kupferstichen (P.A. Kilian, S.T. Sondermayr [1]), 19,8 x 14,8 cm

Matthäus Vogel war innerhalb des in der Kurpfalz tätigen Jesuitenordens ein „Operarius", ein für praktische Belange und für die Seelsorge Tätiger. Sein „Meß-Opfer", mehrfach aufgelegt, enthält 36 Kupferstiche, die in jeweils wechselnden Bildern die Stationen der katholischen Messe illustrieren. Der Priester ist am Altar dargestellt, auf dem zu den einzelnen Stationen Szenen aus der biblischen Geschichte der Passion Christi abgebildet sind. H.E.Vt./I.G.

Mannheim, Reiss-Museum (Mh 1226)

3.3.5
Der kleine katholische Katechismus

Der kleine Catholische Catechismus in fünf Haubt=Stück abgetheilt durch Ven. P. Petrum Canisium aus der Gesellschaft Jesu; anietzo auf das Neue mit unterschiedlichen Unterweisungen und einigen Gebettlein erklärt und vermehrt von Mattheo Vogel ... cum permissu Superiorum & Privilegio. Mannheim, gedruckt in der Churfürstl. Hoff= Buchdruckerey, bey Nicolaus Pierron. 1754

Matthaeus Vogel (1695-1765), Mannheim, Hofdruckerei, 1754
Papier, 144 S., 13 x 8 cm

Der Katechismus stammt ursprünglich aus dem 16. Jahrhundert und wurde von dem Jesuitenpater Petrus Canisius erarbeitet. Er richtet sich an die Kinder und gibt in Frage und Antwort die Erläuterungen zu den fünf Glaubenslehren der katholischen Kirche. Matthäus Vogel (1695-1765) hat die Schrift des Canisius seinerseits erläutert in einundzwanzig Unterweisungen, die er ebenfalls als Frage und Antwort gestaltete. H.E.Vt./I.G.

Mannheim, Reiss-Museum (Mh 1351)

3.3.6
Andachtsübungen zur Lauretanischen Wallfahrt

Lauretansche Wallfarth zu der Oggersheimer Loreto=Capell deren Patrum Soc. Jesu. (Theil 1.-3.) Worin enthalten seynd verschiedene Unterweisung= und Andachts= Übungen. Mannheim, gedruckt in der Churfürstl. Hof-Buchdruckerey bey Nicolaum Pierron. 1754.

Matthaeus Vogel (1695-1765), Mannheim, 1754
Papier, Titelkupfer (Klauber), 1. T.: 253 S, 2. T.: S. 254-554, 3. T.: S. 555-896, 16 x 9 cm

Das 896 Seiten starke kleine Buch ist mit einem Titelkupfer geschmückt, das das Gnadenbild der Oggersheimer Loretokapelle, von Engeln verehrt, zeigt: eine mit kostbarem Stoff bekleidete Marienfigur mit Jesuskind. Der Textteil enthält ausführliche Gebetstexte für die Wallfahrer zur Casa-Santa-di-Loreto in Oggersheim. H.E. Vt./I.G.

Mannheim, Reiss-Museum (Mh 791)

3.3.7
Entwurf für die Fassadengestaltung und das Hauptportal der Schloss- und Wallfahrtskirche in Oggersheim

Peter Anton von Verschaffelt (Gent 1710-1793 Mannheim), 1773/74
Tuschfeder in Schwarz über Bleistift, braune Lavierungen, 30,8 x 23,5 cm

Kat. Nr. 3.3.7

Die einachsige Fassade mit dem breiten Dreiecksgiebel, der die gesamte Front überspannt, entspricht am ehesten der ausgeführten Architektur. Im Gegensatz zu den zwei kompositen Doppelpilastern der Ausführung, die das hohe Gebälk tragen, waren hier noch ionische Doppelpilaster vorgesehen. Sie sitzen auf hohen Postamenten auf, wobei jeweils der äußere Pilaster von einem weiteren hinterlegt wird, der zu der Seitenfassade überleitet. Die strenge „toskanisch-dorische" Ordnung des Eingangsportals, in der sich die Form der Westfassade wiederholt, wurde bei der Ausführung durch eine aufwendigere Gestaltung ersetzt: Das Doppelwappen von Kurpfalz und Sulzbach überragt das Portal und wird von dem Kurhut bekrönt. Es erscheint innerhalb eines Segmentgiebels, der von zwei Volutenkonsolen getragen wird.
Elisabeth Auguste beauftragte 1773 Peter Anton von Verschaffelt mit dem Bau dieser Wallfahrtskirche, die die von ihrem Vater Joseph Carl Emanuel von Sulzbach (1694-1729) gegründete Loretokapelle in ihren Mauern einbeziehen sollte. Bei der Einweihung der Kirche 1777 wurde Verschaffelt laut Breve von Papst Pius VI. zum Ritter des Päpstlichen Christusordens ernannt. A.K.

Gesche 1976, S. 58, Kat. Nr. 45a; Hofmann 1982, S. 85, 86, Abb. 82.

Mannheim, Reiss-Museum (G Kh 2271, 45a, k / LBW 1974/2/15)

3.3.8
Gesangbuch zur Lauretanischen Andacht

Gesang=Büchlein zum Dienst der Lauretanischen Andacht in Oggersheim

Mannheim, Verlag der Katholischen Bürgerhospitals-Buchdruckerei, 1793
Papier, 48 S., 13,6 x 8,4 cm

Das kleine lauretanische Gesangbüchlein ist Teil einer Sammelschrift mit verschiedenen Gebeten und Andachtsübungen. Die Oggersheimer Wallfahrt war die einzige in der Kurpfalz. Sie lag besonders der Kurfürstin Elisabeth Auguste am Herzen, deren Vater sie durch den Bau der Loretokapelle in Oggersheim 1729 begründet hatte. Nach dem Bau der Wallfahrtskirche durch Peter Anton von Verschaffelt ließ Elisabeth Auguste neue Statuten herausgeben, die 1781 fertig waren. Die Wallfahrt, bis 1773 von den Jesuiten betreut, lag danach in den Händen von Kapuzinern. H.E.Vt/I.G.

Mannheim, Reiss-Museum (Mh 594, angebunden)

3.3.9
Sechs Votivtafeln aus der Loreto-Kapelle in der Wallfahrtskirche in Oggersheim

Diese Votivtafeln stammen aus der Zeit, als die Loretokapelle in Oggersheim, seit 1733 unter den Jesuiten und nach deren Aufhebung 1773 durch die Kapuziner, sich zu einem Zentrum der kurpfälzischen Wallfahrt entwickelt hatte. Sie wurden von ihren Stiftern mit der Bitte um Erlangung einer besonderen Hilfe oder aus Dankbarkeit für eine gewährte Gnade der Virgo Lauretana, der Schutzheiligen der Loretokapelle, dargebracht. Diese erscheint zusammen mit dem Jesuskind, jeweils oberhalb der Darstellung auf Wolken thronend. Darunter ist der Vorgang dargestellt, der den Anlaß für die Votivtafel gab und der durch eine Bildunterschrift zusätzlich erläutert sein kann.

a Ertrinkender auf zerbrochenem Floss

Unbekannter Maler, 1736
Öl auf Leinwand, 68,5 x 50,3 cm

Bez. u. l.: „Ex Voto 1736"

Kat. Nr. 3.3.9 a

b Votant im Betstuhl mit Hl. Nepomuk

Unbekannter Maler, um 1750
Öl auf Leinwand, 36,4 x 39 cm

Spruchbänder im Bild vom Votanten zum Gnadenbild „O MARIA DU HELFERIN IN ALLER NOTH" und vom Votanten zum Hl. Nepomuk „DU BESCHÜZER DER EHEN"; Bildunterschrift: „O MARIA HELFERIN IN ALLER NOTH. JOHANNES NEPOMU[K] EIN BESCHÜZER VOR SCHAND UND SPOTT. EX VOTO."

c Die Familie im Gebet

Unbekannnter Maler, 1763
Öl auf Leinwand, 36 x 29,7 cm

Bez. u. l.: „Ex Voto. 1763."

Kat. Nr. 3.3.9 c

d Kurfürst Carl Theodor im Krankenbett

Unbekannter Maler, 1774
Aquarell, 22 x 32 cm

Bildunterschrift: *Im Jahr 1774, den 26ten September seind Ihro Kurfürstliche Durchlaucht Karl Theodor von einer gefährlichen Krankheit überfallen worden, wo keine Hofnung ware, dieselbe beim Leben zu erhalten. Tief ge-*

beugt vom Schmerz seine treuen Unterthanen stellten eine Prozession in die Lauretanische Kapell, nach Oggersheim an. Auf dem Weg in dero Zurückkehr, kam die frohe Nachricht von unserer durchlauchtigsten Landes-Mutter Elisabetha Augusta, daß die Krankheit sich geändert, augenscheinliche Hülf erhalten, und außer Gefahr sein Leben zu verlieren gerettet sey. Wofür Gott und seiner göttlichen Mutter Maria Dank gesagt seye.
Diese naiv wirkende Darstellung zeigt den Kurfürsten im Krankenbett, während Elisabeth Auguste vor ihm kniet und für seine Genesung betet. Zwischen den beiden Fensternischen an der hinteren Wand erscheint das Gnadenbild der Loretokapelle, dem Carl Theodors verbesserter Gesundheitszustand zugeschrieben wurde. Nach seiner Genesung trat er noch im gleichen Jahr seine erste Italienreise an. Die Genesung von einer weiteren schweren Krankheit nach seiner Rückkehr aus Italien gab Anlaß zu einer Frankenthaler Porzellangruppe (Kat. Nr. 6.4.9), die 1775 mit der lateinischen Inschrift „Vota Palatinatus Exaudita" („Die erhörten Wünsche der Pfalz") von Franz Conrad Linck geschaffen wurde.

E Frau unter umgestürztem Fuhrwerk

Unbekannter Maler, 2. Hälfte 18. Jahrhundert
Öl auf Leinwand, 45,5 x 60,5 cm

F Hauptmann Klatt betend

Unbekannter Maler, 1790
Öl auf Leinwand, 27 x 22 cm

Bez. im Bild links: „EX VOTO" und „Den 9ten August 1790"; Bildunterschrift auf Metallplatte: *Zum Andencken, dem Johann Alouisius Klatt, gewesener Koenig. Bayer- Hauptmann von Manheim, Er starb am 7ten Juny 1833 in einem Alter von 70 Jahr. Die dahiesige Lauretanische Kapelle hat an diesem würdigen Mann einen treuen verehrer und Gutthäter verloren;* unterste Zeile unleserlich. A.K.

Gutzer, August: Votivtafeln. Bildzeugnisse von Hilfsbedürftigkeit und Gottvertrauen aus der Loretokapelle in der Wallfahrtskirche zu Oggersheim. Geschichte der lauretanischen Wallfahrt. Schriften des Diözesan-Archivs Speyer. Bd. 13. Mannheim 1991.

Ludwigshafen-Oggersheim, St. Maria Himmelfahrt

Kat. Nr. 3.3.9 B

Kat. Nr. 3.3.9 D

Kat. Nr. 3.3.9 e

Kat. Nr. 3.3.9 f

3.3.10
Mannheimer Bruderschaften

Kurzer Begriff deren bei beiden hochlöblichen Bruderschaften des allerheiligsten Fron-Leichnams, und der Tod-Angst Jesu Christi in der catholischen Stadt-Pfarr-Kirche ad S. Sebastianum zu Mannheim gewöhnlichen Andachts-Uebungen; zum Gebrauch der Marianischen, in gemeldte zwei Bruderschaften zugleich einverleibten, Sodalium zusammen gezogen. Verlag der Sodalität. 1780

Mannheim, 1780
Papier, 60 S., 12,8 x 8,4 cm

Im 18. Jahrhundert gab es in Mannheim mehrere christlich-katholische Bruderschaften, die vom Jesuitenorden gefördert wurden. Die bedeutendste Sodalität war die Marianische von 1739. Sie besaß eine eigene Kirche in A 3,1 mit einem Mariengnadenbild von Augustin Egell aus der Zeit um 1755. Kurfürst Carl Theodor nahm gelegentlich an den Gottesdiensten der Sodalitäten (Bruderschaften) teil. Die Mitglieder veranstalteten auch Prozessionen. Die Gemeinschaften bildeten einen wesentlichen Zweig im Rahmen der seelsorgerischen Gesamtstrategie der Jesuiten. H.E.Vt./I.G.

Mannheim, Reiss-Museum (Mh 417)

4. Carl Theodor als „Landesvater"

Carl Theodor verstand seine aufgeklärt absolutistische Regierung als „landesväterliches" Regiment. Fürsorge für die Untertanen und deren Wohlfahrt – verstanden als göttlicher Auftrag – war sein Inhalt. Unter diesen Auftrag fielen alle Bereiche der inneren Politik, während die äußere das Ziel hatte, dem Gemeinwesen den Frieden zu sichern. In dieser Bemühung ließ Carl Theodor nicht nach, was in einer Zeit, in der Kriege auch allein um des Ruhmes willen vom Zaune gebrochen wurden, auf geringes Verständnis stieß.

Carl Theodor war ein ungemein fleißiger Fürst. Die neuere Forschung hat festgestellt, daß er allein in seinen 35 Mannheimer Jahren 250.000 Gesetze, Verordnungen, Erlasse und Befehle unterzeichnete, das sind rund 30 pro Arbeitstag. In seinem Arbeitszimmer, dem Kabinett, empfing er seine Minister und Beamten, die ihm die vorformulierten Texte vortrugen, sie mit ihm durchsprachen, dann ausfertigten und zur Unterschrift wieder vorlegten. Dazu kamen die Audienzen, zu denen alle Bittsteller nach Voranmeldung zugelassen wurden. Carl Theodor war ein kritischer Fürst, der immer wieder versuchte, die bürokratischen Hürden zu durchbrechen und sich ein wahres Bild von den Verhältnissen in seinen Ländern zu machen. So war er viel unterwegs, allein insgesamt zwei Jahre in seinen „niederen Landen", den Herzogtümern Jülich und Berg.

Der Aufgeklärte Absolutismus, in dem sich der Fürst als „erster Diener seines Staates" sah, hatte sich die Reform des Staatswesens zum Ziel gesetzt. Die mittelalterlichen, feudalen Strukturen sollten abgebaut werden. Viele gute Ansätze scheiterten allerdings an den Widerständen, die zum einen durch die vielfach verschränkten Strukturen bedingt waren, zum andern auch von den Betroffenen herrührten, die vom Segen einer Veränderung selten überzeugt waren. Doch insgesamt schneidet die Carl-Theodor-Zeit in der Kurpfalz (und auch in Bayern) besser ab, als die bürgerlichen Kritiker des 19. Jahrhunderts aus dem Blickwinkel ihrer eigenen Vorstellungen es wahrhaben wollten.

Alle wichtigen Gebiete der Innenpolitik wurden unter Carl Theodor reformerisch angegangen. Wegweisend war die in den 1760er Jahren begonnene Landwirtschaftsreform, in der physiokratische Grundsätze angewandt und Anbauversuche durchgeführt wurden. Das Manufaktur- und Fabrikwesen mit Frankenthal als Mittelpunkt wurde gefördert. Die Verkersinfrastruktur durch den Chaussee- und Kanalbau sowie die Flußbegradigung am Unterlauf des Neckars waren langfristig angelegte Aufgaben. In den späten Jahrzehnten war die „via Carolina" von Mannheim nach München eine große Herausforderung. Das Medizinal- und Schulwesen wurde reformiert. Die Wissenschaften wurden jetzt auch unter dem Gesichtspunkt ihrer Nutzanwendung gesehen. Daß alle diese Ansätze durch die Revolutionskriege und die daraus folgende Auflösung des pfälzischen Staates zerstört oder entscheidend beeinträchtigt wurden, kann man der Regierung Carl Theodors nicht vorwerfen. H.P.

Kat. Nr. 4.0.1

4.0.1
Carl Theodor von Pfalz-Sulzbach und Bayern (1724-1799)

Anna Dorothea Therbusch (Berlin 1721-1782), 1763
Öl auf Leinwand, 82,0 x 68,5 cm

Rückseitig signiert und datiert: „peint par Anna Dorothea/ Therbouch née de Lisiewska 1763"

Provenienz: Geschenk des Prinzregenten Luitpold von Bayern (1821-1912) anläßlich des Mannheimer Stadtjubiläums 1907

In diesem Porträt des Kurfürsten tritt Carl Theodor dem Betrachter frontal gegenüber und blickt ihn direkt an. Im Vergleich zu anderen Darstellungen des Regenten sind die fürstlichen Attribute deutlich reduziert. Er trägt einen mit Hermelin besetzten roten Samtmantel und die Ordenskette, die ihn als Obersten Ordens-Meister des „Hohen Ritter-Ordens Sancti Huberti" kennzeichnet.
Seine rechte Hand ist zur verweisenden Geste erhoben, die typisch für Porträts des 18. Jahrhunderts ist, es fehlt jedoch ein Objekt, auf die sie hinweist und inhaltlich Bezug nehmen könnte, wie z.B. fürstliche Insignien, Modelle von Bauprojekten und ähnliches (vgl. Bd. 1.1, S. 247). Vielmehr vermittelt der menschliche und sympathische Gesichtsausdruck des Kurfürsten, auf dem die Konzentration der Darstellung liegt, verbunden mit dem reduzierten Bildformat eines Halbfigurenbildnisses eine persönliche und intimere Situation zwischen Herrscher und Betrachter. Der monochrome Hintergrund, der lediglich hinter dem Kopf Carl Theodors erhellt ist, betont diesen zusätzlich. Das Rot des Mantels, das ebenfalls für das Inkarnat des Dargestellten verwendet wurde, stellt eine Besonderheit auf der Palette der Künstlerin dar. Therbusch entwickelte dieses besondere Rot, das sich dadurch auszeichnet, daß es nur mit Weiß gemischt wird und so in der originalen Farbigkeit erhalten bleibt und keine Verfärbungen aufzeigt, bei Farbexperimenten. K.K.

Berckenhagen 1987, S. 144; Sammelleidenschaft 1992, S. 20; Küster 1995, S. 23ff., Nr. 16.

Mannheim, Reiss-Museum (O 21)

Kat. Nr. 4.0.2

Kat. Nr. 4.0.2

4.0.2
Porträts der Kurfürstin Elisabeth Auguste und des Kurfürsten Carl Theodor

Unbekannter Künstler mit Initialen F.W., 1761
Wachsbossierungen, farbig gefaßt in originalen Rahmen, Holz geschnitzt und vergoldet, 16 x 12 cm (ohne Rahmen), 37 x 19,5 cm (mit Rahmen)

Die kleinformatigen Porträts sind Beispiele einer Volkskunst, die auf die große Beliebtheit des Kurfürstenpaares in weiten Kreisen der Bevölkerung hinweisen. Die Technik der Wachsbossierung unter Verwendung zusätzlicher Materialien erinnert an die Devotionalienkunst. Dem entsprechen auch die reich ornamentierten Rahmen mit den Kurhüten. I.Z.

Carl Theodor (Ergänzungskatalog) 1979, Nrn. 599 a, b.

Düsseldorf, Stadtmuseum (P 26 u. P 27)

4.0.3
Huldigungsmedaillen der Stadt Mannheim

a Anton Schäffer (1722-1799), 1744
Gold, Dm. 2,6 cm

b Anton Schäffer (1722-1799), 1744
Silber, Dm. 2,2 cm

Am 29. April 1744 – sechzehn Monate nach dem Regierungsantritt – ließ sich Kurfürst Carl Theodor erstmals persönlich von den Bürgern seiner Residenzstadt huldigen, wobei ein eigenes für diesen Anlaß konzipiertes festliches Zeremoniell vollzogen wurde. Dabei ritt der Kurfürst zunächst zum Gottesdienst in die Pfarrkirche St. Sebastian. Im Anschluß nahm er auf einem Thronsessel auf dem Marktplatz sitzend den Treueeid der Bürger, der Soldaten, der Handwerker und Zünfte sowie der Juden und Wiedertäufer entgegen. Zu dieser Gelegenheit wurden fünf verschiedene Prägungen angefertigt, die in Gold an den Kurfürsten und seine Minister sowie hochgestellte Gäste verschenkt, während die silbernen Jetons unter die anwesenden Bürger ausgeworfen wurden. H.-J.S.

Haas-Gesche 1972, S. 22, Nr. 2; Gesche 1986, S., 5 Nr. 2; Stemper 1997, S. 480f., Nr. 483f.

Mannheim, Reiss-Museum (III g 2028, 1485)

4.0.4
Huldigungsmedaillen der Stadt Heidelberg

a Wiegand Schäffer (1689-1758), 1746
Silber, Dm. 3,4 cm

b Wiegand Schäffer (1689-1758), 1746
Gold, Dm. 2,4 cm

Die Huldigung der Stadt Heidelberg an den Kurfürsten erfolgte im Jahre 1746 nach dem in Mannheim zwei Jahre zuvor praktizierten Zeremoniell. Da der Rat der Stadt durch den außerordentlichen Aufwand in erhebliche finanzielle Engpässe geriet und man sich sogar bei Professoren der Universität Geld leihen mußte, wurden die Denkmünzen nur in geringer Zahl geprägt und an einen begrenzten Personenkreis verschenkt. H.-J.S.

Stemper 1997, S. 486f., Nr. 490 u. 492.

Mannheim, Reiss-Museum (III g 1399a, 1952)

Kat. Nr. 4.0.5 a

4.0.5
Huldigungsjetons der kurpfälzischen Landstätte

a Weinheim

Anton Schäffer (1722-1799), 1750
Silber, Dm. 2,3 cm

b Neckargemünd

Anton Schäffer (1722-1799), 1750
Silber, Dm. 2,3 cm

c Wiesloch

Anton Schäffer (1722-1799), 1750
Silber, Dm. 2,2 cm

Auch die Landstädte der Kurpfalz wollten anläßlich der Huldigung an den Landesvater den in Mannheim und Heidelberg gesetzten Maßstäben in nichts nachstehen. Aus diesem Anlaß wurde die Hofmünzstätte in Mannheim auch von den Gemeinden Weinheim, Neckargemünd und Wiesloch mit der Ausprägung von Jetons zur Verteilung unter die Festgäste beauftragt. H.-J.S.

Stemper 1997, S. 490-493, Nr. 498-500.

Mannheim, Reiss-Museum (III g 1396, 1705) (a-b)
Heidelberg, Kurpfälzisches Museum (M 1127) (c)

4.0.6
Medaille aus Rheinsilber

Anton Schäffer (1722-1799), 1764
Silber, Dm. 2,8 cm

Die seltenen Medaillen aus Rheinsilber sind ein Nebenprodukt der Dukatenprägung aus Rheingold in den Jahren 1763-1764, 1767 und 1778. Da das Flußgold zu rund 94% aus Gold und zu 6% aus Silber bestand, mußten durch ein Scheideverfahren die beiden Edelmetalle getrennt werden, um feinkarätige Goldstücke herstellen zu können. Die geringen Mengen des dabei anfallenden Silbers wurden zur Ausprägung von Medaillen verwendet, die - gleich den Rheingolddukaten - eine (seitenverkehrte) Ansicht von Mannheim mit dem Residenzschloß zeigen. H.-J.S.

Haas-Gesche 1972, S. 27, Nr. 14; Stemper 1997, S. 503, Nr. 513.

Mannheim, Reiss-Museum (III g S.18, Nr.43)

4.0.7
Medaille auf das 50jährige Regierungsjubiläum im Herzogtum Sulzbach

Johann Leonhard Öxlein (1715-1787), 1783
Silber, Dm. 3,1 cm

Am 20. Juli 1783 war Kurfürst Carl Theodor seit einem halben Jahrhundert Herrscher im Herzogtum Sulzbach. Dieses ansonsten höchst seltene Jubiläum war in Sulzbach bereits im Jahre 1695 durch Herzog Christian August zum ersten Mal gefeiert worden. H.-J.S.

Haas-Gesche 1972, S. 33, Nr. 29; Stemper 1997, S. 566, Nr. 584.

Mannheim, Reiss-Museum (III g 2055)

Kat. Nr. 4.0.7 Vorderseite

Kat. Nr. 4.0.7 Rückseite

4.0.8
Huldigungsmedaillen auf das 50. Regierungsjubiläum

a Pfalz-neuburgische Landschaft

Joseph Scheufel (1733-1812), 1792
Silber, Dm. 4,1 cm

b Stadt Mannheim

Heinrich Boltschauser (1754-1812), 1792
Silber, Dm. 2,2 cm

c Kurpfälzische Kollegien

Heinrich Boltschauser (1754-1812), 1792
Silber, Dm. 3,5 cm

d Kurpfälzische Akademie der Wissenschaften

Heinrich Boltschauser (1754-1812), 1792
Gold, Dm. 4,0 cm

e Freie Reichsstadt Augsburg

Johann Jakob Neuss (tätig ca. 1765-1800), 1792
Silber, Dm. 4,4 cm

f Bayerische Landstände

Martin Bückle (1742-1811), 1792
Silber, Dm. 4,6 cm

Zum Jahreswechsel 1792/93 konnten Carl Theodor und Elisabeth Auguste die fünfzigste Wiederkehr ihres Regierungsantritts im Kurfürstentum Pfalz begehen. Dieses Ereignis war der Anlaß für eine umfangreiche Medaillenprägung, in der Landesteile, Städte, Gremien und Institutionen ihre Glückwünsche an den Landesvater zum Ausdruck brachten. Die Feierlichkeiten in Mannheim begannen bereits am 30. Dezember und fanden ihren Höhepunkt am Silvesterabend in einem Zug des Stadtrates, der Bürgerschaft, des Militärs und der Zünfte zum Schloß, wo man der von ihrem Gemahl getrennt lebenden Landesmutter Elisabeth Auguste die Glückwünsche darbrachte. H.-J.S.

Haas-Gesche 1972, S. 37f.; Nr. 38-43; Kirchheimer 1981, S. 25, Nr. 7; Stemper 1997, S. 583-589, Nr. 605-610.

Mannheim, Reiss-Museum (III g 1313, 1314, 134, 2045, 102) (a-c, e-f)
Heidelberg, Kurpfälzisches Museum (M 6684) (d)

Kat. Nr. 4.0.9 a Vorderseite

Kat. Nr. 4.0.9 a Rückseite

Kat. Nr. 4.0.9 b Vorderseite

Kat. Nr. 4.0.9 b Rückseite

Kat. Nr. 4.0.8 c Vorderseite

Kat. Nr. 4.0.8 c Rückseite

Kat. Nr. 4.0.9 c Vorderseite

Kat. Nr. 4.0.9 c Rückseite

4.0.9
Huldigungsmedaillen der Stadt Mannheim auf die Genesung des Kurfürsten von den Röteln

a Wiegand Schäffer (1689-1758), 1744
Silber, Dm. 4,9 cm

b Wiegand Schäffer (1689-1758), 1744
Silber, Dm. 2,8 cm

c Wiegand Schäffer (1689-1758), 1744
Silber, Dm. 2,8 cm

Im Winter des Jahres 1743 erkrankte Kurfürst Carl Theodor so schwer an den Röteln, daß man die Hoffnung auf eine Genesung schon fast aufgegeben hatte. Die Dankbarkeit der Mannheimer für die Wiedererlangung seiner Gesundheit, die man vor allem den Fürbitten an die Gottesmutter Maria zuschrieb, fand ihren Ausdruck in der Prägung einer Reihe von drei Medaillen, mit denen die Residenzstadt gleichzeitig dem Landesvater ihre Huldigung darbrachte. H.-J.S.

Haas-Gesche 1972, S. 22, Nr. 3; Stemper 1997, S. 477-479, Nr. 480-482.

Mannheim, Reiss-Museum (III g o.Nr., 1484, 1708)

4.0.10
Huldigung der Stadt Mannheim

Hohe Pflichten der Unterthanen gegen Gott und den König ... als der Durchlauchtigste...Herr Carl Theodor in Mannheim auf den 29.April 1744 die Huldigung einzunehmen gnädigst entschlossen...

Georg Heinrich Christian, Schaeffer (1728-1762), 1744
Papier, Druck, 36 S. 20 x 16 cm

Kurfürst Carl Theodor ließ sich am 29. April 1744 in Mannheim huldigen. Er war begleitet von seinen Ministern, Beamten, Hofbedienten und Leibgarden. In der Sebastianskirche am Marktplatz nahm er an der Messe teil. Auf dem Marktplatz war eine Tribüne errichtet, auf der, unter einem Baldachin, das Kurfürstenpaar auf Thronsesseln Platz nahm. Die Bürgerschaft stand, nach Stadtvierteln geordnet, zur Seite, und die Bürgerwehr assistierte. Dann nahm Carl Theodor die Huldigung der städtischen Deputierten entgegen. In der Pfarrkirche am Markt beschloß ein feierliches Te Deum die Zeremonie. H.E.Vt. / I.G.

Mannheim, Reiss-Museum (Mh 1879)

4.0.11
Lobrede auf die Genesung des Kurfürsten

Denkmal der Ehre Karl Theodors und der Liebe seiner Untertanen. Bei Gelegenheit seiner Genesung von einer schweren Krankheit.

Mannheim, 1775
Papier, Druck, 4°, 46 S.

Anton von Klein, der 1768 nach Mannheim gekommen war, machte sich sowohl durch seine verlegerischen Aktivitäten als auch durch seine eigenen schriftstellerischen Leistungen sehr um Kultur und Bildung in der Kurpfalz verdient. Die Herausgabe einer Reihe der progressivsten zeitgenössischen Werke der englischen und französischen Literatur machten ihn zu einem der bedeutendsten Vertreter der deutschen Aufklärung in der Kurpfalz. Carl Theodor richtete 1774 eigens für ihn eine nur mit 500 Gulden entlohnte „Professur der schönen Wissenschaften" ein und erhob ihn 1790 in den Adelsstand. Diese Verbundenheit mit dem Kurfürsten schlug sich in der vorgestellten, 46 Seiten umfassenden Lobrede auf den Landesherrn nieder, deren Anlaß eine schwere, nicht näher bekannte Krankheit des Kurfürsten war. D.D./H.E.Vt..

Mannheim, Reiss-Museum (Mh 458)

4.0.12
Preisgedicht auf die Genesung des Kurfürsten

Ode sur la convalescence de S.A.S.E.P. Charles – Théodore. De l'Imprimerie Electorale & ce trouve chez Tobie Loeffler, Libraire de l'Academie.

Mannheim, Nicolaus de Caux de Cappeval (1710-1793), 1775
Papier, Druck, 4°

Anlaß für dieses typisch höfische Preisgedicht war die Genesung Carl Theodors von einer bislang nicht näher bekannten Krankheit, die sich der Kurfürst kurz nach seiner Italienreise zugezogen hatte. Caux de Cappeval, ein glühender Verehrer Voltaires, kam Ende der 50er Jahre an den Mannheimer Musenhof, wo er das inoffizielle Amt des Hofpoeten innehatte. Neben seinen Preisgedichten versuchte er sich auch an der Herausgabe einer literarischen Zeitschrift, dem „Journal des Journaux", welchem aber kein großer Erfolg beschieden war. D.D./H.E.Vt.

Walter, Friedrich: Französische Publizistik und Hofpoesie in Mannheim unter Karl Theodor. In: MGB 6 (1905), Sp. 206-213.

Mannheim, Reiss-Museum (B 499 I)

4.0.13
Kantate zum 50. Regierungsjubiläum

Kantate welche bei der allgemeinen Feyer des ... fünfzigsten Regierungs = Jahres Seiner ... Durchlaucht Karl Theodors in der Evangelisch - Lutherischen Kirche zu Mannheim ... abgesungen wird.

Mannheim, Hofbuchdruckerei, 1792
Papier, Druck, [3] S., 18,5 x 15,5 cm

Die Kantate enthält einen volkstümlichen Text. Obgleich die Lutheraner in Mannheim unter dem katholischen Kurfürsten Carl Theodor keine Förderung erfuhren, beteiligten sie sich, ebenso wie die Reformierten und die Juden, an der Jubelfeier zum fünfzigsten Regierungsjahr Carl Theodors am 31.12.1792. Die Revolution in Frankreich 1789 gab zu gegensinnigen Versen Anlaß: *Wie herrlich groß ist unser Los? Wir ruhn in eines Fürsten Schoos.* H.E.Vt. / I.G.

Mannheim, Reiss-Museum (Mh 1882)

4.1
Wirtschaftspolitik in der Kurpfalz

Die Landwirtschaft war die Basis der Wirtschaft. Rund 75 % der Einwohner waren in diesem primären Sektor tätig. In den 60er Jahren begann eine Landwirtschaftsreform großen Ausmaßes: die Dreifelderwirtschaft verschwand, indem auf der Brache zunehmend Handelsgewächse, vor allem Tabak, angebaut wurden. Man ging zur Fruchtwechselwirtschaft über. Die Stallfütterung des Viehs erforderte den Anbau von Futterpflanzen. Dazu kam die Entwicklung einer gezielten Gründüngung.

In der Pfalz befanden sich die ausgedehntesten Weinbaugebiete des Reiches. Wein wurde seit dem Mittelalter in großem Stil exportiert. Das große Faß im Heidelberger Schloß ist dafür ein Wahrzeichen. Unter dem Einfluß der Physiokraten wurden beim Adel landwirtschaftliche Experimente in Mustergütern Mode.

Die eigentliche Wirtschaftspolitik des Absolutismus ist jedoch vom Merkantilismus bestimmt. Frankreich war auch hier das Vorbild. Aber diese Politik konnte im alten Reich nur auf der Ebene der Territorialstaaten greifen. Die Organe des Staates, also seine Bürokratie, spielten die entscheidende Rolle. Von Bedeutung war dabei die unterschiedliche Größe der deutschen Territorien. Merkantilismus in Preußen hatte einen anderen Zuschnitt als der im wittelsbachischen Länderkomplex. In den „niederen Landen", den Herzogtümern Jülich-Berg, mit ihrer alten Textil- und Eisenindustrie herrschten andere Voraussetzungen als in der Pfalz oder gar in Bayern.

Staatliche, merkantilistisch gelenkte Wirtschaftspolitik kann nur in der Pfalz ganz eindeutig ausgemacht werden. Hier war die Politik darauf gerichtet, viele Einwohner zu ermuntern, als Gewerbetreibende und Handwerker, „Entrepreneurs" = Unternehmer und „handelnde Staatsbürger" Manufakturen und „Fabriquen" zu errichten. 1775 kamen immerhin rund 30 % der „Wirtschaftsbürger" auf den gewerblichen Sektor. 3 % der Bevölkerung, also rund 10000 Personen, waren in der pfälzischen „Industrie" beschäftigt.

Das besondere Interesse eines barocken Fürstenstaates galt bekanntlich der Produktion von Luxusgütern. Das Musterbeispiel dafür ist die Frankenthaler Porzellanmanufaktur, ein damals sehr moderner Produktionszweig, der zudem wie kaum ein zweiter der fürstlichen Repräsentation verbunden war. Carl Theodors Ehrgeiz war es, mit Meißen, Berlin und vor allem Sèvres zu konkurrieren. Ferner sind zu nennen die Seidenerzeugung und traditionelle Tuchindustrie, Papiermühlen, eine Fayencemanufaktur, aber auch Bergbau und Agrarindustrie sowie Tabakverarbeitung und Farbherstellung aus Krapp.

Wichtig waren die Infrastrukturmaßnahmen wie der Chausseebau, der seit Carl Philipp systematisch betrieben wurde. Das Straßennetz war radial auf Mannheim konzentriert. Aber auch der Ausbau der Wasserstraßen spielte eine große Rolle. Unter Carl Theodor wurde der Unterlauf des Neckars begradigt. H.P.

4.1.1
Zwei Porträts eines Bauernpaares

Franz Peter Joseph Kymli (Mannheim 1748-1813 Paris), 1772
Öl auf Kupfer, 34,8 x 27,3 cm und 34,9 x 27,3 cm

Bez. r. über der Schulter des Bauern: F.Kymli 1772

Franz Peter Joseph Kymli (Mannheim 1748-1813 Paris) malte, von wenigen Genrebildern abgesehen, vornehmlich Porträts, auch als Miniaturen. Die detaillierte Malweise der Porträts eines pfälzischen Bauernpaares erarbeitete sich Kymli als Schüler der Mannheimer Zeichnungsakademie und beim Studium der Werke in der Gemäldegalerie im Schloß, die den Schülern zur Verfügung stand. Als unmittelbare Vorbilder können zwei Brustbilder des Hamburger Malers Balthasar Denner (1685-1749) gelten, die sich heute in München befinden. In Mannheim scheint die Darstellung von einfachen Menschen verbreitet gewesen zu sein, wie die Bauernbilder Heinrich Carl Brandts im Kurpfälzischen Museum in Heidelberg (Kat. Nr. 4.1.2), Aquarelle von Friedrich „Maler" Müller (1749-1825) in der Staatlichen Graphischen Sammlung in München oder auch die um 1792 entstandene „Alte Pfälzerin" von Johann Wilhelm Hoffnaas im Historischen Museum in Speyer zeigen. K.-L.H.

Description 1794, Nr. 437 u. Nr. 438; Tenner 1966, S. 80-82; Hardtwig 1987, S. 210-213; Grotkamp-Schepers 1980, S. 111.

München, Bayerische Staatsgemäldesammlungen, Alte Pinakothek (5695 u. 5696)

Kat. Nr. 4.1.2

Kat. Nr. 4.1.2

4.1.2
Bauer Hans und Bäuerin Margarete aus Mundenheim

Heinrich Carl Brandt (Wien 1724-1787 München), um 1780
Öl auf Leinwand, 69,3/69,6 x 54,1 cm

Die als Pendants konzipierten unprätentiösen Porträts des Bauernpaares wurden von Heinrich Carl Brandt möglicherweise durch Vermittlung des Freiherrn von Zettwitz gemalt, der seit 1778 Befehlshaber des Obristenkämmererstabs in Mannheim und Besitzer eines Hofes in Mundenheim war.
Hans von Mundenheim belieferte den kurpfälzischen Hof in Mannheim mit Obst. Nach rechts gewandt, mit einer Pfeife in der Linken, stützt er sich auf einen gut gefüllten Obstkorb; seine en face porträtierte Ehefrau sitzt an einem Tisch und hält Nähzeug und Kneifer in Händen.
Abweichend von seinen höfisch-schmeichelnd gemalten Porträts in der französischen Tradition des späten 17. Jahrhunderts, stellen die von Arbeit und Alter gezeichneten Doppelbildnisse in Sujet und Malweise - Lichtführung, Kolorit und Faktur - ein Unikum im Werk des 1766 zum Hofmaler ernannten Brandt dar, der in geringerem Maße auch für Mannheimer Bürger tätig war. Mit den Pendants folgte er deutlich den erzählfreudigen niederländischen Genreporträts des 17. Jahrhunderts und lieferte damit ein Beispiel für den im 18. Jahrhundert so beliebten „Hollandismus". A.F.

Grotkamp-Schepers 1980, S. 110.

Heidelberg, Kurpfälzisches Museum (Sammlung Graimberg 1879, G 35, G 36)

4.1.3
Calender auf das Jahr 1766. Nebst angefügten Erfahrungen aus der Haushaltungs-Kunst besonders dem Ackerbau

Mannheim, Akademische Buchdruckerei, 1765
Papier, Druck, 4°

Diese Kalenderreihe, die bis ins Jahr 1807 nachgewiesen werden kann, ist ein typisches Produkt der Aufklärungszeit. Vorrangiges Ziel ist es, die Bauern zu bewegen, ihre Landwirtschaft ausschließlich nach den Prinzipien der Vernunft und neuer wissenschaftlicher Erkenntnisse zu betreiben.
Neben dem Calendarium enthalten sie allerlei landwirtschaftliche Ratschläge für den Ackerbau, die Schädlingsbekämpfung etc. sowie eine Liste der wichtigsten Jahr- und Viehmärkte, Gold-Silber-Kurse und andere, dem Landmann nützliche, Informationen. Ausführlichere Abhandlungen behandeln so verschiedenene Aspekte wie Gesundheitsfürsorge und die Steinkohlegewinnung. D.D.

Mannheim, Reiss-Museum (Mh Zs. 117)

4.1.4
Bemerkungen der kurpfälzisch-ökonomischen Gesellschaft

Hrsg.: Friedrich Kasimir Medicus (1736-1808), Mannheim, Schwan, erschienen unter verschiedenen Titeln von 1770-1783
Papier, Druck, 8°

Die „Kurfürstliche physikalische und ökonomische Gesellschaft" wurde 1769 als „Physikalisch-ökonomische Bienengesellschaft zu Lautern" von Johann Riem (1739-1807) gegründet.
Ihr Publikationsorgan, welches mehrere Namensänderungen erfuhr, diente, unter dem Eindruck der Mißernten von 1768/69 und der damit verbundenen Hungersnot, in erster Linie der wissenschaftlichen Erarbeitung und Verbreitung neuer Erkenntnisse in allen landwirtschaftlichen Bereichen. Die behandelten Themen reichen von neuen Erkenntnissen auf den Gebieten des Landbaus und der Viehzucht ebenso wie der Vorstellung neuer Futterkräuter, der Bienenhaltung und der Entwicklung sparsamer Holzöfen bis hin zu Anleitungen in der Schädlingsbekämpfung. Trotz aller Bemühungen um die praktische Anwendung der durch die wissenschaftliche Forschung gewonnenen Erkenntnisse blieb die Wirkung auf die Landbevölkerung eher gering. D.D.

Kistner 1930; Budde, Kai: Wirtschaft, Wissenschaft und Technik im Zeitalter der Aufklärung. Mannheim und die Kurpfalz unter Carl Theodor 1743-1799. Ubstadt-Weiher 1993; Walter 1907.

Mannheim, Reiss-Museum (Mh Zs 32)

Bemerkungen
der
Kuhrpfälzischen
physikalisch-ökonomischen Gesellschaft,
vom Jahre 1775.

Lautern,
im Verlage der Gesellschaft.
1779.

Kat. Nr. 4.1.4

4.1.5
Jeton der physikalisch-ökonomischen Gesellschaft zu Kaiserslautern

Anton Schäffer (1722-1799), 1773
Silber, Dm. 2,8 cm

Die „physikalisch-ökonomische und Bienengesellschaft in Lautern" wurde 1770 nach dem Vorbild der Kurpfälzischen Akademie der Wissenschaften in zwei Klassen begründet. Neben der Pflege der Imkerei diente sie vornehmlich der Aufklärung der pfälzischen Bauern, die zur Fruchtwechselwirtschaft und zum Anbau von Handelsprodukten (Krapp, Flachs, Hanf, Tabak) motiviert werden sollten. H.-J.S.

Haas-Gesche 1972, S. 30, Nr. 24; Stemper 1997, S. 521, Nr. 533.

Mannheim, Reiss-Museum (o. Nr.)

Kat. Nr. 4.1.5 Vorderseite

Kat. Nr. 4.1.5 Rückseite

4.1.6
Mikroskop

2. Hälfte 18. Jahrhundert
Nußbaum, Papier, Glas, H. 32 cm; D. 12 cm

Dieses Mikroskop stammt aus dem Besitz des Apothekers Johann Riem (1739-1807). Er war Mitbegründer der Kurfürstlichen Physikalisch-Ökonomischen Gesellschaft und der Bienengesellschaft in Kaiserslautern (vgl. Kat.Nr. 4.1.4). P.F.D.

Kaiserslautern, Theodor-Zink-Museum (o. Nr.)

Kat. Nr. 4.1.4

4.1.7
Preismedaille zur Förderung der Landwirtschaft in der Pfalz

Heinrich Boltschauser (1754-1812), 1778
Silber, Dm. 3,6 cm

Der Auftraggeber der Medaille mit dem vielzitierten Spruch „(Fröhlich) Pfalz Gott erhalt's", der sich hinter den Initialen E. T. C. L. P. v. M. verbirgt, ist bis heute nicht mit endgültiger Sicherheit zu benennen. Mit einiger Wahrscheinlichkeit dürfte es sich um eine private Prägung handeln, die als Preis für Ackerbau oder landwirtschaftliche Produkte vergeben wurde. H.-J.S.

Haas-Gesche 1972, S. 35, Nr. 33; Stemper 1997, S. 574, Nr. 594.

Mannheim, Reiss-Museum (III g 1286)

4.1.8
Forstwirtschaftstabellen

Forstwirtschaftstabellen worin das Stammholz vom geringsten bis zum stärksten Stamme berechnet ist. Nämlich ...

Adam Diezer, Mannheim 1790
Buch, 2°

Infolge willkürlicher Abholzung ganzer Waldgebiete und dem Versäumis, rechtzeitig wieder aufzuforsten, war im Verlauf des 18. Jahrhunderts ein großer Mangel an Brenn- und Bauholz eingetreten. Dies führte dazu, daß Holz teurer und auf unseriöse Weise verkauft wurde. Um sowohl Käufer als auch Verkäufer vor Übervorteilung zu schützen, hat der Verfasser einen Leitfaden mit einer Vielzahl von Preistabellen erstellt.
H.E.Vt./D.D.

Kistner 1930, S. 219.

Mannheim, Reiss-Museum (Mh 9805)

4.1.9
„Recapitulatio der Seiden-Aernde vom Jahr 1784"

57,5 x 47,6 cm

Die Seidenherstellung, d. h. die Zucht von Seidenraupen, der Anbau von Maulbeerbäumen und die Verarbeitung der Seide zu gefärbten Stoffen in den Manufakturen wurden in der Kurpfalz durch Privilegien gefördert. Die Tabelle gibt die Menge der gewonnenen Seide wieder, die von den Lieferanten, den Seidenplantationen erzeugt wurden. Seidenplantationen umfaßten den Bestand an Maulbeerbäumen, deren Blätter das Futter der Seidenraupen bilden, und die in Holzregalen in Kästen lebenden Seidenraupen. Von deren Kokons wird schließlich der kostbare Seidenfaden abgewickelt.
Auf der Liste werden die Plantationen in Heidelberg, Schwetzingen, Ladenburg, Oftersheim, Frankenthal, Reilingen sowie *das Ausland* Bruchsal, Grumbach und Heppenheim aufgeführt. Den höchsten Ertrag des Jahres 1784 erzielten die Landplantationen aller kurpfälzischen Oberämter mit 25.848 Pfund Seide; diese Menge hatte einen Warenwert von 12914 Gulden und 30 Kreuzern. Auf der Frankenthaler Plantation wurden 1715,16 Pfund erzielt, was einem Warenwert von 571,9 Gulden entsprach.
1790 umfaßte der Bestand an Maulbeerbäumen in der Kurpfalz 314.196 Stück. K.B.

Karlsruhe, Generallandesarchiv (Abt.77/Nr.3964)

4.1.10
Kurfürstliche Verordnung zur Förderung der Seidenzucht

Mannheim, 12. März 1768
Papier, 2°

Mannheim, Reiss-Museum (Mh 9834)

4.1.11
Kurpfälzische Verordnung zur Veredelung des Blättertabaks

Mannheim, 12. August 1778
Papier, 2°

Mannheim, Reiss-Museum (Mh 9834)

4.1.12
Kurpfälzische Verordnung zur Festlegung von Entschädigungssätzen für durch Naturkatastrophen verursachte Schäden

Mannheim, 19. Oktober 1790
Original, Papier, 2

Mannheim, Reiss-Museum (Mh 9834)

4.1.13
Zwei Ansichten einer Rheinmühle

a Aquarell, 9 x 17,8 cm, 1771

Rückseitig signiert und datiert: „22. fev. 1771."

b Aquarell, 10,7 x 19,5 cm, 1771

Rückseitig signiert und datiert: „20. fev. 1771."

Beide Ansichten geben eine der Mannheimer Wassermühlen von zwei verschiedenen Seiten aus wieder.
Stephan Freiherr von Stengel (Mannheim 1750-1822 Bamberg) (Kat. Nr. 2.5.7) war durch sein Elternhaus mit den Wissenschaften und Künsten bestens vertraut. Während er sich 1771 in Paris aufhielt, schrieb der Kupferstecher Johann Georg Wille über ihn in seinen Memoiren: *Il aime les arts, dessine et grave loui-même,* was seine künstlerischen Neigungen in einem Satz charakterisiert. Wie sein Vater, der Geheime Regierungsrat und Kabinettsdirektor Johann Georg von Stengel (Kat. Nr. 6.4.11), bekleidete er wichtige Ämter in der kurfürstlichen Verwaltung und unterhielt engen Kontakt zu zahlreichen Künstlern. Er erhielt von Egid Verhelst Unterricht in der Kupferstechkunst und unterrichtete seinerseits Joseph Fratrel im Radieren. Seine enge Freundschaft zu Ferdinand und Franz Kobell, mit dem er nach der Natur zeichnete, wirkte sich anregend auf seine eigenen Arbeiten aus. 1771/1772 brachte er eine Folge von zehn Radierungen unter dem Titel Les environs de Heidelberg sowie mehrere Ansichten von den Rhein- und Neckargegenden heraus. Nach seinem Tod hinterließ er 599 Zeichnungen von eigener Hand sowie eine umfangreiche Graphiksammlung deutscher und ausländischer Künstler. A.K.

Walter 1907, Bd. 2, S. 213-214; Landschaften Mannheimer Kupferstecher 1740-1840. Mannheim 1960, S. 37-38; Tenner: 1966, S. 30-35; Huth 1982, S. 825; Stengel 1993.

Mannheim, Reiss-Museum (G Kh 2112, k / G Kh 2113, k)

Kat. Nr. 4.1.13 a

Kat. Nr. 4.1.13 b

4.1.14
Lageplan der Mannheimer Rheinmühlen

F. Polster, 1808
Plan, aquarelliert, 33,7 x 43,1 cm

Bez. oben links: „GEOMET:e AUFNAHME / Über die drey Kammeral Erbbestaends= / Mühlen auf dem kleinen Rhein dahier, / nebst Beschreibung, wieviel jeder Erbbestaen / der an Gebaeuden, Gaerten und Feldung besizt. / Aufgenommen durch F. Polster= / Kriegsbauaufseher im Januar 1808."; in der Darstellung unten rechts: „Maas Staab von 30 Nürnberger Dec: Ruthen."

Die drei Mannheimer Wassermühlen, die hier eingezeichnet sind, befanden sich am sogenannten Kleinen Rhein, einer natürlichen Wasserverbindung zwischen Rhein und Neckar, die die Stadt vom Niedergrund trennte. Dieses Gebiet war dafür besonders geeignet, da die Strömung an dieser Stelle geringer war als im Rhein, wo nur Schiffsmühlen eingesetzt werden konnten. 1834 wurde am Kleinen Rhein mit dem Hafenbau begonnen, so daß die Wassermühlen abgerissen werden mußten. A.K.

Walter 1907, Bd. 2, S. 213-214; Huth 1982, S. 825.

Mannheim, Reiss-Museum (G Ah 150 d, m)

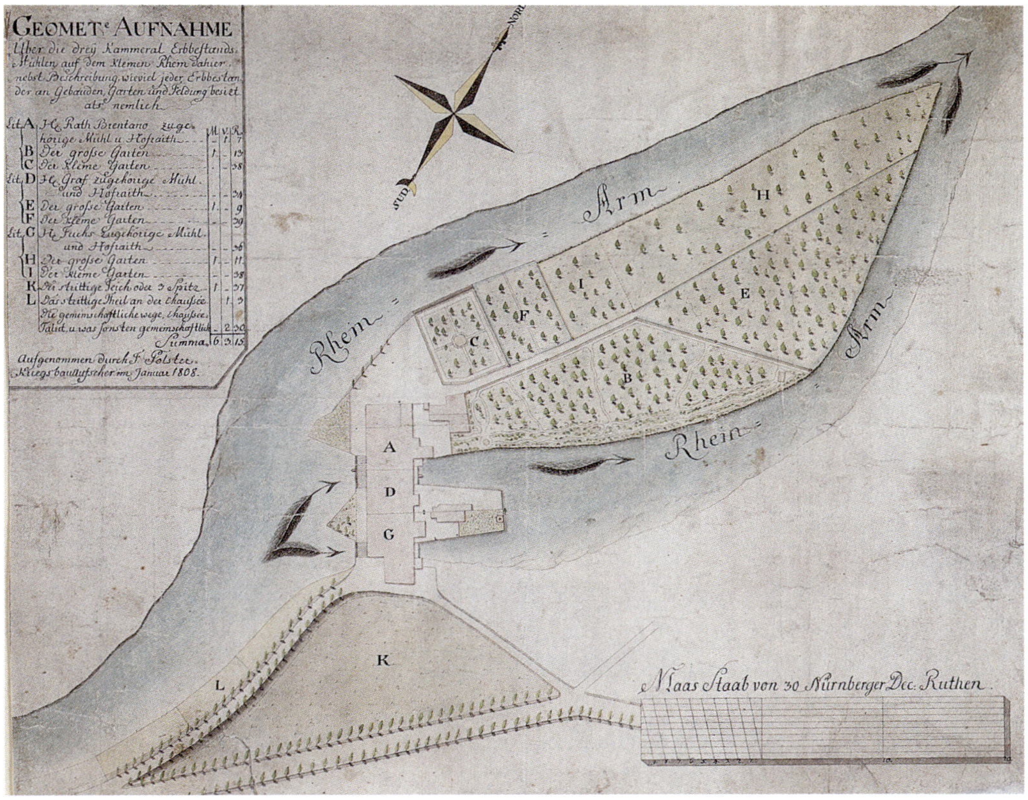

Kat. Nr. 4.1.14

4.1.15
Grundriss, Schnitt und Aufriss der Mannheimer Windmühle

Bauinspektor J. Faxlunger, Mannheim, um 1777
41 cm x 55 cm

Wegen der chronischen Mühlennot in Mannheim beauftragte 1777 die Hofkammer für eine Summe von 4173 Reichstalern eine Windmühle in Düsseldorf. Die Windmühle sollte *in ihren sämtlichen Zugehörungen in Düsseldorf verfertigt, hernächst zu Wasser anhero verbracht, dort von...unserem darinn bestens geübten Mühlen-Inspektoren Flügel ...dahier aufgestellt und förmlich eingerichtet werden.*
Die Mühle enthielt ein Mahl-, Schrot- und Schälwerk. Im Sockelgeschoß der Mühle war zudem eine Schankwirtschaft untergebracht, die den eigentlichen Profit für das Unternehmen abwarf. Die Mühle stand außerhalb der Mannheimer Bastion unweit des Heidelberger Tores. Die Mühle wurde 1795 abgetragen, weil man fürchtete, sie könnte den feindlichen Franzosen als Aussichtsposten für die Truppenbewegungen der Österreicher dienen. Heute erinnert die in der Schwetzingerstadt gelegene Windmühlstraße noch an die Baulichkeit.
Die farbig kolorierten Zeichnungen zeigen einen Quer- und Längsschnitt durch die Windmühle holländischer Bauart. Besonderer Wert wird auf die Darstellung der Antriebsmechanik gelegt. Die Übertragung der von den vier Flügeln erzeugten Energie wurde über Zahn- und Kronräder zu den Mahl- und Schälwerken weitergeleitet, auch ein Lastenaufzug für den Transport des Mahlguts vom Sockelgeschoß in den zweiten Stock konnte damit betrieben werden. K.B.

Heidelberg, Universitätsbibliothek (Sammlung Batt VII, 265)

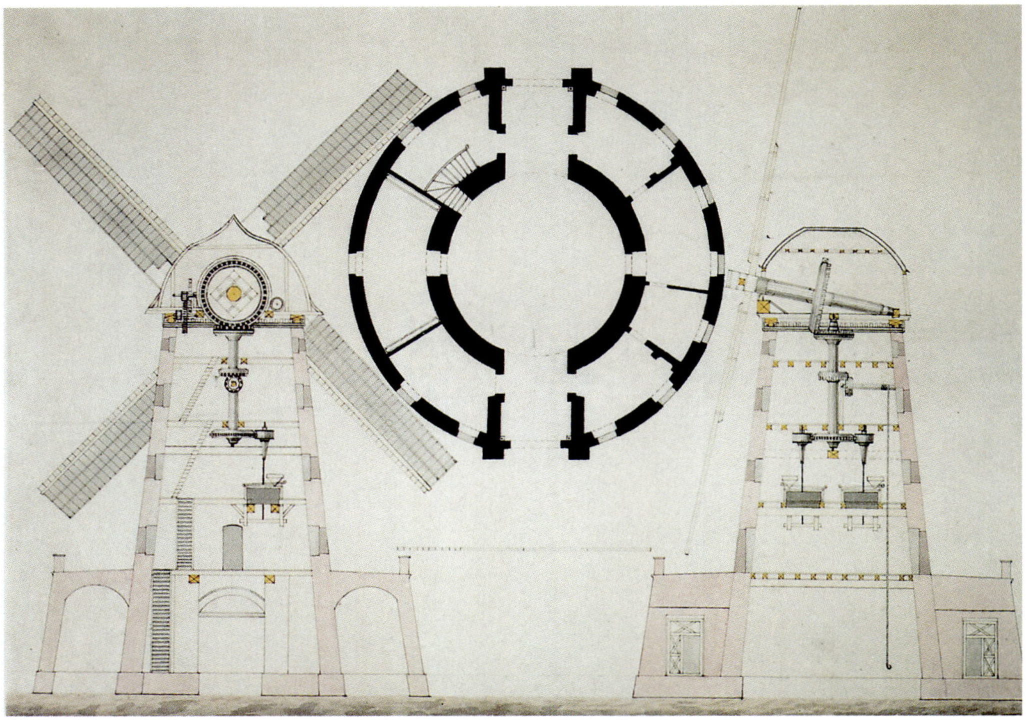

Kat. Nr. 4.1.15

4.1.16
Mannheimer Flurkarte mit der Krapp-Mühle an der Schwetzinger Chaussee

Mannheim, 1793 -94 (Stand wohl Anfang der 1780er Jahre)
Kolorierte Federzeichnung, Papier, 48 x 79 cm

Die Krappmühle des Mannheimer Handelsmannes Johann Michel wurde in den neu angelegten Schwetzinger Gärten an der Chaussee zur kurfürstlichen Sommerresidenz Schwetzingen 1778 errichtet und bestand bis in die 1860er Jahre. Aus den dort getrockneten Krappflanzen gewann man roten Farbstoff für Textilien, Leder und Siegellack. Der Betrieb ist ein frühes Beispiel für Bemühungen um die Industrialisierung der Kurpfalz.
Die Karte entstand anläßlich der Neuvermessung der Gemarkung Mannheims ab 1779. F.T.

Mannheimer Archiv, Blätter 03320 und 03330.

Mannheim, Stadtarchiv (Amtsbücher Mannheim, Nr. 21, Taf. 16)

4.1.17
Plan für den Ausbau der Chaussee von der Rheinschanze (Ludwigshafen) nach Oggersheim

Plan de la Chaussée depuis le fort du Rhin jusqu' à Ogersheim

Karl Maximilian von Pfister (Pfalz 1724-1800 München), 11.08.1753
Tusche und Bleistift auf Papier, koloriert, 145 x 50 cm

Der kurpfälzische Ingenieurhauptmann Karl v. Pfister hatte als erster ab 1753 das Amt des „Directeur des Chemins et Chaussées" inne. Damit war er mit der Beobachtung und der Beratung des Straßenbaus beauftragt und war gleichzeitig der Berichterstatter für diesen Bereich. Weitere Maßnahmen konnte er jedoch nicht selbständig entscheiden, sondern mußte jeweils die Erlaubnis einholen. Trotzdem war Pfister ein wichtiger Fachmann und schränkte ganz erheblich die bisherige Zuständigkeit der Hofkammer für das Gebiet des Straßenwesens ein.
Der Ausbau der Straße von der Rheinschanze nach Oggersheim wurde 1753 beschlossen, wofür Pfister selbst den Plan anfertigte.

Die von Bäumen gesäumten Chausseen wurden möglichst geradlinig angelegt. Die leicht gewölbte Fahrbahn mit festem Unterbau besaß zu beiden Seiten Gräben, so daß das Regenwasser ablaufen konnte. K.Sch.

Boegl, Alfons: Die Straßen der Pfalz 1700-1792. Bonn 1980.

Speyer, Landesarchiv (W1 Nr. 1702)

4.1.18
Modell der französischen Strassenbauweise

Naturstein, Kies, Sand, H. 91, B. 61, T. 51 cm

Im Jahre 1747 entstand in Paris die „École nationale des ponts et chaussées" als erstes Straßen- und Brückenbauinstitut. Die beiden Straßenbauingenieure Pierre Marie Jerome Tresaquet und Jean Rodolphe Perronet waren die ersten Direktoren dieses Institutes. Sie setzten 1764 eine sogenannte Packlage aus 15-20 cm hohen pyramidenförmig bearbeiteten Natursteinen in die Straßenkonstruktion. Der so entstehende feste Fahrdamm wurde mit Kies und Sand abgestreut.
Schon unter Carl Philipp wurde in der Pfalz die französische Straßenbauweise annähernd übernommen, auch wenn durchaus unterschiedliche Methoden zur Anwendung kamen. K.Sch.

Straßen im Wandel der Zeit. Ausstellungskatalog Deutsches Straßenmuseum. Germersheim 1992.

Germersheim, Deutsches Straßenmuseum (1992/00015)

4.1.19
Kurpfälzische Verordnung zur Unterhaltung der Chausseen

Schwetzingen, 12. Juni 1766
Papier, 2°

Mannheim, Reiss-Museum (H 17)

4.1.20
Kurfürstliche Verordnung an die Oberämter anlässlich der mutwilligen Beschädigung von auf offenen Landstrassen und Chausseen angepflanzten Bäumen

Mannheim, 8. Mai 1767
Papier, 2°

Mannheim, Reiss-Museum (Mh 9834)

4.1.21
Kurpfälzische Verordnung zur Neuregelung der Zollabgaben für kurpfälzische Händler

Mannheim, 3. April 1779
Original, Papier, 2°

Mannheim, Reiss-Museum (Mh 9834)

Kat. Nr. 4.1.22

4.1.22
Modell des Frankenthaler Kanals

Kunstharz, bemalt, dreiteilig, insgesamt: H. 104,5 cm, L. 322,5 cm, T. 62 cm, Maßstab 1:175

Das Modell zeigt den Kanal, den Carl Theodor anlegen ließ, um die Verkehrslage seiner merkantilistischen Musterstadt Frankenthal zu verbessern. Dieser Verbindungskanal vom Rhein bis nach Frankenthal muß für Carl Theodor sehr wichtig gewesen sein, denn 1773 soll er die gesamte Kanalstrecke zu Fuß abgeschritten haben, für einen Herrscher seiner Zeit ein Zeichen ungewöhnlicher Anteilnahme.
Nach der Zustimmung des Kurfürsten begann der Oberrheinbaudirektor Jakob Dyckerhoff 1772 mit der Verwirklichung seiner Pläne zum Bau des Kanals, der im Jahre 1781 fertiggestellt werden konnte.
Nicht nur für den Handel hatte der Kanal eine wichtige Funktion, auch für die Entwässerung der versumpften Feuchtgebiete war er von Bedeutung.
Das Modell zeigt nur einzelne Abschnitte des einst 4,4 km langen Kanals: das Hafenbecken mit Zollhaus (um 1780 erbaut) und Kran, die Kreuzung mit dem Altrheingraben und die Kanalmündung in den Rhein.
K.Sch.

Ruf, Peter: Der Frankenthaler Kanal. Ludwigshafen 1991.

Frankenthal, Erkenbert-Museum (2415)

4.1.23
Aufriss des Mannheimer Hafenkrans

Lavierte Federzeichnung

Auch der Mannheimer Hafen am Neckar, unweit des Neckartores vor der Bastion angelegt, besaß einen drehbaren Hafenkran zum Entladen der Güter. Der Kran stand in unmittelbarer Nähe der Neckarbrücke. Menschen trieben das große Tretrad im Inneren des Kranhauses an.
Der Kran war auf einem gemauerten kreisrunden Sockel aufgeführt; der Sockel mit Haustein verkleidet. Im Zentrum des Sockels stand der drehbare Kranenmasten, an welchem das Tretrad befestigt war. Das Tretrad trieb eine Seilwinde an. Das Seil lief über eine Umlenkrolle auf den Kranausleger, der aus dem drehbaren Dach herausragte. K.B.

Heidelberg, Universitätsbibliothek (Sammlung Batt, VII, 221)

Kat. Nr. 4.1.23

4.1.24
Verzeichnis der kurpfälzischen Industrie

Kurze Vorstellung der Industrie in denen drey Haupt=Städten und sämtlichen Ober=Aemtern der Churfürstlichen Pfalz rücksichtlich auf die Manufakturen, die Gewerbeschaften, und die Handlung.

Josef Fontanesi, Frankenthal, 1775
Papier, Druck, 183 S., 8°

Josef Fontanesi (1710-1795), Kurpfälzischer Geheime Rat und Experte in Wirtschaftsfragen, hat hier zum ersten Mal ein Verzeichnis der in den drei wichtigsten kurpfälzischen Städten angesiedelten Industrie- und Handwerksbetriebe gegeben. Den Verzeichnissen vorangestellt sind unter anderem die jeweiligen Stadtprivilegien. H.E.Vt./D.D.

Kirchgäßner, Bernhard: Wirtschaft, Finanzen, Gesellschaft: Ausgewählte Aufsätze. Festgabe zu seinem 65. Geburtstag. Sigmaringen 1985.

Mannheim, Reiss-Museum (B 504)

4.1.25
Hohlform für ein Porträtmedaillon der Christine Scipio

Johann Peter Melchior (Lintorf 1747-1825 Nymphenburg), 1791
Gips, 17,3 x 14,8 x 2,7 cm

Christine Scipio (Dhaun 1757-1818 Mannheim) war die Tochter des rheingräflich-dhaunschen Rats Daniel Weyher und mit dem fürstlich hohenzollerschen Hofrat Dr. med. Gottfried Wilhelm Scipio (Worm 1752-1830 Mannheim) verheiratet. Sie ist von rechts dargestellt mit hoch aufgetürmtem, bänder- und tüchergarniertem Kopfputz und floral gemustertem Brusttuch. Die Hohlform ist rückseitig handschriftlich graviert „Ma. Zibo 1791".
Johann Peter Melchior bis 1779 (formell sogar bis Mai 1800) Modellmeister der Porzellanmanufaktur Frankenthal, war hauptsächlich mit der Herstellung neuer Gefäßformen beschäftigt, doch modellierte er auch zahlreiche Figuren und -gruppen. Abgesehen von einigen „offiziellen" Porträtmedaillons des Fürsten und hochgestellter Persönlichkeiten war es ihm gestattet, auch privat Porträt-Medaillonreliefs zur Aufbesserung seines Einkommens herzustellen, allerdings schuldete er „seiner" Manufaktur schließlich 200 Gulden für die rohe Porzellanmasse. E.J.H.

Hürkey, Edgar J.: Johann Peter Melchior in Frankenthal. In Johann Peter Melchior 1747-1825, Bildhauer und Modellmeister in Höchst, Frankenthal und Nymphenburg. Gelsenkirchen 1997, S. 139-157 (Melchior in Frankenthal); Heuser 1922, S. 185 f Nr. 191 und 192, S. 190 Abb. 191 (Porträtmedaillon).

Frankenthal, Erkenbert-Museum (G 1326 a)

Kat. Nr. 4.1.26 und 4.1.25

4.1.26
Porträtmedaillon der Christine Scipio

Bisquitporzellan, 13 x 10,9 x 2,4 cm

Moderne Ausformung aus der Originalform, vgl. Kat. Nr. 4.1.25. E.J.H.

Frankenthal, Erkenbert-Museum (G 1326 b)

4.1.27
Hohlform für ein Porträtmedaillon einer unbekannten Dame

Johann Peter Melchior (Lintorf 1747-1825 Nymphenburg), um 1785
Gips, 17,5 x 14,6 x 3,5 cm

Die Unbekannte trägt eine in regelmäßigen Reihen gelockte Hochfrisur, um den Hals ein hochschließendes Tuch und einen zweiteilig mit Falbeln gerüschten Kragen. Die Hohlform ist rückseitig graviert „187", was der Abbildungsnummer bei Heuser entspricht und sekundär ist. E.J.H.

Hürkey, Edgar J.: Johann Peter Melchior in Frankenthal. In Johann Peter Melchior 1747-1825, Bildhauer und Modellmeister in Höchst, Frankenthal und Nymphenburg. Gelsenkirchen 1997, S. 139-157 (Melchior in Frankenthal); Heuser 1922, S. 185 f Nr. 187, Abb. 187 (Porträtmedaillon).

Frankenthal, Erkenbert-Museum (G 1336 a)

4.1.28
Porträtmedaillon einer unbekannten Dame

Steingutbisquit, 15,3 x 12,7 x 2,4 cm

Moderne Ausformung aus der Originalform, vgl. Kat. Nr. 4.1.27. E.J.H.

Frankenthal, Erkenbert-Museum (G 1336 b)

Kat. Nr. 4.1.28 und 4.1.27

4.1.29
Hohlform für ein Kruzifix-Torso

Unbekannter Modelleur der Porzellanmanufaktur Frankenthal, 4. Viertel 18. Jahrhundert
Gips, zweiteilig, 22,7 x 17,7 x 11,3 cm (beide Hälften aufeinandergelegt)

Die Hohlform zeigt Kopf und Rumpf des Gekreuzigten mit kurzem Lendenschurz, der kleinteilig mit flachen Schüsselfalten gegliedert ist. Sie stammt aus einem Konvolut von Hohlformen, die 1895 ins Museum gelangten. Am Eingießloch eingeritzt und wieder durchgestrichen g i37 sowie Az (=G 137 bzw. A2). E.J.H.

Frankenthal, Erkenbert-Museum (o. Nr.)

Kat. Nr. 4.1.29

4.1.30
Hohlform für eine Zuckerdose

Porzellanmanufaktur Frankenthal, um 1775
Gips, zweiteilig, Dm. 17 cm, H. 10 cm

Die Hohlform zeigt eine sich nach oben verjüngende glatte Gefäßaußenwand, oben mit einem schlichten Profil auskragend. Auf jeder Formhälfte mittig ein Löwenköpfchen mit ovalem Ring im Maul. E.J.H.

Frankenthal, Erkenbert-Museum (o. Nr.)

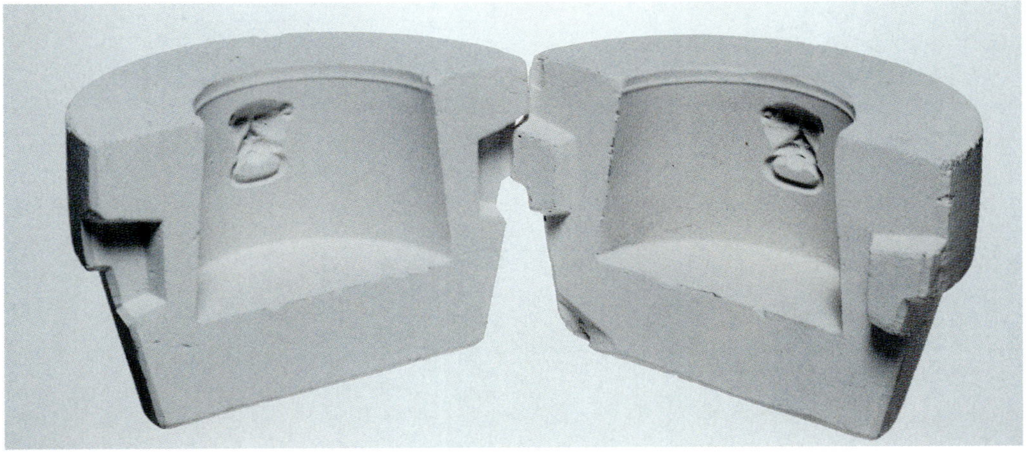

Kat. Nr. 4.1.30

4.1.31
Stoffmuster

Mannheim, Kurpfälzische Staats-Seiden- und Brokat-Manufaktur, um 1769
Seidengewebe, Papier, Format: H. 45 cm, B. 41,5 cm

Laut beigefügter „Notta" handelt es sich bei den auf Papier fixierten Stoffstreifen um Musterproben von vorrätigen Seidengeweben aus der Kurpfälzischen Staats-Seiden- und Brokat-Manufaktur, die 1765 in Mannheim gegründet und 1770 nach Frankenthal verlegt wurde. Aufgeführt sind insgesamt sieben in Farbgebung und Technik variierende, ausdrücklich als Möbel- und Vorhangstoffe deklarierte Seidenmuster: *Damast, Satin Chiné, Taffetas Chiné, Seiden Moiré, petit Gros de Tour, Moiré rayé und Taffetas Cadrillé.* Diese Coupons sind ein wichtiges Zeugnis der nur in wenigen Quellen dokumentierten und unter größten finanziellen Schwierigkeiten betriebenen Seidenindustrie in der Kurpfalz zur Zeit des Kurfürsten Carl Theodor. P.H.

Karlsruhe, Generallandesarchiv (Abt. 213-969)

4.1.32
Kissenhülle

Kurpfälzische Zitzmanufaktur Heidelberg, um 1780
Baumwollgewebe mit Modeldruck, 77 x 69,5 cm

Auf rosafarbenem Grund zeigt die schwarzbraune Zeichnung des Modeldrucks ihr Motiv in versetzten Reihen: Auf Akanthus- und Blütenzweigen stehen Putten zu Seiten eines kreisrunden Schildes mit Doppeladler und Rautenschild; in ihren erhobenen Händen tragen sie ein Medaillon mit dem Bildnis des Kurfürsten und der Umschrift „Vivat Carl Theodor".
Bedruckte Baumwollstoffe waren im 18. Jahrhundert überaus beliebt. Als exotische Neuheit waren sie zuerst aus Indien eingeführt worden und hatten rasch Aufnahme gefunden; der Widerstand der europäischen Seidenweber gegen die neue Konkurrenz konnte ihren Import zeitweise einschränken, doch nicht auf Dauer verhindern, daß die exotischen Stoffe verbreitet und schließlich auch im eigenen Lande nachgeahmt wurden. In England, Frankreich und Deutschland entstanden um die Mitte des 18. Jahrhunderts bedeutende Stoffdruckereien. B.B.

Carl Theodor und Elisabeth Auguste 1979, S. 84, Nr. 79.

München, Bayerisches Nationalmuseum (17/226)

Kat. Nr. 4.1.31

4.1.33
Kattunpapier

als Vorsatzblatt in: Die Gedichte Ossians, eines altirischen Helden und Barden. Mannheim 1782, Bd. 2

Kurpfalz, um 1770/75
Papier bedruckt, H. 16 cm, B. 19 cm

In der zweiten Hälfte des 18. Jahrhunderts wurden als Vorsatzblätter oder zum Einschlagen von Büchern farbig gemusterte Kattunpapiere verwendet. Für diese besondere Art des Buntpapiers benutzte man Holzmodel, mit denen ursprünglich Kattunstoffe bedruckt worden waren, die wegen der schnell wechselnden Kleidermode für die Herstellung von Stoffen nicht mehr gebraucht wurden.
Das hier vorgestellte Vorsatzblatt ziert ein in vier Farben gedrucktes Muster, das besonders für Gewebe um 1770/75 charakteristisch ist. Es zeigt abwechselnd breite und schmale, vertikal aufsteigende Ornamentsreifen. Während die breiten Streifen von sti-

Kat. Nr. 4.1.33

Kat. Nr. 4.1.34

Kat. Nr. 4.1.32

lisierten Wolkenbänden begleitet werden, winden sich um die schmalen durch Bänder und Kordeln verbundene Blütensträuße. P.H.

Mannheim, Reiss-Museum (E 101,2)

4.1.34
Druckmodel

Süddeutschland (Mildberg bei Calw), um 1760/70
Holz geschnitzt, Eisenstifte, 24 x 24 cm

Bedruckte Baumwollstoffe erfreuten sich im 18. Jahrhundert in ganz Europa großer Beliebtheit als Kleidungs- und Dekorationsstoffe. Die Hauptproduktionszentren befanden sich in Frankreich. Aber auch in Deutschland entstanden zahlreiche Manufakturen zur Herstellung von Baumwolldruckstoffen. Zu den bedeutendsten Betrieben der Kurpfalz zählte die in Heidelberg ansässige Zitz-Manufaktur (vgl. Kat.Nr. 9.1.82). Der Name „Zitz" leitet sich von „Chintz" ab, womit vor allem in England bedruckte Baumwollstoffe bezeichnet werden. Als gechintzt beschreibt man aber auch Baumwollstoffe, die durch eine besondere Behandlung eine glänzende, wachsartige Oberfläche erhalten.
Bis ins ausgehende 18. Jahrhundert entstanden Druckstoffe in einem aufwendigen, dem Holzschnitt verwandten Verfahren. Für jede Farbe des Musters wurde

ein Holzmodel benutzt, das immer genau an der gleichen Stelle angesetzt werden mußte. Das passgenaue Ansetzen erleichterten sogenannte Rapportstifte an den Ecken des Models. Auch das vorgestellte, aus einer schwäbischen Manufaktur stammende Druckmodel besitzt solche Stifte. Es wurde für die Herstellung eines Stoffes mit Streifenmuster verwendet, das um 1760/70 in Mode war. P.H.

Stuttgart, Württembergisches Landesmuseum (G 15,30)

4.1.35
Spitzenmusterbuch

Frankenthal, Spitzenmanufaktur (?), dat. 1779
Klöppelspitze, Papier, Karton, H. 17 cm, B. 11 cm

Beschriftung auf dem Vorsatzblatt: „Musterbuch der Frankenthaler Spitzenfabrik"/ „für die Hermannskinder 1779" / „Geschenk aus der Hinterlassenschaft des Herrn und Adjunkten Ludwig Neumayer an den Gewerbeverein Frankenthal, im Oktober 1890"

In Mannheim existierte bereits 1749 eine Spitzen- und Nehe-Fabrik, die auf die Produktion von Spitzen nach „Brabanter Art" spezialisiert war. Aufgrund finanzieller Schwierigkeiten wurde der Betrieb 1770 nach Frankenthal verlegt. Bei dem Musterbuch aus der Frankenthaler Spitzenfabrik handelt es sich wegen der fehlenden Hinweise auf Modellnummern und Preise um eine Sammlung von Arbeitsproben und nicht um ein Muster- oder Kollektionsbuch, wie es von Spitzenherstellern oder Händlern für den Verkauf benutzt wurde (freundlicher Hinweis von Dietmar Krick). Es enthält auf 31 Seiten rund 140 Spitzenproben von unterschiedlicher Größe und Komplexität. Auffallend ist der Variantenreichtum der meist floralen oder geometrischen Motive. P.H.

Frankenthal, Erkenbert-Museum (G 92)

Kat. Nr. 4.1.35

Kat. Nr. 4.1.36

4.1.36
Vier Metallspitzen und -Borten

Kurpfalz (Frankenthal ?), letztes Viertel 18. Jahrhundert
Metallfäden geklöppelt und gewebt, a: L. 34 cm, B. 3,5cm, b: L. 26 cm, B. 5,5 cm, c: L. 31 cm, B. 3,1 cm, d: L. 30,5 cm, B. 4 cm

In Frankenthal, dem Hauptsitz der kurpfälzischen Textilindustrie, wurde 1770 von Johann Matthäus Schleich eine Gold- und Silberfaden-Manufaktur gegründet. Zu den 16 im Jahr 1775 registrierten Mitarbeitern zählten fünf Drahtzieher, ein Meister, ein Geselle, eine Plättnerin und eine Seidenputzerin. Schleichs Töchter Anna Magdalena, Catharina, Sibilla Philippina, Elisabetha und Friederica arbeiteten als Gold- und Silberfadenspinnerinnen.
Die in der Frankenthaler Manufaktur hergestellten Metallfäden wurden vermutlich in Heimarbeit von Klöppelerinnen und Weberinnen aus der Region zu Borten verarbeitet. Gewebte und geklöppelte Silber- und Goldborten dieser Art dienten als Verzierung von Kleidern, Herrenanzügen, Hüten, Möbeln und kirchlichen Gewändern. P.H.

Zur Frankenthaler Gold- und Silberfaden-Manufaktur: Monatsschrift des Frankenthaler Alterumvereins, Jg. 6, Nr. 5, Mai 1898, 6; Jg. 30, Nr. 9/10, September/Oktober 1922, 20.

Frankenthal, Erkenbert-Museum (G 753, G 754, G 751)

4.1.37
Kurpfälzische Verordnung zum Schutz der heimischen Chintz- und Baumwollproduktion

Mannheim, 29. Juli 1780
Papier, 2°

Mannheim, Reiss-Museum (Mh 9834)

4.1.38
Kurpfälzisches Privileg an Johann Christian Gölz zur Erweiterung seiner Fabrikation von Siamoise- und Baumwollartikeln

Mannheim, 4. Oktober 1797
Papier, 2°

Mannheim, Reiss-Museum (Mh 9834)

4.1.39
Cineser-Tarock

Mannheimer Waisenhaus, Mannheim, um 1770
Papier, Kupferstich, teils schablonen-, teils handkoloriert, 10,5 x 5,5 cm

Tarock I-XXI (Zwerg „N", C.J. Caesar, Cleopatra, D. Oct. August, Tiberius Caes., Caesar Galigula, Germ. Agrippina, Claudius Caes., Antonia Augusta, Nero Claud. Ser. Galba, Otho Silvius, Aul. Vitellius, Titus Ves., Agrippinae Augusta, Domitianus Imp., Diva Augusta Faustina, Verspasianus Aug., Pompea, Domitilla); Pik-Reiter im Wappenschild. „Mannheimer Waisenhaus"; Herz-As Steuerstempel „KOMORA WARSZAWA"; Lederetui: „Zinneser Tharock Karten"

Das 78 Blatt und 2 Leerkarten umfassende Kartenspiel zeigt neben Profilbildnissen römischer Kaiser mit den zugehörigen Frauen bzw. Kaiserinnen auf den Figurenkarten die Vertreter der vier Erdteile: Kreuz/Treff steht für Asien, vertreten durch Chinesen, Pik für Amerika, dargestellt mit Indianern, Herz für Afrika, vertreten durch Muselmanen, Karo für Europa durch Deutsche. Karo-König weist sich durch seine Reichsinsignien als Kaiser des Hl. Römischen Reiches Deutscher Nation aus. Das Wappenschild auf Kreuz/Treff-Reiter zeigt den pfälzischen Löwen und die bayerischen Rauten.
Im 18. Jh. gab es eine Vorliebe für ferne, exotische Länder. Die europäischen Vorstellungen von China, Amerika und Afrika wurden noch durch zahlreiche Reisedarstellungen ins Märchenhafte überhöht. In den Zusammenhang der Sehnsucht nach zivilisationsferner Ursprünglichkeit kann das „Cineser Tarock" eingefügt werden.
Die Porträtmedaillons von Tarock II-XX reihen scheinbar willkürlich römische Kaiser und Kaiserinnen aneinander. Begonnen wird die Reihe mit I, einem Zwerg „N", der eine Münze mit einem Kaiser-Bildnis hält, das „N" steht für „Null" und „Nichts". Beendet wird sie mit Tarock XXI, einem Affen, der die Brille abgesetzt hat und mit einem Fernrohr in den „Mond schaut". Im ursprünglichen italienischen Tarock zeigt die Karte XXI „il mondo - die Welt". Hier wird „mondo" mit „Mond" übersetzt.
Die gesamten Darstellungen, selbst die der Farbzeichen, sind sehr qualitätvoll ausgeführt. Die sorgfältige und arbeitsaufwendige Gestaltung und Farbgebung läßt sich möglicherweise durch den Ort der Herstellung erklären. Die Arbeitskräfte im Waisenhaus in Mannheim waren zahlreich vorhanden und nicht teuer. A.Koe.

Hoffmann, D./Dietrich, M.: Tarocke mit französischen Farben. Leinfelden-Echterdingen 1984, Nr. 26.

Leinfelden-Echterdingen, Deutsches Spielkarten-Museum, Zweigmuseum des Württembergischen Landesmuseums Stuttgart (A 377)

4.1.40
Tier-Tarock

Mannheim, Zucht- und Waisenhaus, um 1778
Karton mit schablonenkoloriertem Kupferstich, 64 von 78 Karten, H. 10,7 cm, B. 6 cm

Beschriftung und Monogramme: Karo-Bube: CT, Karo-Reiter: IAC : TACHOT FABRICANT, Kreuz-Bube: IG und FABRIQUE DES / ORPHELIN A MANHEIM, Kreuz-König: Schild mit steigendem Löwen, Herz-König: DS

Das einfigurige Tarockspiel mit französischen Farbzeichen stammt aus der Spielkartenfabrik des Zucht- und Waisenhauses in Mannheim. Dieser Druckerei erteilte Kurfürst Carl Theodor – dessen Monogramm auf der Karte mit dem Karo-Buben abgebildet ist – um 1770 das Alleinverkaufsrecht für Spielkarten. Zuvor befand sich die Spielkartendruckerei im Mannheimer Borromäusstift, das bereits 1746 das kurfürstliche Privileg für den Verkauf von Spielkarten erhalten hatte und für die Erteilung des Spielkartenstempels Gelder einzog, um die eigene karitative Arbeit zu finanzieren.
Sowohl die Figuren- als auch die Trumpfkarten des Mannheimer Tiertarocks zeigen motivische Übereinstimmungen mit dem um 1778 in Leipzig entstandenen sogenannten Sachsentarock und einem späteren, ebenfalls Leipziger Tiertarock von 1810. Auf den Trumpfkarten sind nicht nur Beispiele der einheimischen Tierwelt, sondern auch exotische Tiere wie Papagei und Löwe dargestellt. Seine lokale Bedeutung erhält das Tarockspiel durch die beigegebenen Inschriften, Monogramm- und Wappenkartuschen. P.H.

Mannheim, Reiss-Museum (o.Nr.)

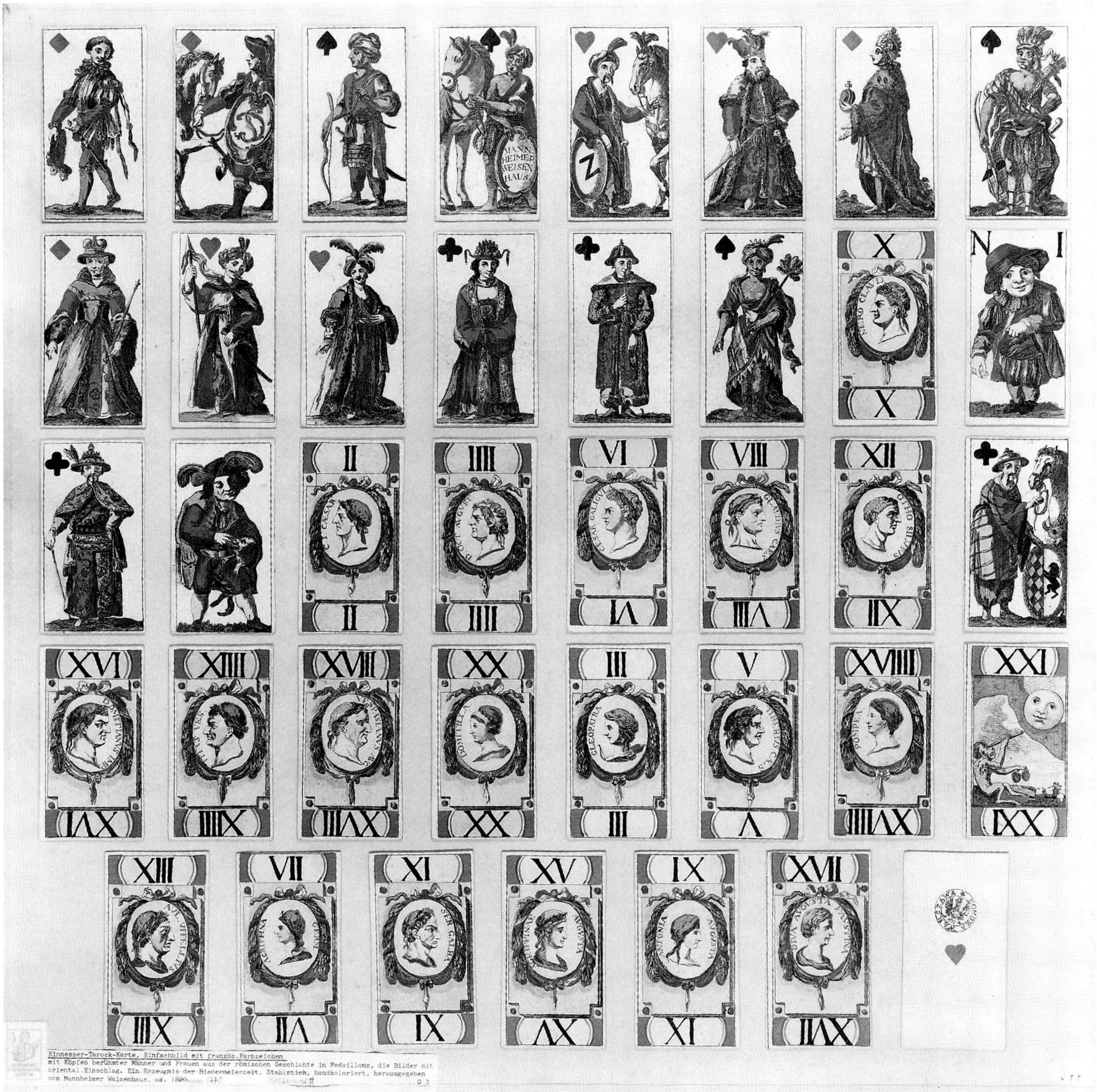
MANNHEIMER WEISEN HAUS
Kinnesser-Tarock-Karte, Einfachbild mit französ.Farbzeichen
mit Köpfen berühmter Männer und Frauen aus der römischen Geschichte in Medaillons, die Bilder mit oriental.Einschlag. Ein Erzeugnis der Biedermeierzeit. Stahlstich, handkoloriert, herausgegeben vom Mannheimer Waisenhaus, ca. 1820.

Kat. Nr. 4.1.39

Kat. Nr. 4.1.40

Kat. Nr. 4.1.41

4.1.41
Willkomm der Mannheimer Zunft der Zimmerleute

Hans Conrad Wintz (1717-1733 in Mannheim nachweisbar), 1717
Silber, z. T. vergoldet, H. 40 cm; Dm. 13,3 cm

Fuß: Beschauzeichen Mannheimer Wolfsangel, Meistermarke HCW = Hans Conrad Wintz

Der runde, getreppte Fuß leitet über zu einem kräftigen Balusterschaft, der die Kuppa trägt. Diese ist eingeschnürt und in eine untere sowie obere Zone gegliedert. Fußrand, untere Kuppawandung und Deckelrand weisen dasselbe Reliefdekor auf. Die obere Kuppawandung ist mit der für diese Zeit modischen Bandelwerkornamentik verziert. Der Deckelknauf ist in Gestalt eines Zimmermannes mit Lederschurz und Winkelmaß in altmodischer Tracht gestaltet. Er hält einen Schild, auf dem die Namen zweier geschworener Meister und die anderer Zunftmitglieder sowie die Jahreszahl 1717 graviert sind. Der besondere Reiz dieses Zunftpokals besteht in dem geschmackvollen Wechsel von silbernen und vergoldeten Partien.
Dieser sogenannte Willkomm, der zum gemeinsamen Umtrunk anläßlich der Aufnahme eines neuen Zunftmitgliedes diente, gehört zu den Mannheimer Silberarbeiten, die sich aus der Zeit vor der Innungsgründung der Gold- und Silberarbeiter 1731 erhalten hat. Die Bezeichnung lautete zunächst ausdrücklich Innung, und erst seit 1822 ist in den Protokollen der Gold- und Silberarbeiter von der Zunft die Rede. Während die Goldschmiedekunst in anderen Städten bereits im 16. und 17. Jahrhundert ihre höchste Blüte erfuhr, kam sie in Mannheim aufgrund von dessen wechselvoller Geschichte erst im 18. Jahrhundert zur Geltung. Der Innung, die 1731 sieben Goldarbeiter und fünf Silberarbeiter zählte, gehörte Hans Conrad Wintz bis 1733 als ältester Geschworener an. A.K.

Brinkmann 1904, Sp. 149-156 und 175-188; Schmitt 1908, Sp. 101-111; Fritz, Johann Michael: Goldschmiedekunst in Baden-Württemberg. Stuttgart 1981, S. 337, Nr. C 92.

Mannheim, Reiss-Museum (II. B 4 a/b)

4.1.42
Willkomm der Mannheimer Zunft der Küfer

Mannheim (?), 1681
Silber, stellenweise vergoldet, H. 30,5 cm; Dm. 9,7 cm

Beschauzeichen und Meistermarke (?) am Fuß schlecht lesbar: Mannheimer Wolfsangel oder Z (Zürich), Meistermarke EFY oder weiteres Beschauzeichen in Form eines Schlüssels; auf der Kuppawandung: Initialen „A W" und „K W" sowie Jahreszahl 1681

Getriebenes Weinlaub und Trauben zieren die Wulstpartie des runden Fußes. Dieser geht über in einen Schaft, der als Weinstock mit kräftig getriebenen Reben gestaltet ist. Die Kuppa besitzt die Form eines Fasses und ist stellenweise vergoldet. Die Deckelwölbung weist dasselbe Dekor aus Weinlaub und Trauben auf wie der Fuß. Ein Deckelknauf in Gestalt eines Küfers, der ein Faß herstellt, bildet den Abschluß des Trinkgefäßes. Der Deckel ist mit dreizehn anhängenden Schilden versehen, von denen sich acht aus der Zeit von 1737-1797 anhand ihrer Stempel als Mannheimer Arbeiten nachweisen lassen. Die restlichen fünf Schilde stammen von 1791 bis 1835 und sind nicht gestempelt.
Die Zuschreibung dieses Pokales an einen Mannheimer Meister ist fraglich, da ein Protokollbuch erst seit der Innungsgründung der Mannheimer Gold- und Silberarbeiter 1731 geführt wurde, in dem bis 1860 der überwiegende Teil der Meister und ihre verwendeten Stempel verzeichnet wurden. A.K.

Brinkmann 1904, Sp. 149-156 und 175-188; Schmitt 1908, Sp. 101-111.

Mannheim, Reiss-Museum (II. B 3 a/b)

4.1.43
Willkomm der Mannheimer Zunft der Bäcker

Johann Ernst Hübschmann (1731 Innungsmeister, 1732-1734 Geschworener der Mannheimer Innung der Gold- und Silberarbeiter; nach 1734 in Mülhausen), 1727
Silber, stellenweise vergoldet, H. 37,4 cm; Dm. 10,4 cm

Beschauzeichen Mannheimer Wolfsangel, Meistermarke IEH = Johann Ernst Hübschmann

Der runde Fuß gliedert sich in Profilrand, Wulstpartie, flach zurückweichende Kehlung und Scheibenring, der eine vertiefte Mulde umschließt. Sie leitet über in den Schaft, bei dem sich voneinander abgesetzte Kehlen und Wülste abwechseln. Diese werden ungefähr in der Mitte des Schaftes von einem gedrückten Nodus mit Wulstring unterbrochen. Die Kuppa ist umgekehrt birnenförmig und wird durch zwölf anhängende Schilde verdeckt. Sie stammen aus dem Zeitraum von 1734 bis 1862 und sind jeweils an einem Maskaron am oberen Teil der Kuppawandung befestigt. Ein Maskaron ist größer und plastischer ausgebildet als die übrigen elf, die sich in der Form gleichen. Über ihnen erscheint die umlaufende, eingravierte Inschrift: *AO: 1727. d. 26 Febr: ist dies: Wilkomm gestift worden Von Scemmbt: Brüderschaft u: geschwornen. als Lorenz Bauer. Johann Ludwig Kayser. Elias Sturm. der Jungere.* Bemerkenswert daran

ist, daß sich die Auftraggeber als Bruderschaft und nicht als Zunft bezeichneten. Um die Kuppawandung verläuft unterhalb der Maskarons ein Scheibenring, der 42 Löcher aufweist. Es wäre möglich, daß sie zur Anbringung von weiteren Schilden vorgesehen waren, was allerdings die Standhaftigkeit des Pokales erheblich beeinträchtigt hätte. Die Form des Fußes wiederholt sich in dem profiliert gewölbten Deckel, dessen Griff von zwei steigenden Löwen gebildet wird, die eine Brezel mit Krone halten.
Neben seiner repräsentativen Bedeutung diente dieser Pokal ursprünglich als Willkomm zum gemeinsamen Umtrunk anläßlich der Aufnahme eines neuen Meisters in die Mannheimer Bäckerzunft. Wegen seiner schwierigen Handhabung durch die angehängten Schilde wurde er jedoch gegen Ende des 18. Jahrhunderts durch einen weiteren, nicht mehr erhaltenen, Zunftpokal ersetzt und besaß fortan nur noch Schaufunktion. A.K.

Brinkmann, Albert, Sp. 175; Schmitt 1908, Sp. 106; Swoboda, Franz: Der „Willkomm" der Mannheimer Bäcker aus dem Jahr 1727. In: Teutsch, Friedrich: Bäcker machen Geschichte. Zur Geschichte der Bäckerzunft in Mannheim 1661-1862. Mannheim 1996, S. 28-36.

Mannheim, Bäckerinnung

4.1.44
Zunftlade der Mannheimer Bäcker

Jakob Kieser zugeschrieben (Mannheim 1734-1786 Mannheim), Mannheim, um 1780
Konstruktionsholz: Eiche; Furniere: Rosenholz, Palisander, Nußbaum, Ahorn, Buchsbaum, H. 43 cm (mit späteren Löwentatzenfüßen), B. 61 cm, T. 41 cm

Die Lade der Mannheimer Bäckerzunft dürfte aufgrund ihrer ungewöhnlichen ovalen Form, ihres aufwendigen Schließmechanismus und ihrer kostbaren Materialien, den Beschlägen aus vergoldeter Bronze und den Furnieren aus tropischen Edelhölzern, das Werk eines versierten Kunstschreiners sein. Eine Zuschreibung an den Mannheimer Hofschreiner Jakob Kieser, der von Kurfürst Carl Theodor hoch geschätzt wurde, aber gleichwohl nach dem Umzug des Hofes nach München in Mannheim blieb, liegt daher nahe. Für Kieser sprechen auch die Blumenmarketerien, die sich in ganz ähnlicher Form an einem signierten Sekretär in Karlsruhe befinden, sowie die für ihn charakteristische Holzwahl, die Tropenhölzer wie Palisander und Rosenholz mit einheimischen Holzarten wie Nußbaum, Ahorn und Buchsbaum verbindet. D.B.

Amtlicher Führer durch die Reichsfachausstellung des Bäckerhandwerks. Mannheim 1936, S. 30; Wiese, Wolfgang: Die Zunftlade der Mannheimer Bäcker. In: Friedrich Teutsch: Bäcker machen Geschichte. Zur Geschichte der Bäckerzunft in Mannheim 1661-1862. Mannheim 1996, S. 38-48.

Mannheim, Bäckerinnung

4.1.45
Lohn- und Preis-Taxa 1765

Gnädigst approbirte Taxa, wie, vorbehaltlich einer künftig weitern Verminderung, einsweilen in deren Monathen Julio, Augusto und September einschließlich, sämtliche Krämer-Waaren und Handwerkschafts-Arbeiten, in denen drey Haupt-Städten Mannheim, Heydelberg und Franckenthal gezahlt werden sollen.

Mannheim, Buchdruckerey der General-Administration der Chur-Pfältzischen Lotterie, 1765
4°, 76 S.

In Lohn- und Preisbindungen nach kostendeckender „Billigkeit" sah man im 18. Jahrhundert ein Instrument, um wirtschaftliche Entwicklungen zu steuern. In der Praxis war die Fixierung der Preise und Löhne jedoch schwierig, was des öfteren Revisionen notwendig machte. Die Gültigkeit der ausgestellten „gnädigst approbirten Taxa" von 1765 beschränkte sich daher auf einen Zeitraum von lediglich drei Monaten.
Die Angaben der gedruckten Tax-Ordnung sind außerordentlich differenziert. Bis ins Detail aufgelistet werden die Tarife und Taxen für Waren und Dienstleistungen aller Art in Handwerk und Gewerbe, etwa bei den Lohnkutschern nach Größe der „Chaisen", Anzahl der Reisenden oder Entfernung und Dauer der Fahrt. Die Broschüre vermittelt ferner eine Vorstellung von der Breite des in den drei kurpfälzischen Städten angebotenen Warensortiments, das in erster Linie auf eine zahlungskräftige, höfisch-adlige Käuferschicht ausgerichtet war. Recht aufschlußreich ist die lange Liste der Luxuswaren: unterschiedlichste Kleider- und Dekorationsstoffe, Gold- und Silberborten, Knöpfe, Schnallen und Galanteriewaren, Spezereien, exotische Früchte und eine große Auswahl von Genußmitteln wie Kaffee, Tee und Tabak. P.G.

Boelcke, Willi A.: Wirtschaftsgeschichte Baden-Württembergs von den Römern bis heute. Stuttgart 1986.

Mannheim, Reiss-Museum (Mh 685)

4.1.46
Kurfürstliche Verordnung zur Abhaltung eines wöchentlichen Fruchtmarktes

Mannheim, 21. März 1766
Papier, 2°

Mannheim, Reiss-Museum (Mh 9834)

4.1.47
Kurpfälzische Verordnung zur Abhaltung eines wöchentlichen Wochenmarkts in Frankenthal

Mannheim, 2. September 1771
Original, Papier, 2°

Mannheim, Reiss-Museum (Mh 9834)

4.1.48
Lebensmittel-Preistaxe des Polizeiamts der Stadt Mannheim für August 1795

Gedrucktes Formular, handschriftlich ausgefüllt, Mannheim, 27. Juli 1795
Papier, 34,0 x 41,5 cm

Zu den Aufgaben des Stadtregiments zählte es, auf die Preisentwicklung für Grundnahrungsmittel und Verbrauchsgüter zu achten und willkürliche Preissteigerungen zu verhindern. Viele Preise für Lebensmittel wurden daher - nicht nur in Mannheim - amtlich festgesetzt. Die Preisnotierungen wurden regelmäßig auf Formularen öffentlich bekanntgegeben und die Bäcker, Metzger, Fischer, Bierbrauer, aber auch Seifensieder zur Einhaltung der Taxen verpflichtet. Solche Tax-Zettel geben daher Aufschluß über die Preisbewegungen, Lebenshaltungskosten oder das jeweils verfügbare Warensortiment. So führt 1795 die Mannheimer „Fischtax" mehr als ein Dutzend verschiedener Fischarten auf, während in der „Brodtax" unterschiedliche, nach ihrem Preis benannte Brote und Wecken aufgelistet sind, bei denen das Gewicht je nach dem aktuellen Getreidepreis variiert. Die „Fleischtax" läßt erkennen, daß die Metzger an die Benutzung der Metzgerschranne gebunden waren und daß es eine „Judenschranne" für koscheres Fleisch in Mannheim gab. Außer den Preisen enthält das Tax-Formular Vorschriften zum Verbraucherschutz, die quantitativ und qualitativ einwandfreie Lebensmittel garantieren sollten (so z.B. das Reinheitsgebot für Bier). P.G.

Privatbesitz

4.1.49
Goldmünzen

Die Goldmünzenprägung unter Kurfürst Carl Theodor setzt im Jahr 1748 mit sog. „Pistolen" ein, die im Wert den französischen Louis d'or entsprachen. Der Übergang zu der im Alten Reich üblichen Ausprägung von Dukaten erfolgte im Jahr 1749 in der Münzstätte Düsseldorf. Ab 1750 wurden auch in der Mannheimer Münzstätte die neuen Goldmünzen mit einem Durchschnittsgewicht von 3,49 g ausgegeben. Die Herstellung von Dukaten aus Rheingold erfolgte ab dem Jahre 1763, nachdem bereits Kurfürst Carl Philipp 1740 Goldmünzen aus den Erträgen der Goldwäscherei am Rhein hatte prägen lassen. Die in den Jahren 1763, 1764, 1767 und 1778 hergestellten Dukaten zeigen sämtlich eine Stadtansicht von Mannheim mit dem alle anderen Gebäude überragenden Residenzschloß. Das Auswaschen der Goldflitter aus dem Flußsand erbrachte ca. 2 g pro Quadratmeter Sand, der mehrfach über Tücher gespült werden mußte, bis man mit Hilfe von Quecksilber das Gold ausscheiden konnte. H.-J.S.

a Pistole („Doppia")

1748
Gold, Dm. 2,5 cm

b Hubertusorden-Dukat

1750
Gold, Dm. 2,2 cm

c Dukat

1750
Gold, Dm. 2,2 cm

d Rheingolddukat

1764
Gold, Dm. 2,2 cm

e Konventionsdukat

1764
Gold, Dm. 2,2 cm

f Rheingolddukat

1767
Gold, Dm. 2,2 cm

Haas-Gesche 1972, S. 23, Nr. 5; S. 24, Nr. 7; S. 27, Nr. 13; Haas-Gesche 1974, S. 35, Nr. 55; S. 36, Nr. 59f.; S. 38, Nr. 63a-65.

Mannheim, Reiss-Museum (III g 1473, S. 30, Nr. 127, 1949, 1483, 1482, 1955)

Kat. Nr. 4.1.49 a Vorderseite

Kat. Nr. 4.1.49 a Rückseite

Kat. Nr. 4.1.49 b Vorderseite

Kat. Nr. 4.1.49 b Rückseite

Kat. Nr. 4.1.49 c Vorderseite

Kat. Nr. 4.1.49 c Rückseite

Kat. Nr. 4.1.49 d Vorderseite

Kat. Nr. 4.1.49 d Rückseite

Kat. Nr. 4.1.49 e Vorderseite

Kat. Nr. 4.1.49 e Rückseite

Kat. Nr. 4.1.49 f Vorderseite

Kat. Nr. 4.1.49 f Rückseite

4.1.50
Silbermünzen

Die häufigste Silbermünze der Neuzeit war der Taler, der vom ausgehenden 15. bis zum Beginn des 20. Jahrhunderts in ganz Deutschland ausgeprägt wurde. Im Gegensatz dazu setzte sich nach dem Ende des Dreißigjährigen Krieges der Gulden als Rechnungseinheit durch, der in der Mitte des 18. Jahrhunderts 2/3 entsprach. Die ersten Mannheimer Taler mit dem Porträt des jugendlichen Kurfürsten wurden im Jahre 1744 geprägt. Ein Jahr darauf erfolgte aufgrund der von Carl Theodos ausgeübten Stellvertretung des verstorbenen Kaisers die erste Ausgabe von Vikariatstalern. Silbermünzen aus den Erträgen der Grube Wildberg im Herzogtum Berg wurden unter der Regierungszeit Kurfürst Carl Theodor zwischen 1748 und 1758 hergestellt. Der bereits für das 12. Jahrhundert belegte, später jedoch aufgegebene Silberbergbau wurde bereits unter Kurfürst Carl Philipp zur Herstellung von Silbermünzen genutzt. Mit dem Augsburger Münzabschied vom 18. April 1761 wurde die süddeutsche Münzgeldlandschaft dahingehend vereinheitlicht, daß künftig aus einer Mark Silber 10 Taler geprägt werden sollten. Mit dieser, auch für das Kurfürstentum Pfalz, verbindlichen Regelung, wurden ab 1761 in der Mannheimer Münzstätte die sog. „Konventionstaler" geprägt, die durch die entsprechende Umschrift AD NORMAM CONVENTIONIS (Nach den Regeln des Münzvereins) ausgeprägt waren.

H.-J.S.

a Taler

1744

Silber, Dm. 4 cm

b Vikariatstaler

1745

Silber, Dm. 4,2 cm

c 12 Kreuzer ("Dreibätzner")

1746

Silber, Dm. 2,6 cm

d 2/3 Taler ("Gulden") (Wildberger Ausbeute)

1748

Silber, Dm. 3,5 cm

e Taler (Wildberger Ausbeute)

1751

Silber, Dm. 4,1 cm

Kat. Nr. 4.1.50 a Vorderseite

Kat. Nr. 4.1.50 a Rückseite

Kat. Nr. 4.1.50 b Vorderseite

Kat. Nr. 4.1.50 d Vorderseite

Kat. Nr. 4.1.50 d Rückseite

Kat. Nr. 4.1.50 e Vorderseite

Kat. Nr. 4.1.50 g Vorderseite

Kat. Nr. 4.1.50 g Rückseite

Kat. Nr. 4.1.50 i Vorderseite

Kat. Nr. 4.1.50 b Rückseite

Kat. Nr. 4.1.50 c Vorderseite

Kat. Nr. 4.1.50 c Rückseite

Kat. Nr. 4.1.50 e Rückseite

Kat. Nr. 4.1.50 f Vorderseite

Kat. Nr. 4.1.50 f Rückseite

Kat. Nr. 4.1.50 i Rückseite

Kat. Nr. 4.1.50 k Vorderseite

Kat. Nr. 4.1.49 k Rückseite

F KONVENTIONSTALER
1763
Silber, Dm. 4 cm

G KONVENTIONSTALER
1765
Silber, Dm. 4 cm

H KONVENTIONSGULDEN (2/3 TALER)
1765
Silber, Dm. 3,4 cm

I KONVENTIONSTALER
1777
Silber, Dm. 4 cm

J KONVENTIONSTALER
1781
Silber, Dm. 4 cm

K VIKARIATSTALER
1790
Silber, Dm. 4,1 cm

Haas-Gesche 1972, S. 23, Nr. 4; S. 24, Nr. 6; Haas 1974, S. 39, Nr. 67; S. 40, Nr. 68; S. 51, Nr. 114; S. 47, Nr. 90; S. 40, Nr. 69; S. 42, Nr. 74 var; S. 43, Nr. 76; S. 49, Nr. 101; S. 46, Nr. 89; S. 110, Nr. 279a; S. 111, Nr. 289.

Mannheim, Reiss-Museum (III g 1199, 2009, S. 30, Nr. 126, S. 33, Nr. 144b, 1474, 2057, 1838, 1936, 1477, 1207, 1210)

4.1.51
KLEINMÜNZEN

Entsprechend der Tradition seiner Vorgänger ließ Kurfürst Carl Theodor Kleinmünzen prägen, die z.T. durch die Bezeichnung als „Landmünze" (4-, 2- und 1-Kreuzer) außerhalb des eigenen Territoriums keinen Anspruch auf Akzeptanz besaßen. Im Kurant des 18. Jahrhunderts sind diese Stücke das tägliche Kleingeld, mit denen Waren und Produkte gezahlt wurden. So kostete auf dem Mannheimer Wochenmarkt im Jahre 1750 ein halbes Pfund Bratwurst 4 Kreuzer, ein Maß Bier ebenfalls 4 Kreuzer und ein Brötchen 1 Kreuzer. H.-J.S.

A 10 KREUZER
1763
Silber, Dm. 2,5 cm

B 2 KREUZER ("HALBBATZEN")
1748
Silber, Dm. 1,8 cm

C 1 KREUZER
1763
Silber, Dm. 1,7 cm

Haas 1974, S. 52, Nr. 121; S. 55, Nr. 152; S. 56, Nr. 164.

Mannheim, Reiss-Museum (III g 1712, 177, 1991)

4.1.52
GELDSTRUMPF

Um 1800
Seide gestrickt, Quasten aus Seidenposamenten, Messingringe, L. 57 cm, B. 8 cm

Im ausgehenden 18. Jahrhundert und zu Beginn des 19. Jahrhunderts benutzten Herren als Geldtasche gern einen länglichen, strumpfartigen Beutel. Dieser sogenannte Geldstrumpf hat ein breites und ein schmaleres Ende. In der Mitte, wo sich der Eingriffschlitz befindet, verhinderten zwei kleine Messingringe, daß das Geld herausfallen konnte. Bei dem in Seide gestrickten Geldbeutel handelt es sich um eine besonders anspruchsvolle Arbeit, auf der zwischen Blüten- und Amphorenfriesen die eingestickte Devise *Est peu de chose que je vous donne* wiedergegeben ist. P.H.

Sklavin oder Bürgerin? Französische Revolution und neue Weiblichkeit 1760-1830. Ausstellungskatalog. Historisches Museum. Frankfurt 1989, Nr. 3.84, S. 573.

Frankfurt a. M., Historisches Museum (HMF X 5477)

4.1.53
KURPFÄLZISCHE VERORDNUNG ZUR REGELUNG DES MÜNZWESENS UND DER TARIFE FÜR GOLD UND SILBER

Mannheim, 5. März 1761
Papier, 2°

Mannheim, Reiss-Museum (Mh 9834)

4.1.54
KURPFÄLZISCHE VERORDNUNG ZUR UNTERDRÜCKUNG DES UMLAUFS ABGESCHLIFFENER MÜNZEN

Mannheim, 19. Februar 1782
Papier, 2°

Mannheim, Reiss-Museum (Mh 9834)

KAT. NR. 4.1.52

4.1.55
Kurfürstliche Verordnung zur Vereinheitlichung der Masse und Gewichte

München, 14. Oktober 1780
Papier, 2°

Mannheim, Reiss-Museum (Mh 9834)

4.1.56
Federwaage

18. Jahrhundert
Eisen, Messing, H. mit Ring und Haken 29 cm

Diese Federwaage für zwei Meßbereiche fand wohl vor allem im hauswirtschaftlichen Bereich Verwendung. Ihr Prinzip ermöglichte ein schnelles Abwiegen, war jedoch bezüglich der Stärke der Feder lediglich für geringe Lasten geeignet.

Wachenheim a. d. Weinstraße, Waagenmuseum (o. Nr.)

4.1.57
Haushaltswaage

18. Jahrhundert
Eisen, L. 53 cm, H. 33 cm

Bei dieser Haushaltswaage handelt es sich um eine sogenannte Tafel- oder oberschalige Waage mit zwei gleicharmigen Balken übereinander. Die Tafel- oder oberschalige Waage war 1669 von dem Professor für Mathematik und Physik G. P. de Roberval (1602-1675) erfunden worden und stellte eine wesentliche Weiterentwicklung im Bereich der verschiedenen Wiegetechniken dar.

Wachenheim a. d. Weinstraße, Waagenmuseum (o. Nr.)

4.1.58
Schneiderelle

18. Jahrhundert
Blindholz: Eiche mit Palisander, Nußbaum, Birke und Rosenholz furniert; Perlmutt, 76,4 cm, Maßeinheit: Elle

Diese Schneiderelle besitzt auf der Vorderseite intarsierte Felder und ist auf der Rückseite unverziert.
P.F.D.

Kaiserslautern, Theodor-Zink-Museum (o. Nr.)

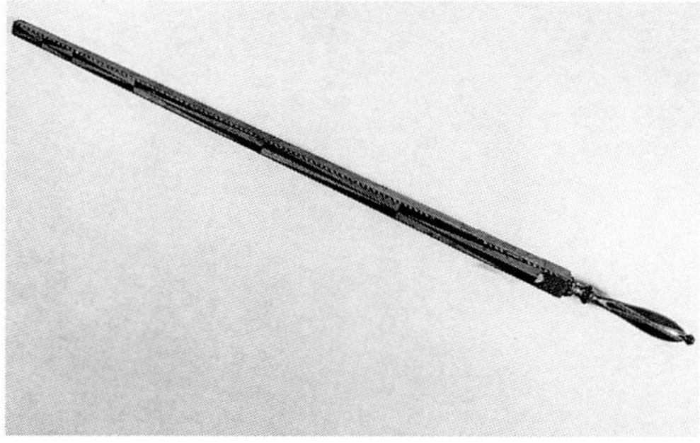

Kat. Nr. 4.1.58

4.1.59
Schneiderelle

1762
Blindholz: Buche mit Nußbaum auf der Vorder- und Rückseite furniert; Messing, L. 76,4 cm, Maßeinheiten: Halbzoll, Zoll und Fuß

Auf der Vorder- und Rückseite dieser Schneiderelle befinden sich Felder mit einfachem floralem Dekor. Auf der Rückseite ist zusätzlich eine Signatur zu erkennen, bei der es sich um ein Zunftzeichen handeln könnte.
P.F.D.

Kaiserslautern, Theodor-Zink-Museum (o. Nr.)

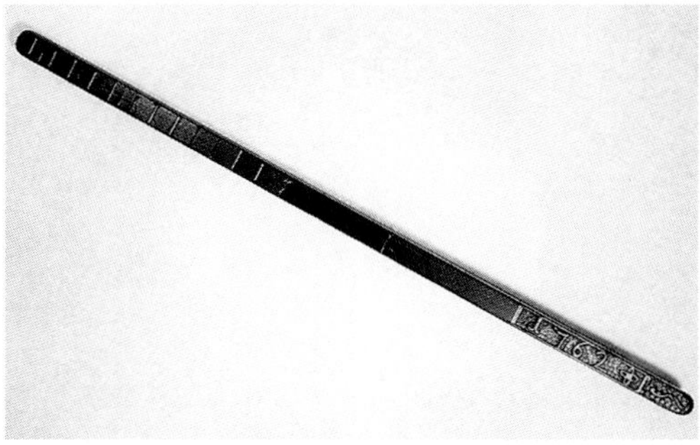

Kat. Nr. 4.1.58

4.1.60
Fassade des Lotterie-Hotels in Mannheim

Hieronymus von der Finck, 1772
Holzschnitt, 15,2 x 33 cm

Das Blatt mit der Fassade des Lotteriegebäudes ist datiert durch das Buch, dem es als Tafel beigeheftet wurde: dem Mannheimer Lotteriekalender von 1772, dem „Almanach de Bonne Fortune". Das Lotteriehotel stand in L 1, 2. Es wurde 1742 als Löwenthal'sches Haus erbaut und kam 1758 durch Erbschaft an den Freiherrn Ignaz von Oberndorff, der es 1768 an den Grafen von Saint Martesi verkaufte, der es als Lotteriehotel einrichtete und selbst Lotteriedirektor war. Die kurpfälzische Lotterie war mit Genehmigung des Kurfürsten Carl Theodor am 15. August 1764 eingerichtet worden. Das Palais war zweistöckig mit dreiachsigem Mittelrisalit bei insgesamt fünfzehn Achsen, der seitlich, wie das Gebäude auch, von Pilastern eingefaßt war. Der Giebel über dem Mittelrisalit enthielt das große kurfürstliche Wappen, von Löwen gehalten. Es ist im Zusammenhang mit der Einrichtung als Geschäftsstelle der Lotterie entstanden.
I.G.

Huth 1982, Bd. 2; S. 1283f. m. Abb. 916.

Mannheim, Reiss-Museum (Mh Zs 98)

4.1.61
Lotteriepatent
Patent zur Einrichtung einer Lotterie

Mannheim (Hofbbuchdruckerei), 1964
Papier, Druck, 2°

1764 erteilte Carl Theodor dem französischen Abenteurer Martin Saint Martin die Erlaubnis, in Mannheim eine Zahlenlotterie zu etablieren, um sich Finanzmittel zur Ausstattung seiner unehelichen Tochter, der Gräfin Parkstein, zu verschaffen. Die Lotterie erfreute sich rasch großer Beliebtheit, was Saint Martin dazu bewog, in L 1,2 ein Lotterie-Hotel einzurichten. Die öffentlichen Ziehungen wurden alle drei Wochen vorgenommen. Über Agenturen konnten auch Nichtpfälzer an den Ziehungen teilnehmen.
H.E.Vt./D.D.

Carl Theodor (Ergänzungskatalog) 1979.

Mannheim, Reiss-Museum (Mh 9102)

4.1.62
Lotterie-Dukat

1767
Gold, Dm. 2,2 cm

Die undatierten sog. "Lotterie-Dukaten" mit dem Bild der Glücksgöttin Fortuna und der Rückseitenumschrift HAC FAVENTE (Mit ihrer Gunst) - INDUSTRIAE SORS (Lohn des Fleißes) wurden nach den Angaben bei Friedrich Exter, Versuch einer Sammlung von Pfältzischen Medaillen-, Schau-, Gedächtnis und allerley anderen Müntzen (Zweibrücken 1759-1775) im Jahre 1767 in einer Auflage von 1000 Stücken geprägt, aber unmittelbar danach zum größten Teil wieder eingeschmolzen. Die Gründe hierfür sind unklar, doch wäre es denkbar, daß eine Lotteriemünze sich nur schwierig als Zahlungsmittel hätte in Umlauf bringen lassen, weil man profitäre Gründe dahinter vermutete. H.-J.S.

Gesche 1981, S. 38, Nr. 26.

Mannheim, Reiss-Museum (III g 1950)

4.1.63
Glückskalender

Glücks-Calender für und durch die Chur=Pfälzische Lotterie für das Jahr ...

Kurpfälzische Lotterie-Buchdruckerei, 1770 und 1771
Papier, Druck, 2 Bände, 12°

Der große Erfolg der Kurpfälzischen Lotterie führte zur Einrichtung einer lotterieeigenen Druckerei (s. Abb.) und der Herausgabe von Lotteriekalendern, welche ab 1766 jährlich bis 1774 erschienen sind. Diese Kalender enthalten neben dem Kalendarium Erklärungen über die Spielregeln und Gewinnmöglichkeiten, eine Liste der Ziehungstage und Ähnliches. Die späteren Kalender waren mit einer Anzahl von Holzschnitten verziert, welche die verschiedenen Aspekte des Lotteriespiels auch graphisch darstellten. Auch ein Holzschnitt der Stadt Mannheim, eine Hommage an den Sitz des einträglichen Lotteriespiels, wird in einigen Kalendern abgedruckt. H.E.Vt./D.D.

Carl Theodor (Ergänzungskatalog) 1979.

Mannheim, Reiss-Museum, (Mh Zs 97)

Kat. Nr. 4.1.62

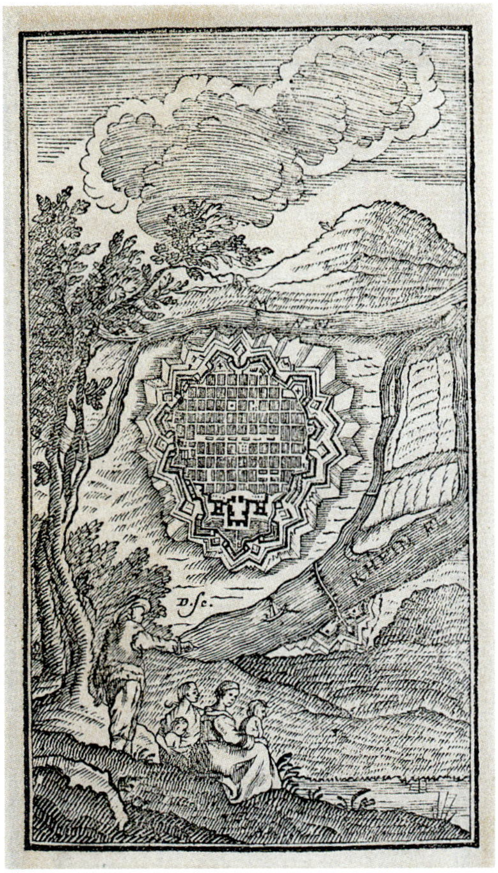

Kat. Nr. 4.1.63

Kat. Nr. 4.1.63

4.2
Medizin und Armenfürsorge

Carl Theodor war ein wohlwollender Förderer der Medizin. Neben seinem wissenschaftlichen Interesse war es ihm vor allem ein Anliegen, daß die ärztliche Versorgung für alle Bevölkerungsschichten sichergestellt war. Um Quacksalberei zu unterbinden, durfte in der Kurpfalz nur als Arzt praktizieren, wer sich einer Prüfung beim Consilium Medicum unterzogen hatte. Medizinischen Neuentdeckungen wurden in der Kurpfalz Raum geschaffen. So initiierte der kurfürstliche Leibarzt Vermale 1747 eine Chirurgenschule mit angeschlossenem anatomischen Theater für Militärchirurgen, an deren Unterricht übrigens jeder kostenlos teilnehmen konnte. 1750 wurden von dem französischen Augenarzt Jacques Daviel in Mannheim die ersten Staroperationen erfolgreich durchgeführt.

Neben Neuerungen in der theoretischen und praktischen Ausbildung an der medizinischen Fakultät war es dem Kurfürsten auch ein Anliegen, die hygienischen Verhältnisse in der Stadt zu verbessern. Die vielen Todesopfer einer Malaria-Epidemie gaben den Anstoß: 1761 wurden die Vorschriften zur Straßenreinhaltung verschärft und in den Lazaretten und Kasernen wurde für mehr Hygiene, Entlüftung und Reinhaltung gesorgt. Um das allgemeine medizinische Verständnis zu fördern, gründete der Mannheimer Mediziner und spätere Leibarzt der Kurfürstin, Franz Anton Mai, 1782 die Krankenwärterschule.

Der Tod des Kurprinzen, der auf Schwierigkeiten bei der Geburt zurückzuführen war, entfachte erneut die Diskussion um die schlechte Ausbildung der Hebammen. Carl Theodor ließ daraufhin 1766 ein Entbindungshaus (Accouchement) von Franz Anton Mai in N 5 einrichten. Ledige Schwangere, die sich den Hebammenschülerinnen zur Entbindung als Studienobjekte zur Verfügung stellten, blieben laut Erlaß des Kurfürsten von den auf Hurerei stehenden Strafen verschont.

Der Kurfürst sah sich als Landesvater auch als Beschützer der Armen, Witwen und Waisen: Er war großzügig in der Vergabe von Almosen und ordnete an, daß Rechtsfälle von Witwen und Waisen bevorzugt behandelt und den Armen unentgeltlich rechtlicher Beistand gewährt wurde. Von Feuersbrunst und Mißernten Betroffenen sollten Steuernachlässe gewährt werden, was auch häufig geschah.
Die in Mannheim praktizierenden Ärzte waren prinzipiell verpflichtet, Bürger der Stadt, die ärztliche Behandlungen nicht zahlen konnten, unentgeltlich zu behandeln. Da diese ihrer Pflicht nur unzureichend nachkamen, wurden 1766 Armenbezirke eingerichtet: Jedem Stadtteil wurde ein Arzt zugeteilt, der bettlägerige Patienten kostenlos behandeln mußte. Verordnete Medikamente erhielten die Armen kostenlos in der Hofapotheke.

Allgemeinhin oblag die Versorgung von Alten, Kranken und Armen den Kirchengemeinden. Sie wurde durch „kleine“ und „große“ Almosen (aus Klingelbeuteln, Sammelbüchsen Stiftungsgeldern und Zinsen) finanziert. Getrennt nach Konfessionen errichtete man Hospitäler, in denen der ärmeren Bevölkerung eine stationäre Behandlung zukam und die alten und pflegebedürftigen Menschen langfristig versorgt wurden:

1735 das jüdische Hospital in E 5,
1739 das reformierte Hospital in F 6,
1770 das lutheranische Hospital in G 4,
1775 das katholische Hospital in R 3.

Hier widmete man sich eher der Armenversorgung als der Heilung von Kranken. Menschen mit unheilbaren und ansteckenden Krankheiten hingegen mußten ins sogenannte Nothaus, das 1701 in J 2 eingerichtet worden war.

Das von Carl Theodor 1730 errichtete kurfürstliche Borromäusspital in R 5 diente zunächst der Versorgung kranker und verarmter Hof- und Staatsbediensteten, deren Angehörigen und Waisen. Unter anderem wurde hier zweimal wöchentlich eine kostenlose Sprechstunde für Bedürftige abgehalten. Die Leitung übernahm eine der Regierung untergeordnete Hospitalkommission. Sie wurde jedoch 1752 vom Kurfürsten dem Krankenpflegeorden der Barmherzigen Brüder übertragen und reorganisiert.

Neben den Bemühungen um die Versorgung der Armen wurden von der kurfürstlichen Regierung auch Gesetze zum Schutze der Bevölkerung vor Verelendung erlassen. So gab es 1772 mehrere Edikte gegen Glücksspiele und 1775 Erlasse gegen das Verleihen von Geld an Soldaten und Studenten. *B.F./A.H./M.A.*

4.2.1
Porträts des Franz Anton Algardi und seiner Ehefrau

Unbekannter Künstler, 1780/85
Öl auf Leinwand, 67,8 x 54,7 cm und 69,5 x 54,8 cm

Franz Anton Algardi, gestorben 1792, war Leibarzt der Kurfürstin Elisabeth Auguste in Oggersheim. Sein Nachfolger wurde Franz Anton Mai (1742-1814), der den kranken Algardi bereits seit 1789 vertreten hatte. Zu dem Porträt des Franz Anton Algardi gehört als Pendant das Bildnis seiner Frau.

Mörz 1997, S. 127, S. 135, S. 138, S. 143.

Mannheim, Reiss-Museum (O 439, O 440)

Kat. Nr. 4.2.1

Kat. Nr. 4.2.1

Kat. Nr. 4.2.2

Kat. Nr. 4.2.2

4.2.2
Porträts des Ehepaares Franz Anton und Sylvia Mai

Sebastian Stassens (Mannheim (?) 1752-nach 1821 Mannheim), 1780
Öl auf Leinwand, 58,7 x 49,3 cm und 58 x 48,6 cm

Sebastian Stassens, ein Neffe des Hofbildhauers Peter Anton von Verschaffelt, malte beide Porträts im Jahre 1780. Dies geht aus der Beschriftung des Stichs hervor, den Anton Karcher 1800 nach dem Porträt von Franz Anton Mai (1742-1814) anfertigte. Stassens gibt Mai, seit 1773 Professor der Medizin in Heidelberg und Leiter der Entbindungsanstalt in Mannheim, recht unkonventionell in der altertümlichen Tracht der Heidelberger Professoren und mit einem pompösen, federgeschmückten Hut, einem sogenannten „Rubenshut", wieder. Der Porträtauftrag für Stassens ging wohl auf familiäre Bindungen zurück, war Sylvia Mai doch eine Tochter Verschaffelts. K.-L.H.

Thieme/Becker, 31. Bd., 1937, S. 430; Grotkamp-Schepers 1980, S. 118-120; Eichner 1981, S. 33/34, Anh. Nr. 19 u. Nr. 20.

Mannheim, Reiss-Museum (O 44; O 45)

4.2.3
Rechnung des Hofapothekers Joseph Baader für Medikamente

Mannheim, 14. Oktober 1795
Rechnung, eigenhändig, Papier, 86,3 x 22,5 x 5 cm

Die Rechnung des Hofapothekers Joseph Baader hält in zeitlicher Folge neben dem Datum den Namen des Patienten bzw. der Patientin, das Medikament bzw. das Heilkraut und den Geldbetrag fest. Demnach lieferte er im September 1795 Medikamente im Wert von 278 Gulden. Die Summe wurde dann auf 270 ermäßigt und am 11. Dezember 1795 beglichen.
Hofapotheker Baader besaß praktisch das Monopol zur Belieferung des Katholischen Bürgerhospitals. F.T.

Mannheim, Stadtarchiv (Katholisches Bürgerhospital, Nr. 349)

4.2.4
Salbtöpfchen und Glasflaschen

Die Fläschchen aus Glas und die in verschiedenen keramischen Techniken - Hafnerware, Fayence, Steinzeug - vorliegenden Salbtöpfchen stammen meistens aus Brunnen und sind Zeugnisse für die Tätigkeit von Badern, Barbieren, Ärzten und Apothekern in Mannheim. In einem der Gefäße konnten noch Reste einer Zinksalbe, einer kühlenden und austrocknenden Wundsalbe, nachgewiesen werden.
Bei den Exponaten handelt es sich um Bodenfunde aus der Mannheimer Innenstadt, die Ende der 1970er Jahre und in der ersten Hälfte der 1980er Jahre im Auftrag des Landesdenkmalamtes Baden-Württemberg durch Mitarbeiter der Archäologischen Sammlungen des Reiss-Museums Mannheim bei der Beobachtung von Baugruben geborgen wurden. Der Bau von Tiefgaragen und die Schließung der letzten, noch von den schweren Zerstörungen des Zweiten Weltkrieges herrührenden Baulücken boten die Möglichkeit, auch in Mannheim noch eine - wenn auch bruckstückhafte - Stadtkernforschung zu betreiben. I.J.

Jensen 1986, S. 124f., Nrn. 37 i-n m. Taf. 97.

a Salbtöpfchen

Mannheim, B 2,3, Brunnen (4.5.1979), 18. Jahrhundert
Vollständig erhalten, Rdm. 4 cm, Bdm. 4 cm, H. 6,5 cm

Hafnerware; sandfarbener Scherben; außen grünglasiert; eiförmiger Gefäßkörper mit gerilltem Hals und ausbiegendem Rand; Gefäßwand zum Boden hin einziehend mit wulstartig abgesetzter Standfläche; gefüllt mit einer hellen, sandigen Masse; die Untersuchung ergab, daß es sich um Reste einer Zinksalbe handelt, bei der rund 25 % Zinkoxyd mit 75% Leinöl vermengt worden waren.

Mannheim, Reiss-Museum, Archäologische Sammlungen (BW 1979/166)

b Salbtöpfchen

Mannheim, B 2,3, Brunnen (4.5.1979), 18. Jahrhundert
Vollständig erhalten, Rdm. 2,7 cm, Bdm. 3,8 cm, H. 7,3 cm

Fayence; sandfarbener Scherben; grauweiße Glasur; zylindrische Form mit ausbiegendem Rand und fußartig abgesetzter Standfläche.

Mannheim, Reiss-Museum, Archäologische Sammlungen (BW 1979/68)

c Salbtöpfchen

Mannheim, B 2,3, Fdst. A (29.3.1979), 18. Jahrhundert
Zwei kleine Ergänzungen am Rand, Rdm. 5,4 cm, Bdm. 4 cm, H. 7,2 cm

Hafnerware; rötlicher Scherben; innen und außen rotbraun glasiert; zylindrische Form mit Einschnürung unter dem ausbiegenden Rand und wulstartig abgesetzter Standfläche.

Mannheim, Reiss-Museum, Archäologische Sammlungen (BW 1979/72)

d Zwei Salbtöpfchen

Mannheim, B 2,3, Brunnenaushub (7.-10.5.1979), 18. Jahrhundert
Vollständig erhalten bis auf kleine ausgebrochene Stellen am Rand, Rdm. 5,6 cm, Bdm. 4,2 cm, H. 8,9 cm/Rdm. 4,4 cm, Bdm. 3 cm, H. 6,5 cm

Gelbbraunes, salzglasiertes Steinzeug, zylindrische Form mit Einschnürung unter dem ausbiegenden Rand und kegelstumpfförmigem Standfuß.

Mannheim, Reiss-Museum, Archäologische Sammlungen (BW 1979/531)

e Glasflaschen

Mannheim, B 2,3, Brunnenaushub (7.-10.5.1979), 18. Jahrhundert
Vollständig erhalten, unregelmäßig geformt, Maße der größten Flasche: Rdm. 2,4 cm, Bdm. 6,4 cm, H.14,2 cm

Sieben mundgeblasene Flaschen verschiedener Form, grünes und durchsichtiges Glas, bei einem Stück war der alte Verschluß aus Kork noch vorhanden.

Mannheim, Reiss-Museum, Archäologische Sammlungen (BW 1979/529)

Kat. Nr. 4.2.4

Kat. Nr. 4.2.5

Kat. Nr. 4.2.4

4.2.5
Der Votant betet für seine kranke Frau

Unbekannter Maler, 2. Hälfte des 18. Jahrhunderts
Öl auf Leinwand, 40 x 33,5 cm

Bei diesem Votivbild der Loretokapelle in Oggersheim bittet der Votant um Genesung seiner Frau, die in ihrem Krankenbett dargestellt ist. Vor ihm auf dem Betstuhl liegt ein aufgeschlagenes Buch mit der Inschrift: *H. MARIA DU HEYL DER KRANKEN BITTE FÜR UNS.* Daran wird deutlich, daß man den Heiligen bei der Heilung von Kranken im 18. Jahrhundert eine große Bedeutung zuschrieb und ihnen nicht selten die Funktion eines Arztes übertrug. A.K.

Rettenbeck, Lenz: Zur Phänomenologie des Votivbrauchtums. In: Bayerisches Jahrbuch für Volkskunde. München 1951, S. 75-78; Gutzer 1991, Abb. S. 12.

Ludwigshafen-Oggersheim, St. Maria Himmelfahrt

4.2.6
Medicinische Fastenpredigten, oder Vorlesung über Körper- und Seelen=Diätetik. Zur Verbesserung der Gesundheit und Sitten

Mai, Franz Anton (1742-1814). 2 Bde. Mannheim, Schwan, 1792-1794
Papier, Druck, 8°

Franz Anton Mai, Leibarzt der Kurfürstin Elisabeth Auguste und Professor für Medizin an der Universität Heidelberg, war ein bedeutender Vertreter der Aufklärung auf dem Gebiet der Medizin, der zeit seines Lebens einen unermüdlichen Kampf gegen Quacksalberei, Kurpfuscherei und Aberglauben führte. Seine kompromiß- und schonungslose Kritik an den medizinischen und hygienischen Zuständen der Zeit brachte ihn nicht selten in Konflikt mit seinen Berufskollegen. Eines seiner Hauptwerke sind die „Medizinischen Fastenpredigten", die er in einer Reihe von Vorlesungen von 1792-1794 im Konzertsaal des Nationaltheaters abgehalten hatte. Sie stehen ganz in der Tradition der Zucht- und Bußpredigten. Von Rousseau beeinflußt, tritt Mai in ihnen für eine natürlichere Lebensweise seiner Zeitgenossen ein, für maßvolle Ernährung und körperliche Ertüchtigung beispielsweise. Seine sowohl medizinischen als auch moralischen und pädagogischen Belehrungen erstrecken sich auf praktisch alle Bereiche des Lebens, vom Weingenuß bis hin zur Sexualität oder der Analyse eines gesunden Ehelebens. Obwohl sich Mai zuweilen doch einer etwas derben Ausdrucksweise bedient, ist der Stil von seinen Schriften äußerst humorvoll und unterhaltsam. HE.Vt./D.D.

Düsseldorf 1979; Seidler, Eduard: Lebensplan und Gesundheitsführung. Franz Anton Mai und die medizinische Aufklärung in Mannheim. Mannheim 1975, S. 77 - 84

Mannheim, Reiss-Museum (Mh 989)

4.2.7
Unterricht für Krankenwärter zum Gebrauche oeffentlicher Vorlesungen...

Franz Anton Mai (1742-1814). Mannheim, Schwan, 1782.
Papier, Druck, 8°

Mais Hauptanliegen war weniger die medizinische Forschung als die Suche nach Mitteln und Wegen, die vorhandenen Kenntnisse möglichst breiten Kreisen der Bevölkerung zu vermitteln. 1781 war auf sein Betreiben hin eine Schule für Krankenwärter eingerichtet worden, in welcher er anfangs kostenlos diese Schrift an die Schüler verteilen ließ. Neben Instruktionen medizinischer Art, die die Krankenwärter befähigen sollten, die Patienten adäquat zu versorgen und sich selbst vor Infektionen zu schützen, bemüht sich Mai auch, den gesellschaftlichen Status der Krankenwärter sozial aufzuwerten. Leider ist dieses vielversprechende Projekt, welches andernorts rasch Nachahmer fand, letztlich an der Mißgunst von Mais kurpfälzischen Berufskollegen gescheitert. HE.Vt. / D.D.

Seidler, Eduard: Lebensplan und Gesundheitsführung. Franz Anton Mai und die medizinische Aufklärung in Mannheim, Mannheim 1975, S. 109-113; Gawiliczek, O. Herbert, Walter E. Senk, Hansotto Hatzig: Chronik der Ärzte Mannheims. 350 Jahre Medizin in der Stadt der Quadrate. Mannheim 1978.

Edingen-Neckarhausen, Privatbesitz (Sammlung Veitenheimer)

4.2.8
Unterricht für die pfälzischen Hebammen zum Gebrauch der Vorlesungen in der Ammenschule zu Mannheim

Franz Anton Mai (1742-1814), 2. Auflage Mannheim, 1782
Papier, Druck, 16,6 cm x 9,8 cm

1766 war auch in Mannheim eine Hebammenschule mit Entbindungshaus eingerichtet worden. Hier sollten Frauen durch Vorlesungen von Ärzten und praktischen Übungen zu Hebammen ausgebildet werden.
Das für den *lieben Menschenfreund* und die *nutzbare Wehemutter* (Hebamme) geschriebene Büchlein folgt dem Beispiel aufklärerischer medizinischer Schriften für Hebammen wie etwa denen von Tissot oder Rose von Rosenstein. Es berichtet über Anzeichen und Verlauf von Krankheiten während der Schwangerschaft und gibt Vorschläge zur Behandlung bei Notfällen, etwa Früh- und Totgeburten. So zum Beispiel: *Was ist ein Mondkalb, und wie muß man nach dessen Abgang eine Frau besorget werden?* Mit Mondkalb bezeichnete man damals eine viermonatige, mißgebildete und nicht lebensfähige Leibesfrucht. Neben dem eigentlichen Geburtsvorgang erwähnt das Buch auch die Krankheiten der Neugeborenen und bietet Rezepte an. Die Schrift schließt mit einer formalen Anleitung für den Bericht einer Hebamme an eine Behörde über die *Heimliche Niederkunft einer ledigen Dirne*. Eine der Pflichten der staatlich geprüften Hebammen gegenüber dem Staat bestand darin, jeder vermeintlichen Schwangerschaft nachzugehen, diese zu überprüfen und zu melden. K.B.

Mannheim, Reiss-Museum (Mh 1860/2)

4.2.9
Preismedaille für Hebammenkunst, 1. Preis

Joseph Scheufel (1733-812), 1778/1783
Silber, Dm. 6,2 cm

Nach dem dramatischen Tod des Thronfolgers Franz Ludwig im Juni 1761 war dem Kurfürsten an einer Verbesserung des Entbindungswesens sehr gelegen. Zu diesem Zweck wurde nach dem Vorbild der Pariser Maternité eine Schule mit planmäßigem Unterricht für Hebammen und Geburtshelfer ins Leben gerufen. H.-J.S.

Stemper 1997, S. 539, Nr. 552.

Heidelberg, Kurpfälzisches Museum (M 1268)

4.2.10
Geburtszange nach Baudelocque

Nach 1780
Eisen, L. 46 cm

Die Geburtszange wurde von dem englischen Arzt Peter Chamberlen d. Ä. (1560-1631) erfunden, blieb jedoch lange Zeit das Geheimnis seiner Nachkommen, die als Ärzte und Geburtshelfer tätig waren. Aus diesem Grunde fand dieses nützliche Instrument der Geburtshilfe zunächst kaum Verbreitung und wurde 1723 von dem Genter Chirurgen Jan Palfijn (1650-1730) neu erfunden.
War eine Geburt in der letzten Phase ins Stocken geraten, wurde das Kind vormals mit den sogenannten Dekapitationshaken in den Geburtswegen zerstückelt. Durch die Zangengeburt jedoch konnte der Kopf des Kindes schonend umfaßt und mit leichtem Zug nach außen geleitet werden. Die Geburtszange fand ab 1723 sehr schnelle Verbreitung. Viele Geburtshelfer bemühten sich, die Geburtszange weiter zu verbessern, so daß im Laufe der Zeit bis zu 160 verschiedene Geburtszangen bekannt waren.
Jean Louis Baudelocque (1746-1810) war ein berühmter französischer Geburtshelfer, der von Napoleon zum Geburtshelfer der Kaiserin ernannt wurde. Auch er entwickelte um 1781 die Geburtszange weiter. Das vorliegende Modell ist zerlegbar, hat gekreuzte Arme, gefensterte Zangenlöffel und eine zweifache Krümmung (die sogenannte Kopf- und Beckenkrümmung), die ihr eine ergonomische Form verleiht. K.Sch.

Gruber, J. G./Ersch, J. S.: Allgemeine Enzyclopädie der Wissenschaften und Künste. Leipzig 1822.

Ingolstadt, Deutsches Medizinhistorisches Museum (o. Nr.)

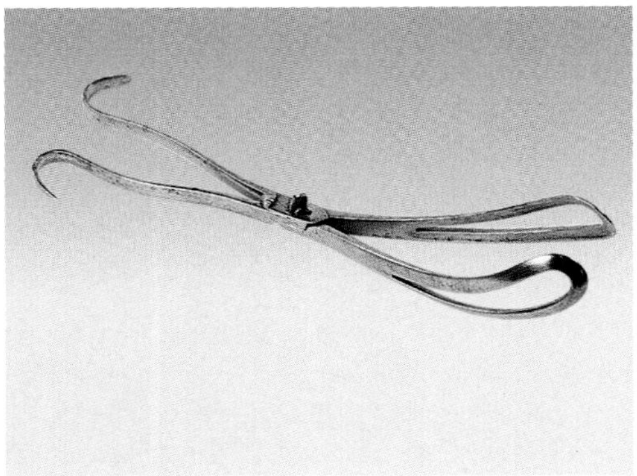

Kat. Nr. 4.2.10

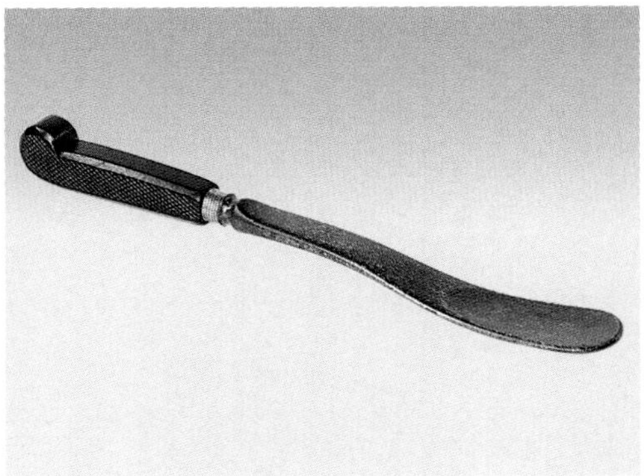

Kat. Nr. 4.2.11

4.2.11
Geburtshebel

Anfang 19. Jahrhundert
Ebenholz, Silberzwinge, Eisen, L. 33,5 cm

Der Geburtshebel wurde ähnlich wie eine Geburtszange (vgl. Kat. Nr. 4.2.8) verwendet, er besitzt jedoch nur einen Löffel, weshalb der Arzt oft eine Hand zur Hilfe nehmen mußte. Lag der Kopf des Kindes sehr tief im Becken, wurde das Instrument eingesetzt, um den Kopf anzuheben. Der Geburtshebel stellt nur ein „Nebengerät" der Geburtshilfe dar, als weitaus wichtiger gilt die Geburtszange. K.Sch.

Ingolstadt, Deutsches Medizinhistorisches Museum (o. Nr.)

4.2.12
Preismedaille für Wöchnerinnen-, Kinder- und Krankenpflege, 1. Preis

Johann Heinrich Straub (?-1782) und Joseph Scheufel (1733-1812), 1778/1782
Silber, Dm. 6,2 cm

Die Abkehr von Aberglauben und Frömmelei zugunsten einer den Genesungsprozeß des Erkrankten fördernden Pflege ist den Initiativen des kurfürstlichen Leibarztes Franz Anton Mai zu verdanken. In der von ihm begründeten Krankenpflegeschule wurde ein breit angelegter Unterricht erteilt, der von der Dosierung und Darreichung von Medikamenten bis hin zu Verhaltensmaßnahmen zur Verhinderung von Seuchen reichte. H.-J.S.

Stemper 1997, S. 543, Nr. 555.

Heidelberg, Kurpfälzisches Museum (M 1268)

4.2.13
Vorbeugungsmittel wider den Kindermord

Franz Anton Mai (1742-1814), Mannheim 1781
Papier, Druck, 15,8 cm x 10,9 cm

Im 18. Jahrhundert war der Mord an unehelich geborenen Kindern Alltag. Mit dazu bei trug die Stigmatisierung und die Verachtung der unehelichen Mütter durch die Gesellschaft. Auch der Kurfürst Carl Theodor, der mit seinen Mätressen und unehelichen Kindern selbst ein Beispiel für die gängige Doppelmoral war, erließ mehrmals Dekrete gegen den Kindermord. Im Sinne der „Peuplisierung" war dem Staat an möglichst vielen Untertanen gelegen. Auch die Akademie beschäftigte sich mit dem Thema.
Mais Buch ist in drei Teile aufgegliedert: Im ersten Teil sucht er die Lösung in der Vorbeugung, d.h. im Vermeiden von allem, was zu einem Beischlaf führen könnte. Dazu zählen für ihn „wohllüstige" Speisen wie scharfe Gerichte, Eier, Getränke wie Schokolade und Kaffee ebenso wie die schlechte Moral der Städterinnen, der „liederliche" Einfluß böser Dienstboten oder Theaterstücke, welche die Liebe überzeichnen. Aber er prägt auch den Satz: *Die erste, furchtbarste Kindermörderin in einem Staat ist sehr oft die sorglose Staatswirtschaft selbst.*
Der zweite Teil gibt die „Polizeimittel" an, womit heimliche Schwangerschaften aufgedeckt werden können, und der dritte nennt die Erkennungszeichen einer Schwangerschaft. K.B.

Mannheim, Reiss-Museum (Mh 994)

4.2.14
Todesurteil des Kurfürsten über Gertrud Kraemer wegen Kindesmords

Mannheim, 17. September 1760
Abschrift, Papier, 35 x 23,2 x 5,5 cm

Die 19jährige ledige Gertrud Kraemer, Tochter des Mannheimer Perückenmachers Bernhard Kraemer in T1, wurde beschuldigt, nach einer verheimlichten Schwangerschaft auf dem Gelände des städtischen Bauhofs (in K3) am 14. Juni 1760 ein Knäblein geboren und sofort durch einen Stich in den Schädel mit ihrem Federmesser getötet zu haben. Am folgenden Tag habe sie die Leiche auf der Abortgrube des Bäckermeisters Jakob Ackermann (in G2) abgelegt. Entdeckt wurde die Leiche am 16. Juni.
Die Angeklagte wurde schuldig gesprochen und nach der Bestätigung des Todesurteils durch den Kurfürsten am 23. September 1760 beim Rabenstein über dem Neckar am Weg nach Käfertal mit dem Schwert hingerichtet. F.T.

Mannheim, Stadtarchiv (Gerichtsprotokolle, Bd. 1)

4.2.15
Trepanationskasten für Militärchirurgen

Anfang 19. Jahrhundert
Samtgefüttertes Holzkästchen mit Messingbeschlägen, Instrumente aus Stahl und Ebenholz, B. 24,3 cm, T. 16,6 cm

Die Trepanation ist ein unter vielen Völkern verbreiteter sehr alter medizinischer Eingriff. Dieses Trepanationsbesteck nutzten die Ärzte zur Schädelöffnung, insbesondere zur Druckentlastung, wenn ein Patient an einer Hirnblutung litt. Auch außerhalb der Militärchirurgie wurde mit diesen Instrumenten das Gehirn freigelegt, wenn der Verdacht auf eine Gehirnkrankheit bestand, wie beispielsweise Gehirngeschwülste. Mit dem Kronentrepanen wurde die Schädeldecke angebohrt, beziehungsweise ein Stück Knochen herausgeschnitten. Die Trepanation war im 18. Jahrhundert umstritten, weil der Eingriff in vielen Fällen tödlich endete. Gleichwohl wird auch von geglückten Operationen berichtet. K.Sch.

Ingolstadt, Deutsches Medizinhistorisches Museum (o. Nr.)

Kat. Nr. 4.2.15

4.2.17
„Sendschreiben eines Arztes an seine Mitbürger zu Mannheim über den Gebrauch und Missbrauch der Rheinbäder“

Franz Anton Mai (1742-1814), Mannheim 1778
Papier, Druck, 19,5 x 12,3 cm

Franz Anton Mai, bekannt für seine gesundheitspolitischen „Fastenpredigten“, die er gerne in der Rotunde des alten Nationaltheaters hielt, beschreibt in diesem Buch die Folgen eines falsch verstandenen Badevergnügens. Er warnt davor, zuviel und zu allen Zeiten zu baden, besonders nicht in der Mittagshitze oder mit vollem Magen. Auch zu langes Baden schade besonders wegen des enormen Wasserdrucks, der im Rhein herrsche, schwachen Personen. Dagegen könne ein maßvolles, der jeweiligen Situation angepaßtes Baden durchaus die Gesundheit fördern und den Kreislauf kräftigen. K.B.

Mannheim, Reiss-Museum (Mh 1861)

4.2.19
De Curandis Hominum Morbis Epitome praelectionibus Academicis Didacta 1. Buch De Febribus

Johann Peter Frank (1745-1821), Mannheim, 1792
Papier, Druck, 19 x 12,4 cm

Franks zweites Hauptwerk ist das auf sechs Bände angelegte Lehrbuch der klinischen Heilkunde. Es war das meist gelesene und meist gebrauchte Lehrbuch seiner Zeit und wurde nach Franks Tod noch aufgelegt. Der erste Teil handelt von den Fieberkrankheiten. Am Ende des Buches findet sich ein Anhang mit medizinischen Rezepten. K.B.

Mannheim, Reiss-Museum (Mh 246/1)

4.2.16
Preismedaille des Mannheimer Collegium chirurgicum, 1. Preis für Chirurgie

Anton Schäffer (1722-1799), nach 1777
Silber, Dm. 7,1 cm

Nach Vorbild der Académie Royale de Chirurgie in Paris wurde 1754 in Mannheim ein „militärisches Anatomie-Theater“ ins Leben gerufen, wo Chirurgie und Anatomie unentgeltlich gelehrt wurden. Zu diesem Zweck wurden im Lazarett der Garnison (Quadrat F 6) ein Hörsaal in Form eines Amphitheaters sowie ein Präparierraum eingerichtet. Zielgruppen des Vorhabens waren die als Feldschere im Militärdienst stehenden Bader und Barbiere sowie die zivilen Wundärzte, deren Qualifikation man damit verbessern wollte. H.-J.S.

Stemper 1997, S. 516, Nr. 527A.

Heidelberg, Kurpfälzisches Museum (M 1147)

4.2.18
System einer vollständigen medizinischen Polizey. 1. Band. Von der Fortpflanzung der Menschen und Ehe-Anstalten, von Erhaltung und Pflege schwangerer Mütter, ihrer Leibesfrucht und der Kind-Betterinnen in jedem Gemeinwesen

Johann Peter Frank (1745-1821), Mannheim, 1779
Papier, Druck, 25 x 12,4 cm

Der in Rodalben (Pfalz) geborene Frank gilt als Begründer der modernen Hygiene und wirkte als Arzt, Lehrer, Forscher und medizinischer Schriftsteller. In der Einleitung zum ersten Band des auf fünf Bände angelegten Werkes erklärt er die medizinische Polizei als eine *Vertheidigungskunst, eine Lehre, die Menschen und ihre thierischen Gehüllfen wider die nachtheiligen Folgen größerer Beysammenwohnungen zu schützen, besonders aber deren körperliches Wohl zu fördern...* K.B.

Mannheim, Reiss-Museum (Mh 243/1)

4.3
Das Schul- und Bildungswesen

Im Jahre 1746 besuchte Kurfürst Carl Theodor die seit 1386 bestehende Universität in Heidelberg. Zu dieser Zeit waren durchschnittlich 300 bis 400 Studenten dort eingeschrieben, die zum Großteil aus der Kurpfalz und den angrenzenden Territorien stammten. Carl Theodor bestätigte bei dieser Gelegenheit die Privilegien der Universität, nämlich die Grundherrschaft über eine Reihe von Dörfern und die niedere Gerichtsbarkeit über die immatrikulierten Studenten.

Da der Landesherr für seine Reformprogramme besser ausgebildete und effizientere Staatsdiener, Richter, Ärzte und Pfarrer benötigte, förderte er die Universität: Neue Lehrstühle wurden errichtet, bereits bestehende erweitert, der Lehrstoff wurde gesichtet und neu gegliedert. Trotz dieser Bemühungen blieb das Niveau der Universität niedrig. Die eigentliche Forschung fand an der Mannheimer Akademie der Wissenschaften statt. Der Grund hierfür dürfte in der konfessionellen und regionalen Beschränkung zu suchen sein, denn es wurden möglichst nur katholische Professoren aus der Pfalz eingestellt, die zudem nur niedrige Gehälter bezogen. So erlebte die Universität keine Blütezeit unter Carl Theodor.

Konfessionelle Bindungen bestimmten auch das gymnasiale Schulwesen, katholische und reformierte Bildungsanstalten waren getrennt. Die katholischen Gymnasien unterstanden der Aufsicht der Regierung, die reformierten Schulen wurden vom reformierten Kirchenrat in Heidelberg beaufsichtigt. In Mannheim, Heidelberg und Neustadt befanden sich Gymnasien beider Konfessionen.

Lange Zeit lag der Schwerpunkt des Unterrichts, vor allem bei den katholischen Gymnasien, auf dem Lateinischen. 1775 wurde durch einen kurfürstlichen Beschluß versucht, die deutsche Sprache stärker in den Vordergrund zu rücken und neue Fächer einzuführen, zum Beispiel Mathematik, Geschichte, Französisch und Geographie. Zudem wollte Carl Theodor die Lehrerausbildung stärker vereinheitlichen und verbessern, sie sollte nur noch an einem Seminar in Heidelberg möglich sein. Ähnliche Bestrebungen lassen sich auch für die reformierten Gymnasien nachweisen, sie waren hier von größerem Erfolg gekrönt.

Grundwissen in Lesen, Schreiben und Rechnen erwarben die Kinder in den sogenannten Trivialschulen. Da das Schulwesen streng konfessionell gegliedert war, befanden sich in den Dörfern oft zwei oder gar drei Schulen. Dies hatte einen verhältnismäßig hohen Alphabetisierungsgrad in der kurpfälzischen Bevölkerung zur Folge. Ein Problem stellte jedoch der vor allem im Sommer unregelmäßige Schulbesuch dar, denn die Kinder wurden zur Mithilfe in der Landwirtschaft herangezogen. Auch die soziale Stellung der Lehrer war nicht gut, sie erhielten nur geringe Schulgelder und diese häufig nur in Naturalien.

Die Trivialschulen standen nicht im Mittelpunkt der Interessen des Kurfürsten. Seine Bemühungen galten eher der Universität in Heidelberg und vor allem der Mannheimer Akademie der Wissenschaften. C.R./S.H.

4.3.1
Lehrbücher aus dem Mannheimer Jesuitengymnasium

a Institutiones Linguae

Institutiones Linguae Latinae et Graecae pro suprema Grammatices [...] In usum Scholarum Provinciae S. J. ad Rhenum Superiorem [...] Mannhemii, Ex Typographejo Electorali Aulico apud Nicolaum Pierron. 1752.

b Institutiones Stili

Institutiones Stili Latini soluti et ligati pro classe Humanitatis [...] In usum Scholarum Provinciae Societatis Jesu Ad Rhenum Superiorem [...] Mannhemii, Ex Typographejo Electorali Aulico apud Nicolaum de Pierron. 1758.

c Rhetorica

Rhetorica explicata et applicata ad eloquentiam civilem et ecclesiasticam candidatis utriusque eloquentiae maxime ad sacras conciones accomodata. Opera P. Hermanni Goldhagen Societatis Jesu. Editio secunda. Mannhemii, Ex Typographejo Electorali Aulico Apud Nicolaum de Pierron 1760.

Nachdem Kurfürst Carl Philipp 1720 aus Heidelberg nach Mannheim übergesiedelt war, wurde von den ihn begleitenden Jesuiten bald ein Schule eröffnet, die unter P. Staudacher 1735 zu einem vollgültigen Kolleg erhoben wurde. Für den stark auf die alten Sprachen ausgerichteten Unterricht an diesem Jesuitengymnasium, das der Norm entsprechend in die Klassen „Grammatik", „Humanität" und „Rhetorik" mit jeweils mehreren Jahrgangsstufen unterteilt war, erschienen bei dem Mannheimer Verleger Nicolaus de Pierron im Auftrag des Hofes in der Regierungszeit Carl Theodors insgesamt fünf Lehrbücher, die den Mainzer Jesuiten Hermann Goldhagen (1718-1794) zum – nur ausnahmsweise auf dem Titel genannten – Verfasser hatten. Ziel dieser Lehrbücher war nicht nur die Vermittlung der antiken, vor allem lateinischen Klassiker, sondern auch das Einüben der aktiven Beherrschung des Lateinischen. Eine besonders herausragende Rolle spielte die Vermittlung der Kunstmittel der Rhetorik, die sowohl auf die Tätigkeit im Staats- als auch im Kirchendienst vorbereiten sollte (also die „eloquentia sacra et profana"). Dieses rhetorisch bestimmte Ideal des gymnasialen Unterrichts wurde erst zu Beginn des 19. Jahrhunderts in Frage gestellt. Im Unterschied zu manchen Lehrbüchern österrreichischer Jesuiten wurde dem Unterricht in der Muttersprache noch kein wesentlicher Platz eingeräumt, freilich durfte zur Vermittlung der lateinischen Sprache in den unteren Klassen das Deutsche Verwendung finden. H.W.

Koch, Ludwig, S.J.: Jesuiten-Lexikon. Die Gesellschaft Jesu einst und jetzt. Paderborn 1934, Sp. 712f.; Wiegand, Hermann: Das Heidelberger Jesuitenkolleg: Gymnasiale Bildung im Zeitalter der katholischen Reform. In: Pädagogium – Lyceum – Gymnasium. 450 Jahre Kurfürst-Friedrich-Gymnasium zu Heidelberg. Heidelberg 1996, S. 129-170, hier S. 152-158 (Analyse der Lehrbücher).

Mannheim, Privatbesitz (R. und H. Wiegand)

4.3.2
Preisträger des Jesuitengymnasiums von 1778

Nomina Primorum in Gymnasio Electorali Mannhemii Anno MDCCLXXVIII [...].

Mannheim, 1778

Aus den Jahren nach 1778 haben sich einige Einladungsschriften bzw. Programme zu den feierlichen Schlußakten bzw. Herbstprüfungen des von Jesuiten geleiteten Kurfürstlichen Gymnasiums erhalten. Zuweilen war offensichtlich Kurfürst Carl Theodor selbst anwesend, wie aus den Titelblättern dieser Schriften hervorgeht, und überreichte wohl selbst den Preisträgern ihre Buchprämien. Unter den ausgezeichneten Schülern finden sich zahlreiche illustre Namen der kurpfälzischen Hofbeamten bzw. von Künstlerfamilien aus dem Umkreis des Hofes, so 1778 der dreimalige Preisträger (für lateinische Prosa, ein lateinisches Gedicht und ein deutsches Gedicht) Karl Leopold von Stengel oder 1784 zweimal Joseph von Stengel (als Jahrgangsbester und Preisträger für Geschichte), Franz von Kobell wurde 1791 für seine deutsche Prosa ausgezeichnet.

H.W.

Müller, Karl Albert: Dreihundert Jahre Karl-Friedrich-Gymnasium. Vergangenheit und Gegenwart einer Mannheimer Schule. Mannheim 1972, S. 66f.

Mannheim, Karl-Friedrich-Gymnasium

4.3.3
Die Universität Heidelberg feiert ihr 400-jähriges Jubiläum

Rector et Senatus Academiae Heidelbergensis, Heidelberg 16. August 1786

War die Zweihundertjahrfeier der 1386 gegründeten Heidelberger Universität noch ganz im Zeichen der calvinistischen Hochschule gestanden und 1686 wenig Anlaß zum Feiern gewesen, konnte die unter Carl Theodors Regierung stark unter jesuitischem Einfluß stehende kurpfälzische Landesuniversität ihre Vierhundertjahrfeier am 18. Oktober 1786 mit größerem Glanz begehen. Zu diesem Anlaß wurde das vorliegende lateinische Programm verfaßt, das einen Rückblick auf die Geschicke der „alma mater Heidelbergensis" bietet. Nach den Anfängen unter Ruprecht I. von der Pfalz und Marsilius van Inghen und allgemeinen Wendungen über das Wiederaufblühen der Wissenschaften im Humanismus (von der Reformation ist keine Rede) springt der Verfasser gleich zu den Katastrophen des Dreißigjährigen Krieges und des Pfälzischen Erbfolgekrieges, als die Universität schwersten Schaden erlitt. Ohne auf die Konfessionsunterschiede einzugehen, werden die Kurfürsten Carl Ludwig und Johann Wilhelm als Erneuerer der Hochschule gepriesen. Aber erst unter Carl Theodor habe die Hochschule ihren Ruhm als eine der hervorragendsten Akademien Deutschlands wiedererlangt.

H.W.

Heidelberg, Universitätsarchiv (385 A, Kasten 62)

4.3.4
Beschreibung der Jubelfeierlichkeiten an der Universität Heidelberg

Niederschrift eines unbekannten Autors, jedoch offenkundig von Juristenhand, 1786
Papier, 56 Bll., 2°, unbeschnitten, unpaginiert (in Neuband 22,5 x 36,5 cm); halbbrüchig beschr. bis fol. 52v; fol. 1v und letzte Seiten leer

Im Urteil des preußischen Universitätsbereisers Friedrich Gedike besaß Heidelberg zum Zeitpunkt des 400-jährigen Jubiläums nur eine Universität *von geringer Bedeutung*. Gleichwohl feierte man mit einem Aufwand, der auch der Finanzlage kaum entsprach. Der Text des Bandes memoriert den Ablauf der Feierlichkeiten in den wesentlichen Punkten.

W.M.

Wolgast, Eike: Die Universität Heidelberg 1386-1986. Berlin/Heidelberg/u.a. 1986, S. 84.

Heidelberg, Universitätsarchiv (RA 451)

4.3.5
Medaille auf das 400jährige Bestehen der Universität Heidelberg

Anton Schäffer (1722-1799), 1786
Silber, Dm. 4,1 cm

Nach dem Vorbild des Jubiläums von 1686 sowie entsprechender Stiftungsfeste an den Universitäten von Tübingen, Würzburg und Mainz wurde vom 6. bis 9. November 1786 das 400jährige Bestehen der ältesten Universität Deutschlands in großem Rahmen begangen. Die in drei verschiedenen Größen ausgeprägten Denkmünzen, die in Gold, Silber und Kupfer hergestellt wurden, fanden so großen Absatz, daß sie im folgenden Jahr nochmals nachgeliefert werden mußten.

H.-J.S.

Haas-Gesche 1972, S. 34, Nr. 30; Stemper 1997, S. 570, Nr. 589.

Mannheim, Reiss-Museum (III g 1307)

Kat. Nr. 4.3.5 Vorderseite

Kat. Nr. 4.3.5 Rückseite

4.3.6
Medaille zum 400jährigen Jubiläum der Universität Heidelberg

Anton Schäffer, Mannheim, 1786
Silber, in originalem roten Schmucketui, Medaille: Dm. 2,8 cm, Etui: 5 x 5 cm

Vorderseite: mit Lorbeer bekränzter Kopf des Kurfürsten Carl Theodor, im Profil nach rechts schauend; Umschrift: CAR[LVS] . THEODOR[VS] . PF[ALZGRAF] . AVG[VUSTVS] . INSTAVRATOR. – Rückseite: in der rechten Hälfte Pallas Athene, sitzend, nach links gewandt, linker Arm auf Wappenschild ruhend, rechter Arm auf Denkmalsockel mit aufliegendem Buch weisend, davor am Boden Füllhorn und Früchte; darunter: M[ENSE] . NOV[EMBRIS] . MDCCLXXXVI . HEIDELBERGIAE; darunter Münzzeichen; H; Umschrift oben: LAETA . SAECVLI . V . AVSPICIA. W.M.

Heidelberg, Universitätsarchiv, Akten RA 455-456.

Heidelberg, Universitätsarchiv (XIIIa, Nr. 5)

Kat. Nr. 4.3.6 Vorderseite

Kat. Nr. 4.3.6 Rückseite

4.4
Die Residenzstadt Mannheim

Mannheim ist eine der prägnantesten Schöpfungen unter den Residenzstädten des deutschen Südwestens. Mit ihrer beherrschenden Schloßanlage, der strengen Geometrie ihres Stadtgrundrisses und der außergewöhnlichen Regelmäßigkeit ihrer Bebauung galt die Stadt als städtebauliche Sehenswürdigkeit. Zeitgenössische Ansichten zeigen die Stadt am Ufer des Rheins mit dem langgestreckten Komplex des kurfürstlichen Schlosses und der mächtigen Jesuitenkirche hinter einem gewaltigen Gürtel von Befestigungsanlagen. Das ganze Jahrhundert hindurch sollte die Rheinfront Mannheims, bei der die Residenzbauten dominierend in der Stadtsilhouette stehen, die eigentliche Schauseite der Stadt bleiben.

Als politisches, administratives und kulturelles Zentrum der pfälzischen Lande hat Mannheim im 18. Jahrhundert ein ungewöhnlich rasches Bevölkerungswachstum erlebt: Von den etwa 5000 Einwohnern im Jahre 1720, als die Stadt durch die Entscheidung Kurfürst Carl Philipps zur Residenz erhoben wurde, stieg die Bevölkerungszahl auf rund 24000 im Jahre 1766 an. Bewirkt wurde dieser bemerkenswerte Anstieg in erster Linie durch die Vergrößerung des Hofstaats, den Zuzug zentraler Landesbehörden und die Verstärkung der Garnison. Die Zahl der Bürger veränderte sich demgegenüber nicht im gleichen Maße, eine Tatsache, die erhebliche Auswirkungen auf Sozialstruktur und Konfessionsverteilung hatte. Tonangebend in der Residenzstadt Mannheim wurde eine katholische, dem Hof eng verbundene Oberschicht, die vorzugsweise die höfisch geprägte Oberstadt bewohnte.

G.A.

Kat. Nr. 4.4.1

4.4.1
Halbfigurenporträt Kurfürst Carl Theodors

Johann Georg Ziesenis (Kopenhagen 1716-1776 Hannover), um 1753
Öl auf Leinwand, 53 x 41,5 cm

Das Hüftbild des Kurfürsten, der in einem offenen loggiaartigen Raum vor der Jesuitenkirche und dem Mannheimer Schloß steht, ist eingeschrieben in ein Oval. Carl Theodor ist nach links gewandt, sein Blick jedoch auf den Betrachter ausgerichtet. Er trägt einen roten Mantel mit Hermelinbesatz und doppeltem Kragen, auf dem die goldene Colane des wittelsbachischen Hubertusordens ruht.
Mit der Rechten stützt er sich auf den Marschallstab, neben ihm wird sein Kurfürstenhut sichtbar. Sein Habitus und seine die geistigen Qualitäten betonende Physiognomie sind von herrscherlicher Würde bestimmt.
Die Bildfassung stellt eine verkleinerte und variierte Kopie eines großformatigen Porträts von der Hand Ziesenis' dar, das 1752/53 zum 10jährigen Regierungsjubiläum entstanden war (Stadt Worms, Schloß Herrnsheim). Ziesenis, der zunächst in Frankfurt/Main, seit 1742 dann für den Mannheimer Hof tätig war, wurde 1757 Hofmaler in Zweibrücken und ging drei Jahre später nach Hannover zu König Georg II. von England. Er war der bedeutendste Porträtmaler, den Carl Theodor beschäftigte, und schuf mit dem großformatigen Porträt seines Landesherrn ein Vorbild für eine Reihe von Gemäldekopien und Stichen. Der von ihm entwickelte Kopftypus Carl Theodors hatte über lange Jahre Gültigkeit. A.F.

Carl Theodor und Elisabeth Auguste 1979, S. 47 u. 74, Nr. 29; Barock in Baden-Württemberg 1981, Bd 1, S. 137f., Nr. A 116; Eichner 1981, S. 23, 43, 92, 93 u. 112, Nr. 70 a.

Heidelberg, Kurpfälzisches Museum (Sammlung Graimberg 1879, G 1053)

4.4.2
„Chronologia Palatina"

Johann Simon Negges (um 1726-1792), Heinrich (von) Euler (1734-1805 München), Augsburg, um 1770
Schabkunst/Radierung/Kupferstich, teilkoloriert, 69,4 x 45,6 cm (Gesamtblatt, Platte)

Titel: „CHRONOLOGIA PALATINA / seu / GENUINA FRANCICORUM / :hodie RHENENSIUM: / PALATINORUM COMITUM / Series / ex monumentis eruta, atque a seculo X. ad nos usque / deducta, luci demum publicae data / a / Joanne Matthia Lederer... / per Joan(n)em Simonem Negges / Chalcogr(aphus) Aug(usta) Vind(elicorum)". Am unteren Bildrand rechts Privilegienvermerk

Das großformatige Blatt zeigt ein Porträt Kurfürst Carl Theodors von der Hand des Johann Simon Negges nach einem Gemälde von Johann Georg Ziesenis (Kopenhagen 1716-1776 Hannover). Das Porträt wird auf beiden Seiten gerahmt von einer Chronologia Palatina, einer von Johann M. Lederer in lateinischer Sprache verfaßten chronologischen Zusammenstellung vom 10. Jahrhundert bis zum Jahre 1742, in der 38 Vorfahren Carl Theodors namentlich aufgeführt sind.
Unter dem Porträt des Kurfürsten erscheinen eine teilkolorierte Karte der Kurpfalz und eine Ansicht der Residenzstadt Mannheim von der Hand des Ingenieurleutnants Heinrich (von) Euler. G.A.

Arnscheidt 1989, Nr. 22/23.

Mannheim, Reiss-Museum (C 46 f)

4.4.3
Mannheimer Stadtprivilegien

a Erneuerung bzw. Erweiterung der Mannheimer Stadtprivilegien vom 18. November 1743

Papierlibell, Papiersiegel, blau-weiße Heftschnur, 14 Blatt, 23 Seiten Text, 38,0 x 24,0 cm

Mit eigenhändiger Unterschrift Kurfürst Carl Theodors und Vidit des Konferenzministers und Kanzlers Karl Tilmann Freiherr von Hallberg (1681-1744). Fertigungsvermerk: Dumhoff

b Mannheimer Stadtprivilegien von 1785

Privilegia der ersten Churpfälzischen Haupt- und Residenz-Stadt Mannheim vom 23 December 1785. [Mit einem Wappenholzschnitt von Jacob Donnhäuser].

Hof- und akademische Buchdruckerei, Mannheim, 1789
Papier, Druck, 8°, 44 S.

Das Verhältnis von Stadtgemeinde zum Landesherrn war in Mannheim seit 1607 in Stadtprivilegien geregelt. Die Stadt war keinem Oberamt untergeordnet, sondern unterstand unmittelbar den obersten zentralen Verwaltungsbehörden. Nach seinem Regierungsantritt erneuerte Kurfürst Carl Theodor am 18. November 1743 die Privilegien seines Vorgängers Carl Philipp von 1733. Am 23. Dezember 1785 bestätigte er die Privilegien erneut; es sollten die letzten sein, die Mannheim erhielt.
In den Privilegien wurden in 22 Artikeln die Rechte und Pflichten der Bürgerschaft und ihrer Institutionen festgelegt: Sie betrafen u.a. die Fron- und Leibeigenschaftsfreiheit, das Bürgerrecht, Fragen der Steuern und Gebühren, Regelungen des Zunftwesens und der Märkte, das Baurecht, Einquartierungen, die Struktur des Rates, die Stellung von Juden und Mennoniten sowie die Rechte der drei reichsrechtlich anerkannten christlichen Bekenntnisse (Katholiken, Reformierte, Lutheraner). Im Unterschied zum 17. Jahrhundert war die Stadt im 18. Jahrhundert allerdings deutlich stärkeren Zugriffen des absolutistischen Staates unterworfen und mußte wesentliche Einschränkungen in der städtischen Selbstverwaltung hinnehmen. P.G.

Mörz 1998, S. 106f.; Walter 1907, Bd 1, S. 526.

Mannheim, Reiss-Museum (Mh 511 b)

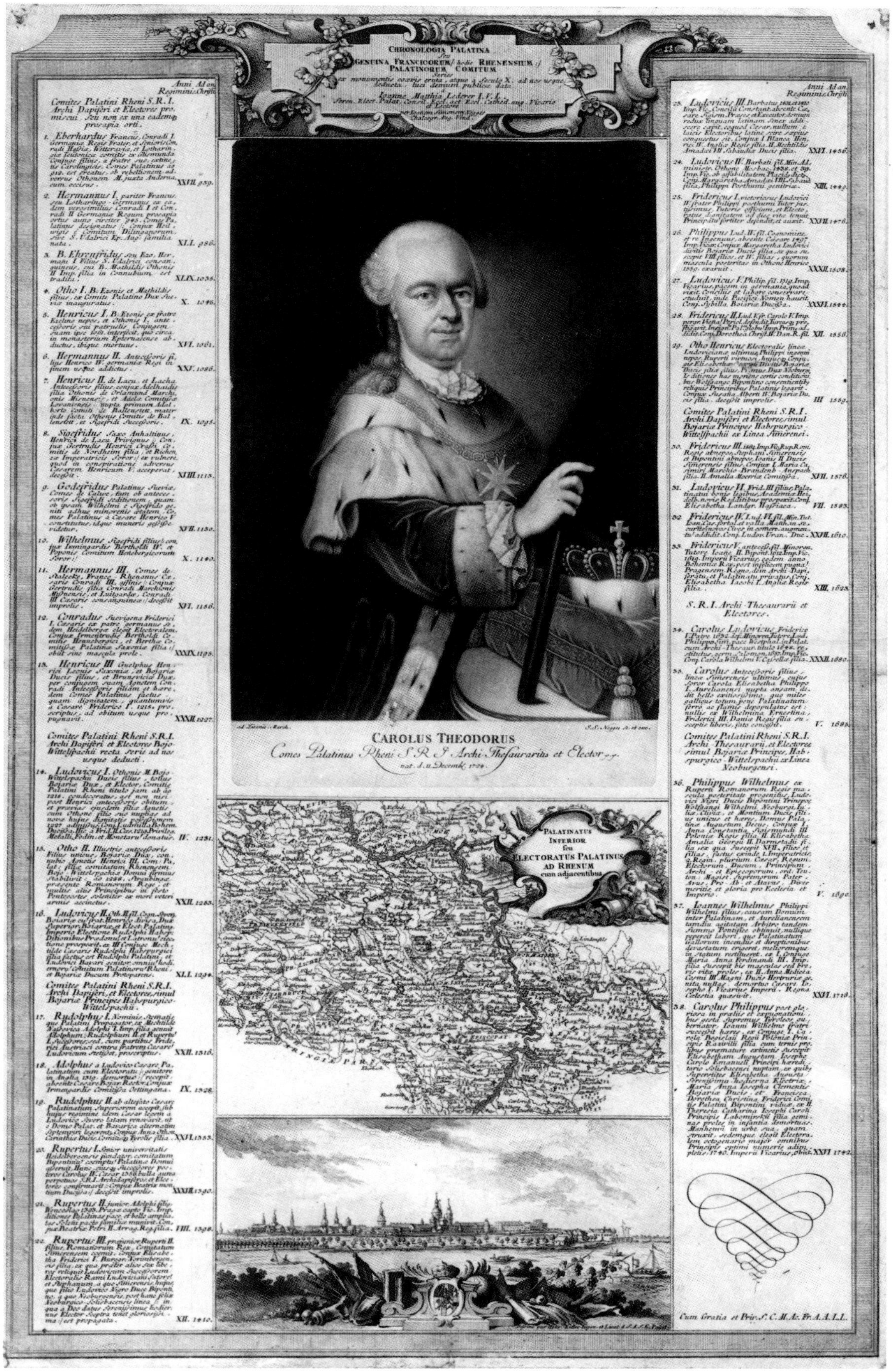
CHRONOLOGIA PALATINA
seu
GENUINA FRANCICORUM / hodie RHENENSIUM / PALATINORUM COMITUM
Series
ex monumentis coaevis eruta, atque a seculo X. ad nos usque deducta, luci demum publicae data
a
Ioanne Matthia Lederer J.V.L.
CAROLUS THEODORUS
Comes Palatinus Rheni S.R.J. Archi-Thesaurarius et Elector etc.
nat. d. 11. Decemb. 1724.
PALATINATUS INFERIOR seu ELECTORATUS PALATINUS AD RHENUM cum adjacentibus
Cum Gratia et Priv. S. C. M. Ac. Fr. A. A. L. L.

Kat. Nr. 4.4.2

4.4.4
Ansicht und Grundriss Mannheims

Karl Maximilian von Pfister (zu Burgdorf) (1724-1800 München), Mannheim, um 1770
Feder/Tinte, Pinsel/Aquarell, 26,5 x 37,4 cm

Titel: „PLAN de MANNHEIM“
Objektangaben rechts oben in französischer Sprache

Das Blatt von Pfisters, Offizier im kurpfälzischen Ingenieurkorps und Kommandant der Mannheimer Artillerie, kombiniert eine Ansicht Mannheims mit einer Grundrißdarstellung der Stadt und ihrer näheren Umgebung zwischen Rhein und Neckar. Die Ansicht präsentiert den Blick aus einiger Entfernung rheinaufwärts auf Mannheim, das mit der kompakten Geschlossenheit einer befestigten Stadt in Erscheinung tritt. Dabei dienen vor allem die Türme, die seit der Mitte des 18. Jahrhunderts die charakteristische Stadtsilhouette bilden, zur Kennzeichnung der topographischen Situation. Bei ihrer Wiedergabe gelangt der Zeichner allerdings wegen der geringen Größe der Darstellung schnell an die Grenze des technisch Machbaren. Ähnliches gilt von dem Stadtgrundriß, selbst wenn hier erläuternde Objektangaben (oben rechts) die Information des Bildes ergänzen. So werden nicht nur Schloß, Kirchen, Stadttore und Plätze aufgeführt, sondern auch alle Bastionen einzeln benannt. G.A.

Arnscheidt 1989, Nr. 21.

Mannheim, Reiss-Museum (A 33 d)

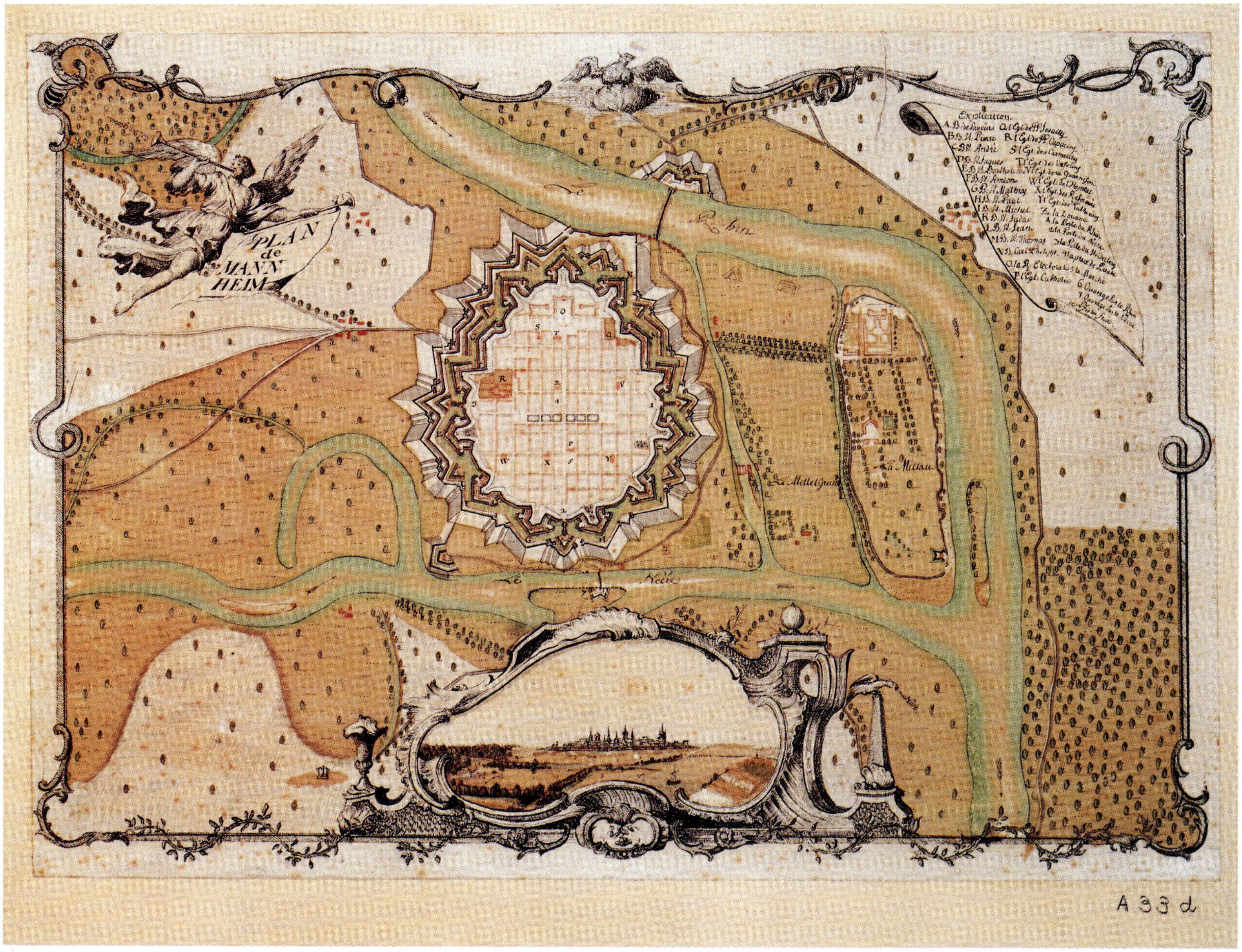

Kat. Nr. 4.4.4

4.4.5
Die Residenzstadt Carl Theodors aus der Vogelschau

Joseph Anton Baertels (seit 1740 in kurfürstlichen Diensten nachweisbar), Mannheim, 1758
Radierung/Kupferstich, 65 × 79 cm

Titel: „Plan de Manheim / Residence de Son Altesse / Seren. Electorale Palatine / Mannheim / Ihro Churfürst. Durchl / zu Pfaltz / Residentz-Stadt“, Objektangaben oben links in deutscher, rechts in französischer Sprache

Die großformatige Vogelschauansicht zeigt Mannheim vom Neckar her und damit aus einer Blickrichtung, aus der es vorteilhaft als moderne, französischem Vorbild verpflichtete Residenzstadt präsentiert werden konnte: Die Stadt mit ihrer streng geometrischen Grundrißstruktur bildet den architektonischen Rahmen für die dominierende Schloßanlage. Ihre schnurgeraden Parallelstraßen weisen mit so großer optischer Überzeugungskraft auf das kurfürstliche Schloß, daß dieses mit seiner weitausgreifenden Architektur geradezu als Bekrönung der gesamten Stadtanlage erscheint.
Das detailreiche Vogelschaubild zeichnet sich durch eine Realitätsnähe aus, die jüngst durch stadtarchäologische Untersuchungen bestätigt wurde. Für etliche Teile des Stadtgebiets stellt es die einzige bildliche Quelle aus dem 18. Jahrhundert dar. Während die Wiedergabe der Befestigungsanlagen gelegentlich den Eindruck erweckt, Baertels sei dem dekorativen Reiz der regelmäßigen Konstruktion erlegen, wird seine Darstellung der Stadt und ihrer Bauten wegen ihrer Genauigkeit sehr geschätzt. Seit langem gilt dieses Vogelschaubild als eine der zuverlässigsten Gesamtdarstellungen der Residenzstadt Carl Theodors. G.A.

Das große Mannheimer Vogelschaubild von J.A. Baertels 1758. In: MGB 27 (1926) Sp. 262/3; Napoleon 1987, Nr. 244; Jensen, Inken: Archäologie in den Quadraten. Grabungen in der Mannheimer Innenstadt und vorläufige Ergebnisse. In: Stadt und Archäologie (=Stadt in der Geschichte. Veröffentlichungen des Südwestdeutschen Arbeitskreises für Stadtgeschichtsforschung. Hrsg. von Bernhard Kirchgässner und Hans-Peter Becht, Bd. 26) (im Druck).

Mannheim, Reiss-Museum (A 35)

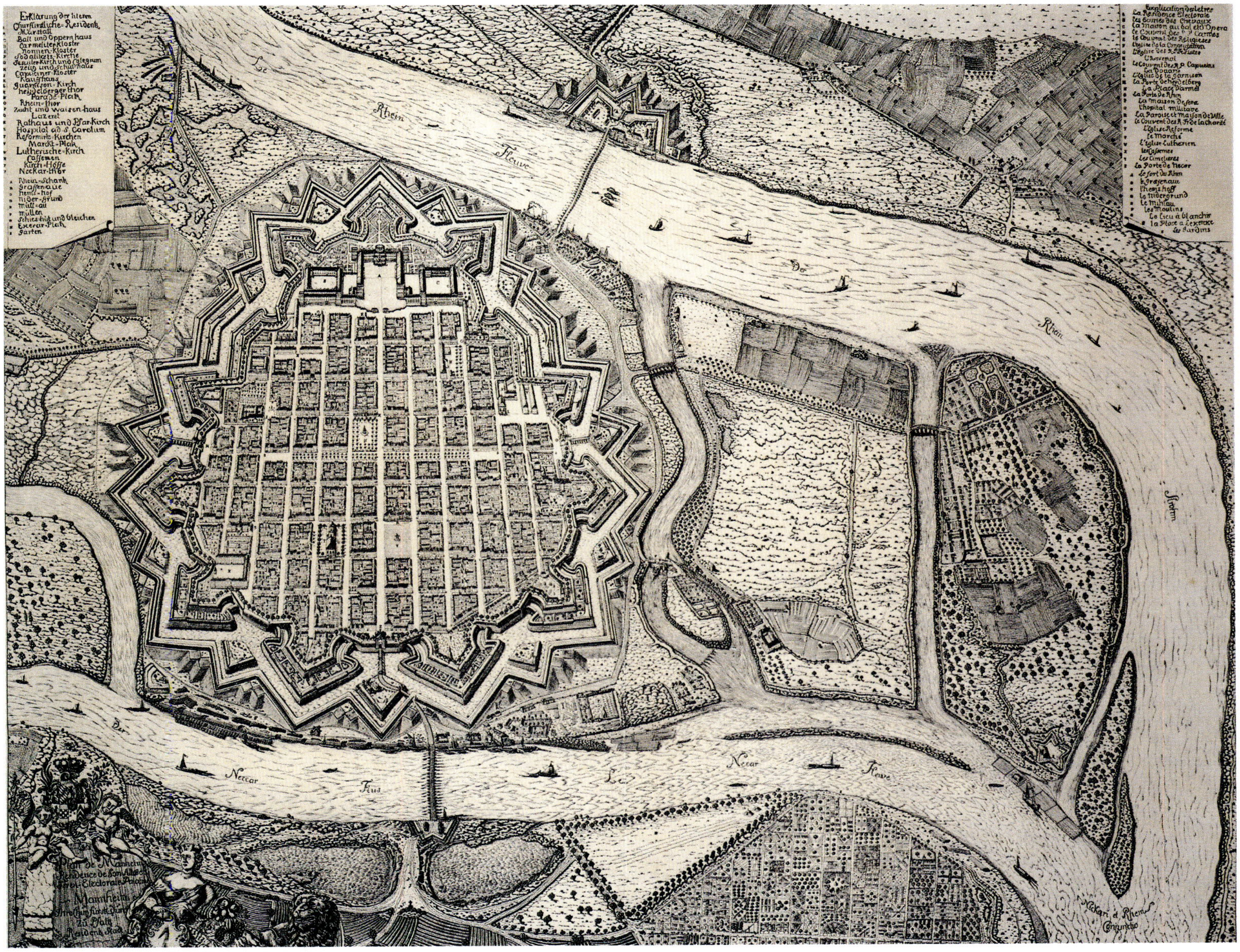

Kat. Nr. 4.4.5

4.4.6
Ansicht Mannheims vom linken Rheinufer

Franz Carl van Douwe (um 1705-764), Mannheim, um 1735 (mit späteren Ergänzungen)
Feder/Tinte, Pinsel/Aquarell, 41,7 x 169,0 cm

Bez.u.l.: Frantz/Carl van/Douwe Peinter

Das Blatt vermittelt einen Eindruck von der Residenzstadt Carl Theodors, ist aber ausweislich des Wappens (oben rechts) noch in der Regierungszeit Carl Philipps entstanden. Van Douwe erreicht diesen Eindruck durch eine kühne Antizipation. Denn dargestellt ist keineswegs der von ihm vorgefundene Baubestand, vielmehr wird Mannheim - der Realität vorgreifend - als eine Stadt präsentiert, in der die damals geplanten Bauvorhaben bereits vollendet sind. So etwa bildet er - lange vor ihrer Fertigstellung - die projektierte Jesuitenkirche ab, allerdings in einer von der späteren Ausführung abweichenden Gestalt. Charakteristisch sind ferner die vorgenommenen Aktualisierungen. Der Kaufhausturm beispielsweise, der erst seit 1746 in der Stadtsilhouette steht, ist erkennbar von anderer Feder in das Panorama eingefügt worden.
Als typisches Requisit einer rheinischen Fürstenresidenz paradieren auf dem Rhein die kurfürstlichen Jachtschiffe (v.r.n.l.): die große Leibjacht Johann Wilhelms, die 1721 von Düsseldorf nach Mannheim überführt worden war; bei den Schiffsmühlen ein kurfürstliches Segelboot; weiter rheinabwärts die zweite kurpfälzische Staatsjacht unter vollen Segeln und (ganz links) die kleinste der kurfürstlichen Jachten. Sie alle sind kenntnisreich und mit großer Detailgenauigkeit von dem 1751 zum kurfürstlich pfälzischen Hofmaler und 1760 zum Jachtkapitän Carl Theodors ernannten van Douwe ins Bild gesetzt. G.A.

Kuhn 1985, S. 224f.; Fürstliches Reisen auf dem Rhein. 1987, S. 13, Abb. 9 u. 10a/b.

Heidelberg, Kurpfälzisches Museum, Kupferstichkabinett (KMH Z 3123)

4.4.7
Ansicht der Kurpfälzischen Residenzstadt Mannheim zur Zeit Carl Theodors

„VPtr", Johann Friedrich Probst (1719-1781), Jeremias Wolff Erben, Augsburg, um 1755
Kupferstich/Radierung (2 Platten), 33,2 x 112,8 cm

In der Himmelszone auf flatterndem Band „MAN(N)HEIM", links kurfürstliches, rechts städtisches Wappen

Die in anspruchsvollem Format von 2 Platten gedruckte Ansicht Mannheims zeigt in Rheinnähe (rechts) die einprägsame Bautenfolge von Schloß und Jesuitenkirche. Im Unterschied zur Weiträumigkeit dieser höfischen Architektur in der Oberstadt ist die Bebauung der bürgerlichen Unterstadt, die sich zum Neckar hin erstreckt, kleinteiliger und türmereicher: Sechs teilweise stark überhöht wiedergegebene Türme verleihen ihr ein unverwechselbares Gepräge: der markante Turm des Kaufhauses am Paradeplatz, dann (v.r.n.l.) die Türme von Garnisonskirche, Rheintor und reformierter Kirche sowie der gemeinsame Mittelturm der katholischen Kirche St. Sebastian und des Rathauses am Marktplatz, schließlich (ganz links) der Glockenturm des lutherischen Kirchengebäudes.
Die Darstellung erschien als Nr. 64 einer bekannten Folge von Ansichten europäischer Städte im überbreiten Imperial-Quer-Folio-Format. In dieser Serie beeindruckt Mannheim durch die stilistische Geschlossenheit seiner architektonischen Erscheinung, aber auch durch seine fortifikatorische Abgrenzung gegenüber dem offenen Land. Denn umgeben ist die Residenzstadt von einem Ring mächtiger Bastionen, die Stärke und Wehrhaftigkeit demonstrieren und zugleich das Erscheinungsbild Mannheims geradezu ins Monumentale steigern. G.A.

Arnscheidt 1989, Nr. 12.

Mannheim, Reiss-Museum (A 42)

4.4.8
Ansicht Mannheims von Westen

Joseph Anton Baertels (seit 1740 in kurfürstlichen Diensten nachweisbar), Mannheim, 1756
Radierung/Kupferstich, 16,8 x 30,6 cm (Platte)

Die Darstellung zeigt die Residenzstadt Carl Theodors aus größerer Entfernung. Im Vordergrund erscheint links das 1730 erbaute, als „Churfürstliches Lusthaus auf der Mühlau" bezeichnete Schlößchen, rechts die Rheinschanze, die mit Mannheim durch eine Schiffsbrücke verbunden ist. Trotz der relativ großen Distanz werden die charakteristischen Akzente der Mannheimer Stadtsilhouette erkennbar wiedergegeben. Auf der rechten Seite dominiert der ausgedehnte Komplex des kurfürstlichen Schlosses. Auf der linken Bildhälfte sind das Kaufhaus am Paradeplatz und die Kapuzinerkirche mit ihren Türmen zu sehen, daneben die Garnisonskirche, die reformierte Kirche, die Gebäudegruppe der katholischen Pfarrkiche St. Sebastian und des Rathauses am Marktplatz, die eine auffallende Dreiergruppe bilden. Eine weitere Dreiergruppe wird am Stadtrand links sichtbar, gebildet aus den Türmen des Rheintors, der lutherischen Kirche und des Garnisonslazaretts.
Die Darstellung, die u.a. als Bildschmuck von Kundschaftsformularen Verwendung fand, weist J.A. Baertels als detailliert und zuverlässig informierenden Zeichner aus. Als solcher ist er 1758 auch mit einer vom Neckar her aufgenommenen Vogelschauansicht Mannheims (vgl. Kat.Nr. 4.4.5) hervorgetreten. G.A.

Arnscheidt 1989, Nr. 13.

Mannheim, Reiss-Museum (G Ad 35f,k)

Kat. Nr. 4.4.6

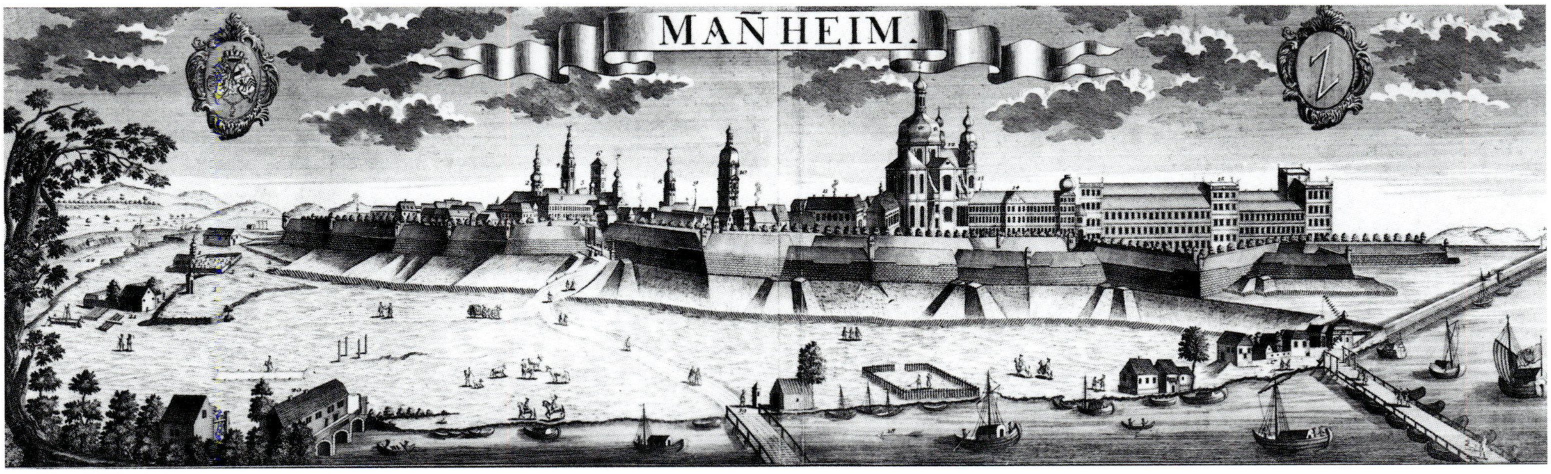

Kat. Nr. 4.4.7

Kat. Nr. 4.4.8

4.4.9
Ansicht Mannheims von Osten

Ferdinand Kobell (Mannheim 1740-1799 Mannheim), um 1790
Öl auf Papier auf Leinwand, 21,5 x 35 cm

Nach juristischem Examen war Ferdinand Kobell nur widerwillig als Sekretär der fürstlichen Hofkammer tätig. 1762 erhielt er die Befreiung vom Staatsdienst und ein Stipendium des Kurfürsten Carl Theodor an der neugegründeten Akademie. 1764 wurde er zum „Theatral Mahler" ernannt, zwei Jahre später trat er auf Lebenszeit in den Dienst des Kurfürsten als Kabinettmaler.
Kobell, der als einer der Begründer der reinen Landschaftsmalerei gilt, war zunächst noch stark der niederländischen und französischen Landschaftsauffassung des 17. Jahrhunderts verpflichtet (Everdingen, Ruisdael, Lorrain, Poussin); die kleine Ansicht Mannheims zeigt aber deutlich Ansätze, die zum neuen Landschaftsstil des 19. Jahrhunderts hinüberführen. Mit Ausnahme der beiden Gemäldezyklen „Heidelberger Eisgang", 1784, und „Aschaffenburger Ansichten", 1786, in denen die Architektur bildbestimmend ist, war Kobell in der Wahl seiner Landschaftsbilder frei.
Zur Mannheim-Ansicht gibt es ein Pendant, das den Blick über eine Baumgruppe auf die Jesuitenkirche freigibt (Kurpfälzisches Museum Heidelberg). In der Ostansicht schaut der Betrachter über eine vordergründig flache Wiesenlandschaft mit Büschen, Bäumen und bäuerlichen Staffagefiguren auf die von Bäumen nahezu völlig verdeckte Stadt, von der nur eine schiefergraue Dachlandschaft mit den Türmen der Konkordienkirche und des Alten Rathauses hervorschaut. Von einer Vedute kann nicht mehr gesprochen werden. Wesentlichen Anteil an der Landschaft hat der Himmel mit den kräftig strukturierten Wolkengebilden und das die ganze Komposition umfangende Stimmungslicht, das Tendenzen des malerischen Realismus des 19. Jahrhunderts vorwegnimmt. A.F.

Biedermann 1973; Bildführer durch die Sammlungen des Kurpfälzischen Museums der Stadt Heidelberg. Hrsg. von Jörn Bahns. Heidelberg 1991, S. 31, Nr. 66.

Heidelberg, Kurpfälzisches Museum (Sammlung Graimberg 1879, G 498)

4.4.10
„Vues de Mannheim"

Gebrüder Klauber (Augsburg) nach Johann Franz von der Schlichten (1725-1795), Mannheim, 1782
Buch, Kupferstiche, 22,6 x 29,4 cm, (Platten); Nr. 5 (Schloß): 16,7 x 62,7 cm (Bild)

Die Buchausgabe der sechsundzwanzig Mannheim-Ansichten ist wünschenswert ausführlich betitelt in französischer Sprache: *Vues de Mannheim représentées sur vingt six planches dessinées d'après nature par Jean François de Schlichten, et gravées par les Frères Klauber à Augsbourg. Avec une explication des Planches. A Mannheim Aux dépends de l'Auteur, & se trouve en Commission Chez C.F. Schwan, Libraire de la Cour 1782.* Die Platten tragen Bezeichnungen der Darstellungen in deutscher und französischer Sprache. Dieser Ansichtenband ist der einzige, der ausführlich über das Aussehen einzelner Bauten im Mannheim des 18. Jahrhunderts informiert. I.G.

Mannheim, Reiss-Museum (B Bass 181)

Kat. Nr. 4.4.9

A Der Grundriss von Mannheim

Der Plan zeigt die Festungsanlagen mit den darauf gepflanzten Bäumen. Es sind Erläuterungen von A bis Z und von eins bis sieben mitgeteilt.

B Das Rheintor

Im Gegensatz zu den Festungswerken, die im wesentlichen auf Kosten der Regierung erstellt wurden, war die Errichtung der Tore Aufgabe der Stadt. Das Rheintor ist von der Stadtseite aus wiedergegeben. Unter Leitung von Fremelle wurde das Tor nach seinem Plan 1725 begonnen. Auf der Stadtseite befand sich das Monogramm Kurfürst Carl Philipps. Die sechs Trophäen und die Köpfe entwarf Paul Egell, der sie 1746 ausführte, erste Entwürfe des Künstlers datieren schon 1726. Das Tor wurde 1863 abgebrochen.

C Das Heidelberger Tor

Das Tor ist von der Feldseite wiedergegeben. Das Bauwerk wurde 1722 begonnen. Die Bildhauerarbeiten schuf Johann Joachim Gernert: Trophäen im Rundbogenfeld des Durchganges und das von zwei Löwen gehaltene kurfürstliche Wappen. Das Tor war auch zur Stadt hin nur eingeschossig.

D Das Neckartor

Dargestellt ist die Stadtseite mit reichem skulpturalen Schmuck. Es war das größte der drei Stadttore und wurde 1723 begonnen. Im März 1724 machte Paul Egell einen Voranschlag über die Bildhauerarbeit: Trophäen über den Giebelecken, einen die Weltkugel tragenden Atlas über dem Giebelfirst, darin Trophäen und ein Schild mit CP-Monogramm, über dem Gesims des ersten Geschosses eine Tuba-blasende Fama (Ruhmesgöttin). Im Neckartor befand sich in 18. Jahrhundert die Dienstwohnung des Fortifikationsdirektors. Im November 1842 wurde der Abbruch begonnen, um den Blick in die Stadt von der Neckarbrücke zu öffnen.

E Das kurfürstliche Schloss

Wiedergegeben ist das monumentale Gebäude von Südosten in nicht ganz richtiger Perspektive, so daß der 1751 bis 1756 als letztes errichtete östliche Stadtflügel links im Vordergrund zu sehen ist. Der Blick in den Ehrenhof kann so nicht vollständig sein, man erkennt aber den Mitteltrakt des Corps de Logis, mit dem 1720 der Bau begann. Rechts befindet sich der westliche Ehrenhofflügel, begrenzt von einem Pavillon. Daran schließen die 1720 begonnene, 1731 geweihte Schloßkirche und der Hofgerichtsflügel (westlicher Stadtflügel) an, der bis zum 1742 eingeweihten Hofopernhaus reichte. Der Ehrenhof des Schlosses ist von einem konkav-konvex geschwungenen Zaun mit zwei Wachthäuschen begrenzt.

F Die Baumallee

Gemeint sind die Planken, die Querachse der Stadt, die die Oberstadt von der Unterstadt trennt, eine Einteilung, die es seit dem 19. Jahrhundert nicht mehr gibt. Schmale Holzlatten, Planken, grenzen die baumbestandene Staßenmitte ein und gaben der Straße ihren noch heute gültigen Namen.

G Die grosse Hofkirche

Gemeint ist die Jesuitenkirche, in der zu Residenzzeiten im 18. Jahrhundert die feierlichen religiösen Zeremonien unter Beteiligung des Hofes stattfanden. Am 26. Mai 1727 schenkte Kurfürst Carl Philipp den Jesuiten den Bauplatz für Kirche und links angrenzendes Kolleg. Die Bauarbeiten zogen sich bis 1760 hin. Am 12. März 1733 wurde der Grundstein gelegt, die Bauarbeiten begannen 1738 und wurden 1742 durch den Tod Kurfürst Carl Philipps unterbrochen. Baumeister und Architekt der Kirche war Alessandro Galli Bibiena. 1744 wurden die Bauarbeiten unter Kurfürst Carl Theodor wieder aufgenommen, ab 1749 hatte Nicolas de Pigage die Oberleitung über die Arbeiten im Innern der Kirche. Am 18. Mai 1760 weihte der Fürstbischof von Augsburg, Joseph Landgraf von Hessen-Darmstadt, die Kirche den Heiligen Ignatius von Loyola und Franz Xaver. Es wurden Medaillen geprägt, und es erschien eine Festschrift „Basilica Carolina". Nach schweren Zerstörungen im Zweiten Weltkrieg wurde die Jesuitenkirche in den Jahren 1946 bis 1960 wieder hergerichtet. Große Teile der ehemaligen Innenausstattung sind verloren.

H Die Nonnenkirche

Schon die Schlichten-Klaubersche Kurzbeschreibung hebt hervor, daß die Kirche die Gestalt eines Wohnhauses habe. Sie lag im Quadrat L 1, 1-4 in der Nähe des Schlosses; auf der Ansicht ist sie das große Gebäude mit Dachreiter links. 1720 erhielten die Augustinerinnen die Erlaubnis zu einer Niederlassung in Mannheim. Weihe der Kirche an Maria, Joseph und den heiligen Ignatius von Loyola war am 30. April 1741. 1904 wurde der Baukomplex mit Kloster dem Mannheimer Altertumsverein von 1859 für ein Stadtgeschichtliches Museum von der Stadt Mannheim überlassen, das dort bis 1926 bestand.

I Die Kapuzinerkirche

Dargestellt ist auf dem Kapuzinerplatz - heute Gockelsmarkt - im Quadrat N 6 die Kirchenfassade links im Bild. Auf dem Platz steht eine Johannes-von-Nepomuk-Statue von Paul Egell. Die Ansiedlung der Kapuziner in Mannheim datiert von 1698. Der Grundstein wurde am 24. Juli 1703 gelegt. 1704 war die Kirche fertig, am 26. November 1706 wurde sie feierlich der heiligen Dreifaltigkeit und dem heiligen Rochus geweiht. 1751 fand eine Vergrößerung statt. 1838 wurden Kirche und Kloster auf Abbruch versteigert und 1839/40 die Bauten beseitigt.

J Die Spitalkirche

Kirche und Spital zum heiligen Carl Borromäus lagen im Quadrat R 5, 1. Es war ein zweigeschossiger Putzbau mit ausgebautem Dach und einem Glockentürmchen als Dachreiter. Am 14. April 1730 wurde der Grundstein gelegt. Am 25. Oktober 1733 wurde die Kirche geweiht. 1754/58 leitete Baumeister Franz Wilhelm Raballiatti Umbauarbeiten am Hospital. Die Kirche wurde 1804 geschlossen, das Krankenhaus bestand bis zur Eröffnung der neuen Krankenanstalten am Neckarufer im Jahre 1922. Die Gebäude wurden im Zweiten Weltkrieg zerstört.

K Die Lutherische Kirche

Die Kirche lag im Quadrat G 4, 18 und ist heute durch den Neubau der Trinitatiskirche ersetzt. Bis 1821, dem Jahr der evangelischen Kirchenvereinigung, war sie lutherische Kirche. Ihr Grundstein wurde am 30. September 1706 gelegt. Am 1. Oktober 1709 erfolgte die Einweihung zu Ehren der heiligen Dreifaltigkeit. 1737/39 war eine Erweiterung notwendig, die der Baumeister Johann Georg Herrmann ausführte und die 1739 abgeschlossen war. 1943 wurde die Trinitatiskirche bis auf die Außenmauern zerstört. Man riß die Reste ab und ersetzte bis 1959 die alte durch eine neue Kirche, die der Architekt H. Striffler entwarf.

L Die reformierte Kirche

Dargestellt ist das Bauwerk des 18. Jahrhunderts mit dem linken, kleineren Teil für die französisch-wallonische Gemeinde, rechts der polygonale Bauteil für die Deutsch-Reformierten. Auf dem Platz der 1689 im Pfälzisch-Orléanschen Krieg zerstörten alten reformierten Kirche wurde am 17. Mai 1706 der Grundstein zu einer neuen Kirche gelegt. Der deutsche Teil konnte am 25. August 1717 eingeweiht werden, der wallonische Teil wurde erst 1736 begonnen, am 1. März 1739 konnte er

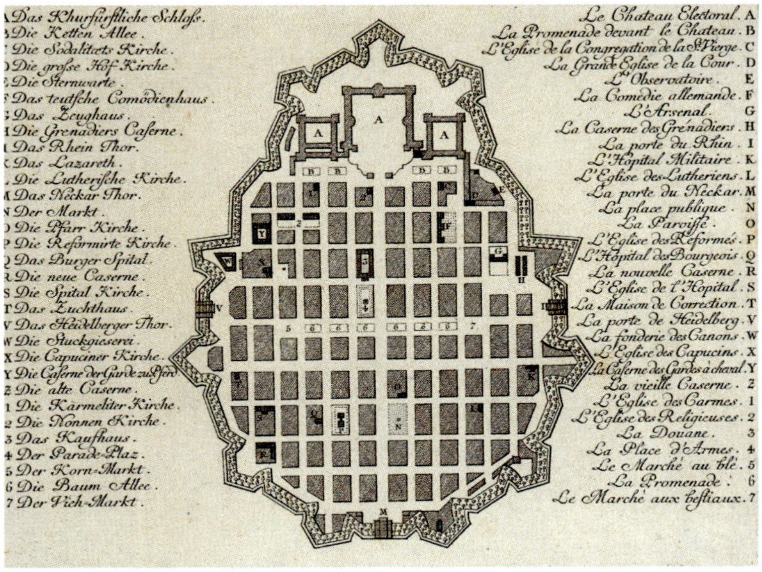

Kat. Nr. 4.4.10 a

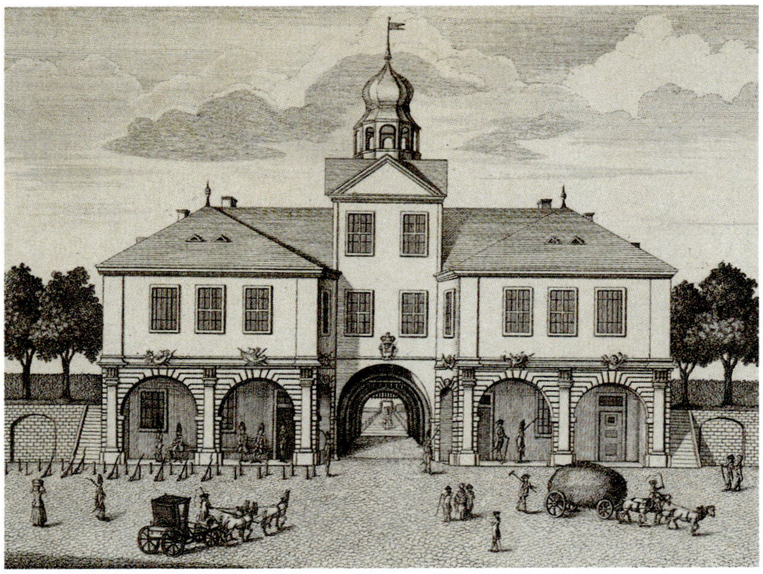

Kat. Nr. 4.4.10 b

Kat. Nr. 4.4.10 c

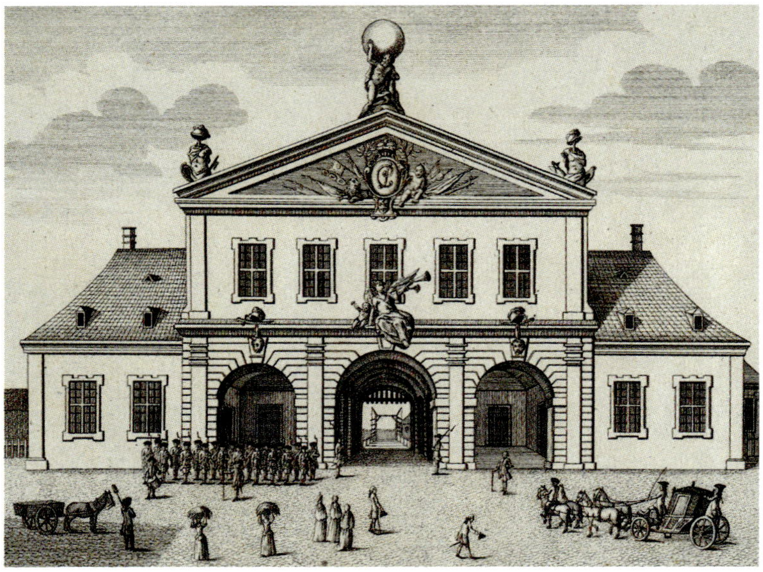

Kat. Nr. 4.4.10 d

Kat. Nr. 4.4.10 e

Kat. Nr. 4.4.10 f

Kat. Nr. 4.4.10 g

Kat. Nr. 4.4.10 h

Kat. Nr. 4.4.10 i

Kat. Nr. 4.4.10 j

Kat. Nr. 4.4.10 k

Kat. Nr. 4.4.10 l

Kat. Nr. 4.4.10 m

Kat. Nr. 4.4.10 n

Kat. Nr. 4.4.10 o

Kat. Nr. 4.4.10 p

Kat. Nr. 4.4.10 q

Kat. Nr. 4.4.10 r

Kat. Nr. 4.4.10 s

Kat. Nr. 4.4.10 t

Kat. Nr. 4.4.10 u

Kat. Nr. 4.4.10 v

Kat. Nr. 4.4.10 w

Kat. Nr. 4.4.10 x

Kat. Nr. 4.4.10 y

Kat. Nr. 4.4.10 z

eingeweiht werden. Die Mitte zwischen den beiden Gotteshäusern nimmt ein Turm ein, für den 1725 der Plan gezeichnet wurde. Er kam über drei Stockwerke nicht hinaus und erhielt ein Notdach; der Bau des Turmes war 1748 noch nicht abgeschlossen, sein weiterer Ausbau unterblieb. Beim Bombardement von 1795 brannten die Kirche und der Turm aus. Danach wurde anstelle des wallonischen Teils ab 1809 bis 1822 eine Schule errichtet, der deutsche Teil der Kirche war im Jahre 1800 fertig. Erst 1893 wurde der heutige Turm in neubarocken Formen ausgebaut. Vor der reformierten Kirche befand sich der Fischmarkt.

m Das Zeughaus

Das Zeughaus wurde in den Jahren 1777 bis 1779 im Quadrat C 5 errichtet, nachdem man das alte Waffenhaus in B 3 ab 1776 zum Mannheimer Nationaltheater ausgebaut hatte. Architekt des neuen Zeughauses war Peter Anton Verschaffelt, seit 1752 Hofbildhauer des Kurfürsten Carl Theodor in Mannheim. Es ist der letzte Monumentalbau der Kurfürstenzeit in Mannheim. Die monumentale Architektur hat das Aussehen eines italienischen Palazzo, ohne daß ein direktes Vorbild nachzuweisen wäre. Verschaffelt war auf dem Felde der Architektur Autodidakt. Auf dem hohen Dach des Zeughauses sind zwei Blitzableiter angebracht, die Johann Jakob Hemmer in Mannheim erfunden hatte. Das Zeughaus wurde nach 1803 zur Kaserne umgestaltet. Nach teilweisen Zerstörungen im Zweiten Weltkrieg wurde das Zeughaus seit 1946 wieder hergerichtet und zur Aufnahme der Mannheimer Museumssammlungen bestimmt. Es beherbergt heute die Kunst-, Stadt- und Theatergeschichtlichen Sammlungen.

n Die Stuckgiesserei

Das Gebäude, in dem die Kanonen gegossen wurden, lag in N 7, 2, ehemals Bastion St. Bartholomäus der Festungswerke. Der Platz für den Bau wurde 1735 angewiesen. Die Artillerie-Stuckgießerei wurde 1761/62 nach Plänen des Ingenieur-Lieutenants Johann Lachner erbaut. Das Gebäude wurde 1904 abgebrochen.

o Die neue Kaserne

Es ist ein schlichter, viergeschossiger Bau von insgesamt fünfundzwanzig Achsen, der der Infanterie diente und in S 5 lag. Die Oberbauleitung hatte Artilleriemajor L'Ange. 1753 wurde der Bau begonnen. 1756 war er vollendet. Die Kosten mußte die Stadt tragen. Bei der Belagerung im Jahre 1795 wurde die am Wall gelegene neue Kaserne zerstört und danach nicht wieder aufgebaut.

p Die alte Kaserne

Die Gebäude lagen in M 3 a/M 4 a. Sie wurden unter Kurfürst Carl Philipp errichtet. Später wurden die Dragoner hier einquartiert und die Bauten Belderbusch-Kaserne genannt, nach dem General, der Gouverneur von Mannheim war und der 1794 im Januar die Übergabe Mannheims an die Franzosen verantwortete. Vor den Kasernenbauten liegt der sogenannte kleine Paradeplatz, auf dem auf Klauber/Schlichtens Darstellung eifrig exerziert wird.

q Die Kaserne der Garde zu Pferd

Die Gardereiterkaserne lag in M 5, 6-7. 1736 ließ Kurfürst Carl Philipp im südlichen Teil des Quadrates eine Tabakmanufaktur errichten. Nach dem baldigen Niedergang der Fabrik befahl Kurfürst Carl Theodor im Jahre 1747 die Verwendung des Gebäudes als Gardereiterkaserne, die vorher in ungenügenden Räumen (Baracken) beim reformierten Kirchhof untergebracht war. Im November 1795 wurde das stattliche dreigeschossige Gebäude in Brand geschossen, die Reste wurden zu Beginn des 19. Jahrhunderts abgebrochen.

r Der Paradeplatz

Der von zwei Baumreihen umstandene Platz mit der Grupello-Pyramide von 1716 in der Mitte entstand im 18. Jahrhundert. Es ist das heutige Quadrat O 1. Das Quadrat O 1 gehörte im 17. Jahrhundert zur Zitadelle Friedrichsburg. Kurfürst Johann Wilhelm bestimmte 1709, daß es unbebaut bleiben solle. 1732 wurde der Platz, auf dem Befestigungsanlagen standen, vollends eingeebnet und 1734 hergestellt. Am schloßseitigen Ende des Platzes erhebt sich das Kaufhaus mit seinem Turm. Das größte Gebäude auf der rechten Platzseite ist der Gasthof zum „Pfälzer Hof", in dem auch Mozart in Mannheim logierte.

s Die Regierung

Gemeint ist das Kaufhaus im Quadrat N 1 am südlichen Ende des Paradeplatzes. Nur die Fundamentierungsarbeiten zu dem stattlichen, zweigeschossigen Gebäude mit Mittelturm und Erdgeschoßarkaden wurden 1725 ausgeführt. Der Grundrißplan stammte von J. G. Baumgartz. Die Arbeiten kamen erst 1733 wieder in Gang. Unter Alessandro Galli Bibiena, dem wohl die Platzfassade zuzuschreiben ist, kam der Bau ab 1735 gut voran. 1741 konnte der Bau bezogen werden. Erst 1746 wurde der Turmbau wieder aufgenommen. Das Gebäude wurde von Regierungsdienststellen genutzt.

t Das Kaufhaus

Der Baukomplex nimmt das gesamte Quadrat N 1 ein. Seinen Namen hat er, weil unter seinen Arkaden Händler und Gewerbetreibende ihre Boutiquen hatten. Auch befanden sich im Kaufhaus Handelsniederlassungen von kurpfälzischen Manufakturen: auch die Frankenthaler Porzellanfabrik hatte hier einen Bestell- und Verkaufsraum. Das Kaufhaus und seit 1910 Rathaus der Stadt Mannheim fiel 1943 den Bomben zum Opfer, 1962 wurde der Turm abgetragen.

u Die Sternwarte

Das Gebäude stand direkt am Festungswall der Schanze Sankt Johannes. Es ist bis heute erhalten und beherbergt Künstlerateliers. Das vierstöckige Turmgebäude des Mannheimer Observatoriums enthielt die astronomischen Geräte, die der kurfürstlich-pfälzische Hofastronom Christian Mayer SJ für seine Forschungen benötigte. 1772 entwarfen Franz Wilhelm Raballiatti und Lieutenant J. C. Lachner die Pläne für das Gebäude. Am 1. Oktober 1772 wurde der Grundstein gelegt, 1774 war der Bau vollendet, unter der Oberleitung von Raballiatti. Die Sternwarte arbeitete bis zum Jahre 1846 in Mannheim.

v Das deutsche Komödienhaus

Das alte Mannheimer Nationaltheater nahm die östliche Hälfte des Quadrates B 3 ein. Es entstand durch Umbau des alten Zeughauses 1776 nach Plänen von Lorenz Quaglio. Die Bühne war 1777 fertig. Am 13. Januar 1782 wurden Schillers „Räuber" hier uraufgeführt. 1853/54 wurde das Theater durch Joseph Mühldorfer vollständig umgebaut: die Höfe zwischen den Risaliten wurden überbaut und ein viertes Stockwerk aufgesetzt. 1899 kam das Nationaltheater in den Besitz der Stadt.

w Der Platz vor dem Komödienhaus

Es ist die westliche Hälfte des Quadrates B 3; die östliche nimmt das Nationaltheater ein, von dem links die Fassade erkennbar ist. Rechts und hinten sind Kolleg und Kirche der Jesuiten zu erkennen. Das größte Bauwerk rechts, mit dem Giebel, ist das Palais Zweibrücken. Erbaut 1730 als Sitz des Freiherrn von Dalberg, ging es 1770 in den Besitz des Regierungspräsidenten von Venningen und 1790 an den Pfalzgrafen Max-Joseph von Pfalz-Zweibrücken über. Der Bau wurde 1871 abgebrochen.

x Der Markt

Seit der Stadtgründung im Jahre 1607 was das heutige Quadrat G 1 von Bebauung freigelassen worden und diente als Marktplatz. Auf der Platzmitte steht der Denkmalbrunnen von Peter van den Branden von 1719, der ab 1767 von Johann Matthäus van den Branden umgearbeitet wurde. Den südlichen Abschluß des Platzes bilden das Alte Rathaus und die Untere Pfarrkirche Sankt Sebastian mit ihrem Mittelturm. Der Gebäudekomplex wurde am 17. September des Jahres 1700 begonnen. 1705 konnten im linken Teil die ersten Ratssitzungen stattfinden. Grundsteinlegung für die Sebastianskirche war am 25. November 1706. Pläne dafür schuf Johann Jacob Rischer. 1726 fand die Weihe statt. Das große dreistöckige Bauwerk links ist das Palais Hillesheim. Es wurde 1718 von Johann Jacob Rischer erbaut. Während der Erbauung des Schlosses residierte hier von 1720 bis 1731 Kurfürst Carl Philipp, 1732 kaufte Graf Franz Kaspar Wilhelm von Hillesheim das Palais, das Emanuel Oppenheimer hatte erbauen lassen.

y Die Breite Strasse

Dargestellt ist die Symmetrieachse Mannheims vom Kaufhaus (Arkaden rechts) bis zum Neckartor. Rechts ist der von einer Mauer umgebene Paradeplatz zu erkennen. Es sind die Straßenlaternen wiedergegeben, die seit spätestens 1769 vorhanden waren, als sie in diesem Jahrgang der „Etrennes Palatines" erwähnt wurden.

z Das Zuchthaus

Das Zucht-, Irren- und Waisenhaus lag im Quadrat Q 6. Nach Grundstückserwerb wurde 1749 mit dem Bau begonnen, der auch eine Kirche enthielt, kenntlich an dem Glockentürmchen als Dachreiter. Die Kirche wurde am 16. September 1751 dem heiligen Michael geweiht. Im Innern des Quadrates Q 6 wurde 1779 ein neues dreistöckiges Waisenhaus errichtet. An der Nordostecke des Quadrates kam um 1790 noch das Militärarbeitshaus in Q 6, 10 b hinzu. Nach dem Übergang an Baden im Jahre 1803 diente der Baukomplex nur noch als Zuchthaus. 1846/47 wurden die Gebäude zum Kreisgefängnis hergerichtet. 1960 wurden die Ruinen abgerissen.

Kat. Nr. 4.4.11

Kat. Nr. 4.4.12

4.4.11
Das Mannheimer Schloss

Georg Matthäus Probst (Augsburg um 1754-1788 Augsburg), Augsburg, um 1775
Kolorierter Kupferstich, 28 x 41 cm

Guckkastenblatt aus dem Augsburger Verlag Georg Balthasar Probst (Augsburg um 1731-1801 Augsburg), Nr. 61 einer Folge

Titel: „Prospectus arcis Electoralis ad Mannheim / Prospect des Churfürstl. Schloß zu Man(n)heim". Über der Darstellung in Spiegelschrift: „VUE DE LA RESIDENCE ELECTORALE A MANNHEIM"

Blick von einem erhöht angenommenen Standort auf das Corps de Logis des Mannheimer Schlosses und den Ehrenhof, der durch Gitter und zwei Schloßwachthäuser zur Stadt hin abgeschlossen ist. Am Bildrand erscheinen rechts die Schloßkirche und links die Bibliothek, die einzigen Bauteile, deren Fassaden mit reliefierten Dreiecksgiebeln bekrönt sind. Staffagefiguren - Reiter, Kutschen, Gardisten der Schloßwache - beleben den Vorplatz des Schlosses und den Ehrenhof.
Das Blatt stammt aus Augsburg, dem Zentrum der Guckkastenproduktion in Süddeutschland. Es zeigt die für diese Blätter typische grellbunte Kolorierung sowie über der Darstellung einen Kopftitel in Spiegelschrift.

G.A.

Mannheim, Reiss-Museum (A 163)

4.4.12
„Der Parade-Plaz zu Mannheim"

Johann Balthasar Probst (Augsburg um 1755-1797 Augsburg), Augsburg, um 1785
Kolorierter Kupferstich 30 x 41 cm

Guckkastenblatt aus dem Augsburger Verlag Georg Balthasar Probst (Augsburg um 1731-1801 Augsburg) mit Privilegienvermerk, Nr. 62 einer Folge

Titel: „Locus stationes mutandas destinati ad Man(n)heim / Der Parade-Plaz zu Mannheim". Über der Darstellung in Spiegelschrift: „LA PLACE D'ARMES A MANNHEIM"

Das Blatt aus einem der produktivsten Augsburger Verlage von Guckkastenbildern zeigt den Mannheimer Paradeplatz mit dem beherrschenden Kaufhaus im Zentrum, dem Gasthof „Pfälzer Hof" (rechts) und der Post (links). Der Platz ist umgeben von einer doppelten

Baumreihe und eingefaßt von einer niedrigen Mauer. Von militärischen Posten bewacht, erhebt sich in der Platzmitte die von Gabriel Grupello (1640-1730) in Düsseldorf geschaffene „Pyramide". Im Vordergrund weitet sich der Platz zur baumbestandenen und mit Holzgeländer umzäunten Plankenpromenade.
Das Guckkastenblatt folgt - mit veränderter Staffage - der Paradeplatzdarstellung aus der Augsburger Folge „Vues de Mannheim" von J.u.J. Klauber nach J.F. von der Schlichten (1782) (vgl. Kat.Nr. 4.4.10). Beide Darstellungen lassen die außerordentliche Regelmäßigkeit in Straßenführung, Stockwerkszahl und Fassadengestaltung erkennen, über die in der Residenzstadt strenge Vorschriften wachten und die Goethe vom *freundlichen Mannheim sprechen ließen, das gleich und heiter gebaut ist* (Hermann und Dorothea). G.A.

Mannheim, Reiss-Museum (A 109)

Kat. Nr. 4.4.13

Kat. Nr. 4.4.13

4.4.13
Porträt des Mannheimer Stadtdirektors Jacob Friedrich Gobin und seiner Frau Josepha Gobin

Johann Jacob de Lose (Mannheim um 1755-1813 Frankfurt a. M.), 1789
Öl auf Leinwand, 88,2 x 71,6 cm und 88,3 x 71 cm

Bez. rücks.: J. Jacob de Lose pinxit. Junij 1789 und
Bez. u. l.: J. J. de Lose Pinx t Ao. 1789

Johann Jacob de Lose, Schüler der Mannheimer Zeichnungsakademie, malte – soweit sich sein Werk übersehen läßt – vor allem Mitglieder des Mannheimer Bürgertums. Jacob Friedrich Gobin (1707-1791) war von 1737 bis zu seinem Tod Stadtdirektor, worauf der Schultheißenstab mit goldenem Knauf hinweist, den er in seiner Rechten hält. De Lose unterdrückte weder bei Jacob Friedrich Gobin, noch bei dessen Frau, Josepha Gobin geb. Lippe (1718-1808), die körperlichen Zeichen des Alters, was charakteristisch für seine ungeschönten Porträts ist. K.-L.H.

Göller 1925, S. 89; Göller 1926, S. 85-88; Grotkamp-Schepers 1980, S. 110/111; Eichner 1981, S. 42, Nr. 247 u. Nr. 248.

Mannheim, Reiss-Museum (O 160 u. O 161)

4.4.14
Porträt des Mannheimer Ratsherren Joseph Georg Schäffer und seiner Frau Maria Katharina Schäffer

Johann Wilhelm Hoffnaas (Ahaus 1727-1795 Mannheim), 1773
Öl auf Leinwand, 86 x 70 cm und 88 x 70,5 cm

Bez. rücks.: Joh. Wilh. Hoffnaas pinxit Ao 1773
Bez. rücks.: J.W.H. pinxit Ao 1773

Die nach den rückseitigen Beschriftungen 1766 von Johann Wilhelm Hoffnaas gemalten Porträts stellen den Mannheimer Konditoreibesitzer, Ratsherren und Bürgermeister Johann Georg Schäffer (1739-1808) und seine Ehefrau, Maria Katharina Schäffer (1740-1812), aufwendig gekleidet und in selbstsicherer Haltung, dar. Hoffnaas wurde erst 1777 in Mannheim - ohne Besoldung - zum Hofmaler ernannt. Um den Lebensunterhalt seiner großen Familie zu sichern, war er auch in mehreren anderen Städten tätig und wandte sich, im Gegensatz beispielsweise zu Heinrich Carl Brandt, frühzeitig der Darstellung des Bürgertums zu. K.-L.H.

Grotkamp-Schepers 1980, S. 112-118.

Mannheim, Reiss-Museum (O 19 u.O 20)

4.4.15
Ratsprotokolle der Stadt Mannheim

Mannheim, 1798
Papier, Schweinsleder, H. 39 cm, B. 28 cm, Dicke 26 cm

Die Gegenstände und Beschlüsse der Ratssitzungen wurden in den Ratsprotokollen schriftlich festgehalten. Dieser Halbjahresband erfaßt auf 1806 Seiten die Sitzungen vom 2. Juli 1798 bis zum letzten Zusammentritt am 28. Dezember 1798. Die Reinschriften wurden dann mit einem Register versehen und nachträglich gebunden. F.T.

Mannheim, Stadtarchiv (Amtsbücher Mannheim, Ratsprotokoll 1798, Bd. 2)

Kat. Nr. 4.4.14

Kat. Nr. 4.4.14

4.4.16
Bevölkerungsstand von 1769

Von dem Bevölkerungs=Stand in Chur=Pfalz, vorzüglich in Mannheim.

Friedrich Casimir Medicus, Frankfurt und Leibzig (= Mannheim, Christian Friedrich Schwan), 1769
152 S., 16,6 x 10 cm

Anhand von Statistiken analysiert der Arzt und Botaniker Friedrich Casimir Medicus (vgl. Kapitel 6.5) in dieser Schrift die Entwicklung des Bevölkerungsstandes in der Kurpfalz und kommt zu der Erkenntnis, daß dieser zu gering sei. Da er den Bevölkerungsreichtum mit dem Wohlstand des Einzelnen gleichsetzt, unterbreitet er nach seiner Analyse der Gründe für diesen „Untertanenmangel" wie Ehelosigkeit der Soldaten und der katholischen Geistlichkeit in typisch aufklärerischer Manier eine Reihe von Verbesserungsvorschlägen zur Steigerung des Bevölkerungszuwachses.

H.E.Vt./D.D.

Mannheim, Reiss-Museum (M 2235)

Kat. Nr. 4.4.17

4.4.17
Familie des Johann Georg Renner, Wirt des „Pfälzer Hofs"

Peter Eduard Stroehling (Düsseldorf, 1768- nach 1826), 1789
Öl auf Leinwand, 49,8 x 61 cm

Bez. u. r.: P.H.L. Stroehling inv. et pinxit 1789

Johann Georg Renner (1747-1819), den Peter Eduard Stroehling zusammen mit seiner vielköpfigen Familie während seines kurzen Aufenthalts in Mannheim 1789 porträtierte, war seit 1770 Besitzer des „Pfälzer Hofs" am Paradeplatz in Mannheim, der als eines der ersten Häuser am Platz galt (vgl. Kat.Nr. 4.4.18). Stroehling, in Düsseldorf geboren, wanderte auf der Suche nach Aufträgen durch ganz Europa. Von Mannheim aus ging er nach Frankfurt a. M. (1790/91), Mainz (1791), Rom, Neapel, Wien (1798), St. Petersburg (1796/1801), Berlin (1802), London (1803/07), Wien und erneut nach London (1819/1826). K.-L.H.

Thieme/Becker, 32. Bd., 1938, S. 199/200.

Mannheim, Reiss-Museum (O 80)

4.4.18
Der Pfälzer Hof am Paradeplatz in Mannheim

Egid Verhelst (Ettal 1733-1804 Mannheim), Mannheim, um 1785
Kupferstich, 16,5 x 24 cm (Platte), Reklameblatt des Gastwirts Georg Renner

Das Reklameblatt, das für Georg Renners „Pfälzischen Hof" am Mannheimer Paradeplatz wirbt, zeigt die erstklassige Lage dieses Gasthofs im Zentrum der Stadt. Neben dem architektonisch dominierenden Kaufhaus im Mittelpunkt der Darstellung ist auf der rechten Seite „La Cour Palatine" wirkungsvoll ins Bild gesetzt: ein stattliches Gebäude, vor dessen Eingang sich die anreisenden Gäste drängen. Von der zahlreichen Prominenz, die damals im „Pfälzischen Hof" abstieg, ist am berühmtesten wohl Mozart, der 1777 mit seiner Mutter hier logierte.

Die Schildgerechtigkeit des Gasthofes datiert vom 6. Oktober 1750. Daß der *Gastgeber zum Pfältzischen Hoff* mit einem internationalen Publikum rechnete, zeigt der viersprachige Werbetext unter der Darstellung. Für Ortsfremde werden zudem die dargestellten Gebäude am Paradeplatz erläutert und Schwetzingen, Oggersheim, Frankenthal und Heidelberg als sehenswerte Orte der Umgebung zum Besuch empfohlen. G.A.

Walter, Friedrich: Alt-Mannheimer Häuser. 2. Der Pfälzer Hof (D 1, 5/6). In: MGB 11 (1910), Sp. 103-107; Mozart 1991, S. 264, Nr. 184.

Mannheim, Reiss-Museum (A 47)

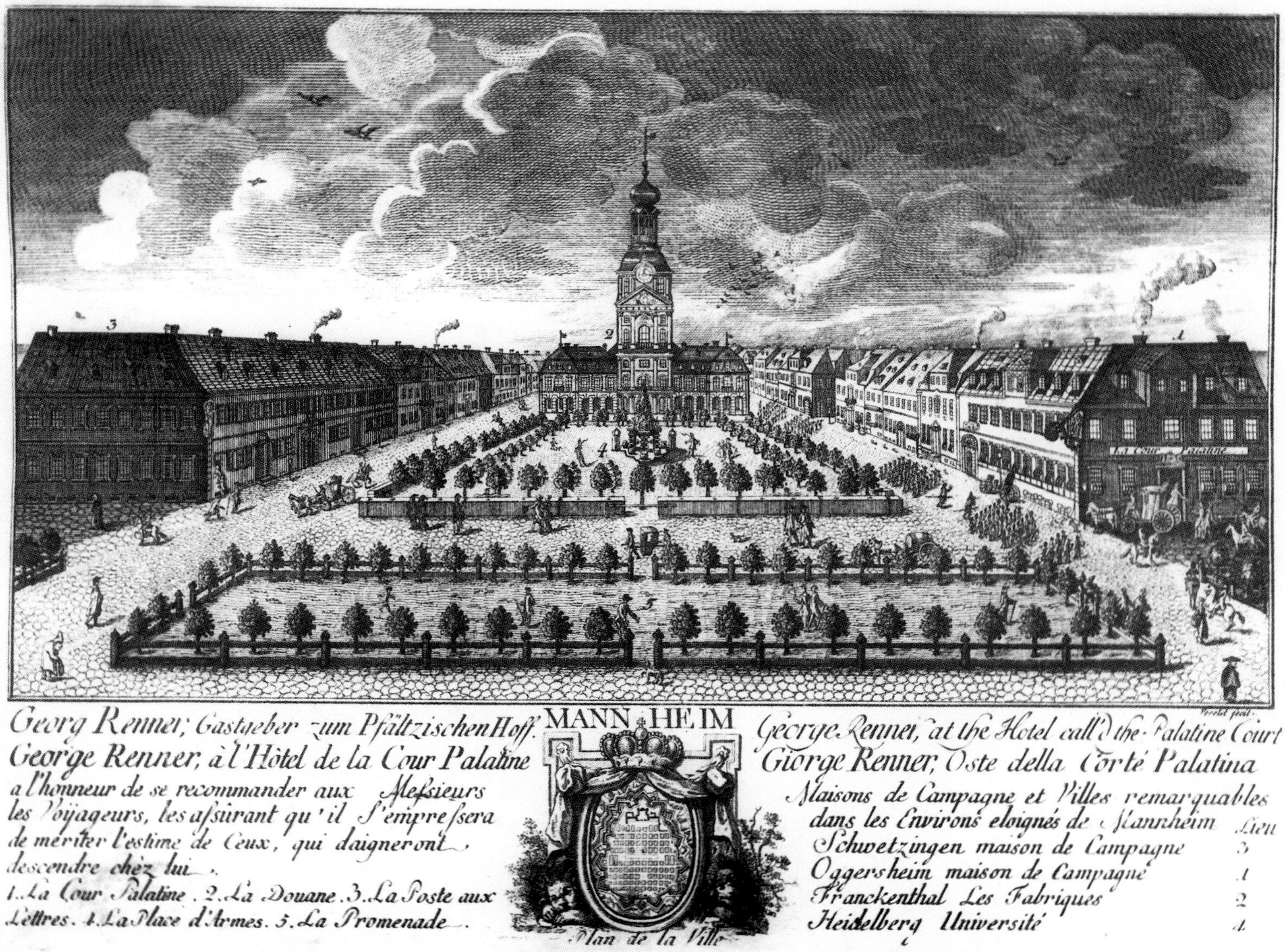

Kat. Nr. 4.4.18

4.4.19
Grundriss des Quadrats 63 (heute D1) mit dem Gasthaus Pfälzer Hof

Mannheim, vermutlich 1794/95
Grundrißbuch, zweifarbige Federzeichnung, Papier, 21,2 x 14,5 x 3,2 cm

Das Grundrißbuch dürfte in Zusammenhang mit der 1794 erfolgten Literierung der Quadrate entstanden sein. Man führte damals neben der Benennung auch eine neue Nummerierung ein, die hier in römischen Ziffern eingetragen ist. Die Maßangaben erfolgen weiterhin in Mannheimer Schuh (etwa 29 cm). Wegen der Eintragung der Wirtshausnamen ist dieses Amtsbuch heute, nach den schweren Kriegsverlusten, eine einzigartige Quelle. F.T.

Vgl. die Kartierung der Gasthäuser in: Bd. I, S. 208.

Mannheim, Stadtarchiv (Amtsbücher Mannheim, Nr. 14)

4.4.20
Mannheimer Fremdenliste 1756

In: Wöchentliches Mannheimer Frag- und Kundschafft-Blat, Nr. 14, 23. April 1756

Mannheim, 13.-19. April 1756
Druck, Papier, 22,6 x 18,2 cm

Die Gastwirte waren verpflichtet, Übernachtungsgäste zu melden. Die entsprechenden Angaben veröffentlichte man dann in der Zeitung. Aus dieser Fremdenliste für die Zeit vom 13. bis 19. April erfahren wir die Namen der offenbar führenden Gasthäuser Mannheims, darunter den des Pfälzer Hofs in D1. Danach übernachteten unmittelbar vor dem Mai-Markt immerhin 15 Handelsleute. Als Herkunftsorte erscheinen u. a. Turin, Basel, Straßburg, dann Düsseldorf, Würzburg und Nürnberg. F.T.

Mannheim, Stadtarchiv (Bibliothek, Zeitungen)

4.4.21
Gebrauchsgeschirr

Da die Ausstattung Mannheimer Wirtshäuser mit Hilfe der Verlassenschaftsakten Mannheim, die aus dem letzten Drittel des 18. Jahrhunderts bis um 1850 stammen und im Stadtarchiv Mannheim aufbewahrt werden, noch nicht erforscht ist, wurden für den Ausstellungsbereich solche Stücke ausgewählt, die in ihrer Funktion sowohl im Bereich von Privathaushalten als auch von Wirtshäusern denkbar sind. Die Exponate stammen von den Quadraten B 3, B 4, F 3 und D 5, auf denen – ausgenommen B 4 – im Grundrißbuch Mannheim wohl von 1794/95, aufbewahrt im Stadtarchiv Mannheim, eine Anzahl von Wirtshäusern belegt ist. Sie gehören der Zeit nach der Stadtgründung von 1606 bzw. 1607 an, vornehmlich dem 18. Jahrhundert, der Blütezeit Mannheims in den Regierungszeiten der Kurfürsten Carl Philipp und Carl Theodor. Bei dem in vielen Fällen aus Brunnen geborgenen Fundmaterial (vgl. auch Kat. Nr. 4.4.22 und 4.423) – vornehmlich Keramik – handelt es sich um Gebrauchsgeschirr des täglichen Lebens, wie es in den Haushalten wohlhabender Bürger Verwendung fand.

Kat. Nr. 4.4.21 a

Kat. Nr. 4.4.21 b + c

Bei dem Fundmaterial aus der Mannheimer Innenstadt überwiegt die mit einer Bleiglasur überzogene, teilweise verzierte und in verschiedenen Techniken dekorierte Hafnerware, die bei Temperaturen bis etwa 1000° C gebrannt wurde. Am häufigsten ist der Dekor, bei dem mit einem speziellen Gerät, dem Malhorn, flüssiger, eingefärbter Tonbrei auf das lederhart getrocknete und engobierte Gefäß aufgetragen wird. Die Hafnerware stammt zu einem Teil sicher aus einheimischer Produktion, da durch schriftliche Quellen ortsansässige Töpfer in Mannheim belegt sind.
Das in der Mannheimer Innenstadt geborgene Fayencegeschirr kann in die Zeit ab 1720 datiert werden, dem Jahr der Verlegung der kurfürstlichen Residenz von Heidelberg nach Mannheim. Die mit einer undurchsichtigen (opaken) Zinnglasur überschmolzene bemalte Irdenware stammt überwiegend aus der Manufaktur von Hanau, seltener aus den Manufakturen von Frankfurt, Durlach, Mosbach oder den Niederlanden, und bezeugt den wachsenden Wohlstand der Mannheimer Bürger in der Residenzstadt.
Das mit einer Salzglasur überzogene und bei ca. 1100-1300° C gebrannte Steinzeug wurde aus dem Westerwald importiert. Einen wichtigen Platz unter den Mannheimer Steinzeugfunden nehmen die Henkelflaschen ein, die seit dem 17. Jahrhundert vorwiegend dem Versand von Mineralwasser dienten. Die als Massenartikel gefertigten Flaschen wurden anfangs mit noch nicht deutbaren Zeichen auf der Vorderseite, später mit dem Brunnenstempel des transportierten Mineralwassers versehen. Die Spitzenstellung im Versand nahm Niederselters ein (daher wird heute noch allgemein von Selterswasser gesprochen), wo der Brunnenversand Ende des 18. Jahrhunderts über eine Million Krüge im Jahr erreichte. I.J.

a Teller aus Hafnerware

Mannheim, B 2,3, Brunnen (4.5.1979), 18. Jahrhundert
Rdm. 20,6 cm, Bdm. 14,6 cm, H. 3,5 cm

Sandfarbener Scherben; flacher Spiegel, in schmale, abgerundete Kehlung übergehend; abgesetzte, schräge Fahne, stellenweise ergänzt; nach außen umgeschlagener Rand; flacher Boden mit abgesetzter, verbreiterter Standfläche; innen rotbraun glasiert; Malhorndekor in Hellgelb, Grün und Dunkelbraun; im Spiegel stilisierte Blüte aus großen Tupfen; auf der Fahne zwischen Streifen fünf Gruppen von S-förmigen Ornamenten (laufender Hund); dazwischen senkrechte Strichgruppen.

Jensen 1986, S. 76, Nr. 27a m. Taf. 42,1.

Mannheim, Reiss-Museum, Archäologische Sammlungen (BW 1979/165)

Kat. Nr. 4.4.21 d

Kat. Nr. 4.4.21 e

Kat. Nr. 4.4.21 f

b Teller aus Hafnerware

Mannheim, B 2,3, Gewölbe (24.4.1979), 18. Jahrhundert
Ergänzt, Rdm. 20 cm, Bdm. 13,6 cm, H. 3,2 cm

Sandfarbener Scherben; Form wie oben; innen grün glasiert; Fahne zwischen umlaufenden Rillen schräg gerillt.

Jensen 1986, S. 30, Nr. 8b m. Taf. 17,1.

Mannheim, Reiss-Museum, Archäologische Sammlungen (BW 1979/88)

c Becher aus Hafnerware

Mannheim, B 4,15, Brunnen 3 (17.11.1983), 18. Jahrhundert
Ergänzt, Rdm. 6 cm, Bdm. 7,8 cm, H. 9 cm

Weißlicher Scherben; fast zylindrischer Gefäßkörper mit profiliertem Rand; unterhalb des Randes ansetzender und mit einer Fingerdruckmulde angarnierter Henkel; flacher Boden mit verbreiterter Standfläche; innen gelb, außen grün glasiert.

Jensen 1986, S. 31, Nr. 8c m. Taf. 17,1.

Mannheim, Reiss-Museum, Archäologische Sammlungen (BW 1983/73)

d Teller aus Fayence

Mannheim, D 5, Brunnen 7 (29.5.-4.6.1984), Untermaingebiet, Mitte 18. Jahrhundert
Kleine Ergänzungen im Spiegel und an der Fahne, Rdm. 21 cm, Bdm. ca. 12 cm, H. 2,8 cm

Sandfarbener Scherben; weiße Glasur; Bemalung in Blau; flacher Spiegel, in schmale, abgerundete Kehlung übergehend; abgesetzte, geradlinig schräggestellte Fahne; im Spiegel Blattmedaillon mit stilisierter Blüte und Spruch: d(rin)ck daß glaß auß; auf der Fahne Borte, auf beiden Seiten von drei umlaufenden Linien eingefaßt; Borte aus drei neben- und übereinandergesetzten Halbkreisen, die von Halbkreisbögen eingefaßt sind; Zwickel mit kleinen Dreiecken ausgefüllt. Manufakturzeichen: i in Blau.

Jensen 1986, S. 93, Nr. 29s m. Taf. 71 u. 72,8.

Mannheim, Reiss-Museum, Archäologische Sammlungen (BW 1984/162)

e Enghalskrug aus Steinzeug

Mannheim, D 5, Brunnen 7 (29.5./1.6.1984), Westerwald, 2. Hälfte 18. (/Anfang 19.) Jahrhundert
Ergänzung an der Wand, Rdm. 6,2 cm, Bdm. 9,2 cm, H. 29,5 cm

Graues, salzglasiertes Steinzeug; kugliger Gefäßkörper mit fußartig abgesetzter Standfläche; hoher Hals mit abgesetztem, hohem Rand und kleiner Schnauze; flach gedrückter Wulsthenkel mit Grat, der in eine Spitze ausläuft, und mit Einstich für eine Zinnmontierung; Bemalung in Blau; Dekor geritzt; auf der Vorderseite zwei Vögel über Ranken; darüber Strauß aus drei Granatblüten mit Palmetten.

Jensen 1986, S. 109f., Nr. 35b m. Taf. 89.

Mannheim, Reiss-Museum, Archäologische Sammlungen (BW 1984/146)

f Humpen aus Steinzeug

Mannheim, B 2,3, Gewölbe und Fdst. C (31.3./1.4.und 24.4.1979), Westerwald, (2. Viertel?) 18. Jahrhundert
Ergänzt, Rdm. 7,6 cm, Bdm. 8,8,cm, H. 12,6 cm

Graues, salzglasiertes Steinzeug; zylindrische Form mit abgesetztem, hohem, abgeschrägtem Rand; flach gedrückter Wulsthenkel mit Einstich für eine Zinnmontierung; am unteren Ende eingerollt; Bemalung in Blau und Mangan; auf der Wand reiche Profilierung mit Kehlen in Mangan und Fries mit herz-, sternförmigen und ovalen Ornamenten (Diamantbuckelfries); breites Mittelfeld in Mangan mit schwacher, senkrechter Riefung.

Jensen 1986, S. 110, Nr. 35c m. Taf. 90,1.

Mannheim, Reiss-Museum, Archäologische Sammlungen (BW 1979/161)

g Drei Henkelflaschen aus Steinzeug

Graues, salzglasiertes Steinzeug; drei Flaschen der gleichen Form; keulenförmiger Gefäßkörper mit wenig abgesetzter wulstiger Standfläche; zylindrischer Hals mit außen verdicktem Rand und gratförmigem Wulst mit blauer Bemalung; am Hals ansetzender Wulsthenkel mit einer Fingerdruckmulde angarniert. Die Stempel auf den Vorderseiten sind unterschiedlich.

Jensen 1986, S. 112f., Nrn. 35k-m m. Taf. 91,2.

Kat. Nr. 4.4.21 g

I) Mannheim, B 4,15, Brunnen 7 (15.11.1983), 2. Hälfte 18. Jahrhundert
Ergänzungen an der Wand, Rdm. 2,6 cm, Bdm. 9,4 cm, H. 27,9 cm

Rundstempel mit blauer Umrahmung; darunter nach links offenes, halbmondförmiges, eingeritztes Zeichen; im Stempel Kreuz mit Buchstaben C und T (für CURTRIER) unter den Armen; Brunnenstempel von Niederselters.

II) Mannheim, B 2,3, Brunnen (4.5.1979), 2. Hälfte 18. Jahrhundert
Ergänzung an der Wand, Rdm. ca. 2,6 cm, Bdm. 8,6 cm, H. 27,7 cm

Rundstempel mit Kreuz in der Mitte und Umschrift CURTRIER; Brunnenstempel von Niederselters.

III) Mannheim, B 4,15, Brunnen 3 (9.11.1983), 2. Hälfte 18. Jahrhundert
Vollständig erhalten, Rdm. 3 cm, Bdm. 10 cm, H. 28,2 cm

Undeutlicher Rundstempel mit Kreuz und Umschrift CURTRIER im blauen Rahmen; Brunnenstempel von Niederselters; darunter Buchstaben „HS" (vermutlich Hillscheid/Ww. als Herstellerzeichen).

Mannheim, Reiss-Museum, Archäologische Sammlungen (BW 1983/111, 1979/159, 1983/131)

h Henkeltopf aus Steinzeug

Mannheim, F 3, Brunnen 6 (12.7.1985), 18. Jahrhundert
Ergänzungen an Wand und Boden, Rdm. 16,4 cm, Bdm. ca. 13 cm, H. 14,8 cm

Graues, salzglasiertes Steinzeug; wenig gebauchter Gefäßkörper mit flacher Standfläche; steiler Rand, innen gekehlt; randständiger, flacher Henkel, glatt angarniert; Bemalung in Blau; Dekor geritzt; vier Ornamente aus drei sich berührenden oder sich überschneidenden Kreisen; in deren Mitte sternförmige, stilisierte Blüten; Töpferzeichen in Form der Zahl „3" unter dem Henkel.

Jensen 1986, S. 117, Nr. 36k m. Taf. 93,2.

Mannheim, Reiss-Museum, Archäologische Sammlungen (BW 1985/23)

Kat. Nr. 4.4.21 h und 4.4.22 a, b, c

4.4.22
Glas

Nach ihrem unaufhaltsamen Siegeszug in West- und Mitteleuropa im Verlaufe des 17. Jahrhunderts blieb die Glasflasche bis weit in das 18. Jahrhundert hinein ein Behälter ohne ausschließlichen Bestimmungszweck. Sie wurde sowohl als Transportgefäß als auch als Tischgerät für Mineralwasser und Wein, aber auch für Bier, Öl, Essig, Most u.a. verwendet.
Das einfache, nicht entfärbte und meist grüne Gebrauchsglas wurde in mobilen Glashütten, seit der ersten Hälfte des 18. Jahrhunderts mehr und mehr in stationären Gebrauchsglasmanufakturen gefertigt. Traditionelle Techniken für die Herstellung der mundgeblasenen Glasgefäße waren das Freiblasen und das Blasen in den Model.
Der Produktionsort der in Mannheim gefundenen Gläser (zu den Fundzusammenhängen siehe Kat.Nr. 4.4.21) ist bislang nicht bekannt. Für die zweite Hälfte des 18. Jahrhunderts sind jedoch Glashütten im Odenwald archivalisch belegt.
Bei den Glasflaschen lassen sich zwei Formen unterscheiden. Nach Vergleichsfunden diente die Form mit flachem, ovalem Gefäßkörper in erster Linie als Behälter für Mineralwasser. Seinem Vertrieb kam eine große Bedeutung zu, da die Versorgung mit einwandfreiem Trinkwasser vor der Errichtung einer kontrollierten Wasserwirtschaft wegen mangelhafter Hygiene ein großes Problem war. Dagegen wurden die Flaschen mit zylindrischem Gefäßkörper eher für Wein benutzt.
Eine Besonderheit sind die drei Flaschenfragmente mit Glassiegel, das das verschlungene (ligierte) Monogramm CT des Kurfürsten Carl Theodor unter dem Kurhut zeigt. Eine vollständig erhaltene Glasflasche mit entsprechendem Siegel wurde in Rotterdam entdeckt. Glassiegel sind schon im frühen 18. Jahrhundert als gesetzliche Garantiesiegel zu verstehen, deren Entwicklung eng mit dem rasanten Anwachsen des Getränkehandels in Glasflaschen verbunden war. Wie Vergleichsfunde zeigen, dienten die Siegel in deutschen Landen als Garantie für das Einhalten landesüblicher Mindestmaße und erfüllten außerdem zwei weitere Funktionen: zum einen die ursprungsanzeigende zur landesinternen Kontrolle, zum anderen die Unterscheidungsmöglichkeit von landesfremder Ware.
Die Flaschenfragmente mit Glassiegel aus Mannheim bedeuten daher wohl keine spezielle Herstellung für den kurfürstlichen Hof, sondern sind eher vor dem Hintergrund gesetzlicher Garantiesiegel auf landeshoheitlicher Ebene zu sehen. I.J.

Kosler, Rainer: Flasche, Bottle und Bouteille. Faszination eines Hohlglases. Ismaning 1998; Koch, Jens: Eine Carl-Theodor-Bouteille. Der Glasfreund 10, 1998, S. 35ff.

Kat. Nr. 4.4.22 d, e

Kat. Nr. 4.4.22 f

a Flasche

Mannheim, B 4,15, Brunnen 3 (18.11.1983), 18. Jahrhundert
Vollständig erhalten, Rdm. ca. 2,2 cm, H. 24,3 cm

Braungrünes Glas; flacher, ovaler Gefäßkörper mit rundem Boden; langer Röhrenhals; unterhalb des Randes gekerbter Ringwulst; Verschluß aus Kork.

Jensen 1986, S. 117f., Nr. 36l m. Taf. 93,2.

Mannheim, Reiss-Museum, Archäologische Sammlungen (BW 1983/138)

b Zwei Flaschen

I) Mannheim, D 5, Brunnen 7 (29.5.1984), 18. Jahrhundert
Vollständig erhalten, Rdm. 2,5 cm, Bdm. ca. 10 cm, H. 23,3 cm

II) Mannheim, B 4, 15, Brunnen 3 (15.11.1983), 18. Jahrhundert
Fehlstelle am Gefäßkörper, Rdm. ca. 3 cm, Bdm. ca. 10 cm, H. 25,5 cm

Grünes Glas; zwei Flaschen der gleichen Form; zylindrischer Gefäßkörper mit eingestochenem Boden, schräger Schulter und Röhrenhals; unterhalb der Lippe Ringwulst.

Jensen 1986, S. 118, Nrn. m-n m. Taf. 93,2.

Mannheim, Reiss-Museum, Archäologische Sammlungen (BW 1984/99, 1983/89)

c Trinkglas

Mannheim, B 4,15, Brunnen 3 (17.11.1983).- 18. Jahrhundert
Ausgebrochene Stellen am Rand, Rdm. 7,2 cm, Bdm. 5 cm, H. 8,2 cm

Farbloses Glas; konischer Gefäßkörper mit sechzehn Facetten; flacher, dicker Boden mit Heftnarbe; Bemalung in Gelb, Blau und Braun; Frauenfigur zwischen Ranken; auf der gegenüberliegenden Seite Spruch: *(M)ein Hertz daß such(t) bey dir die Zuflucht.*

Jensen 1986, S. 118f., Nr. 360 m. Taf. 93,2 u. 94.

Mannheim, Reiss-Museum, Archäologische Sammlungen (BW 1983/67)

d Flaschenhals

Mannheim, B 2,3, Brunnenaushub (7.-10.5.1979), 2. Hälfte 18. Jahrhundert
H. ca. 14,5 cm

Grünes Glas; unterhalb des Randes Ringwulst; auf der schrägen Schulter Glassiegel mit ligiertem Monogramm CT (Carl Theodor) unter Kurhut.

Jensen 1986, S. 116f., Nr. 36g m. Taf. 92,2.

Mannheim, Reiss-Museum, Archäologische Sammlungen (BW 1979/530)

e Zwei Flaschenfragmente

Mannheim, B 4, 15, Brunnen 3 (17.11.1983) und Mannheim, B 2,3, Brunnenaushub (7.-10.5.1979), 2. Hälfte 18. Jahrhundert
Größte erhaltene Längen 6,1 cm und 8,7 cm

Grünes Glas; zwei Wandscherben mit Glassiegel mit ligiertem Monogramm CT (Carl Theodor) unter Kurhut.

Jensen 1986, S. 116f., Nrn. 36f., h m. Taf. 92,2.

Mannheim, Reiss-Museum, Archäologische Sammlungen (BW 1983/49 und BW 1979/530)

f Flasche

Angeblich gefunden bei Bauarbeiten in Rotterdam 1995, 2. Hälfte 18. Jahrhundert
Vollständig erhalten; sternförmiger kleiner Sprung in der Wandung, Rdm. 3,6-3,8 cm, Bdm. 10,2 cm, H. 22,5 cm, Inhalt 0,8 l (gemessen bis 3 cm unter dem Rand)

Gelbgrünes Glas, dünnwandig, sehr blasig, schlierig; zylindrischer Gefäßkörper (größter Dm. 10,7 cm), hochgestochener Boden, ringförmiger Abriß (Dm. 2,2 cm), Hals mit umlaufendem rundem Glasfaden; Gebrauchsspuren an Boden und Wandung, trübe Stellen; auf dem Umbruch auf dem Kopf stehendes Glassiegel (Dm. 2,1-2,4 cm) mit ligiertem Monogramm CT (Carl Theodor) unter Kurhut.

Jens Koch, Eine Carl-Theodor-Bouteille. Der Glasfreund 10, 1998, S. 35f. m. Abb. 1.

München, Privatsammlung

4.4.23
Tonpfeifen

Nach der Entdeckung Amerikas durch Kolumbus (1492) gelangten erste Nachrichten über Tabak nach Europa, wo das „Rauch trinken“ und „Tabak saufen“ durch schwedische Soldaten im 30jährigen Krieg (1618-1648) verbreitet wurde. Das Rauchen in Tonpfeifen und die dazu benötigten Utensilien spielen auf zahlreichen Gemälden des 17. und 18. Jahrhunderts, Stilleben und Interieurs von Wirtshäusern, eine große Rolle.
Zu Beginn des 17. Jahrhunderts wurde die niederländische Stadt Gouda für zwei Jahrhunderte das führende Produktionszentrum von Tonpfeifen. Seit 1700 gewann die Pfeifenbäckerei im unteren Westerwald zunehmend an Bedeutung.
Der pfälzische Kurfürst Carl Ludwig (1632/48-1680) förderte Tabakanbau und Tabakverarbeitung in der Kurpfalz als neue und gewinnbringende Wirtschaftszweige. Seit 1650 läßt sich durch archäologische Bodenfunde und archivalische Quellen in Mannheim und Frankenthal einheimische Tonpfeifenproduktion von überregionaler Bedeutung nachweisen. In der ersten Hälfte des 18. Jahrhunderts scheint die Tabakpfeifenfabrik des Kaffeehausbesitzers Johann Jacob Liebreich sehr umfangreich gewesen zu sein; Kurfürst Carl Theodor erneuerte 1743 sein Privileg auf 12 Jahre.
Aus der Mannheimer Innenstadt gibt es keine vollständig erhaltenen Tonpfeifen. Bei Ausgrabungen (vgl. Kat.Nr. 4.4.21 und 4.4.22) wurden zahlreiche Fragmente geborgen, wobei die stabilen, vom Rauchen innen und außen am Rand geschwärzten Pfeifenköpfe vielfach noch den Stielansatz zeigen, die dünnen Stiele jedoch in zahlreiche Stücke zerbrochen sind.
Da es keinen Markenschutz gab, wurden Stempel und Marken der in den großen Produktionszentren hergestellten Tonpfeifen vielfach nachgeahmt, so daß die Herkunft der Stücke oft nicht sicher bestimmt werden kann. So gibt es im Mannheimer Fundmaterial einen Pfeifenkopf, der als Fersenseitenmarke einen Schild mit sechs Sternen zeigt. Diese Marke - das Wappen von Gouda - wurde 1739 eingeführt, als Gütezeichen vielfach nachgeahmt und gibt daher gute Anhaltspunkte für die Datierung. Das Fragment aus Mannheim ist zwar gut gearbeitet, erreicht jedoch nicht die Qualität niederländischer Produkte. I.J.

Jensen 1986, S. 119 f.; Jensen, Inken: Zu den Anfängen der Mannheimer Tonpfeifen-Produktion im 17. Jahrhundert. Mannheimer Hefte 1 (1990), S. 90f.; Kügler, Martin: Pfeifenbäckerei im Westerwald. Die Geschichte der Pfeifenbäckerei des unteren Westerwaldes von den Anfängen um 1700 bis heute. Werken und Wohnen. Volkskundliche Untersuchungen im Rheinland Bd. 22. Köln 1995; Jensen, Inken: Datierte Tonpfeifen des 17. Jahrhunderts aus der Kurpfalz. Erste Ergebnisse. In: Michael Schmaedecke (Hrsg.), Tonpfeifen in der Schweiz (=Beiträge zum Kolloquium über Tabakpfeifen aus Ton in Liestal am 26. März 1998. Archäologie und Museum Heft 40). Liestal 1999, S. 19ff.

Kat. Nr. 4.4.23

a Fragmente von Tonpfeifen

Mannheim, D 5, Brunnen 7 (29.5.1984), Mitte bis 2. Hälfte 18. Jahrhundert
Größte erhaltene Längen 5 cm, 5,7 cm, 5,8 cm

Drei Köpfe von Fersenpfeifen, heller Ton; zwei Köpfe ohne Marken, ein Kopf mit Fersenmarke (springendes Pferd; niedersächsisch?).

Mannheim, Reiss-Museum, Archäologische Sammlungen (BW 1984/94)

b Fragmente von Tonpfeifen

Mannheim, B 4,15, Brunnen 3 (17.11.1983), Mitte 18. Jahrhundert
Größte erhaltene Längen 6,8 cm, 5 cm

Zwei Köpfe von Fersenpfeifen, heller Ton; Pfeifenkopf mit Stielansatz, ohne Marke; Pfeifenkopf mit Fersenmarke (Krone über 4) und dem Wappen von Gouda (Schild mit sechs Sternen) als Fersenseitenmarke.

Mannheim, Reiss-Museum, Archäologische Sammlungen (BW 1983/50)

c Fragmente von Tonpfeifen

Mannheim, B 2,3, Gewölbe (24.4.1979), 18. Jahrhundert
Größte Länge des Pfeifenkopfes 5,8 cm, längstes Stielfragment 8,2 cm

Kopf einer Fersenpfeife, heller Ton; Innenmarke (Mainzer? Rad); vier Stielfragmente, nicht sicher zum Pfeifenkopf gehörig, aber entsprechend gelegt, um die Pfeifenform zu veranschaulichen.

Mannheim, Reiss-Museum, Archäologische Sammlungen (BW 1979/318)

4.4.24
Festprolog italienischer Komödianten auf Carl Theodor und Elisabeth Auguste

Festegiandosi il giorno di Santa Elisabetta nome della Serenissima Ellectrice Palatina li comici italiani dimonstano il sommo desiderio di servitú nella seguente introduzione alla comedia, 19.11.1750

Mannheim, Domenico Bassi und Gervasio Sillani, 1750
6 S., 19,5 x 16 cm

Der Festprolog wurde von italienischen Komödianten anläßlich des Namenstages der Kurfürstin Elisabeth Auguste vorgetragen, zu deren Ehren am 19. November 1750 eine große Gala stattfand (zum Festprolog anläßlich des Namenstages des Kurfürsten Carl Theodor vgl. Kat.Nr. 5.6.13). H.E.Vt.

Mannheim, Reiss-Museum (Mh 1804, 1805)

4.4.25
Walzenkrug für Johannes Josephus Bindo und Maria Margaretha Bindrin

Durlach, datiert 1768
Fayence, farbig bemalt, ungemarkte Zinnmontierung, H. 17,1 cm (ohne Zinnmontierung), Dm. 10,3 cm (Lippenrand)

Walzenkrug mit der Darstellung des Mannheimer Stadtschornsteinfegermeisters Johann Joseph Bindo und seines Hauses in einer mit Blüten und Blattwerk verzierten Rocaillekartusche. Das Bild ist überschrieben: JOHANNES : JOSEPHUS . BINDO ./ MARIA . MARGARETHA . BINDRIN. Darunter die Inschrift: Ein . Burger . und . Schornstein . Feger . in . der . Residensz/ stadt . Mannheim . bin . ich . Wohl . bekand . Schornstein / zu . Fegen . allerhand . Schornstein . Fegen. Weit und / breit . Schornstein Fegen . ist . meine . Freudt . 1768.
Ein reizvolles Genre der Durlacher Fayencemanufaktur (1723–1847) im letzten Drittel des 18. Jahrhunderts bis zu ihrer Auflösung waren Walzen- und Birnkrüge mit Berufsmotiven. Meist waren diese schmuckvollen Gefäße des täglichen Gebrauchs verziert mit den Berufsemblemen der Auftragsgeber – Handwerker, Kaufleute, Wirte, Winzer, Bauern, aber auch Lehrer, Pfarrer und Mediziner -, seltener mit figürlichen Malereien. Anlässe für die Bestellungen boten vor allem Hochzeiten, Geburtstage und Jubiläen. B.B.-M.

Durlacher Fayencen 1723–1847. Ausstellungskatalog. Karlsruhe 1975.

Mannheim, Reiss-Museum (1992/1)

Kat. Nr. 4.4.25

4.4.26
Protokoll des Mannheimer Stadtrats für 1798

Mannheim, 1798
Papier, Schweinsleder, H. 39 cm, B. 28 cm, Dicke 26 cm

Johann Baptista Ciolina wurde am 8. Juni 1786 als Lehrjunge ein- und am 17. August 1789 ausgeschrieben. Er stammte aus „Tucceno“ (spätere Schreibweise „Toceno“), das damals zum Königreich Sardinien gehörte. Sein Lehrherr Joseph Bodani war aus „Vocogno in Italien“ gebürtig und starb als angesehener Mannheimer Handelsmann (Kurzwaren) nach 1807. F.T.

Mannheim, Stadtarchiv (Amtsbücher Mannheim, Ratsprotokoll 1798, Bd. 2)

4.4.27
Konzession für die Landjudenschaft in der Kurpfalz

A Concession der „Judenschaft in dem Churfürstenthum der Pfaltzgraffschaft bey Rhein“

Ausgestellt von Kurfürst Carl Theodor, Mannheim, 7. August 1744
Druck, 4 Blatt, 8 Seiten Text, 32,4 x 20 cm

B „Erläuterung der CONCESSION für die Land-Judenschafft in der Pfaltz.“

Ausgestellt von Kurfürst Carl Theodor, Mannheim, 21. November 1765
Druck, 9 Blatt, 16 Seiten Text, 30,5 x 19,1 cm

Nach seinem Regierungsantritt bestätigte Kurfürst Carl Theodor 1743 die Konzession der Mannheimer Judenschaft und ein Jahr später die der kurpfälzischen Landjudenschaft. Die Rechte und Pflichten der pfälzischen Juden wurden darin in ähnlicher Weise geregelt wie unter seinen Vorgängern. Gleichwohl kam es schon bald zu Unstimmigkeiten, die schließlich zu der „Erläuterung“ von 1765 führten.
Die Landjuden bildeten eine eigene Körperschaft mit weitgehender Selbstverwaltung. So stand ihren Vorstehern die Rechtsprechung in rein jüdischen Glaubens- und Ehesachen zu. Für die Gewährung des Schutzjudenstatus wurden Vermögensqualifikationen festgelegt, wobei die Beträge erheblich günstiger waren als in der Stadt Mannheim. Allerdings mußte die Landjudenschaft zusätzlich einen Betrag von 2400 Gulden entrichten. Die Konzession gestattete den Landjuden jede Art von Handel sowie die Metzgerei. Weitere Bestimmungen untersagten „Wucher“ und Geschäfte mit bestimmten Personengruppen. Die Erläuterungen von 1765 enthielten ferner eine detaillierte Zinsregelung sowie Bestimmungen über den Geldverleih auf unbewegliche Güter. Die Zahl der zu duldenden Judenfamilien wurde auf 300 festgesetzt. Tatsächlich lebten jedoch auf dem Land - wie übrigens auch in Mannheim - offenbar weit mehr jüdische Familien, als in der Konzession vorgesehen war, ohne daß freilich ernsthaft dagegen vorgegangen worden wäre. P.G.

Mörz 1991, S. 340-345.

Mannheim, Reiss-Museum (Mh 9834)

4.4.28
Feierlicher Gottesdienst der Mannheimer Judengemeinde zu Ehren Carl Theodors und Elisabeth Augustes

1792
Buchdruck, 25 x 20,5 cm

Der Festgottesdienst in der Mannheimer Synagoge fand am 31. Dezember 1792, dem Tag des fünfzigjährigen Regierungsjubiläums von Carl Theodor statt. Der Druck ist betitelt als *Feierliches Lob-, Dank- und Freudenopfer so auf Anordnung des Juden-Vorstandes dem Allerhöchsten ... dargebracht*. Er ist in einer Jubiläumssammelschrift enthalten, die 1795 in München erschien: *Denkmal auf die fünfzigjährige Regierung des ... Fürsten und Herrn Carl Theodors* ... Der Festgottesdienst nach jüdischem Ritus in der Mannheimer Synagoge enthielt von Rabbiner und Gemeinde wiederholte Anrufungen Gottes, in mehreren Passagen das Lob Kurfürst Carl Theodors und seiner Gemahlin Elisabeth Auguste, die schon 1744 den kurpfälzischen Juden weitreichende Privilegien zugestanden hatten. Vor allem Carl Theodors gute und friedfertige Regierung wird gepriesen, und die Juden versichern ihrem Herrscherpaar Treue. I.G.

Mannheim, Reiss-Museum (B 509)

4.4.29
Sabbatleuchter

Deutschland, wohl 18. Jahrhundert
Messing, L. 81 cm, Leuchterstern: Dm. 22 cm

Weit verbreitet und anscheinend sehr beliebt waren diese mehrteiligen Sabbatleuchter mit einer in der Höhe verstellbaren Aufhängung mit Sägezahn. Ein schmückendes Detail des Kesselhakens ist das Vogelköpfchen, in das ein Teil der Halterung ausläuft. Der sechsflammige Ölleuchter wurde am Freitagabend rechtzeitig vor Sabbatbeginn angezündet und brannte bis weit in die Nacht hinein. Ein angehängtes Näpfchen verhinderte das Heruntertropfen von Lampenöl. Der Leuchter befand sich im Besitz des Jüdischen Museums und wurde im November 1938 aus der ausgebrannten Wormser Synagoge geborgen. I.Sp.

Kat. Nr. 4.4.29

Böcher, Otto: Jüdisches Kunsthandwerk in den Sammlungen des Museums der Stadt Worms. In: Der Wormsgau 3 (1958), Heft 7, S. 475 f.; Böcher, S. 87.

Worms, Jüdisches Museum im Raschi-Haus (080)

4.4.30
Kiddusch-Becher

Nürnberg, um 1680
Silber, H. 10,5 cm

Das Kiddusch (= Heiligung) ist ein Teil der Zeremonie zum Sabbatbeginn am Freitagabend bzw. zum Beginn eines Feiertages, im Synagogengottesdienst wie auch bei der häuslichen Feier. Mit einem Becher Wein in der Hand wird die Heiligung des Tages verkündet, indem der Segen gesungen oder rezitiert wird. Wegen der kultischen Bedeutung sind die dafür vorgesehenen Kiddusch - Becher aufwendig gearbeitet und häufig aus einem kostbaren Material hergestellt.
Der Silberbecher ist charakteristisch für die Barockzeit mit den stilisierten Blättern in der unteren Zone und den drei Kugelfüßchen. Das Beschauzeichen befindet sich auf dem Boden. I.Sp.

Worms, Jüdisches Museum im Raschi-Haus (084)

4.4.31
Kaiserlicher Doppeladler

Wohl Worms, wohl Anfang 18. Jahrhundert
Kupfer und Messing, H. 22 cm, B. 42 cm

Die Wormser Synagoge wurde bei der Pfalzverwüstung 1689 in Mitleidenschaft gezogen und anschließend im barocken Stil ausgestattet. Der kaiserliche Doppeladler war bekrönender Schmuck der Kronleuchter. Obwohl die jüdische Bevölkerung noch keine Bürgerrechte besaß, fühlte sie sich doch dem Herrscherhaus verpflichtet und deutete ihre Ergebenheit auch in der Synagogenausstattung an.
Der zweiköpfige Adler ist ein Kupfer - Hohlguß, das Gefieder ist stilisiert angedeutet. Die angenieteten Flügel sind aus Messing, auch hier werden die Federn dargestellt.
Der Doppeladler wurde 1938 aus der verbrannten Wormser Synagoge geborgen. I.Sp.

Böcher 1960, S. 87 f.

Worms, Jüdisches Museum im Raschi-Haus (013)

Kat. Nr. 4.4.30

Kat. Nr. 4.4.31

Kat. Nr. 4.4.33

4.4.32
Tora-Schild (Tass) mit Glöckchen

Frankfurt und Worms, 18. und 19. Jahrhundert
Silber, Schild: B. 19,2 cm, H. 14 cm; mit Verzierung und ohne Glöckchen: B. 25,2 cm, H. 20 cm

Die Tora-Rollen werden zur Aufbewahrung mit einem Mantel bekleidet, mit einem Umhänge-Schild geschmückt und zusätzlich mit Aufsteckern verziert. Das Schild erinnert an das Brustschild der Hohen Priester im Tempel von Jerusalem.
Auffallend ist die filigrane Silberschmiedearbeit dieses Tora - Schildes. Der Mittelteil (18. Jahrhundert, wohl Frankfurt a.M.) ist in neun Felder unterteilt, wobei mittig ein Kästchen aufgesetzt ist mit auswechselbaren Schildchen mit den Namen der hohen Feiertage. Die Randverzierungen wurden im 19. Jahrhundert angesetzt. Die oberen Medaillons tragen die Stifterinschrift des Aaron bar Asher Stern aus Worms von 1816. Unten sind drei Glöckchen angehängt.
Das Tora-Schild wurde 1938 aus der ausgebrannten Wormser Synagoge geborgen. .Sp.

Böcher 1960, S. 89.

Worms, Jüdisches Museum im Raschi-Haus (025)

4.4.33
Gewürztürmchen (Bessomim)

Worms, 1733
Silber, H. 20,5 cm, Fuß: Dm. 6,9 cm, Gewürzbehälter: 3,6 x 3,6 cm, H. 7,6 cm (mit Abschluß)

In den Gewürzbehältnissen (Bessomim) wurden wohlriechende Gewürze aufbewahrt. Bei der Hawdala - Zeremonie zum Sabbatende, am Samstagabend, wurde daran gerochen, um noch einmal an den Wohlgeruch des Sabbats erinnert zu werden. Eine sehr beliebte Form für die Gewürzbüchse ist das Türmchen.
Auf dem Fuß mit floralen barocken Dekorationen sitzt der kubische Behälter, der mit einem kleinen Türchen verschlossen wird. Auf den anderen Flächen sind die Gesetzestafeln angedeutet, die Flächen sind mit schachbrettartigen Gravierungen verziert. Der sechsseitige Turmhelm mit filigranem Knauf ist von der Brüstung eingefaßt. Auf der Rückseite ist das Beschauzeichen mit Stern und Jahreszahl 1733.
Das Gewürztürmchen wurde 1938 aus der ausgebrannten Synagoge zu Worms gerettet. I.Sp.

Böcher 1960, S. 90 f.

Worms, Jüdisches Museum im Raschi-Haus (095)

Kat. Nr. 4.4.32

4.4.34
Heiratsvertrag zwischen den jüdischen Brautleuten Michael Gabriel May und Mindel Levi

Mannheim, 14. November 1775
Beglaubigte Kopie, Stempelpapier, 33 x 20,7 cm

Im Heiratsvertrag trifft man spezielle rechtliche und finanzielle Absprachen zwischen den Ehepartnern. In diesem Falle bringt der Bräutigam 1000 Gulden, die Braut 1800 Gulden in bar ein.
Michael Gabriel May (gest. 1795) ist Enkel des Mannheimer Oberhof- und Milizfaktors Michael May (gest. 1737) und Urgroßneffe des hiesigen Hof- und Obermilizfaktors Lemle Moses Reinganum (gest. 1724). F.T.

Teutsch, Friedrich: Geschichte der jüdischen Gemeinde vom Westfälischen Frieden bis zur Weimarer Republik im Spiegel des Quadrats F3. In: Jüdisches Gemeindezentrum F3. Mannheim 1987, S. 22f.

Mannheim, Stadtarchiv (Eheverträge)

4.4.35
Portrait des Wolf Hajum Ladenburg

Mannheim, um 1825
Öl auf Leinwand, 87,1 x 74,5 cm

Der 1766 als Sohn jüdischer Einwanderer geborene Wolf Hajum Ladenburg gründete 1785 in Mannheim ein Geschäft für Münzwechsel und Juwelenhandel, aus dem sich das bedeutende Bankhaus Ladenburg entwickelte. Zu seinen Kunden zählten Persönlichkeiten wie der kurpfälzische Staatsminister Franz Albert Graf von Oberndorff und der Tabakfabrikant Peter Brentano. Ladenburg kam im Laufe der Zeit zu beträchtlichem Wohlstand, der sich im Erwerb mehrerer Häuser und Spenden für gemeinnützige Zwecke niederschlug. Entsprechend hoch war sein Ansehen in der Stadt und in der jüdischen Gemeinde. So war er 1803 einer der Vertreter der badischen Juden bei der Huldigungsfeier zum Übergang Mannheims an Baden. 1809 wurde der bisherige Schutz- und Handelsjude als Bürger der Stadt verpflichtet. Viele Jahre war der 1851 verstorbene Ladenburg außerdem Vorsteher der Mannheimer Gemeinde und Mitglied des Oberrats der Israeliten. D.B.

Jacob, Gustaf: Zur Stiftung von Frau Olga Hirsch. In: Mannheimer Hefte 3 (1963), S. 44f.; Ders.: W. H. Ladenburg & Söhne. Aus der Geschichte eines Mannheimer Privatbankhauses. In: Mannheimer Hefte 2 (1971), S. 20-38, S. 25f. m. Abb. S. 23; Watzinger, Karl Otto: Geschichte der Juden in Mannheim 1650-1945. Stuttgart 1984, S. 110.

Mannheim, Reiss-Museum (O 459)

Kat. Nr. 4.4.35

4.5
Haupt- und Residenzstadt Düsseldorf

Auch wenn der Wunsch der Düsseldorfer, Carl Theodor möge seine Residenz in die niederrheinische Hauptstadt zurückverlegen, nicht in Erfüllung ging, so hat die Entwicklung dieser Stadt seiner Regierung wesentliche Impulse zu verdanken. Der unter Johann Wilhelm und seiner kurzzeitigen Gattin Anna Maria Luisa Medici durch die Einrichtung der weltberühmt gewordenen Gemäldegalerie begründete Ruf Düsseldorfs als Kunststadt gewann neuen Glanz durch die von Carl Theodor gegründete Kunstakademie.
Hatte unter Johann Wilhelm die an Italien orientierte künstlerische Prachtentfaltung dominiert, so wurde die Stadt unter der Herrschaft des von der Aufklärung geprägten Carl Theodors auch durch die Einrichtung akademischer Bildungsanstalten zu einem der kulturellen Zentren Deutschlands.
Die Bemühungen Carl Theodors um die städtebauliche Entwicklung zeigen sich noch heute in zahlreichen Bauten. Die in Benrath von Pigage gebaute Maison de Plaisance gehört zu den europäischen Denkmälern, für die gegenwärtig die Eintragung in die Liste des Weltkulturerbes geprüft wird. Der Düsseldorfer Hofgarten mit der Lindenallee war vor den Anlagen in Berlin und Wien einer der ersten öffentlich zugänglichen Parks in Deutschland. Die Errichtung der vom Kurfürsten angeordneten und nach ihm benannten Karlstadt ist die wohl bedeutendste städtebauliche Maßnahme des 18. Jahrhunderts im Westen Deutschlands. Auch in wichtigeren Städten der niederrheinischen Nebenlande Carl Theodors, in Jülich, in Kaiserswerth, in Ratingen, in Elberfeld sind die Spuren seines Wirkens sichtbar.
Das Ansehen Düsseldorfs als Kunst- und Gartenstadt hat seine Wurzeln in dem Wirken des in Mannheim und später in München residierenden Kurfürsten und seiner in Düsseldorf tätigen Statthalter. E.S.

4.5.1
Plan von Düsseldorf

Buttet, Cadet, um 1750
Kolorierte Federzeichnung, 32,5 x 22,5 cm

Darstellung der Altstadt, der Zitadelle und Extension (Carlstadt) mit den Zugangswegen, Festungsbauten und wichtigsten Gebäuden in der Stadt. E.S.

Weidenhaupt, Hugo: Kleine Geschichte der Stadt Düsseldorf. Düsseldorf 1962, S. 71; Düsseldorf im Kartenbild 1998, Nr. 76, S. 145, S. 88 (Abb.).

Düsseldorf, Stadtmuseum (E 9)

4.5.2
Ratinger Thor nebst anschliessender Mühle

Um 1800
Lavierte Federzeichnung, 31 x 23,5 cm, Maßstab: ca. 1:200

Linke Planseite: Ansicht der Mühle, rechte Planseite: Außenseite des Ratinger Tors mit der Inschrift von 1755 (Chronogramm)

Anläßlich des zweiten Besuchs des Kurfürsten Carl Theodor in der Residenz Düsseldorf 1755 wurde das Ratinger Tor des 17. Jahrhunderts nach Plänen von Ingenieurhauptmann Joh. Hubert van Douven umgebaut und mit der Widmungsinschrift und den Monogrammen des Kurfürstenpaares versehen. 1809 wurde das alte Ratinger Tor zugunsten des noch heute bestehenden klassizistischen Neubaus von Vagedes abgebrochen. I.Z.

Spohr 1979, S. 233, Abb. 126; Düsseldorf im Kartenbild 1998, Nr. 339, S. 199 f (Abb.).

Düsseldorf, Stadtarchiv (Karten und Pläne, Nr. 76)

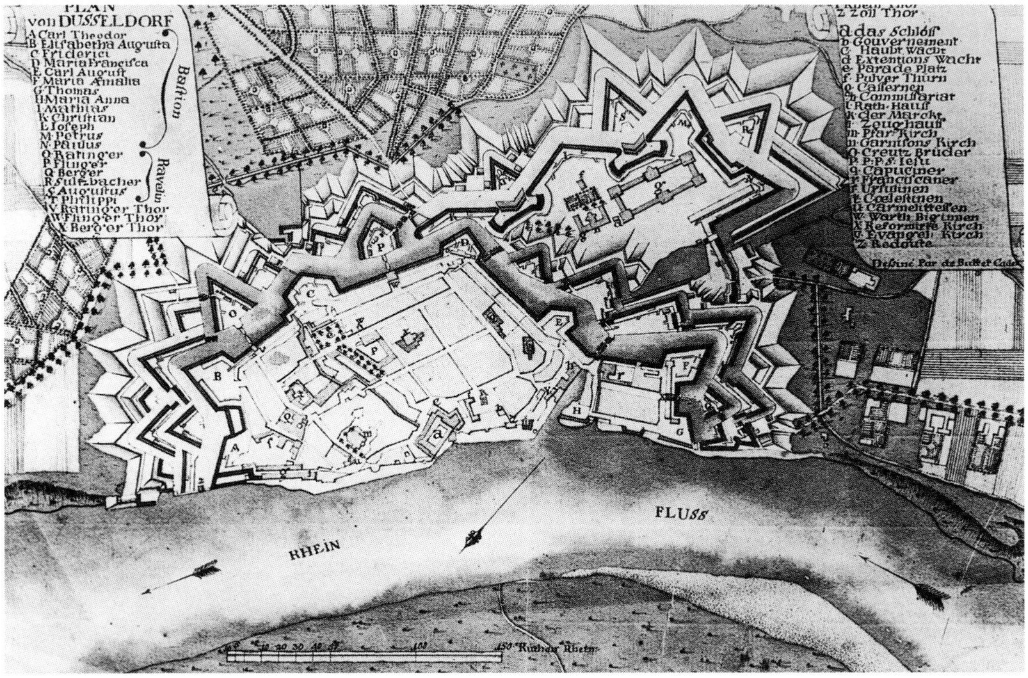

Kat. Nr. 4.5.1

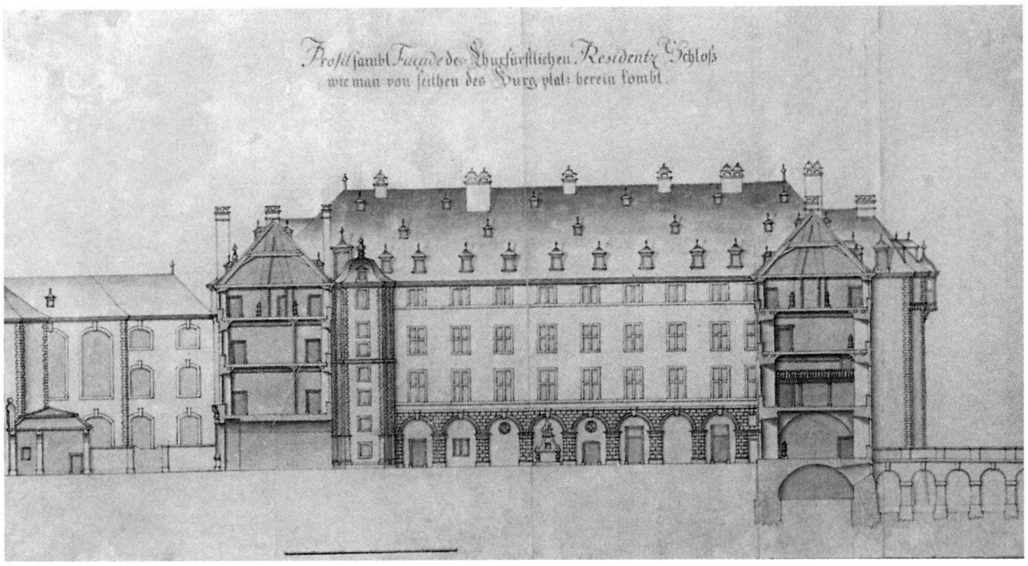

Kat. Nr. 4.5.3 a

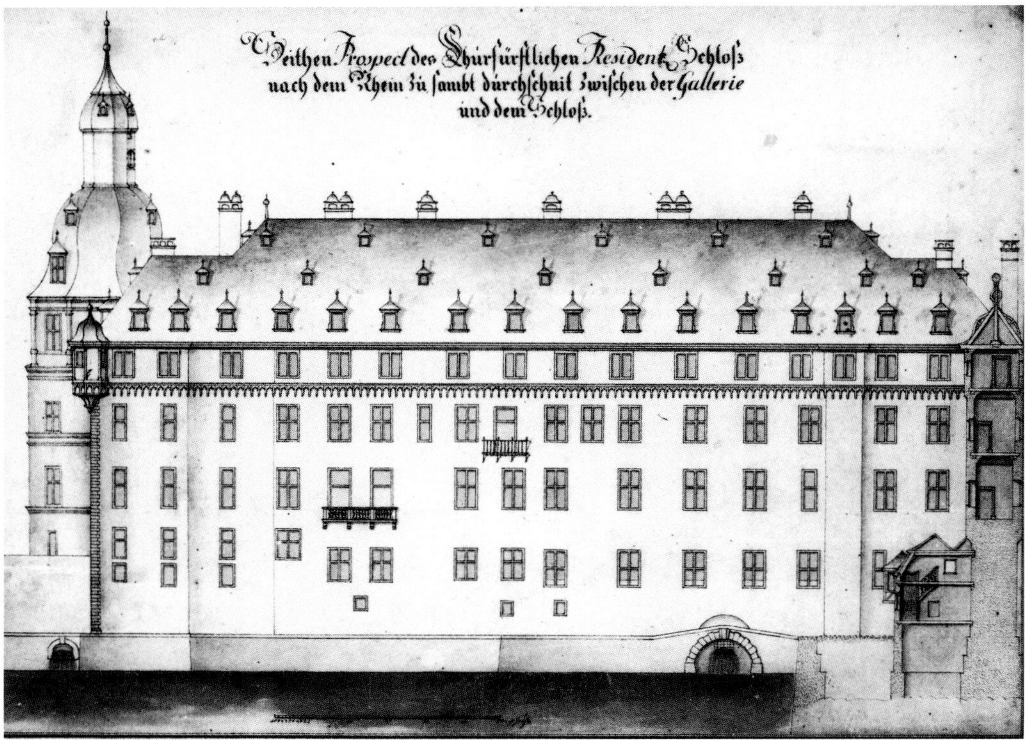

Kat. Nr. 4.5.3 b

4.5.3
Grund- und Aufriss des Düsseldorfer Schlosses

Johann Peter Nosthoffen, 1755
Lavierte Federzeichnungen, a) 34,5 x 74,5 cm; b) 34,5 x 49 cm

a Profil sambt Facade des Churfürstlichen Residentz Schloß, wie man von seithen des Burg=Platz herein kombt.

b Seithen Prospect des Churfürstlichen Residentz Schloß nach dem Rhein zu sambt durchschnitt zwischen der Gallerie und dem Schloß.

Für den Besuch des Kurfürsten Carl Theodor in der jülich-bergischen Haupt- und Residenzstadt Düsseldorf wurde das Schloß von Hofbaumeister Johann Heinrich Nosthoffen von 1743 bis 1755 umgebaut. Es erhielt ein viertes Geschoß sowie ein Dachgeschoß zur Unterbringung der Dienerschaft. Nach Fertigstellung der Umbaumaßnahme fertigte General-Landmesser Johann Peter Nosthoffen Bestandspläne an (fünf Grundrisse, zwei Schnitte, zwei Ansichten). I.Z.

Schürmann, Sonja. In: Pigage 1996/97, S. 136; Spohr 1979, S. 83, 264.

Düsseldorf, Stadtmuseum (6443 und 6444)

4.5.4
Plan von Schloss und Rathaus

Nicolas de Pigage (1723 – 1796), 1755
Aquarellierte Federzeichnung, 63 x 40 cm, Maßstab: ca. 1:5.300

Lageplan des Schlosses und der angrenzenden Gebäude bis zum Marktplatz, mit Nennung ihrer Nutzung und Verbesserungsvorschlägen. Der Plan ist Bestandteil eines Rapportes in französischer Sprache an S. A. S. Electorale. In mehreren Punkten wird die Brandgefährdung der fiskalischen Gebäude dargelegt. E.S.

Spohr 1979, S. 283, Abb. 176; Pigage 1996/97, VI.3, S. 240, S. 139 (Abb.); Düsseldorf im Kartenbild 1998, Nr. 344, S. 200, 202.

Düsseldorf, Nordrhein-Westfälisches Hauptstaatsarchiv, Niederrheinisch-Westfälisches Kreisarchiv (I R 17, Blatt 118f.)

4.5.5
Altes Rathaus – Ansicht nach dem Marktplatz

Papier, aquarellierte Federzeichnung, 83 x 80 cm

Bez. „Zustand vor der Restaurierung im Herbst 1921"

Das im 16. Jahrhundert erbaute Rathaus wurde 1749/50 vermutlich nach Plänen des Aachener Baumeisters Johann Joseph Couven im Rokokostil umgebaut. Unter anderem wurde die Backsteinfassade verputzt und gelb gestrichen (vgl. den Beitrag von Edmund Spohr in Bd. 1.1, S. 85-102). I.Z.

Düsseldorf, Stadtmuseum (C 6599)

4.5.6
Wappengitter vom Portal des Kanzleigebäudes in Düsseldorf

Um 1750
Eisen, geschmiedet, 138 x 145 cm

Zwei stehende bergische Löwen mit gespaltenen Schweifen halten zwischen sich zwei Wappenschilde in Kartuschenform, die der Kurhut bekrönt. Die beiden Schilde werden durch die Kette des Hubertus-Ordens verbunden (vgl. den Beitrag von Edmund Spohr in Bd. 1.1, S. 85-102). I.Z.

Düsseldorf, Stadtmuseum (o. Nr.)

4.5.7
Mühlenstrasse mit dem ehemaligen Statthalterpalais (Präsidialgebäude)

Heinrich Hermanns (1862-1942), um 1907
Öl auf Leinwand, 190 x 120 cm

Das Präsidialgebäude auf der rechten Seite der Mühlenstraße wurde 1762-1766 von Hofbaumeister Ignaz Kees (1757-1781) als Stadtpalais (corps de logis) für den Statthalter Carl Theodors in Jülich-Berg errichtet. Das gegenüberliegende ehemalige Jesuitenkolleg neben der Andreaskirche (ehemals Hofkirche) diente nach der Säkularisierung des Klosters der staatlichen Verwaltung. Heute gehören die Räume der Stadtverwaltung Düsseldorf. E.S.

Knopp, Gisbert: Das Regierungsgebäude in Düsseldorf. Sonderdruck. Aus: Deutsche Kunst- und Denkmalpflege. Berlin 1975, S. 57 (Abb.).

Düsseldorf, Regierungspräsidium

Kat. Nr. 4.5.5

4.5.8
„Plan einer neu zu erbauenten Cassern vor ein Regiment Infanterie auch darzugehörigen Officiers"

Kolorierte Handzeichnung, 1770

Mit der Fortifikation und Stadterweiterung war auch die Errichtung einer Reihe von Militärgebäuden wie Kasernen, Arsenal, Hospital, Garnisonskirche, Pulverhäusern, Wachgebäuden usw. verbunden. Die zugehörigen Pläne wurden von Militäringenieuren entworfen und befinden sich in den entsprechenden Militärakten. E.S.

Düsseldorf im Kartenbild 1998, S. 48 (Abb. 63).

Köln, Historisches Archiv der Stadt Köln, Plankammer (625-4)

4.5.9
Wohnhäuser in der Extension

Georg Bauer, 1770
Kolorierte Handzeichnung, 49 x 81 cm

Auf welche arth die Bürgerlichen wohnhäuser in der Extension angeordnet und erbaut werden könten nebst beygefügtem Grund-Riß. Grundrisse und Ansichten von Wohnhäusern in der Extension. E.S.

Spohr 1979, Abb. 104, S. 204; Düsseldorf im Kartenbild, Nr. 183, S. 166 (Abb. 62).

Köln, Historisches Archiv der Stadt Köln, Plankammer (625-19/21)

Kat. Nr. 4.5.6

Kat. Nr. 4.5.7

4.5.10
Plan des Hofgartens

Plan über den von Ihro Churfürstlichen DCHLT zwischen dem Ratinger Dor und G(J)aegerhof gelegenen newen Hofgarten

Johann Caspar Nosthoffen, 1776
Aquarellierte Federzeichnung, 46 x 74 cm, Maßstab: ca. 1:820

Der Plan von 1776 zeigt die nach dem Entwurf des kurpfälzischen Oberbaudirektors Nicolas de Pigage 1769 angelegte „Öffentliche Promenade" in Pempelfort mit dem Schloß Jägerhof und dem Hofgärtnerhaus sowie den angrenzenden Privatgärten. I.Z.

Carl Theodor (Ergänzungskatalog) 1979, Nr. 632, S. 14; Düsseldorf im Kartenbild 1998, Nr. 353, S. 203, S. 105 (Abb.).

Düsseldorf, Stadtarchiv (Karten und Pläne Nr. 559)

4.5.11
Figurative Karte vom Rheinstrohm von Linz bis an den Duisburger Wald mit denen daran liegenden Ortschaften und Gegenden, in soweit selbige von den hohen Gewaessern überschwemmt werden

Ausschnitt Benrath-Düsseldorf

Christian Wilhelm Bilgen, 1776
Kolorierte Handzeichnung, 56,3 x 83,5 cm, Maßstab: ca. 1:18.400

Die am Rheinufer liegenden Orte (von Linz bis an den Duisburger Wald) sind sehr genau mit einzelnen Häusern, verstreuten Höfen und dem Bewuchs der Flächen dargestellt. Exakte Darstellung der Festung Düsseldorf. E.S.

Spohr, Edmund: Düsseldorf Stadt und Festung. Düsseldorf 1978 (1. Aufl.), Taf. X, S. 366; Düsseldorf im Kartenbild 1998, Nr. 125, S. 153, S. 92 (Abb.).

Düsseldorf, Nordrhein-Westfälisches Hauptstaatsarchiv (Karten Nr. 5668)

4.5.12
Plan der Extension und Karlstadt

Heinrich Euler, 1783
Aquarellierte Federzeichnung, 88 x 52,2 cm, Maßstab: ca. 1:1.750

Plan eines Theil der Stadt und Festung Düsseldorff in Ihrer würcklichen Laage und wie solche ... vergröseret ... mit der Extension verbunden werden koennte. Bebauungsvorschlag der Karlstadt. Entwurf eines durch die Neustadt in den Hafen führenden Kanals (zwei Alternativvorschläge auf Deckblättern). Erklärung der Gebäude und Flächenberechnungen.

K.W.

Spohr 1979, Abb. 105, S. 206; Düsseldorf im Kartenbild 1998, Nr. 207, S. 172, S. 99 (Abb.).

Düsseldorf, Stadtarchiv (Karten und Pläne, Nr. 289)

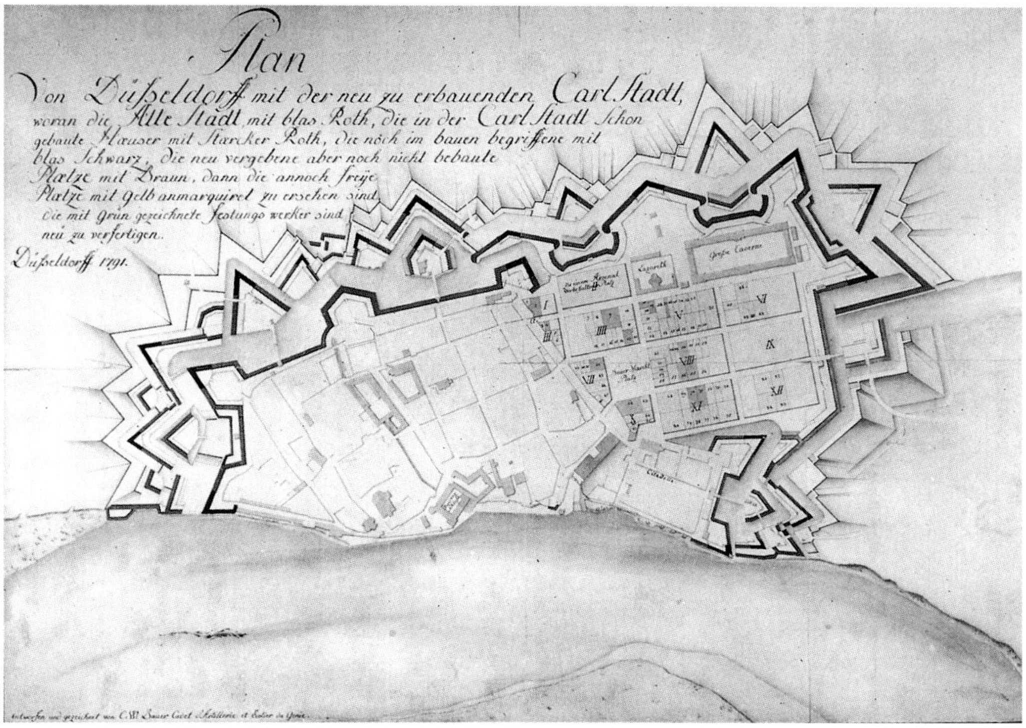

Kat. Nr. 4.5.13

4.5.13
Plan der Karlstadt

C.W. Bauer, 1791
Kolorierte Zeichnung, 49,3 x 34,5 cm

Darstellung der Festungsanlagen, des Stadtgrundrisses und der umliegenden Gärten. Numerierung der Häuserblocks in der Karlstadt. Der Fertigstellungsgrad der Gebäude ist in unterschiedlichen Farben gekennzeichnet und in der Legende detailliert beschrieben.Vgl. dazu Düsseldorf Archiv (D 01040).

E.S.

Düsseldorf im Kartenbild 1993, Nr. 220, S. 176, S. 177 (Abb.).

Düsseldorf, Stadtmuseum (E 27)

4.5.14
Schloss Jägerhof

C.J. Schnitzler, um 1795
Aquarellierte Federzeichnung, 25 x 43,6 cm

Bez. unten: Prospekt des Churfürstlichen Jägerhofes, unten rechts: Gezeichnet von Architekt C.J. Schnitzler

Zu den ersten großen Neubauten, die auf die Initiative des Kurfürsten in Düsseldorf zurückgehen, gehört der Jägerhof in Pempelfort, der Sitz des Bergischen Oberjägermeisters. An der Stelle des verfallenen alten Jägerhofs wurde er nach Plänen Johann Josef Couvens aus Aachen, die Oberbaudirektor Nicolas de Pigage überarbeitet hatte, zwischen 1755 und 1763 errichtet. Den Giebel schmückt das Wappen des Kurfürstenpaares. Bei der Anlage der Öffentlichen Promenade 1769 wurde das Gitter mit dem breiten Tor gesetzt, das die Monogramme des Kurfürstenpaares ziert.

I.Z.

Carl Theodor (Ergänzungskatalog) 1979, S. 14, Nr. 632.

Düsseldorf, Stadtmuseum (C 5056)

4.5.15
Vedute der Düsseldorfer Rheinfront

Nach einer Zeichnung von Laurenz Janscha, gestochen von Johann Ziegler, 1794
Gobelin, 3,73 x 2,75 m

Dargestellt ist das Düsseldorfer Rheinufer mit der Zitadelle im Vordergrund rechts, dem Brauhaus, dem Rheinkran, dem Schloß und dem Turm der Lambertuskirche im Hintergrund. Die Umrißlinien sind flächig koloriert in lichter Farbgebung.

E.S.

Romantisches Düsseldorf in zwölf unbekannten Stadtansichten aus der Zeit zwischen 1794 und 1840, aus der Sammlung F.G. Conzen, Düsseldorf. Mit einer Einleitung von Dr. Wolfgang Schwarze. Düsseldorf 1988.

Düsseldorf, Rathaus, Jan-Wellem-Saal

Kat. Nr. 4.5.15

4.6
Das Militärwesen

Von Friedrich dem Siegreichen bis zum „Winterkönig" (15. bis 17. Jahrhundert) gehörte die Kurpfalz zu den bedeutendsten Militärmächten im Reich. Ihre Politik hatte um 1600 europäische Dimensionen: So wurde Mannheim als Festung der protestantischen Union gegründet und sollte auch die Verbindungen der Spanier von Oberitalien und Burgund in die Niederlande blockieren. Ebenso war die Kurpfalz 1618 am Ausbruch des Dreißigjährigen Krieges ursächlich beteiligt. Nach dem Westfälischen Frieden spielte die Kurpfalz in der Politik Europas jedoch keine bedeutende Rolle mehr. Bis zur Verwüstung des Territoriums im Pfälzischen Erbfolgekrieg (1689-1697) durch die Franzosen war sie eher ein Opfer der Politik der Großmächte.

Die Folgerung daraus zogen die Kurfürsten des 18. Jahrhunderts Johann Wilhelm, Carl Philipp und Carl Theodor, indem sie der Diplomatie vor der Militärpolitik den Vorrang gaben. Sie trieben eine oft schwierige und gerne mißverstandene Neutralitätspolitik zwischen den Großmächten Frankreich, Österreich und Preußen. Meister dieser Politik war unbestritten Carl Philipp, dem auch nach der Katastrophe Bayerns unter Kurfürst Max Emanuel im Spanischen Erbfolgekrieg die Aussöhnung der Wittelsbacher gelang.

Unter diesen Bedingungen konnte das kurpfälzische Militär im 18. Jahrhundert nur noch eine bescheidene Rolle spielen. Verteidigung und Schutz des eigenen weit zerstreuten Territoriums war seine Raison d´être. Dem entsprach seine Dislozierung in den großen Festungen Mannheim, Düsseldorf und Jülich. In den kleineren Festungen lagen nur nachgeordnete und ergänzende Truppenteile wie die Kavallerie, die Artillerie und die Ingenieurtruppen. Ein Großteil der oft veralteten „Schlösser", wie Dilsberg und Otzberg, wurden gar nur „von Invaliden gehalten". 1778 wurde die kurpfälzische mit der doppelt so großen kurbayerischen Armee vereinigt und endgültig in den 1790er Jahren durch die Heeresreform des Grafen Rumford zusammengeführt.

1777 betrug die Sollstärke der kurpfälzischen Armee: 10500 Mann Infanterie in 10 Regimentern zu je 1005 Mann mit rund 270 Chargen und 1600 Mann Kavallerie in 4 Regimentern zu je 405 Mann und zusammen 80 Chargen, dazu einige Sondereinheiten.

In den kleinen Standorten standen rund 1000 Invaliden. In Mannheim standen 5 Regimenter Infanterie, 1 Artilleriebataillon, 1 Ingenieurcorps. In Düsseldorf waren es 4 Infanterieregimenter und 2 Kürassierbataillone, in Jülich 1 Infanterieregiment und 1 Dragonerbataillon. Die leichten Jägertruppen, insgesamt 250 Berittene, waren in der Pfalz und in den niederrheinischen Landesteilen stationiert.

In Mannheim gab es das Arsenal (Zeughaus) und mehrere Kasernen: Neben dem Zeughaus auf den Quadraten C 6 und 7 sowie in verschiedenen Bastionen auf den Quadraten M 5, O 6 und S 5. In N 6 war das Gießhaus zur Herstellung von Geschützen. *H.P.*

Kat. Nr. 4.6.1

Kat. Nr. 4.6.2

4.6.1
Porträt des Kurfürsten Carl Theodor

Johann Georg Ziesenis (Kopenhagen 1716-1776 Hannover), um 1755
Öl auf Leinwand, 85,3 x 70 cm

Carl Theodor, im Harnisch mit umgelegtem Hermelinmantel und Ordenskette des Hubertus-Ordens, stützt den Kommandostab auf einen nicht mehr sichtbaren Tisch, auf dem auch der Kurhut liegt. Johann Georg Ziesenis, der seit Mitte der vierziger Jahre in Mannheim nachweisbar ist, schuf das Porträt des noch jugendlich wirkenden Kurfürsten wohl Mitte der 50er Jahre. Vermutlich bildete es das Gegenstück zu einem Porträt von Herzog Christian IV. von Zweibrücken (1722-1775). K.-L.H.

Eichner 1981, Nr. 74; Schrader 1995, Nr. 80, S. 179.

Mannheim, Reiss-Museum (C 49 d)

4.6.2
Porträt des Kurfürsten Carl Theodor

Johann Wilhelm Hoffnaas (Ahaus 1727-1795 Mannheim), 1785
Öl auf Leinwand, 88,8 x 72,6 cm

Johann Wilhelm Hoffnaas, der das Porträt nach der rückseitigen Beschriftung 1785 malte, zeigt Carl Theodor im dunkelblauen, rot abgesetzten und reich goldverzierten Uniformrock des Pfälzer Leibregiments. Der Kurfürst trägt die Schärpe des Hubertus-Ordens, über der an einem roten Band der Anhänger des Goldenen Vlies hängt, sowie die Bruststerne des Hubertus- und des Georgs-Ordens. K.-L.H.

Mannheim, Reiss-Museum (O 452)

4.6.3
Porträt Wilhelm Burkhardt von Fürstenberg

Johann Georg Ziesenis (Kopenhagen 1716-1776 Hannover), um 1755-58
Öl auf Leinwand, 102,1 x 83,3 cm

Bez. o. (aus späterer Zeit): Wilhelm Bar: von Fürstenberg/General und Gouverneur von Mannheim/1751

Wilhelm Burkhardt Freiherr von Fürstenberg (gest. 1766) absolvierte unter verschiedenen Dienstherren eine glänzende militärische Laufbahn. 1759 wurde er in Mannheim zum Generalinspekteur der Infanterie und Gouverneur der Stadt ernannt. Zu diesem Anlaß entstand, entgegen der aus späterer Zeit stammenden Inschrift, wohl das Porträt. 1759 war auch das letzte Jahr, in dem Ziesenis in Mannheim tätig war. K.-L.H.

Jacob 1928, Sp. 220-222; Schrader 1995, Nr. 111, S. 192.

Mannheim, Reiss-Museum (O 245)

Kat. Nr. 4.6.3

Kat. Nr. 4.6.4

4.6.4
Joseph Philippus Julius Freiherr von Hohenhausen

Johann Georg Ziesenis (Kopenhagen 1716-1776 Hannover), zugeschrieben, 1754
Öl auf Leinwand, 90 x 49 cm

Der rückseitigen Beschriftung folgend, handelt es sich bei dem Dargestellten um: *Joseph Philippus Julius Freyh. von/Hohenhausen und Hochhaus/Obrist Lieutenant von Chur Pfaltz/ Gardes Grenadirs Regiment/gebohren Den 4. May 1711/ gemahlt den 28. august 1754.* Im Hof- und Staatskalender für das Jahr 1785 (S. 114) wird Joseph Freiherr von Hohenhausen als Generalleutnant aufgeführt. Im Reiss-Museum befindet sich auch das zugehörige Porträt von Gustaviana Loisa Violanta Freifrau von Hohenhausen, geb. von Milenthal. K.-L.H.

Mannheim, Reiss-Museum (o. Nr.)

4.6.5
Manöver in Schwetzingen unter Führung des Pfalzgrafen Friedrich Michael von Zweibrücken-Birkenfeld vor Carl Theodor und dem Hof

Philipp Hieronymus Brinckmann (Speyer 1709-1761 Mannheim), 1748
Öl auf Leinwand, 71 x 117,5 cm

Bez. unten Mitte: P. Brinkmann 1748

Philipp Hieronymus Brinckmann ist ab 1737 als Hofmaler nachweisbar, er war auch mit Theatermalerei betraut und wurde 1757 Hofkammerat und Oberaufseher der Mannheimer Galerie.
Brinckmann schuf kleinformatige Waldlandschaften und Genreszenen nach holländischen Vorbildern, die er zu höfischen Gesellschaftsstücken machte, sowie Historienbilder, Fresken, Altarbilder, Porträts und Radierungen.
Wesentlich bleiben in seinem Werk die Landschaften, mit denen er sich einen überregionalen Ruf erwarb. Seine Darstellung eines Parademanövers in der kurpfälzischen Sommerresidenz Schwetzingen stellt eine Mischung aus Schlachtendarstellung, Gesellschaftsstück und Landschaftsmalerei dar. Im Vordergrund steht dunkel silhouettiert und parallel zum Bildrand die Hofgesellschaft, unter der das kurfürstliche Paar auszumachen ist. Auf seitlichen Baumrepoussoirs sitzen weitere Schaulustige, die auf einen hell ausgeleuchteten und von Truppen umstellten Manöverplatz blicken, der von feuernden Kanonen, heransprengenden Reitern und Soldaten hinter schützenden Bastionen belebt ist. Der Detailreichtum, der auch Brinckmanns Jagddarstellungen auszeichnet und Anregungen aus der niederländichen Malerei verdankt, wird durch das warme Kolorit zu einer einheitlichen Bildwirkung zusammengebunden. A.F.

Jacob 1922, S. 32-35, Werkverz. Nr. 24.

Heidelberg, Kurpfälzisches Museum (Sammlung Graimberg 1879, G 123)

Kat. Nr. 4.6.5

4.6.6
Preismedaille der Artillerieschule, 1. Preis

Joseph Scheufel (1733-1812), um 1778
Silber, Dm. 5,1 cm

Die Einrichtung der Hauptkriegsschule 1777 in Mannheim sowie der Artillerieschule 1782 in München resultierten aus den fortgeschrittenen Anforderungen an die Offiziere und Mannschaften, die die seit der Jahrhundertmitte verbesserten Waffensysteme stellten. H.-J.S.

Stemper 1997, S. 546, Nr. 558.

München, Staatliche Münzsammlung (o. Nr.)

Kat. Nr. 4.6.6 Vorderseite

Kat. Nr. 4.6.6 Rückseite

4.6.7
Tapferkeitsmedaille für Militärverdienste

Cajetan Destouches (?-1833), 1794
Silber, Dm. 3,4 cm

Die Ausgabe von Tapferkeitsmedaillen für Offiziere und Mannschaften geht auf eine Initiative des Generals von Hohenhausen zurück, der für die Teilnehmer am 1. Koalitionskrieg gegen Frankreich (1792-1797) eine entsprechende Anerkennung von seiten ihres Landesherrn einforderte. H.-J.S.

Stemper 1997, S. 592, Nr. 612.

Heidelberg, Kurpfälzisches Museum (M 1357)

4.6.8
Preismedaille für Pferdezucht in der Kurpfalz, 1. Preis

Anton Schäffer (1722-1799), 1786
Silber, Dm. 4,1 cm

Der Ankauf von Pferden für die kurpfälzische Kavallerie erfolgte aufgrund fehlender eigener Züchtungen lange Zeit äußerst kostspielig im Ausland. Die Einrichtung eines Militärlandgestütes im Jahre 1789 sowie der Erwerb von Zuchtstuten auf Kosten der Kriegskasse sollten Abhilfe schaffen. Die Stuten wurden an interessierte Privatpersonen abgegeben, die dem kurpfälzischen Heer im Bedarfsfall Reittiere zu stellen hatten. H.-J.S.

Stemper 1997, S. 573, Nr. 592.

Heidelberg, Kurpfälzisches Museum (M 1359)

4.6.9
Kurpfälzischer Militäretat

Emanuel Trierweiler: Kurpfälzischer Militäretat Enthaltend die Ernennung Sämtlicher Hoher Generalitaet, Staabs- und übrigen Herren Officiers mit Bemerkung der Regimenter und Corps, wobey selbige dermahlen angestellet sind, wie auch die Uniforms jedes Regiments, in einem Oficier und Gemeinen vorgestelt. Mannheim, 1783 und 1788

Manuskript mit Titelkupfer, Rubriken und Überschriften in Kupferdruck, 40 handkolorierte Uniformtafeln, 385 S., Einband aus Leder mit Goldprägung

Der Verfasser dieses Handbuchs, das über mehrere Jahre geführt wurde, ist Obrist Wachtmeister bzw. Hauptmann im Löblichen General Leopold von Hohenhausischen Regimente . Die Uniformtafeln sind im Zustand vor der Rumfordischen Heeresreform in den neunziger Jahren dargestellt. In der Gesamtanlage fällt auf, daß dem Titel nach nur der pfälzische Militäretat behandelt wird, während in Wirklichkeit die gesamte pfalz-bayerische Armee in all ihren Standorten enthalten ist. Die Standorte sind: Mannheim, München, Amberg, Düsseldorf als die wichtigsten Hauptstadtgarnisonen, ferner Burghausen, Bretten, Bensberg, Dilsberg, Donauwörth, Düren, Frankenthal, Friedberg, Gutenfels, Griesbach, Heidelberg, Landstuhl, Monjoie, Rottenberg, Stadtamhof, Straubing, Sulzbach. Invalidenstandorte waren: Schwetzingen, Gutenfels, Caub, Pfalzgrafenstein, Dilsberg, Otzberg, Frankenthal, Monjoie, Bensberg, Benrath, Stadtamhof, Rottenberg, Nymphenburg, Friedberg und Lechhausen.

Einteilung: Zuerst die Zentralkommandos beginnend mit dem Kriegsrat, dann nach Garnisonen und ihren Kommandanten die einzelnen Regimenter mit den jeweils zugehörigen Uniformen und allen Chargen samt deren Inhabern, die Unterteilung und die jeweilige

Kat. Nr. 4.6.9

Kat. Nr. 4.6.9

Kat. Nr. 4.6.9

Kat. Nr. 4.6.10

Sollstärke. Dann kommen nach dem gleichen Muster die Invalidenstandorte mit den jeweiligen Kommandeuren. Schließlich wird die namentliche Anciennitéliste sämtlicher Offiziere aufgeführt. H.P.

Bezzel, Oskar: Geschichte des kurpfälzischen Heeres in den Kriegen zu Ende des 17. und im Verlauf des 18. Jahrhunderts. 2 Bde. München 1928.

Mannheim, Reiss-Museum (MAV 372 g/h)

4.6.10 Spielzeugsoldaten in kurpfälzischen Uniformen

Um 1780

Holz, farbig gefaßt, H. ca 13 cm

Es handelt sich um Infanteristen aus vier verschiedenen kurpfälzischen Regimentern:

1 - Leibregiment, Kommando Ihre Kurfürstliche Durchlaucht: weiß - blau - rot. Standort Mannheim

2 - Bergisches Infanterieregiment, Kommando Freiherr von der Osten: weiß - blau - blau. Standort Düsseldorf

3 - Bergisches Infanterieregiment, Kommando Freiherr von Weichs: weiß - blau - gelb. Standort Düsseldorf

4 - Pfälzisches Infanterieregiment, Kommando Freiherr von Hohenhausen: weiß - blau - weiß. Standort Mannheim. H.P.

Düsseldorf, Stadtmuseum (o. Nr.)

4.6.11
Prunkdegen

Solingen, 1767
Stahl teilvergoldet, Bronze vergoldet, Rauchtopas, L. 96 cm

Gravuren: "Vivat CT Anno 1767 d. 28.t Martj" und "Vivat CT zur Ehre der Gabric."

Auf der Fehlschärfe des Prunkdegens ist das ligierte Monogramm Carl Theodors unter dem Kurhut eingraviert. Die geflammte stählerne Klinge ist gebläut, einschneidig und mit beidseitiger Hohlkehle versehen. Das durchbrochene Stichblatt, die Parierstange und der Griffbügel sind aus vergoldeter Bronze gefertigt und mit ziselierten Diamantierungen geschmückt. Die Griffhülse besteht aus einem Rauchtopas in Rosenschliff. Der Knauf mit Vernietknäufchen hat die Form einer antikisierenden, mit erhabenen Perlgirlanden versehenen Vase. Die Gravierungen erweisen den Prunkdegen als Ehrengeschenk für den Kurfürsten.

D.B.

Carl Theodor und Elisabeth Auguste 1979, S. 84-85, Nr. 80 (Carl Ludwig Fuchs).

Heidelberg, Kurpfälzisches Museum (W 226)

Kat. Nr. 4.6.11

4.6.12
Prunksäbel des Kurfürsten Carl Theodor

Solingen, 1755
Klinge: Stahl, graviert und teilvergoldet, Scheide: Messing mit punziertem Lederbezug, Beschläge: Messing versilbert, L. 117 cm

Der Säbel ist mit einer dreieckigen Klinge und einem löwenköpfigen Griff ausgestattet. Auf der Klinge vergoldete gravierte Ornamente mit der Jahreszahl 1755, dem kurpfälzischen Wappen, Initialen „CT", Kurhut und Trophäen. Der Säbel wird mit dem Besuch des Kurfürsten in der bergischen Klingenstadt Solingen 1755 in Verbindung gebracht.

I.Z.

Carl Theodor (Ergänzungskatalog) 1979, Nr. 426 a.

Düsseldorf, Stadtmuseum (o. Nr.)

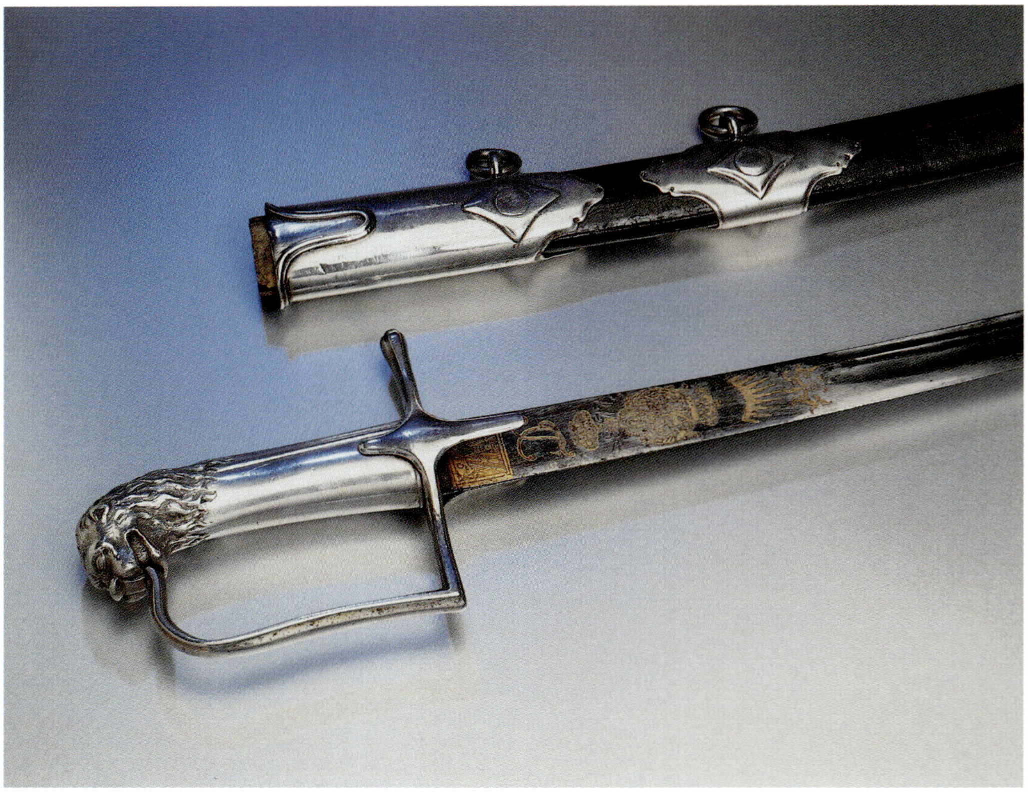

Kat. Nr. 4.6.12

KAT. NR. 4.6.13-16

4.6.13
SÄBEL

18. Jahrhundert
Stahl, Messing, L. (gesamt) 80,5 cm, L. (Klinge) 66,8 cm, B. (Klinge) 3,5 cm

Gravuren: beidseitig „CHURPFALZ" unter Mannheimer Stadtwappen

Der Säbel weist auf der gekrümmten, stählernen Rückenklinge mit beiderseits breiter flacher Hohlkehle beidseitig die Gravur CHURPFALZ unter dem Mannheimer Löwen mit Wappenschild und unter einem Trophäengesteck auf. Darunter sind ein vegetabiles und unmittelbar vor der kurzen Fehlschärfe ein gitterartiges Ornament in die Klinge graviert. Der Griff mit Bügel und Parierstange besteht aus Messing. D.B.

Mannheim, Reiss-Museum (Geschenk zur Carl Theodor-Ausstellung von Heinrich Vetter, Mannheim)

4.6.14
Pallasch

2. Hälfte 18. Jahrhundert
Stahl, Messing, Holz, Leder; L. (gesamt) 101,8 cm, L. (Klinge) 88 cm, L. (Scheide) 94 cm, B. (Klinge) 3,8 cm

Gravuren: beidseitig Monogramm „CT" (ligiert) unter Kurfürstenhut

Der Pallasch, eine Kavalleriewaffe mit gerader Klinge und Säbelgriff, weist auf beiden Seiten seiner stählernen Rückenklinge mit doppelter Hohlkehle das ligierte Monogramm des Kurfürsten Carl Theodor unter dem Kurhut auf. Die hölzerne Griffhülse hat eine Lederwicklung. Griffrücken mit Vernietknäufchen, Griffbügel, Parierstange und seitlicher Fingerbügel sind aus Messing. Die zugehörige Scheide aus Leder besitzt Mund- und Ortbleche aus Messing. D.B.

Mannheim, Reiss-Museum (Geschenk zur Carl Theodor-Ausstellung von Heinrich Vetter, Mannheim)

4.6.15
Säbel

2. Hälfte 18. Jahrhundert
Stahl, Messing, Holz, Leder, L. (gesamt) 67,5 cm, L. (Klinge) 55,7 cm, L. (Scheide) 60,5 cm, B. (Klinge) 3 cm

Gravuren: beidseitig Monogramm „CT" (ligiert) unter Kurfürstenhut

Der Säbel trägt auf der gekrümmten, stählernen Rückenklinge mit beidseitiger Hohlkehle jeweils das ligierte Monogramm des Kurfürsten Carl Theodor unter dem Kurhut. Die hölzerne Griffhülse ist mit Leder umwickelt. Griffschale, Parierstange und Griffbügel sind aus Messing gefertigt. Die zugehörige Scheide aus Leder ist mit Mund- und Ortblechen aus Messing versehen. D.B.

Mannheim, Reiss-Museum (Geschenk zur Carl Theodor-Ausstellung von Heinrich Vetter, Mannheim)

4.6.16
Säbel

2. Hälfte 18. Jahrhundert
Stahl, Messing, Holz, Leder, L. (gesamt) 72,3 cm, L. (Klinge) 60 cm, L. (Scheide) 62,3 cm, B. (Klinge) 3,3 cm

Gravuren: beidseitig Monogramm „MJ" (ligiert) unter Kurfürstenhut

Der Griffrücken, der Griffbügel und die Parierstange des Säbels sind aus Messing gefertigt. Die Wicklung der hölzernen Griffhülse besteht aus Leder, ebenso wie die zugehörige Scheide. Der Säbel zeigt auf der gekrümmten, stählernen Rückenklinge mit beidseitiger Hohlkehle beiderseits das ligierte Monogramm des Nachfolgers Carl Theodors, Max Joseph, unter dem Kurhut. Der spätere Kurfürst Max Joseph von Pfalz-Zweibrücken hielt sich schon in seiner Jugend gelegentlich in Mannheim auf. 1776 wurde er zum Kommandeur des Regiments „Alsace" ernannt, das ursprünglich auf Korsika, später jedoch in Straßburg stationiert war. Seine Zeit als französischer Offizier endete mit Ausbruch der Revolution, die ihn zur Demission und Flucht nötigte. Im Oktober 1790 bezog er mit seiner Familie ein neues Domizil in Mannheim, wo er bis zur Eroberung der Stadt durch die Franzosen im Jahre 1795 blieb. D.B.

Mannheim, Reiss-Museum (Geschenk zur Carl Theodor-Ausstellung von Heinrich Vetter, Mannheim)

Kat. Nr. 4.6.17

4.6.17
Unteroffizierskurzgewehr

2. Hälfte 18. Jahrhundert
Stahl, (ergänzter Holzschaft), L. (Blatt) 33 cm

Gravuren: Monogramm „CT" (ligiert) und Kurhut

Auf der zweischneidigen Stoßklinge mit Längsgrat ist das ligierte Monogramm des Kurfürsten Carl Theodor unter dem Kurhut eingraviert. Der in einer Tülle mit drei Querwülsten steckende Holzschaft ist ergänzt, so daß die ursprüngliche Länge der Waffe unbekannt ist. Dennoch dürfte es sich im Gegensatz zu bisherigen Angaben nicht um ein langes Offiziersspонton, sondern um ein Unteroffizierskurzgewehr handeln. Dafür spricht neben der Form des Blattes mit den Parierhaken statt einem Querknebel auch das Fehlen einer Regimentsbezeichnung mit dem Namen des Regimentschefs, wie es für ein Sponton üblich ist. D.B.

Carl Theodor (Ergänzungskatalog) 1979, Nr. 426c.

Düsseldorf, Stadtmuseum (o.Nr.)

4.6.18
Kurpfälzische Militär-Trommel

Haberstroh, Mannheim, 1750
Messing, Holz bemalt, Leder, Leinen, H. 61,5 cm, Dm. 54 cm

Bez. und datiert auf dem unteren Rand: „Fecit Haberstroh der Aeltere Manheim 1750"

Die Wandung der Trommel ist mit einem Relief aus getriebenem Messingblech beschlagen: Zwei gegengleiche steigende Löwen halten über einem reich mit Stangenwaffen und Trommeln bestückten Trophäengesteck eine Kartusche mit dem pfälzischen Wappen. Darunter hängt die Kette des Sankt Hubertus-Ordens; bekrönt wird das Wappen vom Kurfürstenhut. D.B.

Carl Theodor (Ergänzungskatalog) 1979, Nr. 423b.

Düsseldorf, Stadtmuseum (G 962)

Kat. Nr. 4.6.18

4.6.19
Kanonenkugel

Um 1795
Metallkugel in behauenem Buntsandsteinquader
28 x 32,5 x 18 cm; Kugeldm. 14 cm

Nach über zwei Menschenaltern friedlicher Entwicklung wurde Mannheim am Ende des 18. Jahrhunderts wieder zum Schauplatz militärischer Auseinandersetzungen. Nachdem 1795 französische Truppen in die Festung Mannheim eingerückt waren (vgl. Kat.Nr. 7.3.7), wurde die Stadt von der kaiserlich-österreichischen Oberrheinarmee unter General von Wurmser belagert und massiv beschossen. Das „oesterreichische Bombardement", das insbesondere in den Tagen vom 17.-21. November 1795 schwere Schäden in der Stadt anrichtete, führte schließlich zur Kapitulation der französischen Besatzung. Nach einem zeitgenössischen Bericht wurden rund *20.000 große Kanonenkugeln, 6000 kleinere, 2700 Haubitzen und 1780 Bomben* in die Stadt geschossen, so daß *nicht mehr als vierzehn ganz unbeschädigte Häuser* gezählt wurden.

Die ausgestellte Kanonenkugel blieb 1795 in einem Sandsteinquader der Arkaden des Alten Kaufhauses am Paradeplatz stecken. Sie wurde nach dem 2. Weltkrieg beim Abbruch des beschädigten Gebäudes für das Museum geborgen. P.G.

Anonymus: Trauriges Schicksal der Churpfälzischen Residenz-Stadt Mannheim... In einem Tagebuch zusammengetragen. 1795; Esch, Hermann: Das Mannheimer Rathaus (Kaufhaus). In: Mannheim. Im Auftrag des Landesvereins Badische Heimat. Hrsg. von H.E. Busse. Freiburg i.Br. 1927, S. 83, Abb. 4.

Mannheim, Reiss-Museum, Lapidarium (o.Nr.)

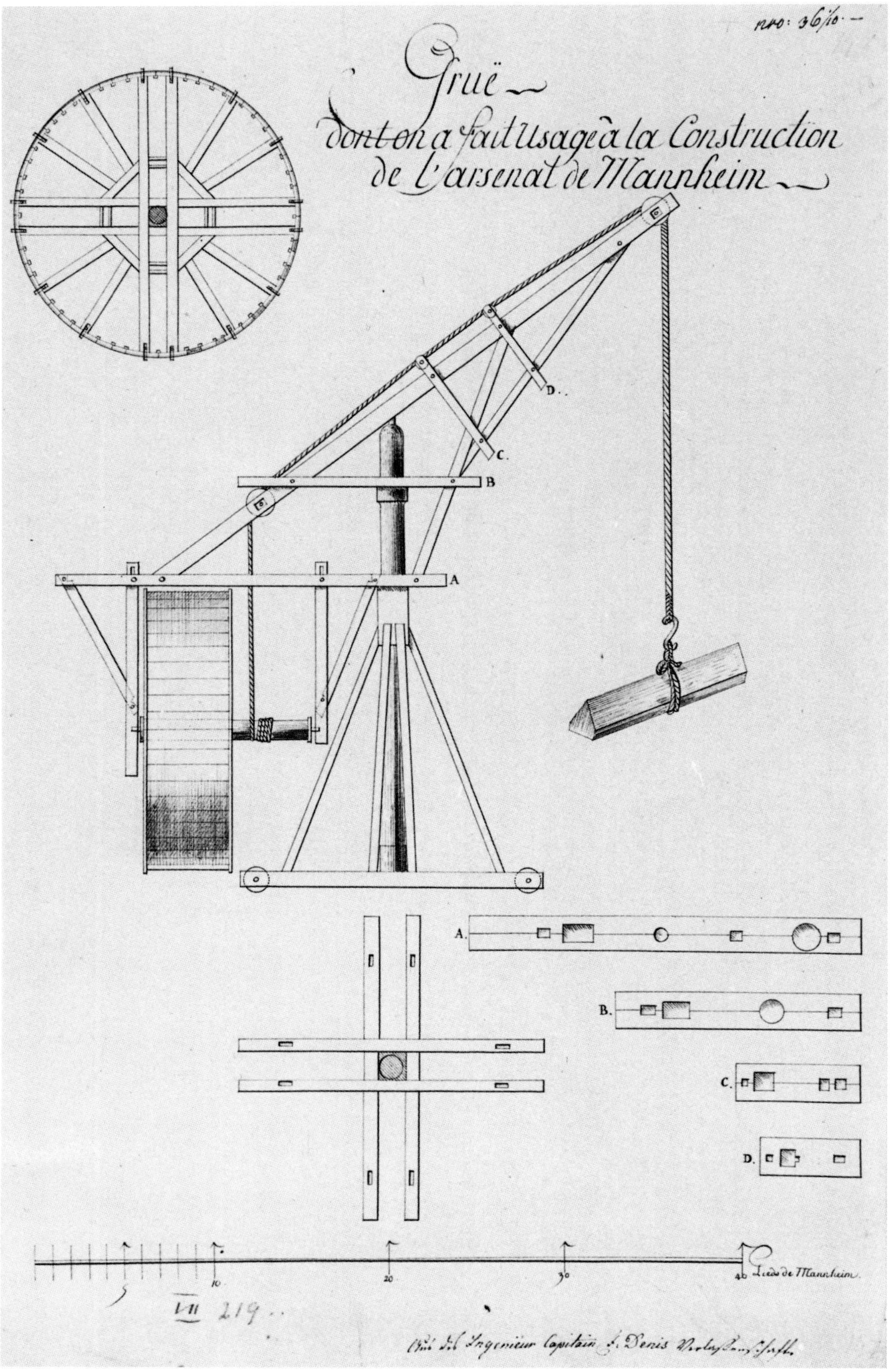

Kat. Nr. 4.6.20

4.6.20

Modell der Lastkräne, die beim Bau des Zeughauses in Mannheim verwendet wurden

Ferdinand Denis (1736-1805 Mannheim), 1777/78
Tuschfederzeichnung, 48,2 x 32,2 cm

Bez. o. r.: Grue, dont en a fait usage à la Construction de l'Arsenal de Mannheim; u. M.: Aus des Ingenieur Capitain F. Denis Verlassenschaft

Die Zeichnung aus dem Nachlaß des Ingenieuroffiziers und Kartographen Ferdinand Denis dokumentiert die Funktionsweise der Lastkräne, die beim Bau des Zeughauses 1777/78 zum Einsatz kamen. Die Anhebung der Lasten erfolgte mit Hilfe einer Tretmühle, die als Gegengewicht zum Lastarm genutzt wurde. K.-L.H.

Walter 1915, Sp. 52-65; Kistner 1930, S. 56f. (zu F. Denis); Bitz 1981, S. 467; Neumann 1992, S. 234 (zur Zeichnung).

Heidelberg, Universitätsbibliothek (Sammlung Batt, VII, 219)

4.6.21
Elevation la Façade interieure du Coté de la Cour de L'Arsenal de Mannheim

Unbekannter Künstler, um 1780
Tuschfeder, 34,5 x 64,5 cm (Bl. m. Beschriftung), ca. 22 x 48 cm (Darst.)

Mit eingezeichnetem Maßstab, bez.: Pieds de Mannheim

Der einzige erhaltene zeitgenössische Plan der Hoffassade des Zeughauses zeigt eine reichere bauplastische Dekoration als der schließlich ausgeführte Bau.
K.-L.H.

Huth 1982, S. 140.

Mannheim, Reiss-Museum (A 127 m)

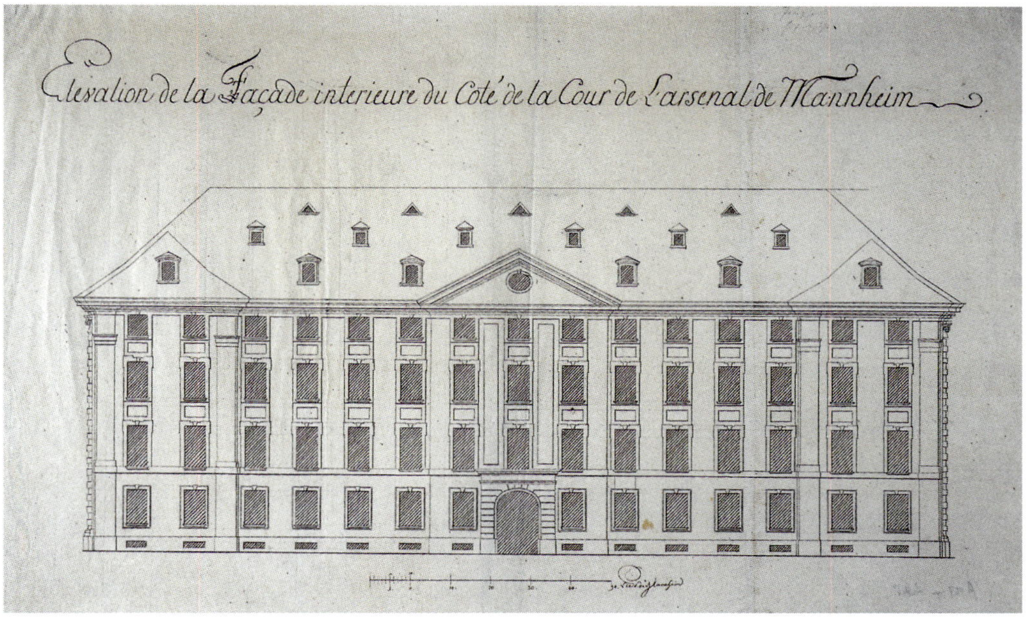

Kat. Nr. 4.6.21

4.6.22
Das kurfürstliche Zeughaus zu Mannheim

Unbekannter Künstler, um 1780
Aquatinta-Radierung, 32,5 x 47,8 cm

Bez.: Das Kurfürstliche Zeug=Haus zu Mannheim; u. r.: inv u gebauet von Ritter von Verschaffelt

Ansicht des nach den Plänen Verschaffelts ausgeführten Aufrisses der Hauptfassade des Zeughauses. Noch ohne die eingemeißelte Inschrift „Zeughaus", die ein Kupferstich der Brüder Johann und Joseph Klauber von 1782 zeigt. K.-L.H.

Huth 1982, S. 139-141.

Mannheim, Reiss-Museum (A 207 gb)

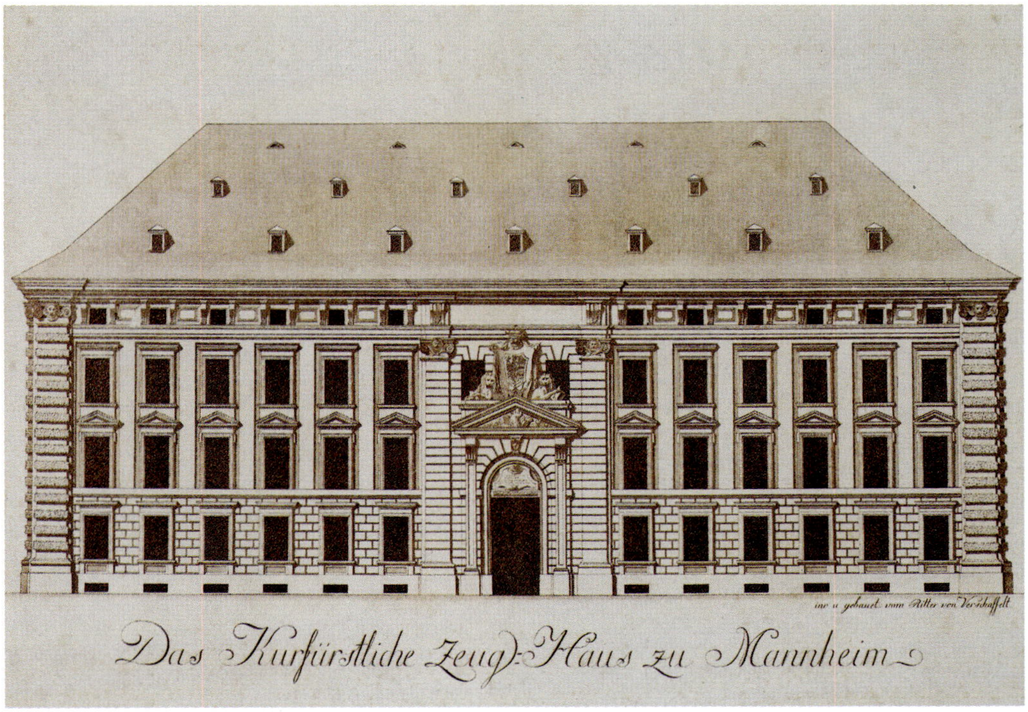

Kat. Nr. 4.6.22

Carl Theodor von der Pfalz zählte zu den kunstsinnigsten Fürsten seiner Zeit. Unter ihm gelangte Mannheim zu hoher Anerkennung als eine der Kunstmetropolen nördlich der Alpen; Schiller bezeichnete es als „Paradies der Muse". Namhafte Zeitgenossen besuchten den als Freund und Förderer der Künste bekannten Kurfürsten, zu ihnen zählten Voltaire, Klopstock, Lessing, Mozart, Iffland und Schiller. Das Interesse Carl Theodors galt nicht nur einer Kunstgattung, vielmehr widmete er sich neben Literatur und Musik den bildenden Künsten, der Architektur und dem Theater. So wurden unter ihm die bestehenden Sammlungen erweitert, außerdem kamen Neugründungen von Sammlungen und Institutionen hinzu, die beispielhaft werden sollten.

Seit 1758 wurde der Ausbau des *Kupferstichkabinetts* und der *Zeichnungssammlung* zielstrebig vorangetrieben. Diese Sammlung, die u.a. Werke von Rembrandt, Raffael, Michelangelo, Tizian, Watteau und Claude Lorrain enthielt, bilden heute den Kern der Staatlichen Graphischen Sammlungen in München. Im gleichen Jahr wurde die *Zeichnungs- und Bildhauer- Akademie* unter der Leitung von Peter Anton von Verschaffelt gegründet. 1773 folgte die *kurfürstlich pfälzische Maler-, Bildhauer und Baukunst-Akademie* in Düsseldorf, die die Sammlung von Wilhelm Lambert Krahe als Grundstock hatte, dieser übernahm auch ihre Leitung. In Düsseldorf begann man ebenfalls, die Gemäldegalerie Johann Wilhelms auszubauen. Die Mannheimer Gemäldesammlung wurde in der Mitte des 18. Jahrhunderts angelegt und hatte ihren Schwerpunkt bei niederländischen Kunstwerken. Sie war den Hofkünstlern und Besuchern für Studien zugänglich.

1767 wurde die Abgußsammlung, die als *Antikensaal* berühmt werden sollte und Reisende wie Goethe und Schiller in ihren Bann zog, als erste Einrichtung dieser Art der Öffentlichkeit zugänglich gemacht und trug entscheidend zur Ausbildung der Akademieschüler bei.

Seit 1768 gab es eine *deutschsprachige öffentliche Schaubühne*, der 1777 das *Nationaltheater* unter der Leitung des Freiherrn von Dalberg folgte. Die *Hofoper* nahm neben den üblichen italienischen und französischen Stücken auch deutschsprachige in ihr Repertoire auf und machte diese zu ihrem besonderen Anliegen.

Die *Porzellanmanufaktur in Frankenthal* (1755) und der *Fayence-Manufakturen in Mosbach* (1770) und *Sulzbach*(1751-1770) schufen Erzeugnisse höchster künstlerischer Qualität. Johann Peter Melchior, Modelliermeister der Frankenthaler Porzellanmanufaktur, ging mit Carl Theodor nach München und arbeitete stilprägend für die Nymphenburger Manufaktur. K.K.

5.1
Carl Theodor als Kunstsammler

Als Carl Theodor 1743 die pfälzische Kurwürde übernahm, fand er in Mannheim zwei Gemäldesammlungen vor. In Düsseldorf befand sich in einem an das Schloß angrenzenden selbständigen Galeriebau die Sammlung, die Kurfürst Johann Wilhelm (1658-1716) zusammengetragen hatte. Die rund 350 Bilder, darunter 46 Gemälde von Rubens, 25 von van Dyck und Rembrandts Passions-Folge, bildeten die erlesenste Sammlung in Deutschland. Nachdem Carl Theodor den Plan aufgegeben hatte, die Düsseldorfer Galerie nach Mannheim zu holen, sorgte der 1756 ernannte Galeriedirektor Lambert Krahe (1712-1790) dafür, daß die durch jahrzehntelange Vernachlässigung entstandenen Schäden an den Bildern behoben, die Bilder neu gerahmt und - erstmals nach künstlerischen Schulen geordnet - neu gehängt wurden. 1778 erschien ein aufwendig produziertes, zweibändiges Galerie-Werk, in dem die Bilder ausführlich beschrieben wurden. Die Verantwortlichen, Nicolas de Pigage (1723-1796) und Christian von Mechel (1737-1831), betraten sammlungsgeschichtlich ebenfalls Neuland, indem sie alle Gemälde in Umrißstichen reproduzieren ließen.

Während Carl Theodor die Sammlung in Düsseldorf pflegte, aber nicht weiter ausbaute, ließ er in Mannheim eine neue Gemäldegalerie aufbauen. 1743 fand er dort lediglich zwei kleine Bilder-Kabinette mit überwiegend kleinformatigen Bildern vor, die Kurfürst Carl Philipp aus dem Düsseldorfer Schloß geholt hatte. Sie befanden sich im Bereich der Hauptstaatsappartements des Mannheimer Schlosses und waren daher nur für sehr hochstehende Besucher zugänglich. Den größten Teil der Sammlung stellten Werke holländischer und flämischer Künstler des 17. Jahrhunderts. An der Vorliebe für die niederländische Malerei sollte sich auch unter Carl Theodor nichts ändern. Die Funktion der Gemäldegalerie jedoch wandelte sich grundlegend. Mit der Verlegung der Gemäldesammlung Mitte der sechziger Jahre in neun Räume des neuerbauten Ostflügels des Schlosses wurde sie Teil des dort eingerichteten „Zentrums der Bildung", das auch die Bibliothek, das Münz- und Antiquitäten-Kabinett sowie die Naturaliensammlung umfaßte. Die Gemäldegalerie wurde aus dem Bereich fürstlicher Repräsentation und höfischer Prachtentfaltung herausgelöst und zu einem frei zugänglichen öffentlichen Bildungsinstitut. Nicht zuletzt konnte sie so als Studienort für die Hofkünstler und den künstlerischen Nachwuchs dienen, der seit 1758 in der Zeichnungsakademie Peter Anton von Verschaffelts (1710-1793) ausgebildet wurde.

Durch die intensive Sammeltätigkeit, die Mitte der fünfziger Jahre einsetzte und von ausgewiesenen Kunstkennern, wie den Kabinettssekretären Johann Georg von Stengel (1721-1798) und Stephan von Stengel (1750-1822), den Hofkünstlern Lambert Krahe und Nicolas de Pigage sowie den diplomatischen Vertretern des Kurfürsten in den Niederlanden, in Rom und Paris getragen wurde, wuchs die Gemäldegalerie in kurzer Zeit auf rund 1000 Gemälde an. Ganz neu entstand darüber hinaus ein Kupferstich- und Zeichnungskabinett, das 1780 nicht weniger als 60 000 Druckgraphiken und annähernd 9000 Handzeichnungen umfaßte. Die Gemäldegalerie und das Kupferstichkabinett wurden Ende des 18. Jahrhunderts nach München gebracht und sind heute Teil der Bayerischen Staatsgemäldesammlungen und der Staatlichen Graphischen Sammlung in München. K.-L.H.

5.1.1
Huldigung des Kurfürsten Carl Theodor als Kunstförderer

Joseph Hauber (1768 – 1834), um 1795
Öl auf Holz, 78,5 x 63,5 cm, im alten Rahmen

Bez. u.l.: Jos. Hauber fc.

Der Kurfürst im Harnisch, umgeben von zwei weiblichen allegorischen Figuren, steht vor der Herkules-Statue im Hof der Münchner Residenz. Im Hintergrund sieht man Kunststudenten beim Zeichnen nach Antikenkopien. Dem Kurfürsten wird ein barfüßiger Junge zugeführt, der eine Zeichenmappe unter dem Arm trägt. Eine schlicht gekleidete Frau und ein barfüßiges Mädchen stellen vermutlich seine Familie dar. I.Z.

Markowitz 1985

Düsseldorf, Stadtmuseum, Sammlung Schloß Benrath (B 1972-3)

Kat. Nr. 5.1.1

5.1.2
La Galerie electorale de Dusseldorff/ ou/Catalogue raisonné et figuré de ses Tableaux/Dans lequel on donne

Teil 1: Une connoissance exacte de cette fameuse Collection, & de son local, par des descriptions détaillées,/& par une suite de 30. Planches, contenant 365 petites Estampes redigées & gravées d'après ces mêmes Tableaux/par Chretien de Mechel/Graveur de S. A. S. Monseigneur L'Électeur Palatine & Membre de plusieurs Académies. Ouvrage Composé dans un Gout Nouveau, /par Nicolas de Pigage de l'Académie de St. Luc à Rome, Associé Corresspondant de celle d'Architecture à Paris/Premier Architecte Directeur général des Bâtimens & Jardins de S. A. S. É. P.// Avec Privilege De S. A.S. E. P./ à Basle, chez Chretien De Mechel & chez Mrs. les Inspecteurs des Galeries Électorales à Dusseldorff & à Mannheim./MDCCLXXVIII.

Teil 2: ESTAMPES DU CATALOGUE RAISONNÉ ET FIGURÉ/DES TABLEAUX/DE LA GALERIE ÉLECTORALE DE DUSSELDORFF/AVEC PRIVILEGE DE S. A. S. Monseigneur L'Électeur Palatin./ A Basle, chez Chretien De Mechel Graveur de S. A. S. E. P. & Membre des plusieurs Académies Académies,/Et chez les Inspecteurs des Galeries Électorales à Dusseldorff & à Mannheim // MDCCLXXVIII.

Nicolas de Pigage (Lunéville 1723-1796 Mannheim) und Christian von Mechel (Basel 1737-1831 Berlin), 1780

1771 erteilte Kurfürst Carl Theodor seinem Oberbaudirektor Nicolas de Pigage das Privileg, einen illustrierten Gesamtkatalog der Gemäldegalerie in Düsseldorf herausgeben zu dürfen. Pigage gewann für die Illustration und die Produktion den Basler Kupferstecher, Verleger und Kunsthändler Christian von Mechel. Die von Kurfürst Johann Wilhelm (1658-1716) zusammengetragene Galerie war in erster Linie für ihre zahlreichen Meisterwerke von Rubens und van Dyck in ganz Europa berühmt. Nachdem sie 1763 nach Düsseldorf zurückgebracht worden war, wohin sie Carl Theodor 1758, zu Beginn des Siebenjährigen Krieges, hatte evakuieren lassen, hat Lambert Krahe die Gemälde restaurieren und konsequent nach künstlerischen Schulen geordnet hängen lassen. Krahes bahnbrechender Ordnung folgend beschrieb und kommentierte Pigage im I. Teil jedes der 358 Gemälde. Die Tafeln des II. Teils geben die Wände der fünf Gemäldesäle, zum Teil in Abschnitten, in kleinformatigen Umrißstichen wieder. Die Gemälde sind numeriert und namentlich gekennzeichnet. Der Katalog der Düsseldorfer Gemäldegalerie war der erste für eine deutsche Galerie erschienene kritische, komplett illustrierte Galeriekatalog. K.-L.H.

a Aufgeschlagen (1. Ex.): Frontispiz zum Tafel-Band

Bartholomäus Hübner (Augsburg 1729-nach 1795 Basel) nach Nicolas Guibal (Lunéville 1725-1784 Stuttgart), 1766. Radierung, 28,9 x 21,5 cm

Bez. u. l.: Inventé et dessiné, par Nics. Guibal, Lorrain, Prem: Peintre du Duc de Wurtemberg, en 1774; u. r.: Gravé sous la Direction de Chr: de Mechel à Basle par B: Hübner en 1776

Nicolas de Pigage erläuterte in einer „Explication du Frontispice" (S. XIV) die vom Hofmaler des Herzogs Carl August von Württemberg, Nicolas Guibal, der 1772 für Kurfürst Carl Theodor im Badhaus des Schwetzinger Schloßgartens das Fresko „Aurora besiegt die Nacht" malte, entworfene Huldigung an Carl Theodor als Beschützer und Förderer der Künste:
Die auf Wolken schwebende Gestalt der Unsterblichkeit hält über das Haupt des kurpfälzischen Löwen ein umkränztes Medaillon mit der Büste des Kurfürsten Carl Theodor. Zwei kleine Genien krönen das Bildnis mit dem goldenen Nimbus der Unsterblichkeit. Die „Dankbarkeit" stützt mit der Linken eine Leinwand zum Malen und reicht mit der Rechten der „Malerei" einen Pinsel. Diese richtet ihren Blick auf das Porträtmedaillon, um von ihm inspiriert zu werden. Sie beginnt, auf der Leinwand ihre Dankbarkeit gegenüber dem Gönner auszudrücken. Die „Wohltätigkeit", verkörpert durch einen Jüngling von edler und anmutiger Gestalt, lehnt sich gegen die Leinwand. Er hält in der rechten Hand eine kleine Skulptur der drei Grazien, und mit der Linken weist er drei kleinen Kunstschülern eine Medaille mit dem Kopf des Kurfürsten vor, um sie anzuspornen, sich diese ehrenvolle Belohnung zu verdienen. Im Vordergrund sieht man, am Boden verstreut, verschiedene Attribute der Künste. Im Hintergrund erhebt sich eine Pyramide, Symbol des Ruhms, den sich die Fürsten erwerben, die die Künste fördern. Links außen sind zwei Genien, von denen einer mit Olivenzweigen bekränzt ist, damit beschäftigt, erbeutete Waffen in Brand zu stecken, um zu verdeutlichen, daß die Künste nur im Frieden blühen können. Im Hintergrund erkennt man die Stadt Düsseldorf.

Unerläutert bleibt bei Pigage nur der Kranich, der über der Leinwand zu sehen ist. Er verweist, der Emblemliteratur der Zeit folgend, auf die Beständigkeit, mit der Carl Theodor die Künste fördert. K. L.-H.

b Aufgeschlagen (2. Ex.): Tafel XVII

Die Reproduktion der dritten Wand des vierten Saals der kurfürstlichen Galerie in Düsseldorf zeigt Abbildungen der „Anbetung der Hirten" (Nr. 216), der „Gra-

Kat. Nr. 5.1.2 a

Kat. Nr. 5.1.2 b

Kat. Nr. 5.1.3 a

Kat. Nr. 5.1.3 b

Kat. Nr. 5.1.3 c

Kat. Nr. 5.1.3 d

Kat. Nr. 5.1.3 e

Kat. Nr. 5.1.3 f

blegung Christi" (Nr. 217), der „Auferstehung Christi" (Nr. 218) und der „Himmelfahrt Christi" (Nr. 219) aus der „Passions"-Folge Rembrandts (s. Kat. Nr. 5, 13). K. L.-H.

Wüthrich 1956, S. 119-128; Wüthrich 1959, S. 133-137; Henkel/Schöne 1967, Sp. 818-824; Pigage 1996/97, Nr. V.2.1, Nr. V.2.2. a, S. 237/238; Rosenberg 1996, S. 119-134.

Mannheim, Reiss-Museum (Mh 9087)
Mannheim, Privatbesitz

5.1.3
Sechs Reproduktionsstiche nach Rembrandt von Carl Ernst Christoph Hess

Die Beschriftung der Blätter umschließt jeweils eine allegorische Vignette oder ein Wappenschild mit dem Monogramm des Kurfürsten Carl Theodor.

In einem Nekrolog auf den Kupferstecher und Radierer C. E. C. Heß (Darmstadt 1755-1828 München) aus dem Jahre 1828 liest man: *Im Mai des Jahres 1777 lud ihn sein Gönner, der Akademiedirektor Krahe, von Mannheim aus ein, nach Düsseldorf zu kommen, um dort an einem Werke mitzuarbeiten, welches nach den Gemälden der dortigen Galerie herausgegeben werden sollte. Er folgte dem Ruf mit Freuden und unternahm sogleich einige Platten nach Rembrandt, welche so sehr gefielen, daß er bald darauf, im Jahre 1780 zum außerordentlichen Mitglied der dortigen Akademie ernannt wurde.*
Die geplante Publikation Krahes, dessen Tochter Heß 1791 heiratete, kam nicht zustande. Die daraufhin als Einzelblätter herausgegebenen, seitenverkehrten Radierungen brachten dem jungen Künstler jedoch großen Erfolg. Die Gemälde der von Rembrandt zwischen 1633 und 1646 für den Statthalter Frederik Hendrik von Oranjen gemalten Passionsfolge sind 1719 im ersten Verzeichnis der Düsseldorfer Galerie im Besitz des Kurfürsten Johann Wilhelm nachweisbar. 1758 bis 1763 befanden sie sich mit den gesamten Beständen der Düsseldorfer Galerie in Mannheim. 1806 kamen sie nach München, wo sie sich heute in der Alten Pinakothek befinden. K.-L.H.

Huber/Rost 1796, S. 333; Brochhagen 1968, S. 37-44.

a Die Anbetung der Hirten

Radierung, 36,8 x 26,4 cm (Blatt), 33,2 x 23,4 cm (Platte), 28,8 x 21,9 cm (Darst.)

Bez.: Rembrandt p. Hess fecit a. f./La Nativité/gravé d'apres le Tableau original dans la Gallerie Electorale a Düsseldorff

b Kreuzaufrichtung

Radierung (Probedruck), 33 x 22,8 cm (Blatt), 28,8 x 22 cm (Darst.)
Handschr. bez.: Rembrandt pinx. Hess sculp. D=dorf./Probedruck

c Kreuzabnahme

Radierung, 37,1 x 26,5 cm (Blatt), 34 x 23,9 cm (Platte), 28,8 x 21,8 cm (Darst.)

Bez.: Rembrandt p. Hess f. aquaforti/La descente de croix./gravé d'après le Tableau original dans la Gallerie Electorale a Düsseldorff

d Grablegung

Radierung, 31,8 x 22,7 cm (Blatt), 28,8 x 22,1 cm (Darst.)

Bez.: Rembrandt p. Hess fecit./La sepulture/gravé d'après le Tableau original dans la Gallerie Electorale a Düsseldorff

e Auferstehung

Radierung, 37,3 x 26,2 cm (Blatt), 33,8 x 23,8 cm (Platte), 28,5 x 21,9 cm (Darst.)

Bez: Rembrandt p. Hess fecit a. f. La resurrection/gravé d'après le Tableau original dans la Gallerie Electorale a Düsseldorff

f Himmelfahrt

Radierung, 36,5 x 25,9 cm (Blatt), 34 x 23,8 cm (Platte), 29 x 21,9 cm (Darst.)

Bez.: Rembrandt pinx. Hess f./L'Ascension/gravé d'après le tableau original dans la Gallerie Electorale a Düsseldorff

Mannheim, Reiss-Museum (K 755; 1959/1,310; 1959/1,311; 1959/1, 312; 1959/1,313; 1959/1, 314; 1959)

5.1.4
Porträt Lambert Krahe

Erik Pauelsen (Bygom/Jütland 1749-1790 Kopenhagen), 1781
Öl auf Leinwand, 78,2 x 64,2 cm

Bez. u. r.: E. Pauelsen. Mallet 1781 i. Düsseldorf

Lambert Krahe (1712-1790) ließ sich 1781 von dem dänischen Maler Erik Pauelsen in zwangloser, aber kostbarer Kleidung darstellen, wie sie für die Künstlerporträts der zweiten Hälfte des 18. Jahrhunderts typisch ist. Der „inspirierte Blick" sowie Zeichenstift und Zeichenmappe lassen sich aus der Hierarchie der klassischen Kunsttheorie heraus verstehen: die Fähigkeit zur Erfindung eigenständiger Bildideen, deren gezeichnete Notierung weit höher stand als die anschließende Ausführung, begründete den Anspruch auf den höchsten künstlerischen Rang, nämlich den eines Historienmalers. Krahe hatte sich zum Beispiel durch das 1758 datierte Fresko „Die Entschleierung der Wahrheit durch die Zeit" im Bibliothekssaal des Mannheimer Schlosses als Historienmaler ausgewiesen. Seit 1756 Direktor der Gemäldegalerie in Düsseldorf, war er aber auch ein bedeutender Kunstsammler. Während seines Aufenthaltes in Rom von 1736 bis 1756 hatte er für sich eine umfangreiche Sammlung von Zeichnungen zusammengetragen, die 1788 an die Bergischen Stände verkauft wurde und heute den Kern der Zeichnungssammlung des Düsseldorfer Kunstmuseums bildet. In wenigen Jahren kurz vor und nach 1760 stellte er für Kurfürst Carl Theodor in Mannheim eine Kupferstich- und Zeichnungssammlung auf hohem Niveau zusammen, die 1780 rund 60 000 Graphiken und fast 9000 Handzeichnungen umfaßte. Sie wurde Ende des 18. Jahrhunderts nach München überführt und bildet den Grundbestand der heutigen Staatl. Graphischen Sammlung in München. K.-L.H.

Thieme/Becker, 26. Bd., 1932, S. 304/305; Markowitz 1989, S. 163/164; Pigage 1996/97, Nr. IV.2.1., S. 231.

Düsseldorf, Stadtmuseum, (B 659, Leihgabe der Kunstakademie Düsseldorf)

KAT. NR. 5.1.4

5.1.5
STIER UND SCHAFE IN ANTIKER RUINE

Johann Heinrich Roos (Otterberg/Pfalz 1631-1685 Frankfurt a. M.), 1661
Öl auf Leinwand, 48 x 38 cm

Bez. u. r.: JHRoos fecit 1661.

Johann Heinrich Roos, der bedeutendste deutsche Tiermaler des 17. Jahrhunderts, war bei den Kunstsammlern des 18. Jahrhunderts äußerst beliebt. Auch Carl Theodor ließ für die Mannheimer Galerie eine Reihe von Gemälden, Radierungen und Zeichnungen ankaufen. Das von Wilhelm von Kobell als Aquatintablatt reproduzierte Gemälde nimmt im Werk von Roos eine Sonderstellung ein, da er ausnahmsweise auf eine Personenstaffage völlig verzichtete. K.-L.H.

Jedding 1955, S. 41/42, S. 77, Jedding 1998, S. 31 m. Abb. 28, S. 336.

München, Bayerische Staatsgemäldesammlungen, Schloß Bayreuth (419/3778)

KAT. NR. 5.1.6 B

5.1.6
FÜNF AQUATINTA-RADIERUNGEN VON WILHELM VON KOBELL NACH ORIGINALEN DER MANNHEIMER GEMÄLDEGALERIE

Wilhelm von Kobell (Mannheim 1766-1853 München) lernte an der Mannheimer Zeichnungsakademie bei Franz Anton von Leydensdorff (1721-1795) und Egid Verhelst (1733-1804). Die wichtigsten Anregungen jedoch

Kat. Nr. 5.1.6 a

Kat. Nr. 5.1.6 c

Kat. Nr. 5.1.6 d

Kat. Nr. 5.1.6 e

erhielt er durch seinen Vater, Ferdinand Kobell (1740-1799), und durch das Studium der niederländischen Malerei anhand von Bildern in der Mannheimer Gemäldegalerie. Mit den Aquatinta-Radierungen, die Wilhelm von Kobell ab 1785 nach Gemälden der Mannheimer Sammlung schuf, fand er schnell höchste Anerkennung. 1796 hieß es in einer Besprechung der Blätter: *Auch waren fast alle seine Versuche Meisterstücke. Nicht allein seine mechanische Behandlung, und die Würkung, welche sein Geschmack in seine Arbeiten zu bringen wußte, waren meisterhaft, sondern er hatte auch das seltene Verdienst, daß er vollkommen den Charakter seines Originals in allen Theilen der Kunst darzustellen wußte. Einige seiner Landschaften und Viehstücke können den beßten Niederländern zur Seite gestellt werden.*

Zurückblickend schrieb Wilhem von Kobell 1839 in seinem Gesuch um die Verleihung des erblichen Adels sehr zutreffend: *Ich scheute nicht das mühsame Studium, die unglaubliche Mühe und die bedeutenden Kosten, um die früher nicht in der Vollkommenheit bekannte Kunst der aqua tinta Manier einzuführen und unternahm die Verfertigung von 43 Platten dieser Art, welche sich nicht nur durch die Nachahmung der Origi-*

nale auszeichneten, sondern auch in ihrer ganzen Ausführung die Aufmerksamkeit des Auslandes auf sich zogen. Wenn ich dadurch einerseits zur Bekanntwerdung mehrerer der vorzüglichsten Gemälde der hiesigen so ausgezeichneten Gemäldegalerie im Auslande beytrug so wand ich andererseits auch hiedurch mir ansehliche Summen von daher dem Vaterlande zu. K.-L.H.

Huber/Rost 1796, S. 250; Goedl-Roth 1974, S. 74-88.

a Karren (II)

1785
Radierung und Aquatinta, 27,9 x 33,5 cm (Pl.), 24,5 x 32,2 cm (Darst.)

Bez.: Nach dem Original von Niklas Berchem, in gleicher Gröse/ aus der Kurfürstlichen Bilder Sammlung in Mannheim durch Wilhelm Kobell 1785

Seitenverkehrte Reproduktion des Gemäldes „Landschaft" von Nicolaes Berchem (1620-1683), das sich heute in Bamberg, Bayerische Staatsgemäldesammlungen, Bamberger Schloß (351), befindet.

Huber/Rost 1796, S. 250; Goedl-Roth 1974, Nr. 74, S. 89.

b Stier und ruhende Schafe

1790
Aquatinta-Radierung in Braun, Rotbraun und Dunkelbraun, 23,4 x 18,3 cm (Darst.), 35 x 27 cm (Untersatzbl.)

Bez.: D'aprés le Tableau original de Henri Roos de la Gallerie/Electorale a Mannheim./par Guilleaume Kobell a Mannheim 1790; bis zur Darstellung beschnitten; beschr. und bez. auf einem getrennt montierten Papierstreifen auf dem Untersatzbogen

Reproduktion eines Gemäldes von Johann Heinrich Roos (1631-1685), datiert 1661, das sich heute in Bayreuth, Staatsgalerie, Neues Schloß befindet (s. Kat. Nr. 5.1.5).

Huber/Rost 1796, S. 250; Goedl-Roth 1974, Nr. 87, S. 97.

c Landschaft mit ruhender Herde

1791
Aquatinta-Radierung in Dunkelbraun, 27,1 x 33 cm (Darst.)

Bez.: D'aprés le Tableau original de Henri Roos - de la Gallerie Electorale/ a Mannheim./par Guilleaume Kobell a Mannheim. 1791; bis zur Darstellung beschnitten; beschr. und bez. auf einem getrennt montierten Papierstreifen auf dem Untersatzbogen

Nach einem Gemälde von Johann Heinrich Roos (1631-1685), datiert 1675, das sich heute in Landshut, Bayerische Staatsgemäldesammlungen, Neues Schloß (275) befindet.

Huber/Rost 1796, S. 250; Goedl-Roth 1974, Nr. 93, S. 99.

d Idyllische Landschaft

1792
Aquatinta-Radierung in Dunkelbraun, 26,6 x 32,8 cm

Bez.: D'aprés le Tableau original d'A. van der Velden - de la Gallerie Electorale/ a Mannheim./par Guilleaume Kobell a Mannheim. 1792; bis zur Darstellung beschnitten; beschr. und bez. auf einem getrennt montierten Papierstreifen auf dem Untersatzbogen

Nach dem Gemälde „Idyllische Landschaft" von Adriaen van de Velde (1636-1672), heute in der Alten Pinakothek in München.

Huber/Rost 1796, S. 250; Goedl-Roth 1974, Nr. 98, S. 101.

e Landschaft mit Argus und Merkur

1797
Aquatinta-Radierung in Braun, 25,5 x 33,7 cm

Bez.: D'après le tableau orig: de François Kobell./appartenant à Monsieur Balbier, Secretaire de S. A. S. Monseigneur le Prince de Bretzenheim./par Guilleaume Kobell à Munic. 1797; bis zur Darstellung beschnitten; beschr. und bez. auf einem getrennt montierten Papierstreifen auf dem Untersatzbogen

Huber/Rost 1796, S. 250; Goedl-Roth 1974, Nr. 107, S. 108.

Mannheim, Reiss-Museum (1959/1, 475; K 1168; K 1186, 1; K 1174; 1959/1, 87)

Kat. Nr. 5.1.7 a Detail

Kat. Nr. 5.1.7 b Detail

5.1.7
Fünf Reproduktionen in Punktiermanier von Heinrich Sintzenich

Heinrich Christoph Sintzenich (Mannheim 1752-1830 München) erhielt seine erste Ausbildung unter Egid Verhelst (1733-1804) an der Mannheimer Zeichnungsakademie. 1775 ging er mit einem Stipendium Carl Theodors nach London, um bei Francesco Bartolozzi (1727-1815) die druckgraphischen Techniken des Mezzotinto und der Punktiermanier sowie die Herstellung von mehrfarbigen Drucken von einer Platte zu erlernen. 1778 wurde Sintzenich mit der Auflage, sich in Mannheim niederzulassen, zum „Churpfälzisch Bayrischen Hofkupferstecher" ernannt.
Die fünf farbigen Reproduktionen nach Originalen in der kurfürstlichen Gemäldegalerie entstanden nach der Rückkehr Sintzenichs nach Mannheim. Die Auswahl und die druckgraphische Interpretation der Vor-

lagen kamen dem damaligen Geschmack entgegen und fanden großen Anklang. So schrieb Friedrich Schiller an den Verleger Göschen, als es um eine Illustration zu seinem „Don Carlos" ging: *Dann wünsche ich aber, dass Sie soviel daran wenden, mir den Kopf durch Sintzenich in Mannheim stechen zu lassen, der im weichen und niedlichen gegenwärtig der beste ist, vorzüglich bei einzelnen Köpfen.* K.-L.H.

Tenner 1966, S. 119-121; Grotkamp-Schepers 1980, S. 174-181; Gesche 1983, S. 6-14.

a Vestalinnen

1781

Punktiermanier in Farben, einige Kolorierungen in Rosa, 24,4 x 15,3 cm (Blatt), 22,5 x 13,7 cm (Platte), 15,1 x 11,9 cm (Darst.)

Bez.: gemalt von Sconians gestochen von H. Sintzenich/Vestalen/Der Durchlauchtigsten Fürstin und Frau/Elisabetha Augusta/Pfalzgräfin bei Rhein & Churfürstin, in Ober & Nieder/Bayern zu Gülich, Cleve und Berg Herzogin &. & &./Unterthänigst gewidmet von/Heinrich Sintzenich/Churpfälz. Hofkupferstecher/Das Gemälde ist in der Churfürst. BilderSammlung/in Mannheim, von 5 Fus hoch und 4 Fus breit/Herausgegeben in Mannheim von H. Sintzenich im May 1781

Nach einem Gemälde von Anthoon Schoonjans (1650-1726).

Description 1794, Nr. 106; Grotkamp-Schepers 1980, S. 176-78; Gesche 1983, Nr. 19, S. 29.

b Phyllis

1782

Punktiermanier in Farben, ein wenig mit Gelb koloriert, 37,7 x 25,5 cm (Blatt), 36,4 x 24,3 cm (Platte), 25,2 x 21,1 cm (Darst.)

Bez.: Gemalt von Carlo Dolci Gestochen von Heinrich Sintzenich /und herausgegeben. Mannheim. den 29. Sep. 1782/Phyllis/Dem Durchlauchtigsten Fürsten & Herrn Herrn/Carl Theodor/Pfalzgrafen bei Rhein, Herzogen in Ober & NiederBayern, des h. R. R. Erz Truchsässen & Kurfürsten/zu Gülich, Cleve & Berg Herzogen, Landgrafen zu Leuchtenberg, Fürsten zu Mörs, Marquis zu Bergen/-opzoom, Grafen zu Veldenz, Sponheim, der Marck & Ravensberg, Herr zu Ravenstein &. &. &./Meinem Genädigsten Kurfürsten und Herrn Herrn/Unterthänigst gewidmet von Heinrich Sintzenich/Sr. Kurfürstl. Durchl. Hofkupferstecher./Das Gemälde ist in der Churfürstl. BilderSammlung in Mannheim/von 3 Fus 2 Zoll hoch. 2 Fus 8 zol breid; die Schrift umgibt das kurfürstliche Wappen

Kat. Nr. 5.1.7 c Detail

Das Gemälde, das Sintzenich hier reproduzierte und das sich in der kurfürstlichen Sammlung befand, galt damals als Werk von Carlo Dolci (1616-1686). Es wird inzwischen Onorio Marinari (Florenz 1627-1715 Florenz), einem Verwandten und Schüler Dolcis, zugeschrieben und befindet sich in den Bayerischen Staatsgemäldesammlungen in München (281). Weshalb Sintzenich das Gemälde, das in den Inventaren der Zeit zutreffend als Darstellung der Hl. Agnes bezeichnet wird, in „Phyllis" umbenannte, ist nicht bekannt.

Description 1794, Nr. 140; Gesche 1983, Nr. 25, S. 33/34; Baldassari 1995, S. 160.

c Die Heilige Cäcilie

1782

Punkiermanier in Farben, 25,8 x 20,8 cm (Blatt), 22,5 x 13,8 cm (Platte), 15,3 x 11,7 cm (Darst.)

Bez.: gemalt von Dominichini gestochen von H. Sintzenich/Cecilia/Der Durchlauchtigsten Fürstin & Frau Frau/Maria Amalia/ Pfalzgräfin bei Rhein in Bayern zu Gülch Cleve & Berg Herzogin &c:/Regiren. Herzogin zu Zweybrücken & gebohrne Herzogin zu Sachsen, Egern/und Westphalen &&/Unterthanigst gewidmet von/Heinrich Sintzenich/Churpfalz Hofkupferstecher/Das Gemälde - 3 Fus 6 Zoll hoch. 2 Fus 8 Z. breit - gehört/Ihrer Durchlau. der regirende Frau Frau Kuhrfürstin zu Pfalz Bayern &c./Herausgegeben in Mannheim von H. Sintzenich im April 1782

Kat. Nr. 5.1.7 d

Kat. Nr. 5.1.7 e Detail

Seitenverkehrte Reproduktion nach einer Kopie des Gemäldes „Die Cumäische Sibylle" (1616/17) von Domenico Zampieri, gen. Domenichino (1581-1641), das in der Galleria Borghese in Rom aufbewahrt wird. Die Kopie befindet sich heute als Leihgabe der Bayerischen Staatsgemäldesammlungen in der deutschen Botschaft in Paris. Die Deutung des dargestellten Motivs ist bis heute unsicher.

Gesche 1983, Nr. 24, S. 33; Spear 1982, Bd. 1, Nr. 51, S. 191/192, Bd. 2, Abb. 171.

d Die Musik

1783
Punktiermanier in Farben, 30,8 x 23,1 cm (Blatt), 29,2 x 21,4 cm (Platte), 22,4 x 18,3 cm (Darst.)

Bez.: Rosa alba gemalt H. Sintzenich Gestochen und herausgegeben in Mannheim im May 1783/Musik"/Se. Excellenz dem hochgebohrnen Herr/Joseph Ferdinand/des h. r. R. Graf zu Rheinstein und Tattenbach Graf zu Valley &./des hohen Ritterordens des heil. Georgs Kommenthur &. &./unterthänigst gewidmet von Heinrich Sintzenich Churfürstl. Hofkupferstecher/Das Gemälde ist in der Churfürstl. BilderSammlung/ in Mannheim von 1 3/4 Fus hoch 1 3/4 Fus breit

Seitenverkehrte Reproduktion eines Pastells auf Leinwand von Rosalba Carriera (1675-1757), das Kurfürst Johann Wilhelm 1712 bei der Künstlerin in Auftrag gab und das sich heute im Bayerischen Nationalmuseum in München befindet.

Description 1794, Nr. 496; Gesche 1983, Nr. 28, S. 36; Sani 1988, Nr. 59, S. 283, Abb. 47.

e Kassandra

1784
Punktiermanier in Farben, wenige Aquarellierungen, 23,4 x 14,6 cm (Blatt), 22,4 x 13,7 cm (Platte), 15 x 11,9 cm (Darst.)

Bez.: Anton Hickel gemalt von Heinrich Sintzenich gestochen & herausgegeben/in Mannheim aprill 1784/Cassandra/Se. Excellenz dem Hochgebohrne Herr Sigmund des H. r. R. Graf von und zu/ Haimhausen & & der Kurfürstlichen Akademie der Wissenschaften in München./Ehren Präsident &&/Unterthänigst gewitmet von Heinrich Sintzenich/Churpfalz Baierischer Hofkupferstecher./Das Gemäde gehäret Ihrer Durchl. der regirende/Frau Frau Kuhrfürstin zu PfalzBayern & & &/ist 2 Fus hoch 3 Fus breit

Diese Radierung in Punktiermanier ist nach einem Gemälde von Anton Hickel (1745-1798) entstanden.

Gesche 1976, Nr. 31, S. 40.

Mannheim, Reiss-Museum (1959/1; 765; 1959/1, 771; 1959/1, 778; 1959/1, 785; 1959/1, 788)

5.1.8
Zwei Aquatinta-Radierungen von Abel Schlicht (Mannheim 1754-1826) nach Originalen von Joseph Vernet in der Mannheimer Gemäldegalerie

Die beiden Gemälde Claude-Joseph Vernets (1714-1789), der einer der gefragtesten zeitgenössischen Künstler war, wurden 1769 von Kurfürst Carl Theodor durch den kurpfälzischen Gesandten in Paris, den Grafen von Sickingen (1737-1791), beim Künstler bestellt, wobei Vernet die Wahl des Themas überlassen blieb. Die großformatigen Gemälde kamen 1771 in die kurfürstliche Gemäldegalerie, nachdem sie im Pariser Salon desselben Jahres gezeigt worden waren. Sie befinden sich heute in der Bayerischen Staatsgalerie in Schloß Schleißheim. Im Inventar der Kurpfälzischen Galerie in Mannheim von 1780 sind die Bilder unter den Nummern 318 und 328 nachgewiesen. K.-L.H.

Huber/Rost 1796, S. 341; Oeser 1900, S. 73/74, S.103; Siefert 1997, Nrn. 9 u. 10, S. 56/57 (zu den Gemälden Vernets)

a Schiffbruch im Gewittersturm

Um 1780
Aquatinta-Radierung, 44,3 x 62 cm (Darst.)

Unbez. (das Ex. ist bis zur Darstellung beschnitten)

b Seehafen bei Sonnenuntergang

Um 1780
Aquatinta-Radierung, 45 x 63,5 cm (Darst.); 51,5 x 66,8 cm (Untersatzbl. mit Schrift)

Bez.: Das Original von Joseph Vernet ist in der Kurfürstlichen Gallerie zu Mannheim/gestochen und Herausgegeben von A. Schlicht KurPfälzischer HofBaumeister 178(?)

Mannheim, Reiss-Museum (1959/1, 20; 1959/1, 31)

Kat. Nr. 5.1.8 a

KAT. NR. 5.1.8 B DETAIL

5.1.9
KURFÜRST CARL THEODOR

Egid Verhelst (Ettal 1733-1804 Mannheim), 1771
Kupferstich und Radierung, 28 x 22 cm

Bez. in einem Schriftfeld unter dem Porträt: „CHARLES THEODORE / ELECTEUR PALATIN."; unter der Darstellung: „Grave d'après le Buste en marbre de Mr. Ling / Par E. Verelst Graveur de S.A.S. l'Electeur Palatin á Mannheim 1771"

Bei diesem Profilbildnis Carl Theodors nach einem Marmorrelief von Franz Conrad Linck (Kat. Nr. 5.4.10) treten die markanten Merkmale seiner Physiognomie, hohe Stirn, fleischige Nase und Doppelkinn, deutlich hervor. Sie sind bei ähnlichen Porträts von Künstlern wie Franz Anton von Leydensdorff (1721-1795) und Heinrich Sintzenich (1752-1830) durch den Typus der Profilbüste ebenso ausgeprägt. Während jedoch jene Bildnisse die antike Porträtbüste oder das klassische Münzporträt nachahmen, zeigt dieses Porträt im Profil nicht den geraden Halsabschnitt, sondern wirkt durch die Hermelindraperie und die zeitgenössische Frisur realistischer und lebensnaher. Von Elisabeth Auguste existiert ein entsprechendes Pendant nach links, das Verhelst nach eigener Zeichnung im gleichen Jahr stach. A.K.

Grotkamp-Schepers 1980, S. 140-142, Anm. 470-475; S. 167, 168.

Mannheim, Reiss-Museum (C 35,1, k)

KAT. NR. 5.1.9

5.1.10
VIER LANDSCHAFTSZEICHNUNGEN VON PHILIPP HIERONYMUS BRINCKMANN (SPEYER 1709-1706 MANNHEIM) AUS DEM MANNHEIMER KUPFERSTICH- UND ZEICHNUNGSKABINETT

Im „Pfälzischen kleinen Kalender auf das Jahr 1770" liest man im Abschnitt über das Kupferstich- und Zeichnungskabinett: *Es sind darin über 550 (Zeichnungen), welche mit Rahmen in weisen Glas eingefaßt sind und die Wände des Kabinets bekleiden.* Mit Hilfe des handschriftlichen „Catalogus deren in dem Churfürstlichen Kupfer Cabinet aufgehängten Original Zeichnungen von unterschiedlichen Meistern", der um 1770 zusammengestellt wurde, sind die vier Zeichnungen Brinckmanns identifizierbar, mit denen er in dieser „Schausammlung" vertreten war. Alle vier können in der Ausstellung gezeigt werden. Die „Waldlandschaft mit Schafherde" und die „Waldlandschaft" sind als Gegenstücke konzipiert. Sie entstanden vor Brinckmanns Reise in die Schweiz im Jahre 1745, die eine naturnähere Landschaftsauffassung in seinem Werk zur Folge hatte, während sie zuvor ganz von dem Vorbild der niederländischen Landschaftszeichnungen des 17. Jahrhunderts bestimmt gewesen war. Die kulissenartige Staffelung der Baumgruppen, durch deren Mitte ein windungsreicher Weg in die Ferne führt, lassen auch Brinckmanns Schulung als Dekorations- und Theatermaler spüren. K.-L.H.

A LANDSCHAFT MIT TURM

Schwarze Kreide, Pinsel in Schwarz, grau laviert, 19,9 x 31,8 cm

Catalogus 1780, Nr. 97; Jacob 1922, Verz. d. Handz., Nr. 1.

B LANDSCHAFT MIT FLUSS

Graphit, schwarze Kreide, Feder, laviert, 20 x 32 cm

Catalogus 1789, Nr. 90; Jacob 1922, Verz. d. Handz., Nr. 3.

C WALDLANDSCHAFT MIT SCHAFHERDE

Graphit, schwarze Kreide, laviert, 24,1 x 36 cm

Catalogus 1780, Nr. 96; Jacob 1922, Verz. d. Handz., Nr. 2; Zeichnungen Sammlung Carl Theodor 1984, Nr. 103, S. 85.

Kat. Nr. 5.1.10 a

Kat. Nr. 5.1.10 b

Kat. Nr. 5.1.10 c

Kat. Nr. 5.1.10 d

d Waldlandschaft

Graphit, schwarze Kreide, laviert, 24 x 36,4 cm

Catalogus 1780, Nr. 87; Jacob 1922, Verz. d. Handz., Nr. 4.

München, Staatliche Graphische Sammlung (5872/97; 5873/90; 5874/96; 5875/87)

(Aus konservatorischen Gründen werden die Kat. Nrn. 5.1.10 c und 5.1.10 d nur in der ersten, die Kat. Nrn. 5.1.10 a und 5.1.10 b nur in der zweiten Hälfte der Ausstellungslaufzeit gezeigt.)

Kat. Nr. 5.1.11 a

Kat. Nr. 5.1.11 b

Kat. Nr. 5.1.11 c*

Kat. Nr. 5.1.11 d

5.1.11
Vier Zeichnungen von Ferdinand Kobell mit niederländischem Einfluss

Die niederländischen Zeichner des 17. Jahrhunderts waren für Ferdinand Kobell (Mannheim 1740-1799 München) noch ebenso vorbildlich wie für Ph. H. Brinckmann eine Generation früher. Niederländische Anregungen sind auch darin zu finden, daß für Kobell die Bäume das wichtigste Landschaftselement waren: *Ich betrachte die Bäume als die Seele der Landschaft, wenigstens als den schönsten Teil dieser Natur.* Kobells Zeichnungen, die so naturnah wirken, entstanden – nach intensiver Beobachtung in der Natur und wohl auch schnellen Skizzen – im Atelier. Johann Wolfgang von Goethe bewunderte an Kobells Zeichnungen besonders, daß sie trotz großer Naturnähe bewußt künstlerisch komponiert wurden. In einem Brief vom 5. 2. 1781 schrieb er an Ferdinand Kobell über dessen Zeichnungen: *Mir scheint unmöglich die Virtuosität höher zu treiben. Ich habe mich sogleich hingesetzt und eines nachgekritzelt; man sieht die Höhe, die der Künstler erreicht hat, nicht lebhafter, als wenn man versucht, ihm einige Stufen nachzuklettern. Alle meine Freunde habe ich zur Bewunderung aufgefordert, und meine kleine Sammlung erhält neues Leben.* K.-L.H.

a Wiese mit Blick auf Kirchturm

1777
Feder in Braun, braun und grau laviert, 13,2 x 18 cm

Bez. u. r.: FK 1777

Biedermann 1973, Nr. 138, S. 101.

b Gebirgsweg mit Wanderer

Feder in Braun, braun und grau laviert, 20,2 x 17,8 cm

Biedermann 1973, Nr. 291, S. 114.

c Felslandschaft mit Wasserfall

1777
Feder und Pinsel in Braun, braun und grau laviert, 21,4 x 18,8 cm

Biedermann 1973, Nr. 290, S: 114.

d Baumlandschaft mit Gewässer und zwei rastenden Wanderern

1777
Feder in Braun, 23,3 x 23,7 cm

Bez. u. r.: F: Kobell

Biedermann 1973, Nr. 323, S. 117.

München, Staatliche Graphische Sammlung
(5937/8869; 5938/8867; 5939/8868; 5940/8865)

(Aus konservatorischen Gründen werden die Kat. Nrn. 5.1.11 b und 5.1.11 c nur in der ersten, die Kat. Nrn. 5.1.11 a und 5.1.11 d nur in der zweiten Hälfte der Ausstellungslaufzeit gezeigt.)

Kat. Nr. 5.1.12 a

Kat. Nr. 5.1.12 b

5.1.12
Vier Ansichten von Rom von Franz Kobell

1779 konnte Franz Kobell (Mannheim 1749-1822 München) mit einem Stipendium des Kurfürsten Carl Theodor nach Italien reisen, nachdem er die 1771 an der Mannheimer Zeichnungsakademie begonnenen Studien abgeschlossen hatte. Dort blieb er auch nach seiner Ernennung zum Hofmaler 1780 und kehrte erst 1784 nach Mannheim zurück. Die vier Zeichnungen aus der Staatlichen Graphischen Sammlung in München gehören zu einer Folge von 12 Blättern mit Ansichten aus Rom, der Umgebung Roms und Neapels, die auf der Grundlage vor Ort entstandener Zeichnungen wohl erst nach der Rückkehr Franz Kobells ausgeführt wurden. Der Künstler übergab sie wahrscheinlich als Dank für das Stipendium dem kurfürstlichen Zeichnungskabinett. Neben den vier ausgestellten Ansichten zeigt die Folge weitere damals allseits beliebte Sehenswürdigkeiten in Italien: Ansichten des Vesuvs von der See- und von der Landseite, den See von Bolsena, eine Gegend bei Tivoli, den Weg zur Villa Borghese, eine Ansicht mit der Villa Mellini und dem Monte Mario sowie eine Ansicht des Gartens der Villa Pamphili. Bereits 1780/81 hatte Kobell für Johann Wolfgang von Goethe eine ähnliche Folge von zwölf Italienansichten geschaffen, die Goethe über Ferdinand Kobell bei ihm in Auftrag gegeben hatte: *Bestellen sie doch ein Dutzend Zeichnungen von Ihrem Bruder in Rom, dagegen 24 Dukaten zu Diensten stehen. Er sol sie aber ja, wenigstens zum Theil nach der Natur nehmen und sie dann ausführen wie er will.* In beiden Folgen wird deutlich, daß sich Franz Kobell nicht – wie sein Bruder Ferdinand – in erster Linie an die niederländischen Künstler des 17. Jahr-

Kat. Nr. 5.1.12 c

Kat. Nr. 5.1.12 d

hunderts anschließt, sondern sich die Ideallandschaften Claude Lorrains zum Vorbild nimmt. K.-L.H.

Wichmann 1974, S. 6; Zeichnungen Sammlung Carl Theodor 1984, S. 93; Kobell 1997, S. 15-21 (zur Zeichnungsfolge)

a Tempel der Minerva Medica in Rom

Pinsel in Braun über Bleistift, laviert, 18,7 x 23,4 cm

b Die Gegend bei der Villa Albano vor Rom

Pinsel in Braun über Bleistift, laviert, 18,8 x 23,5 cm

c Die Cascatellen von Tivoli

Pinsel in Braun über Bleistift, laviert, 18,8 x 23,5 cm

Zeichnungen Sammlung Carl Theodor 1984, Nr. 114, S. 93; Kobell 1997, Nr. 24, S. 74.

d Monte Mario in Rom, vom Tiber gesehen

Pinsel in Braun über Bleistift, braun laviert, 18,8 x 23,4 cm

Kobell 1997, Nr. 26, S. 74

München, Staatliche Graphische Sammlung (445/5247; 448/5259; 450/5252; 452/5254)

(Aus konservatorischen Gründen werden die Kat. Nrn. 5.1.12 a und 5.1.12 c nur in der ersten, die Kat. Nrn. 5.1.12 b und 5.1.12 d nur in der zweiten Häfte der Ausstellungslaufzeit gezeigt.)

5.1.13
Vier Zeichnungen von Johann Heinrich Roos mit italienischen Motiven

Von Johann Heinrich Roos (Otterberg/Pfalz 1631-1685 Frankfurt am Main) haben sich Hunderte von Zeichnungen erhalten, in denen er die seine Gemälde bestimmenden Motive - Tiere, Hirten, ruinöse, häufig antike Gebäude und bergige Landschaftsausschnitte - studierte und sich damit ein umfassendes Repertoire für seine gemalten und radierten Hirtenszenen erarbeitete, die häufig in italienisch wirkenden Landschaften angesiedelt sind. Die im 18. Jahrhundert außerordentlich hoch geschätzten Werke von Johann Heinrich Roos, der selbst nie in Italien war, prägten noch Johann Wolfgang von Goethes Wahrnehmung des ländlichen Italiens, wenn er am 10. September 1786 im Tagebuch seiner Italienreise festhält: *Die aufgebunden Zöpfe der Frauen, der Männer bloße Brust, die trefflichen Ochsen, die sie vom Markt nach Hause treiben, die beladenen Eselchen, alles bildet einen lebendigen, bewegten Heinrich Roos.* K.-L.H.

a Sitzender Hirtenknabe

Um 1664
Rötel, 28,4 x 17,3 cm

Bez. u. r.: JHRoos fecit

Jedding 1955, S. 330, Verz. d. Zeichn., Nr. 156; Zeichnungen Sammlung Carl Theodor 1984, Nr. 118, S. 95; Jedding 1998, S. 126/127.

b Ruinöses Mauerwerk

Um 1680
Schwarze Kreide laviert, 22,5 x 34,6 cm

Jedding 1955, S. 348, Verz. d. Zeichn., Nr. 235.

c Kirchenruine

Um 1661
Schwarze Kreide, grau laviert, 34,1 x 22,9 cm

Jedding 1955, S. 322, Verz. d. Zeichn., Nr. 121.

d Sitzender Hirtenknabe nach links

Um 1664
Schwarze Kreide, grau-braun laviert, 17,5 x 14,7 cm

Jedding 1955, S. 330, Verz. d. Zeichn., Nr. 157; Zeichnungen Sammlung

Kat. Nr. 5.1.13 a

Kat. Nr. 5.1.13 d

Carl Theodor 1984, Nr. 118, S. 95.

München, Staatliche Graphische Sammlung (215/1030; 220/6717; 220/6717; 10058/4698)

(Aus konservatorischen Gründen werden die Kat. Nrn. 5.1.13 aund 5.1.13 b nur in der ersten, die Kat. Nrn. 5.1.13 c und 5.1.13 d nur in der zweiten Hälfte der Ausstellungslaufzeit gezeigt.)

Kat. Nr. 5.1.13 b

Kat. Nr. 5.1.13 c

5.1.14
Zwei Radierungen von Heinrich Sintzenich nach Zeichnungen im Mannheimer Zeichnungs- und Kupferstichkabinett von Fra'Bartolomeo und Raffael

Heinrich Sintzenich (Mannheim 1752-1830 München) schuf neben Gemäldereproduktionen auch die ersten Radierungen nach Zeichnungen des Mannheimer Zeichnungs- und Kupferstichkabinetts, dessen Sammlungen seit 1758 zusammengetragen worden waren. Bei der Überführung nach München 1794 umfaßte es rund 50000 Druckgraphiken sowie etwa 9000 Zeichnungen. Die Zeichnung von Fra' Bartolomeo (1457-1517), die Sintzenich in Originalgröße, jedoch seitenverkehrt wiedergibt, hing damals unter Glas gerahmt in der Schausammlung des kurfürstlichen Zeichnungskabinetts. Sintzenich hielt sich in seiner Radierung eng an die Zeichnung Fra' Bartolomeos, von der ein erster Zustand aus dem Jahre 1784 bekannt ist. Er brachte jedoch einige Korrekturen an, die dem sentimental-klassizistischen Geschmack der Zeit entgegenkamen. Im Gegensatz dazu reproduzierte Sintzenich die Federzeichnung Raffaels zwar ebenfalls seitenverkehrt, aber in allen Einzelheiten sehr getreu. K.-L.H.

Carl Theodor und Elisabeth Auguste 1979 , Nr. 439, S. 163; Gesche 1983, Nr. 33, S. 41/42; Nr. 34, S. 42; Knab 1983, S. 579, Nr. 252; Zeichnungen Sammlung Carl Theodor 1984, Nr. 2, S. 17/18.

a Maria mit Kind

1789

Radierung, Abzug in Braun, 27 x 20 cm (Blatt), 20,2 x 13,7 cm (Platte), 16,6 x 12 cm (Darst.)

Bez.: Bartolom. di Sanct Marco gezeignet. von Heinrich Sintzenich gestochen und Herausgegeben in Mannheim 1789/Das Original ist in dem Kurfürstlichen Zeignungs Zimer in Mannheim

b Aufbahrung eines Bischofs

1784

Radierung, 36,8 x 50,8 cm (Blatt), 30,6 x 42,7 cm (Platte), 23,9 x 38,4 cm (Darst.)

Bez.: Raffaelle urbinus gezeignet von Heinrich Sintzenich gestochen und herausgegeben in Mannheim 1784/Das Original ist in dem Kurfürstlichen Zeignungs=Zimmer in Mannheim

Mannheim, Reiss-Museum (1959/1, 801; 1959/1, 158)

Kat. Nr. 5.1.14 a Detail

Kat. Nr. 5.1.14 b

5.2

Die Malerei am Kurfürstlichen Hof

Die Kunst am Hof Carl Theodors diente der fürstlichen Repräsentation, der Zurschaustellung von „Pracht, Magnifizenz und Herrlichkeit", wie es in einem Ratgeber für Fürsten aus dem Jahre 1711 heißt. Sie hatte die von Gottes Gnaden verliehene Würde, den Rang und die Macht des Herrschers und seiner Dynastie zu demonstrieren. Im Mittelpunkt standen dabei der Bau und Ausbau von Schlössern und deren prunkvolle Ausstattung, die Anlage großzügiger Gärten, der Unterhalt von Opern- und Theaterensembles sowie die Veranstaltung glanzvoller Hoffeste. Die Maler am kurfürstlichen Hof trugen zum angestrebten barocken Gesamtkunstwerk bei: Sie schufen Fresken und Supraporten für die Innenräume, Bühnenbilder für Oper und Theater, Kostüm- und Dekorationsentwürfe für die Feste. Als Porträtmaler hatten sie darüber hinaus die Verantwortung für die standesgemäße und möglichst eindrucksvolle Darstellung des Herrscherpaares.

Betrachtet man die Hofkunst in der Regierungszeit Carl Theodors in Mannheim, lassen sich drei Phasen unterscheiden. In den ersten Jahren seiner Regierungszeit beschränkte sich Carl Theodor auf die leicht eingeschränkte Weiterführung des Bestehenden. Neue Künstler wurden nicht ernannt. Ende der vierziger Jahre intensivierte sich das Interesse, das der Kurfürst der bildenden Kunst an seinem Hof entgegenbrachte. Er berief die drei Künstler nach Mannheim, die von da an die Mannheimer Hofkunst dirigieren sollten: 1749 Nicolas de Pigage (1723-1796), der wenig später zum „Kurfürstlichen Oberbau- und Gartendirektor" ernannt wurde; 1752 als Hofbildhauer Peter Anton von Verschaffelt (1710-1793), der die Mannheimer Zeichnungsakademie als Ausbildungsort für den künstlerischen Nachwuchs aufbaute, und Lorenzo Quaglio (1730-1804), der 1758 den Titel eines „Hoftheatral-Architekten" erhielt. Im Rahmen des Ausbaus der Hofkunst förderte Carl Theodor auch verstärkt die Porträt- sowie die Historienmalerei. Ihren Höhepunkt fand die finanzielle und personelle Erweiterung der Hofkunst schließlich in den sechziger und den frühen siebziger Jahren. In diesem Zeitraum berief der Kurfürst allein 16 bildende Künstler neu. Dabei ist, abgesehen von der Berufung mehrerer Kupferstecher, bemerkenswert, daß nun auch Stilleben-, Landschafts- und Genremaler zu Hofmalern avancierten, deren Werke keine Ausstattungsstücke waren, sondern Eingang in die neu aufgebaute Gemäldegalerie fanden. Für eine Reihe von Künstlern war die Ernennung sogar mit nur sehr geringen Gegenleistungen verbunden und diente in erster Linie der Förderung ihrer künstlerischen Entwicklung. K.-L.H.

Kat. Nr. 5.2.1

5.2.1
Selbstporträt von Johann Franz van der Schlichten

Um 1765
Öl auf Leinwand, 55,3 x 43 cm

Die Identifizierung des Dargestellten wird durch eine in Rötel ausgeführte, signierte Selbstbildnis-Zeichnung im Wallraf-Richartz-Museum in Köln ermöglicht. Johann Franz van der Schlichten (Mannheim 1725-1795 Mannheim), Sohn des Malers Jan Philipps van der Schlichten (1681-1745), der seit 1721 als Hofmaler für Kurfürst Carl Philipp tätig war, studierte mit einem Stipendium des Kurfürsten Carl Theodor in Bologna und Rom. 1750 wurde er zum Hofmaler und Verwalter der kurfürstlichen Gemäldegalerie ernannt. Seit 1769 lehrte er auch an der Zeichnungsakademie in Mannheim.
K.-L.H.

Thieme/Becker, Bd. 30, 1936, S. 109; Grotkamp-Schepers 1980, S. 143/144, S. 256, Anm. 482; Robels 1983, Nr. 348, S. 194.

Mannheim, Reiss-Museum (O 241)

Kat. Nr. 5.2.2 a

5.2.2
Fünf Landschaftsbilder von Philipp Hieronymus Brinckmann

Den Eindruck, den wir heute noch vom künstlerischen Werk Philipp Hieronymus Brinckmanns (Speyer 1709-1760 Mannheim) gewinnen können, bestimmen Landschaftsbilder im Kabinettformat. Von den Fresken und zahlreichen Supraporten, die er für die Ausstattung des Mannheimer Schlosses schuf, hat sich nichts erhalten. Auf die Kabinettbilder des Künstlers bezieht sich auch die Äußerung Johann Wolfgang von Goethes in „Dichtung und Wahrheit": *Brinckmann, dessen Pinsel in Staffeleibildern nicht zu schelten ist.* Seit 1733 kurfürstlicher Hof- und Theatermaler in Mannheim, wurde Brinckmann 1743 von Carl Theodor als Hofmaler bestätigt mit der vertraglich festgelegten Bedingung, jährlich zwei Landschaften zu liefern. Kleinformatige Landschaftsbilder Brinckmanns, wie die in der Ausstellung gezeigten, waren von den zeitgenössischen Sammlern sehr gesucht.
K.-L.H.

Kat. Nr. 5.2.2 b

a Ideale Gebirgslandschaft mit Ruinen

1751
Öl auf Eichenholz, 48,9 x 64,2 cm

Bez. u. r.: PHB f. 1751

Jacob 1922, Verz. d. Gem., Nr. 22

b Ideale Gebirgslandschaft mit Ruinen

Öl auf Leinwand, 31,3 x 44 cm

Bez. u. r.: PHBrinckmann fecit

c Ideallandschaft mit Landleuten

Öl auf Eichenholz, 30,5 x 38 cm

Bez. u.: PHBrinckmann

d Waldlandschaft mit Reisewagen

Öl auf Leinwand, 40 x 50 cm

e Waldlandschaft

Um 1750
Öl auf Leinwand, 39,8 x 50 cm

Bez. u. M.: PH Brinckmann. f.

Mannheim, Reiss-Museum (O 30; O 240; O 341; O 263; O 264)

Kat. Nr. 5.2.2 c

Kat. Nr. 5.2.2 d

Kat. Nr. 5.2.2 e

Kat. Nr. 5.2.3

5.2.3
Hamann, Königin Esther und König Ahasver

Philipp Hieronymus Brinckmann (Speyer 1709-1760 Mannheim), um 1745/50
Öl auf Eichenholz, 33,7 x 40,6 cm

Bez. u. M.: PHB

Esther, die Heldin des nach ihr benannten Buches des Alten Testaments, war die Frau des persischen Königs Ahasver, mit dem vielleicht Xerxes gemeint ist. Sie wendete durch ihre Fürsprache beim König die von dem ehrgeizigen Günstling Hamann geplante Judenverfolgung ab. Hamann plante, den König zur Vernichtung der Juden im persischen Reich zu bewegen. Während eines Gastmahls entlarvte sie Hamann durch kluge Fragen, der daraufhin gehängt wurde. Die Rettung durch Esther wurde in der jüdischen Religion zum Anlaß des Purimfestes als Dankfest für die Errettung des Volkes. Die biblische Geschichte wurde in der niederländischen Malerei des 17. Jahrhunderts häufig dargestellt, da sie die Gelegenheit bot, orientalische Pracht in Gewändern und Ausstattung zu zeigen. Philipp Hieronymus Brinckmann schließt in dem kleinformatigen Historienbild - eines der seltenen erhaltenen Zeugnisse dieses Arbeitsgebiets in seinem Werk - an die niederländischen Vorbilder, besonders an Rembrandts Fassungen dieses Themas, an. K.-L.H.

Swoboda 1981, Nr. 4, S. 11/12; Abendland gegen Morgenland 1992, Nr. 107, S. 184.

Mannheim, Reiss-Museum (RMM 1978/1)

5.2.4
Selbstbildnis Franz Anton Von Leydensdorff

Um 1757
Öl auf Leinwand, 77,7 x 60,2 cm

Franz Anton von Leydensdorff (Reutte/Tirol 1721-1795 Mannheim), der Historienbilder, Allegorien und Porträts malte und druckgraphische Arbeiten schuf, hat sich vor allem mit seinen Grisaillen, täuschenden Nachahmungen von Flachreliefwerken, meist für Schlösserausstattungen, einen Namen gemacht. Nach Lehrjahren zwischen 1735 und 1744 in Wien, Venedig, Bologna und Rom erhielt er mehrere kirchliche Aufträge in Tirol, Innsbruck, Mainz, Mannheim und Umgebung. Ab 1750 arbeitete er über 40 Jahre in Mannheim, zunächst als Theatermaler, und wurde 1769 von Carl Theodor zum ersten Historien- und Freskomaler, 1770 zum Professor der neugegründeten Zeichnungsakademie ernannt.

Von seiner Hand sind zwei Selbstbildnisse bekannt, ein intimeres mit Familie, um 1775 (Heidelberg, Kurpfälzisches Museum), und die selbstbewußte Inszenierung des 35 jährigen Hofkünstlers. Mit gepflegter Perücke und starker Kopfwendung weg von dem in Händen gehaltenen Skizzenblock und demonstrativ vorgewiesenen Kreidestift als innerbildlichen Hinweisen auf die aller praktischen Maltätigkeit vorangehende geistige Arbeit des „disegno", fixiert er den Betrachter mit aufmerksamem Blick. Um den leger getragenen gelben Rock über offenem weißen Hemd mit Spitzenjabot hat er in nahezu fürstlicher Pose einen üppig gebauschten Samtumhang gelegt, der dem Bild ein einheitlich rötlich - braunes Gesamtkolorit verleiht. A.F.

Grabmayr 1970; Grotkamp-Schepers 1980, S. 135, Nr. 50; Eichner 1981, S. 194 Nr. 240.

Heidelberg, Kurpfälzisches Museum (Sammlung Graimberg 1879, G 492)

Kat. Nr. 5.2.4

Kat. Nr. 5.2.5 a

Kat. Nr. 5.2.5 b

5.2.5
Fünf Nachtstücke von Johann Georg Trautmann

Johann Georg Trautmann (Zweibrücken 1713-1769 Frankfurt am Main) wurde 1761 auf Fürsprache des mit ihm befreundeten Philipp Hieronymus Brinckmann zum kurpfälzischen Hofmaler ernannt. Der in Frankfurt a. M. lebende Künstler hatte sich einen Namen gemacht mit kleinformatigen, sorgfältig gemalten Bildern mit meist spektakulären Themen, die in erster Linie für bürgerliche Sammler gedacht waren. Johann Wolfgang von Goethe charakterisierte die auffälligsten Merkmale des Werks von Trautmann, der mit einigen Bildern in der Sammlung seines Vaters vertreten war, zu Beginn des dritten Buches des ersten Teils von „Dichtung und Wahrheit" ganz zutreffend, wenn er schreibt, der Künstler habe sich *den Rembrandt zum Muster genommen, und es in eingeschlossenen Lichtern und Widerscheinen, nicht weniger in effektvollen Feuersbrünsten weit gebracht, so daß er einstens aufgefordert wurde, ein Pendant zu einem Rembrandtschen Bild zu malen.* K.-L.H.

Thieme/Becker, 33. Bd., 1939, S. 355/356; Bangel 1914, S. 69/70.

a Nächtlicher Brand mit Brücke

Öl auf Leinwand, 29,8 x 34,4 cm

b Nächtlicher Brand mit Statue

Öl auf Leinwand, 30 x 34,6 cm

Bez. u. r. von d. Mitte.: TM

c Brennende Ortschaft

Um 1750
Öl auf Pappe, auf Holz aufgezogen, 8,8 x 11,3 cm (oval)

d Brennende Ortschaft

Um 1750
Öl auf Pappe, auf Holz aufgezogen, 8,6 x 11,2 cm (oval)

Bez. u. l.: J. G. Trautmann

e Plünderung in einem kleinen Städtchen

Um 1750
Öl auf Leinwand, 50,5 x 61,5 cm

Bez. u. M.: Trautmann f.

Mannheim, Reiss-Museum (O 405 b; O 405 a; O 399 a; O 399 b; O 353)

Kat. Nr. 5.2.5 c

Kat. Nr. 5.2.5 d

Kat. Nr. 5.2.5 e

5.2.6
Zwei Porträts des Ehepaares Lamine

Joseph Fratrel d. Ä. (Epinal 1730-1783 Mannheim), um 1770
Öl auf Kupfer, 10 x 8 cm und 10,2 x 8 cm

Die beiden Porträtminiaturen zeigen Peter Simon Lamine (1738-1817), der nach dem Besuch der Mannheimer Zeichnungsakademie und einem fünfjährigen Italien-Aufenthalt 1771 zum Hofbildhauer in Mannheim ernannt wurde, und seine Ehefrau.
Joseph Fratrel d. Ä. absolvierte eine Ausbildung zum Juristen in Metz, schloß das Studium 1759 mit dem Lizenziat in Besançon ab und ließ sich als Advokat in Nancy nieder. 1750 bis 1752 hatte er sich gleichzeitig bei dem Miniaturmaler Pierre-Antoine Baudouin (1723-1769) in Paris zum Miniaturmaler ausbilden lassen. 1761 folgte er der Berufung als Hofminiaturmaler nach Mannheim und gab den Rechtsanwaltsberuf auf. Fratrel, der auch als Kunstschriftsteller aktiv war, entwickelte sich im Laufe der Jahre vom Miniaturmaler zum Historienmaler und wurde zum Ehrenprofessor der Düsseldorfer und der Mannheimer Akademie ernannt. K.-L.H.

Grotkamp-Schepers 1980, S. 147/148.

Mannheim, Reiss-Museum (O 209; O 210)

Kat. Nr. 5.2.6 a

Kat. Nr. 5.2.6 b

5.2.7
Selbstporträt von Hugo Wilwerth

Um 1780
Öl auf Leinwand, 83 x 66,2 cm

Hugo Wilwerth (um 1740-1792?) lernte bei Franz Anton von Leydensdorff (1721-1795). Ab 1769 wird er im Kurpfälzischen Hof- und Staatskalender als Hofmaler geführt. Außer dem gezeigten schlichten Selbstbildnis, in dem sich Wilwerth in der zeitüblichen, lockeren Künstlerkleidung darstellt, ist nur noch ein signiertes Gemälde des Künstlers bekannt: ein Porträt des Paters Matthäus Vogel (1696-1766) im Minoritenkloster in Oggersheim. K.-L.H.

Thieme/Becker, 36. Bd., 1947, S. 46; Emmerling 1959, S. 99-101; Eichner 1981, S. 195.

Mannheim, Reiss-Museum (O 257)

Kat. Nr. 5.2.7

5.2.8
Porträt der kurfürstlichen Hofmalerin Maria Catharina Wilhelmina Treu

Gemeinschaftsarbeit von Nikolaus und Catharina Treu (Bamberg 21.5.1743-11.10.1811 Mannheim), 1771
Öl auf Holz, 39 x 51 cm

Bez. u dat., r.: EFFIGIEM PINX. NIC. TREU 1771, l. u.: Cat: TREUIN P. 1771

Die auffällige Demonstration der Palette besaß schon lange Tradition in Künstlerbildnissen (Abb. siehe Bd. 1.1, S. 215). Ein frühes Beispiel ist das Selbstporträt der Katharina von Hemessen von 1548 (Basel, Kunstmuseum). Im 18. Jahrhundert war der handwerklich-mechanische Anteil künstlerischer Produktion fester Bestandteil der Allegorie der Malerei. Viele Maler integrierten die benötigten Arbeitsutensilien in ihre Selbstbildnisse. Auch Catharina Treu läßt sich von ihrem Bruder mit der Palette in der linken Hand darstellen. Auf der Palettenoberseite ist die Farbtonanordnung gerade noch erkennbar, charakteristisches Merkmal einer ganzen Reihe von Künstlerbildnissen im 18. Jahrhundert. Die Farbenlehre – die *science du coloris*, wie Roger de Piles (Cours de peinture par principe, 1708) sie bezeichnete – war zu einer geistigen Disziplin und einem zentralen Wissensgebiet für die Maler geworden. So verweist der rhetorische Zeigegestus nicht nur auf die Spezialität der Künstlerin, die Stilllebenmalerei, sondern dokumentiert auch den Anspruch der Malerin, daß die Farbgebung ihrer Stilleben Ergebnis einer reflektierten Auswahl und Verteilung der Farben ist, mit der es ihr gelingt, die Natur täuschend echt nachzuahmen. Daher setzt die Künstlerin ihre Signatur auch ganz bewußt auf die Unterseite des (von ihr gemalten) Früchtekorbes. G.M.T.

Greer, Germaine: Das unterdrückte Talent. Berlin/Frankfurt 1980; Pigage, Nicolas de: La Galerie Électorale de Dusseldorff en catalogue raisonné et figuré de ses tableaux. Brüssel 1781; Reidel, Erna: Katharina Treu, eine kurpfälzische Malerin der Karl-Theodor-Zeit. In: Kurpfälzer Jahrbuch 1929, S. 90-95. Heidelberg 1929. Thölken, Gabriele M.: Catharina Treu (1743-1811), Kabinettmalerin unter Kurfürst Carl Theodor in Mannheim. In: 134. Bericht des Historischen Vereins Bamberg. Bamberg 1998, S. 217-240.

Bamberg, Historisches Museum (327)

Kat. Nr. 5.2.9

Kat. Nr. 5.2.10

5.2.9
Stilleben mit Oestkorb

Catharina Treu (Bamberg 1743-1811 Mannheim), 1764
Öl auf Leinwand, auf Hartfaserplatte aufgezogen, 73 x 103 cm

Rechts unten signiert und datiert: „CATHARINA TREy P.(inxit) 1764"

Die meisten ihrer Stilleben hat die Künstlerin in prächtigen Innenräumen inszeniert, manche hat sie aber auch ins Freie verlegt, wie bei diesem Fühwerk. Das Gemälde steht in der Tradition des sogenannten „kruidstuks" oder Waldstillebens, dessen berühmteste Vertreter Jan Davidsz de Heem, Abraham Mignon und Rachel Ruysch waren. In einer Waldlandschaft steht ein großer Weidenkorb, der gefüllt ist mit den unterschiedlichsten Früchten und Gemüse. Eine Vielzahl fein gemalter Insekten und anderer Tiere beherrscht die Szene. Die komplizierte Vanitassymbolik der niederländischen Stilleben war Catharina Treu vertraut und wird von ihr in vielen Arbeiten thematisiert: Die Schlange, die Eidechse, die Schnecke, von denen im 3. Buch Mose (Kap. 11, Vers 29 ff.) die Rede ist, galten als „unreine Tiere". Ihnen gegenübergestellt sind eucharistische Symbole wie Weintraube, Kastanie und Ähre. Die Kreuzspinne, die sich an einem Faden über der Eidechse herabläßt, galt als Streiterin für den christlichen Glauben. Neben seinem religiösen Sinngehalt demonstriert das Gemälde vor allem die erstaunliche Fähigkeit der Künstlerin zur illusionistischen Nachahmung der Natur und der scheinbaren Konservierung vergänglichen Lebens. G.M.T.

Mannheim, Reiss-Museum (O 414)

Kat. Nr. 5.2.11

5.2.10
Stilleben mit Trauben und Pflaumen

Catharina Treu (Bamberg 1743 – 1811 Mannheim),
Öl auf Eichenholz, 13,1 x 15,5 cm

Rechts unten signiert „CT"

Catharina Treu arbeitete auf verschiedenen Malgründen, nicht nur auf Leinwand und Kupfer, sondern wie ihre niederländischen Vorbilder auch auf Holztafeln, wie es bei diesem kleinformatigen Gemälde der Fall ist. Ebenfalls auf Holz gemalt sind die *seestücke* von ihr, die durch Rechnungsbelege nachzuweisen sind. G.M.T.

Mannheim, Reiss-Museum (O 223)

5.2.11
Stilleben mit Früchten und Hering

Catharina Treu (Bamberg 1743 – 1811 Mannheim)
Öl auf Leinwand, 28,2 x 41,6 cm
Rechts unten signiert „C.T."

Die Hofmalerin Catharina Treu war in ihrer Zeit auch über die Kurpfalz hinaus bekannt. Werke aus ihrem Oeuvre finden sich in zahlreichen adeligen und bürgerlichen Gemäldesammlungen der damaligen Epoche. Vor allem widmete sie sich dem Genre des Stillebens, das sich, obwohl es zur untersten Rangstufe der Malerei gezählt wurde, auch im 18. Jahrhundert großer Beliebtheit erfreute. Zu einer Aufwertung dieses Bildthemas trug wesentlich der französische Stilleben- und Genremaler Jean-Baptiste Siméon Chardin bei, der 1728 als erster Tier- und Früchtemaler in die Académie Royale aufgenommen worden war.

Das leuchtende Rot der fein gefältelten Decke auf der marmornen Tischplatte zieht den Blick des Betrachters mindestens ebenso auf sich, wie die Lichtreflexe auf dem Hering, den Weintrauben und der mit Früchten gefüllten kostbaren Porzellanschale. Das eindrucksvolle Lichtspiel wird durch den dunklen Hintergrund noch verstärkt. Das kleinformatige Stilleben der Treu erinnert an ihre großen niederländischen Vorbilder, allen voran Willem Kalf (1619-1693), dessen differenzierte Wiedergabe des Stofflichen die Malerin meisterhaft beherrschte. G.M.T.

Mannheim, Reiss-Museum (O 235)

5.2.12
Selbstbildnis

Anna Dorothea Therbusch (Berlin 1721-1782) , 1761
Öl auf Leinwand, 66 x 49 cm

Bez. rückseitig: „Anna Dorothea Terbouche née de Liszewska Peint par elle même 1761"
Provenienz: Aufnahmestück in die Stuttgarter Akademie

Die Berliner Künstlerin Anna Dorothea Therbusch zeigt sich in selbstbewußter Haltung als Malerin mit Palette und Pinsel, den Attributen ihres Metiers. Dieses Selbstporträt war ihr Aufnahmestück in die 1761 neu gegründete Stuttgarter „Académie des Arts", deren Ehrenmitglied sie 1762 wurde. Ihr Aufenthalt in Stuttgart stellte den eigentlichen Beginn ihrer bemerkenswerten Karriere dar, die im Anschluß daran mit der Berufung zur Hofmalerin am Hofe Carl Theodors in Mannheim (1764) und der Mitgliedschaft in der Pariser „Académie Royale de Peinture et Sculpture" (1767) gekrönt werden sollte. Nach ihrer Rückkehr nach Berlin wurde sie eine gefragte Porträtistin der Berliner Gesellschaft und des preußischen Königshauses.
Das hier gezeigte Selbstbildnis stellt unter den zwölf von ihr bekannten Selbstbildnissen in gewisser Weise eine Ausnahme dar, da sie sich sonst nicht in dieser lockeren und verspielten Pose präsentiert. Sie zeigt sich frontal dem Betrachter, mit einer leichten Drehung im Körper. Ein Lächeln umspielt ihre Lippen. Kein Hut und keine Haube bändigt ihr dunkles, ungepudertes Haar, das lockig auf die Schultern herabfällt. Das Dekolleté ist zwar von den Zipfeln eines Brusttuches verdeckt, die Schultern aber werden frei, mit heruntergleitendem Spitzenhemd gezeigt. Ein blauer Samtmantel umspielt schwungvoll ihre Schultern. Dieses Spiel mit verdeckten und offen zur Schau getragenen erotischen Reizen ist einmalig unter den von ihr erhaltenen Selbstbildnissen.
Bewußt stellt sich Anna Dorothea Therbusch nicht in der fast schon veristischen Form späterer Selbstporträts als vierzigjährige verheiratete Mutter dar. Sie wählt auch nicht die Rolle der Muse oder die Variante der im Atelier in die Arbeit vertieften Künstlerin. Sie versucht verschiedene Komponenten zu vereinen und erreicht dadurch beim Betrachter eine Ungewißheit, was er in ihr zu sehen hat. Sie zeigt sich nicht als stille Schönheit, die sich ihrer Reize bewußt ist und außerdem auf dem Gebiet der Kunst Talent besitzt; vielmehr ist die Diskrepanz zwischen beiden Seiten, der Verführerin und der Künstlerin, zu groß. Das Gemälde enthält so die ganze Antriebskraft und Arbeitsfülle dieser Jahre. Der Erfolg, den sie in Stuttgart hatte, scheint aus dieser Selbstdarstellung zu sprechen. K.K.

Katalog der Staatsgalerie Stuttgart, Stuttgart 1957, S. 288; Berckenhagen 1987, S.129; Küster 1995, S. 20ff., 72, Nr.80.

Stuttgart, Staatsgalerie (1104)

Kat. Nr. 5.2.12

5.2.13
Porträt Ferdinand Kobell

Joseph Hauber (Geratsried/Allgäu 1766 - 1834 München), um 1795
Öl auf Leinwand, 62 x 48,8 cm

Joseph Hauber porträtierte den Landschaftsmaler Ferdinand Kobell (1740-1799) kurz nach dessen Übersiedlung von Mannheim nach München im Jahre 1794, ohne ihn durch Palette, Pinsel oder Zeichenstift als Künstler zu charakterisieren. Sein Interesse galt ganz der zurückhaltend-lebendigen Erfassung der Gesichtszüge Kobells. König Ludwig I. von Bayern (1786-1868) erwarb das Porträt später von der Familie Kobell für seine Bildnis-Sammlung. K.-L.H.

Schneider 1974, Nr. 25, S. 79; Hartwig 1978, S. 125-127; Kobell 1993/94, S. 28, Kat. Nr. I.

München, Bayerische Staatsgemäldesammlungen, Alte Pinakothek (WAF 1146)

5.2.14
Sechs Landschaftsbilder von Ferdinand Kobell

Ferdinand Kobell (Mannheim 1740-1799 München) wurde 1771 zum „Kabinetts-Landschafts-Maler" am kurfürstlichen Hof seiner Geburtsstadt ernannt und erhielt zwei Jahre später eine Gehaltserhöhung mit der Auflage, jährlich „zwei von seiner Hand gefertigte mit schicklichen Figuren staffierte und nach Geschicklichkeit wohl ausgearbeitete Landschaftsstücke" zu liefern. Die als Gegenstücke konzipierten beiden Gemälde „Landschaft mit kleiner Hirtengruppe" und „Landschaft mit reitendem Bauern" von 1773 vermitteln eine Vorstellung von den in erster Linie für die Schloßausstattung vereinbarten Bilderpaaren. Ferdinand Kobell, der die niederländischen Landschaftsbilder des 17. Jahrhunderts in der kurfürstlichen Gemäldegalerie intensiv studiert hatte, verband die dabei gewonnenen Prinzipien des Bildaufbaus und der Farbgestaltung mit genauen, eigenen Beobachtungen aus seiner heimatlichen Umgebung. Kobell avancierte schnell zu einem der beliebtesten deutschen Landschaftsmaler seiner Zeit, dessen Gemälde von Sammlern gesucht und zum Beispiel auch in die Mannheimer Gemäldegalerie aufgenommen wurden. K.-L.H.

Kat. Nr. 5.2.14 a

Kat. Nr. 5.2.14 b

a Grosse Flusslandschaft

1772
Öl auf Leinwand, 162,5 x 176,5 cm

Bez. u. r.: F. Kobell 1772

Biedermann 1973, Nr. 147, S. 101.

b Bachlandschaft mit kleiner Hirtengruppe

1773
Öl auf Leinwand, 66,5 x 87,5 cm

Bez. u. l.: F. Kobell f. 1773

Biedermann 1973, Nr. 69, S. 95.

c Landschaft mit reitendem Bauern

1773
Öl auf Leinwand, 67 x 85,4 cm

Bez. u. l.: f: Kobell f 1773

d Flusslandschaft mit Wasserfall

1778
Öl auf Leinwand, 74,5 x 96,3 cm

Bez. u. l.: Ferd: Kobell f: 1778

Swoboda 1981, Nr. 6, S. 13/14.

e Bergige Landschaft mit Fluss

1777
Öl auf Leinwand, 74,4 x 96,3 cm

Bez. u. r.: F: Kobell a Mannheim 1777

Swoboda 1981, Nr. 7, S. 14/15.

f Kleine Gebirgslandschaft mit Wasserfall

1791
Öl auf Eichenholz, 24,3 x 31,4 cm

Bez. u. r.: Kobell 1791

Mannheim, Reiss-Museum (O 375; O 334; RMM 1976/5; RMM 1978/6; RMM 1979/7; O 394)

Kat. Nr. 5.2.14 c

Kat. Nr. 5.2.14 d

Kat. Nr. 5.2.14 e

Kat. Nr. 5.2.14 f

5.2.15
Gebirgslandschaft

Ferdinand Kobell (Mannheim 1740-1799 München), 1791
Öl auf Holz, 24,6 x 31,5 cm

Bez. u. r. von d. Mitte: Kobell 1791

Die „Gebirgslandschaft" zählt zu den spätesten Gemälden Ferdinand Kobells, der Anfang der neunziger Jahre die Malerei weitestgehend aufgab. Das Gemälde aus Darmstadt wird hier erstmals wieder mit seinem Gegenstück aus dem Reiss-Museum „Kleine Gebirgslandschaft mit Wasserfall" (vgl. Kat.Nr. 5.2.14 f) zusammengeführt. In den späten Landschaftsbildern drückt sich eine veränderte Landschaftsauffassung aus. Anstatt, wie in den früheren Werken, mehrere Landschaftszonen kulissenartig hintereinander zu staffeln, schuf Kobell nun einen kontinuierlich erschlossenen Landschaftsraum. K.-L.H.

Roland 1960, S. 331; Biedermann 1973, Nr. 365, S. 122; Ludwig 1997, S. 96-98.

Darmstadt, Hessisches Landesmuseum (GK 376)

Kat. Nr. 5.2.15

5.2.16
Der Kurpfälzische Münzmeister Anton Schaeffer

Johann Georg Bochdanoff, 1768
Öl auf Leinwand, 89 x 74,5 cm

Bez. auf Rücks.: Pinx Joh. G. Boch / danoff / 1768

Das von Johann Georg Bochdanoff, einem Maler russischer Herkunft, 1768 geschaffene Porträt des kurpfälzischen Medailleurs, Stempelschneiders, Münzmeisters und Münzrats Anton Schaeffer (Düsseldorf 1722-1801 Mannheim), zeigt ihn in Dreiviertelansicht in einem Stuhl sitzend. Sein Körper ist nach rechts gewandt, während sein vom Bildlicht getroffenes Antlitz zum Betrachter ausgerichtet ist. Schaeffer trägt ein legeres rotes Gewand und eine weiche Mütze. In seinen kompositorisch durch die Lichtführung und die Spitzenmanschetten hervorgehobenen, feingliedrigen Händen hält er einen Medaillonstempel und einen Grabstichel, die neben weiteren auf seinem Werktisch abgelegten Arbeitsgeräten seine Profession bezeichnen. Durch die traditionellen Künstlerbildnisse folgende Selbstinszenierung wird der handwerkliche Aspekt jedoch anspruchsvoll überhöht.

Anton Schaeffer war Schüler seines Vaters Wiegand (1678-1758), mit dem er seit 1741 auch gemeinsam arbeitete. So wurde im Todesjahr seines Vaters eine 30 Stücke umfassende Folge von Medaillen vollendet, die den Kurfürsten und Administratoren der Pfalz gewidmet ist. Seit 1748 war Anton Schaeffer zunächst Münzstempelschneider, von 1753 bis zu seinem Tod als pfälzischer Münzmeister an der Mannheimer Münze tätig. 1768 wurde er Münzrat und 1769 zum Mitglied der Maler- und Bildhauerakademie ernannt. 1793 schuf Schaeffer seine letzte Arbeit für den Landesherrn. Außer für den Kurfürsten Carl Theodor schnitt er Stempel für Zweibrücker Ausmünzungen und schuf Medaillen für benachbarte Fürsten, so für den Fürstbischof von Speyer, den Markgrafen von Baden, den Landgrafen von Hessen und den Herzog von Württemberg. A.F.

Goetze, Jochen/ Roggenkamp, Walter: Medaillen der Kurfürsten von der Pfalz. Die Schaeffersche Suite von 1758. Heidelberg 1980, S. 10-12.

Heidelberg, Kurpfälzisches Museum (Sammlung Graimberg 1879, G 23)

5.2.17
Gipsmodelle für eine Portraitmedaille

Anton Schäffer (1722 – 1799), um 1750
Gips, koloriert, in Holzrahmen

Bei den beiden Abgüssen handelt es sich um das Modell einer nicht in Metall ausgeführten Medaille. Sie wurden im Jahre 1750 von Anton Schäffer an Markgraf Karl Friedrich von Baden als Probe seines künstlerischen Schaffens übersandt. Sie blieben bis 1995 im Besitz des Hauses Baden und gelangten bei der Versteigerung der Kunstschätze des Fürstenhauses in den Handel. H.-J.S.

Stemper 1997, 494 Nr. 502

München, Staatliche Münzsammlung (o. Nr.)

5.3
Antikensaal und Zeichnungsakademie

Kurfürst Carl Philipp ließ 1731 die von seinem Vorgänger Johann Wilhelm von der Pfalz bereits 1709 in Rom und Florenz in Auftrag gegebene Abguß-Sammlung antiker Skulpturen aus Düsseldorf nach Mannheim überführen. Die mehr als 40 Statuen, Gruppen und Büsten zählenden Gipsabgüsse waren zunächst in verschiedenen Gebäuden der Stadt, ab September 1766 im Schloß und seit 1769 in der Zeichnungsakademie in F 6,1 untergebracht. Der Antikensaal diente vorrangig der Ausbildung der Studenten der 1756 gegründeten Zeichnungsakademie. Die Abgüsse standen auf beweglichen Postamenten und konnten daher nach jeder Seite gedreht werden.

Einer der berühmtesten Besucher des Antikensaals war J.W. Goethe, der ihn bereits 1769 besichtigte und sich vor allem mit der auch von späteren Besuchern immer wieder bewunderten Laokoongruppe beschäftigte. Seine Eindrücke bei einem zweiten Besuch 1771 hat er ausführlich in „Dichtung und Wahrheit" (11. Buch) niedergelegt. Von Goethe stammt auch das oft zitierte Bild vom „Wald der Statuen, durch den man sich durchwinden" mußte. Zwischen dem Antikensaal und der Ausstattung des Schwetzinger Schloßgartens gab es darüber hinaus enge Beziehungen. Dort sind Sandsteinkopien von Büsten des Antikensaals und die wohl von P.A. von Verschaffelt gearbeiteten und auf Abgüsse im Antikensaal zurückgehende Reliefmedaillons an den Obelisken im Gartenparterre zu finden. Auch in den offenen Vorhallen des sogenannten Badhauses standen leicht veränderte Abgüsse von Statuen aus Mannheim.

Die kurfürstliche Gipsabguß-Sammlung wurde 1803 nach München gebracht, um dort nach Mannheimer Vorbild einen Antikensaal für die Kunstschüler der Akademie einzurichten. Von diesen Abgüssen ist heute so gut wie nichts mehr erhalten. Seit 1991 befindet sich im Mannheimer Schloß in einem Korridor neben der Schloßkirche die sogenannte Antikensaal-Galerie. Sie vereinigt neue Abgüsse der bekanntesten, einst im kurfürstlichen Antikensaal versammelten Statuen, Gruppen und Büsten.

Die seit 1756 bestehende Zeichnungsakademie besaß zunächst eher privaten Charakter. 1769 wurde sie von Kurfürst Carl Theodor offiziell anerkannt und Peter Anton von Verschaffelt (1710-1793), ihr bis dahin einziger Lehrer, zu ihrem Direktor ernannt. Auf sein Betreiben hin wurden 1770 drei Professoren für den Unterricht eingestellt: Heinrich Carl Brandt (1724-1787), Franz Anton von Leydensdorff (1721-1795) und Johann Franz van der Schlichten (1725-1795). Der Schwerpunkt der Ausbildung, die das Zeichnen als Grundlage aller bildenden Künste in den Vordergrund stellte, lag auf dem Aktzeichnen. Einen der wichtigsten Bestandteile des akademischen Unterrichts bildete die 1769 im Akademiegebäude aufgestellte Antikenabgußsammlung. Sie hob die Mannheimer Zeichnungsakademie über viele gleichartige Kunstschulen hinaus und stellte einen Anziehungspunkt für zahlreiche junge und talentierte Künstler dar. Daneben dienten zwei sich abwechselnde lebende Modelle den Schülern als Unterrichtsgrundlage.

Die Struktur der Akademie orientierte sich im wesentlichen an dem Vorbild der bedeutendsten Kunstakademien des 18. Jahrhunderts, zu denen vor allem Paris und Berlin zählten. Ein Protektor, wobei es sich um einen hohen Beamten der kurfürstlichen Verwaltung handelte, kontrollierte in Vertretung des Kurfürsten die Vorgänge an der Akademie. Die künstlerischen und personellen Entscheidungen wie auch die Aufnahme von neuen Schülern lagen weitgehend im Ermessen des Direktors und der Professoren. Über den Ablauf des Unterrichts ist ansonsten wenig bekannt, da weder Protokolle noch Berichte einzelner Künstler existieren. Die Akademie vereinigte seit den 70er Jahren die wichtigsten Mannheimer Künstler und galt als bedeutende Ausbildungsstätte für die jüngere Generation. Zu ihren Mitgliedern gehörten unter anderen der Porträtmaler Johann Wilhelm Hoffnaas (1727-1795), der Bildhauer Franz Conrad Linck (1730-1793) und der Kupferstecher Egid Verhelst (1733-1804). Alle drei wurden 1790 als weitere Professoren an die Akademie berufen. Unter den Schülern finden sich Namen wie Franz (1749-1822) und Ferdinand Kobell (1740-1799) und später dessen Sohn Wilhelm von Kobell (1766-1853), Sebastian Stassens (1752-nach 1821), Johann Jacob de Lose (um 1755-1813), Anton Karcher (1760-1842), Carl Kuntz (1770-1830) und Franziska Schöpfer (1763-1836).

Verschaffelt, der 24 Jahre lang die Akademie leitete, hatte Carl Theodor dazu bewegen können, daß die Direktion nach seinem Tod 1793 auf seinen ältesten Sohn, den Bildhauer und Architekten Maximilian von Verschaffelt (1754-1818), vererbt wurde. Als dieser jedoch im gleichen Jahr das Amt des Bau- und Gartendirektors in München antrat, kam es unter den Akademieprofessoren zunächst zum Streit um die Direktorenstelle, aus dem der Bildhauer und Verschaffelt-Schüler Simon Peter Lamine (1738-1817) als Nachfolger hervorging. Während seiner Amtszeit war die Akademie ihrer Bedeutung und Schülerzahl nach im Rückgang begriffen. Durch den Revolutionskrieg seit 1792 und die sich abwechselnde französische beziehungsweise österreichische Besatzung in der Kurpfalz erlitt Mannheim große finanzielle Einbußen, die vor allem auf kultureller Ebene zu erheblichen Sparmaßnahmen führten. Auch vertraten jetzt einflußreiche bürgerliche Kreise zum Teil die Meinung, die in ihren Augen teure und nutzlose Institution gehöre aufgehoben. Die Akademieprofessoren waren für den Unterricht inzwischen zu alt oder bereits verstorben. Außerdem stellten interne Auseinandersetzungen die Kunstschule immer wieder auf eine harte Bewährungsprobe. Mit dem Tod von Kurfürst Carl Theodor 1799 verlor sie ihren wichtigsten finanziellen Förderer und Fürsprecher. Nach einer kurzen Übergangszeit unter Kurfürst Max Joseph und schließlich unter badischer Regierung wurde die Zeichnungsakademie 1804 geschlossen, nachdem Lamine und einige Akademiemitglieder vergeblich versucht hatten, sie zu erhalten. C.B./A.K.

5.3.1
Künste und Wissenschaften in Verehrung ihres Protektors Carl Theodor

Joseph Fratrel d.Ä. (Epinal 1730-1783 Mannheim), 1777
Radierung, 50,3 x 30,6 cm (Bl.); 45,8 x 26 cm (Platte); 43,2 x 26 cm (Darst.)

Bez. u.: Les Sciences les Arts dans leur brillant Destin, /S'empressent a l'enui de former son Cortège;/Tandisque les Vertues, qu'il aime, quil protège,/Lui méritent le Nom de Titus Palatin
(Die Wissenschaften, die Künste eifern in ihrer glänzenden Bestimmung um die Wette, ihm das Gefolge zu bilden; währendessen verleihen ihm die Tugenden, die er liebt und die er schützt, den Namen Pfälzischer Titus)

Die Radierung geht auf ein Grisaille-Bild zurück, das Fratrel 1773 schuf und im Jahre darauf der Kurpfälzischen Akademie der Wissenschaften schenkte, in deren Versammlungssaal im Schloß es sich bis 1806 befand. Die Radierung Fratrels reproduziert die Grisaille, die heute im Landesmuseum in Darmstadt aufbewahrt wird, mit kleineren Änderungen. Minerva/Pallas Athena, zu deren Füßen eine Eule als Symbol der Weisheit sitzt, stützt ein Porträtmedaillon Carl Theodors, das auf einem Sockel steht. Auf diesem ist der mittlere Teil von Raffaels „Schule von Athen" wiedergegeben. Unten rechts bringen zwei Putten den Kurhut und das Kurschwert dar. Vor dem Porträt des Kurfürsten kniet Urania (Sternkunde) und führt die übrigen Musen an. Die im Vordergrund liegenden Maler- und Bildhauerutensilien sowie Münzen, Fernrohr und Globus erinnern daran, daß Carl Theodor sowohl den Künsten als auch den Wissenschaften zur Blüte verhalf. Inmitten dieser Beigaben hält ein Putto die Taten des Kurfürsten für die Nachwelt fest. In den Obelisken – ein Zeichen der Beständigkeit – sind die Stiftung der Akademie der Wissenschaften und die Gründung der Mannheimer Zeichnungsakademie eingelassen. Außerdem trägt der Obelisk das Wappen Carl Theodors und eine lateinische Inschrift, die einen Teil der lateinischen Widmung der Grisaille wiederholt. Darüber hinaus teilt sie mit, daß Fratrel das Werk 1774 der Akademie der Wissenschaften schenkte und die Radierung im Jahre 1777 schuf. K.-L.H.

Grotkamp-Schepers 1980, S. 155f.; Ludwig 1997, S. 72-74.

Mannheim, Reiss-Museum (1959/1, 66)

Kat. Nr. 5.3.1

5.3.2
Medaillen auf die Zeichnungs- und Bildhauerakademie in Mannheim

a Anton Schäffer (1722-1799), 1769
Silber, Dm. 4,1 cm

b Georg Christoph Wächter (1729-1789?), 1769
Silber, Dm. 4,3 cm

c Anton Schäffer (1722-1799), 1769
Silber, Dm. 2,8 cm

d Heinrich Boltschauser (1754-1812), 1792
Zinn, Dm. 3,4 cm

Bereits seit der Berufung Peter Anton von Verschaffelts (1710-1793) an den Mannheimer Hof im Jahre 1752 wurde in einem 1756 eigens dafür eingerichteten Gebäude im Quadrat F 6 eine Akademie der Malerei und Bildhauerkunst betrieben. Am 4. November 1769 – dem Namenstag des Kurfürsten – wurde sie mit Statuten und großzügigen finanziellen Mitteln ausgestattet, die u.a. jungen Künstlern Stipendien und Auslandsaufenthalte zum Studium der Landschaftsmalerei ermöglichte. Nach akademischer Gepflogenheit stiftete der Landesvater auch Prämienmedaillen, um welche die Schüler jedes Jahr im „Zeichnen nach der Natur" wetteifern sollten. H.-J.S.

Haas-Gesche 1972, S. 28, Nr. 18; S. 38, Nr. 44; Haas 1974, S. 127, Nr. 377; Gesche 1981, S. 41, Nr. 28; Stemper 1997, S. 509-511, Nr. 521f; S. 514, Nr. 524.

Mannheim, Reiss-Museum (III g 1956, 1302, o. Nr.) (a, b, d)
Heidelberg, Kurpfälzisches Museum (M 1212) (c)

Kat. Nr. 5.3.2 b Vorderseite

Kat. Nr. 5.3.2 b Rückseite

5.3.3
Selbstbildnis des Peter Anton von Verschaffelt

Peter Anton von Verschaffelt (Gent 1710-1793 Mannheim), Mannheim, um 1780/85
Carrarischer Marmor; H. 69 cm (mit Sockel)

1756 regte der Hofbildhauer Verschaffelt beim Kurfürsten die Gründung einer Zeichnungsakademie an, der er bis 1793 als Direktor vorstehen sollte. In der Ausbildung schlug sich Verschaffelts eigene Schulung an der Pariser Akademie nieder. Im Portraitfach war deren Ziel in den 30er Jahren eine größtmögliche Natürlichkeit und Lebendigkeit des Ausdrucks gewesen, die durch Mehransichtigkeit, eine bewegte Komposition und eine differenzierte Oberfläche erreicht werden sollte. Die Antike wurde dagegen nur hinsichtlich der Themen und Motive rezipiert. Dies ist auch an Verschaffelts spä-

Kat. Nr. 5.3.3

Kat. Nr. 5.3.4

5.3.4
Porträt des Peter Anton von Verschaffelt

Anna Dorothea Therbusch (Berlin 1721-1782 Berlin), 1764
Öl auf Leinwand, 64,5 x 49 cm

Rückseitig sign. u. dat.: „Peint par Anna Dorothea Therbouche née de Lisiewska, 1764"

Provenienz: 1951 von Herrn Stutzmann, München, erworben. Stammt aus Verschaffeltschem Familienbesitz

Peter Anton von Verschaffelt wurde 1710 in Gent geboren und erhielt dort seinen ersten künstlerischen Unterricht. Mehrjährige Aufenthalte in Paris, Rom und London runden seine Ausbildung ab, während der er Schüler der Pariser „Académie Royale de Peinture et Sculpture" war und Mitglied der „Accademia di San Luca" in Rom wurde. 1752 erhält er die Berufung nach Mannheim zum kurfürstlich-pfälzischen Hofbildhauer und tritt damit die Nachfolge des kurz zuvor verstorbenen Hofbildhauers Paul Egell an. Mit diesem Wechsel der Personen beginnt auch ein Stilwechsel in der Bildhauerkunst der Kurpfalz. Verschaffelt konnte während seiner Aufenthalte in Rom und England die Plastik der Antike studieren. Die daraus resultierende Beeinflussung seiner Werke entsprach dem Geschmack der Aufklärung, die sich unter anderem an antiken Vorbildern orientierte und den Vorstellungen Carl Theodors entgegenkam. Gleich zu Anfang seiner Mannheimer Zeit arbeitete er mit dem Oberbaudirektor Nicolas de Pigage zusammen, später zeichnete Verschaffelt sich nicht nur als Bildhauer, sondern auch als Architekt aus. 1769 wird er zum Direktor der von ihm eingerichteten und von Carl Theodor gestifteten Zeichnungsakademie mit Antikensaal ernannt. Hohe Auszeichnungen wie der päpstliche Christusorden und die Verleihung des erblichen Adels eines Reichsritters legen Zeugnis von der hohen Wertschätzung dieses Künstlers ab, der 1793 in Mannheim starb. K.K.

Berckenhagen 1987, S. 148; Küster 1995, S. 23 u. 25ff., Nr. 19; Pigage 1996,/97, S. 230, Farbtaf. 4; Gesche 1976.

Mannheim, Reiss-Museum (O 412)

tem Selbstbildnis zu erkennen, das man erst nach seinem Tod in seiner Werkstatt fand. So ist das Gewand des Künstlers zwar in antikischer Weise drapiert, aber dennoch wirkt die Büste durch die scheinbar spontane Wendung des Kopfes und die schonungslose Darstellung von Alterserscheinungen ausgesprochen natürlich und lebendig. Die Betonung des Privaten durch die unrepräsentative Hauskleidung spiegelt darüber hinaus auch englische Vorbilder wider, die Verschaffelt in den Jahren 1751/52 in London kennengelernt hatte.

D.B.

Jahresbericht des Museums. Mitteilungen des Historischen Vereins der Pfalz, Bd. V, 1875, S. 151; Beringer, Joseph August: Peter A. von Verschaffelt. Sein Leben und sein Werk aus den Quellen dargestellt. Straßburg 1902, S. 110 (mit Abb. 29); Ausklang des Barock. Kunst und Künstler des 18. Jahrhunderts in der Pfalz. Heidelberg 1959, S. 86, Nr. 296; Hofmann, Eva: Peter Anton von Verschaffelt. Hofbildhauer des Kurfürsten Carl Theodor in Mannheim. Diss. Heidelberg 1982, S. 142-144 (mit Abb. 143f.).

Speyer, Historisches Museum der Pfalz (HM 259)

5.3.5
Sogenannter Feldherr

Gipsabguß nach einem Bronzenachguß der antiken Marmorbüste in Neapel, H. 0,62 m

Die in Mannheim fälschlich als „Solon" bezeichnete Büste, an der der entschlossene Ausdruck des lebhaft durchfurchten Gesichts sowie die ruckartige Wendung nach rechts besonders auffallen, war in der zweiten Hälfte des 18. Jahrhunderts sehr beliebt. Die durch das Schwertband über der rechten Schulter als Feldherr gekennzeichnete Büste hat auch die in Mannheim tätigen Künstler Leydensdorff und Linck angeregt, sich mit dem Abguß auseinanderzusetzen. C.B.

Schiering/Meixner/Braun 1995, S. 146, Nr. A 11, Abb. 14; Himmelmann, N. u.a.: Herrscher und Athlet. Die Bronzen vom Quirinal. Ausst.Kat. Bonn 1989, S. 224f., Nr. 14 (zur Marmorbüste in Neapel).

Mannheim, Universität (Antikensaal-Galerie)

Kat. Nr. 5.3.5

Kat. Nr. 5.3.6

5.3.6
Solon

Franz Conrad Linck (1730-1793)
Ton, H. 11,2 cm, B. 6,9 cm

Der als Gesichtsmaske gearbeitete Bozzetto entstand – wie die Grisaille von F.A. Leydensdorff (Kat.Nr. 5.3.11 e) - nach dem im Antikensaal ausgestellten Gipsabguß der als sogenannter Feldherr bezeichneten Büste aus der Sammlung Farnese in Neapel. Linck, kurpfälzischer Hofbildhauer und Modelleur an der Frankenthaler Porzellanmanufaktur, schuf mit dem Bozzetto eine weitgehend getreue Kopie der Vorlage, auch wenn in der Auffassung der Plastiz tät eine Abweichung festzustellen ist.

C.B.

Schiering/Meixner/Braun 1995, S. 146; Schiering 1981, S. 265, Abb. 9.

Mannheim, Reiss-Museum (o. Nr.)

5.3.7
Venus Medici

Gipsabguß nach einer Marmorstatue aus der Sammlung Medici in den Uffizien in Florenz, H. 153 cm

Der bereits in Düsseldorf zur kurfürstlichen Sammlung gehörende Abguß erfolgte nach einer kaiserzeitlichen Kopie eines in mehreren Varianten überlieferten späthellenistischen Vorbildes um 150-120 v. Chr. Die am Original zu erkennende Inschrift, die offenbar eine Künstlersignatur vortäuscht, ist beim Mannheimer Abguß nur teilweise zu erkennen. Die Statue der Venus Medici war bis ins 19. Jahrhundert sehr geschätzt und galt lange als Inbegriff der weiblichen Schönheit. Der Kopf des Gipsabgusses diente Verschaffelt als Vorbild für seine Venus-Figur im Treppenhaus des Palais Bretzenheim. C.B.

Schiering/Meixner/Braun 1995, S. 158, Nr. A 19, Abb. 22, Haskell/Penny 1981, S. 325-328, Nr. 88, Abb. 173.

Mannheim, Universität (Antikensaal-Galerie)

5.3.8
Satyr mit dem Böckchen

Kunstharzabguß, gipsartig geweißt, nach der antiken Marmorgruppe aus der Sammlung der Königin Christine von Schweden im Prado, Madrid, H. 136 cm

Der ebenfalls aus Düsseldorf nach Mannheim gebrachte Abguß einer römischen Marmorkopie des 2. Jahrhunderts n. Chr., die nach einem griechischen Bronzeoriginal der zweiten Hälfte des 3. Jahrhunderts v. Chr. entstand, gehört zu den typischen Darstellungen der naturbezogenen hellenistischen Genrekunst. Das Motiv des jungen Satyrn als Hirte mit Lamm und Wurfholz (Lagobolon) nimmt die christliche Darstellung des „Guten Hirten" vorweg. Ein weiterer Gipsabguß der im 17. und 18. Jahrhundert oft kopierten Statue gehörte seit 1770 zur Ausstattung des Badhauses im Schwetzinger Schloßpark. C.B.

Schiering/Meixner/Braun 1995, S. 139f., Nr. A 6, Abb. 10; Haskell/Penny 1981, S. 211f., Nr. 37, Abb. 109.

Mannheim, Universität (Antikensaal-Galerie)

Kat. Nr. 5.3.7

Kat. Nr. 5.3.8

5.3.9
Dornauszieher

Gipsabguß nach der antiken Bronzestatue, die seit 1471 im Konservatorenpalast in Rom aufbewahrt wird, H. 73 cm

Der bereits im Düsseldorfer Verzeichnis von 1731 genannte Abguß entspricht der offenbar nie unter die Erde gekommenen Statue, bei der es sich um eine eklektische Neuschöpfung der spätrepublikanischen Zeit (um 50 v. Chr.) handelt. Wiedergegeben ist ein bekanntes hellenistisches Motiv des späten 3. Jahrhunderts v. Chr. im älteren Stil der Zeit um 460 v. Chr., wobei der Kopf ursprünglich für eine stehende Eros-Statue geschaffen wurde. Der Reiz der Figur liegt in der widersprüchlichen Komposition eines klassischen Jünglings (Epheben) als Hirtenjungen, der sich aus der linken Fußsohle einen Dorn zieht. C.B.

Schiering/Meixner/Braun 1995, S. 38f., Nr. A 5, Abb. 9; Haskell/Penny 1981, S. 308-310, Nr. 78, Abb.163.

Mannheim, Universität (Antikensaal-Galerie)

5.3.10
Tondo mit Bildnis Alexanders des Grossen

Franz Conrad Linck (1730-1793)
Kunstharzabguß nach Terrakottamedaillon, Dm. ca. 40 cm

Der Abguß des über einem der Fenster des Badhauses im Schwetzinger Schloßpark angebrachten Medaillons zeigt den von einem Eichenkranz gerahmten Kopf Alexanders des Großen in Profilansicht. Linck fertigte das Medaillon nach einer Münze des thrakischen Königs Lysimachos im Mannheimer Münzkabinett und nahm am Bildnis teils klassizistisch gefärbte Veränderungen am Mund, Oberlid, Ohr und an den Locken vor. C.B.

Schiering 1981. S. 266f., Abb. 13.

Mannheim, Universität (Antikensaal-Galerie)

Kat. Nr. 5.3.10

Kat. Nr. 5.3.9

5.3.11
Fünf Grisailleporträts in Profilansicht

a Kurfürst Carl Theodor

Franz Anton Leydensdorff (1721-1795), 1760-64
Öl auf Leinwand, 55 x 44 cm (hochoval)

Grabmayr 1970, Nr. G 26, S. 99f.; Wittelsbach und Bayern 1980, Nr. 28 a, S. 26; Eichner 1981, S. 137f., Nr. 79.

b Kurfürstin Elisabeth Auguste

Franz Anton Leydensdorff (1721-1795),1760-64
Öl auf Leinwand, 55 x 44 cm (hochoval)

Grabmayr 1970, Nr. G 27, S. 100; Wittelsbach und Bayern 1980, Nr. 28 b, S. 26; Eichner 1981, S. 137f., Nr. 119.

c Seneca

Franz Anton Leydensdorff (1721-1795),1760-64
Öl auf Leinwand, 46 x 44 cm (hochoval)

Bez. o. Mitte: SENEQUE.

Grabmayr 1970, Nr. G 38, S. 100; Wittelsbach und Bayern 1980, Nr. 28 g, S. 26; Eichner 1981, S. 137f., Nr. 79 VB I.

d Alsinous

Franz Anton Leydensdorff (1721-1795),1760-64
Öl auf Leinwand, 46 x 44 cm (hochoval)

Bez. o. Mitte: ALSINOUS. PH.

Grabmayr 1970, Nr. G 36, S. 100; Wittelsbach und Bayern 1980, Nr. 28 i, S: 26; Eichner 1981, S. 137f., Nr. 79 VB I.

e Solon

Franz Anton Leydensdorff (1721-1795),1760-64
Öl auf Leinwand, 46 x 44 cm (hochoval)

Bez. o. Mitte: SOLON.

Grabmayr 1970, Nr. G 33, S. 100; Wittelsbach und Bayern 1980, Nr. 28 m, S. 26.

Franz Anton Leydensdorff (Reutte/Tirol 1721-1795 Mannheim), in Tirol geboren, lebte nach seiner künstlerischen Ausbildung in Wien und Italien seit 1750 in Mannheim. Vor 1760 arbeitete er als Theatermaler, 1760 wurde er zum „Historie- und Fresco-Hoff-Mahler", 1770 zum Professor an der Zeichnungsakademie ernannt, nachdem er im Jahr zuvor den Titel eines „Ersten Historie- und Freskokabinettsmalers" verliehen bekommen hatte. Bekannt wurde Leydensdorff durch gemalte Scheinreliefs in Grisailletechnik, die er als Supraporten auch für das Mannheimer Schloß schuf. Die fünf

Grisaillen gehören zu einer Serie von 15, ursprünglich 16 Gemälden, die Porträts des Kurfürstenpaares sowie 14 Profilbildnisse antiker Philosophen, Geschichtsschreiber und Dichter umfaßte und wahrscheinlich als fest installierte Dekoration für einen Raum im Mannheimer Schloß diente. Möglicherweise handelte es sich dabei um den Versammlungsraum der Kurpfälzischen Akademie der Wissenschaften im Ostflügel bei der Hofbibliothek. Als Vorlagen für die Porträts dienten Leydensdorff Abgüsse der 18 antiken Philosophenporträts, die in der zweiten Häfte des 18. Jahrhunderts in Rom gefunden wurden und in den Besitz des Kardinals Alessandro Farnese gelangten. Heute befinden sie sich im Nationalmuseum in Neapel. K.-L.H.

Grabmayr 1970, S. 58/59; Wittelsbach und Bayern 1980, S. 24-27; Grotkamp-Schepers 1980, S. 140/141; Eichner 1981, S. 137-139; Schiering 1982, S. 388-393.

München, Bayerische Staatsgemäldesammlungen, Alte Pinakothek (2911; 2912; 2899; 2922: als Leihgaben im Historischen Museum der Pfalz in Speyer; 2898)

5.3.12
Zeichenklasse beim Aktstudium

Franz Anton von Leydensdorff (1721-1795), nach 1769
Kohle, schwarze Kreide, weiß gehöht, 58,6 x 44,0 cm

Die skizzenhafte Zeichnung zeigt Schüler vor einem lebenden Modell während einer Unterrichtsstunde an der Mannheimer Zeichnungsakademie. Der Schwerpunkt der Ausbildung lag vor allem auf dem Aktzeichnen. Die Unterrichtsgrundlage bildeten die im Akademiegebäude untergebrachte Antikenabgußsammlung und zwei sich abwechselnde lebende Modelle.
Die Arbeiten von Leydensdorff, der 1769 zum 1. Historien- und Freskomaler ernannt wurde und vorher als Theatermaler tätig war, zeichnen sich besonders durch ihre Plastizität aus, die er durch die geschickte Verteilung von Licht und Schatten erzielte. Bei dem hier dargestellten Aktmodell kommt dies ebenfalls zum Ausdruck. A.K.

Carl Theodor und Elisabeth Auguste 1979, S. 166f., Nr. 455; Grotkamp-Schepers 1980, S. 41-86, S. 132-143; Wechsler, Sigrid: Johann Paul Egell und Franz Anton Leydensdorff. Handzeichnungen aus den Beständen des Kurpfälzischen Museums der Stadt Heidelberg. Katalog zur Begleitausstellung der Landesausstellung „Barock in Baden-Württemberg" im Schloß Bruchsal. Heidelberg 1981, Kat. Nr. 47.

Heidelberg, Kurpfälzisches Museum (Z 1193)

Kat. Nr. 5.3.12

Kat. Nr. 5.3.13

Kat. Nr. 5.3.14

5.3.13
Aktstudie eines auf den Rücken gestürzten jungen Mannes

Franz Anton von Leydensdorff (1721-1795), nach 1769
Kohle, schwarze Kreide, 63,7 x 50,1 cm

Die Aktstudie in typischen Modellpositionen, aber auch aus ungewöhnlicher Perspektive stellte seit dem 16. Jahrhundert einen wichtigen Bestandteil des akademischen Unterrichts dar, den Leydensdorff als Lehrer der Zeichnungsakademie vertrat. Seine zahlreichen Aktzeichnungen dienten einerseits seiner eigenen Weiterentwicklung auf diesem Gebiet, andererseits aber auch als Vorlagen für seine Schüler. Nachdem er während seiner Ausbildung in Italien intensiv antike Vorbilder kopiert hatte, entstanden seine Mannheimer Blätter vorwiegend nach dem lebenden Modell. Als Zeichenmittel diente im 18. Jahrhundert vor allem der Kohlestift, der die Darstellung spontaner und leichter erscheinen ließ und rasche Korrekturen ermöglichte.

A.K.

Grotkamp-Schepers 1980, S. 41-86, S. 132-143; Wechsler 1981, Kat. Nr. 48.

Heidelberg, Kurpfälzisches Museum (Z 1274)

5.3.14
Studie nach dem Laokoon

Franz Anton Leydensdorff (1721-1795), nach 1769
Rötel über Bleistift, Spuren von Weißhöhung; 58 x 44,3 cm

Die Zeichnung entstand nach dem 1731 aus Düsseldorf nach Mannheim gebrachten und im Antikensaal aufgestellten Gipsabguß des berühmten Marmororiginals im Vatikan, der die alte Ergänzung der Arme aus dem 16. Jahrhundert wiedergab. Durch ausdrucksvolle Veränderungen der Gesichter gelang Leydensdorff eine Verlebendigung der Vorlage.

C.B.

Kat. Nr. 5.3.15

Kat. Nr. 5.3.16

Kat. Nr. 5.3.17

Egell und Leydensdorff 1981, Nr. 54; Schiering/Meixner/Braun 1995, S. 148-150, Nr. A 13, Abb. 16; Himmelmann, N.: Sperlonga. Die homerischen Gruppen und ihre Bildquellen. Düsseldorf 1996, S. 66ff. (zur Datierung der Laokoon-Gruppe).

Heidelberg, Kurpfälzisches Museum (Z 1200)

5.3.15
Studie nach dem Satyr mit der Fussklapper

Franz Anton Leydensdorff (1721-1795), nach 1769
Rötel über Bleistift; 46,1 x 30,5 cm

Die Zeichnung basiert auf dem ebenfalls 1731 aus Düsseldorf nach Mannheim gekommenen Gipsabguß nach der Statue aus der Sammlung Medici in den Uffizien in Florenz. Es handelt sich um eine Marmorkopie der römischen Kaiserzeit nach einem hellenistischen Bronzevorbild aus der zweiten Hälfte des 3. Jahrhunderts v. Chr. Beim Abguß in Mannheim fehlt der sonst bei römischen Kopien vorhandene Baumstumpf, so daß die Betrachtung der Bewegung der Figur wie beim Bronzeoriginal möglich ist. Der Satyr tritt die Fußklapper (Kroupezion) und hält in den Händen Cymbeln. Er war ursprünglich Teil einer Gruppe, zu der eine sich die Sandale für den Tanz bindende Nymphe gehört. Die Figur des Satyrn mit der Fußklapper war im 18. Jahrhundert sehr beliebt, wie eine Statuette aus der Frankenthaler Porzellanmanufaktur belegt. C.B.

Egell und Leydensdorff 1981, Nr. 57; Schiering/Meixner/Braun 1995, S. 141f., Nr. A 7, Abb. 11; Haskell/Penny 1981, S. 205-208, Nr. 34, Abb. 106.

Heidelberg, Kurpfälzisches Museum (Z 1188)

5.3.16
Studie nach dem Antinous

Franz Anton Leydensdorff (1721-1795), nach 1769
Kohle, schwarze u. weiße Kreide; 56,9 x 43,2 cm

Als Vorlage für die Zeichnung diente wahrscheinlich ein im Antikensaal gezeigter Gipsabguß der Antinous-Statue aus der Sammlung Farnese in Neapel. Dabei handelt es sich um eine beliebte, in vielen Varianten überlieferte Figur des 4. Jahrhunderts v. Chr., die im 2. Jahrhundert n. Chr. mit dem Kopf des Antinous, des Lieblings des Kaisers Hadrian, versehen wurde. C.B.

Egell und Leydensdorff 1981, Nr. 58.

Heidelberg, Kurpfälzisches Museum (Z 1172)

5.3.17
Studie nach zwei Ringern

Franz Anton Leydensdorff (1721-1795), nach 1769
Kohle, schwarze Kreide, Spuren von Weißhöhung; 57,5 x 43,2 cm

Bez. u. M.: Leidensdorff

Der Zeichnung liegt der im Antikensaal aufgestellte Gipsabguß der Ringergruppe in den Uffizien in Florenz zugrunde, eine kaiserzeitliche Marmorkopie einer hellenistischen Bronzeskulptur der zweiten Hälfte des 3. Jahrhunderts v. Chr. Die Zeichnung gibt den spannenden Augenblick des Kampfes und die raffinierte allansichtige Komposition treffend wieder. Auffallend ist auch die gute Beobachtung der Anatomie. C.B.

Egell und Leydensdorff 1981, Nr. 56; Schiering/Meixner/Braun 1995, S. 160-162, Nr. B 20, Abb. 24, Haskell/Penny 1981, S. 337-339, Nr. 94, Abb.179.

Heidelberg, Kurpfälzisches Museum (Z 1137)

5.3.18
Schreib- und Zeichentisch

Um 1780
Nußbaum furniert, mit Messingbeschlägen und Schreibplatten aus erneuertem Leder; H. 88 cm, B. 94 cm, T. 64 cm

Der Schreibtisch aus dem Palais der Grafen von Spee ist ein Verwandlungsmöbel, das durch herausziehbare Schreibplatten an der Vorderseite und den Seiten vergrößert werden kann. Die Arbeitsplatte kann aufgestellt und angeschrägt werden. Zahlreiche Schubfächer dienen der Aufbewahrung von Zeichengeräten. Der Tisch kann mit einer Kurbel höher gestellt werden, so daß man auch stehend daran arbeiten kann. I.Z.

Pigage 1996/97, Nr. I. 13.

Düsseldorf, Stadtmuseum (M 230)

Kat. Nr. 5.3.18

5.4
Das Kurfürstenpaar in plastischen Schöpfungen der Frankenthaler Porzellanmanufaktur

Bildnisse von Carl Theodor und Elisabeth Auguste in Frankenthaler Porzellan sind aus allen Jahrzehnten des Bestehens der Manufaktur unter kurfürstlicher Verwaltung (1762 – 1799) überliefert. Innerhalb der Porzellanplastik kommt dem Porträt eine eigene Rolle und Bedeutung zu. Nicht etwa für die festliche Dekoration einer Tafel – mit Figuren von Göttern, Allegorien der Jahreszeiten oder Chinoiserien – waren Porträtfiguren oder Büsten bestimmt. Sie dienten der Verehrung und Erinnerung, der Repräsentation und der landesherrlichen Präsenz im häuslichen Umfeld.

Die Meißener Manufaktur huldigte schon mit ihren frühesten Schöpfungen ihrem großen Förderer August dem Starken, dessen Statuetten in rotem Steinzeug und weißem Porzellan die ersten Porträtplastiken in der Geschichte des europäischen Porzellans darstellen.

Höfische Repräsentation in zierlicher Fassung vermitteln die beiden Statuetten des pfälzischen Kurfürstenpaares aus der Frankenthaler Manufaktur. Verbreiteter als Figuren aber waren Büsten, wie es die Zahl der überlieferten Exemplare nahelegt. Durch den größeren Maßstab boten sie den Modelleuren mehr Präzision und Spielraum für ihre Porträtkunst.

Am beliebtesten jedoch waren Reliefbildnisse. Wenig aufwendig in der Herstellung und doch treffend in der Akzentuierung der Seitenansicht waren sie ein beliebter und gut verkäuflicher Artikel der Manufaktur, deren Formenverzeichnis Carl Theodor in „Vier flache(n) Portraits vom Kurfürsten" anbietet. Reliefporträts ließen sich vielfältig verwenden – einzeln als kleinformatige Medaillons oder bildmäßig eingefügt in große allegorische Gruppen, wie bei den „Apotheosen" des Kurfürstenpaares von Franz Conrad Linck und Johann Peter Melchior. Der letzte Modellmeister der Frankenthaler Manufaktur, Johann Peter Melchior, war es auch, der nicht nur die von schweren Zügen geprägten späten Porträts seines Landesherrn schuf, er war auch der Begründer eines eigenen Medaillonstils in Porzellan. *B.B.-M.*

5.4.1
Apotheose des Kurfürstenpaares Carl Theodor und Elisabeth Auguste

Frankenthal, 1769
Modell von Franz Conrad Linck
(Speyer 1730 – 1793 Mannheim)
Porzellan, farbig bemalt. 44 x 47 cm

Das Formenverzeichnis der Frankenthaler Manufaktur benennt diese Gruppe als „Apollo u. Minerva mit drei Kindern, die durchl. kurfürstl. Portraits halten" (vgl. Heuser 1899, S. 9, Nr. 61). über dem mit Huldigungsinschriften versehenen Sockel erheben sich die beiden ovalen Medaillons mit den Reliefporträts des Kurfürstenpaares. Das Bildnis Carl Theodors flankieren die behelmte Minerva, Göttin der Weisheit und Künste, als Beschützerin der Arzneikunde eine um einen Spiegel gewundene Schlange in der Linken, und ein Putto mit einem Füllhorn, aus dem die reichen Früchte der Pfalz hervorquellen, nicht nur die der fruchtbaren Erde, sondern auch die ihres Manufakturfleißes, verkörpert durch die Miniatur einer Porzellantasse zwischen Weintrauben, Perlen und Juwelen.

Das Bildnis Elisabeth Augustes bekrönt Apoll als Freund der Musen, zwei Putten stützen es mit beiden Händen auf dem Sockel. Die Leier in den Händen Apolls fehlt (vgl. Kat.Nr. 5.4.2).

Das überaus reich bemalte Miniaturdenkmal – bestechend schön die nach zeitgenössischen Seidenmustern bemalten Gewänder und Draperien – enthält in jeder Zeile der beiden Huldigungsinschriften ein Chronogramm auf das Jahr „1769".

Die Inschrift unter dem Bildnis des Kurfürsten:

EN VIGET HIC CAROLVS QVAE PONDERA MAIESTATIS
AVGVSTI SCEPTRI DIGNE SALOMONICVS HAERES
LAVDE SACRI CVSTOS STVDII DEFENSOR ET ARTIS.

Siehe hier in voller Pracht Carl. Welch gewichtige Würde. Wert des Szepters eines Augustus und Erbe Salomos. Gepriesen als Hüter der Religion und Verteidiger von Wissenschaft und Kunst.

Die Inschrift unter dem Bildnis der Kurfürstin:

HIC MIRARE DEAS NOBIS NOVA SAECVLA GIGNVNT
ELISABETHA DOCET VIRTVTE IMAGINE ACTV
CVLTA DEA IN TERRIS SVPERIS HABETVR AMICA

Hier staune. Neue Jahrhunderte erschaffen uns Göttinnen.
Das lehrt Elisabeth durch ihre Tugend, ihre Gestalt und ihr Tun.
Verehrt auf Erden als Göttin. Den Göttern gilt sie als Freundin.

Gelang es bisher nicht, einen auf das Jahr 1769 bezogenen Anlaß für die Schaffung der Gruppe zu finden, so gibt es nun möglicherweise doch eine Erklärung. Der lutherische Konsistorial- und Ehegerichtsrat Johann Christoph Schwarz verfaßte zum 17. Januar 1769 eine Ode, die als Vierseitendruck in der kurfürstlichen Hofdruckerei zu Mannheim erschien. „Ode an dem dreyfachen Jubelfeste, welches den 17ten Jenner 1769 in der Churfürstlichen Residenz Mannheim mit prächtigster Feyerlichkeit begangen wurde..." (Universitätsbibliothek Heidelberg, Handschriften 509, S. 418-421; freundlicher Hinweis von Hansjörg Probst, Mannheim). Am 17. Januar feierte man in Mannheim den Geburtstag von Elisabeth Auguste, den Hochzeitstag des kurfürstlichen Paares und die Hochzeit von Maria Amalie Auguste (1752-1828), der Tochter Friedrich Michaels von Pfalz-Zweibrücken-Birkenfeld, mit Friedrich August I. von Sachsen (1750-1827). Amalie Auguste war Patentochter von Carl Theodor und dieser steckte ihr bei der Hochzeit in Mannheim den Ring an. Ihr Bruder war der spätere Erbe Carl Theodors, Maximilian IV. Joseph von Bayern (1756-1825). Es liegt nahe, die Frankenthaler Porzellangruppe mit der Huldigung des Kurfürstenpaares und kunstvoll versteckter Jahreszahl „1769" mit diesen drei Festlichkeiten am Mannheimer Hof in Verbindung zu bringen. Auffallend in diesem Zusammenhang ist der Umstand, daß das Chronogramm auf jeder Seite der Porzellanplastik dreimal erscheint, einem dreifachen Jubelfest entsprechend. Es ist ein reizvoller Gedanke, sich die Frankenthaler Gruppe mit den Porträts von Elisabeth Auguste und Carl Theodor, geschaffen von dem Mannheimer Hofbildhauer Franz Conrad Linck, als Hochzeitsgeschenk für Amalie Auguste, die Patentochter des kurfürstlichen Paares, vorzustellen.

EN VIGET HIC CAROLVS.. QVE
MAJESTATIS,
AVGVSTI SCEPTRI DIGNE SALOMONICVS
LAVDE SACRI CVSTOS, STVDII DEFENSOR & ARTIS.

Kat. Nr. 5.4.1

Kat. Nr. 5.4.1

Das Reliefporträt des Kurfürsten entspricht – bei größerem Brustabschnitt – einem Bildnistypus, dessen monumentale Ausführung Franz Conrad Linck 1770 in Marmor schuf, gestochen 1771 von Egidius Verhelst (vgl. Kat. Nr. 5.1.9 u. Kat. Nr. 5.4.10). Mit breiterer Wangenpartie, volleren Schläfenlocken und in aufgelösten Strähnen nach hinten wehendem Nackenhaar erscheint der Kurfürst hier jedoch jünger und „wozu die assistierenden Götterfiguren passen mögen „ auch heroischer.

Eine zweite Ausformung mit variierten Bildnissen trägt die Signatur von Franz Conrad Linck, seit 1763 Hofbildhauer und von 1762 bis 1766 Modellmeister der Manufaktur Frankenthal (vgl. Kat.Nr. 5.4.2). B. B.-M.

Barock in Baden-Württemberg 1981, S. 398, F 14.

Sèvres, Musée National de Céramique. Dépot du Musée de Cluny (MNC 19057)

Kat. Nr. 5.4.2

5.4.2
Apotheose des Kurfürstenpaares Carl Theodor und Elisabeth Auguste

Frankenthal, um 1769
Modell von Franz Conrad Linck (Speyer 1730 – 1793 Mannheim)
Porzellan, H. 42 x 47 cm

Signiert im hermelingefütterten Umhang von Kurfürst und Kurfürstin „LINCK: fe:"(eingeritzt in das Modell). Die Gruppe ist eine weiß belassene Ausformung des Modells der farbig bemalten Huldigungsgruppe Kat.Nr. 5.4.1. Unterschiedlich sind jedoch die Porträtmedaillons gestaltet. Das Kurfürstenpaar erscheint hier nicht in Profilbildnissen, sondern in Dreiviertelansicht und plastischer modelliert. Statt dicht gebundener Lorbeerkränze rahmen hier lose gefügte Lorbeerzweige mit Blüten und Früchten die Medaillons und umziehen auch die beiden – leeren – Kartuschenfelder auf dem Sockel. Die rechte Hand Apolls ruht auf dem Lorbeer des Bildnismedaillons der Kurfürstin, seine in Sèvres fehlende Leier ist auf die Umhangdraperie von Minerva gestützt, von deren Spiegel nur der Griff erhalten ist. Eine zum Teil abgebrochene Blütenranke über der rechten Schulter Apolls hält die Tuchdraperie über seinen Hüften.
Die beiden kurfürstlichen Porträts entsprechen von Linck um 1770 geschaffenen Bildnisformulierungen, überliefert als vollplastische Büsten in Frankenthaler Porzellan, Carl Theodor auch als Großplastik in Sandstein (vgl. Kat.Nr. 5.4.5 u. Kat. Nr. 5.4.6).
Brilliert die Ausformung in Sèvres durch die Delikatesse der farbigen Bemalung, so gewinnt das weiß belassene Münchener Stück durch die plastische Hervorhebung der in die Medaillons hinein komponierten Büsten und ihres Zierrats an Ausdruck. B. B.-M.

Wittelsbach und Bayern 1980, Bd. III/2, S. 21-23, Nr. 25; Barock in Baden-Württemberg 1981. S. 399, Nr. F 15.

München, Bayerisches Nationalmuseum, seit 1949 als Dauerleihgabe des Germanischen Nationalmuseums Nürnberg (Nürnberg HG 6129/München L 49/34)

5.4.3
Büste des Kurfürsten Carl Theodor

Frankenthal, um 1770
Modell von Franz Conrad Linck (Speyer 1730 – 1793 Mannheim)
Porzellan. H. 19,8 cm; Sockel Dm. 6,3 cm

Unterglasurblaue CT-Marke im Sockelboden

Büste des Kurfürsten mit Perücke und Schuppenpanzer, ein hermelingefüttertes Manteltuch über der linken Schulter. Das im Nacken mit einer Schleife gebun-

Kat. Nr. 5.4.2

dene Haar fällt in drei langen Korkenzieherlocken über den Rücken. Gekehlter, profilierter Rundsockel.
Die Büste stellt eine nur leicht variierte Miniatur einer Sandsteinbüste (H. 73,0 cm) des Kurfürsten von Franz Conrad Linck dar, aus dessen Nachlaß sie 1976 an das Historische Museum der Pfalz in Speyer gelangte (vgl. Portenlänger 1981, Heft 4, S. 9, Abb. 12). Im Kurpfälzischen Museum in Heidelberg befindet sich eine Tonbüste (Inv.Nr. PS 58; H. 28,5 cm), die als Modell für die Frankenthaler Porzellanbüste gedient haben könnte. Das zweifellos beliebte Modell dürfte – zusammen mit seinem Pendant, der Büste der Kurfürstin – in der Formenliste der Manufaktur unter „Brustbilder" als „Zwei Portraits vom Kurfürsten u. der Kurfürstin" oder „Zwei kleine Portraits vom Kurfürsten und der Kurfürstin" geführt worden sein (ohne Angabe der Zahl der Formstücke; vgl. Heuser 1899, S. 21, Nr. 678 u. 680).
Zur Ausführung in Biskuit vgl. Kat. Nr. 5.4.5. B. B.-M.

Hofmann 1911. Bd. 1, Taf. 75, Nr. 312

Hamburg, Museum für Kunst und Gewerbe (1895. 172)

5.4.4
Büste der Kurfürstin

Frankenthal, um 1770
Modell von Franz Conrad Linck (Speyer 1730 – Mannheim 1793)
Porzellan. H. 18,7 cm; Sockel Dm. 6 cm

Büste der Kurfürstin mit lose drapiertem Gewandoberteil und hermelingefüttertem Manteltuch über der rechten Schulter. Das in langen Korkenzieherlocken locker herabfallende Haar ist an den Schläfen wellig gelockt und über der Stirn mit Blüten geschmückt.
Eine Ausformung dieses Modells im Museum für Kunsthandwerk in Frankfurt a. M. ist im Sockel mit der unterglasurblauen CT-Marke bezeichnet und trägt auf der Rückseite der Büste den eingeritzten Namenszug des Modelleurs „LINCK"(vgl. Figürliche Keramik 1963/4, S. 89, Nr. 210).
Ein wenig kleiner als die Büste des Kurfürsten ist sie in Kopfhaltung und Schulterdraperie doch als gegenständiges Pendant dazu komponiert.

Zur Formnummer vgl. Kat. Nr. 5.4.3. Zur Ausführung in Biskuit vgl. Kat.Nr. 5.4.6.
Eine spätere, mit der CT-Marke und „84"unterglasurblau bezeichnete Ausformung auf quadratischem Sockel befand sich 1909 in Frankenthaler Privatbesitz (vgl. Porzellan 1909, S. 225, Nr. 1828). B. B.-M.

Hofmann 1911. Bd. 1, Taf. 75, Nr. 313

Hamburg, Museum für Kunst und Gewerbe (1895. 173)

5.4.5
Büste des Kurfürsten Carl Theodor

Frankenthal, um 1770
Modell von Franz Conrad Linck (Speyer 1730-1793 Mannheim)
Biskuit (unglasiertes Porzellan), Sockel glasiert. H. 20 cm; Sockel Dm. 6,5 cm

Unterglasurblaue CT-Marke im Sockelboden

Gleiches Modell wie die glasierte Büste des Kurfürsten im Museum für Kunst und Gewerbe in Hamburg (vgl. Kat.Nr. 5.4.3). B. B.-M.

Frankenthaler Porzellan 1955, S. 28, Nr. 70.

Heidelberg, Kurpfälzisches Museum (Po 45)

Kat. Nr. 5.4.3 und 5.4.4

5.4.6
Büste der Kurfürstin Elisabeth Auguste

Frankenthal, um 1770
Modell von Franz Conrad Linck (Speyer 1730-Mannheim 1793)
Biskuit (vgl. Kat.Nr. 5.4.4), Sockel glasiert. H. 18,3 cm;
Sockel Dm. 6 cm

Gleiches Modell wie die glasierte Büste der Kurfürstin im Museum für Kunst und Gewerbe in Hamburg (vgl. Kat.Nr. 5.4.4), jedoch ohne Blüten im Haar. B. B.-M.

Frankenthaler Porzellan 1955, S. 28, Nr. 71.

Heidelberg, Kurpfälzisches Museum (Po 46)

5.4.7
Statuette des Kurfürsten Carl Theodor

Frankenthal, um 1770
Modell wohl von Carl Gottlieb Lück (Meißen, um 1730-1775 Frankenthal)
Porzellan. H. 17,7 cm

Unterglasurblaue CT-Marke im Sockelboden, eingeritzt darüber „N.B.Lü:"

Carl Theodor im Harnisch und umgelegten Kurmantel mit Ordenskette des Hubertus-Ordens und Schärpe, in der Rechten den Feldherrnstab. Sockel mit Volutenfüßen, Akanthus- und Rocaillereliefs.
Die Statuette überträgt einen offiziellen Bildnistypus des Kurfürsten aus der Porträtmalerei und Großplastik in Porzellan (vgl. z.B. Carl Theodor und Elisabeth Auguste 1979, S. 74, Nr. 32; Kat. Nr. 2.1.7 – Modell des Marmorstandbildes im Rittersaal des Mannheimer Schlosses von P. A. Verschaffelt).
Im Formenverzeichnis der Frankenthaler Manufaktur erscheint „Karl Theodor, Kurfürst von der Pfalz" zusammen mit der Kurfürstin (vgl. Kat. Nr. 5.4.8) zwischen zwei Serien von Darstellungen der vier Elemente (vgl. Heuser 1899, S. 21, Nr. 663 u. 664). B. B.-M.

Carl Theodor und Elisabeth Auguste 1979, S. 147, Nr. 353 a.

Heidelberg, Kurpfälzisches Museum (Po 51)

5.4.8
Statuette der Kurfürstin Elisabeth Auguste

Frankenthal, um 1770
Modell wohl von Carl Gottlieb Lück
(Meißen, um 1730-1775 Frankenthal)
Porzellan, H. 18,3 cm

Unterglasurblaue CT-Marke mit „R" darunter im Sockelboden

Elisabeth Auguste in offizieller Robe mit hermelingefüttertem Umhang. Das spitz zulaufende Mieder ist mit sechs Birnperlen und mit Edelsteinen besetzt, der kuppelförmige Rock mit einem lambrequinartigen, von Fransen gesäumten Überrock ausgestattet. Das Haar fällt in langen Korkenzieherlocken auf den Rücken. Die linke Hand ist ergänzt. Sockel wie bei der Statuette des Kurfürsten Kat. Nr. 5.4.7.

Der rückwärtige Faltenwurf ist schwerfällig und wenig differenziert modelliert.
Das Formenverzeichnis der Frankenthaler Manufaktur führt „Elisabeth, Kurfürstin von der Pfalz" zusammen mit dem Kurfürsten (vgl. Kat.Nr. 5.4.7). B. B.-M.

Carl Theodor und Elisabeth Auguste 1979, S. 147, Nr. 353 b.

Heidelberg, Kurpfälzisches Museum (Po 52)

Kat. Nr. 5.4.7

Kat. Nr. 5.4.8

5.4.9
Die erhörten Wünsche der Pfalz

Frankenthal, 1775
Modell von Franz Conrad Linck (Speyer 1730-1793 Mannheim)
Porzellan, zum Teil bemalt mit Gold, 41 cm x 46 cm

Im Jahr 1899 erwarb das Historische Museum der Pfalz in Speyer ein unbemaltes Exemplar dieser Gruppe aus der Münchner Sammlung Hirth über den „Hoflieferanten“ S.A. Drey in München. Angeboten als „Allegorie auf den Abschied Carl Theodors von der Pfalz“ identifizierte L. Grünenwald den Ankauf seines Museums im selben Jahr als „Die erhörten Wünsche der Pfalz“ und publizierte sie mit ihrem historischen Hintergrund (vgl. Heuser 1899, S. 133-138).
Im Mai 1775 war Carl Theodor durch eine schwere Krankheit dem Tod so nahe, daß die Pfälzer am 3. Juni eine Bittfahrt zur Loreto-Kapelle nach Oggersheim unternahmen. Schon am 26. September 1774 hatte eine solche Wallfahrt den Kurfürsten von einer schweren Krankheit genesen lassen, wie es eine Votivtafel überliefert, die den Kurfürsten zu Bett mit der vor ihm knienden Elisabeth Auguste zeigt (Kat.Nr. 3.3.9 d). Nach dieser Bittprozession *...kam die frohe Nachricht von unserer durchlauchtigsten Landes=Mutter Elisabetha Augusta, daß die Krankheit sich geändert, augenscheinliche Hülf erhalten, und außer Gefahr sein Leben zu verlieren gerettet sey. Wofür Gott und seiner göttlichen Mutter Maria Dank gesagt seye.* Zwischen beiden Krankheiten offenbar von bester Gesundheit unternahm Carl Theodor seine erste Italienreise (7.11.1774 – 3.2.1775).
Auf die „Erhörten Wünsche der Pfalz“ nach seiner Italienreise bezieht sich die lateinische Inschrift auf dem Rundaltar des Frankfurter Stückes: *VOTA PALATINATUS EXAUDITA die 3te Juny 1775.* Damit waren auch Zweifel an der Altarinschrift der Gruppe – damals noch im Besitz des Großherzogs von Baden im Karlsruher Schloß – beseitigt, die in einem Verzeichnis der Heidelberger „Kunst= und Altertümersammlung“ von 1892 geäußert wurden: *Auf der Mannheimer Gewerbe= Ausstellung des Jahres 1880 befand sich eine Dublette* (d.i. das Heidelberger Exemplar, s.u.) *dieses schönen Kunstwerks, S.K.H. dem Großherzog von Baden gehörig, welche aber in störender Weise mit goldenen Rändern versehen war, und am Altar folgende Inschrift trug: „Vota Palatinatus exaudita die 3. Juni 1775“. Diese Inschrift dürfte auf Mißverständnis beruhen.* (vgl. Grünenwald 1899, S. 135; der „Officielle Catalog für die Gewerbliche & landwirtschaftliche Ausstellung des Pfalzgaues“ gibt auf S. 108 nur eine summarische Auflistung der Frankenthaler Porzellane aus den *Sammlungen seiner Königlichen Hoheit des Großherzogs Friedrich von Baden,* ausgestellt in zwei Glasschränken mit *48 Gruppen, 46 Figuren, 1 Vase, 1 Topf, 2 Tintenzeuggestellen, 3 Casserolen, 3 Eiskühlern, 1 Schüssel mit Henkel, 5 ovalen Platten, 7 Tellern).*

Kat. Nr. 5.4.9

Zur Linken des Rundaltars mit loderndem Opferfeuer (auf dem abnehmbaren Deckel) Minerva, hier als Beschützerin der Arzneikunde, Hygieia, dargestellt, die ihren von einer Schlange umwundenen Äskulapstab auf das Haupt des bezwungenen Drachen der Krankheit stemmt. Beide Gottheiten weisen auf den Altar mit der Dankesinschrift, zu dessen Füßen zwei Putten das Bildnismedaillon des Kurfürsten halten, ein dritter Putto mit Symbolen der darniederliegenden Künste – Skulptur und Malerei – beweint noch das große Ungemach. Rechts kniet mit inbrünstiger Gebärde eine bekrönte Frauenfigur mit Hermelin als Verkörperung der Pfalz mit dem Löwen als Wappentier. Das Profilbildnis Carl Theodors nach rechts mit geradem Halsabschnitt geht auf einen Porträttypus eines 1772 datierten Alabasterreliefs von Franz Conrad Linck zurück (vgl. Carl Theodor und Elisabeth Auguste 1979, S. 158, Nr. 422 u. Kat. Nr. 5.4.10).

Franz Conrad Linck schuf das Modell für die Gruppe, *...welche die Herrschaftliche Porcelaine-Manufaktur zu einem Andenken der freudigsten Wiedergenesung Ihro Kuhrfürstlichen Durchleücht unter dem Namen: die erhörte Wünsche der Pfalz, aufgestellt hat...* (vgl. Grünenwald 1899, S. 137; Heuser 1922, S. 123/124). Namen und Anlaß für die Gruppe sind hiermit eindeutig belegt – ebenso wie im Formenverzeichnis der Frankenthaler Manufaktur, wo sie unter Nr. 179 mit nicht weniger als 52 einzelnen Formstücken aufgezählt wird als „Die Genesungsgruppe Sr. Fürstl. Durchlaucht der Pfalz" (vgl. Heuser 1899, S.12, Nr. 179).

Die Genesung Carl Theodors von seiner schweren Krankheit im Jahr 1775 preisen auch eine Ode und eine *Rede im kurfürstlichen Kollegium, öffentlich vorgelesen von Anton Klein, der Weltweisheit, schönen Künste und Wissenschaften Professor.* Die Verzweiflung der Landeskinder schildert die Rede: *...Man vergas nicht nur alles, was trösten konnte; sogar alle Sorgen, häusliche Kümmernisse, Privatzwistigkeiten, Armseligkeiten, alles ist in dem großen Gedanken verschlungen worden: Karl Theodor ist an den Grenzen des Grabes! In sich selbst stand – sas ein jeder einsam, dachte an nichts, als an seinen Fürsten, an alles, was er in der Welt hatte.* Dem Jubel über die Genesung entsprang die Ode Kleins:

Zurück sanks tief zum Abgrund
Woraus es stieg – das Ungeheuer!
Verderben sas in seinem Blick,
Und seiner Lippen Hauch war Tod!
Tod – dir in den Busen – Vatterland!.......
Hell wie das Aug des Tages
Blickst nun empor, und freudeschimmernd
Dem Engel gleich, dem schönsten
Der Sonnenherrscher, der Menschenretter,
Der Lebenskraft zurück in Vatters Wange trug! ...

(Klein, Anton: Denkmal der Ehre Karl Theodors und der Liebe seiner Unterthanen. Bei Gelegenheit seiner Genesung von einer schweren Krankheit. Mannheim 1775).

Von dem Modell sind drei weitere Ausformungen, sämtlich weiß belassen, überliefert: Heidelberg, Kurpfälzisches Museum. KMH Po 50 (vgl. Carl Theodor und Elisabeth Auguste 1979, S. 75, Nr. 41); München, Residenz. Fra 213 (ehemals Bayreuth, Eremitage; vgl. Hofmann 1911. Bd. 1, Taf. 93, Nr. 41); Speyer, Historisches Museum der Pfalz. PS 667 (Kriegsverlust. Vgl. Hirth, Georg: Deutsch Tanagra. Porzellan-Figuren des 18. Jahrhunderts. 2 Bde. München/Leipzig (1898), Taf. 426; Heuser 1922, S. 122, Abb. 135; Portenlänger, Franz Xaver: Franz Conrad Linck und seine Werke im Historischen Museum der Pfalz. In: Pfälzer Heimat, 1981, Heft 4, S. 5, Abb. 6 u. S. 14, Nr. 31). Eine bisher nicht bekannte Ausformung in Biskuit befindet sich in Florenz in der Porzellansammlung des Palazzo Pitti. A.c.e. 1911, n. 213 (vgl. Clark, Tim/d'Agliano, Andreina: Le porcellane tedesche di Palazzo Pitti. Montorio 1999, S. 204/5, Nr. 128).

Das im letzten Krieg verloren gegangene Exemplar in Speyer aus der Sammlung Hirth weist als Variante einen Palmzweig anstelle des Äskulapstabes in der Hand der Hygieia auf. B. B.-M.

Das Frankfurter Stück publiziert bei: Schmidt, Robert: Das Porzellan als Kunstwerk und Kulturspiegel. München 1925, S. 181, Abb. 124; Hofmann 1932, S. 353 u. 356, Abb. 368; Figürliche Keramik 1963/4, S. 90, Nr. 211; Meister, Peter Wilhelm/Reber, Horst: Europäisches Porzellan. Stuttgart 1980, S. 168/9, Abb. 294; Barock in Baden-Württemberg 1981, S. 399, Nr. F 16; Jarosch, Walter: Franz Conrad Linck – Kurpfälzischer Hofbildhauer in Frankenthal und Mannheim (1720-1790). In: Frankenthal einst und jetzt, 2/92. S. 35 u. 37 m. Abb.

Frankfurt a. M., Museum für Kunsthandwerk (5772)

Kat. Nr. 5.4.10

5.4.10
Reliefporträt des Kurfürsten Carl Theodor

Mannheim, um 1775
Franz Conrad Linck (Speyer 1730-1793 Mannheim)
Alabastergips, H. 8,2 cm, B. 6,2 cm (ohne Rahmen),
Rahmen Gelbguß, vergoldet

Bezeichnet unter der Büste links (vertieft) „LINCK"

Carl Theodor im Profil nach rechts mit Perücke. Die mit einer Nackenschleife gebundenen gedrehten Locken fallen auf den Rücken, eine einzelne nach vorn. Die umgelegte Hermelindraperie gibt am Hals die genietete Einfassung eines Harnischs frei, der von einer Spitzenrüsche gesäumt ist.

Das Medaillon stellt eine Miniaturfassung eines Medaillons aus weißem Marmor dar (H. 69 cm), signiert und datiert „C. Linck fec. 1770" (Kriegsverlust; ehemals Schloßmuseum Mannheim, aus dem kurfürstlichen Hofantiquarium. Vgl. Jakob, Gustaf: Der kurpfälzische Hofbildhauer Franz Conrad Linck. In: Zeitschrift des Deutschen Vereins für Kunstwissenschaft. Bd. 2, Jg. 1935, S. 326 – 350. S. 331, Abb. 4 u. S. 335). Ein Stich von Egidius Verhelst nach diesem Marmorrelief ist bezeichnet „Grave d'après le Buste en marbre de Ling (d.i. Linck). Par E. Verelst Graveur de S. A. S. l'Electeur Palatin à Mannheim 1771" (vgl. Kat.Nr. 5.1.9).

Linck wiederholte das kurfürstliche Marmorbildnis zwei Jahre später (1772) in einer nur halb so großen Fassung in Alabaster (H. 30 cm). Bei nur leicht veränderter Frisur endigt die Profilbüste jedoch mit glattem Halsabschnitt (vgl. Carl Theodor und Elisabeth Auguste 1979, S. 158, Nr. 422). B. B.-M.

Hofmann, Friedrich H.: Das europäische Porzellan des Bayerischen Nationalmuseums. München 1908, S. 117, Nr. 606; Altes Bayerisches Porzellan 1909, S. 226, Nr. 1833.

München, Bayerisches Nationalmuseum (R 5778)

5.4.11
Reliefporträt des Kurfürsten Carl Theodor

Modell von Franz Conrad Linck (Speyer 1730-1793 Mannheim), um 1770
Spätere Ausformung (Frankenthal ?)
Biskuit (vgl. Kat.Nr. 5.4.5), Rahmen glasiert, H. 19,8 cm, B. 13,5 cm

Auf der Rückseite in Tusche bezeichnet „Kurfürst Karl Theodor Conr. Link fec."

Carl Theodor im Profil nach rechts mit Perücke und Harnisch, umsäumt von Hermelindraperie. Das Porträt entspricht dem Reliefbildnis des Kurfürsten der „Apotheose" von 1769 (vgl. Kat. Nr. 5.4.1). Kleine Veränderungen wie die weniger reichen Schläfenlocken und der kürzere Hals lassen Carl Theodor hier behäbiger erscheinen – die Gestaltung der Büste ist ansonsten identisch. Der Bildtypus entspricht dem datierten Marmorrelief von Franz Conrad Linck (vgl. Kat. Nr. 5.4.10).
B. B.-M.

Markowitz, Irene: Frankenthaler Porzellan im Schloß Benrath/ Figuren. Düsseldorf 1984, Umschlag, Rückseite.

Düsseldorf, Stadtmuseum, Schloß Benrath (B 1972/23)

5.4.12
Reliefporträt des Kurfürsten Carl Theodor

Frankenthal (?), um 1790
Modell von Johann Peter Melchior (Ratingen 1747-1825 Nymphenburg)
Gips, H. 13,5 cm, B. 11,9 cm

Carl Theodor mit Panzer und Perücke im Profil nach links vor gepunztem Hintergrund (Punzierstempel in Rosettform). Ovaler Lorbeerkranzrahmen, innen konturiert von Perlstab und Profilband. Enge doppelte Lochung im Rahmen oben.
Die schweren, vollen Gesichtszüge Carl Theodors deuten auf eine späte Entstehungszeit, wie sie das Doppelbildnis mit Elisabeth Auguste bei der „Apotheose" von 1792 repräsentiert (vgl. Kat.Nr. 5.4.15). Das Reliefporträt Carl Theodors existierte auch als rundes Biskuitmedaillon mit profiliertem Rahmen. Von den zwei überlieferten Ausformungen war eines mit den Initialen des Frankenthaler Bossierers Adam Cleer versehen (das Exemplar im Bayerischen Nationalmuseum heute nicht mehr nachweisbar, das letztere 1904 in der Königlichen Porzellanmanufaktur Berlin befindlich). Im Frankenthaler Erkenbert-Museum befand sich eine originale Gips-Hohlform des runden Porträtmedaillons und die eines ovalen, vom Kurhut bekrönten Medaillons (beide Kriegsverlust) desselben Bildnistypus (vgl. Heuser 1922, S. 183 u. 95, Abb. 90 u. S. 181, Abb. 182). Die Beliebtheit dieses Reliefporträts von Carl Theodor in reifen Jahren zeigt sich in seinen Wiederholungen auch in anderen Manufakturen – nicht nur in Nymphenburg (vgl. Kat.Nr. 5.4.13 u. 5.4.14). Gipsausformungen waren im 18. Jahrhundert durchaus gebräuchlich, wie es auch zwei in Gips ausgeführte Reliefporträts von Johann Wolfgang Goethe nach Modellen Melchiors belegen (vgl. Hofmann 1911, Bd. 2, Taf 148, Nr. 594 u. Hofmann 1921, Abb. 15). Die beiden Nymphenburger Biskuitmedaillons (vgl. Kat.Nr. 5.4.14) sind in Höhe (11,1 cm) und Breite (9,8 cm) etwa um ein Sechstel bis ein Siebtel kleiner als unsere Gipsausformung, welche damit der Originalgröße des Modells und der Hohlform entsprechen dürfte.
B. B.-M.

Mannheim, Reiss-Museum (Sammlung Carl Baer Vb 50)

5.4.13
Reliefporträt des Kurfürsten Carl Theodor

Niderviller, um 1790- 1795
Biskuit (vgl. Kat.Nr. 5.4.5). H. 13,2 cm, B. 11,8 cm

Auf der Rückseite bezeichnet in Relief „NIDDERVILLE" auf erhabenem Rechteck. Eingeritzt (vor dem Brand) „Marx" (?)

Reproduktion des Frankenthaler Carl Theodor-Medaillons (vgl. Kat.Nr. 5.4.12) durch die lothringische Porzellanmanufaktur Niderviller (1765-1827). Einfache Lochung im Rahmen oben.
B. B.-M.

Mannheim, Reiss-Museum. Geschenk von R. Bassermann 1891 an den Mannheimer Altertumsverein (II C 139)

Kat. Nr. 5.4.11

Kat. Nr. 5.4.12

Kat. Nr. 5.4.13

5.4.14
Reliefporträt des Kurfürsten Carl Theodor

Nymphenburg, um 1797
Modell von Johann Peter Melchior (Ratingen 1747-1825 Nymphenburg)
Biskuit (vgl. Kat.Nr. 5.4.5), Rahmen glasiert, H. 11,1 x 9,8 cm

Auf der Rückseite eingeritzt (vor dem Brand) „Nymphenburg"

Porträtmedaillon wie Kat.Nr. 5.4.13, ausgeführt in Biskuit, jedoch kleiner. Doppelte Lochung im Rahmen oben.
Johann Peter Melchior wurde nach der Besetzung Frankenthals durch die Franzosen 1797 zum Modellmeister an die Porzellanmanufaktur Nymphenburg berufen. Mit der Ausformung des Frankenthaler Carl Theodor-Porträts in Nymphenburg mag er seinem pfalz-bayerischen Landesvater eine erste dankbare Geste erwiesen haben.
Eine zweite Nymphenburger Biskuitausformung gleicher Größe, jedoch mit unglasiertem Rand, befindet sich im Bayerischen Nationalmuseum in München (Inv.Nr. 2123 ker). B. B.-M.

Hofmann, Friedrich H.: Das Porzellan des Bayerischen Nationalmuseums. München 1908, S. 117, Nr. 606 u. Taf. 44; Hofmann 1921, S. 181 u. Abb. 35 (Exemplar in München)

Mannheim, Reiss-Museum (Sammlung Carl Baer Vb 165)

Kat. Nr. 5.4.14

5.4.15
Denkmal auf die fünfzigjährige Vermählung und Regierung von Carl Theodor und Elisabeth Auguste

Frankenthal, 7. Januar 1792
Modell von Johann Peter Melchior (Ratingen 1747-1825 Nymphenburg)
Biskuit (vgl. Kat. Nr. 5.4.5), H. 51 cm

Eingeritzt (vor dem Brand) auf der Unterseite des Sockels „Adam Cleer Frankenthal a. 7. Januar 1792"

Auf felsigem Terrainsockel erhebt sich ein Rundaltar mit den Reliefporträts des Kurfürstenpaares, gehalten von einem geflügelten Genius und mit einer Rosengirlande umkränzt von einem antikisch gewandeten Mädchen. Zu Füßen des Altars legt ein knieender Putto einen Rosenkranz nieder.

Entstanden in der letzten Phase der Frankenthaler Manufaktur ist die Gruppe ein Hauptwerk ihres Modellmeisters Johann Peter Melchior in klassizistischer Manier. Friedrich H. Hofmann publizierte dieses Exemplar im Besitz des Berliner Kunstgewerbemuseums 1911 als „Apotheose des Kurfürsten Karl Theodor" auf das fünfzigjährige Regierungsjubiläum in der Pfalz (s.u.).
Adam Cleer (getauft Frankenthal 1763-1829 Nymphenburg), der Namen und Datum in die noch ungebrannte Porzellangruppe ritzte, zählte zu den „Bossierern", die in der Manufaktur die in Einzelteilen ausgeformten plastischen Modelle wieder zusammensetzten, Formnähte und Unebenheiten beseitigten und kleinteiligen Zierrat wie Blüten oder Blätter anbrachten. Er folgte seinem Lehrer Melchior 1799 an die Manufaktur Nymphenburg. Seine Ritzsignatur findet sich auch auf einer zweiten, bisher unbekannten Ausformung der Berliner „Apotheose" in der Porzellansammlung des Palazzo Pitti in Florenz : „Clar Frankenthal 9 Juli"(vgl. Clarke, Tim/d'Agliano, Andreina: Le porcellane tedesche di Palazzo Pitti. Montorio 1999, S. 206/7, Nr. 129).

Im Jahr 1792 feierte die Pfalz die goldene Hochzeit des Kurfürstenpaares am 17. Januar und sein fünfzigjähriges Regierungsjubiläum am 31. Dezember. Das „Jubeljahr" schlug sich nieder in einem ganzen Reigen von Reden, Predigten und Feiern in der Pfalz und – wenn auch in Maßen – in Pfalzbayern. Bejubelt wurde das Regierungsjubiläum Carl Theodors wie auch die gemeinsame Regentschaft des Kurfürstenpaares und seine goldene Hochzeit.

Unter dem Titel *Denkmal auf die fünfzigjährige Regierung und Vermählung des Durchlauchtigsten Fürsten und Herrn, Herrn Carl Theodors ...* erschien 1795 eine Sammlung *... bei jener Veranlassung herausgekommenen und gesammelten theils gedruckt= theils ungedruckten Schriften ...* (Hsg. anonym, München bei Johann Baptist Strobel, 1795). Geschildert werden hierin auch der große Festumzug und die Illuminierung der Straßen, Plätze und Palais, womit in Mannheim am 30./31. Dezember das Jubeljahr seinen Zenith erreichte. Auf dem Platz vor dem Zeughaus, dem heutigen Reiss-Museum, wurde *Ein Obelisk zum ewigen Denkmal des Ruhms und des Dankes bei der Feier des 50jaehrigen Vermaehlungs= und Regierungs=Jubilaeum ...* des Kurfürstenpaares errichtet (a.a.O. S. 187 – 197). A. W. Iffland widmete seinem Landesvater ein betulich huldigendes Schauspiel in einem Aufzug: *Die Verbruederung ... bei der Jubelfeier der fuenfzigjaehrigen vaeterlichen Regierung Carl Theodors. Fuer die Mannheimer Buehne geschrieben* (a.a.O., S. 118 – 130).

In die Abfolge dieser Lobpreisungen fügte sich die kurfürstliche Porzellanmanufaktur in Frankenthal mit ihrer Schöpfung. Galt die Gruppe bei Hofmann 1911 allein als Verherrlichung der fünfzigjährigen Regentschaft Carl Theodors, so wurde sie im Berliner Kunstgewerbemuseum als Huldigung zur goldenen Hochzeit des Kurfürstenpaares gesehen (vgl. Brüning, Adolf/v. Carolsfeld, Schnorr: Porzellan. Handbücher der Königlichen Museen zu Berlin. Kunstgewerbemuseum. Berlin 1914., S. 202-204, Abb. 146). Das Doppelbildnis und der liebliche Rosenschmuck ohne alle Herrschaftssymbolik deuten in der Tat eher auf die goldene Hochzeit des Regentenpaares als primären Anlaß der späten Frankenthaler Schöpfung Melchiors. Auch läßt sich das eingeritzte Datum des Berliner Stückes leicht mit der goldenen Hochzeit am 17. Januar in Verbindung bringen (vgl. hierzu Hürkey a.a.O.). Unverkennbar ist die Abhängigkeit der Komposition von einer dreifigurigen Biskuitgruppe, die 1774 anläßlich der Krönung Ludwig XVI. entstand. Sie zeigt die Reliefporträts von Marie Antoinette und Ludwig XVI. in einem ovalen Medaillon, gehalten von einem männlichen und einem weiblichen Genius, auf einem Rundaltar und einen Putto zu dessen Füßen (Pariser Manufaktur „La Courtille/Locré", 1774 datiert und signiert von deren erstem Modelleur Laurentius Russinger – nach einem Sèvres-Vorbild? – bei: Bloit, Michel: Trois siècles de Porcelaine de Paris. Paris 1988, S. 14). B. B.-M.

Brüning, Adolf: Porzellan. Handbücher der Königlichen Museen zu Berlin. Kunstgewerbe-Museum. Berlin 1907. S. 174 – 176; Hofmann 1911, 2. Bd., Taf. 153, Nr. 609; Hürkey, Edgar J.: Johann Peter Melchior in Frankenthal. In: Melchior 1997, S. 138-157, S. 149-151 u. Abb. 238.

Berlin, Kunstgewerbemuseum – Staatliche Museen zu Berlin – Preußischer Kulturbesitz (04. 28)

Kat. Nr. 5.4.16

Kat. Nr. 5.4.15

5.4.16
Genius am Altar

Grünstadt, 1818 – 1834
Steingut, H. 51 cm

Johann Nepomuk van Recum (Grünstadt 1753 – 1801 Grünstadt), der letzte Eigentümer der Frankenthaler Porzellanmanufaktur, zog nach deren Stillegung nach Grünstadt, wo er am 20. März 1801 im fürstlich-leiningischen Unterhof seine „Manufacture de Porcelaine, de Fayence et de Cailloutage" eröffnete. Wegen Mangels an Kaolin wurde dort zunächst nur Fayence produziert. Da sich die Frankenthaler Formen für die gröbere Tonmasse nicht eigneten, wurden sie ungenutzt gelagert.
Nach dem Verkauf des Unternehmens durch die Erben J. van Recums an die Brüder Wilhelm und Bernhard Bordollo aus Grünstadt im Jahr 1812 verlegten sich diese 1818 – 1834 auf die Herstellung des feineren, modischen Steinguts. Hierzu konnten sie auch die Frankenthaler Formen verwenden. Zu den seltenen Stücken aus Grünstadter Steingut aus Frankenthaler Porzellanformen zählt der „Genius am Altar" – als Einzelfigur herausgelöst aus dem „Denkmal auf die fünfzigjährige Vermählung von Carl Theodor und Elisabeth Auguste" (Kat.Nr. 5.4.15). Auf kleinem Sockelrondell, mit der Rosengirlande den Rundaltar bekränzend, der um ein Opferfeuer bereichert ist, balanciert der „Genius" ohne das Porträtmedaillon recht unmotiviert auf dem Sockelrand. B. B.-M.

Hürkey, Edgar J.: Johann Peter Melchior in Frankenthal. In: Melchior 1997, S. 138 – 157, S. 150/1 u. Abb. 239; Nach Frankenthaler Porzellan gemacht 1997, S. 6 – 12.

Frankenthal, Erkenbert-Museum (P 225)

5.4.17
Putto, den Namen des Kurfürsten Carl Theodor schreibend

Paris, Dihl et Guérhard, um 1795
Putto Biskuit (vgl. Kat. Nr. 5.4.5), H. 36,5 cm
Sockel glasiert, dunkelblau/schwarzblau/braun geflammt, Kanten vergoldet. Montierung mit zwei Schrauben, H. 8 cm, B./T. 17 cm

Putto auf einer Draperie auf einem Würfel sitzend, auf dem linken Knie eine Schreibtafel, worauf in vergoldetem Metall der noch nicht vollendete Namenszug des Kurfürsten appliziert ist: „Carl Th". Der linke Fuß ist auf eine mit zwei Riemen verschnürte Mappe gestützt, dahinter steckt eingerolltes Papier.

Friedrich H. Hofmann veröffentlichte die liebenswürdig sentimentale Figur des schreibenden Putto als Werk Johann Peter Melchiors: *Das wertvolle, durch seine Größe auffallende Stück stand bisher unerkannt im Schloß Aschaffenburg; es wurde jetzt in das Münchener Residenzmuseum überführt* (vgl. Hofmann 1921, S. 135, S. 178 u. Abb. 32). Tatsächlich jedoch ist die Plastik ein Werk der renommierten Pariser Manufaktur Dihl et Guérhard (1780 – 1829), die, unter Patronage des Herzogs von Angoulême, als „Manufacture du Duc d'Angoulême" firmieren durfte.
Ein 1797 datiertes Porzellantableau (H. 48,0 cm) zeigt den Unternehmensgründer Christophe Dihl (Neustadt/Pfalz 1753 – Paris 1830), umgeben von Lieblingsschöpfungen seiner Manufaktur, darunter ein „Lesender Putto" auf einem Würfelsitz, der als Pendant zu unserem „Schreibenden Putto" in der Pariser Manufaktur entstand (vgl. Plinval de Guillebon, Régine: Faience et Porcelaines de Paris XVIII. – XIX. Siècles. Dijon 1995, S. 96/97, Abb. 63 u. 64).
Die Würfelsitze beider Figuren (ein Paar in Boston, Museum of Fine Arts, vgl. Plinval de Guillebon a.a.O.) haben quadratische Sockel mit klassizistischen Kanneluren und Eckrosetten.

Die Tafel des „Schreibenden Putto" aus Paris wurde mit dem metallenen – unvollendeten – Namenszug Kurfürst Carl Theodor gewidmet, was einer Zuweisung an den Frankenthaler Modellmeister J. P. Melchior entgegenkam. Für Frankenthal sprach nach Hofmann aber auch der dunkelblau geflammte Sockel der Biskuitfigur – ein Dekor, den er mit den berühmten Farberfindungen des Manufakturdirektors (1775 - 1793) Simon Feylner in Verbindung brachte. In diesem Zusammenhang sind aber auch die erfolgreichen Experimente mit Porzellanfarben Dihls zu erwähnen, ebenso dessen Herkunft aus der Pfalz. Als „modelleur palatin" 1778 nach Frankreich gekommen, wurde er rasch zu einem der erfolgreichsten Pariser Porzellanfabrikanten (vgl. Plinval de Guillebon, Régine: Porcelaine de Paris 1770 – 1850. Fribourg 1972. S. 186 – 195) – eine spezielle Ausführung des „Schreibenden Putto" in seiner Manufaktur für den pfälzischen Kurfürsten erscheint vor diesem Hintergrund nicht ausgeschlossen. B. B.-M.

München, Bayerische Verwaltung der staatlichen Schlösser, Gärten und Seen, Residenz München (Res. Mü. K I 8 Frz.)

Kat. Nr. 5.4.17 – Detail

Kat. Nr. 5.4.17

5.5
Die Mannheimer Hofmusik

Dank der besonderen Musikliebe des Kurfürstenpaares, deren Förderung neben repräsentativen Aspekten nachweislich von ernsthaftem persönlichen Interesse geprägt war, entstand in Mannheim in den Jahren 1743 bis 1778 eine Hofkapelle, die manche Zeitgenossen für die beste in ganz Europa hielten. Größe, Disziplin, die vielgerühmte Perfektion in der Ausführung der Kompositionen, eine leistungsorientierte moderne Organisation und die Tatsache, daß es in keiner anderen Hofkapelle der Epoche mehr Komponisten und Virtuosen in einer Person gab, begründeten ihren legendären Ruf. Diese einzigartige Verbindung von spieltechnischer Virtuosität und kompositorischer Kompetenz erklärt die doppelte Bedeutung der Mannheimer Hofkapelle – für die Geschichte des Orchesters und für die Kompositionsgeschichte. Die Hofkapelle bildete aber nicht nur das Rückgrat für das reichhaltige Musikleben am kurpfälzischen Hof, sondern erwies sich auch als innovative Ausbildungsstätte. Unter dem Begriff „Mannheimer Schule" sind die Leistungen dieser Orchester- und Kompositionsschule bis heute anerkannt. *B.P.*

5.5.1
Walddekoration mit Tempel

Lorenzo Quaglio (Laino 1730 – 1804 München) oder Giulio Quaglio (Laino 1764? – 1801 München), um 1771/78
Bühnenbildmodell, Holz, Karton und Tempera auf Leinwand, 93 x 132,5 x 90,2 cm

Von den Originalteilen sind der die Bühne nach hinten abschließende Prospekt, vier Seitenkulissen (je zwei rechts und links) mit entsprechenden Trägern sowie eine Sofitte (die Bühne nach oben abschließende Horizontaldekoration) mit Hängevorrichtung erhalten. Die übrigen Dekorationen wurden rekonstruiert. Der auf dem Prospekt dargestellte Tempel inmitten einer Waldlichtung läßt deutlich das Vorbild des Minerva-Tempels im Schwetzinger Schloßgarten erkennen (Fertigstellung des Bauwerks 1771). Giulio Quaglio hat in seiner festen Anstellungszeit am Nationaltheater (1778-1785) etliche neue Dekorationen für das Haus auf B 3 geschaffen, allerdings ist in den Dekorationslisten bisher keine mit dem Modell vergleichbare Ausstattung nachweisbar. Andererseits könnte durchaus auch noch Lorenzo Quaglio als Urheber des Modells in Frage kommen, da dieser von 1758 bis 1778 in Mannheim als Theatermaler und -architekt tätig war.

Das Modell kann jedenfalls dank der Rekonstruktion und Restaurierung erstmals seit der Zerstörung des Mannheimer Theatermuseums im Jahr 1943 wieder in Mannheim gezeigt werden. Es vermittelt einen ausgezeichneten Eindruck vom Aufbau einer typischen Kulissenbühne des 18. Jahrhunderts (vgl. auch Kat. Nr. 5.6.83). L.Hg.

Niehaus, Wolfgang: Die Theatermaler Quaglio. Ein Beitrag zur Geschichte des Bühnenbildes im 18. und 19. Jahrhundert. Diss. München 1956; Fehrle-Burger, Lili: Die Welt der Oper in den Schloßgärten von Heidelberg und Schwetzingen. Karlsruhe 1977, S. 162-166; Mozart 1991, S. 241.

Mannheim, Reiss-Museum, Theatersammlung (Th M 97/1)

Kat. Nr. 5.5.1

5.5.2
Elisabeth Auguste am Cembalo

Johann Heinrich Tischbein d. Ä. (Haina 1722 -1789 Kassel), um 1752
Öl auf Leinwand, 104,5 x 86 cm

Die Kurfürstin war eine gute Musikerin. Sie erhielt Klavierunterricht durch den Mannheimer Kapellmeister Carlo Grua (vgl. Kat.Nr. 5.5.19), ihre Stimme ließ sie bei dem an der Hofoper engagierten Sopranisten Mariano Lena ausbilden. Immer wieder musizierte sie, zuweilen wohl auch gemeinsam mit dem Kurfürsten, nicht nur privat, sondern auch im offiziellen Rahmen. Wolfgang Amadeus Mozart widmete ihr seine „Six Sonates pour le Clavecin ou Forté-Piano avec accompagnement d'un violon" (KV 301-306), 1778 (vgl. Kat.Nr. 5.5.40). Im Sprechtheater gab Elisabeth Auguste eindeutig dem französischen Schauspiel vor dem deutschen den Vorzug, ihre ausgesprochene Vorliebe galt freilich der großen italienischen Oper und dem Ballett. L.Hg.

Mozart 1991, S. 29 u. 254; Mörz 1997.

Mannheim, Reiss-Museum (1970/6)

Kat. Nr. 5.5.2

Kat. Nr. 5.5.3

5.5.3
Kurfürst Carl Theodor mit Traversflöte

Heinrich Carl Brandt (Werkstatt), Kopie nach Johann Heinrich Tischbein d. Ä., um 1770
Öl auf Leinwand, 102 x 85,8 cm

Er ... schien nur guter Mensch und liebenswürdiger Gesellschafter zu seyn. Sein Aeuseres kündigte Gesundheit und männliche Stärke an. Sein freundlicher Blik, den er auf Fremde und Einheimische ausstrahlt, mildert das Zurückschrökende seiner Macht und seines Ansehens. Man vergißt im Anblik seiner lichten Miene den Stern bald, der an seiner Brust flammt und seine Fürstengröße ankündigt (Christian Friedrich Daniel Schubart).
Kurfürst Carl Theodor zählte neben Friedrich dem Großen zu den musikalisch gebildetsten Herrschern der Epoche. Neben dem Violoncello spielte er in Anlehnung an die französische Hofkultur die Flöte. Unterricht auf diesem Instrument nahm er zunächst beim Vater Christian Cannabichs und dann beim Hofmusiker Johann Baptist Wendling, der zu den besten Flötenvirtuosen seiner Zeit gehörte. Durch die Gesandtschaftsberichte ist eine gelegentliche solistische Mitwirkung Carl Theodors in den musikalischen Akademien verbürgt. Für das kammermusikalische Musizieren, das für gewöhnlich im kurfürstlichen Kabinett stattfand, entstand mit dem Bau des idyllisch gelegenen Badhauses im Schwetzinger Schloßpark eine zweite Spielstätte. Die beschaulichen Nachmittage in diesem Refugium, an denen diskutiert und musiziert wurde - beispielsweise mit Schubart -, gehörten seit 1773 zum festen Bestandteil des vielseitigen Unterhaltungsprogramms in der Sommerresidenz. B.P.

Schubart, Chr. Fr. D.: Leben und Gesinnungen. Teil 1. Stuttgart 1791, S. 208f.; Schlage, Th.: Kurfürst Carl Theodor mit Traversflöte. In: Mannheim Archiv, Lfg. 3/99, MA 03170.

Mannheim, Reiss-Museum (O 390, Vig, S. 225, Nr. 214)

5.5.4
Porträt des Tenors Anton Raaff

Clemens August Philippart, um 1777
Öl auf Holz, 81 x 60 cm

Anton Raaff (Gelsdorf 1714-1797 München) zählte zu den berühmtesten Tenören des 18. Jahrhunderts. Seine Gesangsausbildung erhielt er zunächst beim Münchner Hofkomponisten Giovanni Ferrandini und ab 1737 bei dem bekannten Kastraten Antonio Bernacchi in Bologna, wo er auch Giovanni Battista (Padre) Martini kennenlernte. Raaff gastierte in Florenz, Venedig, Turin und Paris, nahm aber auch verschiedentlich feste Engagements an bedeutenden Fürstenhöfen an (1749 Wien, 1752-1755 Lissabon, 1755-1759 Madrid, 1759/1760-1768/1769 Neapel). Im August 1770 verpflichtete ihn Kurfürst Carl Theodor an den Mannheimer Hof. Hier übernahm er die Titelpartien in den Namenstagsopern „Catone in Utica" von Niccolò Piccinni, „Temistocle" und „Lucio Silla" von Johann Christian Bach sowie in Ignaz Holzbauers deutscher Oper „Günther von Schwarzburg", eine Abschrift der Tenorarien hält er auf dem Ölgemälde in der Hand. 1778 folgte Raaff - wie der Großteil der Hofkapelle - dem Kurfürsten nach München. Er beendete seine lange und erfolgreiche Karriere mit der Titelpartie in Wolfgang Amadeus Mozarts Oper „Idomeneo", die am 29. Januar 1781 in München uraufgeführt wurde. B.P.

Freiberger, Heinz: Anton Raaff. Diss. Bonn 1929; Heister-Möltgen, Hildegard: Anton Raaff und seine Welt. Wachtberg-Berkum 2. Aufl. 1997; Anton Raaff. Tenor des 18. Jahrhunderts „ex Holtzheim". Festschrift zum 200 Todestag (= Wachtberger Hefte 1 (1997)). Hg. vom Heimatverein Villip. Bonn 1997.

Bonn, Beethoven-Haus (Leihgabe der Lese- und Erholungsgesellschaft Bonn)

Kat. Nr. 5.5.4

5.5.5
Porträt der Sopranistin Franziska Lebrun

Thomas Gainsborough (Großbritannien 1727-1788), London, 1780
Foto (Original: Öl auf Leinwand, 127 x 102,6 cm, Adelaide, Art Gallery of South Australia). Geschenk von Gladys Penfold Hyland in Erinnerung an ihren EhemannFrank 1964

Franziska Lebrun (Mannheim 1756-1791 Berlin) wurde bereits zu Lebzeiten einer Todi und Mara gleichgestellt – bisweilen sogar vorgezogen. Als Tochter des aus Italien eingewanderten kurpfälzischen Hofmusikers Innozenz Danzi erhielt sie den ersten Musikunterricht von ihrem Vater. Nach einer sorgfältigen Ausbildung in Gesang, Klavier und Komposition debütierte sie sechzehnjährig als Rosina in Florian Leopold Gassmanns Oper „L'amore artigiano" im Schwetzinger Schloßtheater und avancierte in den folgenden drei Jahren zur gefeierten Primadonna der Mannheimer Hofoper. Ihre Interpretation der Anna im „Günther von Schwarzburg" wurde 1777 von den Zeitgenossen in Gedichten emphatisch gefeiert. 1778 sang sie zur Eröffnung der Mailänder Scala die Hauptrolle in Antonio Salieris Oper „Europa riconosciuta". Ihre mit Mozart sprichwörtlich gewordene ›geläufige Gurgel‹, ihre virtuose Verzierungskunst und die mühelose Bewältigung extremer Spitzentöne (bis zum dreigestrichenen a), inspirierten Franziska Lebrun zu ausgefallenen Präsentationsformen ihrer Gesangskunst: So übernahm sie beispielsweise in konzertanten Sinfonien die instrumentale Solostimme, indem sie den Part auf italienische Textsilben sang. Gemeinsam mit ihrem Mann, dem Mannheimer Hofoboisten Ludwig August Lebrun, unternahm sie ausgedehnte Konzertreisen nach Paris und London. Während ihres Engagements am Londoner King's Theatre malte Gainsborough die gefeierte Sängerin und stellte das Porträt 1780 in der Royal Academy aus.

Kat. Nr. 5.5.5

Die Erfolge in London ermutigten sie möglicherweise, auch als Komponistin in die Öffentlichkeit zu treten. 1779/80 erschienen ihre Violinsonaten op. 1 beim Londoner Verleger James Blundell erstmals im Druck. Franziska Lebrun und ihre Schwägerin Margarethe Danzi (geb. Marchand), deren künstlerischer Werdegang allerdings in die Münchner Zeit der Hofmusik fällt, waren die einzigen Komponistinnen in der Hofkapelle des Kurfürsten Carl Theodor. B.P.

Finscher 1992, S. 59-70.

5.5.6-12
Günther von Schwarzburg oder die Idee einer deutschen Nationaloper

Singspiel in drei Aufzügen für die Kuhrpfälzische Hofsingbühne
Komponist: Ignaz Holzbauer, Librettist: Anton Klein

Stolz sey Deutschland auf den allgemeinen enthusiastischen Beifall, welchen heute Günther von Schwarzburg, die erste nicht nur der Sprache, sondern auch dem Inhalt nach Deutsche Oper auf der Kurfürstlichen Hofsingbühne jedem Kenner, und Nicht – Kenner … entlockte.
Mit diesen Worten begrüßte die Presse die deutsche Oper „Günther von Schwarzburg" nach ihrer Uraufführung am 5. Januar 1777. In seiner Begeisterung für die deutsche Sprache hatte Kurfürst Carl Theodor 1775 seinen ersten Kapellmeister Ignaz Holzbauer mit der Komposition und den Professor der Weltweisheit und der schönen Wissenschaften Anton Klein mit der Dichtung einer neuen Oper beauftragt, deren Stoff der deutschen Geschichte entnommen werden sollte. Holzbauer und Klein begannen noch in demselben Jahr mit der Arbeit. Als Opernstoff wählten sie mit dem Schicksal des Grafen Günther XXI. von Schwarzburg einen entscheidenden und legendenumwobenen Moment der deutschen Geschichte, der gleichzeitig auch einen besonderen Bezug zur Dynastie Carl Theodors hatte. Die Arbeiten an der neuen Oper verliefen planmäßig: Anfang Oktober 1776 konnte die überregionale Presse die Beendigung der Komposition melden.
Die historische Bedeutung des Werkes liegt in dem Versuch, eine eigene, nicht mehr ausschließlich an italienischen oder französischen Vorbildern orientierte deutsche Nationaloper zu schaffen. Das fachkundige Urteil der Zeitgenossen fiel unterschiedlich aus: Während die Textdichtung überwiegend negative Kritiken erhielt, fand die Komposition allgemein Anerkennung. So beurteilte beispielsweise der mit Lob eher sparsame Wolfgang Amadeus Mozart die Musik als sehr schön. Am meisten wunderte es ihn, *daß ein so alter Mann, wie holzbauer [66 Jahre], noch so viell geist hat; denn das ist nicht zu glauben was in der Musick für feüer ist.*
Die Oper, mit der die Ära der Mannheimer Hofoper beendet war, hielt sich noch bis 1785 im Spielplan des Mannheimer Nationaltheaters und wurde auch andernorts aufgeführt: 1778 Mainz, 1782 Münster und Bonn, 1782-1784 Frankfurt/M., 1783 Brünn und Breslau, 1784 Köln, 1785 Kassel, 1788 Preßburg, 1789 Hannover, 1792 Budapest; konzertante Aufführungen in jüngster Zeit: 1994 zur 1200-Jahrfeier der Stadt Frankfurt/M., 1997 Amsterdam und Rotterdam. B.P.

Mannheimer Zeitung 11 (1777), Nr. 4, S. 18; Mozart 1962, S. 125; Lühning, H.: Art. Ignaz Holzbauer. In: Pipers Enzyklopädie des Musiktheaters. München/Zürich 1989, Bd. 3, S. 99-102.

5.5.6
Bildnis des Hofkapellmeisters Ignaz Holzbauer

Unbekannter Künstler
Foto (Original: Tuschzeichnung in braun, laviert, Wien, Österreichische Nationalbibliothek, Bildarchiv, Pg 193.107:I [1])

Der heute weitgehend vergessene Komponist Ignaz Holzbauer (Wien 1711-1783 Mannheim) zählte zusammen mit Niccolò Jommelli, Johann Christian Bach oder etwa Johann Adolf Hasse zu den namhaften Opernkomponisten seiner Zeit. Auf Wunsch seines Vaters studierte er zunächst Jura und Theologie. Nach ersten autodidaktischen Studien und heimlichem Musikunterricht bei den Chorschülern von St. Stephan reiste er auf Rat des Komponisten Johann Joseph Fux zur Vervollkommnung seiner musikalischen Ausbildung nach Venedig. Dort lernte er – neben den venezianischen Großmeistern Vivaldi, Albinoni und Lotti – durch Galuppi, Hasse und Porpora auch den neapolitanischen Stil kennen. Seine wechselvolle berufliche Laufbahn führte ihn über Mähren, Italien, Wien und Stuttgart 1753 nach Mannheim. Holzbauer hatte zuvor vom Kurfürsten Carl Theodor den Kompositionsauftrag zu der Favola pastorale „Il Figlio delle Selve" erhalten, die am 15. Juni 1753 in dem neuerbauten Schwetzinger Schloßtheater *mit höchsten Beyfall der kurfürstlichen Herrschaft und des Publikums* uraufgeführt wurde. Der Erfolg brachte ihm unmittelbar die Stelle des Kapellmeisters ein, die er bis zu seinem Tod innehatte.
Kraft seines Amtes war Holzbauer als einziger Komponist für den gesamten musikalischen Bereich der Mannheimer Hofmusik zuständig. Sein Œuvre umfaßt daher alle Gattungen, die im höfischen Jahresablauf benötigt wurden. B.P.

Kurzer Lebensbegrif des Herrn Ignaz Holzbauer. In: Pfälzisches Museum, 1. Bd. Vom Jahr 1783 bis 1784. Mannheim, S. 460-477; Kretzschmar, H.: Vorwort. In: Ignaz Holzbauer, Günther von Schwarzburg. Leipzig 1902 (= Denkmäler deutscher Tonkunst VIII/1), S. V-XVII; Werner, H.: Die Sinfonien von Ignaz Holzbauer. Diss. München 1942; Altmann, N.: Die Messen von Ignaz Holzbauer. Diss. Bonn 1983; Salmen 1983, S. 76f.

Kat. Nr. 5.5.6

5.5.7
Partiturautograph Günther von Schwarzburg

Undatiert und unsigniert
3 Partiturbände, Pappeinband der Zeit, autographe Niederschrift in dunkelbrauner Tinte mit zahlreichen Korrekturen, vereinzelte Rötel- und Bleistifteintragungen und überklebte Veränderungen mit Tinte von fremder Hand, 26 x 33,5 cm
Das vor zwei Jahren wieder aufgefundene Autograph der Oper „Günther von Schwarzburg" von Ignaz Holzbauer gehört zu den wichtigsten musikalischen Quellen der Mannheimer Hofkapelle.
Das Manuskript ist das Arbeitsexemplar des Komponisten. Anhand der über 150 Überklebungen und zahlreichen Korrekturen läßt sich in einzigartiger Weise der Entstehungsprozeß dieses wichtigen Werkes nachvollziehen. Eine Faksimileausgabe der Oper zusammen mit einem Kommentarband, der die freigelegten Notenseiten zeigen wird, befindet sich in Vorbereitung.
B.P.

Neuenstein, Hohenlohe Zentralarchiv (Bartenstein-Musikalien, Bü 111/4)

Kat. Nr. 5.5.7

Kat. Nr. 5.5.7

5.5.8
Partitur Erstdruck Günther von Schwarzburg

Mannheim, bei Ignaz Holzbauer und Johann Michael Götz, [1777] 317 S., Notenstich mit handschriftlichen, teilweise autographen Eintragungen in brauner Tinte, ohne Plattennummer, Pappeinband mit Seide überzogen, Goldschnitt, 31,5 x 24,5 cm

Titelseite: Günther von Schwarzburg / ein / Singspiel / in / drei Aufzügen / in / Musik gesetzt / und / Seiner Kurfürstl: Durchlaucht / zu Pfalz / zugeeignet / von / Höchst derselben ersterem / Kapellmeister / Jgnatz Holzbauer / Mannheim / beym Verfasser und bey Musikverleger Götz. / kostet 11 Gulden reinisch. / gest: von Jos: Herbich.

Die Ausgabe ist der erste Partiturdruck einer deutschen Nationaloper. Bereits im Sommer des Uraufführungsjahres 1777 kündigte Ignaz Holzbauer in der überregionalen Presse die Fertigstellung der „Gravirung" der Oper „bis zukünftigen Michaelis" an, am 25. November war es dann soweit: *Man benachrichtet ein hochgeehrtes Publikum, daß die Musikexemplare der deutschen Oper, Günther von Schwarzburg, welche verflossenen Winter zum erstenmal allhier aufgeführet, und bei Gelegenheit der lezt begangenen höchsten Kurfürstlichen Namensfesten wiederholet worden, nunmehro vollständig auf meine Kosten gestochen, bey mir als dem Musikverfasser selbst, im festgesetzten Preis, das Stück für eilf Gulden Rhein., täglich zu haben seyen. Gewöhnlichermaßen werden Brief und Geld darfür frei eingesendet. Mannheim den 25. Nov. 1777. I. Holzbauer, K. Hofkammerr. u. Kapellm.*

Die von Holzbauer selbst finanzierte Erstausgabe ist jeweils durch den Namenszug des Komponisten am Ende des Notentextes sowie durch eine handschriftliche Numerierung des Exemplares auf dem Titelblatt gekennzeichnet. Der Verleger Johann Michael Götz gab unter Verwendung der Platten des Erstdrucks 1782 eine Zweitauflage der Partitur mit der Plattennummer 82 heraus. Entsprechend fehlt im Impressum des Titelblattes der „Verfasser" als Mitherausgeber. B.P.

Mannheimer Zeitung 11 (1777), Nr. 95, S. 398; Schneider, H.: Der Musikverleger Johann Michael Götz (1740-1810). Tutzing 1989, Bd. 1, S. 70-72 u. 120.

Mannheim, Reiss-Museum (o. Nr.)

5.5.9
Graf Günther XXI. von Schwarzburg

In: Anton von Klein (Hg.): Leben und Bildnisse der grosen Deutschen. Bd. 5. Mannheim 1805

Kupferstich von Georg (?) Melchior und Abraham Wolfgang (?) Küffner
83 S., 3 Kupferstiche, Bibliothekseinband, 43,5 x 30 cm

Bildlegende: Günther von Schwarzburg, sein Recht wider die Macht eines Königes / und des Vaticans vertheidigend, läst sich, beynahe sterbend, als Kaiser in / Frankfurt umher tragen.

Noch 28 Jahre nach der Uraufführung der Oper „Günther von Schwarzburg" setzte Anton von Klein, seit 1790 von Carl Theodor in den Adelsstand erhoben, seinem Titelhelden ein zweites literarisches Denkmal, indem er ihn in die Reihe „Leben und Bildnisse der grosen Deutschen" mitaufnahm.
Graf Günther XXI. von Schwarzburg (Blankenburg 1303-1349 Frankfurt a. M.) sollte 1349 als Nachfolger des verstorbenen Ludwigs des Bayern auf Bestreben der wittelsbachischen Partei zum Gegenkönig Karls IV. gewählt werden. Seit dem 16. Januar lagerte Graf Günther von Schwarzburg vor der Stadt Frankfurt am Main, am 6. Februar öffneten sich die Stadttore, und am 8. Februar konnte die Reichsstadt ›ihrem König‹ auf dem heutigen Römerberg huldigen. Der Diplomatie Karls IV. gelang es allerdings rasch, den Rivalen von seinen wichtigsten Bundesgenossen zu isolieren. Die Abkehr seiner meisten Anhänger und eine schwere Krankheit bewogen Günther von Schwarzburg gegen eine angemessene finanzielle Entschädigung und die Zusage der Amnestie für seine Anhänger auf die Königswürde zu verzichten. Er starb am 14. Juni und wurde im Chor des St. Bartholomäus-Doms zu Frankfurt am Main beigesetzt. B.P.

Mannheim, Reiss-Museum (Mh 9821/5)

Kat. Nr. 5.5.9

5.5.10
Erstdruck des Opernlibrettos Günther von Schwarzburg

Mannheim, kurfürstliche Hofbuchdruckerei, [1776]
83 S., Pappeinband der Zeit, handschriftliche Eintragungen mit brauner Tinte, Klein-8°

Das Libretto lag bereits im Herbst 1776 gedruckt vor. Die beiden aufliegenden Seiten zeigen als Besonderheit links neben der Uraufführungsbesetzung die handschriftlich eingetragenen Namen der Solisten der Wiederaufnahme vom 6. Januar 1785 im Mannheimer Nationaltheater. B.P.

Mannheim, Reiss-Museum (G 274)

Günther von Schwarzburg
ein
Singspiel
in
drei Aufzügen
für die
Kuhrpfälzische Hoffingbühne.

Mannheim
gedruckt in der kuhrfürstl. Hofbuchdruckerei,
und zu haben bei Schwan.

Kat. Nr. 5.5.11

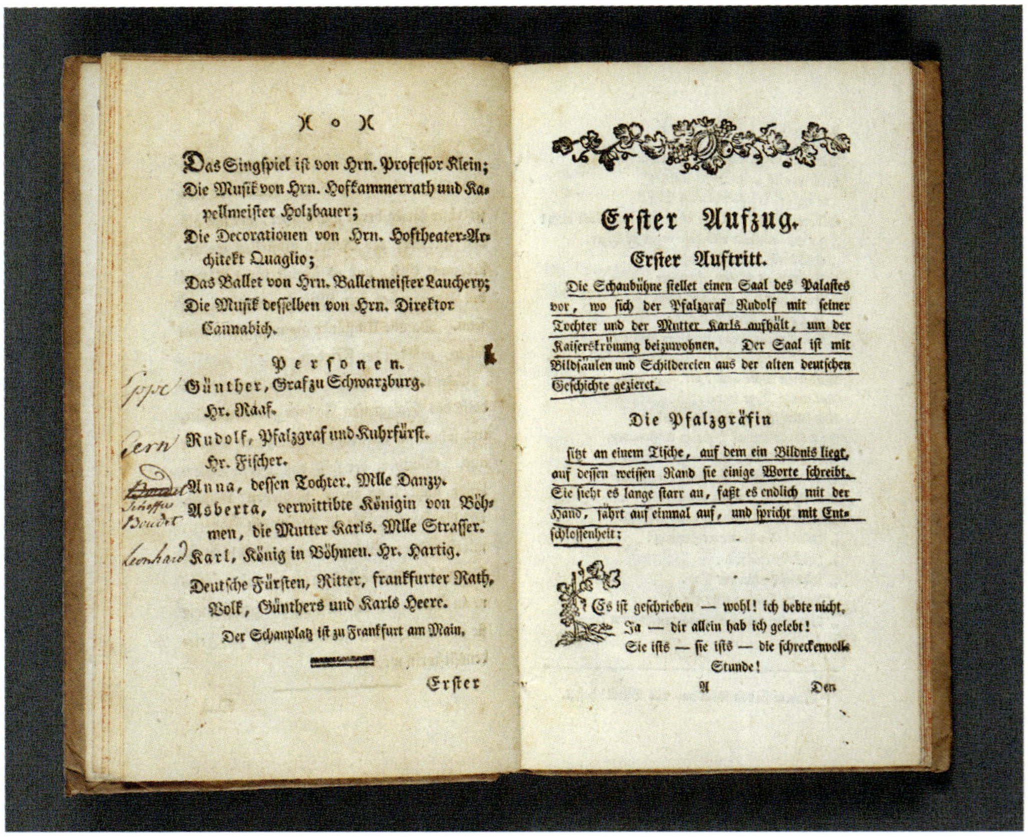

Das Singspiel ist von Hrn. Professor Klein;
Die Musik von Hrn. Hofkammerrath und Kapellmeister Holzbauer;
Die Decorationen von Hrn. Hoftheater-Architekt Quaglio;
Das Ballet von Hrn. Balletmeister Lauchery;
Die Musik desselben von Hrn. Direktor Cannabich.

Personen.
Günther, Graf zu Schwarzburg. Hr. Raaf.
Rudolf, Pfalzgraf und Kuhrfürst. Hr. Fischer.
Anna, dessen Tochter. Mlle Danzy.
Asberta, verwittibte Königin von Böhmen, die Mutter Karls. Mlle Strasser.
Karl, König in Böhmen. Hr. Hartig.
Deutsche Fürsten, Ritter, frankfurter Rath, Volk, Günthers und Karls Heere.
Der Schauplatz ist zu Frankfurt am Main.

Erster

Erster Aufzug.
Erster Auftritt.

Die Schaubühne stellet einen Saal des Palastes vor, wo sich der Pfalzgraf Rudolf mit seiner Tochter und der Mutter Karls aufhält, um der Kaiserskrönung beizuwohnen. Der Saal ist mit Bildsäulen und Schildereien aus der alten deutschen Geschichte gezieret.

Die Pfalzgräfin

sitzt an einem Tische, auf dem ein Bildnis liegt, auf dessen weissen Rand sie einige Worte schreibt. Sie sieht es lange starr an, faßt es endlich mit der Hand, fährt auf einmal auf, und spricht mit Entschlossenheit:

Es ist geschrieben — wohl! ich bebte nicht,
Ja — dir allein hab ich gelebt!
Sie ists — sie ists — die schreckenvolle Stunde!

A Den

Kat. Nr. 5.5.10

5.5.11
Zweitdruck des Opernlibrettos Günther von Schwarzburg

Mannheim, kurfürstliche Hofbuchdruckerei, [1777]
83 S., Kupferstich von Egid Verhelst, Bibliothekseinband, Klein-8°

Kupferstich datiert: „Mannheim 1777"

Der Zweitdruck des Librettos wurde anläßlich der Festaufführung zum Namenstag des Kurfürsten Carl Theodor am 5. November 1777 angefertigt und als einzige Abweichung vom Erstdruck zusätzlich mit einem Porträtkupfer des Grafen Günther XXI. von Schwarzburg ausgestattet. Anton Klein hatte sich persönlich um die Stichvorlage bemüht.
Entgegen der Angabe im Libretto sang nicht Franziska Danzi, spätere Lebrun, sondern Elisabeth Wendling die Partie der Pfalzgräfin Anna. Wolfgang Amadeus Mozart, der während der Aufführung im Orchester neben Johann Baptist Wendling saß, schrieb seinem Vater dazu nach Salzburg: *die Prima donna war die Mad: Elisabetha Wendling, ... sie ist immer kränklich, und zu demm war auch die opera nicht für sie, sondern für eine gewisse Danzi geschrieben, die iezt in England ist; folglich nicht für ihre stimme, sondern zu hoch.* B.P.

Mozart 1962, S. 125.

Mannheim, Reiss-Museum (Mh 94)

5.5.12
Autobiographie des Bassisten Ludwig Fischer

9 S., Autograph, nicht datiertes Fragment (Autobiographie bis 1790 reichend), Teil eines Sammelbandes, Pappeinband der Zeit, 21,5 x 17,5 cm

Die Oper „Günther von Schwarzburg" aus der Sicht des Bassisten Ludwig Fischer (Mainz 1745-1825 Berlin), der die Partie des Pfalzgrafen und Kurfürsten Rudolf sang: *Das folgende Jahr ward in Manheim Der Gunther von Schwarzenburg, von Professor Klein u. dem Kappell Meister Holzbauer – der schon starck in den 60 war, geschrieben – gegeben. Ein wahres Meisterwerk! wenn ich nach meinem Gewissen reden soll, mus ich sagen: ich habe nie was schoneres gesehen noch gehört. Raaff spielte den Günther u wie göttlich sang Er! Hardig den Sohn der bömischen Königin Asberta nachmaligen König Carl - Dem. Danzy Tochter des Pfalz Grafen Rudolf L. Fischer. ... Es spielte in Frankfurt am M. welches zuletzt gesturmt wurde. Die Decorazionen von dem berühmten Quaglio der Zug der Kaÿser Krönung, der Römer, mit all denen Fürsten, ich sang dem Kaiser den Glückwunsch diese arie war für Raaff eine Favorite. Die Asberta hätte keine andere so geben können.*
Ludwig Fischer studierte Gesang bei Anton Raaff in Mannheim. Er debütierte 1772 an der Mannheimer Hofoper zunächst als Buffo-Baß, 1775 übernahm er dann die Rolle des Herkules in Anton Schweitzers Oper „Alceste". Nach Mannheim (München) folgten Engagements in Wien, in Regensburg und ab 1788 auf Lebenszeit in Berlin. Die Partie des Osmin in der „Entführung aus dem Serail" hat Mozart für ihn geschrieben. Fischer soll der Komponist des bekannten Liedes „Im tiefen Keller sitz' ich hier" sein. B.P.

Theinert, H.: Jahrhundertfeier eines deutschen Trinkliedes und Mitteilungen aus dem Leben des Sänger-Komponisten Ludwig Fischer. In: Die Musik. 2. Jg. Heft 4. Berlin u. Leipzig 1902/03, S. 262-270; Gottron, A.: Die Selbstbiographie des Bassisten Ludwig Fischer aus Mainz. In: Mainzer Almanach 1959, S. 113-119 u. 124f.

Berlin, Staatsbibliothek zu Berlin – Preußischer Kulturbesitz (Mus.ms.theor. 1215)

5.5.13
Hofopernhaus im Mannheimer Schloss

Glockenförmiger Grundriß für den Zuschauerraum der Mannheimer Hofoper

Alessandro Galli Bibiena (Parma 1786-1748 Mannheim)
Feder und Bleistift, 67,3 x 47 cm

Die kurfürstliche Hofoper entstand noch während der Regierungszeit von Kurfürst Carl Philipp (1716-1742). Sie wurde aus Anlaß der Doppelhochzeit der Enkelinnen Carl Philipps (1661-1742) am 18. Januar 1742 mit der Oper „Meride" von Carlo Grua (vgl. Kat.Nr. 5.5.19) eröffnet. Der weit gerühmte, prächtige Hofopernbau befand sich im nordwestlichen Querflügel des Schlosses (zur genauen Lage s. Kat. Nr. 5.6.4.). Hier fanden die prunkvollen und teuren Aufführungen der großen italienischen Oper („opera seria") und ebenso dekorationsreiche, aufwendige Ballettschöpfungen statt. In diesem Haus erfolgte auch die spektakuläre Uraufführung von Ignaz Holzbauers Oper „Günther von Schwarzburg" am 5. Januar 1777 (vgl. Kat. Nr. 5.5.6-12). Seit der Einrichtung des Nationaltheaters auf B 3 und wegen des Wegzugs des Hofes wurde die Hofoper nicht mehr bespielt (letzte Aufführung am 20. November 1777, „Günther von Schwarzburg"). Während der Beschießung Mannheims 1795 durch die kaiserlich-österreichischen Truppen im Lauf der Revolutionskriege sank das Haus - wie ein Fanal der Zeitenwende - in Schutt und Asche.
Bei der Grundrißzeichnung in Glockenform, den die Mitglieder der italienischen Architektenfamilie Galli Bibiena gerne aufgriffen, handelt es sich wohl um eine Vorstudie zur eigentlichen Ausführung. Die Form scheint akustische Schwierigkeiten hervorgerufen zu haben, wie von Zeitgenossen bemängelt wurde. Deutlich erkennbar sind aber bereits auf diesem Entwurf die markanten Vorsprünge der Logenränge und die amphitheatralisch ansteigenden Stufen des „Parterre noble" sowie angedeutet die Tatsache, daß die Logen nicht durch seitliche Wände voneinander abgetrennt waren. Dies trug - im Gegensatz zur geläufigen italienischen Praxis - wesentlich zur Verbesserung der Sichtverhältnisse bei. L.Hg.

Mozart 1991, S. 240; Glanz 1991, S. 56f. u. Abb. 15.

München, Staatliche Graphische Sammlung (41 328)

5.5.14
A Hofopernhaus im Mannheimer Schloss

„veuë du frontispice de la Sale dévant le Théatre", Entwurf für das Proszenium der Mannheimer Hofoper

Alessandro Galli Bibiena (Parma 1786-1748 Mannheim)
Bleistift und Feder in Grau, zum Teil grau laviert, 26 x 29,3 cm

Alessandro Galli Bibiena kam 1719 an den Mannheimer Hof und wirkte hier bis zu seinem Lebensende als „Theatralarchitekt und Oberingenieur". Der Entwurf für das Proszenium könnte entweder aus Anlaß der Eröffnung des Hauses angefertigt sein, oder aber - wie Deanna Lenzi zu bedenken gibt - nicht von Alessandro Galli Bibienas Hand stammen, sondern aus der späteren Zeit der Erweiterung des Hofopernbaus (1767/1768 durch Lorenzo Quaglio).
In jedem Fall vermittelt der Entwurf einen Eindruck von der reichen Ausschmückung des Bühnenportals, das rechts und links von Kompositsäulen flankiert und im Zentrum durch eine stark geschwungene Kartusche mit dem Kurhut bekrönt wurde. Rechts und links aus Sicht des Betrachters allegorische Figuren, die Ruhm und Ehre verkörpern. Gut auf der linken Seite erkennbar eine der beiden Trompeter- und Paukerlogen, deren Anlage gleichfalls akustische Eintrübungen verursacht haben soll. L.Hg.

Lenzi 1989, S. 477-479; ausführliche Beschreibung des Proszeniums bei Glanz 1991, S. 58.

Amsterdam, Rijksmuseum (RP-T-1998-7)

Kat. Nr. 5.5.14 a

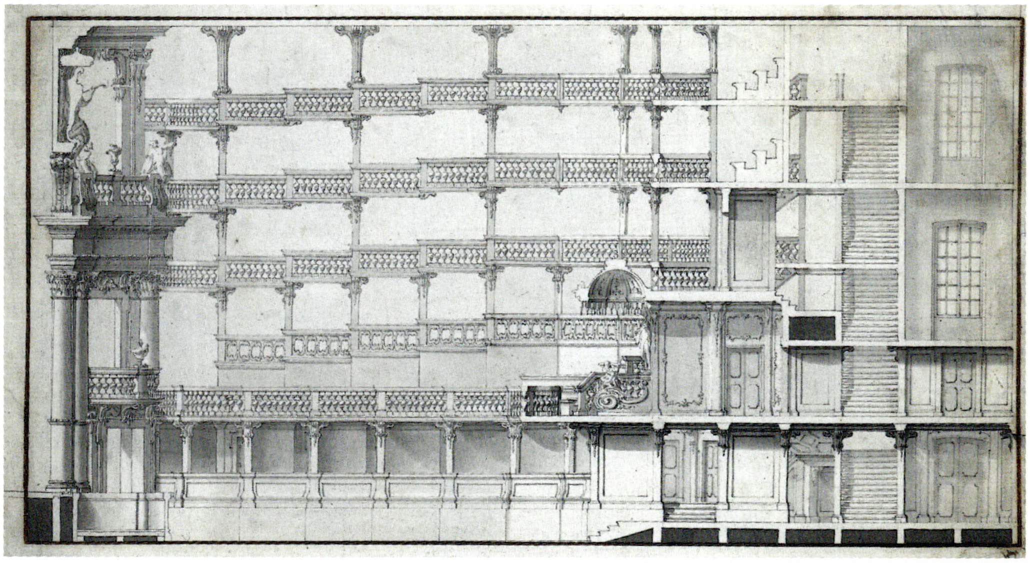

Kat. Nr. 5.5.14 b

b Hofopernhaus im Mannheimer Schloss

Längsschnitt durch das kurfürstliche Hofopernhaus in Mannheim

Alessandro Galli Bibiena (Parma 1786-1748 Mannheim)
Feder in Grau, zum Teil grau laviert, 25,1 x 44,2 cm

Für die Autorschaft des Blattes gilt das gleiche wie für die Kat.Nr. 5.5.14a. Der französische Architekt Pierre Patte, dessen 1782 in Paris erschienener „Essai sur l'architecture théatrale" grundlegende Erfahrungen des Autors mit dem europäischen Theaterbau des 18. Jahrhunderts reflektierte, besuchte 1780 auch die Mannheimer Hofoper und beschrieb das Haus. Der Zuschauerraum maß nach seinen Angaben achtzehn Meter, das Parkett war jedoch drei Meter kürzer. Diese Einbuße ergab sich durch die oben bereits erwähnte und auf dem Grundriß (Kat.Nr. 5.5.13) gut nachvollziehbare Anordnung der etwas spartanisch anmutenden Sitzstufen des „Parterre noble". Patte verwendet den Begriff „loges" im Sinn von Logenrang. Daraus ergab sich für ihn folgende Zählung: Parterre noble = 1. Logenrang, die nach hinten abgrenzenden Logen = 2. Logenrang, über diesem senkrecht übereinander vier weitere Logenränge. Das heißt, daß sich in der hinteren Mitte des - nach Patte - zweiten Logenranges die Fürstenloge befand - von einem kuppelförmigen Baldachin überdacht -, die den darüber liegenden Logenrang, dessen mittlere Loge den höchstrangigen Damen des Hofes vorbehalten war, durchschnitt und an den vierten Logenrang anschloß. Die Bühne des Hauses maß eine Tiefe von 32 Metern und verfügte über eine Rampe, von der aus Pferde ins theatrale Geschehen einbezogen werden konnten. Die Bühnentechnik war ganz auf der Höhe der Zeit, so daß auch die höchsten Anforderungen an aufwendige Dekorationen, die je nach gewünschtem Schauplatz mehrfach wechselten, erfüllt werden konnten. Die Angaben über das Fassungsvermögen der Hofoper schwanken zwischen 2000 und 5000 Personen. Da Opernaufführungen zum staatlichen Repräsentationskanon zählten, war der Eintritt für Hofgesellschaft und Gäste unentgeltlich. Die Logen des dritten Ranges blieben Angehörigen des Jesuitenordens vorbehalten. Bemerkenswert ist, daß offensichtlich im obersten Logenrang auch Bürgerinnen und Bürger der Stadt am Geschehen teilhaben konnten. L.Hg.

Patte, Pierre: Essai sur l'Architecture théatrale. Paris 1782. S. 66-100; Lenzi 1989, S. 478; Glanz 1991, S. 56f. u. 60f.

Amsterdam, Rijksmuseum (RP-T-1998-8)

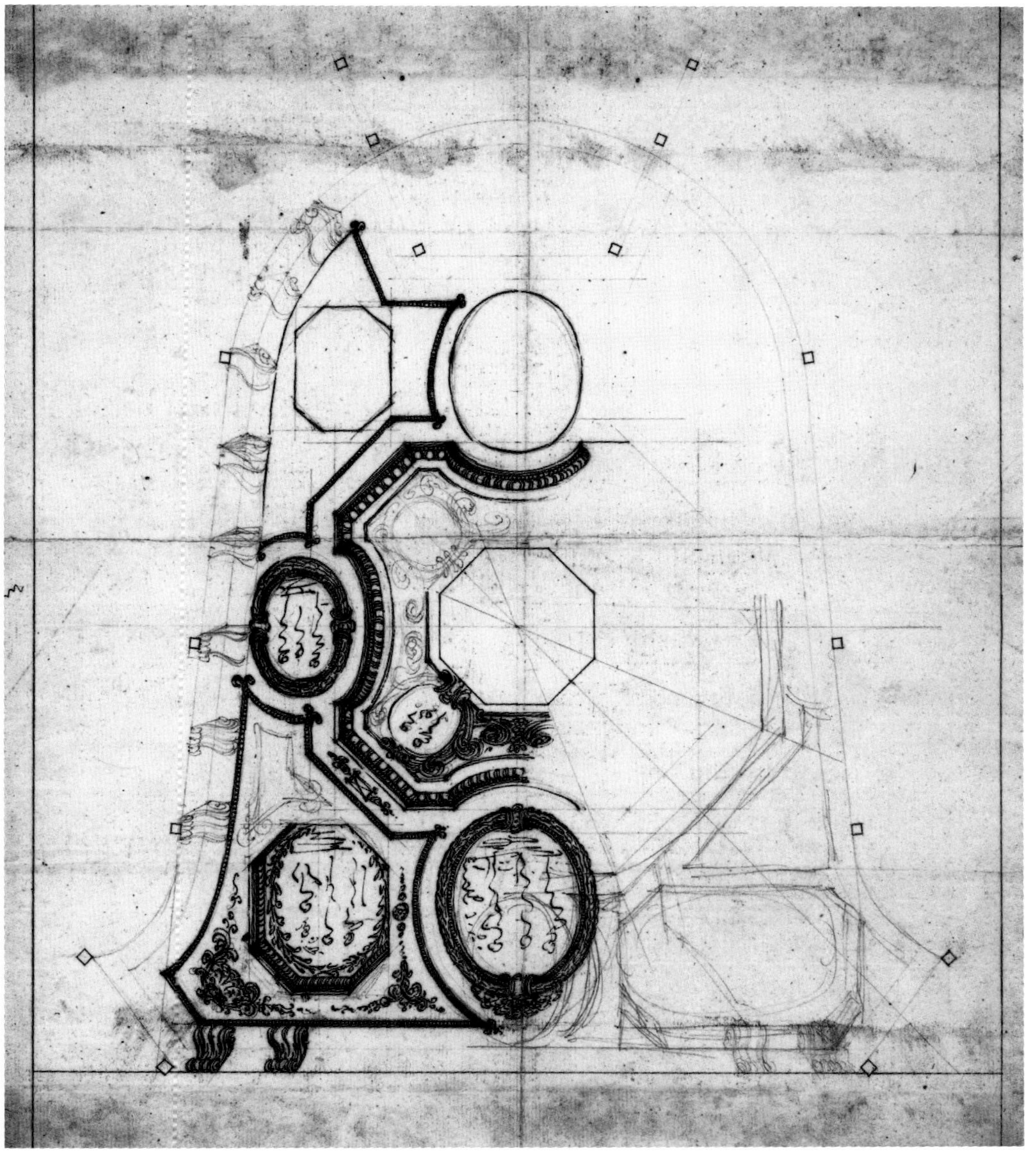

Kat. Nr. 5.5.15

5.5.15
Hofopernhaus im Mannheimer Schloss

Teilentwurf einer Kassettendecke für einen Zuschauerraum über glockenförmigem Grundriß

Allessandro Galli Bibiena (Parma 1786–1748 Mannheim)
Metallstift und Feder in Braun, 44,9 x 42,3 cm

Der Entwurf kann der Mannheimer Hofoper zugeordnet werden. Die am linken Rand der Glocke erkennbaren Volutenkonsolen sollten vermutlich zwischen der Stuckdecke, die später wohl durch ein Gemälde geschmückt war, und den Seitenwänden vermitteln. In dieser Entwurfsphase sind noch stuckierte Kartuschen- und Medaillonrahmungen zu erkennen. Gut sicht- und interpretierbar ist der oktogonale Ausschnitt in der Mitte der Decke, der geöffnet und geschlossen werden konnte. Wie Patte beschreibt, konnte durch die Öffnung ein 18-flammiger Leuchter heruntergelassen werden, der das Haus vor Beginn der Aufführung beleuchtete. Wenn zu Anfang einer Oper der Bühnenvorhang nach oben gezogen, bzw. aufgerollt wurde, verschwand der Leuchter synchron in der Decke, die man wieder schloß. Gleichzeitig sei allein die Bühne durch etwa 1200 Kerzen erhellt worden. Das Haus selbst sei durch den Widerschein der Bühnenbeleuchtung leicht erhellt gewesen. Dies müßte ein für damalige Theaterverhältnisse zwar effektvoller, doch ungewöhnlicher Vorgang gewesen sein. In anderen Theatern blieb der Zuschauerraum gemeinhin beleuchtet, zweifellos eine Reverenz an die vornehmlich gesellschaftliche Funktion von Theater zur damaligen Zeit. Es steht zu vermuten, daß sich Patte, der das Theater wohl kaum in Funktion erlebt haben dürfte, in dieser Hinsicht irrt.

Die Innenausstattung des Hauses war von weißer Farbe und Blattgoldauftragungen dominiert, auf Zeitgenossen wirkte der Zuschauerraum ausgesprochen festlich. Der durchaus kritische Pierre Patte bezeichnet die Mannheimer Hofoper als „un des plus magnifiques théâtres de l'Allemagne". L.Hg.

Patte, Pierre: Essai sur l'Architecture théatrale. Paris 1782. S. 66-100; Lenzi 1989, S. 478; Glanz 1991, S. 59.

München, Staatliche Graphische Sammlung (41 330)

5.5.16
Schmuckvorhang für das Mannheimer Hofopernhaus

Franz Anton von Leydensdorff (Reutte in Tirol 1721-1795 Mannheim), 1772
Öl auf Leinwand, 79 x 63 cm

Es ist nicht eindeutig geklärt, ob von Leydensdorffs Entwurf für diesen Vorhang tatsächlich realisiert wurde, doch erscheint dies wahrscheinlich. Auf dem Entwurf sind die Originalmaße des zukünftigen Vorhangs in französischen Schuhen vermerkt (aus ihnen ergäbe sich eine ungefähre Proszeniumsgröße von ca. 11,5 x 11,5 m). Das ikonographische Programm des Vorhangs ist typisch für die Zeit: Zur Darstellung gelangt die Apotheose Kurfürst Carl Theodors. Erkennbar sind Allegorien auf Künste und Wissenschaft. In der Mitte als Reliefbildnis das Porträt Carl Theodors. Im unteren linken Bereich meißelt soeben die „Bildhauerei" an den beiden figürlich dargestellten Flußgöttern Rhein und Neckar. Rechts vorne erkennbar die tragische Muse. Sie hält in der linken Hand eine schwarze Maske und in der rechten einen Dolch. Als Motto dient ein Text in lateinischer Sprache: *siC hILarI rIsV MVnDI CorrIgItVr error* (so verbessert ein fröhliches Lachen die Fehler der Welt; aus der Hervorhebung einzelner Buchstaben als Versalien ergibt sich in Form eines Chronogramms die Jahreszahl). L.Hg.

Bachler, Karl: Gemalte Theatervorhänge in Deutschland und Österreich. München 1972, S. 49-51, Abb. 14f.; Huth 1982, S. 404; Mozart 1991, S. 242.

München, Bayerische Staatsgemäldesammlungen, Alte Pinakothek

Kat. Nr. 5.5.16

5.5.17
Entwurf zu einem königlichen Kabinett mit Pergola

Alessandro Galli Bibiena (Parma 1786-1748 Mannheim)
Feder in Braun, braun laviert, 31,0 x 33,0 cm

Alexandra Glanz konstatiert eine gewisse Nähe dieses Entwurfes zu bestimmten Szenen in Carlo Gruas Oper „Meride", mit der das Hofopernhaus eröffnet worden ist. Vor allem die Schlußszenen des zweiten Aktes (12.-16. Szene) spielen einerseits in „Königlichen Wohn-Zimmern", andererseits sieht der dritte Akt als Schauplatz 'Königliche Cabinette' vor. Der jeweils verwendete Plural weist darauf hin, daß es sich - wie auch auf dem Entwurf - um Gemächerfolgen handelt. Betont wird das Fürstlich-Erhabene, obgleich die Benennung eigentlich eher Privaträume erwarten ließe. Das Interieur erscheint geradezu „überladen", die schweren barocken Pfeiler- und Gebälkkonstruktionen wirken wuchtig-repräsentativ, was durchaus auf einen Zusammenhang mit der Festvorstellung aus Anlaß der fürstlichen Hochzeitsfeierlichkeiten hindeuten könnte. L.Hg.

Glanz 1991, S. 121f.

München, Staatliche Graphische Sammlung (35 275)

Kat. Nr. 5.5.17

KAT. NR. 5.5.18

5.5.18
HAFENSZENE

Stephan Schenck (?), um 1751
Feder und Aquarell, 19,2 x 29,7 cm

Bei dem Blatt handelt es sich um einen Entwurf vermutlich Schencks für die Aufführungen von Niccolò Jomellis Oper „Ifigenia in Aulide“ (Text vom Mannheimer Hofpoeten Mattia Verazzi) in der Hofoper vom 4. November 1751 an. Ausgesprochen irritierend sind die stilistischen Ungereimtheiten, die nicht eben für des Künstlers Meisterschaft sprechen. Glanz vermutet, daß Schenck mit dieser mehr als uneinheitlichen und trotz mancher Bewegtheit eher manieristische Starre ausstrahlenden Darstellung einem nicht mehr erhaltenen Entwurf Alessandro Galli Bibienas gefolgt sei, diesen aber nur sehr ungenügend verarbeitet habe. Das „Original“ könnte wiederum ein Entwurf für eine Szene des „Meride“ (3. Dekoration für I, 10 ff.) gewesen sein, in der eine stark vergleichbare Konstellation verlangt wird: eine Stadtvedute, 'ein zerfallenes Gebäude zwischen Bäumen' (das beliebte Ruinenmotiv), Schiffe, die am Ufer anlegen, Insassen, die sich mit pompösem Aufzug an Land begeben, ähnlich wie in Lorrainschen Hafenszenen. Hinter dem Entwurf vermutet Glanz also ein wesentlich meisterhafteres Blatt Galli Bibienas, das nur noch durch die spätere, unbeholfen wirkende Arbeit Schencks einen schwachen Abglanz von der eigentlichen Dekorationsintention Alessandro Galli Bibienas vermittelt. L.Hg.

Glanz 1991, S. 119-120, Abb. 71.

München, Staatliche Graphische Sammlung (35 188)

5.5.19-29
Oper als Instrument höfischer Repräsentation

Der Glanzpunkt im Festkalender des kurpfälzischen Hofes war zweifellos die Oper. Mit dem Bau des zweiten Opernhauses, des Schloßtheaters in Schwetzingen, teilte man das Theaterjahr ab 1753 in zwei Spielzeiten ein: die Wintersaison in Mannheim von November bis Anfang Mai und die Sommersaison in Schwetzingen von Mai bis Oktober. Bis zu diesem Zeitpunkt hatte die neue Festoper zum Geburtstag der Kurfürstin am 17. Januar das Theaterjahr eröffnet. Vielfalt der Veranstaltungen und private Atmosphäre kennzeichneten die Sommerspielzeit in Schwetzingen, in der jährlich durchschnittlich vier Buffa-Opern mehrfach aufgeführt wurden.

Die Oper der Wintersaison stand dagegen ganz im Zeichen höfischer Repräsentation. Die Galaoper zum Namenstag des Kurfürstenpaares im November war für gewöhnlich auch die erste Oper der nachfolgenden Karnevalszeit. Viele Fremde trafen bereits in den letzten Oktobertagen in Mannheim ein, um sich auf diese Weise schon möglichst früh einen Platz für eine der Aufführungen in der Hofoper zu sichern. Vor Beginn der Galavorstellung versammelte sich der Hofstaat gegen 4 Uhr nachmittags im Vorzimmer der Kurfürstin und begab sich von dort in das durch mehrere hundert Kerzen festlich erleuchtete Opernhaus, von Fanfaren der Trompeter und Pauker empfangen, die auf beiden Seiten über dem Orchester auf den für sie bestimmten Emporen standen. Die Festopern waren berühmt für ihre aufwendigen Bühnendekorationen und Maschinenzaubereien, auch die wertvollen Kostüme fanden den Beifall des Publikums. Vor allem in den späteren Jahren gab es zwischen den Akten jeweils ein von der Oper unabhängiges Ballett. Die Zahl der Mitwirkenden überstieg bei diesen Veranstaltungen die Hundertgrenze.

Die Komposition der bis in die 1770er Jahre dominierenden italienischen Oper war in Mannheim alleinige Aufgabe der Kapellmeister. Obwohl man mit Carlo Grua und vor allem mit Ignaz Holzbauer gleich zwei hochrangige Hofkapellmeister hatte, überrascht doch die lange illustre Gästeliste (z.B. Hasse, Galuppi, Jommelli, Piccinni, Salieri, J. Chr. Bach), wodurch nicht zuletzt der besondere Stellenwert dieses Ereignisses zum Ausdruck kommt. Mit der Schwetzinger Erstaufführung der deutschsprachigen Oper „Alceste" von Anton Schweitzer im Sommer 1775 vollzog sich dann ein grundlegender Wandel vom fortschrittlich italienischen mit Annäherung an die französische Musikkultur orientierten Operngeschmack zugunsten der deutschen Oper. In den letzten Jahren bis zur Verlegung der Residenz nach München im Jahr 1778 profilierte sich der Mannheimer Hof nicht zuletzt durch Holzbauers „Günther von Schwarzburg" als Stätte der deutschen Reformoper. B.P.

Mozart und Mannheim 1991; Corneilson, P.: Opera at Mannheim, 1770-1778. Ann Arbor 1992; Finscher 1992, S. 219-259; Baker, N.E.I.: Italian Opera at the Court of Mannheim, 1758-1770. Ann Arbor 1994.

5.5.19
Opernlibretti Meride
Dramma per musica in drei Akten

Komponist: Carlo Grua, Librettist: Giovanni Claudio Pasquini

a Italienische Ausgabe, Mannheim, kurfürstliche Hofbuchdruckerei durch Johann Mayer, 1742

102 S., 8° (Seite der Besetzung aufliegend)

b deutsche Übersetzung, Mannheim, kurfürstliche Hofbuchdruckerei durch Mathias Oberholtzer 1741

104 S., 8°

Das falsche Jahr 1741 ist handschriftlich mit Tinte zu 1742 verbessert.

Mit der Uraufführung der Oper „Meride" am 18. Januar 1742 im Rahmen der Festivitäten zur Doppelhochzeit (s. auch Kat.Nr. 1.1) wurde gleichzeitig das von Alessandro Galli da Bibiena neu erbaute Opernhaus im Westflügel des Mannheimer Schlosses feierlich eröffnet. Zu dem besonderen Anlaß hatte Kurfürst Carl Philipp für die weiblichen Hauptrollen auswärtige Gäste verpflichtet. Das italienische Libretto benennt für die Rolle der Niteti Rosa Pasquali von der Münchner Hofoper, die Partie der Laodice übernahm Rosa Gabrieli aus Bologna, die zur ersten begeistert gefeierten Sängerin der Mannheimer Hofoper avancieren sollte. Die Titelpartie sang der Sopran-Kastrat Mariano Lena, er wurde in späteren Jahren Gesangslehrer der Kurfürstin Elisabeth Auguste und 1764 vermutlich durch ihre Protektion Direktor der Hofmusik. Neun prächtige Bühnenbilder, aufwendige Maschineneffekte und Zwischenakt-Ballette vermitteln desweiteren den Gesamteindruck einer typischen barocken Ausstattungsoper, die ganz im Dienst repräsentativer höfischer Prachtentfaltung stand. B.P.

Wolfenbüttel, Herzog-August-Bibliothek (Textb. 209) (a), **Heidelberg, Universitätsbibliothek** (B 5054-1, Palatina, Sammelband III,1) (b)

5.5.20
Opernlibretto Cythère assiégée
Opéra comique in einem Akt

Komponist: Christoph Willibald Gluck u.a., Librettist: Carles-Simon Favart, Mannheim, 1759
55 S., zahlreiche hs. Eintragungen mit Tinte; Klein-8°

Titelseite: CYTHÉRE / ASSIÉGÉE / OPERA COMIQUE / EN UN ACTE. / MELE' D'ARIETTES / DONT LA MUSIQUE EST / DE MR. LE CHEV. GLUCK. / [Vignette, darunter Eintrag mit Tinte: »B. P. 2.e Exempl.«] / MANNHEIM, / MDCCLIX.

Das Libretto nimmt innerhalb der überlieferten Mannheimer Textbücher insofern eine Sonderstellung ein, als es eine Fülle von Tinteneintragungen aufweist, die Regieanweisungen, Bühnenmusikhinweise und die Namen der Mitwirkenden wiedergeben. Der handschriftliche Eintrag auf dem Titelblatt „B.P." könnte auf den Bestand Bibliotheca Palatina verweisen.
Die Oper wurde nach den Mitteilungen des Dresdner Gesandten Andreas Graf von Riaucour am 24. Juni 1759 anläßlich der Hochzeit des Franz Karl Freiherrn von Hompesch mit der Hofdame der Kurfürstin, Antonia von Hack, im Hoftheater der Sommerresidenz Schwetzingen erstaufgeführt.
Werke des Komponisten Christoph Willibald Gluck gelangten am Mannheimer Hof kaum zur Aufführung.
B.P.

Schaal, R.: Die vor 1801 gedruckten Libretti der Theatersammlung München. In: Die Musikforschung 11 (1958), spez. S. 329.

München, Deutsches Theatermuseum (Sammlung Schaal 18191)

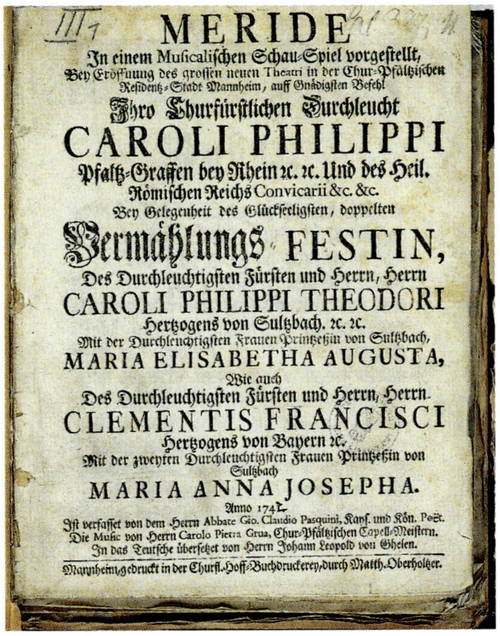
MERIDE
In einem Musicalischen Schau-Spiel vorgestellt,
Bey Eröffnung des grossen neuen Theatri in der Chur-Pfältzischen Residentz-Stadt Mannheim, auff Gnädigsten Befehl
Ihro Churfürstlichen Durchleucht
CAROLI PHILIPPI
Pfaltz-Graffen bey Rhein &c. &c. Und des Heil. Römischen Reichs Convicarii &c. &c.
Bey Gelegenheit des Glückseeligsten, doppelten
Vermählungs FESTIN,
Des Durchleuchtigsten Fürsten und Herrn, Herrn
CAROLI PHILIPPI THEODORI
Hertzogens von Sultzbach. &c. &c.
Mit der Durchleuchtigsten Frauen Printzeßin von Sultzbach,
MARIA ELISABETHA AUGUSTA,
Wie auch
Des Durchleuchtigsten Fürsten und Herrn, Herrn
CLEMENTIS FRANCISCI
Hertzogens von Bayern &c.
Mit der zweyten Durchleuchtigsten Frauen Printzeßin von Sultzbach
MARIA ANNA JOSEPHA.
Anno 1742.
Ist verfasset von dem Herrn Abbate Gio. Claudio Pasquini, Kays. und Kön. Poët.
Die Music von Herrn Carolo Pietra Grua, Chur-Pfältzischen Capell-Meistern.
In das Teutsche übersetzet von Herrn Johann Leopold von Ghelen.
Mannheim, gedruckt in der Churfl. Hoff-Buchdruckerey, durch Matth. Oberholtzer.

Kat. Nr. 5.5.19 b

5.5.21
Palastinterieur mit Treppenhalle und Hof

Lorenzo Quaglio (Laino 1730-1804 München), 1769
Federzeichnung in schwarz, laviert, 17,9 x 12,5 cm

Rechts unten signiert »Lorenzo Quaglio / fec 1769.«

Die vom Theaterarchitekten Lorenzo Quaglio unterschriebene und auf 1769 datierte Zeichnung zeigt eine barocke Monumentalarchitektur, wie sie für die prächtige Ausstattung der großen Festopern typisch war. So könnte ein Bühnenbild in Ignaz Holzbauers „Adriano in Siria" (1769) oder in Niccolò Piccinnis „Catone in Utica" (1770) ausgesehen haben, zu denen Quaglio die Dekorationen anfertigte. Beide Opernlibretti erwähnen einen kaiserlichen bzw. königlichen Palast. B.P.

Mannheim, Reiss-Museum (Klebealbum Rosen, MAV S 71,5)

Kat. Nr. 5.5.21

5.5.22
Opernlibretto Adrien en syrie Dramma per musica in drei Akten

Komponist: Ignaz Holzbauer, Librettist: Pietro Metastasio, Mannheim mit akademischen Schriften, 1769

95 S., Titelkupfer und 9 Vignetten, sep. Anhang: Ballette, 19 S., 4 Vignetten, Bibliothekseinband, Klein-Oktav

Die französische und die deutsche Ausgabe des Librettos der italienischen Oper „Adriano in Siria" von Ignaz Holzbauer, die am 11. Januar 1769 anläßlich der Vermählung des Kurfürsten Friedrich August von Sachsen und der Prinzessin Amalia Augusta von Zweibrücken aufgeführt wurde, gehören zu den dekorativsten Librettodrucken für die Mannheimer Hofoper. Neben dem abgebildeten gestochenen Titelblatt finden sich weitere kleine Holzschnittvignetten, vereinzelt auch szenische Darstellungen, die mit „D." (Johann David Donnhäuser) signiert sind.
Die italienischen Opernlibretti erschienen für gewöhnlich in deutscher und französischer Übersetzung, die in der Stadt für 20 kr. zu kaufen waren. B.P.

Mannheim, Reiss-Museum (Mh 1749)

Kat. Nr. 5.5.22

Kat. Nr. 5.5.23

5.5.23
Partiturmanuskript Catone in Utica Dramma per Musica in drei Akten

Komponist: Niccolò Piccinni, Librettist: Pietro Metastasio, Bearbeitung: vermutlich vom kurpfälzischen Hofpoeten Mattia Verazi 3 Bände, autographe und teilweise abschriftliche Partitur in brauner Tinte, Bleistifteintragungen, Mannheimer Provenienz der zahlreichen Veränderungen, marmorierte Pappeinbände der Zeit, 21,5 x 28,5 cm

Einbandtitel des ersten Bandes: Catone in Utica / Opera in III Atti / di / Nicolo Piccini / Parte Imo / Partit:

Das Notenmanuskript der Oper „Catone in Utica" gehört zu den wenigen erhaltenen Originalquellen des Mannheimer Hofopernrepertoires. Die zahlreichen Korrekturen, Überklebungen, eingefügten Notenseiten Mannheimer Provenienz sowie die eingebundene Einlagearie „Ovunque m'aggiri" von Antonio Sacchini vermitteln einen faszinierenden Einblick in die Arbeitsweise, wie ein Werk auf die speziellen Gegebenheiten des Opernensembles zugeschnitten wurde. Die Erst-, vielleicht auch Uraufführung des solchermaßen maßgeschneiderten Werkes fand zum Namenstag des Kurfürsten am 5. November 1770 statt. Die Oper war auch die Karnevalsoper des Jahres 1771, die erneute Namenstagsoper in demselben Jahr und wiederum Oper des Karnevals von 1772. Sie zählt damit zu den erfolgreichsten Werken in der Geschichte der Mannheimer Hofoper. B.P.

Enßlin, W.: Niccolò Piccinni, Catone in Utica. Quellenüberlieferung, Aufführungsgeschichte sowie Analyse im Vergleich zur gleichnamigen Oper von Johann Christian Bach (= Quellen und Studien zur Geschichte der Mannheimer Hofkapelle 4). Frankfurt/M. u.a. 1996.

München, Bayerische Staatsbibliothek (Mus.ms. 2426)

5.5.24
Porträt des Komponisten Niccolò Piccinni

Louis Jacques Cathelin nach einem Gemälde von Julien Robineau, Paris o.J.
Fotokopie (Original: Kupferstich, Wien, Österreichische Nationalbibliothek, Bildarchiv, Pg 193.073:I [1a])

Kat. Nr. 5.5.24

Das Porträt gehört zu den meistreproduzierten Bildnissen des Komponisten Niccolò Piccinni (Bari 1728-1800 Passy/Paris). Die hinzugefügten Verse preisen ihn als „Molière du chant" und als „le Racine". Piccinni schrieb hauptsächlich Bühnenwerke. Seine erste Oper „Le donne dispettose" wurde 1754 in Neapel mit großem Erfolg aufgeführt. 1758 ging er nach Rom, wo etwa 50 Opern entstanden, darunter sein bekanntestes Werk „La cecchina ossia la buona figliuola" (1760) nach einem Text von Carlo Goldoni, das auch in Mannheim 1769 erstmals zur Aufführung gelangte. 1776 reiste er auf Einladung der Königin Marie-Antoinette nach Paris, wo er 1778 seinen „Roland" herausbrachte. Piccinnis Anwesenheit entfachte in der Metropole einen heftigen Streit zwischen seinen Anhängern (Piccinnisten) und denen, die für die Reformopern Christoph Willibald Glucks (Gluckisten) plädierten. Der Hof entschied sich zugunsten Piccinnis. In den Wirren der Revolutionszeit verließ der Komponist Paris, kehrte aber nach Aufenthalten in Neapel und Venedig 1798 wieder und nun endgültig nach Paris zurück.

Am Mannheimer Hof wurden von Piccinni insgesamt vier Opern aufgeführt: Neben der schon erwähnten „La buona figliuola" waren es die Erfolgsoper „Catone in Utica" (1770) und die Buffa-Opern „Gli stravaganti" (1771) sowie „Le finte gemelle" (1772). B.P.

Kat. Nr. 5.5.25

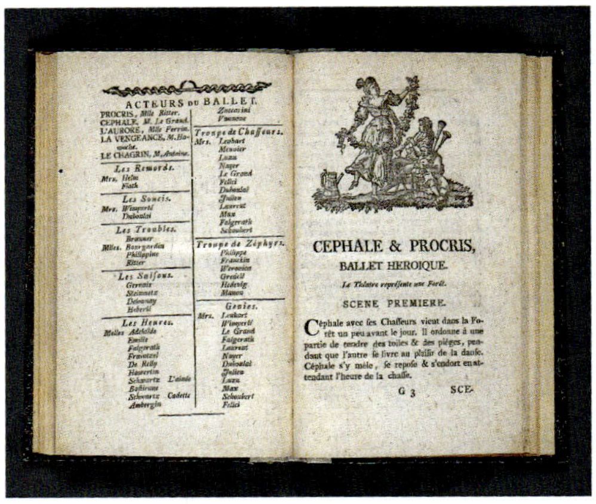

Kat. Nr. 5.5.26

Kat. Nr. 5.5.27

5.5.25
Partiturabschrift Lucio Silla Dramma per Musica in drei Akten

Komponist: Johann Christian Bach, Librettist: Pietro Metastasio 3 Partiturbände, sorgfältige Kopistenschrift in schwarzbrauner Tinte, marmorierter Pappeinband mit originalem Etikett, 25,5 x 34 cm

Provenienz: Mannheim

Das Etikett und die Datierung auf dem Titelblatt des ersten Partiturbandes „1775-1776 Manheim" stammen sehr wahrscheinlich von dem Mannheimer Vizekapellmeister Georg Joseph (Abbé) Vogler, der die Oper nachweislich in seinem Besitz hatte: W. A. Mozart erwähnt im Brief vom 13. November 1777, daß er sich die Partitur studienhalber vom Abbé ausgeliehen habe.

Johann Christian Bach komponierte zwei Namenstagsopern für den Mannheimer Hof: „Temistocle" (5.11.1772) und „Lucio Silla" (5.11.1775). Die Uraufführung der letztgenannten Oper war für den 5. November 1774 geplant. Sie mußte allerdings auf das kommende Jahr verschoben werden, weil im Herbst des Jahres nur ein Teil der Oper in Mannheim eintraf. Nachdem sich die erste Bestürzung gelegt hatte, plante man die fehlenden Teile durch eine eingeschobene Operette oder durch Ballette zu ersetzen. Glücklicherweise kam man aber von dieser Notlösung ab und studierte in Windeseile die Partitur „La secchia rapita" von Antonio Salieri ein, die somit ganz unverhofft zur Festtagsoper avancierte.

Auch die Uraufführung im Jahr 1775 stand unter keinem guten Stern. Da man täglich mit dem Ableben des Herzogs Christian IV. von Zweibrücken rechnen mußte, herrschte Unsicherheit, wie man im Ablauf der Festtage verfahren sollte. Mit Rücksicht auf die Anwesenheit der hochrangigen auswärtigen Gäste, ordnete Carl Theodor am Vorabend der Uraufführung an, daß die Oper auf jeden Fall gespielt werden solle. Christian IV. starb um 2 Uhr am Morgen des Aufführungstages, die Nachricht des Couriers wurde geheim gehalten und erst nach Ende der Oper bekanntgegeben. Die nachfolgenden Festveranstaltungen fielen wegen der anbefohlenen Hoftrauer aus. B.P.

Mozart 1962, S. 120; Mozart 1991, S. 173; Corneilson, P.: The Case of J. C. Bach's Lucio Silla. In: The Journal of Musicology 12/2 (1994), S. 206-218.

Darmstadt, Hessische Landes- und Hochschulbibliothek (Mus.ms. 60)

5.5.26
Ballettlibretto Céphale et Procris Ballet Héroique in neun Szenen

Komponist: Carl Joseph Toeschi, Choreograph: François André Bouqueton, Mannheim mit akademischen Schriften, 1769
Nicht pag. Anhang im französischen Libretto „Adrien en Syrie", Holzschnittvignetten von Johann David Donnhäuser, Bibliothekseinband, Klein-8°

Das Ballett „Céphale et Procris" wurde zusammen mit dem Ballett „Renaud et Armide" nach dem ersten bzw. zweiten Akt von Ignaz Holzbauers „Adriano in Siria" aufgeführt. Die Musik zu den Balletten komponierten die beiden Konzertmeister Carl Joseph Toeschi und Christian Cannabich, die Choreographie entwarf der erste Tänzer und Direktor der Tanzakademie François André Bouqueton, der sich zusammen mit Louis Auguste Rey der besonderen Gunst der Kurfürstin Elisabeth Auguste erfreuen durfte. Beide Tänzer hatten die Kurfürstin anläßlich eines Gastspiels in Schwetzingen im Sommer 1753 derart begeistert, daß sie die beiden Künstler zum Vertragsbruch mit ihrem eigentlichen Dienstherrn, dem Kurfürsten Clemens August von Köln, verleitete. Die daraus entstandene Tänzeraffaire war die Ursache für eine dauerhafte ernsthafte Verstimmung zwischen beiden Höfen, die sich erst nach mehreren Jahren ausräumen ließ. B.P.

Homering/v. Welck 1998, spez. S. 146f; Cauthen, P. (Hrsg.): Ballet Music from the Mannheim Court. Part 3 (= Recent Researches in the Music of the Classical Era 52). Madison 1998.

Mannheim, Reiss-Museum (Mh 1749)

5.5.27
Partiturabschrift Médée et Jason Ballet Tragique in elf Szenen

Komponist: Christian Cannabich, Choreograph: Etienne Lauchery, um 1773
1 Partiturband, sorgfältige Kopistenschrift Darmstädter Provenienz, 22 x 31,5 cm

Einbandtitel: Medée et Jason. / Ballet Tragi= / = Pantomime. / Manheim 1773.-1774. / del Sig: Chr. Canabich.

Das Ballett „Médée et Jason" von Christian Cannabich wurde in Mannheim erstmals zusammen mit dem Ballett „Roger dans l'isle d'Alcine" von Carl Joseph Toeschi zu Bachs Oper „Temistocle" am 5. November 1772 aufgeführt. Die Dekorationen schuf Lorenzo Quaglio, die Choreographie zu den Balletten entwarf Etienne Lauchery (Lyon 1732-1820 Berlin), der 1772 als „Maître de Ballet" und „Directeur de l'Académie de Danse" an den Mannheimer Hof berufen wurde und vielleicht einer der wichtigsten Vermittler des dramatischen Handlungsballetts im 18. Jahrhundert war. In Zusammenarbeit mit Cannabich schuf Lauchery insgesamt elf typische Genreballette mit kontrastierender Handlung. Die Ballettlibretti dokumentieren eine reiche Auswahl an unterschiedlichsten Sujets, die von heiteren anakreontischen Pastoralen bis hin zu den großen Tragödien aus der griechischen Mythologie reicht. Zur instrumentalen Kommentierung des Inhaltes verwendet Cannabich eine farbige Instrumentierung und das aktuelle musikalische Vokabular der Zeit, das zusammen mit den sogenannten Mannheimer Manieren an Aussagedeutlichkeit kaum zu übertreffen ist. Die Komposition „Médée et Jason" gehört zu den wenigen erhaltenen Quellen der Mannheimer Ballettmusik. B.P.

Kloiber, R.: Die dramatischen Ballette von Christian Cannabich. Diss. München 1927; Mozart und Mannheim 1991, S. 145-155; Finscher 1992, S. 131-140; Baker, N. (Hrsg.): Ballet Music from the Mannheim Court. Part 2 (= Recent Researches in the Music of the Classical Era 47). Madison 1997.

Darmstadt, Hessische Landes- und Hochschulbibliothek (Mus.ms. 219)

5.5.28
Cornemuse

Frankreich, ca. 1760
Elfenbein (Mundrohr und Pfeifen); sieben Grifflöcher, Pfeifen verziert, die kleinere Pfeife mit Rillenprofil und einem gitarrenkorpusähnlichen Endstück, L. 31 bzw. 25 cm

Das Instrument wird mit einer Vielzahl von Namen beschrieben, die jeweils ihre Herkunft anzeigen. Stammen der Dudelsack und die Sackpfeife aus deutschsprachigen Ländern, so bezeichnet die Cornemuse das Instrument französischer Provenienz. Das Instrument findet sich in Italien ebenso wie in Portugal, Spanien und im angelsächsischen Bereich, was einerseits für eine große geographische Verbreitung, andererseits für die Verwendung als volkstümliches Instrument spricht.
Die hier vorgestellte Cornemuse verweist aufgrund des verwendeten Materials der Pfeifen (Elfenbein) und des Sackes (Samt) freilich eher auf die Nutzung durch einen höhergestellten Spieler. Der französische Königshof, und damit die Aristokratie des Landes, übernahm im 17. und 18. Jahrhundert Instrumente ländlich-bäuerlicher Herkunft und stilisierte damit ein Lebensgefühl, das sich auch im Gebrauch von bestimmten Musikinstrumenten niederschlug. Die Französische Revolution beendete diese kurze Phase der Nobilitierung der Cornemuse; sie wurde wieder - und ist es bis heute - ein Volksinstrument. T.S.

Baines 1960; Huber 1989, S. 292; Baines 1996, S. 278-282.

Mannheim, Reiss-Museum (Sammlung Dieter und Evamaria Freudenberg)

5.5.29
Drehleier

Böhmen, Ende 18. Jahrhundert
Zwei Spielsaiten und zwei dreichörige Resonanzseiten, 21 Grifftasten, Korpus mit eingezogener Taille, offenem Wirbelkasten mit oberständigen Wirbeln, einfach verzierter Saitenhalter mit Kurbel aus Metall, L. (gesamt) 80 cm, L. (Korpus) 55 cm, B. 40 cm, H. 14 cm

Das Instrument, kompliziert in der Herstellung, ist leicht zu spielen. Deshalb wurde es im Lauf der Jahrhunderte von einem eher von oberen Gesellschaftsschichten gespielten Instrument zu 'dem' Instrument der Fahrenden und Bettler.
Das Drehen der Kurbel bewirkt das Rotieren eines Rades, das die Saiten in Schwingungen versetzt. Auf diese Weise kann man mit einfachen Bewegungen und dem Drücken weniger Tasten einfache Tonfolgen wiedergeben, die sich durch die Bordunsaiten zusätzlich selbst begleiten. Im 18. Jahrhundert, zur Zeit der am französischen Hof erwachsenen Schäfermode, fand die Drehleier wieder kurzzeitig Eingang in sozial hochgestellte Personenkreise. Auch diese Modeerscheinung wurde von der Französischen Revolution beendet.
Die hier ausgestellte Drehleier verfügt über keine Schnarrsaite, und anstelle der Bordunsaiten erklingen beim Spielen zwei dreichörige Aliquotsaiten. T.S.

Bröcker 1995, Artikel Drehleier; Wackernagel 1997, S. 290-295.

Mannheim, Reiss-Museum (Sammlung Dieter und Evamaria Freudenberg)

Kat. Nr. 5.5.30

Kat. Nr. 5.5.32

5.5.30-32
Blasinstrumente „d'amore"

Holzblasinstrumente (Oboe, Flöte, Klarinette) mit der hinzugefügten Bezeichnung „d'amore" unterscheiden sich generell von den Standardinstrumenten durch eine, meist um eine Terz, tiefere Stimmung. Ihr Beiname wird auf den durch die tiefe Lage bedingten sanften und weichen Klangcharakter zurückgeführt. R.T.-F.

5.5.30
Oboe d'amore

W. Kress, erste Hälfte 18. Jahrhundert, im 19. Jahrhundert umgebaut
Buchsbaum, dreiteilig

Das Instrument war bis 1846 als „Waldoboe" in den Beständen der Münchner Hofkapelle inventarisiert und trägt die folgenden Vorbesitzerstempel: CT (= Carl Theodor auf allen drei Teilen), bekröntes L/No 25 auf dem Oberstück, nur das L mit der Bekrönung auf dem Unterstück. INV: bekröntes L No 25 in dieser Abfolge nur auf dem Schallstück

Die Oboe d'amore wurde seit etwa 1720 von Komponisten wie Georg Philipp Telemann, Christoph Graupner und nicht zuletzt Johann Sebastian Bach bevorzugt als Soloinstrument eingesetzt. Äußerlich fällt das Instrument durch die birnenförmig gestaltete Stürze auf. G. J. Vogler bemerkt über die Oboe d'amore und ihre Verwendung: ... *Hautbois d' amour gleichet sonst in allem der gewöhnlichen Hautbois, außer daß es eine andere unten zugemachte Stürze, und in selbiger eine fingersdicke Mündung hat; ... Bassethorne, Clarinetti d'amore, Hautbois d'amour sind jene Instrumente, die man in den Oratorien in der stillen Woche zur Abwechslung anbringt, die man auch selten hören muß, weil ihr eingeschränkter Umfang und ihr auf Schalmeyenart herauskommender Ton das Gehör bald ermüdet, gleich dem gezwikten Laute, den das gewöhnliche Klarinet giebt, wenn man das Wort Chalmeau vorschreibt.* (»Hautbois«, S. 630). R.T.-F.

Vogler, G.J.: Hautbois. In: Encyclopädie 14 (1789), S. 630.

München, Stadtmuseum

5.5.31
Flauto d'amore

Johann Georg Eisenmenger, Mannheim
Buchsbaum, eine Messingklappe, 71,1 x 4 x 4 cm

Der Hofinstrumentenmacher Johann Georg Eisenmenger (Mosbach 1698-1742 Mannheim) war spätestens seit 1722 in Mannheim tätig. Nach seinem Tode setzten die Söhne Johann Michael, Georg Peter und Erasmus die Tradition des Holzblasinstrumentenbaus in Mannheim fort.
Flauti d'amore sind vergleichsweise seltene Instrumente. Ihre Verwendung im Mannheimer Orchester ist jedoch durch G. J. Vogler bezeugt: *Es giebt auch Flöten, die man Flauti d'amore nennt, diese Flöten gehen grade um drey Töne tiefer, so daß was man ihnen aus dem G schreibet, und was sie ihrem Fingersatze nach aus dem G blasen, eben lautet, als wenn sie aus dem E bliesen. Sie sind sehr selten anzutreffen. Man hat sie im Mannheimer Orchester auch manchesmal aber fast immer nur im kleinen Schwetzinger Theater gebraucht, weil ihr Ton sehr sanft ist* (Flöte, S. 247).
R.T.-F.

Vogler, G.J.: Flöte. In: Encyclopädie 10 (1785), S. 246f.; Hart, G.: Die Holzblasinstrumentenmacher Eisenmenger. Ein Beitrag zur Geschichte des Mannheimer Musikinstrumentenbaues. In: Mannheimer Hefte 2 (1961), S. 40-44.

Nürnberg, Germanisches Nationalmuseum (MIR 345)

5.5.32
Viola d'amore

Matthias Griesser (Faulenbach 1698-1784 Innsbruck), Innsbruck, 1717
Sieben Spiel- und zwölf Bordunsaiten, keine Bünde auf dem Hals, dieser, der Wirbelkasten und der Kopf sind original erhalten, Rose unter dem Griffbrett in Holz mit hinterlegtem Pergament, L. (gesamt) 89 cm, L. (Korpus) 42,8 cm

Zettel: „Mathias Griesser Geigen und (Zister) Macher in Insprugg anno 1727"; weiterer Zettel: „Josephus Albani Reparavit Bulsani in Tyrol 1761"

Unter der Bezeichnung Viola d'amore werden zwei Instrumente zusammengefaßt, die im 17. und 18. Jahrhundert gebaut und gespielt wurden. Weist der eine Typ zwischen fünf und sieben Metallsaiten auf, so bezieht sich die andere Bezeichnung auf ein Instrument, das sechs oder sieben Spielsaiten aus Darm und bis zu 14 metallenen Resonanzsaiten besitzt, die beim Spiel mitschwingen. Der aus dem Zusammenspiel der Saiten entstehende eigentümliche Klang, den man als süß und lieblich beschrieb, erschien vor allem für Kammermusik geeignet. Insbesondere deutsche und italienische Komponisten der ersten Hälfte des 18. Jahrhunderts schrieben eine Vielzahl von Werken für dieses Instrument. Beispielsweise Carl Stamitz, Sohn des Begründers der „Mannheimer Schule" Johann Stamitz, reiste noch am Ende des 18. Jahrhunderts als Virtuose auf diesem Instrument durch ganz Europa. Auch setzte er sich kompositorisch, mit Konzerten und Sonaten, für dieses Instrument ein. T.S.

Danks 1976; Rosenblum 1984, Art. „Viola d'amore"; Wackernagel 1997, S. 267-270.

Mannheim, Reiss-Museum (Sammlung Dieter und Evamaria Freudenberg)

5.5.33-38
Im Paradies der Tonkünstler

Die Aufbauphase der berühmten Mannheimer Hofkapelle begann im Jahr 1747 nach der Rückkehr des Hofes aus Düsseldorf. Unter der Leitung von Johann Stamitz und seines Nachfolgers Christian Cannabich entstand eine der größten Hofkapellen des 18. Jahrhunderts. Neben der Größe gehörten Disziplin, hohes spieltechnisches Vermögen und eine leistungsorientierte moderne Organisation zu den Hauptmerkmalen der Hofkapelle. Die Musiker, die schon ungewöhnlich früh zu Spezialisten für nur ein Instrument ausgebildet wurden, gehörten zu den besten Virtuosen ihrer Zeit.
Neben den genannten Merkmalen zeichnete eine weitere Besonderheit die Mannheimer Hofkapelle vor allen anderen aus. Das, was Charles Burney in dem Bild der „Armee von Generälen" (s.auch Kat.Nrn. 5.5.76-77) zusammenfaßte, war die Tatsache, daß hier nicht wie andernorts die Kapell- oder Konzertmeister auch komponierten, sondern daß es in keinem anderen Orchester der Epoche mehr bedeutende Komponisten und Virtuosen in einer Person gab als in diesem Ensemble.
B.P.

Finscher 1992; Quellen und Studien zur Geschichte der Mannheimer Hofkapelle. Hrsg. von Ludwig Finscher. Frankfurt u.a. 1993ff.; Musik der Mannheimer Hofkapelle. Hrsg. von Ludwig Finscher. Stuttgart 1995ff.; Pelker, B.: Art. Mannheimer Schule. In: Musik in Geschichte und Gegenwart. Bd. 5. Kassel u.a. 1996, Sp. 1645-1662.

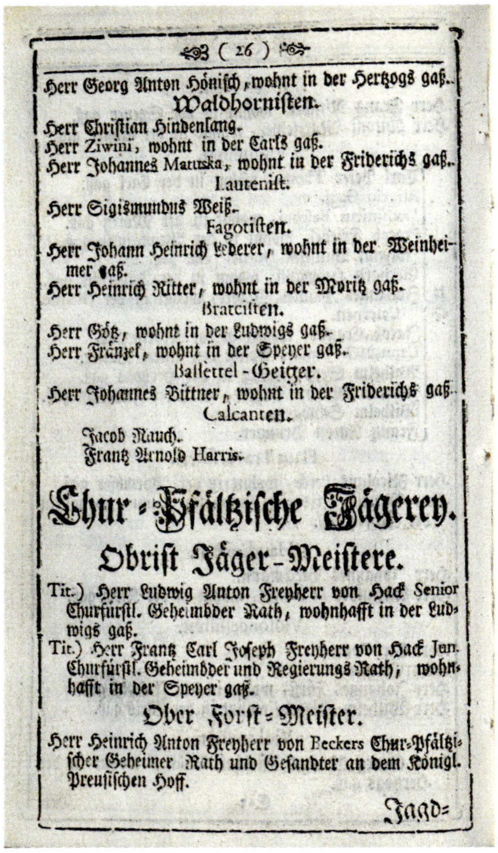

(26)

Herr Georg Anton Hönisch, wohnt in der Hertzogs gaß.

Waldhornisten.

Herr Christian Hindenlang.
Herr Ziwini, wohnt in der Carls gaß.
Herr Johannes Matuska, wohnt in der Friderichs gaß.

Lautenist.

Herr Sigismundus Weiß.

Fagotisten.

Herr Johann Heinrich Lederer, wohnt in der Weinheimer gaß.
Herr Heinrich Ritter, wohnt in der Moritz gaß.

Bratcisten.

Herr Götz, wohnt in der Ludwigs gaß.
Herr Fränzel, wohnt in der Speyer gaß.

Ballettel-Geiger.

Herr Johannes Bittner, wohnt in der Friderichs gaß.

Calcanten.

Jacob Rauch.
Frantz Arnold Harris.

Chur-Pfältzische Jägerey.

Obrist Jäger-Meistere.

Tit.) Herr Ludwig Anton Freyherr von Hack Senior Churfürstl. Geheimbder Rath, wohnhafft in der Ludwigs gaß.
Tit.) Herr Frantz Carl Joseph Freyherr von Hack Jun. Churfürstl. Geheimbder und Regierungs Rath, wohnhafft in der Speyer gaß.

Ober Forst-Meister.

Herr Heinrich Anton Freyherr von Beckers Chur-Pfältzischer Geheimer Rath und Gesandter an dem Königl. Preusischen Hoff.

Jagd-

Kat. Nr. 5.5.34

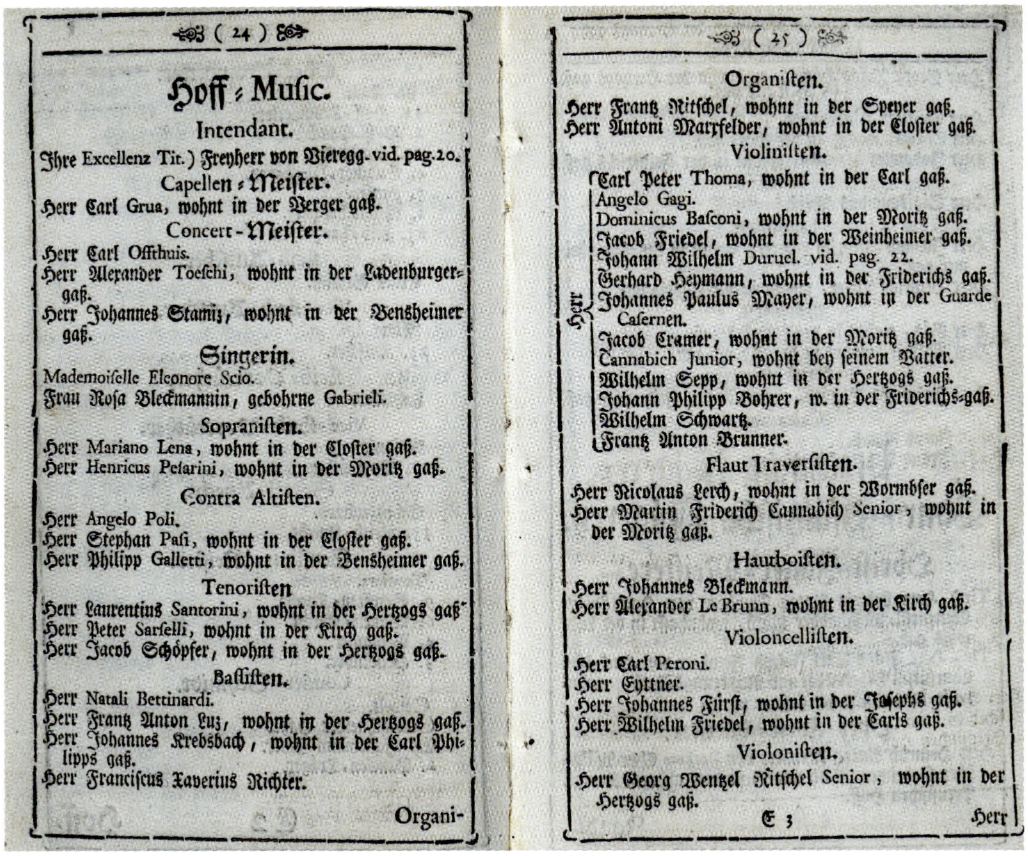

(24)

Hoff-Music.

Intendant.

Ihre Excellenz Tit.) Freyherr von Vieregg. vid. pag. 20.

Capellen-Meister.

Herr Carl Grua, wohnt in der Berger gaß.

Concert-Meister.

Herr Carl Offthuis.
Herr Alexander Toeschi, wohnt in der Ladenburger-gaß.
Herr Johannes Stamiz, wohnt in der Bensheimer gaß.

Singerin.

Mademoiselle Eleonore Scio.
Frau Rosa Bleckmannin, gebohrne Gabrieli.

Sopranisten.

Herr Mariano Lena, wohnt in der Closter gaß.
Herr Henricus Pesarini, wohnt in der Moritz gaß.

Contra Altisten.

Herr Angelo Poli.
Herr Stephan Pasi, wohnt in der Closter gaß.
Herr Philipp Galletti, wohnt in der Bensheimer gaß.

Tenoristen

Herr Laurentius Santorini, wohnt in der Hertzogs gaß.
Herr Peter Sarselli, wohnt in der Kirch gaß.
Herr Jacob Schöpfer, wohnt in der Hertzogs gaß.

Bassisten.

Herr Natali Bettinardi.
Herr Frantz Anton Luz, wohnt in der Hertzogs gaß.
Herr Johannes Krebsbach, wohnt in der Carl Philipps gaß.
Herr Franciscus Xaverius Richter.

Organi-

(25)

Organisten.

Herr Frantz Ritschel, wohnt in der Speyer gaß.
Herr Antoni Marxfelder, wohnt in der Closter gaß.

Violinisten.

Herr
Carl Peter Thoma, wohnt in der Carl gaß.
Angelo Gagi.
Dominicus Basconi, wohnt in der Moritz gaß.
Jacob Friedel, wohnt in der Weinheimer gaß.
Johann Wilhelm Duruel. vid. pag. 22.
Gerhard Heymann, wohnt in der Friderichs gaß.
Johannes Paulus Mayer, wohnt in der Guarde Casernen.
Jacob Cramer, wohnt in der Moritz gaß.
Cannabich Junior, wohnt bey seinem Vatter.
Wilhelm Sepp, wohnt in der Hertzogs gaß.
Johann Philipp Bohrer, w. in der Friderichs-gaß.
Wilhelm Schwartz.
Frantz Anton Brunner.

Flaut Traversisten.

Herr Nicolaus Lerch, wohnt in der Wormbser gaß.
Herr Martin Friderich Cannabich Senior, wohnt in der Moritz gaß.

Hautboisten.

Herr Johannes Bleckmann.
Herr Alexander Le Brunn, wohnt in der Kirch gaß.

Violoncellisten.

Herr Carl Peroni.
Herr Eyttner.
Herr Johannes Fürst, wohnt in der Josephs gaß.
Herr Wilhelm Friedel, wohnt in der Carls gaß.

Violonisten.

Herr Georg Wentzel Ritschel Senior, wohnt in der Hertzogs gaß.

C 3 Herr

Kat. Nr. 5.5.34

5.5.33
Besoldungsliste 1744

Mannheim, 1. Januar 1744

76 S., Kanzleischrift in brauner Tinte, Pappeinband mit weinrotem Papier mit Goldprägung überzogen, 36 x 24,5 cm

Titelseite: Specificirliche Designation. / Sämbtlicher bey denen Hoffstääben[!], Dicasterien, / gouvernement, und sonsten in gnadenge- / halt stehender Personen, auf waß / ein Jeglich ins Besondere aus der / Churpfälzischen general cassa Jährlichen / zugenießen hat.
Am Schluß sign. von J. H. Wunderlich

Die Besoldungsliste ist die erste Aufstellung des gesamten Hofstaates seit der Regierungsübernahme des Kurfürsten Carl Theodor am 1. Januar 1743. Der Hofmusikstab ist auf den Seiten 26-29 verzeichnet. Die aktive Musikerliste setzt sich danach zahlenmäßig wie folgt zusammen: 5 Sängerinnen, 10 Sänger, 1 Kapellmeister, 2 Konzertmeister, 2 Lautenisten, 2 Organisten, 11 Violinisten, 4 Oboisten, 1 Fagottist, 5 Hornisten, 1 Trompeter und 1 Pauker. Insgeamt wurden für die Hofmusiker 23045 Gulden bezahlt. B.P.

Karlsruhe, Generallandesarchiv (77/1648)

5.5.34
Churpfälzischer Hof- und Staatskalender

Mannheim, kurfürstliche Hofbuchdruckerei durch Matthias Oberholzer, 1748

176 S., Kupferstich des kurpfälzischen Wappens von Jonas Ostertag, Bibliothekseinband, Klein-8°

Nachdem der Hof von seinem fast einjährigen Aufenthalt in Düsseldorf nach Mannheim zurückgekehrt war, begann man sofort im Oktober 1747 mit dem Druck des neuen Mannheimer Hof- und Staatskalenders für das Jahr 1748, der von nun an jedes Jahr bis einschließlich 1778 erschien. Die aufliegenden Seiten 24-26 nennen die Mitglieder des Hofmusikstabs. Die hinzugefügte Angabe der Straßen, in denen die Musiker wohnten, findet sich nur in dieser Ausgabe. Dieser komplexe, wenn auch allgemeine Hinweis auf die Wohnstätten der Musiker ist innerhalb der erhaltenen Quellen zur Sozialgeschichte der Hofmusiker singulär. B.P.

Mozart 1991, S. 128-139; Mozart und Mannheim 1991, S. 13-27.

Mannheim, Reiss-Museum (Mh Zs 95)

5.5.35
Almanach Electoral palatin

Mannheim, kurfürstliche Hofbuchdruckerei, 1772

205 S., Porträtkupfer des Kurfürsten Carl Theodor von Johann Franz von der Schlichten und Egid Verhelst d. J., Titelvignette mit den Initialen des Kurfürsten „CT", Bibliothekseinband, Klein-8°

Mit dem Hof- und Staatskalender und seiner französischen Ausgabe hatte Carl Theodor ein offizielles Mitteilungsorgan geschaffen, das nicht nur den gesamten Hofstaat vorstellte, sondern auch die Hof- und Kirchenfeste mit dem jeweils anbefohlenen Zeremoniell für das ganze Jahr festlegte.
Daß diese Verzeichnisse auch außerhalb Mannheims einen besonderen Informationswert für aufmerksame Beobachter des Musiklebens der Residenz haben konnten, zeigt der Brief Leopold Mozarts an seinen in Mannheim weilenden Sohn, in dem er anfragte: „könnte die Mamma keinen Mannheimer HofCalender mitbringen?", und humorvoll fügte er hinzu: „wenn sich der Wolfgang meiner Methoden erinnert, wird er … [ihn] um einen wohlfeilen Preiß bekommen. aber er muß nicht lachen; sondern ein ernsthaftes Gesicht machen." B.P.

Mozart 1962, S. 220; Würtz 1975, S. 21f.

Heidelberg, Universitätsbibliothek (A 2554-2-1 Res.)

5.5.36
Besoldungsliste der kurpfälzischen im Vergleich mit der Bayerischen Hofkapelle

Handschriftliche Tabelle (Faksimile), Gruppenüberschriften hervorgehoben mit roter Tinte, Papier, 53 x 40,5 cm

Kopftitel: Besoldungs Status. / der Hof und Kapell Music / in / [linke Spaltenüberschrift] Pfalz [...] de Anno / 1776. / [gegenüberliegende Spalte] Bajern. [...] de Anno / 1777.

Nach der tabellarischen Darstellung bestand der Mannheimer Hofmusikstab aus 97, der Münchner aus 67 Mitgliedern. Hierzu gehörten neben den aktiven Musikerinnen und Musikern, die Verwaltung, bestehend aus Intendant, Direktor, Sekretär und Hofdichter, ferner die Pensionäre, Kopisten, Kalkanten (Balgtreter an der Orgel), Orgel- und Instrumentenmacher. Der Mannheimer Hof gab für die Hofmusik in dem angegebenen Jahr 45516 Gulden aus, der Münchner Hof liegt mit fast 29000 Gulden im Schnitt etwas darunter.
Das Jahresgehalt eines Hofmusikers, das seiner Funktion entsprechend festgelegt war, konnte durch Naturalien in Form von Holz, Getreide und Wein oder, als Belohnung für zusätzliche oder herausragende Leistungen, durch Gratifikationen aufgebessert werden. Langjährige oder sogar lebenslängliche Dienste berechtigten noch nicht zum Erhalt einer Pension. Ihre Gewährung bedurfte der höchst gnädigsten Zustimmung, aber auch hier zeigte sich Kurfürst Carl Theodor in der Regel als großherziger Dienstherr. B.P.

Finscher 1992, S. 40-43.

München, Bayerisches Hauptstaatsarchiv (HR I Fasc. 457/13)

5.5.37
Direktorenpatent

Mannheim, den 27. Februar 1750
Handschrift in brauner Tinte auf Papier, am oberen Rand schwarze Tuschzeichnung mit musikalischen Attributen, 37 x 48 cm

Bez.: „F. X. Walter / 1750";

Die Ernennungsurkunde für Johann Stamitz zum kurfürstlichen Instrumentalmusikdirektor mit der eigenhändigen Unterschrift des Kurfürsten Carl Theodor zählt zu den dekorativsten Urkunden der Mannheimer Hofkapelle. Sie ist außerdem das bisher einzige bekannte Direktorenpatent im Bereich der Mannheimer

Von Gottes gnaden Wir Carl Theodor
Pfaltzgraff bey Rhein des Heil. Röm. Reichs Ertz Schatz Meister, und Churfürst in Bayeren, zu Gülich Cleve

Kat. Nr. 5.5.37

Des Durchleuchtigsten Fürsten und Herrn Herrn
Carl Theodor Pfaltzgraffen bey Rhein des Heil. Röm. Reichs Ertz Schatzmeistern

Kat. Nr. 5.5.38

Instrumentalmusik.
Stamitz' Ernennung war neben der Anerkennung für erbrachte Leistungen unmißverständlich mit der Aufforderung verbunden, auch künftig den Dienst bestmöglichst verrichten zu wollen.
Die Aufgaben und Pflichten eines Instrumentalmusikdirektors am kurpfälzischen Hof waren beträchtlich: Stamitz und später sein Schüler Christian Cannabich dirigierten in den Hofkonzerten die erste Sinfonie, in den Opern die erste Violine; außerdem hatten sie für die Oper die Ballettmusik zu komponieren - selbstverständlich neben den sonstigen Instrumentalwerken; in ihren Zuständigkeitsbereich gehörten ferner der Ankauf von Instrumenten, Saiten und Colophonium oder die Reparatur von Instrumenten; vor allem aber schulten sie die Musiker in der Präzision des Einsatzes, im einheitlichen Bogenstrich und in der Nuancierung dynamischer Kontraste - spieltechnische Qualitäten, die das Orchester in ganz Europa berühmt machten.

B. P.

Vogler, G.J.: Art. Instrumentalmusik-Director. In: Encyclopädie 17 (1793), S. 656f.; Pelker, B.: Ernennungsurkunde für Johann Stamitz. In: Mannheim Archiv, Lfg. 11/99, MA 03270.

München, Bayerisches Hauptstaatsarchiv (Per. Sel. Urk. Stamitz 1750 Febr. 27 [Cart. 420])

5.5.38
Trompeterlehrbrief

Mannheim, 29. Mai 1749
Handschrift in brauner Tinte auf Pergament, eigenhändige Unterschriften der 17 Trompeter und 3 Pauker mit rotem Siegel jeweils links neben dem Namenszug; 38,5 x 60 cm

Der Lehrbrief für Franz Anton Brunner ist vor allem interessant, weil die am Mannheimer Hof angestellten Hof- und Feldtrompeter und Pauker eigenhändig mit vollem Namen und Titel unterschrieben haben. Sie gehörten innerhalb des Hofstaates dem Obriststallmeisterstab an und wurden in den Hofkalendern nicht namentlich, sondern lediglich summarisch aufgeführt. Einige von ihnen, beispielsweise Johann Gerhard Haymann, Ferdinand Fränzl, Johann Philipp Bohrer und Johann Wilhelm Sepp wirkten darüber hinaus als Geiger oder Bratscher in der Hofkapelle mit. Ferdinand Fränzl war zusätzlich mit der Rastrierung des Notenpapiers betraut worden, und Johann Jakob Cramer gehörte zu den wichtigsten Kopisten am Mannheimer Hof.
Trompeten waren hörbares und zugleich sichtbares Zeichen des Herrschers. Sie erklangen üblicherweise bei allen öffentlichen Auftritten des Fürsten einschließlich der öffentlichen Tafel. Ihre Verarbeitung in Material und Verzierung zeigten den Rang des Fürsten - so auch in Mannheim. Der komplette Satz der kostbaren zwölf Silbertrompeten, vielleicht das wertvollste erhaltene Ensemble an Blechblasinstrumenten des 18. Jahrhunderts, ist im Bayerischen Nationalmuseum in München ausgestellt.

B.P.

Walter, F.: Ein Mannheimer Trompeter-Lehrbrief vom Jahr 1749. In: MGB 2 (1901), Sp. 91f.; Mozart und Mannheim 1991, S. 41-64; Wackernagel, B.: Musikinstrumente des 16. und 18. Jahrhunderts im Bayerischen Nationalmuseum. München [1999], spez. S. 137-144.

Mannheim, Reiss-Museum (MAV U/G 150, vormals A 1749 Mai 29)

5.5.39-42
Die Mannheimer Schule

Die wohl erste Erwähnung des Begriffes „Mannheimer Schule" findet sich 1771 bei Johann Christoph Stockhausen. Für ihn ist der böhmische Violinvirtuose und Komponist Johann Stamitz »der beste in der Mannheimer Schule«. Mit dieser Beurteilung entspricht Stockhausen der bis heute gebräuchlichen Auffassung, nach der Stamitz nicht nur der Gründer, sondern - wenn auch mit unterschiedlicher Gewichtung - das „geistige Haupt" der Schule ist. Der zweite wichtige Aspekt, der bei Stockhausen zur Sprache kommt, ist die Deutung der Schule im Sinne einer Violinschule. In der zweiten Hälfte des 18. Jahrhunderts verstand man unter der Mannheimer Schule zunächst keinen kompositionsgeschichtlichen Sachverhalt, sondern eine Violin- oder Orchesterschule.
Der Kompositionsunterricht der Mannheimer Schule (s. auch Kat.Nr. 5.5.41) teilte sich nach den wenigen bisher bekannten zeitgenössischen Aussagen in zwei Bereiche, die auf das engste mit den Gegebenheiten des Kapellbetriebes verbunden waren. In den Lektionen wurde das kompositorische Handwerk vermittelt, in erster Linie wohl die Beherrschung des Kontrapunktes. Die Konzerte und Opernaufführungen am Mannheimer Hof boten den Studierenden dann weitere Möglichkeiten, ihre Kenntnisse anhand der aufgeführten Werke in allen musikalischen Gattungen und von den besten Komponisten der Zeit zu vertiefen. Neben Familienmitgliedern sind als wichtigste Theorielehrer der Schule dokumentiert: Johann Stamitz, Ignaz Holzbauer, Christian Cannabich, Franz Xaver Richter und Georg Joseph Vogler. Besonders begabten Schülern gewährte der Kurfürst zusätzlich Stipendien für Studienaufenthalte in Italien.

B.P.

Pelker, B.: Art. Mannheimer Schule. In: Musik in Geschichte und Gegenwart. Bd. 5. Kassel u.a. 1996, Sp. 1645-1662.

5.5.39
Porträt des Instrumentalmusikdirektors Johann Stamitz

In: Jean Baptiste Cartier: L'Art du Violon, Paris, Decombe, 2. Aufl. 1802

Kupferstich von F. Dobret rechts unten auf der Randleiste der Titelseite
Halbledereinband der Zeit, Kupferstich: Dm. 2,3 cm, Seitenlänge des Quadrats 3,3 cm

Johann Stamitz (Deutschbrod/Nemecky Brod 1717-1757 Mannheim) gilt als der Begründer der Mannheimer Schule. Er kam zuerst vermutlich als reisender Virtuose an den Mannheimer Hof und wurde 1741 oder 1742 als Geiger engagiert. Bereits im Sommer 1743 ernannte ihn Kurfürst Carl Theodor zum Konzertmeister, am 27. Februar 1750 erfolgte dann die Beförderung zum Instrumentalmusikdirektor. In den Jahren 1750 bis 1753 betreute Stamitz darüber hinaus die zweite Hofkapellmeisterstelle. Konzertreisen führten ihn vorzugsweise nach Paris, wo er von 1754 bis zum Herbst 1755 als Dirigent und Solist erfolgreich wirkte.
In seine Mannheimer Amtszeit fiel die Aufbauphase des Hoforchesters. Neben der Tätigkeit als Orchesterleiter und Lehrer setzte Stamitz vor allem als Komponist instrumentaler Werke Maßstäbe. Kompositionsgeschichtliche Bedeutung erlangten seine ca. 60 Sinfonien, die in Drucken und Handschriften des 18. Jahrhunderts überliefert sind. *Er war ein fruchtbarer und geschwinder Componist, von erfindungsreicher Phantasie, von geübtem Genie, und unter den Instrumentisten verdient er den nemlichen Platz, welcher dem Rubens unter den Malern gebührt* (Arteaga).

B.P.

Arteaga, S.: Geschichte der italiänischen Oper. Bd. 2. Leipzig 1789, S. 224f.; Wolf, E.K.: The Symphonies of Johann Stamitz. Utrecht etc. 1981; Salmen 1983, S. 86f.; Gradenwitz, P.: Johann Stamitz. Leben, Umwelt, Werke (= Taschenbücher zur Musikwissenschaft 93/94). Wilhelmshaven 1984.

München, Bayerische Staatsbibliothek (2° Mus.pr. 112)

5.5.40
Porträt des Hofmusikers Franz Xaver Richter

Christophe Guérin, 1785
Fotokopie (Original: Kupferstich, Platte: 25,4 x 21,4 cm, Wien, Österreichische Nationalbibliothek, Bildarchiv, Pg 28.145:I [1])

Über die Kindheit, Jugend- und Studienzeit Franz Xaver Richters (Holleschau/Holesov 1709-1789 Straßburg) ist wenig bekannt. Seine berufliche Laufbahn führte ihn nach Stuttgart, Schlitz, Ettal und Kempten, wo er ab

Kat. Nr. 5.5.40

1740 beim kunstliebenden Fürstabt Anselm von Reichlin-Meldegg die Kapellmeisterstelle innehatte. 1746 wechselte er als Bassist an den Mannheimer Hof. Er tauschte damit eine leitende Position gegen die eines einfachen Hofmusikers ein. In den folgenden Jahren schrieb er zwar einige wenige Werke für den Mannheimer Hof, doch mehr als den Ehrentitel eines kurfürstlichen „Cammercompositeurs" konnte er wegen seines konservativen Kompositionsstils nicht gewinnen. 1769 übernahm er daher die Kapellmeisterstelle am Straßburger Münster, wo er die letzten zwanzig Jahre seines Lebens wirkte. Aus dieser Zeit stammt das Porträt, das ihn in Ausübung seines Amtes, mit einer Notenrolle dirigierend, zeigt.
Richter gehörte neben Johann Stamitz und Ignaz Holzbauer zu den wichtigen Lehrern der Mannheimer Schule. Als Ergebnis dieser Tätigkeit können seine „Harmonischen Belehrungen" gelten, die er wahrscheinlich in den Jahren 1760 bis 1767 niederschrieb und seinem Dienstherrn Carl Theodor widmete. Das im Autograph erhaltene Traktat ist die älteste und neben den Schriften Abbé Voglers zugleich einzige kompositionstheoretische Abhandlung eines Mannheimer Hofmusikers.
B.P.

Gässler, W.: Die Sinfonien von Franz Xaver Richter und ihre Stellung in der vorklassischen Sinfonik. Diss. München 1941; Würtz 1975, S. 112; Salmen 1983, S. 64f. Reutter, J.: Studien zur Kirchenmusik Franz Xaver Richters, 1709-1789 (= Quellen und Studien zur Geschichte der Mannheimer Hofkapelle 1). Frankfurt/M. u.a. 1993; Mozart und Mannheim 1991, S. 221-231.

5.5.41
Sonaten mit Widmung an die Kurfürstin von Wolfgang Amadeus Mozart

Paris, Sieber [3. Abzug, ca. 1782]
2 Stimmen: 49 S. Cembalo, 15 S. Violine; quer; Platten: 21 x 28 cm

Titelseite: SIX SONATES / Pour Clavecin Ou Forté Piano / Avec Accompagnement D'un Violon, / Dedieés / A Son Altesse Serenissime Electorale / Madame. L'Electrice. Palatine. / par / Wolfgang. Amadeo. Mozart. fils / OEuvre. Premier. / A. PARIS. / Chez le Sr Sieber ...

Der Begriff „Mannheimer Schule", verstanden als Kompositionsschule, findet sich erstmalig auf einem separaten Widmungsblatt an die musikliebende Kurfürstin Elisabeth Auguste, das Wolfgang Amadeus Mozart dem Erstdruck seiner sechs Violinsonaten (KV 301-306) aus dem Jahr 1778 voranstellte. Da er während seines mehrmonatigen Winteraufenthaltes 1777/78 Gelegenheit hatte, die musikalischen Verhältnisse am Mannheimer Hof gründlich kennenzulernen, darf die Aussage als verbindlich gelten. Entsprechend der zu Anfang des Widmungstextes vorgenommenen sinnfälligen Unterscheidung zwischen „Chapelle" und „école de Manheim" betont Mozart „le grand nombre d'excellents professeurs qui la composent« und den „éclat de tant de chef doeuvres[!] Sortis de cette fameuse école".
B.P.

Haberkamp, G.: Eine bisher unbekannte Widmung Mozarts. In: Musik in Bayern 18/19 (1979), S. 5-13; Dies.: Die Erstdrucke der Werke von Wolfgang Amadeus Mozart (= Musikbibliographische Arbeiten 10). 2 Bde. Tutzing 1986.

München, Bayerische Staatsbibliothek (4° Mus.pr. 27207)

5.5.42
Widmung des Musikgelehrten Giovanni Battista Martini an Carl Theodor

In: Storia della musica. Bd. 2, per Lelio dalla Volpe Impressore dell'Instituto delle Scienze, Bologna 1770

Giovanni Battista Martini (Bologna 1706-1784 Bologna)
375 S., Papiereinband der Zeit, Titelvignette, 26 x 20 cm

Der international hoch geschätzte Musikgelehrte, Komponist und Lehrer Giovanni Battista (Padre) Martini widmete den zweiten Band seiner dreiteiligen musikgeschichtlichen Abhandlung »Storia della musica« dem Kurfürsten Carl Theodor als Zeichen seiner Wertschätzung. Der Kurfürst seinerseits hielt mit ihm brieflichen Kontakt und besuchte ihn darüber hinaus auf seiner Italienreise 1774/75 in Bologna. Die Verehrung Carl Theodors für Padre Martini als Autorität in musi-

SIX SONATES
Pour Clavecin Ou Forté Piano
Avec Accompagnement D'un Violon
Dedieés
A Son Altesse Serenissime Electorale
Madame. L'Electrice Palatine.
par
Wolfgang. Amadeo. Mozart. fils
Œuvre. Premier.
K.V. 301-306
A. PARIS.
Chez le Sr Sieber, Editeur de Musique rue St Honoré à l'hôtel D'Aligre Ancien Grand Conseil
Où l'on trouve plusieurs Nouveaux Oeuvres
A. P. D. R.
38

Kat. Nr. 5.5.41

STORIA
DELLA MUSICA
TOMO SECONDO
ALL'ALTEZZA SERENISSIMA ELETTORALE
DI
CARLO TEODORO
Conte Palatino del Reno, Arcitesoriere ed Elett. del Sac. Rom. Imp., Duca di Baviera, Giuliers, Cleves, e Bergen, Prencipe di Moeurs, Marchese di Bergen Opzoom, Conte di Veldenza, Sponheim, della Marca, e Ravensberga, Signore di Cavenstein ec. ec. ec.
UMILIATO E DEDICATO
DA FR. GIAMBATISTA MARTINI DE' MINORI CONVENTUALI
Accademico nell' Instituto delle Scienze, e Filarm.
IN BOLOGNA MDCCLXX.
Per Lelio dalla Volpe Impressore dell' Instituto delle Scienze. Con licenza de' Superiori.

Kat. Nr. 5.5.42

Kat. Nr. 5.5.43

Kat. Nr. 5.5.44

kalischen Fragen war in Fachkreisen offensichtlich bekannt. So tadelte Leopold Mozart seinen Sohn für dessen unkluges Taktieren, da der genau diesen Aspekt im Bemühen um die Gunst des Kurfürsten vergessen hätte: *hättest du recht Speculiert, so hättest du dein Attestatum etc: von P: M: Martini mit dir genommen, und solches dem Churf: gezeigt. weist du denn nicht daß er alles auf ihn hält, daß er den H: Ritschl zu ihm in die Lehre geschickt, ... 'weist du dann nicht das P: Martini den zweyten Theil seines Buchs dem Churf: dediciret?*
Als externer Lehrer der Mannheimer Schule nimmt Padre Martini insofern eine wichtige Position ein, da Carl Theodor die jungen begabten Schüler, wie beispielsweise den erwähnten Johannes Ritschel, Paul Grua oder auch Georg Joseph Vogler, zur Vervollkommnung ihrer Studien vorzugsweise zu ihm nach Bologna schickte. B.P.

Mozart 1962, S. 182; Schnoebelen, A.: Padre Martinis Collection of Letters. New York 1979.

Heidelberg, Musikwissenschaftliches Seminar (C 54 rem)

5.5.43
Porträt Wilhelm Cramer

J[ohn] Roberts, 1778
Lavierte Bleistiftzeichnung, 15,6 x 18,5 cm

Wilhelm Cramer (Mannheim 1746-1799 London) war Violinist im Mannheimer Orchester. *Man kann nicht mehr Feuer und mehr Präzision, mehr Kunstfertigkeit und Kraft in die Ausführung legen als dieser junge Virtuose es tut, der seine Zuhörer durch die Schönheit seines Tons und die Energie seines Spiels in Erstaunen versetzt und bezaubert. (On ne peut mettre plus de feu, plus de précision, plus d'art & de force dans l'exécution, que ce jeune virtuose qui étonne & enchante à la fois par la beauté des sons & par l'énergie de son jeu).* Aus einer Kritik des „Mercure de France" Mai 1769, S. 167, zu Cramers Auftritt im „Concert Spirituel" in Paris am Sonntag, den 14. Mai 1769. R.T.-F.

Mannheim, Reiss-Museum (E 36e)

5.5.44
Silhouettenbildnis Ludwig August Lebrun

Fotografische Reproduktion, 8,8 x 6 cm

Ludwig August Lebrun (Mannheim 1752-1790 Berlin) war Oboenvirtuose. ... *Sein Ton hat die äusserste Delicatesse. Er seufzt, girrt, klagt und weint nicht nur, sondern spielt auch in den hellen Farben der Freude. Ihm gelingt das rasche Presto, wie das tiefaufseufzende Largo. In seinen Concerten überwindet er alle Schwierigkeiten, und in seinen Solos ist er ganz Gefühl ....*

R.T.-F.

Schubart 1806, S. 142.

Hamburg, Museum für Hamburgische Geschichte (The V 23, 2. Band)

Kat. Nr. 5.5.45

Kat. Nr. 5.5.46

Kat. Nr. 5.5.47

5.5.45
Silhouettenbildnis Franziska Dorothea Leerun, geb. Danzi

Fotografische Reproduktion, 11,1 x 8,2 cm

Franziska Dorothea Lebrun (Mannheim 1756-1791 Berlin) war Sängerin.... *Unter allen bis jetzt lebenden Sängerinnen brachte noch keine ihre Stimme zu der bewundernswürdigen Höhe, als sie; denn sie erreichte mit derselben das dreygestrichene a, und zwar nicht mit stumpfer Intonirung, sondern mit Klarheit und Deutlichkeit. Die Coloraturen, sie mögen so schwer seyn als sie wollen, bringt sie mit vieler Richtigkeit heraus ...* R.T.-F.

Hamburg, Museum für Hamburgische Geschichte (The V 23, 2. Band)

5.5.46
Silhouettenbildnis Johann Baptist Wendling

Fotografische Reproduktion, 7,7 x 6 cm

Johann Baptist Wendling (Rappoltsweiler/Elsaß 1723-1797 München) war Flötenvirtuose. ... *ein vorzüglicher Flötenspieler, der echte Grundsätze mit fertiger Ausführung zu verbinden weiss. Sein Vortrag ist deutlich und schön, und die Töne in der Tiefe und Höhe gleich voll und einschneidend ...* R.T.-F.

Schubart 1806, S. 143.

Hamburg, Museum für Hamburgische Geschichte (The V 23, 2. Band)

5.5.47
Silhouettenbildnis Dorothea Wendling

Fotografische Reproduktion, 8,4 x 7,4 cm

Dorothea Wendling (Stuttgart 1736-1811 München) war Sängerin. [Sie] *hat sich als eine unsrer besten Theatersängerinnen ausgezeichnet. Sie figurirte im französischen, welschen, und deutschen Spiele; doch im komischen Fache weit mehr als im tragischen. Sie fing früh an zu schettern - was im ernsthaften Vortrag die widrigste Wirkung macht ...* R.T.-F.

Schubart 1806, S. 144.

Hamburg, Museum für Hamburgische Geschichte (The V 23, 2. Band)

5.5.48
Silhouettenbildnis Christian Cannabich

Scherenschnitt mit handschriftlicher Unterschrift, 17,7 x 12,8 cm

Christian Cannabich (Mannheim 1731-1798 Frankfurt a. M.) war Violinist, Konzertmeister und Direktor der Instrumentalmusik. ... *Von der Natur selbst zum Concertmeister gebildet! Man kann die Pflicht des Ripienisten nicht vollkommener verstehen, als Canabich. Sein Strich ist ganz original. Er hat eine ganz neue Bogenlenkung erfunden, und besitzt die Gabe, mit dem blossen Nicken des Kopfes, und Zucken des Ellenbogens, das grösste Orchester in Ordnung zu erhalten. Er ist eigentlich der Schöpfer des gleichen Vortrags, welcher im Pfälzischen Orchester herrscht. Er hat alle jene Zaubereyen erfunden, die jetzt Europa bewundert ...*

R.T.-F.

Schubart 1806, S. 127.

Weimar, Goethe-Nationalmuseum, Stiftung Weimarer Klassik

5.5.49
Silhouettenbildnis Ignaz Holzbauer

Fotografische Reproduktion, 4 x 3,3 cm

Ignaz Holzbauer (Wien 1711-1783 Mannheim) war Kapellmeister.... *Er war nicht nur ein ungemein gründlicher und fleissiger Künstler, der die Tonkunst tief und gründlich studiert hatte; sondern ein trefflicher Kopf, dessen Musik einen eignen Stempel hatte, wenn er gleich darin nicht eigensinnig war, auch Gold aus fremden Ländern zu holen. Deutschheit mit welscher Anmuth colorirt, war ungefähr sein musikalischer Hauptcharakter. Durch jene wirkte er auf den Verstand, durch diese auf das Herz - und so traf er den ganzen Menschen ...* R.T.-F.

Schubart 1806, S. 131.

Hamburg, Museum für Hamburgische Geschichte (The V 23, 2. Band)

5.5.50
Porträt Georg Joseph Vogler

Friedrich Oelenhainz, 1795
Öl auf Leinwand, 72 x 60 cm

Georg Joseph (Abbé) Vogler (Würzburg 1749-1814 Darmstadt), Sohn eines Geigenbauers, studierte in Bamberg und Würzburg beide Rechte, bevor er 1771 nach Mannheim kam. Vogler hatte auch als Musiker auf sich aufmerksam gemacht und erwirkte vom Kurfürsten ein Stipendium für eine Italienreise (1773-1775), um sich in der Komposition zu perfektionieren. Nach seiner Rückkehr wurde er neben Ignaz Holzbauer zweiter Kapellmeister. Auch nach dem Wegzug des Hofes 1778 blieb Vogler zunächst in Mannheim, trat jedoch um den Jahreswechsel 1780/81 eine zweite längere Reise an und hielt sich in den folgenden Jahren hauptsächlich in Paris auf. Obwohl er 1784-1786 nochmals als pfalzbayrischer Hofkapellmeister in München und 1786-1799 als königlich schwedischer Kapellmeister in Stockholm verpflichtet war, verbrachte Vogler die meiste Zeit auf Reisen, die ihn durch ganz Europa bis nach Nordafrika führten. Einen Namen machte er sich vor allem als Virtuose mit seinen programmatischen Orgelkonzerten. 1807 berief Großherzog Ludwig I. von Hessen-Darmstadt Vogler in seine Residenz. Hier versammelte sich ein illustrer Schülerkreis um Vogler, zu dem u.a. Carl Maria von Weber und Giacomo Meyerbeer gehörten. Das Ölgemälde von Oelenhainz zeigt Vogler mit dem von ihm entwickelten „Tonmaß" (s.auch Kat.Nr. 5.5.51). R.T.-F.

Schafhäutl, K.E. v.: Abt Georg Joseph Vogler. Sein Leben, Charakter und musikalisches System, seine Werke, seine Schule, Bildnisse&c. Augsburg 1888; Pelker/Thomsen-Fürst 2000 (in Vorbereitung).

Mannheim, Reiss-Museum (O 268)

Kat. Nr. 5.5.50

5.5.51
Octochord (Tonmass)

Um 1800
Nadelholz; 12 x 13 x 154 cm

Das »Tonmaß« diente zur Bestimmung und Veranschaulichung von Schwingungsverhältnissen. Vogler hatte dieses Instrument in Mannheim entwickelt und von seinem Stiefvater Mathias Wenceslaus Staudinger bauen lassen. Vogler benuzte das „Tonmaß" vor allem zu pädagogischen Zwecken. Bei dem ausgestellten Instrument handelt es sich wahrscheinlich um einen Nachbau aus späterer Zeit.
Im zweiten Jahrgang der „Betrachtungen der Mannheimer Tonschule" findet sich eine ausführliche Beschreibung des Tonmaßes: ... *Dieses Tonmas hat acht gleichlange, meßingne Saiten, alle einklängig in das F gestimt: eine jede ruhet an beiden Enden auf Zween Stegen, worauf sie mit einem Stimhammer angespant wird; nebst diesen sind unter einer jeden Saite in Verhältnißmäsigen Abständen auf dem Klangboden mehr oder wenigere Stege angebracht, nachdem eine Saite in mehr oder weniger Theile abgetheilt werden soll. So hat z.B. die Saite, welche in sechzehen gleiche Theile getheilt wird, fünfzehn gleich weit voneinander sizende Stege; diejenige, welche in fünfzehn theile theilbar sein soll, hat vierzehen dergleichen Stege, und so weiter, bis auf neun Theile herunter. Diese Stege berühren die Saiten nicht, indem sie etwas kürzer sind, als jene an beiden Enden; sondern die Abtheilungen geschehen nachher mittels eines kleinen, meßingnen zweizackigten Kammes, der zwischen den Zacken, wo er die Saite berühren soll, eine Schneide hat, und so auf den Steg gesezt wird, daß die Saite zwischen dem Stege und dem Kamm gezw[ä]ngt, und gleichsam abgeschnitten wird* ... (S. 96). R.T.-F.

Anonym: Von dem Voglerischen Tonmase. In: G. J. Vogler Betrachtungen der Mannheimer Tonschule. 2. Jg., S. 93ff.

Darmstadt, Hessisches Landesmuseum (Kg 67 : 89)

5.5.52-58
Vogler als Lehrer und Komponist

Nach seiner Rückkehr aus Italien entfaltete Vogler in Mannheim eine rege musikpädagogische Tätigkeit. Er unterrichtete nicht nur einzelne besonders begabte Schüler, wie das auch andere Mannheimer Musiker taten: 1776 gründete er eine öffentliche Tonschule in Mannheim, die offiziell am 4. November, dem Namenstag des Kurfürsten, eröffnet wurde und allen Interessierten offen stand.
Vogler entwickelte ein eigenes Lehrkonzept, das auf seinen theoretischen Überlegungen aufbaute, sehr stark aber auch auf das Lernen durch Erfahrung ausgerichtet war. Der Unterricht bestand aus Voglers Vorlesungen, exemplarischen Analysen von gedruckten Kompositionen, systematisch angelegtem praktischen Kompositionsunterricht und gemeinsamer Besprechung der Hausarbeiten. Außerdem mußten die Schüler jeden Monat eine öffentliche Prüfung ablegen. Seine Ideen suchte Vogler durch eine Reihe von Schriften zu verbreiten. Auch Schüler, die er nicht persönlich unterrichtete, sollten sich anhand seiner Lehrbücher umfassend bilden können. In den Grundzügen übernahm Vogler das in Mannheim entwickelte Unterrichtsmodell auch bei den späteren Versuchen, Tonschulen etwa in Stockholm und Prag zu etablieren.
Voglers kompositorisches Schaffen ist reich an pädagogisch motivierten Werken. Es umfaßt Kompositionen aller Gattungen, von großer Oper und feierlicher Kirchenmusik über Orchesterwerke bis zur Kammermusik. Zu seinen Aufgaben als zweiter Kapellmeister am Mannheimer Hof gehörte insbesondere die Komposition von Kirchenmusik. R.T.-F.

Pelker/Thomsen-Fürst 2000 (in Vorbereitung).

5.5.52
Stimmbildungskunst

Mannheim, Hofbuchdruckerei, 1776
Buchdruck, [5] S. mit Notenbeilagen, 80

Die „Stimmbildungskunst" ist die erste von Vogler in Mannheim publizierte Schrift. Vogler scheint als Gesangspädagoge erfolgreich gewesen zu sein. Zu seinen Schülern zählte unter anderem Aloysia Weber, die Wolfgang Amadeus Mozart während seines Mannheim Aufenthaltes kennenlernte. R.T.-F.

Corneilson, P.: Vogler's Method of Singing. In: The Journal of Musicology XVI (1998) Nr. 1, S. 91-109.

Mannheim, Reiss-Museum (Mh 602)

5.5.53
Kurpfälzische Tonschule

Mannheim, 1778
Buchdruck, Bibliothekseinband, VIII + 96 S., 80

In der „Kuhrpfälzischen Tonschule" formulierte Vogler die Grundlagen seiner öffentlichen Vorlesungen. Zugleich unternahm er mit dieser Schrift den Versuch, ein allgemeinverständliches musikalisches Lehrbuch vorzulegen, das für den Musikunterricht in allen Schulen der Kurpfalz verbindlich werden sollte. In die „Kurpfälzische Tonschule" eingegangen sind die älteren Schriften „Stimmbildungskunst" und „Tonwissenschaft und Tonsetzkunst", beide 1776 separat erschienen.
Der ausgestellte Band beinhaltet lediglich den ersten Teil der „Kurpfälzischen Tonschule". An diesen Abschnitt schloß sich ein zweiter an, der mit „Tonwissenschaft und Tonsetzkunst" unter Verwendung des originalen Titelblatts und der Paginierung von 1776 begann. R.T.-F.

Mannheim, Reiss-Museum (MH 604)

5.5.54
Betrachtungen der Mannheimer Tonschule

Mannheim, 1778-1781
Buchdruck, Ledereinbände, 3 Bände 407/370/241,76,[6] S., 80

Die in drei Jahrgängen von 1778 bis 1781 erschienene Monatsschrift „Betrachtungen der Mannheimer Tonschule" beinhaltet neben Aufsätzen zu Fragen der Musiktheorie und des Instrumentenbaus exemplarische Analysen von Werken Voglers und seiner Schüler, aber auch von bekannten Kompositionen der Zeitgenossen. Die Notenbeispiele, die „Gegenstände der Betrachtungen", erschienen in separaten Drucken. R.T.-F.

Mannheim, Reiss-Museum (Mh Zs 27)

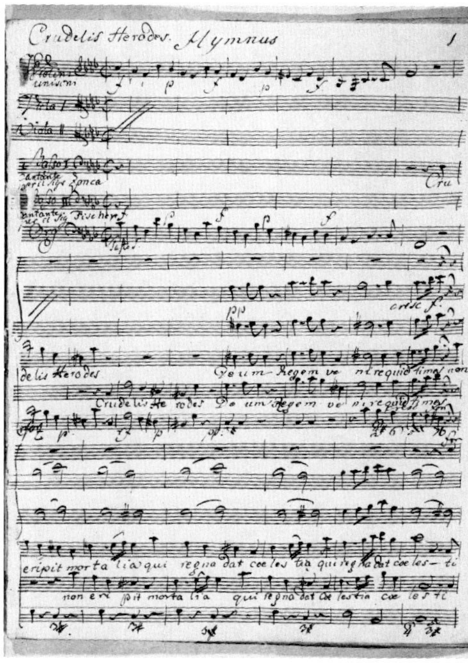

Kat. Nr. 5.5.55

5.5.55
Partiturautograph Crudelis Herodes Deum

Mannheim, 1775/76
Autographe Partitur, marmorierter Papiereinband mit Titelschild, 34,5 x 26cm

Titelschild: Crudelis Herodes. / a / due Bassi. / Vogler, aufliegend erste Seite der Partitur

Den Hymnus „Crudelis Herodes Deum" für zwei Bässe und Orchester komponierte Vogler für die Vesper des Dreikönigstages 1776. Zu Beginn der Partitur verzeichnet Vogler die Sänger der Aufführung, die Bassisten Ludwig Fischer und Giovanni Battista Zonca.
Die Gestaltung und die Anlage des Manuskripts sind als typisch für Voglers Partituren der Mannheimer Zeit anzusehen. Die Handschrift enthält außerdem die Antiphon „Alma redemptoris mater". R.T.-F.

Darmstadt, Hessische Hochschul- und Landesbibliothek (Mus.ms. 1055)

5.5.56
Deutsche Kirchenmusik

Mannheim, 1777
Autographe Orgel-Baßstimme, Papiereinband mit Titelschild, 26,5 x 37,5 cm

Titelschild: Deutsche Kirchen= / =Music. 1777. / Orgel und Bass, aufliegend Nr. 7 „Betrachtet ihn in Schmerzen“ [Agnus Dei] und Nr. 8 „O Herr ich bin nicht würdig“ [zur Communion]

Im Einklang mit den Bestrebungen zur Emanzipation der deutschen Sprache am Mannheimer Hof war es Voglers Anliegen, auch für die Kirche Werke mit deutschem Text zu schreiben. Als Textgrundlage für eine deutschsprachige Messe bot sich die „Singmesse“ aus „Der heilige Gesang zum Gottesdienste in der römisch=katholischen Kirche“ an. Dieses Gesangbuch mit den Texten des Münchner Hofkammeraths Johann Franz Seraph Edler von Kohlbrenner war 1777 im Druck erschienen und 1778 auch für die pfalzbayrischen Länder zugelassen worden. Noch 1777 vertonte Vogler diesen Text. Gleichzeitig verwirklichte Vogler mit dem Werk ein praktisches Gegenstück zu seinem Lehrbuch, der „Kurpfälzischen Tonschule“. Wollte er mit dem Buch zu einer musikalischen Volksbildung beitragen, so sollte die „Deutsche Kirchenmusik“ in jeder Kirche der Kurpfalz als niveauvolle Gebrauchsmusik aufgeführt werden können.

Die erste Aufführung der „Deutschen Kirchenmusik“ fand im Dezember 1778 in Heidelberg statt. Wenig später erschien die Partitur im Druck. Auch in der Druckausgabe erhielt die Baßstimme kein eigenes System. Vogler begründet dies mit aufführungspraktischen Gründen: *... unten an der Orgel stehen die Worte für den Baß, damit vielleicht im Abgang des Bassisten der Organist selbst mitsingen könne, und um überhaupt eine nicht gar nöthige Zeit zu ersparen* (Betrachtungen 2. Jg., S. 181f.). R.T.-F.

Vogler, G.J.: Zum Gegenstande dienet die deutsche Kirchenmusik. In: Betrachtungen der Mannheimer Tonschule 2, S. 167-220; Kurthen, W.: Zur Geschichte der deutschen Singmesse. In: Kirchenmusikalisches Jahrbuch 26 (1931), S. 76-110.

Darmstadt, Hessische Hochschul- und Landesbibliothek (Mus. ms 1091f)

Kat. Nr. 5.5.56

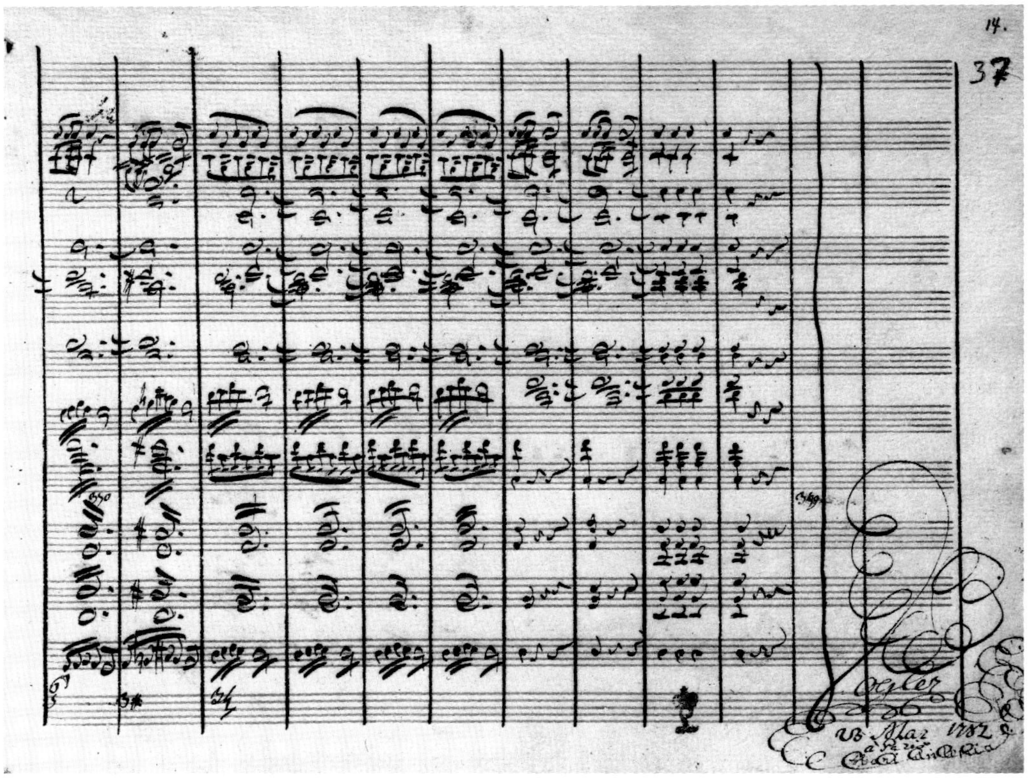

Kat. Nr. 5.5.57

5.5.57
Sinfonie in D-Moll

Paris, 1782
Autographe Partitur, 21,5 x 29cm

Titelseite: Sinfonie / a / due Violini / due Oboe / due Flauti / due Fagotti / due Corni Tono F fa ut / due Corni Tono A la mi re / due Trombe Tono D la sol re / Timpani / Viola / e / Basso von Vogler Comp:t u selbst / geschrieben

Ende Dezember 1780 verließ Vogler Mannheim und verbrachte die folgenden Jahre in Paris. Vogler genoß in Frankreich offenkundig die Protektion der Königin Marie Antoinette. Zu den in Paris entstandenen Kompositionen gehört auch die Sinfonie in d-Moll. Typisch für Vogler ist die Datierung am Ende der Partitur und die charakteristische verschnörkelte Signatur. In dieser Signatur ist mit hellerer Tinte und von anderer Hand der Namenszug „Mar Antonia" eingetragen. R.T.-F.

Veit, J.: Die Sinfonien Franz Danzis und die Theorie des Abbé Vogler. Beiträge zu einer stilkritischen Untersuchung der Spätmannheimer Sinfonik. Magisterarbeit Detmold 1983.

Darmstadt, Hessische Hochschul- und Landesbibliothek (Mus. ms 1137)

5.5.58
Requiem

Mainz, Schott, 1822
Partiturdruck, Bibliothekseinband, 134 S., Quer-40

Titelblatt: ABBATIS VOGLER / missa pro defunctis / REQUIEM / [Titelkupfer] / Maoguntiae in Magni Ducis Hassiae taberna Musices Aulica B: Schott filiorum. / No. 1647 Ex Sumptibus Vulgantium. Pr. 9 fl. 36 kr.

Das im Februar 1809 vollendete „Requiem" (gehört vielleicht zu den besten musikalischen Werken Voglers. Zunächst für sein eigenes Begräbnis vorgesehen, stellte der Komponist das Werk für die Totenfeier Joseph Haydns zur Verfügung, doch kam diese Aufführung nicht zu Stande. Das „Requiem" blieb zu Voglers Lebzeiten unaufgeführt und unveröffentlicht. Nach seinem Tode ersteigerte der Großherzog von Hessen-Darmstadt das Autograph aus dem Nachlaß. Seiner Initiative ist es wahrscheinlich zu verdanken, daß das „Requiem" 1822 im Verlag Schott in Mainz im Druck erscheinen konnte.
Das Titelkupfer dieses Druckes zeigt eine Büste Voglers, die von einer Frauengestalt mit Lorbeer bekränzt wird. Zu Ihren Füßen sind Blätter mit den Titeln der Hauptwerke Voglers ausgebreitet („Samori", „Trichordium", „Castor und Pollux", „XXXII Präludien für die Orgel", „Polymelos", „Hermann von Unna", „Coral Sistem" und „Manheimer Tonschule"). R.T.-F.

Mannheim, Dalberghaus, Musikbücherei (HB Par 1)

Kat. Nr. 5.5.58

Kat. Nr. 5.5.59

5.5.59-63
Kirchenmusik

Die Aufführung von Kirchenmusik am Mannheimer Hof folgte einem Reglement, das durch den Festkalender vorgegeben war. Üblicherweise wurde an jedem Sonn- und Feiertag ein musikalisches Hochamt, d.h. eine Messe unter Beteiligung der Hofkapelle zelebriert. Dazu kamen Vespern, Rosenkranzgebete, Andachten etc. Umfang und Besetzung der Kirchenmusik waren nach der Bedeutung der Feiertage abgestuft.
Ein musikalisches Hochamt (Messe) in Mannheim bestand aus den Vertonungen des Ordinariums (Kyrie, Gloria, Credo, Sanctus und Agnus Dei), wobei als Mannheimer Besonderheit das Benedictus wegfiel und durch Orgelspiel ersetzt wurde. Dazu kamen eine Offertoriumsmotette und Instrumentalmusik.
Die strenge Arbeitsteilung zwischen den leitenden Musikern zeigte sich auch in der Kirchenmusik. Für die Komposition und die Aufführung von kirchenmusikalischen Vokalwerken waren die Kapellmeister verantwortlich, für die Instrumentalmusik im Gottesdienst waren dagegen die Direktoren der Instrumentalmusik oder die Konzertmeister zuständig.
Ein musikalischer Höhepunkt im Kirchenjahr war die Oratorienaufführung am Abend des Karfreitags. Bei den zu diesem Anlaß aufgeführten italienischen Oratorien handelte es sich um Werke, die man ihrer Anlage nach auch als geistliche Opern bezeichnen könnte. Neben den Kompositionen Mannheimer Musiker erklangen am Karfreitag auch Werke anderer Meister, etwa Oratorien Johann Adolf Hasses und Georg Christoph Wagenseils. R.T.-F.

Schmitt, E.: Die Kurpfälzische Kirchenmusik im 18. Jahrhundert. Diss. Heidelberg 1958; Finscher 1992, S. 97-112.

5.5.59
Partiturautograph La Deposizione dalla Croce di Gesu Cristo

Oratorium in zwei Teilen, Komponist: Franz Xaver Richter, Librettist: Giovanni Claudio Pasquini

Mannheim, 1748
Autographe Partitur, 26 x 38,5 cm

Meiningen, Meininger Museen (Ed 147 k)

5.5.60
Libretto La Deposizione dalla Croce Di Gesu Cristo / Die Herabnehmung vom Kreutz unseres Herrn und Heylands Jesu Christi

Deutsche Übersetzung von Carlo Zuccarini, Mannheim, Hofbuchdruckerei, 1748
Librettodruck italienisch/deutsch, Bibliothekseinband, 55 S., 40

Richter komponierte in Mannheim neben kammermusikalischen Werken und Sinfonien zwei Messen und das Oratorium „La deposizione dalla croce". Dieses Werk wurde am Karfreitag 1748 aufgeführt. Richter traf mit dieser Komposition anscheinend nicht den Geschmack des Hofes. Er erhielt keinen Auftrag für ein weiteres Oratorium, auch blieb es bei der einmaligen Aufführung. R.T.-F.

Reutter, J.: Studien zur Kirchenmusik Franz Xaver Richters (1709-1789) (= Quellen und Studien zur Geschichte der Mannheimer Hofkapelle 1). Frankfurt a. M. u.a. 1992.

Mannheim, Reiss-Museum (Mh 1718)

Kat. Nr. 5.5.60

5.5.61
Messe in B-Dur von Johannes Ritschel

Mannheim/Schwetzingen, 1763
Autographe Partitur, Pappeinband, 25,5 x 37 cm

Titelseite: Toni B. / Messa / a 40 / Con Instrumt[Schnörkel] / Di Gio: Ritschel / Manheim / a 14 Maggio 1.7.6.3. / Ho finito a Schwezing

Johannes Ritschel (Mannheim 1739-1767 Mannheim) war der Sohn des Hoforganisten Franz Ritschel. Bereits im Alter von 15 Jahren gehörte er als Violinist der Hofkapelle an. 1757 erhielt Ritschel ein kurfürstliches Stipendium für einen Studienaufenthalt in Italien. Die Jahre 1758 bis 1760 verbrachte er in Bologna und war Schüler Padre Martinis. Im Anschluß reiste Ritschel ein Jahr durch Italien und lernte mit Rom und Neapel zwei weitere bedeutende Musikzentren kennen. Zurückgekehrt nach Mannheim wurde der Dreiundzwanzigjährige zum Vizekapellmeister ernannt und war in dieser Position für die Kirchenmusik am Hof verantwortlich.
Die Messe in b-Dur entstand nach Ritschels Italienreise. Sie ist als einziges Werk des Komponisten als Autograph überliefert. R.T.-F.

Würtz, R.: Die Musikerfamilie Ritschel. Ein Beitrag Mannheimer Gymnasiasten zur Musikgeschichte der Stadt. In: Mannheimer Hefte 2 (1967/68), S. 40-44.

Mannheim, Archiv der Jesuitenkirche

Kat. Nr. 5.5.61

5.5.62
Libretto Gioas Re di Giuda Oratorium in zwei Teilen

Komponist: Johannes Ritschel, Librettist: Pietro Metastasio, Mannheim, Hofbuchdruckerei, 1763
Librettodruck, Bibliothekseinband, 71 S., 80, aufliegend S. 4-5

Titelseite: GIOAS / RE DI GIUDA. / ORATORIO / DA CANTARSI / NELLA / CAPPELLA ELETTORALE / PALATINA / LA SERA DEL / VENERDI SANTO / DELL'ANNO M. DCC. LXIII. / PER COMANDO DEL SERENISSIMO / ELETTORE. / MANNHEIM / DALLA STAMPERIA ELETTORALE.

Für den Karfreitag 1763 komponierte Ritschel das Oratorium „Gioas re di Giuda". Dieses Werk war ein so außerordentlicher Erfolg, daß es ungewöhnlicherweise bereits 1764 wiederholt wurde. 1766 starb Johannes Ritschel kurz vor seinem 27. Geburtstag. Im folgenden Jahr ehrte man den Komponisten durch eine erneute Aufführung des Oratoriums. R.T-F.

Mannheim, Reiss-Museum (Mh 1717)

5.5.63
Libretto I Pellegrini al sepolcro di nostro Signore Oratorium in zwei Teilen

Komponist: Johann Adolf Hasse, Librettist: Stefano Benedetto Palavicini, Mannheim, Akademie Buchdruckerei und Verlag, 1769
Librettodruck, Bibliothekseinband, [18] S., 80

Titelseite: I Pellegrini / al San sepolcro. / ORATORIO / DA CANTARSI / NELLA / CAPPELLA ELETTORALE / PALATINA / LA SERA DEL / VENERDI SANTO / DELL'ANNO M. DCC. LXVIII. / PER COMANDO DEL SERENISSIMO / ELETTORE. / IN MANNHEIM, / Nella Stamperia dell' Accademia.

Zu den international anerkannten Komponisten des 18. Jahrhunderts gehörte Johann Adolf Hasse (Bergedorf 1699-1783 Venedig), der seit 1733 Hofkapellmeister in Dresden war. Das Oratorium „I Pellegrini al sepolcro di nostro Signore" (Die Pilger am Grab unseres Herrn) hatte Hasse auf einen Text des Dresdner Hofpoeten Stefano Benedetto Palavicini 1742 für den sächsischen Hof komponiert. „I Pellegrini" wurden zu einem der erfolgreichsten Oratorien Hasses. In Mannheim erklang das Werk am Karfreitag des Jahres 1769. R.T.-F.

Jaaks, G./Prange, C.: Zeremoniell und Freiheit. Europa im 18. Jahrhundert - Die Welt des Johann Adolf Hasse. Hamburg 1999.

Mannheim, Reiss-Museum (Mh 1774)

5.5.64
Porträt Ignaz Fränzl

Johann Wilhelm Hoffnaas, um 1790
Öl auf Leinwand, 33,8 x 25,3 cm

Ignaz Fränzl (Mannheim 1736-1781 Mannheim) gehörte seit 1754 der Hofkapelle als Violinist an. Der Vater Ferdinand Rudolph Fränzl stand als Trompeter und Bratschist gleichfalls in kurpfälzischen Diensten. Wie viele Mannheimer Musiker reiste auch Fränzl nach Paris und trat erfolgreich im „Concert Spirituel" auf. 1773 wurde Fränzl zum Konzertmeister ernannt. Wolfgang Amadeus Mozart hörte Fränzl am 22. November in einer Akademie in Mannheim und berichtete seinem Vater: *ich hatte das vergnügen den H: fränzl [...] auf der violin ein Concert spiellen zu hören. er gefällt mir sehr; sie wissen daß ich kein grosser liebhaber von schwierigkeiten bin. er spielt schwer, aber man kennt nicht, daß es schweer ist, man glaubt, man kann es gleich nachmachen. und das ist das wahre. er hat auch einen sehr schönen runden thon; es fählt keine Note, man hört alles; es ist alles Marquirt. er hat ein schönes staccato, in einen bogen, so wohl hinauf, als herab; und den dopelten triller habe ich noch nie so gehört, wie von ihm. mit einem wort: er ist meinethalben kein hexenmeister, aber ein sehr solider geiger* (Mozart 1962, S. 137f.).
Nach dem Weggang des Hofes blieb Fränzl in Mannheim und war bis 1804 Musikdirektor des Nationaltheaters. Fränzl scheint in erster Linie als Interpret tätig gewesen zu sein, sein kompositorisches Oeuvre umfaßt nur etwa zwei Dutzend Werke, ausschließlich Instrumentalmusik (s.auch Kat.Nr. 5.5.66).

Würtz, R.: Ignaz Fränzl. Ein Beitrag zur Musikgeschichte der Stadt Mannheim (= Beiträge zur mittelrheinischen Musikgeschichte 12). Mainz 1970.

Heidelberg, Kurpfälzisches Museum (G 1024)

Kat. Nr. 5.5.64

5.5.65-69
Orchestermusik

Der Ruhm der Mannheimer Hofmusik gründete sich vor allem auf das hervorragende Orchester.
Die zentrale Gattung der Orchestermusik war die Sinfonie: Auch wenn viele Stilmerkmale, wie die als »Mannheimer Manieren« bekannten Figuren, nicht in Mannheim erfunden wurden, gelten sie dennoch als typisch für die Mannheimer Sinfonik. Ein weiteres Merkmal sind feinste dynamische Abstufungen auf engem Raum, die zusammen mit der kleingliedrigen Rhythmik in den langsamen Sätzen mitunter ans Manieristische grenzt.

Orchestermusik, Solokonzerte und hauptsächlich Sinfonien, erklang in den musikalischen Akademien, den Konzerten bei Hofe. Aber auch in der Kirchenmusik ersetzte sie Propriumsteile der Messe.
Kompositionen Mannheimer Musiker erwiesen sich als Exportschlager. Vor allem Paris, mit seiner großen Nachfrage nach neuen Musikalien, war ein beliebtes Reiseziel, aber auch ein lukrativer Verlagsort. Das Gros der zeitgenössischen Drucke erschien hier und in London, erst mit der Gründung des Verlages Götz kam auch Mannheim als Druckort hinzu. Der überwiegende Teil der Mannheimer Sinfonien ist in einer großen Zahl zeitgenössischer Abschriften überliefert. R.T.-F.

Mozart und Mannheim 1991; Finscher 1992.

5.5.65
Sinfonie La Tempesta del Mare von Ignaz Holzbauer

Paris, Berault, 1770
Gedruckter Stimmensatz, 40

Titelseite: TROIS / SIMPHONIES / A / GRANDE ORCHESTRE / Dans lequel il y a la Tempete, / PAR / IGNATIO HOLTZBAUR / Maitre de Chapelle de son Altesse / Serenissime l'Electeur / PALATIN / OEUVRE IV / Prix 7lt 4s / A PARIS / Chez Madame Berault Marchande de Musique rue et à coté de la / Comedie Françoise au Dieu de L'Harmonie / Et aux Adresses ordinaires / A * P * D * R

Die Sinfonie in Es-Dur gehört zu den bekanntesten Werken Holzbauers. Sie wurde mehrmals als Einzeldruck und in Sammeldrucken verlegt und ist in zahlreichen Handschriften verbreitet. Der letzte Satz des vierteiligen Werkes (Allegro non tropo - Adagio gratioso - Minuetto - La tempesta del Mare) trägt die programmatische Überschrift „La Tempesta del Mare". Es handelt sich bei diesem Satz jedoch nicht um eine durchgehende lautmalerische Abbildung des Seesturms, obwohl sich einzelne Figuren - etwa die Skalen der Violinen - so deuten ließen. Vielmehr wird der Affektgehalt des Satzes durch die Überschrift bildhaft konkretisiert. R.T.-F.

Werner, H.: Die Sinfonien von Ignaz Holzbauer (1711-1783). Ein Beitrag zur Entwicklung der vorklassischen Sinfonie. Diss. München 1942.

München, Bayerische Staatsbibliothek, Musikabteilung (4° Mus.pr. 21247)

5.5.66
Sinfonie periodique von Ignaz Fränzl

Mannheim, Johann Michael Götz, 1775
Gedruckter Stimmensatz, 40

Pariser Verleger begannen um die Mittes des 18. Jahrhunderts Abonnements für neue Musikalien anzubieten: Sie kündigten an, in regelmäßigen Abständen neue Werke, in erster Linie Sinfonien, als „Sinfonies Periodiques" zu veröffentlichen. Dieser Herausgabemodus wurde schon bald in London („Periodical Overtures"), aber auch in Mannheim von Johann Michael Götz übernommen. R.T-F.

Mannheim, Dalberghaus, Musikbücherei (HB Orch 2)

5.5.67
Porträt Christian Cannabich

Egid Verhelst d. J., 1779
Kupferstich, 22 x 13,5 cm

Schon der Vater des Porträtierten, M. F. Cannabich, war als Flötist in der Mannheimer Hofkapelle tätig. Bei ihm wird Christian Cannabich (Mannheim 1731-1798 Frankfurt a. M.) auch den ersten Musikunterricht erhalten haben. Bereits im Alter von 12 Jahren war er gemeinsam mit einem Bruder als „Scholar" in der Hofkapelle

KAT. NR. 5.5.66

KAT. NR. 5.5.67

tätig und wurde von Johann Stamitz unterrichtet. 1752 erhielt der talentierte Geiger ein kurfürstliches Stipendium und ging in Rom bei Niccolò Jommelli in die Lehre. Nach Johann Stamitz' Tod ernannte ihn der Kurfürst - gemeinsam mit Carl Joseph Toeschi - zunächst zum Konzertmeister und 1773 zum Direktor der Instrumentalmusik. Cannabichs Aufgabe bestand in erster Linie in der Leitung des Orchesters in den Akademien und vermutlich auch bei Ballettaufführungen. Er war ein genialer Orchestererzieher. Seine auf Disziplin und Präzision des Zusammenspiels abzielende Arbeitsweise wurde als vorbildlich angesehen. Cannabich folgte dem Kurfürsten 1778 beim Umzug des Hofes nach München und blieb auch in der neuen Residenz bis zu seinem Tode Leiter des Orchesters. Sein kompositorisches Werk umfaßt ca. 70 Sinfonien, zahlreiche Ballette sowie Kammermusik in verschiedenen Besetzungen. R.T.-F.

Mozart und Mannheim 1991; Finscher 1992.

Mannheim, Reiss-Museum (E 25)

5.5.68
Sinfonie für 2 Orchester von Christian Cannabich

Mannheim, um 1775
Handschriftlicher Stimmensatz, 27 x 35 cm

Titelseite: Symphonia à Due Orghestre / Orghestra Ima / à / Due violini / Due Oboë / Due Corni Tono c / Due Fagotti / Due viole è / Contro Basso: / Orgestra 2da: / à Due violini / Due Flauti / [Incipit] / Del Sigr: christiano Cannabich

Die Sinfonie in c-Dur ist die einzige Komposition Cannabichs für zwei Orchester. In den Jahren nach 1770 scheint die Praxis des doppelchörigen Musizierens in Mannheim in Mode gekommen zu sein: Neben Cannabichs Komposition wurden nachweislich doppelchörige Werke von Johann Christian Bach und Georg Joseph Vogler aufgeführt. Sowohl die Größe und Qualität des Orchesters als auch die räumlichen Gegebenheiten boten dafür gute Voraussetzungen. G. J. Vogler bezeugt diese Praxis: *In Mannheim, wo das Orchester sehr zahlreich, wurden Symphonien zu zwey getheilten Orchestern, die auch weit voneinander lagen, aufgeführt.* R.T.-F.

Vogler, Georg Joseph: Instrumentalsachen. In: Encyclopädie 17 (1793), S. 657.

München, Bayerische Staatsbibliothek (Mus. ms. 1892)

5.5.69
Sinfonie für 2 Orchester von Carl Stamitz

Vor 1780 (?)
Handschriftlicher Stimmensatz mit einer Skizze der Orchesteraufstellung, 34 x 21,5 cm

Titelseite: grand Symphonie / à Deux Orchestres / I Orchestre / 2 Violini / Viola / 2 Oboi /2 Corni Tono Eb. / e / Basso / II. Orchestre / 2 Violini / Viole / 2 Flautti / 2 Trombe / Tympano {Toni Eb}/ Basso / Di Carlo Stamitz

Carl Philipp Stamitz (Mannheim 1745-1801 Jena), der älteste Sohn von Johann Stamitz, war zunächst Schüler seines Vaters, nach dessen Tod wurde er von Christian Cannabich, Ignaz Holzbauer und Franz Xaver Richter unterrichtet und 1761 in die Hofkapelle aufgenommen. Um 1769 entschloß sich Carl Philipp Stamitz, Mannheim zu verlassen. Zunächst lebte er mehrere Jahre in Paris, wo er unter anderem gemeinsam mit seinem Bruder Anton in den „Concert Spirituel" auftrat, dann von etwa 1777 bis 1779 in London. Zahlreiche Konzertreisen führten ihn durch Mitteleuropa, bis er 1790 heiratete und sich in Greiz (Vogtland) niederließ. Seine Bemühungen um eine feste Anstellung an einem Hof blieben erfolglos. 1795 zog er mit seiner Familie nach Jena, wo er bis zu seinem Tode als Kapellmeister und akademischer Musiklehrer wirkte.
Die Sinfonie in Es-Dur für zwei Orchester entstand vermutlich vor 1780. Allerdings scheint fraglich ob zwischen dieser Komposition und der doppelchörigen Praxis am Mannheimer Hof ein direkter Zusammenhang bestand. Interessant ist der Stimmensatz wegen der beiliegenden Skizze, die die Aufstellung der beiden Orchester wiedergibt. R.T.-F.

Kaiser, F.: Carl Stamitz. Biographische Beiträge. Das symphonische Werk. Thematischer Katalog der Orchesterwerke. Diss. Marburg 1962.

Berlin, Staatsbibliothek zu Berlin - Preußischer Kulturbesitz (Thouret 5303)

5.5.70-74
Kammermusik

Im Gegensatz zu den glanzvollen Opernaufführungen und den berühmten Akademien, wird die Kammermusikpflege am Hofe Carl Theodors in zeitgenössischen Quellen naturgemäß nur selten erwähnt. Demgegenüber steht ein umfangreiches Corpus von kammermusikalischen Kompositionen Mannheimer Hofmusiker.

Nach Georg Joseph Voglers Definition ist der Begriff Kammer- bzw. „Cabinetmusik" an das eigene Musizieren des Kurfürsten gebunden. Sie hat ihren Platz *wenn ein grosser Herr gewisse Stunden bestimmt, wo er sich selbst in der Music üben und belustigen will, wozu niemand, ausser den zur Begleitung erforderlichen Tonkünstlern, eingelassen wird.*
Die Kammermusikpflege erlangte im Jahr 1773 eine neue Qualität, denn sie wurde im Rahmen der Hofmusik institutionalisiert: Carl Joseph Toeschi wurde zum „Cabinetmusikdirector" ernannt und der Hofmusiker Andreas Buchsbaum zum „Cabinetscopisten" bestimmt.
Als idealer Ort für die „Cabinetmusik" diente das etwa zur selben Zeit fertiggestellte Badhaus im Schwetzinger Schloßpark. Christian Friedrich Daniel Schubart gibt ein lebendiges Zeugnis vom Musizieren in dieser reizvollen Umgebung: *Er* [Kurfürst Carl Theodor] *befand sich seiner Gewohnheit nach, im Badehause,* [...]. *Er hatte beinah allen Glanz, jede Miene der zweiflenden Hoheit - nach Klopstocks Ausdruk - abgelegt und schien nur guter Mensch und liebenswürdiger Gesellschafter zu seyn.* [...] *Er empfieng mich so gnädig, daß sich meine Blödigkeit, bald in Freimuth verwandelte. Nachdem er sich sehr liebreich nach meinen Umständen erkundigt hatte; so spielte er selbst, beinah etwas furchtsam, ein Flötenkonzert*[,] *von zween Toeschi und dem Violonzellisten Danzy begleitet. Nach diesem spielte ich verschiedene Stücke auf dem Fortepiano, sang ein russisches Kriegslied, das ich soeben gemacht hatte, stand auf, sprach über Litteratur und Kunst und gewann des Kurfürsten vollkommenen Beifall.*
Auffällig ist der zahlenmäßig große Anteil von Flötenquartetten an der Kammermusikproduktion Mannheimer Hofmusiker. Zumindest im Werk Carl Joseph Toeschis scheint dies nicht verwunderlich, war er doch in seiner Funktion als „Cabinetmusikdirektor" sehr wahrscheinlich verpflichtet, neue Kompositionen zu liefern. Der Schluß, das alle Werke dieser Gattung für die kurfürstliche „Cabinetmusik" bestimmt waren ist jedoch nicht zulässig. Gerade nach Kammermusik bestand in den europäischen Musikzentren eine rege Nachfrage, die zu bedienen den Musikern der Hofkapelle eine zusätzliche Einnahmequelle bedeutete. Darüber hinaus komponierten sie Kammermusik auch für andere hochrangige Gönner oder zum eigenen Gebrauch. R.T.-F.

Vogler, Georg Joseph: Cammermusik. In: Encyclopädie 4 (1780), S. 874f.; Christian Friedrich Daniel Schubart: Leben und Gesinnungen: Von ihm selbst im Kerker aufgesetzt. Reprint der Ausgabe Stuttgart 1791 und 1793 mit einem Nachwort von Claus Träger. Leipzig 1980, S. 208; Finscher 1992.

5.5.70
Zwei Duette für eine Geige von Johann Stamitz

Paris, Huberty, um 1764
Gedruckte Violinstimme, 40

Titelseite: DIVERTISSEMENT / EN DUO / POUR UN VIOLON SEUL / Sans Basse. / COMPOSÉE / PAR / MR. J.C. STAMITZ / Mis au jour par Mr. Huberty / de l'Academie Royale de Musique. / Gravé par le Sr hue / Prix 2.lt 6.s / A PARIS / Chez {L'Editeur, Rue des deux Ecus au Pigeon Blanc. / Et aux adresses ordinaires / A LYON, M.rs les Frères Le Goûx Place des Cordeliers.} / AVEC PRIVILEGE DU ROY

Johann Stamitz war nicht nur ein herausragender Komponist und Orchesterleiter, sondern auch ein Virtuose auf der Violine. Die in zahlreichen Drucken überlieferten Duette für eine Geige sind Zeugnis seiner Kunst. Georg Joseph Vogler beschreibt Stamitz Spielweise: *Der berühmte Stamiz in Mannheim hatte es durch seine Fertigkeit in der Harmonienkenntniß und dabey ausserordentlicher Uebung im Violinspielen so weit gebracht, daß er stundenweis auf der Geige phantasirte, und im anderen Zimmer jedermann glauben mußte, als spielen zwey zusammen.* R.T.-F.

Vogler, Georg Joseph: Extemporiren. In: Encyclopädie 9 (1784), S. 273.

Prag, Národni Muzeum (XII B 247)

5.5.71
Sechs Streichquartette Op 5 von Christian Cannabich

Mannheim, Johann Michael Götz, 1773
Gedruckter Stimmensatz, 20

Titelseite: SIX QUATUORS / POUR DEUX VIOLONS, ALTO, / et VIOLONCELLE / DEDIÉS / A Monsieur le Comte / CHARLES DE NESSELRODE / Chambellan de S.A.S.Ele. Palatine / PAR / MR. CANNABICH, / Directeur de la Musique instrumentale / au Service du meme Souverain. / OEUVRE 5me / A MANNHEIM / Chez L'Auteur chez M: Goetz - Graveur et Editeur de Musique / AVEC PRIVILEGE / No. 33 / Prix 9 lt. der Preis 4f 8xr

Christian Cannabich widmete den Druck seiner Streichquartette Karl Franz Alexander von Nesselrode-Ehreshoven, der selbst Violine spielte und möglicherweise Cannabichs Schüler war.
Christian Friedrich Daniel Schubart veröffentlichte in seiner »Deutschen Chronik« eine ausführliche Kritik der Streichquartette: *Cannabich 6. Quatro vor zwey Violinen, Alt und Baß. Man kennt den Geist dieses vortreflichen und gründlichen Mannes schon aus andern Sammlungen, die er bereits dem Publikum mit Beyfall vorgelegt hat. Tiefes Verständniß der Natur der Geige, Eigenthümlichkeit des Strichs, volle Gewalt der Mittelstimme und gründlicher Baß charakterisiren seine Schreibart. Jede Stimme hat ihren Gesang, und zusammen ists die lieblichste Harmonie, die man hören kann. Man muß, wie ich, das Vergnügen haben, sie von ihm selbsten mit aus-*

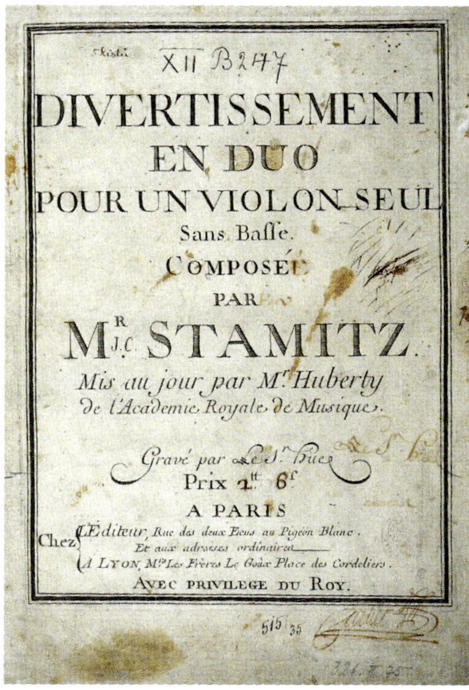

Kat. Nr. 5.5.70

Kat. Nr. 5.5.70

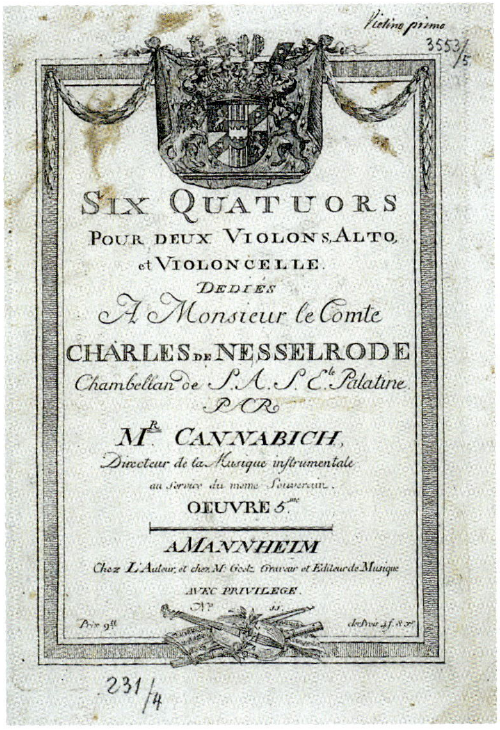

Kat. Nr. 5.5.71

gewählten Meistern aufführen zu hören; dann wirds einem ums Herz warm werden, und man wird den Meister bewundern, der unsere Cordialnerven so fein zu kützeln weiß. Da man an andern Orten die Kunst nicht so versteht, seine Stücke mit voller Karft heraus zu bringen; so ist daher das schiefe Urtheil von den Kompositionen dieses Mannes entstanden. Wer sein Verdienst um das Mannheimer Orchester kennt, und seine ganz besondere Stärke, den Sturm der Melodie zu lenken und mit einem Blick alle Fäuste und Hauche der Tonkünstler in Ordnung zu erhalten, der wird ihn preisen, und ihn andern Orchesteranführern zum Muster vorstellen. R.T.-F.

Schubart, Christian Friedrich Daniel: Deutsche Chronik. 47tes Stück, 8. September 1774.

München, Bayerische Staatsbibliothek (2° Mus.pr. 3553/5)

5.5.72
Sechs Duette für zwei Flöten oder zwei Geigen von Carl Joseph Toeschi

London, Bland
Gedruckter Stimmensatz, 40

Titelseite: Six Familiar / Duets / for two / German Flutes / or two / Violins / Composed by / Joseph Toeschi / Price 3sh. / London / PRINTED and Sold, by J. Bland. No. 45. Holborn. [...]

Mannheim, Dalberghaus, Musikbücherei (HB Bfl 4 Toes)

5.5.73
Flötenquartett D-Dur von Johann Baptist Toeschi

Autographe Partitur, 22,5 x 27,5 cm
1. Seite der Partitur [Kopftitel:] „quatuor di giovanni Toeschi"

Carl Joseph Toeschi (Ludwigsburg 1731-1788 München), Sohn des württembergischen Konzertmeisters Alexander Toeschi, kam nach Auflösung der Ludwigsburger Hofkapelle mit der Familie nach Mannheim, wo er seit 1742 nachweisbar ist. Carl Joseph gehörte seit 1750 als Violinist der Mannheimer Hofkapelle an, sein jüngerer Bruder Johann (Stuttgart 1735-1800 München) wurde in gleicher Funktion 1754 aufgenommen. Carl Joseph Toeschi avancierte 1759 neben Christian Cannabich zum Konzertmeister, ab 1773 bekleidete er den neugeschaffenen Posten des Direktors der „Cabinetmusik". Toeschi war für die intime Kammermusik des Kurfürsten hauptverantwortlich. Auch die Mitwirkung von Johann Toeschi an der kurfürstlichen „Cabinetmusik" ist bezeugt (s.auch Kat.Nrn. 5.5.70-74). Nach der Verlegung der Residenz 1778 gehörten beide zu den Musikern, die mit dem Hof nach München umzogen.
Das Flötenquartett von Johann Toeschi ist abweichend von der Gattungsnorm nicht mit einer Bratsche, sondern mit einer Viola d'amore besetzt. (s.auch Kat.Nr. 5.5.32) R.T.-F.

Berlin, Staatsbibliothek zu Berlin – Preußischer Kulturbesitz (Mus.ms.autogr. Toeschi G. 1 M)

5.5.74
Drei Flötenquartette Op 10 von Johann Baptist Wendling

Mannheim, Johann Michael Götz, 1781
Gedruckter Stimmensatz, 40

Titelseite: TROIS QUATUORS / Concertants / pour / FLUTE, VIOLON, VIOLA ET BASSE / Composées par / MR I.B. WENDLING / Oeuvre X / A MANNHEIM / chez le Sr Götz Marchand et Editeur de Musique / No 74 A P Prix 2fl.

Johann Baptist Wendling (Rappoltsweiler/Elsaß 1723-1797 München) war einer der herausragenden Flötenvirtuosen des 18. Jahrhunderts (s.auch Kat.Nr. 5.5.46). Seit 1754 gehörte er der Hofkapelle an und war zugleich Flötenlehrer Carl Theodors. Die drei Flötenquartette op. 10 sind in den Stimmen jeweils mit „Concertino" überschrieben, was dem konzertanten Charakter der Werke entspricht. Christian Friedrich Daniel Schubart verwendet in seiner Beschreibung der „Cabinetmusik" im Badhaus ebenfalls den Begriff Flötenkonzert für das von Carl Theodor angeführte Flötenquartett (s. auch Kat.Nrn. 5.5.70-74). R.T.-F.

München, Bayerische Staatsbibliothek (4° Mus.pr. 32114)

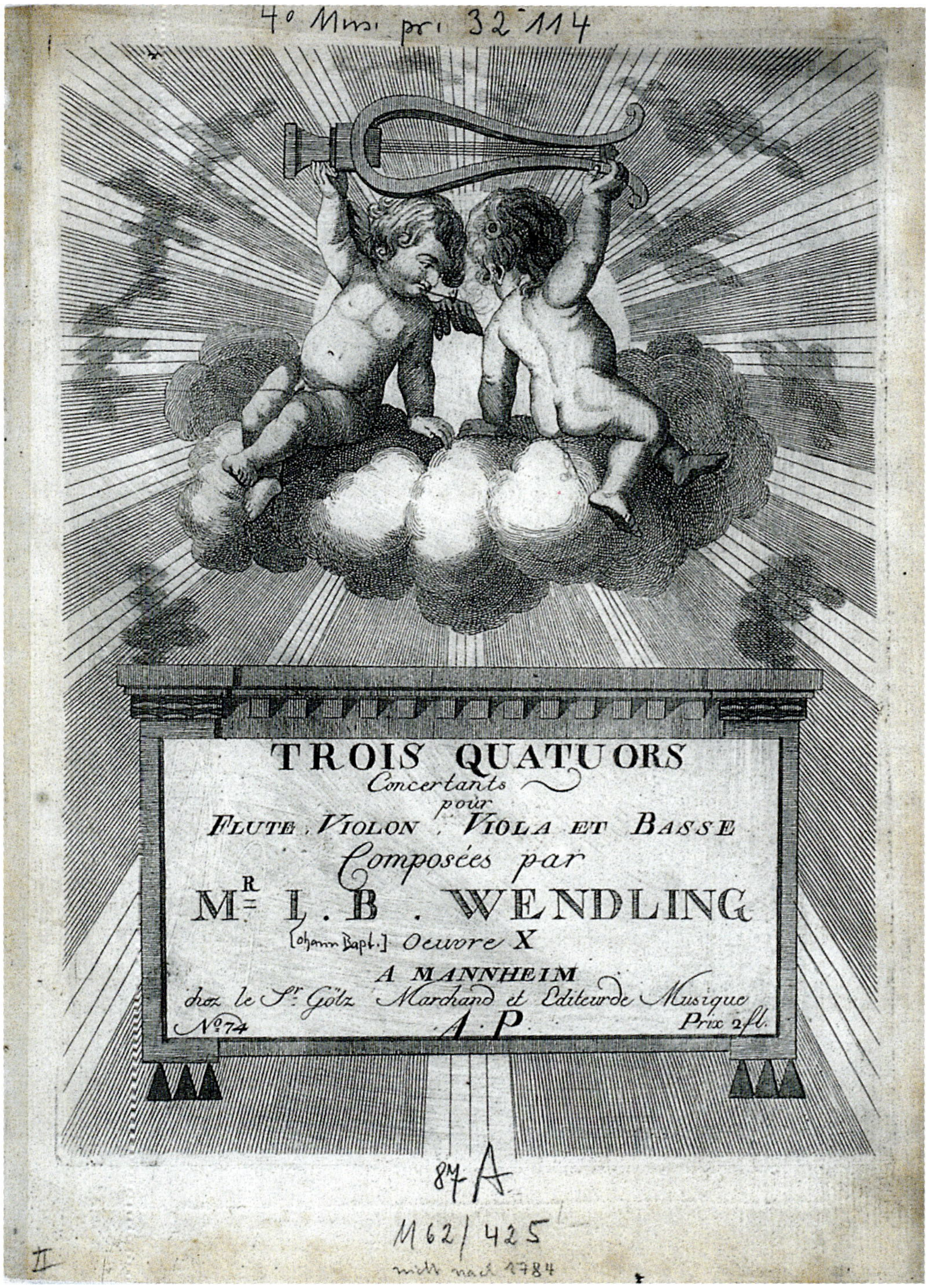

Kat. Nr. 5.5.74

5.5.75-79
Zu Gast in Mannheim

Mannheim, „von dessen berühmten Hofe", nach Leopold Mozart, *die Strahlen, wie von der Sonne, durch ganz Teutschland, ja durch ganz Europa sich verbreiten*, verfügte dank der kennerhaften Förderung der Künste und Wissenschaften des Kurfürsten Carl Theodor über bedeutende kulturelle und wissenschaftliche Einrichtungen, die einen Vergleich mit ähnlichen Institutionen großer europäischer Höfe nicht zu scheuen brauchten. Die Residenzstadt entwickelte sich während seiner Regierungszeit zu einem beliebten Ziel der Bildungsreisenden. Zu den prominentesten Zuhörern der angesehenen Hofkapelle zählten die Familie Mozart, Johann Christian Bach, Niccolò Jommelli, Christoph Willibald Gluck, Johann Friedrich Reichardt, Friedrich Gottlieb Klopstock, Christian Friedrich Daniel Schubart, Charles Burney, Carl Ludwig Junker, Christoph Martin Wieland, Johann Jakob Wilhelm Heinse, Friedrich Heinrich Jacobi, Gotthold Ephraim Lessing und Sophie von La Roche.
Entsprechend zahlreich, wenn auch von unterschiedlichem Wert, sind die überlieferten Reiseberichte und Nachrichten, in denen die Begeisterung für die erstklassigen musikalischen Darbietungen immer wieder anklingt, und die damit nicht zuletzt ebenfalls zur Verbreitung des Ruhms der Hofkapelle in ganz Europa beitrugen. B.P.

5.5.75
Porträt des Musikhistorikers Charles Burney

In: A General History of Music von Charles Burney. Bd. 1. 2. Aufl. London 1789

Kupferstich von F. Bartolozzi nach dem Gemälde von Joshua Reynolds, 1784 (National Porträt Gallery, London)
Neuer brauner Ledereinband, 25 x 19 cm

Das Porträt zeigt den englischen Organisten, Komponisten und Musikhistoriker Charles Burney (Shrewsbury 1726-1814 Chelsea) in dem bereits 1769 erworbenen Mantel des „Doctor of Music" der Universität Oxford. Er zählte zusammen mit John Hawkins zu den wichtigsten Historikern seines Landes, da beide erstmals umfassend orientierende Darstellungen der europäischen Musikgeschichte in englischer Sprache verfaßten. 1770 reiste Burney durch Frankreich und Italien, 1772 durch Deutschland, Österreich und die Niederlande, um Material für seine großangelegte vierbändige „General History of Music" (1776-1789) zu sammeln. Seine Reiseberichte, die er in Form von Tagebüchern

KAT. NR. 5.5.75

(„The Present State") publizierte, liefern eine Fülle von sachkundigen, scharfsinnigen Beobachtungen und Informationen über das europäische Musikleben der Zeit.
Seine zweite Reise führte Burney im August des Jahres 1772 von Mannheim in die Sommerresidenz nach Schwetzingen, wo er die legendäre Hofkapelle kennenlernte. Sein Urteil ist zwar von der jüngeren Forschung in manchen Details korrigiert worden, dennoch gehören seine fachkundigen Nachrichten zu den ausführlichsten und interessantesten zeitgenössischen Aussagen über die Mannheimer Hofmusik. B.P.

Scholes, P.A.: The Great Dr. Burney. Oxford 1948; Londsdale, R.: Dr Charles Burney, a Literary Biography. Oxford 1965; Salmen 1983, S. 100f.

Privatbesitz

5.5.76
An Army of Generals

In: The Present State of Music in Germany, The Netherlands, and United Provinces ... Bd. 1. T. Becket and Co. Strand; J. Robson, New Bond-Street; and G. Robinson, Paternoster Row. London 1773, S. 92-93

376 S., neuer Halbledereinband, 21 x 12,5 cm

I cannot quit this article, without doing justice to the orchestra of his electoral highness, so deservedly celebrated throughout Europe. I found it to be indeed all that its fame had made me expect: power will naturally arise from a great number of hands; but the judicious use of this power, on all occasions, must be the consequence of good discipline; indeed there are more solo players, and good composers in this, than perhaps in any other orchestra in Europe; it is an army of generals, equally fit to plan a battle, as to fight it.
B.P.

Mannheim, Städtische Bücherei (HB Sam 3 Burn)

5.5.77
Ideen zu einer Ästhetik der Tonkunst von Christian Friedrich Daniel Schubart

In: C. F. D. Schubarts, des Patrioten, gesammelte Schriften und Schicksale. Bd. 5. Stuttgart, J. Scheible's Buchhandlung, 1839, S. 138

388 S., Halbledereinband der Zeit, 15,5 x 10 cm

Das vielleicht berühmteste und immer wieder zitierte Lob sprach Christian Friedrich Daniel Schubart dem Mannheimer Hoforchester in seinen „Ideen zu einer Ästhetik der Tonkunst" aus, die er in den Jahren 1784/85 auf der Festung Hohenasperg seinem Schüler, dem Sohn des zweiten Festungskommandanten, diktierte: *Kein Orchester der Welt hat es je in der Ausführung dem Manheimer zuvorgethan. Sein Forte ist ein Donner, sein Crescendo ein Catarakt, sein Diminuendo – ein in die Ferne hin plätschernder Krystallfluß, sein Piano ein Frühlingshauch.* Dies ist nun allerdings aus der Erinnerung geschrieben – möglicherweise aus einer verklärenden Sicht – gleichwohl läßt es den Eindruck erahnen, den das Spiel der Mannheimer auf ein empfindsames Gemüt machen konnte. B.P.

Privatbesitz

5.5.78
Partiturautograph der Tenorarie „Se al labbro mio non credi" (KV 293) von W. A. Mozart

8 Bl., Bleistiftfoliierung; autographe Partitur mit Tinte, mehrfache Rasuren, Kanzellierungen und Überklebungen mit Siegellack, die abgelöst wurden, Eintragungen auf der ersten Partiturseite u.a. von G. N. Nissen, blauer Ganzleder-Sammelband ehemals aus der Bibliothek Richard Wagner (Marburg), 25,5 x 37 cm

Kopftitel: Aria [in der linken oberen Ecke:] Per il Sig:e Raff. [in der rechten oberen Ecke:] di Amadeo Wolfgango Mozart / Manheim li 27 di Feb:ro 1778.

Ende Oktober 1777 kam Wolfgang Amadeus Mozart (Salzburg 1756-1791 Wien) zum zweiten Mal in die kurpfälzische Residenz, nun in Begleitung seiner Mutter. Sie blieben bis Mitte März 1778. Die Reise diente auch dem Ziel einer Anstellung am Mannheimer Hof. Der Winteraufenthalt begann vielversprechend - und endete entäuschend: Aus dem Engagement wurde nichts, da beide Kapellmeisterstellen besetzt waren, auch das kompositorische Ergebnis ist vergleichsweise gering - auffällig die Vielzahl der Fragmente. Dennoch stärkte Mozart sein Selbstbewußtsein als Komponist in der Begegnung mit den Komponisten und Virtuosen der Mannheimer Hofkapelle, und was vielleicht noch wichtiger ist, er wurde sich hier seiner Berufung als Komponist zum ersten Mal ganz bewußt.
Die Konzertarie „Se al labbro mio non credi" für Tenor und Orchester gehört zu den anspruchsvollen Gelegenheitswerken seines Mannheimer Aufenthaltes. Sowohl das Erscheinungsbild des Autographs als auch Mozarts ausführlicher Bericht über die Entstehung der Komposition im Brief vom 28. Februar 1778 zeigen, wie er in ständiger Abstimmung mit dem Interpreten Veränderungen vornahm und Raaff zuliebe sogar radikale Kürzungen bereitwillig durchführte. Denn, so schrieb Mozart an seinen Vater, *ich liebe daß die aria einem sänger so accurat angemessen sey, wie ein gutgemachts kleid.* B.P.

Mozart 1962, S. 304; Klein, H.-G.: Wolfgang Amadeus Mozart. Autographe und Handschriften (= Staatsbibliothek Preußischer Kulturbesitz. Kataloge der Musikabteilung, R. 1, Bd. 6). Berlin u.a. 1982, S. 64f.; Mozart 1991, Taf. V, S. 148-150, 241f.

Berlin, Staatsbibliothek zu Berlin - Preußischer Kulturbesitz (Mus. ms. autogr. W. A. Mozart 295)

5.5.79
Porträt
Christian Friedrich Daniel Schubart

Josef Georg von Edlinger, um 1773/74
Öl auf Leinwand, 95,5 x 77,5 cm

Der vielseitige Christian Friedrich Daniel Schubart (Obersontheim 1739-1791 Stuttgart), der in seinem unsteten und intensiven Leben als Dichter, Komponist, Musiker, Rezitator, Zeitungsschreiber und schließlich als Theater- und Musikdirektor am württembergischen Hof tätig war, verdankt seinen hohen Bekanntheitsgrad zu einem großen Teil seiner zehnjährigen Gefangenschaft auf dem Hohenasperg.
Seine musikalischen Schriften, Musikkritiken und kleineren Aufsätze in der von ihm herausgegebenen deutschen Chronik sowie die fragmentarisch hinterlassenen „Ideen", sind überwiegend in jenem ständig aufgeregten, emphatisch-pathetischen Stil formuliert, der ihn zu einem späten Vertreter des literarischen Sturm und Drang in der Musikgeschichte gemacht hat.
Schubart dürfte im Frühjahr 1773 auf Einladung seines Freundes, des Legationsrats Johann Christoph von Gritsch, nach Mannheim gekommen sein. Während der Sommermonate lernte er recht einflußreiche Bürger der Stadt kennen, so beispielsweise den Verleger Christian Schwan und den Präsidenten der kurpfälzischen Hofkammer, Karl Franz von Nesselrode, in dessen Haus er einige Zeit wohnte. In Schwetzingen, wo ihm die Ehre einer kurfürstlichen Audienz zuteil wurde (s.auch Kat.Nr. 5.5.3), genoß er die Gastfreundschaft der Hofmusiker: *Ich hab' in meinem Leben keine höflichere Leute angetroffen, als diese. Ihr Haus, Tisch und Herz stunden mir ganz zu Diensten.* Freundschaft schloß er vor allem mit Christian Cannabich. Überhaupt schien ihm die Sommerresidenz des Kurfürsten eine „Zauberinsel" der Musik zu sein. In dem ihm eigenen überschwenglichen Ton heißt es *Aus dem Badehause seines Hesperiden-Gartens ertönte Abends die wollüstigste Musik; ja aus allen Winkeln und Hütten des kleinen Dorfs hörte man die magischen Töne seiner Virtuosen, die sich in allen Arten von Instrumenten übten.* Schubarts ausführliche Beschreibungen, die nicht nur einen sprachmächtigen Geist, sondern auch einen exzellenten Kenner der kurfürstlichen Hofmusik offenbaren, gehören zu den populärsten zeitgenössischen Äußerungen über die Mannheimer Hofkapelle.

B.P.

Schubart, Chr.Fr.D.: Leben und Erinnerungen. Teil 1. Stuttgart 1791, S.185-237; Ders.: Ideen zu einer Aesthetik der Tonkunst (= Gesammelte Schriften und Schicksale 5). Stuttgart 1839, S. 138.

Aalen, Heimat- und Schubartmuseum (Schweitzer Nr. 187)

Kat. Nr. 5.5.79

5.6
Theater und Kurpfälzische Deutsche Gesellschaft

Die mehr als fünfzig Jahre umfassende Regierungszeit Kurfürst Carl Theodors war geistesgeschichtlich und politisch begleitet von tiefgreifenden Veränderungen. Wurde er noch hineingeboren in eine Zeit der fest verankert erscheinenden Feudalstrukturen, trug er am Ende mit erstaunlichen Maßnahmen selbst zu deren Überwindung bei. Entscheidend ist, daß der Kurfürst die seit der zweiten Hälfte des 18. Jahrhunderts auch in Mannheim virulenten aufklärerischen Tendenzen bei Adel, Weltgeistlichkeit und Bürgertum nicht ignorierte oder gar unterdrückte, sondern sie sich für seine persönliche Position gleichsam anverwandelte und ihnen besonders auf dem Gebiet des Theaters und der Musik zum Durchbruch verhalf. Nicht nur die Stiftung der Kurpfälzischen Deutschen Gesellschaft, sondern auch und besonders die Stiftung des Nationaltheaters brachten ihm in Mannheim den Ruf eines eher toleranten Regenten ein. In München führte dieselbe Haltung zu Mißverständnissen und Argwohn auf vielen Seiten, wovon Carl Theodor sich freilich nicht beirren ließ. Vielmehr folgte er im kulturpolitisch herausragenden Theaterbereich konsequent seiner einmal eingeschlagenen Linie. Auf wirtschaftlichem und politischem Gebiet schlug manche seiner wohlgemeinten Reformen aus unterschiedlichen Gründen fehl. Eklatantes Durchsetzungsvermögen entwickelte er hingegen besonders im Bereich des deutschsprachigen Theaters. So haben bis zum heutigen Tag zwei Institutionen noch immer Bestand, die ihre Existenz und ihre spezifische Entwicklung hauptsächlich dem Kurfürsten verdanken: das Mannheimer und das Münchner Theater, die durch seine Förderung zu bürgerlichen Nationaltheatern werden konnten. L.Hg.

5.6.1 - 5.6.13
Theater für den Hof

Wie die meisten Höfe der Zeit orientierte sich auch der kurpfälzische Hof in Mannheim zunächst am französischen Vorbild. Dies gilt gleichermaßen für den Theaterbereich. Hier kam der großen italienischen Oper (opera seria – Oper ernsten, zumeist mythologischen Inhalts) zentrale Funktion zu. Durch sie konnten sich Fürst und Hof in ihrer sozialen Existenz selbst feiern. Das Bühnenereignis war weniger von Interesse, vielmehr bildete es die Rahmenhandlung für die eigentliche Demonstration des Machtanspruches – gegenüber fremden Gästen einerseits, innerhalb des Hofgefüges andererseits. Besonders findet dies Ausdruck in der hierarchisierenden Gliederung des Logenrangtheaters der Hofoper, die allerdings bereits Kurfürst Carl Theodors Vorgänger erbauen ließ.

Auch das französischsprachige Theater, das Theater des Adels an sich, war integrativer Teil des nach überwiegend strengem Reglement ablaufenden Lebens bei Hof. Nach anfänglicher Zurückhaltung Carl Theodors wurde von 1748 an das staatliche Repräsentationstheater (Oper, Ballett, Comédie Françoise – letztere wurde im selben Jahr aus dem Stadtzentrum in das Schloß verlegt) bis 1770/1777 zum hochsubventionierten Aushängeschild der kurfürstlichen Kulturförderung. In hohem Grad war dies allerdings auch Ausdruck des Sachverstands in Musik- und Theaterfragen, des persönlichen Kunstverständnisses und des gebildeten Geschmacks, die sich Carl Theodor im Lauf seiner Jugendjahre erworben hatte.

Die „Comédie Françoise" gehörte auch zum eher zurückgezogenen Leben in Schwetzingen während der Sommerzeit. Das dortige Residenztheater, 1752 eröffnet, war Ort der kleineren Musikformen (Opern, Operetten oder Ballette heiteren oder pastoralen Inhalts), aber auch der großen französischen Tragödien und Komödien.

Mehrere Jahrzehnte hindurch (ca. 1730-1770/71) trugen die französischen Schauspieler zweifelsohne zur Bereicherung der Hofkultur bei. Sie spielten regelmäßig mehrmals in der Woche - bis 1743 in einem Saal des Kaufhauses, seit 1748 im Schloß. Die Mannheimer „Comédie Françoise" verfügte über ein überdurchschnittliches Repertoire, das sich an dem der Pariser „Comédie française" orientierte. Die jeweils verhältnismäßig großen Ensembles, zu denen zeitweilig auch BallettänzerInnen gehörten, verursachten erhebliche Kosten - auch einer der Gründe, warum Kurfürst Carl Theodor sie hin und wieder entließ. Zumeist war es die Kurfürstin, die das französische Schauspiel sehr schätzte, die ihren Einfluß geltend machte, um die Aufrechterhaltung dieser Unterhaltungsform oder Neuengagements von Schauspielern bei Carl Theodor durchzusetzen. L.Hg.

5.6.1
Ansicht des Paradeplatzes

Vue de la Place d'Armes et de la Promenade a Mannheim avec la Douane la Poste aux lettres et la Cour Palatine (Ansicht des Parade- und Promenadeplatzes mit der Zollstation, der Post und dem Gasthaus "Pfälzischer Hof")

Gottlieb Friedrich Riedel (Dresden 1724-784 Augsburg), um 1770
Altkolorierter Kupferstich, Guckkastenbild, 27 x 37 cm

Wahrscheinlich seit den frühen dreißiger Jahren des 18. Jahrhunderts wurden erst Nebengebäude, dann der große Rentamtssaal des Mannheimer Kaufhauses in der Bildmitte hinten zunächst für Aufführungen des Französischen Schauspiels genutzt (bis 1743). Die deutschsprachigen Wandertruppen gastierten überwiegend auf dem Marktplatz, bzw. "Fruchtmarkt" (vgl. Kat. Nr. 5.6.17). In den vierziger und fünfziger Jahren weiß man vereinzelt von durchreisenden Gesellschaften, die auch wieder im Kaufhaus spielten. Ansonsten geben die Quellen nicht immer preis, an welchen Orten in Mannheim jeweils Aufführungen des bürgerlichen Theaters stattfanden. L.Hg.

Olivier 1901, S. 12-29; Thieme/Becker 18 (1934); Herrmann 1998, S. 357-361.

Mannheim, Reiss-Museum (A 110 m)

Kat. Nr. 5.6.1

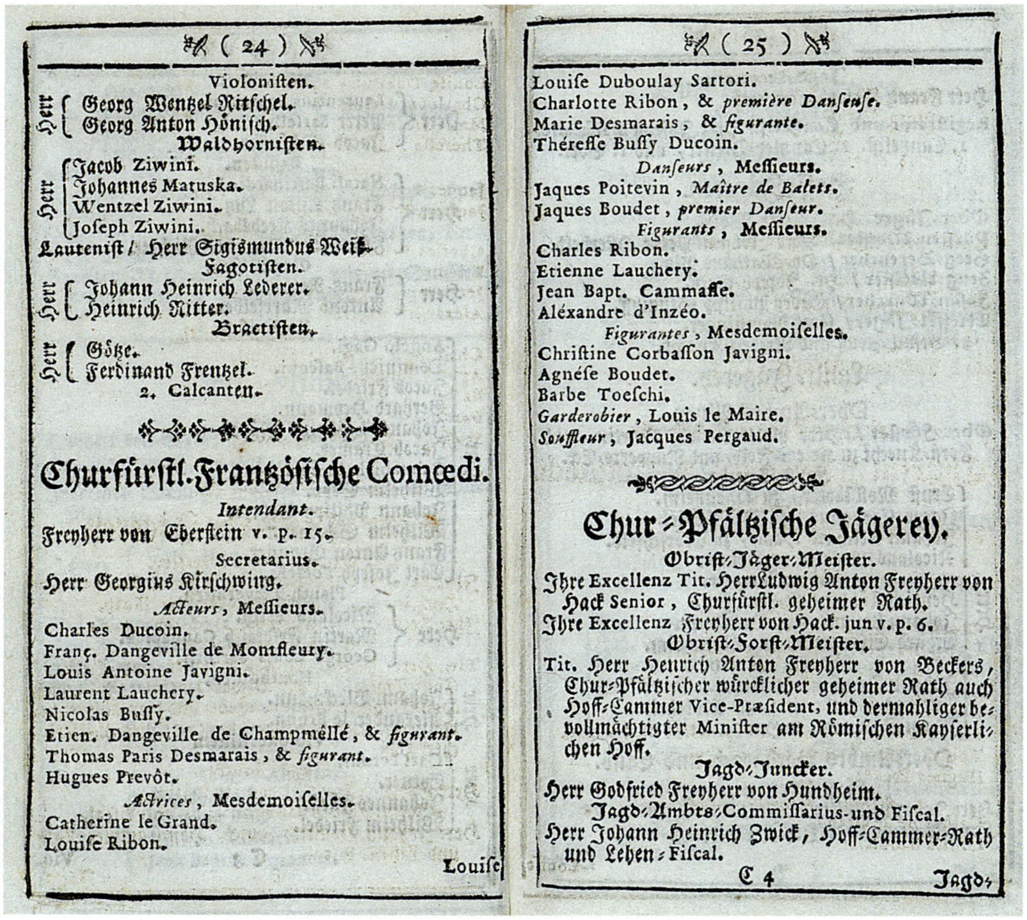

(24)

Violonisten.

Herr { Georg Wentzel Ritschel.
Georg Anton Hönisch.

Waldhornisten.

Herr { Jacob Ziwini.
Johannes Matuska.
Wentzel Ziwini.
Joseph Ziwini.

Lautenist / Herr Sigismundus Weiß.

Fagotisten.

Herr { Johann Heinrich Lederer.
Heinrich Ritter.

Bractisten.

Herr { Götze.
Ferdinand Frentzel.

2. Calcanten.

Churfürstl. Frantzösische Comœdi.

Intendant.

Freyherr von Eberstein v. p. 15.

Secretarius.

Herr Georgius Kirschwing.

Acteurs, Messieurs.

Charles Ducoin.
Franç. Dangeville de Montfleury.
Louis Antoine Javigni.
Laurent Lauchery.
Nicolas Bussy.
Etien. Dangeville de Champmêllé, & *figurant*.
Thomas Paris Desmarais, & *figurant*.
Hugues Prevôt.

Actrices, Mesdemoiselles.

Catherine le Grand.
Louise Ribon.

Louise

(25)

Louise Duboulay Sartori.
Charlotte Ribon, & *première Danseuse*.
Marie Desmarais, & *figurante*.
Thérесse Bussy Ducoin.

Danseurs, Messieurs.

Jaques Poitevin, *Maître de Balets*.
Jaques Boudet, *premier Danseur*.

Figurants, Messieurs.

Charles Ribon.
Etienne Lauchery.
Jean Bapt. Cammasse.
Aléxandre d'Inzéo.

Figurantes, Mesdemoiselles.

Christine Corbasson Javigni.
Agnése Boudet.
Barbe Toeschi.
Garderobier, Louis le Maire.
Souffleur, Jacques Pergaud.

Chur-Pfältzische Jägerey.

Obrist-Jäger-Meister.

Ihre Excellenz Tit. Herr Ludwig Anton Freyherr von Hack Senior, Churfürstl. geheimer Rath.
Ihre Excellenz Freyherr von Hack. jun v. p. 6.

Obrist-Forst-Meister.

Tit. Herr Heinrich Anton Freyherr von Beckers, Chur-Pfältzischer würcklicher geheimer Rath auch Hoff-Cammer Vice-Præsident, und dermahliger bevollmächtigter Minister am Römischen Kayserlichen Hoff.

Jagd-Juncker.

Herr Godfried Freyherr von Hundheim.

Jagd-Ambts-Commissarius- und Fiscal.

Herr Johann Heinrich Zwick, Hoff-Cammer-Rath und Lehen-Fiscal.

C 4 Jagd-

Kat. Nr. 5.6.2

5.6.2
Hof- und Staatskalender 1752

Chur-Pfältzischer Hoff- und Staats-Calender, Auf das Jahr nach unseres Herrn und Heylands JESU CHRISTI, Gnadenreicher Geburt. MDCCLII.

Hoff-Buchdruckerey von Nicola Pierron, [Mannheim], 1752
154 S., Ledereinband der Zeit, aufgeschlagen S. 24 und 25: Churfuerstl. Frantzoesische Comoedi, 8°

Im Gegensatz zur „Hoff-Music", der als Intendant ebenso wie dem Französischen Schauspiel in den Jahren von 1750 bis 1764 der kurpfälzische Kammerherr Carl Christian Freiherr von Eberstein vorstand, werden die Mitglieder der ‚Kurfürstlichen Französischen Komödie' (Comédie Françoise) in den Hof- und Staatskalendern eher selten eigens genannt (vgl. auch Ausgabe von 1755). L.Hg.

Mannheim, Reiss-Museum (Mh Zs 95)

5.6.3
Pfälzische Neujahrsgeschenke

ETRENNES [Neujahrsgeschenke] PALATINES POUR L'ANNEE 1770. Qui contiennent des Notices historiques & généalogiques des principaux Etats & Souverains de l'Europe; Et Une Déscription des Curiosités, des Etablissements, & autres choses remarquables qui sont à voir dans la Ville de Mannheim & dans ses Environs. A MANNHEIM, De l'imprimerie de l'Académie, 1770

Unpaginiert, Pappeinband der Zeit, aufgeschlagen "La Salle d'Opera" und "Spectacles de la Cour", 8°

Comédie Françoise. La Salle et dans l'aile gauche du Chateau entre la Chapelle & le Théâtre de l'Opera. En la joue trois fois la semaine, le Dimanche, le Mardi, & le Jeudi. Elle commence à 5 heures & demi.
In der Parallelausgabe zu den „Etrennes Palatines", dem ‚Pfälzischen Kleinen Calender auf das Jahr 1770', heißt es gleichlautend: *Franzoesische Comedie. Wird alle Sontag, Dienstag und Freitage, in dem Comedien Haus in dem linken Fluegel des Schlosses aufgefuehret, und fangt gewoehnlich Abends um halb 6 Uhr an.* Im Gegensatz zu den „Etrennes Palatines" fügt die deutsche Ausgabe hinzu: *Nach der Hauptpiece wird entweder ein Schauspiel von einem Aufzug, oder ein Ballet gegeben.*
Von 1748 an spielte das Französische Schauspiel im zweiten Obergeschoß des westlichen Schloßflügels in Räumlichkeiten, die zwischen der Schloßkapelle und dem Nordwest-Pavillon lagen und durch den Architekten Nicolas de Pigage gestaltet worden waren. Zeitge-

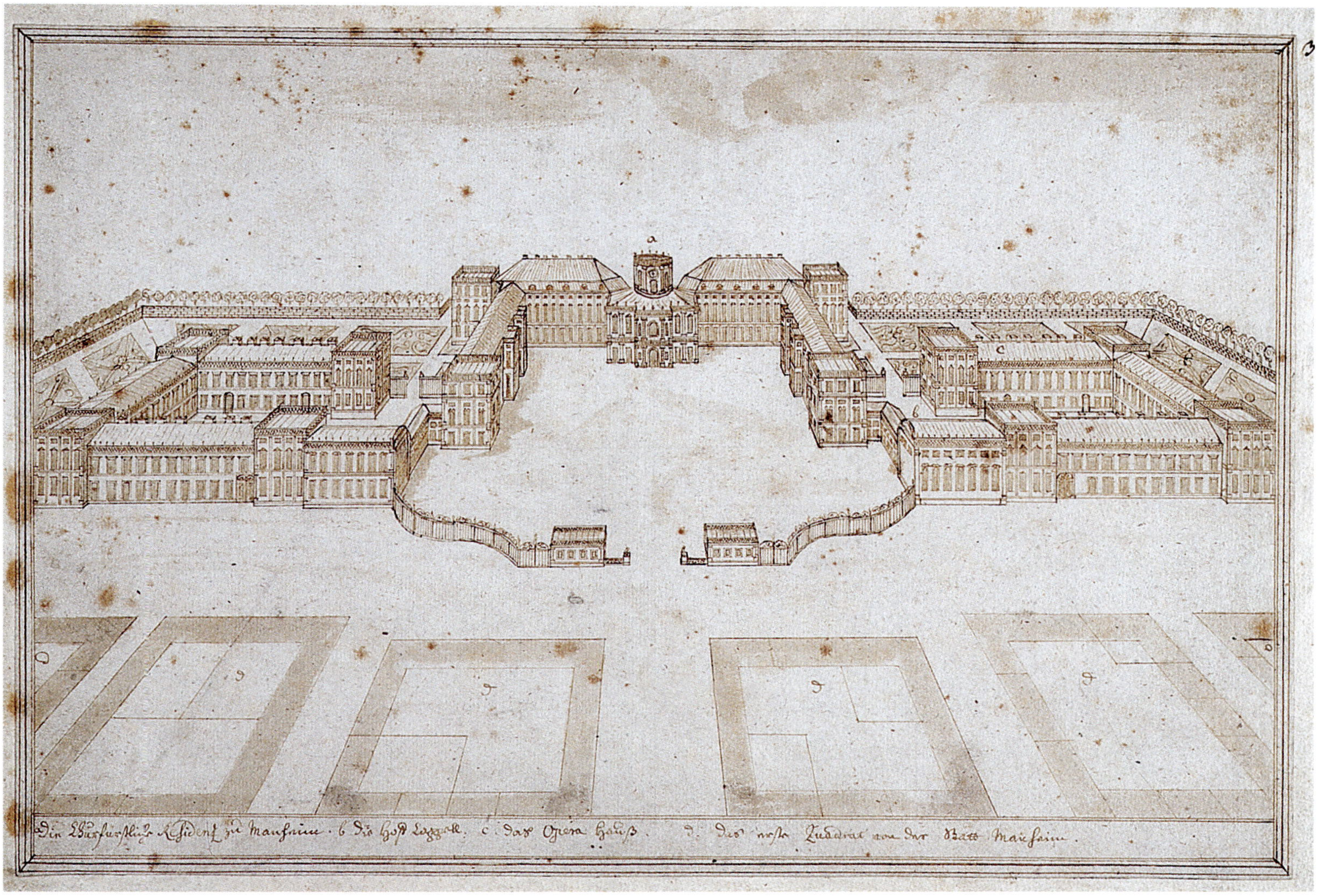

Kat. Nr. 5.6.4

nossen beklagten die mangelhaften akustischen Verhältnisse des Saales, denen Pigage in den Sommermonaten des Jahres 1755, während sich der Hof in Schwetzingen aufhielt, Abhilfe zu schaffen suchte (vgl. auch Kat.Nr. 5.6.4). L.Hg.

Olivier 1901, S. 29.

Mannheim, Reiss-Museum (Mh Zs 90)

5.6.4
Ansicht des Mannheimer Schlosses

a. Die Churfürstliche Residenz zu Manheim. b. Die Hoff Capell. c. [falsch bezeichnet] Das Opera Hauß. d. Das erste Quadrat von der Statt Manheim.

Frontalansicht aus der Vogelperspektive, zwischen 1742 und 1751
Federzeichnung, Sepia, zum Teil laviert, unbezeichnet, Blattgröße: 21,3 x 33,2 cm (montiert: 24,9 x 36,1 cm)

Im westlichen Flügelkomplex des Schlosses fanden "Lebenslust und Frömmigkeit" zu froher Einheit zusammen. Dicht beieinander lagen die Hofkapelle (b), zwischen Hofkapelle und dem Nordwest-Pavillon befand sich im 1. Obergeschoß von 1748 an der Saal für das Französische Schauspiel, im Nordwest-Pavillon war das Physikalische Kabinett von Johann Jacob Hemmer untergebracht und im rechten Winkel dazu schloß sich seit 1742 Alessandro Galli Bibienas Schöpfung des prächtig ausgestalteten Hofopernhauses an (eigentlich "c"), das in U-Form durch das Ballhaus ("Jeu de Paume", auf dem Blatt fälschlich mit "c" bezeichnet) vervollständigt wurde.
Der "Saal" für das "Théâtre Françoise" lag über der Hofgerichtsstube (später Amtsgericht) und bestand eigentlich aus zwei größeren Zimmern. Der Raum war mit zwölf durchgehenden Sitzreihen, auf denen ebenso durchgehende Kissen auflagen, sowie mit mehreren, unterschiedlichen Sesseln bestückt, die einerseits mit *puterrotem* ("Cramoisin"), aber auch grünem Stoff bespannt waren. Bühne und Zuschauerraum waren durch ein Proszenium voneinander getrennt, das mit einem nicht näher bestimmten Medaillon und figürlichem Schmuck verziert war. Auch verfügte es über einen gemalten Vorhang. Die Wände waren ebenfalls mit *puterroten* Brokattapeten bespannt, und die Decke zierte ein Gemälde von Stephan Schenck.
In Details ist die unbezeichnete Ansicht nicht den historischen Tatsachen entsprechend, etwa im Bereich der östlichen Flügelanlage sowie hinsichtlich der Tatsache, daß das Ballhaus nicht durch einen Pavillon in östlicher Richtung abgeschlossen wurde. L.Hg.

Widder 1786; Walter 1898, S. 246 u. S. 349; Walter, Friedrich: Die Mobiliar-Ausstattung des Mannheimer Schlosses im Jahr 1758 [Schluß]. In: MGB 29 (1928), Nr. 11, Sp. 249; Beierbach, Herbert: Das Nationaltheater in Mannheim. Baugeschichte und Wandel der architektonischen Gestaltung. Diss. Heidelberg 1994, S. 12f.

Mannheim, Reiss-Museum (A 163)

5.6.5
Residenztheater Schwetzingen

Aufriß des Logenhauses (oben), Längsschnitt und Grundriß des Residenztheaters in Schwetzingen

Architektur- und Bausubstanzaufnahme von Karl Freund, vor 1937
Photopausen, 27,3 x 37,8 cm (oben), 18,5 x 44,6 cm (Mitte), 20,9 x 44,6 cm (unten), Maßstab 1: 50

Das 1752 von Nicolas de Pigage im rechten Zirkelbau des Schwetzinger Schlosses erbaute Theater war Ort von Aufführungen des Französischen Schauspiels, aber auch von in italienischer Sprache gesungenen Buffo-Opern und von Balletten. Besondere Bedeutung für das deutschsprachige Musiktheater erlangte das Haus etwa zwei Jahrzehnte später durch die Erstaufführung von Anton Schweitzers nach einem Text von Christoph Martin Wieland komponierter deutschsprachiger Oper "Alceste" am 13. August 1775.

Durch eine erhebliche Erweiterung im Jahr 1762, die sich besonders auf den Bühnenbereich bezog, erhielt die Bühne ähnliche Dimensionen wie diejenige des Hofopernhauses in Mannheim (ca. 32 m in der Tiefe), wobei das Schwetzinger Haus aufgrund des Einbaus eines großen Tores auf der Rückseite des Gebäudes erlaubte, Szenen im Hintergrund außerhalb des eigentlichen Bühnenbereiches zu spielen, also die Natur in vollkommenem Maß, gleichsam à la Rousseau, in die Bühnenaktion miteinzubeziehen.

Die noch in den dreißiger Jahren dieses Jahrhunderts, auf den Plänen von Freund sehr gut erkennbare, beinahe vollkommen erhaltene historische Bühnenmaschinerie wurde bereits in den dreißiger bis fünfziger Jahren und vollends beim grundlegenden und rigide in die alte Bausubstanz eingreifenden Umbau Anfang der siebziger Jahren zerstört, den der Nutzer des Hauses (ehemals Süddeutscher Rundfunk, heute Südwestrundfunk) zu verantworten hatte. L.Hg.

Martin 1933; Möhrle, Hans: Das Schwetzinger Schloßtheater. Mannheim 1938; Heber 1986; Glockner, Gerhard: Rokokotheater Schloß Schwetzingen. Geschichte und Beschreibung des Theaters der ehemals Kurfürstlichen Sommerresidenz Schwetzingen. Schwetzingen 1993; Laun, Rainer: Fünf Pläne zum Schwetzinger Residenztheater. In: MGB, N.F. 3 (1996), S. 469-476.

Mannheim, Reiss-Museum (GBd 220 Id, g)

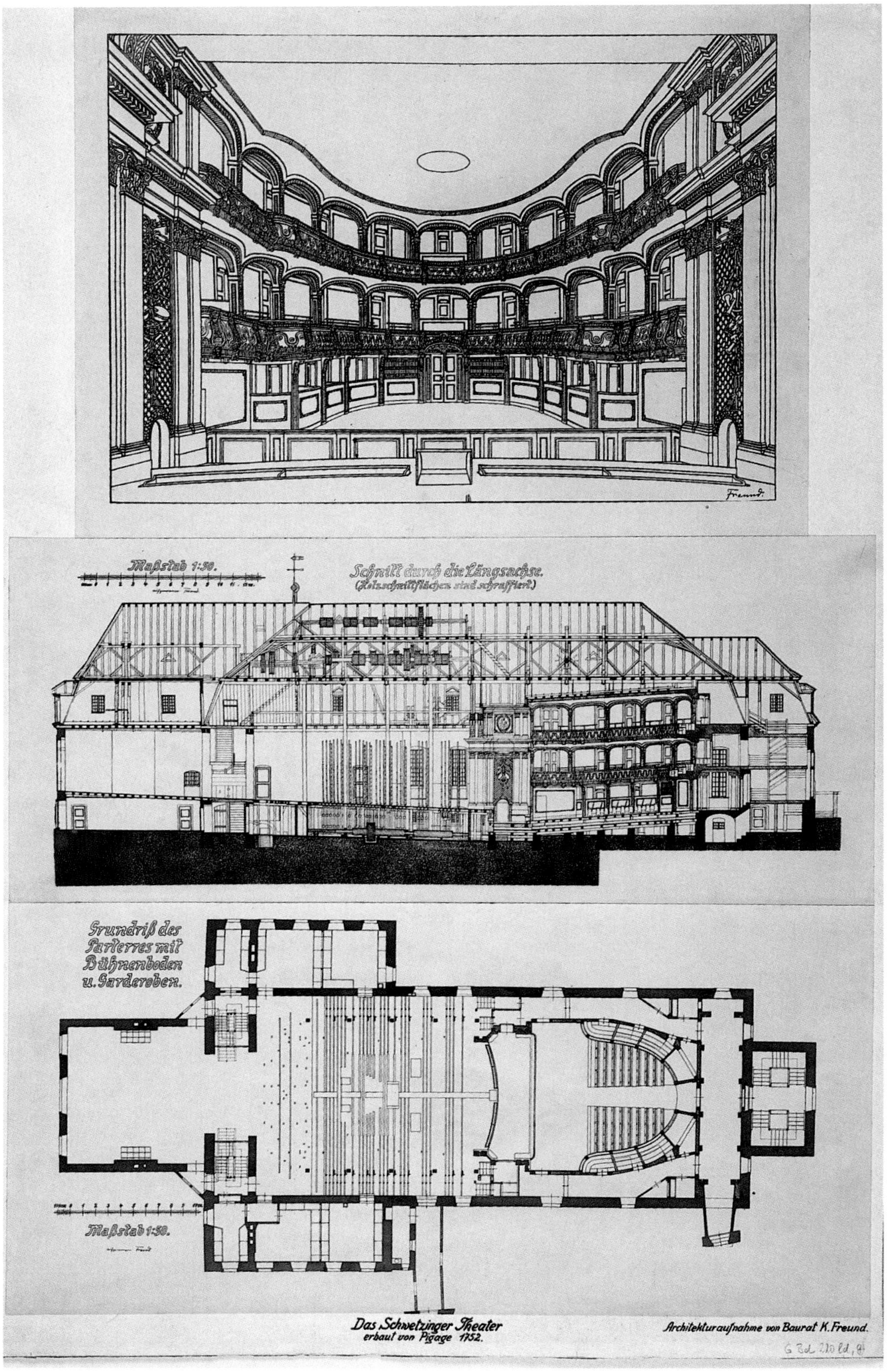

Kat. Nr. 5.6.5

5.6.6
Löscheimer

1773
Leder, Holz, Eisen, Pech, H. 36,5 cm

Auf der Außenseite in Weiß das Monogramm "CT" sowie die Jahreszahl (1773)

In der Regel stammen dergleichen Löscheimer, von denen noch einige wenige Exemplare vorhanden sind, aus dem Umfeld des Schwetzinger Residenztheaters. Durch die Verwendung des offenen Feuers auf der Bühne und im Theater insgesamt sowie infolge der Verwendung leicht brennbaren Materials (Leinwand, Holz, Vorhänge, Seile, Wand-Stoffbespannungen etc.) waren Theaterbrände landauf landab geradezu an der Tagesordnung (vom 17. bis ins 19. Jahrhundert sollen weltweit etwa 1000 Theater- und Konzertgebäude ein Raub der Flammen geworden sein!). Aus diesem Grund fand man in den meisten Häusern, auf den gesamten Theaterbau verteilt, unzählige dieser Löscheimer vor, um für den Fall des Falles gerüstet zu sein. Alle drei größeren Theater in der Kurpfalz wurden von vergleichbaren Bränden verschont. Allerdings fielen beide Mannheimer Häuser Kriegseinwirkungen zum Opfer (Hofoper 1795, Nationaltheater 1943). L.Hg.

Fölsch, August: Theaterbrände und die zur Verhütung derselben Schutz-Massregeln. Hamburg 1878.

Karlsruhe, Verwaltung der staatliche Schlösser und Gärten Baden-Württemberg (G 49c2)

5.6.7
Porträt François-Marie Arquet de Voltaire

Pierre-Michel Alix (Paris 1762-1817 Paris) nach dem Porträt von François Garnerey (Paris 1755-1837 Auteuil), nach 1778
Altkolorierter Kupferstich, 24,7 x 21 cm

Bez. l. u.: Peint par Garnerey, rechts unten: Gravé par P. M. Alix; darunter: "Dedié à Belle et Bonne fille adoptive de Voltaire"

Den berühmten französischen Dichter und aufklärerischen Philosophen Voltaire (Paris 1694-1778 Paris) banden zunächst freundschaftliche Beziehungen an Kurfürst Carl Theodor, der ihn 1753 mit offenen Armen am kurpfälzischen Hof aufnahm, nachdem er in Ungnade vom preußischen Hof Friedrichs II. verabschiedet worden war. 1758 weilte Voltaire erneut in Mannheim und Schwetzingen, 1764 wurde er zum Ehrenmitglied der ein Jahr zuvor gegründeten Kurpfälzischen Akademie der Wissenschaften ernannt. Voltaire widmete dem Kurfürsten seinen "Essai sur l'histoire générale". Auch sandte er verschiedene neue Tragödien zur Aufführung für das französische Schauspiel nach Mannheim, 1754 den "Orphelin de la Chine" der im Jahr der Uraufführung (1755) seine Erstaufführung für Deutschland in Schwetzingen erlebte (vgl. auch Kat.Nr. 5.6.9), sowie 1759 die neue Ausgabe seiner Tragödie "Tancrède", die bei der Erstaufführung ihrer vollständigen Neufassung (1762) den besonderen Beifall des Kurfürsten erntete. Carl Theodor pries vor allem die freie Form dieses Werks. Schließlich fand ebenfalls 1762 unter der Leitung von Alessandro Cosimo Collini, der als Sekretär des Philosophen mit nach Mannheim gekommen war, in Schwetzingen die Uraufführung von Voltaires Tragödie "Olympie" statt (noch vor der Pariser Erstaufführung). In den folgenden Jahren kühlte das Verhältnis zwischen Carl Theodor und Voltaire merklich ab. L.Hg.

Walter 1898, S. 240-243; Stahl 1940, S. 249-264; Stavan, Henry Anthony: Kurfürst Carl Theodor und Voltaire (= Schriften der Gesellschaft der Freunde Mannheims und der ehemaligen Kurpfalz, Altertumsverein von 1859, Heft 14). Mannheim 1978.

Mannheim, Reiss-Museum (E 159 h)

Kat. Nr. 5.6.7

Kat. Nr. 5.6.8

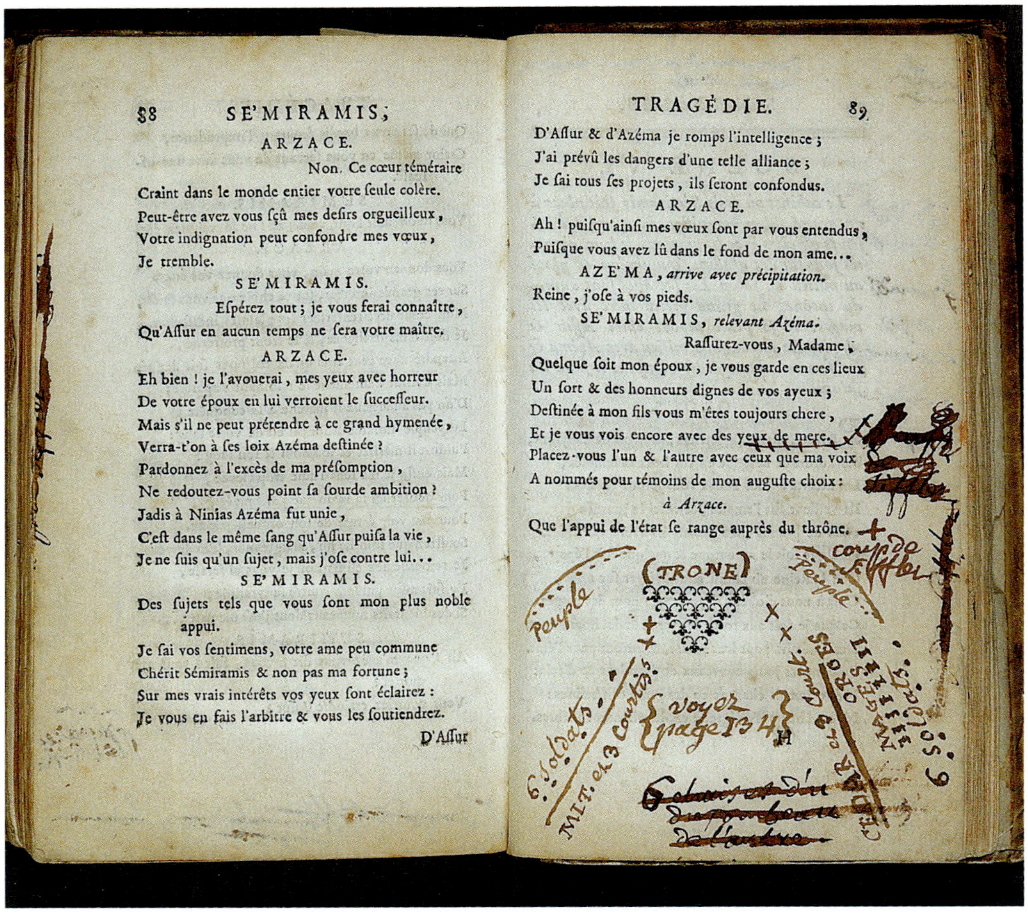

88 SE'MIRAMIS;

ARZACE.

Non. Ce cœur téméraire
Craint dans le monde entier votre ſeule colère.
Peut-être avez vous ſçû mes deſirs orgueilleux,
Votre indignation peut confondre mes vœux,
Je tremble.

SE'MIRAMIS.

Eſpérez tout; je vous ferai connaître,
Qu'Aſſur en aucun temps ne ſera votre maître.

ARZACE.

Eh bien! je l'avouerai, mes yeux avec horreur
De votre époux en lui verroient le ſucceſſeur.
Mais s'il ne peut prétendre à ce grand hymenée,
Verra-t'on à ſes loix Azéma deſtinée?
Pardonnez à l'excès de ma préſomption,
Ne redoutez-vous point ſa ſourde ambition?
Jadis à Ninias Azéma fut unie,
C'eſt dans le même ſang qu'Aſſur puiſa la vie,
Je ne ſuis qu'un ſujet, mais j'oſe contre lui...

SE'MIRAMIS.

Des ſujets tels que vous ſont mon plus noble appui.
Je ſai vos ſentimens, votre ame peu commune
Chérit Sémiramis & non pas ma fortune;
Sur mes vrais intérêts vos yeux ſont éclairez:
Je vous en fais l'arbitre & vous les ſoutiendrez.

D'Aſſur

TRAGÉDIE. 89

D'Aſſur & d'Azéma je romps l'intelligence;
J'ai prévû les dangers d'une telle alliance;
Je ſai tous ſes projets, ils ſeront confondus.

ARZACE.

Ah! puiſqu'ainſi mes vœux ſont par vous entendus,
Puiſque vous avez lû dans le fond de mon ame...

AZE'MA, *arrive avec précipitation.*

Reine, j'oſe à vos pieds.

SE'MIRAMIS, *relevant Azéma.*

Raſſurez-vous, Madame;
Quelque ſoit mon époux, je vous garde en ces lieux
Un ſort & des honneurs dignes de vos ayeux;
Deſtinée à mon fils vous m'êtes toujours chere,
Et je vous vois encore avec des yeux de mere.
Placez-vous l'un & l'autre avec ceux que ma voix
A nommés pour témoins de mon auguſte choix:

à Arzace.

Que l'appui de l'état ſe range auprès du thrône.

Kat. Nr. 5.6.8

5.6.8
Regiebuch für Sémiramis. Tragédie

Voltaire (Paris 1694-1778 Paris), um/nach 1748
Pergamenteinband der Zeit, Seitenzählung von S. 38-132 (Titelblatt, Liste der "Acteurs" und 1. Seite unpaginiert, zum Teil von alter Hand weiterpaginiert bis S. 138; viertes und letztes Stück eines Sammelbandes), aufgeschlagen S. 88 und 89; in Fotokopie hinzugefügt die S. 134-138, Klein-8°

In der Theatersammlung des Reiss-Museums haben sich diverse französisch- und wenige italienischsprachige Schauspieltextausgaben erhalten (einige in Form von Sammelwerken), die aller Wahrscheinlichkeit aus dem Besitz der verschiedenen französischen Schauspieltruppen, die am Mannheimer Hof engagiert waren, stammen. Als besondere Ausnahme kann das hier ausgestellte Regiebuch gelten, in dem sich etliche handschriftliche Zusätze und Veränderungen finden und darüber hinaus Angaben zu szenischen Lösungen sowie zur Kostümgestaltung der Aufführung. Die Werkausgaben haben sich vermutlich dadurch erhalten, daß sie vom Nationaltheater als Requisitenbücher (!) genutzt wurden. L.Hg.

Walter 1899, Bd. II, S. 113-117.

Mannheim, Reiss-Museum, Theatersammlung (R 40)

5.6.9
Bühnenmanuskript für Orphelin de la Chine

[Das chinesische Waisenkind]. Tragédie en trois actes.

Voltaire (Paris 1694-1778 Paris)
Brauner Ledereinband der Zeit, 42 Blätter, 20 x 17 cm (mit Einband 20,8 x 17,5 x 1,5 cm)

In der Bayerischen Staatsbibliothek haben sich mehrere Mannheimer Bühnenmanuskripte erhalten, die offensichtlich aus dem Gebrauch des Französischen Schauspiels stammen. Walter mutmaßt, daß es sich bei den Voltaire-Handschriften um Dedikationsexemplare Voltaires an Kurfürst Carl Theodor handeln könnte.

Voltaire hatte wohl in den Schwetzinger Tagen des Jahres 1753 den Plan zu einem neuen Drama gefaßt und dort bereits erste Skizzen ausgeführt. Grundlage für das neue Stück, „Orphelin de la Chine" war ein chinesisches Drama, das dem Dichter in die Hand gefallen war. Offenbar hatte Kurfürst Carl Theodor gehofft, Voltaires neueste Schöpfung noch vor Paris in Schwetzingen uraufführen lassen zu können. Die Absicht mißlang, da das Werk nicht früh genug in Schwetzingen eintraf. Carl Theodor fand dennoch großen Gefallen an Voltaires Stück.

Die Tragödie ist Kardinal Richelieu gewidmet, der diese Dedikation jedoch ablehnte. Voltaire verherrlicht in seinem „Orphelin de la Chine" den reinen Deismus der Chinesen – im Gegensatz zum trügerischen Verhalten der Bonzen –, für die der Mandarin Zanti steht. Eigentlicher Held ist aber der siegreiche Tartar Gengis-Khan, der das Humanitäts-Ideal vertritt und seinen Ruhm als Soldat zu Gunsten einer geliebten Frau preisgibt. L.Hg.

Walter 1898, S. 350; Stahl 1940, S. 253f.

München, Bayerische Staatsbibliothek (Cod.gall. 426)

5.6.10
L'Allegresse du Jour
[Zum Tag der Freude]

Pantomime allégorique au sujet de la convalescence de S.A.S.E.P., Réprésenté par ordre de S.A.S. Madame L'Electrice, le Lundi 16. Décembre 1754 sur le Théâtre de la Comédie Francoise, par les Comédiens & Danseurs de la Cour

Text: Etienne Lauchery, Musik: Ignaz Holzbauer, Ballettarrangement: Ballettmeister François André Bouqueton und Louis Auguste Rey
6 S., Fotokopie, 8°

Anlaß für dieses typische "Gelegenheitsfestspiel" (Walter 1898, S. 248) der französischen Schauspieler war eine Feier zur Wiedergenesung des Kurfürsten. Der panegyrische Inhalt ist charakteristisch für den seinerzeit am kurpfälzischen Hof herrschenden Ton. Die Inhaltsangabe folgt Walter 1898:

Im Bühnenhintergrund das Mannheimer Schloß. Der Himmel ist dunkel und wolkenverhangen. Vereinzelt funkeln Sterne auf. Plötzlich erscheint ein Komet, der weithin große Helle verbreitet. Fischer und Landleute kommen erschreckt aus ihren Hütten und flehen voll Furcht den Himmel um die Genesung des Kurfürsten an. Da erscheint der Flußgott Rhein in einer Muschel

und teilt dem Volk mit, daß die Götter ihre Gebete erhört hätten. Die Wolken verschwinden, und man erblickt den Olymp. Dort beraten sich die Götter gerade wegen der Aufnahme des Kurfürsten in ihre Gesellschaft. Das pfälzische Volk wirft sich vor den Olympiern nieder und bittet um Unsterblichkeit für den Kurfürsten. Diese willigen ein und erteilen Mars den Auftrag, Carl Theodor in den Tempel der Unsterblichkeit einzuführen, vereint mit den Tugenden, den Grazien, der Gerechtigkeit und den Talenten. Während der Olymp wieder verschwindet, drückt das Volk seine Freude durch Tänze aus. Darauf erscheint im Tempel der Unsterblichkeit der Kurfürst (vermutlich die Büste Karl Theodors), über ihm schwebt der Sieg und der Ruhm, neben ihm steht die Stärke mit dem Löwen. Auf dem Piedestal unter dem Kurfürsten erscheinen die Worte ‚Le ciel vous l'a rendu' [Der Himmel hat ihn euch zurückgegeben], und Mars befiehlt den Gottheiten, sich mit dem pfälzischen Volk zu vereinigen und in einem gemeinsamen Ballet die Wiedergenesung des Landesvaters zu feiern.
Abgesehen vom Inhalt, muß man davon ausgehen, daß der "Saal" für das Französische Schauspiel im Schloß doch über einige bühnentechnische Einrichtungen und Finessen verfügt haben muß, wenn dieses aufwendige Festspiel tatsächlich hat adäquat umgesetzt werden können. L.Hg.

Walter 1898, S. 248f.

Köln, Universitätsbibliothek (Original, K 16a/1415)

Kat. Nr. 5.6.11

5.6.11
Oeuvres de Racine

Tome Premier. Nouvelle Edition augmentée de diverses Piéces & de Remarques &c. Chez J.F. Bernard. Amsterdam 1722

480 S., ganzseitiger Kupferstich auf dem Frontispiz, marmorierter Papiereinband der Zeit, Klein-8°

Mannheim, Reiss-Museum, Theatersammlung (R 4)

5.6.12
Le Misanthrope

Comédie. Par J.B.P. de Molière. Chez J.F. Broncart, Imprimeur & Marchand-Libraire, en Souverain-Pont. Liège [Lüttich] 1703

271 S., Pappband der Zeit mit Pergamentrücken und -eckchen, aufgeschlagen Titelseite mit Vignette, Klein-8°

Mannheim, Reiss-Museum, Theatersammlung (R 15)

5.6.13
Italienisches Gelegenheitsspiel

„Festegiandosi Il giorno di San Carlo Nome del Serenissimo Elettor Palatino Li comici italiani dimostrano il sommo desiderio di seruitù nella seguente introduzione alla comedia".

Festspiel zum Namenstag des Kurfürsten Carl Theodor (4. November, Carl Borromäus) von Domenico Bassi (gest. 1774, Brescia) und Gervasio Sillani, italienische Schauspieldirektoren ("Capicomici"). [Mannheim um 1752]
8 S., neuer Kartoneinband, (unpaginiert), 8°

Über in Mannheim gastierende italienische Schauspieltruppen ist verhältnismäßig wenig bekannt. Dieser gedruckte Text stellt, zusammen mit seinem Pendant, das zum Namenstag der Kurfürstin (19. November) im selben Jahr erschienen ist (Mannheim, Reiss-Museum, Sign. Mh 1805), eher eine Rarität dar. Ankündigungen der Truppe in Düsseldorf zufolge scheint sie in den 1750er Jahren, außergewöhnliche sieben Monate lang, in Mannheim gastiert und das ausgesprochene Wohlgefallen des Kurfürsten erregt zu haben, so daß die Gesellschaft von Gervazio Sillani (und Domenico Bassi) aus Anlaß eines Besuches von Carl Theodor in Düsseldorf 1755 erneut dorthin engagiert wurde. Von Domenico Bassi ist überliefert, daß er Mitglied einer venezianischen Schauspielerfamilie war und nach Gastspielen mit seiner Truppe in Frankreich überaus erfolgreich als Schauspieldirektor am Teatro San Cassiano in Venedig gewirkt hat. Über Gervazio Sillani ist hingegen weniger zu berichten. Er war verheiratet mit Caterina Sil(l)ani, Mitglied der Bassischen Gesellschaft in Venedig, die offenkundig die beeindruckendere Bühnenpersönlichkeit war. Sillani gastierte unter anderem auch in Frankfurt und Köln.
Italienische Schauspiele wurden in Mannheim vor allem durch die französischen Schauspielergesellschaften aufgeführt, möglicherweise in italienischer Sprache. L.Hg.

Enciclopedia dello Spettacolo. Bd. 2. Rom 1954, Sp. 26; Riemenschneider 1987, Bd. 1, S. 129f.

Mannheim, Reiss-Museum (Mh 1804)

5.6.14. - 5.6.26
Theater für die Stadt

Das Theater wie wir es heute in den etablierten Häusern erleben - Bühne und Zuschauerraum glasklar durch die imaginäre vierte Wand getrennt - ist weder der Erscheinungsform der Hofoper im Schloß noch der des Theaters in den hölzernen Buden auf dem Marktplatz vergleichbar, in denen die Stadtbevölkerung ihre theatralen Eindrücke empfing. Im 18. Jahrhundert fehlte diese vierte Wand noch völlig.

Anders als heute verstand sich das Publikum - oft ganz aktiv - als Teil der Handlung. Und: Man unterhielt sich - im doppelten Wortsinn - in der Oper wie im Schauspiel, vom Ballett ganz zu schweigen. Pauschal ausgedrückt: Theater war weder für den Hof noch für die Stadtbevölkerung ausschließlich um des Theaters willen interessant, sondern vor allem wegen seiner gesellschaftlichen und kurzweiligen Begleiterscheinungen. Oft auch wegen der in ihm vorkommenden Sensationen, entweder einer besonders aufwendigen und technisch raffinierten Ausstattung in der Oper oder der manchmal an Jahrmarktskuriositäten erinnernden Ereignisse in den Bretterbuden auf dem Marktplatz.

Das Theater der Stadtbevölkerung ist das Theater in deutscher Sprache. Läßt man die durchreisenden Wandertruppen, die Mannheim kürzer oder länger mit ihren Gastspielen beehrten, Revue passieren, so hatten diese im Durchschnitt nicht nur ein beachtliches Niveau, sondern auch überwiegend eine gute Reputation (was durchaus nicht selbstverständlich war). Sicher war dies auch das Verdienst des Stadtrates, der nicht jeder Truppe seine Tore geöffnet haben dürfte, sondern sich des Status Mannheims als Residenzstadt bewußt war.

Etliche Jahre hindurch blieb der Hof auf Distanz zum Geschehen in den Bretterbuden. Aber Ende der 60er Jahre bahnte sich eine Wende an: 1767 soll der Kurfürst erstmals Aufführungen der Truppe des Prinzipals Arnold Porsch auf dem Marktplatz beigewohnt haben, und er fand Gefallen an deren Spiel. Nach Porsch kam mit seiner Schauspielergesellschaft Joseph Felix von Kurz, eine der großen Bühnenpersönlichkeiten der Wandertruppenzeit, nach ihm die Sebastianische Truppe, die mit Hilfe des sich eben in Mannheim etablierenden Christian Friedrich Schwan den Schauspielern der „Comédie Françoise" den Rang ablief, als es ihnen gelang, 1768 wenige Tage vor diesen, Beaumarchais' Bühnenerstling „Eugénie" in deutscher Übersetzung aufzuführen. Im selben Jahr plante der Kurfürst den Bau eines neuen freistehenden Theaters - man darf getrost annehmen: nicht für das französische, sondern für das deutsche Schauspiel. Der Umbruch hatte begonnen, die Tage der „Comédie Françoise" in Mannheim waren gezählt. 1770 konfrontierte Carl Theodor die französischen Schauspieler mit ihrer endgültigen Entlassung. L.Hg.

Mit gnädigster Erlaubnis Sr. Kurfürstl. Durchl.
Wird heute Sonntags den 8. Februar. 1784
die Schauspieler - Gesellschaft
unter der Direktion des Herrn Böhm
aufzuführen die Ehre haben,
Die Holländer,
Oder:
Was vermag ein vernünftiges Frauenzimmer nicht.
Ein Lustspiel
in drey Aufzügen,

Personen:

Joachim Lernach, Kaufmann. - Herr Christel.
Hinrich Lernach, dessen Sohn. - Herr Müller.
Leopoldine, dessen Tochter. - Madlle. Jonassohn.
Van der Hoeft, ein holländischer Kaufmann. - Herr Bilau.
Sara, seine Nichte. - Madame Böhm.
Baron Gabriel, Avanturier und des jungen Lernachs Gesellschafter. - Herr Rothe.
Viole, Gabriels Bekannter. - Herr Flamman.
Hr. Anputatorius, weyland Regiments Feldscheer. - Herr Böhm.
Antchen, Leopoldinens Mädchen. - Madame Müller.
Fechner, Lernachs Buchhalter. - Herr Diestel.
Kreising. - Herr Petrübi.
Büsterfeld. - Herr Glöckner.
Herrmann, Lernachs Bedienter. - Herr Kleeberg.
Ein Bedienter des Holländers. - Herr Engst.

Gegenwärtiges Lustspiel ist ein Preißstücke von Hamburg, und wir haben nicht nöthig, dessen Werth anzupreisen, da es noch von zwey Jahren her unsern Gönnern bekannt ist; Auf derselben vieles Verlangen führen wir es auf, und schmeicheln uns mit ihrer zahlreichen Gegenwart.

Den Beschluß macht ein großes sehr gerne gesehenes
Ballet
genannt:
LA GINGETTE
oder:
Der französische Lustgarten.

Morgen Montags eines der schönsten und neuesten Original Lustspiele: Die Erbschaft, oder: Der junge Geitzige, und ein ganz neues, großes, aus Marmontels beliebten Erzählungen gezogenes vortrefliches Ballet, genannt: Annette und Lubin.

Der Anfang ist um halb 6. Uhr.

Kat. Nr. 5.6.15

5.6.14
Düsseldorfer Marktplatz mit dem Kurfürstlichen Hoftheater

Thomas Rowlandson (London 1756-1827 London), 1791
Aquarellierte Tuschzeichnung auf Papier, 27,4 x 42 cm

Bez. l. u.: The pallas and Picture Gallery at Düsseldorf, signiert r. u.: Rowlandson del., 1791

Kat. Nr. 5.6.17

Der englische Künstler Rowlandson, der 1791 Düsseldorf besuchte, bietet ein karikierendes Abbild des städtischen Lebens in Düsseldorf am Ende des 18. Jahrhunderts (vgl. Bd. 1.1, S. 309, Abb. 2). Im Vordergrund eine Marktszene unter dem Reiterdenkmal des Kurfürsten Johann Wilhelm. Im Hintergrund links das Grupello-Haus, in der Mitte das Kurfürstliche Hoftheater (Architekt: Hofbaumeister Johann Heinrich Nosthoffen) und rechts das Rathaus mit dem Kanzleigebäude. Die englische Bezeichnung auf dem Blatt ist irreführend: Das Schloß und die Gemäldegalerie lagen nördlich des Rathauses und sind nicht sichtbar.
Der Kurfürst hatte den Bau des Schauspielhauses in Düsseldorf bereits 1746 in Auftrag gegeben. Das Haus wurde Jahrzehnte hindurch ausschließlich von Wandertruppen bespielt, falls es nicht zweckentfremdet anderweitig genutzt wurde. 1818 ging das Theater in städtischen Besitz über, 1832 wurde es grundlegend umgebaut. Erst 1875 hat man es durch einen Neubau am Düsseldorfer Hofgarten abgelöst. I.Z./L.Hg.

Carl Theodor (Ergänzungskatalog) 1979, Nr. 623; Riemenschneider 1987, Bd. 1.

Düsseldorf, Stadtmuseum (C 5652)

5.6.15
Theaterzettel Düsseldorf, 8. Februar 1784

„Die Holländer, Oder: Was vermag ein vernuenftiges Frauenzimmer nicht." Lustspiel in drei Aufzügen. Aufgeführt „[m]it gnaedigster Erlaubnis Sr. Kurfuerstl Durchl." von der Truppe des Johann Heinrich Böhm (Österreich um 1740 - Aachen 1792)

Johann Christian Bock (Dresden um 1750-1785 Dresden) nach Carlo Goldoni
Farbkopie, 38,7 x 34 cm

Zu Beginn des 18. Jahrhunderts war es verboten worden, Theateraufführungen öffentlich auszurufen. Dies war die eigentliche Geburtsstunde des Theaterzettels als Werbe- und Informationsmittel.
Johann Heinrich Böhm war in den Jahren 1770 bis 1778 Prinzipal in Brünn. Seit Beginn der 1780er Jahre gastierte er häufig mit seiner Truppe auch in Düsseldorf. Nach seinem Tod übernahm seine Frau Marianne Böhm die Gesellschaft und bestritt ihrerseits regelmäßig Gastspiele im Kurfürstlichen Hoftheater in der ehemaligen Residenzstadt Düsseldorf. Das Stück von Bock zählte zu den beliebten Lustspielen der Zeit, auch in Mannheim spielte es das Dalberg-Ensemble im Nationaltheater von 1780 an gern und oft (bis 1793 immerhin zwanzig Mal). Der Theaterzettel ist der älteste erhaltene einer wandernden Schauspielergesellschaft in Düsseldorf. L.Hg.

Pies 1973, S. 57f.; Becker, Jürgen/Meiszies, Winrich: Theater als Öffentlichkeit: Formen des Theaters im historischen Wandel, Teil I 1585-1840. Hrsg. von Heinrich Riemenschneider (= Wege durch Düsseldorfer Literaturmuseen Heft 6). Düsseldorf 1986, S. 23.

Düsseldorf, Theatermuseum der Landeshauptstadt Düsseldorf, Dumont-Lindemann-Archiv (Z 412, Dauerleihgabe des Stadtmuseums Düsseldorf)

5.6.16
Theaterzettel Düsseldorf, 19. Dezember 1784

"Der Hypochondrist, verzweifelt über die Doctorn, wird hernach aus Rach ein franzoesischer Pferdarzt." Opera buffa

Giuseppe Sarti (Faenza 1729 – 1802 Berlin)
Farbfotografie, 34,5 x 21,5 cm

Auf diesem Theaterzettel sind weder die Gesellschaft noch deren Leiter erwähnt. Die übliche Erlaubnisfloskel signalisiert Ausschließlichkeit, die die Konzessionierung durch den Landesherrn bewirkt und damit Konkurrenz verhindert. Die Erwähnung einer fremden Herkunft *(bekannte Italiänische Virtuosen)* ist vermutlich als werbewirksam gedacht. Aufgrund der Vorliebe des Adels für die italienische Oper genossen italienische Truppen besonderes Ansehen. Dieses aber sank mit dem Ende des 18. Jahrhunderts, als es genügend deutschsprachige Truppen gab.
Sowohl die Auflistung der Plätze als die dafür zu entrichtenden Preise läßt gewisse Rückschlüsse auf die innere Struktur des Düsseldorfer Theaters zu, von dem es keine Pläne des Logenhauses gibt. Die Preise sind in Stüber (niederländische Geldeinheit, 20 stbr. = 1 fl./Gulden) angegeben. Bemerkenswert ist die Erwähnung der Kurfürstlichen Hofloge, die Carl Theodor 1781 – zu Gunsten der Schauspielunternehmer – für die Öffentlichkeit freigegeben hatte. Der Theaterzettel ist der zweitälteste erhaltene einer wandernden Schauspielergesellschaft in Düsseldorf. L.Hg.

Becker, Jürgen/Meiszies, Winrich: Theater als Öffentlichkeit: Formen des Theaters im historischen Wandel, Teil I, 1585-1840. Hrsg. von Heinrich Riemenschneider (= Wege durch Düsseldorfer Literaturmuseen, Heft 6). Düsseldorf 1986, S. 23; Riemenschneider 1987, Bd. 1, S. 167.

Düsseldorf, Nordrhein-Westfälisches Hauptstaatsarchiv (Sammlung Guntrum II-Akten 20, Blatt 8)

5.6.17
Der Marktplatz in Mannheim

"Der Markt. La Place publique", Blatt Nr. 24 aus Schlichtens "Vues de Mannheim"

Gebrüder Klauber nach Johann Franz von der Schlichten (Mannheim 1725 – 1795 Mannheim), Augsburg 1782
Kupferstich, 21,3 x 28,1 cm

Bez. r. u.: "Frtres Klauber Sc. A.V." [Fratres Klauber sculpserunt Augustae Vindelicorum = Die Brüder Klauber haben dies in Augsburg gestochen]

Der Mannheimer Marktplatz ist der Ort, an dem über Jahre hinweg die unterschiedlichen deutschsprachigen Wandertruppen in eigens errichteten Holz-"Boutiquen" spielten, die zumeist bald nach Beendigung des Gastspiels wieder eingerissen wurden. Von dem Unternehmer Franz Joseph Sebastiani ist bekannt, daß er sich 1769 von dem Mannheimer Zimmermeister Lorentz Conrad eine große hölzerne "Komödienbude" auf dem Marktplatz errichten ließ, die etwa 32 m in der Länge maß, ca. 12 m in der Breite und über eine Firsthöhe von ca. 9 m verfügte. Diese, die immerhin bis zum Jahr 1772 auf dem Marktplatz bestehen blieb, wird man sich ähnlich wie die "Komödiantenbude" zu Leipzig vorstellen können, die der berühmten Prinzipalin Caroline Neuber als Spielstätte diente (Kat.Nr. 4.4.10). L.Hg.

Mannheim, Reiss-Museum (G Ad 121 c, k)

Kat. Nr. 5.6.18

5.6.18
Porträt des Franz Schuch d.Ä.

Zeitgenössischer, altkolorierter Kupferstich, unbezeichnet,
Blatt: 36 x 22 cm, Platte: 17 x 10,5 cm

Der Wiener Prinzipal Franz Schuch d. Ä. (1716-1764) gastierte mit seiner Truppe im Sommer 1751 in Mannheim, allerdings nicht in einer Theaterbude auf dem Marktplatz, sondern im Kaufhaussaal, der seit 1748 nicht mehr von den französischen Schauspielern genutzt wurde. Schuch ging als der "letzte deutsche Harlekin" in die Theatergeschichte ein, über den das Publikum bereits lachte, wenn er die Bühne nur betrat. Neben seinem Stegreiftheater, das er meisterlich beherrschte, führte er mit seiner großen Truppe (zeitweilig bis zu dreißig Schauspieler/innen) in deutscher Sprache Tragödien vorzugsweise französischer Autoren auf. 1742 hatte er das Privileg für Breslau und die übrigen sächsischen Städte erhalten. Seine Truppe führte den Titel "Kgl. Poln." und "Kurfürstl. Sächs. Hofkomödianten". Trotz seines ausgezeichneten Rufes als Komödiant im heutigen Wortsinn galt der im Alltag sehr ernst wirkende Schuch als sittenstrenger Theaterunternehmer. L.Hg.

Pies 1973, S. 337-339.

Köln, Theaterwissenschaftliche Sammlung der Universität zu Köln
(Sammlung 35784)

5.6.19
Theaterzettel Mannheim 1766

„Codrus, Der fuer sein Vatterland sterbende Koenig. oder Unveraenderliche Hoheit Einer Koeniglichen Seele in Glueck und Unglueck." Trauerspiel in fünf Aufzügen

Johann Friedrich von Cronegk (Ansbach 1731 – 1758 Nürnberg), Mannheim, 1766
Papier, Druck, 32 x 21 cm

Oben in der Mitte von zeitgenössischer Hand vermerkt "Mannheim 1766"

Der einzige, aus dem 18. Jahrhundert erhaltene Theaterzettel einer wandernden Schauspielergesellschaft in Mannheim stammt von der Truppe der ‚Chursaechsischen privilegirten Comoedianten' unter der Leitung des "Entrepreneurs" Arnold Heinrich Porsch, der in der ersten Jahreshälfte 1766 etwa 18 Wochen lang in einem hölzernen Theater auf dem Marktplatz gastierte (1767 trat er mit seiner Truppe auch im kurfürstlichen Hoftheater zu Düsseldorf auf und trug mit seinem einigermaßen anspruchsvollen Programm zur Hebung des dortigen Theaterniveaus bei). Porschs Truppe war für damalige Verhältnisse ungewöhnlich kurzlebig (sie existierte in den 1760er Jahren nur etwa zehn Jahre!). Er selbst war akademisch ausgebildet und hatte gleichfalls studierte Mitglieder in seiner Gesellschaft. Offensichtlich folgte er den von Gottsched aufgestellten reformerischen Regeln für das Theater. Dennoch enthielt sich Porsch auch in Mannheim nicht der Versuchung, nach dem Trauerspiel noch *ein lustiges Nach-Spiel mit Hanns-Wurst* folgen zu lassen. Eine Tatsache, die um so erstaunlicher ist, als die für das Stegreiftheater typische Figur des Hanswurst bereits 1737 in Leipzig von Caroline Neuber, der theaterpraktischen Sachwalterin Gottscheds, mit spektakulärem Nachdruck symbolisch von der Bühne verbannt worden war. Ist das Nachspiel also als Konzession an den Geschmack des Mannheimer Publikums zu deuten? Oder kam ihm - vermutlich mit vielerlei Anzüglichkeiten, wenn nicht Zoten einhergehend - vor allem Ventilfunktion zu? L.Hg.

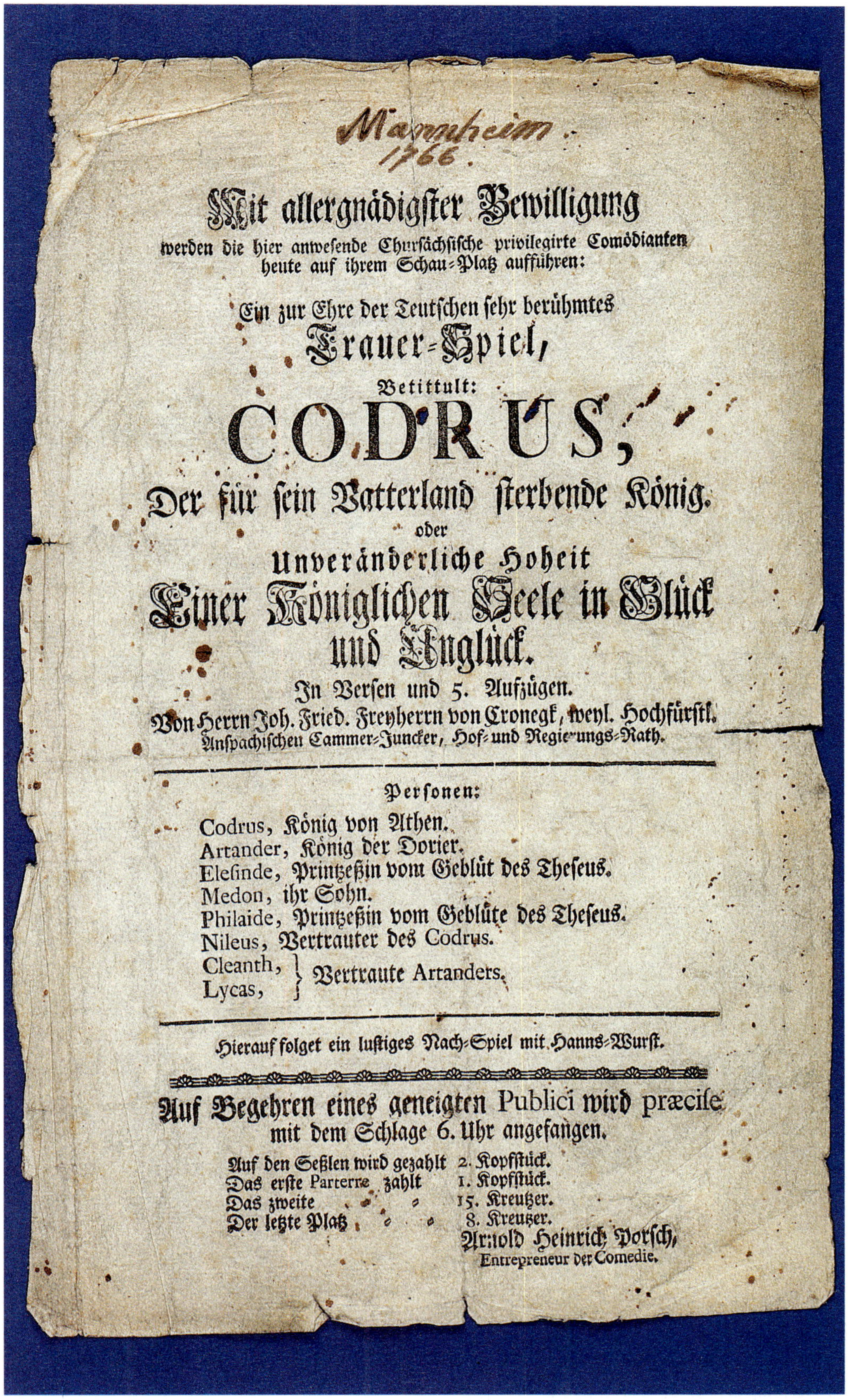

Mannheim 1766.

Mit allergnädigster Bewilligung
werden die hier anwesende Chursächsische privilegirte Comödianten
heute auf ihrem Schau-Platz aufführen:
Ein zur Ehre der Teutschen sehr berühmtes
Trauer-Spiel,
Betittult:
CODRUS,
Der für sein Vatterland sterbende König.
oder
Unveränderliche Hoheit
Einer Königlichen Seele in Glück
und Unglück.
In Versen und 5. Aufzügen.
Von Herrn Joh. Fried. Freyherrn von Cronegk, weyl. Hochfürstl.
Anspachischen Cammer-Juncker, Hof- und Regierungs-Rath.

Personen:
Codrus, König von Athen.
Artander, König der Dorier.
Elesinde, Printzeßin vom Geblüt des Theseus.
Medon, ihr Sohn.
Philaide, Printzeßin vom Geblüte des Theseus.
Nileus, Vertrauter des Codrus.
Cleanth, } Vertraute Artanders.
Lycas,

Hierauf folget ein lustiges Nach-Spiel mit Hanns-Wurst.

Auf Begehren eines geneigten Publici wird præcise
mit dem Schlage 6. Uhr angefangen.
Auf den Seßlen wird gezahlt 2. Kopfstück.
Das erste Parterre zahlt 1. Kopfstück.
Das zweite " " 15. Kreutzer.
Der letzte Platz " " 8. Kreutzer.
Arnold Heinrich Porsch,
Entrepreneur der Comedie.

Kat. Nr. 5.6.19

Herrmann, Wilhelm: "Codrus". Tragödie von Cronegk. Ein Mannheimer Theaterzettel aus dem Jahre 1766. Ungedruckter Vortrag im Rahmen der "Mannheimer Museumsabende" Herbst 1984 (1. Museumsabend am 26. und 27. September 1984). Typoskript in der Theatersammlung des Reiss-Museums; Riemenschneider 1987, Bd. 1., S. 134f.

Mannheim, Reiss-Museum, Theatersammlung (Th D 9/1766)

5.6.20
Porträt des Joseph Felix von Kurz, genannt Bernardon

Ferdinand Landerer (Stein unter der Enns/Österreich 1730/46-1795 Wien)
Kupferstich, 17 x 11,5 cm

Der Wiener Prinzipal Kurz (1717-1784) gastierte während zwei Spielzeiten in Mannheim mit seiner Truppe, und zwar 1767/68 und 1768/69. Auch er ließ sich ein hölzernes Theater auf dem Marktplatz errichten. Erstmals in Mannheim wurde ihm zugestanden, sein Gastspiel auf vier Monate ausdehnen zu dürfen (bis Aschermittwoch). Kurz zählte nicht nur zu den reproduzierenden Künstlern, sondern hinterließ ein Bühnenoeuvre von etwa 300 selbst verfaßten Komödien. Er gilt als Hauptvertreter der volkstümlichen barocken Schauspielkunst. Der Name Bernardon rührt von einer selbstgeschaffenen Rolle her, die er - sozusagen als Seitenstück zum Hanswurst - für das Wiener Kärntnertor-Theater kreierte, und die gleichsam zu seinem Markenzeichen wurde. Berühmt war er wohl zum einen wegen seiner beeindruckenden äußeren Erscheinung - ein Erzkomödiant von hohem Wuchs, schlank und geschmeidig -, zum anderen aber auch wegen seines enormen stimmlichen Modulationsreichtums. Darüber hinaus scheint er ein geschäftstüchtiger Unternehmer gewesen zu sein, der in Mannheim beispielsweise finanziell mehr als das Doppelte als andere Truppen aus den Aufführungen seiner Gesellschaft erzielte. Dies sicher auch deshalb, weil zum Teil sehr gute Schauspieler zu seiner Truppe zählten, aber auch, weil er seine Aufführungen stets sorgfältig auszustatten pflegte. Da sowohl Kurfürst Carl Theodor als auch Mitglieder des Hofes einige seiner Aufführungen besuchten, ernannte er seine Truppe kurzerhand und wohl ein wenig selbstherrlich zur "Deutschen Hofschauspieler-Gesellschaft".

Pichler 1879, S. 20f.; Kosch, Wilhelm: Deutsches Theater-Lexikon. [...] 2. Bd. Klagenfurt/Wien 1960, S. 1139f.; Pies 1973, S. 213-215; Schöne, Günter: Bühnenstars. Bilder von Schauspielern, Sängern und Tänzern aus vier Jahrhunderten. Eine Ausstellung aus den Beständen des Deutschen Theatermuseums. Wilhelmshaven 1997. S. 57.

München, Deutsches Theatermuseum (II 417)

Kat. Nr. 5.6.20

5.6.21
Textbuch zu „Die Jadglust Heinrich IV."

Lustspiel in drei Aufzügen

Originaltitel: La Partie de chasse de Henri IV, Charles Collés (Paris 1709-1783 Paris), Paris 1766 (Uraufführung 1764)

Deutsche Übersetzung: Christian Friedrich Schwan. "In Mannheim den 30. October 1768. Zum erstenmal aufgefuehrt von den Churpfaelzischen deutschen Hofcomoedianten unter der Direction des Herrn Sebastiani. Mannheim, in der Churfuerstlichen Hofbuchhandlung. 1768."
120 S., Klein-8°

Franz Joseph Sebastiani (gestorben nach 1778) stammte aus Straßburg. Auch er verfügte mit etwa dreißig Personen über eine verhältnismäßig große Schauspielergesellschaft. Sein Repertoire umfaßte französische und deutsche Trauerspiele, Komödien, Singspiele, Kinderballette, Burlesken und Pantomimen. Ursprünglich spielte er mit Erwachsenen, dann vornehmlich mit Kinderdarstellern. Zu den Mitgliedern seiner Truppe gehörten auch Friedrich Ludwig Schröder, dessen ausgedehntes Gastspiel im Mannheimer Nationaltheater 1780 einen ungeahnten Einfluß auf das hiesige Ensemble ausübte, sowie Theobald Marchand, sein erster Schauspieler, der, als Sebastiani sich um 1770 vom Theater zurückzog, dessen Truppe übernahm. Faßt man die Gastierphasen der Sebastianischen und der aus ihr weiterbestehenden Marchandschen Truppe zusammen, gastierte die Gesellschaft in Mannheim beinahe ununterbrochen an bestimmten Tagen, überwiegend in den Winterspielzeiten, zehn Jahre (1768-1778), seit 1769 in der "Komödienbude" auf dem Marktplatz (vgl. auch Kat.Nr. 5.6.17) und von 1777 bis 1778 im neuen Nationaltheater auf B 3 (vgl. Kat.Nr. 5.6.47). Die Namengebung "Churpfälzische deutsche Hofkomödianten" verdankte das Unternehmen übrigens Carl Theodor selbst, der die Aufführungen der Gesellschaft, ebenso wie ein Teil des Hofstaates, bald regelmäßig besuchte.

Mit seinen verhältnismäßig aktuellen und qualitätvollen Übersetzungen, vor allem aus dem Französischen, die der Mannheimer Buchhändler und Verleger Christian Friedrich Schwan hauptsächlich für die Sebastiani-Marchandsche Truppe anfertigte und in seinem Verlag erscheinen ließ, trug er in hohem Maß zur Etablierung des deutschsprachigen Theaters auch bei Hof bei (vgl. Kat.Nr. 5.6.22). L.Hg.

Pichler 1879, S. 21f.; Pies 1973, S. 301-303.

Mannheim, Reiss-Museum (Mh 1699)

Eugenie
ein
Schauspiel
in fünf Aufzügen
Aus dem Französischen
des Herrn von Beaumarchais.

Une ſeule démarche haſardée m'a miſe à la merci de rout le monde.
Eugen. Acte III. Scene IV.

Mannheim,
in der Churfürstlichen Hof-Buchhandlung.
1768.

Kat. Nr. 5.6.22

5.6.22
Textbuch für "Eugénie"

Schauspiel in fünf Aufzügen

Pierre-Augustin Caron de Beaumarchais (Paris 1732-Paris 1799), Paris 1767
Deutsche Übersetzung: Christian Friedrich Schwan; "Mannheim,

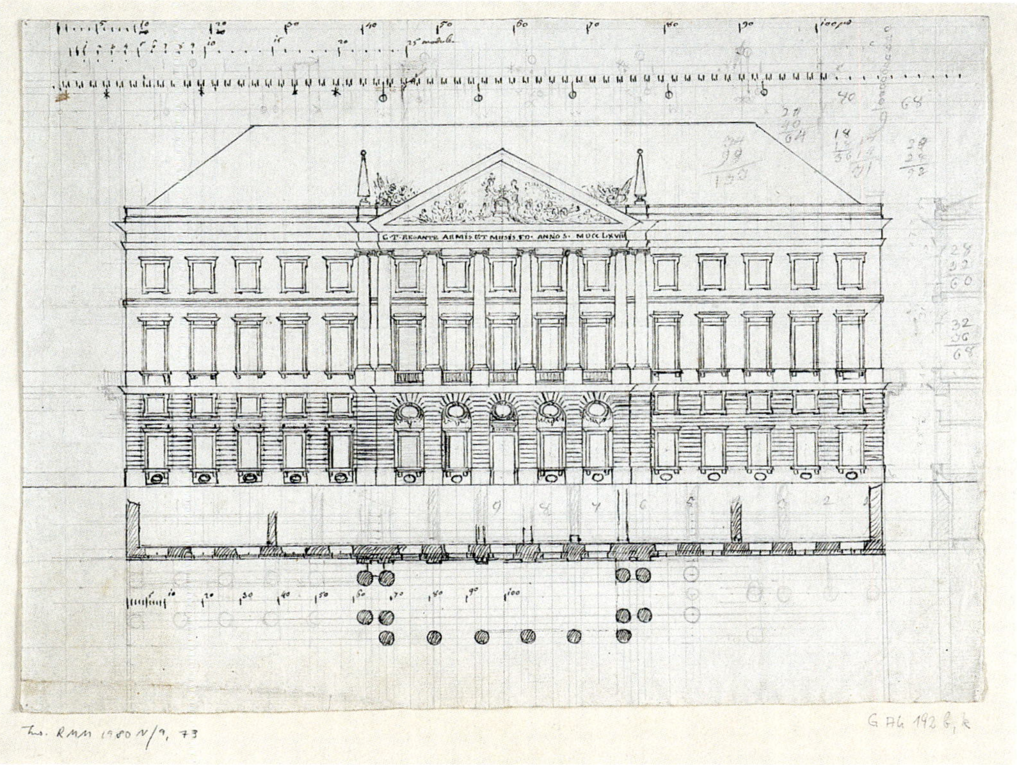

Kat. Nr. 5.6.23

in der Churfuerstlichen Hof-Buchhandlung. 1768."
Buch, [6] 103 S., Einband aus späterer Zeit, 8°

"Eugénie" ist Beaumarchais' erstes Schauspiel. Es spricht für die Aktualität einerseits der französischen Schauspieler, die dieses Stück bereits kurz nach seinem Erscheinen in Mannheim spielen wollten, andererseits aber spricht es für die kennerhafte Aufmerksamkeit Schwans, das Schauspiel, dessen Aufführung sich aufgrund eines Rollenstreites in der französischen Truppe verzögerte, sehr schnell ins Deutsche übersetzt zu haben, so daß die Sebastianische Gesellschaft den Kurfürsten mit dem neuesten Pariser Schauspiel eines bis dahin noch völlig unbekannten Autors überraschen konnte. Beaumarchais wurde nicht nur durch seine Memoiren berühmt (1773/74), sondern auch durch seine satirische Komödie "Der Barbier von Sevilla" (1775). Sein Stück "Ein toller Tag oder Figaros Hochzeit" (1785) wurde hingegen in Paris sechs Jahre lang durch die Zensur verboten (am Mannheimer Nationaltheater fand das Stück bereits von 1785 an sogar den erklärten Beifall des Kurfürsten, in München jedoch war die Aufführung untersagt!). Beaumarchais galt insgesamt als einer der geistigen Wegbereiter der Französischen Revolution. L.Hg.

Enciclopedia dello Spettacolo 1954, Bd. 2, Sp. 104-109; Homering, Liselotte: ‚Kleiner Schneider' - Große Oper. 200 Jahre Mozarts "Die Hochzeit des Figaro" am Mannheimer Nationaltheater. In: Acta Mozartiana 39 (1992), Heft 2, S. 51-66.

Mannheim, Reiss-Museum (Sign. Mh 84)

5.6.23
Aufrisss-Entwurf für ein kombiniertes Theater und Zeughaus

Nicolas de Pigage (Lunéville 1723-1794 Schwetzingen), 1768
Schwarze Feder und Bleistift, 26,8 x 37,6 cm

Die Fassade des dreieinhalbgeschossigen Gebäudes, dessen fünf mittlere Achsen von einem Portikus betont werden, erfährt eine klare Gliederung sowohl in vertikaler als auch horizontaler Richtung. Der Mittelrisalit springt stark vor und wird hervorgehoben durch sechs ionische Säulen in den oberen Geschossen sowie die den Portikus rechts und links einrahmenden Obelisken und Trophäen. Unterhalb des Giebelfeldes, das mit Putten, Kanonen und stehenden Figuren ausgestaltet ist, befindet sich die Inschrift: "C.T. REG[N]ANTE ARMIS ET MUSIS. ED. ANNO S. MDCCLXVIII".

Der Plan Pigages ist insofern von Interesse als er etwas antizipiert, das wenige Jahre später in modifizierter Form von dem Architekten Lorenzo Quaglio (1730-1805) umgesetzt wurde. Handelt es sich hier freilich um die geplante kombinierte Nutzung eines Hauses als Arsenal/Zeughaus und als Theater, wurde 1776 das Schütt- und Zeughaus auf B 3 ganz und gar der Nutzung als Theater zugeführt, obgleich das alte Haus eigentlich nicht dafür geeignet war. Mit einiger Sicherheit kann man annehmen, daß der Kurfürst den Zeughaus/Theaterbau zur Nutzung durch die deutschsprachigen Wandertruppen vorgesehen hatte, wovon ihn die Leistungen der Sebastianischen Gesellschaft überzeugt haben können. L.Hg.

Heber 1986, S. 245-247; Beierbach, Herbert: Das Nationaltheater in Mannheim. Baugeschichte und Wandel der architektonischen Gestaltung. Diss. Heidelberg 1994, S. 15f.

Mannheim, Reiss-Museum (G Ah 192, b, k)

5.6.24
Textbuch zu "Der Deserteur"

Schauspiel in fünf Aufzügen

Louis Sébastien Mercier (Paris 1740 – 1814 Paris), Paris 1770 (Uraufführung Brest 1771); 141 S., Klein-8°

Deutsche Übersetzung: Christian Friedrich Schwan. "In Mannheim zum erstenmal aufgeführt von den Churpfaelzischen deutschen Hof-Comoedianten unter der Direction des Herrn Marchand; Mannheim bey C. F. Schwan, Churfuerstl. Hofbuchhaendler 1770"

Mannheim, Reiss-Museum (Mh 1709)

5.6.25
Porträt Theobald Marchand

Karl Friedrich August von Lütgendorf (München 1746-1809 Nürnberg), 1786
Silhouettenstich (Alte Reproduktion 13 x 18 cm; der Originalstich entstammt als Nr. 2 der Serie "Kurbayerisches Nationaltheater ... 1786. Titel und 27 Silhouetten ... in Kupferstich), 15,8 x 11,1 cm

Bez. l. u.: "gravé par Ch. Bar. de Lütgendorf 1786"

Theobald Marchand (1741-1800), wie Sebastiani gebürtiger Straßburger, hatte sich eigentlich in Paris zum Arzt ausbilden lassen wollen. Dort aber nahm ihn das Theaterleben ganz und gar für sich gefangen. 1768/1769 engagierte ihn Sebastiani in seine Truppe,

KAT. NR. 5.6.25

KAT. NR. 5.6.26

die Marchand 1770 als Prinzipal übernahm. Von 1771 an kam er mit seiner Gesellschaft regelmäßig nach Mannheim. Als Kurfürst Carl Theodor 1777 das Nationaltheater ins Leben rief (vgl. auch Kat. Nr. 5.6.45ff.), bewarb sich Marchand um den Direktorenposten, den er auch erhielt (Patent vom 6. Mai 1777). Die Ernennung war verbunden mit der Übernahme der Aufgabe, *fähige junge Leute in der Kunst zu unterrichten und zu dem Behufe wöchentlich zweimal die Grundsätze der Schauspielkunst durch Vorlesungen zu erklären* (zit. nach Kürschner 1884, S. 297). Die Marchandsche Gesellschaft spielte nur bis zum 18. September 1778 in Mannheim, da sie Kurfürst Carl Theodor im Herbst 1778 nach München folgte (vgl. Kat. Nr. 5.6.72ff.).
Das Repertoire der Marchandschen Truppe unterschied sich kaum von dem anderer Schauspielergesellschaften, außer daß Marchand deutlich das französische Schauspiel in deutscher Sprache bevorzugte und sich besonders der Operette und dem Singspiel verpflichtet fühlte. Seine große Truppe bestand aus neunzehn Herren und elf Damen, zu denen noch etliche Balletttänzer/Innen kamen. Marchand selbst agierte als erfolgreicher Charakterdarsteller und komischer Alter im Singspiel. Die Tochter von Marchand und seiner Frau Magdalene Brochard, Margarethe Marchand, war später in München als Sängerin geschätzt. Sie heiratete 1790 den Violoncellisten und Komponisten Franz Danzi und unternahm 1794/95 eine äußerst erfolgreiche Tournee mit ihm durch Deutschland und Italien. L.Hg.

Kürschner, Joseph: Theobald Marchand. In: Allgemeine Deutsche Biographie Bd. 20, Leipzig 1884, S. 296-298.

Mannheim, Reiss-Museum, Theatersammlung (Th 1/33)

5.6.26
KOMISCHE OPERN

fuer die Churpfaelzische deutsche Schaubuehne. Zweyte Sammlung. Mannheim bey C. F. Schwan, Churfuerstl. Hofbuchhaendler 1773.

100 S., 126 S., 80 S., 72 S.

Der Sammelband, der einen kleinen Ausschnitt aus dem Repertoire der Truppe von Theobald Marchand repräsentiert, enthält vier Titel: "Röschen und Colas; eine Operette in einem Aufzuge" (1771); "Tom Jones, Eine komische Operette in drey Aufzügen" (1772); "Der Soldat als Zauberer, eine komische Oper in einem Aufzuge" (1772) und "Die Sclavin und der grosmüthige Seefahrer, Eine Operette von N. Piccinni" (1773). L.Hg.

Mannheim, Reiss-Museum (Mh 1695)

5.6.27 - 5.6.44
DIE KURPFÄLZISCHE DEUTSCHE GESELLSCHAFT

Um 1770 war Mannheim von einer Atmosphäre des intellektuellen Aufbruchs geprägt. Nicht nur, daß hier eine der beachtlichsten Produktionsstätten für überwiegend deutschsprachige Zeitschriften zu unterschiedlichsten Wissens- und Interessensgebieten im deutschen Südwesten gewachsen war, verfügte die Residenzstadt unterdessen auch über eine stattliche Anzahl von Buchhandlungen und Verlagen. In diesem sich von der französischen Kultur des Hofes abhebenden Klima geistiger Regsamkeit erscheint die Gründung einer Deutschen Gesellschaft durch die Intellektuellen Stephan von Stengel, Christian Friedrich Schwan, Johann Jacob Häffelin und Johann Jacob Hemmer im Jahr 1775 nur konsequent. Es spricht für die Aufgeschlossenheit des Kurfürsten diesen aufklärerischen Tendenzen gegenüber, daß er sie durch die Stiftung der „Kurpfälzischen Deutschen Gesellschaft" unterstützte und förderte - freilich mehr ideell als materiell.

Zunächst bestand das Hauptanliegen der Gesellschaft in der Bereinigung der deutschen Sprache und in einer Reform ihrer Orthographie. Darüber hinaus bemühten sich ihre Mitglieder besonders intensiv um die Einrichtung eines nationalen Theaters mit einem festen Ensemble. Als ihr Ziel endgültig erreicht war (1779), setzte die Vereinigung immer wieder Geldpreise und Preismedaillen aus, um die Produktion von deutschsprachigen „Originalstücken" zu intensivieren, denn das Nationaltheater bestritt in seinen Anfängen den Hauptteil seines Repertoires aus Übersetzungen französischer, englischer und italienischer Stücke, was im übrigen durchaus im Sinn der Nationaltheateridee lag.

Mitglieder der Gesellschaft fanden sich sowohl in den Kreisen des Adels als auch der Weltgeistlichkeit und der bürgerlichen Intelligenz. Um nur wenige zu nennen: Wolfgang Heribert von Dalberg, Otto Heinrich von Gemmingen, Casimir Häffelin, Johann Jacob Hemmer, Anton von Klein, Andreas Lamey, Franz Anton Mai, Friedrich Medicus, Christian Meyer, Christian Friedrich Schwan und Stephan von Stengel.

Da man sich in den 80er Jahren allgemein den *schönen Wissenschaften* hingab, war es den Mitgliedern darum zu tun, auch die Attraktivität der Gesellschaft für *Deutschlands große Geister* zu steigern. Um auswärtige, bekannte Persönlichkeiten, die sich um Sprache, Literatur oder Theater verdient gemacht hatten, anzulocken, wurde 1776 der Kreis der zwanzig Gründungsmitglieder auf dreißig erweitert. So tauchen alsbald in den Mitgliederlisten der „Hof-und Staatskalender" berühmte Namen wie diejenigen von Johann Christoph Adelung, Johann Heinrich Jung-Stilling, Friedrich Gottlieb Klopstock, Sophie von LaRoche oder Christoph Martin Wieland auf. Persönlichkeiten, die oft genug durchaus nicht in die angeblich katholisch-konservative Richtung des Kurfürsten paßten!

Wer im übrigen Aufnahme in die Gesellschaft finden durfte, hing vom Wohlwollen des Kurfürsten, später seines Statthalters, des Grafen Franz Albert von Oberndorff, ab. Geraume Zeit nahm beispielsweise der Antrag für Friedrich („Maler") Müller in Anspruch. Die Schauspieler Heinrich Beck (mehrmals mit Preismedaillen geehrt) und August Wilhelm Iffland erlangten diese Gunst offenkundig gar nicht, obgleich sich die Gesellschaft einige Male für diese einsetzte, wie sie sich ohnehin um die Hebung des Ansehens des Schauspielerstandes verdient gemacht hat.

Dafür aber wurde der geistig „revoluzzende" schwäbische Dichter der „Räuber", von „Kabale und Liebe", des „Fiesko" und des „Don Karlos", Friedrich Schiller, 1784 zu seiner großen Freude in den illustren Kreis erhoben. Daß er mit der Aufnahme zugleich unter den Schutz des Kurfürsten gelangte - der Schillers ungnädigem Landesherrn Herzog Carl Eugen von Württemberg Paroli bieten konnte - war dem Dichter eine beruhigende Nebenerscheinung. Der revanchierte sich mit seinem berühmten Vortrag „Was kann eine gute stehende Schaubühne wirken?", den er in öffentlicher Sitzung vorlas.

Die Produktivität der Gesellschaft insgesamt war erstaunlich: Etwa 300 Referate hielten ihre Mitglieder, die sich zu ihren Sitzungen im Schloß versammelten. Ein Teil hiervon wurde in den „Rheinischen Beiträgen" und später in den „Schriften der Kurfürstlichen deutschen Gesellschaft" publiziert. Mit ihrem von den Ideen der Aufklärung erfüllten Engagement für die deutsche Sprache und Literatur, für die Gründung des Nationaltheaters sowie für die *Hebung des guten Geschmacks in der Pfalz* insgesamt setzten ihre Mitglieder Maßstäbe, die in Mannheim später selten wieder erreicht worden sind.

L.Hg.

5.6.27
Abhandlung ueber die Deutsche Sprache

„Abhandlung über die deutsche Sprache zum Nutzen der Pfalz, in öffentlicher akademischer Versammlung vorgelesen von Jakob Hemmer[n] ..."

Jakob Hemmer (Horbach/Pfalz 1733-1790 Mannheim); Mannheim mit akademischen Schriften, 1769
226 S., Klein-8°

Hemmer, Sohn eines armen Bauern, besuchte in Kaiserslautern die Lateinschule, aus der er jedoch floh. Er fand Aufnahme im Kölner Jesuitenkolleg und erhielt dort Unterricht. Eine Hauslehrerstelle ermöglichte ihm ein Studium in Philosophie und Mathematik in Köln. Er wurde in den Jesuitenorden aufgenommen, worauf er zusätzlich Theologie studierte. Am 1. Februar 1760 erhielt er in Mannheim eine Stelle als Kurpfälzischer Hofkaplan, obgleich er den Jesuitenorden unterdessen verlassen hatte. 1767 wurde Hemmer außerordentliches, 1768 ordentliches Mitglied der Pfälzischen Akademie der Wissenschaften. 1776 erfolgte die Ernennung zum Geistlichen Rat und die Berufung zum Aufseher des Physikalischen Kabinetts. Außerdem war er von 1775/76 bis 1781 ordentliches Mitglied der 1775 gegründeten Kurpfälzischen Deutschen Gesellschaft.
Hemmer hatte maßgeblichen Anteil an der Verbreitung der neuen, von Johann Christoph Gottsched (1700-1766) gelehrten, deutschen Sprache im Gebiet der Pfalz. In seiner „Abhandlung" tritt er für die Benutzung der deutschen Sprache im wissenschaftlichen Bereich (bisher Latein) ein; außerdem fordert er den regelmäßigen Erwerb der deutschen Sprache in Elternhaus und Schule vor der Erlernung von Fremdsprachen. Er geißelt das Kauderwelsch, das von den Kanzeln des Landes ertöne und wirft den Lateinschulen vor, die Allgemeinbildung vollständig zu vernachlässigen. Den 2. Teil der „Abhandlung" widmet Hemmer der Beschreibung des gegenwärtigen Zustandes der Sprache in der Pfalz, die nur in ›magerer Gestalt‹ und ›notdürftigem Aufzuge‹ einherkomme. In diesem Fall polemisiert er besonders gegen Juristen und Kanzleien sowie gegen die Hofleute selbst.
Hemmers „Abhandlung" stieß auf Kritik, vor allem von Anton Klein, der vermutlich unter dem Pseudonym eines ›Liebhabers der Wahrheit‹ bissig gegen Hemmers Buch opponierte und jenen zu der „Vertheidigung seiner Abhandlung über die deutsche Sprache ..." reizte.

L.Hg.

Kamitake, Michio; Johann Jakob Hemmer und sein Beitrag zur Verbreitung der neuhochdeutschen Schriftsprache in der Pfalz (= Europäische Hochschulschriften Reihe I, Deutsche Sprache und Literatur Bd. 1008). Frankfurt am Main/Bern/New York/Paris 1987, S. 46-145; Bauer, Gerhard: Di fernunft siget. Johann Jakob Hemmers Kampf für die Durchsetzung der neuhochdeutschen Schriftsprache in der Kurpfalz. In: Mannheimer Hefte 1991/1, S. 45-59.

Mannheim, Reiss-Museum (Mh 1363)

Kat. Nr. 5.6.28

5.6.28
Porträt Stephan von Stengel

Friedrich John (Marienburg in Westpreußen 1769-1843 Marburg an der Drau) nach einem Porträt von Josef Georg Edlinger (Graz in der Steiermark 1741-1819 München), um 1793/94
Radierung, 14,7 x 11,4 cm (Platte), 20,1 x 15,2 cm (Blatt)

Provenienz: Wohl aus der „Sammlung von Bildnissen denkwürdiger Männer, gemalt von Hofmaler Edlinger, gestochen von John". 1. Lieferung, 34 Blatt, F. A. Fleischmann München 1821 (nicht fortgesetzt)

Der 1750 in Mannheim geborene Stephan von Stengel (1750-1822) zählt zu den bedeutenden Intellektuellen des Mannheimer geistigen Lebens der Zeit. Er ist der Initiator der Kurpfälzischen Deutschen Gesellschaft.
Sein Vater Johann Georg Anton von Stengel fungierte seit 1773 als Kanzleidirektor und erhielt die Genehmigung, seinen Sohn, der unterdessen ein juristisches Studium absolviert hatte und beim Hofgericht und Archiv tätig war, für Kabinettsarbeiten einzusetzen. Bedingt durch den Wegzug Carl Theodors, gab der Vater seine hohen Ämter auf, die er seinem Sohn übertragen konnte. Stefan Stengel war insgesamt 25 Jahre als Kabinettschef in München tätig, mußte sich jedoch von 1797 an mit anderen Posten begnügen. Er starb 1822 in Bamberg.

In seinen aufschlußreichen "Denkwürdigkeiten" berichtet er auch von der Gründung der Kurpfälzischen Deutschen Gesellschaft, über deren Ziele er sich mit Johann Jacob Hemmer (vgl. Kat.Nr.5.6.27 und 5.6.31) verständigt hatte: *Die Verbreitung des guten Geschmacks, die Aufnahme der deütschen Sprache, die Bestimmung der Mundart sollten der Hauptzweck seyn. Die Gesellschaft solle besondere Achtsamkeit auf die Richtigkeit des Ausdrucks, und die Reinigkeit der Sprache haben.* Stengel klagt: *Bey Hofe, unter dem Adel, und bey allen, welche sich den Ton von vorzüglicher Bildung geben wollten, ware die französische Sprach die einzige im Gange. Unsere Opern waren Italienisch, und viele Jahre nebst dieser eine französische Komedie, das einzige Schauspiel, das wir hatten.* Daß er auch den durchreisenden deutschsprachigen Wandertruppen mißtraute, zeigt sein Urteil über Theobald Marchand: *So wenig eine solche Bühne schon in sich auf die Ausbildung der Sprache Würkung haben konnte, so geringer mußte die Würkung im Ganzen davon seyn, da Marchand beynahe keine anderen Stücke gab, als Übersetzungen aus dem französischen* (vgl. auch Kat.Nr. 5.6.25). L.Hg.

Thieme/Becker 19 (1926), S. 77-78; Waldeck, Florian (Hrsg.): Alte Mannheimer Familien, Dritter und vierter Teil (=Schriften der Familiengeschichtlichen Vereinigung Mannheim). Mannheim 1923, S. 22; Ebersold 1993, S. 74f.

Mannheim, Reiss-Museum (E 145 gk)

Kat. Nr. 5.6.30 Vorderseite

5.6.29
Stiftungsbrief der Kurpfälzischen Deutschen Gesellschaft

Abschrift, Mannheim d. 13ten octobris 1775
Hadernpapierblätter, 34,5 x 21,5 cm,

Stifftungs Brief.
der Churpfälzischen Teütschen Gesellschaft

Von Gottes Gnaden Wir Carl / Theodor : tot : tit : urkunden / hiermit: /
Die Wissenschafften und Künsten haben / wir stets als die Grundveste der / Wohlfart eines States betrachtet, / und deswegen selbe, als das wahre / Mittel die Glückseligkeit unserer / getreüen Unterthanen, welche / unsere ununterbrochene erste / und lezte Sorge ist, aufblühen / zu machen, und ihr den erwünschten / Grad von Beständigkeit zu geben, / in unseren ganz besonderen / Schutz aufgenommen. /
Unsere dabey gehegte Landsvät / terliche Absichten werden Wir / aber um so mehr nach Wunsche / erfüllet sehen, jemehr die Künste / und Wissenschafften in die Mutter / Sprache verwebet, dadurch auch / im gemeinen Leben verbreitet, / jedem getreüen Pfälzer verständlich und eigen seyn werden. / Wir haben daher mit besonderem / Höchsten Wohlgefallen ersehen, / daß in unserer Residenz Stadt / Mannheim sich einige Vertraute, / und geschickte Männer zu gemein / schafftlicher Bearbeitung der / teütschen Sprache verbunden / haben. Diese patriotische / Bestrebungen nehmen Wir / in Höchsten Gnaden auf, und / sowohl zu mehrerer Beförderung / und Ausbreitung des von / gedachter Gesellschafft zu er / wartenden Nutzens, als um / einem so ersprießlichen Wercke / die nöthige Dauer und Ansehen / zu geben, berufen und bestät / tigen Wir dieselbe andurch / gnädigst unter dem Nahmen: / Unserer Churpfälzischen Teütschen / Gesellschafft, und wollen der / selben ferner unsere Chur / fürstliche Höchste Huld, Schutz / und Gnade geneigtest angedeyen / lassen.
Urkundlich ist dieser / Stifftungs Brief von Uns eigen / händig bezeichnet, und unser geheimen Canzley Secret-In / siegel angehängt worden. / Schwezingen d. 13ten octobris / 1775.

Transkription: Grit Arnscheidt

Karlsruhe, Generallandesarchiv (77/6397 Bl. 5)

Kat. Nr. 5.6.30 Rückseite

5.6.30
Preismedaille des Kurfürsten Carl Theodor für die Kurpfälzische Deutsche Gesellschaft

Anton Schäffer (1722 – 1799), um 1781/82
Silber, Dm. 5,27 cm

Auf der Vorderseite das Brustbild des Kurfürsten Carl Theodor in etwas vorgerücktem Alter und in bürgerlicher Kleidung, mit dem Orden vom Goldenen Vlies und Hermelinumhang, das Haar gebunden, im Profil nach rechts; unter dem Arm- und Brustabschnitt die Signatur: A.S (Anton Schäffer); Umschrift: „Karl Theodor Kurfürst"
Auf der Rückseite in einem zum Kranz gebundenen dichten Lorbeerzweig die Aufschrift (in deutschen Druckbuchstaben/gotischer Schrift): "Dem/Sieger"; im abgeteilten Feld unter der Darstellung in deutschen Druckbuchstaben die Aufschrift: "Kurpfälzische/deutsche Gesellschaft"

Preismedaillen von unterschiedlichem Metall wurden seitens der Gesellschaft von 1778 an für herausragende Leistungen hinsichtlich der Sprach- und Literaturpflege ausgesetzt. Im Bereich des Theaters, dessen besondere Förderung stets im Interesse der Vereinigung lag, lobte man darüber hinaus Geldpreise von 25 bis 70 Dukaten aus, so beispielsweise im Jahr 1790. Den Preis in Höhe von 50 Dukaten erhielt der Autor Franz Kratter für sein Stück "Menzikoff und Natalie", das unter großem Beifall am 21. Juli 1791 seine Uraufführung im Nationaltheater erlebte. Das Stück verschwand dennoch nach der dritten Aufführung in der vielzitierten "Versenkung", aus der es bis heute nicht mehr aufgetaucht ist. Auch der Schauspieler und Theaterautor Heinrich Beck (vgl. Kat.Nr. 5.6.57) wurde – offenbar mehrmals – mit einer Preismedaille ausgezeichnet.
I.G./L.Hg.

Haas/Gesche 1972, S. 30, Nr. 22; Stemper 1997, S. 588, Nr. 576.

Mannheim, Reiss-Museum (III g o.Nr.)

5.6.31
Deutsche Sprachlehre

Deutsche Sprachlehre, zum Gebrauche der kuhrpfaelzischen Lande, Mannheim, 1775

Johann Jakob Hemmer (Horbach/Pfalz 1733 – 1790 Mannheim)
XIV, 668 [100] S., 8°

Im Gründungsjahr der Kurpfälzischen Deutschen Gesellschaft erschien das Hauptwerk ihres Mitinitiators Hemmer, seine normative Grammatik, in der er seine sprachreformerischen Ideen für die Pfalz umfangreich in die Praxis umsetzte. In der Vorrede zu dem Werk konstatiert er euphorisch die Fortschritte, die die deutsche Sprache unterdessen in der Kurpfalz gemacht hat: *Auch mit unserer werthesten Pfalz ist es nun dahin gekommen, daß sie die Schönheiten ihrer Muttersprache kräftig und lebhaft empfindet. [...]* (S. VI). Ebenso stellt er zufrieden fest, daß die Prediger auf der Kanzel und die Lehrer in den Schulen die Einführung der neuen, von Gottsched gelehrten mitteldeutschen Sprachnorm geradezu einforderten. Die Kurpfälzische Deutsche Gesellschaft hat Hemmers Deutsche Sprachlehre - obgleich es mit ihm später zu Auseinandersetzungen über seine immer extremer werdenden sprachreformerischen Tendenzen kam und er 1781 aus der Vereinigung verärgert ausschied -, stets und zurecht für den Gebrauch in den Schulen empfohlen. L.Hg.

Kamitake, Michio; Johann Jakob Hemmer und sein Beitrag zur Verbreitung der neuhochdeutschen Schriftsprache in der Pfalz (= Europäische Hochschulschriften Reihe I, Deutsche Sprache und Literatur Bd. 1008). Frankfurt am Main/Bern/New York/Paris 1987, S. 224-226.

Mannheim, Reiss-Museum (Mh 204)

5.6.32
Porträt Anton Klein

Friedrich Koch (Buchsweiler/Elsaß 1771-1832 Mannheim) nach einem Gemälde von Franz Ignaz Oefele (Posen 1721-1797 München), nach 1790
Kupferstich, 21 x 17 cm

Bez. l. u.: "Oefele pinxit 1790", r. u.: F. Koch fecit aqua forti."

Der Elsässer Anton Klein (1746-1810) wurde 1764 Mitglied des Jesuitenordens. Nach dessen Auflösung (1773) richtete ihm - dem eindeutigen Verfechter aufklärerischen Ideenguts - Kurfürst Carl Theodor 1774 in Mannheim eine Professur der "Weltweisheit und der schönen Künste" ein, in deren Rahmen er regelmäßig Vorträge hielt. Seit 1769 produzierte sich Klein als Dichter, vor allem als Dramatiker. Sein späteres Heldengedicht

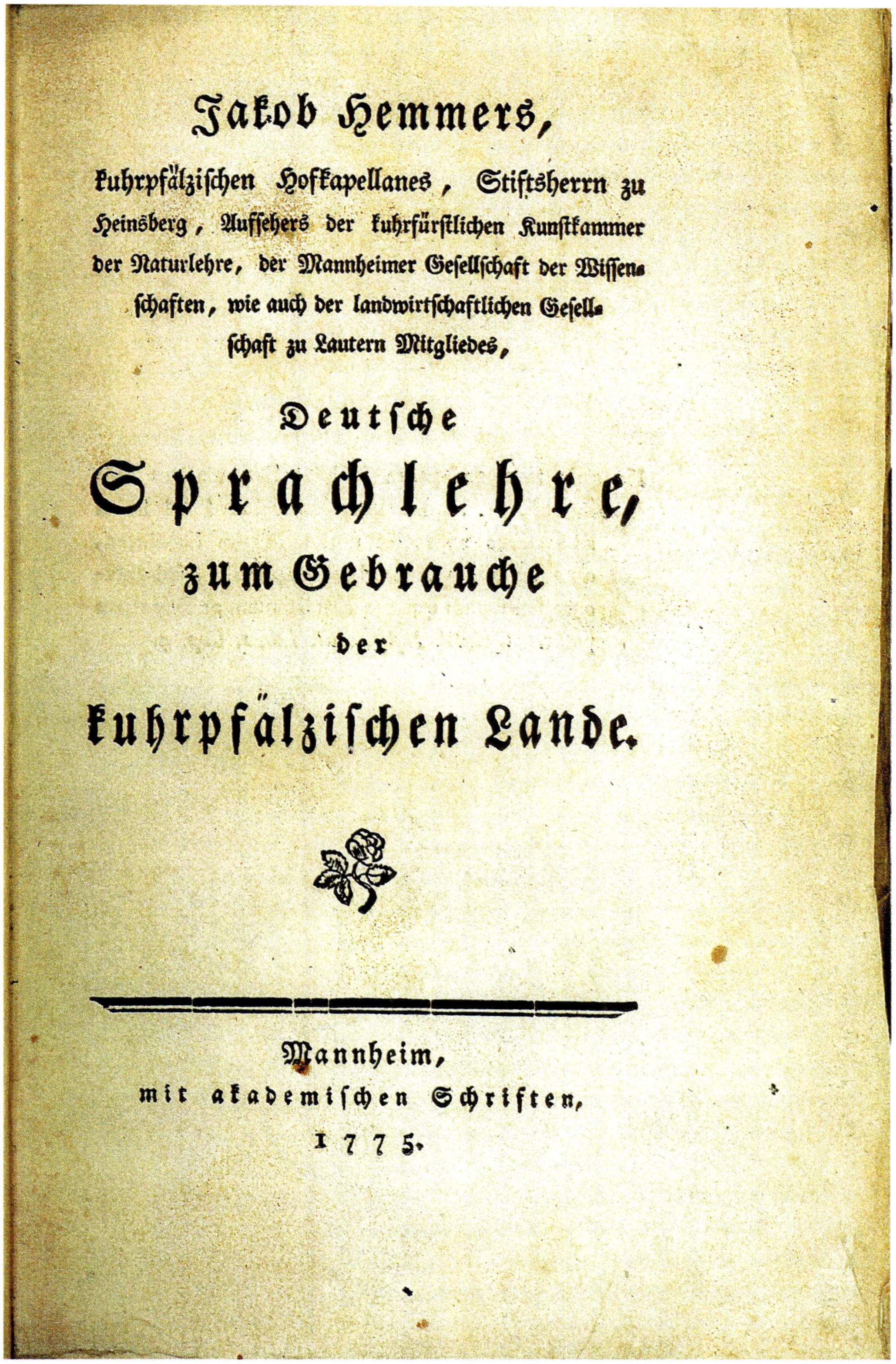

Jakob Hemmers,
kuhrpfälzischen Hofkapellanes, Stiftsherrn zu Heinsberg, Aufsehers der kuhrfürstlichen Kunstkammer der Naturlehre, der Mannheimer Gesellschaft der Wissenschaften, wie auch der landwirtschaftlichen Gesellschaft zu Lautern Mitgliedes,
Deutsche
Sprachlehre,
zum Gebrauche
der
kuhrpfälzischen Lande.

Mannheim,
mit akademischen Schriften,
1775.

Kat. Nr. 5.6.31

"Athenor" jedoch wurde vernichtend von Goethe und Schiller kritisiert. Aufgrund seiner zahlreichen Verbindungen zu Dichtern und zu mehreren literarischen Gesellschaften, aber auch durch seine intensiven Kontakte zum kurpfälzischen Hof gewann er rasch an Einfluß. Hohe Verdienste hat sich Klein um die Volksbildung in der Kurpfalz erworben. Dazu trug besonders seine Tätigkeit als Verleger und Biograph bei. Ein herausragendes Beispiel hierfür ist sein fünfbändiges, teilweise aufwendig illustriertes Werk "Leben und Bildnisse der großen Deutschen", 1785-1805 (vgl. auch Kat.Nr. 5.5.6 d), das er kurze Zeit später (1806) in französischer Sprache und gekürzter Version als teure Prachtausgabe herausbrachte, und das mit großem Wohlwollen in Frankreich aufgenommen wurde. Darüber hinaus betätigte er sich als Übersetzer (vor allem von dramatischen Texten aus dem Englischen), aber auch als Sprachforscher. Sein 1792 erschienenes "Deutsches Provinzialwörterbuch" stellt nicht nur eine wertvolle Bestandsaufnahme dar, sondern ist auch für den heutigen Benutzer aufschlußreich in seinen Erklärungen und Identifikationen von regionalem Vorkommen bestimmter Ausdrücke. Klein wurde 1783 Mitglied der Kurpfälzischen Deutschen Gesellschaft und bereits 1790 ihr Geschäftsverweser. Im selben Jahr erhob ihn Kurfürst Carl Theodor in den Reichsadelsstand. Der überaus selbstbewußt wirkende Klein zählt gewiß zu den schillerndsten, zugleich aber auch zu den rührigsten und geistvollsten Vertretern des Mannheimer Intellektuellenkreises zur Zeit Kurfürst Carl Theodors.

L.Hg.

Krükl, Karl: Leben und Werke des elsässischen Schriftstellers Anton von Klein. Ein Beitrag zur Geschichte der Aufklärung in der Pfalz. Straßburg 1901.

Mannheim, Reiss-Museum (E 83 g)

Kat. Nr. 5.6.32

5.6.33
Abhandlung

"Vom Ursprunge der Aufklaerung der Pfalz in der Vaterlandssprache, und von derselben Verbreitung durch die Kurpfaelzische deutsche Gesellschaft: bei deren oeffentlicher Sitzung vorgelesen von Anton Klein". In: Schriften der Kurfürstlichen Deutschen Gesellschaft in Mannheim Bd. 1. Mannheim 1787, S. 3-56

Anton Klein (Molsheim/Elsaß 1746 – 1810 Mannheim), Mannheim, 1787

309 S., Ledereinband der Zeit, Klein-8°, aufgeschlagen die Vortragstitelseite, links daneben in Fotokopie auf Elefantenhautpapier die Titelseite des 1. Bandes der Schriften

Zunächst war die von Friedrich Casimir Medicus - von Beginn an Mitglied der Gesellschaft - herausgegebene Zeitschrift "Rheinische Beiträge zur Gelehrsamkeit" das Publikationsorgan der Kurpfälzischen Deutschen Gesellschaft. Von 1787 an verfügte die Vereinigung über eine eigene Schriftenreihe, die Anton Klein herausgab. Bis 1809 sind elf Bände erschienen. Der letzte Band enthält Kleins "Dramaturgische Schriften" Band 1.
Bemerkenswert in Kleins Vortrag ist der hochpathetische Ton, in dem er die Verdienste der Kurpfälzischen Deutschen Gesellschaft rühmt. Andererseits fordert er geradezu beschwörend die Mitglieder nochmals unmißverständlich zu dem auf, um das es ihm ganz persönlich zu tun ist: *Laßt uns etwas gutes unternehmen - begeistert, hoeret die Stimme des Vaterlandes ... Geist der Aufklaerung! Laß jeden die Wichtigkeit deiner Verbreitung empfinden! Geist der Thaetigkeit! beseele todte Kraefte zum Leben und zur Wirksamkeit. Geist der Uneigennuetzigkeit, der Ermunterung, der Freiheit und Vereinigung! erfuelle vorzueglich die Glieder unserer Gesellschaft, daß sie Werke des Ruhmes und der Unsterblichkeit fuer das Wohl des Vaterlandes und der Menschheit aufs Neue unternehmen!* (S. 55f.).

L.Hg.

Homering 1991, S. 110.

Mannheim, Reiss-Museum (Mh Zs 23)

5.6.34
Porträt Christian Friedrich Schwan

Anton Karcher (Colmar 1760-1824 Mannheim)
Kupferstich in Punktiermanier, in drei Farben gedruckt 11 x 8,6 cm (Hochoval), Plattenrand beschnitten

Bez. u.: "Gezeichnet u. gestochen von Ant. Karcher"

Auf dem Porträt findet sich kein Hinweis auf den Dargestellten, doch ist gesichert, daß es sich um Christian Friedrich Schwan handelt.
Dreh- und Angelpunkt der geistigen Elite Mannheims im 18. Jahrhundert war der Buchhändler, Autor und bedeutende Verleger Christian Friedrich Schwan (1733-1815). Er ist der typische Vertreter des seit der Mitte des Jahrhunderts sich emanzipierenden und prosperierten Bürgertums. Den aufklärerischen Ideen seiner Zeit stellte er sich mit aller Kraft in den Dienst. Berühmt wurde er durch seine Förderung des jungen Friedrich Schiller (vgl. Kat.Nr. 5.6.41), der die Uraufführung seiner "Räuber" (vgl. auch Kat.Nr. 5.6.67-70) in Mannheim überwiegend Schwan zu verdanken hatte. Er verlegte auch den "Fiesko" und "Kabale und Liebe". Zumindest von lokaler Bedeutung sind seine Übersetzungen von Schau- und Singspielen für den Gebrauch der gastierenden Wandertruppen, ebenso wie seine eigenen Stücke für das Theater. Dem Kurfürsten offerierte der Buchhändler regelmäßig deutschsprachiges Schrifttum. Schwan wurde auch als Unterhändler in den Gesprächen mit Lessing hinzugezogen, als man diesen für die Einrichtung eines Nationaltheaters in Mannheim zu gewinnen suchte (vgl. auch Kat.Nr. 5.6.45). Er war nicht nur Förderer Schillers, sondern auch Entdecker des genialischen Schriftstellers und Malers Friedrich Müller (vgl. auch Kat. Nr. 5.6.48 und 5.6.49), der

Kat. Nr. 5.6.34

mit seinen Arbeiten bald zum künstlerischen Zentrum der von Schwan herausgegebenen kritisch-polemischen Zeitschrift 'Die Schreibtafel" avancierte. Obgleich diese - wegen antijesuitischer Tendenzen - verboten wurde, konnte der Verleger immerhin sieben Lieferungen durchbringen. Hervorzuheben ist außerdem sein verlegerisches Mammutprojekt eines deutsch-französischen Wörterbuches (seit 1782). Seine letzten Lebensjahre verbrachte Schwan - finanziell gut abgesichert - in Heidelberg, wo er 1815 starb. In der Kurpfälzischen Deutschen Gesellschaft, deren Gründung er vehement befürwortete, war er von Beginn an Mitglied. L.Hg.

Böhm 1965; Dorsch, Rudi: Christian Friedrich Schwan. Kurfürstlicher Hofbuchhändler zu Mannheim 1733-1815. Mannheim 1991.

Mannheim, Reiss-Museum (G E 136 pa)

5.6.35
Kurfürstliche Bestätigung

der Aufnahme von Friedrich Gottlieb Klopstock und Christoph Martin Wieland zu auswärtigen sowie Wolfgang Heribert Freiherr von Dalberg, Otto Heinrich Freiherr von Gemmingen, Gotthold Ephraim Lessing und anderer zu ordentlichen Mitgliedern der Kurpfälzischen Deutschen Gesellschaft unter Erweiterung der Mitgliederzahl von zwanzig auf dreißig. 16. Oktober 1776

Hadernpapierblätter, 34,5 x 21,5 cm

Karlsruhe, Generallandesarchiv (77/6397 Bl. 11)

Kat. Nr. 5.6.36

5.6.36
Porträt Friedrich Gottlieb Klopstock

Johann Heinrich Klinger (Nürnberg 1766-1789 Nürnberg) nach dem Porträt von Jens Juel (angeblich Balslev/Fünen 1745-1802 Kopenhagen), 1789
Kupferstich, 33,2 x 22,9 cm

Bez. u. l.: "Juel pinx. 1780", rechts unten: "J.H. Klinger sc. Nov. 1789"

Der Dichter Friedrich Gottlieb Klopstock (1724-1803), humanistisch erzogener Sprößling einer streng pietistischen Advokatenfamilie, veröffentlichte nach seinem Theologiestudium 1748 die ersten drei Gesänge seines biblischen Hexameterepos' "Der Messias" (vier Bände, 1751-1773). Klopstocks Umgang mit Sprache und Poetik eröffnete der begeisterten literarischen Öffentlichkeit eine völlig neue Dimension der Gefühlskultur: Der Dichter wollte nicht mehr nur im aufklärerischen Sinne belehren, sondern den Leser auch emotional erschüttern und erheben. Damit wurde Klopstock Wegbereiter für Empfindsamkeit, Sturm und Drang und Erlebnisdichtung.
Auf Einladung des dänischen Königs Friedrich V. übersiedelte er 1751 nach Kopenhagen, wo er als Mittelpunkt eines deutsch-dänischen Dichter- und Aufklärerkreises das kulturelle Leben Dänemarks beeinflußte. Nach dem Tod des Königs lebte Klopstock zeitweilig in Hamburg. Nach einem Intermezzo am badischen Hof in Karlsruhe kehrte er wieder in die Hansestadt zurück. Politisch zunächst ein enthusiastischer Anhänger der Französischen Revolution, distanzierte sich Klopstock ab 1793 von der Jakobinerherrschaft und schlug in der Folge einen konservativen politischen Kurs ein.

Kat. Nr. 5.6.37

Stephan von Stengel erwähnt in seinen "Denkwürdigkeiten" (vgl. Kat.Nr. 5.6.28), daß Klopstock bei seinem Besuch in Mannheim im Frühjahr 1775 anläßlich eines einstündigen Gespräches mit Kurfürst Carl Theodor sich anschließend begeistert über diesen geäußert habe: Klopstock *versicherte mich, daß er bey keinem Fürsten solche allgemein ausgebreitete litterarische Kenntniße, solchen reinen Geschmack, so richtiges Gefühl und eine so feine Kritik gefunden habe* (Ebersold 1993, S. 81). K.F./L.Hg.

Häntzschel, Günter: Friedrich Gottlieb Klopstock. In: Neue Deutsche Biographie Bd. 12, Berlin 1980, S. 116-121; Fetzer, Günther: Friedrich Gottlieb Klopstock. In: Die Klassiker der deutschen Literatur. Die 50 großen Autoren von der Aufklärung bis zum Realismus, Düsseldorf 1983, S. 249-255; Ebersold 1993, S. 81.

Mannheim, Reiss-Museum (GE d 83 p, m)

5.6.37
Porträt Christoph Martin Wieland

Nicolaus Schenker/Schencker (Paris um 1760-1848 Genf) nach dem Bildnis von Gerhard von Kügelgen (Bacharach am Rhein 1772-1820 Loschwitz bei Dresden); erschienen "[b]ey Artaria & Fontaine in Manheim", nach 1819
Kupferstich, 21,4 x 28 cm

Bez. u. l.: "Gezeich. v. G. v. Kügelgen", rechts unten: "Gestoch. v. N. Schenker"

Christoph Martin Wieland (1733-1813) kam Ende Dezember 1777 nach Mannheim. Nachdem seine und Anton Schweitzers deutschsprachige Oper "Alceste" zwei Jahre nach ihrer Weimarer Uraufführung (28. Mai 1773) mit überwältigendem Erfolg erstmals am 13. August 1775 in Schwetzingen aufgeführt worden war, erteilte Kurfürst Carl Theodor dem Dichter den Auftrag, eine weitere deutsche Oper für Mannheim zu verfassen. Diese sollte wiederum von Schweitzer vertont werden. Hierbei handelte es sich um die Oper "Rosamunde", für die der gleichfalls in Mannheim anwesende Wolfgang Amadé Mozart übrigens bereits einige Proben abgehalten hatte. Wegen der Hoftrauer (der bayerische Kurfürst war am Jahresende verstorben) und schließlich infolge der Verlegung der Residenz nach München unterblieb die Aufführung. Als Folge von Querelen im Hofopernensemble scheiterte auch eine von Carl Theodor in Aussicht gestellte Privataufführung des Werks. Wieland reiste im Februar 1778 ab und machte seinem Unmut alsbald im dritten Buch seines satirischen Romans "Die Abderiten" Luft, in dem er die Mannheimer Theaterverhältnisse anprangerte. Ignaz Holzbauer schließlich sorgte für die erste Aufführung der "Rosamunde" am 20. Januar 1780, nun allerdings nicht mehr in der Hofoper, sondern im Nationaltheater. L.Hg.

Walter 1898, S. 295-303; Mozart 1991, S. 259f.; Stüber, Jutta (Hrsg.): Anton Schweitzer "Rosamunde". Seine zweite Oper nach einem Text von Christoph Martin Wieland (= Orpheus Schriftenreihe zu Grundfragen der Musik, hrsg. von Martin Vogel, Bd. 87). Bonn 1997, Bd. 1 und 2.

Mannheim, Reiss-Museum (E 166 f)

5.6.38
Porträt Heinrich Jung-Stilling

[J.] S. [L.] Halle, ohne Lebensdaten (nur nachweisbar im Katalog der Akademie-Ausstellung Berlin 1797) nach dem Bildnis von Johannes Gundlach (Allendorf an der Werra 1763-1819 Marburg), 1789
Kupferstich in Punktiermanier, 15,5 x 9,3 cm

Bez. u. l.: "J: Gundlach del:", rechts unten: "S: Halle sculps: Berol [Berlin]: 1789."
Inschrift in der Textkartusche: "Iohann Heinrich Jung Der Weltweisheit und Arzeneigelahrtheit Doctor Churpfälzischer Hofrath Und Professor der Oeconomie, Finanz und Cameral-Wissenschaften in Marburg."

Johann Heinrich Jung, genannt Stilling (1740-1817), ursprünglich aus ärmlichen Verhältnissen stammend, ließ sich nach einem späten Medizinstudium (1770-1772) zunächst als Augenarzt in Elberfeld nieder. Von 1778 an lehrte er als Professor der Ökonomie- und Kameralwissenschaften an der Akademie in Kaiserslautern und an der Universität Marburg. Kurfürst Karl Friedrich von Baden ernannte Jung-Stilling zum Hofrat und berief ihn 1801 in die Residenz Karlsruhe.
Jung-Stilling, der in seiner Straßburger Studienzeit zum Kreis um Goethe und Herder gehörte, ist einer der Wegbereiter der pietistischen Erweckungsbewegung des 19. Jahrhunderts. In zahlreichen theologisch-moralischen Schriften, Zeitungsartikeln, Romanen und Erzählungen beschrieb er die Empfindungswelt der "Stillen im Lande" (daher sein Beiname "Stilling"), die sich als Kreis pietistisch geprägter Christen um ihn scharten. Mit seiner Autobiographie "H. Stillings Jugend. Eine wahrhafte Geschichte" (1777, hrsg. von Goethe) erregte er das Interesse der Sturm-und-Drang-Generation und begründete eine literarische Form, auf der die späteren Entwicklungsromane aufbauten. Mit zunehmendem Alter beschäftigte sich Jung-Stilling mit mystisch-spiritualistischen Phänomenen. Seine "Theorie der Geisterkunde" (1808) wurde in der Romantik weitgehend rezipiert.
Heinrich Jung-Stilling wurde 1784 als Auswärtiges Mitglied in die Kurpfälzische Deutsche Gesellschaft aufgenommen. K.F.

Kat. Nr. 5.6.38

Michler, Markwart, Winter, Hans-Gerhard: Johann Heinrich Jung, gen. Stilling. In: Neue Deutsche Biographie. Bd. 10. Berlin 1974, S. 665-667.

Mannheim, Reiss-Museum (E 78 p d)

5.6.39
Porträt Johann Christoph Adelung

Christian Gottlieb Geyser (Görlitz 1742-1803 Leipzig) nach dem Porträt von Anton Graff (Winterthur 1736-1813 Dresden), nach 1780
Kupferstich, 17,9 x 10,6 cm

Bez. l. u.: "Graff pinx.", rechts unten: "Geyser sc."

Der Lexikograph und Grammatiker Johann Christoph Adelung (1732-1806), von Haus aus Theologe, wirkte zunächst in Erfurt, danach als herzoglicher Bibliothekar in Gotha. Höhepunkt seiner beruflichen Laufbahn war seine Berufung zum sächsischen Hofrat und 1787 seine Ernennung zum Oberbibliothekar der Kurfürstlichen Bibliothek in Dresden.
Unter Adelungs zahlreichen Veröffentlichungen zu deutscher Sprache, Grammatik und Stil gilt sein fünfbändiger „Versuch eines vollständigen grammatisch-kritischen Wörterbuchs der hochdeutschen Mundart ..." (1774-1786) als Hauptwerk. Neben einer historisch orientierten Sprachanalyse und -betrachtung forderte Adelung die Einheit der deutschen Schriftsprache, wobei er das Obersächsische zur verbindlichen Norm erhob.
Darüber hinaus beschäftigte sich Adelung unter anderem mit vergleichender Sprachforschung, allgemeiner Kulturgeschichte und sächsischer Landesgeschichte. Außerdem gab er das "Allgemeine Gelehrtenlexikon" (1784-87) sowie elf verschiedene Zeitungen und Zeitschriften, unter anderem die "Leipziger Zeitungen" (1769-1787), heraus.
Adelung wurde vermutlich 1788 oder 1789 zum Auswärtigen Mitglied der Kurpfälzischen Deutschen Gesellschaft berufen. K.F.

Basler, Otto: Johann Christoph Adelung. In: Neue Deutsche Biographie Bd. 1, Berlin 1953, S. 63-65; Berckenhagen, Eckhart: Anton Graff. Leben und Werk. Berlin 1967, S. 47.

Mannheim, Reiss-Museum (GEd 1p, k)

Kat. Nr. 5.6.39

5.6.40
Aufnahme Friedrich Schillers in die Kurpfälzische Deutsche Gesellschaft

"Die Kurpfälzische deutsche Gesellschaft in Mannheim hat den 10ten Wintermonat 1783. den Herrn Schiller, Doktor der Arzneikunst zu ihrem ordentlichen Mitgliede aufgenommen; worüber diese Urkunde angefertiget wird. Mannheim, d: 21ten Hornung [Februar] 1784. Wolfgang Heribert Kämmerer Von Wormß Fhr. v Dalberg. W. A. Weiler."

Braune Tinte auf Papier; gedruckte Mäanderrahmung, 33,9 x 48,1 cm

Links Siegel der Gesellschaft mit der Umschrift "Kurpfälzische deutsche gelehrte Gesellschaft" unten "Gestiftet 1775."; bildliche Darstellung auf dem Siegel: Ein Genius reicht der rechts sitzenden Pallas Athene/Minerva eine Schriftrolle, links davon das Motto: "Dem Geiste des Vatterlandes".

Mannheim, Reiss-Museum (MAV U 1784)

5.6.41
Porträt Friedrich Schiller

Ernst Dertinger (? 1816-1865 Stuttgart) nach dem Porträt von Nicola Guibal (Lunéville 1725-1784 Stuttgart), 1859
Kupferstich, Blatt: 44,3 x 33,5 cm, Platte: 30,3 x 23 cm,

Bez. l. u.: "Nach dem Leben in Oel gemalt (um 1780) von Nic. Guibal.", rechts unten: "Gestochen von E. Dertinger.", darunter in Versalien: "Schiller.", darunter in lateinischer Schreibschrift: "Nach dem Originalgemälde gleicher Grösse im Besitze des Herrn Fr. Friedrich in Stuttgart zum Erstenmal herausgegeben zur 100jährigen Geburts-Jubelfeier Schillers am 10. November 1859." Stuttgart im Verlag Karl Göpel

Ohne die Fürsprache Christian Friedrich Schwans (vgl. Kat. Nr. 5.6.34) hätte es wohl kaum Beziehungen Friedrich Schillers (1759-1805) zu Mannheim gegeben. Nach der Uraufführung der „Räuber" am 13. Januar 1782 im Mannheimer Nationaltheater gestalteten sich diese zum Teil wenig freundlich (dazu Homering ausführlich in Bd. 1.1, S. 316). Nach dem Frankfurter Uraufführungserfolg von „Kabale und Liebe" 1784 scheint dem damaligen Intendanten Wolfgang Heribert von Dalberg (vgl. Kat. Nr. 5.6.50 und 5.6.51) die Bedeutung des Dichters erst richtig bewußt geworden zu sein. Die Ernennung Schillers zum ordentlichen Mitglied fällt auch in seine Zeit als Theaterdichter (1. September 1783-31. August 1784). Gleichsam zum Einstand in der Gesellschaft hielt Schiller am 26. Juni 1784 in öffentlicher Sitzung im Bibliothekssaal des Mannheimer Schlosses seinen berühmt gewordenen Vortrag "Was kann eine gute stehende Schaubühne eigentlich wirken?", in dem er die Bedeutung des Theaters für die Erziehung des Menschen im allgemeinen herausarbeitet (vgl. auch Kat.Nr.5.6.42). L.Hg.

Mannheim, Reiss-Museum (MAV E 133b)

5.6.42
Rheinische Thalia

„Rheinische Thalia, herausgegeben von Schiller. Erstes Heft. Lenzmonat 1785 [mehr nicht in Mannheim erschienen]. Mannheim, auf dasigem kaiserl. freien R. Postamt, und in der Schwanischen Hofbuchhandlung zu haben."

199 S., Kartoneinband mit dunkelmarmoriertem Papier überzogen, Ecken und Rücken Leder, insgesamt aus späterer Zeit, 8°, aufgeschlagen: Friedrich Schiller "Was kann eine gute stehende Schaubühne eigentlich wirken?"; links aufgelegt als Farbkopie die Titelseite des ersten Heftes

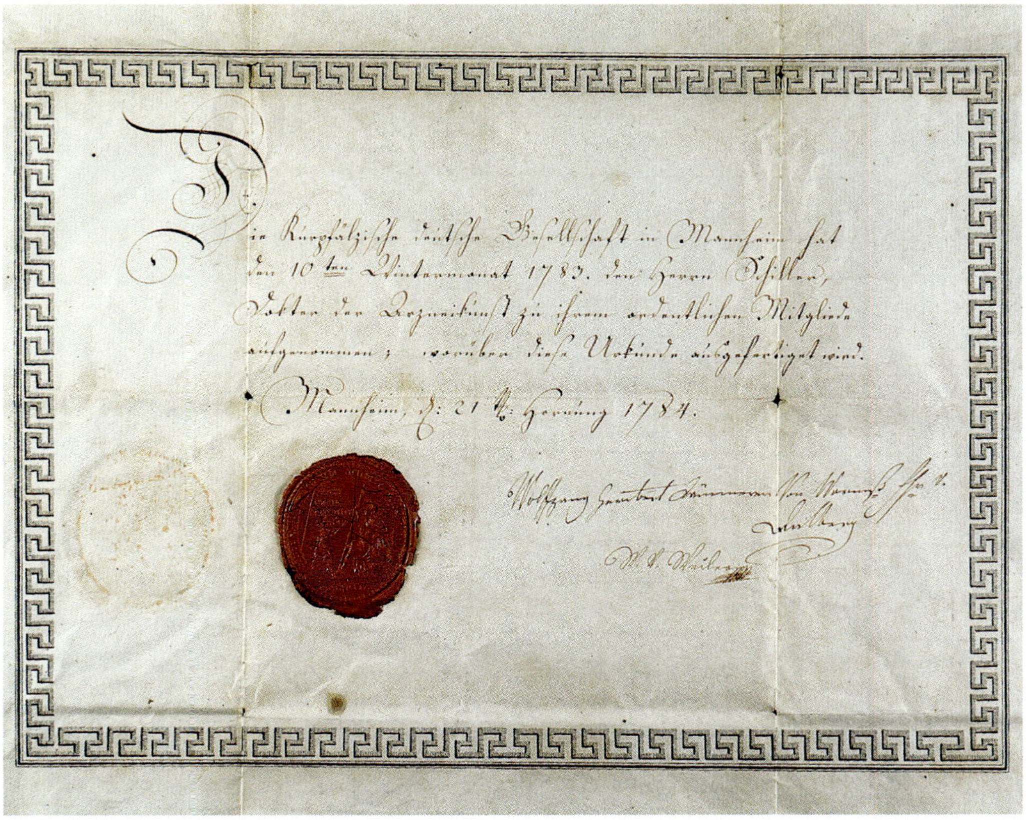

Kat. Nr. 5.6.40

Kat. Nr. 5.6.41

Ursprünglich hatte Schiller seine Zeitschrift herausgeben wollen, um seine mißliche finanzielle Lage, in die er in Mannheim geraten war, aufzubessern, was freilich fehlschlug, da sich zu wenige Subskribenten fanden. Das erste Heft enthält neben dem Vortrag unter anderem auch einige kritische Anmerkungen zu Aufführungen des Mannheimer Theaters.
In seinem Vortrag hielt sich Schiller weniger über die dramentechnischen Forderungen auf, die zu einer guten Darstellung auf dem Theater beitragen könnten, sondern es ging ihm mehr um Grundsätzliches in der theatralischen Kunst und um deren Wirkung auf den Zuschauer. Eine der zentralen Fragen dreht sich um die Möglichkeiten der darstellenden Kunst jenseits irdischer Rechtsprechung. Schiller berührt darüber hinaus einen seiner Lieblingsgedanken, den der Natürlichkeit der Darstellung, mit der sich der Schauspieler auf der Bühne präsentieren soll. Weil der Zuschauer es im Theater mit einer „künstlichen Welt" zu tun habe, in der er „die wirkliche hinweg"träume, dürfe die Identifikationsmöglichkeit nicht durch unnatürliche Darstellung gestört werden. Daß es Schiller aber auch um die erzieherische Seite des Theaters zu tun ist, beweist die Formulierung: *Die Schaubuehne ist die Stiftung, wo sich Vergnuegen mit Unterricht, Ruhe mit Anstrengung, Kurzweil mit Bildung gattet, wo keine Kraft der Seele zum Nachtheil der andern gespannt, kein Vergnuegen auf Unkosten des Ganzen genoßen wird.* Mit dergleichen Aussagen, wird er den Nerv der übrigen Gesellschaftsmitglieder wohl getroffen haben, die sich einig mit ihm gewußt haben werden, daß sie sich zurecht für die Etablierung eines Nationaltheaters in Mannheim eingesetzt haben. L.Hg.

Koopmann, Helmut: Schillers Theater- und Bühnenpraxis. In: Koopmann, Helmut (Hrsg.): Schiller-Handbuch. Stuttgart 1998, S. 233-239.

Mannheim, Reiss-Museum (Mh Zs 19)

Kat. Nr. 5.6.43

5.6.43
Porträt Sophie von La Roche

Georg Oswald May zugeschrieben (Offenbach 1738-1816 Frankfurt am Main), um 1776/1798
Öl auf Leinwand, 52 x 44,5 cm

Ob das Porträt tatsächlich von May stammt, ist nicht endgültig bewiesen. Es könnte sich auch um eine Replik oder eine 1798 angefertigte Kopie handeln. Ein gleiches Porträt scheint aber nicht bekannt zu sein, so daß es sich bei dem Porträt auch um das Original handeln könnte. Das Bild war bis in dieses Jahrhundert verschollen und konnte erst 1905 für den "Freundschaftstempel" des Gleimhauses erworben werden.

Sophie von La Roche (1730-1807), geborene Gutermann Edle von Gutershofen, flüchtete sich schon als Jugendliche aus der Strenge ihres pietistischen Elternhauses in einen empfindsamen Briefwechsel mit ihrem entfernten Vetter Christoph Martin Wieland. 1754 ehelichte sie auf Wunsch ihres Vaters den Politiker und kurmainzischen Hofrat Georg Michael Frank von La Roche, der den Ideen der Aufklärung verpflichtet war.
Als dieser 1768 vom Mainzer Hof in die Provinz abgeschoben wurde, bewältigte Sophie von La Roche die Krise durch schriftstellerische Tätigkeit. Ihr empfindsamer Briefroman "Geschichte des Fräuleins von Sternheim" (1771) erregte großes Aufsehen und löste in Deutschland eine literarische Entwicklung aus, die drei Jahre später mit Goethes "Werther" kulminierte.

Über Nacht berühmt geworden, führte Sophie von La Roche in Ehrenbreitstein einen Salon, in dem sich literarische und gesellschaftliche Größen der Zeit trafen. Als ihr Mann 1780 auch an seiner zweiten, kurtrierischen Hofstelle einer Intrige zum Opfer fiel, steuerte Sophie von La Roche als Schriftstellerin und Herausgeberin der Zeitschrift "Pomona für Deutschlands Töchter" (1783/84) zum Unterhalt der Familie bei.
Von Sophie von La Roches Winteraufenthalten in Mannheim (1783 und 1784) zeugt ihr spätes Erinnerungswerk "Briefe über Mannheim" (1791). Dort wurde sie 1784 als erste und einzige Frau zum auswärtigen Mitglied der Kurpfälzischen Deutschen Gesellschaft ernannt (gemeinsam mit ihrem Mann). Wenn man in Betracht zieht, daß die Pariser Akademie der Wissen-

schaften erst vor einigen Jahren eine Frau zum Mitglied berufen hat, erwies sich die Mannheimer Gesellschaft auch in diesem Fall als fortschrittlich. H.S./K.F.

Schmidt, Erich: Marie Sophie v. La Roche. In: Allgemeine Deutsche Biographie Bd. 17, Leipzig 1883, S. 717-721; Görler, Ingeborg: Sophie La Roche (1731-1807). In: Görler, Ingeborg (Hrsg.), So sahen sie Mannheim, Stuttgart und Aa en 1974, S. 49-55; Häntzschel, Günter: Sophie v. La Roche. In: Neue Deutsche Biographie Bd. 13, Berlin 1982, S. 640-641.

Halberstadt, Das Gleimhaus, Literaturmuseum (A 113)

5.6.44
Hof- und Staatskalender

„Seiner Churfuerstlichen Durchleucht zu Pfalz &. &. Hof- und Staats-Kalender für das Jahr 1789." München „in der Franzischen Hof- und Landschaftsbuchdruckerei"

396 S. sowie Register (unpaginiert), aufgeschlagen die Seiten 196 und 197: "Churpfaelzische deutsche Gesellschaft.", Klein-8°

Mannheim, Reiss-Museum (MAV B 261)

5.6.45 - 5.6.70
Das Mannheimer Nationaltheater

1776 erteilte Kurfürst Carl Theodor den Auftrag, das alte Zeughaus und zugleich Kameral-Fruchtmagazin (Schütthaus) zu einem Theater für das deutschsprachige Schauspiel umzubauen (vgl. auch Kat.Nr. 5.6.23). Lorenzo Quaglio (1730-1804) hatte die Pläne hierfür entworfen. Als es weder gelang, Gotthold Ephraim Lessing noch Abel Seyler als Schauspieldirektoren nach Mannheim zu holen, erteilte Kurfürst Carl Theodor dem neuen Stern am Mannheimer Intellektuellenhimmel, Friedrich Müller, den Auftrag, sich Gedanken über die Neue National Schaubühne zu machen. Interessantestes Resultat dieser Geistesarbeit: Der Kurfürst solle den großen Menschendarsteller und Theaterleiter Konrad Ekhof (1720-1778) nach Mannheim berufen, was jedoch unterblieb.

Als das Theater bezugsfertig war, eröffnete sich die Möglichkeit, Theobald Marchand mit seiner Truppe (vgl. Kat.Nr. 5.6.25) nach Mannheim zu berufen. Am 1. September 1778 erfolgte die Ernennung Wolfgang Heribert von Dalbergs zum Intendanten des neuen Hauses (vgl. Kat.Nr 5.6.50). Nach dem Wegzug des Hofes nach München gastierte Abel Seyler mit seiner Gesellschaft im 'Teutschen Comödienhaus' (vgl. Kat.Nr. 5.6.52). Als Konrad Ekhof noch im selben Jahr in Gotha verstarb, ließ Herzog Ernst II. von Sachsen-Gotha sein Theater schließen, so daß sich das Ensemble in Auflösung befand. Mehrere der sehr bedeutenden Gothaer Schauspieler, darunter der 25jährige Johann David Beil, Friedrich Schillers späterer Freund Heinrich Beck (19 Jahre) und einer der Größten der deutschen Theatergeschichte überhaupt, der damals eben 20 Jahre alte August Wilhelm Iffland, wurden auf Abel Seylers Anraten von Dalberg 1779 an das Mannheimer Theater engagiert. Damit schuf er die Grundlage für ein ständiges Ensemble ("stehende Bühne"), das am 7. Oktober seine erste Vorstellung gab ("Geschwind, ehe es jemand erfährt oder: Der besondere Zufall" von Johann Christian Bock nach Carlo Goldoni).

Dieses neue Ensemble bestand einerseits aus ehemaligen Mitgliedern der Marchandschen Truppe, aus Mitgliedern der aufgelösten Seylerschen Gesellschaft, Schauspielern aus dem Gothaischen Ensemble von Konrad Ekhof sowie jungen Pfälzischen Schauspielereleven (vgl. auch Kat.Nr. 5.6.45) – auf seltsame Weise wurde der Vorschlag Müllers Realität. L.Hg.

Kat. Nr. 5.6.45

5.6.45
Porträt Gotthold Ephraim Lessing

Egid Verhelst d. J. (Ettal 1733-1804 Mannheim) nach dem 1771 von Anton Graff (Winterthur 1736-1813 Dresden) gemalten Porträt, 1778
Kupferstich, 14 x 9 cm

Bez. m. u.: "E. Verhelst. fec. i Mannheim 1778."

Nachdem der Kurfürst den Auftrag zum Umbau des Zeughauses in ein Theater erteilt hatte, begab man sich auf die Suche nach einem geeigneten Direktor für das neue Schauspielhaus. Von Finanzminister Franz Karl Freiherr von Hompesch stammte die Idee, Gotthold Ephraim Lessing (1729-1781) mit der Leitung des Mannheimer Theaters zu betrauen. Dieser hatte nicht nur einschlägige Erfahrung mit dem Theater an sich, sondern vor allem auch die nötigen Kenntnisse durch seine Mitwirkung am ersten Nationaltheaterprojekt Deutschlands in Hamburg (1767-1769). Lessing schlug vor, Abel Seyler, den er aus seiner Hamburger Zeit gut kannte, mit seiner Truppe fest nach Mannheim zu verpflichten. Dessen großes Ensemble sollte nach und nach ergänzt und wohl auch "verjüngt" werden durch pfälzischen Schauspielernachwuchs. Als Lessing bemerkte, daß mit diesem nicht viel Staat zu machen war, versuchte er sich mit deutlichen Hinweisen aus dem Unternehmen zurückzuziehen. Schließlich verscherzte man sich durch unkluges und ungeschicktes Agieren und Taktieren endgültig die Gelegenheit, eine der bedeutendsten Geistesgrößen Deutschlands für das hiesige Theater zu gewinnen. Das Resultat: Verdruß bei allen Beteiligten, eine Abfindung Lessings (unter anderem mit der Schäfferschen Kurfürsten-Medaillen-Suite in Kupfer! - vgl. Kat. 2.0.4.b.) und Abel Seylers (mit barer Münze) sowie Spott und Hohn des Dichters. Statt Lessing wurde Theobald Marchand Schauspieldirektor in Mannheim (vgl. Kat.Nr. 5.6.25 und Kat.Nr. 5.6.52). L.Hg.

Mannheim, Reiss-Museum (E 89 vt)

5.6.46
Sophocles-Tondo

Um 1777
Holz, zum Teil gefaßt, Relief und Rahmen blattvergoldet, Schriftzug über dem Porträtrelief "Sophocles." auf grünem Anlegemittel blattvergoldet, schwarz konturiert, Dm ohne Rahmen 80 cm, mit Rahmen 109 cm, Tafelstärke 2 cm, Rahmentiefe 16,5 cm

Das große Rundmedaillon schmückte seit der Eröffnung der Deutschen Schaubühne auf B 3 das Proszenium des Hauses. Der Tondo war von zwei allegorischen Figuren flankiert, die die Zeit (Chronos) und den Ruhm (Fama) darstellten. Das Arrangement wird im "Pfälzischen kleinen Kalender" auf das Jahr 1787 anschaulich beschrieben. Das Rundmedaillon wurde vermutlich beim Umbau des Mannheimer Hof- und Nationaltheaters in der Mitte des 19. Jahrhunderts von seinem zentralen Platz entfernt. Es ist das einzige heute noch erhaltene Stück aus dem Innenbereich des 1943 zerstörten Hauses auf B 3. L.Hg.

Homering, Liselotte: Sophokles zwischen Zeit und Fama - Der wiederentdeckte Tondo aus dem historischen Nationaltheater auf B 3". Ungedruckter Vortrag 1990. Typoskript, Theatersammlung.

Mannheim, Reiss-Museum (L 285)

Kat. Nr. 5.6.46

5.6.47
Das Teutsche Comödienhaus

„Das teutsche Comödienhaus. La Comedie allemande." Blatt Nr. 22 aus Schlichtens "Vues de Mannheim"

Gebrüder Klauber nach Johann Franz van der Schlichten (Mannheim 1725-1795 Mannheim), Augsburg 1782
Kupferstich, 18,9 x 23,2cm

Bez. r. u.: "Frtres Klauber Sc. A.V." [Fratres Klauber sculpserunt Augustae Vindelicorum = Die Brüder Klauber haben dies in Augsburg gestochen]

Mannheim, Reiss-Museum (A 192 a)

5.6.48
Selbstbildnis Friedrich („Maler") Müller

Friedrich Müller (Bad Kreuznach 1749-1825 Rom), 1779
Öl auf Leinwand, 62,5 x 53,5 cm

Bez.: Auf der Rückseite von fremder Hand: "Friedr. Müller Mannheim 1779", wohl bei der Doublierung im 19. Jahrhundert von der alten Leinwand übertragen

Friedrich Müller pflegte seit 1770 Kontakte zu Mannheim, wo er bei Peter Anton Verschaffelt seine Studien fortsetzte. 1775 ließ er sich in der Quadratestadt nieder. Angeregt durch das vitale geistige Klima im letzten Viertel des 18. Jahrhunderts, das in der pulsierenden kurpfälzischen Residenzstadt herrschte, knüpfte er Kontakte zu vielen Geistesgrößen seiner Zeit, nachdem er geradezu schlagartig durch sein "Lied eines bluttrunknen Wodanadlers" (publiziert 1774 im "Göttinger Musenalmanach") bekannt geworden war. In sich ergänzender Genialität flossen bei ihm Malerei und Dichtkunst zusammen, erstere sowohl von Empfindsamkeit als auch Realitätssinn getragen, letztere dem virulenten Sturm und Drang stark verpflichtet. Nicht nur in den intellektuellen bürgerlichen Kreisen Mannheims fanden seine Arbeiten Nachhall (vgl. Kat.Nr. 5.6.34), sondern auch bei Hof und hier besonders beim

Kat. Nr. 5.6.48

Kurfürsten selbst. 1777 erteilte dieser dem Künstler den Auftrag, sich mit dem Thema der "Errichtung eines deutschen National Teaters" in Mannheim auseinanderzusetzen (vgl. Kat.Nr. 5.6.49). Von nachhaltigerer Wirkung waren jedoch seine literarisch-theatralen Produkte aus diesen Jahren, seine Idyllen und die "Faust"-Version, mit der er als erster Vertreter des Sturm und Drang sich dieses Stoffes bemächtigte. Der unter anderem auch mit Hilfe der Unterstützung Kurfürst Carl Theodors 1778 finanzierte Studienaufenthalt in Rom wurde für Müller zum schicksalhaften Lebensaufenthalt. Nach bewegten Jahren, in denen er unverdrossen weiter malte und dichtete, obgleich seine Werke selten Absatz fanden, und in denen er allerlei unterschiedlichen Professionen nachging (Kunstagent, Kunstkritiker, Kunstführer durch Rom), starb er 1825 in Rom.

L.Hg.

Seuffert, Bernhard: Maler Müller. [...]. Berlin 1877; Sattel Bernardini, Ingrid und Schlegel, Wolfgang: Friedrich Müller 1749-1825. Der Maler. Landau 1986, S. 77 (Abb.) u. S 106f.; Leuschner, Ulrike: Friedrich Müller. In: Neue deutsche Biographie 18, 1997, S. 373-375.

Mannheim, Reiss-Museum (O 247)

5.6.49
Gedanken über die Errichtung eines Deutschen National Theaters

Friedrich Müller (Bad Kreuznach 1749-1825 Rom), 1777
7 Blätter, 36 x 22 cm

Müller verfaßte die Abhandlung mit jugendlichem Schwung, getragen von schwärmerisch-patriotischer Begeisterung, und setzte eine weitere hinzu, in der er seine, zum Teil etwas naiven und eher im Detail verharrenden „Gedanken über Errichtung und Einrichtung einer Teater Schule" zusammenfaßte. Ähnlich wie Schiller sieben Jahre später (vgl. Kat. Nr. 5.6.42) propagiert Müller die Natürlichkeit des Ausdrucks auf dem Theater. Und er fügt hinzu, daß man nur durch den Erwerb der genauen *Kenntniß unsrer eignen Sitten ... [o]riginal und nationell* werden könne. Daß dies nicht nur für das Theater, sondern für die gesamte Existenz gilt, läßt Müller deutlich durchscheinen.
Praktisch schlägt er vor, Konrad Ekhof, den bedeutenden Gothaischen Theatermann, zur Ausbildung junger Schauspieltalente für die 'Pfälzische Schaubühne' zu gewinnen (vgl. auch 5.6.45). Da er sich bewußt ist, daß es einer längeren Aufbauzeit bedarf, bis ein solches Ensemble einsatzfähig sein kann, legt er einen Alternativvorschlag vor: Der Kurfürst solle etwa acht Schauspieler engagieren, die sowohl spielen als auch den Nachwuchs unterrichten. In jedem Fall vertritt Müller die Meinung, daß das Unternehmen „Pfälzische National Schaubühne" nur dann Erfolg hat, wenn es mit der Etablierung *einer wohl eingerichteten Theater Schule* einhergehe.

L.Hg.

Seuffert, Bernhard: Maler Müller. [...]. Berlin 1877, Wiedergabe beider Texte auf den Seiten 563-568.

Berlin, Staatsbibliothek zu Berlin - Preußischer Kulturbesitz (Nachlaß Tieck 36, Mappe 5)

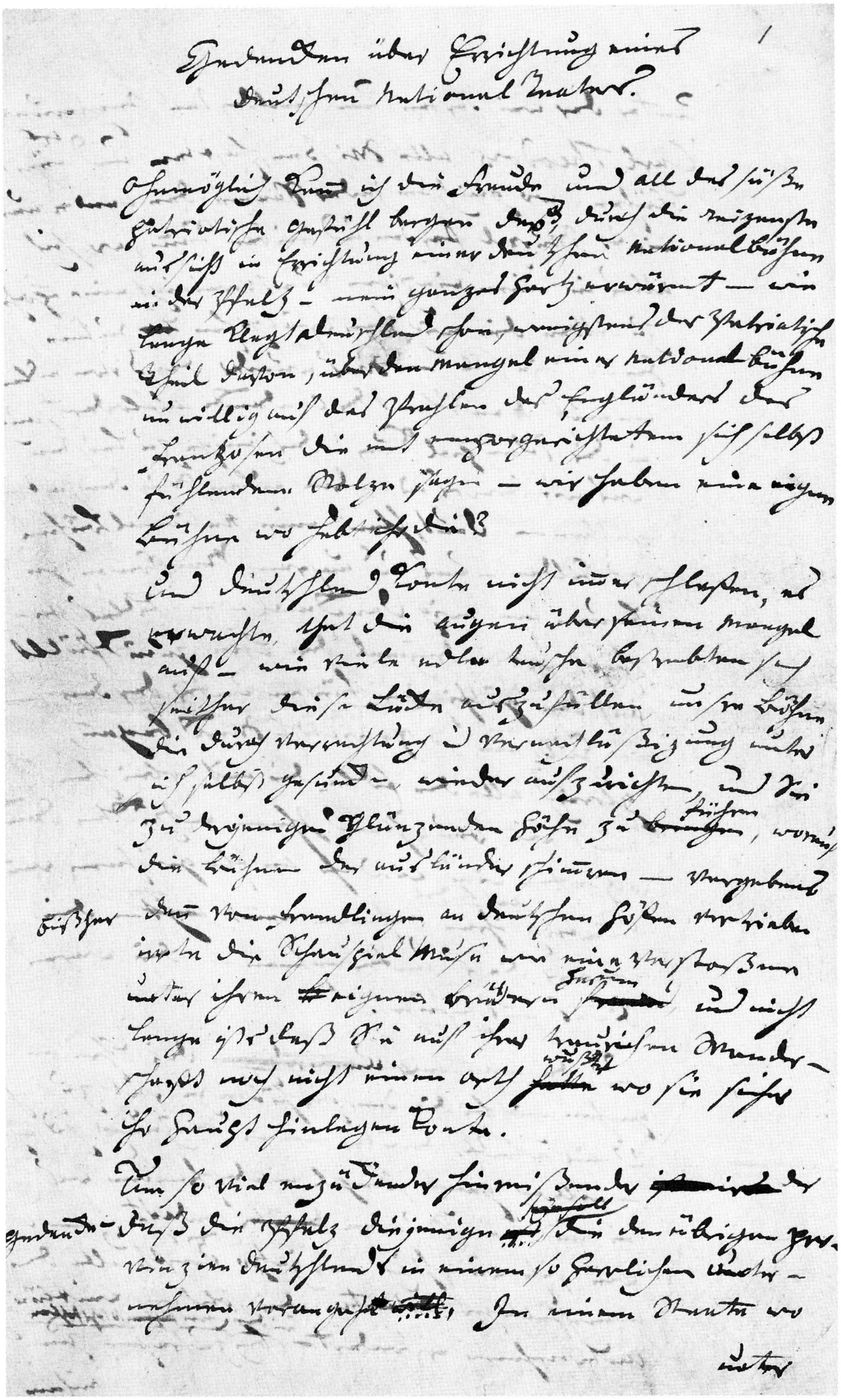

Kat. Nr. 5.6.49

5.6.50
Ernennung Dalbergs zum Intendanten des Nationaltheaters

Kurfürstliches Reskript (= schriftliche Antwort auf einen gestellten Antrag), Mannheim 1. September 1778
Braune Tinte auf Papier, 32,2 x 20,6 cm

Vorder- und Rückseite beschrieben, Originalausfertigung an Dalberg mit den Unterschriften des Kurfürsten Carl Theodor und des Staatsministers Franz Albert Freiherr von Oberndorff (1720-1799)

Das Reskript gilt als eigentliches Gründungsdokument des Mannheimer Nationaltheaters.
Wortlaut in Auszügen:
Gleichwie Ihre kurfürstliche Durchlaucht die bis anhero allhier bestehende Teutsche Schauspieler [die Truppe von Theobald Marchand] mit sich nach München gnädigst guth gefunden haben, gleichwohlen aber gerne sehen, wann zu einiger nahrungs mitbeihülfe der hiesigen Stadt und Bürgerschafft eine dergleichen Schau Bühne durch anderweithe Anordnung einer schicklichen Troupe beibehalten und fortgeführet werden könte in dieser Absicht dann höchstdieselbe zu diesem behuf einen jährlichen beitrag von fünf Tausend Gulden aus dero kurfürstlicher General Cassa in Monathlichen Ratis vom 1ten dieses anfangend nicht allein erreichen, sondern auch, ..., daß dero Kämmerer und Hofkamer Vicepräsidenten Freih. von Dalberg die anord- und besorgung ein so anderes übernehmen solle; als wird solches demselben mit dem gdgsteen Auftrag andurch onverhalten ... die Herstellung einer Teutschen Trouppe bestens zu beeifern, und zu deren bestandsmaeßiger Dauer sich thätig zu verwenden ....

Mannheim, Reiss-Museum (W1-A1.1,10)

5.6.51
Dalberg-Potpourri

Anonymer Künstler, um 1798
Gouache, Feder in Braun und Feder in Schwarz, Aquarell in Trompe-l'oeil-Manier; Karton, 35,1 x 48,7 cm

Im rechten Blättchen der Mittelreihe bezeichnet "H.C.P."; in der Mitte oben Silhouette des Gefeierten, Wolfgang Heribert Freiherr von Dalberg; im Zentrum das Allianzwappen der Kämmerer von Worms und der Freiherren von Dalberg, darum drapiert ein Text, der im exakten Wortlaut die Version der Mitgliedschaft Dalbergs im Hubertus-Orden (aufgenommen am 25. April 1791) aufgreift und wie er auch im Hubertus-Ordenskalender etwa des Jahrgangs 1800 wiedergegeben ist; ebenso nehmen die Darstellungen rechts und links Be-

Kat. Nr. 5.6.51

Kat. Nr. 5.6.51

zug auf Kupferstiche im Hubertus-Ordenskalender, die von Jeremias Gottlob Rugendas (nach Franz von der Schlichten) und Egid Verhelst stammen; auffällig im rechten Blatt die ungenaue Wiedergabe eines Inschriftteiles, der im Original lautet: "Ephemerides Ad Annum à reparata Salute" [1800] und hier in "Ephemerides Ad Anum à reparata Sahite" [1798] verballhornt erscheint; vermutlich enthält das gesamte Ensemble noch die eine oder andere Andeutung, die in diesem Zusammenhang jedoch nicht entschlüsselt werden kann. Der Anlaß, zu dem es gefertigt worden ist, erschließt sich nicht auf Anhieb.

Wolfgang Heribert von Dalberg (1750-1806) lenkte bis 1803 die Geschicke des Nationaltheaters. Als Intendant versah er seinen Dienst im Ehrenamt und daher unentgeltlich. Seine straffe Organisation des Theaterbetriebes und seine Bemühungen um die Hebung des Ansehens des Schauspielerberufes sind nicht nur Teil der lokalen Theatergeschichte geworden. Neben seiner Beamtentätigkeit und seiner Arbeit als Intendant schrieb er Dramen, die zwar dem zeitgenössischen Publikumsgeschmack Rechnung trugen, substantiell jedoch nicht überdauern konnten. Besonders engagierte er sich für die Durchsetzung von Shakespeares Schauspielen auf der deutschen Bühne. Er bot nicht nur dem bürgerlichen Unterhaltungstheater in Mannheim ein Forum, sondern auch zeitgenössischen Tendenzstücken, wie etwa Beaumarchais' "Der tolle Tag oder Die Hochzeit des Figaro", Lenz' "Der Hofmeister", Otto Heinrich von Gemmingens 'Deutschem Hausvater' oder von Schillers 'Räubern' und "Kabale und Liebe". 1803 zog er sich eher resigniert aus den Mannheimer Theatergeschäften zurück. L.Hg.

Mozart 1991, S. 224-225.

Mannheim, Reiss-Museum (G Eh 39 a, m)

5.6.52
Porträt Abel Seyler

Abel Seyler (Liestal bei Basel 1730-1800 Rellingen bei Hamburg)
Alte fotografische Reproduktion nach einem zeitgenössischen Schattenriß, 13 x 18 cm

Abel Seyler zählt zu den bedeutenden Theatermännern des 18. Jahrhunderts, der über sehr gute Verbindungen verfügte. Ursprünglich Kaufmann in Hamburg, beteiligte er sich dort am ersten deutschen Nationaltheaterprojekt, das jedoch scheiterte (1767-1769). Daraufhin gründete er seine eigene, mit 60 Personen sehr große Truppe, zu der ein eigenes Orchester und eine Balletttruppe gehörten. In den Jahren 1771 bis 1778 gastierte er in Weimar, Gotha, Leipzig und Dresden, schließlich wieder in Gotha. In Mannheim konkurrierte er zunächst erfolglos mit Marchand um den Direktorenposten bei der neuen deutschen Schaubühne (vgl. Kat. Nr. 5.6.45). Erst als Marchand mit seiner Truppe dem Kurfürsten nach München folgte, war für Seyler der Weg frei geworden. Von Oktober 1778 an bis Ende August 1779 bespielte er mit seiner Gesellschaft von Mainz aus im Durchschnitt ein- bis dreimal pro Woche die neue Mannheimer Bühne, auf eigenes Risiko! Sein Spielplan hatte Niveau, seine Truppe wurde von Mitgliedern der Hofoper, die noch nicht nach München abgereist waren, unterstützt. Die Seylerschen Aufführungen stellen somit einerseits das Bindeglied zwischen Hoftheater und Wandertruppengeschehen dar. Andererseits kennzeichnen sie für das deutschsprachige Schauspiel in Mannheim die Übergangszeit zwischen gastierenden Truppen und einem festen Ensemble (Dalberg-Ensemble).

Von Seyler erhielt Dalberg die Anregung, in Verhandlungen mit den Gothaischen Schauspielern einzutreten. Zusehends übernahm er Aufgaben eines Schauspieldirektors in Mannheim, eine Position, die er de facto von 1779 bis 1781 innehatte, denn seine Truppe hatte er unterdessen auflösen müssen. Seyler engagierte sich für die Aufführungen Shakespearescher Werke und für die Autoren des Sturm und Drang. Die intrigante Schauspielerin Anna Elisabeth Toscani reizte den ansonsten besonnenen Seyler auf einer Probe derart, daß er sie ohrfeigte und entlassen wurde. In den darauffolgenden Jahren war er künstlerischer Leiter des Hoftheaters in Schleswig und erhielt nach seiner Entlassung in den Ruhestand 1792 durch den dortigen Landgrafen eine Pension. L.Hg.

Kosch, Wilhelm/Biegler-Marschall, Ingrid: Deutsches Theater-Lexikon 3. Bd. Bern 1992, S. 2186; Herrmann 1998, S. 364-367.

(Standort des Originals nicht lokalisiert)

Kat. Nr. 5.6.52

Kat. Nr. 5.6.53

5.6.53
Porträt Otto Heinrich von Gemmingen

Anonym, um 1800 ?
Öl auf Leinwand, 70,4 x 55,9 cm (oval)

Reichsfreiherr Otto Heinrich von Gemmingen-Hornberg (1755-1836) studierte zunächst Jura und wurde 1776 von Kurfürst Carl Theodor zum Hofkammerrat ernannt. Die darauffolgenden Jahre betätigte er sich als Dichter, Übersetzer und Dramaturg für das Nationaltheater. Er gilt als erster Dramaturg des Hauses. Am 26. November 1780 fand im Mannheimer Nationaltheater die Uraufführung von Gemmingens Schauspiel "Die Familie oder Der teutsche Hausvater" (vgl. Kat.Nr. 5.6. 65 und 5.6.66) statt, das ihn rasch bekannt machte. Vermutlich bereits 1779 verließ Gemmingen Mannheim und hielt sich zeitweilig in Wien auf. Von 1799 bis 1805 wurde er als Gesandter des Markgrafen von Baden am Wiener Hof tätig. In Wien entfaltete er eine umfangreiche publizistische Tätigkeit in seinen moralischen Zeitschriften "Der Weltmann", "Magazin für Wissenschaft und Literatur" sowie den "Wiener Ephemeriden". Als Freimaurer stand er den Ideen der Aufklärung positiv gegenüber. In den letzten Lebensjahren lebte er zurückgezogen. Gemmingen starb 1836 in Heidelberg, wo er auch beigesetzt wurde. L.Hg.

Flaischlen, Cäsar: Otto Heinrich von Gemmingen. Stuttgart 1890; Gugitz, Gustav: Otto Heinrich von Gemmingen. In: Neue Deutsche Biographie 6. Bd. Berlin 1963, S. 179-180; Mozart 1991, S. 238-239, Abb. Taf. VII.

Neckarzimmern, Privatbesitz (Burghardt von Gemmingen-Hornberg)

5.6.54
Mannheimer Dramaturgie

"Mannheimer Dramaturgie. Fuer das Jahr 1779. Mannheim, bei C.F. Schwan, kuhrfuerstl. Hofbuchhaendler, 1780."

Otto Heinrich von Gemmingen (Heilbronn 1755-1836 Heidelberg) 120 S., Klein-8°, kopiertes Exemplar der in der Österreichischen Nationalbibliothek Wien verwahrten Originalausgabe (621.071-A Ph)

Gemmingen lebte seit 1777 in der Funktion eines kurpfälzischen Kämmerers in Mannheim. Von dieser Zeit an bis etwa 1779 stellte er sich dem Theater als Dramaturg zur Verfügung. Mit seiner *Mannheimer Dramaturgie, die er [z]um Dank fuer das Vergnuegen, das die hiesige Buehne verschaft,* Dalberg gewidmet hat, steht er in der Tradition der von Lessing 1767 bis 1769 verfaßten „Hamburgischen Dramaturgie" – Lessing hatte gleichfalls als Dramaturg für das erste deutsche Nationaltheaterprojekt gewirkt. Gemmingens Besprechungen, die in der Qualität nicht an Lessings Kommentare reichen, galten den Aufführungen der Seylerschen Schauspielergesellschaft im Mannheimer ‚Teutschen Comoedienhaus'. Er schrieb sie für den Zeitraum vom 27. Oktober 1778 bis zum 26. August 1779. Letzte ausführliche Besprechung für den 11. Juli 1779. L.Hg.

Mannheim, Reiss-Museum, Theatersammlung (2457)

5.6.55
Partiturabschrift La Morte di Didone Azione dramatica in 1 Aufzug

Komponist: Ignaz Holzbauer, Text: nach Pietro Metastasios „Didone abbandonata"

1 Band; brauner Pappeinband der Zeit, Rücken des Einbandes: weinrotes Etikett mit Goldprägung im Rahmen »DIDONE / DEL S. / Holzbauer«; sorgfältige Partitur-Reinschrift in schwarzbrauner Tinte Mannheimer Provenienz; 26 x 36 cm, oberer Rand beschnitten

Zwei Jahre nach der Uraufführung des „Günther von Schwarzburg" schrieb Ignaz Holzbauer die italienische Oper „La morte di Didone", deren Text der Komponist aus Pietro Metastasios „Didone abbandonata" zu einem einaktigen Drama zusammenstellte. Die Uraufführung fand am 6. Juli 1779 in Anwesenheit der Kurfürstin statt, die wenige Wochen zuvor aus München eingetroffen war.
Nach bisherigen Erkenntnissen ist das Werk damit die erste originale Opernkomposition für das neugegründete Mannheimer Nationaltheater. Bis zu diesem Zeitpunkt hatten französische Singspiele in deutschen Übersetzungen und die beiden Melodramen „Ariadne auf Naxos" und „Medea" von Georg Benda den im Vergleich zum Schauspiel eher bescheidenen Opernspielplan dominiert.
Im Herbst des Jahres 1779 sollte das Nationaltheater erstmals mit einem eigenen festen Ensemble bespielt werden. Der Termin der Festveranstaltung mußte allerdings wegen der verspäteten Ankunft der Schauspieler aus Gotha verschoben werden. So ergab es sich, daß zur Unterhaltung des Kurfürsten, der eigens aus München angereist war, die Oper „La morte di Didone" von Ignaz Holzbauer am 19. September erneut zur Aufführung gelangte. Die Titelpartie sang wie in der Uraufführung die Primadonna Dorothea Wendling, die zum Zeitpunkt der beiden Aufführungen bereits ihre aktive Bühnenlaufbahn im wesentlichen beendet hatte. Ihre Mitwirkung wird daher in der Uraufführungskritik besonders gewürdigt: *Madame Dorothe Wendling spielte die Dido, Herr Zonca den Jarbas, Mlle. Fürst die Selene, und Herr Carnioli den Oßmida. ... Das Publikum freute sich sehr, die berühmte Madam Wendling wieder einmal auf der Bühne zu sehen.* B.P.

Pfalzbaierisches Museum. Vom Jahre 1785 bis 1786. Mannheim, S. 349.

Berlin, Staatsbibliothek zu Berlin – Preußischer Kulturbesitz (Mus.ms. 10781)

Kat. Nr. 5.6.57

5.6.56
Zusammenstellung der Kosten des Theaterkassiers Ludwig Sartori anlässlich seiner Reise nach Gotha

„Verzeichnis derjenigen Ausgaben, so ich während der Reis nacher Gotha hin und her bestritten habe. [D]en. 25.t Mertz bin ich Von Manheim abgegangen."

Datiert Mannheim 26. April 1779
Doppelblatt, braune Tinte auf Papier, 34,5 x 21,2 cm

Der Theaterkassier Ludwig Sartori hat im Namen Dalbergs die Engagementsverhandlungen mit den Mitgliedern der Gothaischen Schauspieltruppe geführt. Er hat für die Fahrt mit der Post (über Darmstadt, Frankfurt, Hanau, Eisenach, nach Gotha und zurück), für "Trink- und Schmiergeld", Kost, Frühstück, Logis, Barbier, Perrüquier, sowie Wasch- und Trinkgeld in Gotha (für 17 Tage 25 Gulden und 19 Kreuzer), für den Aufenthalt in Frankfurt und andernorts insgesamt 187 Gulden 54 Kreuzer benötigt. L.Hg.

Walter 1899, Bd. 1, S. 59.

Mannheim, Reiss-Museum (W1-A1, 2-33)

5.6.57
Porträt Heinrich Beck

Franziska Schöpfer (Mannheim 1763-1836 München)
Punktierstich, 12 x 7 cm (oval)

Unter dem Bild in halb umlaufender Schrift bezeichnet: "Gez: und gestochen von Francoise Schoepffer"

Heinrich Beck (1760-1803) wurde in Gotha geboren. Er war Schüler von Konrad Ekhof und debütierte in seiner Heimatstadt 1777. Nach der Auflösung des dortigen Hoftheaters bot er sich gemeinsam mit seinen Kollegen Johann David Beil, Johann Michael Boeck und August Wilhelm Iffland als Schauspieler in Mannheim an. Hier verkörperte er die Rollen der Jugendlichen Helden und Liebhaber. In Mannheim lernte er auch Friedrich Schiller kennen, mit dem er sich anfreundete. Am Nationaltheater spielte er in der Uraufführung der "Räuber" den Kosinsky, in der Erstaufführung von "Kabale und Liebe" den Ferdinand und er war der erste Don Carlos Mannheims. Nachdem August Wilhelm Iffland (vgl. Kat. Nr. 5.6.62) 1796 das Nationaltheater verließ, übernahm Beck als dessen Nachfolger zusätzlich zu seinen Schauspielaufgaben die Verpflichtung als Regisseur. Kurzzeitig (1799-1801) wirkte er am Münchner Hof- und Nationaltheater als Schauspieler und Direktor, kehrte jedoch nach Mannheim zurück, wo er bis zu seinem Tod blieb. L.Hg.

Kosch, Wilhelm: Deutsches Theater-Lexikon [...] Bd. 1. Klagenfurt/Wien 1953, S. 97.

Mannheim, Reiss-Museum (E 8)

5.6.58
Anerbieten von Heinrich Beck

Eigenhändiges "Anerbieten" mit Unterschrift, sein Engagement nach Mannheim betreffend

Gotha, 12. April 1779
Papier, ein Blatt beschrieben, 22,1 x 18,5 cm

Bez.: auf der Rückseite von anderer Hand "Original No. 9" und "von Beck"

Wortlaut: *Die Errichtung eines National Theaters in Mannheim veranlaßt mich zu folgendem Anerbiethen: Ich verspreche alle mir zugetheilte Rollen im Schau- und Singspiel, die meine Fähigkeiten nicht übersteigen, zu übernehmen; allen Fleiß auf die Kunst und Ausbildung derselben in beyden Fächern zu wenden: in Erwartung eines jährlichen Gehaltes von 600 Gulden. Ich nehme bei dieser Forderung weniger Rücksicht aufs gegenwärtige, sondern auf das, was ich bey Fkleiß und Aufmunterung zu werden hoffe.*
Im Fall der Genehmigung dieser Forderung erbiethe ich meine Dienste der Mannheimer National Schauspieldirection auf zwei Jahr.
Bis zum Schluß der Unterhandlungen gebe ich mein Wort, mich mit keinem andern Theater in bindende Traktaten einzulaßen (zitiert nach Walter 1899, 1. Bd, S. 58).

Mannheim, Reiss-Museum (W1-A 1, 2- 25)

5.6.59
Porträt Esther Charlotte Brandes

Heinrich Sintzenich (Mannheim 1752-München 1830) nach Anton Graff (Winterthur 1736-1813 Dresden)
Kupferstich Blatt: 46,5 x 32,9 cm; Platte: 43,3 x 28,6 cm; Bild: 34 x 26,6 cm

Bez. l. unterhalb des Bildes: "Graf gemalt", r.: "Gestochen von Hh. Sintzenich Churpfälz. Hofkupferstecher", darunter: "Ester Charlotte Brandes, geb. Koch, in der Rolle Ariadne auf Naxos. Sr. Koeniglichen Hoheit Friedrich Wilhelm. Kronprinzen von Preussen &.&.&. unterthänigst gewidmet von Johann Christian Brandes. Herausgegeben von J.C. Brandes zu Mannheim, im April 1781." In der Mitte der Schrift preußisches Wappen über Wolken

Die Schauspielerin Esther Charlotte Brandes (1742-1786) in der Rolle der Ariadne im gleichnamigen Duodrama von Johann Christian Brandes mit der Musik von Georg Benda; dargestellt: Ariadne beklagt in einer Felsengrotte ihr Schicksal, nachdem Theseus sie verlassen hat.
Esther Charlotte Brandes war die Frau des Schauspielers und Verfassers unterhaltsamer Theaterstücke Johann Christian Brandes (1735-1799), der die theatrale Form des Melodrams in Deutschland einführte, für das sich beispielsweise Wolfgang Amadé Mozart in seiner Mannheimer Zeit (1777/1778) besonders begeisterte. "Die" Brandes war eine der berühmtesten Tragödinnen ihrer Zeit. 1764 hatte sie bei der Schuchschen Gesellschaft in Breslau debütiert. Ihr Lehrer war kein geringerer als Gotthold Ephraim Lessing. Sie war die erste Schauspielerin, die – entgegen den damals üblichen Theaterkonventionen – mit den von ihr verkörperten antiken Gestalten die einfache altgriechische Kleidung wieder auf die Bühne brachte. Gemeinsam mit ihrem Mann zählte sie von 1779 bis 1781 zu den ersten Mitgliedern des Dalberg-Ensembles. Das Ehepaar Brandes war mit der Seylerschen Truppe nach Mannheim gekommen. Das Porträt von Graff entstand 1775 im Auftrag von Dresdener Theaterfreunden. L.Hg.

Gesche 1983, S. 27f., Abb. 18.

Mannheim, Reiss-Museum (Sammlung Bassermann, MAV G Bass Kd 154, m;)

Kat. Nr. 5.6.59

Kat. Nr. 5.6.60

Kat. Nr. 5.6.61

5.6.60
Porträt Johann Michael Boeck

Charles Langlois (2. Hälfte 18. Jahrhundert) nach einem Gemälde von J. Perrier (? 1768-1832 Grünberg in Schlesien), 1794 Kupferstich (oval), 12 x 7 cm,

Bez. l.: „gemalt. v. Perrier", r.: "gestochen v: K: Langlois in Mannheim 1794", unter dem Bild: "J.M. Boeck - Schauspieler in Mannheim"

Johann Michael Boeck (1743-1793), gebürtiger Wiener, war zunächst Mitglied der Ackermannschen Truppe und 1771 bis 1774 Mitglied des Weimarer Hoftheaters, danach bis zu Ekhofs Tod in Gotha, wo er das Theater noch bis zu dessen Auflösung leitete. Mit Iffland kam er nach Mannheim. Hier spielte er den ersten Karl Moor in der Uraufführung der "Räuber", den ersten Fiesko, den ersten Präsidenten und den ersten Marquis Posa. Boeck starb 1793 in Mannheim. L.Hg.

Kosch, Wilhelm: Deutsches Theater-Lexikon [...] Bd. 1. Klagenfurt/Wien 1953, S. 167f..

Mannheim, Reiss-Museum (E 18)

5.6.61
Porträt Johann David Beil

Daniel Berger (Berlin 1744- – 824?) nach einem Gemälde von E. Öffele (Franz Ignaz Oefele ?)
Kupferstich, 15,1 x 10,7 cm

Bez. l. u.: "E. Öffelle pinx.", r. .u.: "D. Berger Sculp. 1784."; unter dem Bild in Versalien: "Iohann David Beil. Schauspieler zu Manheim."

Johann David Bei (1754-1794) war ein bedeutender Charakterdarsteller. Er studierte zunächst in Leipzig Jura, bevor er seit 1776 als Schauspieler zuerst in Naumburg, dann in Erfurt und Gotha tätig war. Ebenso wie Beck, Boeck und Iffland war er von der Schließung der Gothaischen Bühne betroffen. In Mannheim spielte er in der "Räuber"-Uraufführung den Schweizer, im "Fiesko" den Mohren und in "Kabale und Liebe" den Stadtmusikus Miller. Ebenso wie Dalberg, Beck und Iffland verfaßte er etliche Theaterstücke, darunter mehrere Lustspiele, die auch in Mannheim mit mehr und weniger Erfolg aufgeführt wurden. Beil starb 1794 in Mannheim. L.Hg.

Kosch, Wilhelm: Deutsches Theater-Lexikon [...] Bd. 1. Klagenfurt/Wien 1953, S. 109.

Mannheim, Reiss-Museum (E 12)

5.6.62
Porträt August Wilhelm Iffland

Johann Heinrich Schröder (Meiningen 1757–1812 Meiningen), um 1796
Pastell auf Pappe, 35 x 28,2 cm

August Wilhelm Iffland (1759-1814) zählte zu den bedeutendsten Schauspielern seiner Zeit. Auch er kam von Gotha nach Mannheim, wo er bis 1796 blieb. Danach wurde er zum Direktor des Berliner Nationaltheaters, 1811 zum Generaldirektor der Berliner Königlichen Schauspiele ernannt. Iffland war ein Charakterdarsteller von höchsten Graden. Für ihn war vor der Deklamation die Natürlichkeit des Spiels entscheidend. In Mannheim kreierte er unter anderem einen überwältigenden Franz Moor in der Uraufführung von Schillers "Räubern". Iffland schrieb selbst unzählige, überaus zugkräftige Theaterstücke, die zu seiner Zeit häufig gespielt wurden. Bekannt war er nicht nur für seinen natürlichen Darstellungsstil, sondern auch für seine Interpretation eher kauziger, bzw. listig-verschlagener Rollen. In Erinnerung an den großen Schauspieler und als Auszeichnung für den jeweils besten Schauspieler deutscher Sprache wird der Iffland-Ring seit Generationen weitergegeben. Zur Zeit ist der Schaupieler Bruno Ganz der mit dem Ring Geehrte. L.Hg.

Kat. Nr. 5.6.62

Kosch, Wilhelm: Deutsches Theater-Lexikon [...] Bd. 2. Klagenfurt/Wien 1960, S. 869-872.

Mannheim, Reiss-Museum (O 148)

5.6.63
Textband „Geschwind, eh es jemand erfährt, oder: Der besondere Zufall".

Lustspiel in drei Aufzügen

Johann Christian Bock (Dresden um 1750-1785 Dresden) nach Carlo Goldoni
Die Textausgabe ist Teil des Sammelbandes "Hamburgisches Theater", zweiter Band. Hamburg 1777, S. 267-382, 8°

Mit diesem Stück eröffnete das Dalberg-Ensemble seine erste Spielzeit am 7. Oktober 1777. Von diesem Tag an werden seither die Spielzeiten des Nationaltheaters gezählt.

Mannheim, Reiss-Museum, Theatersammlung (S 28, 2)

5.6.64
Zweite Aufführung von Shakespeares „Hamlet" am 10. Oktober 1779

„Hamlet, Prinz von Daennemark. Ein Trauerspiel in füenf Aufzuegen. Nach Shakespear."

William Shakespeare (Stratford-upon-Avon 1564-1616 Stratford-upon-Avon), bearbeitung von Friedrich Ludwig Schröder (Schwerin 1744-1816 Rellingen)
Die Textausgabe ist Teil des Sammelbandes "Hamburgisches Theater", dritter Band. Hamburg 1778, S. 2-110, 8°

Zahlreiche handschriftliche, spätere Ergänzungen und Überklebungen, die möglicherweise von dem in den Jahren 1836 bis 1842 in Mannheim engagierten Schauspieler und Regisseur Eduard Jerrmann stammen.

Am 10. Oktober 1779 erfolgte die zweite Aufführung des Dalberg-Ensembles mit Shakespeares "Hamlet" in der Schröderschen Bearbeitung. L.Hg.

Mannheim, Reiss-Museum, Theatersammlung (S 28, 3)

5.6.65
Die Familie oder der Teutsche Hausvater

„Der teutsche Hausvater. Für die teutsche Schaubühne zu München. 1780. Bey Johann Baptist Strobl." Nach Diderots "Le père de famille" (1758).

Otto Heinrich von Gemmingen (Heilbronn 1755-1836 Heidelberg)
116 S. (+ 2), Titelseite: Farbkopie, aufgeschlagen: Personenverzeichnis und Stückanfang, Klein-Oktav

Das Stück ist „[d]em biedren teutschgesinnten Mann Theodor Graf Topor Morawizky" gewidmet - "aus Erkenntlichkeit, denn bei Ihnen holte ich das Ideal eines rechtschaffnen Mannes ...".
Unter dem Titel von Hand mit rotem Farbstift hinzugefügt: „Die Familie".

Die Grundproblematik des im 18. Jahrhundert häufig gespielten und in Mannheim am 26. November 1780 unter dem Titel "Die Familie oder Der teutsche Hausvater" erstaufgeführten Schauspiels: Vornehmer Grafensohn liebt arme Malerstochter. Das Drama ist gefüllt mit Ideen des Sturm und Drang. Die Malerstochter wird verführt und erwartet ein Kind (die virulente Thematik des Kindsmordes wird diskutiert und die bestehenden Gesetze werden in Zweifel gezogen). Der Vater des jungen Grafen, dessen Haltung von moralisch unanfechtbarer Liberalität geprägt ist, schickt den Sohn schließlich mit dem Bürgermädchen in die Idylle. Im Gegensatz zum tragischen Ausgang von Schillers „Kabale und Liebe" hat sich am Standesdünkel des Adels nichts geändert. Der gräfliche Hausvater am Ende des Stückes zu den Liebenden: *...flieht die Welt, in deren Konventionen ihr doch nicht mehr paßt; geht auf meine Güter ... Es ist mir ohnedem lieb, daß ein Beispiel, wie dieses, aus den Augen der Welt kommt: es ist doch immer Zerrüttung bürgerlicher Ordnung, und gefährlich, wenn es zur Nachahmung reizt* (5. Akt, 7. Auftritt). Das Stück wurde für Schillers bürgerliches Trauerspiel „Kabale und Liebe" richtungweisend. August Wilhelm Iffland und Friedrich Ludwig Schröder zählten den Hausvater zu ihren Parade- und Lieblingsrollen.

L.Hg.

Flaischlen, Cäsar: Otto Heinrich von Gemmingen, mit einer Vorstudie über Diderot. Stuttgart 1890; Sautermeister, Gerd: "Der Teutsche Hausvater". In: Kindlers Literatur Lexikon. München 1974, Bd. 21, S. 9304-9306.

Mannheim, Reiss-Museum, Theatersammlung (G 34)

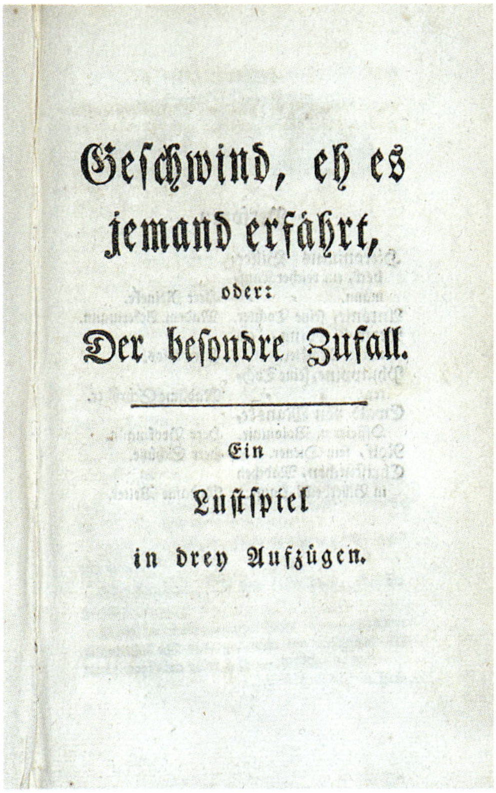
Geschwind, eh es jemand erfährt, oder: Der besondre Zufall. Ein Lustspiel in drey Aufzügen.

Kat. Nr. 5.6.63

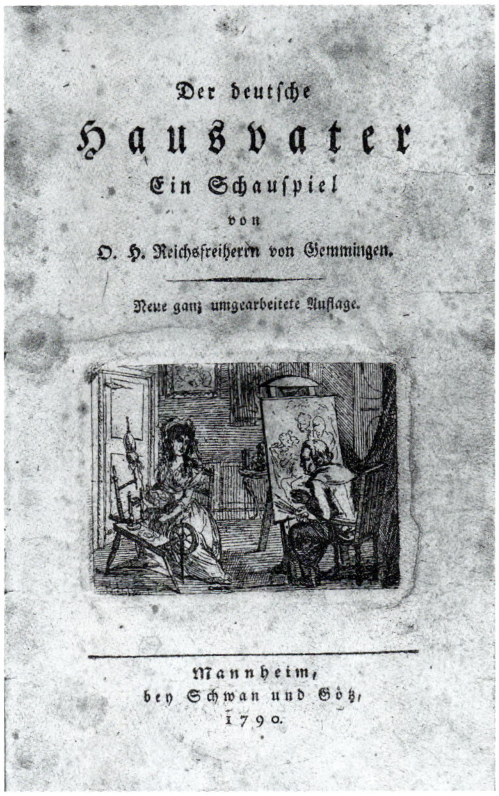
Der deutsche Hausvater Ein Schauspiel von O. H. Reichsfreiherrn von Gemmingen. Neue ganz umgearbeitete Auflage. Mannheim, bey Schwan und Götz, 1790.

Kat. Nr. 5.6.66

5.6.66
Der Deutsche Hausvater

„Der deutsche Hausvater Ein Schauspiel von O. H. Reichsfreiherrn von Gemmingen. Neue ganz umgearbeitete Auflage. Mannheim, bey Schwan und Goetz, 1790"

Otto Heinrich von Gemmingen (Heilbronn 1755-1836 Heidelberg) 136 S., Titelvignette von Friedrich ("Maler") Müller (vgl. auch Kat.nr. 5.6.48 und 5.6 49), Klein-Oktav

Mannheim, Reiss-Museum (Mh 92)

5.6.67
Szenenbild zu Friedrich Schillers „Die Räuber"

„Nahegelegener Wald. Nacht. Ein altes verfallenes Schloß in der Mitte" (Akt IV, Szene 5)

Anonym, um 1785
Gouache auf Karton, 50,6 x 40,2 cm

Bez. auf der Rückseite: "Originalbild nach der 1. Aufführung der 'Räuber' in Mannheim."

Dargestellt sind Karl Moor (vermutlich Johann Michael Boeck), Herrmann (vermutlich der Freund Schillers und in Mannheim engagierte Schauspieler und Regisseur Wilhelm Christian Dietrich Meyer) und Maximilian Moor (vermutlich Johann Georg Kirchhöffer) vor dem Schloßturm.
Am 13. Januar 1782 fand die aufsehenerregende Uraufführung von Friedrich Schillers Jugenddrama "Die Räuber" mit sensationellem Erfolg im Mannheimer Nationaltheater statt. Durch sie wurde aus dem bis dahin unbekannten schwäbischen Regimentsmedikus Schiller gleichsam über Nacht die Sensation eines vieldiskutierten Theaterdichters. L.Hg.

Herrmann, Wilhelm: 200 Jahre Schillers "Räuber". Die Entstehung des Werks, Uraufführung und Inszenierungen am Nationaltheater Mannheim. Mannheim 1982, Nr. 51.

Mannheim, Reiss-Museum, Theatersammlung (Th SN 95/1)

Kat. Nr. 5.6.67

Kat. Nr. 5.6.68

5.6.68
Computeranimation

„Friedrich Schiller 'Die Räuber' - Ein Blick hinter die Kulissen von 1782"
Video-Film von Renate Wünschl, Thomas Polajnar und Liselotte Homering, ca. 5 Minuten Spieldauer; Sprecher: Gabriela Badura und Michael Kessler, Nationaltheater Mannheim, Produktion: 1994

Die Dekoration des sogenannten 'Bildersaales' aus der Mannheimer Uraufführung von Schillers 'Räubern' hat einige Berühmtheit erlangt, da sie noch mit je vier Seitenteilen sowie dem Prospekt bis zum Jahr 1943 erhalten geblieben war. Im selben Jahr wurde sie durch Kriegseinwirkung zerstört. Überliefert sind lediglich Schwarz-weiß-Aufnahmen, die jedoch sehr qualitätvoll sind.

Zur Eröffnung der Theaterschausammlung 1994 gelang die computergestützte Wiedergewinnung dieser Dekoration, mehr noch, das Bühnenbild wurde farblich und räumlich rekonstruiert, wobei darüber hinaus auch ein synchroner Szenenwechsel, wie er für die Kulissenbühnen der Zeit typisch war (vgl. auch Kat.Nr. 5.5.1), simuliert wurde.

Die Computeranimation besteht aus ca. 3800 einzeln errechneten Bildern. Die reine Rechnerzeit betrug ca. 700 Stunden, die Bearbeitungszeit durch Renate Wünschl und Thomas Polajnar, beide Absolventen der Fachhochschule für Druck, Stuttgart-Vaihingen, verursachte noch einmal etwa dieselbe Zahl an Stunden. Die Produktion wäre nie gelungen, hätte nicht das ebenfalls in Stuttgart ansässige Fraunhofer-Institut für Arbeitswirtschaft und Organisation in außergewöhnlicher Großzügigkeit seine Rechnerkapazität für dieses Projekt zur Verfügung gestellt. Außerdem übernahm die Arbeitsstelle für literarische Museen, Archive und Gedenkstätten in Baden-Württemberg den größten Teil der dennoch anfallenden Kosten. L.Hg.

Homering, Liselotte, Polajnar, Thomas und Wünschl, Renate: "Friedrich Schiller 'Die Räuber' - Ein Blick hinter die Kulissen von 1782". Zur Wiedergewinnung einer verlorenen Bühnendekoration. Und: Die Produktion einer Computer-Animation. In: Museumsblatt Heft 17, August 1995, S. 23-26.

Mannheim, Reiss-Museum, Theatersammlung

5.6.69
Soufflierbuch zu „Die Räuber"

Ein Trauerspiel in 7 Handlungen; für die Mannheimer National-Bühne vom Verfasser Hrn Schiller bearbeitet 1781", am 13. Januar 1782 verwendet bei der Uraufführung und bei weiteren Aufführungen von Friedrich Schillers Jugenddrama im Nationaltheater auf B 3

392 S, davon drei Seiten unbeschrieben, 20,7 x 16,8 cm

Aufgeschlagen: der Beginn des Stückes mit der von Schiller ursprünglich in dieser Weise nicht vorgesehenen Orts- und Zeitangabe: "Der Ort der Handlung ist Deutschland, als Kayser Maximilian den ewigen Landfrieden für Deutschland stiftete". Auf Dalbergs Intervention wurde die gespielte Zeit vom 18. ins 15. Jahrhundert zurückverlegt. Die Zuschauer allerdings, die Zeuge der spektakulären Uraufführung waren, spürten trotzdem die Brisanz des Stoffes und die ihm innewohnende Kritik an den zeitgenössischen politischen und sozialen Verhältnissen.
Die Handschrift wurde von dem Mannheimer Souffleur und Kopisten Johann Daniel Trinkle (um 1748-1814) angefertigt. Das Mannheimer Soufflierbuch zur Uraufführung von Schillers 'Räubern' ist das kostbarste Exemplar der insgesamt etwa 1200 Bühnenmanuskripte aus der Anfangszeit der Dalberg-Bühne, die in der Theatersammlung des Reiss-Museums verwahrt werden. L.Hg.

Walter 1899, Bd. II, S. 148-151; Stubenrauch, Herbert/Schulz, Günter (Hrsg.): Schillers Räuber. Urtext des Mannheimer Soufflierbuches. Mannheim 1959.

Mannheim, Reiss-Museum, Theatersammlung (M 42)

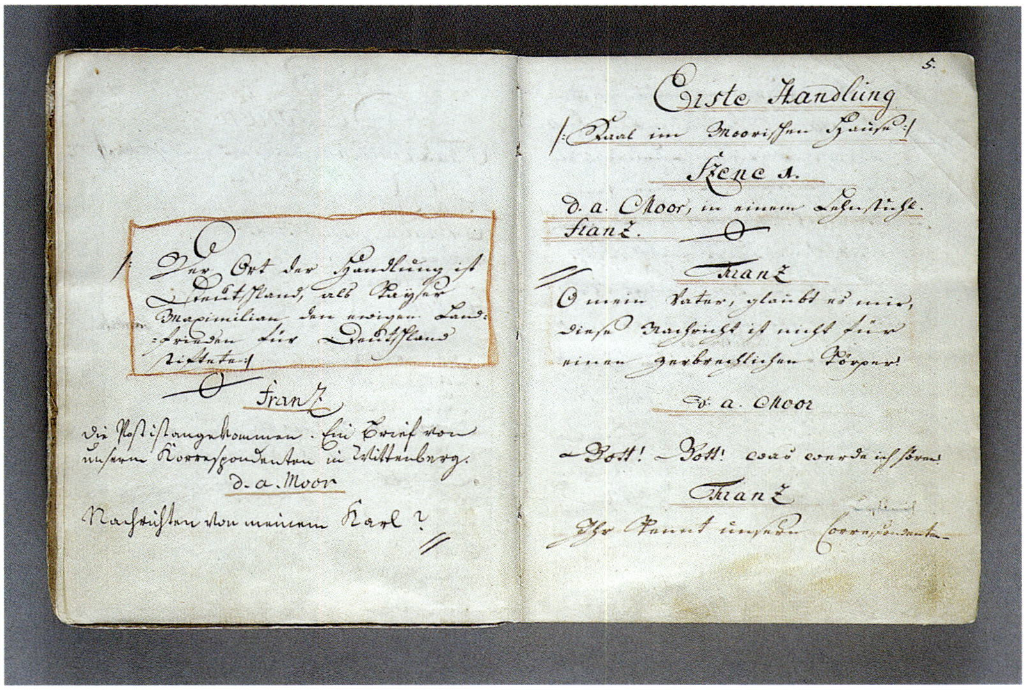

Kat. Nr. 5.6.69

5.6.70
Theaterzettel zur Uraufführung von "Die Räuber" am 13. Januar 1782 in Mannheim

Friedrich Schiller (Marbach 1759-1805 Weimar)
33,5 x 42, 2 cm (aufgeschlagen)

Der Originalzettel ist von Ausstellungsbeginn an bis ca. Februar 2000 durch ein altes Faksimile aus dem Jahr 1859 ersetzt.

Marbach, Schiller-Nationalmuseum (3039/19)

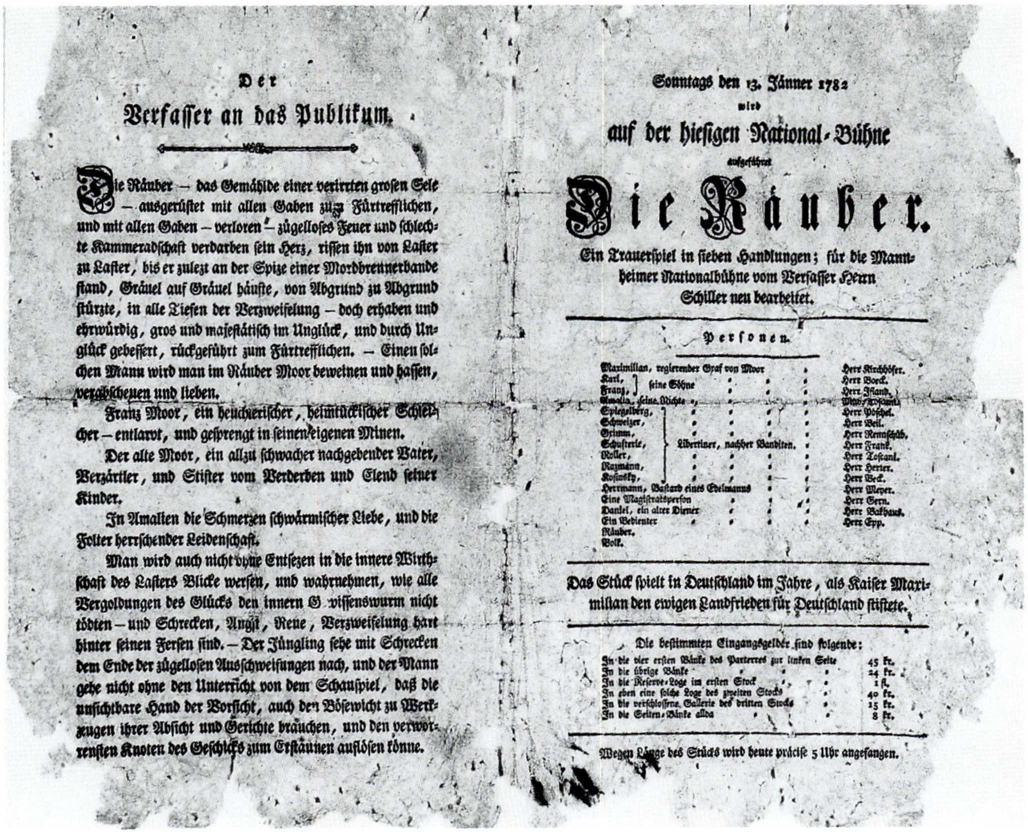

Der
Verfasser an das Publikum.

Die Räuber – das Gemählde einer verirrten grosen Sele – ausgerüstet mit allen Gaben zum Fürtrefflichen, und mit allen Gaben – verloren – zügelloses Feuer und schlechte Kammeradschaft verdarben sein Herz, rissen ihn von Laster zu Laster, bis er zulezt an der Spize einer Mordbrennerbande stand, Gräuel auf Gräuel häufte, von Abgrund zu Abgrund stürzte, in alle Tiefen der Verzweiselung – doch erhaben und ehrwürdig, gros und majestätisch im Unglück, und durch Unglück gebessert, rückgeführt zum Fürtrefflichen. – Einen solchen Mann wird man im Räuber Moor beweinen und hassen, verabscheuen und lieben.

Franz Moor, ein heuchlerischer, heimtückischer Schleicher – entlarvt, und gesprengt in seinen eigenen Minen.

Der alte Moor, ein allzu schwacher nachgebender Vater, Verzärtler, und Stifter vom Verderben und Elend seiner Kinder.

In Amalien die Schmerzen schwärmischer Liebe, und die Folter herrschender Leidenschaft.

Man wird auch nicht ohne Entsezen in die innere Wirthschaft des Lasters Blicke wersen, und wahrnehmen, wie alle Vergoldungen des Glücks den innern Gewissenswurm nicht tödten – und Schrecken, Angst, Reue, Verzweifelung hart hinter seinen Fersen sind. – Der Jüngling sehe mit Schrecken dem Ende der zügellosen Ausschweifungen nach, und der Mann gehe nicht ohne den Unterricht von dem Schauspiel, daß die unsichtbare Hand der Vorsicht, auch den Bösewicht zu Werkzeugen ihrer Absicht und Gerichte bräuchen, und den verworrensten Knoten des Geschicks zum Erstäunen auflösen könne.

Sonntags den 13. Jänner 1782
wird
auf der hiesigen National-Bühne
aufgeführet
Die Räuber.
Ein Trauerspiel in sieben Handlungen; für die Mannheimer Nationalbühne vom Verfasser Herrn Schiller neu bearbeitet.

Personen.

Maximilian, regierender Graf von Moor	Herr Kirchhöfer.
Karl, } seine Söhne	Herr Boeck.
Franz, } seine Söhne	Herr Iffland.
Amalia, seine Nichte	Mad. Toscani.
Spiegelberg, } Libertiner, nachher Banditen.	Herr Pöschel.
Schweizer,	Herr Beil.
Grimm,	Herr Rennschüb.
Schusterle,	Herr Frank.
Roller,	Herr Toscani.
Razmann,	Herr Herter.
Kosinsky,	Herr Beck.
Herrmann, Bastard eines Edelmanns	Herr Meyer.
Eine Magistratsperson	Herr Gern.
Daniel, ein alter Diener	Herr Bakhaus.
Ein Bedienter	Herr Epp.
Räuber.	
Volk.	

Das Stück spielt in Deutschland im Jahre, als Kaiser Maximilian den ewigen Landfrieden für Deutschland stiftete.

Die bestimmten Eingangsgelder sind folgende:

In die vier ersten Bänke des Parterres zur linken Seite	45 kr.
In die übrige Bänke	24 kr.
In die Reserve-Loge im ersten Stock	1 fl.
In eben eine solche Loge des zweiten Stocks	40 kr.
In die verschlossene Gallerie des dritten Stocks	15 kr.
In die Seiten-Bänke allda	8 kr.

Wegen Länge des Stücks wird heute präcise 5 Uhr angefangen.

Kat. Nr. 5.6.70

5.6.71
Bühnengestaltung am Nationaltheater

Die Aufführungen in der Anfangsphase der jungen Bühne wurden nachhaltig von drei Theaterarchitekten und Theaterdekorateuren geprägt: zunächst vom Erbauer des Hauses, Lorenzo Quaglio (1730-1804), seit 1778 Hofkammerrat, der von 1758 bis 1789 für die Dekorationen zuerst der Hofoper und später des Nationaltheaters verantwortlich zeichnete. Ihm folgte sein Neffe Giulio Quaglio (1764-1801), der auf einem unterdessen reichlich angewachsenen Dekorationsfundus kontinuierlich aufbauen konnte. Letzter in dieser Folge von Künstlern aus den Anfangsjahren war Abel Schlicht (1754-1826), der sich wie einige überlieferte Entwürfe zeigen, sehr intensiv mit dem Stil Alessandro Galli Bibienas auseinandersetzte, was auch seine eigene künstlerische Handschrift maßgeblich beeinflußt haben dürfte.

Anders als heute, wurden nicht für jedes Stück neue Dekorationen entworfen und ausgeführt, sondern man legte sich nach und nach einen Fundus an, der bestimmte Standarddekorationen enthielt („Das gelbe Zimmer", „Das gotische Zimmer", „Die schwarze gotische Kapelle", „Das Gefängnis" etc.), die vielseitig einsetzbar waren. Keinerlei Originaldekorationen haben sich aus dieser Zeit erhalten - wie dies beispielsweise in Ludwigsburg oder Drottningholm der Fall ist.

Manche Entwürfe erscheinen eher wie Szenenbilder, angereichert durch effektvolle Staffage (kniender Mönch, Soldaten etc.) und ebensolche Beleuchtung, die die Vorstellung auch von der räumlichen Wirkung dieser zuweilen düsteren, zuweilen wie erstarrt erscheinenden monumentalen Architektur anschaulich vermitteln.

Wie diese Dekorationen technisch in Bewegung gebracht wurden, welche verblüffenden Effekte sich mit der aufwendigen Bühnenmaschinerie erzielen ließen und wie man sich den räumlichen Aufbau solcher Dekorationen vorstellen muß, demonstrieren einerseits das Modell zu Beginn der Ausstellung (Kat.Nr. 5.5.1), das ebenso einem Mitglied der Quaglio-Familie zugeschrieben werden kann, wie andererseits die in der Computeranimation (vgl. Kat.Nr. 5.6.68) bewegten Bilder einer „Räuber"-Uraufführungs-Dekoration, deren Original definitiv von Giulio Quaglio stammte.

(Aus konservatorischen Gründen werden die Katalog-Nummern 5.6.71.a. - 5.6.71.i. nicht gleichzeitig, sondern im Wechsel gezeigt.)

Kat. Nr. 5.6.71 a

Kat. Nr. 5.6.71 b

A Bühnenbildentwurf für den Innenhof eines Gefängnisses

Giulio Quaglio (Laino 1764 [?]-München 1801), 1779
Schwarze Feder, laviert, Sepia, Blatt: 39,5 x 54,3 cm, Bild: 34,2 x 49 cm

Sommerfeld 1927; Homering/Krock 1998, S. 477-480 u. Abb. S. 478.

Mannheim, Reiss-Museum (G Kh 1853 m)

B Bühnenbildentwurf für Kolonnadenflucht und Treppe in einem Palast

"scena per angelo'

Giulio Quaglio (Laino 1764[?]-1801 München), um 1780
Aquatinta in Braun, Blatt: 27,3 x 29,4 cm, Platte beschnitten, Bild: 27,3 x 29,4 cm

Sommerfeld 1927; Homering/Krock 1998, S. 477-480.

Mannheim, Reiss-Museum (G Kd 1856, k)

C Bühnenbildentwurf für ein Unterirdisches Columbarium

Giulio Quaglio (Laino 1764[?]-1801 München), um 1780
Aquatinta in Braun, Blatt: 16,2 x 19,2 cm, Platte beschnitten, Bild: 13,3 x 16,8 cm

Bez. u. l.: "J. Quaglio f."

In dem spärlich durch eine Öllampe beleuchteten, unterirdischen Columbarium segnet ein Bischof einen Aufgebahrten ein. L.Hg.

Sommerfeld 1927; Homering/Krock 1998, S. 477-480.

Mannheim, Reiss-Museum (G Kd 1850, k)

D Bühnenbildentwurf für einen Friedhof bei Nacht

Giulio Quaglio (Laino 1764[?]-1801 München), um 1789 (?)
Aquatinta in Braun, Blatt: 19,4 x 23,1 cm, Platte beschnitten, Bild: 13,4 x 16,9 cm

Handschriftlich mit brauner Feder auf dem Untersatzpapier: "Decoration von Julius v. Quaglio für das Mannheimer National Theater gemahlt."; rechts an einer Säule bezeichnet: "J Quaglio"

Kat. Nr. 5.6.71 c

Kat. Nr. 5.6.71 d

Das Blatt, das einen Friedhof bei Nacht mit Blick in eine erleuchtete Friedhofskapelle zeigt, könnte mit der Mannheimer Erstaufführung von W.A. Mozarts Oper "Don Juan" im Nationaltheater am 27. September 1789 in Zusammenhang stehen. L.Hg.

Sommerfeld 1927; Homering/Krock 1998, S. 477-480.

Mannheim, Reiss-Museum (G Kd 1851, k)

Kat. Nr. 5.6.71 e

e Bühnenbildentwurf für eine Folge von Gebäuden und Höfen im Innern eines Renaissancepalastes („Scena per angelo")

Giulio Quaglio (Laino 1764[?]-1801 München), um 1780
Aquatinta in Braun, Blatt: 13,4 x 17 cm, Platte beschnitten, Bild: 13,4 x 17,0 cm

Rechts auf einem Säulensockel bezeichnet: "J. Quaglio f."

Sommerfeld 1927; Homering/Krock 1998, S. 477-480.

Mannheim, Reiss-Museum (G Kd 1854, k)

Kat. Nr. 5.6.71 f

f Bühnenbildentwurf für das Innere einer gotischen Kirchenhalle mit Rittergrabmal und figürlicher Szene

Giulio Quaglio (Laino 1764[?]-1801 München), um 1780
Aquatinta in Braun, Blatt: 20,6 x 22,2 cm (altes Untersatzpapier), Platte beschnitten, Bild: 13,7 x 17,1 cm

Handschriftlich auf dem Untersatzpapier bezeichnet: "J. Quaglio f."

Sommerfeld 1927; Homering/Krock 1998, S. 477-480.

Mannheim, Reiss-Museum (G Kd 1852, k)

g Bühnenbildentwurf für ein unterirdisches Mausoleumsgewölbe mit Sarkophag

Abel Schlicht (Mannheim 1754-1826), um 1785
Auqatinta in Braun, Blatt: 32,6 x 39,6 cm; Platte: 25,9 x 32,3 cm, Bild: 21,6 x 29,4 cm

Sommerfeld 1927; Homering/Krock 1998, S. 477-480

Mannheim, Reiss-Museum (G Kd 1947, m)

h Bühnenbildentwurf mit einer Flucht von Palastkolonnaden „scena per angelo"

Abel Schlicht (Mannheim 1754-1826), 1786
Aquatinta in Braun, Blatt: 33,8 x 34,7 cm, Platte beschnitten, Bild: 27,4 x 29,7 cm

Unter dem Bild bezeichnet: „Dekorazion für die Schaubühne. erfunden u. gestochen von A. Schlicht Kurpfälz. Hofbaumeister Herausgegeben zu Mannheim im August 1786."

Sommerfeld 1927; Homering/Krock 1998, S. 477-480.

Mannheim, Reiss-Museum (G Kd 1935, 2, m)

i Bühnenkostüm: Brustpanzer

Anonym, wohl frühes 18. Jahrhundert
Rötliches Leder, Applikationen (Gips, Glassteine, Stickereien)
H. ca. 53 cm, B. ca. 43 cm, T. 21 cm

Bei dem Stück handelt es sich um den nicht eben häufig vorkommenden Fall, daß sich aus dieser Zeit noch Originalbühnenkostümteile erhalten haben. Vermutlich wurde der Brustpanzer als Teil eines Opernkostüms getragen. Dank des freundlichen Entgegenkommens von Eckehart Nölle, Deutsches Theatermuseum München, vermittelt dieses Objekt erstmals in einer Ausstellung einen Eindruck davon, wie sorgfältig und aufwendig Bühnenkostüme im 18. Jahrhundert gearbeitet waren, die man in der Regel nur von Szenenkupfern oder Kostümentwürfen kennt. L.Hg.

München, Deutsches Theatermuseum (XI 132)

Kat. Nr. 5.6.71 i

Kat. Nr. 5.6.71 g

Kat. Nr. 5.6.71 h

Kat. Nr. 5.6.72

5.6.72 - 5.6.80
Ausklang mit Auftaktcharakter: Theater in München zur Zeit Carl Theodors

Als Carl Theodor 1778 seine Residenz nach München verlegen mußte, ließ er in Mannheim ein Nationaltheater zurück, das im Aufbau begriffen war und erst seinen Weg finden mußte und fand - zum Teil erstaunlich unabhängig vom Willen des Kurfürsten, zum Teil mit ebenso erstaunlicher Toleranz seitens des Kurfürsten.

In München erwartete ihn ein glanzvolles und ausgesprochen vielfältiges Theaterleben, das aber noch ganz und gar von der großen italienischen Oper dominiert wurde. Es ist nur logisch, daß Carl Theodor in München dort anzuknüpfen trachtete, wo er in Mannheim seine Bestrebungen hatte abschließen müssen: bei der Durchsetzung der deutschsprachigen Oper. Daher befahl er, als erste Oper während der Karnevalszeit 1779 Wieland/Schweitzers „Alceste“ zu geben, die vier Jahre zuvor mit so durchschlagendem Erfolg in Schwetzingen über die Bühne ging. Daß er bereits im darauffolgenden Jahr und bis 1787 wieder die großen italienischen Opern aufführen ließ, sagt viel über die Aufnahmebereitschaft des Münchner Hofes aus, dem die deutsche Nationaloper augenscheinlich kein Anliegen war!

Selbstverständlich setzte er die ansatzweise vorhandenen Bestrebungen seines Vorgängers zu Gunsten einer deutschen Schaubühne rasch in die Tat um: Das alte Opernhaus, das Salvatortheater, funktionierte er zum Sitz der Deutschen National-Schaubühne um, die fortan vom Marchandschen Ensemble, das er von Mannheim mitbrachte, bespielt wurde. Auch in München plante er einen Neubau für das Nationaltheater, doch gelang es ihm nicht mehr, diese Pläne umsetzen zu lassen. So wählte er den anderen, beinahe radikaleren Weg: Zunächst untersagte er 1787 jegliche Aufführungen der großen italienischen Oper und 1795 öffnete er gerade den Ort der großen „opera seria“-Aufführungen, das Neue Opernhaus des François Cuvilliés, für die zahlende Öffentlichkeit. Dieser letzte Akt in München bedeutete nichts weniger als die endgültige Ablösung der absolutistischen Hofoper zu Gunsten des deutschen Theaters, das Carl Theodor den Münchner Bürgern als vom Hof unabhängige Institution hinterlassen hat. L.Hg.

5.6.72
Wandernde Komödianten auf dem Anger in München

Joseph Stephan (München um 1709 – 1786 München), um 1770
Öl auf Leinwand, 45 x 90 cm

Das detailfreudige Gemälde gibt einen guten Eindruck von der Atmosphäre wieder, die während der Aufführungen von Wandertruppen herrschte. In München gastierten auch nach Etablierung der deutschen National-Schaubühne noch etliche Jahre hindurch reisende Schauspielergesellschaften an unterschiedlichen Örtlichkeiten. L.Hg.

Thieme/Becker 33 (1937), S. 596.

München, Deutsches Theatermuseum (Dauerleihgabe des Bayerischen Nationalmuseums; R 5806)

5.6.73
Porträt Joseph Graf von Seeau

Karl Friedrich August von Lütgendorf (München 1746-1809 Nürnberg), 1786
Silhouettenbildnis nach links, 14 x 10,5 cm

Bez. u. l.: “Dessiné & gravé par Ch. Bar. de Lütgendorf 1786”; Kupferstich; Nr. 1 der Serie “Kurbayerisches Nationaltheater [...]. 1786. Titel und 27 Silhouetten ... in Kupferstich”

Joseph Anton Graf von Seeau (1713-1799) zählt zu den schillernden Theaterpersönlichkeiten der bayerischen Carl Theodor-Ära. Er war bereits 1735 zum kurfürstlichen Kämmerer sowie zum “maître de plaisir” in Mün-

Kat. Nr. 5.6.73

Kat. Nr. 5.6.74

chen ernannt worden. 1753 erfolgte die Ernennung zum Intendanten der "Hofmusik und Spektakeln". Im Jahr 1772 übernahm er die Deutsche Schaubühne auf eigene Rechnung, wobei er erhebliche finanzielle Unterstützung durch den bayerischen Kurfürsten Max III. Joseph erhielt. Daran änderte sich auch nichts, als Kurfürst Carl Theodor 1778 die Regierung in München antrat. Mit dergleichen Organisationsstrukturen ergab sich von selbst eine gewisse Loslösung vom Hof, wobei die Geschäftsführung Seeaus bereits zu seinen Lebzeiten umstritten war. Die Ambitionen, die schon Carl Theodors Vorgänger in München im Hinblick auf die Einrichtung einer Nationalen Schaubühne hegte, setzte der neue Herr von Pfalz-Bayern einigermaßen konsequent um. 1784 übertrug er Seeau die "Entreprise auf Lebenszeit" und hierdurch den Großteil der Verantwortung. Damit verstärkte der Kurfürst zusätzlich die Distanz zwischen Unternehmer und Hof. Sicher ginge es zu weit, auf diese Weise anzudeuten, er habe sein Münchener Nationaltheater in die Unabhängigkeit entlassen wollen, denn die Kontrollfunktion konnte er nach wie vor mit Hilfe seines Zensur-Kollegiums ausüben. Nur: Manchmal agitierte das Kollegium 'fürstlicher als der Kurfürst', so daß Carl Theodor zuweilen sogar Entscheidungen seiner Beamten zurücknahm. Seeau starb im selben Jahr wie der Kurfürst. Er hinterließ eine Unmenge Schulden, die kaum mehr nachverfolgt werden konnten, da er alle Unterlagen hatte verschwinden lassen. L.Hg.

Nölle 1980, S. 287f. u. S. 303-309; Kosch, Wilhelm/Bigler-Marschall, Ingrid: Deutsches Theater-Lexikon 3. Bd., 1992, S. 2158.

München, Deutsches Theatermuseum (A 1143)

5.6.74
Das Opernhaus am Salvatorplatz

Michael Wening (Nürnberg 1641/45-1718 München) nach der Zeichnung von Domenico Mauro (1685-1693 Hoftheaterarchitekt in München), 1701
Kupferstich, 23,6 x 29,1 cm

Bez. u. l.: "Domenico Mauro in a. F.", r. u.: "Michael Wening Sculp.",

Die Operntradition in München reicht in die Zeit des Kurfürsten Maximilian I. von Bayern zurück (reg. 1597-1651). Für die Vermählungsfeierlichkeiten des Kurprinzen Ferdinand Maria mit Henriette Adelaide, Prinzessin von Savoyen, 1652, gab der Kurfürst den Bau eines Opernhauses in Auftrag. Der Architekt Max Schinnagl baute daraufhin den alten zwischen Salvatorfriedhof und der Stadtmauer (heute Salvatorplatz) gelegenen Kornspeicher zu einem mehrrangigen Logentheater um. Über lange Jahre wurde die Münchener Hofoper für die glanzvollen und staatsrepräsentativen Aufführungen der "opera seria" genutzt. Zeitweilig diente sie später auch dem Französischen Schauspiel. Da das Haus immer weniger dem höfischen Zeitgeschmack entsprach, wurde es umgebaut, genügte aber dennoch nicht mehr den Ansprüchen und auch nicht mehr den gewandelten Erscheinungsformen der Opernaufführungen selbst. 1750 erteilte Kurfürst Max III. Joseph den Auftrag, ein neues Opernhaus, zwar aus Brandschutzgründen freistehend, aber doch innerhalb der Residenz zu erbauen (Architekt: François Cuvilliés, Eröffnung: 1755). Da die Bühnentechnik im neuen Haus groß dimensioniert und deshalb schwerfällig und in den Betriebskosten teuer war, wurden kleinere und oft gespielte Opern weiterhin im Salvatortheater gegeben.

Eine grundlegende Änderung im Theaterleben brachte der Regierungsantritt von Kurfürst Carl Theodor in Bayern mit sich. Umgehend wurde das Salvatortheater als Stätte der "Deutschen National-Schaubühne" angewiesen und von der Marchandschen Gesellschaft bespielt. Die Aufführungen machte man noch im Jahr 1778 dem zahlenden Publikum zugänglich. Als Carl Theodor 1795 das "Neue Opera Hauss" in ein "Kurfürstliches Hof- und Nationaltheater" umwidmete und der Öffentlichkeit übergab, wurde das Salvatortheater kaum mehr genutzt. 1799 erfolgte die endgültige Schließung, 1802 der Abriß. L.Hg.

Heym, Sabine: Das Alte Residenztheater. Cuvilliés-Theater in München. München 1995, S. 11-15 u. S. 42.

München, Deutsches Theatermuseum (198)

5.6.75
Münchner Schauspieler zur Zeit Kurfürst Carl Theodors

Marianna Kürzinger (München 1767/1770-1809 München), 1788
Öl auf Leinwand, 47,3 x 61 cm

Signiert "Marianna Kirzinger 1788"

Eventuell handelt es sich bei dieser Folge von Darstellungen um Mitglieder der Marchandschen Truppe, doch ist die konkrete Zuschreibung auf konkrete Personen noch nicht gesichert (lt. Auskunft von Eckehart Noelle, Direktor des Deutschen Theatermuseums). Die Malerin, Miniaturmalerin und Radiererin Marianna Kürzinger war verheiratet mit Johann Kuntz (1717-1795), der als Tenor am Münchner Hoftheater engagiert war. Sie, die gerne etwas schmeichelhaft als *bayerische Angelica Kauffmann* bezeichnet wurde, hat neben Historien- und Genrebildern mehrere Theaterszenenbilder gemalt, von denen dank des großen Entgegenkommens von Eckehart Nölle eines (zumindest in Reproduktion) erstmals in einer Ausstellung gezeigt und in diesem Katalog publiziert werden kann (vgl. Kat.Nr. 5.6.77). L.Hg.

Nölle 1980, S. 189-321, Abb. S. 305; Brauneck, Manfred: Die Welt als Bühne. Geschichte des europäischen Theaters. 2. Bd. Stuttgart/Weimar 1996, Abb. S.703.

München, Deutsches Theatermuseum (Dauerleihgabe des Bayerischen Nationalmuseums D 2288)

5.6.76
Rollenporträt von Franz Xaver Heigel (1752-1811)

als Otto von Wittelsbach in dem gleichnamigen Schauspiel von Joseph Marius Babo (1756-1822)

Moritz Kellerhoven (Altenrath/Siegkreis; ehemals Herzogtum Berg 1758-1830 München), 1781
Öl auf Leinwand, 96 x 75 cm

Kat. Nr. 5.6.76

Das Porträt ist in vielerlei Hinsicht von hohem Interesse. Es wirft ein Licht auf die durchaus ambivalente Haltung des Kurfürsten speziell den Münchener Theaterverhältnissen gegenüber. Moritz Kellerhoven war Carl Theodors Hofmaler. Er porträtierte auch den berühmten Tenor Anton Raaff (vgl. Kat.Nr. 5.5.4 – dort jedoch das Porträt von Clemens August Philippart – und Kat.Nr. 5.6.80), Repräsentant einerseits der „opera seria", andererseits der deutschen Nationaloper („Günther von Schwarzburg"). Heigel, Mitglied des Marchandschen Ensembles, war „der" Charakterdarsteller der Kurfürstlichen National-Schaubühne im Salvatortheater. Daß er ausgerechnet in der Rolle des Otto von Wittelsbach dargestellt ist, gibt zu denken: Der Kurfürst hatte am 23. November 1781 der Erstaufführung des Stückes beigewohnt und nach der zweiten Vorstellung (am 25. November) weitere Aufführungen des Schauspiels verboten. Und nicht nur dieses, sondern in Bausch und Bogen alle Stücke *vaterländischen* Inhalts, in denen er aufrührerisches Gedankengut vermutete. Auch dieses kann als Zeichen dafür gelten, daß der Kurfürst in München erheblich strenger gegenüber dem Theater waltete als in Mannheim (vgl. auch Kat.Nr. 5.6.22). Dort wurde das Stück allerdings erst nach dem Tod Carl Theodors – mit eher mäßigem Erfolg –- 1802 aufgeführt. Auffällig an dem Kellerhovenschen Porträt ist darüber hinaus, daß der Maler den Schauspieler weniger in seiner Rollenauffassung wiederzugeben scheint, als *in repräsentativer Gebärde, vergleichbar den Fürstenporträts. In Frankreich gab es derartige Schauspielerporträts schon ein Jahrhundert früher!* (Nölle). Ein Beispiel also auch für die *Emanzipation des deutschen Berufsschauspielers* (Nölle).
L.Hg.

Nölle 1980, S. 306, Abb. S. 307.

München, Deutsches Theatermuseum (1973, 61)

5.6.77
Szenenbild „Kabale und Liebe"

Marianna Kürzinger (München 1767/1770-1809 München)
Öl auf Holz (ausgestellt eine fotographische Reproduktion),
35,4 x 28,8 cm

Bez.: "Peint par Marianne Kirzinger 1788"

Dargestellt ist die letzte Szene aus Friedrich Schillers bürgerlichem Trauerspiel „Kabale und Liebe", des am 13. April 1784 in Frankfurt am Main durch die Großmannsche Truppe uraufgeführten Werks.

Auch hier gilt Ähnliches wie für die Kat.Nr. 5.6.76. Die Darstellung könnte einer Münchner Aufführung von „Kabale und Liebe" folgen. Es existiert ein Theaterzettel der angeblichen Erstaufführung des Stückes aus dem 'Kurfürstlichen Hof- und Nationaltheater', der auf den 28. Mai 1799 datiert ist. Da das Gemälde der Kürzinger aber nachweislich elf Jahre zuvor entstanden ist, wäre möglicherweise die Angabe auf dem Theaterzettel „Zum erstenmal" mißverständlich und sie stünde nur für den heute gebräuchlicheren Begriff „Premiere", der zum ersten Mal in neuer Inszenierung meint, nicht aber dem Terminus der „Erstaufführung" entspricht. Bedauerlicherweise liegen für die Zeit Marchands, gemessen an der anzunehmenden Zahl der Aufführungen, nur wenige Theaterzettel vor. Vermutlich fand die Münchner Erstaufführung von Schillers bürgerlichem Trauerspiel wesentlich früher und mit dem Marchandschen Ensemble statt (um 1788?), und diese dürfte der Darstellung auf dem Bild von Marianne Kürzinger zugrunde liegen. Eckehart Nölle vom Deutschen Theatermuseum in München mutmaßt, daß es sich bei dem Darsteller des Hofmusikus Miller (vierter von links) um Theobald Marchand (vgl. auch Kat.Nr.5.6.25) selbst handeln könnte, der mit zunehmendem Alter auch erheblich an Leibesfülle zunahm. Mit freundlicher Genehmigung von Eckehart Nölle kann das Szenenbild hier erstmals publiziert werden. L.Hg.

München, Deutsches Theatermuseum (1988/4)

Kat. Nr. 5.6.77

5.6.78
Das Residenztheater zu München, Neues Opera Hauss

Valerian Funck (2. Hälfte des 18. Jahrhunderts) nach François Cuvilliés d.Ä. (Soignies im Hennegau 1695-1768 München) und Ignaz Günther (Altmannsteir 1725-1775 München)
Kupferstich, 42,5 x 55,8 cm

Abgesehen von gestalterischen Details ist das Blatt zunächst auch hinsichtlich der "Haustechnik" von Interesse. Besonders eindrucksvoll zeigt sich das Hebewerk zum Verstellen des Parketts. Durch die Vorrichtung konnte der abschüssige Boden auf Bühnenhöhe angehoben werden, wenn das Theater nicht für Opernaufführungen, sondern für Feste jeglicher Art genutzt werden sollte.
Als Kurfürst Carl Theodor die Regentschaft in München antrat, wurde das Opernhaus noch ausschließlich für Aufführungen der "opera seria" und ausnahmslos zu staatlichen Repräsentationszwecken genutzt. Carl Theodor ließ als "seine" erste Münchener Karnevalsoper Wieland/Schweitzers "Alceste" aufführen, nicht aber im Opernhaus, sondern bezeichnenderweise im Salvatortheater (vgl. Kat.Nr. 5.6.74). In den Jahren 1781 bis 1783, 1785 und 1787 gab es wieder Aufführungen der großen italienischen Oper im Neuen Opernhaus. 1781 fand die Uraufführung von Wolfgang Amadé Mozarts "Idomeneo" (vgl. Kat.Nr. 5.6.80) statt.
Am 10. November 1787 untersagte Kurfürst Carl Theodor fürderhin Aufführungen der "opera seria". Der Zeitgeschmack hatte sich gewandelt, der Kurfürst schon längst die Tendenz zur deutschsprachigen Oper. Der

Kat. Nr. 5.6.78

höfische Pomp der repräsentativen Opernaufführungen war obsolet geworden, mehr noch, nicht mehr opportun. Um den letzten Schritt zu tun, öffnete der Kurfürst schließlich 1795 - der Tugend folgend, und nicht der Not gehorchend - das Cuvilliéssche Opernhaus, diese einzigartige Domäne des Hofes, als "Kurfürstliches Hof- und Nationaltheater" der Öffentlichkeit. Der letzte Akt der sich schon lange anbahnenden Entwicklung war vollzogen. Nun hattte auch München, knapp zwanzig Jahre nach Mannheim, sein bürgerliches Hof- und Nationaltheater. L.Hg.

Heym, Sabine: Das Alte Residenztheater. Cuvilliés-Theater in München. München 1995, S. 25, Abb. S. 26 u. S. 42; Brunner Herbert: Altes Residenztheater in München (Cuvilliés-Theater). Unveränderter Nachdruck der zuletzt im Jahr 1990 bearbeiteten und erweiterten Ausgabe des 1958 verfaßten Amtlichen Führers. München 1997.

München, Deutsches Theatermuseum (VII 1102)

5.6.79
Drei Libretti

a "Telemaco. / Opera seria / da rappresentarsi / nel / Teatro Nuovo di Corte / Per Comando / di S.A.S.E. / Carlo Teodoro / [...] / nel Carnavale 1780. La Poesia è del Signor Conte Serimann." Monaco, Apresso Francesco Giuseppe Thuille...

Francesco Paolo Grua (Mannheim 1753-1833 München)
145 S., Libretto in italienischer und deutscher Sprache, aufgeschlagen: Beginn der Inhaltsangabe (Argomento), zusätzlich eine Farbkopie des Personenverzeichnisses, Klein-8°

Mannheim, Reiss-Museum, Theatersammlung (T 254)

b "Semiramide / Dramma / per Musica / da rappresentarsi / nel / Teatro Nuovo / di Corte / per comando / di S.A.S.E. / Carlo Teodoro / [...] / nel Carnovale / MDCCLXXXII:" [1782]..."La Poesia è del Sign. Abbate Pietro Metastasio"...

Antonio Salieri (Legnano 1750-1825 Wien)
157 S., Libretto in italienischer und deutscher Sprache, aufgeschlagen die S. 10 und 11 ("Personaggi. Personen."), zusätzlich eine Farbkopie der beiden Titelseiten, Klein-8°

Mannheim, Reiss-Museum, Theatersammlung (T 255)

c Armida / Abbandonata. / Opera seria / da/ rappresentarsi / nel / Teatro Nuovo / di Corte / per comando

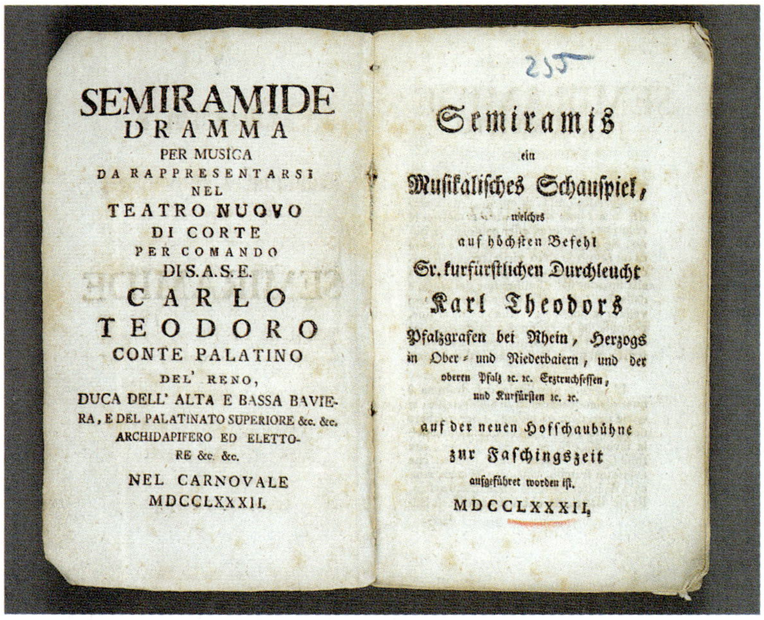

Kat. Nr. 5.6.79 b

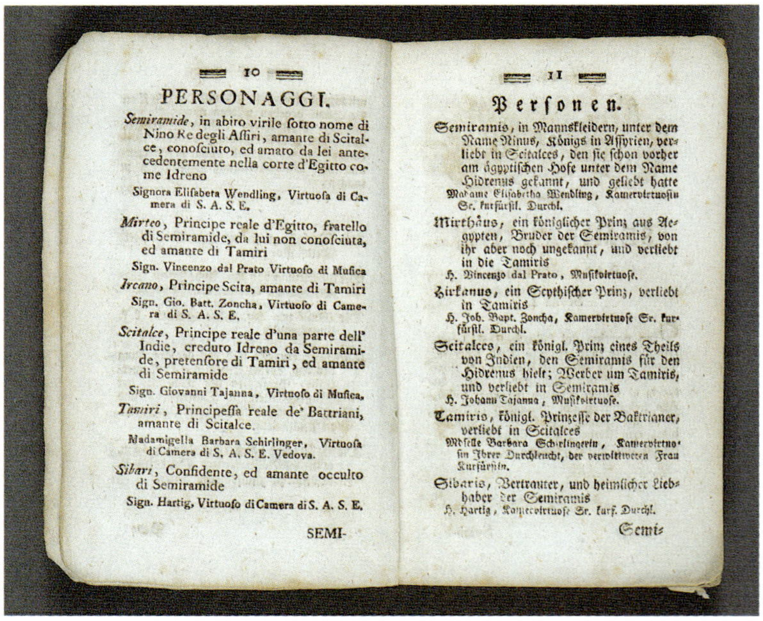

Kat. Nr. 5.6.79 b

/ di S.A.S.E. / Carlo Teodoro [...] / Nel Carnavale /", folgt in römischen Zahlen verdrucktes Datum [1785]

Alessio Prati (Ferrara 1750-1788 Ferrara)
95 S., Libretto in italienischer und deutscher Sprache, aufgeschlagen die beiden Titelseiten, zusätzlich in Farbkopie die Seiten 94 und 95, Klein-8°

Auf den beiden letzten Seiten ist als Verfasser des Textes "Abbate Sertor" genannt.

Mannheim, Reiss-Museum, Theatersammlung (T 256)

5.6.80
Rollenporträt von Anton Raaff als Idomeneo

Anonym, um 1781
Aquarell, 33 x 21,5 cm

Kat. Nr. 5.6.80

Anton Raaff (1714-1797), einer der berühmtesten Sänger seiner Zeit, wurde als Sohn eines Schäfers in Holzem/Bonn geboren. Ursprünglich war er für den Beruf eines Geistlichen bestimmt. Dann aber ließ er in München und Bologna seine Stimme ausbilden und debütierte 1739 in Venedig. Seit 1742 war er an mehreren deutschen Höfen tätig, danach in Wien und von 1753 bis 1755 in Lissabon, schließlich in Madrid und 1759 in Neapel. 1770 berief ihn Kurfürst Carl Theodor an die Mannheimer Hofoper, wo er die großen Tenor-Rollen in den Uraufführungen der Opern von Johann Christian Bach und des "Günther von Schwarzburg" kreierte (vgl. auch Kat.Nr.5.5.4). Er wechselte mit dem Hof nach München und sang dort unter anderem auch die Titelpartie in der Uraufführung von Mozarts "Idomeneo" im "Neuen Opera Hauss" in München am 29. Januar 1781 (vgl. auch Kat.Nr. 5.6.78). Raaff starb in München am 28. Mai 1797.
Der auf dem Blatt Dargestellte erscheint zwar für den damals 67jährigen Raaff ein wenig jung, dennoch gilt das ganzfigurige Porträt als authentisch. Eindeutig geklärt ist jedoch nicht, ob es sich wirklich um eine Darstellung Raaffs als Idomeneo handelt, doch scheint dies nicht unwahrscheinlich zu sein.
Ähnlich wie bei dem ausgestellten Brustpanzer (Kat.Nr. 5.6.71i) ist auch auf diesem Blatt die elegante Opulenz der Kostümierung des Sängers zu konstatieren, die dem festlichen Anlaß angemessen gewesen sein dürfte. L.Hg.

Nölle 1980, S. 308f.; Idomeneo 1981, Abb. S. 87; Schöne, Günter: Bühnenstars. Bilder von Schauspielern, Sängern und Tänzern aus vier Jahrhunderten. Eine Ausstellung aus den Beständen des Deutschen Theatermuseums. Wilhelmshaven 1997. S. 48f., Abb. 29.

München, Deutsches Theatermuseum (EK 1791.1)

6. Carl Theodor und die Wissenschaften

Fördernde Initiative auf wissenschaftlichem Gebiet war im Zeitalter der Aufklärung eine verbreitete Form fürstlicher Selbstdarstellung. Kurfürst Carl Theodors wissenschaftliche Neigungen gingen allerdings über das Repräsentationsbedürfnis, das er mit vielen Standesgenossen in ganz Europa teilte, deutlich hinaus. Erziehung und Universitätsstudium hatten den jungen Fürsten umfassend gebildet und ernsthaftere wissenschaftliche Interessen geweckt, die vor allem der Physik, Astronomie und Geschichte galten. Gelegentlich hat man ihn deshalb geradezu als den „gelehrtesten unter den Fürsten in Teutschland" bezeichnet. Dank seiner fördernden Anteilnahme wurden in der Kurpfalz wissenschaftliche Einrichtungen ins Leben gerufen, die sich mit den Institutionen großer europäischer Fürstenhöfe messen konnten. Überdies gaben Umgang und Gedankenaustausch des Kurfürsten mit Persönlichkeiten wie Voltaire dem wissenschaftlich-kulturellen Leben der kurpfälzischen Metropole manchen Impuls.

Zentrum der Wissenschaftspflege Carl Theodors war die 1763 gegründete Akademie der Wissenschaften, die aus einer Historischen und einer Naturwissenschaftlichen Klasse bestand und 1780 noch um eine Meteorologische Klasse erweitert wurde. Ein großzügiger finanzieller Etat, eine effiziente Organisationsstruktur und eine moderne technische Ausstattung ließen die „Academia Theodoro-Palatina" zu einer leistungsfähigen Forschungsinstitution werden. Zu ihr gehörten beispielsweise ein vorzüglich ausgestattetes physikalisches und meteorologisches Kabinett, eine Sternwarte mit ausgezeichneten astronomischen Instrumenten und eine eigene Druckerei zur Publikation wissenschaftlicher Arbeiten. Außerdem standen der Akademie die Hofbibliothek Carl Theodors zur Verfügung sowie bedeutende kurfürstliche Sammlungen wie das Naturalienkabinett oder das Antiquarium, mit deren wissenschaftlicher Betreuung einige ihrer Mitglieder betraut waren.

In der Druckerei der Akademie erschien seit 1767 die vom Akademiesekretär Andreas Lamey ins Leben gerufene „Mannheimer Zeitung". Ferner sind eine ganz Reihe von Akademiemitgliedern auch außerhalb ihres engeren Wirkungskreises publizistisch in Erscheinung getreten. Damit trugen sie erheblich dazu bei, daß Mannheim während der Regierungszeit Carl Theodors eine Verlags- und Pressestadt mit einer quantitativ und qualitativ beachtlichen Buch- und Zeitschriftenproduktion geworden ist. P.G.

6.1
Die Mannheimer Hofbibliothek

Im Zeitalter der Aufklärung machten zahlreiche Fürsten ihre Bücherschätze der Öffentlichkeit zugänglich. Damit wollten sie die der Wohlfahrt des Landes dienende wissenschaftliche Forschung und Information fördern und zugleich sich selbst als Herren und Spender des Wissens in Szene setzen. In der Tat sahen die Zeitgenossen in der Mannheimer Hofbibliothek eine der Hauptattraktionen der Residenzstadt. Das von 1750 bis 1758 als Pendant zur Schloßkirche erbaute Bibliotheksgebäude mit dem künstlerisch reich ausgestatteten großen Büchersaal zeigte dem staunenden Besucher nicht nur unendliche Reihen prächtig geschmückter Bände, sondern deutete mit dem Deckengemälde im Innern und dem Giebelrelief außen zugleich Auftrag und Bestimmung der Wissenschaften und Künste: Von Buch zu Buch in endloser Progression voranschreitend, ereignete sich hier unter dem Schutz des Fürsten „die Entschleierung der Wahrheit durch die Zeit".

Die Mannheimer Hofbibliothek gilt bis heute als Schöpfung Carl Theodors. Noch nie ist ihr Hauptbestand, der 1803 nach München kam und dort zusammen mit dem Säkularisierungsgut auf die Sachgruppen der Hofbibliothek verteilt und somit verstreut wurde, auf seine Herkunft hin durchmustert worden. Doch schon der in Mannheim verbliebene Restbestand von knapp 3.000 Bänden, der heute in der Universitätsbibliothek im Mannheimer Schloß aufbewahrt wird, zeigt deutlich, daß Carl Theodor seine Bibliothek nicht aus dem Nichts geschaffen hat. Er konnte auf beachtlichen Beständen der Hausbibliotheken der Linien Pfalz-Neuburg und Pfalz-Sulzbach aufbauen. In seiner 56jährigen Regierungszeit wuchs die Mannheimer Hofbibliothek von etwa 15.000 Bänden auf etwa 85.000 Bände an. Das bezeugt ein außergewöhnliches, kontinuierliches Engagement des Kurfürsten. Die Auswahl wichtiger aktueller und antiquarischer Literatur aller Fächer entsprang dem Willen, eine universale wissenschaftliche Gebrauchsbibliothek und zugleich einen musealen Thesaurus librorum zu schaffen. Daß dies in hohem Maße gelungen ist, bestätigt das positive Urteil der Zeitgenossen.

Die in dieser Ausstellung präsentierten Bücher der Mannheimer Hofbibliothek können keinen Querschnitt durch ihre reichen Bestände geben. Sie wollen vielmehr die gewachsene Struktur dieser bis ins 16. Jahrhundert zurückreichenden Sammlung sichtbar machen und zeigen, daß Carl Theodor als Schöpfer des Mannheimer „Musenhofes" nicht nur vom Beispiel seiner fernen Vorgänger, also des Universitätsgründers Ruprecht, der frühen Förderer des Humanismus Friedrich I. und Philipp und des Bibliophilen Ottheinrich, angespornt, sondern auch als Erbe eines bedeutenden Bücherschatzes zu dessen Vermehrung angeregt wurde. W.Sch.

6.1.1-6.1.2
Werke aus der Sammlung von Herzog Wolfgang von Zweibrücken und Neuburg und seines Kanzlers Ulrich Sitzinger

Die älteste geschlossene Sammlung innerhalb der Mannheimer Hofbibliothek verweist auf Herzog Wolfgang von Zweibrücken (1526/1532-1569), der 1557 von dem kinderlosen Kurfürsten Ottheinrich (1502/1556-1559) zum Erben der „jungen Pfalz" (Pfalz-Neuburg und Pfalz-Sulzbach) eingesetzt wurde. Es ist die Bibliothek seines Kanzlers und wichtigsten Beraters Ulrich Sitzinger (1525-1574). Dieser hatte als Student in Wittenberg im Hause Melanchthons Aufnahme gefunden und dessen Nichte Anna Münsterer geheiratet. In Zweibrücken entwarf der humanistisch und theologisch hochgebildete Jurist 1557 eine lutherische Kirchenordnung, die 1560 auch in Neuburg eingeführt wurde. Von Kaiser Karl V. geadelt, starb er als Landrichter und Amtmann von Sulzbach auf seiner Burg Holenstein. Seine Büchersammlung, vermehrt um Erwerbungen seiner Nachkommen, wurde von Christian August von Pfalz-Sulzbach (s.u.) als Besitz der Sulzbacher Hofbibliothek registriert. Die vielfach annotierten Bücher des berühmten Kanzlers erinnern an das große Engagement, mit dem sein Herzog die lutherische Sache verfocht, und damit an die frühe protestantische Epoche des Hauses Pfalz-Neuburg. W.Sch.

6.1.1
Luthers Chronologie der Weltgeschichte

Supputatio annorum mundi. D[octoris] M[artini] Lutheri. - Wittembergae apud Georgium Rhau. 1541

Schmuckloser, flexibler Pergamenteinband, grün, auf zwei durchgezogene Bünde geheftet, 110 S., 4°

Die von Luther zunächst für den eigenen Gebrauch angefertigte Übersicht über die biblische und profane Zeitrechnung von Beginn der Welt bis auf das Jahr 1540 wurde 1541 in Wittenberg zum Gebrauch der Studenten gedruckt und von dem jungen Ulrich Sitzinger, dessen Namenszug (Vdalricvs Sitzingervs Vvormatiensis) unter dem Titelholzschnitt zu lesen ist, eifrig benutzt und annotiert. Die über dem Titelholzschnitt stehenden Initialen CAP. sind wohl von „Christian August Pfalzgraf" (s.u.) eigenhändig eingetragen. W.Sch.

Mannheim, Universitätsbibliothek (Sch 35/190; Die heute noch verwendete Standortangabe besteht aus der Bezeichnung des Bücherschranks, hier Sch 35, und der laufenden Nummer der in diesem Schrank enthaltenen Werke nach der von 1871 bis 1943 gültigen Aufstellung der Restbestände im Bibliothekssaal des Schlosses.)

6.1.2
Wittenberger Vorlesungsnachschrift von 1549

Annotationes in primum librum Institutionum M[agistri] Ulrici Sitzinge[ri] Incepit foeliciter anno M.D.XLIX. III. Julii Sebaldus Mu[e]nsterer. [Motto:] Omnia si perdas famam servare memento / Qua semel amissa postea nullus eris. - [Wittenberg: 1549]

Pergamenteinband, auf drei Doppelbünde geheftet, Makulatur einer liturgischen Handschrift, 292 S., [12] Bl., 31 x 20 cm (Manuskript)

Die juristische Einführungsvorlesung, die der junge Rechtslehrer Ulrich Sitzinger 1549/50 in Wittenberg hielt, ist in dieser Nachschrift seines Schwagers,

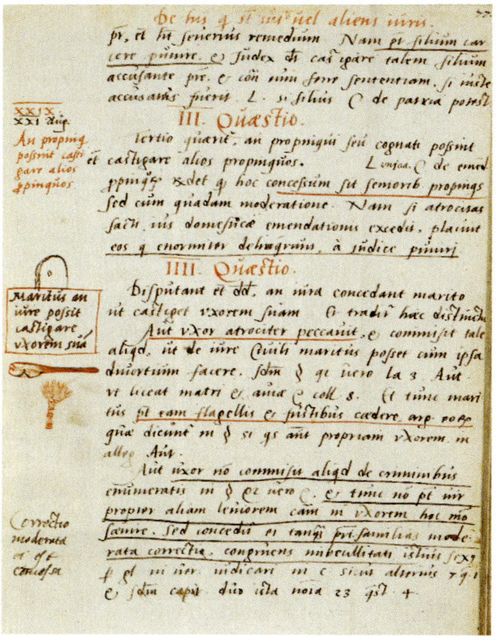

Kat. Nr. 6.1.2

Schülers und Amanuensis Sebald Münsterer sorgfältig dokumentiert. Eine saubere Schrift, die erst zum Ende hin flüchtiger wird, Hervorhebungen durch rote Farbe, auf den Seitenrand notierte Stichwörter und ein detailliertes Register erhöhen die Brauchbarkeit des Textes. Der stabile Pergamenteinband, mehrere Wahlsprüche und die an gedruckte Bücher erinnernde Titelgestaltung zeigen ebenfalls, daß das Manuskript zum dauernden Besitz und Gebrauch bestimmt war. Am Rand des Textes sind die Termine der Vorlesungen vermerkt. Nachträgliche Ergänzungen, Streichungen und vereinzelte Randzeichnungen (z.B. Keule und Rutenbündel zu der Frage, ob ein Mann seine Frau züchtigen darf) bezeugen die intensive Durcharbeitung des Textes. W.Sch.

Mannheim, Universitätsbibliothek (Sch 40/123)

6.1.3-6.1.6
Werke aus der Sammlung von Herzog Wolfgang Wilhelm von Pfalz-Neuburg

Herzog Wolfgangs Sohn Philipp Ludwig (1547/69-1614) sorgte als sparsamer Landesvater für die Gesundung der Neuburger Staatsfinanzen und wirkte als überzeugter Lutheraner für die Einheit der Protestanten im Reich. Daß sein ältester Sohn Wolfgang Wilhelm (1578/1614-1653) zur katholischen Kirche übertrat, als er 1613 eine Schwester Herzog Maximilians von Bayern heiratete, verwand der Vater nicht. Wolfgang Wilhelm war ein unermüdlicher Verwalter und Briefschreiber. In rastloser Tätigkeit gelang es ihm, seine Erbansprüche auf die niederrheinischen Territorien Jülich und Berg durchzusetzen. 1631 machte er Düsseldorf zu seiner Hauptresidenz. Neben theologischen Fragen interessierten ihn besonders Malerei und Musik. Als Buchbesitzer ist er nur in wenigen Bänden greifbar. W.Sch.

6.1.3
C. Schoppes Verteidigung des Papsttums

Gasp. Scioppii De Antichristo epistola, ad illustrissimum quemdam Germaniae principem scripta. Accesserunt eiusdem De Petri primatu, de adoratione Summi Pontificis, de splendore et divitiis ecclesiasticorum, de Papae denique potestate in saecularibus. Et viri doctissimi de Protestantibus & Calvinistis iudicium, [...]. Anno M.DCV. - Ingolstadii, Ex Typographeo Adami Sartorii. [1605]

Flexibler, schmuckloser Pergamenteinband, rot, auf drei durchgezogene Bünde geheftet, 275 S., 4°

Mit Wappensupralibros Carl Theodors auf Vorder- und Hinterdeckel

Caspar Schoppe (1576-1649) aus Neumarkt in der Oberpfalz, der als kurfürstlicher Stipendiat an der calvinistischen Universität Heidelberg studiert hatte, lebte seit 1598 als Humanist am päpstlichen Hof in Rom, von wo aus er das protestantische Deutschland mit hochgelehrten Streitschriften überzog. Die vorliegende, vom Verleger der Jesuitenuniversität Ingolstadt gedruckte Schrift erwarb Wolfgang Wilhelm, wie sein eigenhändiger Eintrag zeigt, bereits 1605. Sein kontroverstheologisches Interesse war also schon lange vor seiner Heirat mit der katholischen Magdalena von Bayern ausgeprägt. Wie bei den meisten Büchern der Hofbibliothek prangt das gedruckte Wappenexlibris der 'Bibliotheca Palatina' mit den Initialen Carl Theodors auf dem vorderen Spiegel. W.Sch.

Mannheim, Universitätsbibliothek (Sch 36/209)

6.1.4
Gründe für Herzog Wolfgang Wilhelms Konversion

Muri Civitatis Sanctae Hoc est Religionis Catholicae fundamenta XII. Quibus insistens Ser[enissi]mus Princeps Wolfgangus Wilhelmus Comes Palatinus Rheni, Dux Bavariae, Iuliae, Cliviae, Montium, Comes in Veldentz, Spanheim [!], Marchia, Ravensburg et Moehrs, Dominus in Ravenstein, etc. In civitatem Sanctam, hoc est, Ecclesiam Catholicam faustum pedem intulit. Dissertationibus totidem explicata a R[everendo] P[atre] Iacobo Reihing e Societate Iesu. - Coloniae Agrippinae, Apud Ioannem Kinckium sub Monocerote. Anno M.DC.XV. [1615]

Einband weißes Schweinsleder auf Holzdeckel mit Plattenblindprägung und Streicheisenlinien, Schließen, [8], 315, [5] S., 4°

Provenienz: 1. Jesuitenkolleg Molsheim im Elsaß. 2. Sammlung Desbillons

Nach seiner heimlichen Konversion, die 1613 in München erfolgte, bekannte Wolfgang Wilhelm 1614 in Köln seinen katholischen Glauben öffentlich in 12 knappen Grundsätzen, die der als gelehrter Polemiker geschätzte Jesuit Jacob Reihing (1579-1628) alsbald in ebensovielen Abhandlungen ausführlich begründete. Die Konversion des Pfalzgrafen erregte in der Zeit konfessionspolitischer Hochspannung vor Ausbruch des Dreißigjährigen Krieges großes Aufsehen. W.Sch.

Mannheim, Universitätsbibliothek (Sch 82/222)

6.1.5
Deutsche Übersetzung der Gründe Wolfgang Wilhelms

Muri Civitatis Sanctae, Das ist Der Catholischen Religion XII. Grundvesten. Durch welche der Durchl. Fürst und Herr Wolfgangus Wilhelmus, Pfaltzgraf bey Rhein, Herzog in Bayrn, Gülch, Cleven unnd Bergen, Graf zu Veldentz, Sponheim, Marck, Ravenspurg und Mörß, Herr zu Ravenstein, etc. nach fürsichtiger und reiffer Betrachtung bewegt, von der Augspurgischen Confession, sich zu der Uralten, Beständigen, Einigen, Heiligen, Catholischen und Apostolischen Kirchen begeben. - [...] Anno M.DC.XV. Getruckt zu Ingolstatt in der Ederischen Truckerey, durch Elisabeth Angermayrin, Wittib. [1615]

Dunkelbrauner Lederband, Deckeneinfassung mit Rolle, Eckstempel, Goldschnitt ziseliert, [14], 424 S., 4°

Kat. Nr. 6.1.3

Kat. Nr. 6.1.4

Wappensupralibros Carl Theodors auf Vorder- und Hinterdeckel mit Rücksicht auf vorhandene Stempel im Mitteloval darüber positioniert

Besitzvermerk: Philipp Wilhelm Pfalzgrave

Noch 1615 erschien eine von dem Jesuiten Conrad Vetter verfertigte deutsche Übersetzung der vorigen Schrift. Neben der Dedicatio Reihings an den Pfalzgrafen findet sich hier noch eine Widmung des Übersetzers an die Pfalzgräfin. W.Sch.

Mannheim, Universitätsbibliothek (Sch 34/265)

6.1.6
Verteidigung der Gründe Wolfgang Wilhelms

Excubiae Angelicae Civitatis Sanctae. Pro Defensione XII. Fundamentorum Catholicorum Ser[enissi]mi Principis Wolfgangi Wilhelmi, Com[itis] Palat[ini] Rheni etc. Duobus levis armaturae sociis, Balthasari Meisnero Praeconi Lutherano, et Fabricio Bassecourt, Tubicini Calviniano, oppositae, A Iacobo Reihing e Societate Iesu. - Neoburgi ad Danubium. Apud Laurentium Danhusium. Anno Christ M.DC.XVII [1617]

Dunkelbrauner Lederband mit ornamentaler Reliefprägung, Goldschnitt ziseliert, [22], 538, [7] S., 4°

Lederauflage mit Wappensupralibros Carl Theodors auf Vorder- und Hinterdeckel

Besitzvermerk: Philippus Wilhelmus Comes Palatinus Rheni

Die heftigen Angriffe protestantischer Theologen erwiderte Reihing zwei Jahre später. Auf mehr als 500 Seiten bietet der Neuburger Hofkaplan hier neben einer Generalabrechnung mit den Gegnern nur die Verteidigung der ersten beiden Fundamente! Offenbar hat er sich zu sehr auf die Argumente der anderen Seite eingelassen; denn 1621 trat der Jesuit, der die Rekatholisierung Pfalz-Neuburgs so eifrig verfochten hatte, selbst ins protestantische Lager über! Bald wirkte er, inzwischen verheiratet, als evangelischer Theologieprofessor in Tübingen - Grund genug für neue, verunglimpfende Attacken, diesmal von seiten seiner ehemaligen Mitstreiter. W.Sch.

Mannheim, Universitätsbibliothek (Sch 38/205)

6.1.7-6.1.9
Werke aus der Sammlung von Kurfürst Philipp Wilhelm

Erst Philipp Wilhelm von Pfalz-Neuburg (1615/53-1690), der 1685 die rheinische Pfalz und die Kurfürstenwürde erbte, tritt für uns als Buchbesitzer deutlich in Erscheinung. Viele Bücher der Hofbibliothek sind mit seinem Namenszug versehen. Oft weist zugleich eine besondere Ausstattung – ein vergoldeter oder mit Samt überzogener Einband und ein Goldschnitt – auf den fürstlichen Besitzer hin. Von Jesuiten gründlich ausgebildet und vom Beispiel seines Vaters geprägt, beschäftigte er sich intensiv mit theologischen Themen. W.Sch.

6.1.7
Fürstenspiegel des Münchener Hofpredigers J. Drexel

Salomon regum sapientissimus descriptus et morali doctrina illustratus a R[everendo] P[atre] Hierem[ia] Drexelio Societ[atis] Iesu. - Monachii Formis Heredum Cornelij Leyserij. &c. Anno M.DC.XLIII. [1643]

Brauner Kalblederband mit reicher Vergoldung, Goldprägung mit Rautenmuster; Goldschnitt, [14], 519, [2] S., 12°

Besitzvermerk: Philippus Wilhelmus Comes Palatinus

Diesen Fürstenspiegel, ein nachgelassenes Werk des berühmten Münchener Hofpredigers Jeremias Drexel

(1581-1638), widmete das Münchener Jesuitenkolleg dem jungen Pfalzgrafen Philipp Wilhelm und seiner ersten Gemahlin Anna Catharina Constantia von Polen. Drexel malt den weisen König des Alten Testaments mit den Farben der griechischen Moralphilosophie und der zeitgenössischen Regierungslehre aus. In einem zweiten Teil stellt er dessen Gegenbild, das alle Tugenden in Laster verkehrt, vor Augen. W.Sch.

Mannheim, Universitätsbibliothek (Sch 34/186)

6.1.8
Schuldennachlass in Kriegszeiten

ZinßScharmützel, Das ist: Ein gefährlicher, doch täglicher Stritt zwischen den Glaubigern und Schuldtnern. Ob man bey disen laidigen Kriegszeiten [...] schuldig sey die Zinß zu bezahlen, oder nit? Extrahiert und heraußgezogen auß dem Lateinischen Tractat: Bellum civile inter Creditores & Debitores intituliert. Deß [...] Caspar Mantzen [...] Und in die Teutsche Sprach [...] versetzt Durch Balthasar Langen [...]. - Gedruckt zu Augsburg durch Andreas Aperger, in verlegung Johannes Wehe, Buchhändler daselbsten. M.DC.XLV. [1645]

Brauner Kalblederband mit Linieneinfassung, Bordüre, figürlichem Eckstempel, Medaillon im Rautenfeld; Goldschnitt, [10], 388, [4] S., 4°

Besitzvermerk: Philipp Wilhelm Pfalzgrave

Das von dem Pfalz-Neuburgischen Rat (später: Kanzler) und berühmten Rechtslehrer an der Universität Ingolstadt Caspar Manz (1606-1677) 1642 verfaßte Werk zu einem drängenden Problem der Kriegszeit, der Eintreibung von Zins und Tilgung von zahlungsunfähigen Schuldnern, erregte eine heftige Kontroverse. 1654 machte sich der Regensburger Reichstag die Forderung des Autors, den Unglücklichen Stundung und teilweisen Schuldennachlaß zu gewähren, zu eigen. Zum Nutzen der niederen Gerichte und der Privatpersonen hat der Advokat am Neuburger Hofgericht Balthasar Lange das gelehrte Werk in ein allgemeinverständliches Deutsch übertragen. Lange widmet seine Arbeit Philipp Wilhelm, der als Statthalter in Neuburg seinen in Düsseldorf residierenden Vater vertritt. In Ansehen der gelehrten Bildung des jungen Pfalzgrafen ist die Widmung nicht in deutscher, sondern in lateinischer Sprache abgefaßt. W.Sch.

Mannheim, Universitätsbibliothek (Sch 39/48)

6.1.9
Gebetbuch Philipp Wilhelms

Horologium Christianae pietatis per selectissimas orandi formulas ex optimis sacris antiquisque authoribus instructum opera R[everendi] D[omini] Davidis Gregorii Cornery Silesii, circa annum M.DC.X. et [...] Domino Philippo Wilhelmo [...] Per sexaginta & amplius Annos Manuale. Nunc eiusdem Serenissimi Principis jussu Typis majoribus denuo editum. - Heydelbergae, Typis Michaelis Franz, Ser. Elect. Pal. Typographi. Anno M.DC.LXXXVIII. [1688]

Einband: Stark genarbtes schwarzes Leder ohne Schmuck, wie für die Gebetbücher dieser Provenienz typisch; Goldschnitt ziseliert, [10], 1008, [1] S., 4°

David Gregor Corner (1587-1648), der später als Abt des Benediktinerstiftes Göttweig und Dichter geistlicher Lieder bekannt wurde, gab 1610 in Prag eine Sammlung von Gebeten zu allen Tages- und Jahreszeiten heraus, die er vor allem biblischen, liturgischen und patristischen Schriften entnahm. Kurfürst Philipp Wilhelm ließ das Gebetbuch, das er von Jugend an benutzt hatte, 1688 in Heidelberg in größeren Typen neu drucken. Das bezeugt nicht nur seine Alterssichtigkeit. Vor allem demonstrierte der neue Landesherr hiermit seinen zumeist protestantischen pfälzischen Untertanen seine katholische Frömmigkeit. W.Sch.

Mannheim, Universitätsbibliothek (Sch 34/249)

6.1.10-6.1.14
Werke aus den Sammlungen der Kurfürsten Johann Wilhelm und Karl Philipp

Philipp Wilhelms Söhne Johann Wilhelm (1658-1716, Kurfürst seit 1690) und Karl Philipp (1661-1742, Kurfürst seit 1716) sind in den Mannheimer Restbeständen der Hofbibliothek Carl Theodors als Leser nicht greifbar. Daß ihnen einige gelehrte Werke gewidmet wurden, ist noch kein Beweis für ihre persönliche Anteilnahme an der Wissenschaft. Ihr Streben nach fürstlicher Repräsentation bediente sich vor allem der Architektur, Skulptur, Malerei und Musik – also derjenigen Künste, die unsere Vorstellung barocker Kultur auch heute prägen. – In einem auffallend starken Bestand italienischer Erbauungsliteratur des 17. Jahrhunderts meinen wir die Spur von Johann Wilhelms zweiter Gemahlin, der Erzherzogin von Toscana Maria Anna Ludovica de' Medici (1667-1743), zu erkennen. Auch die enge verwandtschaftliche und politische Bindung der beiden Kurfürsten an das Kaiserhaus spiegelt sich in den Beständen. W.Sch.

6.1.10
Erbauungsbuch in italienischer Sprache

Opere spirituali Del Venerabil P F[rate] Giovanni della Croce [...]: Nelle quali s'insegna la vera strada, che conduce l'anima alla perfetta, e soave unione con Dio. [...] Tradotto dalla Spagnuola nella lingua Italiana dal P[adre] F[rate] Alessandro di San Francesco [...]. - In Venetia, Appresso li Bertani, M.DC.LXXI. [1671]

Brauner Maroquineinband mit reicher ornamentaler und heraldischer Goldprägung. Goldschnitt, [28], 496, [16] S., 4°

Juan de la Cruz (1542-1591; heiliggesprochen 1726) unterstützte Theresia von Avila (1515-1582) bei der Reform des Karmeliterordens. Seine mystischen Schriften, die der klassischen Literatur Spaniens angehören, trugen ihm den Beinamen Doctor ecstaticus ein. Das heraldische Supralibros des Prachtbandes spielt auf das kaiserliche Wappen an. Stammt das Buch aus dem Besitz der (Maria) Eleonora Gonzaga (1630-1686), der Witwe Kaiser Ferdinands III., und wurde es später von der (dritten) Gemahlin Kaiser Leopolds I., der Neuburgerin Eleonore (1655-1720, Kaiserin 1676), ihrer Schwägerin Maria Anna Ludovica de' Medici (s.o.) übereignet? W.Sch.

Mannheim, Universitätsbibliothek (Sch 35/182)

6.1.11
Staatsroman in italienischer Sprache

Il Faramondo overo l'historia di Francia. Tradotta dalla Francese nell'italiana favella da Francesco de' Tintori, Et dal medesimo Consecrata alla S[acra] R[omana] C[esarea] Maestà dell' August[issi]ma Sig[no]ra Imperatrice Eleonora. - In Milano, per Federico Agnelli [...]. Parte prima: 1675, Parte seconda: 1676, Parte terza:

Pergamentband mit Bordüre und Eckstempel, Parte prima: [8], 348 S.; Parte seconda: 383 S.; Parte terza: S. 5-342, [1] S., 12°

Wappensupralibros auf Vorder- und Hinterdeckel

Der legendäre Pharamond galt als Vater des ersten historisch bezeugten Merowingerkönigs Chlodio (gest. um 460). Das vorliegende Werk gehört zu der an den Höfen des 17. Jahrhunderts beliebten Gattung des Staatsromans. Der Übersetzer widmet seine Arbeit der hochgebildeten (Maria) Eleonora Gonzaga (s. Nr. 10), die Mittelpunkt einer italienischen literarischen Akademie am Kaiserhof war. Er empfiehlt ihr das Werk zur Zerstreuung zwischen ihren ernsteren Studien. Die drei

Bändchen tragen das kaiserliche Wappen. Wurden sie nach dem Tod der Widmungsempfängerin von Eleonore von Pfalz-Neuburg ihrer Schwägerin Maria Anna Ludovica de' Medici in Düsseldorf geschenkt? W.Sch.

Mannheim, Universitätsbibliothek (Sch 39/29)

6.1.12
Die Majestät des Kaisers

Repraesentatio Majestatis Imperatoriae per singula ejus jura ex actis publicis constitutionibus imperii et novissima praxi ad normam capitulationis juxta rationes status contra neotericorum errores [...] deducta [...]. Autore Jacobo Bernhardo Multz a Super[iore] Schoenfeld, [...]. - Literis Stephani Rolck Typographi Aulici Oetingae Anno Christi MDCXC. [1690]

Dunkelbrauner Lederband, Rücken nachträglich mit hellerem Leder überzogen (Rest des ursprünglichen Rückens sichtbar), fünf erhabene Bünde, Felder floral gefüllt, Goldschnitt, [20], 1063, [57] S., 2°

Wappensupralibros Carl Theodors auf Vorder- und Hinterdeckel

Der Jurist Jakob Bernhard Multz (auch: Mulz) von Oberschönfeld (1637-1713) aus Nürnberg verdiente sich mit seinem umfänglichen Werk zur Verteidigung der staatsrechtlichen Superiorität des Kaisers zwar das Wohlgefallen Kaiser Leopolds I. und seines Sohnes Joseph (I.), erlangte jedoch wegen persönlicher Feindschaften nicht den ihm vom Kaiser zugedachten Sitz im Reichshofrat. Das Frontispiz zeigt eindrücklich die kaiserliche Majestät als die Zentralsonne, von der mannigfache Institutionen, Bräuche und Tugenden des gesellschaftlichen Lebens Sinn und Kraft erhalten. Die Neuburger Pfalzgrafen, die schon immer kaisertreu und seit 1676 mit den Habsburgern verschwägert waren, bezogen ein mit Erlangung der Kurfürstenwürde (1685) noch gesteigertes Selbstbewußtsein aus ihrer Nähe zur höchsten Majestät. W.Sch.

Mannheim, Universitätsbibliothek (Sch 42/90)

6.1.13
Lehrbuch zu den Institutionen Justinians

Ministra Canonum, sive Exegesis ad Institutiones Justinianeas Theorico-Practica, conformis Juri Romano-Germanico, Privato, Publico, & Feudali, in quatuor tomos divisa, [...], Authore Gregorio à Merzenfeldt [...]. Tomus primus. - Coloniae Agrippinae, Sumptibus Wilhelmi Metternich [...]. Anno M.DCCCXV. [1715]

Roter Maroquinband, Vergoldung teilweise abgerieben, Deckeneinfassung mit Rolle, Fileten und Eckstempeln, Goldschnitt, [10], 420, [20] S., 4°

Wappensupralibros Carl Theodors auf Vorder- und Hinterdeckel

Das Lehrbuch zu den Institutionen Justinians, das der Erfurter Theologieprofessor Gregor von Mertzenfeld als Propaedeuticum zum Studium des kanonischen Rechts konzipierte, fand keine Fortsetzung. Die Widmung an Kurfürst Johann Wilhelm spricht die Hoffnung aus, daß nach dem Friedensschluß (von Rastatt, 1714) die Pfalz wieder aufblühen werde, und rühmt den Fürsten als Beschützer des Rechts. Der kostbare Schmuck weist das Buch als Widmungsexemplar aus. W.Sch.

Mannheim, Universitätsbibliothek (Sch 39/68)

6.1.14
Lehrbuch der Theologie

Synopsis IV. tractatuum theologicorum I. De Jure et Justitia. II. De Verbo Incarnato. III. De Sacramentis in genere. IV. De Poenitentia in specie. Quos In [...] Universitate Oenipontana [...] dictavit P[ater] Georgius Tonauer, S[ocietatis] J[esu] [...], Et Nunc in Compendium redactas Praeside eodem Publicae Disputationi Proposuit [...] Christophorus Bortholothi, [...]. Mense Augusto, Anno M.DCCVI. [1706]. - Augustae Vindelicorum [Augsburg], Typis Joannis Michaelis Labhart, [...]

Roter Seideneinband ohne Verzierung, ursprünglich zwei Verschlußbänder, Goldschnitt, [20], 784 S., 8°

Frontispiz mit Porträt Carl Philipps, der die Landkarte Tirols in Händen hält, von Georg Heinrich Schifflen, Augsburg

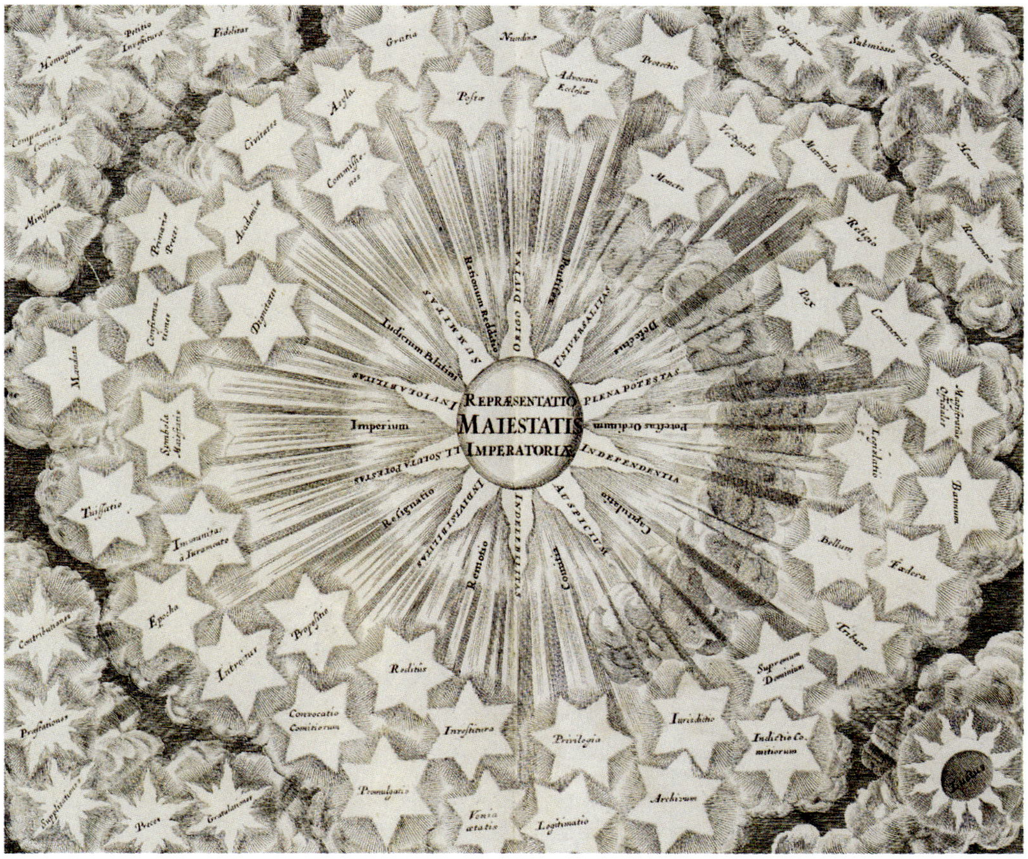

Kat. Nr. 6.1.12

Der Innsbrucker Theologieprofessor Georg Tonauer SJ (1660-1751) ließ seinen Schüler Bortholothi öffentlich verteidigen und zum Druck geben, was er selbst in einem vierjährigen Vorlesungszyklus über die gesamte Theologie vorgetragen hatte. Hier sind Vorlesungsmanuskript, Lehrbuch und akademische Disputation zu einem Werk verschmolzen. Die Druckkosten trug wahrscheinlich der Schüler, der sich mit dieser Publikation dem neuen Statthalter Tirols, Pfalzgraf Carl Philipp, empfehlen konnte. Seine Widmung begrüßt den kaiserlichen General aus dem „erhabenen und mächtigen pfälzischen Hause" als zukünftigen „Vater des Vaterlandes". Der Tiroler Adler werde sich nunmehr sicher in den Lüften wiegen, da er wisse, daß unten der pfälzische Löwe das Land bewache. W.Sch.

Mannheim, Universitätsbibliothek (Sch 37/99)

6.1.15-6.1.16
Werke aus der Sammlung von Pfalzgraf Christian August von Sulzbach

Carl Theodors Urgroßvater Christian August von Pfalz-Sulzbach (1622/1632-1708) schuf in seiner abgelegenen oberpfälzischen Residenz einen „Musenhof", dessen wissenschaftliche und literarische Leistungen durch die vom Fürsten geförderten Sulzbacher Drucker weit verbreitet wurden. Auch nach seiner Konversion zur alten Kirche im Jahre 1655 gewährte der aus der Neuburger Oberhoheit entlassene Sulzbacher Fürst Protestanten und Juden weitgehende Toleranz. Carl Theodor konnte sich den gelehrten Ahnherrn, der des Hebräischen kundig und den Spekulationen barocker Pansophie ergeben war, auch im Zeichen aufgeklärter Humanität und Wissenschaftsförderung zum Vorbild nehmen. W.Sch.

6.1.15
Die Kabbala in lateinischer Sprache

Kabbala denudata Seu Doctrina Hebraeorum transcendentalis et metaphysica atque theologica. Opus Antiquissimae Philosophiae Barbaricae variis speciminibus refertissimum. In quo Ante ipsam Translationem Libri [...] Sohar [...] praemittitur Apparatus [...]. - Sulzbaci, Typis Abrahami Lichtenthaleri, 1677

Schmuckloser, flexibler Pergamenteinband, [32], 192, 740, 312, [10] S., S. 195-255, [1] S., 4°

Provenienz: Sammlung Desbillons

Der Herausgeber und Übersetzer dieses Kompendiums mystischer Schriften der Juden, Christian Knorr von Rosenroth (1636-1689), diente Pfalzgraf Christian August seit 1668 als Hofrat und zuletzt als Kanzler. Seine Vorstellung von der Übereinstimmung antiker (besonders platonischer), jüdischer und christlicher esoterischer Weisheit führte ihn zur Erschließung der Kabbala, einer im 12. Jahrhundert in Spanien entstandenen Zusammenfassung mystisch-esoterischer Überlieferungen des Judentums. Auf seiner gelehrten Leistung fußte die Rezeption dieses Corpus bis ins 19. Jahrhundert. W.Sch.

Mannheim, Universitätsbibliothek (Sch 84/248)

6.1.16
Vom Wert der deutschen Sprache

Ausführliche Arbeit von der Teutschen HaubtSprache, Worin enthalten Gemelter dieser HaubtSprache Uhrankunft, Uhraltertuhm, Reinlichkeit, Eigenschaft, Vermögen, Unvergleichlichkeit, Grundrichtigkeit, zumahl die SprachKunst und VersKunst, Teutsch und guten theils Lateinisch völlig mit eingebracht [...]. Abgetheilet in Fünf Bücher. Ausgefertiget von Justo-Georgio Schottelio D[octore] [...]. - Braunschweig, Gedrukt und verlegt durch Christoff Friederich Zilligern, Buchhändlern. Anno M.DC.LXIII. [1663]

Schmuckloser Pergamentband mit drei durchgezogenen Bünden, Roter Sprengschnitt, [26], 1466, [28] S., 4°

Wappensupralibros Carl Theodors auf Vorder- und Hinterdeckel

In diesem Hauptwerk der deutschen Sprachwissenschaft und Sprachpflege des 17. Jahrhunderts verbindet sich das Streben nach Regelung der noch wild wuchernden Volkssprache mit der Spekulation über die angeblich in der deutschen Sprache - nicht weniger als in den anerkannten 'Hauptsprachen' Hebräisch, Griechisch und Latein - beschlossene ursprüngliche Weisheit. So ist die Arbeit des am braunschweigischen Hof tätigen Justus Georg Schottelius (1612-1676) den Bemühungen des Sulzbacher Kreises zu vergleichen, in dem Gelehrte wie C. Knorr von Rosenroth (s.o.) und Franciscus Mercurius van Helmont (1618-1699) lateinische Gelehrsamkeit ins Deutsche übertrugen und in den Ursprüngen der Sprache den Schlüssel zu verborgenem Wissen suchten. In den Mannheimer Restbeständen der Hofbibliothek Carl Theodors ist die deutsche Literatur zwar quantitativ nicht stark vertreten, doch sind wertvolle Ausgaben von Fischart, Opitz, Birken, Lohenstein und Brockes vorhanden. W.Sch.

Mannheim, Universitätsbibliothek (Sch 38/257)

Kat. Nr. 6.1.16

6.1.17-6.1.26
Werke aus der Sammlung von Kurfürst Carl Theodor

Nach dem Beispiel Kurfürst Ottheinrichs (1502/1556-1559) verfolgte Carl Theodor das Ziel, eine umfassende Büchersammlung wissenschaftlichen und bibliophilen Charakters aufzubauen. Als Felix Andreas Oefele (1706-1780) 1763 der Mannheimer Hofbibliothek seine neue Ausgabe bayerischer Geschichtsquellen zum Geschenk machte, formulierte er seine Widmung so: Bibliothecae Palatinae Restauratae. Die Bibliothek Carl Theodors galt dem Münchener Hofbibliothekar also bereits 1763 als würdige Nachfolgerin der berühmten Heidelberger Bibliotheca Palatina, die 1623 von einem Herzog von Bayern dem Papst geschenkt worden war. Ein so weit ausgreifendes Erwerbungsprogramm erforderte neben dem Kauf ausgewählter Bücher den Ankauf größerer Sammlungen. Bereits Anfang der fünfziger Jahre wurde die an Raritäten der Reformationszeit reiche Privatbibliothek des katholischen Kontroverstheologen Johann Nicolaus Weislinger (1691-1755) mit mehr als 5.000 Drucken in ca. 2.500 Bänden aufgekauft. Die Auflösung der Jesuitenkollegien in Frankreich (1764/65) bot eine weitere günstige Gelegenheit, wertvolle alte Bücher zu erwerben. Die Mannheimer Hofbibliothek und die Sammlung des 1764 von Carl Theodor in Mannheim aufgenommenen französischen Jesuiten François-Joseph Desbillons (1711-1789) profitierten insbesondere von der Bibliothek des altehrwürdigen Jesuitenkollegs Molsheim im Elsaß (vgl. oben Nr. 4). 1773/74 gelangten Bücher aus aufgelösten deutschen Jesuitenkollegien in dieselben Sammlungen, später auch die nicht unbedeutende Bibliothek des Mannheimer Barfüßerklosters. W.Sch.

Kat. Nr. 6.1.17

Kat. Nr. 6.1.18

6.1.17
Vorreformatische Fastenpredigten

Das ist der geistlich streit, gemacht und gepredigt worden durch den Hoch gelertenn Bayder Rechtenn Doctor Ulrich Krafft pfarrer zu Ulm, außgeteilt in Sermones durch die fiertzigtegigen fastenn, lert wie Cristus unser hoüptman für alß menschlich geschlecht gestritten under dem Banner und stammen des heiligen Creüts. - [Straßburg, 1517? Widmung von „Johan haselperg außs der Reichen ouw Costantzer bistumbs buochtrücker" datiert 1517; vgl. den angebundenen Druck, der 1517 für Haselberg in Straßburg gedruckt wurde]

Später, schmuckloser Halbpergamentband, roter Sprengschnitt, [166] S., 8°

Dieser Zyklus von Fastenpredigten des Ulmer Münsterpfarrers Ulrich Krafft (um 1460-1516) wurde in der Nachschrift eines Zuhörers festgehalten und zum Druck gegeben. Der Vorbesitzer Weislinger (s.o) wehrt den Anspruch protestantischer Theologen ab, Krafft sei ein „Zeuge der Wahrheit", d.h. ein vorreformatorischer evangelischer Christ gewesen. Dasselbe, notiert Weislinger, haben sie auch von dem berühmten Straßburger Münsterprediger Johann Geiler von Kaysersberg (1445-1510) behauptet. Er, Weislinger, habe das jedoch widerlegt. W.Sch.

Mannheim, Universitätsbibliothek (Sch 37/236)

6.1.18
Gedenkschrift für Ferdinand Maria von Bayern

Monumentum extremi honoris, perennis virtutis Piis Manibus Serenissimi ac Potentissimi Principis Ferdinandi Mariae, Utriusque Bavariae, ac Superioris Palatinatus Ducis, [...] Erectum ac Nuncupatum A P[atre] D[omino] Caietano Verani, Clerico Regulari. - Monachii, Typis Joannis Jaecklini, Typogr. Electoralis & Bibliopolae. Anno M.DC.LXXIX. [1679]

Später angebrachter Halbpergamentband über Marmorpapier mit Kamm- und Schneckenmuster auf Pappe, [4], 179 S., 2°

Lederauflage mit Wappensupralibros Carl Theodors auf Vorder- und Hinterdeckel aufgesetzt

Die Gedenkschrift für den bayerischen Kurfürsten Ferdinand Maria (1636/51-1679) stellt seine Herrschertugenden in Sinnbildern vor Augen. Das 7. Emblem faßt seine Milde, die lieber vergibt als bestraft, ins Bild des Elefanten, der, selbst wenn er von Pfeilen verletzt wird, nicht in Zorn entbrennt. Der Druck ist nicht kostbar gebunden, also offenbar keine Gabe des bayerischen Hofes an den pfälzischen Kurfürsten. Das Verhältnis der bayerischen und pfälzischen Wittelsbacher war seit dem Landshuter Erbfolgekrieg (1503-1506) von Rivalität bestimmt und besserte sich erst in der Zeit der Neuburger Kurfürsten (ab 1685) allmählich. Das Mannheimer Exemplar einer Genealogie der bayerischen Herzöge (Ignaz Franz Xaver von Wilhelm: Vindiciae arboris genealogicae Augustae Gentis Carolino-Boicae, Sign. Sch 38/280) von 1730 weist bereits Goldschnitt auf, und ein 1763 erschienenes Werk zur bayerischen Geschichte (Johann Heinrich von Falckenstein: Geschichte der alten, mittlern und neuern Zeiten des grossen Herzogthums und ehemaligen Königreichs Bayern, Sign. Sch 38/281) ist mit seinem exquisiten Schmuck als Gabe eines befreundeten Hofes zu erkennen. W.Sch.

Mannheim, Universitätsbibliothek (Sch 38/279)

6.1.19
Chronik des Bistums Freising

Kurtze Freysingische Chronica, Oder Historia, In welcher Die Geschichten der Freysingischen Bischöffen, und andere miteinlauffende Denckwürdigkeiten des Hochstüffts: Nit weniger Der eigentliche Ursprung der mehristen in disem Bistumb entlegenen Clöstern, Collegiat-Stüffteren und Gottshäuseren, aus denen besten Urkunden kürtzlich erzehlet werden Von P. Carolo Meichelbeck, [...]. - Freysing, druckts und verlegts Johann Christian Carl Immel, [...] im Jahr Christi 1724, des Bistumbs Freysing im tausendisten.

Kalblederband mit schlichter Blindprägung auf Einbanddeckeln. Goldschnitt im Bereich von Kapital und Ecken ziseliert, [7], 362, [12] S., 4°

Diese zum tausendjährigen Jubiläum des Bistums Freising im Jahre 1724, dem Geburtsjahr Carl Theodors, erschienene Kirchengeschichte des Territoriums ist dem Kurfürsten später dediziert worden. Dabei wurde auf den Einbandrücken „CAROLO THEODORO" aufgeprägt. W.Sch.

Mannheim, Universitätsbibliothek (Sch 38/290)

6.1.20
Naturrecht und Völkerrecht

Institutiones Juris Naturae et Gentium Autore P[atre] Ignatio Schwarz S[ocietatis] J[esu] denuo in lucem datae. Quando Favente et Protegente Serenissimo ac Potentissimo Principe Electore Carolo Theodoro Musarum Palatinarum Statore [...] Promotor [...] utriusque laureae philosophicae candidatis baccalaureatus et doctoratus insignia conferebat Heidelbergae in aula academica. - Typis Joan. Jacobi Haener, Typogr[aphi] Aulico-Academici. - Pars I. P. Antonius Schmidt S.J. Promotor [...] Die VII. Sept. Anno MDCCCLXVIII. [1768]- Pars II. P. Joannes Schwab S.J. Promotor [...] Die VII. Sept. Anno MDCCCLXX. [1770]

Roter Maroquinband mit Linieneinfassung und floralen Stempeln, Goldschnitt, Pars I.: [18], 216 S., 8°, Pars II.: [14], 184 S., 8°

Pars I. mit Wappensupralibros Carl Theodors auf Vorder- und Hinterdeckel

Die Heidelberger Universitätsschrift, die eine thesenartige Darstellung des Natur- und Völkerrechts mit der Dokumentation eines Promotionsaktes verbindet, ist als kostbar gebundenes Geschenk in die Hofbibliothek gelangt. So konnten sich die Heidelberger Professoren und Absolventen dem Kurfürsten empfehlen. Von historischem Interesse sind die Namenslisten der Studenten und Dozenten und die beigefügten Gratulationsgedichte. W.Sch.

Mannheim, Universitätsbibliothek (Sch 40/16)

6.1.21
Predigten zu Marienfesten

Festa Mariana celebriora per annum. Ex more et instituto Almae Congregationis Electoralis Academicae Majoris sub Titulo B[eatae] Mariae Annunciatae Heidelbergae sermonibus panegyrico-moralibus illustrata. DD. [Dominis] sodalibus eiusdem almae congregationis strenae loco oblata ab Andrea Bissing ejusdem almae congregationis oratore et praeside ad an. Chr. MDCCLXXVIII. [1778] - [Heidelberg:] Typis Joannis Baptistae Wiesen, Universitatis Typographi.

Roter Maroquinband mit Linieneinfassung und floralen Stempeln, . Goldschnitt punziert, Vorsatz Kattunpapier, [14], 269, [3] S., 8°

Pfalzbayerisches Wappensupralibros auf Vorder- und Hinterdeckel

Der Exjesuit Andreas Bissing (1730 - nach 1788), einer der zahlreichen Hofkapläne Carl Theodors, hat als Jahresgabe für die Mitglieder der Heidelberger Marianischen Kongregation zum Jahr 1778 seine Marienpredigten der Jahre 1773-1776 drucken lassen. In seiner Widmung wird Carl Theodor als „Princeps Mariophilus" bezeichnet. In der Praefatio verteidigt Bissing den Gebrauch der lateinischen Sprache, der allein schriftstellerische Werke zum Gemeingut der gebildeten Welt mache. Die marianischen Kongregationen waren Zirkel, in denen ausgewählte Schüler und Studenten der Jesuitengymnasien und -hochschulen nach festen Regeln Übungen der Frömmigkeit und Redekunst veranstalteten. 1738 entstand eine solche Marianische Sodalität auch in Mannheim. Sie errichtete 1754 auf dem Grundstück A3,1 ein Oratorium. W.Sch.

Mannheim, Universitätsbibliothek (Sch 34/82)

6.1.22
Der Tridentinische Katechismus

Catechismus ex Decreto Concilii Tridentini, ad parochos, ante quidem Pii V. Pont. Max. iussu conscriptus, nunc autem in IIII. libros [...] distributus, & summariis [...] illustratus, [...] mandato [...] Dn. Ioannis ex Comitibus de Hoya, Episcopi Monasteriensis [...] editus. - Coloniae apud Gervinum Calenium & Haeredes Quentelios, Anno Christi nati M.D.LXXII. [1572]

Kalblederband mit Streicheisenlinien und Stempeln, [2], 508, [20] S., 4°

Wappensupralibros Carl Theodors auf Vorder- und Hinterdeckel mit Rücksicht auf vorhandene Stempel nicht zentriert. Eigenhändiger Besitzvermerk auf Titelblatt: Philippus Wilhelmus Comes Palatinus Rheni.
Diese frühe Ausgabe des auf den dogmatischen Entscheidungen des Konzils zu Trient (1545-1563) fußenden, von Papst Pius V. 1566 veranlaßten Katechismus aus dem Besitz Philipp Wilhelms illustriert die Bedeutung, die der Förderung der katholischen Kirche in der Politik der Neuburger Pfalzgrafen seit Wolfgang Wilhelms Konversion (1613) zukam. Kurios ist die „exzentrische" Position von Carl Theodors Wappensupralibros. Es muß hier bemerkt werden, daß die Anbringung dieses Besitzzeichens auf älteren Büchern, die bereits mit dekorativen Einbänden versehen waren, nicht selten Pietät gegenüber historischen Artefakten und ästhetische Rücksichten vermissen läßt. W.Sch.

Mannheim, Universitätsbibliothek (Sch 35/243)

6.1.23
Ein italienisches Erbauungsbuch

I Prodigi del Fuoco Divino Dimostrati con effetti del fuoco materiale, Nella Novena dello Spirito Santo, Alle Altezze Elettorali di Baviera Dal P[adre] D[on] Girolamo Meazza, Milanese, Chierico Regulare; e dedicati Alla Sagra Cesarea, e Real Maestà Di Eleonora Gonzaga [...]. - In Monaco per Luca Straub. M.DC.LXIX. [1669]

Kalblederband gesprenkelt mit reicher ornamentaler Vergoldung, Goldschnitt, [14], 210, [22] S., 4°

Lederauflage mit Wappensupralibros Carl Theodors nachträglich auf Vorder- und Hinterdeckel aufgesetzt, vorne abgefallen

Der Theatiner Girolamo Meazza (1639-1707) aus Mailand, ein fruchtbarer Erbauungsschriftsteller, hat dieses Andachtsbuch über das göttliche Feuer auf Anregung der bayerischen Herzogin Henriette Adelaide von Savoyen (1636-1676) geschrieben und es der Witwe Kaiser Ferdinands III. gewidmet. Das Exemplar aus dem Besitz des Kaiserhauses wurde später wohl der italienischen Gemahlin Kurfürst Johann Wilhelms geschenkt. Trotz seines reichen Schmuckes blieb es ihm später nicht erspart, auch noch das Wappensupralibros Carl Theodors zu tragen. W.Sch.

Mannheim, Universitätsbibliothek (Sch 37/232)

6.1.24
Evangelienharmonie

Harmonia Evangeliorum, Oder Zusammenfügung der vier H. Evangelisten. Worinnen alle und jede deroselben Wort beydes nach Lutheri und der Englischen version in Ordnung gebracht [...] und durch kurtze [...] zu Erbauung [...] zielende Anmerckungen erkläret sind. Dem ist beygefüget eine Chronologische Vorbereitung Uber das Neue Testament [...]. Welche beyde Schrifften in Jacobi Usserii, Ertzbischoffen zu Armach und Primaten in Irland hinterlassener Bibliothec gefunden worden. Auß dem Englischen ins Teutsche übersetzt. - Frankfurt, In Verlegung Johann David Zunners. Gedruckt bey Johann Andreä. Anno M.DC.LXXII. [1672]

Kalblederband gesprenkelt, sparsame Vergoldung: Linien und Stempel, Goldschnitt, mit floralem Muster reich ziseliert, [16], 891, [3] S., 8°

Wappensupralibros Carl Theodors in „exzentrischer" Position auf Vorder- und Hinterdeckel

Der große irische Theologe James Ussher (1581-1656) hat eine Chronologie des Neuen Testaments entworfen, die für die englischen Bibelausgaben der King James Version auf Jahrhunderte verbindlich blieb. Er hinterließ zahlreiche vollendete und unvollendete Werke im Manuskript. Das üppig verzierte Exemplar dürfte aus der Handbibliothek einer Neuburger Fürstin (vielleicht der 2. Gemahlin Philipp Wilhelms, Elisabeth Amalie von Hessen-Darmstadt, vermählt 1653, gestorben 1709) stammen. W.Sch.

Mannheim, Universitätsbibliothek (Sch 37/36)

6.1.25
Predigten über das 2. Buch der Könige

R[everendi] P[atris] Emanuelis de Naxera Toletani, e Societate Iesu, Sacrarum Litterarum interpretis, Regiique concionatoris, Excursus morales in secundum librum Regum. Pars prima [...]. - Lugduni, Sumptibus Petri Chevalier. M.DC.LXXIII. [1673]

Kalblederband, Gemusterter blauer Farbschnitt, im Kapital- und Eckenbereich ziseliert, [62], 626, [53] S., 2°

Wappensupralibros Carl Theodors auf Vorder- und Hinterdeckel

Der berühmte spanische Hofprediger und Bibelexeget Emanuel de Naxera (1604-1680) hat seine moralische Auslegung des 2. Buchs der Könige zum Gebrauch der Prediger konzipiert. Wann und wo der sonst unauffällige Band seinen prächtig verzierten Schnitt erhielt, ist nicht ersichtlich. W.Sch.

Mannheim, Universitätsbibliothek (Sch 37/215-3)

6.1.26
Zur Geschichte der Liturgie

Rerum liturgicarum libri duo auctore Joanne Bona [...] Presbytero Cardinali Ordinis Cisterciensis Pedemontano Patritio Montis Regalis [...] recogniti, aucti, Notis [...] illustrati, [...] ac in quatuor tomos distributi. [...] Studio, et labore D. Roberti Sala Taurinensis [...]. Tomus primus. [...] Pars prima De missa [...]. - Augustae Taurinorum [Turin]. Ex Typographia Regia. MDCCXLVII. [1747]

Kalblederband, Marmorpapier auf Spiegel und fliegendem Blatt, roter Farbschnitt, Goldprägung, XCVI, 522 S., 2°

Wappensupralibros Carl Theodors auf Vorder- und Hinterdeckel; auf dem Rücken Linien- und florale Ziermuster und B.P. [Bibliotheca Palatina] in Goldprägung

Giovanni Bona (1609-1674) war General des Zisterzienserordens und enger Berater Papst Alexanders VII. (Fabio Chigi, 1655-1667). Die zuerst 1671 erschienene, hochgelehrte Darstellung der Liturgiegeschichte ist sein Hauptwerk. In den Auseinandersetzungen um den Jansenismus wurde er von beiden Seiten angegriffen. Das in der Epoche Carl Theodors erworbene Exemplar wurde - vermutlich von einer Mannheimer Buchbinderwerkstatt - in einer für die Hofbibliothek typischen Weise ausgestattet. Prächtige Marmorpapiere in reich variierten Mustern finden sich in vielen Bänden dieses Zeitraums. W.Sch.

Mannheim, Universitätsbibliothek (Sch 34/291-1)

6.1.27
Aufriss der Südwand der Grossen Bibliothek im Mannheimer Schloss (Ausführungsentwurf)

Nicolas de Pigage, 1756
Papier, Feder in Grau, Sepia-Lavierungen, 35,8 x 52,2 cm

Die schöne Reinzeichnung zeigt den einundzwanzigachsigen, dreigeschossigen Wandaufriß gegen Süden entsprechend der Ausführung. 1755 datieren die Vorschläge Pigages für die Innenausstattung der Bibliothek; in der ersten Hälfte des Jahres 1756 wurde dieser Entwurf gezeichnet. Peter Anton Verschaffelt und Franz Wilhelm Raballiatti legten Konkurrenzentwürfe vor, die nicht berücksichtigt wurden.
In Pigages Zeichnung sind je drei Kompartimente der Bücherwand durch ornamentierte Pilaster mit Phantasiekapitellen zusammengefaßt. Rechts und links der mittleren Eingangstür stehen die Büsten von Kurfürst

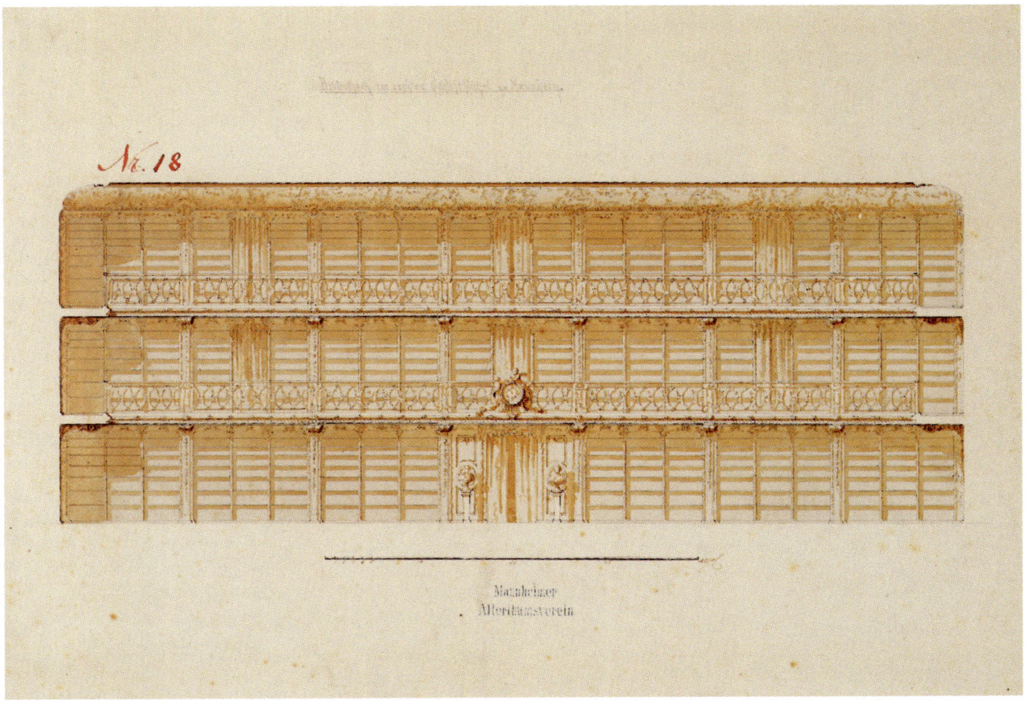

Kat. Nr. 6.1.27

Carl Theodor und Kurfürstin Elisabeth Auguste, die Peter Anton Verschaffelt schuf, und die im Residenzmuseum in München erhalten sind. Über der Tür befindet sich eine Uhr, bekrönt von einem Putto mit Sense, als Allegorie der Zeit und der Vergänglichkeit. I.G.

Pigage 1996/97, Nr. II.1.4, S. 26-27, Farbtafel 8.

Mannheim, Reiss-Museum (Kat. Nr. A 170, 18)

6.1.28
Büste des Voltaire à l'antique

Gipsabguß nach Peter Anton von Verschaffelt (1710-1793), 1760
Gips, H. 44,5 cm, B. 36 cm, Sockelhöhe 13,5 cm

Der Dichter und Philosoph François Marie Arouet Voltaire (1694-1778) ist mit Kurzhaarfrisur, Lorbeerkranz und Tuchdraperie dargestellt. Der Gipsabguß wurde Anfang dieses Jahrhunderts nach der Voltaire-Büste in der Sammlung Aremberg in Brüssel für die Mannheimer Museumssammlungen hergestellt, das Original befindet sich heute im Musée du Louvre in Paris, es ist signiert und datiert. Verschaffelt hatte die Originalbüste in Mannheim gearbeitet. Es handelt sich bei dem Bildwerk à l'antique nicht um ein Stilisieren im Sinne des Klassizismus, sondern um eine Idealisierung in Anlehnung an Vorbilder der antiken, römischen Portraitplastik. Voltaire war nach seinem Aufenthalt in Berlin bei Friedrich II. von Preußen mehrmals bei Kurfürst Carl Theodor in Mannheim und Schwetzingen, in den Jahren 1753 und 1758. Voltaires Hauptwerk, das Schauspiel „Henriade" erschien 1775 zum ersten Mal in Mannheim und auf Deutsch in späteren Mannheimer Drucken (siehe Kat.Nr. 6.2.2). I.G.

Hofmann 1982, S. 135-138, Abb. 138.

Mannheim, Reiss-Museum (o. Nr.)

6.2
Voltaire, Desbillons, Collini, Freimaurer

Eine gewisse Unentschiedenheit der Kulturpolitik Carl Theodors zeigt sich in der Wahl seiner Gesprächspartner im Lauf seiner Regierungszeit. Der junge Fürst fühlte sich ohne Zweifel geschmeichelt, als Voltaire, gleichsam auf der Flucht vor seinem bisherigen Gönner Friedrich II. von Preußen, 1753 in Mannheim Station machte. In der Folgezeit trat er in ein zumeist brieflich geführtes Gespräch mit dem Kurfürsten über Fragen des französischen Theaters (für das Voltaires eigene Stücke ein Muster bildeten), aber auch der europäischen Politik ein, das Carl Theodor unter den Einfluß aufklärerischen Gedankengutes brachte. Gerade auch die Theaterkultur des kurpfälzischen Hofes geriet zeitweilig sehr stark unter den Einfluß Voltaires. Mehrere Werke Voltaires wurden in Mannheim gedruckt. Wie stark seine Wirkung zeitweilig war, geht daraus hervor, daß in Mannheim die „Henriade", ein Epos auf König Heinrich IV. von Frankreich, nicht nur in deutsche Verse, sondern „zum Nutzen der studierenden Jugend" sogar in lateinische Hexameter übertragen wurde. Verstärkt wurde der Einfluß Voltaires, des führenden Aufklärungsphilosophen seiner Zeit in Europa, auf den Kurfürsten dadurch, daß Voltaires Privatsekretär von 1752-1756, Cosimo Alessandro Collini (1727-1806), ein bedeutender Historiker und Naturwissenschaftler, seit 1759 in Mannheim zunächst als Sekretär und Berater Carl Theodors und schließlich als Direktor des Naturalienkabinetts die Verbindung zwischen dem Genfer Philosophen und dem kurpfälzischen Herrscher aufrechterhielt, freilich zunehmend den Einfluß der deutschen Kultur und des deutschsprachigen Theaters auf den Kurfürsten zu beklagen hatte. Collini trat als Autor eines kurzen Abrisses der Geschichte der Kurpfalz in französischer Sprache ebenso hervor wie als Mitverfasser der Abhandlungen der Kurpfälzischen Akademie der Wissenschaften. Auf ihn geht auch die Erhaltung und Sammlung von Briefen Voltaires an Mme Denis zurück. Seine Lebenserinnerungen werfen interessante Streiflichter auf die Lebensverhältnisse im Zeitalter der Spätaufklärung.

Zugleich öffnete sich der Fürst – wohl nicht zuletzt durch den Einfluß des Beichtvaters Carl Theodors, Pater Seedorff – immer mehr dem Gedankengut der Jesuiten, denen schon sein Vorgänger Carl Philipp sehr gewogen war. Carl Theodor förderte das Collegium, die Publikationstätigkeit und die Schule der Jesuiten entschieden und beehrte deren Theateraufführungen mit seiner Gegenwart. Der französische Jesuit François Terrasse Desbillons (1711-1789) lebte nach Unterdrückung seines Ordens in Frankreich seit 1764 als Exilant in Mannheim und Schwetzingen, trug eine große Bibliothek zusammen und trat als neulateinischer Fabeldichter hervor. Er diskutierte mit dem Fürsten über die französische Aufklärungsphilosophie, die er in lateinischen Lehrgedichten entschieden bekämpfte, und versuchte, ihn wohl nicht ohne Erfolg von deren Verderblichkeit für den Bestand des absolutistischen Staates zu überzeugen. Auf den Einfluß des konservativen Teils der Mannheimer Jesuiten ist es wohl auch zurückzuführen, daß Carl Theodor die noch vor Ausbruch des Siebenjährigen Krieges gegründete Mannheimer Freimaurerloge „St. Charles de l'Union", der mehrere Mitglieder der Hofgesellschaft, darunter wohl sogar der Jesuit Seedorff, angehörten, 1774 auflösen ließ, um den Einfluß der Aufklärung zurückzudrängen. Ziel der von England ausgehenden Freimaurerbewegung waren nicht nur die Bekämpfung eines allzu großen Einflusses der Hierarchie der Kirchen und die Förderung intellektueller Aufklärung, sondern auch eine ausgedehnte caritative Tätigkeit. H.W.

6.2.1
Porträtmedaille auf François-Marie Arouet de Voltaire

Georg Christoph Wächter (1729-1789?), 1770
Kupfer, Dm. 5,9 cm

François-Marie Arouet de Voltaire (1694-1778), der bekannteste Philosoph, Schriftsteller und Historiker des 18. Jahrhunderts, kam nach einem Aufenthalt am Hof Friedrichs II. von Preußen im Jahre 1753 auch an den Hof des Kurfürsten von der Pfalz. Die vorliegende Medaille, auf deren Rückseite ein Altar mit Attributen der Dichtkunst abgebildet ist, ist die Neufassung einer bereits im Jahre 1769 geschaffenen Schaumünze, deren Reversumschrift IL OTE AUX NATIONS LE BANDEAUX DE L'ERREUR (Er nimmt den Völkern die Schleier des Irrtums) beanstandet worden war. H.-J.S.

Haas 1974, S. 79, Nr. 241.

Mannheim, Reiss-Museum (III g 1378)

6.2.2
Voltaires „Henriade" in lateinischer Übertragung

Voltarii Henriados editio nova Latinis versibus & gallicis; Ad usum Colentis Musas Juventutis [....] Auctore Calcio Cappavalle. Mannheimii Impensis C.F. Schwan 1775

Mannheim, Christian Fridrich Schwan, 1775

Bereits 1761 war in der „Churfürstlichen Hof=Buchdruckerey" in Mannheim eine deutsche Übertragung von Voltaires erstmals 1723 erschienenem Epos auf König Heinrich IV. von Frankreich von Johann Christoph Schwartz, kurpfälzischem Consistorial- und Ehegerichtsrat, erschienen. Der französische Literat Caux de Cappevalle, der im pfälzischen Hofdienst angestellt war, publizierte die vorliegende recht elegante lateinische Übertragung zum Nutzen der Gymnasiasten, die so beide Sprachen besser erlernen konnten. Was heute ungewöhnlich anmutet, war den Zeitgenossen noch fast selbstverständlich. Auch La Fontaines Fabeln wurden noch in lateinische Verse übertragen. H.W.

Becker, Christine/Grotefend, Volker/Kiefer, Gernot unter Mitarbeit von Wolfgang Schibel (Hrsg.): Schriften von und über VOLTAIRE aus dem 18. Jahrhundert in MANNHEIM. Universitätsbibliothek – Lehrstuhl Romanistik I.. Mannheim 1978, Nr. 4a u. 4b.

Mannheim, Reiss-Museum (Mh 1654)

6.2.3
Voltaires „Annales de l´Empire „

„Annales de l'Empire depuis Charlemagne. Par l'Auteur du Siècle de Louis XIV [Voltaire]. A Basle, chez Jean Henri Decker"

1753
[T. 1:] [46], 362 S., T. 2: 383, [12] S.; 12°

Provenienz: Sammlung Desbillons

Nachdem Voltaire den Hof Friedrichs II. von Preußen verlassen hatte, verbrachte er den Mai 1753 in Gotha, wo er von der Herzogin als Ehrengast aufgenommen wurde. Auf ihren Wunsch begann er, die Exzerpte und Notizen zur politischen Geschichte des Römischen Reiches Deutscher Nation, die er in früheren Jahren angelegt hatte, mit Hilfe seines Sekretärs Cosimo Collini zu ergänzen und daraus eine in Jahresartikel gegliederte, faktenreiche Übersicht zu fertigen. Daß er dabei die Entwicklung von Wirtschaft, Gesellschaft und Kultur, denen sonst sein besonderes Interesse galt, aussparte, vermerkt der Autor selbst. Doch lockert er durch bald mokante, bald erhellende Bemerkungen die unzusammenhängende Folge knapper Angaben auf. Voltaire und Collini setzten ihre Arbeit Anfang August 1753 in Schwetzingen und anschließend, von dem Historiker J.D. Schöpfflin unterstützt, in Straßburg und Colmar fort. Das vorliegende Exemplar der Erstausgabe läßt mit seiner prachtvollen Ausstattung erkennen, welche Wertschätzung Voltaire damals am Mannheimer Hof genoß. Daß 15 Jahre später der Hofbibliothekar Nicolas Maillot de la Treille die beiden Bände mit Billigung des Kurfürsten dem Voltaire-Kritiker Desbillons überließ, ist ein beredtes Zeugnis für die wachsende Distanz zwischen dem Fürsten und dem „roi des philosophes". Der Jesuit hat sein lakonisches Verdikt – „mendax, ineptus et impius", d.h. unwahr, inkompetent und irreligiös – dem Kurfürsten gewiß ausführlich erläutert.

W.S.

Mannheim, Universitätsbibliothek (Sch 047/260)

6.2.4
Die Irrthümer des Herrn von Voltaire

„Die Irrthümer des Herrn von Voltaire, aus dem Französischen des Herrn Abtes Nonnotte übersetzet, und mit nöthigen Anmerkungen versehen"

Frankfurt und Leipzig, 1768 – 1769
Bd. 1: [54], 575 S.; Bd. 2: [34], 534 S.; 8°

Provenienz: Hofbibliothek Mannheim

Carl Theodors Hofkaplan Johann Jakob Hemmer (1733-1790), der unermüdlich tätige Physiker und Sprachreformer, übersetzte um 1767 die vielbeachtete Voltaire-Kritik des Jesuiten Claude Adrien Nonnotte (1711-1793), um den Seelsorgern in Deutschland eine wirksame Waffe gegen den gefährlichsten Feind der Kirche zur Verfügung zu stellen. Als ehemaliger Lehrer der humanistischen Fächer hatte es Nonnotte in seinem zuerst 1762 erschienenen Werk „Les Erreurs de Voltaire" verstanden, gelehrte historische, philosophische und theologische Kritik in allgemeinverständlicher Form plausibel vorzutragen. Voltaire antwortete sogleich mit „Éclaircissements historiques à l'occasion d'un libelle calomnieux [...]", denen er bald zwei weitere Apologien von unverminderter Heftigkeit folgen ließ. Der Angreifer Nonnotte konstatierte in den zahlreichen folgenden Auflagen seines Werks mit gelassenem Spott, welche Ehre der berühmte Autor ihm damit angetan habe. Wenngleich die Übersetzung den Namen Hemmers und den Verlag – es ist die Akademie-Buchdruckerei von Tobias Löffler – nicht nennt, dürfte dieser Affront aus Mannheim dem einstigen Ehrengast des Kurfürsten nicht verborgen geblieben sein. W.S.

Mannheim, Reiss-Museum (Mh 1635)

6.2.5
Neujahrsbrief von C.A. Collini an Voltaire

Cosimo Alessandro Collini (Florenz 1727-1806 Mannheim)
Brief, eigenhändig, Papier, 22 x 18 cm

Collini verbindet seine Neujahrswünsche für seinen einstigen Förderer und Dienstherrn Voltaire mit überschwenglichem Dank für dessen frühere Wohltaten.

F.T.

MGB 29 (1928), Sp. 170-172; Neue Deutsche Biographie 3 (1957), S. 324f.

Mannheim, Stadtarchiv (Kleine Erwerbungen, Nr. 510)

6.2.6.
Porträt François- Joseph Desbillons

Johann Jacob de Lose (Delose, Delos) (gest. nach 1802), Mannheim, 1789 (?)

Zwischen 1780 und 1790 malte der besonders als Kopist von Pfälzer Fürstenporträts hervorgetretene Schüler der Mannheimer Zeichnungsakademie J. J. de Lose, neben einem Porträt des Mannheimer Botanikers Friedrich Casimir Medicus (1736-1808) dieses ausdrucksvolle Porträt des Fabeldichters und „lateinischen La Fontaine" Desbillons in seinem Todesjahr. Das milde Lächeln des Dargestellten entspricht zeitgenössischen Berichten, die den unermüdlichen Kämpfer gegen die Aufklärung als einen persönlich sehr bescheidenen, milden und zurückgezogen lebenden Menschen charakterisieren, den Gelehrte aus ganz Europa in Mannheim aufsuchten. H.W.

Thieme/Becker, Bd. 9, S. 35.

Mannheim, Karl-Friedrich-Gymnasium

6.2.7
Die Mannheimer Prachtausgabe der lateinischen Fabeln von Desbillons

Franc. Josephi Desbillons Soc. Jesu FABULAE AESOPIAE [...] Mannhemii, Typis Academicis MDCCLXVIII. 2 Bde. (in einem Band)

Nachdem in Glasgow 1754 die erste Sammlung der „äsopischen Fabeln" von Desbillons erschienen war, der weitere in Paris, Oxford und Augsburg folgten, publizierte die Druckerei der Kurpfälzischen Akademie der Wissenschaften 1768 eine wesentlich erweiterte Fassung in fünfzehn Büchern mit sechzehn bedeutenden Kupfern des Mannheimer Stechers Egid Verhelst, darunter einer Darstellung des „Apollo Palatinus" im Schwetzinger Schloßgarten (vgl. Bd. I, S. 164), einer Allegorie auf Carl Theodor. Das Buch gehört zu den bedeutenderen illustrierten Fabelbüchern des 18. Jahrhunderts. Desbillons' Fabeln fanden zeitgenössisch große Resonanz, wurden häufig aufgelegt und fanden sogar als Schultext Verwendung. In einer umfangreichen Einleitung resümiert der Autor die Geschichte der wichtigen Fabelsammlungen seit der Antike, die ihm als Quellen für seine eigene Sammlung gedient haben. Desbillons fügte aber auch Fabeln aus eigener Erfindung hinzu.

H.W.

Mannheim, Privatbesitz (Sammlung R. und H. Wiegand)

Kat. Nr. 6.2.6

6.2.8
Desbillons' Fabeln in deutscher Übertragung

a Xaver Weinzierl's, d. z. Regens im Seminarium zu Polling, Fabeln nach Desbillons. Zum Vergnügen und Nutzen. München (Joseph Lentner). 1800.

b Fr. Jos. Desbillons Fabulae Aesopicae. In deutsche Reime übersetzt von Joseph Pracht, Tischlermeister in Schongau. München (Joseph Lentner) 1800.

Die Fabeln von Desbillons wurden – neben französischen Übersetzungen - zeitgenössisch gleich zweimal in umfänglichen Ausgaben ins Deutsche übertragen. Beide wurden von dem Münchner Verleger Joseph Lentner publiziert. Die erste Übertragung stammt von dem Pollinger Chorherrn Franz Xaver Weinzierl (1757-1832), der in Polling und am Münchner Lyzeum unterrichtete. Weinzierl war ein fortschrittlicher Pädagoge. Mit seiner „Liedersammlung" von 1799 in der Art Gleims, Ramlers und Höltys gehört er zu den wichtigeren bayerischen Poeten der Carl-Theodor-Zeit in München. Der Verfasser der zweiten Übersetzung, Johann Joseph Pracht (1765-1811), ein tüchtiger Latinist, war zur Zeit der Abfassung seiner Desbillons-Übertragung Tischlermeister in Schongau, später Lehrer. Er hat mehrere Werke aus dem Lateinischen übertragen, darunter die Fabeln des Phädrus und den „Zodiacus Vitae" des neulateinischen Poeten Marcellus Palingenius Stellatus. Beide Übertragungen der Desbillons-Fabeln sind sehr achtbare Leistungen (vgl. Bd. I, S. 162). H.W.

Pörnbacher, Hans (Hrsg.): Bayerische Bibliothek. Bd. 3: Die Literatur des 18. Jahrhunderts. Das Zeitalter der Aufklärung. München 1990, S. 1244 u. S. 1268 mit älterer Lit.

Mannheim, Privatbesitz (Sammlung R. und H. Wiegand)

6.2.9
Desbillons als Editor

De imitatione Christi libri IV. Ad veram lectionem revocati et auctori suo Thomae a Kempis [...] vindicati per Franciscum Josephum Desbillons. Sumptibus novae Academiae typographicae electoralis 1780.

Zu den wichtigsten Erbauungsbüchern des Spätmittelalters zählt fraglos das „Über die Nachfolge Christi". Es erfuhr bis in unser Jahrhundert zahllose Ausgaben und Übersetzungen. Desbillons hat sich lange mit diesem Text beschäftigt und eine im Zeitmaßstab kritische Ausgabe erarbeitet, in der er in einer langen Einleitung Thomas von Kempen endgültig als Verfasser nachgewiesen zu haben angibt. Die Ausgabe ist eine der wenigen publizierten Früchte von Desbillons Arbeit als kritischer Philologe. Ungedruckt blieben seine Kollektaneen zur Geschichte der lateinischen Sprache und zu dem lateinischen Fabeldichter Phaedrus (eine Textausgabe des Phaedrus von Desbillons mit kurzen Noten erschien in Mannheim 1786). H.W.

Mannheim, Privatbesitz (Sammlung R.und H. Wiegand)

6.2.10
Die Freimaurerloge St. Charles de l' Union in Mannheim

a Freimaurerschurz mit freimaurerischen Symbolen

Seide bestickt, goldpaillettenbesetzt, mit hellblauem Seidenband

b Freimaurerschurz mit freimaurerischen Symbolen

Süddeutsch, um 1780

Ziegenleder, bedruckt, altkoloriert

Noch vor Ausbruch des Siebenjährigen Krieges wurde unter französischem Einfluß die Freimaurerloge „St. Charles de l'Union" in Mannheim gegründet. Als deren „Spiritus Rectores" fungierten der Zahnarzt Jaques Drouin und der Schauspieler Claudius Stephan Le Bauld-de Nans. Die Mitglieder dieser Loge rekrutierten sich weitgehend aus den Kreisen des kurfürstlichen Hofes, vor allem Militär, Verwaltung, Schauspiel und Ballett. Nach heftigen Auseinandersetzungen mit Teilen der Mannheimer Jesuiten, vor allem dem entschiedenen Freimaurer-Gegner Pater Ignaz Frank SJ, wurde die Loge 1774 aufgelöst, nach dem Wegzug Carl Theodors nach München am 28. 1. (verlorene Stiftungsurkunde) bzw. 14. 3. 1778 (Installationsfeier im Gasthaus „Goldener Hirsch") aber bereits wiederbegründet. Unter den 57 feststellbaren Mitgliedern der Jahre 1778-1784 befanden sich 22 höhere Militärs, je 6 Schauspieler und Tänzer, drei Musiker und zwei bildende Künstler sowie Advokaten, Kaufleute und Handwerker. Meister vom Stuhl wurde der Hoftheater-Direktor der kurfürstlichen deutschen Schaubühne Theobald Marchand (1741-1800), der sich freilich seinem Amt nicht gewachsen zeigte. Die Freimaurer verbanden aufklärerische und philanthropische Ziele. Fortschritte in Wissenschaft und Gesellschaft waren ihnen zentrale Anliegen; Unterstützung von Armen und Kranken Bedürfnis. Zu den späteren Mitgliedern der heute noch bestehenden Loge zählten z. B. der Ex-Jesuit und Dichter Anton von Klein und der Mannheimer Gymnasialdirektor und Hebelfreund Friedrich August Nüßlin sowie der Bankier Friedrich Ludwig Bassermann.
Ihre Zeremonien waren geheimnisumwittert, obgleich die Loge keineswegs in Sektierertum verfallen wollte. Für den Schriftverkehr mit anderen Logen bediente man sich einer Geheimschrift. Aus der Frühzeit der Loge haben sich wenige Archivalien erhalten, darunter zwei Siegel mit den typischen freimaurerischen Symbolen aus dem Bauwesen (Drei Säulen: Weisheit, Stärke und Schönheit), Lichtsymbolik (bedeutet Erleuchtung und Wahrheit) und diese Zeremonialschürzen, wie sie jeder Freimaurer bei den Zeremonien, den „Arbeiten" der Loge, zu tragen hatte. Der Freimaurer mußte in Mannheim in der Regel weiße Handschuhe und eine weiße Schürze mit blauem Besatz tragen. H.W.

Schwarz, W(ilhelm): Geschichte der Freimaurerloge Carl zur Eintracht in Mannheim. Mannheim 1896 (ND Mannheim 1975), bes. S. 41; Dotzauer, Winfried: Freimaurergesellschaften am Rhein. Aufgeklärte Sozietäten auf dem linken Rheinufer vom Ausgang des Ancien Régime bis zum Ende der napoleonischen Herrschaft. Wiesbaden 1977, S. 40-43 u. 218-220.

Mannheim, Freimaurerloge Carl zur Eintracht

6.3
Pressewesen und Publizistik in der Kurpfalz im 18. Jahrhundert

Wie in vielen anderen Bereichen des kulturellen und wirtschaftlichen Lebens erlebten auch Publizistik und Pressewesen im Verlauf des 18. Jahrhunderts einen gewaltigen Aufschwung, welcher auf tiefgreifende Veränderungsprozesse in der Gesellschaft Europas zurückzuführen ist. Die von England ausgehende zunehmende Verbürgerlichung und Kommerzialisierung der europäischen Welt läßt das gehobene und mittlere Bürgertum zunehmend an wirtschaftlichem und damit auch politischem Einfluß gewinnen. Bildungsniveau und Lesefähigkeit dieser Schicht steigen und führen zu einem großen Bedürfnis nach Lesestoff.
Diese Umstände führten gerade in der 2. Hälfte des 18. Jahrhunderts zu einer großen Flut von Zeitungs- und Zeitschriftengründungen im deutschsprachigen Raum. Während jedoch der alten Universitätsstadt Heidelberg keine größere Bedeutung in diesem Zusammenhang zukam, zeichnete sich die neue Residenzstadt Mannheim durch eine rege Verlagstätigkeit aus. So erschienen in der 2. Hälfte des 18. Jahrhunderts in Mannheim neben mehreren Zeitungen und Anzeigeblättern auch eine ganze Reihe literarischer und wissenschaftlicher Zeitschriften wie z.B. Rezensions-, theaterwissenschaftliche oder naturwissenschaftliche Zeitschriften. D.D.

6.3.1
Mannheimer Zeitung

Mannheim, 1767-1810, 1821-1834
Papier, Druck, 4°

Die „Mannheimer Zeitung“ wurde 1767 von Andreas Lamey (1726-1802), dem ständigen Sekretär der Kurpfälzischen Akademie der Wissenschaften, und dem Historiker Christoph Jakob Kremer (1722-1777) gegründet und war die erste Mannheimer Zeitung mit politischem Einschlag. Nach Lameys Zeugnis sollte mit ihrer Gründung dem Kurfürsten *ein Gefallen geschehen.* Ihr politischer Standpunkt ist folglich konservativ und fürstentreu. Nachdem sie in der Anfangszeit zweimal wöchentlich in einem Umfang von vier Seiten herauskam, erschien sie mit der zunehmenden Politisierung des öffentlichen Lebens ab der Revolutionszeit täglich. Inhaltlich bestand sie zum überwiegenden Teil aus Hofberichterstattung und politischen Nachrichten aus den kurpfälzischen Stammlanden und aller Welt, welche, oftmals mit großem Zeitverzug, ohne jeglichen politischen Kommentar abgedruckt wurden. Die letzte Seite war zumeist dem Abdruck von Verordnungen und Inseraten wie Buchhandelsanzeigen, Auktionsterminen etc. vorbehalten.
Ihre Verbreitung war überregional und reichte bis Paris, über ihre Auflagenhöhe ist leider nichts bekannt.
D.D.

Seyfried, Karl: Mannheimer Zeitungen und ihre Geschichte. Mannheim 1969; Hespe 1988; Hess 1987.

Mannheim. Reiss-Museum (Mh Zs 58)

6.3.2
Kurfürstlich gnädigst priviligiertes Mannheimer Frag- und Anzeigsblatt

Mannheim, Hofbuchdruckerei ,1741-1803
Papier, Druck, 4°

Das 1741 unter dem Namen „Mannheimer Frag- und Kundschafftsblatt“ von einem Verleger namens Matthäus Bayer gegründete Blatt ist die älteste in Mannheim nachgewiesene Zeitung. Sie war ein reines Anzeigen- und Verordnungsblatt und erschien wöchentlich im Quartformat mit einem Umfang von vier Seiten. Jede Nummer enthielt neben dem Abdruck von Verordnungen, welcher kostenlos zu erfolgen hatte, einen großen Anzeigenteil mit Stellengesuchen und -angeboten, Immobilienanzeigen, Warenanzeigen, Terminen öffentlicher Versteigerungen und Ähnlichem. Darüberhinaus wurden auch Übersichtslisten über die neuesten Fruchtmarktpreise, Buchanzeigen und die Namen der in der Stadt angekommenen Fremden in die Zeitung aufgenommen. D.D.

Hespe 1988; Hess 1987.

Mannheim, Reiss-Museum (Mh Zs 58)

6.3.3
Journal Politique de Mannheim

Mannheim, 1800-1809
Papier, Druck, 4°

Diese französischsprachige Zeitung, welche der Geheime Rat Jean-Pierre Solomé 1769 in Zweibrücken gegründet hatte, wurde ab dem Jahr 1794 unter dem Titel „Gazette des Deux-Ponts“ in Mannheim herausgegeben, wohin Solomé seinem Zweibrücker Landesherrn auf der Flucht vor den französischen Revolutionstruppen gefolgt war. Nach Solomés Tod 1801 übernahm Ernst Andreas Lamey, der Sohn des Begründers der „Mannheimer Zeitung“, für einige Jahre die Redaktion. Die Zeitung erschien täglich mit einem Umfang von vier Seiten in einer Auflage von etwa 300 Exemplaren. Ihr Inhalt war politischer Natur mit Nachrichten aus aller Welt ohne besondere Bezugnahme auf die kurpfälzischen Länder. Ihre politische Haltung war eher konservativ, was schließlich zu einem Konflikt mit dem revolutionären Frankreich und dem Verbot der Zeitung führte. D.D.

Hespe 1988; Leuschner, Udo: Vom Intelligenzblatt zur demokratischen Kampfpresse. Mannheimer Zeitungen bis 1850. Mannheim 1973; Zier, Hans Georg: Das „Journal politique de Mannheim“. In: Mannheimer Hefte 1962, Heft 2, S. 29-34.

Mannheim, Reiss-Museum (Mh Zs 114)

6.3.4
Die Schreibtafel

Schwan, Christian Fridrich (1733-1815). Mannheim, Schwan, 1774-1775
Papier, Druck, 8°

Christian Fridrich Schwans verlegerische und publizistische Aktivitäten fanden auch in der Herausgabe mehrerer literarischer Zeitschriften ihren Niederschlag, von welchen seiner Schreibtafel die größte Bedeutung zukommt. Von 1774-1775 in 7 Lieferungen erschienen, sollte sie vor allem als Forum dienen, die literarischen Versuche talentierter pfälzischer Schriftsteller einer breiteren Öffentlichkeit zugänglich zu machen. Neben einigen Gedichten des aus Kreuznach stammenden Friedrich (Maler) Müller sind vor allem Schwans eigene Beiträge zu beachten. Sein moralischer Essay „Der Mönch in der Oper", der gegen das Heiratsverbot des katholischen Klerus gerichtet war, sorgte gleich bei der ersten Lieferung für eine vorübergehende Beschlagnahmung durch die Zensurbehörden, was Schwan selbst als beste Werbung für seine neue Zeitschrift empfand. D.D.

Hess 1987.

Mannheim, Reiss-Museum (Mh Zs 18)

6.3.5
Pfalzbairisches Museum

Hrsg.: Anton von Klein (1746-1810), Mannheim, 1783- 1787
Papier, Druck, 8°

Diese unter dem ursprünglichen Titel „Pfälzisches Museum" erschienene Zeitschrift wurde von dem Publizisten, Verleger und Buchhändler Anton von Klein, dem Kurfürst Carl Theodor den wohlklingenden Titel eines „Professors der Schönen Wissenschaften" verliehen hatte, gegründet.
Sie wurde als Nachfolgeorgan der „Rheinischen Beiträge zur Gelehrsamkeit" konzipiert und bildete eine Mischung von einer literarischen Zeitschrift und einem allgemeinwissenschaftlichen Journal. Einen breiten Raum nahm die Publikation von Gedichten meist pfälzischer Provenienz ein. Darüberhinaus enthielt das Journal , welches fünfmal pro Jahr erschien, u.a. Theaterberichte, Buchbesprechungen und Abhandlungen sprach- und literaturwissenschaftlicher Art. D.D.

Hess 1987.

Mannheim, Reiss-Museum (Mh Zs 9)

6.3.6
Revision der teutschen Litteratur

2 Bde., Mannheim, Löffler, 1776-1778
Papier, Druck, 8°

Rezensionszeitschriften sind ein typisches literarisches Medium der Aufklärungszeit, bilden sie doch ein ideales Forum für das Hauptanliegen der aufklärerischen Schriftsteller, durch Besprechungen von Neuerscheinungen und Anregungen zu ihrer Lektüre die neusten wissenschaftlichen Erkenntnisse einer möglichst breiten Öffentlichkeit zugänglich zu machen.
Die in Mannheim erschienene „Revision der Teutschen Litteratur" bespricht vornehmlich Neuerscheinungen aus den Fachgebieten Theologie und Jurisprudenz sowie Geschichte, Philosophie und Belletristik. Die Verfasser der Artikel, die den Gepflogenheiten der Zeit gemäß nicht namentlich genannt sind, sind um eine detaillierte und ausgewogene Darstellung der rezensierten Bücher bemüht. Die Zeitschrift zeichnet sich durch einen hohen intellektuellen Anspruch aus und wendet sich an ein sehr gebildetes Publikum. Buchererzeugnisse aus Mannheimer Verlagen werden keine besprochen, da sie wohl dem interessierten Leser leicht zugänglich waren. D.D.

Hess 1987.

Mannheim, Reiss-Museum (Mh.Zs 10)

6.3.7
Patriotisches Archiv fuer Deutschland

Moser, Friedrich Karl (1723-1798). 12 Bde. Frankfurt u. Leipzig (=Mannheim), Schwan, 1784-1790
Papier, Druck, 8°

Karl Friedrich Moser, der Sohn eines Tübinger Professors der Rechte, hatte sich als Minister in hessisch-darmstädtischen Diensten durch sein kompromißloses und unbestechliches Vorgehen gegen Korruption und andere Mißstände zahlreiche Feinde gemacht, so daß er 1783 nach Mannheim übersiedelte, wo er auch seine bedeutendste literarische Leistung, sein „Patriotisches Archiv", veröffentlichte.
Anhand exemplarischer Lebensläufe „guter" Fürsten, Minister und Patrioten werden das Fehlverhalten und die Inkompetenz ihrer negativen Gegenbilder auf eine anekdotenreiche und humorvolle Weise kritisch beleuchtet. Verschwendungssucht, Müßiggang und Despotismus mancher Herrscher werden auf das schärfste angeprangert, die Verantwortung und Pflichten des Fürsten gegen seine Untertanen immer wieder hervorgehoben.
Jeder Band ist mit einem Porträt eines „guten" Fürsten als Frontispiz und einer Titelvignette ausgestattet, die allegorischen Charakter besitzt. So zeigt beispielsweise die Vignette des 8. Bandes einen Baum mit einer gestutzten Krone, ein Sinnbild für die Notwendigkeit einer Reinigung der Fürstenhöfe von wuchernden, die Krone korrumpierenden Elementen.
Eine Vignette mit deutlich kurpfälzischem Bezug ist die des 11. Bandes, welche das Mannheimer Schloß mit einem Blitzstrahl abbildet. Alle Vignetten lassen vielfache und komplexe Deutungen zu, was vermuten läßt, daß das „Patriotische Archiv" für einen äußerst gebildeten Leserkreis konzipiert war. HE.Vt/D.D.

Deutschland 1989; Hess 1987.

Mannheim, Reiss-Museum (Mh Zs 5)

6.3.8
Etrennes Palatines

Mannheim 1769
Papier, Druck, 8°

Die „Etrennes Palatines" bilden die französische Parallelausgabe zum „Pfälzischen Kleinen Kalender". Wie letzterer enthalten sie neben einem Calendarium ein kurzgefaßtes genealogisches Verzeichnis der regierenden Fürstenhäuser Europas sowie im Anhang knappe Beschreibungen der wichtigsten Sehenswürdigkeiten und Einrichtungen der Residenzstadt Mannheim und ihrer näheren Umgebung einschließlich der kurfürstlichen Sammlungen im Mannheimer Schloß. D.D.

Gesche, Inga: Almanache, Kalender und Taschenbücher aus der Zeit von 1730 bis 1830. Mannheim 1987.

Mannheim, Reiss-Museum (Mh Zs 90)

6.3.9
Pfälzischer kleiner Calender auf das Jahr 1770

Mannheim, Akademische Buchdruckerei, 1769
Papier, Druck, 12°

Der „Pfälzische Kleine Calender" ist die deutschsprachige Parallelausgabe zu den „Etrennes palatines". Wie diese enthält er neben dem Calendarium ein Verzeichnis der regierenden Häuser Europas sowie im Anhang eine Beschreibung der Sehenswürdigkeiten der Residenzstadt Mannheim und ihrer näheren Umgebung. Im Gegensatz zu der französischsprachigen Ausgabe, von der nur drei Jahrgänge bekannt sind, lassen sich von diesem Kalender die Jahrgänge von 1768 - 1787 nachweisen. D.D.

Gesche, Inga: Almanache, Kalender und Taschenbücher aus der Zeit von 1730 bis 1830. Mannheim 1987.

Mannheim, Reiss-Museum (Mh Zs 93)

6.4
Akademie der Wissenschaften – Historische Klasse

1763 entschloß sich Kurfürst Carl Theodor auf Anraten Johann Daniel Schöpflins (1694-1771) zur Gründung einer Akademie der Wissenschaften in Mannheim, die bis zum Beginn des 19. Jahrhunderts Bestand hatte. Sie besaß eine historische und eine naturwissenschaftliche Klasse, zu der seit 1780 eine meteorologische Klasse hinzutrat.
Die Statuten der Gründung sahen zehn ordentliche, besoldete Akademiemitglieder vor, deren Kreis durch außerordentliche und Ehrenmitglieder ergänzt wurde. Für Tätigkeitsberichte und Abhandlungen stand der Akademie in den Acta Academiae Theodoro-Palatinae ein mit Tafeln, Karten und Abbildungen vorzüglich ausgestattetes Publikationsorgan zur Verfügung.
Mit dem Einfluß des Ehrenpräsidenten Schöpflin, des führenden Historikers seiner Zeit in Süddeutschland, hing es offenbar zusammen, daß in der Mannheimer Akademie die Geschichtswissenschaft einen bedeutenderen Platz erhielt als in den meisten anderen Akademien des Jahrhunderts. Thematischer Schwerpunkt der historischen Arbeit war die Geschichte der Pfalz im Mittelalter. Gelehrte wie Christoph Jakob Kremer, Georg Christian Crollius und vor allem der Schöpflinschüler und ständige Akademiesekretär Andreas Lamey vertraten als Forscher methodische Grundsätze, die diesen Arbeiten in der deutschen Mittelalterforschung Rang und anhaltende wissenschaftliche Bedeutung sicherten.
Zu den richtungsweisenden Arbeiten der historischen Klasse gehörten auch die systematische Erfassung und die wissenschaftliche Bearbeitung von antiken Denkmälern sowie die von der Akademie geleiteten Ausgrabungen von römischen Gebäuden und Gräbern. Grundlegend für diese heute zum Bereich der Denkmalpflege und des Denkmalschutzes gehörenden Aktivitäten war zunächst ein Erlaß Carl Theodors von 1749, nach dem alle in der Kurpfalz aufgefundenen Denkmäler nach Mannheim zu bringen seien. Seit 1771 wurde ferner von der Akademie ein Fragebogen verschickt, mit dessen Hilfe ein umfassendes Inventar der Denkmäler und die Geschichte der pfälzischen Lande (Palatinatus Illustratus) erarbeitet werden sollte. Zugleich wurde für die zukünftige Pflege der Denkmäler Sorge getragen.
Carl Theodors Eintreten für die historischen Forschungen förderte auch die Durchführung von Ausgrabungen im Schloßgarten von Schwetzingen (1765 und 1777) und im Gebiet zwischen Ladenburg und Schriesheim (1766). Die zeichnerische Dokumentation und die Interpretation der Grabungsbefunde wurden vorbildlich in den Acta Academiae Theodoro-Palatinae veröffentlicht. An den Grabungsstätten ließ Carl Theodor jeweils Denkmäler zur Erinnerung aufstellen. Darüber hinaus wurden Schutzbauten über einem Teil der antiken Gebäudereste errichtet, die ein erstes Beispiel für archäologischen Denkmalschutz waren.
Während der Charakter der Akademie zunächst maßgeblich von der Arbeit der Historiker geprägt wurde, trat im zweiten Jahrzehnt ihres Bestehens die naturwissenschaftliche Klasse stärker hervor.

Antiquarium

Das von Carl Theodor im Schloß eingerichtete Antiquarium wurde von der 1763 gegründeten Akademie der Wissenschaften betreut und von deren Sekretär Andreas Lamey geleitet. Es besaß eine beachtliche Materialfülle und ein breites Fundspektrum.
Zum ältesten Bestand des öffentlich zugänglichen Antiquariums gehörten die Antiken aus dem Besitz Johann Wilhelms von der Pfalz (1658-1716), der sie zu Beginn des 18. Jahrhunderts für seine Residenz in Düsseldorf erworben hatte. Seine Nachfolger Carl Philipp und Carl Theodor ließen die hauptsächlich aus Italien stammenden Skulpturen sowie die in Nijmegen erworbene Sammlung römischer Kleinfunde des Johannes Smetius in die Residenz nach Mannheim bringen. Im Antiquarium wurden auch die 14 etruskischen Aschenurnen aus Volterra aufgestellt, die Papst Pius VI. 1775/76 Carl Theodor geschenkt hatte. Sie wurden im Zweiten Weltkrieg beinahe gänzlich zerstört. Ebenfalls aus Italien kamen unter anderem einige griechische Gefäße aus etruskischen Gräbern und römische Mosaikfragmente, die entweder von Carl Theodor selbst oder von den Akademiemitgliedern von den Reisen nach Italien mitgebracht wurden. Unter den heute noch identifizierbaren Stücken aus dem Antiquarium gibt es einige Skulpturen, die neuzeitliche Schöpfungen sind, damals aber für antiken Ursprungs gehalten wurden.
Der Bestand an provinzialrömischen Funden geht größtenteils auf die Unternehmungen der Akademie der Wissenschaften zurück, die das Sammeln von archäologischen Objekten aus der Kurpfalz, insbesondere von römischen Inschriftensteinen, intensiv betrieb. Neben dem 1749 an die kurpfälzischen Lande ergangenen Erlaß Carl Theodors, demzufolge antike Funde nach Mannheim zu schicken seien, führten die seit 1764 unternommenen Reisen der Akademiemitglieder zu einem beträchtlichen Anwachsen der Sammlung. Zahlreiche Antiken wurden auf diesen Reisen erworben und ins Antiquarium überführt. Dazu kamen die Funde von den Ausgrabungen im Rhein-Neckar-Gebiet.
Ein Teil des Bestandes des Antiquariums wird noch immer in den Archäologischen Sammlungen des Reiss-Museums Mannheim aufbewahrt, darunter eine große Zahl von römischen Steindenkmälern. Der Großteil des Bestandes wurde aber nach Carl Theodors Regierungsantritt in Bayern nach München überführt. *G.A./C.B.*

Das kurfürstliche Münzkabinett

Die Anfänge des Mannheimer Münzkabinetts gehen auf die Sammlungstätigkeit Kurfürst Johann Wilhelms (1690-1716) zurück. Dieser hatte durch den Ankauf der reichen Sammlung des Nijmegener Gelehrten Johann Smetius sowie durch die Kontakte seiner Gemahlin Anna Maria von Medici zu den römischen Adelsfamilien eine großen Bestand von griechischen und römischen Münzen zusammengebracht. Durch gezielte Ankäufe wertvoller Stücke, durch Schenkungen sowie vor allem durch die in einem Erlaß aus dem Jahre 1749 geregelte Abgabe von Fundmünzen aus dem Territorium der Kurpfalz an den Hof nach Mannheim konnte der Bestand während der Regierungszeit Kurfürst Carl Theodors erheblich vergrößert werden. Das Münzkabinett umfaßte bei seiner Überstellung von Mannheim nach München im Jahre 1781 einen Gesamtbestand von rund 16.000 Münzen und mehr als 400 geschnittenen Steinen. Die Münzen verteilten sich zu gleichen Teilen auf rund 8.000 antike Prägungen (ca. 400 aus Gold, ca. 3.600 aus Silber und ca. 4.000 aus Bronze) sowie rund 8.000 mittelalterliche und neuzeitliche Stücke (ca. 1.000 aus Gold, 5.000 aus Silber und 2.000 aus Bronze bzw. Kupfer). Nach den reichen Beständen an den Fürstenhöfen von Berlin, Dresden, Wien und Paris zählte das Mannheimer Münzkabinett damit zu den größten Sammlungen in Mitteleuropa. Zusammen mit seiner umfangreichen numismatischen Bibliothek bildete es den Grundstock des Königlich Bayerischen Münzkabinetts und ist bis heute Kernbestand der Staatlichen Münzsammlung in München. *H.-J.S.*

6.4.1
Gründungsurkunde der Kurpfälzischen Akademie der Wissenschaften vom 15. 10. 1763

Abschrift der lateinischen Stiftungsurkunde, beigefügt einer Bittschrift des Magistrats der Stadt Mannheim an den Kurfürsten von Baden vom 12. Mai 1804, die Wiedererrichtung der Mannheimer Akademie der Wissenschaften betreffend, Mannheim, 1804
Papier, 2 S., 33,3 x 20,2 cm

Am 15. Oktober 1763 unterzeichnete Kurfürst Carl Theodor die Gründungsurkunde der Mannheimer Akademie der Wissenschaften, die zu Ehren ihres Stifters den Namen „Academia Theodoro-Palatina" erhielt. Durch diese Gründung sollte die wissenschaftliche Forschung in der Kurpfalz nach den Wirren des 17. Jahrhunderts wieder neue Impulse erhalten. Während an der Universität Heidelberg weiterhin Lehre und Studium im Vordergrund standen, sollten sich an der Akademie ausgewiesene Wissenschaftler der historischen und naturwissenschaftlichen Erforschung der pfälzischen Lande sowie dem Ausbau der kurfürstlichen Sammlungen wie Bibliothek, Naturalienkabinett oder Antiquarium widmen.
Diese Gründungsurkunde wurde im ersten Band der Acta Academiae, dem Publikationsorgan der Mannheimer Akademie, zusammen mit den Satzungen veröffentlicht. P.G.

Walter 1907, Bd. 1, S. 599; Fuchs 1963, S. 86f., Kistner 1930, S. 6.

Karlsruhe, Generallandesarchiv (Fasz. 213/3071)

6.4.2
Medaille auf die Stiftung der Kurpfälzischen Akademie der Wissenschaften

Anton Schäffer (1722-1799), 1763
Silber, Dm. 5,2 cm

Die anläßlich der Gründung der Akademie angefertigte repräsentative Medaille zeigt auf der Rückseite die unter den Schutz des in einem Strahlenkranz auf dem Parnaß thronenden Musengottes Apoll stehenden Flußgötter von Rhein und Neckar. Diese auf antike Bildmotive zurückgehende Darstellung wird in der Umschrift PHOEBI RHENI NECCARI CONIUNCTIO FELIX (Glückliche Vereinigung Apolls mit Rhein und Neckar) näher erläutert. Der Entwurf der Rückseite wurden von Anton Schäffer nach Vorgaben von Johann Daniel Schöpflin und Andreas Lamey angefertigt. H.-J.S.

Haas-Gesche 1972, S. 26, Nr. 11; Kirchheimer 1981, S. 8, Nr. 1a; Stemper 1997, S. 498, Nr. 510.

Mannheim, Reiss-Museum (o. Nr.)

6.4.3
Urkundenbuch der Kurpfälzischen Akademie der Wissenschaften

Diplomatarium seu Chartularium Academiae Scientiarum et Eleg. Litter. Theodoro-Palatinae

Sammlung von Urkundenabschriften die Akademie der Wissenschaften betreffend, Mannheim, 1763-1812
Konvolut, Pappband 36 x 22 cm; Papier, 142 Bl.

Das Diplomatarium der Akademie der Wissenschaften enthält Abschriften der Urkunden, kurfürstlichen Erlasse und Reskripte, die sich auf die Gründung, Einrichtung und Verwaltung der Akademie beziehen, ferner Entwürfe oder Abschriften des akademischen Schriftwechsels, außerdem ein Verzeichnis der ersten Mitglieder, Nachweise über den Unterhaltsfond und die Pensionen, Muster von Aufnahmeurkunden, Korrespondenz mit den Mitgliedern, Ehrenmitgliedern, befreundeten Institutionen und Personen sowie Instruktionen für die Akademische Druckerei und Buchhandlung. Das Konvolut wird durch ein zeitgenössisches umfangreiches Register erschlossen. P.G.

Speyer, Landesarchiv (A 17 Nr. 260)

6.4.4
Preismedaille der Kurpfälzischen Akademie der Wissenschaften

Anton Schäffer (1722-1799), nach 1763
Zinn, Dm. 7,1 cm

Die nur in einem einzigen Probeabschlag aus Zinn bekannte Schaumünze wurde als Preismedaille der Akademie der Wissenschaften konzipiert. Eine Verleihung solcher Stücke aus Gold ist aus den Akademieakten nur siebenmal für die Jahre zwischen 1764 und 1776 belegt. Da keine weiteren Exemplare bekannt sind, scheinen die wenigen ausgeprägten Stücke bald wieder eingeschmolzen worden zu sein. H.-J.S.

Gesche 1981, S: 35 Nr. 24; Kirchheimer 1981, S. 18, Nr. 3; Stemper 1997, S. 505, Nr. 514.

Mannheim, Reiss-Museum (III g 1965)

6.4.5
Präsenzjeton der Kurpfälzischen Akademie der Wissenschaften

Anton Schäffer (1722-1799), nach 1763
Silber, Dm. 2,7 cm

Die kleinen Medaillen mit den antikisierenden geistes- und naturwissenschaftlichen Symbolen (Tempelfront, Janusbüste, Obelisk, Muschel, Vase mit Aloe) und der Umschrift RIMATUR UTRIMQUE (Man forscht in beiden Richtungen / Sektionen) auf der Rückseite wurden an die Mitglieder der Akademie als Aufwandsentschädigung für ihre Anwesenheit bei den Sitzungen vergeben und konnten – je nach Silberkurs – im Gegenwert von etwa 50 Kreuzern eingelöst werden. Bei rund 40 Sitzungen pro Jahr konnten die Akademiker ihre Kasse

Kat. Nr. 6.4.2 Vorderseite

Kat. Nr. 6.4.2 Rückseite

somit um rund 35 Gulden (1 Gulden = 60 Kreuzer) aufbessern. Eine vergleichsweise magere Summe, die in etwa der Hälfte der jährlichen Diäten eines Mannheimer Ratsherrn entsprach, während gleichzeitig ein Musiker der Hofkapelle ca. 300 bis 400 Gulden verdienen konnte. H.-J.S.

Haas-Gesche 1972, S. 29, Nr. 20; Kirchheimer 1981, S. 11, Nr. 2; Stemper 1997, S. 500, Nr. 51[illegible].

Mannheim, Reiss-Museum (III g 1268)

6.4.6
Medaille auf die Annahme des Titels „Stifter und Protektor der Kurpfälzischen Akademie der Wissenschaften" durch den Kurfürsten Carl Theodor

Anton Schäffer (1722-1799), 1770
Silber, Dm. 4,0 cm

Die seltene Medaille mit den wissenschaftlichen (Eule, Säule, Bücher) und landesherrlichen (Löwe, Lanze, Schild) Symbolen wurde geprägt anläßlich der Erklärung des Kurfürsten, künftig den Titel „Fundator atque Protector" (Stifter und Förderer) zu führen, wozu er sich am 11. Dezember 1770, seinem 46. Geburtstag, bereiterklärte. H.-J.S.

Kirchhheimer 1981, S. 20, Nr. 4; Stemper 1997, S. 515, Nr. 525.

München, Staatliche Münzsammlung (o. Nr.)

6.4.7
Medaille auf die Stiftungen des Kurfürsten für die Kurpfälzische Akademie der Wissenschaften

Anton Schäffer (1722-1799), 1773
Silber, Dm. 4,0 cm

Die in der Rückseitendarstellung dem vorhergehenden Stück sehr nahestehende Medaille wurde ausgeprägt anläßlich einer Erklärung des Kurfürsten zur Zehnjahresfeier des Forschungsinstitutes, für die Arbeiten der Akademie ab 1. September 1773 einen Betrag von jährlich 9.000 Gulden auf weitere zehn Jahre zur Verfügung zu stellen. H.-J.S.

Haas-Gesche 1972, S. 29, Nr. 19; Kirchheimer 1981, S. 23, Nr. 6; Stemper 1997, S. 523, Nr. 534.

Mannheim, Reiss-Museum (III g 1303)

6.4.8
Porträt Johann Daniel Schöpflin

Unbekannter Künstler, um 1750
Öl auf Leinwand, 82 x 64 cm

Ein unbekannter, wohl elsässischer Künstler zeigt Johann Daniel Schöpflin (1694-1771), der dabei ist, sich Aufzeichnungen zu machen, in repräsentativer Kleidung in seiner Bibliothek. Schöpflin, „Conseiller du Roi et Historiographe de France, ordentlicher Professor der Geschichte und Eloquenz und Dekan des Thomasstiftes Straßburg, Ehrenpräsident der Mannheimer Akademie der Wissenschaften" – so zählt die Beschriftung eines Porträtstiches von Egid Verhelst (1733-1788) die wichtigsten Ämter Schöpflins auf – gehörte zu den Initiatoren der Gründung der Akademie der Wissenschaften. K.-L.H.

Colmar, Musée d'Unterlinden (88.R.P. 596)

6.4.9
Abhandlung über die Kaiserpfalz Ingelheim

Johann Daniel Schöpflin: Abhandlung über die Kaiserpfalz Ingelheim. In: Acta Academiae Theodoro Palatinae, Vol. I. Mannheim, 1766
Papier, Druck, 4°

Friedrich Daniel Schöpflin (1694-1772) war der bedeutendste elsässische Historiker des 18. Jahrhunderts, der dem französischen und deutschen Sprachraum gleichermaßen verbunden war. „Historiker, Akademiegründer und Diplomat" (Voss) war er ein Zentrum der europäischen Gelehrtenrepublik, der auch Goethe bei seinem Straßburgaufenthalt tief beeindruckte. Als korrespondierendes Mitglied vieler europäischer Akademien war er der Gründer und bis zu seinem Tod 1772 der Spiritus Rector der Mannheimer Akademie von 1764 und der in Brüssel 1769. Carl Theodor war auf ihn durch seine beiden Hauptwerke „Historia Zaringo-Badensis" und „Alsatia Illustrata" aufmerksam geworden und beauftragte ihn, die Vorarbeiten für eine „Palatinatus Illustratus" zu leisten und die Forschungen zu koordinieren.
Schöpflin plante schon 1759 eine Abhandlung über die Kaiserpfalz Ingelheim und bereitete eine Forschungsreise dorthin vor. Diese wurde nach der Gründung der Akademie 1764 Lamey anvertraut, der sie zur ersten offiziellen Akademiereise machte. Ende September reisten Lamey, Kremer und der Miniaturmaler Josef Kisling dorthin, wo die Reisegruppe die Ruinen der Kaiserpfalz erforschte. Die Ergebnisse verarbeitete Schöpflin zur „Dissertatio de Caesareo Ingelheimensi Palatio", die er im ersten Band der Acta veröffentlichte. Er stellte die Reihenfolge der Besiedlung Ingelheims dar: Oberingelheim (die Stadt), Pfalz und das Dorf Niederingelheim, und bringt eine vollständige Ortsgeschichte. In die Zukunft weisend ist, was er über die Anlage der Pfalzen in merowingischer und karolingischer Zeit sagte. Mit diesem Aufsatz lieferte er Initialzündung und Vorbild für die Arbeiten der Mannheimer Akademiker.

H.P.

Fuchs 1963, S. 67-69, 83-89 u.a.; Voss, Jürgen: J.D. Schöpflins Wirken und Werk. Eine Bestandsaufnahme anläßlich seines 200. Todestages. In: ZGO 119 (1971), S. 281–321; Voss, Jürgen: Deutsch-französische Beziehungen im Spannungsfeld von Absolutismus, Aufklärung und Revolution. Paris 1992.

Mannheim, Reiss-Museum (Mh Zs 1)

Kat. Nr. 6.4.6 Vorderseite

Kat. Nr. 6.4.6 Rückseite

Kat. Nr. 6.4.8

6.4.10

Gedächtnismedaille auf den Tod des Ehrenpräsidenten der Kurpfälzischen Akademie der Wissenschaften Johann Daniel Schöpflin

Anton Schäffer (1722-1799), 1772
Bronze, Dm. 4,5 cm

Der im Jahre 1740 von König Ludwig XIV. zum Historiographen von Frankreich ernannte Johann Daniel Schöpflin (1694-1771) zählte zu den bedeutendsten Historikern des 18. Jahrhunderts. Bereits 1759 hatte er in Gesprächen mit dem Kurfürsten die Stiftung einer Akademie der Wissenschaften in der Pfalz in die Wege geleitet, und wurde im Juli 1763 zu ihrem Gründungsdirektor ernannt. In einer öffentlichen Festsitzung am 22. April 1772 gedachte die Akademie ihres am 7. August 1771 in Straßburg verstorbenen Ehrenpräsidenten und ließ zu seiner Erinnerung die Medaille anfertigen.

H.-J.S.

Gesche 1981, S. 12, Nr. 8; Kirchheimer 1981, S. 21, Nr. 5.

Mannheim, Reiss-Museum (III g 2046)

6.4.11

Porträt Johann Georg von Stengel

Unbekannter Maler
Öl auf Leinwand, 80 x 60 cm

Johann Georg von Stengel (1721-1798) gehörte, wie später sein Sohn Stephan von Stengel (Kat. Nr. 2.5.7), zu den höchsten Verwaltungsbeamten und engsten Vertrauten von Kurfürst Carl Theodor, den er 1774 auf seiner ersten Italienreise begleitete. Seit 1747 war er Kabinettssekretär im Range eines Geheimen Rates und wurde 1773 zum Kanzleidirektor ernannt. 1788 erhob ihn Carl Theodor in den erblichen Reichsfreiherrenstand.
Die Familie von Stengel bewohnte in Mannheim zunächst ein Stadthaus in A 3, 4, das zu einem Treffpunkt für Künstler und Gelehrte wurde. Johann Georg von Stengel ließ 1767 das Schloß in Seckenheim errichten und erwarb 1768 im heutigen Stadtteil Rheinau Ländereien zum Bau des „Stengelhofes", eines landwirtschaftlichen Gehöftes. Aufgrund seiner umfassenden Kenntnisse im Bereich der Künste und Wissenschaften erhielt er 1763 den Direktorenposten der von Carl Theodor gegründeten kurpfälzischen Akademie der Wissenschaften. Er selbst besaß umfangreiche Sammlungen von wertvollen Büchern, Kupferstichen, Münzen und Mineralien. A.K.

Carl Theodor und Elisabeth Auguste 1979, S. 170, Nr. 472; Ebersold 1993, S. 3-8; Rall 1993, S. 97-98.

Garmisch-Partenkirchen, Privatbesitz

6.4.12

Porträt Andreas Lamey

Unbekannter Künstler, um 1770
Öl auf Leinwand, 93 x 71 cm

Andreas Lamey (1726-1802) arbeitete nach dem Studium der Theologie, Philosophie und Mathematik in Straßburg dort als Mitarbeiter Johann Daniel Schöpflins (1694-1771). 1763 berief ihn Kurfürst Carl Theodor als Hofbibliothekar und Sekretär der neugegründeten Kurpfälzischen Akademie der Wissenschaften nach Mannheim. Von 1767 an gab Lamey die „Mannheimer Zeitung" heraus. Er verfaßte zahlreiche Schriften zur pfälzischen Regionalgeschichte und zur provinzialrömischen Archäologie. K.-L.H.

Carl Theodor und Elisabeth Auguste 1979, Nr. 471, S. 170.

Freiburg, Privatbesitz

Kat. Nr. 6.4.11

Kat. Nr. 6.4.12

6.4.13
Codex Laureshamensis

Mannheim, 1768-1770
Papier, Druck, 3 Bde., 4°

Der Lorscher Codex ist ein Copialbuch, das zwischen 1175 und 1190 entstanden ist und den Urkundenbestand des Klosterarchivs enthält. Der Gesamtbestand der Lorscher Urkunden ist gegliedert in 1. Das Chronicon Laureshamense mit 166, meist Kaiser-, Königs- und Papsturkunden und 2. den Codex traditionum mit 3670 Privaturkunden unter den Nummern 167-3836, die den Zeitraum von 754 bis 1000 umfassen. In ihnen sind Schenkungen an Lorsch in über 1000 verschiedenen Ortschaften zwischen Nordsee und Churrätien festgehalten. Für die meisten Ortschaften unserer näheren und weiteren Umgebung ist das Vorkommen im Codex Laureshamensis die Ersterwähnung. Er ist damit im Bereich der ehemaligen Kurpfalz die wichtigste Quelle für das frühe Mittelalter.

Zusammen mit der gesamten Lorscher Klosterbibliothek wurde auch der Codex vor Ausbruch des Bayerisch-Pfälzischen Erbfolgekriegs 1503 nach Ladenburg in die Bibliothek des Wormser Bischofs Johann III. von Dalberg gebracht. Unter Kurfürst Ottheinrich kamen die Lorscher Bücherschätze in die Bibliotheca Palatina. Damit teilten sie deren Schicksal bis 1623, als diese nach Rom abtransportiert wurde. Der Codex Laureshamensis hingegen war nach Mainz gekommen, da Lorsch als Pfälzer Pfandbesitz wieder an Mainz zurückfiel. In ihren Konflikten mit der Kurpfalz diente der Codex Laureshamensis den Mainzer Erzbischöfen zur Untermauerung territorialer Ansprüche. Der Mainzer Generalvikar und spätere Abt von Göttweig Gottfried Bessel, gest. 1749, machte ihn zum Gegenstand seiner gelehrten Studien in Göttweig. Das Original, das er aus Mainz mitgenommen hatte, blieb in Göttweig zurück. Nach Mainz gelangte eine Abschrift, die der Mainzer Erzbischof 1758 Carl Theodor schenkte. Diese erregte die Aufmerksamkeit der Pfälzer Historiker. Inzwischen war auch das Original nach Mainz zurückgekehrt. Nach dem Mainzer Dombrand von 1793 hielt man auch den Codex für vernichtet. Man hatte ihn jedoch schon vorher in das Würzburger Archiv gerettet, von wo er am 30. Juli 1830 ins Staatsarchiv München kam. Inzwischen ist er wieder in der Außenstelle des Bayerischen Staatsarchivs in Würzburg.

Schon früh hat sich die Pfälzische Geschichtsschreibung mit dem Lorscher Codex befaßt. Marquard Freher benutzte im 1. Band seiner „Origines Germanicarum Scriptores" von 1600 das Chronicon. Für die Academia Theodoro-Palatina war die Ausgabe des Codex Laureshamensis eine zentrale Aufgabe, die Andreas Lamey besorgte. 1768-70 erschien der ganze Codex in drei Bänden. Bis zur historisch-kritischen Ausgabe von Karl Glöckner 1929-36, Neudruck 1963, war die Akademie-Ausgabe Lameys maßgeblich. H.P.

Glöckner, Karl (Hrsg): Codex Laureshamensis, 3 Bde. Darmstadt 1929, ND 1963; Fuchs 1963, S. 182–193; Minst, Karl Josef: Lorscher Codex Deutsch, 6 Bde. Lorsch/Heppenheim 1966.

Mannheim, Reiss-Museum (Mh 423)

6.4.14
Beschreibung des Lobdengaus

Andreas Lamey: Pagi Lobodunensis ... Descriptio. In: Acta Academiae Theodoro Palatinae, Vol. I. Mannheim, 1766, S. 215-242

Papier, Druck, 4°

Die Hauptaufgabe der Academia Theodoro-Palatina war die Sammlung möglichst aller Altertümer und Zeugnisse der pfälzischen Vergangenheit, um die Voraussetzungen für die Darstellung der pfälzischen Geschichte zu schaffen. Dabei war einmal an die Herkunft der Würde der Pfalzgrafen und des pfälzischen Territoriums, andererseits aber auch an die Zeugnisse der Vorzeit, vor allem der römischen, im Gebiet der damaligen Kurpfalz zu denken. Dieses wissenschaftliche Unternehmen nannte man Palatinatus Illustratus. Die Beschreibung der früheren fränkischen Gaue war ein wichtiger Baustein. Andreas Lamey schrieb für jeden Band eine oder mehrere Gaubeschreibungen, gleich im ersten Band die des Lobdengaus. Er legte die Gaueinteilung des Codex Laureshamensis zugrunde und sammelte alle Urkunden und Nachrichten, die es zu den einzelnen Orten des betreffenden Gaues gab. Die Orte führte er nach ihrer geographischen Lage auf: *Es folgt eine vollständige Liste der Orte des Lobdengaus, in der wir ... nicht nur die Namen bringen, sondern auch den Anlaß, die schriftliche Gestalt und die Jahre, da sie zum ersten mal genannt werden ... soweit wie möglich im Wortlaut der alten Urkunden. Wir unterscheiden Sicheres und Unsicheres, Wahres und Falsches, da die alten Urkunden selbst wegen der Nachlässigkeit und Unwissenheit der Schreiber zuweilen Fehler enthalten* (Acta I, S. 217). Er beginnt in der Regel mit dem Lorscher Codex und endet mit seinen Zeugnissen oft im späten Mittelalter. Lamey leistete hier eine wissenschaftliche Pionierarbeit der historischen Landeskunde. H.P.

Fuchs 1963, S. 194–228.

Mannheim, Reiss-Museum (Mh Zs 1)

6.4.15
Historische Karte des Speyergaus

(In: Acta Academiae Theodoro Palatinae, Vol. III, S. 227f. Mannheim, 1773, Papier, Druck, 4°)

H. Cöntgen nach F. Denis, 1773
Kupferstich auf Papier, 26 x 37 cm

Die Gau-Beschreibungen von Andreas Lamey (1726-1802) enthielten jeweils eine historische Karte der Gaue in der Karolingerzeit. Diese Karten, von denen wir die des Speyergaus abbilden, sind eine absolute wissenschaftliche Neuheit und in ihrem grundsätzlichen Ansatz bis heute nicht überholt. Lamey kann sich für seine Karten auf die Vorarbeiten der Landvermessung für die große Carta Palatina gründen, die Pater Mayer und nach dessen Tod der kurpfalzbaierische Ingenieur-Lieutenant Ferdinand Denis im Auftrag Carl Theodors angefertigt hat.
Lamey überträgt die im Codex Laureshamensis erwähnten Ortschaften, deren Gauzugehörigkeit jeweils genannt wird, auf die Karte und definiert dadurch den Umfang der jeweiligen Gaue, eine Methode, die auch noch heute angewendet wird. Er übernimmt für die karolingischen Orte die historische Schreibweise und fügt, durch besondere Markierung gekennzeichnet, im Codex Laureshamensis nicht genannte Ortschaften ein. Die Karte ist gewestet. Der Haardtrand ist nach der neuen Methode Mayers steil oder weniger steil schraffiert, die Bewaldung ist angedeutet. In der Ebene sind der Bienwald und der Rechwald eingetragen. Die Begrenzung des Gaues ist nur im Norden durch eine durchbrochene Linie angedeutet. Die angrenzenden Gaue sind Wormaz Goviae pars, Alsatiae pars und Creich Goviae pars. H.P.

Fuchs 1963, S. 194–228.

Mannheim, Reiss-Museum (Mh Zs 1)

6.4.16
Über pfälzische Siegel

Andreas Lamey: Über pfälzische Siegel. In: Acta Academiae Theodoro Palatinae, Vol. V, historicum. Mannheim, 1783

Papier, Druck, 4°

Mit diesem späten Beitrag eröffnete Lamey auch das weite Feld der historischen Hilfswissenschaften, hier der Siegelkunde oder Sphragistik. Er verfolgt anhand schon früher abgebildeter Siegel der älteren lothringischen Pfalzgrafen sowie siebzehn neuer Siegelabbildungen von Konrad von Staufen bis Ludwig III. die Entwicklung des pfalzgräflichen Wappens von den einfachen Reitersiegeln des 11. und 12. Jahrhunderts bis zum ersten ausgeprägten Siegel des Pfalzgrafen Heinrich von Braunschweig 1196 bis 1212. Um die Forschung in diesem Bereich anzusporen, schrieb die Akademie kleine Preisfragen aus nach „sigilla nondum prodita" (noch nicht veröffentlichten Siegeln), deren Echo allerdings entmutigend war. So war diesem Forschungsgebiet der Akademie kein weiterer Erfolg beschieden. H.P.

Fuchs 1963, S. 331-349.

Mannheim, Reiss-Museum (Mh. Zs 1)

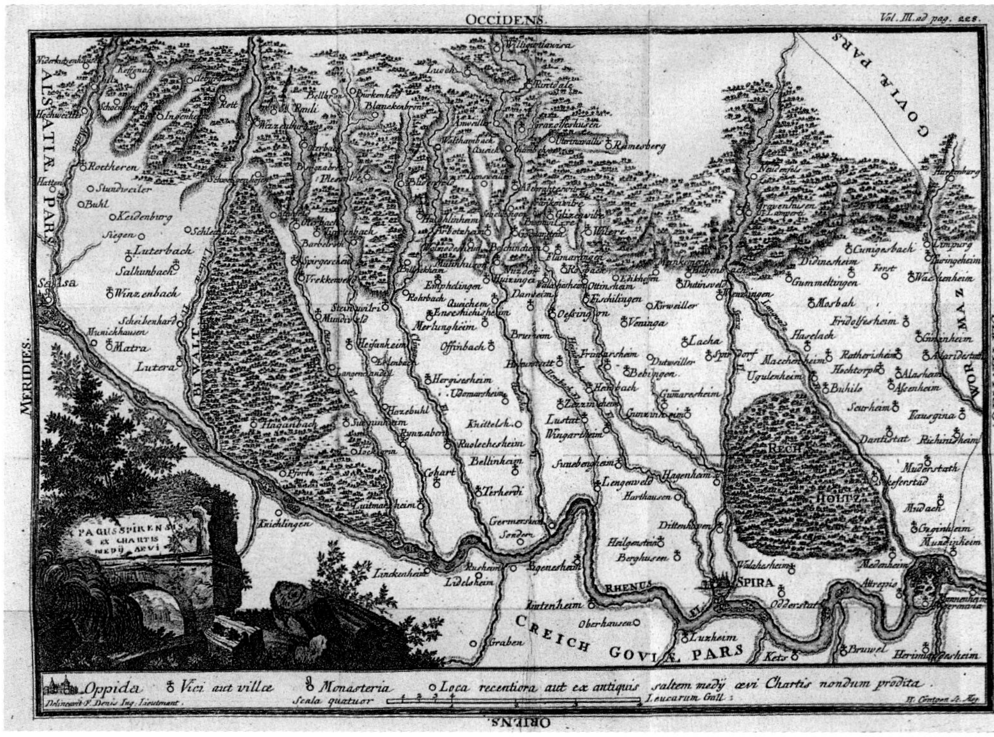

Kat. Nr. 6.4.15

6.4.17
Basis Palatina ... exeunte anno superiore 1762 ad normam Academiae Regia Parisinae scientiarum exactam bis dimensa ..."

Christian Mayer (1719-1783), Mannheim, 1763
Papier, Druck, 23,5 x 18,5 cm

Beschreibung der Einmessung der Basislinie zur Vermessung der Kurpfalz, der Basis Palatina, durch Mayer entlang der Chaussee von Heidelberg/Rohrbach nach Schwetzingen bis Ketsch am Rhein, die auch Cassini de Thury 1763 für seine Triangulation benutzt hatte. Mit einem Quadranten von Canivet vermaß Mayer das erste Dreieck zwischen den Punkten Heidelberg, Schwetzingen und Schriesheim (Strahlenburg). Daran schlossen sich weitere Dreiecke mit den neuen Vermessungspunkten Mannheim, Worms, Speyer und Philippsburg an. Das Ergebnis dieser Einmessung war die sogenannte Kleine Kurpfalzkarte von 1773 (vgl. Kat. Nr. 6.5.9). K.B.

Mannheim, Reiss-Museum (Mh 828)

6.4.18
Ueber die Ueberschwemmungen des Neckars bei Mannheim mit Beweisen und Erläuterungen ...

Cosimo Alessandro Collini (1727-1806), Mannheim, 1790
Papier, Druck, 19,5 cm x 12 cm

In diesem mit einer Kupfertafel illustrierten Büchlein publiziert Collini einen Vortrag, den er bereits 1765 vor der Mannheimer Akademie der Wissenschaften gehalten hatte. Der Grund für die Ausführungen waren die wiederholt auftretenden Überschwemmungen im Bereich der Neckarschleifen zwischen Mannheim und Feudenheim.
Schon 1762, 1763 und 1764 waren Pläne ausgearbeitet worden, die einen Neckardurchstich im Bereich der Schleifen vorsahen, um künftigen Überschwemmungen vorbeugen zu können. 1777 hatte der Geodät Dewarat auf Geheiß der Hofkammer den Teil des Flußverlaufes geographisch aufgenommen und den künftigen Kanal auf der Karte eingetragen. K.B.

Mannheim, Reiss-Museum (Mh 475)

6.4.19
Porträt Natalis Joseph de Necker

Anton Karcher nach F. Beckers, 1786
Punktiermanier in Schwarz, 14,3 x 10,2 cm (Bildfeld), 22,4 x 14,9 cm (Blatt)

Natalis Joseph de Necker (1729-1793) war Arzt und Botaniker und wurde 1768 in die Kurfürstliche Akademie der Wissenschaften zu Mannheim auf Wunsch des Kurfürsten Carl Theodor aufgenommen. In wenig systematischer Weise widmete sich de Necker der Erforschung der kaum bekannten Physiologie der Algen, Moose und vor allem der Pilze. Karchers 1786 entstandenes Bildnis diente als Titelkupfer für de Neckers 1791 in drei Bänden in Neuwied erschienenen Hauptwerks „Elementa botanica ..." (Botanische Grundlehren), die im Auftrag für diese Publikation entstanden sind. I.G.

Karcher 1990, Nr. 1.

Mannheim, Reiss-Museum (Kat. Nr. G Bass Kd 321)

Kat. Nr. 6.4.19

6.4.20
Aufnahmeurkunde der Akademie der Wissenschaften für den Botaniker Natalis Joseph de Necker

Mannheim, 29. Oktober 1768
Originalurkunde in lateinischer Sprache und Schrift, Papier, 36,6 x 46,8 cm

Mit Unterschriften des Präsidenten Leopold Maximilian Freiherr von Hohenhausen (1708-1783), des Direktors Johann Georg von Stengel (1722-1798), und des ständigen Sekretärs Andreas von Lamey (1726-1802) sowie Papiersiegel der Akademie

Mit dieser Urkunde wird der Botaniker Natalis Joseph de Necker (1729-1793) zum ordentlichen Mitglied der Kurpfälzischen Akademie der Wissenschaften ernannt. Die Aufnahme erfolgte auf besonderen Wunsch von Kurfürst Carl Theodor. Necker wird die Aufgabe zugewiesen, die in der Kurpfalz wildwachsenden Pflanzen zu sammeln und zu beschreiben.
Necker, der aus Flandern stammte, hat sich vor allem mit den niederen Pflanzen befaßt und sich damals bereits mit einer Flora Belgiens einen Namen gemacht. In zahlreichen Publikationen schaltete er sich in die zeitgenössische Diskussion über die botanische Systematik ein. In seinen wissenschaftlichen Arbeiten und in seinem persönlichen Umgang nicht unumstritten, wurde er von den anderen Mitgliedern der Akademie offenbar wenig geschätzt. Nicht zuletzt daher verlegte Necker seit 1770 seine Aktivitäten zunehmend in die niederrheinischen Territorien, wo er die Herausgabe einer Flora von Jülich und Berg plante. Seine Witwe stiftete 1798 eine beträchtliche Summe zur Unterstützung armer katholischer Kinder in Ladenburg. P.G.

Kistner 1930, S. 11ff. u. 143f.

Mannheim, Reiss-Museum (MAV U-E 10)

6.4.21
Porträt Kardinal Kasimir Freiherr von Haeffeln

Unbekannter deutscher Künstler, um 1792
Öl auf Leinwand, 70,2 x 58 cm

Das leicht nach rechts gewendete Brustbild eines unbekannten Künstlers zeigt den Porträtierten im dunkelbraunen Ornat als Generalvikar des bayerischen Großpriorats des Maltesererdens und Komtur zu Kaltenberg mit Malteser Holzkreuz und großem Kreuz sowie Malteser Brustkreuz.

Haeffelin (Minfelden 1737-1827 Rom) war trotz einiger Züge des Ancien Régime ein Mann der Aufklärung und stieg vom Dorfjungen zum Kardinal auf. Er studierte unter anderem in Heidelberg Theologie, wurde 1763 zum Priester geweiht und ein Jahr später von Carl Theodor als Hofkaplan nach Mannheim berufen. 1767 wurde er Mitglied der dortigen Akademie und reiste mit einer Gesandtschaft des Kurfürsten nach Rom, um in der Bibliothek des Vatikan nach Schätzen der Palatina zu forschen. Eine lebenslange wissenschaftliche Begeisterung für die römische und griechische Antike begann.
1778 siedelte er mit Carl Theodor nach München über, gehörte zu seinen engsten Vertrauten und wurde eine Schlüsselfigur der bayerischen Diplomatie. 1781 erhielt er an der Universität Ingolstadt den Doktor der Theologie, ein Jahr später wurde er Generalvikar des bayerischen Großpriorats des Malteserordens und 1790 von Carl Theodor in den Reichsfreiherrenstand gehoben. Von Papst Pius VII. 1818 zum Kardinal ernannt, verstarb er 1827 in Rom, wo seine Residenz einen geistigen Mittelpunkt der Romdeutschen und deutschen Künstler und Literaten bildete. A.F.

Fendler, Rudolf: Johann Kasimir von Häffelin. In: Stimme der Pfalz 28, Jg. 4 (1977), S. 3-5; Fendler, Rudolf: Johann Kasimir Freiherr von Häffelin. Der Weg des Dorfjungen aus der Südpfalz zum Kardinal. In: Pfälzer Heimat 29, Jg. 1 (1978), S. 14-18; Eichner 1981, Nr. 210.

Heidelberg, Kurpfälzisches Museum (Sammlung Graimberg 1879, G 1036)

6.4.22
Porträt Johann Goswin Widder

Moritz Kellerhoven (Altenrath b. Düsseldorf 1758-1830 München), 1784
Öl auf Leinwand, 66 x 52,2 cm

Johann Goswin Widder (1734-1800) war seit 1787 außerordentliches Mitglied der Akademie der Wissenschaften in Mannheim. Er verfaßte eine vierbändige pfälzische Landeskunde, die 1786 bis 1788 unter dem Titel „Versuch einer vollständigen Geographisch-Historischen Beschreibung der Kurfürstl. Pfalz am Rheine" erschien (s. Kat. Nr. 6.4.23). Widder trug auch eine Sammlung pfälzischer Münzen zusammen, die 1801 für das bayerische Münzkabinett, heute Staatliche Münzsammlung, angekauft wurde. Moritz Kellerhoven, ein Schüler Lambert Krahes in Düsseldorf und seit 1784 als Hofporträtist in München tätig, bezeichnete, datierte und signierte das Gemälde rückseitig. K.-L.H.

Walter 1926, Sp. 214-218.

Mannheim, Reiss-Museum (O 233)

Kat. Nr. 6.4.21

Kat. Nr. 6.4.22

6.4.23
Beschreibung der kurfürstlichen Pfalz

Johann Goswin Widder: Versuch einer vollständigen geographisch-historischen Beschreibung der kurfürstlichen Pfalz am Rhein, 4 Bde. Frankfurt/Leipzig, 1786-1788.

Papier, Druck, 8°

Aufgrund der Vorarbeiten der Akademie, vor allem auch der Fragebogenaktionen, schuf Johann Goswin Widder (1734-1800) in relativ kurzer Zeit diese vollständige Beschreibung der Kurpfalz. Am Anfang steht die Haupt-Einleitung über die pfälzische Geschichte. Dann folgt die Landesbeschreibung nach den aktuellen Verwaltungsbezirken der Oberämter und Ämter und deren Untergliederung in die Zenten. In diesen wird jeder Ort einzeln beschrieben nach seiner Vergangenheit und seinen gegenwärtigen Verhältnissen. Die Darstellung folgt einer festen Ordnung: Geographische Lage, Namen, Wappen, urkundliche Erwähnungen, Ortsgeschichte nach den Quellen, Einwohnerschaft, Gemarkung, landwirtschaftliche Nutzung, Gewerbebetriebe, Waldungen, kirchliche Verhältnisse, Grundherrschaft, Freigüter und Steuerlasten. Der letzte Band enthält ein geographisches, ein genealogisches und ein Sachregister. Widder schuf die grundlegende kurpfälzische Landesbeschreibung, die bis heute ihre Brauchbarkeit bewiesen hat. Besonders wertvoll ist, daß Widders Werk die Kurpfalz kurz vor ihrer Auflösung in den Wirren der Revolutionskriege darstellt. Vieles, was „der" Widder enthält, ist heute nur noch durch ihn bekannt. H.P.

Fuchs 1963, S. 365-367

Mannheim, Reiss-Museum (Mh 420)

6.4.24
Rede Collinis bei der Trauerfeier der Mannheimer Akadamie der Wissenschaften aus Anlass des Todes von Kurfürst Carl Theodor

Les Vicissitudes de l'Académie des Sciences de Mannheim. Discours lu dans une séance de cet Institut Littéraire le 16 Avril 1799 a l'occasion de la mort de Charles-Theodore, Electeur Palatin, Fondateur de cette Académie. Par M. Collini, Mannheim: de l'imprimerie de la Cour et de l'Académie

Hof- und akademische Buchdruckerei, Mannheim, 1799
Papier, Druck, 4°, 30 S.

Bei der Publikation handelt es sich um den Druck einer Trauerrede, die Cosimo Alessandro Collini (1727-1806) nach dem Tod Kurfürst Carl Theodors am 16. April 1799 in der Mannheimer Akademie der Wissenschaften gehalten hat. In seiner Rede, in der er die Verdienste Carl Theodors um die von ihm gegründete wissenschaftliche Institution würdigt, blickt Collini auf die glücklichen Anfangsjahre der Akademie zurück, behandelt ihre wechselvollen Geschicke und schildert eindringlich ihre existentiellen Nöte am Ende des 18. Jahrhunderts. Auf diese Weise gerät die Trauerrede geradezu zu einem Hilferuf an Carl Theodors Nachfolger Kurfürst Max Joseph aus der Linie Pfalz-Zweibrücken, den er mit der Aufforderung „implorons sa protection" flehentlich um Unterstützung und Förderung der Akademie ersucht. P.G.

Kistner 1930, S. 24; Fuchs 1963, S. 385.

Mannheim, Reiss-Museum (Mh 428)

6.4.25
Erlass Carl Theodors zur Ablieferung von Bodenfunden im Gebiet der Kurpfalz

Mannheim, 29. August 1749
Papier, Druck

Der an die pfälzischen Oberämter ergangene Erlaß befiehlt die Abgabe aller vorhandenen und aufgefundenen antiken Objekte und Monumente an den Kurfürsten. Für die Ablieferung soll jeweils eine entsprechende Entschädigung ausgezahlt werden. Durch die Befolgung dieses Erlasses wuchs die Sammlung römischer Funde, insbesondere der Steindenkmäler, im Antiquarium beträchtlich an. C.B.

Fuchs 1963, S.148-150.

Karlsruhe, Generallandesarchiv (Pfalz Generalia 77/3888)

6.4.26
Büste des Kurfürsten Carl Theodor

Nach Giuseppe Cerachi (1751-1802), um 1789
Gebrannter Ton, dunkelgrün bronziert, H. 45 cm, B. 45 cm

Der römische Bildhauer Giuseppe Cerachi besuchte im Januar 1789 den Kurfüsten Carl Theodor in Mannheim. Er modellierte eine Porträtbüste in Wachs (?), nach der er das Marmororiginal in Rom arbeitete, das im Bayerischen Nationalmuseum in München erhalten ist. Die Büste des Kurfürsten traf im Februar 1790 in München ein. Der hohe Anspruch der antikisierenden Büstenform und die strenge Stilisierung mit Kurzhaarfrisur à l'antique stehen im Kontrast zu den unheroischen, individuellen Gesichtszügen des Kurfürsten. Wann die Terrakottabüste entstand, kann nicht gesagt werden; vielleicht ist sie ein Originalguß nach dem Modell aus Wachs, das verloren und dessen Existenz bezweifelt worden ist. I.G.

Zu dem Marmororiginal: Thieme-Becker, Bd. 6 (1912), S. 287-289; Peter Volk: Cerachi und Carl Theodor. In: Pantheon (1980), Jg. XXXVII, Heft 1, S. 68-74.

Speyer, Historisches Museum der Pfalz (HM 1935/33, I)

6.4.27
Reliefbildnis des Kurfürsten Carl Theodor

I.L. de Bouvier, 1760
Grünlich-grauer Stein, Alabaster; 5,5 x 4,7 cm

Inschrift auf der Rückseite: D.(ei) G.(ratia) CAR.(olus)/ THEOD(orus)/C.(omes) P.(alatinus) R.(heni) S.(acri) R.(omani)/ I.(mperii) A.(rchi) T.(hesaurarius) &/ EL.(ector)/M.DCCLX.

Die im Profil nach rechts gerichtete Büste erscheint stark idealisiert. Das herzförmige Medaillon dürfte wohl ursprünglich gefaßt gewesen sein. Der Kopf aus grauem Stein ist auf Alabaster aufgelegt, die gewölbte Rückseite mit einer Inschrift in neun Zeilen besteht aus grauem Stein.
Von dem Künstler, der auf der Rückseite „Nobil.(is) I.L./DE BOUVIER/F.(ecit)" signiert hat, sind keine weiteren Arbeiten bekannt. P.V.

Wittelsbacensia 1909, Nr. 1487.

München, Bayerisches Nationalmuseum (R 5779)

6.4.28
Dissertatio Ad Lapides quosdam Romanos, inventos ad Neccarum

Andreas Lamejus (= Andreas Lamey), Mannheim, 1766
Papier, Druck, 4°

Kat. Nr. 6.4.26

Kat. Nr. 6.4.27 Vorderseite

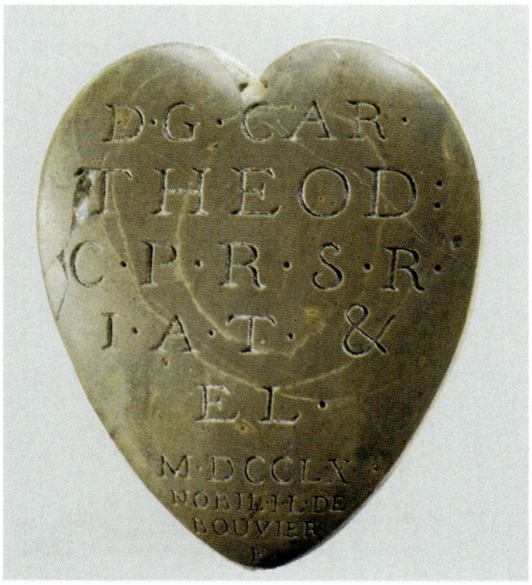

Kat. Nr. 6.4.27 Rückseite

In der Abhandlung in den Acta Academiae Theodoro-Palatinae Bd. I (1766), S.193-215, bespricht Andreas Lamey mehrere römische Weihesteine, die in der rechtsrheinischen Umgebung von Mannheim gefunden worden waren. Durch ihren Fundort erschienen sie Lamey viel bedeutungsvoller als die zahlreichen Inschriftensteine aus den linksrheinisch liegenden Gebieten der Provinz Germania. Die Weihesteine wurden von Lamey ausführlich beschrieben und im Vergleich mit anderen Denkmälern interpretiert.

A Viergötterstein vom Heiligenberg

Die von F.I. Kisling gezeichnete und von H. Cöntgen gestochene Abbildung ist auf Taf. I abgedruckt. Dargestellt ist der ins späte 2. oder frühe 3. Jahrhundert n. Chr. datierte Sockel einer Jupitergigantensäule, auf dem die Götter Fortuna, Vulcanus, Victoria und der Adler des Jupiter unter der von einem Eichenkranz gefaßten Inschrift zu erkennen sind. Der sechszeiligen Inschrift zufolge haben die Brüder Julius Secundus und Julius Januarius mit der Errichtung der Säule ein Gelübde eingelöst. Der aus dunkelrotem Sandstein gefertigte Viergötterstein wurde 1763 ins Antiquarium nach Mannheim überführt.

B Weihestein für Mercur aus Obrigheim

Der Kupferstich von H. Cöntgen (Taf. III) zeigt den bereits 1533 aufgefundenen, 1764 nach Mannheim gebrachten Weihestein für Mercur. Er wurde aus grauem Sandstein gefertigt und von L. Bellonius Marcus gestiftet. Auf dem 150 n. Chr. zu datierenden Weihestein erkennt man nicht nur Mercur, sondern auch eine weibliche Gottheit, die man als Maia oder Rosmerta deutet. Mit beiden ist Mercur in den Provinzen Gallien und Germanien oft zusammen verehrt worden.

C Altar der Fortuna aus Bullau

Der ebenfalls auf Taf. III abgebildete Altar mit vierzeiliger Inschrift war um die Mitte des 2. Jahrhunderts n. Chr. vom Centurio L. Favonius Seccianus gestiftet worden und in der Kirche von Bullau, Ldkr. Erbach, eingemauert. Graf Georg Ludwig von Erbach-Fürstenau schenkte 1764 Kurfürst Carl Theodor den aus rotem Sandstein gearbeiteten Altar für das Antiquarium.

C.B.

Gropengießer, E.: Römische Steindenkmäler. Bildhefte des Städt. Reiss-Museums Mannheim, Archäologische Sammlungen. Nr. 1. Mannheim 1975, S. 19f., Nr. 20f., S. 14f., Nr. 14; Ludwig, R./Marzolff, P.: Der Heiligenberg bei Heidelberg. Führer zu archäologischen Denkmälern in Baden-Württemberg, Bd. 20. Stuttgart 1999, S. 49-51, Abb. 28.

Mannheim, Reiss-Museum (Mh Zs 1)

6.4.29
Viergötterstein aus Godramstein

Mannheim, 1770
Papier, Druck, 4°

Der Bericht über die dritte Studienreise der Akademiemitglieder im Frühjahr 1767, bei der der Sekretär der Akademie Andreas Lamey und der Hofhistoriograph Christoph Jakob Kremer hauptsächlich die rechtsrheinischen Oberämter aufsuchten, findet sich in den Acta Academiae Theodoro-Palatinae Bd. II (1770), S.7-104. Auf Taf. I dieses Berichtes ist der Viergötterstein aus Godramstein in einem Kupferstich von E. Verhelst abgebildet.
Es handelt sich um den Sockel einer Jupitergigantensäule, die im späten 2. oder frühen 3. Jahrhundert n. Chr. von einem gewissen Mansuetus geweiht wurde. Auf dem aus gelblich-grauen Sandstein hergestellten Quader sind die Götter Juno, Minerva, Hercules und Mercur zu erkennen. Die Köpfe dreier Götter sind in nachantiker Zeit absichtlich zerstört worden. Der Viergötterstein wurde bei der alten Pfarrkirche von Godramstein, Ldkr. Landau-Bad Bergzabern, entdeckt und 1767 nach Mannheim gebracht. C.B.

Fuchs 1963, S.122-125; Gropengießer, E.: Römische Steindenkmäler. Bildhefte des Städt. Reiss-Museums Mannheim, Archäologische Sammlungen. Nr. 1. Mannheim 1975, S. 21f., Nr. 24f.

Mannheim, Reiss-Museum (Mh Zs 1)

Kat. Nr. 6.4.29

6.4.30
De sepulcro Romano prope Schrishemium reperto

Jo. D. Schoepflinus (= Johann Daniel Schöpflin, 1694 – 1771), Mannheim, 1770
Papier, Druck, 4°

Die in den Acta Academiae Theodoro-Palatinae Bd. II (1770), S. 107-114, veröffentlichte Abhandlung über die im Juni 1766 erfolgte Entdeckung eines römischen Gutshofes *(villa rustica)* bei Schriesheim ist vor allem hinsichtlich des von F. Denis gezeichneten und von Weis gestochenen Grund- und Aufrisses (Taf. I-III) vorbildhaft. Schöpflin hielt die Gebäudereste für ein Columbarium (Familiengrab) mit Urnenraum, Heiligtum und Speiseraum. In Wirklichkeit handelt es sich um den Keller unter dem Westrisaliten der Villa. C.B.

Wagner, E.: Fundstätten und Funde aus vorgeschichtlicher, römischer und alamannisch-fränkischer Zeit im Großherzogtum Baden, Bd. II (1911), S. 245f.; Fuchs 1963, S. 154-156.

Mannheim, Reiss-Museum (Mh Zs 1)

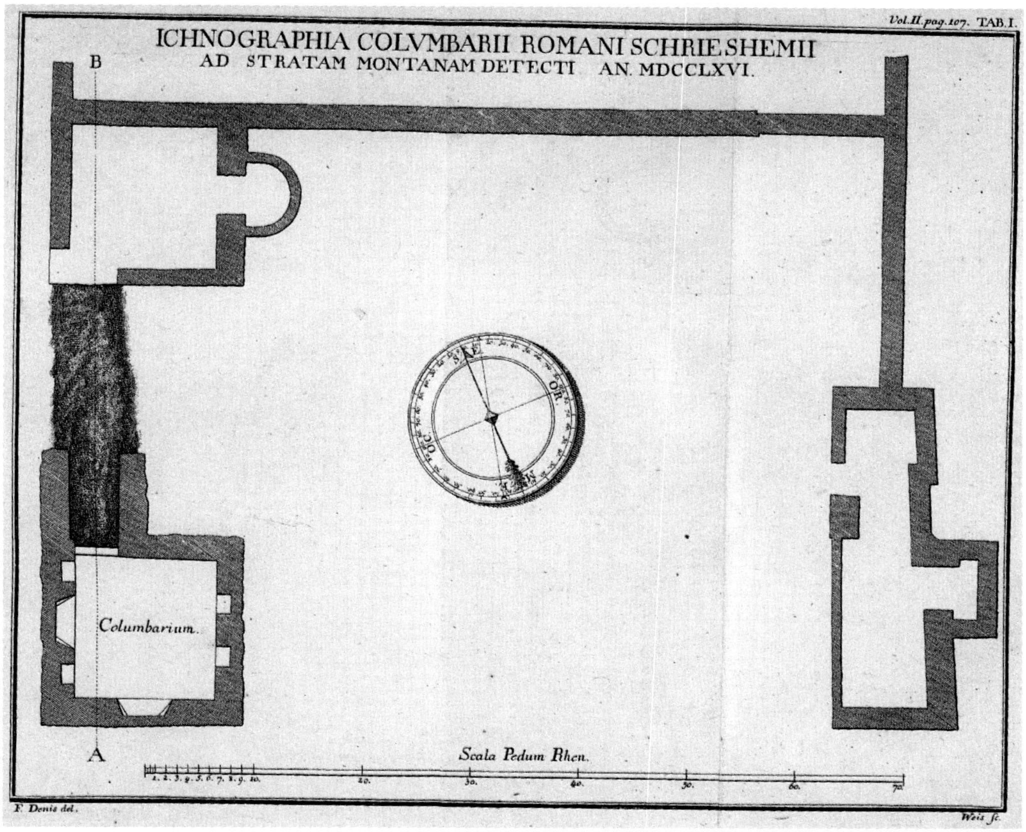

Kat. Nr. 6.4.30

6.4.31
Dissertatio de Balneo Romano in agro Lupodunensi reperto

Casimirus Haeffelin (= Kasimir Haeffelin), Mannheim, 1773
Papier, Druck, 4°

Die im September 1766 zwischen Ladenburg und Schriesheim beim Rosenhof entdeckten Reste einer römischen *villa rustica* wurden von F. Denis ausgegraben und von K. Haeffelin im Bd. III der Acta Academiae Theodoro-Palatinae (1773), S. 213-227, veröffentlicht. Der Plan von F. Denis zeigt einen größeren Hof, an den sich zu beiden Seiten mehrere Räume anschließen, die teilweise mit einer Hypokaustenheizung ausgestattet waren. J.D. Schöpflin, dem über die Grabungen berichtet worden war, deutete die Gebäudereste als Badeanlage, wie es auch von Haeffelin in seiner Publikation anhand von Vergleichen mit anderen römischen Bädern ausgeführt wurde. Die Gebäudereste sicherte man durch Mauern und versah sie zum Teil auch mit einem Schutzdach. C.B.

Wagner 1911, S. 243f.; Fuchs 1963, S. 155f.

Mannheim, Reiss-Museum (Mh Zs 1); **Heidelberg, Universitätsbibliothek**

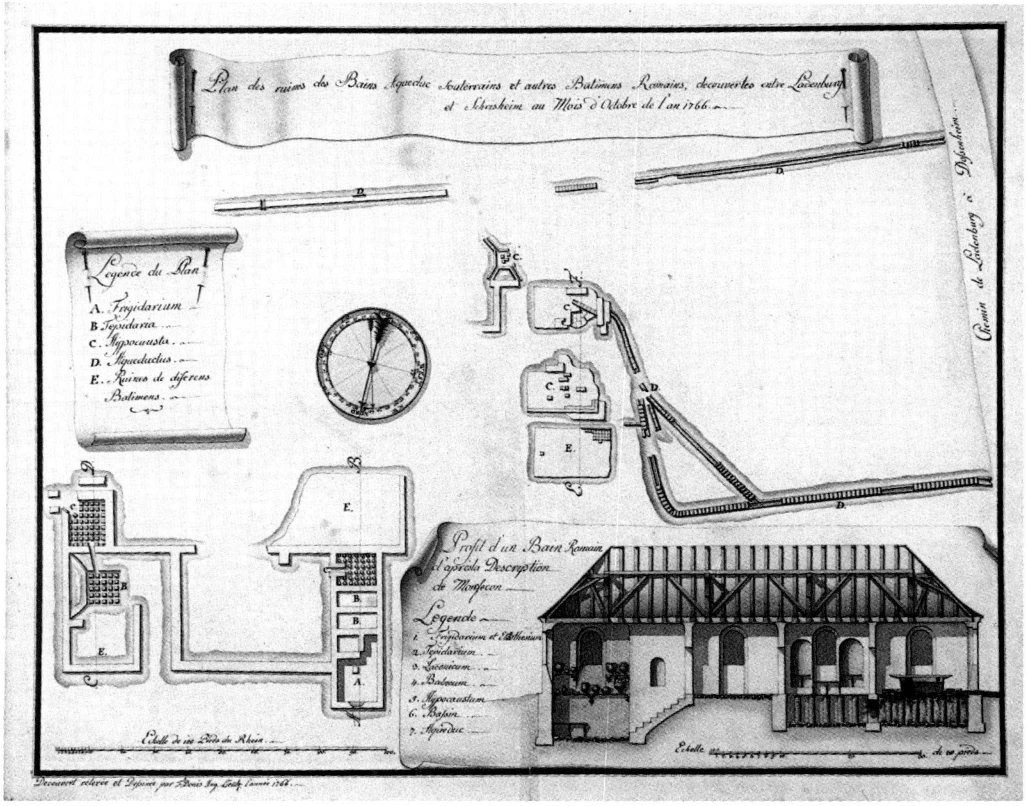

Kat. Nr. 6.4.31

6.4.32
Kopf des Paris des Euphranor

Römische Kopie des 2. Jahrhunderts n. Chr. nach griechischem Original des 4. Jahrhunderts v. Chr.
Großkristalliner Marmor, H. 41,2 cm

Nur der Kopf der Statue ist erhalten. Die Ergänzungen der Nase und einiger kleinerer Beschädigungen sind wieder abgenommen.
Der noch fast kindliche Kopf, auf dessen langen Locken eine Mütze sitzt, ist deutlich zur rechten Seite geneigt. Das paßt zu einer angelehnten oder aufgestützten Figur mit gekreuzten Beinen, wie sie im 4. Jahrhundert beliebt sind. Zahlreiche Wiederholungen, die untereinander stark variieren, machen deutlich, daß dahinter ein bekanntes Werk der Spätklassik stand. Die sogenannte phrygische Mütze kennzeichnet ihren Träger als Orientalen, wobei trojanische Prinzen wie Ganymed oder Paris die aussichtsreichsten Benennungen sind. So hat A. Furtwängler als Vorbild der römischen Kopie den Paris des Euphranor vorgeschlagen. R.S.

Schlörb-Vierneisel, B.: Katalog der Glyptothek II: Klassische Skulpturen. München 1979, S. 241ff., Nr. 23.

München, Staatliche Antikensammlungen und Glyptothek (263, früher 135 „aus Mannheim")

Kat. Nr. 6.4.32

Kat. Nr. 6.4.33

6.4.33
Amazonenstatue

2. Hälfte 2. Jahrhundert bis frühes 3. Jahrhundert n. Chr.
Marmor, H. 54 cm

Provenienz: Vielleicht aus dem Palast Verospi in Rom.

Die Amazone steht mit überkreuzten Beinen, von denen das linke die Last trägt, an einen Baum gelehnt, der zugleich mitsamt dem im Rücken herabfallenden Mantel die Stütze der Figur bildet. Der kurze gegürtete Chiton ist vor der rechten Brust geöffnet.
Das Motiv ähnelt von den drei bekannten ephesischen Amazonen der sogenannten Sosikles-Amazone, die auf Polyklet zurückgeht, am ehesten, weicht aber auch davon durch den einfachen Faltenwurf und das überkreuzende Spielbein weit ab. Ob die linke Hand zum geöffneten Gewand führt, ist nicht mehr zu sehen.
R.S.

Christ 1866, S. 397f. mit Taf.

München, Staatliche Antikensammlungen und Glyptothek
(AS 10086)

6.4.34
Diskobol des Myron

Frühes 3. Jahrhundert n. Chr., verkleinerte Wiedergabe des Diskobols von Myron, um 460 v. Chr.
Gipsabguß der Bronzestatuette, H. 31 cm

Rechter Fuß und Diskus sind zu verschiedenen Zeiten ergänzt worden.
Der nackte Athlet ist gerade im Moment vor dem Wurf gezeigt, wie er sich in voller Konzentration zum Diskusarm umwendet, um die Drehbewegung zum Wurf zu starten. Diese Skulptur ist eine stark verkleinerte Wiederholung eines mehrfach auch in Originalgröße kopierten Bronzeoriginals des berühmten Athener Bildhauers Myron aus dem frühen 5. Jahrhundert v. Chr., wobei der Kopf stilistisch vom Vorbild abweicht. Der griechische Schriftsteller Lukian, der im 2. Jahrhundert n. Chr. lebte, hat sogar die genaue Bewegung in seiner Schrift Philopseudes 18 beschrieben. Beim Kopf weicht die kaiserzeitliche Reproduktion allerdings stark vom Vorbild ab, es zeigt den Stil der Zeit des früheren 3. Jahrhunderts n. Chr. Urspünglich als Sitzfigur mißverstanden, von A. Hirt als verkleinerte Wiedergabe des Diskobols von Myron, um 460 v. Chr., erkannt, den C. Fea 1783 identifiziert hatte. Der Diskus wurde erst danach ergänzt.
R.S.

Maaß 1979, S. 36f., Nr. 15.

Mannheim, Universität, Seminar für Klassische Archäologie (Original: München, Staatliche Antikensammlungen, 3012, alte Nr.: antike Bronzen 170)

6.4.35
Zeus

Klassizistische Arbeit der früheren Kaiserzeit (1. bis 2. Jahrhundert n. Chr.) nach einem Vorbild der Mitte des 5. Jahrhunderts v. Chr.
Bronze, H. 17,5 cm

An der Bronzestatuette sind leichte Abstoßungen zu erkennen. Die rechte und linke Hand sind ergänzt, die Arme waren separat gegossen. Die in einem anderen Metall gefertigten Einlagen an den Augen und Brustwarzen sind abgefallen.
Der bärtige Gott steht nackt in der für die Hochklassik typischen ponderierten Haltung des sogenannten Kontraposts auf dem rechten Spielbein. Aber er tritt auch mit dem Spielbein voll auf, wie es bei den Werken des Phidias Mitte des 5. Jahrhunderts üblich war. In seiner gesenkten, leicht vorgestreckten Rechten hielt er vermutlich ein Blitzbündel, auf das sein Blick gerichtet war, in der erhobenen Linken eventuell einen Szepter oder einen Speer. Zur Stilhaltung der beginnenden Hochklassik passen auch die sorgfältig symmetrisch angelegten Locken von Haar und Bart.
R.S.

Lützow: Münchner Antiken, S. 45f., Taf. 26.

München, Staatliche Antikensammlungen und Glyptothek
(alte Nr.: antike Bronzen 168, AS 3260)

Kat. Nr. 6.4.35

6.4.36
Athena

Klassizistische Arbeit der früheren Kaiserzeit im Stil des späteren 5. Jahrhunderts v. Chr.
Bronze, H. 22 cm

Abgebrochen sind der rechte Arm über dem Ellbogen und die linke Fußspitze sowie der separat gearbeitete Helmbusch. Die Nase ist beschädigt.
Die Göttin trägt über dem langen Gewand ihre schuppenbedeckte Ägis und darüber einen Mantel, der auf der linken Schulter geschlossen ist. Auf dem Haar, das im Nacken zu einem Schopf zusammengefaßt ist, sitzt ein korinthischer Helm. Der ponderierten Stellung mit dem Standbein rechts entspricht, daß die teilweise von Ägis und Mantel verdeckte Linke zur Hüfte gesenkt ist. Dagegen war die Rechte vorgestreckt. R.S.

Lützow: Münchener Antiken, S. 21, Taf. 10; Christ 1866, S. 376 u. 397.

München, Staatliche Antikensammlungen und Glyptothek (alte Nr.: antike Bronzen 172, AS 3008)

6.4.37
Herkules

Klassizistische Arbeit etwa des 1. Jahrhunderts n. Chr. nach dem Vorbild der Spätklassik des späteren 4. Jahrhunderts v. Chr., in der Art des Herakles Lansdowne von Skopas
Bronze mit Silber- und Kupfereinlagen, schwärzliche Patina mit bräunlichen und grünlichen Flecken, H. 21 cm

Der ursprünglich ergänzte linke Arm und der größte Teil der Keule fehlen.
In kontrapostischem Schema steht der nackte Heros auf seinem rechten Bein, hat aber auch das entlastete linke mit der ganzen Sohle aufgesetzt. Im kurzen Lockenhaar trägt er eine dünne Binde. Die gesenkte Rechte hielt offenbar ursprünglich die Keule, sein wichtigstes Attribut; die Linke war mit den Äpfeln der Hesperiden ergänzt, ist aber später entfernt worden. R.S.

Maaß 1979, S. 30f., Nr. 12.

München, Staatliche Antikensammlungen und Glyptothek (AS 3000)

6.4.38
Weiblicher Kopf auf separater Büste

Neuzeitliche Arbeit oder Überarbeitung einer fragmentarischen Antike, eingesetzt in eine neuzeitliche Büste.
Weißer Marmor, H. 27 cm

Die Nasenspitze ist in dunklem Material (Wachs) ersetzt. Die Oberfläche ist offenbar modern stark überarbeitet und geglättet worden. Die Formen von Augen, Mund und Kinn, Ohren und vor allem dem Knoten hinten wirken abgearbeitet und unantik. Falls der Kern eine antike Plastik war, ist von deren Oberfläche kaum etwas erhalten.
Der in flachem Relief gearbeitete Kopf ist in eine Gewandbüste von bewegtem Faltenwurf in stärkerem Relief eingesetzt, die im Grunde etwas zu klein für ihn ist. Auf dem langem Hals ist er leicht zur Linken gewendet. Das Haar ist vom Mittelscheitel straff zurückgenommen zu einem flachen Knoten im Nacken. Der weite Büstenabschnitt zeigt über einem Ärmelgewand ein auf beiden Schultern mit Rundfibeln befestigtes Obergewand, bei dem der Rand des Überfalls unterhalb der Brüste als unterer Abschluß dient. Darunter sitzt ein kleines Namensfeld mit Randvoluten als Basis. R.S.

Gräff 1837/39, Bd. II, S. 33, Nr. 1-10 (Marmorbüsten, darunter auch weibliche).

Mannheim, Reiss-Museum, Archäologische Sammlungen (Ec 28)

Kat. Nr. 6.4.36

Kat. Nr. 6.4.37

Kat. Nr. 6.4.38

6.4.39
Zwei römische Kaiserporträts nach Sueton

Ca. 17. Jahrhundert.
Weißer Marmor, H. 9,5 bzw. 10 cm

Im Gesicht weisen die Köpfe Bestoßungen auf.
Der kantige Kopf mit hoher Stirn und dem Lorbeerkranz im Haar ist sicherlich als Vespasian gemeint, während der schmale Kopf mit Doppelkinn und mit Lorbeerkranz im Haar eventuell den Domitian aus einer Serie der zwölf ersten römischen Kaiser des Sueton darstellt. R.S.

Gräff 1837/39, Bd. II, S. 33 Nr. 1-15 (Brustbilder von römischen Kaisern).

Mannheim, Reiss-Museum, Archäologische Sammlungen (Vespasian, Ec 21)

Kat. Nr. 6.4.39

Kat. Nr. 6.4.39

6.4.40
Vier römische Kaiserporträts nach Sueton auf grauen Büsten

Neuzeitlich, ca. 17. Jahrhundert
Köpfe aus weißem Marmor, eingesetzt in Büsten aus fleckig grauem Marmor, H. (Köpfe) 10 cm, H. (mit Büste nach Inventar) 21,5-23 cm

Die Köpfe weisen leichte Bestoßungen auf und sind mehrfach im Hals gebrochen.
Auf den dunkleren Gewandbüsten mit rechts gefibeltem Mantel über dem Gewand oder Panzer sitzt ein aus weißem Marmor gefertigter Porträtkopf. Ein jugendlicher Kopf mit freier Stirn (Ec 24) soll offenbar Caligula darstellen, ein ausgemergeltes Gesicht (Ec 23) Galba, ein dicklicher Kopf mit kurzem Lockenhaar (Ec 27) Titus; dagegen ist eine Büste noch ohne Kopf (Ec 26). Alle vier stammten aus derselben Serie der zwölf ersten Caesaren, nach deren Lebensbeschreibungen von Sueton man sie immer wieder als Sinnbilder der römischen Kaiserherrschaft abbildete. R.S.

Gräff 1837/39, Bd. II, S. 33, Nr. 1-15 (Brustbilder von römischen Kaisern, eher unter Nr. 1-10 „oben" als unter 11-15 „auf dem Tisch" zu suchen).

Mannheim, Reiss-Museum, Archäologische Sammlungen (Ec 23, 24, 26, 27)

Kat. Nr. 6.4.40

6.4.41
Unbärtiger Männerkopf

Mittlere Kaiserzeit (2. Jahrhundert n. Chr.)
Weißer Marmor, H. 12 cm

Die Nasenspitze ist abgestoßen, am Hals ist der Kopf abgebrochen.
Der unbärtige Kopf war, wie der Hals zeigt, kräftig nach links gewendet. Die Locken zeigen Parallelrillen, an ihren Enden sitzen starke Bohrlöcher. Auch die Pupillen sind gebohrt. Das Köpfchen könnte von einer kaiserzeitlichen Kleinplastik oder einem Hochrelief stammen, ist aber offenbar in nachantiker Zeit überarbeitet worden. R.S.

Mannheim, Reiss-Museum, Archäologische Sammlungen (Cc 22)

6.4.42
Kleiner Kopf mit Lorbeerkranz

Frühere Kaiserzeit (1. bis 2. Jahrhundert n. Chr.)
Weißer Marmor, H. 11 cm

Die Nase ist ergänzt, der Kopf am Hals abgebrochen. Im Haar ist eine offenbar moderne Überarbeitung festzustellen.
Der unbärtige Kopf trägt um das eng an der Kalotte anliegende Haar einen Lorbeerkranz, der über der Stirn zwei Locken hervorschauen läßt. Offenbar wurde ein antikes Frauenköpfchen umgearbeitet. Der übergroße Lorbeerkranz und die Ohren, die ihn überschneiden, sind aus der Haarmasse herausgearbeitet. R.S.

Mannheim, Reiss-Museum, Archäologische Sammlungen (Cc 23)

6.4.43
Kopf eines Mohren auf Büste

Etwa 17. Jahrhundert
Kopf dunkler Stein, Büste weißer Marmor, H. 23,5 cm

Der Kopf und Abschnitt der rechten Schulter eines unbärtigen schwarzen Jungen mit kurzem Lockenhaar sind in eine nur flach modellierte, aber durch den Hell-Dunkel-Kontrast wirkende Fell-Büste auf rundem Profilfuß eingesetzt. R.S.

Gräff 1837/39, Bd. II, S. 33, Nr. 16.

Mannheim, Reiss-Museum, Archäologische Sammlungen (Ec 15)

6.4.44
Kleiner Männlicher Porträtkopf von einem Relief

3. Viertel 3. Jahrhundert n. Chr.
Weißer Marmor, H. 16,5 cm

Die Gesichtspartie des Kopfes mitsamt dem linken Ohr ist in der Mitte senkrecht abgebrochen, wobei nur das Gesicht erhalten und die Nase abgeschlagen ist.
Die feine Modellierung des Gesichtes, insbesondere der bewegten Stirn mit senkrechter Mittelfalte über der Nasenwurzel und den seitlichen Vorwölbungen mit dreieckig hochgezogenen Brauen gibt dem Gesicht einen strengen Ausdruck, den der Blick der großen Augenbohrungen noch steigert. Die knappe ,a penna'-Frisur und der gröber gepickte Stoppelbart bilden einen deutlichen Kontrast. Der Kopf stammt vermutlich von einem römischen Reliefsarkophag mit Porträtierung des Inhabers als Heros in den mythologischen Szenen. R.S.

Mannheim, Reiss-Museum, Archäologische Sammlungen

Kat. Nr. 6.4.41

Kat. Nr. 6.4.42

Kat. Nr. 6.4.43

6.4.45
Relieffragment einer sitzenden nackten Frau

Eventuell mittlere Kaiserzeit (2. Jahrhundert n. Chr.)
Weißer Marmor, H. 16 cm, L. 21,5 cm

Aus dem Grund eines Reliefs ist die Figur ringsum ausgeschnitten, die Partie der Füße ist abgebrochen.
Eine unbekleidete Frau sitzt zurückgelehnt auf einem Stoff. Sie stützt sich entspannt mit der Rechten auf das Polster, während sie mit der ausgestreckten Linken offenbar etwas faßte, was heute weggearbeitet ist. Das in der Mitte gescheitelte Haar mit kleinem Knoten im Nacken wird von einem schmalen Band gehalten. Die Figur wird von einer schmalen Rille konturiert. Nach dem Reliefstil könnte die Figur aus einem Relief etwa eines Sarkophagdeckels aus dem 2. Jahrhundert n. Chr. herausgearbeitet sein. R.S.

Gräff 1837/39, Bd. II, S. 5, Nr. 20.

Mannheim, Reiss-Museum, Archäologische Sammlungen (Ec 42)

6.4.46
Herakles mit Hydra

Ende 16. Jahrhundert
Weißer Marmor, H. 28,5 cm

Die Statuette ist mehrfach an den Armen, Beinen und am Hals gebrochen; kleinere Partien sind ergänzt. Eine Holzanstiftung ist im rechten Fuß und bei den abgefallenen Köpfen der Hydra zu erkennen.
Auf einer flachen Rundbasis, die ganz vom winzigen Ungeheuer der vielköpfigen Hydra besetzt ist, steht der nackte Held auf dem linken Bein. Das rechte ist entlastet auf einige Hydraköpfe gesetzt; mit den zusammengenommenen Händen hielt er einen Gegenstand, der heute verloren ist. Der prononciert muskulöse Körper mit auseinanderweichenden Knien, starker Drehung nach rechts trotz Blickrichtung nach vorn suggeriert die Vorbereitung einer heftigen Bewegung nach vorn links. Es könnte sich um einen Keulenschlag handeln, aber eher noch um einen Schwerthieb gegen neuaufwachsende Hydraköpfe; nur ist nicht klar, von wo diese kommen könnten, kaum von der abgebrochenen Anstiftung auf der Hydra. Die Beschreibung im handschriftlichen Katalog Baumanns von 1882 erweist die Geste als Aufstützen auf die nach unten auf die Hydra aufgesetzte Keule, die aufwendige Haltung ist damit typisch für den Stil der Manierismus. R.S.

Gräff 1837/39, Bd. II, S. 16, Nr. 9.

Mannheim, Reiss-Museum, Archäologische Sammlungen (Ec 4 [oder durch Versehen zugleich 39?], früher II J 16)

Kat. Nr. 6.4.46

Kat. Nr. 6.4.44

Kat. Nr. 6.4.45

6.4.47
Satyrkopf

Vermutlich neuzeitlich, 17. Jahrhundert
Roter Porphyr oder Marmor, eingesetzte Augen aus perlmuttartig glänzendem weißem Material, H. 24 cm

Ein Teil von Gesicht und Bart unten rechts sind angesetzt, auch sind im Gesicht Ausflickungen erkennbar. Der Kopf ist ringsum bestoßen. Die Augen sind sicher neuzeitlich eingesetzt.
Der Hals endet mit einem rechteckigen Ausschnitt. Das Haar soll mit seinen unregelmäßigen langen Locken einen Eindruck von 'Wildheit' hervorrufen. Das Stirnhaar steigt auf, darüber liegt eine Efeuranke als Kranz. Die spitzen Satyrohren liegen davor. Der Bart ist recht kurz. R.S.

Gräff 1837/39, Bd. II, S. 34, Nr. 33-37 (fünf Porphyrköpfe mit Weinlaubkranz im Haar, davon einer männlich).

Mannheim, Reiss-Museum, Archäologische Sammlungen (Ec 14)

6.4.48
Porträtbüste eines römischen Kaisers

Neuzeitlich, etwa 17. Jahrhundert
Kopf weißer Marmor, Büste weißgrauer Marmor, H. mit Büste 24 cm

Man erkennt leichte Bestoßungen an der Büste, die im Hals gebrochen ist. Die Nase ist wohl ergänzt.
Der dickliche Kopf mit dem kurzem Lockenhaar sitzt auf einer grauweißen Panzerpaludamentum-Büste. Das Aussehen entspricht dem der jüngeren Flavier, es dürfte sich deshalb um den Titus aus einer Serie von Sueton-Caesaren handeln. R.S.

Gräff 1837/39, Bd. II, S. 33, Nr. 1-15 (römische Kaiserbüsten).

Mannheim, Reiss-Museum, Archäologische Sammlungen (Ec 22)

6.4.49
Porträtkopf eines römischen Kaisers

Neuzeitlich, etwa 17. Jahrhundert
Weißer Marmor, H. 16,5

Quer durch den Kopf und im Hals verläuft eine Bruchstelle. Am Kopf sind Bestoßungen festzustellen, die Nase ist gebrochen (ergänzt?).
Das längere Haar fällt in die Stirn mit Locken zur linken Seite. Deutlich sichtbar ist das leicht hängende Kinn. Der Kopf dürfte zur selben Caesaren-Serie wie die vorhergehende Büste gehören; es könnte etwa der Caligula gemeint sein (oder Domitian?). R.S.

Gräff 1837/39, Bd. II, S. 33, Nr. 1-15 (römische Kaiserbüsten).

Mannheim, Reiss-Museum, Archäologische Sammlungen (Cc 20)

6.4.50
Kopf eines unbärtigen Mannes

Frühe Kaiserzeit, 1. Jahrhundert n. Chr.
Marmor, H. 32 cm

Der Kopf ist ringsum leicht bestoßen, die Nase abgestoßen. Ein Teil des Kopfes ist links am Hals abgeplatzt. Der Kopf von kantiger Form ist sehr knapp und graphisch und vom Stil her recht primitiv gearbeitet. Das Gesicht mit den schmalen Mandelaugen, der knappen Mundritze und einer Nase, die offenbar auch ursprünglich kaum Tiefe hatte, ist sehr flächig. Die Ohren sind von flacher C-Form um ein tiefes rundes Loch angelegt. Das Haar ist in mehrere eingravierte Lockenreihen gegliedert. Der Hals verbreitert sich konisch, zeigt aber keinen Schulteransatz mehr. Die Arbeit könnte eine primitive Provinzarbeit, etwa eine Grabskulptur, aus der früheren Kaiserzeit sein. Ohne genaue Parallele kann man sie aber ebenso auch als keltische oder mittelalterliche Plastik auffassen. R.S.

Mannheim, Reiss-Museum, Archäologische Sammlungen (Cc 18)

Kat. Nr. 6.4.47

Kat. Nr. 6.4.48

Kat. Nr. 6.4.49

6.4.51
Öllampe

Ende 1. Jahrhundert n. Chr.
Bronze, L. 9,3 cm

Der Henkelaufsatz ist verbogen und das Einfüllloch beschädigt.
Die Lampe hat eine runde Schnauze. Auf ihrer eingetieften Oberseite erkennt man das große Einfülloch. Seitlich ist die Lampe mit Ösen für eine Kette zum Aufhängen ausgestattet. Auf dem Griff ist ein Aufsatz in Mondsichelform angebracht; auf der Unterseite sind die Spuren der Abdrehung auf der Drehbank deutlich sichtbar. R.S.

Jensen 1986, S. 46f., Nr 58, Taf. 27 oben links.

Mannheim, Reiss-Museum, Archäologische Sammlungen (Ci 17)

Kat. Nr. 6.4.51

6.4.52
Pantheistischer Harpokrates

1. bis 2. Jahrhundert n. Chr.
Silber, H. 2,9 cm

Provenienz: Gefunden in Nijmegen im 17. Jahrhundert, zuerst in der Sammlung von Johannes Smetius d.J. in Nijmegen, die 1703 von Kurfürst Johann Wilhelm erworben wurde.

Das nackte Kleinkind steht auf einer schmalen Bodenlinie und legt einen Finger der rechten Hand an den Mund. Es ist versehen mit den Attributen der verschiedensten Gottheiten, nicht nur mit der ägyptischen Scheibe seiner Mutter Isis, sondern auch mit den Flügeln und dem Köcher des Eros, während die Schlange von Asklepios entliehen sein dürfte. Beiderseits sitzen ein Vogel und ein Vierbeiner: es könnten die Gans der Aphrodite bzw. der Hund der Artemis sein. Am rechten Arm hing ein kleines Rundgefäß mit Henkel. Eine Öse am Rücken zeigt, daß die winzige Figur als Amulett an einer kleinen Silberkette getragen wurde. Insbesondere anhand dieses Figürchens hat der Deventersche Bürgermeister Gisbert Cuper (1644-1716) die ägyptischen Gottheiten in einer Monographie, die sogar eine zweite Auflage erlebte, darzustellen versucht. Er ließ es auch von Jan de Baen in seinem Porträt mit darstellen. R.S.

De wereld binnen handbereik 1992, S. 103f., Nr. 213-215 (mit älterer Lit.)

Mannheim, Reiss-Museum, Archäologische Sammlungen (Cd 122)

6.4.53
Mänaden-Protome

1. bis 2. Jahrhundert n. Chr.
Bronze, H. 10 oder 7,5 cm (?)

Provenienz: Vermutlich in Nijmegen gefunden; aus der Sammlung Smetius in Nijmegen, die 1703 von Kurfürst Johann Wilhelm erworben wurde.

Die Mänade, vielleicht auch Ariadne selbst, die Frau des Weingottes Bacchus, trägt ein Fell (Nebris) über der rechten Schulter verknotet, die linke Brust bleibt frei. Das straffe Haar ist oben auf der Kalotte zu zwei strengen Knoten zusammengesteckt. Vermutlich diente das stark korrodierte Stück einmal als Waagengewicht. R.S.

De wereld binnen handbereik 1992, S. 111f., Nr. 236.

Mannheim, Reiss-Museum, Archäologische Sammlungen (Cd 161)

Kat. Nr. 6.4.50

Kat. Nr. 6.4.52

Kat. Nr. 6.4.53

Kat. Nr. 6.4.54

Kat. Nr. 6.4.54

Kat. Nr. 6.4.55

6.4.54
Zwei bärtige Männerköpfe

2. bis 3. Jahrhundert n. Chr.
Bronze, H. 4,1 cm bzw. 4,9 cm

Provenienz: Vermutlich in Nijmegen gefunden, aus der Sammlung Smetius in Nijmegen, die 1703 von Kurfürst Johann Wilhelm erworben wurde.

Die Oberfläche der Köpfe ist leicht korrodiert.
Streng stilisierte Köpfchen dieser Art mit der sonderbaren runden Kopfbedeckung wurden früher gern als Germanendarstellungen aufgefaßt und unter anderem als Sigambrerköpfe bezeichnet, so von Smetius selbst. Die Köpfe dienten als Attaschen für Kästchengriffe verschiedener Größe. Die runde 'Mütze' ist der Ansatz des Henkels. R.S.

De wereld binnen handbereik 1992, S. 112, Nr. 237.

Mannheim, Reiss-Museum, Archäologische Sammlungen (Cd 229 (N) u. 230 (N))

6.4.55
Statuette eines Gladiators mit grosser Tülle auf dem Kopf

2. bis 3. Jahrhundert n.Chr.
Bronze, H. 9,7 cm

Provenienz: Vermutlich in Nijmegen gefunden, aus der Sammlung Smetius in Nijmegen, die 1703 von Kurfürst Johann Wilhelm erworben wurde.

Die Oberfläche der Statuette ist leicht korrodiert, der Schild an der linken Hand verloren.
Die kleine Figur trägt Rüstung, Helm und in der Rechten ein Schwert, in der Linken ehemals, wie die Abbildung bei Smetius zeigt, einen Schild. Sie stand ursprünglich auf einer breiten eckigen Standplatte. Der sich konisch verbreiternde Trichter auf dem Kopf wird auf die Funktion als Kerzenständer bezogen. R.S.

De wereld binnen handbereik 1992, S. 112, Nr. 238.

Mannheim, Reiss-Museum, Archäologische Sammlungen (Ci 4)

6.4.56
Zwei Sigillata-Schälchen

Ende 1. bis Anfang 2. Jahrhundert n. Chr.
Roter Ton, Dm. 11,4 bzw. 8,2 cm

Die Schälchen sind leicht bestoßen, sonst vollständig erhalten.
Die beiden unverzierten Terra Sigillata-Schälchen derselben Form Dragendorff 27 mit geknickter Wandung tragen innen jeweils einen unleserlichen Stempel. Sie gehörten zum Tafelgeschirr. R.S.

Jensen 1986, S. 29f., Nr. 32f., Taf. 16.

Mannheim, Reiss-Museum, Archäologische Sammlungen (Dg 32.)

6.4.57
Sigillata-Teller

1. Hälfte 2. Jahrhundert
Rötlicher Ton, Dm. 19,7 cm

Provenienz: 1783 in Heidelberg-Neuenheim gefunden

Bis auf eine ergänzte Abstoßung ist der Teller ungebrochen.
Der Teller der Form Dragendorff 31 trägt in der Mitte einen Stempel des Töpfers Toccinus, der in Heiligenberg-

Kat. Nr. 6.4.56 und 6.4.57

Kat. Nr. 6.4.58

Dinsheim und Ittenweiler im Elsaß und in Rheinzabern arbeitete. R.S.

Jensen 1986, S. 30f., Nr. 34, Taf. 16 oben rechts u. Taf. 21 oben

Mannheim, Reiss-Museum, Archäologische Sammlungen (Dg 4)

6.4.58
Terra Nigra-Becher

1. Jahrhundert n. Chr.
Ton, H. 12 cm

Provenienz: Mainz

Bis auf eine kleine Ergänzung ist der Becher vollständig erhalten.
Der Becher von grauschwarzer Terra nigra hat einen gestreckt ovalen Körper, einen abgesetzten Rand auf der Schulter und einen Blattstab in Barbotinetechnik. R.S.

Jensen 1986, S. 10f., Nr. 2, Taf. 2.

Mannheim, Reiss-Museum, Archäologische Sammlungen (Dg 302)

6.4.59
Sigillata-Tintenfass

2. bis 3. Jahrhundert n. Chr.
Ton, H. 6 cm, Dm. 8,8 cm

Der obere Rand ist bestoßen, sonst ist das Tintenfaß vollständig erhalten.
Das Tintenfaß von zylindrischer Form ruht auf einem engeren Standring. Auf der vertieften Oberseite erkennt man ein großes konzentrisches Loch für das Eintauchen der Feder und ein kleines Loch am Rand für das Zurücklaufen der abgestreiften Tinte. R.S.

Jensen 1986, S. 29, Nr. 31, Taf. 15.

Mannheim, Reiss-Museum, Archäologische Sammlungen (Dg 58)

Kat. Nr. 6.4.59

6.4.60
Sigillata-Reibschale mit Löwenkopfausguss

2. Hälfte 3. Jahrhundert n. Chr.
Ton, Dm. 29 cm

Die leichten Beschädigungen an der Schale sind ergänzt worden.

Kat. Nr. 6.4.60

Kat. Nr. 6.4.61

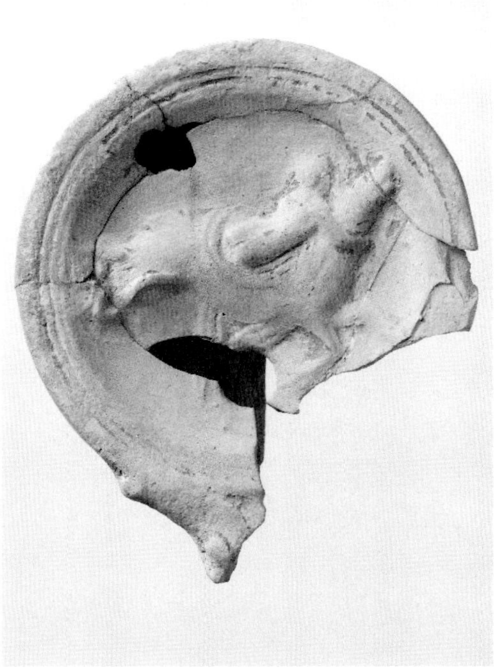

Kat. Nr. 6.4.62

Kat. Nr. 6.4.63

Die Reibschale weist eine schräge Wandung im unteren Teil auf. Der abgesetzte zylindrische Rand hat einen Ausguß in Form eines stark abgenutzten Löwenkopfes nach metallischem Vorbild. Innen erkennt man den charakteristischen Steinchenbelag. Die Reibschale diente zum Anrichten von gewürzten Speisen, offenbar in diesem Fall flüssigen Soßen oder ähnlichem. R.S.

Jensen 1986, S. 34, Nr. 39, Taf. 17.

Mannheim, Reiss-Museum, Archäologische Sammlungen (Dg 49)

6.4.61
Bildlampe

1. Hälfte 1. Jahrhundert n. Chr.
Gelbbrauner Ton, L. 9,4 cm

Provenienz: Vermutlich in Nijmegen gefunden, aus der Sammlung Smetius in Nijmegen, die 1703 von Kurfürst Johann Wilhelm erworben wurde.

Die Lampe ist vielfach gebrochen, aber fast vollständig erhalten.
Im Spiegel auf der Oberseite der Lampe ist die Figur des Gottes Merkur mit Börse und Heroldstab in den Händen wiedergegeben. Daneben befindet sich das Einfülloch. Die spitze Schnauze ist mit seitlichen Voluten verziert. R.S.

De wereld binnen handbereik 1992, S. 112, Nr. 239.

Mannheim, Reiss-Museum, Archäologische Sammlungen (Di 63)

6.4.62
Bildlampe

1. Hälfte 1. Jahrhundert n. Chr.
Weißlicher Ton, Dm. 7,5 cm

Provenienz: Vermutlich aus der Sammlung Smetius in Nijmegen, die 1703 von Kurfürst Johann Wilhelm erworben wurde.

Die Lampe ist vielfach gebrochen und die Schnauze und ein Teil des Spiegels fehlen.
Im Spiegel auf der Oberseite sieht man auf einem Seewesen, das wohl den Kopf eines Pferdes trägt, vom Rücken her eine Nereide. Sie ist bis auf einen Mantel um die Beine nackt. Von einer der Voluten an der Schnauze sieht man noch den Ansatz. R.S.

De wereld binnen handbereik 1992, S. 113, Nr. 240.

Mannheim, Reiss-Museum, Archäologische Sammlungen (Di 57)

6.4.63
Bildlampe

Mitte 1. Jahrhundert n. Chr.
Rotbrauner Ton, L. 7,8 cm

Im Spiegel auf der Oberseite der vollständig erhaltenen Lampe ist eine Figur mit Kanne und anderem Gegenstand in den Händen dargestellt, daneben befindet sich das Einfülloch. Auf der Unterseite der Lampe ist die erhabene Inschrift SV[.]ILLIV (Surillius) zu erkennen. R.S.

Jensen 1986, S. 44, Nr. 54, Taf. 25.

Mannheim, Reiss-Museum, Archäologische Sammlungen (Di 57)

6.4.64
Firmalampe

Ende 1. bis Anfang 2. Jahrhundert n. Chr.
Gelbbrauner Ton, L. 9,8 cm

Der Henkel ist abgebrochen, sonst ist die Lampe vollständig erhalten.
Beim Bildmotiv im eingetieften Spiegel handelt es sich um eine Theatermaske der Komödie, darunter ist das

Einfülloch zu erkennen. Auf der Unterseite der Lampe sieht man die erhabene Inschrift EVCARPI. R.S.

Jensen 1986, S. 45, Nr. 56, Taf. 26.

Mannheim, Reiss-Museum, Archäologische Sammlungen (Di 17)

6.4.65
Firmalampe

Ende 1. bis Anfang 2. Jahrhundert n. Chr.
Rotbrauner Ton, L. 8,5 cm

Die Schnauze ist angestoßen, sonst ist die Lampe ungebrochen.
Auf der Unterseite der henkellosen Lampe ist die erhabene Inschrift STROBILI zu lesen. R.S.

Jensen 1986, S. 45f., Nr. 57, Taf. 26.

Mannheim, Reiss-Museum, Archäologische Sammlungen (Di 24)

6.4.66
Glastöpfchen

Mitte. 1. bis Mitte 2. Jahrhundert. n. Chr.
Hellgrünes Glas, H. 2,2 cm

Das ungebrochen erhaltene Töpfchen hat eine fast zylindrische, aber gerundete Form. Es diente wohl für die Aufbewahrung von Salben oder ähnlichem. R.S.

Jensen 1986, S. 41, Nr. 49, Taf. 23.

Mannheim, Reiss-Museum, Archäologische Sammlungen (Dg 19)

6.4.67
Glasfläschchen

2. bis 3. Jahrhundert n. Chr.
Grünliches Glas, H. 13,4 cm

Die ungebrochen erhaltene kleine Flasche hat einen langen zylindrischen Hals und weist einen länglichen Körper mit vier senkrechten Dellen auf. Sie wurde für die Aufbewahrung von Öl oder Parfüm benutzt. R.S.

Jensen 1986, S. 42, Nr. 50, Taf. 23.

Mannheim, Reiss-Museum, Archäologische Sammlungen (Dg 8)

Kat. Nr. 6.4.66

Kat. Nr. 6.4.64

Kat. Nr. 6.4.65

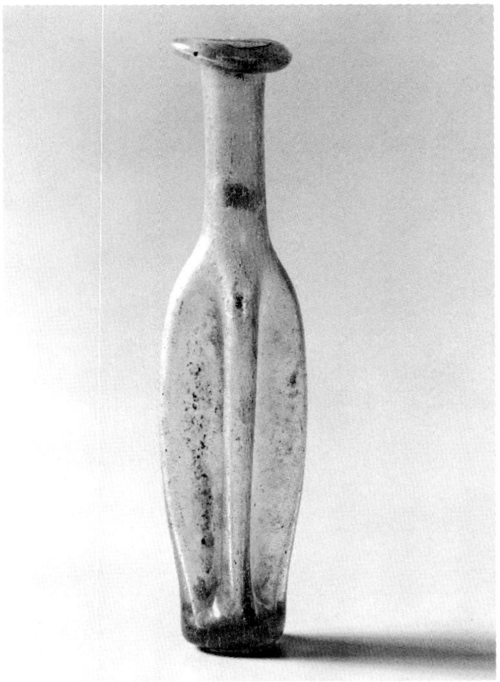

Kat. Nr. 6.4.67

6.4.68
Vier antike Goldmünzen

a Severus Alexander

Römischer Kaiser 222-235, zweifacher Aureus (Binio), geprägt in Rom, 222-228
Vorderseite: Kaiserbüste mit Strahlenkrone nach rechts; Rückseite: Personifikation des Friedens (Pax) mit Szepter und Zweig.

b Postumus

Gegenkaiser im Gallischen Teilreich 259-268, Aureus, geprägt in Köln, 265

Vorderseite: Kaiserbüste mit Strahlenkrone in 3/4-Ansicht; Rückseite: Personifikation der Gesundheit (Salus) mit Schlange und Heilgott Aeskulap (Asklepios) mit Schlangenstab.

Bei dem Aureus mit dem überaus kunstvollen Portrait des gallischen Gegenkaisers Postumus handelt es sich um eine Fundmünze aus der Pfalz. Sie wurde im Jahre 1698 auf einem Acker in der Nähe von Waldsee (Kr. Ludwigshafen) gefunden und gelangte über verschiedene private Besitzer durch eine Schenkung des Festungskommandanten von Philippsburg, Freiherr von Thüngen, in kurfürstlichen Besitz.

c Maximinus Daia

Römischer Kaiser 286-305, Aureus, geprägt in Nicomedia, 306-307

Vorderseite: Kopf mit Lorbeerkranz nach rechts; Rückseite: Sonnengott (Sol) mit Globus und Peitsche.

d Gratianus

Römischer Kaiser 367-383, Goldmedaillon, geprägt in Trier, 375-378

Vorderseite: Büste mit Diadem nach rechts; Rückseite: Thronende Stadtgöttin Roma mit Globus und Lanze.

Goldmünzen größeren Formates, sog. Multipla, waren in der Spätantike in der Regel repräsentative Geschenke an Angehörige des kaiserlichen Hofes, hohe Offiziere der Garde oder wurden als Tributzahlungen an Stammesfürsten und fremde Völker außerhalb der Grenzen des Römischen Reiches verwandt. H.-J.S.

Vom Königlichen Cabinet zur Staatssammlung (1807-1982). Staatliche Münzsammlung München. München 1982, S. 38-50, Nr. 4/21, 4/23, 4/24, 4/29; Schulzki, H.-J.: Das Kurpfälzische Münzkabinett am Mannheimer Hof Carl Theodors. In: Mannheimer Berichte aus Forschung u. Lehre 33 (1988), S. 31-42.

München, Staatliche Münzsammlung (o. Nr.)

Kat. Nr. 6.4.68 a Vorderseite

Kat. Nr. 6.4.68 a Rückseite

Kat. Nr. 6.4.68 b Vorderseite

Kat. Nr. 6.4.68 b Rückseite

Kat. Nr. 6.4.68 d Vorderseite

Kat. Nr. 6.4.68 d Rückseite

Kat. Nr. 6.4.69

Kat. Nr. 6.4.69

6.4.69
Sammlung geschnittener Steine

Italien, Frankreich, Deutschland, 16. bis 17. Jahrhundert
Achat, Chalcedon, Lapislazuli

Zum kurpfälzischen Erbe, das der 18jährige Carl Theodor übernahm, gehörte auch eine Sammlung von etwa 400 in Achat, Jaspis, Chalcedon oder Lapislazuli geschnittenen Steine. Überwiegend trugen sie Reliefs, die erhaben aus dem meist mehrschichtig aufgebautem Stein herausgearbeitet auf planer Grundplatte saßen, also Kameen, doch gab es auch eine größere Anzahl von Steinen mit tiefliegendem Relief, sogenannten Intaglien. Die Sammlung umfaßte Steine, die in der Antike, dem Mittelalter und der Renaissance bis zur Zeit ihres Sammlers, dem Kurfürst Johann Wilhelm von der Pfalz, entstanden und enthielt Pretiosen von hohem Wert. Sie war und ist noch nach der Sammlung des Habsburgischen Kaiserhauses die bedeutendste Gemmensammlung eines deutschen Fürsten.
Kurfürst Johann Wilhelm hatte sie, der Mode der Zeit entsprechend, auf elf vergoldeten Silbertafeln anbringen lassen, um sie in seiner Düsseldorfer Residenz zur Schau zu stellen. Zu dieser Zeit dokumentierten Fürsten ihren Reichtum und damit ihre Kreditwürdigkeit durch Pretiosen, in Edelmetall gearbeiteten Prunkgefäßen und Kunstgegenständen. Geschnittene Steine wurden in Goldgefäße, Platten, Kannen, Schalen, Humpen aber auch Reliquiare, eingearbeitet und zwar in solcher Zahl, daß diese Gegenstände niemals genutzt, sondern nur ausgestellt werden konnten. Die Anbringung geschah dabei nicht nach thematischen, chronologischen oder wissenschaftlichen Prinzipien, sie diente allein der dekorativen Repräsentation.
Dargestellt sind Götter und antike Herrscher und Kaiserinnen, überwiegend in Halbfigur oder nur die Köpfe im Profil, oft nach Münzbildern geschnitten, weiter allegorische Figuren (1376), Phantasieporträts und Porträts zeitgenössischer Personen (1409, 1412). Außerordentlich beliebt waren die Darstellung von Mohren oder Mohrinnen, als Herrscher oder mit kostbarem Schmuck (1184), denn sie ermöglichten eine wirkungsvolle Ausnutzung der Steinschichtungen. Weiter finden sich mythologische Szenen (1322, 1318, 1328, 1339, 1341) und Tierdarstellungen (1231).
Die wesentlichen Zentren der Steinschneidekunst waren in der Barockzeit Mailand, Florenz und Rom, doch wurden die dort ausgebildeten Künstler auch an die großen Höfe nach Madrid, Paris und vor allem Prag berufen.
Carl Theodor ließ die ererbte Sammlung 1744 und 1752 inventarisieren. Bis 1752 sind die Silbertafeln nachweisbar. Im Zuge der Aufklärung wurden geschnittene Steine verstärkt zu Studien der Antike genutzt und nach neuen Gesichtspunkten gesammelt und aufbewahrt. Sie wurden publiziert, in Abgüssen von Gips oder Schwefel und mehr und mehr auch in Nachbildungen in Glas vervielfältigt und in Umlauf gebracht.

Das gelehrte Bürgertum begann, Darstellungen und Künstler zu diskutieren. Viele der fürstlichen Schaugefäße wurden eingeschmolzen und die Gemmen nun in kostbaren Schränken nach Sujets geordnet gewahrt. Auch Kurfürst Carl Theodor, der auf Kameen porträtiert worden ist und selbst sammelte, folgte dieser Mode. Er ließ einen gleichfalls aus der Zeit des Kurfürsten Johann Wilhelm stammenden kostbaren japanischen Lackschrank zum Gemmenschrank umarbeiten und die Gemmen mit einer Fassung und einem Ringreif versehen. Durch Scharniere gesichert, wurden sie auf den neun Laden des Schrankes untergebracht. Nach der Verlegung seiner Residenz von Mannheim nach München ordnete Carl Theodor an, daß auch die Gemmensammlung in eben diesem Schrank nach München verbracht und dem von ihm gegründeten Münzkabinett übergeben werden sollte. Dort befinden sich Schrank und Gemmen noch heute. I.S.W.

Szeiklies-Weber, I.: Kostbare Steine – Die Gemmensammlung des Kurfürsten Johann Wilhelm von der Pfalz. München 1992, Taf. III, VI, X.

München, Staatliche Münzsammlung (743, 750, 1184, 1186, 1195, 1209, 1211, 1231, 1251, 1269, 1307, 1312, 1318, 1322, 1328, 1339, 1341, 1370, 1373, 1376, 1377, 1383, 1384, 1385, 1409, 1412)

Kat. Nr. 6.4.69

6.5
Akademie der Wissenschaften – Naturwissenschaftliche Klasse

Der an Astronomie und Physik interessierte Kurfürst förderte die Naturwissenschaften im Sinne ihrer nutzbringenden Anwendung für den Staat und setzte sich für Reformen in der Ausbildung ein.
Ihren sichtbaren Ausdruck fanden diese Bestrebungen in der Gründung der Mannheimer Akademie der Wissenschaften nach Pariser Vorbild (1763), zu deren naturwissenschaftlichen Klasse 1780 noch eine meteorologische Klasse hinzukam, in der Unterstützung gelehrter Gesellschaften wie der „Physikalisch-ökonomischen Gesellschaft" in (Kaisers)Lautern, in der Einrichtung von Schulen für Staatsbedienstete, Ingenieure, Chirurgen, Krankenpfleger und Hebammen.
Gelehrte aus unterschiedlichen Fachrichtungen machten mit ihren Beiträgen und ihren internationalen Verbindungen Mannheim zu einem glänzenden Forum für die naturwissenschaftliche Forschung im 18. Jahrhundert: der Physiker Johann Jakob Hemmer (1733-1790), Leiter des Meteorologischen und Physikalischen Kabinetts, dem die Kurpfalz die Einführung des Blitzableiters verdankt, der Botaniker Friedrich Casimir Medicus (1736-1808), der zugleich Direktor der Hohen-Kameral-Schule war und den Botanischen Garten vor Mannheim anlegte, der Mineraloge und Historiker Cosimo Alessandro Collini (1727-1806), der die naturwissenschaftlichen Kabinette betreute, der Mediziner Franz Anton Mai (1742-1814), dem Reformen und mehr Hygiene in der Gesundheitsvorsorge der Bevölkerung zu verdanken sind, der Hofkaplan und Astronom Christian Mayer (1719-1783), auf dessen Rat eine feste Sternwarte in Mannheim eingerichtet wurde. K.B.

6.5.1
Gedächtnismedaille auf den Tod des Hofastronomen Christian Mayer

Heinrich Boltschauser (1754-1812), 1783
Kupfer, Dm. 4,4 cm

Der seit 1745 dem Jesuitenorden angehörende Christian Mayer war seit 1751 Professor für Philosophie an der Universität Heidelberg. Ein Jahr später wurde er auf den von Kurfürst Carl Theodor neu geschaffenen Lehrstuhl für Experimentalphysik berufen. 1763 erfolgte seine Ernennung zum Hofastronomen und 1780 die Aufnahme als ordentliches Mitglied in die Akademie der Wissenschaften. Für seine Entdeckung der Bewegung von Fixsternen erlangte er Anerkennung bei allen Astronomen in Europa. Mayer starb am 16. April 1783.
H.-J.S.

Haas-Gesche 1972, S. 33, Nr. 28; Gesche 1981, S. 18, Nr. 13.

Mannheim, Reiss-Museum (III g 2025)

6.5.2
Aussen- und Innenansicht der Mannheimer Sternwarte

Wilhelm von Traitteur, 1806
Kolorierte Handzeichnungen, 51 cm x 68 cm

Bez.: Facade vers couchant ; Coupe de la ligné AB vers C

Die beiden auf einem Blatt vereinigten Zeichnungen zeigen einmal einen Aufriss der Sternwarte von Westen, der Haupteingangseite, sowie einen Schnitt durch die Geschosse der Sternwarte.
Dabei fallen die beiden höheren Geschosse, der sogenannte große und der unter der Plattform gelegene kleinere Beobachtungssaal auf. Auf der Zeichnung sind leicht einige der Instrumente auszumachen, die sich damals in der Sternwarte befunden haben: ein Globus von Vaugondy, der Quadrant von Canivet, der Mauerquadrant von Bird.

Kat. Nr. 6.5.2

Auf der Plattform befindet sich ein kleines, mit einem drehbaren Dach versehenes Observatorium.
Auch die erste bauliche Veränderung der Sternwarte, nach 1792 vorgenommen, zeigt sich auf der Darstellung der Westseite. Erdgeschoß und erstes Obergeschoß werden von einem triumphbogenartigen Vorbau verstärkt, der dazu diente, in seinem Obergeschoß ein Transit- oder Passage-Instrument, ein um 180° vertikal schwenkbares Fernrohr, aufzunehmen. Die Zeichnungen wurden von dem Ingenieur Wilhelm von Traitteur um 1806, zur Zeit des Astronomen Roger Barry, angefertigt. K.B.

Mannheim, Reiss-Museum (A171g/1)

6.5.3
Aussenansicht der Mannheimer Sternwarte

Wilhelm von Traitteur, 1806
Kolorierte Handzeichnung, 89,6 x 42,2 cm

Hauptansichtseite des Mannheimer Sternwartenturmes von Westen.
Mit dem Bau der Sternwarte wurde 1772 begonnen; im Dezember 1774 war der Bau unter Dach und Fach, und im Frühjahr 1775 zog der erste Astronom mit seinen Gehilfen ein. 1792 wurde die Sternwarte um einen Anbau am Westportal bereichert, der sich bis zur Bodenhöhe des großen Beobachtungssaales erstreckt und in seinem Inneren einen erschütterungsfreien Platz für das 1785 gelieferte Passage-Instrument von Ramsden bot. Mit Ausnahme der Gloriette auf der Plattform hat die Sternwarte bis heute die wiedergegebene Ansicht beibehalten. K.B.

Mannheim, Reiss-Museum (A171 g/3)

Kat. Nr. 6.5.3

6.5.4
Sternbeobachtungsbuch Liber I

Christian Mayer (1719-1783), Jan.1776-Sept.1777
Papier, 21,6 x 35,4 cm

Mit der Eröffnung der Sternwarte 1775 und mit den besten Instrumenten der damaligen Zeit ausgerüstet, konnte sich Christian Mayer endlich dem noch wenig erforschten Gebiet der Stellarastronomie widmen. Seine wichtigste Entdeckung gelang ihm in den Jahren 1776/7, als er auf das Phänomen der Doppelsterne aufmerksam wurde. Vor Mayer waren nur 11 Doppelsterne bekannt gewesen; durch seine Beobachtungen erhöhte sich die Zahl auf 72.
Die Seiten sind in Tabellen aufgeteilt, die mit folgenden Sparten gefüllt sind:
Jahr, Tag, Monat, Barometerwert, Thermometerwerte (Innen und außen), beobachtetes Objekt, Faden im Objektiv (I,II,III), innere Zenith-Distanz, äußere Zenith-Distanz. Unter der Rubrik „beobachtete Objekte“ finden sich Sonne, Mond, Planeten und die Fixsterne. Eingetragen sind die Zeiten (Stunden, Minuten, Sekunden) sowie die Winkelgrade, Winkelminuten und Winkelsekunden. K.B.

Mannheim, Landesmuseum für Technik und Arbeit (AVZ Nr.DoA 771-2. I)

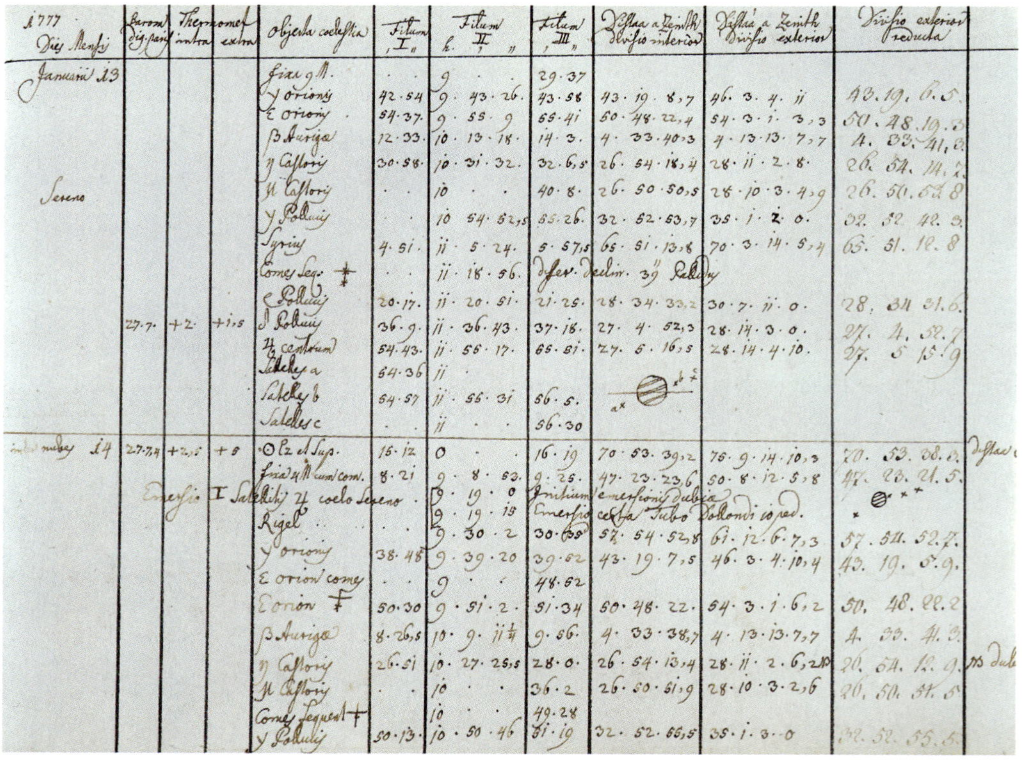

Kat. Nr. 6.5.4

Kat. Nr. 6.5.5

6.5.5
Erdglobus

Robert de Vaugondy, Didier (1723-1786), Paris, 1751
Holz, Gips, Papier, Dm. Globus: 18 Inch, Stativ: Holz, farbig gefaßt

Dieser Erdglobus war zusammen mit dem Himmelsglobus zunächst im Physikalischen Kabinett in Heidelberg aufgestellt und kam nach 1776 auf die Mannheimer Sternwarte. Das äußerst dekorative Stativ mit den kurfürstlichen Wappen gehörte ursprünglich zu einem zweiten, ähnlichen Globenpaar, welches im Bibliothekssaal des Mannheimer Schlosses aufgestellt war.

K.B.

Globus: **Mannheim, Landesmuseum für Technik und Arbeit** (1983/046-078); Stativ: **Heidelberg, Universitätsbibliothek**

6.5.6
Linsenfernrohr (Refraktor)

Jesse Ramsden (1735-1800), London 1776
Messing, Glas

Bez.: "Ramsden London"

Dieses „gantz fürtreffliche Seherohr" (Zitat Chr. Mayer, Inventar 1776) wurde 1776 vom kurpfälzischen Agenten Bianchi in London zum Preis von 12 Louisdor gekauft.

Kat. Nr. 6.5.7

Das vertikal und horizontal bewegliche Fernrohr besitzt schon die neuen achromatischen Linsen aus der Werkstatt von Dollond.
Jesse Ramsden war besonders für seine sauber geschnittenen Gewinde berühmt. K.B.

Mannheim, Landesmuseum für Technik und Arbeit (1983/046-003)

Kat. Nr. 6.5.6

6.5.7
Tragbarer Quadrant mit Stativ

Canivet (gest. 1774), Paris, 1763
Messing, Eisen

Baugleiches Modell des Quadranten der Mannheimer Sternwarte (1757). Canivet war damals für seine Quadranten berühmt. So empfahl der Pariser Astronom de LaCaille Mayer den Kauf bei Canivet.
Mayer nutzte den Quadranten für seine Sternbeobachtungen in Heidelberg und in Schwetzingen. Ab 1763 setzte er ihn auch für die Landvermessung ein.
Die beiden ca. 40 cm langen Fernrohre haben eine etwa 20fache Vergrößerung. Die Messingplatte trägt folgende Inschrift: Fait par Canivet Ingenieur du Roi en Instrumens de Mathematique et de Messieurs de L'Académie Royale de Sciences à la Sphère à Paris 1763.

K.B.

Karlsruhe, Geodätisches Institut der Technischen Hochschule (IV-13/39)

KAT. NR. 6.5.8

6.5.8
GRAPHOMETER (HALBKREISMESSER) MIT DIOPTER

Canivet (gest. 1774), Paris, 1765
Messing, Silber, Stahl, Glas, 24,5 x 15,2 x 21cm

Winkelmeßinstrument mit 180° Winkel, zwei Diopter und Kompaß, Nonius auf 5 Minuten ablesbar.
Aufgesteckt auf ein dreifüßiges Stativ, wurde der Graphometer bei der Festlegung von Bezugspunkten in der Landvermessung eingesetzt. Ein ganz ähnliches Gerät, allerdings mit zwei Fernrohren statt mit Dioptern versehen, benutzte der Astronom Christian Mayer zwischen 1763 und 1773 bei der Vermessung der Kurpfalz.
Das schön gearbeitete und ziselierte Gerät ist mit „Canivet à la Sphère à Paris 1765" signiert. Canivet war in der 2. Hälfte des 18. Jahrhunderts der berühmteste Instrumentenbauer in Paris und belieferte die Französische Akademie der Wissenschaften mit seinen physikalischen, astronomischen und geodätischen Geräten.

K.B.

Mannheim, Landesmuseum für Technik und Arbeit (1988/0414)

6.5.9
„BASIS NOVAE CHARTAE PALATINAE" (KLEINE KURPFALZKARTE)

Karte des Gebiets zwischen Schwetzingen, Heidelberg und Mannheim auf der Basis der pfälzischen Vermessung

Kupferstich von Egid Verhelst (1733-1804), nach Angaben des Hofastronomen Christian Mayer (1719-1783), Mannheim 1773
Maßstab 1:75.000, 27,7 x 33,5 cm

KAT. NR. 6.5.9

Am 23.1.1773 konnte Christian Mayer dem Kurfürsten eine trigonometrisch festgelegte Karte vorlegen, die ein Gebiet von circa 360 qkm abdeckte. Basis der Vermessung war eine 12,5 km lange Strecke zwischen Ketsch und Rohrbach.
Meridian und Breitenkreis durch die Schwetzinger Sternwarte sind auf dieser Karte eingezeichnet, die Länge der Basis zählt 38.294,3/10 Pariser Schuh. K.B.

Mannheim, Reiss-Museum (B 142a)

6.5.10
„Charta Palatina“ (Grosse Kurpfalzkarte)

Karte des Gebiets zwischen Worms, Mannheim, Heidelberg, Speyer und Turkheim (Bad Dürkheim)

Mannheim, 1774
Kolorierter Kupferstich von Egid Verhelst (1733-1804), nach den Vorgaben des Hofastronomen Christian Mayer (1719-1783), Maßstab 1: 75 500, 66,6 x 74,2 cm

Ein Jahr nach Vorlage der kleinen Kurpfalzkarte entstand die erste Karte eines auf 5 Karten angelegten Werkes (Charta Palatina Mannhemio Basileam usque), welches das Gebiet zwischen Mannheim und Basel wiedergeben sollte. Im Gegensatz zur kleinen Kurpfalzkarte ist diese sogenannte große Kurpfalzkarte bereits genordet. Von dem geplanten Werk ist nur noch eine weitere Karte mit der Gegend um Karlsruhe erschienen.
Die oben rechts in die Karte eingefügte Vignette zeigt die Allegorie der Astronomie und der Geodäsie, die, mit

Kat. Nr. 6.5.10

Sphärenmodell, Globus, Stangenzirkel und Quadrant versehen, dem Porträt Carl Theodors huldigen. Im Hintergrund die Mannheimer Sternwarte. K.B.

Mannheim, Reiss-Museum (B 145)

6.5.11
„Ephemerides Societatis Meteorologicae Palatinae. Historia et Observationes Anni 1781"

Mannheim, 1783
Papier, Druck, 4°

Erster Band der von Johann Jakob Hemmer redigierten Ephemeriden, die bis 1795 (Berichtszeit 1781-1792) erscheinen sollten. Der Band zeigt neben den Monatstabellen des Jahres 1781 auch die wichtigsten Meßgeräte der Meterologischen Gesellschaft und berichtet von deren Gründungsgeschichte.
Aufgeschlagen sind die Seiten 114/115 mit den Klimawerten in Mannheim während der Monate Oktober und November. K.B.

Mannheim, Reiss-Museum (Mh Zs 12)

6.5.12
„Descriptio Instrumentarum Societatis Meteorologicae Palatinae ..."

Johann Jakob Hemmer (1733-1790), Mannheim, 1782
Papier, Druck„ 4°

1780 war auf Betreiben Hemmers und Georg von Stengels die Meteorologische Gesellschaft gegründet und als dritte Klasse der Akademie in Mannheim angeschlossen worden. Sekretär und Leiter der Gesellschaft war Hemmer. Die Mannheimer Wetterwarte war mit einem besonderen Meßinstrumentarium ausgestattet, welches in diesem Buch beschrieben wird. Dabei handelte es sich um ein Barometer, ein Thermometer, ein Hygrometer, ein Declinatorium Magneticum, ein Anemometer, ein Hyetometer, ein Atmidometer und ein Elektrometrum Atmosphaericum. Mit diesen Instrumenten wurden in Mannheim dreimal täglich um 7, 14 und 21 Uhr Ortszeit die Wetterwerte gemessen. Diese Meßzeiten sind noch heute als „Mannheimer Stunden" bekannt. K.B.

Mannheim, Reiss-Museum (Mh 742)

6.5.13
Aquarellierte Federzeichnung eines Barometers / Luftdruckmessgerätes

1811 (?)
34 x 48,3 cm

Die beiden großformatigen Blätter (A1719/10-11) kamen aus dem Nachlaß des Mitglieds des Mannheimer Altertumsvereins E. F. Deurer in den Besitz des Reiss-Museums. Deurer hatte seit 1775 die wirtschaftlichen Angelegenheiten der Akademie besorgt. Die Blätter zeigen Geräte, die einst Teil eines Physikalischen Kabinetts waren.
Das vorliegende Blatt gibt ein kompliziert aufgebautes Meßgerät mit mehreren Scalen, die von Zeigern bestrichen werden, wieder. Sehr gut erkennbar ist, daß der große waagrecht liegende Zeiger an dem Ende, wo das kleine Gewicht befestigt ist, mit einem Schwimmer in einem Glasröhrchen verbunden ist. Dieses Glasrohr wiederum ist über eine schließbare Verbindung mit einer Drucksäule verbunden. In der Drucksäule befindet sich eine Scherenfeder. Glasröhrchen und Drucksäule haben am unteren, in den Holzkasten eingelassenen Ende besondere Verschlüsse, welche die Annahme zulassen, daß beide Gefäße mit Quecksilber gefüllt gewesen sein könnten.
Dies und die Scherenfeder sprechen dafür, daß es sich bei dem mit einem Glaskasten geschützten Gerät um ein Barometer gehandelt haben muß. Der rechts von der Bildmitte befindliche Gegenstand in Form einer Figur ist eine seitlich wiedergegebene Waage mit Scala. Geschmückt ist das Instrument mit ägyptischen Dekorationsformen (Sphinx, Ägypterin), welche die Annahme zulassen, das Gerät dem 1. Viertel des 19. Jahrhunderts zuzurechnen. K.B.

Mannheim, Reiss-Museum (A 1719/10)

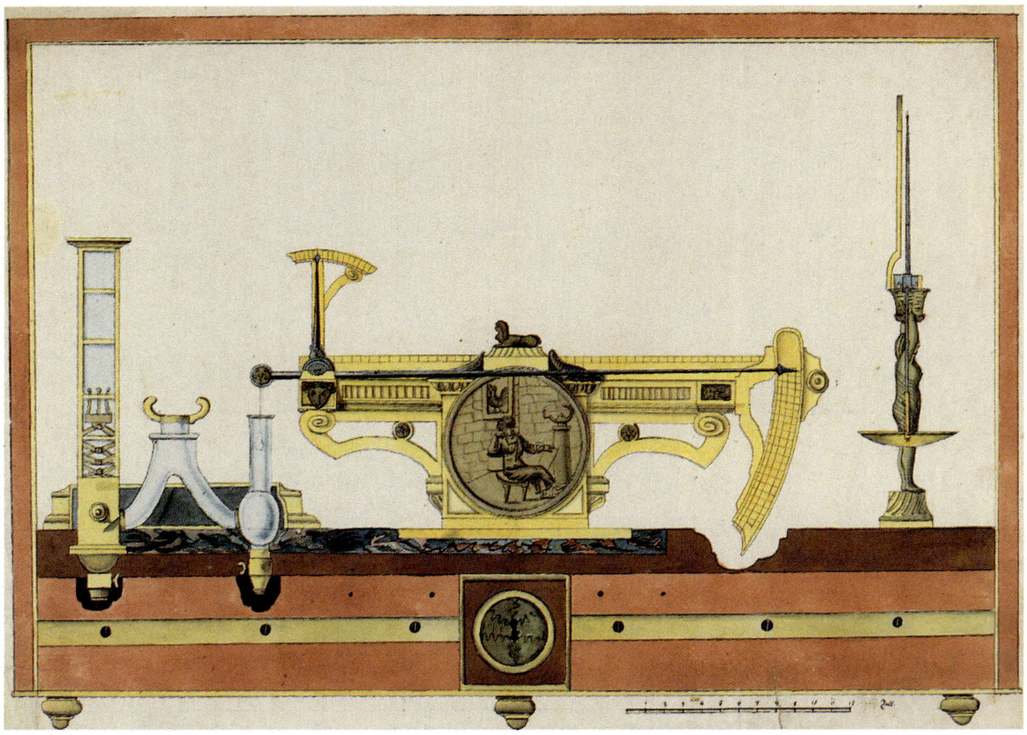

Kat. Nr. 6.5.13

6.5.14
Aquarellierte Federzeichnung einer Luftpumpe

1811 (?)
39,5 x 31,5 cm

Das hochformatige Blatt zeigt auf den ersten Blick eine verwirrende Darstellung, die hauptsächlich durch die mit reichen Dekorationen versehene Holzverkleidung des Gerätes bestimmt wird. Beim genaueren Hinsehen erkennt man ein mit vier Streben versehenes Handrad, eine Kurbel und ein Barometer. Die mit Bogenstellungen geschmückte Holzverkleidung umschließt einen zylinderartigen Gegenstand. Darauf läßt die runde Deckplatte schließen. Über der Holzplatte erhebt sich ein mit einem Rohr verbundener, runder Messingteller.
Was auf der Abbildung fehlt, ist die auf dem Messingteller aufsitzende Glashaube. Sie hätte zur schnelleren Identifizierung des Instrumentes als Luftpumpe beigetragen. Unter dem Zylinder konnte mittels des Handrades und der Kurbel die Luft komprimiert oder ein Vakuum hergestellt werden; das mit dem Druckteller verbundene Barometer zeigte die im Innern der Glashaube herrschenden Druckverhältnisse an.
Wahrscheinlich war die Luftpumpe in einen ähnlich reich dekorierten Raum integriert. Die Farbigkeit der Zeichnung läßt darauf schließen, daß es sich bei der Verkleidung um Mahagoniholz, Vergoldungen und roten Samt gehandelt haben muß. Die Luftpumpe bestand im wesentlichen aus Messing. K.B.

Mannheim, Reiss-Museum (A1719/11)

Kat. Nr. 6.5.14

Kat. Nr. 6.5.15

6.5.15
Tubenmikroskop

Nürnberg, um 1760,
Holz, Pappmaché, Glas, H. 28cm

Brandstempel „JFF“

Die Nürnberger Mikroskope waren aus billigerem Material damaligen Typen nachgebildet und daher sehr preiswert. Dieses Durchlichtmikroskop ist nach dem Auflichtmikroskop schon eine verbesserte Variante, war aber immer noch vom Sonnenlicht abhängig. Viele Adelige und Bürger „delektierten“ sich im 18. Jahrhundert am Mikroskopieren. Die besten Mikroskope wurden damals in England hergestellt. K.B.

Mannheim, Landesmuseum für Technik und Arbeit (1992/1980.)

6.5.16
Das Mannheimer Zeughaus mit den Blitzableitern

Aus: Vues de Mannheim, représentées sur vingt six Planches, Nr. 13

Gebr. Klauber, Augsburg, 1782 und Johann Franz v. Schlichten, Mannheim, 1782
Kupferstich, 4°

Das mit dem Titel „Das Zeughaus, L'Arsenal“ bezeichnete Blatt Nr. 13 (vgl. Kat.Nr. 4.4.10 m) der Gebäudeansichten-Serie von Mannheim zeigt die Hauptfront des 1778 nach Plänen des Architekten Verschaffelt errichteten Zeughauses mit Blitzableitern auf dem Dach, den sogenannten Hemmerschen „Fünfspitzen“, ca. 4 Meter hohen und 2 Meter breiten schmiedeeisernen Stangen mit Kupferspitzen.
Den ersten Blitzableiter in der Kurpfalz montierte Johann Jakob Hemmer am 15.4.1776 auf dem Dach des Schlosses von Trippstadt. Im gleichen Jahr ordnete der Kurfürst an, daß alle Schlösser und Pulvertürme der Kurpfalz mit Blitzableitern auszurüsten seien. K.B.

Mannheim, Reiss-Museum (A 98,13)

6.5.17
„De fulminis ictibus in campanas, quae pulsantur“

Aus: Acta Academiae Theodoro Palatinae Tom.V Pars Physica

Johann Jakob Hemmer (1733-1790), Mannheim, 1784
Papier, Druck, 4°

In diesem Aufsatz, den Hemmer als Vortrag am 26. Januar 1784 vor der Naturwissenschaftlichen Klasse der Akademie gehalten hatte, setzt sich Hemmer mit den Gefahren auseinander, die bestehen, wenn bei aufziehendem Gewitter die Glocken geläutet werden, wie es in der Kurpfalz Brauch war. Es war beobachtet worden, daß Blitze in läutende Glocken einschlugen und manchmal durch die Ableitung entlang des feuchten Hanfseiles den Messner töteten. Der größte Teil des Aufsatzes und die darin gezeigten Tafeln behandeln das Entstehen und Fließen von Elektrizität. Ergebnis dieser Diskussion war, daß der Kurfürst ein Dekret erließ, welches das „Wetterläuten“ verbot. K.B.

Mannheim, Reiss-Museum (MhZs1)

6.5.18
„Anleitung Wetterleiter an allen Gattungen von Gebäuden auf die sicherste Art anzulegen“

Johann Jakob .Hemmer (1733-1790), Mannheim, 1788
Papier, Druck, 8°

Der erste Blitzableiter der Kurpfalz wurde nach den Vorgaben Hemmers 1776 auf dem Dach des Schlosses von Trippstadt montiert. Im gleichen Jahr folgten die kurfürstlichen Bauten in Mannheim, später in Schwetzingen, Heidelberg und Düsseldorf.
Da Hemmer beileibe nicht allen Aufträgen nach Blitzschutz nachkommen konnte, gab er diese Schrift mit Abbildungen heraus, die auch ein Glossar mit den wichtigsten Begriffen aus dem Bereich der Elektrizität und des Blitzschutzes enthält. K.B.

Mannheim, Reiss-Museum (Mh 1244/2)

6.6
Das Naturalienkabinett

Als Kurfürst Carl Theodor 1757 in einem Schrank seines Schlosses in Mannheim eine Anzahl Meeresmuscheln entdeckte, war er von der Formen- und Farbenvielfalt derart fasziniert, daß er beschloß, eine Sammlung seltener und merkwürdiger Dinge anzulegen. Erster Leiter dieses Kabinetts wurde der Jesuitenpater Christian Mayer, der das Kabinett von 1757 bis 1764 aufbaute, bis dann 1764 die Leitung dem Akademiemitglied Cosimo Alessandro Collini übertragen wurde. Unter Collinis Führung wuchsen die Sammlungen rasch an, und bereits 1765 konnten zwei Säle mit Mineralien und Fossilien eröffnet werden. Ein weiterer Saal mit Wirbeltieren wurde 1766 eröffnet und nach 1769 folgte ein vierter Saal mit Vögeln, Insekten, Pflanzen und einer Vielzahl völkerkundlicher Sammlungsstücke.
In der Systematik Diderots (1713-1784) und seiner Mitarbeiter umfaßt der „enzyklopädische Baum menschlichen Wissens“ neben der „Gleichförmigkeit der Natur“ und den „Abnormitäten in der Natur“ als dritten Gesichtspunkt die „Verwendung der Natur durch den Menschen“, entsprechend den Erfordernissen der damals herrschenden Wirtschaftsdoktrin des Merkantilismus. Unter diesem Aspekt stellten die völkerkundlichen Objekte des Naturalienkabinetts keine bloßen Kuriositäten, Souvenirs oder wissenschaftliche Belegstücke fremder Kulturen dar, sondern sie waren vor allem Hilfsmittel der regionalen Wirtschaftsförderung, sollten Industrie und Handel anregen. So wird verständlich, warum das Kabinett neben Objekten aus dem Bereich der Wildbeuter- oder Pflanzerkulturen – wie unsere beiden Exponate – zahlreiche bewundernswerte kunsthandwerkliche Arbeiten aus den Ländern des näheren und ferneren Orients umfaßte: türkische Dolche, indonesische Krise, indische und japanische Säbel, türkische Damenpantoffeln und ein chinesisches Necessaire.
Durch laufende Ergänzungen wurde das Kabinett immer reichhaltiger, auch nachdem Carl Theodor im Rahmen der Erbfolge nach München übergewechselt war. Nach dem Tod Carl Theodors 1799 wurde das Kabinett 1804/05 weitestgehend aus Mannheim abgezogen und nach München verbracht, nur unbedeutende Reste verblieben in Mannheim. H.B. und G.R.

6.6.1
Vitrinenschrank

Ferdinand Franz Zeller (Mannheim 1736-nach 1809? Mannheim) und Adam Graff (Heirat Mannheim 1749), Mannheim, 1765/66
Eiche, Nadelholz, Glas, H. 256 cm, B. 191 cm, T. 42,5 cm

Die Ausstattung des kurfürstlichen Naturalienkabinetts im Mannheimer Schloß wurde von den Hofschreinern Ferdinand Franz Zeller und Adam Graff gefertigt. Nachdem die ersten beiden Säle im April 1765 eröffnet worden waren, konnte der dritte Saal erst ein Jahr später vollendet werden, da die Schreiner von Mai bis November 1765 anderweitig gebraucht wurden. Der vierte Saal wurde aufgrund des Umzuges des Kabinetts vom dritten Stock in das Erdgeschoß dann erst 1769 fertiggestellt, war aber schon im modernen Stil Louis XVI. ausgestattet. Der Vitrinenschrank mit seinen geschweiften Rahmen an den Türen und den Schubkästen muß daher aus den ersten drei Räumen stammen, die noch im Stil des späten Rokoko gehalten waren. Wahrscheinlich ist er identisch mit einem Schrank im dritten Saal, in dem die Wirbeltiere untergebracht waren. Dahin deutet die Schnitzerei am Kranz, die drei ornamental miteinander verschlungene Schlangen zeigt, also gewissermaßen prototypische Vertreter der dort ausgestellten Gattung. Das Möbel dürfte demnach zwischen Dezember 1765 und April 1766 entstanden sein. D.B.

Speyer, Karl: Zur Geschichte des Mannheimer Naturalienkabinetts. In: MGB 26 (1925), Sp. 198-203 u. 116–118; Kistner 1930, S. 118; Barock in Baden-Württemberg 1981, Bd. 1, S. 486-488, Nr. H 23; Heber, Wiltrud: Die Arbeiten des Nicolas de Pigage in den ehemals kurpfälzischen Residenzen Mannheim und Schwetzingen. Bd. 1, Worms 1986, S. 155f u. 159; Wiese, Wolfgang: Hofschreiner und Möbellieferanten in den Residenzen Mannheim und Schwetzingen In: Möbel für den Fürstenhof 1994, S. 23-41, S. 25 u. 27.

Mannheim, Reiss-Museum (G 8207)

Kat. Nr. 6.6.1

6.6.2
Tischvitrine

Ferdinand Franz Zeller (Mannheim 1736-nach 1809? Mannheim) und Adam Graff (Heirat Mannheim 1749), Mannheim, 1765/66
Eiche, Nadelholz, Glas, Messing, innen hellgrau lackiert, H. 81 cm, B. 239 cm, T. 97 cm

Die Tischvitrine stammt wie ihr ebenfalls noch erhaltenes Pendant und der Vitrinenschrank (Kat.Nr. 6.6.1) aus dem kurfürstlichen Naturalienkabinett im Mannheimer Schloß. Dort dürften die Möbel ursprünglich im dritten, den Wirbeltieren gewidmeten Saal gestanden haben, in dem sie auch auf einer alten Fotografie zu erkennen sind. Demnach wären die beiden Tischvitrinen ebenso wie der im Stil übereinstimmende Schrank in den Winter 1765/66 zu datieren. Auch sie wurden von den Hofschreinern Ferdinand Franz Zeller und Adam Graff gefertigt. Zeller war zunächst "Adjunctus" seines Vaters, des Mannheimer Hofschreiners Franz Zeller, bevor er 1763/64 selbst in dieses Amt aufrückte. Später wurde er Münchner Hofebenist und siedelte 1783 dorthin über. Adam Graff war seit den 50er Jahren Hoftischler in Schwetzingen, das er wohl gegen 1755 verlassen hat, um in Mannheim die Nachfolge von Johann Jacob Grienes als Hofschreiner anzutreten. Der Hauptanteil am Entwurf der Vitrinen dürfte jedoch Zeller zuzuschreiben sein, der für seine zeichnerische Tätigkeit bekannt ist, während Graff vor allem Bauschreinerarbeiten ausführte. D.B.

Speyer, Karl: Zur Geschichte des Mannheimer Naturalienkabinetts. In: MGB 26 (1925), Sp. 116-118, 198-203 u. 260f; Kistner 1930, S. 118; Carl Theodor und Elisabeth Auguste 1979, S. 82, Nr. 72 (Carl Ludwig Fuchs); Barock in Baden-Württemberg 1981, Bd. 1, S. 361, Nr. D 23 (Rosemarie Stratmann); Heber, Wiltrud: Die Arbeiten des Nicolas de Pigage in den ehemals kurpfälzischen Residenzen Mannheim und Schwetzingen, Bd. 1, Worms 1986, S. 155f u. 159; Wiese, Wolfgang: Hofschreiner und Möbellieferanten in den Residenzen Mannheim und Schwetzingen. In: Möbel für den Fürstenhof 1994, S. 23-41, S. 25 u. 27; Möbel für den Fürstenhof 1994, S. 103-105, Nr. 1.

Mannheim, Reiss-Museum (G 8205)

Kat. Nr. 6.6.2

6.6.3
Sammlung von Meeresschnecken und Meeresmuscheln

Indopazifik, nicht datiert
Zusammenstellung verschiedener Meeresschnecken und Meeresmuscheln

In einem Garderobenzimmer des Mannheimer Schlosses fand Carl Theodor 1757 in der Schublade eines Schrankes eine Sammlung von „Meeresmuscheln". Vermutlich waren es Meeresschnecken, deren bizarre Formen und Farben ihn derart faszinierten, daß er auf Zureden des Kustos des Medaillenkabinetts, Johann Ludwig Goes, die Anlage eines Naturalienkabinetts beschloß. Solche Meeresmollusken, wie sie hier zusammengestellt sind, wurden somit zum Auslöser für den Aufbau des großen kurfürstlichen Naturalienkabinetts. G.R.

Mannheim, Reiss-Museum, Naturkundliche Sammlungen (65 x o. Nr.)

Kat. Nr. 6.6.3

6.6.4
Mayers russische Steinpyramide

Russland, 1770
Ursprünglich obeliskenartiger Aufbau aus ca. 200 geschliffenen Steinplättchen. Keine Maßangaben. Heute sind nur noch Steinplättchen vorhanden.

Der Jesuitenpater Christian Mayer war von 1757 bis 1764 Leiter des Naturalienkabinetts. Er brachte 1770 von einer Reise nach Rußland für das Naturalienkabinett neben zahlreichen Mineralien auch eine „Pyramide" aus kostbaren russischen Steinen mit. Die Pyramide als solche ist verschollen, aber eine aus dem Naturalienkabinett stammende Sammlung von ca. 250 verschieden großen Steinplättchen läßt vermuten, daß es sich hierbei zumindest teilweise um die Plättchen der Pyramide handelt. G.R.

Kistner 1930.

Mannheim, Reiss-Museum, Naturkundliche Sammlungen (o.Nr.)

6.6.6
Auswahl von Versteinerungen und Mineralien

Rheinhessen, Nahe, um 1970
Zusammenstellung von tertiären Austernschalen, Haifischzähnen, von Achaten, Quarz-und Calcitdrusen, Bergkristall, Malachit

In seinem „Tagebuch einer Reise, welches verschiedene mineralogische Beobachtungen ..... enthält" beschreibt Collini tertiäre Fossilien von Weinheim bei Alzey, von denen er u.a. Austernschalen und Haifischzähne für das Naturalienkabinett sicherstellte. In der Umgebung von Oberstein faszinierten ihn vor allem die Achate und die Vielfalt der Quarz- und Kalkdrusen. Auch geht er ausführlich auf den Kupferbergbau bei Fischbach ein, wo grüne Kupfermineralien, wie z.B. Malachit, abgebaut wurden. Solche Versteinerungen dürfte Collini auf seiner Reise gesammelt haben. G.R.

Mannheim, Reiss-Museum, Naturkundliche Sammlungen (44.22, 30.1.5, 5.3.1., 5.3.3, 49.20, 213.3, 4.41.3.71, 30.0.1, 213.3, 4.41.3.71, 30.0.1, 273.1, 30.1.3, 105.6.14, 113.1.4, 108.6, 89.2/9, 89.19/7, 89.9, 89.2, 89.2/1, 89.2/11, 89.2/14, 200.7, 200.7/11, 200.17, 89.2/25; 6 Mineralien o.Nr., 30 Zähne und 3 Austern o.Nr.)

6.6.7
Kupferstich einer Seelilie aus dem Naturalienkabinett Carl Theodors

Mannheim, 1775
Kupferstich einer versteinerten Seelilie in Originalgröße. Tafel III einer Publikation Collinis über Seelilien aus dem Naturalienkabinett. Tafelmaße 156 x 63 cm

In einer 36 Seiten umfassenden Abhandlung beschreibt Collini 1775 einige fossile Seelilien des Naturalienkabinetts, pflanzenartige Meerestiere, die mit Seesternen und Schlangensternen verwandt sind. Illustriert ist diese Abhandlung mit vier von Egid Verhelst gestochenen Kupfertafeln, deren eine das im Text beschriebene Sammlungsstück in natürlicher Größe darstellt, was bei einer Größe der Fossilplatte von 146 x 58 cm eine ungewöhnlich große Tafel ergibt. G.R.

Collini, M. (1775): Description de quelques Encrinites du Cabinet d'Histoire Naturelle de S.A.S. Mgr L'Electeur Palatin. - Acta Academiae Theodoro-Palatinae III, Physicum, 69–105.

Mannheim, Reiss-Museum (1980 N/9,66)

6.6.5
„Tagebuch einer Reise welches verschiedene mineralogische Beobachtungen besonders über die Agate und den Basalt enthält, nebst einer Beschreibung der Verarbeitung der Agate"

Cosimo Alessandro Collini (1727-1806), Mannheim 1777
Papier, Druck, 18,5 x 10,5 cm

Das mit 15 Kupferstichen illustrierte Tagebuch schildert die Reise des Mineralogen und „Vulkanisten" Collini durch die Westpfalz und den Hunsrück bis Koblenz, die er zur Erforschung der Mineralvorkommen durchgeführt hatte. Das Buch berichtet in Beschreibungen und Illustrationen von den Mineralfunden bei Alzey und Weinheim, den Quecksilbergruben bei Bad Kreuznach, den Achatgruben bei Oberstein und von der Verarbeitung der Achate.
Auf Tafel 15 ist eine Achatschleiferei in Oberstein zu sehen. Die Achatschleifer liegen bäuchlings auf Hockern und schleifen die Achate an großen Schleifsteinen, die alle über eine Welle mittels Wasserrad angetrieben werden. K.B.

Mannheim, Reiss-Museum (Mh 426)

Kat. Nr. 6.6.6

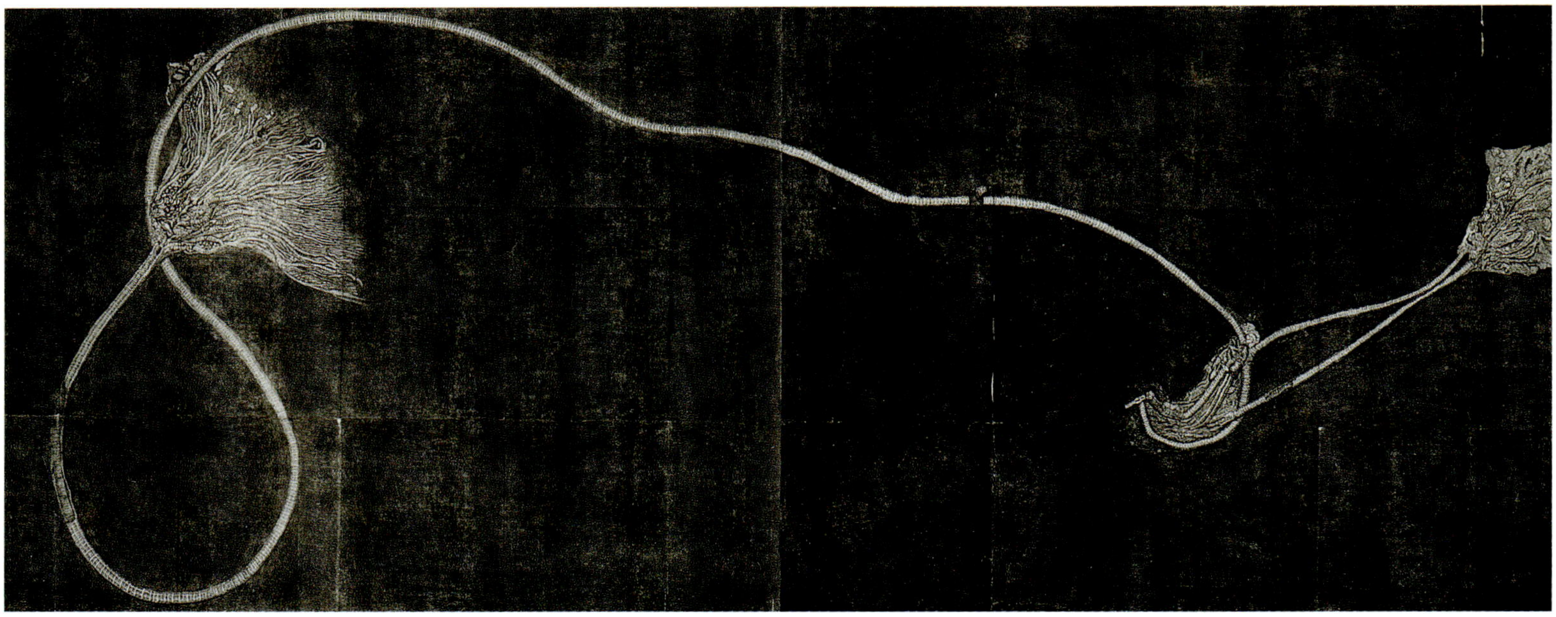

Kat. Nr. 6.6.7

6.6.8
Pterodactylus antiquus

Eichstätt/Bayern, um 1780
Eingefärbte Kopie des Originals in Gips, 26 x 17 cm

Der erste der Wissenschaft bekannt gewordene Flugsaurier stammt aus den Plattenkalken von Eichstätt in Bayern. Carl Theodor erhielt ihn von Graf Friedrich Ferdinand von Pappenheim als Geschenk für sein Naturalienkabinett. Collini erkannte sofort das Außergewöhnliche an diesem Fossil, konnte es aber auch nach ausgedehntem Studium verständlicherweise keiner bekannten Tiergruppe zuordnen. Eine detailgenaue Abbildung und eine genaue Beschreibung Collinis finden sich in den Acta Academiae Theodoro-Palatinae von 1784. Das Original wird heute in der Bayerischen Staatssammlung in München aufbewahrt. G.R.

Cuvier, Baron v.: Das Tierreich. Leipzig 1832, Bd.2; Collini, C.A.: Sur quelques Zoolithes du Cabinet d'Histoire naturelle de S.A.S. E. Palatinae et de Baviere, a Mannheim. - Acta Academiae Theodoro-Palatinae Mannheim (1784) 5, pars physica: S. 58-103; Soemmering, S.T.v: Über einen Ornithocephalus.- Denkschriften der Akademie der Wissenschaften München (1812), math.-phys. Classe, 3: S. 89-158; Wellnhofer, P.: Die große Enzyklopädie der Flugsaurier. München 1993.

Mannheim, Reiss-Museum, Naturkundliche Sammlungen (o.Nr.)

Kat. Nr. 6.6.8

6.6.9
Kopfpräparat eines Grossen Kudu

Ostafrika, Mitte 20. Jahrhundert
Kopf-Hals-Dermoplastik mit Wandmontage eines Tragelaphus strepsiceros

Zur Zeit Carl Theodors gelangten immer wieder Trophäen fremdartiger Tiere in das kurfürstliche Naturalienkabinett, über die bisher wenig oder nichts bekannt war. Ein solches Sammlungsstück war auch die Haut eines großen hirschartigen Tieres mit Schädel und großen, leicht geschraubten Hörnern. Da Collini bis auf eine Abbildung des Gehörns in einem Werk von 1764 keinerlei Beschreibung oder Abbildung dieses Tieres mit der auffallenden Gesichtszeichnung finden konnte, beschrieb er es nach der ihm vorliegenden Haut und in Kenntnis der Herkunft als einen „Hirsch vom Kap der Guten Hoffnung" (vgl. Kat.Nr. 6.6.10 und 6.6.11). Ein westfälischer Kaufmann aus Wickrath, der in Südafrika mit Tierhäuten handelte, bezeichnete ihm den Eingeborenen-Namen des Tieres mit „Cu-du". G.R.

Frankfurt, Forschungsinstitut Senckenberg (63942)

Kat. Nr. 6.6.9

6.6.11
Gehörntrophäe eines Grossen Kudu

Mannheim, 18. Jahrhundert
Auf Wandbrett montiertes Gehörn mit Schädelansatz

Als Collini 1766 seine Beschreibung von „Ein Hirsch vom Kap der Guten Hoffnung" veröffentlichte (vgl. Kat.Nr. 10), erwähnte er, daß er fünf Gehörne dieser Art untersuchen konnte und sich im Naturalienkabinett ein weiteres kleineres Gehörn mit etwas abweichender Färbung befände, das wohl von einem Jungtier stamme. Die hier gezeigte Trophäe eines Großen Kudu stammt aus den alten Beständen des Naturalienkabinetts und ist vermutlich eines der von Collini untersuchten Gehörne. G.R.

Collini 1766, S. 487–491

Mannheim, Reiss-Museum, Naturkundliche Sammlungen (o. Nr.)

6.6.10
Der Hirsch vom Kap der Guten Hoffnung

Mannheim, 1766
Kupferstich und Objektbeschreibung

Im Kurfürstlichen Naturalienkabinett in Mannheim wurde neben vielen anderen exotischen Sammlungsstücken auch die vollständige Haut eines Großen Kudu mit Kopfhaut und Schädel einschließlich des Gehörns und den paarigen Hufen an den Läufen aufbewahrt (vgl. Kat.Nr. 6.6.9 und 6.6.11). An Hand dieser Haut konnte Verhelst eine Rekonstruktion des lebenden Tieres als Kupferstich erstellen, den Collini zur Illustration seiner erstaunlich zutreffenden Beschreibung des Tieres verwendete. G.R.

Collini 1766, S. 487-491

Mannheim, Reiss-Museum (o.Nr.)

Kat. Nr. 6.6.10

Kat. Nr. 6.6.11

6.6.12
Friedrich Casimir Medicus Arzt und Botaniker (1736-1808)

Egid Verhelst (Ettal 1733-1804 Mannheim), 1794 (?)
Kupferstich, 16 x 10,7 cm

Bez. in einem Schriftfeld unter dem Porträt: „FRIEDRICH CASIMIR MEDICUS"; unter der Darstellung links und rechts: „Delose pin:" und „Grav: par E. Verhelst in Manh:"

Friedrich Casimir Medicus war seit 1758 als Arzt in Mannheim tätig. Als Mitglied der kurpfälzischen Akademie der Wissenschaften seit 1764 widmete er sich vor allem der Botanik. 1767 wurde er Direktor des von ihm angeregten Botanischen Gartens in Mannheim. Seit 1770 leitete er die Kurfürstliche Physikalisch-Ökonomische Gesellschaft und seit 1774 die von ihm mitgegründete Kameral-Hochschule in Kaiserslautern, bis sie 1784 nach Heidelberg verlegt und mit der dortigen Universität vereinigt wurde. Neben seinen eigenen Schriften zur Botanik gab Friedrich Casimir Medicus auch gelehrte Schriften wie die „Rheinischen Beiträge zur Gelehrsamkeit" oder die „Pfalzbayerischen Beiträge zur Gelehrsamkeit" heraus. Er erhielt zahlreiche Auszeichnungen und wurde sowohl zum kurpfälzisch-bayerischen, als auch zum pfälzisch-zweibrückischen Regierungsrat ernannt.
Dieses schlichte Profilbildnis nach einem Gemälde von Johann Jacob de Lose (um 1755-1813) ist scheinarchitektonisch gerahmt, wie es gegen Ende des 18. Jahrhunderts bei graphischen Porträts sehr gebräuchlich war. Georg Christoph Hamberger und Johann Georg Meusel schreiben in ihrem „Lexikon der jetzt lebenden Teutschen Schriftsteller" zu diesem Porträt von Medicus: *Sein Bildnis von Verhelst vor dem 10. Band der Neuen allgem. teutschen Bibl.*. Darunter ist die Neue allgemeine teutsche Bibliothek zu verstehen, deren zehnter Band 1794 in Kiel herausgegeben wurde. Verhelst hat dieses Porträt vermutlich im Auftrag für dieses Werk gestochen. A.K.

Hamberger, Georg Christoph/Meusel, Johann Georg: Das Gelehrte Teutschland oder Lexikon der jetzt lebenden Teutschen Schriftsteller. Lemgo 1797, S. 108-113; Keiper, Johann: Friedrich Kasimir Medicus. In: MGB 7 (1906), Sp. 27-34; Neue Deutsche Biographie, Berlin 1990, Bd. 16, S. 598, 599; Krock, Andreas: Die zeitgenössische Porträtgraphik des Kupferstechers Egid Verhelst. Magisterarbeit. Mannheim 1990, S. 151-153, Nr. 28.

Mannheim, Reiss-Museum (G Bass Kd 951, k)

Kat. Nr. 6.6.12

6.6.13
„Beiträge zur schönen Gartenkunst"

Friedrich Casimir Medicus (1736-1808), Mannheim 1782
Papier, Druck, 18,2 x 12 cm

Das Buch mit einer Titelvignette von Ferdinand Kobell ist Kurfürst Carl Theodor gewidmet. Medicus, Mitglied der Mannheimer Akademie der Wisssenschaften und Direktor der Kurpfälzischen Physikalisch-Ökonomischen Gesellschaft, hatte für die Akademie die Forschungsaufgaben im Bereich Botanik bearbeitet.
Das Buch hat die Einführung fremdländischer Pflanzen in die Kurpfalz und die Anlage Botanischer Gärten für den unterschiedlichen Bedarf (Hochschule, Akademie, Manufaktur, Lustgarten) zum Thema. Medicus beschreibt darin seine Versuche, die er im Botanischen Garten zwischen 1772 und 1778 zur Anpflanzung ausländischer Bäume und Sträucher unternommen hatte. Er spricht sich darin auch für die Einführung der Akazien-Robinie und der dreistacheligen Gleditsia aus. K.B.

Mannheim, Reiss-Museum (Mh 1016)

6.6.14
„Über nordamerikanische Bäume und Sträucher, als Gegenstände der deutschen Forstwirthschaft und der schönen Gartenkunst"

Friedrich Casimir Medicus (1736-1808), Mannheim, 1792
Papier, Druck, 18,5 x 12,5 cm

Das mit einer Titelvignette von Anton Karcher geschmückte Büchlein ist der Pfalzgräfin Maria Amalia gewidmet. Der Inhalt gibt Vorschläge gegen den im 18. Jahrhundert herrschenden Holzmangel, besonders an Brennholz. Diese Vorschläge hatte Medicus in einem öffentlichen Vortrag am 9.11.1791 vor der Kurpfälzischen Physikalisch-Ökonomischen Gesellschaft in Heidelberg gemacht. Sie gehen dahin, ausländische schnellwachsende und hartholzige Baumarten in der Kurpfalz anzupflanzen, die Wälder als Baumschulen anzusehen und die Förster als „Forst-Baumgärtner" auszubilden. Seit 1792 wurden in der Kurpfalz, in Pfalz-Zweibrücken und in den benachbarten Ländern verstärkt Akazien ausgesät. Für die Flußniederungen von Rhein und Neckar schlägt Medicus den nordamerikanischen Ahorn vor. K.B.

Mannheim, Reiss-Museum (Sammlung Bassermann, B 88)

6.6.15
„Geschichte der Botanik unserer Zeiten"

Friedrich Casimir Medicus (1736-1808), Mannheim 1793
Papier, Druck, 19,8 x 11,5 cm

Das Büchlein ist ein publizierter Vortrag, den Medicus am 21. 11.1792 bei der Physikalisch-Ökonomischen Gesellschaft in Heidelberg gehalten hatte. Er setzte sich darin mit der Pflanzensystematik nach Linné auseinander, den er einen „Dictator der Kräuterlehre" nennt. 15 Jahre lang hatte Medicus das von Linné Geschriebene mit dem im Botanischen Garten zu Mannheim Vorgefundenen verglichen und war dabei auf Unstimmigkeiten in den Aussagen Linnés gestoßen. Dabei ging es vor allem um die letzten drei der auf 23 Klassen angelegten Pflanzenarten. Diese letzten drei Arten definierten die Art der Pflanzenvermehrung. K.B.

Mannheim, Reiss-Museum (Mh 1022)

6.6.16

„Beyträge zur Pflanzen-Anatomie, Pflanzen-Physiologie und einer neuen Charakteristik der Bäume und Sträucher."

Friedrich Casimir Medicus (1736-1808), Mannheim und Leipzig 1799-1801
Papier, Druck, 18,5 x 12 cm

Medicus, Direktor der Gärten von Schwetzingen und Mannheim, wurde von Duhamel für die Physiologie gewonnen. Seine Niederschriften und die Pflanzen, die er physiologisch und anatomisch erforscht hatte, fielen leider 1795 der Beschießung des Botanischen Gartens zum Opfer. Seit Juli 1798 wandte sich Medicus wieder der Physiologie zu.

Die in Heften erschienenen Beiträge waren seinen wissenschaftlichen Zeitgenossen wie Johann Beckmann, Göttingen, Conrad Mönch, Marburg, Friedrich August Ludwig von Burgsdorf, Oberforstmeister der Kurmark Brandenburg u.v.a. gewidmet.

Bei der Beschreibung der Pflanzenanatomie wird von der Blüte zu Blatt, Stengel, Mark, Wurzel und holzbildenden Teilen vorgegangen. K.B.

Mannheim, Reiss-Museum (Mh Zs 127)

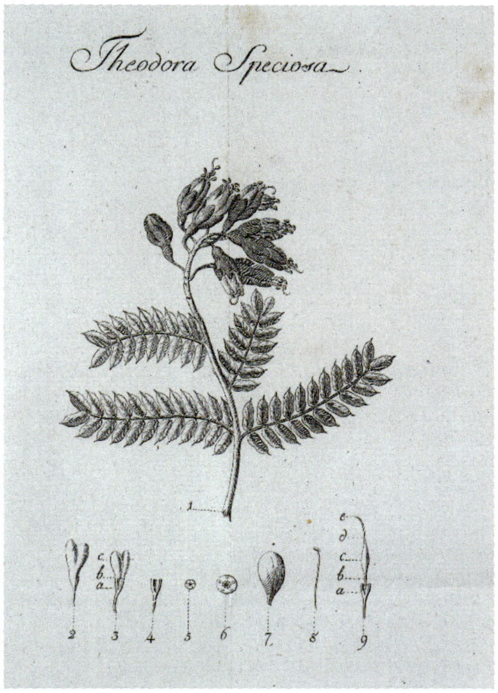

Kat. Nr. 6.6.17

Kat. Nr. 6.6.17

6.6.17

4 Tafeln mit Pflanzendarstellungen

Aus: Medicus, F.C.: Theodora speciosa. Ein neues Pflanzen Geschlecht. Seiner Churfürstlichen Durchlaucht von Pfalz-Baiern geheiliget. 1786

Mannheim, 1786, Heidelberg, 1999
Vier Kupfertafeln mit Pflanzendarstellungen und eine moderne Farbtafel von Schotia afra (syn. Theodora speciosa)

Friedrich Casimir Medicus beschreibt in seinem Büchlein einen südafrikanischen Baum, der in den Treibhäusern des 18. Jahrhunderts gerne kultiviert wurde, aber nie zur Blüte kam. Im Sommer 1785 setzte diese Pflanze in Mannheim erstmals in Kultur Blüten an. Obwohl der Baum von Linné bereits als Guajacum afrum beschrieben war, begründete Medicus auf Grund der nun zugänglichen Blütenmorphologie eine neue Gattung, die er zu Ehren Carl Theodors „Theodora" nannte. *Dieser in seinem Wuchse, Blättern und Blüthenbaue gleich herrliche und schöne Baum sei auf ewige Tage diesem Fürsten geheiliget.* Medicus wußte noch nichts von der Prioritätsregel, nach der der von Linné vergebene Artname „afrum" seine Gültigkeit behält und konnte auch nicht wissen, daß der Baum einer anderen Gattung zugeordnet werden würde, so daß Theodora speciosa heute schlicht Schotia afra heißt. G.R.

Codd, L.E.: The Flowering Plants of Africa, Bd. 42 (1973)

Mannheim, Reiss-Museum (o.Nr.)
Heidelberg, Institut für systematische Botanik und Pflanzengeographie (Nr. 2530)

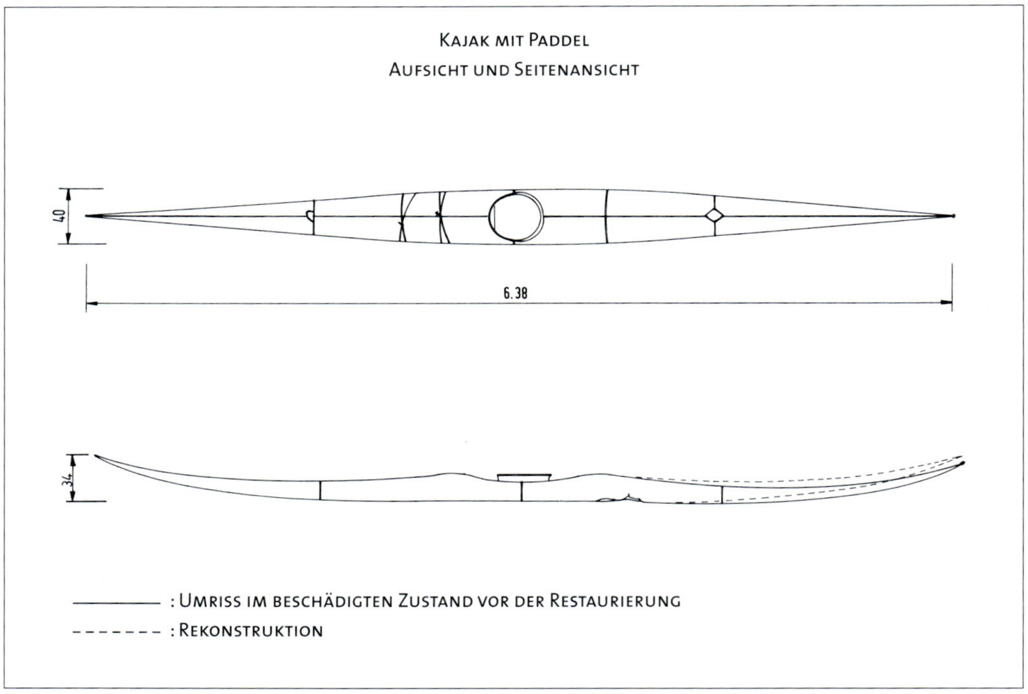

KAT. NR. 6.6.18

KAT. NR. 6.6.18

6.6.18
KAJAK MIT PADDEL

Inuit (Eskimo) in West-Grönland, 2. Hälfte 18. Jahrhundert
Bootskörper: Seehundfell, Treibholz, Knochen, 633 x 40 x 35 cm,
Paddel: Treibholz, Knochen, 200 x 7,3 x 4 cm

Im Verlauf mehrerer Jahrtausende optimierten die Inuit Alaskas, Kanadas und Grönlands ihre Lebensweise und Ausrüstung für die Seesäugerjagd in arktischen Gewässern – die Jagd auf Robben, Walrosse und Wale. Eine ihrer technischen Meisterleistungen ist der Kajak. Seine wasserdicht genähte Lederdecke wurde feucht auf die Spanten des Bootskörpers gezogen, so ergab sich ein leichter, doch stabiler und verformungsfester Hohlkörper. Unser Kajak gehört zu den größten, die aus dem 18. Jahrhundert überliefert sind.
Die Europäer des 17. und 18. Jahrhunderts waren fasziniert von den Fähigkeiten der Inuit und verfolgten die artistischen Vorführungen („Eskimorolle") einzelner Inuit-Familien, die sich auf Tournee begeben hatten, auch auf dem Rhein vor Mannheim und bei Rastatt, wie ein erhaltenes Werbeplakat aus der 2. Hälfte des 18. Jahrhunderts beweist.
Ob unser Kajak identisch ist mit dem auf dem Hintergrund des Plakats sichtbaren, läßt sich leider nicht beweisen. Johann Philipp Kilian, Vorsitzender des 1833 gegründeten Mannheimer Vereins für Naturkunde, überliefert in seinem „Wegweiser durch die Säle des Großherzoglichen naturhistorischen Museums" (1838) jedoch die glaubwürdige Lokaltradition, daß *der in einem der letzten Säle hängende Grönländische Kahn mit Seehundfell überzogen und mit den nöthigen Geräthschaften versehen* noch aus dem Naturalienkabinett Carl Theodors stammt. H.B.

Steffen-Schrade, Jutta: Kajak: — Vom Jagdgerät zur Kuriosität in den Sammlungen des 17. und 18. Jahrhunderts. Magisterarbeit Frankfurt 1995; Dies.: „I Wish No Longer Go to Sea ...": Five Early Kayaks in German Collections. In: European Review of Native American Studies (1997), vol. 11, no. 2, pp. 11-20.

Mannheim, Reiss-Museum, Völkerkundliche Sammlungen
(V Am 3124)

Kat. Nr. 6.6.19

6.6.19
Bemalte Trinkschale

Mittlerer Amazonas, spätes 17. oder 1. Hälfte 18. Jahrhundert Körper: Baumkalebasse, 6,1 x 13,2 x 11,4 cm, Inhalt 390 ccm, Inventarschild: plombenartig verklebtes Papieretikett mit blauem Kupferstich-Aufdruck an blauem Seidenfaden, 3,1 x 3,8 cm

Gefässkörper: aufgeklebtes Etikett „Fe 18" der Inventarisierung von 1884 durch Karl Baumann im Auftrag des Mannheimer Altertumsvereins, sowie weiße Tuscheaufschrift „Am 1886" der Neuinventarisierung durch Robert Pfaff-Giesberg seit 1959.
Inventarschild, Vs: (Kupferstich) Wappen des Kurfürsten Carl Theodor vor Antritt der Bayerischen Erbschaft mit eingedrucktem „N:" sowie handschriftlichem Eintrag „.LIII.B"
Rs: Im Kupferstich-Rahmen italienische Originalbeschriftung wohl von der Hand des C. A. Collini, um 1760: „N. .LIII.B. Scorza del Cuiete - Americ." Später hinzugefügte „149" wohl von der Neuinventarisierung durch J. P. Kilian um 1835.

Die Schale für Maisbier oder andere bewußtseinsverändernde Getränke besteht aus der halbierten Frucht des im Amazonasgebiet weit verbreiteten Kalebassenbaums (Crescentia cujete Linnaei). Ihre feine Lackmalerei machte sie besonders attraktiv, denn das 18. Jahrhundert schätzte Lackarbeiten, meist ostasiatischer Herkunft, die Vorläufer und Vorbilder unserer heutigen Plastikartikel. Im Zeitalter des Merkantilismus und der beginnenden Exportwirtschaft beabsichtigte Carl Theodor, durch exotische Gefäße wie diese Schale und andere Behälter, Waffen, Kleidungsstücke oder Accessoirs dem heimischen Handwerk neue Anregungen für Materialverarbeitung und Design zu vermitteln.
Die Bemalung der Schale gehört in den Kreis des „Polychromen Stilhorizonts", der seit ca. 1000 n. Chr. das Amazonasgebiet von Ecuador bis zum Atlantik beherrschte. Die Mannheimer Schale beweist, daß dieser Stilhorizont nicht schon im 13. Jahrhundert endete – so der Zeitansatz führender nordamerikanischer Archäologen – sondern offensichtlich noch im 17./18. Jahrhundert blühte. Die wenigen bekannten Vergleichsstücke im Pariser Musée de l'Homme stammen aus Sammlungen, die während der französchen Revolution enteignet wurden. Einziges in Mannheim erhaltenes Inventarschild aus kurfürstlicher Zeit. H.B.

Bischof, Henning: Die Völkerkundlichen Sammlungen der Stadt Mannheim — Ein historischer Rückblick. In: Mannheimer Hefte 1 (1989), S. 28-34. Ders.: Das Mannheimer Naturalien-Kabinett und seine völkerkundliche Sammlung. In: Jahrbuch des Museums für Völkerkunde zu Leipzig. Münster-Hamburg 41 (1997), S. 91-103.

Mannheim, Reiss-Museum, Völkerkundliche Sammlungen
(V Am 1886)

7. Epilog

Kurfürst Carl Theodor regierte 35 Jahre in Mannheim, wo er die glücklichste Zeit seiner Herrschaft verbrachte. Hier konnte er sich seinen vielfältigen künstlerischen und wissenschaftlichen Interessen widmen. Diese „guten Tage" fanden jedoch ein Ende, als Carl Theodor 1777 nach dem Tod von Kurfürst Max III. Joseph von Bayern (1727-1777) aufgrund der Wittelsbacher Erbverträge gezwungen war, seine Residenz nach München zu verlegen.

Zu seiner neuen Residenzstadt fand er während seiner mehr als 21jährigen Regierungszeit in München keine engere Beziehung. Verantwortlich hierfür waren sicherlich die besonderen politischen Verhältnisse in Bayern. Sein Plan, Bayern zugunsten eines geschlossenen rheinisch-niederländischen Territoriums zwischen der Kurpfalz, den niederrheinischen Herzogtümern und Belgien aufzugeben, wurde ihm dort nie verziehen. Trotz Englischem Garten, der Besiedlung des Donaumooses und zahlreicher Reformmaßnahmen hoffte man in Bayern immer unverhüllter auf das Ende dieser ungeliebten Herrschaft, die sich zwischen dem in guter Erinnerung gebliebenen Kurfürsten Max III. Joseph und den zur Regierungsübernahme bereitstehenden Zweibrückern lästig einschob.Seine letzten Münchner Regierungsjahre gewannen den Charakter eines allmählichen Vergehens. Gespannt wartete man auf die neue Zeit, die sich spätestens 1789 jenseits der Pfälzer Grenzen deutlich aber auch bedrohlich ankündigte. Carl Theodor und seine Zeit hatten sich überlebt. H.P.

7.1
Der ungeliebte Erbe – Kurfürst Carl Theodor in München

Während des Silvestergottesdienstes 1777 erhielt Carl Theodor die Nachricht vom Tode Maximilian III. Joseph in München. Entsprechend der Erbfolgeregelung in den wittelsbachischen Hausverträgen war Carl Theodor nun auch Kurfürst von Bayern und hatte in München zu residieren. Noch in der gleichen Nacht brach er von Mannheim auf, um die Erbansprüche seiner Dynastie auf Bayern zu sichern. Denn Kursachsen und Österreich machten gleichfalls Anrechte geltend, die durch Blutsbande beziehungsweise Heiraten begründet waren. Ebenfalls in der Neujahrsnacht sicherte der kurbayerische Geheime Ratskanzler Freiherr von Kreittmayr in München den Regierungsantritt des neuen Herrschers. Er ließ das für diesen Fall vorbereitete Besitzergreifungspatent in der Stadt und dem ganzen Land verkünden, die Behörden und Beamten sowie das Militär wurden damit sofort auf den neuen Kurfürsten verpflichtet.
Der Bayerische Erbfolgekrieg von 1778/79 und innere Unruhen in Bayern ließen sich jedoch nicht verhindern. Österreich besetzte Teile des Landes, die Patriotenpartei in München agitierte gegen die Politik des Kaisers und Friedrich II. von Preußen nutzte die Gelegenheit, einen Feldzug gegen Österreich zu beginnen. Die Tauschpläne Carl Theodors trugen weder zur Beruhigung der Situation noch zu seiner Beliebtheit bei den neuen bayerischen Untertanen bei. Der Frieden von Teschen beendete 1779 die Auseinandersetzungen. Das Innviertel fiel an Österreich und die wittelsbachischen Hausverträge erhielten die reichsrechtliche Anerkennung.
1778 kehrte Carl Theodor für kurze Zeit nach Mannheim zurück, um hier einen Statthalter einzusetzen. Die obersten Regierungsgremien der Pfalz wurden mit denen in Bayern vereinigt. Im Oktober hielt das Kurfürstenpaar seinen feierlichen Einzug in die neue Residenz.
Carl Theodor nahm sein Erbe pflichtgemäß, aber nicht mit Freuden an, er soll beim Aufbruch den Gedanken geäußert haben, daß die „guten Tage" nun vorüber seien. Tatsächlich trübten starke Spannungen das Verhältnis des Fürsten zu seinen neuen Untertanen. Das tiefverwurzelte Mißtrauen der Bayern gegenüber allem Fremden war wiederum Carl Theodor fremd, die Bayern spürten diese Abneigung natürlich. Anstoß erregte auch, daß der neue Regent seine persönlichen Hofbediensteten und bewährten Mitarbeiter aus der Pfalz mitbrachte. Die Mannheimer Kolonie war zwar Kultur und Verwaltung förderlich, benahm sich aber wie ein Häuflein Verbannter, was gegenseitige Ressentiments nur verstärkte.
Soziale Reformen, die Öffnung des Nymphenburger Schloßparks für die Allgemeinheit und die Anlage des Englischen Gartens in der Hauptstadt halfen da wenig. Hatten die Tauschpläne Carl Theodor schon in Mißkredit gebracht, so stieß er mit der Einrichtung der neuen bayerischen Zunge des Malteserordens und seiner großzügigen Dotierung in der Bevölkerung noch weniger auf Wohlwollen. Man sah darin nur eine Versorgungseinrichtung für den Adel. Ein von Bayern besoldeter Päpstlicher Nuntius am Münchner Hof und der Versuch, neue Landesbistümer auf Kosten der Kirchenorganisation in Bayern einzurichten, verschärften die Fronten. Die Umtriebe des Illuminatenordens in Bayern, der einen fürsten- und religionslosen Weltstaat propagierte, festigten Carl Theodors Bündnis mit Papst Pius VI., dem 1782 bei seiner Durchreise ein triumphaler Empfang in München bereitet wurde.
Zu der bei den Bayern ungern gesehenen Verstärkung der geistlichen, auf Rom hin ausgerichteten Tendenzen kamen noch Auseinandersetzungen mit dem Magistrat in München und Unruhen in der Stadt wegen Getreidemangels. Carl Theodor floh sogar nach Mannheim und kehrte erst nach Monaten zurück, gefeiert dann zwar, doch immer noch ungeliebt.
Er veranlaßte 1791 eine Neuwahl des Magistrats nach einer erstaunlich demokratischen Wahlordnung. Die Bemühungen, die Behörden zu reformieren und die Kompetenzen zwischen alten Landesbehörden und den neu gegründeten Institutionen zu verteilen, scheiterten. Denn die Einschnitte in die Zuständigkeiten vergrößerten die Bürokratisierung und verzögerten die Arbeitsabläufe. Er konnte seine Ziele nicht erreichen.
Als er 1799 starb, verabschiedete sich Bayern von ihm wie von einem zu Ende gegangenen Zeitalter, von dem keine Fortschritte mehr zu erhoffen waren. *L.R.*

7.1.1
Die Hausverträge und das Wittelsbachische Gesamterbe

a Hausvertrag zwischen Kurfürst Max III. Joseph und Kurfürst Carl Theodor de dato Nymphenburg den 5. September 1766 und de dato 22. September 1766

Pergament, Original, 30 x 38,5 cm (geschlossen), Besiegelung: 2 rote Wachssiegel in goldfarbener Metallkapsel an weiß-blauer gedrehter Seidenschnur

b Hausvertrag zwischen Kurfürst Max III. Joseph und Kurfürst Carl Theodor de dato München den 26. Februar 1771

Pergament, Original, 37,7 x 29,5 cm (geschlossen), Besiegelung: 2 rote Wachssiegel in goldfarbener Metallkapsel an weiß-blauer gedrehter Seidenschnur

c Hausvertrag zwischen Kurfürst Max III. Joseph und Kurfürst Carl Theodor de dato München den 19. Juni 1774

Pergament, Original, 41 x 31,4 cm (geschlossen), Besiegelung: 2 rote Wachssiegel in goldfarbener Metallkapsel an weiß-blauer gedrehter Seidenschnur

Alle drei Hausverträge tragen die eigenhändigen Unterschriften der beiden Kurfürsten sowie auf kurbayerischer Seite die Unterschriften vom Geheimen Ratskanzler Wiguläus Aloys Freiherrn von Kreittmayr sowie des Unterhändlers Joseph Eucharius von Obermayr und auf kurpfälzischer Seite die Unterschriften des Geheimen Staats- und Konferenzministers Peter Emanuel Freiherrn von Zedtwitz und des Geheimen Kabinettssekretärs Johann Georg Anton von Stengel.
Der Vertrag von 1766 auf der Rechtsgrundlage der Abkunft von einem gemeinsamen Stammvater, Otto von

Wittelsbach, erneuert die im 16. Jh. unterbrochene Erbeinigung und Erbverbrüderung der beiden wittelsbachischen Hauptlinien, die durch die Erbteilung im Hausvertrag von Pavia 1329 entstanden waren. Ferner werden sämtliche Primogenitur- und Religionsbestimmungen, die im Laufe der Zeit getroffen worden waren, und die reichsrechtlichen Verhältnisse der wittelsbachischen Besitzungen in diesen Vertrag mit einbezogen.

Der Vertrag von 1771, zu dessen Unterzeichnung im Februar 1771 Kurfürst Carl Theodor eigens nach München kam, bildete gemeinsam mit dem Vertrag von 1766 eine Hausunion. Hatte sich bereits 1766 der Gedanke von einem wittelsbachischen Gesamtstaat Bayern-Pfalz deutlich herauskristallisiert, so setzte sich nun das nach dem Primogeniturrecht zu vererbende Gesamtfideicommiß durch. In diesem Vertrag wird ferner festgelegt, daß der Gesamterbe ausschließlich Katholiken in die Verwaltungsbehörden berufen dürfe; ausgenommen davon waren nur der Reformierte Kirchenrat und das Evangelisch-Lutherische Konsistorium in Heidelberg sowie das Oberappellationsgericht und die Geistliche Güterverwaltung in Mannheim. Im Übrigen wurden die Untertanen aller wittelsbachischen Territorien in ihren hergebrachten konfessionellen Rechten geschützt.

Im Mittelpunkt des zwei Punkte umfassenden Hausvertrages von 1774 steht das sogenannte *Constitutum possessorium auf alle und jede in dem pacto mutuæ successionis begriffenen beiderseitigen Landte und Besitzthümer.* In diesem „consistutum possessorium" wurde Carl Theodor die compossessio civilis eingeräumt, die zu Lebzeiten der beiden Hauptvertragspartner nur Dritten gegenüber Gültigkeit hatte. Ferner wurden entsprechende Regierungsübernahmepatente verfaßt und von Kreittmayr und Zedtwitz unterzeichnet, in die nur das Datum einzusetzen war. Durch das Patent nimmt der Erbe das ganze Land als einziger und rechtmäßiger Nachfolger in Besitz. C.G.

Lipowsky 1828; Rall 1980, S. 33-38.

München, Bayerisches Hauptstaatsarchiv, Geheimes Hausarchiv (Hausurkunden 1857, 1858, 1859)

Kat. Nr. 7.1.2 Vorderseite

Kat. Nr. 7.1.2 Rückseite

Kat. Nr. 7.1.3 a

7.1.2
Medaille auf den Tod des Kurfürsten Max III. Joseph von Bayern

Anton Schäffer (1722 – 1799), 1777
Silber, Dm. 7,9 cm

Kurfürst Max III. Joseph hatte in seinem Testament ein schlichtes Begräbnis verfügt. Aus diesem Grund ließ sein Nachfolger Carl Theodor ihm wenigstens im Medaillenbild ein ehrenvolles und angemessenes Denkmal errichten. Die auf einen Entwurf von Peter Anton von Verschaffelt zurückgehende Rückseitendarstellung zeigt die klagende Bavaria und den trauernden bayerischen Löwen an einem Sarkophag, hinter dem sich vor antiker Kulisse ein Obelisk mit dem Porträt Max III. Joseph erhebt. H.-J.S.

Stemper 1997, 525 Nr. 537.

Heidelberg, Kurpfälzisches Museum (M 1257)

Kat. Nr. 7.1.3 b

7.1.3
Zwei Entwürfe von Augustin Egell (Mannheim 1731-1785 München) für eine Medaille zum Tod von Max III. Joseph

Augustin Egell schuf die beiden Entwürfe 1778 für eine Medaille zum Tod des Kurfürsten Max III. Joseph am 30. Dezember 1777, wie aus der Beschriftung des zweiten Entwurfs hervorgeht. „Bavaria" steht in beiden Blättern als trauernde, im ersten Entwurf als sich verhüllende Frau an einem Sarkophag, auf dem eine Urne zu sehen ist, an die ein Bildnismedaillon des verstorbenen Kurfürsten gelehnt ist. Die grünende Weinranke verweist auf die Fortsetzung der wittelsbachischen Herrschaft durch Carl Theodor. Ein Löwe bedeckt mit seinen Pranken das pfalz-bayerische Wappen. Der Strahlenkranz am Himmel kündet vom Ruhm des Verstorbenen. Augustin Egell unterlag mit seinen Entwürfen jedoch denen des kurpfälzischen Hofbildhauers Peter Anton von Verschaffelt, von denen sich einer im Kurpfälzischen Museum in Heidelberg erhalten hat. Nach diesem Entwurf schuf 1778 der „Hof-Medailleur" Anton Schäffer (1722-1801) eine Medaille (s. Kat. Nr. 7.1.2).
K.-L.H.

Thieme/Becker, 10. Bd., 1914, S. 368; Volk 1967, S. 7/8; Carl Theodor und Elisabeth Auguste 1979, Nr. 390 u. Nr. 391, S. 155; Zeichnungen Sammlung Carl Theodor 1984, Nr. 105, S. 85/86; Stemper 1992, Nr. 537 u. Nr. 538, S. 525-527.

a Bavaria ,um Kurfürst Max III. Joseph trauernd

Pinsel in Brauntönen, Grau und Deckweiß auf graubrauner Grundierung, 26,2 x 24,6 cm

Bez. u. r.: Aug. Egell. inv. et fec./4115.

b Medaillenentwurf anlässlich des Todes von Max III. Joseph

Pinsel in Braun und Grau, Deckweiß auf graubrauner Grundierung, 26,2 x 25,6 cm

Bez. im unteren Kreissegment mit Bleigriffel der Darst..: OBIIT DIE XXX. DEC/ MDCCLXXVII; u. r. auf dem Blatt: August Egell. inv. et fec./ 4114.

München, Staatliche Graphische Sammlung (12628/4115; 12629 /4114)

(Aus konservatorischen Gründen wird die Kat. Nr. 7.1.3 b nur in der ersten, die Kat. Nr. 7.1.3 a nur in der zweiten Hälfte der Ausstellungslaufzeit gezeigt.)

7.1.4
Die Arbei tder kurpfälzischen Geheimen Konferenz nach der Abreise Kurfürst Carl Theodors nach München

Papier, Original, 35,2 x 21,3 cm

Während des Silvestergottesdienstes 1777 erhielt Kurfürst Carl Theodor vom kurbayerischen Oberst Freiherrn von Lilgenau die Nachricht vom Tode Kurfürst Max III. Josephs und traf noch am selben Abend seine Reisevorbereitungen. Dazu gehörte auch, die Arbeit der kurpfälzischen Geheimen Konferenz während seiner Abwesenheit zu regeln. Mit der Führung der Geschäfte in Mannheim wurden die Geheimen Staats- und Konferenzminister Franz Albert Leopold Freiherr von Oberndorff und Franz Karl Freiherr von Hompesch beauftragt. Ihnen zur Seite standen die beiden Geheimen Staatsräte und Referendare Joseph Sebastian Freiherr von Castell und Johann Friedrich d.J. von Hertling.
Es handelt sich um einen Eintrag ins Protokoll der kurpfälzischen Geheimen Konferenz. Auffallend ist, daß Carl Theodor diesen Protokolleintrag nicht eigenhändig unterzeichnet hat. C.G.

Gigl, Caroline: Die Zentralbehörden Kurfürst Karl Theodors in München 1778-1799.

München, Bayerisches Hauptstaatsarchiv (Staatsverwaltung 925)

7.1.5
Regierungsübernahmepatent vom 30. Dezember 1777

Papier, Druck, 45 x 36,5 cm

Dieses anläßlich der Verhandlungen über den Hausvertrag von 1774 abgeschlossene und vom kurbayerischen Geheimen Ratskanzler Freiherrn von Kreittmayr unterzeichnete Patent, in das nur noch das Datum einzutragen war, wurde am 30./31. Dezember 1777, den Anordnungen des neuen Kurfürsten Carl Theodor entsprechend, durch Kuriere in ganz Kurbayern verkündet. C.G.

München, Bayerisches Hauptstaatsarchiv, Geheimes Hausarchiv (Korrespondenz-Akten 844)

7.1.6
Verhinderung eines Machtvakuums nach dem Tod Kurfürst Max III. Josephs

Papier, Original, 35,2 x 21,3 cm (Vorderseite) und 35,2 x 42,6 cm (Doppelseite)

Das hier gezeigte Dekret Kurfürst Carl Theodors richtet sich an die kurbayerischen Geheimen Staats- und Konferenzminister Obersthofmeister Franz Maria Joseph Graf von Seinsheim, Oberstkämmerer Christian August Rochus Graf von Koenigsfeld und den Geheimen Ratskanzler Wiguläus Aloys Xaver Freiherrn von Kreittmayr. Das Ministerium soll das Regierungsübernahmepatent ungesäumt im ganzen Land durch Kuriere publizieren lassen und bis zur Ankunft des neuen Kurfürsten weiterhin seinen Aufgaben und Obliegenheiten nachkommen. Widerstände gegen die Regierungsübernahme Carl Theodors sind unter Hinweis auf die kurfürstlichen Anordnungen auf das Schärfste zurückzuweisen. Das unter dem (nachträglich hinzugefügten) Datum 30. Dezember 1777 ausgestellte Dekret, das vermutlich gleichzeitig mit dem Regierungsübernahmepatent im Jahre 1774 abgefaßt wurde, weist die eigenhändige, ausführliche Unterschrift Carl Theodors auf und ist vom Geheimen Ratskanzler Freiherrn von Kreittmayr gegengezeichnet. C.G.

München, Bayerisches Hauptstaatsarchiv, Geheimes Hausarchiv (Korrespondenz-Akten 844)

7.1.7
Der Freisinger Fürstbischof Ludwig Joseph von Welden erhält die Nachricht vom Tod Kurfürst Max III. Josephs

Papier, Original, 32,5 x 21 cm (Vorder- und Rückseite)

In einem eigenhändig unterzeichneten fürstlichen Handschreiben teilt der neue pfalzbayerische Kurfürst Carl Theodor dem Fürstbischof von Freising, Ludwig Joseph von Welden, den Tod Kurfürst Max III. Josephs mit. C.G.

München, Archiv des Erzbistums München und Freising (Ordinariat Fasc. 123)

Kat. Nr. 7.1.8

7.1.8
Ehrenpforte zum Einzug Kurfürst Carl Theodors in München

Papier, Entwurf, Bleistift, 25,1 x 18,7 cm

Für den Einzug Kurfürst Carl Theodors und seiner Gemahlin Elisabeth Auguste am 9. Oktober 1778 war die Errichtung einer Ehrenpforte nach dem Vorbild antiker Triumphbogen geplant. Ob der von einem unbekannten Künstler gefertigte Entwurf zur Ausführung kam und wo der Standort dieser Ehrenpforte sein sollte, ist nicht mehr verifizierbar, da auch Felix Joseph Lipowsky in seiner Biographie über Carl Theodor über den Einzug in München nichts berichtet. C.G.

München, Stadtmuseum, Graphische Sammlung (M I 1920)

7.1.9
Doppeladler mit dem Monogramm Kurfürst Carl Theodors

Papier, Entwurf, Bleistift, 19 x 6,5 cm

Dem Reichsadler ohne Insignien aufgelegte gekrönte ovale Kartusche mit den verschlungenen Initialen CT. Es handelt sich hierbei um ein Detail zu der offenbar nicht zur Ausführung gekommenen Ehrenpforte. C.G.

München, Stadtmuseum, Graphische Sammlung (M I 1921)

7.1.10
Ode auf den feyerlichen Einzug ... Carl Theodor's ...

Papier, 8 Blatt Typendruck, 20 x 13 cm

Der kurbayerische Hofkriegsratssekretär Andreas Dominikus Zaupser, ein wichtiger Vertreter der Aufklärung in Bayern, der seit 1779 der Belletristischen und seit 1785 der Philosophischen Klasse der Bayerischen Akademie der Wissenschaften als ordentliches Mitglied angehörte und seit 1784 an der Marianischen Landesakademie, der späteren Militärakademie, als Professor der Philosophie wirkte, verfaßte zum Empfang des neuen pfalzbayerischen Kurfürsten dieses Preisgedicht. C.G.

ADB S. 44.

München, Stadtmuseum, Graphische Sammlung (M I 1922)

7.1.11
Medaillonbildnis Carl Theodors

Joseph Scheufel (Schäufel) (1733-1812), München 1778
Blei-Zinn-Legierung, Hohlguß, Dm. 44 cm

Bezeichnet unten: ios Schevfel. F. 1778 - Umschrift: car.(olus) theod.(orus) D.(ei) G.(ratia) C.(omes) P.(alatinus) R.(heni) DVX BAV.(ariae) S.(acri) R. (omani) I. (mperii) A.(rchidapifer) ET. EL.(ector) IVL. (iaci) CLIV.(iae) DVX & &

Auf dem Medaillon ist der Kurfürst im Profil nach rechts mit sehr knappem unbekleideten Büstenabschnitt wiedergegeben. Um den Hals hängt am Bande das Goldene Vlies. Das kräftige Relief, mit der großformig bewegten Lockenperücke zeigt noch barocke Züge. Scheufel, ein Schüler J. K. Hedlingers, war Hofmedailleur in München, wo er das repräsentative Bildnis seines neuen Landesherrn bald nach dessen Regierungsantritt schuf. Es gehört zu seinen besten Arbeiten. P.V.

Wittelsbacensia 1909, Nr. 1489.

München, Bayerisches Nationalmuseum (R 5777)

Kat. Nr. 7.1.11

Kat. Nr. 7.1.13

7.1.12
Medaille auf den Regierungsantritt in Bayern

Joseph Scheufel (1733- 1812), 1777
Silber, Dm. 5,1 cm

Am 9. Oktober 1778 zog das Kurfürstenpaar in seiner neuen Residenzstadt München ein. Aus diesem Anlaß wurde eine Medaille geprägt, die unter der für den ungeliebten Erben sicher nur eingeschränkt zutreffenden Umschrift BOIORUM FIDES (Treue der Bayern) eine Trompete blasende Fama über der Stadtansicht von München zeigt. H.-J.S.

Stemper 1997, 528 Nr. 539.

Heidelberg, Kurpfälzisches Museum (M 9098)

7.1.13
Medaille auf die Vereinigung Bayerns mit der Pfalz im Jahre 1777

Joseph Caspar Schwendimann (1741-1778), 1785/86
Silber, Dm. 7,2 cm

Die das NOVUM SAECULUM (Neues Zeitalter) der vereinigten Kurfürstentümer Pfalz und Bayern feiernde Medaille steht ganz und gar in der Tradition der antiken Münzikonographie. Die sich unter einer Palme mit Wappen umarmenden Personifikationen beider Länder sind flankiert von drei bärtigen männlichen Flußgöttern, die die Flüsse Rhein und Neckar sowie die Donau symbolisieren, sowie einer weiblichen Gottheit, die die Isar darstellt. Auch für diese Darstellung wurden von Peter Anton Verschaffelt Entwurfszeichnungen angefertigt (vgl. Kat.Nr. 7.1.3). H.-J.S.

Stemper 1997, 529 Nr. 541.

Heidelberg, Kurpfälzisches Museum (M 1258)

Kat. Nr. 7.1.14

7.1.14
Verherrlichung Carl Theodors

München (?), um 1780
Aquarell auf Pergament, auf Kupfer aufgelegt, 38,5 x 33 cm

Auf Wolken sitzt Bavaria, den bayerischen Löwen zu ihren Füßen, und hält ein mit Lorbeer umwundenes Medaillon mit dem Bildnis Carl Theodors. Er trägt einen Uniformrock und darauf die Hausorden der Pfalz und Bayerns, den Hubertusorden und den St. Georgs-Ritterorden. Um das Porträt ist ein mit Hermelin besetzter Mantel drapiert, der von Chronos, der Verkörperung der Zeit, gehalten wird. Divina Providentia, die göttliche Vorsehung, hält mit beiden Händen den Kurhut über das Bildnis. Unterhalb dieser Gruppe gießt Abundantia ihr Füllhorn aus; ein Putto fängt etwas davon mit seinem Teller auf. Links sitzt aufblickend Athena am Boden, zu ihren Füßen Putten und Attribute der Künste und Wissenschaften. Im Hintergrund fällt der Blick auf den Parnaß mit Apoll, den Musen und Pegasus. Links ragt aus Wolken ein Obelisk, an dem in der Höhe des Porträts das Pfalz-Neuburgische Wappen angebracht ist mit der Kaiserkrone im Herzschild, dem Zeichen des mit der achten Kurwürde verbundenen Erzschatzmeisteramtes. 1652 hatte die Pfalz diese Kurwürde erhalten. 1777 erlangte der Pfälzer Kurfürst mit der bayerischen Kurwürde wieder das Erztruchseßenamt. Der Schild wird vom Kurhut bekrönt und ist umgeben von der Colane des Goldenen Vlies. Zwei Putten weisen nachdrücklich auf dieses Wappen hin, das einzige, das wiedergegeben ist. P.V.

Buchheit, H.: Katalog der Miniaturbilder im Bayerischen Nationalmuseum. München 1911, Nr. 519; Wittelsbach und Bayern 1980, Bd. III/2, Nr. 27 (St. Röttgen).

München, Bayerisches Nationalmuseum (R 5799)

Kat. Nr. 7.1.15

7.1.15

Porträt Reichsgraf Franz Albert Leopold von Oberndorff

Heinrich Carl Brandt (Wien 1724-1787 München), zugeschrieben, nach 1782
Öl auf Leinwand, 69,6 x 56,7 cm

Freiherr Franz Albert Leopold von Oberndorff (1720-1799), seit 1772 Vormund der Kinder der Gräfin Heydeck, wurde 1773 zum Konferenzminister im kurfürstlichen Ministerium ernannt. Nach der Übernahme der bayerischen Kurwürde durch Carl Theodor und der Übersiedlung nach München 1778 fungierte Oberndorff als Dirigierender Minister und Statthalter des Kurfürsten in der Kurpfalz. Das Gemälde Brandts, das in mehreren Repliken vorhanden ist und 1794 von Anton Karcher in Punktiermanier reproduziert wurde, zeigt den Minister, der zu den Befürwortern der Einrichtung einer bayerischen Sektion des Malteser-Ordens gehört hatte, in der Kleidung eines Ritters dieses Ordens, in den er 1782 aufgenommen worden war. K.-L.H.

Lurz 1992, S. 219-229.

Mannheim, Reiss-Museum (O 393)

7.2
Die Zweite Ehe

Kurfürst Carl Theodor soll den Tod seiner Gemahlin Elisabeth Auguste am 17. August 1794 heftig beweint haben. Es heißt aber auch, daß er sich bei bedrohlichen Krankheiten seiner Gemahlin in den Jahren davor mit neuen Heiratsplänen getragen habe, um doch noch einen erbberechtigten Nachfolger zu bekommen.

Genau einen Monat nach Elisabeth Augustes Tod begann am 17. September 1794 die Korrespondenz zwischen Wien, München und Modena zwecks Verehelichung von Maria Leopoldine (geboren 1776) von Modena-Este, einer Habsburgerin, einer Erzherzogin also, mit Kurfürst Carl Theodor. Der Ehevertrag wurde am 1. Februar 1795 geschlossen. Die Hochzeit fand in Innsbruck am 16. Februar 1795 statt. In München wurde der Einzug des Paares festlich begangen. Maria Leopoldine erhielt einen eigenen, vom Kurfürsten Carl Theodor bestimmten Hofstaat. Unter den Hofdamen befand sich die Reichsfürstin Walburga von Bretzenheim, Gemahlin des illegitimen Sohnes von Carl Theodor.

Die Hoffnung, die Carl Theodor in seine zweite Ehe gesetzt hatte, erfüllte sich nicht. Maria Leopoldine, jung, selbstbewußt und ihrem Gemahl wohl wenig zugeneigt, gebar ihm nicht den gewünschten Erben. Carl Theodor starb am 16. Februar 1799, beweint von seinen nichtehelichen Kindern. *I.G.*

Kat. Nr. 7.2.1

7.2.1
Porträt der Maria Leopoldine von Österreich-Este

Moritz Kellerhoven (Altenrath im Herzogtum Berg 1758-1830 München), München, um 1795/99
Öl auf Leinwand, H. 145 cm, B. 98 cm

Das Kniestück des Münchner Hofmalers Moritz Kellerhoven, eines Schülers von Lambert Krahe in Düsseldorf, zeigt die zweite Frau Carl Theodors neben dem bayerischen Kurhut. Nur wenige Monate nach dem Tod Elisabeth Augustes hatten der greise Kurfürst und der Wiener Hof die Hochzeit mit der erst 18jährigen Tochter des Erzherzogs Ferdinand von Österreich und der Marie Beatrix von Modena-Este arrangiert. Die Habsburger erhofften sich so Rechte auf Bayern, das sie sich schon seit längerem durch Tausch einzuverleiben versucht hatten, und Carl Theodor wollte durch einen Erben wohl die Thronfolge der Linie Pfalz-Zweibrücken-Birkenfeld verhindern. Zur Enttäuschung Wiens forcierte Maria Leopoldine jedoch die Herrschaftsübernahme des Herzogs Max Joseph von Zweibrücken und damit den Erhalt Bayerns für die Wittelsbacher. D.B.

Feulner, Adolf: Katalog der Gemälde im Residenzmuseum München und in Schloss Nymphenburg. München 1924, S. 48, Nr. 191; Wolf, Georg Jacob: Das Kurfürstliche München 1620–1800. Zeitgenössische Dokumente und Bilder. München 1930, Taf. nach S. 348; Brunner, Herbert/Hojer, Gerhard: Residenz München. München 1975, S. 44; Brunner, Herbert: Die Kunstschätze in der Münchner Residenz. München 1977, S. 98; Wittelsbach und Bayern 1980, III/2, S. 37f., Nr. 51 (Lorenz Seelig).

München, Bayerische Verwaltung der staatlichen Schlösser, Gärten und Seen, Residenz München (Res. Mü. G 191)

7.2.2
Der Ruhm mit dem Doppelporträt des Kurfürsten Carl Theodor und der Kurfürstin Maria Leopoldine

Ernst Thelott (1776-1848), Düsseldorf, um 1798
Kupferstich, 410 x 320 mm

Bez. unten: Bei Stahl Hofbuchdrucker in Düsseldorf E. Thelott fec.

Die Frontseite eines Altares zieren Medaillons mit dem Kurfürsten und seiner zweiten Gemahlin. Auf der linken Seite ruht der Pfälzer Löwe, auf der rechten sitzt eine antikisch gekleidete Frau mit Lorbeerzweig und Blütenkranz. Über dem Altar in einer Aureole erscheint die Sonne, deren Strahlen die Wolken durchbrechen. Vor ihr schwebt der Kurhut. I.Z.

Carl Theodor (Ergänzungskatalog) 1979, Nr. 663.

Düsseldorf, Stadtmuseum (D 1106)

Kat. Nr. 7.2.2

7.2.3
Schäfergedicht und Ode auf die zweite Hochzeit Carl Theodors

Ein Schäfergedicht nebst einer Ode auf die hohe Vermaehlung Sr. Churfürstl. Durchleucht zu Pfalzbaiern Carl Theodor mit Maria Leopoldina ...

Anonym, München, 1795
Papier, Druck, (6) S., 4°

Eine doppelte Huldigung in zwei verschiedenen Dichtungsgattungen an das Kurfürstenpaar Carl Theodor und Erzherzogin Maria Leopoldine von Habsburg-Este (1776-1848) anläßlich ihrer Vermählung am 16. Februar 1795. Sowohl das Schäfergedicht als auch die Ode zeichnen sich, wie häufig bei konventionellen höfischen Huldigungsgedichten, mehr durch Loyalität gegenüber dem Landesherrn als durch deren literarische Qualität aus. D.D.

Rall 1993, S. 312f.

Mannheim, Reiss-Museum (B 509g)

7.2.4
Lobrede auf die zweite Hochzeit Carl Theodors

Rede bei Gelegenheit des zweiten hohen Vermählungsfestes ... Carl Theodors mit Maria Leopoldine gehalten den 18. März in der öffentlichen Versammlung der Churpfälzischen physikalisch-ökonomischen Gesellschaft zu Heidelberg

Friedrich Peter Wundt, Mannheim, 1795 (o.V.)

Die Lobrede auf die zweite Hochzeit Carl Theodors mit Maria Leopoldine von Österreich-Este wurde von dem Prediger Friedrich Peter Wundt (1748-1808) verfaßt, der an der Kameral-Hohen-Schule in (Kaisers)Lautern Geschichte lehrte. Er war später reformierter Pfarrer in Wieblingen und Professor für Geschichte an der Hochschule zu Heidelberg. Als Autor zahlreicher wissenschaftlicher, besonders topographischer Werke erfuhr er weithin Anerkennung, vor allem durch seine „Topographische Pfälzische Bibliothek" und seine „Geschichte und Beschreibung der Stadt Heidelberg" (Mannheim; Bürgerhospital 1805), welche ausführlich Auskunft über die Bauten und Wohnungen der Stadt in jenen Tagen gibt. H.E.Vt.

Heidelberg, Universitätsbibliothek (Sammlung Blatt 246)

7.2.5
Medaillen auf die Hochzeit mit Maria Leopoldine von Österreich-Este

a Cajetan Destouches (?-1833), 1795
Silber, Dm. 3,4 cm

b Cajetan Destouches (?-1833), 1795
Zinn, Dm. 6,2 cm

Mit dem Tod Elisabeth Augustes am 17. August 1794 war der Weg für eine zweite Ehe des Kurfürsten frei. Mit einer umfangreichen Medaillenprägung wurde die aus politischen Erwägungen zustande gekommene Hochzeit des siebzigjährigen Carl Theodor mit der achtzehnjährigen Erzherzogin Maria Leopoldine von Österreich-Este, einer Enkelin Kaiserin Maria Theresias, gefeiert. H.-J.S.

Haas-Gesche 1972, S. 39, Nr. 45; Stemper 1997, S. 595, Nr. 613.

Mannheim, Reiss-Museum (I I g 1316) (a)
München, Staatl. Münzsammlung (b)

7.2.6
Zwei Rollen Brautgeld der Kurfürstin Maria Leopoldine

Februar 1795
105 Münzen, Silber, Papierverpackung, 5 x 14 x 5 cm

Maria Leopoldine erhielt von ihrem ersten Gemahl, dem bayerischen Kurfürsten Carl Theodor, anläßlich ihrer Hochzeit 1795 zwei Rollen Brautgeld geschenkt. Die eine enthält 55 Stück bayerische Frauenthaler à 2 Gulden 24 Kreuzer (1 fl = 60 kr) im Gesamtwert von 132 Gulden. Sie datieren von 1775. Die andere Rolle beinhaltet 50 Stück bayerische Thaler im Wert von 120 Gulden aus dem Jahr 1792.

Carl Theodor zeigte sich gegenüber seiner jungen Gemahlin anfangs sehr großzügig. Schon in den Abmachungen des Heiratsvertrages war er ihren Wünschen bzw. denen ihrer Eltern entgegengekommen. Er hatte darin seiner jungen Frau 30 000 Gulden jährlich zu ihrem persönlichen Gebrauch und zu ihrer freien Verfügung zugesprochen. Diese Summe stockte er im März 1795, also bereits einen Monat nach der Eheschließung, um weitere 23 000 Gulden auf. S.K.-M.

Specht, Agnete von (Hrsg.): Geschichte der Frauen in Bayern, Ingolstadt 1998, S. 106f. (S. Krauss-Meyl).

Moos/Niederbayern, Privatbesitz (Maria Theresia Gräfin von und zu Arco-Zinneberg)

Kat. Nr. 7.2.5 Vorderseite

Kat. Nr. 7.2.5 Rückseite

Kat. Nr. 7.2.2

7.3
Kurfürst Carl Theodor und die Französische Revolution

Die Französische Revolution von 1789 und ihre Folgen leiteten für Kurfürst Carl Theodor die kritischste Periode seiner langen Regierungszeit ein. Denn unter dem Eindruck der Ereignisse in Frankreich kam es zu sozialen Protesten, lokalen Unruhen, die Carl Theodors Herrschaft allerdings nicht ernsthaft gefährden konnten. Ähnliches gilt für die Politisierungsversuche von pfalz-bayerischen Revolutionsanhängern, gegen die von den Behörden scharf vorgegangen wurde. Aber auch antirevolutionäre Propaganda wurde verboten, später sogar jede öffentliche Meinungsäußerung zur Revolution untersagt. Dies galt selbst für die französischen Emigranten, deren Zahl in Mannheim zeitweilig auf 3000 bis 4000 geschätzt wurde.

Während der 1792 einsetzenden kriegerischen Auseinandersetzungen zwischen den europäischen Monarchien und dem revolutionären Frankreich verfolgte Carl Theodor zunächst seine bekannte Neutralitätspolitik, doch zwang ihn die Erklärung des Reichskriegs bereits 1793, der Reichsarmee ein pfalz-bayerisches Kontingent von mehr als 5000 Mann zu unterstellen. Die Lande am Rhein wurden zum Kriegsschauplatz. Vor den anrückenden Franzosen verließ am 3. Januar 1794 Kurfürstin Elisabeth Auguste Mannheim und suchte Zuflucht im nahen Weinheim. Ihr Schloß im linksrheinischen Oggersheim wurde zerstört. Auch Kurfürst Carl Theodor mußte 1796 vor der nach Bayern vorstoßenden Revolutionsarmee vorübergehend von München nach Pillnitz bei Dresden fliehen. Schon im Jahr zuvor hatte seine pfälzische Residenzstadt Mannheim nach kampfloser Übergabe an die Franzosen schwerste Schäden bei der Rückeroberung durch die Koalitionstruppen hinnehmen müssen.

Insgesamt gesehen beendete die Auseinandersetzung mit dem revolutionären Frankreich Carl Theodors Herrschaft auf dem linken Rheinufer. Allein sein Tod im Februar 1799 bewahrte den Kurfürsten davor, auch noch die Auflösung der pfälzischen Stammlande des Hauses Wittelsbach erleben zu müssen. M.A.

7.3.1
Kurzgefasste Geschichte der Bastille

Kurzgefasste Geschichte der Bastille aus den besten neusten Berichten gezogen, mit einer summarischen Uebersicht der eigentlichen Veranlassung ihrer Zerstörung. Nebst einem accuraten Prospect der Bastille, des daranstossenden Antoinenthors und derselben Gegend, von dem Königlich Franz. Baumeister Mr. Gabriel in Paris gezeichnet.

Frankfurt und Leipzig (=Mannheim), Löffler, 1789
Papier, Druck, 8°

Bereits wenige Monate nach der Erstürmung der Bastille im Jahr 1789 erschienen, bietet der revolutionär gesinnte, wohlweislich anonym gebliebene Verfasser nicht nur einen anschaulichen Bericht über die jüngsten Revolutionsereignisse in Paris, sondern versucht in seiner „Geschichte der Bastille", auch deren Schleifung durch die aufständischen Revolutionäre zu rechtfertigen. Bezeichnenderweise ist das Buch nicht nur anonym, sondern auch mit fingierter Verlagsangabe erschienen. HE.Vt./D.D.

Deutschland und die französische Revolution 1989.

Mannheim, Reiss-Museum (Mh 1045)

7.3.2
Lettre d'une Société allemande à la Assemblée Nationale, lue à la Séance du 10 Août 1792, l'An 4e de la Liberté, par M. François (sic!), député du Département des Vosges, imprimée par Ordre de l'Assemblée national

Mannheimer Gesellschaft von Freunden der Menschenrechte und der heiligen Prinzipien der [französischen] Verfassung, 2. August 1792
Papier, 19 x 12 cm

In ihrem Schreiben vom 2. August 1792 versichern die – anonymen – Mitglieder einer „Mannheimer Gesellschaft von Freunden der Menschenrechte und der heiligen Prinzipien der [französischen] Verfassung" die Nationalversammlung ihrer Solidarität im Kampf gegen den Despotismus. Die Pariser Abgeordneten nahmen die ihnen vom lothringischen Deputierten François de Neufchâteau übermittelte Adresse in der „denkwürdigen" Nacht vom 9. zum 10. August mit großem Beifall auf und ließen sie ebenso als Flugschrift in allen Départements verbreiten wie eine zweite Zuschrift der Mannheimer Gesellschaft, in der diese am 28. September den „Tulerienaufstand" und den heldenhaften Abwehrkampf gegen das Koalitionsheer priesen. W.K.

Kreutz, Wilhelm: Die Mannheimer „Gesellschaft von Freunden der Menschenrechte", 1792. In: Jahrbuch des Instituts für Deutsche Gesellschaft der Universität Tel Aviv 13 (1984), S. 59-78.

Speyer, Pfälzische Landesbibliothek (21.30)

7.3.3
Die Errichtung eines Freiheitsbaumes in Zweibrücken

Vorstellung wie den 11ten Hornung 1793 der Vortrab der MoselArmée den Zweybrücker Unterthanen die tolle Fran / zösische Freiheit und Gleichheit anbot, welche diese biederen Teutschen aber mit Abscheu verwarfen und ihrem geliebten Regenten / treu blieben (Titel auf Schriftleiste unter der Darstellung)

Hieronymus Löschenkohl (Elberfeld 1753-1807 Wien) nach Karl Kaspar Pitz (Saarbrücken 1756-1795 Prag), 1793
Radierung, koloriert, 75 x 91,5 cm; 53,1 x 69,7 cm (Platte)

Bez. u. l.: Mit Auswahl nach dem Vorgang gezeichnet von C.P.; r. u.: Bey Löschenkohl in Wien

Das Blatt zeigt – stark karikierend – die Errichtung eines Freiheitsbaums vor dem pfalz-zweibrückischen Schloß am Tag nach der Besetzung Zweibrückens durch die französische Moselarmee. Das Fest unter dem mit blau-weiß-roten Bändern und einer Jakobinermütze geschmückten Baum wird deutlich als Aktion der Besatzungssoldaten dargestellt. Die Zweibrücker erscheinen demgegenüber als Opfer von Disziplinlosigkeit, Habgier oder Vandalismus der Franzosen: Diese belästigen Frauen, drangsalieren Männer oder beschlagnahmen Pferde, Wagen und Kornsäcke. Am Freiheitsbaum wird gerade eine Tafel mit der Aufforderung befestigt: *Nehmet Freiheit und Gleichheit von uns, Muster der Menschheit,* eine Formulierung, die zwar nicht dem Wortlaut der beiden am Zweibrücker Freiheitsbaum tatsächlich angebrachten Schrifttafeln entspricht, aber trefflich die sehr kritische Haltung des Hofmalers Pitz zu den Ereignissen spiegelt: „Freiheit und Gleichheit" sind für Pitz – einem weitverbreiteten gegenrevolutionären Klischee entsprechend – gleichbedeutend mit Zügellosigkeit und Gleichmacherei.
G.A.

1789. Das Herzogtum Pfalz-Zweibrücken und die Französische Revolution. Ausstellungskatalog. Zweibrücken 1989, S. 81 und Nr. 174; Freiheit, Gleichheit, Brüderlichkeit 1989, Nr. 176.

Zweibrücken, Stadtmuseum (45)

Kat. Nr. 7.3.3

7.3.4
Allegorie auf das Bündnis der europäischen Monarchien gegen das revolutionäre Frankreich

Egid Verhelst (Ettal 1733-1804 Mannheim), 1791
Kupferstich und Radierung, 34 x 21 cm (beschnitten)

Widmungstext unter der Darstellung: „Messeigneurs / L'hospitalite, que la Nation allemande exerce envers les François fideles à leur Roi et à leur / Etat m'engage à essaier d'en perpetuer le Souvenir par un tableau allégorique; Daignés / Messeigneurs en agréer l'homage. / Puisse ce foible Ouvrage contribuer à rendre immortel le Souvenir de vos Efforts héroiques, / puisse t il, si jamais la Politique, ou l'Ambition éssaioient de rompre le lien sacré de la Gene= / rosité, et de la Reconnoissance, qui reserre maintenant la france, et l'Allemagne, rappeler à / vos Descendans, et à toute la Nation, que ma Patrie fut digne de partager, et de finir les Mal / heurs de francois. / Je suis avec Respect / Messeigneurs / de Vos Altesses roïales / Mannheim ce 27 d'Aout 1791 - Le plus humble et le plus / obeissant Serviteur / Eg: Verhelst Graveur de S. A. S.me. E. palt.ne. / A leurs Altesses roïales / Monsieur frere du Roi de france, et Monseigneur / Comte d'Artois &. &."

Diese Allegorie ist den beiden Brüdern von Ludwig XVI., dem Comte de Provence und dem Comte d'Artois und späteren französischen König Karl X. (1757-1836) gewidmet. Als Widmungsdatum wählte Egid Verhelst den 27. August 1791, das Datum der Pillnitzer Konvention, in der der deutsche Kaiser Leopold II., Friedrich Wilhelm II. von Preußen und der Comte d'Artois ihre Solidarität gegenüber der französischen Monarchie bekundeten. Auf dieses Bündnis wird auch innerhalb der Darstellung hingewiesen, wobei Verhelst Rußland und Schweden als zusätzliche Bündnispartner ergänzte, die allerdings nicht an der Pillnitzer Erklärung beteiligt waren.
Ein mehrköpfiges Ungeheuer, die „Hydra der Anarchie", hat sich der französischen Königsinsignien bemächtigt. Frankreich in Gestalt einer jungen Frau sucht Schutz bei Herkules, der mit Löwenfell und Keule dargestellt ist. Er verkörpert die europäischen Monarchien Deutschland, Preußen, Rußland und Schweden, deren Wappensymbole auf seinem Schild vereinigt sind. Auf einer Anhöhe verheißt ein Tempel mit den Statuen der Fortuna und der Fama, der von der bourbonischen Lilie bekrönt wird, Glück und Ruhm des Königreichs Frankreich. Den Weg dorthin markieren die Reichskrone und die Symbole der sieben Kurfürstentümer.
A.K.

Grotkamp-Schepers 1980, S. 169-171; Siebenmorgen, Harald: Illustrationen und Bildkommentare zur Französischen Revolution in der Mannheimer Graphik um 1800 (Sonderdruck). In: Städeljahrbuch. München 1983, N. F. Bd. 9, S. 230, 231.

Mannheim, Reiss-Museum (G Kd 2183 a, k)

Kat. Nr. 7.3.4

7.3.5
Johann Theodor Freiherr von der Heyden gen. Belderbusch zu Streversburg (1732-1799) als Ritter des Deutschen Ordens

Porträt von unbekannter Hand, um 1792
Öl auf Leinwand, 110 x 97 cm (ohne Rahmen); 121 x 108 cm (mit Rahmen)

Johannes Theodor von der Heyden gen. Belderbusch, geboren am 27.6.1732, entstammte altem rheinisch-westfälischem Adel. Nach seinem Eintritt 1756 in den Deutschen Orden wurde Belderbusch Komtur zu Schlanders und Sterzing, 1791 Koadjutor und 1792 Landkomtur der Ballei Etsch, doch ließ er sich – durch zahlreiche militärische Funktionen stark in Anspruch genommen – in seinen Ordensverpflichtungen vielfach vertreten. 1766 wurde er zum kurpfälzischen Geheimen Kriegsreferendar, 1772 zum Generalleutnant und 1776 zum kaiserlichen Geheimen Rat ernannt. Nach der Vereinigung der kurpfälzischen und der kurbayerischen Armee übernahm er 1779 die Leitung des Geheimen Kriegsbureaus in München. Kritik an seinen Entscheidungen führte 1788 zur Ablösung durch Benjamin Chevalier Thompson, Graf Rumford (1753-1814). Später wurde ihm als Gouverneur von Mannheim die kampflose Übergabe der Rheinschanze an die Franzosen 1794 und 1795 die „übereilte" Kapitulation der Festung Mannheim zum Vorwurf gemacht. Belderbusch starb am 4. Februar 1799 in Mannheim.
Das Porträt zeigt Belderbusch im weißen Ordensmantel mit schwarzem Kreuz und einem Pektoralkreuz auf der Brust. Mit dem Kommandostab in seiner Rechten weist er auf einen Plan der Festung Mannheim. P.G.

Walter 1907, Bd. I; 800 Jahre Deutscher Orden. Ausstellungskatalog Germanisches Nationalmuseum Nürnberg in Zusammenarbeit mit der Internationalen Historischen Kommission zur Erforschung des Deutschen Ordens. Gütersloh/München 1990, S. 179 f.

Bad Mergentheim, Deutschordensmuseum (o.Nr.)

KAT. NR. 7.3.5

7.3.6
DIE FESTUNG MANNHEIM MIT RHEINSCHANZE

J.G.F. Knoell(?) nach Dominicus Tessaro, Kriegshaber bei Augsburg 1795
Kolorierter Kupferstich, 26,6 x 39,5 cm (Ansicht), 31,6 x 42,2 cm (Blatt beschnitten)
Guckkastenblatt, Nr. 35 einer Folge aus dem Verlag Fietta und Comp., unter der Darstellung 20 Objektangaben

Das Blatt kombiniert verschiedene Betrachterstandorte im Interesse einer möglichst eindrucksvollen Gesamtansicht der Festung Mannheim. Im Vordergrund erscheint die Rheinschanze auf dem linken Rheinufer. Hier verweist ein Freiheitsbaum, das Siegeszeichen der Französischen Revolution, auf die Tatsache, daß dieser Brückenkopf Mannheims am 25. Dezember 1794 an die Franzosen übergeben worden war.
Die Darstellung des Mannheimer Stadtbildes ist anspruchslos, die charakteristischen Bauten sind in Lage, Proportion und Details teilweise verzeichnet. Dagegen wird auf diesem Blatt, das in der grellbunten Manier von Guckkastenbildern koloriert ist, die Festungseigenschaft Mannheims stark hervorgehoben und ein allgemeiner Eindruck vermittelt vom wehrhaften Charakter dieser Stadt. G.A.

Arnscheidt 1989, Nr. 30.

Mannheim, Reiss-Museum (A 57,1)

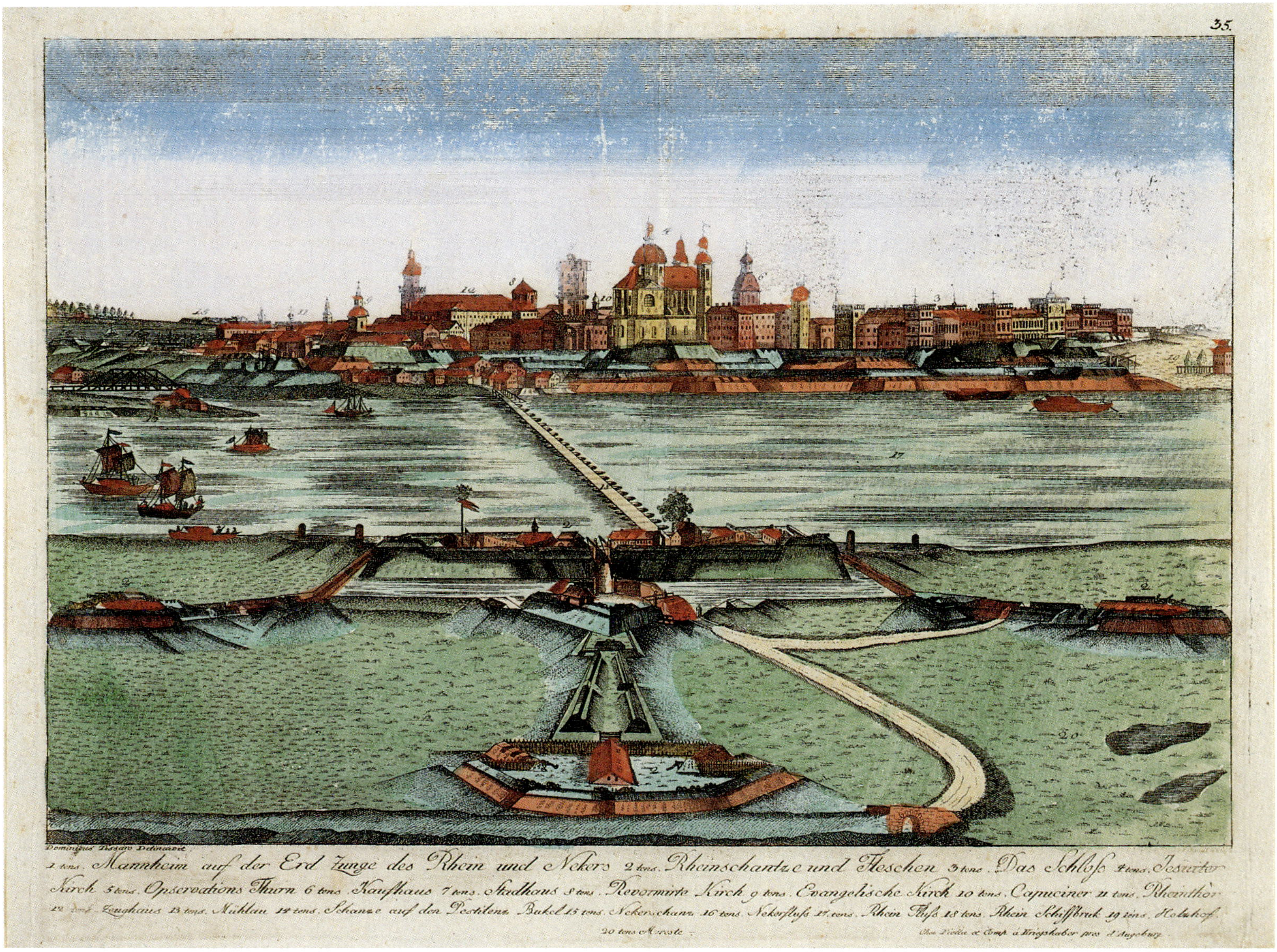

KAT. NR. 7.3.6

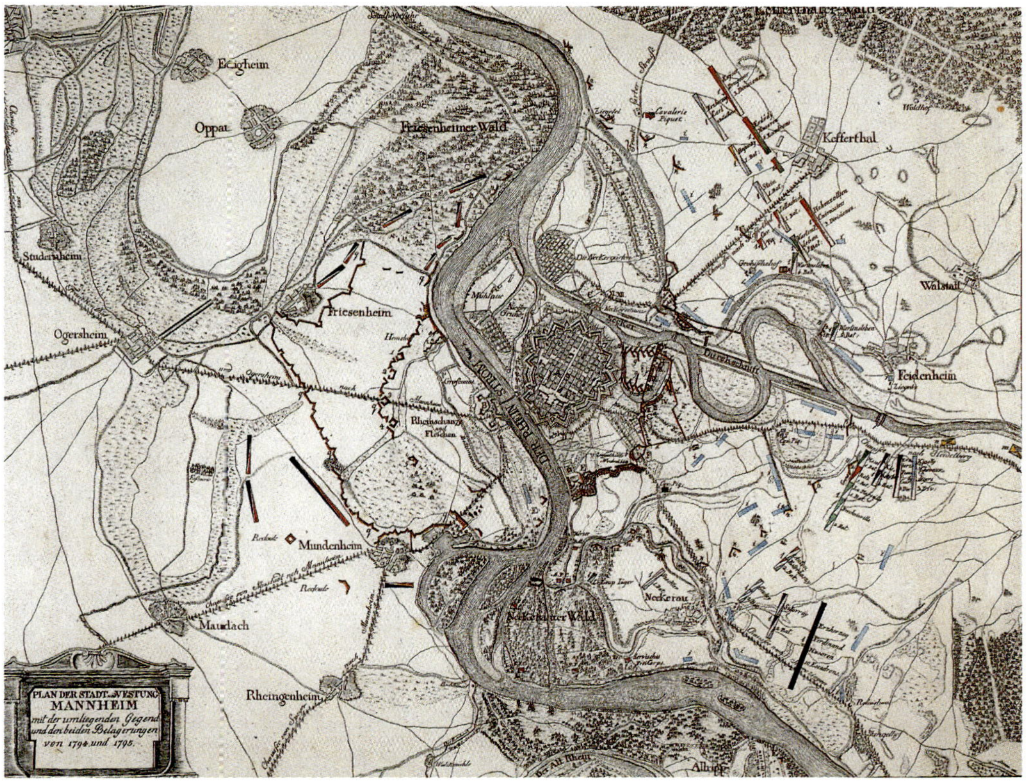

Kat. Nr. 7.3.7

7.3.7
Plan der Stadt und Vestung Mannheim mit der umliegenden Gegend und den beiden Belagerungen von 1794 und 1795

Peter Dewarat (gest. 1800), 1795
Zeichnung auf Papier, 34 x 44,5 cm

Die Karte zeigt zum einen die im Herbst 1794 errichteten linksrheinischen Schanzen und Batterien (q, 1-5), von denen aus die Franzosen Ende Dezember 1794 die Rheinschanze und Mannheim beschossen. Nach der Kapitulation der Rheinschanze am 25. Dezember wurde diese im Januar 1795 geschleift.
Zum anderen spiegelt die Karte den rechtsrheinischen Auf- und Vorbeimarsch des Reichsheeres wieder, das die am 20. September 1795 kampflos an die Franzosen übergebene Stadt und Festung zurückeroberte. Zu erkennen sind die Linien der kaiserlichen Korps (von Käfertal bis Neckarau), die Mitte Oktober die französischen Vorposten überrannten und bis zum 21. November ihren Belagerungsring immer enger zogen. Nach tagelangem verheerenden Artilleriefeuer der kaiserlichen Batterien (I bis XII) kapitulierten die Franzosen am 22. November 1795. W.K.

Wilhelm Kreutz: Mannheim im Jahr 1795. In: Mannheimer Geschichtsblätter, N. F. 4 (1997), S. 267-286; Walter 1907, Bd. 1, S. 81ff.

Mannheim, Reiss-Museum (A 52/4)

Kat. Nr. 7.3.8

7.3.8
Konsoltisch mit Schublade

Rheinland, nach 1795
Mahagoni, Edelhölzer, Elfenbein auf Eiche furniert und intarsiert, H. 75,5 cm, B. 76,5 cm, T. 49,5 cm

Bez.: „Le passage du Rhin effectué par l'aile gauche de l'armee de Sambre et Meuse dans la nuit du 19. au 20. fructidor an 3 sous les ordres du général Kleber depuis Ürdingen jusqu'à Eickelkamp."

Auf der Tischplatte ist in Intarsien der Rheinübergang der französischen Armee am 6./7. September 1795 als Landkarte dargestellt. I.Z.

Düsseldorf, Stadtmuseum (M 46)

Kat. Nr. 7.3.9

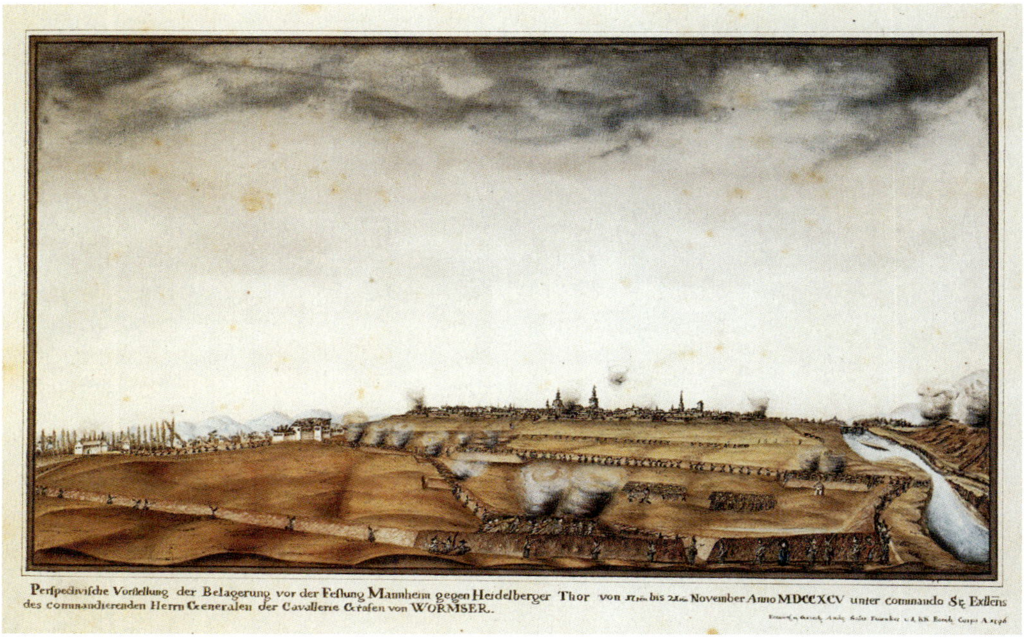

Kat. Nr. 7.3.10 a

Kat. Nr. 7.3.10 b

7.3.9
Französische Wachtparade in Mannheim

Wahre Abbildung einer Französischen Wacht-Parade zu Mannheim, Anno 1795, im Monat October

Anonym, (Mannheim?) 1795
Radierung, 14,7 x 79,6 cm

Spottbild auf die französischen Truppen, die nach der Kapitulation Mannheims am 20. September 1795 die Stadt besetzt hatten. *Statt des erwarteten prächtigen Siegeseinzugs sah man... armselig gekleidete Menschen,* wunderten sich zeitgenössische Beobachter. Entsprechend stellt das Blatt die ohne jede militärische Ordnung angetretene „Wacht-Parade" als bunt zusammengewürfelten, abenteuerlich bekleideten und dürftig bewaffneten Haufen dar. Einige Soldaten haben Beutestücke, Proviant oder Eßgeschirr auf ihre Bajonette gespießt. Bei allen fällt die unbekümmerte Art auf, mit der sie verschiedenste, mitunter zerrissene Uniformteile mit zivilen Kleidungsstücken kombiniert haben.
Das Erscheinungsbild der französischen Revolutionstruppen wurde schnell zum beliebten, vielfach variierten Thema der antifranzösischen Bildpropaganda in Deutschland. Mit solchen Spottblättern sollte eine Volksarmee, die ihre Schlagkraft gerade erfolgreich unter Beweis gestellt hatte, der Lächerlichkeit preisgegeben und verächtlich gemacht werden. G.A.

Deutschland und die Französische Revolution 1989, S. 88, Tafel 4; Freiheit, Gleichheit, Brüderlichkeit 1989, Nr. 294.

Mannheim, Reiss-Museum (A 125)

7.3.10
Belagerung der Festung Mannheim 1795

Andreas Szöts, Feuerwerker des k.k. Bombardierkorps 1796
2 Blätter, Gouache, 26 x 47,6 cm (Stadtansicht), 36,5 x 53,3 cm

a Perspectivische Vorstellung der Belagerung vor der Festung Mannheim gegen Heidelberger Thor von 17ten bis 21ten November Anno MDCCXCV unter commando Sr Exllens / des commandierenden Herrn Generalen der Cavallerie Grafen von WORMSER.

Bez. u. r.: Entworf. u. Gezech. Andr. Szöts Feuewker v.d.KK: Bomb. Corps A. 1796.

b Perspectivische Vorstellung des Feuers in der Stadt Mannheim von 20ten auf dem 21ten November Anno MDCCXCV in der Nacht; unter commando Sr Exllens des com / mandierenden Herrn K:K: Generalen der Cavallerie Grafen von WORMSER.

Bez. u. r.: Entworfen, und Gezeichnet Andr. Szöts Feuerwercker v.d.K:K: Bombard. Corps A. 1796

Beide Darstellungen zeigen den Blick auf das seit September 1795 von französischen Truppen besetzte Mannheim während der Belagerung durch die kaiserliche Oberrheinarmee unter General Dagobert von Wurmser im November 1795. Das erste Blatt stellt die Belagerungssituation bei Tage, das zweite eine Beschießung während der Nacht dar. Wiedergegeben ist auf beiden Darstellungen im wesentlichen das Terrain zwischen Schwetzinger Chaussee und Neckar, wobei deutlich wird, daß der Belagerungsring auf der Ostseite der Stadt geschlossen war.
Die beiden Blätter, die von Andreas Szöts, einem „Feuerwerker" im Bombardierkorps, also von der Hand eines Beteiligten, stammen, schildern detailliert nicht nur die militärischen Aktionen, sondern lassen auch die beträchtlichen Schäden ahnen, die das Bombardement in der Stadt Mannheim anrichtete, so daß man *in der ganzen Stadt nicht mehr als vierzehn ganz unbeschädigte Häuser* zählte. (Anonymus, Trauriges Schicksal der Churpfälzischen Residenz-Stadt Mannheim... In einem Tagebuch zusammengetragen, 1795, S. 101). G.A.

Arnscheidt 1989, Nr. 32 und 33.

Mannheim, Reiss-Museum (A 56 und G Ah 56 a, m)

7.3.11
Gemälde aus der Belagerung von Mannheim im Jahr 1795

Anonym, Mannheim, Neuer Kunstverlag, 1796
Papier, Druck, 8°

Der anonyme Verfasser dieses Buches berichtet in Tagebuchform die stürmischen Ereignisse des Jahres 1795 in Mannheim von der Kapitulation und Besetzung der Stadt durch die französischen Revolutionstruppen bis zur Rückeroberung und starken Zerstörung durch die Österreicher unter General Wurmser. In sehr anschaulicher und lebhafter Weise werden die Hoffnungen und Ängste der Mannheimer Bevölkerung während dieser turbulenten und verhängnisvollen Tage in all ihrer Dramatik von einem Augenzeugen geschildert. Der Realismus der Berichterstattung führte schon bald zu einer Konfiszierung der Schrift durch die Regierung. HE.VT/D.D.

Walter 1907.

Mannheim, Reiss-Museum (Mh 436)

7.3.12
Freiheits-Gedichte

Johann Philipp LePique, 2 Bände, Paris, auf Kosten der Republik, 5 (=Mannheim, Neuer Kunstverlag, 1797)
Papier, Druck, 8°

Aus Zensurgründen anonym mit fingiertem Verlagsort 1797 veröffentlicht, weist schon die Angabe des Erscheinungsjahres nach dem französischen Revolutionskalender auf den revolutionären Inhalt dieser Anthologie hin. Der Abdruck von Gedichten wie Friedrich Daniel Schuberts „Fürstengruft" oder Gottfried August Bürgers „Der Bauer" machen diese beiden Bändchen zu einer der bedeutendsten revolutionären Publikationen eines Mannheimer Verlegers gegen Ende des 18. Jahrhunderts. Die beiden Frontispize, „Libertas" und „Égalité Natura" darstellend, wurden von Bernhard Siegrist in Punktiermanier gestochen. Sie stellen zwei aus Frankreich übernommene Revolutionsallegorien dar und sind ein weiteres eindeutiges Indiz für den fürstenfeindlichen Charakter der beiden Bändchen.
HE.Vt./D.D.

Deutschland und die Französische Revolution 1989.

Mannheim, Reiss-Museum (Mh 188)

7.3.13
„Zernichtung der Vestungswerke von Mannheim im Jahr 1799"

Caspar Wyss (?) (Emmen, Kanton Luzern, um 1762-1799 Mannheim), Mannheim 1799
Zwei kolorierte Radierungen, 11,5 x 18,3 cm (bis zum Randstrich)

Mit seinem letzten Erlaß für seine einstige Residenzstadt verfügte Kurfürst Carl Theodor am 18. Dezember 1798, daß Mannheim *von nun an keine Festung, ja nicht einmal mehr ein haltbarer Platz* sein solle. Nachdem auch die Franzosen, die im März 1799 Mannheim erneut besetzt hatten, einer Schleifung der Festungswerke zustimmten und ebenso Erzherzog Carl sein Einverständnis signalisierte, wurde unter großer Anteilnahme der Mannheimer Bevölkerung mit der Demolition begonnen. Doch trotz des Einsatzes von 150 Minen zur Sprengung der gemauerten Abschnitte der Bastionen kam die Entfestigung Mannheims nur sehr langsam voran und wurde erst in badischer Zeit abgeschlossen.
Die beiden Blätter mit gemeinsamem Titel vermitteln einen Eindruck von den Demolitionsarbeiten. Das eine Blatt schildert das Abtragen von Erdreich in der Nähe einer der Brücken über den Hauptgraben, das andere zeigt Arbeiten im Bereich der Bastionen St. Carl Philipp und St. Johann, wobei im Hintergrund einige markante Gebäude der Mannheimer Oberstadt erscheinen: links die Sternwarte, dahinter das Kolleggebäude des Jesuitenordens mit einem gelegentlich als Behelfssternwarte genutzten Turm, rechts das kurfürstliche Schloß mit einigen seiner Pavillons. G.A.

Walter 1907, Bd. 1, S. 872.

Mannheim, Reiss-Museum (A 160)

Kat. Nr. 7.3.13

Kat. Nr. 7.3.13

7.3.14
Schleifung der Mannheimer Festungsanlagen

Vorstellung der Festung Schleifung Mannheims im Jahr 1799

Anonym, Mannheim 1799
Kolorierte Radierung, 19,5 x 32,3 cm (beschnitten)

Am 1. Juni 1799 forderte der Mannheimer Stadtrat die gesamte Einwohnerschaft auf, sich am Abbruch der Festungsanlagen zu beteiligen. Die Bürger, die in den 1790er Jahren die Festungseigenschaft ihrer Stadt als überwiegend nachteilig erlebt hatten, folgten diesem Aufruf mit Begeisterung. Mit Schaufeln und Hacken erschienen Männer, Frauen und Kinder auf den Festungswällen. Wie die Darstellung zeigt, nahmen die Demolitionsarbeiten zeitweise geradezu Volksfestcharakter an. Dabei wurde ein Lied gesungen, das damals als „Hochgesang" der „Mannheimer freiwilligen Festungsschleifer" auch im Druck verbreitet wurde. Darin hieß es unter anderem:

Länger sollen diese Wälle,
Diese Mauern nicht mehr stehn;
Durch sie nie mehr unsrer Enkel
Lebensfreuden untergehen!

Laßt uns fern von feiger Ruhe
Mit gestähltem Arm den Sand,
Der uns so viel Leiden brachte,
Stürzen von der Mauern Rand!

G.A.

Walter 1907, Bd. 1, S. 872; Napoleon 1987, Bd. 1.1, Nr. 245.

Mannheim, Reiss-Museum (A 159)

Vorstellung der Festung Schleifung Mannheims im Jahr 1799

Kat. Nr. 7.3.14

7.4
Der Tod Carl Theodors

Am Abend des 12. Februar 1799 saß Kurfürst Carl Theodor zusammen mit dem Obristjägermeister Reichsgraf von Waldkirch und dem Generaladjutanten Freiherr von Herding beim Kartenspiel, als er einen Schlaganfall erlitt, der wohl das Sprachzentrum lähmte. Vier Tage lag er im Sterben, in denen er die meiste Zeit schlief. Die Kurfürstin Marie Leopoldine, Verwandte und engste Vertraute gingen im Antichambre ein und aus, um die Entwicklung abzuwarten, auf lichte Momente zu hoffen und auf den Todesfall vorbereitet zu sein.
Bis ans Totenbett reichten die politischen Intrigen: So war der österreichische Gesandte beauftragt, angesichts der gewaltigen territorialen Veränderungen zwischen dem Frieden von Campo Formio 1797 und dem Beginn des Zweiten Koalitionskrieges 1799 an das alte Tauschprojekt zu erinnern und dem Sterbenden noch Zusagen abzuringen. Die zweibrückische Partei wollte dies jedoch auf jeden Fall verhindern. Die entscheidende Rolle fiel hier der Kurfürstin zu, die längst für die Zweibrücker Partei genommen hatte. Sie dirigierte alles und verhinderte jeden Kontakt des österreichischen Gesandten mit dem Sterbenden.
Der Tod Carl Theodors trat am 16. Februar 1799 am Nachmittag kurz vor 15 Uhr ein, worauf die Kurfürstin erklärte, daß sie nicht schwanger sei und der zweibrückischen Erbfolge somit nichts im Wege stehe.
Der Verstorbene wurde im Ordensornat des Hubertusordens, geschmückt mit dem Orden vom Goldenen Vlies, bis zum 18. Februar in der Residenz aufgebahrt und am 19. Februar in der Theatinerkirche bestattet. Sein Nachfolger, Kurfürst Max IV. Joseph von Pfalz-Zweibrücken-Birkenfeld, war bereits unter dem Jubel des Volkes in München eingetroffen und hatte die Leitung bei den Totenfeiern übernommen. Für Bayern und die Pfalz war dies der Beginn einer neuen Ära. *H.P.*

Kat. Nr. 7.4.1

7.4.1
Porträt des Kurfürsten Carl Theodor

Moritz Kellerhoven (Altenrath bei Düsseldorf 1758-1830 München), zugeschrieben, nach 1785
Öl auf Leinwand, 89 x 72 cm

Moritz Kellerhoven, der seit Mitte der achtziger Jahre in München als kurfürstlicher Porträtmaler nachweisbar ist, porträtierte den ungefähr sechzigjährigen Kurfürsten im Kurmantel mit dem St. Hubertus-Orden an der goldenen Collane (Halskette), die aus 42 Gliedern bestand, wovon 21 in weiß emaillierten rechteckigen Rahmen Szenen aus der Hubertus-Legende darstellen. Darüber trägt Carl Theodor Kette und Coulant (Anhänger) des Ordens vom Goldenen Vlies, in den ihn Kaiserin Maria Theresia 1778 aufgenommen hatte. Unter dem Hermelinmantel ist ein Stück der Ordensschärpe des St. Georgs-Ordens sichtbar. K.L.H.

Mannheim, Privatbesitz (Sammlung Christian Freund)

7.4.2
Eintrag des Todes Kurfürst Carl Theodors

Original, Papier, 32 x 17,5 cm (aufgeschlagen)

Am Abend des 12. Februar 1799 traf Kurfürst Carl Theodor beim Kartenspiel der Schlag. Trotz intensiver Bemühungen seiner Hofärzte verstarb der pfalzbayerische Kurfürst, der zwischenzeitlich nur kurz das Bewußtsein wiedererlangte, am 16. Februar 1799. Beigesetzt wurde er nicht an der Seite seiner ersten Gemahlin Elisabeth Auguste in der Fürstengruft der Hofkirche St. Michael zu München, sondern in der Fürstengruft der Hofkirche St. Cajetan. C.G.

Rall 1993.

München, Bayerisches Hauptstaatsarchiv, Geheimes Hausarchiv (Handschriften 263 p. 258-259)

7.4.3
Gespraech im Reich der Todten zwischen Carl Theodor Kurfürsten von Pfalzbaiern und Max Joseph, seinem Regierungsvorfahren

Anonym, (S.l.), 1799
Papier, Druck, 4°. 25 S.

Daß eine große Zahl seiner bayerischen Untertanen den Tod Carl Theodors nicht mit allzu großer Trauer aufnahm, dafür legt diese Spottschrift, in der der Verfasser auf die im 18. Jahrhundert beliebte literarische Tradition der „Totengespräche“ zurückgreift, ein beredtes Zeugnis ab. In äußerst witzigen Dialogen zwischen Carl Theodor und seinem, von den Bayern hochgeschätzten Vorgänger Maximilian III. Joseph (1727-1777) übt der - selbstverständlich anonym gebliebene Autor - scharfe Kritik an der Regierungszeit Carl Theodors, dem vor allem Sittenlosigkeit, mangelndes Interesse an seinen Untertanen und eine falsche Außenpolitik vorgeworfen wird. H.E.Vt./D.D.

Rall 1993.

Mannheim, Reiss-Museum (B 520 k)

7.4.4
Patriotische Traenen bei dem hoechstbetruebten Leichenzuge weiland Sr. Churfürst. Durchlaucht zu Pfalzbaiern ... Karl Theodors. Geweint von einem biederen Baier

Anonym, München, Franz Seraph. Huebschmann, 1799
Papier, Druck, 4°, (3) S.

Ein weiteres konventionelles höfisches Preisgedicht anläßlich Carl Theodors Tod, welches in überschwenglichen Reimen die Regierungszeit des Kurfürsten unkritisch verklärt. D.D.

Mannheim, Reiss-Museum (B 509 s)

7.4.5
Gefühle eines redlichen Patrioten am Sarge Sr. Kurfürstlichen Durchlaucht zu Pfalzbaiern Carl Theodors, des besten Fürsten und Landesvaters

Anonym, München, 1799
Papier, Druck, 4°, (7) S.

Dieser poetische Nachruf auf Carl Theodors Tod am 16.2.1799 steht ganz in der Tradition der höfischen Preisgedichte. Kritik wird nicht geübt, allein die Verdienste und Tugenden des Herrschers werden in salbungsvoller Sprache hervorgehoben. Im Anhang des Lobgedichtes fügt der anonyme Verfasser noch eine detaillierte Beschreibung des Leichenzuges hinzu. D.D.

Mannheim, Reiss-Museum (B 509 l)

Anhang

Abgekürzte zitierte Literatur:

ADB
Allgemeine Deutsche Biographie. 56 Bde. Leipzig 1875-1812

Anonym 1905
Anonym: General von Rocenhausen. In: MGB 1 (1905), Sp. 20-22.

Anonym 1906
Anonym: Werke des Kupferstechers Joseph Fratrel. In: MGB 7 (1906), Sp. 178.

Anonym 1914
Anonym: Einladung des Dr. Mai zu seinen Vorlesungen 1793. In: MGB 15 (1914), Sp 116-117.

Arisi 1961
Arisi, Ferdinando: Gian Paolo Panini. Piacenza 1961.

Arnscheidt 1989
Arnscheidt, Margrit: Mannheimer Stadtansichten des 18. Jahrhunderts. Graphische Gesamtdarstellungen der kurpfälzischen Residenzstadt (= Bildhefte des Städtischen Reiss-Museums Mannheim. Kunst- und Stadtgeschichtliche Sammlungen 8). Mannheim 1989.

Baines 1960
Baines, Anthony: Bagpipes. Oxford 1960.

Baines 1996
Baines, Anthony: Lexikon der Musikinstrumente. Stuttgart/Kassel 1996.

Baldassari 1995
Baldassari, Francesca. Carlo Dolci. Turin 1995.

Bangel 1914
Bangel, Rudolf: Johann Georg Trautmann und seine Zeitgenossen. Straßburg 1914.

Beaucamp-Markowsky 1985
Beaucamp-Markowsky, Barbara: Porzellandosen des 18. Jahrhunderts. Fribourg/München 1985.

Bemmel 1799
Bemmel II, G. C. G.: Biographien aller Bemmel, welche seit dem Jahre 1656 in Teutschland lebten in genealogischer Ordnung beschrieben. In: Neue Miscelaneen artistischen Inhalts für Künstler und Kunstliebhaber. Herausgegeben von J. G. Meusel. 9. Stück, 1799, S. 81-98.

Benedict 1981
Benedict, Lieselotte: Der badische Hofmaler Carl Kuntz. 1770-1830. Karlsruhe 1981

Bezzel 1928
Bezzel, Oskar: Geschichte des kurpfälzischen Heeres in den Kriegen zu Ende des 17. und im Verlauf des 18. Jahrhunderts. 2 Bde. München 1928.

Biedermann 1973
Biedermann, Margret: Ferdinand Kobell, 1740-1799. Das malerische und zeichnerische Werk. München 1973.

Bitz 1981
Bitz, Matthias: Fabriken und ihre Technologie im 17. und 18. Jahrhundert in Südwestdeutschland. In: Himmelein, Volker (Hrsg.): Barock in Baden-Württemberg. Stuttgart 1981, 2. Bd., S. 459-469.

Böcher 1960
Böcher, Otto: Die Alte Synagoge zu Worms (= Der Wormsgau, Beiheft 18), Worms 1960.

Böhm 1965
Böhm, Ludwig: Christian Friedrich Schwan (1733-1815). Ein Mannheimer Buchhändler und Verleger der Carl-Theodor-Zeit. [...]. In: Böhm, Ludwig: Mannheim und der Rhein-Neckar-Raum. Studien zur Kunst und Geschichte der Pfalz. Mannheim 1965, S. 77-98.

Born/Homering 1998
Born, Klaus/Homering, Liselotte (Hrsg.): Geschenke von Freunden. Dreißig Jahre Fördererkreis für das Reiss-Museum Mannheim. Mannheim/Heidelberg 1998.

Brinkmann 1904
Brinkmann, Albert: Die Innung der Mannheimer Gold- und Silberarbeiter. In: MGB 5 (1904), Sp. 149-156, Sp. 173-188.

Bröcker 1995
Bröcker, Marianne: Artikel „Drehleier". In: Die Musik in Geschichte und Gegenwart (= MGG), 2. neu bearbeitete Auflage, Sachteil Bd. 2. Kassel 1995, Sp. 1500-1512.

Brochhagen 1968
Brochhagen, Ernst: Beobachtungen an den Passionsbildern Rembrandts in München. In: Buddensieg, Tilmann/Winner, Matthias (Hrsg): Munuscula discipulorum. Kunsthistorische Studien Hans Kauffmann zum 70. Geburtstag 1966. Berlin 1968, S. 37-44.

Christ 1864
Christ, Wilhelm: Beiträge zur Geschichte der Antikensammlungen Münchens (= Abhandlungen der philosophisch-philologischen Classe der königlichen Bayerischen Akademie der Wissenschaften. Bd. 10,2). München 1864.

Clark 1985
Clark, Anthony: Pompeo Batoni. A Complete Catalogue of his Works with an Introductory Text. Oxford 1985.

Clasen 1986
Clasen, Carl-Wilhelm: Rheinische Silbermarken. Die Marken und Werke der rheinischen Goldschmiede. Rheinbach-Merzbach 1986.

Collini 1766
Collini, Cosimo Allessandro (Hrsg.): Acta Academiae Theodoro-Palatinae Bd. 1 Mannheim 1766.

Danks 1976
Danks, Harry: The Viola d'amore. Bois de Boulogne 1976.

Description 1794
Anonym: Description De ce qu'il y a D'intéressant et de curieux Dans la Résidence de Mannheim et Les Villes Principales Du Palatinat. Mannheim 1794.

Ebersold 1993
Ebersold, Günther (Hrsg.): Stephan Freiherr von Stengel. Denkwürdigkeiten. (=Schriften der Gesellschaft der Freunde Mannheims und der ehemaligen Kurpfalz Mannheimer Altertumsverein von 1859 23). Mannheim 1993.

Eichner 1981
Eichner, Elisabeth: Das kurpfälzische Porträt im 18. Jahrhundert. Untersuchungen zur Porträtmalerei am Hofe der beiden Kurfürsten Carl Philipp (1717-1742) und Carl Theodor (1742-1799). Phil. Diss. Heidelberg 1981.

Emmerling 1959
Emmerling, Ernst: Der Mannheimer Maler Hubert Wilwerth. In: Pfälzer Heimat 10 (1959), S. 99-101.

Emmerling 1960
Emmerling, Ernst: Philipp Hieronymus Brinckmann als Landschaftsmaler. In: Mitteilungen des Historischen Vereins der Pfalz 58 (1960), S. 317-324.

Encyclopädie
Deutsche Encyclopädie oder Allgemeines Real-Wörterbuch aller Künste und Wissenschaften. Bde. 1-23. Frankfurt am Main 1778ff.

Finscher 1992
Finscher, Ludwig (Hrsg.): Die Mannheimer Hofkapelle im Zeitalter Carl Theodors. Mannheim 1992.

Flohr 1997
Flohr, Anna-Charlotte: Johann Heinrich Tischbein d. Ä. (1722-1789) als Porträtmaler. Mit einem kritischen Werkverzeichnis. München 1997.

Friedrich 1968
Friedrich, Renate-Marianne: Franz Anton Mai (1742-1814). Ein Beitrag zur Medizingeschichte der Aufklärung. Phil. Diss. Heidelberg 1968.

Fuchs 1963
Fuchs, Peter: Palatinatus illustratus. Die historische Forschung an der Kurpfälzischen Akademie der Wissenschaften (= Forschungen zur Geschichte Mannheims und der Pfalz. N.F. 1). Mannheim 1963.

Fuchs 1979
Fuchs, Carl Ludwig: Kurpfälzische Möbelkunst im 18. Jahrhundert. In: Bahns, Jörn (Hrsg.): Carl Theodor und Elisabeth Auguste. Höfische Kunst und Kultur in der Kurpfalz. Ausstellung des Kurpfälzischen Museums der Stadt Heidelberg. Heidelberg 1979, S. 31-35.

Gesche 1976
Gesche, Inga: Peter Anton von Verschaffelt. Zeichnungen im Reiss-Museum. Mannheim 1976.

Gesche 1981
Gesche, Inga: Münzen und Medaillen. Neuerwerbungen 1974-1981 (= Bildhefte des Städtischen Reiss-Museums Mannheim, Kunst- und Stadtgeschichtliche Sammlungen 4). Mannheim 1981.

Gesche 1983
Gesche, Inga: Heinrich Sintzenich (1752-1830). Druckgraphische Werke. Mannheim 1983.

Gesche 1986
Gesche, Inga: Münzen und Medaillen. Neuerwerbungen 1981-1986 (= Bildhefte des Städtischen Reiss-Museums Mannheim, Kunst- und Stadtgeschichtliche Sammlungen 6). Mannheim 1986.

Ganz 1991
Ganz, Alexandra: Allessandro Galli-Bibiena (1686-1748). Inventore delle Scene und Premier Architecteur am Kurpfälzischen Hof in Mannheim. Ein Beitrag zur Bibiena-Forschung (= Schriften der Gesellschaft für Theatergeschichte 69). Berlin 1991.

Glaser 1993
Glaser, Hubert: Wittelsbach. Kurfürsten im Reich – Könige in Bayern. Vier Kapitel aus der Geschichte des Hauses Wittelsbach im 18. und 19. Jahrhundert. Hrsg. von Reinhold Baumstark. München 1993.

Goedl-Roth 1974
Goedl-Roth, Monika: Wilhelm von Kobell. Druckgraphik. Studien zur Radierung und Aquatinta mit kritischem Verzeichnis. München 1974.

Göller 1925
Göller, Leopold: Gobin. In: Waldeck, Florian (Hrsg.): Alte Mannheimer Familien. 6. Teil. Mannheim 1925, S. 68-93.

Göller 1926
Göller, Leopold: Bildnisse des Stadtdirektors Gobin und seiner Frau, geb. Lippe. In: MGB 27 (1926), S. 85-88.

Göller 1929
Göller, Leopold: Beiträge zur Lebens- und Familiengeschichte kurpfälzischer Künstler und Kunsthandwerker im 18. Jahrhundert I. In: Neues Archiv für die Geschichte der Stadt Heidelberg und der Kurpfalz 14 (1929), S. 1-164.

Grabmayr 1970
Grabmayr, Verena von: Franz Anton Leitenstorffer. Ein Tiroler Maler des achtzehnten Jahrhunderts in der Kurpfalz. Innsbruck/München 1970.

Graeff 1937/1939
Graeff, G. Franz: Das Großherzogliche Antiquarium in Mannheim. 2 Bde. (Bd. 1: Beschreibung der 87 meisten römischen Denksteine, Bd. 2: Beschreibung der antiken Bildwerke, Gefässe, Geräthschaften und der Gegenstände späterer Zeit). Mannheim 1837/1839.

Grotkamp 1979
Grotkamp, Barbara: Die Bildnisse Carl Theodors und Elisabeth Augustes. In: Bahns, Jörn (Hrsg.): Carl Theodor und Elisabeth Auguste. Höfische Kunst und Kultur in der Kurpfalz. Ausstellung des Kurpfälzischen Museums der Stadt Heidelberg. Heidelberg 1979, S. 45-54.

Grotkamp-Schepers 1980
Grotkamp-Schepers, Barbara: Die Mannheimer Zeichnungsakademie (1756/69-1803) und die Werke der ihr angeschlossenen Maler und Stecher. Frankfurt a. M. 1980.

Grünewald 1899
Grünewald, L.: Die erhöhten Wünsche der Pfalz. In: Pfälzisches Museum 16, Nr. 9 (1. Sept. 1899), S. 133-138.

H. 1828
H., D.: Carl Ernst Christoph Heß. Nekrolog. In: Kunst-Blatt, 9. Jg., Nr. 91 v. 13.11.1828, S. 361-364.

Haas 1974
Haas, Rudolf: Die Prägungen der Mannheimer Münzstätten ca. 1390, 1608-1610, 1735-1826 (= Forschungen zur Geschichte Mannheims und der Pfalz N.F. 6). Mannheim 1974.

Haas-Gesche 1972
Gesche, Inga/Haas, Rudolf: Mannheim und die Pfalz im Spiegel von Münzen und Medaillen. Erläuterungen zur Münzen-Schausammlung des Städtischen Reiß-Museums Mannheim. Mannheim 1972.

Hänlein 1933
Hänlein, Theodor: Carl Theodors erster Aufenthalt in Rom 1774/75 (Schluß). In: MGB 34 (1933), Sp. 42-58.

Hardtwig 1987
Hardtwig, Barbara: Nach-Barock und Klassizismus. Vollständiger Katalog. Bayerische Staatsgemäldesammlungen, Neue Pinakothek. München 1987.

Haskell/Penny 1981
Haskell, Francis/Penny, Nicolas: Taste and the Antique. The Lure of Classical Sculpture 1500-1900. New Haven/London 1981.

Heber 1986
Heber, Wiltrud: Die Arbeiten des Nicolas de Pigage in den ehemals kurpfälzischen Residenzen Mannheim und Schwetzingen. Darmstadt 1986.

Henkel/Schöne 1978
Henkel, Arthur/Schöne, Albrecht: Emblemata. Handbuch zur Sinnbildkunst des XVI. und XVII. Jahrhunderts. Stuttgart 1978.

Herbig 1997
Herbig, Thomas: Franz Kobell. Ein Landschaftszeichner um 1800. Aquarelle, Zeichnungen, Radierungen. Ausstellungskatalog. Städtische Galerie Traunstein 1997.

Herrmann 1998
Herrmann, Wilhelm: Comédie Française und deutschsprachige Wandertruppen. Schauspiel in Mannheim vor der Gründung des Nationaltheaters. In: Nationaltheater 1998, S. 356-367.

Hespe 1988
Hespe, Jürgen: Mannheimer Zeitungen des 18. und 19. Jahrhunderts. Beispiele und Dokumente. Mannheim 1988.

Hess 1987
Hess, Christel: Presse und Publizistik in der Kurpfalz (= Europäische Hochschulschriften. Reihe 3, Geschichte und ihre Hilfswissenschaften 322). Frankfurt a. M. 1987.

Heuser 1899
Heuser, Emil: Frankenthaler Gruppen und Figuren. Speier 1899

Heuser 1922
Heuser, Emil: Porzellan von Straßburg und Frankenthal im achtzehnten Jahrhundert. Neustadt an der Haardt 1922.

Hofmann 1908
Hofmann, Friedrich H.: Das europäische Porzellan des Bayerischen Nationalmuseums. München 1908.

Hofmann 1911
Hofmann, Friedrich H.: Frankenthaler Porzellan. 2 Bde. München 1911.

Hofmann 1921
Hofmann, Friedrich H.: Johann Peter Melchior 1742-1825. München/Berlin/Leipzig 1921.

Hofmann 1932
Hofmann, Friedrich: Das Porzellan der europäischen Manufakturen im 18. Jahrhundert. Berlin 1932.

Hofmann 1982
Hofmann, Eva: Peter Anton von Verschaffelt. Hofbildhauer des Kurfürsten Carl Theodor in Mannheim. Phil. Diss. Heidelberg 1982.

Hofmann/Haeberlein/Kreisel 1937
Hofmann, Friedrich H./Haeberlein, Fritz/Kreisel, Heinrich: Schatzkammer der Münchner Residenz. Amtlicher Führer. München 1937.

Hofmann/Stern 1931
Hofmann, Friedrich H./Stern, Heinrich: Führer durch die Schatzkammer der Münchner Residenz. München 1931.

Homering 1991
Homering, Liselotte: Als die Künste „gleich wohlthaetigen Feen um die Wette stritten...". Theater, Musik, Literatur- und Sprachpflege in Mannheim zur Zeit Carl Theodors. In: Mannheimer Hefte 1991, Heft 2, S. 99-116.

Homering/Krock 1998
Homering, Liselotte/Krock, Andreas: Der Ort der Handlung ist die Bühne. Bühnengestaltung am Mannheimer Nationaltheater vom 18. Jahrhundert bis zur Gegenwart. In: Nationaltheater 1998, S. 476-499.

HOMERING/V. WELCK 1998
HOMERING, Liselotte/v. WELCK, Karin (Hrsg.): Mannheim und sein Nationaltheater (= Schriften zur Mannheimer Theater- und Musikgeschichte 1). Mannheim 1998.

HUBER 1989
HUBER, Renate: Verzeichnis sämtlicher Musikinstrumente im Germanischen Nationalmuseum Nürnberg (= Taschenbücher zur Musikwissenschaft 109). Wilhelmshaven 1989.

HUTH 1982
HUTH, Hans: Die Kunstdenkmäler des Stadtkreises Mannheim (= Die Kunstdenkmäler in Baden-Württemberg). München 1982.

JACOB 1922
JACOB, Gustav: Philipp Hieronymus Brinckmann. Ein Beitrag zur Kunstgeschichte des 18. Jahrhunderts, mit besonderer Berücksichtigung der Entwicklung der Landschaftskunst. Phil. Diss. Würzburg 1922.

JACOB 1928
JACOB, Gustav: Ein Mannheimer Porträt des Johann Georg Ziesenis. In: MGB 23 (1928), Sp. 220-222.

JACOB 1935
JACOB, Gustav: Möbel aus der Werkstatt des Mannheimer Bildhauers Paul Egell, in: MGB 36 (1935), Sp. 125-142.

JACOB 1937
JACOB, Gustav: Ein neues Bildnis des Generalfeldmarschalls Friedrich Michael von Pfalz-Zweibrücken. In: MGB 38 (1937), S. 113-114.

JACOB 1975
JACOB, Gustav: Zweihundert Jahre Katholisches Bürgerhospital Mannheim. In: Mannheimer Hefte (1975), S. 91-101.

JEDDING 1955
JEDDING, Hermann: Der Tiermaler Joh. Heinr. Roos (1631-1685). Straßburg/Kehl 1955.

JEDDING 1998
JEDDING, Hermann: Johann Heinrich Roos. Werke einer Pfälzer Tiermalerfamilie in den Galerien Europas. Mainz 1998.

JENSEN 1986
JENSEN, Inke: Gefäße, Geräte und Kleinfunde des römischen Alltags (= Bildhefte des Städtischen Reiss-Museums Mannheim, Archäologische Sammlungen 3). Mannheim 1986.

KIRCHHEIMER 1981
KIRCHHEIMER, Franz: Die Medaillen der Kurpfälzischen Akademie der Wissenschaften (= Sitzungsberichte d. Heidelberger Akademie d. Wissenschaften. Math.-nat. Klasse. 1981, 1. Abh. Heidelberg 1981.

KISTNER 1930
KISTNER, Adolf: Die Pflege der Naturwissenschaften in Mannheim zur Zeit Karl Theodors (= Geschichte der Kurpfälzischen Akademie der Wissenschaften in Mannheim 1). Mannheim 1930.

KNAB 1983
KNAB, Eckhart/Mitsch, Erwin/Oberhuber, Konrad: Raphael. Die Zeichnungen. Stuttgart 1983.

KNORRE 1984
KNORRE, Eckhard von (Bearb.): Deutsche Barockgalerie. Katalog der Gemälde. 2. verm. u. überarb. Aufl. Augsburg 1984.

KREISEL/HIMMELHEBER 1970
KREISEL, Heinrich/HIMMELHEBER, Georg: Die Kunst des deutschen Möbels. Bd. 2, Spätbarock und Rokoko. München 1970.

KREISEL/HIMMELHEBER 1973
KREISEL, Heinrich/HIMMELHEBER, Georg: Die Kunst des deutschen Möbels. Bd. 3, Klassizismus, Historismus, Jugendstil. München 1973.

KÜSTER 1995
KÜSTER, Katharina: Anna Dorothea Therbusch geb. Lisiewska. Eine Künstlerin des 18. Jahrhunderts. Unveröffentlichte Magisterarbeit. Heidelberg 1995.

KUHN 1985
KUHN, Hans Wolfgang: Barock auf dem Wasser. Die Jachtschiffe der Kurfürsten von der Pfalz auf Rhein und Neckar. In: Press, Volker/Reinhard, Eugen/Schwarzmaier, Hansmartin (Hrsg.): Barock am Oberrhein (= Oberrheinische Studien 6). Karlsruhe 1985, S. 205-250.

KUNZ 1996
KUNZ, Wolfgang: Maria Leopoldine (1776-1848) - Kurfürstin von Pfalz-Bayern und Geschäftsfrau. In: MGB, N.F. 3 (1996), S. 254-274.

LANKHEIT 1988
LANKHEIT, Klaus: Der kurpfälzische Hofbildhauer Paul Egell. 1691-1752. 2 Bde. München 1988.

LENZI 1989
LENZI, Deanna: Designs for the Court Opera in the Residenz, Mannheim. In: Fuhring, Peter (Hrsg.): Design into Art. Drawings for Architecture and Ornament. The Lodewijk Houthakker Collection. Vol. I. London 1989, S. 477-479.

LIPOWSKY, Felix Josef: Karl Theodor, Churfürst von Pfalz-Bayern, Herzog zu Jülich und Berg ... Wie es wahr ist, oder dessen Leben und Thaten. Aus öffentlichen Verhandlungen und historischen Quellen. Sulzbach 1828.

LUDWIG 1997
LUDWIG, Heidrun: Die Gemälde des 18. Jahrhunderts im Hessischen Landesmuseum, Darmstadt. Bestandskatalog. Eurasburg 1997.

LURZ 1992
LURZ, Meinhold: Franz Albert von Oberndorff (1720-1799). Minister und Reichsgraf. In: Mitteilungen des Historischen Vereins der Pfalz 90 (1992), S. 219-229. Speyer.

MAASS 1979
MAASS, Michael: Griechische und römische Bronzewerke der Antikensammlungen (= Bildhefte der Staatlichen Antikensammlungen und der Glyptothek München). München 1979.

MGB
MANNHEIMER GESCHICHTSBLÄTTER. Monatsschrift für die Geschichte, Altertums- und Volkskunde Mannheims und der Pfalz. Mannheim 1900-1940.

MARKOWITZ 1980
MARKOWITZ, Irene: Die Sammlung in Schloß Benrath (= Schloß Benrath. Bildheft 2). Düsseldorf 1980.

MARKOWITZ 1985
MARKOWITZ, Irene: Schloß Benrath. München/Berlin 1985.

MARKOWITZ 1989
MARKOWITZ, Irene: Lambert Wilhelm Krahe - Ausklang des Barock. In: Schmitt, Hans M. (Hrsg.): Himmel, Ruhm und Herrlichkeit. Italienische Künstler an rheinischen Höfen des Barock. Köln/Bonn 1989, S. 163-172.

MARTIN 1933
MARTIN, Kurt: Die Kunstdenkmäler des Amtsbezirkes Mannheim: Stadt Schwetzingen. Karlsruhe 1933.

MEDDING 1962
MEDDING, Wolfgang: Der Mannheimer Hofmaler Pierre Goudreau und seine Werke. In: Mitteilungen des Historischen Vereins der Pfalz 60 (1962), S. 100-115.

MÖRZ 1991
MÖRZ, Stefan: Aufgeklärter Absolutismus in der Kurpfalz während der Regierungszeit des Kurfürsten Carl Theodor (1742-1777) (= Veröffentlichungen der Kommission für geschichtliche Landeskunde in Baden-Württemberg. Reihe B, Forschungen 120). Stuttgart 1991.

MÖRZ 1997
MÖRZ, Stefan: Die letzte Kurfürstin. Elisabeth Augusta von der Pfalz, die Gemahlin Karl Theodors. Stuttgart/Berlin/Köln 1997.

MÖRZ 1998
MÖRZ, Stefan: Haupt- und Residenzstadt. Carl Theodor, sein Hof und Mannheim (= Kleine Schriften des Stadtarchivs Mannheim 12). Mannheim 1998.

MOZART 1962
MOZART, Wolfgang Amdaeus: Briefe und Aufzeichnungen. Gesamtausgabe. Hrsg. von der Internat. Stiftung Mozarteum Salzburg, ges. u. erl. von Wilhelm A. Bauer u. Otto Erich Deutsch. Bd. 2. Kassel etc. 1962.

MOZART UND MANNHEIM 1991
Finscher, Ludwig/Pelker, Bärbel/Reutter, Jochen (Hrsg.): Mozart und Mannheim. Kongressbericht Mannheim 1991 (= Quellen und Studien zur Geschichte der Mannheimer Hofkapelle 2). Frankfurt/M. etc. 1994.

NEUMANN 1992
NEUMANN, Hartwig: Das Zeughaus. 2 Bde. Bonn 1992.

NÖLLE 1980
NÖLLE, Eckehart: Die Wittelsbacher und das Theater. In: Valentin, Hans E./Valentin, Erich/Nölle, Eckehart/Stierhof, Horst H.: Die Wittelsbacher und ihre Künstler in acht Jahrhunderten. München 1980.

Oeser 1900
Oeser, Max: Geschichte der Kupferstechkunst zu Mannheim im 18. Jahrhundert. Leipzig 1900.

Olivier 1901
Olivier, Jean-Jacques: Les Comédiens Français dans les cours d'Allemagne au XVIIIe siècle. Bd. 1, la Cour Électorale Palatine ... Paris 1901.

Pichler 1879
Pichler, Anton: Chronik des Großherzoglichen Hof- und Nationaltheaters in Mannheim. Zur Feier seines hundertjährigen Bestehens am 7. Oct. 1879. Mannheim 1879.

Pies 1973
Pies, Eike: Prinzipale. Zur Genealogie des deutschsprachigen Berufstheaters vom 17. bis 19. Jahrhundert. Ratingen/Kastellaun/Düsseldorf 1973.

Pelker/Thomsen-Fürst 1999
Pelker, Bärbel/**Thomsen-Fürst**, Rüdiger (Hrsg.): Georg Joseph Vogler (1749-1814). Materialien zu Leben und Werk unter besonderer Berücksichtigung der pfalz-bayerischen Dienstjahre (= Quellen und Studien zur Geschichte der Mannheimer Hofkapelle 6). Frankfurt/M. etc. [in Vorbereitung].

Pfeiff 1990
Pfeiff, Ruprecht: Minerva in der Sphäre des Herrscherbildes. Münster 1990.

Portenlänger 1988
Portenlänger, Franz Xaver: Johann Wilhelm Hoffnas (1727-1795). Ein Maler aus der Zeit der Aufklärung in der Kurpfalz. In: Pfälzer Heimat 39 (1988), S. 105-112.

Rall 1980
Rall, Hans: Die Hausverträge der Wittelsbacher: Grundlagen der Erbfälle von 1777 und 1799. In: Glaser, Hubert (Hrsg.): Chronik und Verfassung. König Max I. Joseph und der neue Staat. Beiträge zur Bayerischen Geschichte und Kunst 1799-1825. München 1980, S. 13-84.

Rall 1993
Rall, Hans: Kurfürst Karl Theodor. Regierender Herr in sieben Ländern (= Forschungen zur Geschichte Mannheims und der Pfalz. N.F. 8). Mannheim 1993.

Robels 1983
Robels, Hella: Niederländische Zeichnungen vom 15. bis 19. Jahrhundert im Wallraf-Richartz-Museum Köln. Köln 1983.

Röttger/Goering 1936
Röttger, Bernhard Hermann/**Göring**, Max: Die Kunstdenkmäler der Pfalz. Bd. 6, Stadt und Bezirksamt Ludwigshafen am Rhein. München 1936.

Roland 1960
Roland, Berthold: Landschaftszeichnungen von Ferdinand Kobell. In: Mitteilungen des Historischen Vereins der Pfalz 58 (1960), S. 326-332.

Roland 1983
Roland, Berthold: Johann Christian Mannlich: Portrait du Prince Max en costume turc 1763. Mainz 1983.

Rosenberg 1922-1928
Rosenberg, Marc. Der Goldschmiede Merkzeichen. 4 Bde. Frankfurt a.M. 31922-1928.

Rosenberg 1996
Rosenberg, Heidrun: Zu den Galeriepublikationsprojekten von Wilhelm Lambert Krahe und Nicolas de Pigage. In: Pigage 1996/1997, S. 119-134.

Rosenblum 1984
Rosenblum, Myron: Artikel „Viola d'amore". In: The New Grove Dictionary of Musical Instruments. Bd. 3. London 1984, S. 760-763.

Salmen 1983
Salmen, Gabriele/Salmen, Walter: Musiker im Porträt. Bd. 3, Das 18. Jahrhundert (= Beck'sche Schwarze Reihe 252). München 1983.

Sani 1988
Sani, Bernardina: Rosalba Carriera. Turin 1988.

Saur 1992
Allgemeines Künstler-Lexikon. Die bildenden Künstler aller Zeiten und Völker. Bd. 1. München 1992 (im Erscheinen).

Schauss 1879
Schauss, Emil von: Historischer und beschreibender Catalog der Königlich Bayerischen Schatzkammer zu München. München 1879.

Schenk 1983
Schenk, Rolf: Der Münchner Porträtmaler Johann Georg Edlinger. Monographie mit Werkskatalog. München 1983.

Schiering 1981
Schiering, Wolfgang: Der Mannheimer Antikensaal. In: Beck, Herbert/Bol, Peter C./Steuben, Hans v. (Hrsg.): Antikensammlungen im 18. Jahrhundert (= Frankfurter Forschungen zur Kunst 9). Berlin 1981.

Schiering 1982
Schiering, Wolfgang: Eine Galerie antiker Portraits in Mannheimer Grisaillen des 18. Jahrhunderts. In: von Freytag gen. Löringhoff, Bettina u. a. (Hrsg.): Praestant Interna. Festschrift für Ulrich Hausmann. Tübingen 1982, S. 388-393.

Schiering/Meixner/Braun 1995
Schiering, Wolfgang/**Meixner**, Horst/**Braun**, Claudia u.a.: Zum Mannheimer Antikensaal und ein Katalog der Antikensaal-Galerie im Schloß. In: MGB N.F. 2 (1995), S. 115-184.

Schmitt 1908
Schmitt, Ferdinand: Merkzeichen der Mannheimer Goldschmiede und deren Arbeiten, in: MGB 9 (1908), Sp. 101-111.

Schneider 1974
Schneider, Angela: Josef Hauber (1766-1843) - sein Leben und Werk. München 1974.

Schrader 1995
Schrader, Karin: Der Bildnismaler Johann Georg Ziesenis (1716-1776). Leben und Werk mit kritischem Oeuvrekatalog. Münster 1995.

Schubart 1806
Schubart, Christian Friedrich Daniel: Ideen zu einer Ästhetik der Tonkunst. Hrsg. von Ludwig Schubert. Wien 1806. Repr. Hildesheim 1990.

Seelig 1984
Seelig, Lorenz: Kirchliche Schätze aus bayerischen Schlössern. München 1984.

Seling 1980
Seling, Helmut: Die Kunst der Augsburger Goldschmiede 1529-1868. Meister, Marken, Werke. 3 Bde. München 1980.

Sommerfeld 1927
Sommerfeld, Kurt: Die Bühneneinrichtungen des Mannheimer Nationaltheaters unter Dalbergs Leitung. (1778-1803) (= Schriften der Gesellschaft für Theatergeschichte 36). Berlin 1927.

Spear 1982
Spear, Richard E.: Domenichino. 2 Bde. New Haven/London 1982.

Spohr 1979
Spohr, Edmund: Düsseldorf Stadt und Festung. 2. Aufl. Düsseldorf 1979.

Stahl 1940
Stahl, Ernst Leopold: Das europäische Mannheim. Die Wege zum deutschen Nationaltheater (= Die klassische Zeit des Mannheimer Theaters 1) (mehr nicht erschienen). Mannheim 1940.

Stemper 1997
Stemper, Anneliese: Die Medaillen der Pfalzgrafen und Kurfürsten bei Rhein. Pfälzische Geschichte im Spiegel der Medaille. Bd. 1 1, Die Kurlinien, Bd. 2, Die Nebenlinien. Worms 1997.

Stengel 1993
Stengel, Stephan Freiherr von: Denkwürdigkeiten. Hrsg. von Günther Ebersold. Mannheim 1993.

Stratmann 1982
Stratmann, Rosemarie: Möbel aus der Werkstatt des kurpfälzischen Hofebenisten Jakob Kieser. In: Jahrbuch der Staatlichen Kunstsammlungen in Baden-Württemberg 19 (1982), S. 45-68. Berlin/München.

Strub 1959
Strub, Marcel: Les monuments d'art et d'histoire du canton de Fribourg. Bd. III: La ville de Fribourg. Les monuments religieux (deuxième partie). Basel 1959.

Swoboda 1974
Swoboda, Franz: Kunst und Kunsthandwerk. Neuerwerbungen 1964-1973. Städtisches Reiss-Museum. Mannheim 1974.

Swoboda 1981 (Neuerwerbugen)
Swoboda, Franz: Kunst und Kunsthandwerk. Neuerwerbungen 1974-1978. Städtisches Reiss-Museum. Mannheim 1981.

Swoboda 1981 (Möbel-Kunst)
Swoboda, Franz: Deutsche Möbel-Kunst restauriert 1976-1980. Mannheim 1981.

Tenner 1966
Tenner, Helmut: Mannheimer Kunstsammler und Kunsthändler bis zur Mitte des neunzehnten Jahrhunderts. Heidelberg 1966.

Thieme/Becker (mit Bd. und Jahreszahl)
Thieme, Ulrich/**Becker**, Felix: Allgemeines Lexikon der bildenden Künstler von der Antike bis zur Gegenwart. 37 Bde. Leipzig 1907-1950.

Thoma/Brunner
Thoma, Hans/**Brunner**, Herbert: Schatzkammer der Residenz München. Katalog. München 1964.

Volk 1967
Volk, Peter: Beiträge zu Leben und Werk des kurpfälzischen Hofbildhauers Augustin Egell (1730-1786). In: Pfälzer Heimat 18 (1967), S. 4-12.

Volk 1973
Volk, Peter: Peter Anton Verschaffelts Bildnisbüsten des Kurfürsten Karl Theodor von der Pfalz. In: Pantheon 31 (1973), S. 412-419.

Wackernagel 1997
Wackernagel, Bettina: Europäische Zupf- und Streichinstrumente, Hackbretter und Äolsharfen. Deutsches Museum München Musikinstrumentensammlung. Katalog (= Das Musikinstrument 62). Frankfurt a.M. 1997.

Walter 1898
Walter, Friedrich: Geschichte des Theaters und der Musik am kurpfälzischen Hofe (= Forschungen zur Geschichte Mannheims und der Pfalz 1). Mannheim 1898.

Walter 1899
Walter, Friedrich: Archiv und Bibliothek des Grossh. Hof= und Nationaltheaters in Mannheim. 1779-1839. 2 Bde. Bd. 1, Das Theaterarchiv, Bd. 2, Die Theaterbibliothek. Mannheim 1899.

Walter 1900
Walter, Friedrich: Die Familie von Bretzenheim. In: MGB 1 (1900), Sp. 36-40.

Walter 1907
Walter, Friedrich: Mannheim in Vergangenheit und Gegenwart. Bd. 1, Geschichte Mannheims von den ersten Anfängen bis zum Übergang an Baden (1802). Mannheim 1907.

Walter 1910
Walter, Friedrich: Alt-Mannheimer Häuser. 2. Der Pfälzer Hof. In: MGB 11 (1910), Sp. 103-107.

Walter 1915
Walter, Friedrich: Das Tagebuch des Ingenieur-Majors Ferdinand Denis. In: MGB 16 (1915), Sp. 52-65.

Walter 1920
Walter, Friedrich: Der Bildnismaler Johann Peter Hoffmeister. In: MGB, 21. Jg., 1910, Sp. 127-132.

Walter 1926
Walter, Friedrich: Schloßmuseum in Mannheim. Führer durch die Sammlungen. Mannheim 1926.

Wichmann 1970
Wichmann, Siegfried: Wilhelm von Kobell. Monographie und kritisches Verzeichnis der Werke. München 1970.

Wichmann 1974
Wichmann, Siegfried: Franz Kobell, 1749-1822. Erste Ansätze einer chronologischen Ordnung des graphischen Werks. München/Starnberg 1974.

Wilton-Ely 1994
Wilton-Ely, John: Giovanni Battista Piranesi. The Complete Etchings. 2 Bde. San Francisco 1994.

Wingenroth 1911
Wingenroth, Max: Verschaffelt und das ehemalige Palais Bretzenheim (jetzt rheinische Hypothekenbank) in Mannheim. Ein Beitrag zur Kunstgeschichte des 18. Jahrhunderts in Süddeutschland. Mannheim 1911.

Würtz 1975
Würtz, Roland: Verzeichnis und Ikonographie der kurpfälzischen Hofmusiker zu Mannheim nebst darstellendem Theaterpersonal 1723-1803 (= Quellenkataloge zur Musikgeschichte 8). Wilhelmshaven 1975.

Wüthrich 1956
Wüthrich, Lukas Heinrich: Christian von Mechel. Leben und Werk eines Basler Kupferstechers und Kunsthändlers (1737-1817). Basel 1956.

Wüthrich 1959
Wüthrich, Lukas Heinrich: Das Oeuvre des Kupferstechers Christian von Mechel. Vollständiges Verzeichnis der von ihm geschaffenen und verlegten graphischen Arbeiten. Basel/Stuttgart 1959.

Kataloge

Abendland begegnet Morgenland 1992
Türkei. Abendland begegnet Morgenland. 16.-18. Jahrhundert. Internationale Tage Ingelheim. Mainz 1992.

Deutschland und die Französische Revolution 1989
Deutschland und die Französische Revolution. Eine Ausstellung des Goethe-Instituts zum Jubiläum des welthistorischen Ereignisses. Stuttgart 1989.

Porzellan 1909
Altes bayerisches Porzellan. Ausstellung im Studiengebäude des Bayerischen Nationalmuseums in München. München 1909.

Barock in Baden-Württemberg 1981
Barock in Baden-Württemberg. Vom Ende des Dreißigjährigen Krieges bis zur Französischen Revolution. 2 Bde. Ausstellungskatalog. Badisches Landesmuseum (Schloß Bruchsal). Karlsruhe 1981.

Catalogus 1780
Catalogus deren in dem Churfürstlichen Kupfer Cabinet aufgehängten Original Zeichnungen Von unterschiedlichen Meistern. Handschr. Inventar, wohl 1780, im Generallandesarchiv Karlsruhe (Abt. 213/3627).

Carl Theodor und Elisabeth Auguste 1979
Carl Theodor und Elisabeth Auguste. Höfische Kunst und Kultur in der Kurpfalz. Ausstellungskatalog Kurpfälzisches Museum Heidelberg und Stadtmuseum Düsseldorf. Heidelberg 1979.

Carl Theodor (Ergänzungskatalog) 1979
Kurfürst Carl Theodor zu Pfalz der Erbauer von Schloß Benrath. Ausstellungskatalog. Stadtmuseum Düsseldorf 1980 (Ergänzungskatalog zu Carl Theodor und Elisabeth Augusta 1979).

Clemens August 1961
Kurfürst Clemens August. Landesherr und Mäzen des 18. Jahrhunderts. Ausstellungskatalog. Brühl (Schloß Augustusburg) 1961.

Düsseldorf im Kartenbild 1998
Düsseldorf im Kartenbild. Ausstellungskatalog. Düsseldorf 1998.

Egell und Leydensdorff 1981
Johann Paul Egell (1691-1752) – Franz Anton Leydensdorff (1721-1795). Handzeichnungen aus den Beständen des Kurpfälzischen Museums der Stadt Heidelberg. Heidelberg 1981.

Figürliche Keramik 1963/4
Figürliche Keramik aus zwei Jahrtausenden. Ausstellung 22. November 1963 bis 16. Februar 1964. Museum für Kunsthandwerk Frankfurt-Main... Frankfurt a.M. 1963.

Frankenthaler Porzellan 1955
Frankenthaler Porzellan. Ausstellungskatalog. Neues Rathaus Frankenthal und Historisches Museum der Pfalz Speyer. Frankenthal 1955.

Freiheit, Gleichheit, Brüderlichkeit 1989
Freiheit, Gleichheit, Brüderlichkeit. 200 Jahre französische Revolution in Deutschland. Ausstellungskatalog des Germanischen Nationalmuseums Nürnberg. Nürnberg 1989.

Idomeneo 1981
Münster, Robert/Attenkofer, Margot: Wolfgang Amadeus Mozart IDOMENEO 1781-1981. Essays, Forschungsberichte, Katalog (= Bayerische Staatsbibliothek. Ausstellungskataloge 24). München 1981.

Karcher 1990
Gesche, Inga: Anton Karcher (1769-1842). Druckgraphische Werke eines Mannheimer Kupferstechers. Mannheim 1990.

Kobell 1993/94
Von Mannheim nach München – Die Künstlerfamilie Kobell. Ausstellung der Bayerischen Vereinsbank und des Reiss-Museums der Stadt Mannheim. München 1993/94.

Möbel für den Fürstenhof 1994
Ein Jahrhundert Möbel für den Fürstenhof: Karlsruhe, Mannheim, Sankt Petersburg. 1750 bis 1850. Sigmaringen 1994.

Mozart 1991
176 Tage W.A. Mozart in Mannheim. Ausstellungskatalog des Reiß-Museums. Mannheim 1991.

Napoleon 1987
Baden und Württemberg im Zeitalter Napoleons. Ausstellungskatalog Württembergisches Landesmuseum Stuttgart. Stuttgart 1987.

Pigage 1996/97
Nicolas de Pigage (1723-1796). Architekt des Kurfürsten Carl Theodor. Zum 200. Todestag. Ausstellungskatalog. Stadtmuseum Düsseldorf (Schloß Benrath) 1996 und Museum für Kunst-, Stadt- und Theatergeschichte im Reiss-Museum. Köln 1996/97.

Sammelleidenschaft 1992
Sammelleidenschaft, Mäzenatentum und Kunstförderung. Von den Kurfürsten zum Land Baden-Württemberg. Kostbarkeiten aus dem Museum für Kunst-, Stadt- und Theatergeschichte im Reiss-Museum der Stadt Mannheim. Mannheim 1992.

Wahl und Krönung in Frankfurt 1987
Wahl und Krönung in Frankfurt am Main. Kaser Karl VII. 1742-1745. Historisches Museum Frankfurt am Main 1987.

Wittelsbacensia 1909
Wittelsbacensia. Denkmale und Erinnerungen des Hauses Wittelsbach im Bayerischen Nationalmuseum (= Kataloge des Bayerischen Nationalmuseums 11). München 1909.

Wittelsbach und Bayern 1980
Wittelsbach und Bayern. Band III/2: Krone und Verfassung. König Max I. Joseph und der neue Staat. Ausstellungskatalog. Völkerkundemuseum München. München 1980.

Zeichnungen Sammlung Carl Theodor 1984
Zeichnungen aus der Sammlung des Kurfürsten Carl Theodor. Ausstellung zum 225jährigen Bestehen der Staatlichen Graphischen Sammlung München. München 1984.

Bildquellenverzeichnis:

Die Bildrechte der Abbildungen im Katalogband liegen bei folgenden Institutionen und Personen:

Aalen, Heimat und Schubart Museum: 5.5.80
Ahlen, Wilderich Graf von Schall-Riaucour: 2.1.4
Adelaide, Art Gallery of South Australia: 5.5.5
Amsterdam, Rijksmuseum: 5.5.14
Bad Homburg, Museum im Gotischen Haus: 2.7.58
Bad Mergentheim, Deutschordensmuseum: 7.3.5
Bamberg, Historisches Museum: 5.2.8
Berlin, Staatliche Museen zu Berlin - Kunstgewerbemuseum: 5.4.15
Berlin, Staatsbibliothek zu Berlin - Preußischer Kulturbesitz, Musikabteilung mit Mendelssohn-Archiv: 5.6.49
Bonn, Beethoven-Haus: 5.5.4
Celle, Bomann-Museum: 2.7.21; 2.7.27
Chur, Rätisches Museum: 2.7.77
Colmar, Musée d´Unterlinden: 6.4.8
Darmstadt, Hessische Landes- und Hochschulbibliothek: 5.5.25; 5.5.27; 5.5.55-57
Darmstadt, Hessisches Landesmuseum: 5.2.15
Darmstadt, Wella-Museum: 2.7.76
Düsseldorf, Rathaus: 4.5.15
Düsseldorf, Regierungspräsidium: 4.5.7
Düsseldorf, Stadtmuseum: 1.1.5; 1.2.1; 1.2.4; 2.4.1; 2.4.5-11; 2.6.6; 2.6.8; 2.7.4; 2.7.9; 2.7.11; 2.7.14-16; 2.7.19; 2.7.33; 2.7.43; 2.7.54; 2.7.57; 2.7.61; 2.7.68; 2.7.85-86; 4.0.2; 4.5.1; 4.5.3; 4.5.5-6; 4.5.13; 4.6.10; 4.6.12; 4.6.17-18; 5.1.1; 5.1.4; 5.3.18; 5.4.11; 7.2.2; 7.3.8
Düsseldorf, St.Martin: 3.2.30
Düsseldorf, Theatermuseum der Landeshauptstadt Düsseldorf, Dumont-Lindemann-Archiv: 5.6.15
Frankenthal, Erkenbert-Museum: 4.1.22; 4.1.25-30; 4.1.35-36; 5.4.16
Frankenthal, Klaus Bolte: 4.1.22
Frankfurt am Main, Historisches Museum: 1.1.7; 2.7.70; 2.7.75; 2.7.78-83; 2.7.87-88; 4.1.52
Frankfurt am Main, Museum für Kunsthandwerk: 5.4.9
Frankfurt am Main, Museum für Post und Kommunikation: 2.5.14
Freiburg, Hans Gaenshirt: 6.4.12
Fribourg, Collège Saint-Michel, Kulturgüterdienst Freiburg i.Ü.: 1.2.5
Halberstadt, Das Gleim-Haus, Literaturmuseum: 5.6.43
Hamburg, Museum für Hamburgische Geschichte: 5.5.44-47
Hamburg, Museum für Kunst und Gewerbe: 5.4.3-4
Heidelberg, Deutsches Apothekenmuseum: 2.5.15
Heidelberg, Kurpfälzisches Museum: 1.2.3; 1.3.3-5; 1.4.2; 1.4.5; 1.6.3; 1.6.9; 2.0.3; 2.1.15; 2.6.10; 2.6.12-14; 2.6.17; 2.7.41; 4.1.2; 4.4.6; 4.4.9; 4.6.5; 4.6.11; 5.2.4; 5.5.64; 6.4.21; 7.1.2; 7.1.13
Heidelberg, Musikwissenschaftliches Seminar: 5.5.42
Heidelberg, Peter Schiering: 5.3.7-10
Heidelberg, Universitätsbibliothek: 2.3.4; 4.1.15; 4.6.20; 5.5.19b
Ingolstadt, Deutsches Medizinhistorisches Museum: 4.2.10-11; 4.2.15
Kaiserlautern, Theodor-Zink-Museum: 4.1.6; 4.1.58-59
Karlsruhe, Badisches Landesmuseum: 2.0.4 a; 3.2.7
Karlsruhe, Geodätisches Institut: 6.5.7
Karlsruhe, Staatliche Schlösser und Gärten Baden Württemberg: 2.1.14; 2.1.17; 2.7.84
Karlsruhe, Vorlage und Aufnahme Generallandesarchiv (213/969): 4.1.31
Köln, Theaterwissenschaftliche Sammlung der Universität zu Köln: 5.6.18
Leinfelden-Echterdingen, Deutsches Spielkarten-Museum, Zweigmuseum des Württembergischen Landesmuseums Stuttgart: 4.1.39
Mainz, Sammlung Landesbank Rheinland Pfalz: 2.3.6
Mannheim, Reiss-Museum: 1.1.14; 1.2.8; 2.0.5 c; 2.6.15; 3.1.4; 3.1.7; 3.2.2-5; 4.0.8 c; 4.0.9; 4.1.49-50; 4.3.5; 4.4.21-22a-e; 4.4.23; 6.4.2
Mannheim, Reiss-Museum, Barbara Beaucamp-Markowsky: 5.4.17 Detail
Mannheim, Reiss-Museum, Jean Christen: 1.1.3; 1.1.10; 1.1.15; 1.2.2; 1.2.7; 1.3.1-2; 1.3.6; 1.3.10; 1.5.2-4; 1.5.2; 1.6.2; 1.6.4-8; 1.6.11; 2.0.1-2; 2.0.6; 2.0.8; 2.1.1; 2.1.3; 2.1.5-13; 2.1.22-23; 2.2.1-3; 2.2.5-6; 2.3.1-3; 2.3.5; 2.4.3; 2.5.1; 2.5.6-13; 2.5.16; 2.6.1-2; 2.6.4-5; 2.6.9; 2.6.11; 2.7.2; 2.7.6-8; 2.7.10; 2.7.12-13; 2.7.18; 2.7.22-26; 2.7.30-32; 2.7.34-35; 2.7.37-40; 2.7.42; 2.7.44; 2.7.50; 2.7.52-53; 2.7.55; 2.7.59-60; 2.7.62-67; 2.7.69; 2.7.73; 3.1.1-3; 3.2.1; 3.2.6; 3.2.8-26; 3.2.28-29; 3.3.1-7; 3.3.9; 4.0.1; 4.0.7; 4.1.4-5; 4.1.13-14; 4.1.23; 4.1.33; 4.1.40-41; 4.1.62-63; 4.2.1-2; 4.2.4-5; 4.3.6; 4.4.2; 4.4.4-5; 4.4.7-8; 4.4.10-14; 4.4.17-18; 4.4.25; 4.6.1-4; 4.6.9; 4.6.13-16; 4.6.19; 4.6.21-22; 5.1.2-3; 5.1.6-9; 5.1.14; 5.2.1-3; 5.2.5-7; 5.2.9-11; 5.2.14; 5.3.1; 5.3.4-6; 5.3.12-17; 5.4.7-8; 5.4.12-14; 5.5.1-3; 5.5.8-11; 5.5.21-22; 5.5.26; 5.5.32; 5.5.34; 5.5.38; 5.5.43; 5.5.50; 5.5.60; 5.5.67; 5.5.75; 5.6.1-2; 5.6.4-5; 5.6.7-8; 5.6.11; 5.6.17; 5.6.19; 5.6.22- 23; 5.6.25-26; 5.6.28; 5.6.30-32; 5.6.34; 5.6.36-41; 5.6.45-46; 5.6.48; 5.6.51; 5.6.57; 5.6.59; 5.6.60-63; 5.6.66-69; 5.6.71a-h; 5.6.79; 6.1.2-4; 6.1.12; 6.1.16-18; 6.1.27; 6.4.11; 6.4.15; 6.4.19; 6.4.22; 6.4.29-31; 6.4.38; 6.4.39-67; 6.5.2-3; 6.5.9-10; 6.5.13-14; 6.6.1-3; 6.6.6-12; 6.6.18-19; 7.1.15; 7.3.4; 7.3.6-7; 7.3.9-10; 7.3.13-14; 7.4.1
Mannheim, Reiss-Museum, Jean Christen und Heidelberg, Institut für Systematische Botanik und Pflanzengeographie: 6.6.17
Mannheim, Archiv der Jesuitenkirche: 5.5.61
Mannheim, Dalberghaus, Musikbücherei: 5.5.58; 5.5.66
Mannheim, Karl-Friedrich-Gymnasium, U. Höfer: 6.2.6
Mannheim, Landesmuseum für Technik und Arbeit: 2.5.3; 6.5.4; 6.5.6; 6.5.8; 6.5.15
Mannheim, Rheinische Hypothekenbank: 1.1.1-2
Marbach, Schiller-Nationalmuseum: 5.6.70
Meiningen, Meininger Museen: 5.5.59
München, Bayerisches Hauptstaatsarchiv: 5.5.37
München, Bayerisches Nationalmuseum: 1.1.8; 1.6.1; 2.7.1; 2.7.28-29; 2.7.51; 2.7.56; 2.7.71; 4.1.32; 5.4.2; 5.4.10; 6.4.27; 7.1.11; 7.1.14
München, Bayerische Staatsbibliothek (2° Mus.pr. 3553/5): 5.5.71
München, Bayerische Staatsbibliothek (4° Mus.pr. 32114): 5.5.74
München, Bayerische Staatsbibliothek (4°Mus. Pr. 27207): 5.5.41
München, Bayerische Staatsbibliothek (Mus. Ms. 2426): 5.5.23
München, Bayerische Staatsgemäldesammlungen, Alte Pinakothek: 5.5.16
München, Bayerische Verwaltung der staatlichen Schlösser, Gärten und Seen: 1.1.11; 1.3.7-9; 1.4.8; 2.1.24; 2.6.7; 2.7.36; 3.2.27; 5.4.17; 7.2.1
München, Deutsches Theatermuseum: 5.6.20; 5.6.71i; 5.6.72-74, 5.6.76-78; 5.6.80
München, Monika Groening: 2.6.3
München, Staatliche Antikensammlungen und Glyptothek: 6.4.32; 6.4.35-37
München, Staatliche Graphische Sammlung: 5.1.10-13; 5.5.15; 5.5.17-18; 7.1.3
München, Staatliche Münzsammlung: 1.1.12; 2.0.5d; 2.5.2; 4.6.6; 6.4.6; 6.4.68; 6.4. 68
München, Stadtmuseum: 2.2.4; 5.5.30
München, Stadtmuseum, Graphische Sammlung: 7.1.8
München, Ingrid S. Weber: 6.4.69
Neckarzimmern, Burghardt von Gemmingen-Hornberg: 5.6.53
Neuenstein, Hohenlohe-Zentralarchiv: 5.5.7
Prag, Národni-Muzeum: 5.5.70
Schönenwerd, Bally-Schuhmuseum: 2.7.17; 2.7.20
Sèvres, musée national de céramique, Photo RMN - M. Beck-Coppola: 5.4.1
Speyer, Historisches Museum der Pfalz (1999) Photograph: Kurt Diehl: 5.3.3; 6.4.26
St.-Gallen, Textilmuseum: 2.7.45-49
Stuttgart, Staatsgalerie: 5.2.12
Stuttgart, Württembergisches Landesmuseum: 2.7.3; 2.7.5; 2.7.72; 2.7.74; 4.1.34
Wien, Österreichische Nationalbibliothek: 5.5.6; 5.5.24; 5.5.40
Worms, Jüdisches Museum im Raschi-Haus: 4.4.29-33
Zweibrücken, Stadtmuseum: 7.3.3